비잔티움 문명

앙드레 기유 지음 | 김래모 옮김

한길사

André Guillou
La Civilisation Byzantine

Translated by Kim Raemo

LA CIVILISATION BYZANTINE
by André Guillou
Copyright © Arthaud, Paris, 1974
Korean Translation Copyright © Hangilsa Publishing Co. Ltd., 2025

All rights reserved.

This Korean edition was published by arrangement with
FLAMMARION S.A.
through Bestun Korea Agency Co., Seoul

이 책의 한국어판 저작권은 베스툰 코리아 에이전시를 통해
저작권자와의 독점계약으로 (주)한길사에 있습니다.
저작권법에 의해 한국 내에서 보호를 받는 저작물이므로
무단전재와 무단복제를 금합니다.

6세기 궁정 귀부인(모자이크, 산 비탈레 성당, 라벤나)
고가의 흰 드레스 위로 화려한 비단 숄이
드리워져 있다. 드레스에서 삐져나온 손목에는 손목 덮개가
채워져 있고, 손가락에는 초록색 보석을 박은 금반지가 끼워져 있다.
귀에는 귀고리를 달고 목에는 고가의 목걸이를 둘렀다.
이 여인은 벨리사리오스 장군의 아내이자
테오도라 황후의 벗인 안토니나.

잉크 담는 통(9-10세기, 성당 수장고, 파도바)

은으로 만든 값비싼 잉크 그릇이다.
'바페스 도케이온'(물감 통)으로 시작하는 대문자 12음절 2행시 명문(銘文)은
그릇 주인 필경사 레온의 능숙한 서체를 찬양하는 내용이다.
부조(浮彫)된 장식은 고대 신화에서 따왔다. 뚜껑에는 날개 달린 고르곤을 새겼고,
원통을 빙 둘러서 서로 휘감긴 두 마리 뱀 사이로 키타라 현을 튕기는
술대 플렉트론을 쥐고 키타라 옆에 서 있는 아폴론(사진에 보이는 면),
에로스, 아레스 등이 새겨져 있다.

나지안소스의 그레고리오스 설교집
(11세기 3사반세기, 세밀화, 그리스 정교회 총대주교청, 예루살렘)
성묘 교회 사본 14. 낫으로 가축 먹일 풀을 베고,
쟁기질하며, 돛단배로 근해에 나가는 것은
비잔티움 백성들의 일상사였다.

교회 내부 장식

모든 비잔티움 교회는 그림들(원형 천장, 칸막이벽)로 채워져 있으며, 그림들은 건물 구조가 허락하는 한 전통적인 규칙에 따라 배치된다. 키프로스(니코시아 지방) 테오토코스 포르비오티사 수도원 소(小) 교회의 아주 화려한 장식화는 14세기에 이르기까지 몇 번이나 수복됐다. 이것은 신랑(新廊) 남쪽 벽에 있는, 초기에 지어진 입구 위 그림으로 1106년 알렉시오스 콤네노스 시절 마기스트로스였던 니케포로스의 헌정으로 제작된 최초의 그림들 중 남아 있는 것의 일부다. 예수의 예루살렘 입성, 최후의 만찬, 성모 영면 장면이 그려져 있다.

모범 가족(12세기, 상아, 바티칸 박물관, 로마)
성모가 누워서 성자의 목욕을 지켜보고 있다.
손에 턱을 괸 요셉은 생각에 잠겨 있다.

이콘(13세기, 성 요안네스 수도원, 파트모스)

화가(畫架)를 사용한 그림 작업은 비잔티움과 비잔티움 이후(그리스, 슬라브 국가 등) 정교 예배의 가장 대표적인 대상 중 하나인 이콘을 탄생시켰다. 젯소를 입히거나 입히지 않은 (아주 초기) 나무에 광택 없는 밀랍에 이긴 빽빽한 물감을 사용한 납(蠟) 화법 혹은 점착력이 강한 액체(계란 흰자, 고무 등)에 물감을 탄 템페라 화법으로 그렸다.

이콘은 금색 배경에 가장 빈번하게 그리스도, 성모, 혹은 성인(그림에서는 야곱 사도)을 그렸다. 이콘에는 복을 내리는 힘이 있다고 여겼다.

14세기 콘스탄티노플(카리예 자미, 이스탄불)
안드로니코스 2세의 로고테테스(재상)로서 수도에서 가장 부유한 사람 중 한 명인 테오도로스 메토키테스는 1316년에서 1321년 사이에 콘스탄티노플 코라 수도원 내 거룩한 구세주 교회(11-12세기)를 확장하고 복원했다. 이때 대리석, 갖가지 화려한 색깔이 사용된 모자이크, 질이 약간 낮은 프레스코로 장식했다.

비단 공예(14세기, 베나키 박물관, 아테나이)

보석 가공과 함께 고급 비단 제조는 비잔티움 제국의 전략 산업이었다.
제국 안(아르메니아, 시리아, 칼라브리아) 혹은 바깥(중국)에서 오는 원료는
콘스탄티노플 황실 공방 혹은 지방 공방(일례로 테바이)에서 가공되어
과시적 소비(외국 군주에게 선물, 고관에게 현물 급여 등)를 하는 데 쓰였다.
비단 산업은 국가에 의해 관리됐다. 그 나머지 재료가 통제가 덜 된 공방들에
일거리를 제공했다. 교회는 이렇게 비단 제품들을 축장했는데, 이 테살로니키의
'에피타피오스'라고 하는 제품도 그중 하나다. 이것은 전례용 너울로서
금실로 짠 천에 천사들이 지키는 그리스도의 시신을 묘사했으며
성금요일에 신자들이 경배하는 대상이었다.

팔레스티나 성 사바스 수도원 대(大)라브라(독방 수도원)
초기 비잔티움 수도원 가운데 '라브라'로 불린 수도원에서는 독방 거주 자격을 얻은 수도사들이 월요일부터 금요일까지는 독거하고 토요일과 주일에는 다 같이 모여 전례를 올렸다. 473년 카파도키아의 성 사바스가 세운 이 수도원은 오늘날에도 남아 있다.

「경건한 황제」(1118-22년경, 모자이크, 성 소피아 성당, 이스탄불)
예복 차림의 요안네스 2세 콤네노스 황제와 이레네 황후가
성모에게 금화 주머니와 양피지 두루마리를 바치고 있다.
두 기증자는 하느님의 어머니에게 높은 곳에서 중개를 베풀어
영원한 구원을 내려달라고 비는 것이다.

「공의회를 주재하는 황제」(1371-75, 국립박물관, 파리)
요안네스 6세 칸타쿠제노스는 1351년 5월 27일 블라케르나이 궁전에서 공의회를 소집했다. 황제가 총대주교와 세 명의 수도 대주교, 수도사들과 경비병들에게 둘러싸인 모습이다. 이 자리에서 작가 니케포로스 그레고라스는 험한 말을 듣고 코라 수도원에 유폐됐다.

「그리스의 불」(13세기, 요안네스 스퀼리제스, 국립박물관, 마드리드)
시리아인 칼리니코스가 콘스탄티노스 4세에게 전달한
'그리스의 불' 제조 비법은 9세기까지 비잔티움인이 독점했다.
주로 시폰이라 불리는 관에서 발사하거나,
수류탄 같은 것으로 만들어 던졌다.

이스탄불 테오도시우스 개선 기념 기둥
콘스탄티노플 제7구 히포드로모스 터에 위치한 오벨리스크.
기원전 1490년 이집트에 세워진 것을
콘스탄티우스 2세가 알렉산드리아로 옮겼고,
이후 테오도시우스 황제의 명령으로 이곳에 옮겨 세웠다.

예루살렘 성 스테파노스 성문과 자파 성문

콘스탄티노플은 제국의 유일한 대도시가 아니었다.
시리아와 팔레스티나와 아라비아의 도시들,
즉 가자, 예루살렘, 보스라, 게라사 역시 아름답게 꾸며졌다.

콘스탄티노플 대궁전 모자이크화
십자군의 콘스탄티노플 약탈 후 약 60년간의 라틴인 점령자들에 의한
부주의한 관리는 콘스탄티노플을 폐허로 만들었다.
도시 중심부는 밭이 되었고, 성당은 황폐해지고,
집수장에는 포도가 심어지고, 대궁전은 황무지가 되어
가난한 사람들의 묘지가 되어 있었다.
히포드로모스는 거의 완전히 사라졌다.

동방박사 모자이크화(5세기, 산타폴리나레 누오보 성당, 라벤나)
이 성당에 그려진 복음서 주제화들과 성 모자 그림들은
콘스탄티노플이나 팔레스티나의 그리스 양식을 반영하고 있다.

이스탄불 성 소피아 성당
돔과 그것을 떠받치는 서쪽의 반 둥근 지붕이 눈에 띈다.
532년부터 537년까지 직경 51미터로 지어진
성 소피아 성당의 돔은 건설되고 얼마 안 있어
지진으로 붕괴했고, 더 높게 재건됐다.

테살로니키 성 소피아 성당
7세기에 지어진 둥근 지붕을 얹은 작은 정육면체 모양 성당.
바다 건너 속주들과 제국 바깥 여러
지역에서도 비슷한 모양의 건물들이 지어졌다.

이스탄불에 위치한 코라 성 구세주 교회(카리예 자미)
제국 마지막 수 세기간 교회들은 갈수록 홀쭉한 둥근 지붕을 애호했다.
벽돌로 장식된 이 건물은 성상 파괴주의 이전 시대에
세워진 테살로니키 성 소피아 성당과 대조된다.

이스탄불 콘스탄티노스 립스 수도원(페나리 이사 자미)
제11구에 위치한 성모 교회. 해군 제독 콘스탄티노스 립스가
907년에 세웠다. 북쪽에 테오토코스 교회,
남쪽에 성 요안네스 프로드로모스 교회를 품고 있다.

「축복을 내리시는 그리스도」(12세기, 모자이크, 성 소피아 성당, 이스탄불)
회화와 모자이크는 세계를 가득 채운 신의 왕국을 상징한다.
각종 염료와 금·은박으로 채색한 유리 입방체는 빛을 굴절시켜
광채를 흩뿌린다. 모자이크화는 비용이 많이 들었으므로
주로 어용 장식에서 볼 수 있다.

「배반하는 유다」(12세기, 프레스코, 카란릭 킬리세, 괴레메)
모자이크는 값비쌌기 때문에 프레스코화가 많이 그려졌다.
정해진 순서에 따라 성서 주제들을 형상화하거나 성인들을 주로 그렸다.
교회 벽, 궁륭, 둥근 지붕은 이러한 그림들로 빼곡하다.

「블라디미르의 성 모자」(12세기, 트레차코프 화랑, 모스크바)
이콘, 즉 성상은 가장 대중적인 부적이었으며 그 쓰임새가 다양했다.
이콘은 공적·사적 예배의 대상이었으며
도시를 수호하고 병을 치유하고 복을 내린다고 여겨졌다.

「대(大)탁시아르코스 대천사 미카엘」(14세기, 비잔티움 박물관, 아테나이)
대천사 미카엘이 천사의 표징들을 들고 있다.
십자가를 위에 달고 '공정한 심판관 그리스도'의
두문자를 새긴 지구의 그리고 전령봉이다.

「성 모자」(10-11세기, 상아, 메트로폴리탄 미술관, 뉴욕)
시리아와 이집트의 헬레니즘 혹은 사산조 양식 고대 전통은
동시대 다른 상아 조각가들에게 영감을 주었다.
이들은 이전 작품들로부터 종교 주제와 오락 주제를
가져와 부자들의 저택을 장식했다.

네게브 사막 스베이타에 위치한 바실리카의 후진
지역 건축 양식을 따라 바실리카의 세 개 후진이
석조 블록 안에 배치되어 있다.

라벤나 산타폴리나레 성당
초기 비잔티움 바실리카 건축을 잘 보여주는 건물이다.
그리스 휘메토스산에서 채취한 결 있는 대리석
기둥 열이 건물을 세 부분으로 나누고 있다.

「천국의 계단」(11-12세기, 성 카트리나 수도원, 시나이)
지상에 남은 동료들이 기도하는 사이,
죽은 수도사들이 계단을 기어오르고 있다.
인간이 구원을 향해 오르는 과정을 상징적으로 표현한다.

HANGIL GREAT BOOKS 196

비잔티움 문명

앙드레 기유 지음 | 김래모 옮김

한길사

비잔티움 문명

후기 로마 제국에서 비잔티움으로 | 김래모 • 41
추천사 | 레몽 블로크 • 91
서문 • 95

제1장 지리학에서 바라본 비잔티움 역사 • 97
지중해 동부 가장자리의 비잔티움 제국 • 98
지중해 전역의 비잔티움 제국 • 100
지중해 북쪽 연안으로 줄어든 비잔티움 제국 • 102
비잔티움 제국──에게해 제국 • 112
해협의 제국 • 116
행정 구역 • 119

제2장 제국의 지역과 지형 • 133
제국의 서부 • 133
  이탈리아 • 133
  시칠리아 • 141
  아프리카, 사르데냐, 에스파냐 • 143
제국의 동부 • 151
  발칸반도 • 151
  그리스 • 164
  클리마타 • 168
  소아시아 • 169

비잔티움령 아르메니아 • 189
비잔티움령 메소포타미아 • 192
시리아, 팔레스티나, 키프로스 • 195
이집트와 리비아 • 208

제3장 국가 • 235
국가 행정 구조 • 236
  황제 • 236
  관료 • 244
  수도의 주요 부서들 • 259
  지방 행정 • 271
  의회 • 275
국가의 중추 기관들 • 279
  재정 • 280
  사법 • 298
  외교 • 310
  군대 • 322
  교회 • 336

제4장 사회 • 393
신분 관계 • 393
  노예와 환관 • 393
  얼개 • 401
  신분과 직업 • 402
  유대관계 • 415
사고방식 • 425
  전통의 존중 • 425
  지역주의와 몇몇 예외적 정신 • 448

제5장 경제 • 479

토지 • 479
　토지경작 방식 • 483
　토지경작 방식과 농민의 사정 • 502
도시 생활 • 508
　도시의 구조 변천사 • 508
　상공업의 발달 • 565

제6장 교양 • 613

지성사 • 615
　문서 • 616
　연설 • 672
　도상학 • 674
　문명의 물질 도구들 • 684
감성사 • 696
　신앙의 상징들 • 696
　아름다움에 대한 견해 • 704
　신앙 • 706
　기도 • 714
　민간신앙 • 718

결론 • 783

　옮긴이의 말 • 807
　비잔티움 문명권 지도 • 811
　비잔티움 제국 연표 • 835
　참고문헌 • 907
　부록 • 927
　　용어 해설 • 928 | 주요 인물 한 줄 사적 • 972 | 지역과 민족 • 993
　찾아보기 • 1023
　　용어 색인 • 1024 | 인물 색인 • 1038 | 지명·민족 색인 • 1054

일러두기

1. 이 책은 앙드레 기유(André Guillou)의 『*La Civilisation Byzantine*』(FLAMMARION, 1974)을 완역한 것이다.
2. 본문에서 '희랍' '희랍인'은 7세기 초 비잔티움 제국이 그 고유한 길을 가기 전 그리스적 사물과 그리스인을 가리키며, '그리스' '그리스인'은 그 후의 비잔티움적 사물과 비잔티움인에 대해 사용했다.
3. 맞춤법과 외래어 표기는 대체로 한글 맞춤법 규정에 따랐으며 희랍어 표기는 고전 희랍어 발음으로 표기하는 것을 원칙으로 했다. 단 이미 굳어진 표기에 한해서는 예외로 했다.
   예: 유스티니아누스 1세(프)Justinien I, 유스티니아노스 2세(프)Justinien II; 슬라브인 토마(프)Thomas le Slave(○), 슬라브인 토마스(×).
   희랍어 연자음의 경우는 현실 발음에 반영되는 경우를 제외하고는 표기에 반영하지 않았다.
   예: 마나세스Manasses(○), 마낫세스(×).
   희랍어 입실론(y)은 관행에 따라 대체로 [i]로 표기했으나 원어를 재구성할 필요가 있는 곳은 [y]로 표기한 곳도 있다.
   예: 뮈라Myra(○), 미라(×).
4. 주요 지명에 한해서 로마자를 병기했다.
5. 원어 병기된 단어 중 프랑스어는 (프), 라틴어는 (라), 영어는 (영), 독일어는 (독), 7세기 초 이전 고전 희랍어 표기는 (희), 현대 그리스어는 (현대 그리스) 등으로 표시했다.
6. 본문에서 볼드체는 지은이 설명이 있는 항목, 이탤릭체는 다른 항목으로 제시된 설명, 고딕체는 책의 편명을 표기할 때 사용했다.
7. 각주는 모두 옮긴이가 넣었으며, 간단한 설명은 본문 안에 괄호를 넣고 '옮긴이'라고 표시했다.
8. [ ]로 묶은 부분은 문장의 흐름을 매끄럽게 하거나 지시관계를 분명히 하기 위해 지은이가 삽입한 것이다.

까짜에게 바침

젊은 기사 앙줄이 늙은 교수에게 말했다.
"여보시오, 대체로 사람들은 아무것도 모른다오. 좀 안다고 하는 사람들, 그러니까 관념을 다루고 이리저리 끼워 맞추고 제시할 줄 알아서 자기들이 무슨 독창적인 생각을 한다고 상상하는 사람들조차 자기들이 끼워 맞추는 대상의 근저에 있는 것조차 하나도 새로운 것이 되게 하지 못합니다. 그래서 그들의 표현법은 언제나 표현의 재료보다 20년 앞서지요. 그러므로 그들에게서는 아무것도 배울 게 없는데, 그것은 그들이 말하는 것에 만족하기 때문입니다."

―보리스 비앙, 『북경에서의 가을』 중에서

후기 로마 제국에서 비잔티움으로

김래모

1. 동방과 서방

283년 봄, 로마 황제 카루스가 페르시아 원정 중 크테시폰 성벽 앞에서 벼락을 맞아 죽자 동행하던 그의 아들 누메리아누스가 황제로 추대되었다. 그러나 그는 안질에 걸려 들것에 누워 있던 중 민정장관 아페르에 의해 암살되었다. 아페르는 이 사실을 병사들에게 숨겼는데 시신에서 나는 악취를 의심한 병사들에 의해 사건의 전말이 드러났다. 284년 11월 비티니아의 니코메디아에서 열린 군대 간부 평의회는 자신들 중 발레리우스 디오클레스라는 장교를 황제로 추대했는데, 그가 뒤에 디오클레티아누스 황제가 된다. 그는 황제로 즉위하면서 처음으로 병사들 앞에서 연설한다. 이 자리에서 그는 태양신에게 전임 황제의 복수를 빌고는 손수 단검으로 아페르를 처단하고 자신이 누메리아누스의 죽음에 연루되지 않았다고 맹세한다. 그러나 새 황제는 서방에 있던 카루스의 큰아들 카리누스와 황제 자리를 다투어야 했는데 두 사람의 군대는 일리리쿰 비미나키움 근처 마르구스강 변 전투에서 충돌한다. 카리누스는 항복하는데, 그것은 군사적 열세라기보다는 자신의 군대 내에서 그가 쌓은 그에 대한 적대감 때문이었다. 그는 결국 그가 유혹한 여자의 남편이었던 한 명의 천부장(tribunus)에 의해 살해된다.

이상이 사료가 전하는 디오클레티아누스의 황제 등극이다. 여기서 로마 황제 선출의 전형적인 방식이 보이는데 그것은 군대 장교 회의에서 이루어지며 병사들은 집회에서 그를 황제로 환호하며 방패 위로 들어올리고 황제는 병사들에게 물질적 보상을 한다. 장교 회의는 어느 곳에 주둔한 군대의 장교들이라도 열 수 있고 복수의 회의가 복수의 황제를 선출할 때는 군대 간 충돌로 결판이 난다.

오현제 황금시대가 끝나고 로마제국은 혼란에 빠졌다('3세기 위기': 235-285). 황제들은 군대와 관료 녹봉 지급을 위해 귀금속의 함량을 형편없이 떨어트린 화폐를 발행해 인플레이션을 일으켰고, 이방인의 약탈과 과도한 세금으로 농촌 경제는 피폐했다. 화폐의 가치 하락으로 교환 기능이 사라져 현물 교환이 대세가 되었다.

디오클레티아누스는 혼돈의 제국을 안정시켰다. 그의 첫 번째 임무는 이방인들의 침략으로부터 국경 지대를 방어하고 혼란을 틈타 반란 세력이 등장해 제국으로부터 떨어져 나가려는 속주들을 중앙 권력 권위로 돌아오게 하는 것이었다. 그는 이방인의 침략과 바가우다이 봉기에 신음하던 갈리아에 그의 오랜 동료 막시미아누스를 카이사르로서 파견했다. 막시미아누스는 빠른 시일 내에 게르만족을 라인강 동쪽으로 몰아내는 데 성공하고 반란을 진압해 갈리아에 평화를 회복했다. 디오클레티아누스는 286년에 그를 아우구스투스의 지위로 승진시켰다. 막시미아누스는 디오클레티아누스와 공동으로 통치하게 되었고 개인적인 위신과 권위에서 황제에 버금가게 되었다.

이러한 성공에 힘입어 디오클레티아누스는 293년 4제정치(tetrarchy)를 수립하기로 작정했다. 그것은 동방과 서방에 각각 1명의 아우구스투스를 두고 1명의 카이사르가 그를 보좌하게 한 것이었다. 자신은 동방의 아우구스투스로서 카이사르로서 도나우 주둔군 장교이자 탁월한 전략가인 가이우스 갈레리우스를 거느렸다. 서방 아우구스투스 막시미아누스에게는 카이사르로서 또 다른 도나우 주둔군 장교 가이우스 플라비우스 율리우스 콘스탄티우스(일명 클로루스, '창백한 얼굴'을 의미한다)를 붙여주었다. 카이사르들은 아우구스투스와 혼인으로 연결되었고 그의 유고 시 뒤를 잇는 상속자였다. 법률이 4명의 군주의 이름으로 공표되었고 4명 중 한 사람이 전쟁에서 승리하면 모두가 갈채를 받았다. 반면에 네 사람이 각각 독자적인 법정과 친위대를 두었고, 자신의 형상과 이름이 새겨진 주화를 발행할 권한이 있었다.

디오클레티아누스 개혁의 핵심은 로마제국의 주권을 지리적 강역에 따라 분할한 것이었다. 황제와 그의 동료 아우구스투스는 비록 연장자로서 그 지위가 달랐으나 자신의 지역에서 같은 권한을 갖고 있었다. 연장자는 자신의 수하 황제를 직접 지명하거나, 그와 상관없이 선출된 자를 사후에 승인했다. 각 아우구스투스와 카이사르는 자신의 수도에서 제국 방어를 맡았다. 막시미아누스는 라인강 상류와 도나우강 상류를 밀라노에서, 콘스탄티우스는 라인강 중·하류, 갈리아를 트리어에서, 갈레리우스는 도나우강 중·하류를 시르미움에서, 디오클레티아누스는 니코메디아에서 제국의 동쪽 부분을 맡았다. 그의 시대부터 제논 황제가 서방 황제 네포스 사후 서방 제국을 폐지한 480년까지 제국은 두 명 이상에 의해 다스려지게 되었다.

디오클레티아누스 시대 중앙 정부 체제는 그가 처음에 그의 동료에게 정부를 꾸리게 하고 나중에 카이사르들에게도 꾸리게 한 것 외에는 새로운 것이 도입되지 않았다. 이전 황제들은 언제나 원정으로 여기저기 돌아다녔으므로 그를 보좌하는 정부(comitatus) 또한 황제와 더불어 돌아다니며 업무를 보았다. 코미타투스는 황제의 개인 가정, 환관들(cubicularii)과 그들의 수하 인력이 시중을 드는 황제 침실(cubiculum), 황제 경호대와 다른 부대들뿐만 아니라 황제 자문기구인 콘시스토리움(consistorium), 민정 총독(praefectus praetorio)과 수하 인력, 2명의 재정관(rationalis rei summae/rationalis summarum와 magister rei privatae), 여러 비서국들(officia 혹은 scrinia)이 있었는데, 가장 중요한 직책은 '마기스테르 메모리아이'(magister memoriae)였고, 그다음으로 중요한 두 직책은 '마기스테르 에피스톨라룸'(magister epistolarum)과 '마기스테르 리벨로룸'(magister libellorum)이었다. 그들은 법률 절차에 관한 임무뿐만 아니라 많은 행정적 사무도 담당했는데, 온갖 종류의 청원과 중앙 정부로 올라오는 병력 및 로마 학생들에 관한 보고서, 로마 원로원 의사록 같은 것들을 접수하고 철하고 배부했다. '마기스테르 메모리아이'는 황제의 답서를 작성했고, '마기스테르 에피스톨라룸'은 판사들로부터 황제에게 오는 문의를 담당했고, '마기스테르 리벨로룸'은 심리(審理)를 준비했다. '아 콘실리스 사크리스'(a consiliis sacris, 정책 심의관) 직명을 가진 관리들은 아마도 황제 고문회(consistorium)의 비서들이었던 것 같다.

후에 제국 최상위 행정 단위 '도'(praefectura)의 장관으로 변모하게 되는 민정 총독은 디오클레티아누스가 즉위할 때 가장 강한 실권을 누리고 있었다. 4제정치기 두 아우구스투스들은 각자 자신의 민정 총독을 임명했고, 디오클레티아누스가 선위(禪位)하고 내전이 발생했을 때 경쟁하는 황제들도 각자 민정 총독을 임명했다. 317년 콘스탄티누스는 그의 맏아들 크리스푸스를 위해 제3의 도를 창설했다. 콘스탄티누스 사후 그의 아들 3형제는 제국을 분할해 각자가 아우구스투스로서 민정 총독을 임명해 제국은 서방의 갈리아도(갈리아·비엔넨시스·히스파니아·브리타니아), 중간의 일리리쿰도(이탈리아·

아프리카·판노니아·다키아·마케도니아), 동방의 동방도(트라키아·아시아·폰토스·오리엔스)로 분할되었다. 347년 콘스탄티누스의 아들 콘스타스가 이탈리아·일리리쿰·아프리카도에서 일리리쿰을 떼어내어 마케도니아·다키아·판노니아주(dioecesis)를 그 판도로 하는 일리리쿰도를 창설했다. 그 후 일리리쿰도는 폐지와 부활을 거듭하다가 395년 제국 분할 이후가 되어서야 마케도니아와 다키아를 그 판도로 하고 수도를 테살로니키에 갖는 일리리쿰도가 제국 행정 체계의 고정적 일원이 된다.

그의 이름 '프라이펙투스 프라이토리오'(praefectus praetorio)가 나타내듯 그는 원래 친위대 대장이었으나 2세기에 황제의 대리로서 사법권을 획득하며 세베루스 왕조 때 더욱 확대된 권한을 갖게 된다. 그는 속주 장관으로부터 오는 상급심을 처리하게 된다. 황제 최고 참모로서 그는 징병과 군대 규율 및 보급을 담당했는데, 특히 군대 물자 조달 제도의 확충으로 군대 보급이 중요한 임무가 됨에 따라 그의 대리인(vicarius)과 속주 장관을 통해 현물세 세액 책정과 징수를 담당하게 되고 토목 공사와 제국 역참 관련 업무도 담당해 사실상의 제국 행정 총책이 된다.

아우구스투스들인 디오클레티아누스와 막시미아누스는 완전한 '코미타투스'를 가지고 있었으나 카이사르들이 완전한 코미타투스를 거느렸는지는 확실하지 않다. 군대 보급품 조달이라는 막중한 임무를 생각할 때 민정 총독직이 없었다고 보기는 어렵다. 콘스탄티우스가 외무·법무 장관 격인 '마기스테르 메모리아이'(magister memoriae)를 거느렸다는 것은 확인되므로 다른 비서들도 있었다고 추정할 수 있다. 그러나 카이사르들이 재정 장관들도 거느렸는지는 확실치 않다. 디오클레티아누스와 막시미아누스는 아마도 카이사르들의 장관들을 임명했던 것 같다.

디오클레티아누스 이전 시대 정예 부대이긴 하나 수가 적었던 황제 친위대를 제외하곤 기동 야전군이 없었다. 국경 수비는 정적 방어 시스템에 입각해 있어 국경선을 따라 고정적으로 설치해놓은 야전 시설들에 단위 부대들이 주둔하는 시스템이었다. 셉티미우스는 국경 지대의 군단 병사들에게 주변 지역의 여성들과 결혼하는 것을 허용하고 부대 주변에서 농사짓는 것을 장려해 국경 주둔군의 고정되고 정적인 성격을 한층 강화했다. 국경 지대가 상대적으로 평온할 때는 이 체제가 제대로 작동할 수 있었다.

그러나 3세기 후반에 이 체제가 더 이상 효과가 없음이 자명해졌다. 라인강과 도나우강 유역에서 이민족이 벌인 공격의 강도와 빈도가 증가했고, 동방에서 새로운 사산조 페르시아의 위협이 대두했다. 어느 한 지역의 군대를 빼면 다른 지역이 위험에 처했다. 병사들은 자기 지역에 대한 애착이 강해 다른 지역으로 떠나려 하지 않았다. 그러므로 자기 지역에 대한 관심에서 자기 지역 지휘관을 황제로 추대하는 경우가 종종 있었다. 디오클레티아누스는 군단들을 작게 나누고 고르게 분포했다. 아울러 군대를 리미타네이(국경 수비대)와, 코미타텐세스('수행하는 인원')라 불린, 4제를 수행하며 필요 시 신속히 투입 가능한, 기병을 위주로 한 야전군의 두 주력 부대들로 나누었다. 후자는 신체적 조건이 좋아야 입대할 수 있었고 녹봉과 음식, 근무 연한에서 특혜를 누렸다. 부족한 병력을 보충하기 위해 강제 징집, 병역 세습화, 용병, 지주들로부터 일정 수의 병력 또는 용병 유지에 필요한 재원 공여 의무화, 자원입대 장려를 시행했다. 전쟁 포로들은 입대하면 노예가 되거나 죽을 운명을 면할 수 있었다. 게르만족 정착민들과 전역 군인의 아들이 징집 대상이었고 심지어 현역 군인 아들도 징집을 강요당했다. 입대하면 부역과 세금을 면제받았고 세상사에서 도피할 수 있었다. 심지어 지역 유지들도 지역 관리의 의무와 세금 납부에서 해방될 수 있었다.

콘스탄티누스는 디오클레티아누스의 업적을 더욱 근본적인 방향으로 확대하고 완성으로 이끌었다. 콘스탄티노플을 제2의 로마로 건립한 것은 희랍적 동방과 라틴적 서방의 영구 분리로 향한 길이었고 이후의 유럽 역사를 결정지은 사건이었다. 기독교를 국교로 한 것은 그 역사적 의미가 더욱 큰 것이었다. 로마의 짝으로서 그것을 모방해 건립된 콘스탄티노플은 이제 유럽과 그 인근 아시아의 역사를 1,000년 동안 좌지우지할 큰 역량을 갖추게 된다. 스코틀랜드에서 메소포타미아까지 영역을 지배한 최후의 황제 테오도시우스가 죽자 (395년) 제국의 지리학적 이분, 즉 2명의 황제를 동반한 동방과 서방으로의 분리는 최종적으로 완성된다.[1] 테오도시우스의 어린 계승자들 치하 제국은 2명의 황제가 각각 로마와 콘스탄티노플의 집정관을 임명하고, 법률을 공동 명의로 공포함으로써 외견상 통일을 유지했다. 그러나 한쪽에서 공포한 법률은 대부분 한쪽의 문제들을 다룬 것들이었고 서로에게 제대로 전달되지도 않았다. 이 2원 체제는 5세기 게르만인들의 침략과 이주로 서방이 게르만인들의 왕국으로 쪼개질 때까지 85년간 지속한다. 동방 또한 같은 게르만인들의 침략에 시달렸으나 기민한 보조금 정책과 외교 수단으로 위협을 극복할 수 있었다.

서방에서 로마제국 반쪽이 사라진 뒤에도 6세기까지 제국의 주권은 법률적으로는 이전 서쪽 부분을 포함한 것이었고 콘스탄티노플 황제들은 서방에 대한 그들의 청구권을 결코 포기하지 않았다. 489년 제논 황제는 오도아케르를 제거하고 이탈리아에 대한 지배를

---

1) 제국이 실제 통치 체제로서 이원화된 것은 367년 발렌티니아누스 1세가 즉위하며 자신의 동생 발렌스에게 동방 통치를 맡기면서부터였다. 그들은 서로에게 간섭받지 않고 자신의 영역을 다스렸다.

되찾기 위해 동고트인 테오도리크를 이탈리아로 파견했고 이탈리아에서 테오도리크 왕조가 끊어지자 유스티니아누스는 530년대 이탈리아와 아프리카를 되찾기 위한 대대적인 군사 작전을 벌인다.

제국은 6세기 일시적으로 아프리카와 이탈리아를 되찾았으나 기력을 소진한 제국은 페르시아의 침략에 직면한다. 이 위기를 극복하자 이번에는 7세기 아랍인들의 득세로 인해 아시아 영토 상당 부분을 빼앗기고 동시에 슬라브인들과 불가리아인들에게 유럽 쪽 영토를 빼앗긴다. 그러나 가장 핵심적인 소아시아를 유지한 제국은 8세기부터 부흥기를 맞이하며 11세기 중반까지 공세에 나서 일부 영토를 회복하고 전성기를 누린다.

1,000년 이상 지중해 동편의 정치 생활을 담당한 제국의 특징으로 널리 회자되는 것이 그 보수성이다. 핀레이는 이 보수성의 핵심을 '법률에 기초한 통치'로 보았으며 항구한 기간 변함없이 지켜져온 전통으로 보았다. 비잔티움 법률의 원천은 로마법에 있었고 법률가들은 이에 기초한 보수적 해석을 즐긴다. 그러나 로마법은 헬레니즘 전통과 국교로서의 기독교 사상이 지배하는 곳에서 본래의 사회 질서를 규율하는 성격보다는 주민의 이익에 중점을 둔, 인간애와 선행의 성격이 강화된다. 여기서 황제는 헬레니즘과 근동 정치의 전통에 따라 '법의 화신'(nomos empsychos)이 되며 정교 사상에 바탕을 둔 신성한 전제군주로서의 책임을 지닌다. 비잔티움 체제는 기원전 3세기부터 헬레니즘의 수도였던 알렉산드리아에서 서기 5세기 그 바통을 이어받았다. 따라서 비잔티움은 헬레니즘의 최종적 계승자로 볼 수 있다. 이렇게 비잔티움 체제는 한편으로 보수적이지만 한편으로 새로운 상황에 자신을 적응시켜온 체제다.

기원전 31년 아우구스투스는 공화정을 외피로서만 남겨놓고 '시민의 일인자'(Princeps)로서 권력을 원로원과 나누어 가졌다. 이것은 원수정 혹은 이원제로 불린다. 자신을 프린켑스로 불러 권력을 원로원에 양여하는 듯했지만 실제로는 프린켑스가 국정을 주도권을 행사했으며 양자는 서로 알력 관계였다. 황제는 끊임없이 원로원의 권력을 축소시켰으며 3세기 말에 이르면 공화정의 외피조차 종식된다. 이에 따라 로마 황제는 시민의 일인자보다는 왕의 성격이 강화되며 아우렐리아누스는 페르시아 왕국의 왕이 쓰던 왕관(diadema)을 착용하고 동방의 궁정에서 행해지던 의전들을 황제 주변에 도입했으며, 황제 알현 시 부복 등 궁정의식은 디오클레티아누스와 콘스탄티누스에 의해 승인되어 궁정 문화의 일부를 이루게 된다. 아우구스투스는 옛 공화정의 외피를 보존해 과거와의 연속성을 보존했으나 콘스탄티누스와 그의 후계자들은 이 마지막 외피마저 벗어던짐으로써 전제정을 확고한 것으로 만들었다.

제국에서 가장 오래되고 높은 위신을 자랑하던 원로원 계급(clarissimi)은 디오클레티아누스 때까지는 공화정 이래 로마 귀족 계급의 세습적 승계에 의한 소수의 선택된 자들의 집합이었으나 3세기 중엽 군사 지배권을 박탈당함으로써 현저히 약화된다. 디오클레티아누스 재위 말기에 오면 이 경향은 더욱 심화되어 그들은 이제 소수의 민간 하위직으로만 진출할 수 있었다. 이와 반대로 원수정 초기부터 기사 계급(equites)은 약진을 거듭해 비록 서열상으로는 원로원 의원에 뒤졌으나 정치적으로는 더욱 중요한 직책들을 점하게 되었다. 기사 계급이 되는 것은 원로원처럼 세습에 의하지 않고 황제들이 수여하는 직책으로 말미암았다. 기사 계급에는 그들이 받는 봉급 액수에 따른 등급들이 존재했다(최하위 egregii 혹은 sexagenarii부터 centenarii, decenarii, perfectissimi(30만 세스테르티우스), eminentissimi). 디오클레티아누스는 이들의 숫자를 크게 늘려 거의 모두가 페르펙티시무스였던 속주 장관(praeses) 수의 2배, 디오이케시스의 비카리우스, 재정관(rationales rei privatae, magister rei privatae), 새로 도입된 군 지휘관(duces)들이 기사 계급에 편입되었다. 민간 행정 고위 관리들도 기사로 편입되었고 현직 관료뿐만 아니라 전직 관료들에게도 서열과 특권을 평생 보장했으므로 그 수가 증가했다.

콘스탄티누스는 황제 주변 인사(comes)들로 구성된 제3의 귀족 계급을 창설했는데, 이 계급의 칭호(comitiva)는 원로원 계급과 페르펙티시무스 기사 계급에게도 수여되었기 때문에 이 3계급은 서로 중첩했다. 코메스 직은 황제의 자문을 받는 그룹, 디오이케시스 민간 행정 감시 그룹, 야전군 지휘관 그룹에게 수여되었는데, 다른 관료나 부서장들에게도 수여되었고 직책과 상관없이 명예로 수여되기도 했다. 코메스의 직책은 황제의 자의로 결정되었으나 그 특권은 평생 유지되었고 명예로 받는 경우도 많았기 때문에 코메스 계급은 기사 계급처럼 갈수록 증가했다.

이러한 콘스탄티누스 시대 남발된 명예 칭호 수여로 인해 4세기 3사분기까지 기사 계급과 코메스 계급이 현저히 확대했다. 콘스탄티누스와 그의 아들들은 원로원 계급도 크게 확대했는데, 그들은 원로원 의원 칭호를 남발했을 뿐만 아니라 이전에 기사 계급에게 수여되던 직책들에도 원로원 의원들을 임명했고 원로원 의원에 한정된 직책도 늘렸다. 태어나면서 원로원 계급이던 사람이 페르펙티시무스 기사 계급에게 할당되던 프라이세스로 임명되기도 해 굴욕감을 느끼는 사람도 생겨났다. 콘스탄티누스는 이런 사람들을 위해 일부 속주의 등급을 상향 조정해 그 장관에게 '콘술라리스'(consularis)[2]라는

---

2) 원수정 기 비중이 큰 속주 장관들(legati Augusti pro praetore)을 비공식적으로 지칭하던 칭호.

칭호를 부여했다. 이렇게 등급이 높아진 속주들이 늘어남에 따라 원로원 속주 장관들이 늘어나게 되었다. 원로원 의원들은 또한 디오이케시스주(州) 행정에도 진출했다. 한편 기사 계급 관료들과 그들의 아들들은 원로원 의원으로 자유롭게 등록될 수 있었다. 군 지휘관의 신분 상승은 늦었지만 이들도 발렌티니아누스와 발렌스 시대에 오면 둑스들은 승진과 동시에 원로원 계급이 되었다. 이들은 모두 직책에 기반한 신분 상승의 예로서 새로운 귀족 계급의 탄생을 의미했다.

대대로 축적한 재력에 기반해 막대한 원형경기장 유흥 비용을 희사했고, 공화정 시기까지 소급하는 명문 귀족들이 중심이었던 로마 원로원 계급과 달리 콘스탄티노플 원로원은 재력과 출신이 현저히 떨어지는 사람들로 구성되었다. 원로원 예비 멤버(로마에서는 프라이토르)로서 두 도시의 유력자들이 내는 유흥 비용은 현격히 달랐다. 최초 콘스탄티우스에 의해 조직된 콘스탄티노플 원로원의 핵심은 그의 지배 영역에 주거를 가진 로마 원로원 의원들이었다. 의원들은 지방 장관들이나 비카리우스로 임명됨으로써 관행적으로 원로원 계급에 편입된 사람들로 그 수가 확대되었다. 이들에게는 로마에서처럼 원로원 의원이 되기 위해 프라이토르 경력이 필요하지 않았고, 황제의 근신(comites)들은 거의 자동적으로 원로원에 편입되었다. 콘스탄티노플 원로원은 제국 정부와는 별개의 어떤 소속감을 배양할 수 없었다. 이와 달리 로마 원로원은 그들 뒤에 오랜 전통을 가지고 있었고 제국 정부에 반드시 우호적이지 않았던 그들의 전통을 유지했다.

원로원 계급에 진출할 수 있는 관직의 수가 증대하고 이들의 통상적인 임기가 짧았으므로 관직에 진출해 원로원 계급이 되는 사람들의 수가 더욱 늘어났고 명예직의 수여는 이 과정을 더욱 촉진했다. 발렌스 시기에 오면 지방 행정관 계급(decuriones)조차 지방의 고위 사제가 됨으로써 합법적으로 원로원 신분이 된다. 급기야 콘스탄티우스 2세 때에 오면 이들이 원로원에 진출해 지방 행정관 취임 면제를 받음으로써 큰 문제를 일으키게 된다. 5세기 초에 오면 프라이세스들(기사 계급 지방장관)도 '클라리시무스'(원로원 계급)가 되며 코메스 계급의 위신도 현저하게 축소된다. 이때부터 확대된 원로원 계급이 제국의 유일한 귀족 계급이 된다.

후기 로마제국 지방 행정의 초석을 놓은 것은 디오클레티아누스의 지방 행정 개혁이었다. 제국 초부터 속주 수는 완만히 증가해 디오클레티아누스가 제위에 오를 때쯤 그 수는 50에 달했다. 디오클레티아누스는 속주를 더욱 잘게 쪼개어 그의 제위가 끝날 때쯤 속주 수는 거의 2배가 되었다. 그는 속주 중 수비대가 주둔하고 있던 일부 속주의 군사 지휘권을 지방 행정에서 분리했다. 이 과정은 천천히 진행되어 그의 임기 후반 군사령관 둑스란 직책이 창설되었고 점차 많은 지역의 군 지휘권이 둑스에게 이양됐다.

군 지휘권 분리는 일부 속주에 한했으나 거의 모든 속주에서 지방장관은 사법과 재정을 겸해 담당하게 된 것 같다. 2세기 지방행정에서 사법 행정은 프로콘술, 혹은 레가투스, 재정은 프로쿠라토르가 담당했으나 3세기에 오면 '프라이세스 대리 프로쿠라토르'(procurator agens vices praesidis)가 두 부문을 겸해 관장하거나 프로콘술과 레가투스가 재정권을 획득해 현물세 과세액을 책정하고 징수하게 된다. 디오클레티아누스는 이 과정을 완성했고 불규칙하게 금전으로 부과되던 세금이 연 과세량(indictio)에 입각한 현물세 중심 세정으로 개혁된다.

이 과정에서 원로원 의원 출신들은 거의 배제되었다. 디오클레티아누스 재위 초기에는 원로원이 임명한 프로콘술과 레가투스가 몇 명 있었으나 제위 말기에 오면 2명의 프로콘술, 즉 현저하게 그 영역이 줄어든, 아시아와 아프리카의 프로콘술밖에 없었다. 이탈리아를 쪼개 만든 새 속주들에 그는 장관으로서 코렉토르를 임명했는데, 그들은 통상 원로원 의원들이었으나 기사 계급도 될 수 있었다. 예전부터 프로콘술이 다스리던 시칠리아와 아카이아 또한 코렉토르로 대체되었는데, 이들은 원로원 의원들이었다. 나머지 기록에 남아 있는 모든 속주 장관들은 프라이세스로서 기사 출신들이었다. 이 '프라이세스'는 이전에는 비공식적으로 모든 지사를 가리키는 칭호였으나, 기사 계급들의 약진으로 말미암아 이제는 지사직 중 가장 낮은 등급, 기사 계급만이 담당하는 지사를 가리키는 기술적 용어가 된다. 상위 등급 지사는 원로원 의원만이 될 수 있던 프로콘술과, 원로원 의원들도 될 수 있던 코렉토르였다.

디오클레티아누스의 지방 행정 개혁이 군사 반란을 예방하는 데 그 초점이 있었다고 주장되어 왔다. 지방 행정에서 군사 지휘권을 분리한 것이 그 일환으로 보일 수도 있겠지만 사실 이것은 그의 재위기 늦은 시점에 부분적으로 달성되었을 뿐이다. 더욱이 새로이 창설된 둑스 중 몇몇은 이전의 속주 장관들보다 훨씬 큰 지역의 방어를 담당했다. 실상 트라키아나 아시아와 같은 무장력이 없던 속주가 훨씬 많은 수로 쪼개졌는데, 그 진정한 동기는 속주 장관들에게 더욱 집중해 행정을 펼치게 하기 위한 것이었다.

속주 장관의 두 주요 임무는 사법과 재정이었다. 이중 재정이 더욱 많은 시간을 요했는데, 그는 오랜 금전세뿐만 아니라 많은 현물세 또한 징수해야 했다. 사법 행정은 이전에 도시 정부의 관할이었지만 이제는 로마가 설치한 행정관이 떠맡고 있었으나 그들의 역할은 거의 형해화했으므로 실제로 모든 사법 쟁의를 속주 장관이 처리하게 되었다. 업무 과중으로 이 업무는 방기되기 십상이었으므로 디오클레티아누스는 장관들이 사법 행정을 하급 판사(judices pedanei)들에게 위임하는 것을 금지하고 직접 처리하도록 명령했다. 만일 다른 업무에 바쁘거나 사건들이 너무 많을 시에는 그들 자신이 미리 법률에 입각한 판결을 내리고 다른 판사를 지명해 개별 사건들을 처리하도록 했다. 그렇더라도 중요한 사건은 장관이 직접 처리하도록 했다. 디오클레티아누스는 로마법이 정확하고도 어디에서나 같은 방식으로 적용되는 데 신경 썼는데, 그의 수많은 회칙(rescript)들은 법률의 기본적인 사항들을 강조하고 있다. 이것은 당시 많은 속주에서 실제로 법률이 제대로 이해되지 않고 있었다는 것을 반증한다.

이 두 행정뿐만 아니라 속주 장관은 많은 도시 행정을 수행해야 했는데, 그것들에는 도로 보수, 역참 시설 보수·운영도 있었다. 특히 도시 평의회(정부)에 주의를 기울여야 했는데, 그것은 데쿠리온 신분(decurionate), 정규 행정관, 군대 물자·인원 조달, 공공 공사 인력 조달을 담당한 특별 업무 당당관의 임명에 관한 이의 제기가 많이 접수되었기 때문이다. 또 직접 혹은 수하 집행관을 통해 밀린 세금 징수를 해야 했다. 아시아 속주의 프로콘술은 250개 도시들을 관리했는데, 그것은 세 명의 부관(legatus)을 거느리고도 과중한 업무였다.

비록 4개로 나누어졌으나 중앙 정부가 속주들을 일일이 관리하는 것이 너무나 과중한 업무였으므로 디오클레티아누스는 몇 개의 속주들을 묶어 디오이케시스라는 행정 단위를 창설하고 민정총독의 대리자로서 '민정총독 대리'(vices agens praefectorum praetorio, 줄여서 비카리우스vicarius)를 파견했다. 비카리우스들은 프라이세스의 휘하에 있던 군대 지휘를 포함해(둑스 휘하 군대는 불명) 모든 면에서 민정총독들을 대리했다. 다만 아프리카와 아시아 속주의 프로콘술들만은 아프리카 디오이케시스 비카리우스와 아시아나(Asiana) 디오이케시스 비카리우스에게도, 따라서 해당 민정총독들에게도 예속되지 않았는데, 이것은 프로콘술의 특권적 지위를 인정했기 때문이다. 다른 프로콘술 직들은 폐지되었다.

후기 로마제국의 세정은 독립한 3기관(민정 총독, 어사관御賜官/sacrae largitiones), 황제 개인 재산 관리부(res privata)에 의해 운영되었다. 이 3기관은 황제에게 직접 보고하고 각자의 수입과 관리인이 있었다. 이들은 역사적 계기에 의해 발생했다.

원래 원수정 초기부터 세정은 국세와 황제 개인 재산(patrimonium)을 따로 관리하는 체제였다. 후에 후자는 규모가 커지고 황실 재산으로 분류된다. 셉티미우스 세베루스(재위 193-211)는 이것을 관리하는 기관을 따로 창설하고 속주에도 소속 관리를 둔다. 동시에 자신의 재산과 그의 적들로부터 압수한 영지를 관리하기 위해 '레스 프리바타'를 창설하고 마찬가지로 속주에 소속 관리들을 둔다. 후에 레스 프리바타가 '파트리모니움'을 흡수하고 그 수장(magister rei privatae)이 모든 황제 재산을 관리하게 되는데, 이 재산에는 옛 로마의 공용 토지 유류분도 포함되게 된다. 그는 유력한 부서장이었으나 공적 수입, 즉 세금을 관리하고 조폐창과 광산도 관장하던 재정 총괄책(rationalis rei summae)보다는 낮은 직급이었다.

3세기 인플레이션 시기 금전세의 가치가 하락함에 따라 국세는 점차 현물세로 바뀌게 되었고 그 징수는 민정 총독의 지시를 받아 속주 장관들이 맡게 되었다. 그 결과 '재정 총괄책'은 중요성이 하락하게 되었고, 이제 그는 조폐창·광산 관리와 옛 금전세의 잔존물과 새로운 정금 징수 업무만 맡게 되었다. 그러나 그가 징수한 세금은 제국의 수요에 미치지 못했고 현물세의 중요성이 커짐에 따라 민정 총독이 사실상 재정 주무 장관이 되었다. 디오클레티아누스는 불규칙한 세금들을 통일하고 미리 책정된 연간 세액 인딕티오를 제정해 세정을 개혁했고 민정 총독이 그것을 담당하게 했다. 안정적인 금화가 새로이 도입되어 현물세는 점차 금전세로 대체되었으나 제국 재정 제도는 이전처럼 운영되어 민정 총독이 그대로 실권을 행사하게 된다. '재정 총괄책'(res summa)은 나중에 어사관(sacrae largitiones)으로 불리게 되었고 민정 총독과는 다른 재정 업무를 맡게 된다. 재정 총괄책은 그의 대리인(rationalis vicarius)들과 속주 장관들을 통해 금전세를 징수하고 집행했고, '황제 개인 재산 관리부 마기스테르'(magister rei privatae)는 디오이케시스 급 마기스테르들과 그들의 수하 프로쿠라토르들을 통해 황제 소유 토지의 지세를 징수했고, 황실에 소유권이 있는 토지에 대한 권리를 주장했다. 그러나 디오이케시스 단계에서 재정 총괄책 대리인들과 황제 개인 재산 관리부 디오이케시스 급 마기스테르들은 협동해 업무를 수행하는 일이 잦았는데, 이것은 '황제 개인 재산 관리부'가 재정 총괄책의 지시를 따랐다는 가설을 가능하게 한다.

3세기 끝없이 하락한 화폐 가치는 디오클레티아누스와 콘스탄티누스가 발행한 금화 솔리두스에 의해 회복되었다. 이것은 금 1파운드당 일정한 개수(처음에는 60, 나중에 72)를 발행했으므로 안정된 가치를 지녔다. 이것이 후기 로마제국과 비잔티움 화폐 경제의 초석이 되었다. 비잔티움제국은 이 화폐로 정기적으로 관료와 병사들에게 급료를 지불했고 이 화폐는 지중해권에서 오랫동안 신용을 유지했다.

325년 니케아 공의회는 수도 대주교들에게 지방 교회 조직 권한을 주는 등 교회 조직의 대강을 마련했으나 세부사항들은 미결정인 채로 남았다. 381년 콘스탄티노플 공의회는 이 문제를 다시 다루어 트라키아·아시아나·폰티카·오리엔스·이집트 교구들에서 주교들이 다른 교구의 일에 간섭해서는 안 된다는 규정을 마련했다. 또 이집트에서 알렉산드리아 주교가, 좀더 모호하게 오리엔스에서 안티오케이아 주교가 전제적 권한을 행사한다고 규정했다. 또 이 공의회의 중요 결정 사항으로서 콘스탄티노플이 '새 로마'이므로 콘스탄티노플 주교는 구로마에 이어 다른 주교들에 대해 우월적 지위를 가진다고 규정했다. 로마·알렉산드리아·안티오케이아 교회는 이에 반발했으나 콘스탄티노플 교회는 황제에게 가까운 위치, 주변 지역 주교들의 고충을 해결할 수 있는 지위로 인해 그 지위를 굳힐 수 있었다. 콘스탄티노플은 특히 알렉산드리아와 반목을 거듭해 공의회는 두 도시 간 알력의 장이 되곤 했다.

로마 주교, 즉 교황은 예로부터 초대 로마 교회인 베드로의 위상을 주장해 교리와 규율에서만이 아니라 주교들 사이 분쟁에 있어서도 우월한 권한을 갖는다는 점이 서방에서 일반적으로 인정됐다. 그들의 교구에서 송사에서 패한 주교들은 로마 교황에게 재심을 요청했다. 로마의 우월적 사법권은 서방만이 아니라 동방에서도 인정되어 제국 수도 주교들은 교황의 이 우월한 권리를 인정했다. 그러나 동로마 다른 곳에서는 인정되지 않았다. 테오도시오스 2세 때 알렉산드리아 주교 테오필로스와 콘스탄티노플 주교 요안네스 크리소스토모스의 알력처럼 종종 황제가 주교들 간 분쟁의 조정자가 되었다.

황제는 교회 일에 깊숙이 간여했다. 전 교회에 관련된 세계 공의회는 황제만이 소집할 수 있었고 공의회의 결정은 황제의 재가가 필요했다. 황제는 사도의 한 명으로 간주되었고 동로마에서 교회는 국가와 한 몸이었다. 교회의 이념은 국가의 이념이었고 교회 교리는 황제에 의해 재가되어 그 효력을 발했고, 헤라클레이오스·유스티니아누스·제논 황제들은 교리로 인한 교회 분열을 치유하기 위해 새로운 교리를 고안하기도 했다. 황제는 자신에게 협력적이지 않은 총대주교를 갈아치울 수 있었다. 동로마에서 카노사의 굴욕은 있을 수 없었다.

동로마에서 황제는 지상에서 천상 왕국 정치를 실천하는 신의 대리자였고 교회는 효율적인 행정체제 안에서 자신의 국가적 기능을 수행했다. 이단과 교회 분열을 끝내는 것은 제국 정부의 권리이자 임무였다. 성서적 신념은 인민들의 국민적(national) 정체성의 필수 부분이었고 모든 행복의 원천이었다. 이러한 체제에 대한 자부심은 대외적으로 편협한 정신을 낳았다. 동로마인의 관점에서 덜 문명화된 이웃 민족들이 비잔티움의 완전한 종교, 즉 정교를 받아들이고 종교와 일체화된 비잔티움 국가에 충성하는 것 외에 그들을 문명화시키는 길은 없었다. 이 이데올로기는 애초에 민족성과는 아무 관련이 없었고 비잔티움은 다른 민족을 정교에로 귀속시킬 때 그들의 특수성이나 관습을 전혀 고려하지 않았다. 이러한 정치와 종교의 공고한 결합은 불가리아와 아르메니아와의 교섭에서 일어난 불행한 사건들의 원인이었다.

5세기 제국 서부가 이방인의 왕국들로 쪼개졌을 때 동부는 살아남았다. 동부는 도시화가 더욱 진전되어 있었고, 인력과 자원이 더욱 풍부했고, 비록 다양했지만 더욱 강한 문화적 일체감을 공유하고 있었다. 콘스탄티노플 원로원은 로마 원로원처럼 귀족적 우월감으로 정부에 대항하는 분파 세력이 아니었다. 효율적인 동로마 관료체제는 더욱 효율적으로 자원과 수입을 징발할 수 있었다.

이러한 장점에 힘입어 유스티니아누스는 제국 수복(renovatio imperii)을 시도할 수 있었고 북아프리카, 이탈리아, 에스파냐 남동부를 수복했으나 제국은 이 과정에서 너무나 힘을 소진해버렸다. 이탈리아 북부와 남부는 곧 롬바르드인의 차지가 되었고 에스파냐 영지 또한 629년에 서고트인들에게 완전히 빼앗겼다. 제국 방어선이 확장되어 허술해진 틈을 타 발칸반도에 아바르인의 지도하 슬라브인이 물밀 듯 침입해 테살로니키를 제외하고 그 전역이 이들에게 점령당했다. 보조금 지급을 거부당한 페르시아인과의 긴 전쟁이 시작되었고 헤라클레이오스 황제는 전비 마련을 위해 교회의 값나가는 물건들을 차출해야 했다. 이 전쟁에서 힘을 소진한 제국은 신흥 세력 아랍인에게 허를 찔려 당시 지중해 지역에서 가장 부유한 지역들이었던 이집트와 시리아를 상실했다.

아랍인의 침입으로 아르메니아와 시리아에 주둔하고 있던 동로마 부대들은 급히 소아시아로 철수해 병사들을 페르시아 전쟁으로 황폐한 토지에 주둔시켜야 했다. 이 토지들은 주민들이 떠난 땅이어서 병사들은 이곳에서 경작해 보급품을 조달해야 했다. 이 부대들의 이름(아르메니아코이·트라케시오이·아나톨리코이·옵시키온)이 이들 지역의 이름이 되었고 부대 수장(스트라테고스)들은 군대 통수권과 함께 민사 행정권도 부여받게 된다. 이 '테마'(장부 항목)의 이름을 부여받은 행정 체제는 7세기 중 확대되고 레온 6세 시기에 일반적 행정 지역 이름으로 나타난다. 이로써 군사와 민간 권력의 분리에 입각한 디오클레티아누스-콘스탄티누스 체제는 새로운 동로마 테마 체제에 의해 대체된다. 742-743년 내전을 겪고 황제가 된 콘스탄티노스 5세와 후대 황제들은 큰 행정 지역의 수장에게 군사권이 집중된 것이 제국 안전에 위협이 됨을 알고 큰 테마들을 여러 개로 쪼개었다. 중앙 정부는 스트라테고스의 동의하 그의 휘하 부하 일부를 파견해 그를 견제했고 이 체제는 디오클레티아누스콘스탄티누스 체제보다 효율적이었다.

테마 병사들은 군대 보급에 필요한 군인 토지(stratiotika ktemata)를 의무적으로 보유해야 했고, 현금 급료를 받았으나 유사시 원정에 참가해야 했다. 그들은 세금을 납부해야 했으나 공공 노역은 면제받았다. 이 토지는 상속이 가능했다.

군인 토지는 농민들의 토지 소유 또한 촉진시켰는데, 그들 뒤에 이주한 민간인들에게도 토지가 할당되었기 때문이다. 이 두 그룹은 한 마을에서 서로 이웃해 살았고 마을에 할당된 세금을 공동으로 납부했다.

비록 고래의 대장원 또한 자유 소농들과 공존했으나 소농의 비율이 높아갔다. 소농들은 국가에 대한 충성심이 강했고 안정된 세수의 근원이었다. 소농 군인들은 외적의 침입을 성공적으로 막아냈으나 바로 이것이 그들을 몰락하게 한 원인이 됐다. 왜냐하면 외적의 침입이 격퇴됨으로써 외적의 약탈에 더욱 취약한 대지주들이 더욱 성공적으로 살아남아 소농 토지를 겸병할 수 있게 됐던 것이다.

926년부터 제국의 아랍인에 대한 반격이 시작되어 실지들을 수복해나갔으나 바로 이때부터 제국의 취약점이 드러나기 시작했다. 대토지 소유에 입각한 지방 군사 귀족들이 득세하기 시작해 중앙 정부 진출을 노리고 수도 중앙 정부 관료와의 알력이 심해졌다. 국가 재정은 더욱 어려워졌고 소농 병사들의 충성심을 결한 군대는 더욱 취약해지고 11세기 중반부터 제국은 돌이킬 수 없는 쇠퇴의 길로 접어든다.

로마의 법질서, 기독교, 고대 희랍 문화가 일체화한 국가로서 11세기 넘게 존속한 동로마가 세계 역사에 끼친 영향은 가늠하기 힘들다. 베인즈(N. H. Baynes, 1877-1961)는 동로마제국이 이룩한 업적을 다음과 같이 요약했다—1) 고대 문헌의 연구와 보존. 2) 유스티니아누스가 편찬한 『학설휘찬』은 로마의 학설법을 후대에 전해 로마법 연구가 이루어지게 했고 『로마법 대전』은 전 시기에 걸쳐 제국 법질서의 기초였다. 3) 비잔티움 세계 연대기는 기독교적 원칙에 입각해 인간의 창조로부터 시작해 과거 제국들의 역사를 포함해 신의 도구로서의 제국 역사를 기술했다. 여기에는 어떤 중심 지역도 없었다. 그들에게 역사는 신의 계획의 실현 과정이었다. 그들은 그들 역사뿐만 아니라 주변 민족의 역사도 기술했고, 슬라브인들은 이들에게 큰 빚을 졌다. 4) 정교회는 선교 교회로서 주변 슬라브인에게 기독교와 그들 언어로 된 전례를 전해 주었다. 5) 수도원 제도(은거 수도자와 공주共住 수도사)는 제국 동쪽 지역 이집트에서 일어났다. 아타나시오스가 쓴 최초 수도사 안토니오스의 전기는 라틴어 번역을 통해 서유럽에 알려졌고 이것이 서유럽에서 수도원을 탄생시켰다. 동로마의 고행승들은 이성을 초월해 신의 현현(顯現)을 직접 체험하고 신과 합일하는 신비 신학을 고안했다. 6) 동로마는 깊은 공감력에 호소하고 깊은 이해를 필요로 하는 종교 예술을 세계에 선물했다. 7) 마지막으로 콘스탄티노플은 유럽의 동방 관문으로서 아시아로부터 이민족 침입을 막아냈다. 동로마가 제공한 피난처에서 서유럽은 자신의 삶을 재구축할 수 있었다. 서유럽 문명은 동로마의 생존 의지의 부산물이라고 해도 과장이 아니다.[3]

2. 도시 생활의 발전

희랍·로마 고전·고대 세계에서 도시((라)urbs, (희)polis)는 문명의 필수 요소였고 깊은 역사적 연원을 가진 것이었다. 주민들은 정치·경제·문화 생활에서 자치를 누렸고 시민들 간에는 강한 유대감이 형성되어 있었다. 현대 세계의 국민적 정체성(nationality)보다도 강하게 한 인간의 정체성의 토대를 이룬 것이 그 시민적 정체성(civitas)이었다. 한 도시의 시민이 다른 도시로 이주하면 더 이상 온전한 인간으로 존재할 수 없었다.

---

[3] N. Baynes, H. Moss eds., *Byzantium: An Introduction to East Roman Civilization*, 1949, pp.xxx-xxxi.

로마 세계에서 도시 혹은 도시 국가는 주거가 집중된 읍들과 농촌 지역들로 구성되었고, 한 도시 중심이 이들을 지배했다. 단순한 읍(oppidum)과 농촌의 큰 마을(vicus)은 도시라 불리지 않았고 도시는 주민 수와 주민의 직업과 무관하게 통치기관이 존재하는 곳이었다. 비록 규모가 가장 큰 곳에 경제 활동이 집중되고 권력 기관이 존재한 것이 상례이긴 했으나 그렇지 않은 경우 또한 존재했다. 그러므로 도시 정의의 핵심은 그 정치적 기능이었다.

루그두눔 속주 수도였고 후에 수도 대주교가 주재한 도시 투르의 제정 초기 면적은 40헥타르였고 후기 제국 시기 성으로 둘러싸인 지역은 9헥타르에 지나지 않았다. 이 도시에 성 마르티누스 수도원이 있는 교외 구가 새로이 보태졌고, 918년 혹은 919년 이곳은 수도원장과 왕의 직할지로서 오래된 도시에서 분리되었다. 두 곳은 수호성인 성 마르티누스를 섬긴다는 것 외에 세속적 이해관계를 공유하지 않았다. 후기 고대 투르의 건물이 밀집한 구시가지와 교외 인구는 불과 수천이었으나 도시는 정치·행정·군사에 관한 수많은 기록을 보유하고 있고, 폐허로 변한 요새들과 교회들은 이곳에 수많은 군사와 종교 활동이 있었음을 증명한다. 서기 600년경 서방에서 도시라 칭해지는 장소들은 밀라노와 로마 같은 대도시보다 투르 같은 도시들이 압도적으로 많았다.

초기 로마제국이 도시 국가들을 점령하고 나서도 도시는 제국 통치의 기본 단위였다. 황제를 수반으로 한 로마제국의 중앙 권력 기관은 로마에 있었지만 제국 자체는 지중해 변에서 점점이 이어진 도시의 네트워크에 다름 아니었다.

고전기 도시의 정의는 부정적이어서 그 운영에 있어서 다른 어떤 공동체에도 의존하지 않는다는 것이었고 주민 수나 거주 형태, 도시 구조를 불문한 것이었다면 후대에 오면서 그 정의의 기준이 달라졌다. 도시는 문명적인 도시 구조와 필수 건축물의 유무에 의해 도시의 자격을 부여받았는데, 그것들에는 방비시설(성벽·성문·방어탑), 정치 집회 장소(평의회가 입주한 의사당, 바실리카, 집회를 위한 공터), 여관, 문화·교육 시설(김나지움··극장·도서관)들과 기본 시설들인 곡물 저장소, 수도(水道), 집수장이 있었다. 예나 지금이나 도시는 주변에 문명을 전달하는 장소였고 많은 위락을 제공했을 뿐만 아니라 통치의 중심으로 발전했다.

로마제국에서 도시들의 발달 정도와 통치 방법은 지역별로 많은 편차가 존재했다. 서방 속주들에서 도시는 교역 장소로서뿐만 아니라 행정 중심으로서 성장해 있었다. 초기에 로마가 덜 발달한 지역(regio, saltus, tractus)을 접수했을 때 뛰어난 정치적 통찰력을 가지고 있던 로마인들은 기존의 자치 통치기관들을 갑자기 변경하지 않고 시간이 흐름에 따라 자연히 더 발전되고 잘 정의된 통치 체제로 발전하게끔 했다. 그들은 기존의 통치 체제를 자신들의 통제하에 두는 데 만족했다. 원주민들의 유력자들이 운영하던 평의회는 질서 유지, 사법 행정, 할당된 세액 징수를 담당하게 했다. 시간이 지남에 따라 로마인들은 원주민들의 자치 통치기구를 로마식으로 재편했다. 도시는 여러 등급으로 나뉘었는데, '라티움' 도시들은 제한된 시민권(ius Latii)을 가졌고, '무니키피움'은 1등급 주민들에게 투표권을 포함한 완전한 로마 시민권이, '콜로니아'는 모든 주민들에게 로마 시민권, 거기에 더해 면세 특권이 주어졌다.[4] 제정 시대에 오면 라티움 도시들의 지방 행정관, 혹은 지방 행정관 계급(decuriones)에게도 황제의 특사로 로마 시민권이 주어졌다.

---

4) 희랍어 사용 지역에서는 도시들에 라티움 권리는 전혀 주어지지 않았고 콜로니아 권리가 가끔 주어졌다.

로마식으로 재편된 도시들은 수도 로마의 행정 체제를 따랐다. 거기에는 2명의 시장(duoviri), 공공 공사와 치안을 담당한 2명의 조영관(aediles), 그리고 약 100명의 데쿠리온들로써 구성된 평의회가 시 행정을 담당했다.[5] 평의회의 주 임무는 매년 시 행정의 모든 부문을 담당할 행정관들과, 제국 정부가 세금을 징수하고 기타 도시에 위임한 사항들을 집행하는 데 필요한 인원들을 선출하는 것이었다. 모든 지역 행정이 도시 행정관들의 소관이었는데, 치안, 재정, 종교 행사 및 축제 거행, 도시 시설물 유지가 거기에 속했다. 행정관들은 무보수였지만 그들의 지역 사회에서의 자부심은 높아 그들은 자신들의 사비(私費)로 극장 행사를 거행했고, 학교와 목욕장, 기타 공공건물의 경비를 대었다. 로마에서 파견된 주 장관들은 재정을 포함해 도시 내정에 간섭하기를 꺼렸다. 평의회 의원들은 할당된 세금을 징수해야 했는데, 이것은 집단적 의무였고 만일 결손이 발생하면 자신들이 부족분을 메꾸어야 했다.

도시의 헌장에서 주권 기관은 인민·평의회·행정관 세 부분으로 이루어졌다.[6] 집회에서 인민은 환호 혹은 야유로써 의사에 참여했다. 행정관들은 극장 혹은 원형경기장에 인민들을 모아 공지 사항을 공표하거나 황제 서한을 낭독했다. 이때 인민들은 환호로써 맞이하지만 빵 가격이나 행정관의 세금 징수에 대해 항의하기도 했다. 콘스탄티누스는 한 칙령에서 인민들이 정직한 장관들에 대해서는 갈채

---

5) 동방에서는 헬레니즘 시기 행정관이 살아남은 경우도 있었는데, 그중 일부는 4세기 후반까지 존속했다. 이집트에서 보이는 평의회 1인 의장 프뤼타니스, 김나지움과 욕장들을 관리한 굄나지아르코스, 치안을 담당한 코스메테스, 시 제전을 담당한 고위 사제가 그들이었다.
6) 콘스탄티누스의 한 법령은 아프리카에서 행정관들이 인민 선거로 선출되는 것이 관행이었음을 추측케 한다. 그러나 이것은 단지 형식에 지나지 않았고 실제로는 전임관들이 후임관들을 임명했다.

를 보내고 나쁜 행정관에 대해서는 야유를 보낼 것을 장려했다. 그러나 이 절차는 악용되기도 했는데 한 정치 세력이 자신들의 정치적 목적을 위해 사람들을 고용해 환호나 야유를 시키기도 했다.

시민이 데쿠리온(행정관 계급, decuriones, curiales)이 되려면 3가지 조건이 따랐는데, 그것은 그의 본적이나 주소가 그 도시여야 했고, 자유민으로 태어나야 했고, 가장 중요하게 일정한 재산 기준을 충족해야 했다. 제국은 세원일 뿐만 아니라 도시를 관리하는 데 필수적인 이 계급의 인원을 보전하기 위해 모든 수단을 동원했다. 데쿠리온은 도시를 떠나 시골 영지에 은거할 수 없었고 허가 없이 자신의 재산을 양도할 수 없었다.

로마가 초기 정복을 수행할 때 동방과 서방의 도시 발전 정도는 많이 달랐다. 동방에서는 이미 도시가 많이 존재했고 오랜 자치의 전통을 가지고 있었다. 도시 자치를 독려하고 발달시켜야 했던 서방과는 달리 동방에서는 소(小)플리니우스의 경우처럼 도시 행정에서 발생하는 잘못들을 로마에서 파견하는 특임관이 수정하는 일이 주로 수행되었다.

로마 황제들은 지배를 위해 기존 도시 통치기구에 의존해야 했고 도시가 존재하지 않는 후진 지역은 도시 설립을 장려했다. 제국이 한 지역을 병합하면 기존의 지역 공동체에 변경을 가하는 일은 드물었다. 일부 반란을 꾀한 종족이나 도시로부터 빼앗은 토지에는 콜로니아를 건설해 퇴역 군인들을 이주시켰다. 군대 주둔 시설 주위로 성장한 읍들에는 종종 '무니키피움' 자격을 주었다. 큰 도시 영역 안에서 크게 된 읍에 독립시의 자격을 주기도 했다. 한편 기존의 지역 공동체의 규모가 작은 경우에는 작은 공동체를 큰 공동체에 덧붙이거나 여럿을 합치기도 했다. 그러나 이러한 변경은 매우 드물었고 도시의 행정 체제는 로마에 편입될 당시의 도시의 사회정치적 발전 정도를 그대로 드러냈다.

그러나 이러한 로마인들의 보수적인 지역 정책에도 예외는 있었다. 로마는 자치 지역공동체에 의한 간접 지배를 선호했으므로 중앙집권 정부가 존재하던 곳의 영역은 도시들로 쪼개는 정책을 폈다. 그리하여 폰토스 왕국은 폼페이에 의해 11개의 도시들로 쪼개졌다. 헤롯 왕국과 카파도키아 왕국도 그 과정은 완만했으나 몇몇 직할 통치 지역을 제외하곤 궁극적으로 도시들로 재편되었다. 이집트에서는 중앙 정부가 2세기 이상 존재했으나 셉티미우스 세베루스가 각 노모스[7]의 수도에 평의회를 설치하고 제국으로부터 통치를 위임받은 스트라테고스의 감독을 받게 함으로써 변경이 가해졌다. 디오클레티아누스는 노모스를 공식적으로 시로 만들고 스트라테고스를 엑삭토르 키비타티스로 대체함으로써 도시화 과정을 완성했다.

디오클레티아누스가 이집트의 노모스를 도시화함과 함께 제국의 도시화는 실질적으로 완성되었다. 후대 황제들은 비록 드물긴 했으나 도시를 창설하는 것을 큰 보람으로 느꼈다.

로마의 초기 도시 간접 지배 방식은 3세기 말에 이르러 제국이 '쿠라토르 키비타티스'(도시 관리인, (희)logistes, 후에 파테르 키비타티스)를 각 도시에 파견함으로써 전기를 맞았다. 이 관직은 원래 제국 정부가 심각하게 재정적 어려움을 겪는 도시에 파견하던 원로원 의원이나 기사 계급 특임관이었으나 디오클레티아누스 시대에 오면 모든 도시에 상시 주재하는 관직으로 자리 잡게 된다. 원로원 의원들이 큰 도시들에 쿠라토르로서 파견되기도 했으나 일반적으로는 그는 시 평의회에서 선출되었으며 그는 시 공직 경력의 최고 자리로 인정받았으나 공식적으로는 정부의 관리였다. 원래 재정 정책을 감독

---

7) 이집트의 전통적인 행정 구역.

하는 것이 그의 임무였으나 그는 이것을 벗어나 도시 행정의 많은 영역에 개입할 수 있었으며 디오클레티아누스 때 오면 모든 도시 행정을 통괄하는 지위를 갖게 된다.

쿠라토르는 '데펜소르'(defensor, 수호자)라는 다른 제국 정부 임명직에 의해 그 중요성이 떨어지게 되는데, 이 직책은 4세기 초 이집트에서 처음으로 관찰되고, 일종의 재판관으로서 낮은 계급 사람들의 불평을 들어주고 작은 사건들을 처리하는 임무를 맡았다. 이 직책은 처음에 동방에만 있었던 걸로 보인다. 발렌티니아누스 1세가 일리리쿰과 서방에 마치 생소한 이 직책을 도입한 듯 보이기 때문이다. 그는 이 직책이 강한 자들의 갈취와 압박으로부터 힘없는 자들을 보호해주기를 기대했다. 처음에 그는 이 직책을 민정 총독이 직접 선출하도록 하고 데쿠리온은 배제시켰다. 그러나 그로부터 20년도 지나지 않아 387년 테오도시오스는 데펜소르가 지역 평의회의 추천을 받은 사람을 민정 총독이 임명하도록 했다. 이로써 데펜소르는 실질적으로 선출직이 됐다.

데펜소르는 지방 장관들보다 더욱 싸고 간편하게 덜 중요한 민사 사건들을 처리했다. 그러나 392년 그가 벌금을 부과하는 것을 금지하는 훈령이 있는 것으로 보아 실질적으로 강한 자들로부터 약한 자를 보호하는 기능을 수행했는지는 의문이다.

이외에도 평의회가 임명한 행정관 중 수스켑토르(susceptor)는 세금 징수를, 프라이포시투스 호레오룸은 국가 곡물창고 관리를 담당했고, 군인과 공공 공사 노동자·기술자 징발관, 역참·황제 소유 토지·관세 담당 만켑스, 광산 프로쿠라토르 직책도 있었다. 4세기 초에 보이는, 각 도시 세정 담당 엑삭토르 키비타티스는 원래 제국 정부 임명 관리였으나 386년 수스켑토르처럼 시 평의회에 의해 선출되게 되었다. 이것은 제국 정부가 이 직책으로 세금을 거두는 것을 집단적으로 세수를 책임지던 시 평의회에 그 임무를 맡기는 것보다 더욱 불편해했음을 시사한다.

평의회 의원들에게 가장 큰 부담이 되는 것은 유흥 개최 비용과 공공건물 보수였다. 일부 도시들은 유흥을 위한 기부 기금이 조성되어 있었지만 대부분 비용은 데쿠리온들이 부담했다. 이교 사원들은 이교 폐지 뒤 방치됐지만 원형극장, 시장, 회랑 달린 시가, 집수장 등 시설들은 보수돼야 했고 이전에는 불필요하던 요새 또한 보수가 필요했다. 그러나 초기 데쿠리온들은 시민적 자부심으로 그 비용을 기꺼이 감내했다.

3세기부터 데쿠리온 자격이 되는 시민들은 의무적으로 등록이 됐고 그들은 대대로 이 신분을 세습했다. 4세기 중반까지 데쿠리온 중 가장 부유한 사람들은 기사 계급이나 코메스 계급, 나아가 원로원 계급이 됨으로써 데쿠리온 등록 면제를 꾀할 수 있었다. 처음에 제국 정부는 그들이 제국 정부 인원의 주요한 자원이었으므로 그들의 유입을 막을 수 없었고 단지 제국 정부 직책에 지원하기 전 시 행정관직을 수행할 것을 강제했다. 직책에 임명된 사람은 데쿠리온을 면제받았으나 아들 한 명을 데쿠리온에 등록시켜야 했다. 그러나 나중에 황제들은 데쿠리온 출신 원로원 의원들에게 시 의무에서 면제되는 길을 축소했다. 제논 황제는 가장 높은 일루스트리스 계급조차 낮은 직급은 면제가 되지 않도록 했다. 이제부터는 민정 총독, 병대장 경력자나 콘술·파트리키오스 계급과 승급 뒤 태어난 아들들만이 시 의무 수행에서 면제됐다. 그러나 가장 부유하고 영향력 있는 데쿠리온들은 원래 제국 기관이나 상급 법원에서 오래 근무한 사람들에게만 발부하게 돼 있던 명예직을 부정한 방법으로 획득했다.

다른 면제 방법으로는 군대에 가는 것과 법조인이 되는 것이 있었다. 시에서 고용한 의사와 수사학·문법 교사들은 언제나 데쿠리온 등록이 면제되었다. 콘스탄티누스는 기독교로의 개종자로서 성의를 갖고 사제로 서임되는 사람들을 면제해주었으나 이것이 데쿠리온들에게 남용되자 황제는 그 조건을 까다롭게 해 남용을 막아야 했다.

데쿠리온들이 자신의 재산을 팔아 뇌물을 주거나 유력한 사람의 피보호인이 되어 신분 상승을 꾀했으므로 386년 테오도시우스는 데쿠리온들이 지방 장관의 허락 없이는 그들의 부동산을 처분할 수 없게 했다. 4세기 안티오케이아에서는 가난한 데쿠리온들이 울며 겨자 먹기로 부유한 데쿠리온들에게 자신들의 땅을 팔았다는 증언이 있다.

황제로서는 데쿠리온들이 세금을 징수하고 부족분에 대한 보증을 서고 각종 공공 공사를 시행하고 신병을 차출했으므로 그들은 제국의 기둥 역할을 했고, 시민으로서는 욕장과 유흥과 같은 도시 생활의 즐거움을 선사했으므로 도시 생활에서 중심적인 존재들이었다. 그러나 데쿠리온들은 그들의 역할을 혐오했다.

데쿠리온들은 원래 상층민들(honestiores)로서 체형을 면제받는 신분이었으나 실제로는 지방 장관에 의해 납덩어리를 매단 채찍으로 구타당하기 일쑤였다. 시 평의회 내 보다 부유한 데쿠리온들은 시 운영 경비를 가난한 데쿠리온들에게 전가했다. 나중에는 부유한 데쿠리온들이 높은 신분을 획득해 시 평의회를 이탈하게 됐으므로 남겨진 데쿠리온들의 부담은 가중됐다. 결국 유스티니아누스는 시 평의회가 작아지고 가난한 사람들로만 이루어진 것을 한탄해야만 했다.

이러한 과정을 거쳐 시 평의회는 약화되고 시민들의 애향심이 약해져 도시 생활은 창발성과 활력을 잃게 된다. 돈이 없었건 공적 의식이 쇠퇴했건 시 평의회들은 돈이 드는 일을 하기를 꺼려했다. 이를 틈타 지방 장관들은 작은 도시들의 유흥을 자기가 주재하는 수도로 옮기거나, 데쿠리온들에게 과도한 유흥 비용을 부담시키거나 했다.

또 시 재정으로 시행하는 공공 공사를 자신의 치적이 되도록 과도하게 발주하기도 했다. 공공 공사에서 쿠라토르 키비타티스는 단지 그의 대리인일 뿐이었다. 지방 장관들은 이렇게 시 재정 활동에 마구잡이로 간섭했다.

서방 제국 정부는 시 평의회가 이렇게 힘없는 단체가 되어 갈취와 압박의 대상이 된 것을 우려해 데펜소르 키비타티스의 선출권을 409년 시 평의회에서 주교, 성직자, 유력한 지주, 데쿠리온으로 구성된 새로운 의회로 옮겼다. 데펜소르는 부당한 기관의 압박으로부터 시민을 보호하는 직책이었기 때문이다. 도시들이 더욱 활기를 띠고 있었던 동방에서는 이러한 조치가 늦춰져 505년 아나스타시오스 황제가 시행했다. 아나스타시오스는 또한 주교, 성직자, (데쿠리온은 아닌) 유력한 지주들에게 비상시 곡물 매수인을 선출할 것을 의무 지웠다. 아마도 그는 쿠라토르(파테르) 키비타티스의 선출권도 동일한 사람들에게 이전한 것 같다.

그러나 이러한 조치는 유스티니아누스가 인정했듯이 실패였다. 그들이 선출한 데펜소르는 여전히 영향력 없는 인물들이었기 때문이다.

시 재정에 지방 장관들이 간섭하는 것을 막기 위한 특별한 조치들이 시행되어 제논 황제는 시 수입이 쿠라토르에게 결손분 없이 지불될 것과 그가 지출을 관리할 것을 명했다. 아나스타시오스는 빈덱스(vindex)라는 관직을 창설해 각 도시에서 제국 세금 징수를 담당하도록 했는데, 이 힘 있는 관리가 시 수입 또한 관리했던 것으로 보인다. 유스티니아누스는 또한 민정 총독이 속주들에 특임관을 파견해 시 공공 공사 관련 지출을 감사하는 것을 통제하려고 했다. 이런 행위는 갈취와 횡령을 위한 구실에 지나지 않았기 때문이다. 유스티니아누스는 그가 확인해줄 때까지 감사관들이 도시에 들어오는 것을 거부

할 수 있도록 했다.

550년 몹수에스티아에서 열린 공의회에, 몹수에스티아의 테오도로스의 이름이 맞접이 서판(diptych)에 오른 적이 있는지를 조사하기 위해 교회 문서고 관리인, 16인의 원로 성직자, 파테르 키비타티스, 그리고 16인의 노인 세속인이 소환되었다. 이 16인의 지역 유지들 중 4명의 신분은 밝혀지지 않았고 나머지 12인 중 2명은 코메스, 1명은 팔라티누스(코미타투스 인원), 1명은 아겐스 인 레부스(제국 정부 파견관), 3명은 프라이펙티아누스(민정 총독 부하), 2명은 타불라리우스(회계관), 1명은 건축가, 1명은 침대 제조인이었고, 시 평의회 의원은 그들 중 단지 1명(프린키팔리스)이었다. 킬리키아의 벽지에 속한 도시에서조차 지역 유지들 대부분은 제국 민사 기관 직책을 가지고 있었다.

서방에서 도시 생활은 4세기 마지막 4반세기 이후 쇠퇴를 보인다. 데쿠리온들과 길드 장인들이 대지주들의 영지로 도망하는 일이 잦았다. 황제들은 그들을 숨겨주는 대지주들에게 벌금을 부과하고 그들을 도시로 돌아가게 하도록 해야 했다. 장인들이 농촌으로 숨어 농촌 여자와 결혼하는 것은 예사롭지 않은 일인데, 그들이 그리했던 것은 도시의 향신(鄕紳)들이 사라졌다는 것을 의미했다. 서방의 지주들은 소도시 생활에 안주할 수 없어 연중 일부 기간은 로마에서, 일부분은 그들의 농촌에서 살았다. 장인들은 고객 부족으로 생계를 이을 수 없어서 농촌으로 떠났던 것이다.

동방에서는 이들을 도시로 되돌리라는 법률이 반포되지 않았다. 이것은 장인들이 농촌으로 떠나지 않았다는 것을 의미한다. 도시는 번영을 구가했고 길드는 영업을 이어갔다. 고고학적 발견으로도 5-6세기 도시 생활이 부활했음을 알 수 있다. 그 원인은 사회 구조와 귀족들의 습관에서 찾을 수 있을 것이다. 동방에서 토지는 보다 균등하게 나뉘어 있었고 중간층 지주가 다수 존재했다. 도시 생활 습관은 동방에서 더욱 뿌리 깊었다. 농촌 빌라는 많이 발견되지 않고 대지주들조차 도시에서 살기를 선호했다. 그리하여 행정관 계급이 비록 수에서 감소하고 평균 수입도 하락했지만 도시는 변함없이 지주들의 거주지였다.

3. 비잔티움학의 성립[8]

르네상스기 이탈리아에서 비잔티움 문학은 거의 알려지지 않았다. 그들의 관심은 희랍·로마 고전들에 쏠려 있었고 굳이 비잔티움을 알려고도 하지 않았다. 그러나 그들이 동방으로 빈번히 여행하고 희랍어를 학습하기 시작하면서 비잔티움에도 관심을 조금씩 가지기 시작했으나 고전기 작품들에 대한 열의에 비하면 거의 주목받지 못했다.

16세기가 되어 유럽 나라들에서 비잔티움 역사와 문학에 대한 관심이 대두되며 학자들에 의해 몇몇 비잔티움 작품들이 소개되기 시작했다. 독일의 히에로니무스 볼프, 네덜란드의 메우르시우스, 이탈리아의 그리스 출신 알레만누스, 알라티우스 등이었다.

비잔티움학이 학문으로서 성립한 것은 17세기 프랑스에서였다. 루이 14세 때 비잔티움학은 당당히 자기 자리를 찾게 되는데, 이 시기 프랑스는 유럽 문학의 규범이 된 문학뿐만 아니라 모든 학문이 융성하던 시기였고 공직자들과 사인들 사이에서 서적들과 사본들을 수

---

[8] 이 장은 A. A. Vasiliev, *History of the Byzantine Empire 324-1453*, 1952, pp.3-42를 축약하고 몇 군데 가필한 것이다. 본문은 러시아 비잔티움 연구사도 자세히 소개하고 있으나 안타깝지만 지면관계상 모두 생략했다.

집하려는 열기가 팽배해 있었다. 이 세기 초 루이 13세는 부제(副祭) 아가페토스가 유스티니아누스에게 바친 권유문을 희랍어에서 번역했다. 마자랭 추기경은 서적 애호가였고 많은 그리스 사본을 포함한 도서관을 창립했다. 그의 사후 그의 장서들은 파리왕립도서관(현 국립도서관)의 소유가 되었다. 루이 14세의 재상이었던 콜베르는 왕립도서관 관장이기도 했으며 많은 외국 서적 수집에 관심이 있었다. 루이 14세는 많은 그리스어 사본을 포함했던 그의 개인 소유 장서를 왕립 도서관으로 이관시켰다. 1648년 루이 14세와 콜베르의 후원 아래 처음으로 비잔티움 역사가의 저서 한 권이 출판되며 1712년까지 34권의 역사서가 출간된다. 이 출판 사업은 당시로서 아주 야심 찬 사업이었으며 그 성과 중 일부는 현대에 이르기까지 다른 판으로 대체되지 않았다.

뒤캉쥬(Charles du Fresne du Cange, 1610-1688)는 17세기 프랑스의 위대한 역사가·문법학자·문헌학자·고고학자·화폐연구가였다. 그는 처음에 그의 고향 아미앵에서 법학 교육을 받고 파리에서 변호사 일을 했으나 아버지의 병환을 돌보러 고향에 돌아온다. 1645년 그의 처남에게서 한직(閑職)을 산 뒤로는 역사 연구에 전념했다. 그가 45세 때 첫 저서를 내기까지 그는 아미앵을 제외하곤 무명 인사에 가까웠으나 그 뒤 엄청난 정력으로 학문 연구에 임해 78세에 사망하기까지 다양한 분야에 걸쳐 엄청나게 많은 중요한 저작을 생산했다. 그가 편집하고 학문적인 주석을 덧붙인 비잔티움 역사가들은 요안네스 킨나모스, 파울로스 실렌티아리오스 등이며, 비잔티움 역사서로는 『프랑크인 황제들 치하 콘스탄티노플 제국사』(19세기 그가 수정한 판이 출간), 비잔티움 가문들의 계보를 상술한 『비잔티움 가문』(*De familiis byzantinis*), 『콘스탄티노플 지지(地誌)』(*Constantinopolis Christiana*) 등이 있으며, 특히 2권으로 된 『중·후기 그리스어 사전』

(*Glossarium ad scriptores mediæ et infimæ græcitatis*)은 아주 뛰어난 업적으로서 비잔티움 연구자들의 필독서이며, 러시아 비잔티움 학자 바실리 바실리예프스키는 이 저작을 평해 "유일무이하며 이만한 사전을 편집하려면 일군(一群)의 학자들이 매달려야 했을 것이다"라고 했다. 그의 『중세 라틴어 사전』(*Glossarium ad scriptores mediæ et infimæ latiniitatis*) 또한 비잔티움 연구에 중요한 책이다. 에드워드 기번은 그의 저서 『로마제국 쇠망사』의 각주 한 곳에서 그를 일러 '우리의 신뢰에 값하고 지칠 줄 모르는 중세와 비잔티움 역사로의 향도(嚮導)'라고 했다.

그밖에 뒤캉쥬와 동시대인인 마비용(Mabillon, 1632-1741)은 『외교 강의』(*De re diplomatica*)를 썼으며, 18세기 초 몽포콘(Montfaucon, 1655_1741)은 『고문서학』을, 라구사 출신 베네딕트회 수도사 반두리(Banduri, 1670-1743)는 『동방의 제국』(*Imperium orientale*, 1711)을 썼다. 후자는 비잔티움기 역사·지리·지지·고고학에 대한 풍부한 설명을 담고 있다. 이와 거의 동시에 출간된 르키앵(Le Quien, 1661-1733)의 『기독교 동방』(*Oriens christianus*)은 동방의 기독교회에 특히 중점을 두어 동방의 역사를 서술한 풍부한 저서다. 이렇게 18세기 중반까지 프랑스는 비잔티움 연구의 선두에 섰으며 그 많은 저작이 오늘날까지 그 유용성을 담지하고 있다.

이 시기부터 나폴레옹 시대까지 프랑스는 '이성'의 시대로 변모해 과거를 부정하고 종교에 대해 회의적 태도를 품으며 교권(敎權)과 절대군주제를 비판하는 분위기가 지배했다. 중세는 '고딕적이고 야만적'이라 불렸으며 암흑과 무지의 원천으로 간주되었다. 대표적인 지식인들이 중세를 공부하지도 않고 그에 대한 편견을 조장했다. 볼테르는 로마 제정을 비판하며 말머리를 돌려 "이것(타키투스 이후 로마 역사)과 더불어 이것보다 더욱 우스꽝스러운 역사가 있으니 그것은 비잔티움의 역사다. 이 역사는 장광설과 기적 이야기들의 잡동사니에 다름 아니며 인간 지성의 수치다"라고 했다. 진지한 역사가였던 몽테스키외조차 7세기 초부터 그리스제국 역사는 '반란과 모반, 그리고 배신으로 일관한 역사다'라고 쓰고 있다. 이러한 18세기 계몽주의적 시각은 영국 역사가 기번에게도 큰 영향을 미쳤다. 18세기 중반에 탄생한 비잔티움 역사에 대한 이러한 부정적이며 경멸적인 태도는 프랑스혁명기를 거치면서도 살아남아 19세기 초 저명한 독일 철학자 헤겔은 그의 저서 『역사철학 강의』에서 "(비잔티움제국에서는) 저열한, 아니 광기 어린 정념들이 모든 고상한 생각과 행동, 인격들을 질식시킨다. 장군들이 반란을 일으키고, 황제들이 자신들의 수단으로, 혹은 정신(廷臣)들의 음모에 의해 폐위되고, 황제들이 그 자신들의 처와 자식들의 손에 암살, 독살당하고 여인들은 정욕과 모든 가증스러운 것들에 몸을 맡긴다. 이것이 우리가 이 역사에서 목격하는 것들이다"라고 쓰고 있다. 19세기 중엽 프랑스혁명과 나폴레옹 전쟁의 파고가 가신 뒤에야 중세에 대한 학자들의 생각이 바뀌기 시작해 이 '고딕적이고 야만적'인 시기에 대한 관심이 높아졌다. 비잔티움 역사 또한 진지한 탐구의 대상이 되었다.

 '이성의 시대'의 대표 주자 몽테스키외(1689-1755)는 이 시대의 특징인 중세에 대한 경멸감을 공유했으나 비잔티움 역사에 대한 그의 생각은 공정한 것이었다. 1734년 출간된 그의 저서『로마제국의 융성과 몰락의 원인에 관한 고찰』은 로마제국의 건립에서 서술을 시작해 마지막 4장을 비잔티움사에 바치고, 1453년 튀르크인의 콘스탄티노플 점령으로 끝을 맺는다. 그는 비잔티움 역사를 로마사의 연장으로 보고 6세기 후반에 가서야 비잔티움을 '그리스제국'으로 부르고 있다. 그의 비잔티움에 대한 평가는 박한 것이어서, 그는 비잔티움이 사회 구조, 종교 생활, 전쟁 수행 방식에서 그렇게 많은 구조적 결점을 지녔음에도 그렇게 오래 존속한 것에 놀라워한다. 그는 저서 마지막 장에서 나름대로 그에 대한 주 요인들을 설명하는데, 승리한 아랍인들의 내분, '그리스의 불'의 발명, 콘스탄티노플 무역의 번창, 도나우강 유역에 이방인들이 거주해 제국을 침략으로부터 막아준 것이다. 그에 따르면 제국이 나쁜 통치로 인해 약화되고 있을 때 제국을 도와준 것들은 이러한 '통상적이지 않은 외부적인' 요인들이었다. 팔라이올로고스 왕조 치하 튀르크인들에게 위협받는 제국을 몽테스키외는 대양에 다다랐을 때 작은 개울을 닮는 라인강에 비유했다. 몽테스키외의 주 관심 분야는 비잔티움이 아니었고 다른 식자들의 중세에 대한 경멸을 공유했으나 그의 비잔티움사에 대한 시각은 많은 생각거리를 안겨주며 오늘날 읽어도 흥미롭다.

『로마제국 쇠망사』의 저자 에드워드 기번은 1737년 런던에서 태어났다. 이른 시기 그는 웨스터민스터 기숙학교와 가정교사들로부터 교육을 받았다. 1752년 모들린 칼리지에 입학했으나 곧 스위스 로잔으로 옮겨 5년 동안 칼뱅주의자의 후원 아래 수학했다. 이곳에서 그는 프랑스어를 공부했고 고전 작가들과 중요한 역사서·철학서들을 읽었다. 이곳에서의 오랜 체류는 젊은 기번에게 지속적으로 영향을 미쳤고 로잔은 그에게 제2의 고향이 되었다.

1761년 런던에 돌아온 기번은 그의 첫 작품 『고전 문학 학습의 문제점들』(*Essai sur l'étude de la littérature*)을 프랑스어로 발표했다. 이 작품은 프랑스와 네덜란드에서 호평을 받았으나 영국에서는 별로 주목받지 못했다. 2년 반 동안 프랑스와 영국이 싸운 '7년 전쟁' 동안 조직된 햄프셔 의용군에서 근무한 뒤 기번은 1763년 파리를 거쳐 그가 사랑하는 로잔으로 돌아간다. 이해에 그는 피렌체·로마·나폴리·베네치아 등 이탈리아 도시들을 여행했는데, 특히 로마에서의 경험이 그의 인생에서 중요했다—"1764년 10월 15일 나는 로마 캐피톨 언덕의 유허들 사이에 앉아 생각에 잠겨 있었고 맨발의 수도사들은 쥬피터 신전에서 저녁 기도를 낭송하고 있었다. 이때 처음으로 나는 이 도시의 쇠락과 멸망에 대해 써보자는 생각을 했다". 처음 기번의 구상은 로마시에 대해 쓰는 것이었으나 이 구상은 나중에 확대되어 동서를 아우르는 로마제국 전체의 역사를 콘스탄티노플 함락에 이르기까지 쓰는 것으로 발전했다.

다시 런던으로 돌아온 기번은 그의 책을 위한 자료를 수집하기 시작했고 아우구스투스 때부터 시작한 1권은 1776년 출판되었다. 이 책은 대단한 성공을 거두어 며칠 만에 매진됐고 기번의 말에 따르면 모든 식탁과 거의 모든 경대에 그의 책이 놓였다. 1787년까지 이어진 작업에서 나온 후편들은 계몽사상에 입각한 것들로서 많은 사람, 특히 이탈리아 가톨릭교회 사람들로부터 공격을 받았다. 프랑스혁명의 격변은 기번이 원치 않게 영국으로 돌아가게 했고 그는 1794년 1월 사망했다.

기번은 인류의 역사에서 가장 위대한 순간을 2세기 안토니우스 황제들 치하 로마제국으로 보았고 그 뒤의 역사를 퇴보의 시기, '야만과 종교의 승리'로 보았다. 기번의 시기와 비교해 현대 역사학은 보다 풍부한 사료를 비교분석하고 고고학 등 수많은 주변 과학을 역사학에 도입하는 성과를 이뤘다. 이러한 과정 없이 이루어진 기번의 성과는 개인의 도덕관념과 비잔티움 평가에 인색했던 계몽사상의 소산으로, 현대 역사학의 관점에서 거의 가치를 인정받기 힘들다. 더욱이 기번은 희랍어에 익숙지 않아 희랍어 사료는 프랑스 교회사가 티유몽(1637-1698)의 저서의 도움을 받아야 했다. 티유몽 덕택에 기번의 역사 기술은 518년 아나스타시오스 1세 황제 사망 때까지는 정확했으나 그 이후 기번의 기술은 성공적이지 못했다.

19세기 영국 역사가 프리먼(E. A. Freeman, 1823-92)은 기번을 평가해 다음과 같이 썼다.

기번의 비잔티움 기술은 묶고 압축하는 데 능하며 현장감 있고 암시가 풍부하다. 그럼에도 그의 문체는 그가 다루는 인물이나 시기에 대해 사람들의 존경심을 이끌어내거나 더욱 자세히 고찰하려는 마음을 갖게 하기에 부족하다. 언제나 그는 더할 수 없이 풍자적이며 비방을 퍼붓는다. 그는 시대나 개인의 약점과 우스꽝스러움을 나타내는 일화들을 좋아하며 어떤 사물이나 사람도 그에게 열광적인 찬탄의 대상이 될 수 없다. 이런 식으로 기술된 역사는 독자에게 사물의 경멸스러운 측면만을 상상 속에 남긴다. 아마도 어떤 역사도 이러한 가혹한 시련을 무사히 견딜 수 없다. 비잔티움 역사는 이러한 시련에 가장 취약한 역사였다.[9]

영국 비잔티움 학자 베리(J. B. Bury)는 기번의 역사 기술이 "저자의 '비잔티움' 혹은 '열등한' 제국에 대한 경멸적 태도와 조화를 이루고 있다"라고 썼다.

기번의 헤라클레이오스 황제 이후 제국 내 정치 사정에 대한 기술은 피상적일 뿐만 아니라 사실을 곡해하고 있다. 이것은 기번의 시대 성상 파괴주의 시기 혹은 10-11세기 사회사가 전혀 연구의 대상이 아니었고 이해되지 않았던 사정과 무관하지 않다. 이러한 결점들과 공백들에도 불구하고 기번의 책은 흥미롭고 오늘날에도 읽을 가치를 지니고 있다.

19세기 말 베리는 기번의 저서에 귀중한 논평들과 많은 문제에 대한 흥미롭고 신선한 첨언들을 덧붙이고 색인을 단 신판을 출판했다. 기번의 저서는 거의 모든 유럽 언어로 번역됐으며, 1828년 출판된 프랑스의 정치가·역사가 기조(François Guizot, 1787-1874)의 13권으

---

9) Edward A. Freeman, *Historical Essays*(3rd series, 1879), pp.234-35.

로 된 번역은 많은 역사 주석과 검증을 포함해 그 가치가 높다.

18세기 작가들 사이에서 비잔티움에 대한 경멸적 태도가 지배하고 있었음에도 르보(Charles Le Beau)는 아주 상세한 비잔티움 역사서를 썼다. 그는 희랍어를 거의 알지 못해 라틴어로 번역된 자료들에 의존해 썼고 자료를 취사선택하지 않았다. 그의 짜깁기한 역사서를 그는 '콘스탄티누스 대제 이후 '후기' 제국 역사'(*Histoire du Bas-Empire en commençant à Constantin le Grand*)라 이름 붙였는데, 프랑스어 단어 'bas'의 양의성(兩意性)으로 인해 오랜 기간 마치 이 책 제목이 비잔티움제국에 대한 경멸을 상징하는 것처럼 오해받았다.[10] 1757년에서 1786년 사이에 21권이 발간되었으나 미완성이어서 나중에 6권이 추가되어 완성된 이 책은 현재적 관점에서 그 가치를 인정하기 힘들다. 그러나 이 책은 19세기 2명의 근동학자, 즉 생마르탱(Antoine-Jean Saint-Martin, 1791-1832)과 브로세(Marie-Félicité Brosset, 1802-80)에 의해 대폭 수정되고 확대됐다. 생마르탱은 "이것은 르보의 저서의 중간(重刊)일 뿐만 아니라 일종의 새롭게 쓴 책으로 역사 연구의 진보에 관심이 있는 사람이라면 그 중요성을 부인할 수 없을 것이다"라고 쓰고 있다. *Histoire du Bas-Empire*라는 제목으로 발간된 이 중간본(1824-36)은 많은 근동, 주로 아르메니아 자료가 첨가되어 있어 다소 중요하다.

19세기 중반에 이르자 비잔티움 통사(通史) 연구의 본격적인 장이 열렸다. 영국 역사가 조지 핀레이(George Finlay)의 『로마인에 의한 정복부터 현재에 이르기까지 그리스 역사(B.C. 146-A.D. 1864)』는 비잔티움 역사 연구를 획기적으로 진전시켰다.

---

10) *bas*는 '낮다'는 뜻과 함께 '늦다'의 뜻도 가지고 있다. 르보가 의도한 것은 후자의 뜻이다.

핀레이는 1799년 영국에서 태어나 법률가가 될 꿈을 품고 로마법 공부를 계속하기 위해 독일 괴팅겐으로 갔다. 그가 남긴 자서전에 따르면 그가 그의 아저씨에게 독일로 가기 전 작별 인사를 하러 갔을 때 아저씨는 그에게 "좋아, 조지. 나는 네가 로마법 공부를 열심히 하길 바란다. 그러나 너를 다시 만나기 전 나는 네가 그리스인들을 찾아갈 걸로 본다"라고 말했다. 이것은 그에게 예언이 되었다.

이때는 그리스 혁명의 시기로 온 유럽이 혁명의 향배에 촉각을 곤두세우던 시기였다. 로마법 공부를 포기하고 핀레이는 희랍의 역사와 언어 공부에 열중했다. 1823년 핀레이는 그리스를 방문해 그리스 주민들의 삶을 직접 체험해보고 혁명의 성공 가능성을 스스로 판단하기로 결심했다. 그는 그리스에서 바이런 경을 자주 만났는데, 바이런은 그리스 독립 투쟁에 참가하기 위해 그리스에 왔고 이곳에서 요절했다. 그는 새로운 희랍 국가의 미래를 믿는 신념에 찬 친희랍주의자가 되었고 영원히 희랍 주민이 되기로 결심했다. 그는 농장이 딸린 영지를 사고 영지를 가꾸는 데 전 재산을 들였다. 그는 그리스 혁명의 역사를 기술하기로 결심하고 그 예비 작업으로서 이 나라의 과거에 대한 연구를 시작했다. 이로부터 그리스에 관한 일련의 저작들이 완성되었고 기원전 146년부터 기원후 717년까지를 다룬 첫 저작 『로마인 지배기 희랍』이 1844년 출판됐다. 10년 뒤 『716년에서 1453년까지 비잔티움제국과 그리스제국의 역사』가 세상에 나왔다. 이 뒤로 현대와 동시대 그리스에 관한 저작 2권이 나왔다. 핀레이는 나중에 이 저작들에 많은 수정을 가해 그리스 통사의 형태로 만드는 작업을 새로이 시작했으나 계획을 완성하지 못하고 1875년 1월 아테나이에서 사망했다. 그의 유작은 토저(H. F. Tozer)가 물려받아 그는 핀레이의 그리스 통사『로마인에 의한 정복부터 현재에 이르기까지 그리스 역사(B.C. 146-A.D. 1864)』를 1877년 7권으로 출간했다. 이 마지막

판이 오늘날까지 사용된다.

핀레이에 따르면 2,000년에 걸친 외국인 정복기 그리스 역사는 고대에 가장 뛰어난 문명을 이룩한 민족이 겪은 환난과 쇠락의 역사다. 그러나 이 민족의 옛 특징들은 말살되지 않았고 민족적 열망 또한 그 명맥이 끊이지 않았다. 역사가들은 이렇게 많은 우여곡절을 겪고도 독립된 국가를 이루려는 저력을 간직한 민족의 역사를 무시해서는 안 된다. 희랍인들은 많은 기간 동안 예속민이었지만 그들의 역사가 오로지 몰락의 길을 걸었던 것은 아니었다. 로마인들과 오스만인들 밑에서 그들은 소수였고 그들은 전쟁을 싫어했으므로 큰 정치적 사건들과 격변들로부터 직접적으로 영향을 받지 않았다. 그러므로 로마나 오스만 제국의 전 역사는 그들의 역사를 이루지 않는다. 그러나 비잔티움 황제들 밑에 지낸 시기는 그들에게 다른 의미를 지녔는데, 그것은 그들이 제국 행정과 일체화했기 때문이다.

예속민으로서 희랍인들의 역사를 핀레이는 6개의 시대로 분류한다. 1) 8세기 전반 이사우리아인 레온 황제 즉위 시까지 로마인 지배기. 2) 성상 파괴주의 황제들 시기로부터 1204년 십자군의 콘스탄티노플 함락까지. 이 시기는 전제주의 체제가 성상 파괴주의 황제들에 의해 수정·개혁·경신되는 시기로 통상적으로 '비잔티움제국'이라 불린다.[11] 이 시기 비잔티움제국의 역사는 희랍인 역사의 일부를 이

---

11) 통상적으로 비잔티움제국의 시작은 로마제국 수도로서 비잔티움이 정해진 때로 본다. 후에 비잔티움적 체제가 잡혀간 때를 오스트로고르스키는 6세기 말 마우리키오스 황제 때로 보고 610년 헤라클레이오스 황제 즉위로부터 제국을 '중세 비잔티움제국', 즉 진정한 비잔티움제국으로 보고, 그 전의 제국을 로마제국의 연장으로 보고 이 제국을 '초기 비잔티움제국'으로도, '후기 로마제국'으로도 불렀다(G. Ostrogorsky, *A History of the Byzantine State*(transl. A. Hussey), 1968, pp.85-86). 8세기 초 이사우리아인 레온 황제에 의한 제국 내부 개혁을 더욱 중시한 핀레이는 이 황제의 즉위를 새로운 제국의 시작으

룬다. 동로마제국이 망한 뒤 희랍인들의 역사는 많은 지류로 갈라진다. 3) 콘스탄티노플의 로마제국 희랍인들은 아시아로 도피해 니케아에 수도를 정했다. 그들은 몇몇 지방에서 옛 방식과 옛 이름으로 그들의 지배를 이어갔다. 그들은 60년도 지나지 않아 콘스탄티노플을 수복했다. 그러나 이 제국은 이름만 당당한 옛 로마제국을 내걸었지 로마제국은커녕 비잔티움 국가조차 어설프게 모방한 국가에 불과했다. 이 시기 역사를 핀레이는 '콘스탄티노플 그리스제국'이라 명명했다. 이 시기는 오스만인들이 콘스탄티노플을 정복한 때로 종말을 고한다. 4) 십자군이 비잔티움제국의 많은 부분을 정복했을 때 그들은 제국을 베네치아인들과 나누어 갖고 로마니아 라틴 제국을 세우고 그리스에 봉건 왕국들을 세웠다. 라틴인들의 지배는 동방에서 희랍인들의 영향력이 쇠퇴한 것을 의미했고 희랍 민족의 인구와 부가 줄어듦을 의미했다. 이 시기는 1204년 콘스탄티노플 함락에서 1566년 오스만인들이 낙소스섬을 정복한 때까지 지속된다. 5) 1204년 콘스탄티노플 함락은 제국 동방에서 새로운 그리스 국가를 탄생시켰는데, 그것은 트레비존드 제국이다. 이 제국은 희랍 역사에서 기이한 장면인데, 이 제국은 조지아와 아르메니아 군주제 국가와 많이 닮았으며 유럽보다는 아시아의 영향력이 우세했다. 이 제국은 250년간 상당한 영향력을 행사했으나, 그것은 정치력이나 희랍 문명에 힘입은 것이라기보다는 그것이 자리 잡은 상업로와 자원에 힘입은 것이었다. 이 제국은 그리스의 운명에 별반 영향을 미치지 못했고 1261년 멸망했을 때 동정심을 불러일으키지도 못했다. 6) 외국인 지배기 그리스 역사의 마지막 6번째 시기는 1453년에서 1821년까지 지속된다. 이 시

로 보고 '비잔티움제국'의 시작으로 보았다(G. Finlay, *A History of Greece from its Conquest by the Romans to the Present Time B. C. 146-A. D. 1864*, vol. 2, pp.1-9).

기는 오스만인 지배기와 베네치아 공화국이 일시적으로 펠로폰네소스를 지배한 1685년에서 1715년까지를 포함한다.

이 시대 구분은 논란을 포함하고 있다. 그럼에도 핀레이의 저작은 처음으로 그리스 역사를 고대부터 다루며 그 법적·사회적·경제적 측면의 내적 관점으로 다루었다는 데 큰 의의를 갖는다. 핀레이의 과거 그리스 내부 역사는 대부분 일반적 고찰과 최근 역사 사건들과의 유비성 탐구로 이루어졌다. 그것은 현대 그리스 역사를 쓰기 위한 예비 작업이었다. 전문 역사가가 아니었던 핀레이는 현대 그리스가 직면한 문제들을 해결하기 위한 방책을 찾기 위해 예민한 감수성으로 현대 그리스를 바라보며 독립적이고 고독한 그의 역사 연구를 수행했다. 그의 역사 연구는 비잔티움 내부 역사에 대한 주의를 환기했다는 점에서 오늘날에도 흥미롭다.

독일 베스트팔렌 태생 카를 호프(1832-1873)는 진지하고 지칠 줄 모르는 비잔티움 학자였다. 본 대학을 졸업하고 그곳에서 조교로 일하던 호프는 1204년 이후 프랑크인 치하 비잔티움 역사 연구를 일생의 과업으로 삼았다. 1853-64년 그는 당시 오스트리아가 지배하고 있던 북이탈리아로 가 개인 가족 소장 문헌들을 조사했다. 이 활동으로 그는 그리스와 에게해 섬들에 자리 잡고 있던 개별 프랑크 왕국들 관련 문서들과 연구서들을 출판했다. 1861년부터 1863년까지 두 번째 연구 여행을 떠난 호프는 제노바·나폴리·팔레르모·몰타·코르푸·자킨토스·시로스·그리스에서 엄청난 양의 사본들을 수집했다. 독일로 돌아온 호프는 수집한 자료들의 분류에 착수했으나 1873년 비스바덴에서 인생의 전성기에 건강 악화로 숨졌다.

그의 저작 중 가장 중요한 것은 『중세 초기부터 최근까지 그리스 역사』(*Geschichte Griechenlands vom Beginne des Mittelalters bis auf die neuere Zeit*)(1867-68)이다. 이 책에서 그는 그가 직접 수집한 자료에 입각

해 동방에 건설된 프랑크 왕국들의 대외적 사건들을 그 중심지들뿐만 아니라 에게해의 작은 섬들에 이르기까지 처음으로 상세하게 기술했다. 또한 그는 현대 그리스인의 핏속에는 고대 그리스인의 피가 한 방울도 흐르지 않고 현대 그리스 주민들은 모두 슬라브인과 알바니아인의 후손이라는 독일 여행가·역사가 팔메라이에르의 주장을 사실로써 반박했다.

영국 역사가 존 바그넬 베리(1860-1927)는 케임브리지대학 교수를 지냈고 1889년 두 권으로 된 『아르카디오스 황제부터 이레네 여제까지 후기 로마제국 역사』를 펴냈다. 이 책은 서방에서 샤를마뉴 대제가 로마에서 레오 3세 교황에 의해 황제로서 대관한 해까지 역사를 다룬다. 그 후속작은 23년 뒤, 즉 1912년 『이레네 여제의 실각부터 바실레이오스 1세의 등극까지 동로마제국 역사』라는 제목으로 출간되었는데 802년부터 867년까지의 역사를 다룬다. 1923년 그의 첫 번째 저작의 수정본 2권이 출판되었는데, 유스티니아누스 대제 때까지(565년) 역사를 다룬다.[12] 이 저작은 첫 번째 저작의 수정증보판이라기보다 완전히 새로이 비잔티움 초기 역사를 다루었다고 보는 것이 옳다. 저자의 말에 따르면 이 저작 제1권은 "게르만인의 서유럽 정복", 제2권은 "유스티니아누스 시대"로 이름 붙일 수 있다. 565년에서 800년까지 역사에 대한 두 번째 편찬은 이루어지지 않았고, 1927년 6월 베리는 로마에서 사망했다. 20세기 영국 비잔티움 역사가 노먼 베인즈(N. Baynes)에 따르면 베리는 1889년 저작으로써 역사가로서의 입지를 굳혔으며 이 경탄할 선구자적 업적으로 누구보다도 비잔티움 연구에 폭과 깊이를 더했다.

---

[12] J. B. Bury, *A History of the Later Roman Empire from the Death of Theodosius I to the Death of Justinian*(1923), vol.1, p.1.

그의 첫 번째 저작 서문에서 베리는 비잔티움 역사에서 '비잔티움'이라는 명칭의 부적절성을 심도 있게 논의한다. 베리에 따르면 로마제국은 아우구스투스 이래 1453년 멸망할 때까지 사라지지 않았다. 이 제국을 지칭하는 '비잔티움제국'이나 나중 시기 '그리스제국'이라는 명칭은 이 기본적인 사실을 은폐한다. 5세기에 비록 황제는 복수로 있었지만 법적 체제로서 제국은 하나였다. 황제들이 서로 간에 아주 적대적일 수도 있었지만 이론적으로 제국의 통일성은 부정되지 않았다. 476년 어느 제국도 멸망하지 않았고 이해는 단지 제국이 해체되는 과정에서 하나의 국면에, 그것도 덜 중요한 국면에 지나지 않는다. 기번이 476년 사건을 '서로마제국의 멸망'으로 표현한 것은 지극히 유감스러운 일이다. 로물루스 아우구스툴루스의 황제 사임은 제국을 멸망으로 이끌지 못했을 뿐만 아니라 흔들지조차 못했다. 그러므로 로마제국은 1세기부터 15세기까지 존재했고 단지 800년에 서방에 또 다른 제국이 등장함으로써 제국의 동쪽은 동로마제국으로 불릴 수 있게 되었다. 그러므로 그는 1912년 출간된, 802년부터 기술한 그의 저서의 명칭을 바실레이오스 1세의 등극까지 제국 역사를 제1·2권과 달리 '동로마제국 역사'로 했다.[13] 그러나 베리는 로마제

---

13) 베리의 이러한 주장에도 불구하고 베리의 '로마제국'은 지금에 이르기까지 '비잔티움제국'으로 불리기를 계속했다. 언제 진실로 비잔티움적 제국, 즉 후기 비잔티움제국 특징을 가진 제국이 성립했는가는 학자의 관점에 따라 콘스탄티누스 황제 때, 유스티니아누스 때, 헤라클레이오스 황제 때, 이사우리아인 레온 황제 때로 서로 달랐다. 그러나 대부분의 학자들은 오스트로고르스키의 의견을 따라 그 시기를 7세기 초로 보고 있다(앞 주 4 참조). 또한 여러 학자가 '비잔티움' 제국을 로마제국의 정당한 계승자로 보고 있는 것도 사실이다. 그러므로 '비잔티움'은 베리의 의견에 찬동 여부를 떠나 관습의 문제로도 볼 수 있을 것이다. 일반적으로 '동로마'는 후기 로마를 벗어난 비잔티움제국을 지칭하는 것으로 보인다(일례로 아놀드 토인비). 본 번역서도 현재의 관행을 좇아 '비잔티움'을 사용하고 있다. 그러나 본 역자의 생각으로는 엄밀히 생

국의 내부 변화를 간과한 것은 아니어서 콘스탄티누스의 시대와 함께 유럽 역사가 완전히 새로운 시대로 접어들었음을 인정하며, 콘스탄티누스의 개혁은 아우구스투스의 개혁보다 더욱 근본적인 개혁이라고 말한다.[14]

알렉산드르 바실리예프(A. Vasiliev, 1867-1953)는 1867년 상트페테르부르크에서 태어났다. 그는 상트페테르부르크대학 역사·문헌학부에서 아랍어와 튀르키예어를 배우고 동방학자를 꿈꾸다가 그의 아랍어 교사의 추천으로 저명한 비잔티움 학자 바실리 바실리예프스키를 만난 것을 계기로 비잔티움학으로 진로를 바꾸었다. 그의 초기 활동은 비잔티움과 아랍 관계 연구였다. 그는 바실리예프스키 등 학자들의 주선으로 장학금을 받고 프랑스에 유학해 아랍어·튀르키예어·에티오피아어를 배우고 비잔티움과 아랍 관계사로 석사·박사 논문을 썼는데, 이것은 나중에 프랑스어로 번역됐다. 그는 러시아에서 훌륭하게 학자 경력을 쌓던 중 1924년 프랑스로 출장을 가 러시아 망명 고대 역사가 미하일 로스토프체프를 만나 미국으로 망명을 제안받고 1925년 미국으로 망명했다. 그는 미국에서도 성공적으로 학문 활동을 했는데, 그의 주요한 활동은 비잔티움과 아랍 관계사 연구와 비잔티움 통사 저술이었다. 1928-29년『비잔티움제국사』가 나왔고, 1932년 많은 수정과 증보를 가한 프랑스어판이 프랑스 비잔티움 학자 샤를 딜의 서문과 함께 출판되었다. 1952년 더욱 많은 연구 성과로 보완된 영어판 제2판이 출판됐다. 이 책은 한 사람에 의해 비잔

각하면 베리의 의견이 옳다고 생각한다. 로마제국이 비록 오스트로고르스키의 지적대로 '중세적 그리스' 제국으로 탈바꿈했다고 하더라도 황제는 로마 황제로서 제국 판도 내 지역에서 법적 지배권을 행사했고 제국의 국가적 통일성은 손상되지 않았기 때문이다.

14) J. B. Bury, *Ibid.*, p.1.

티움 통사가 서술된 드문 경우로 각 시기의 중요한 특징, 특히 대외 관계가 풍부한 원사료, 연구 성과 인용과 함께 제시된다. 각 시대는 문학·학술·예술에 대한 서술을 포함한다. 비잔티움 사회경제사에 대해서는 상대적으로 소략하다.

1933년 스티븐 런시먼(S. Runciman, 1903-2000)은 『비잔티움 문명』을 펴냈다. 이 책은 콘스탄티노플 창건으로부터 시작해 비잔티움 정치사, 제국 정부와 법체계, 행정, 종교와 교회, 군대, 상업, 도시·농촌 생활, 교육, 문학, 예술을 논하고 '비잔티움과 그 주변 세계' 장에서 주변 민족들과 교류, 그리고 비잔티움이 그들에게 미친 영향에 대해 서술한다. 이것은 명징하고 아주 잘 쓰인 책이다.

1942년 베오그라드로 이주한 러시아 비잔티움 학자 게오르기 오스트로고르스키는 『비잔티움제국사』(*Geschichte des byzantinischen Staates*)를 펴냈다.15) 이것은 제국 멸망 때까지 전 기간 역사를 다루며 아주 유용하고 잘 선별된 참고문헌들을 주에서 제시하며 제국 발전 시기별로 그 신뢰성 있는 양상을 제시한다. 오스트로고르스키는 이 책으로 16세기에 시작된 비잔티움 연구의 새 장을 열었다. 책의 제목이 시사하듯이 책은 대내외적 영향 아래 제국의 정치가 어떻게 발전했는지를 서술하는 것을 목표로 한다. 비록 사회·경제·문화도 서술되나 책의 주 내용은 정치사다. 이 책의 보완으로 『케임브리지 유럽 경제사』 제1권에 실린 그의 논문 「중세 비잔티움 농업 사정」을 강력히 추천한다. 『제국사』는 비잔티움을 공부하려는 사람이라면 반드시 읽어야 할 책이다.

1947-50년 탁월한 프랑스 비잔티움 학자 루이 브레예(Louis Bréhier,

---

15) 이 책의 축약본이 1999년 게오르크 오스트로고르스키, 『비잔티움제국사』(김경연, 한정숙 옮김)로 국내에 소개됐다.

1868-1951)의 비잔티움 3부작이 공간됐다──1)『비잔티움 흥망사』
(*Vie et mort de Byzance*). 2)『비잔티움제국 제도』(*Les Institutions de l'Empire byzantin*). 3)『비잔티움 문명』(*La Civilisation byzantine*).

4.『비잔티움 문명』에 대해

이 책『비잔티움 문명』은 부문을 망라해 서술한 전사(全史)다. 인류 역사상 가장 중요한 문명 중의 하나인 비잔티움 문명을 제도·경제·종교·학술·예술의 각 방면에 걸쳐 심층적으로 논의한 책이다. 역사 사건 위주로 서술된 책들은 한 문명의 근저에 깔린 이러한 요소들이 소홀히 다루어지기 쉬운 반면 이 책에서는 비잔티움 문명의 모든 요소들이 균형 있게 다루어진다.

먼저 독자들의 주목을 끄는 것이 그 방대한 지리 기술이다(1, 2장). 이곳에서는 비잔티움 문명의 핵심 지역인 소아시아·발칸반도뿐만 아니라 한때 비잔티움 영역이었던 이탈리아·시리아·북아프리카 또한 지루할 만치 상세히 다루어진다. 지리는 기상·토질·교통로 등 인간 활동에 큰 영향을 미치는 요소들을 다루어 역사의 출발점의 구실을 하므로 저자가 여기에 상당한 양을 배분한 것은 당연하며, 지역과 그 안에서 삶을 영위한 사람들에 대한 정통 역사학자로서 저자의 관심을 대변하고 있으므로, 독자들 또한 지루하게 생각하지 말고 일독하기를 권한다.

이어 '국가'편에서는 비잔티움 국가와 교회 제도에 대한 기술이 이어진다. 비잔티움 국가는 방대한 관료체제에 의해 세정과 국방이 효율적으로 운영된 사회였다. 황제는 신의 대리자로서 신민들의 지상 삶을 관장할 뿐만 아니라 종교적 신념에 바탕한 신민들의 정신적 삶의 지주이기도 했다. 다른 문명과 다른 이러한 비잔티움 국가체제의 특성을 잘 주목할 필요가 있을 것이다.

'사회' 편에서는 비잔티움 사회 계층구조와 더불어 비잔티움인의 사회를 규율하는 도덕·관습·세계관의 특징들이 기술된다. 이곳에서도 그 중심원리에는 종교가 자리 잡고 있으며 '에우탁시아'로 대변되는 질서의 관념은 비잔티움적 보수성의 바탕이다.

'경제' 편에서는 농촌 경제부터 시작해 국제 무역에 이르기까지 제국 경제 생활의 여러 측면이 논의된다. 경제 관계도 다루어지나 주로 고고학이나 교회 비품 등 실제 사람들의 생활에서 보이는 물질 생산·소비의 측면이 다루어진다. 도시 경관과 같은 지리학적 기술이 많은 부분을 차지한다. 정치·경제 등 보다 좁은 의미의 경제사를 기대하는 독자는 다른 서적을 참조해야 할 것이다.

'교양' 편은 비잔티움 교육·문학·자연과학·예술을 논하고 '감성사' 절에서는 비잔티움인의 예배와 함께 그들의 종교 생활을 다양한 측면에서 소개한다. 저자가 서문에서 지적했듯이 비잔티움 사회는 현대인에게 수수께끼 같은 측면이 있으며, 그 정신성을 모르고는 그 문명의 특질을 잘 알 수 없다. 특히 신비사상이 그러한데 저자는 비잔티움 신비사상가의 저술에서 보이는 그들의 증언을 소개해 신비사상의 일단(一端)을 엿볼 수 있게 한다. 비잔티움이 세계에 자랑하는 예술의 성취를 보는 것은 언제나 흥미로운 일이다. 건축 등 예술품이 자세히 소개된다.

이 책은 방대한 범위와 역사를 가진 비잔티움 문명의 특질에 대해 조목조목 다루나 한 사람이 짧은 시간에 했다고는 믿기 어려울 만큼 여러 부문이 심도 있게 다루어져 비잔티움 문명을 처음 공부하려고 하는 이들에게 좋은 입문서라고 생각한다. 특히 고고학적 자료뿐만 아니라 문서와 문학작품에서 직접 인용한 부분이 많아 독자는 마치 모자이크화를 감상하듯이 비잔티움인의 생활과 사상을 눈앞에 있는 것처럼 직접 볼 수 있는 것이 그 특징이다. 편년체의 역사서와 함께 이러한 부문 망라 역사서를 토대로 비잔티움 문명에 입문하는 사람들이 많아지기를 기대한다.

논문 작성에 참고한 문헌들

1. 동방과 서방

프리츠 하이켈하임(김덕수 옮김), 『로마사』, 1999.

J. B. Bury, *History of the Later Roman Empire from the Death of Theodosius I to the Death of Justinian*, 1958, vol. 1.

A. H. M. Jones, *The Later Roman Empire 284-602: a Social, Economic and Administrative Survey*, 1964.

S. Mitchell, *A History of the Later Roman Empire*(2nd. edition), 2015, chapter 3.

A. J. Toynbee, *Constantine Porphyrogenitus and His World*, 1973.

2. 도시 생활의 발전

A. H. M. Jones, *The Later Roman Empire 284-602: a Social, Economic and Administrative Survey*, 1964.

J. H. W. G. Liebeschuetz, *Decline and Fall of the Roman City*, 2001.

C. E. Robinson, *A History of Rome from 753 B.C. to A.D. 410*, 1935.

3. 비잔티움학의 성립

A. A. Vasiliev, *History of the Byzantine Empire 324-1453*, 1952, pp. 3-42.

추천사

거대 프레스코화를 연상시키는 '세계의 대문명들' 컬렉션에 포함된 역사 저작물들은 차곡차곡 쌓이는 인내를 통해 제작되는데, 각 작품은 많은 기대와 함께 새로운 요구를 창출하기도 한다. 일례로 마르셀 시몬의 『고대와 기독교 문명』과 자크 르 고프의 『서양 중세 문명』이란 수작(秀作)들이 나온 뒤, 지중해 동부 지역에서 비잔티움 세계가 솟아오를 필요가 있었으니, 이 세계는 한 강력한 기독교 운동에 의해 침윤된 곳이며, 중세 서유럽인에게는 감탄과 갈망이 섞인 감정을 자아내던 곳이다. 이 비잔티움이 앙드레 기유에 의해 오늘 우리 앞에 현현한다. 이국적인 형태와 황금빛 광채에 쌓인, 그곳 주민들의 장구하고 웅숭깊은 이야기가 말이다. 이 대망(待望)하던 책은 때맞추어 나왔으며, 저자의 역량이 허용한 만큼의 방대한 문건과 그 광대한 시공간적 범위에 걸친 풍부한 해석을 통해 우리의 기대를 충족시킨다.

자신의 품에 고대와 동방의 유산을 품고 있었던 이 신정(神政) 제국의 천 년 운명은 진정 우리에게 이전보다 덜 멀고 덜 낯선 모습이 됐다. 이는 제국의 모든 면을 고구(考究)하고 그리려는 많고 다양한 역사 저술들과 함께 거리의 단축, 여행의 편리함, 관람객들에게 기초 연구의 정수(精髓)를 제공해준 일련의 학문적 전시회들 덕택이다. 특히 프랑스 학계는 비잔티움 연구의 부활에 작지 않은 역할을 수행했는데, 앙드레 기유는 이런 프랑스 고고학계와 역사학계의 선구자 및 중진들의 뒤를 잇는 학자다. 어떤 연구 영역들의 저작 목록에는 프랑스어로 된 저작들이 거의 열거되지 않지만, 비잔티움 연구에서만큼은 사정이 전혀 다른데, 오늘 세상의 빛을 보는 이 책은 마치 이정표처럼 우리 연구의 진척과 시야 확대 정도의 시금석이 되어 공정한 명성을 누리는 대표적 저작들과 같은 반열에 우뚝 선다.

다른 도시들과 마찬가지로 파리 또한 지난 20년간 많은 훌륭한 예술 작품들을 모은 수많은 전람회를 새롭게 조직하거나 유치해왔고, 여러 측면에서 비잔티움 문화의 확산 문제를 조명해왔다. 1958년에는 국립도서관의 방대한 문서고에서 나온 경탄을 자아내는 삽도 필사본들을 소개하는 한편 그에 대한 주석을 발간, 비잔티움이 중세 프랑스에 미친 영향을 예증한 바 있다. 더 최근에는 『옛 루마니아 예술 비보(秘寶)』(전시회 도록)에서 비잔티움 중심 지역의 기원(祈願) 장신구들과 도브루자 무덤군에서 출토된 지역 모방작들이 나란히 소개됐다. '유고슬라비아 예술'이란 큰 전시회는 비잔티움 시기 이 나라 예술사 전체를, 발굴된 지 채 반세기가 되지 않은 예외적으로 풍부한 프레스코 벽화 유물들을 통해 회고하고 있다. 『소련 박물관들의 비보』는 비잔티움의 빛이 희미하게 서려 있는 러시아 프레스코화들과 이콘에 많은 지면을 할당했다. 도시를 사로잡은 한편, 우리들 마음속에 현존하는 우려에도 불구하고 베네치아는 바로 오늘에 와서 그 공국 궁전에서 '베네치아와 비잔티움'이라 명명한 전시(展示) 서류철(exposition-dossier) 하나를 제공했는데, 이것은 베네치아인이 비잔티움 세계와 맺은 복잡한 관계들을 해명하고 있다. 이를 통해 우리는 각각 다른 세기들에서, 동방 제국의 수도와 도제의 도시를 끈끈하게 이어준 길들을 나그네가 되어 톺아가도록 초대된다.

그렇지만 환상을 품어서는 안 된다. 앙드레 기유는 그의 책 첫머리에서부터 중세 그리스 세계를 바라보는 한 현실주의적 시각으로 우리를 안내한다. 이 책을 읽으면서 우리는 비록 그의 비관주의에 전적으로 공감하지 않을지라도 역사의 많은 면이 아직 미개척 분야로 남아 있었다는 것을 인식하게 될 것이다. 앙드레 기유는 사료로 돌아갈 수밖에 없었으며, 이러한 방법상의 제일 원칙은 결코 포기한 적이 없다. 책의 시작은 방대한 역사 지리 고찰이다. 이 탐구는 비잔티움 영역의 역사를 훑고 그 점유자들의 특징을 밝히면서 동시에 극도의 다양성과 실질적인 결집력을 강조한다. 제도의 틀, 권력 형태, 사회 구조, 사고방식, 경제의 성격, 교양의 표출이 그 뒤를 이어 치밀하고 구체적인 검토의 대상이 되고 그 결과가 명료하게 제시되는데, 이를 통해 우리는 비잔티움의 진면목을 보게 되며 한 세계의 완만한 발전과정을 순차적으로 확인할 수 있다.

역사가들은 그가 연구의 대상으로 삼은 시대의 증인들에게 말할 기회를 주는 걸 즐긴다. 비잔티움 시대 식자들이 그들 스스로 그렇게도 매료됐던 고전 희랍 문학을 후세에 전할 수 있었듯, 그들은 또한 시대별로 남긴 글들을 통해 자신들이 깊이 몰두한 것, 걱정거리, 기쁨 등을 우리가 짐작할 수 있게 해준다. 방대한 비잔티움 문학은 완성도가 썩 고르지 않고, 하여 종종 악평을 받기도 하지만 귀중한 정보의 저장소인 것만은 분명하다. 칙령, 법률, 공의회 카논, 서간, 연설문, 연대기, 기술 문헌 심지어 콩트와 소설까지 포함된 자료들이 금석문 및 고고학적 자료들과 함께 우리 지식의 기초를 구성한다. 이 책은 바로 이런 자료들에서 공정하게 고른 발췌문들로 본문의 결을 다채롭고 생기 넘치게 하고 있으며, 풍부하고 질 높은 화보들은 이런 본문을 위해 없어서는 안 될 보조 역할을 충실하게 수행하고 있다.

제안된 총론에는 두 가지 상보적(相補的)인 차원이 눈에 띄는데, 둘 중 어느 하나도 다른 하나를 위해 희생되는 것은 불가능해 보인다. 그것은 먼저 일상적 생존과 각자가 놓인 신분에 따라 불평등하게 채워지는 욕구로 이루어진 물질생활이란 차원이다. 여기에서는 토지의 현상(現狀)과 생산성, 상공업 구조, 서로 다른 사회 계급들의 고통과 기쁨, 연령·성별에 따라 다른 인간의 운명이 묘사된다.

다른 하나의 차원은 사상과 신앙이다. 이 책은 비잔티움의 사상과 신앙의 세계로도 우리를 강하게 잡아끈다. 그곳의 교회와 장식물들은 우리에게 지금의 이 세계를 시시각각 상기시킨다. 모든 성소(聖所)는 믿는 자를 그의 생활 영역으로부터 믿음의 왕국으로 전이시키는 데 사용됐는데, 믿는 자는 그곳에서 성스러운 전율을 느끼는 한편 내세 현존의 직관적 표징으로 그곳을 받아들였다. 시대, 장소, 신앙에 따라 이 감정은 간혹 더욱 강한 확신, 기쁨, 염려 등으로 나타난다. 우주적 질서를 본떠 건축되고 위계적으로 장식됐으며 섬세한 색조로 채색된 비잔티움 교회는 아마도 그 어떤 신전보다 심적 위로를 주는 데 적합했을 것이다. 보건대, 푸른 하늘 아래 금빛 햇살을 온몸에 받은 신자들 주위로 그려진 성스러운 인물들의 먼 한곳을 향한 시선은 가시세계의 영역을 넘어 다른 세계, 예지와 신앙의 세계로 뚫려 있는 듯하다. 절대적 지혜에 관한 신앙에 확고히 발을 디딘 비잔티움인은 삶의 유한성을 극복한 하나의 얼굴을 전하고 있는데, 그것은 수많은 세기가 흘러도 늙음과 주름의 자국이 남아 있지 않은 얼굴이다.

레몽 블로크

서문

 여러 역사가가 대수롭지 않은 수다와 공허한 변설의 말잔치로 자신의 무능력과 무지를 감춤으로써 독자를 농락하는 시대에 나는 어려운 책을 어렵게 쓰기로 했다. 사실 비잔티움 문명사에 관해서는 이미 여러 권의 개론서가 나와 있지만, 학술적이고 근본적인 연구는 아직 시작 단계에 불과하다. 역사 문헌 조사를 앞지른 속류의 해석이 나온 경우도 종종 있었다. 몇몇 참조문헌을 찾는 저자들은 아직 불충분하게 해독된 자료에 관한 현란한 보고서에 현혹됐다. 유행이 남은 작업을 대신하기도 했다. 그러므로 우리에게는 기성의 관념들이 담고 있는 마력을 깨고, 그 표현과 질 면에서 더욱 다양한 원천 자료들을 뒤질 필요가 있었다. 비록 그것들이 우리가 비잔티움에 관하여 물을 수 있는 의문들에 즉각적인 답을 주기에는 역부족이었더라도 말이다.
 이 세계의 사람들과 문물이 갖고 있는 본질적인 복합성을 완전히 이해하는 것은 우리로서는 거의 불가능한 일이라고 겸손하게 인정하지 않으면 안 된다. 그러나 이 문명에 관해 긴 시간 숙고할 계기를 한 시리즈[1] 제작진이 제공해주었고, 그들은 연구가 끝날 때까지 끈기 있게 기다려주었다. 그들의 끈기를 나는 감사히 여기며, 또한 그들이 책의 완성을 재능 있는 협력자들, 그러니까 클레르 알루앵, 뮈리엘 장카르, 안느 오르졸레 등에게 맡긴 데도 감사한다. 그들이 유익한 작업을 해주었을 것으로 기대한다.

먼저 정치한 화보가 딸린 역사 지리(지리의 역사, 비잔티움 제국 지지地誌와 경관 기술) 고찰이 4세기부터 15세기까지 비잔티움 땅과 그곳 토착민 또는 외래 유입 인구의 역사를 통해 다뤄진다. 그다음 비잔티움적 삶을 틀 지은 제도들과 실질적인 권력구조 양상 및 변천, 사회의 구조와 사고방식, 경제와 문화의 전반적 특징들이 논의된다.

민간·교회·군사 부문 공식 언어들의 화려함과 장중함의 뒤편에서, 세계에서 가장 진지한 인민 중 하나였던 사람들의 확신, 의심, 그리고 꿈이 무엇이었던가를 이해하고 설명하는 것이 이 책의 목표다.

---

1) 이 책이 포함된 〈세계의 대문명들〉 컬렉션을 말함.

제1장 지리학에서 바라본 비잔티움 역사

내 연구의 첫 단계는 비잔티움 정교로 개종한 어느 유대인이 길에서 만난 다른 유대인에게 한 환멸 섞인 발언에서 비롯됐다. 640년에 카르타고를 여행한 그는 친구에게 다음과 같이 말했다.

"대서양에서부터 스코틀랜드, 영국, 에스파냐, 갈리아, 이탈리아, 그리스, 트라키아, 안티오케이아와 시리아, 페르시아, 모든 동방, 이집트(두 개의 리비아 포함), 아프리카(트리폴리타니아 포함), 그리고 제국 경계를 이루고 있던 북아프리카 나라들은 지금껏, 마치 황제들의 입상(立像)들처럼 청동과 대리석으로 된 것처럼 보였었고, 모든 민족은 신의 질서에 따르며 로마인에게 복종하고 있었지. 오늘 우리가 보는 것은 굴복한 제국의 모습일세."

이 순전한 여행자의 씁쓸한 자백은 근자에 있었던, 아랍인의 시리아, 팔레스티나, 비잔티움령 메소포타미아,[1] 아르메니아 정복으로

---

1) 본문에 나오는 지명 뒤 형용사 byzantin/byzantine은 주로 '비잔티움령' 혹은

인한 비잔티움 제국 영토의 축소에서 비롯됐다. 그리고 이것은 그가 유대감을 느꼈던, 과거 로마의 영화(榮華)에 대한 타격이기도 했다. 따라서 저 표현은 지리적 사유의 표현이지 시대착오적 인식의 드러냄이 결코 아니다.

지중해 동부 가장자리의 비잔티움 제국

테오도시우스 1세(347-395, 재위 379-395)는 모든 지중해 지역을 통치한 마지막 로마 황제였다. 이후 최후의 서로마 황제가 476년 권좌에서 추방당하고 나서부터는 동로마 황제가 스스로를 로마 제국의 유일한 주권자이자 카이사르의 후계자로 생각했다. 서유럽 사람들은 14세기가 되어서야 제국을 '비잔티움 제국'이라 불렀는데, 이는 제국 수도의 고명(古名)에 따른 것이었다. 330년 5월 11일, 콘스탄티누스의 뜻에 따라 콘스탄티노플이라 개명된, 원래는 그리스의 소도시였던 '뷔잔티온' 말이다. 그러나 제국 모든 주민에게 제국은 15세기 중엽 멸망 시까지 여전히 '로마니아', 즉 로마 제국이었고, 그들은 '로마인'이었다. 언어의 경우, 7세기까지 행정기관과 군대, 그리고 궁정의 제2 언어로 라틴어가 쓰였지만, 대부분의 주민은 그리스어를 사용했다.

동로마 제국은 그 옛날 로마 제국의 영토, 국경, 전통, 제도를 보존했다. 또한 제국을 동서로 나누는 경계선도 보존했는데, 그것은 테오도시우스 1세가 죽은 직후 그어진 것이었다. 나중에 제국의 서쪽 경계선이 된 이 선은 대(大)시르테에서 출발해 이오니아해를 가로질러 아드리아해의 남단에 도착, 다시 바위로 울퉁불퉁하고 험난해 사람

'비잔티움'으로 번역했다. 문맥에 따라 '비잔티움 지배기'로도 해석될 수 있음을 밝혀둔다.

이 거의 살지 않는 몬테네그로의 고원을 가로질러 드릴로강의 삼각주 습지와 코토르강 어귀 사이를 지난 뒤 드리나강의 구불구불한 유역을 따라 사바강까지 진행하는데, 드리나강은 도나우강과 합쳐지는 곳까지 내려간다. 수 세기에 걸쳐 동·서방의 각축장이 된, 예전엔 달마티아라 불린, 지리적으로는 서방에 속한 발칸반도의 북서부 바로 그곳이다.

동로마의 영토는 이처럼 발칸반도의 도나우강 아래, 그리스, 크리미아반도 남쪽 연안, 소아시아와 아르메니아 서부, 아르메니아 산지 자락 메소포타미아 언저리, 사막 지대를 제외한 시리아, 팔레스티나, 부유하고 불안정한 이집트, 그리고 리비아와 키레나이카 연안 지역을 포함한다. 한편 비잔티움 제국은 11세기에 잠깐 아르메니아를 지배했을 때를 제외하고는 이 국경선을 침범하지 않았다. 비잔티움의 영토적 역사는 이 국경선의 수호, 이것으로부터의 후퇴, 그리고 수복의 역사다. 이 선의 방어 체제는 아주 강고하게 작동했는데, 이는 6세기, 유스티니아누스(482년경-565, 재위 527-565)가 일부분 시작하고 이후 항시적으로 정비된, 두텁게 계층화된 요새 체제에 힘입은 것이었다. 이 방어 체제는 적들이 초기 몇 번은 성공을 거두더라도 결국에는 침입에 실패케 하는 것을 목표로 했다. 방어는 견고한 도시 방어로 보강됐는데, 이 시스템은 리메스(limes)라 불린 옛 로마 제국의 단일선 수비 시스템을 대체한 것이었다.

제국의 지리적 형상은 최근 누군가가 지적한 것처럼 "초원과 사막으로 둘러쳐진 한계적 거주 공간"(오스카 슈미더Oskar Schmieder)을 취하고 있는데, 이는 제국의 부와 취약성을 창출했다. 동유럽 평원, 아시아, 동아프리카에서 각각 출발한 모든 무역로—육로든 해로든—는 지중해에 닿았고, 비잔티움 국경까지 무역을 관장하고 있던 변경 민족들은 무역로의 지중해 쪽 출구를 점령하기를 원했다.

자연 또한 제국이 향할 곳을 결정했다. 좁고 분절된 지중해 가장자리에서 제국은 바다의 주인이 되고서야 존속을 이어갈 수 있었다. 아니 실제로 반달족과 동고트족을 섬멸한 6세기 후 제국은 지중해에서 유일한 패자(覇者)였고, 다음 세기에 아랍인이 최초의 함대를 건조하기 전까지 그 지위를 유지했다. 그리고 그런 경쟁 구도가 만들어진 이후에도, 심지어는 북아프리카 무어인이 노략질로 황폐하게 했음에도, 에게해 연안과 섬에 근거지를 둔 비잔티움 함대는 11세기 중반까지 그 적을 제어했다. 하지만 이때 이후로 쇠퇴가 시작되어 비잔티움 무역선의 활동이 위축됐고, 대신 베네치아, 제노바, 피사 같은 이탈리아 해안 도시들의 무역 활동이 성장해 새로운 세력으로서 지중해를 주름잡게 된다.

지중해 전역의 비잔티움 제국

비잔티움 제국은 단 한 번 지중해 전 영역에 걸쳐 로마 제국을 수복하려 시도했고 이것은 거의 성공할 뻔했다. 그것은 유스티니아누스의 위대한 모험이었다. 그 결과는 제국의 장래에 오래, 그리고 인류 역사에 심대한 영향을 주었다. 반달족 왕국과 동고트족 왕국을 멸망(534, 553)시킨 제국은 서고트족과 전쟁(554)을 치른 후 키레나이카와 트리폴리타니아, 현재의 튀니지, 알제리 서쪽 사하라 아틀라스 산맥까지 진출했으며, 세우타와 에스파냐 남부 대부분 지역, 포르투갈 남부, 발레아르 군도, 시칠리아, 사르데냐, 코르시카섬, 이탈리아, 이스트리아, 달마티아를 정복했다. 제국의 영역에 포함시키지 못한 곳은 모로코와 카르타헤나(신카르타고)와 니스 사이 연안뿐이었다. 제국은 흑해, 아드리아해, 티레니아해 들머리, 지브롤터해협에 이르는 지중해 서부와 북쪽 홍해 접근로까지 지배했다. 비잔티움 제국의 경제·문화적 우월성은 이렇게 지중해 세계 전체의 우월성을 의미하게 됐고, 이는 중국이 하나의 세계였던 것과도 같다. 그리고 로마 제국 시대에 그랬듯이 당시 지중해 세계는 페르시아 세계, 즉 파르티아를 계승한 사산조 페르시아 세계에 의해 중국 세계와 분리되어 있었다.

이러한 동로마 제국의 라틴 서방, 그리고 로마화 과정에 있던 아리우스파 게르만족 지역에 대한 지배는 문화면에서 이 지역에 지속적인 영향을 미쳤다. 그러나 이것은 곧 외부 세력의 침입으로 인식됐고, 그로 인해 막대한 군사·재정적 부담이 됐으며, 제국이 쇠약해지는 계기가 됐다. 최전성기를 맞은 비잔티움 제국은 이후 몇몇 약점으로 인해 군사적 침략을 위한 발판을 제공하게 된다. 그 하나가 옛 대상로인데, 이 길은 메소포타미아 북부 고원 지대에서 출발해 시리아 북부를 거쳐 안티오케이아로 와 거기서 남쪽으로 가거나, 아마노스 협로를 거쳐 비옥한 킬리키아로, 더 멀리 소아시아와 삭막한 초원 지역—이곳은 물을 필요로 하는 비잔티움 기병대에게 불리하지만 초원의 기동성 있는 민족들에게는 유리한 지역이다—으로 가는 길이다. 바로 이 길로 페르시아인이 쳐들어왔으며 남쪽 길로는 아랍인이 왔다. 또 다른 길은 발칸 동부 초원길로 이 길은 카르파티아산맥의 고봉(高峰. 크론슈타트 부근)과 도나우강의 건널 수 없는 삼각주 및 도브루자의 작은 연봉(連峰)을 사이로 왈라키아평원으로 이어지는데, 거기서부터는 바나트의 낮은 산들이 거대한 헝가리 분지로 가는 길을 열어주며, 나아가 세르비아와 보스니아의 산악 지대로, 또 도나우강을 건너면 에브로(마리차)강 유역의 들과 트라키아 동부로 인도한다. 그리고 모라바강과 마리차강의 물길은 발칸 북서부와 남동부를 콘스탄티노플에 이르기까지 이어준다. 이 길들로 이후 중앙아시아, 게르만, 슬라브, 튀르크 민족들이 왕래하게 될 것이다. 마지막 길은 바닷길이다. 이 길로는 제국 심장에 곧바로 다다를 수 있는데, 먼저 아랍인과 러시아인이, 이어 서방에서 십자군이 쳐들어올 것이다.

지중해 북쪽 연안으로 줄어든 비잔티움 제국

유스티니아누스의 빛나는 군사·정치적 성공은 제국 재정을 바닥냈다. 그럼에도 그리스 국가에 라틴 서방을 깊숙이 통합하지도—비록 6세기 말 라벤나를 수도로 한 이탈리아 총독령(exarchat)과 카르타고를 수도로 한 아프리카 총독령으로 정비되긴 했지만—못했고, 네스토리오스파 혹은 단성론에 기운 시리아도, 콥트교도들의 이집트도 유지하지 못했다. 이 지역들은 종교적 지방주의를 방패막이로 중앙 권력의 교리·행정 정통주의에 맞서 현지 자치 제도를 발전시키고 있던 지역들이었다. 한편, 재정복한 이탈리아의 많은 부분이 롬바르드인에게 넘어갔고 달마티아는 거의 전역이 세르비아인과 크로아티아인 차지가 됐으며, 서고트족은 624년 이전에 에스파냐 제국 소유지를 되찾았다. 가장 결정적인 침입은 동방으로부터 왔다. 비잔티움인이 참패를 안긴 페르시아인과 제국이 가까스로 격퇴한, 아바르·스클라비니아인의 잇따른 공격을 받아 약화된 제국은 결국 아랍인의 갑작스러운 침입에 굴복했는데, 이들은 634년과 637년 사이, 메소포타미아, 페르시아, 시리아, 팔레스티나, 아르메니아를 점령했다. 알렉산드리아는 641년에 점령됐고, 이집트와 키레나이카는 650년에 완전히 상실했다. 비잔티움 함대는, 키프로스, 로도스, 크레타, 시칠리아 등 많은 섬을 노략질하고 콘스탄티노플을 수년간 포위했던 아랍 함대를 처음에는 굴복시켜 아랍인을 소아시아에서 물러나게 했으나(678년 강화조약) 그들은 7세기가 끝나기 전, 먼저 카르타고에, 수년 뒤에는 지브롤터(세우타)해협까지 진출하더니 키프로스섬을 점령했다.

소아시아에서는 9세기 프리기아의 아모리온이 함락될 때(838)까지 아랍인의 침입이 빈번했고 아랍인과 비잔티움의 경계—대략 타우로스산맥, 아르사니오스강과 일치하는—에서는 영속적으로 군사 행동이 벌어졌다. 이 과정에서 제국은 시칠리아와 크레타섬을 포함, 영토의 남쪽 절반을 상실했고, 이와 함께 전통적인 밀 공급처들인 이집트, 아틀라스산맥 동쪽, 시칠리아를 잃었다. 제국은 또한 시리아와 이집트에 의해 남쪽으로 향하는 대(大)무역로에 대한 접근이 차단됐으며 칼리프들과 레반트 무역을 나눠 가지게 됐다.

　7세기, 남쪽 변경의 축소와 더불어 제국은 슬라브인의 함대가 아드리아해 연안과 에게해 해변까지 진출하는 것을 겪어야 했다. 스클라비니아[2]를 군사적으로 에워싸고 있던 아바르인은 비잔티움의 영토를 약탈한 다음 도나우강까지 진출했고, 그러는 동안 그들의 동맹자들은 제국 전체에 정착했다. 트라키아는 콘스탄티노플까지 약탈당했고 테살로니키는 포위 공격을 당했으며, 테살리아, 그리스 중부, 펠로폰네소스반도도 침입을 당했다. 달마티아의 살로나는 파괴됐고, 그 뒤 싱기두눔(베오그라드), 비미나키움(코스톨라츠), 나이수스(니쉬), 세르디카(소피아)도 같은 운명을 겪었다.

　그리스인은 연안 지역에 몰리게 됐다. 제국을 살찌우는 인구의 이러한 중요한 유입은 농촌 노동력을 강화했으며 일부 지역에서는 결정적인 영향을 미쳤다고 생각된다. 여러 차례에 걸친 군사 원정은 가장 불온한 요소들을 평정했으며 두 세기 뒤에는 약간의 예외를 빼곤 제국에 정착한 모든 슬라브인이 그리스화한 것으로 보인다. 테살로니키, 특히 콘스탄티노플 성벽 아래에서의 패배(626)에 따른 아바르인의 쇠락을 틈타 서슬라브족 베네트인은 그들의 옛 주인을 떨쳐내고 사모 공(公)의 지도하에 모라비아와 보헤미아에 첫 번째 슬라브

---

[2] 비잔티움인과 도나우강에서 접한 슬라브인의 나라. 남슬라브족의 기원.

왕국을 건설했다. 카르파티아산맥 저편에서 온 세르비아인과 크로아티아인은, 그들이 그 주권을 인정한 비잔티움의 협조를 얻어 발칸반도의 북서부에 자리 잡았다. 튀르크족 불가리아인은 도나우강 삼각주에 나타나 그들을 막으러 온 비잔티움 군대에 심대한 타격을 입힌 뒤 강과 발칸산맥 사이 지역에 자리 잡았다. 이후 그들은 그들 자신을 점차 슬라브화하며 이 지역에 미리 자리 잡고 있던 몇몇 슬라브족을 흡수했고, 비잔티움인과 유리한 협약을 맺은 뒤 최초의 불가리아 왕국을 건설했으며, 보리스 칸(재위 864-865)의 개종으로 비잔티움 문화권 안으로 들어왔다.

아랍인과 슬라브인에 둘러싸인 제국은 내부에서 사회·종교적 격동을 겪게 됐다. 그 폭력적 발현은 의심의 여지 없이 지역적인 것이었으나 일시적인 제국 약체화의 근원이었으며 새로운 분열의 구실을 제공하기도 했는데, 그것은 바로 성상(聖像) 논쟁 혹은 성상 파괴주의 논쟁이었다. 이로 인해 사회·경제적으로 견고한 성장세에 있던 이탈리아 총독령 북쪽이 로마 공국(公國)과 함께 제국으로부터 이탈(751)해 한때 롬바르드인의 수중에 떨어졌으나, 이후 프랑크족 왕 피핀 3세(714-768, 재위 751-768)의 주도와 보호 아래 교황령(領) 국가들의 핵이 됐다. 이탈리아 북부와 남부는 로마 교황의 정치적 권위를 좇아 성상 옹호라는 구실 하에 비잔티움 제국을 저버렸다. 샤를마뉴 대제의 대관(800)은, 이미 피핀이 스테파노 2세 교황에게 행한 비잔티움령 이탈리아 영토 기진(寄進)으로 표출된 그들의 독립 요구를 실행으로 옮기는 것이었다.

7세기 말 이후, 이탈리아 남부는 부분적으로 롬바르드인에 장악되어 있었다. 샤를마뉴 대제 이후 발레아레스 제도, 코르시카섬, 사르데냐섬, 이스트리아는 프랑크인이 지배했다. 베네치아는 9세기에 사실상 독립국이 된다. 아랍인은 말타섬(870), 밀 주산지 시칠리아

(902), 타란토와 바리를 점령하고 아드리아해 깊숙이 들어와 캄파니아 지방에 정착한다. 그러나 강력한 마케도니아 왕조 시대 비잔티움 군대는 이탈리아 남부에 교두보를 확보했고, 2세기도 지나기 전에 이곳을 비잔티움의 가장 풍요로운 지방으로 변모시켰다.

7세기에서 9세기 말에 이르는 시기, 제국은 지중해 연안 지역에서 패권을 상실했고 지중해 북부와 아르메니아에서 칼라브리아에 이르는 좁은 폭의 띠에 지나지 않게 됐다. 제국 세력의 중심은 이제 소아시아가 됐는데, 그마저도 킬리키아는 잘려 나간 상태였고, 그곳에서조차 아랍인의 침입, 슬라브인과 다른 피이주 민족들의 폭동에 시달려야 했다. 900년경 실제 제국의 판도는 크리미아반도 남쪽 해안, 트라키아, 마케도니아 남부, 현재 알바니아 연안, 그리스 북부, 그리스 중부 전체와 펠로폰네소스반도, 에게해 섬(크레타 제외), 키프로스, 이탈리아 남부와 캄파니아 연안을 포괄했다. 다른 세계가 제국과 서방, 즉 후에 독일 제국의 모태가 되는 카롤링거 제국을 놓고 패권을 겨룬 후였다. 지중해 남부는 아랍인 세계였다.

그런데 이러한 제국의 지리적 범위 축소는 힘의 집중과 함께 특히 문화적 균질화를 가져왔고, 이 두 요소에 더해 지배 왕조가 재정 자원을 토지 경작과 국방 수요의 합리적 균형에 맞춰 일정한 방향에 집중해 운영함으로써 재건된 그리스 제국은 일찍이 누려보지 못한 번영을 누리게 됐다. 10세기 초에는 아랍인과 일련의 긴 전쟁 뒤에 콘스탄티노플에 이어 두 번째로 큰 도시 테살로니키가 트리폴리의 배교자 레온에 의해 약탈당했다(904). 그러나 이후 칼리프 제국이 여러 개의 작은 나라로 쪼개져 버리는 동안 마케도니아 왕조 황제들은 비잔티움 제국의 군사적 역량을 강화했고, 그리스인은 크레타를 되찾는 한편 동쪽 변방을 안티오케이아, 에데사, 멜리테네까지 확대했다. 11세기 중반에는 아랍인으로부터 독립해 있던 아르메니아 영토 거

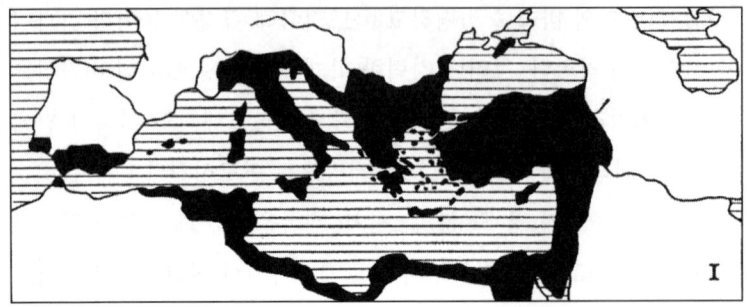
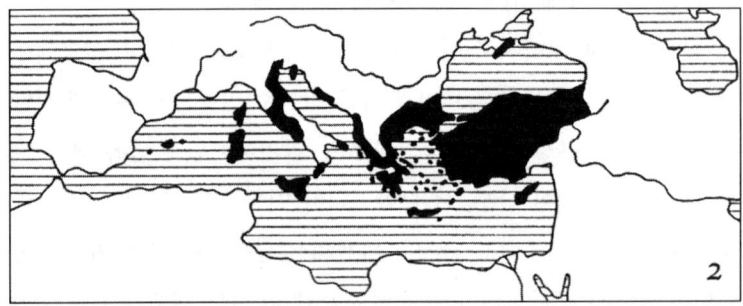

1. 6-15세기 비잔티움 영토 변화
(A. Philippson, *Das Byzantinische Reich als geographische Erscheinung*, Leiden, 1939와
G. Ostrogorsky, History of the Byzantine State, New Brunswick, 1969에 따름.)

1. 560년경 비잔티움 제국(Philippson, p.36).
2. 709-750년 비잔티움 제국(ibid., p.36).
3. 9세기 말 비잔티움 제국(ibid., p.46).
4. 1040년경 비잔티움 제국(ibid., p.47).
5. 12세기 중엽 비잔티움 제국(ibid., p.47).
6. 1214년경 비잔티움 제국(Ostrogorsky).
7. 15세기 비잔티움 제국(Ostrogorsky).

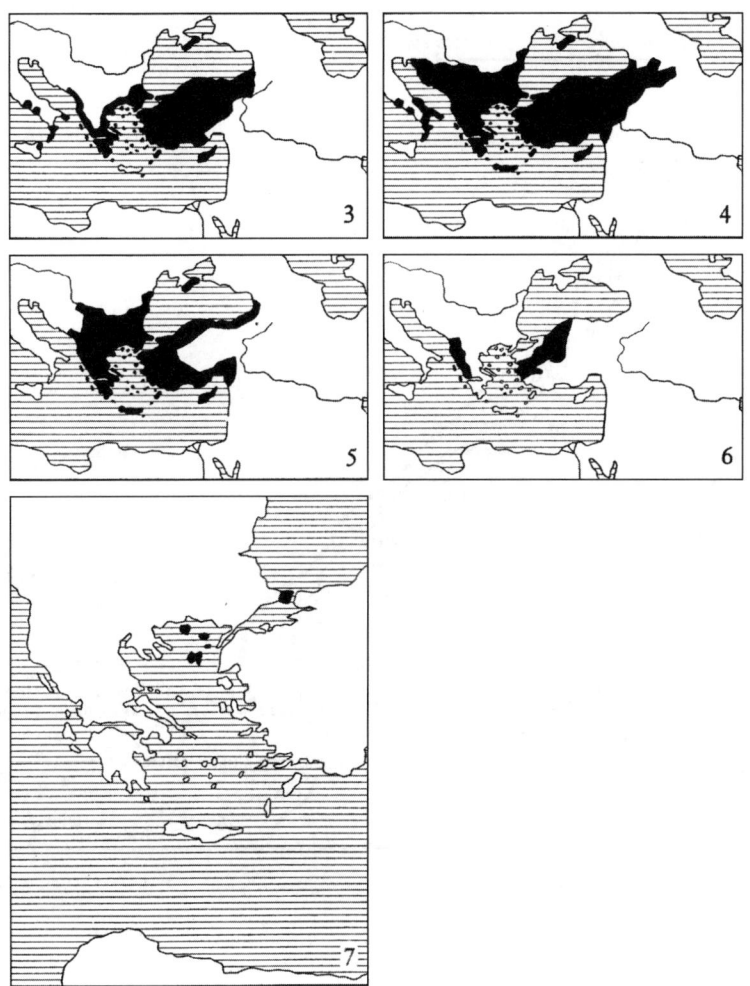

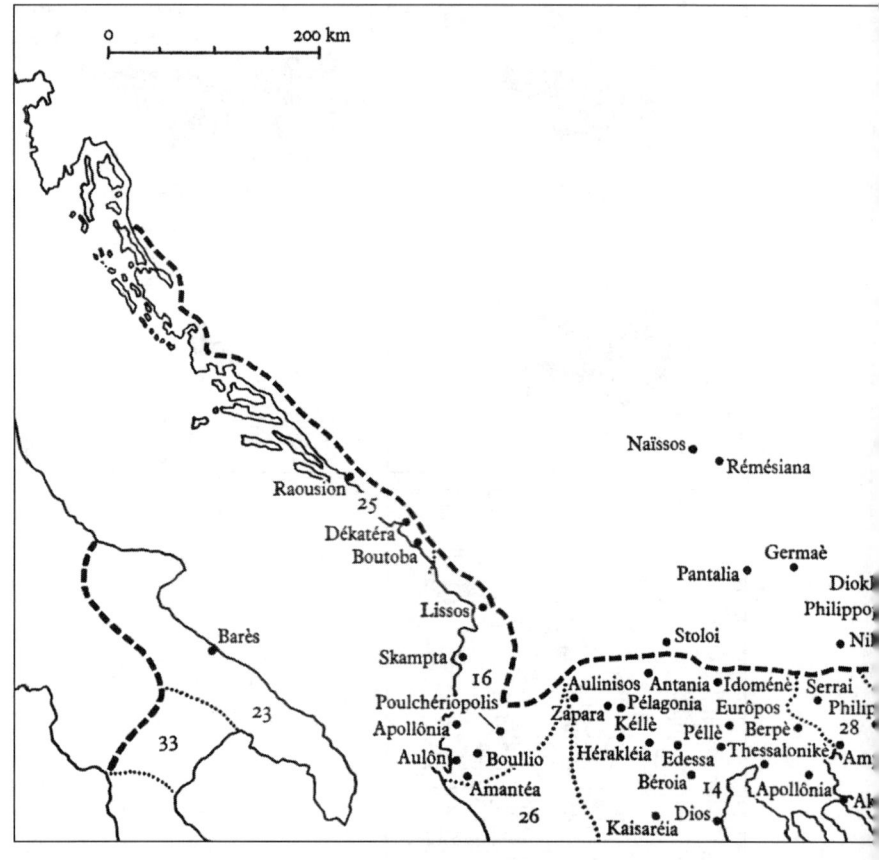

2. 비잔티움 테마(10세기)
(A. Pertusi, *Constantino Porpirogenito De Thematibus*, Cité du Vatican, 1952)

북부 지역

1. 아르메니아코이 2. 아나톨리코이 3. 옵시키온 4. 트라키아 5. 헬라스 6. 시칠리아 7. 부켈라리오이 8. 키비라이오타이 9. 옵티마토이 10. 마케도니아 11. 트라케시오이 12. 케팔레니아 13. 펠로폰네소스 14. 테살로니케(테살로니키) 15. 클리마타-케르손 16. 뒤라키온(디라키온) 17. 에게해 18. 파플라고니아 19. 카파도키아 20. 칼디아 21. 카르시아논 22. 콜로네이아 23. 롱고바르디아 24. 칼라브리아 25. 달마티아 26. 니코폴리스 27. 사모스 28. 스트리몬 29. 메소포타미아 30. 세바스테이아 31. 셀레우케이아 32. 뤼칸도스(리칸도스) 33. 루카니아 34. 키프로스 35. 크레테(크레타) (괄호 안은 관행명)

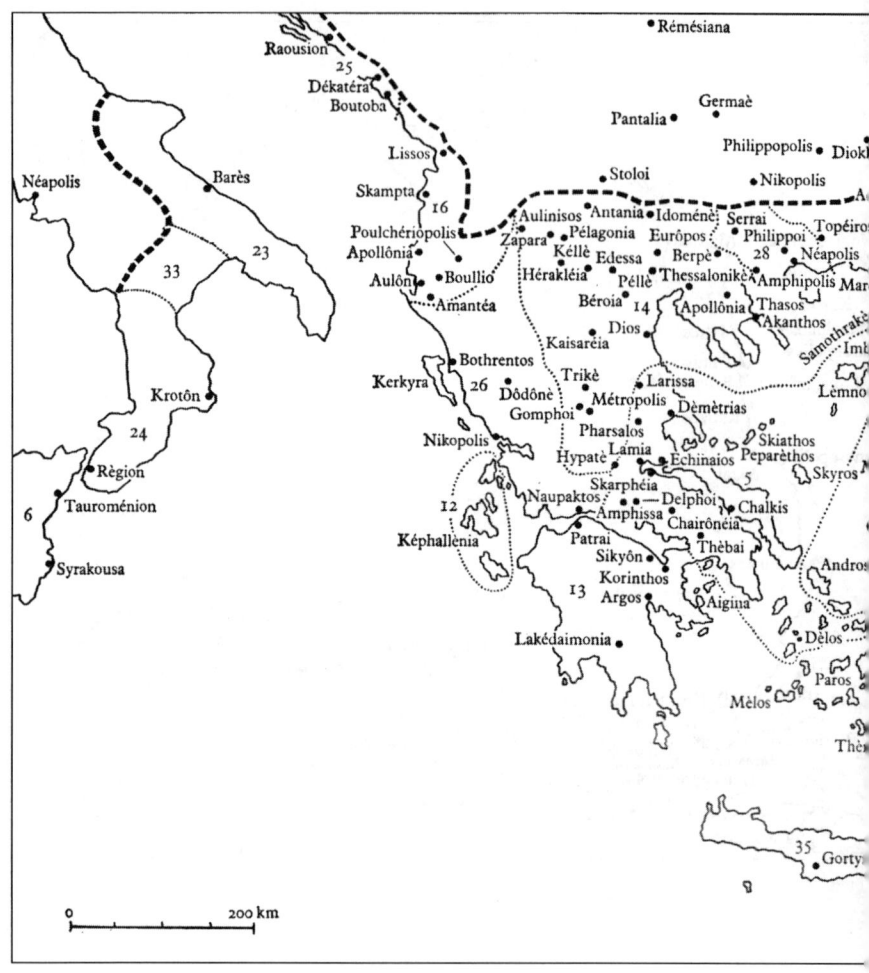

중·남부 지역

의 전부를 병합했다.

마찬가지로 발칸반도도 그 전체가 제국 영역으로 다시 들어왔다. 그전에는 불가리아인, 페체네그인, 헝가리인의 대공세 여파로 반도의 거의 전체가 불가리아인의 수중에 들어가 있었다. 하지만 특히 러시아인과 체결한 동맹에 힘입어 강력해진 제국은 우선 요안네스 지미스케스(925-976, 재위 969-976)가 불가리아 동부를 병합해(972) 그 세력을 약화시켰고, 그 뒤 바실레이오스 2세(958-1025, 재위 960-1025)가 오흐리드에서 블라디슬라프 차르의 미망인으로부터 경하(敬賀)를 받고 나서 불가리아 전체를 제국에 통합했다(1018). 북서쪽에서는 크로아티아처럼 자흘루미아,[3] 라쉬카, 보스니아가 비록 비잔티움 제국에 통합되지는 않았지만 복속국이 됐다. 국경은 이제 옛 동·서 제국 경계와 같아졌다. 도나우강은 12세기 말까지 제국 북쪽 경계가 된다.

이 경계 안에서 불가리아인, 세르비아인, 그리고 기타 슬라브인은 그들의 풍습과 자치 의식을 보존했고, 그렇기에 제국이 그들을 동화시켰다고는 볼 수 없다. 한편 11세기에 이르자 옛 일리리아 남부에 기원이 불확실한 알바니아족이 출현했고, 또 로망스어를 쓰면서 방랑하며 목축을 하는 왈라키아족도 등장했다. 후자는 12세기 후반에 이르면 마케도니아 서부와 테살리아에서도 목격되는데, 아마 더 이른 시기에는 먼 칼라브리아 테마[4]에도 있었던 것 같다.

비잔티움 제국—에게해 제국

11세기 중반, 제국의 두 번째 확대기(期)가 끝나는데, 이때 그 영토

---

[3] 세르비아식으로는 자후믈리예 혹은 훔.
[4] 비잔티움 행정제도 명칭. 용어해설 참조.

는 심각하게 훼손된다. 우선 서쪽에서 일단의 모험적인 노르만인이 로베르 기스카르의 지휘하에 비잔티움의 약한 군사력과 대다수 도시들이 표명한 자치 본능에 기대어 풍요로운 이탈리아의 비잔티움 카테파노령 유산을 값싸게 흡수해 그곳에 견고한 봉건 국가를 건설하더니 얼마 안 있어 아랍인으로부터 시칠리아를 빼앗는다. 이로 인해 비잔티움인은 나폴리항과 주변 지역에 대한 허울뿐인 권위 외에 서방에서 아무것도 갖지 못하게 된다.

발칸반도에서는 튀르크족 일파들인 페체네그족과 오우즈인이 도나우강을 건너 제국 영토에 정착한다. 그들은 그곳에서 또 다른 튀르크족인 쿠만인을 만나게 되는데, 이들은 비잔티움인의 도움을 얻어 레부니온산 기슭에서 페체네그인을 섬멸한다(1091). 발칸의 또 다른 지역에서는 제국의 곤경을 틈타 이탈리아의 노르만인이 에피루스,[5] 알바니아, 마케도니아의 일부분을 점령(1081-85), 제국과 동맹을 맺은 베네치아인의 함대가 개입할 때까지 물러가지 않았다. 베네치아인이 개입한 것은 그들의 상업적 이익에 아드리아해 제해권이 필요했기 때문이다. 하지만 콘스탄티노플은 베네치아의 봉사에 대해 값비싼 대가를 치러야 했다. 제국은 1082년, 베네치아에 상업적 특혜를 부여(992)한 지 100년도 되지 않아 특혜를 연장해줘야 했던 것이다. 제국은 베네치아인에게, 그들이 갈라타 연안에 점포 몇 개와 선착장을 가지게 될 콘스탄티노플을 포함, 제국 전 영토에서 세금을 내지 않고 자유롭게 무역할 수 있는 권리를 부여했다. 이로써 제국은 그들이 장래에 패권을 행사할 수 있는 토대를 제공했으며, 1204년 '십자군 원정'의 구실하에 콘스탄티노플을 점령하는 길을 열어주었다.

12세기 중반에 이르기까지 발칸반도에서 제국 경계는 안정되어 있

---

5) 그리스식으로는 에페이로스.

었다. 하지만 아시아 쪽 경계는 사정이 달랐다. 1067년, 이슬람을 믿는 튀르크족인 셀주크인이 투르키스탄에서 나와 제국을 침입했고, 반호 북쪽 만지케르트에서는 알프 아르슬란이 제국의 군대를 분쇄하고(1071년 8월 19일) 아르메니아를 차지했다. 이 해는 제국의 다른 변방 끝에 있는 바리가 노르만인에게 정복된 해이기도 했다. 그뿐이 아니었다. 소아시아와 연안의 섬들은 튀르크인에게 약탈당했고 콘스탄티노플까지 위기에 처했다. 게다가 소아시아 남쪽 연안에까지 이르는 높은 초원 지대에는 이코니온 혹은 룸('로마의') 술탄국이라 불리는 셀주크족 국가가 출현했다. 카파도키아 북쪽에는 투르코만((영)Turkoman) 다니슈멘드 왕조가 세워졌다가 1174년, 셀주크 지배하에 들었다. 카파도키아 남쪽과 킬리키아에는 아르메니아 왕국이 들어서 시리아로 가는 접근로를 확보했다. 안티오케이아는 1084년 튀르크인의 수중에 떨어졌고, 11세기 말 몇 년간은 마르마라해 부근 니케아에 술탄이 머무르기조차 했다. 이 지역에서 비잔티움 영역은 튀르크인의 영역 북, 서, 남서쪽에 걸친 띠 형상 정도로 축소됐다.

본의 아니게 수호자가 된 알렉시오스 1세 콤네노스(1048-1118, 재위 1081-1118)는, 제1차 십자군전쟁에서 예루살렘과 성지를 셀주크인에게서 되찾으러 온 서방 대(大)영주들의 도움을 받아 니케아, 스미르나, 에페소스, 사르디스를 튀르크인으로부터 해방하고, 소아시아 서부 전 지역을 제국령으로 돌려놓았다. 그러나 십자군 군대가 지나간 제국의 영토는 심각한 피해를 당했다. 하지만 콤네노스 왕조의 기민함은 서방의 적대 행위를 극복했고 비잔티움인으로 하여금 노르만인의 새로운 공세(1108)를 물리칠 수 있게 했는데, 이러한 공세는 그들에게 일시적으로나마 이오니아해 섬들, 헬라스 지역의 테바이, 코린토스, 아테나이 점령과 테살로니키 점령(1185)이란 대가를 치르게 한 것이었다. 또 비잔티움은 수년간 소아시아 지역에서 소(小)아르메니아, 킬리키아의 지배권을 회복했고, 십자군에 점령당한 안티오케이아에 대한 봉건적 종주권, 즉 이론적 지배권을 얻었다. 그러나 서방에서는 헝가리인이 크로아티아와 보스니아를 점령했고, 아드리아해까지 진출했다. 이에 더해 제국은 세르비아인을 복속시키는 데 실패했다.

얼마 뒤 마누엘 1세 콤네노스(1118-80, 재위 1143-80)는 바리와 옛 비잔티움 테마 롱고바르디아(현 풀리아) 도시 몇 개를 일시적으로 되찾았다. 그는 킬리키아를 비잔티움 경계 안으로 들어오게 했고 안티오케이아의 서방 왕 르노를 굴복시켰으며 예루살렘의 보두앵 3세로부터 충성 서약을 받았다. 1159년 비잔티움 황제의 성대한 안티오케이아 입성은 서방 라틴인[6]들에게 점령당한 동방에서 제국의 빛나는 승리를 축성하는 것이었다. 하지만 불행하게도 튀르크인은 소아시아에서 지배를 강화해가고 있었고 슬라브족들은 독립적으로 정착하고 있었다. 이코니온 술탄국의 중요한 도시 에데사와 멜리테네는 얼마 동안 제국이 수복했지만, 마누엘 황제가 셀주크인의 수도로 행군하고 있을 때 프리기아의 뮈리오케팔론 협곡에서 튀르크인에게 포위되어 참패를 당했다(1176년 9월 17일). 10년 뒤, 페터르와 아센을 필두로 한 불가리아 귀족들이 반란을 일으켰는데, 이것은 많이 그리스화했음에도 여전했던, 슬라브인, 유대인, 아르메니아인 들로 구성된 지역 주민들의 독립과 자주에 대한 열망을 대변하는 것이었다. 이 반란은 아주 자연스럽게 도나우강 남쪽에 제2 불가리아 제국이 형성되는 것으로 이어졌고, 이 제국은 마케도니아와 테살리아 쪽 도나우강 유역(대(大)왈라키아)에 정주한 왈라키아인과 도나우강 쿠만

---

[6] 11-12세기부터 비잔티움인이 서유럽 사람들 전체를 지칭할 때 쓴 말.

족의 도움을 얻어 발칸반도의 상당히 많은 지역을 차지했다. 같은 시기, 불가리아인의 반란을 지원한 세르비아의 대(大)주판 스테판 네마냐(1113년경-99, 재위 1168-95)가 독립을 선언하며 독일 황제 프레데릭 바르바로사와 교섭을 시작했다. 비잔티움 제국은 발칸반도의 북쪽을 이렇게 상실했다.

12세기 말 콘스탄티노플에서는 무능한 황제들이 왕좌에 올랐다. 다른 한편 제국은 이 시기, 내부적으로는 소요를 겪었고 대외적으로는 경제적으로 경쟁하는 국제 세력, 특히 베네치아의 세력이 확고해지는 것을 지켜봐야 했다. 그리고 이로써 비잔티움 세계 역사 제1막이 내려진다. 1204년의 사건은 이 마감의 슬픈 장(場)이었다.

베네치아 대통령(도제)[7]은 제4차 십자군 군대를 영접하곤 그들을 동방으로 수송해주는 대가로 먼저 기독교국 헝가리에 속한 자라시를 자신을 위해 점령해달라고 요구했다. 이어 그는 서방에 피신 와 있다가 슈바벤의 필립 왕에 의해 천거된 이사키오스 2세의 아들 젊은 알렉시오스 앙겔로스에게 황제 자리를 되찾아준다는 구실 하에 이들 십자군을 콘스탄티노플로 데려갔다. 1204년 4월 13일, '제4차 십자군의 일탈'로 알려져 있는 이 사건으로 인해 이제껏 한 번도 점령당하지 않은 비잔티움 제국 수도가 십자군 수중에 떨어졌고 며칠간 살육과 약탈이 자행됐다. 세계에서 가장 부유한 도시의 보물창고들이 텅텅 비었다. 이때 이미 이 도시의 몰락은 예견됐다.

해협의 제국

십자군은 그들의 경건한 계획을 망각하고 그리스 제국의 폐허 위에 서방 모델을 따라 봉건 라틴 제국을 건설했다. 이 제국은 북쪽으

---

[7] 베네치아, 제노바 공화국에서 귀족 중 선출되는 수장.

로 강력한 불가리아-왈라키아 왕국과 경계를 이루고 있었고 수많은 작은 국가들로 나뉘어 있었다. 엄밀히 말해 이 새 제국은 트라키아 동부와 소아시아 북서 연안 지역 외에는 직접적 통치권이 없었다. 한편 비잔티움의 비교적 혈기 왕성한 세 공국(公國)은 사라진 제국의 옛 모습을 여전히 간직하고 있었다. 세 공국은 소아시아 북서부에 있었던 니케아 제국과 흑해 남쪽 연안 및 시노페와 아캄프시스강 하구 사이 지역과 크리미아반도 남단(13세기에 제노바인에게 양도됨)을 포괄한 트레비존드 제국, 그리고 서로(sic.) 핀도스산맥, 동으로(sic.) 아드리아해, 남으로 파트라만, 북으로 세르비아와 유동적으로(일정 기간 동안 크루여와 슈코더르 사이였던) 경계를 접한, 한때 테살로니키 라틴 왕국까지 세력을 뻗은, 에피루스 혹은 아르타 데스포테스령이었다.

교양과 정력을 겸비한 군주들의 통치 덕분에 니케아 제국은 비잔티움 국가의 이상을 지킬 수 있었고 라틴 제국의 허약한 체질에 힘입어 1261년에 콘스탄티노플을 탈환할 수 있었다. 그러나 56년간의 이민족 점령은 그리스 제국 군대와 함대, 방위력에 큰 손상을 입혔고, 줄어든 수도 주민은 생활마저 곤궁했으며, 교역 시장은 자신들의 갈라타 구역에 확고하게 자리 잡은 제노바인이 장악하고 있었고, 튀르크인에게는 유럽으로의 진출로가 개방되어 있었다.

제국이란 이름은 존재했다. 그러나 이제는 모든 방면에서 탐욕스러운 적들에게 시달리거나 이미 침략을 당한 제국을 지칭하는 것이었다. 유럽에서 제국은 트라키아와 마케도니아를 포함했는데, 그 범위는 북으로 발칸산맥을 따라 스코페 북쪽을 거쳐 디라키온 북쪽에서 아드리아해에 이르는 선에서 불가리아 왕국 및 세르비아 왕국과 접경했다. 남으로는 올림포스산을 넘지 못했는데, 그 너머에는 프랑크인의 아테나이 공국이 있었다. 에피루스 데스포테스령은 독립한 국가였으며, 그리스는 엄밀히 말해 프랑크인의 공국들과 베네치아인의 상관(商館) 사이에 배분되어 있었다. 아카이아 공국이 된 펠로폰네소스반도는 13세기에는 프랑크인과 그리스인의 치열한 쟁투의 대상이었지만 다음 세기에는 그리스인의 미스트라스 데스포테스령에 의해 완전히 합병됐다. 이 미스트라스는 비잔티움 문명 최후 세기, 국제적인 문화의 장에서 중요한 역할을 하게 된다.

에게해 북쪽 섬들은 아직 제국에 속해 있었다. 소아시아의 트레비존드 제국은 독립해 있었다. 비잔티움 영토는 오스만 튀르크인에게 조금씩 갉아 먹혀 점차 축소됐는데, 그들의 술탄은 부르사[8)]에 수도를 정했다(1329). 이후 그들은 소아시아의 비잔티움과 셀주크인의 전 영역을 흡수해 제국에 항구적인 두려운 위협으로 자리 잡았다.

약해진 제국에게는 북쪽의 위협 또한 만만치 않았다. 불가리아인은 14세기 초에 필리포폴리스(플로브디프)를 점령했고 비잔티움인과의 경계를 로도피산맥까지 물러나게 했다. 세르비아 왕국은 스테판 두샨(1308-55, 재위 1331-55) 통치하에 막강한 제국이 되어 알바니아, 에피루스, 테살리아, 테살로니키에 이르는 마케도니아를 점령했으나 두샨의 죽음으로 쪼개져 세력을 잃고 말았다. 1348년 페스트로 인구가 격감하고 있을 때 이미 유럽에 진출해 있던 튀르크인은 갈리폴리를 함락시켰고(1357) 아드리아노플 요새가 뒤를 이었다(1365). 침략자 술탄은 아드리아노플을 수도로 삼았다. 튀르크인은 콘스탄티노플을 포위했고 세르비아와 불가리아를 복속시켰다. 이제 헬라스조차 얼마 안 있어 그들의 파괴적인 약탈에 희생될 판이었다.

14세기 말 비잔티움 제국은 콘스탄티노플의 유럽 쪽 변두리, 테살로니키, 칼키디키를 포함한 그 주변, 에게해 북쪽 몇몇 섬, 마르마라

---

8) 그리스식으로는 프루사.

해 북쪽과 에게해에 면한 몇몇 자투리땅으로 축소됐다. 오스만 튀르크인은 몽골 대왕 티무르가 앙고라에서 그들의 술탄 바예지드에게 안긴 대패(1402년 7월 28일)와 그에 이은 골육상쟁으로 영토 확장에 제동이 걸려 1세기 전에 시작한 서쪽으로의 진출에 종지부를 찍었다. 무라드 2세는 짧은 습격 뒤에 테살로니키를 점령했고(1430) 메흐메드 2세의 포병대는 몇 주간의 공격 끝에 1453년 5월 29일 콘스탄티노플의 유서 깊은 성벽을 돌파했다. 그리하여 1204년 라틴인이 대 약탈을 자행한 이래 그리스 제국 수도가 아직 간직하고 있던 온갖 종류의 비길 데 없이 귀중한 역사 유물—원고, 행정 문서, 교회 문서, 예술품, 기념비 등—이 파괴될 운명이 마련됐다. 그날 콘스탄티노플은 오스만 제국 수도가 됐다. 수년 뒤 성모 교회 파르테논은 모스크가 됐고, 에피루스 데스포테스령, 트레비존드 제국(1461), 발칸반도의 그리스인, 라틴인, 슬라브인의 마지막 소유지가 정복당하자 메소포타미아에서 아드리아해에 이르는, 수 세기 동안 존속할 새 제국이 재건됐다. 비잔티움 문명을 지탱해온 지리적 조건들은 이리하여 완전히 박탈됐다. 한 국가가 역동적으로 통치 범위를 자신의 자연적 몸체의 진화에 맞게 조정하려 오랫동안 지속한 노력(지도에 가시적으로 표시된)의 가련한 결말, 이것이 제국 마지막 시기 지리적 형상, 참으로 암시적인 형상이었다.

행정구역

4세기 말 제국은 네 개 도,[9] 즉 동방, 일리리쿰, 이탈리아, 갈리아로 나뉘어 있었다. 각 도는 다시 주(州)로 나뉘어 있었다. 동방도는 단연 큰 도로서 다섯 개 주를 포괄하고 있었는데, 이집트(키레나이카 포

---

9) 제3장 주 12를 보라.

함), 동방, 폰토스, 앞 아시아, 트라키아주가 그것이었다. 일리리쿰도는 다키아주, 마케도니아주(그리스와 발칸반도)를, 이탈리아도는 이탈리아-아프리카, 달마티아, 판노니아, 노리쿰, 라에티아주를, 갈리아도는 로마령 브리타니아, 갈리아, 이베리아반도, 서(西) 마우레타니아주를 포괄하고 있었다.

유스티니아누스가 재정복한 영토를 북쪽에서 롬바르드인이, 남쪽에서 베르베르인이 위협하자, 그의 후계자 중 한 사람인 마우리키오스(539-602, 재위 582-602)는 그 일부라도 지켜내려고 서방에 거대한 두 행정구, 즉 라벤나에 수도를 둔 이탈리아 총독령과 수도 카르타고에서 이름을 딴 카르타고 총독령을 창설했다. 이 총독령들의 우두머리는 총독(엑사르코스)이라 불렸는데, 그는 더욱 효율적인 통치를 위해 군권(軍權)과 민간 행정권을 겸병(兼倂)했다. 이 조치는, 많은 사람들의 주장과 달리 아무런 창의성이 없었으며, 단지 유스티니아누스가 538년에 이집트에서 행한 조치의 원용일 뿐이었다. 이 조치로 단일한 주였던 이집트의 9개 도시 행정은 4-5개의 지방조직으로 재편됐다. 각각의 총독령은 다시 몇 개의 공국들로 나뉘었는데, 이탈리아에서는 라벤나, 펜타폴리스, 베네치아, 로마, 페루지아, 나폴리, 칼라브리아 들로, 아프리카에서는 비자케나(두 명의 대공이 있었는데 한 명은 가프사에 한 명은 하드루메툼에 있었다), 누미디아, 두 마우레타니아, 사르데냐섬 들로 나뉘었다.

1세기도 지나지 않아 같은 원칙이 시행됐는데, 소아시아 비잔티움 속령이 장군들에 의해 통치되는 테마로 분할됐다. 아르메니아코이가 동쪽에, 옵시키온이 북쪽에, 아나톨리코이가 남쪽에, 트라케시오이가 서부 해안에 형성됐다. 유럽에서는 트라키아와 헬라스 지역이 각각 테마가 됐다. 한 명의 행정관에게 너무 많은 지역을 맡기지 않으려는 동기도 있었겠지만, 무엇보다 비잔티움 통치자들은 이웃한 적들에게 위협받는 지역을 군사적으로 조직하려는 동기에서 테마 제도를 확대했고, 아주 오래된 테마들을 분할했다. 그 결과 7세기 말 시칠리아 테마가 탄생했고 조금 뒤에는 옵티마토이,[10] 부켈라리오이 테마가 옵시키온 테마에서 분리됐으며, 키비라이오타이 테마가 아나톨리코이 테마에서 분리됐다.

7세기 말 트라키아 서부를 포괄하는 마케도니아 테마의 존재는 이 지역에서도 비잔티움의 지배가 확고했다는 것을 보여준다. 같은 동기가 다음 두 세기에 걸친 테마 창설을 추동했는데, 소아시아의 방대한 아르메니아코이는 몇 개의 작은 지구(地區), 즉 아르메니아코이, 카파도키아, 카르시아논, 칼디아, 콜로네이아로 나뉘었고, 흑해 연안 파플라고니아는 옛 옵시키온 테마에서 분리됐다. 또한, 그때까지 트라케시오이 테마의 하위 조직으로서 드롱가리아트라 불리던 에게해 섬들은 842년과 889년 사이에 새로운 테마가 됐고 이오니아해 섬들은 케팔레니아 테마가 됐으며, 펠로폰네소스반도도 적어도 811년 이후로는 테마가 됐다. 특히 주목할 것은 중앙 정부가 제국의 세 요처(要處)에 자신의 지위를 성별(聖別)하고 확고히 하기 위한 테마들을 조직한 것인데, 에게해 연안의 테살로니키, 아드리아해 연안의 디라키온, 크리미아반도 남부 연안의 클리마타 테마(9세기 말 이전에 케르손 테마로 바뀜)가 바로 그것들이다.

9세기에서 10세기로 넘어갈 무렵 테마 제도는 한층 발전됐다. 아랍인과 경계를 이루는 지역에 메소포타미아, 세바스테이아, 셀레우케이아 테마(소아시아 남쪽 연안) 등이 창설됐고 에게해에서는 새로운 지구로 사모스섬 지구가 창설됐다. 발칸반도에서는 새로이 스트리몬, 달마티아, 니코폴리스 테마가 만들어졌다. 서방에서는 이탈리

---

10) '옵티마토이'는 단수 '옵티마토스'(정예군 병사)의 복수형이다.

아 남동부에 롱고바르디아 테마가 창설됐다. 935년부터 존재가 확인되는 동쪽 변경 지역의 리칸도스까지 합치면 10세기, 제국 행정 지도는 다음과 같이 추정할 수 있다.

- 아시아─옵시키온, 부켈라리오이, 옵티마토이, 파플라고니아, 아르메니아코이, 칼디아, 콜로네이아, 카르시아논, 아나톨리코이, 트라케시오이, 카파도키아, 메소포타미아, 세바스테이아, 리칸도스, 셀레우케이아, 키비라이오타이(해양 테마) 테마
- 바다─사모스섬, 에게해 테마
- 유럽─트라키아, 마케도니아, 스트리몬, 테살로니키, 헬라스, 펠로폰네소스, 케팔레니아, 니코폴리스, 디라키온, 달마티아, 시칠리아, 롱고바르디아, 루카니아 테마, 그리고 마지막 두 테마와 칼라브리아 테마를 합쳐 이탈리아 카테파노령
- 흑해 북쪽─케르손 테마

영토 행정조직은 이렇게 완성됐다. 바실레이오스 2세가 몇몇 새로운 테마에까지 이것을 확대했을 뿐이다. 그 테마들은 도나우강 유역의 파리스트리온 또는 파라두나본, 아시아 변경의 멜리테네, 타론, 바스푸라칸, 이베리아, 테오도시우폴리스, 그리고 유프라테스강 유역의 도시들에서 테마로 조직된 땅들이었는데, 이 정복지들은 그에게 명성을 가져다주었다. 하지만 11세기 말부터 진행된 테마들의 좀 더 세밀한 분화는 국가 조직의 해체를 암시하는 표현일 뿐이었다. 12세기 말 약화된 제국에는 마케도니아 왕조 때보다 훨씬 많은 테마가 있었다. 더욱 잘게 나뉜 이들 테마들은 단지 도시 이름에 지나지 않게 됐다.

1. 〈콘스탄티노플 성벽〉 여러 겹으로 된 성벽들이 중세의 가장 부유하고 가장 중요한 도시를 1100년간 난공불락으로 만들었다. 그중 지금까지 남아 있는 부분은 튀르크인이 도시를 점령한 1453년 때 것이다. 4, 7, 9세기 공사를 마친 성벽은 약 400개의 탑이 옆구리를 받치고 있는 형태의 19.5킬로미터 길이의 거대한 규모로 발전했으며, 1150년 마누엘 2세 콤네노스 황제(마누엘 1세의 오기-옮긴이)가 테오도시오스 성벽 북동부를 더 서쪽으로 이설해 블라케르나이 궁전의 옹색함을 덜어주었을 때는 현저히 변형됐다. 여기 보이는 것은 '모노테이콘'(단일한 벽)이란 것으로 두께 3.75미터에 높이는 15-18미터인데 안쪽은 수많은 버팀벽으로, 바깥쪽은 13개의 원형, 다각형, 정사각형 탑들로 보강되었다. 성벽 앞 해자는 없다. 땅 밑이 바위여서 굴착을 못 했던 것으로 보인다. 이 탑들 중 하나에서 콘스탄티노스 11세 팔라이올로고스는 도시가 함락되기 전날 밤 공격자들이 폭약을 설치하는 광경을 지켜보았다.

2. 〈팔레스티나 성 사바스 수도원 대(大)라브라(독방 수도원)〉 동굴, 나무, 우리 등 안에서 생활한 은수자들 외에도 초기 비잔티움 수도원에는 공동체 생활을 하는 수도사들이 있었다. 수도 공동체는 아주 다양했으며 수도원 창건자가 정한 규칙을 따라야 했다. 그중 일부 '라브라'로 불린 수도원에서는 시험 기간을 마치고 독방 거주 자격을 얻은 수도사들이 주중 월요일에서 금요일까지는 자신들의 독방에서 독거(獨居)하고 토요일과 주

일은 다 같이 모여 전례를 올렸다. 라브라 중 가장 유명한 것은 대(大)에우티미오스가 405-406년 유다 사막 협곡에 세운 몇 곳과 그의 제자로서 카파도키아 출신 성 사바스가 세운, 요르단강 서쪽 대(大)라브라(473)를 비롯한 수도원들인데, 후자는 오늘날까지 남아 있다. 시나이 성 카트리나 수도원처럼 방비시설을 갖춘 수도사들의 도시인 성 사바스 수도원은 비잔티움과 그 뒤 아랍인 치하에서 세계적 명성을 떨친 문화 중심이었다.

3. 〈네게브 사막 내 아브다트〉 오래전 주민들이 떠난 아브다트의 원형 언덕 위에서 두 채의 바실리카 교회와 요새들이 발견됐다. 이걸로 볼 때 오늘날은 완전히 사막 가운데 자리 잡은 이곳이 6세기에는 전초기지였던 것으로 보인다.

4. 〈이탈리아 칼라브리아〉 칼라브리아(25,000평방킬로미터 이상)의 잘게 부서지는 결정질 편암의 토양은 중간 높이의 산들과 높은 언덕들에 점거되어 있는 남방성 기후지만 경제활동 여건이 좋지 않다. 칼라브리아는 많은 격류가 가로지르는데 그중 가장 활동성이 강한 것은 크라티강이며 넓은 유역(2,440평방킬로미터)을 형성한다. 이 강은 실라 그란데고원 사면에서 발원하며 코센차에 이르면 진정한 강의 면모를 보여준다. 강의 길이는 81킬로미터다. 강을 둘러싼 산들 허리에는 80곳 이상 마을들이 발달해 있고, 강 연안은 현재 올리브밭으로 덮여 있으며 그 사이사이 밀도 재배된다. 비잔티움 시대에는 특히 뽕나무가 재배됐는데, 그 잎은 누에의 먹이가 되어 이 지역에 윤택한 생활을 가져다주었다. 칼라브리아는 제국에서 가장 부유한 지역 중 하나였다.

5. 〈라벤나〉 6세기 중엽에서 1952년까지 바다가 라벤나에서 8킬로미터 물러났고, 하천 침전물은 이탈리아 비잔티움 총독령 수도 항만시설을 덮었는데, 침전물 층은 1세기에 12센티미터씩 두꺼워졌다. 항공사진 전문가들이 진행한 조사로 도시의 옛 윤곽이 드러났고, 이것은 그 사진 중 하나다. 이 밖에도 프로코피오스가 전하는 도시 형상 또한 참조할 필요가 있다—"라벤나는 연안에서 350미터 조금 더 떨어진 아주 평평한 평원에 자리 잡고 있고 배들이 도시에 접근하는 것은 긴 연안사주로 인해 불가능하다. 연안사주는 만조 때만 배들이 넘을 수 있다. 도시는 사방에서 포강과 도시를 가로지르는 다른 강들로 둘러싸여 있고 강으로는 배가 다닌다." 이는 제2의 베네치아라 할 만하다.

6. 〈'황제의 도시' 차리친 그라드〉(구舊유고슬라비아) 니쉬 남쪽 50킬로미터 도나우강에서 테살로니키에 이르는 대로상에 있었던 방비된 도시. 아마도 유스티니아누스의 의도에 따라 그가 태어난 타우레시움 마을 위에 건설된 이 도시는 성벽에 의해 세 부분으로 나뉜다. 북쪽에는 세속, 종교 관아 및 한가운데 황제의 동상이 있었을 것으로 보이는 광장이 있는 아크로폴리스, 남쪽에는 저지대 도시가 있고, 이 둘 사이가 중간 지대 도시다. 현재까지 발굴된 것은 6세기 때 벽돌로 지은 교회 여덟 채와 요새 한 곳인데, 교회들은 제각기 다른 구도들을 하고 있지만 콘스탄티노플과 테살로니키 교회들을 본떠 매우 화려하다. 유스티니아누스는 이곳을 발칸 지역 중심지로 만들려 했던 모양이지만 도시는 겨우 1세기만 존속했다.

7. 〈킬리키아의 관문〉 홍해에서 시작되는 지구(地溝)의 연장으로 불가르다산과 아크다산 사이로 난 킬리키아의 관문(귈렉 보아지)은 석회암질 타우로스산맥을 넘어 소아시아고원과 바다를 이어주는 유일한 통로다. 퀴드노스강 침식으로 생긴 협로는 가장 좁은 곳은 폭이 백 미터밖에 되지 않는다. 협로는 킬리키아, 시리아, 바그다드, 페르시아만으로 이어진다. 이곳에서 멀지 않은 비잔티움 요새의 봉수대로부터 발해진 신호들이 고원들을 가로질러 콘스탄티노플까지 적의 침입을 알렸다.

제2장 제국의 지역과 지형

역사 지리적 관점에서 제국은 5세기 상대(上代) 행정용어를 사용하면 '서부'와 '동부'로 나눌 수 있다.

제국의 서부

6세기 유스티니아누스의 장군들은 제국에 이탈리아, 시칠리아, 아틀라스 영역[1]과 남에스파냐, 그리고 사르데냐섬, 코르시카섬, 발레아르 제도를 선사했다.

이탈리아
이탈리아는 크게 두 지역으로 나뉜다.

---

1) 아프리카 북부에 걸쳐 있는 아틀라스산맥 주변 지역. 그리스 신화에 따르면 거인 아틀라스가 제우스에 의해 이곳에서 어깨로 하늘을 떠받치는 형벌을 받았다고 한다.

1) 북부의 거대한 평원은 삼면이 알프스와 아펜니노산맥으로 가로막혔으며, 동쪽으로는 아드리아해에 면했는데, 대륙성 기후에다 겨울엔 추워서 올리브 등 지중해성 작물 재배에 적합하지 않지만 충적토고 여름에는 덥고 비가 많이 와 매우 비옥한 곳이다.

2) 다른 편 반도는 북부 평원 지대와 기후적으로 아펜니노산맥으로 분리되는데, 산맥은 리구리아의 알프스와 접합하는 제노바 인근에서 시작되어 아드리아해 리미니까지 이어진다. 이곳은 지중해성 식물로 덮여 있다. 침입해온 롬바르드인들에 맞서 힘겹게 싸운 뒤 비잔티움령 이탈리아는 획정된 경계 안에서 비교적 안정된 모습을 유지한다. 이 지역은 총독령(exarchat)이라 불린 라벤나, 베네치아 공국과 펜타폴리스 공국, 리구리아, 페루지아 공국, 로마 공국, 나폴리 공국, 마지막으로 남이탈리아 영역을 포괄한다.

북으로 아디제, 타르타로강, 서로는 볼로냐와 모데나를 잇는 파나로강, 동으로는 아드리아해, 남으로는 아펜니노산맥을 경계로 하는 이 총독령(후에 교황령 로마냐)은 라벤나에 체재하며 이탈리아를 다스리던 비잔티움 관리 이름 '엑사르코스'에서 비롯되었다. 총독령은 몇 개의 자연 지형으로 이루어져 있었다.

1) 아디제와 포강 어귀의 습지 지역은 건너기가 힘들었는데, 아드리아, 가벨룸, 페라라시가 방어하고 있었다.
2) 에밀리아 동부는 관개가 잘 된 땅으로 밀, 포도, 과수나무가 풍부했다(볼로냐가 가장 중요한 도시였다).
3) 아펜니노 경사 지형과 그 앞쪽 언덕들은 수많은 계곡들이 가로

지르며 이렇다 할 도시가 없었다.
4) 마지막은 카르스트 산록에서 출발하여 이손초강 어귀와 리미니에 이르는 소택지 연안인데, 연안 사주 습지를 따라 뻗어 있으며, 석호(潟湖) 항들이 잇달아 있었지만 하나하나 진흙으로 메워졌다.

라벤나는 서방 황제의 체류지였다가 고트족 왕들이 있었던 아퀼레이아를 대체한 곳인데, 비잔티움령 이탈리아의 수도였다. 약 4킬로미터 떨어진 군항 클라시스—후에 롬바르드족에 의해 파괴됨(726)—와 마찬가지로 라벤나는 지금은 메워진 석호 변에 위치해 있었으며 몇 줄기 운하가 가로지르고 있었다. 5세기에서 8세기까지 이 위대한 도시의 문화는 이탈리아뿐만 아니라 여러 북쪽 나라의 예술에 깊은 영향을 미쳤다.

라벤나가 몰락한 후 그 자리를 차지한 것은 베네치아였다. 아디제강 북부에 펼쳐진 기다란 석호 안에 점재(點在)한 섬들로 주변 연안으로부터 먼저 아틸라의 훈족을 피해, 그 뒤에 롬바르드인을 피해 피난 온 주민들이 이곳 베네토에 정착했고, 어업, 연안 무역, 제염업을 생업으로 삼았다. 7세기에 그들은 헤라클레이아—아마도 비잔티움 황제 헤라클리오스에서 유래되었을 것이다—를 수도로 삼았는데 나중에 베네치아로 옮겼다. 베네치아시는 해안에서 4킬로미터 떨어진 브렌타강 어귀 앞쪽에 자리 잡고 있었는데, 점차 백여 개의 섬으로 확장되었다. 8세기 이래 공국의 수도가 된 도시는 동방과 서방의 거대한 교역의 중심이 되었으며, 9세기 이후로는 비잔티움의 견지에서 실제적인 독립국의 지위를 누리게 된다. 그렇지만 수 세기 내내 콘스탄티노플과 밀접한 관계를 유지하는데, 이는 산 마르코 교회 장식물 같은 건축물들이 증명해준다. 작은 석호 도시 그라도와 그에 딸린 이손초강 삼각주 입구의 작은 항구, 그리고 라벤나와 좁게 연결된 이스트리아반도의 서쪽 가장자리와 그 항구 트리에스테는 8세기 말까지 비잔티움 영토로 남아 있다가 카롤링거 왕조 지배하에 들게 된다.

이탈리아 북서부 리구리아는 벤티밀리아와 라스페치아 남쪽 마그라강 사이 해안의 좁은 띠 모양의 땅인데, 알프스산맥이 북풍을 막아주지만 고립되어 있지 않고 접근하기 용이한 언덕(파소 데이 지오비, 472미터)이 이탈리아 북부와 교통로 구실을 한다. 이곳에 나중에 강력한 제노바항이 발전하는데 7세기 중반 이전에 비잔티움인의 지배에서 벗어난다.

테베레강과 트라시메노 호수 사이 페루지아 공국은 비잔티움령 이탈리아의 가장 작은 구역이었다. 그러나 이곳은 매우 중요한 역할을 수행했다. 롬바르드인이 로마 공국과 라벤나 공국 사이를 바로 연결하는 플라미니아 가도 중간 지역을 호령하게 됐을 때 비잔티움인들은 아메리나 가도(네피, 오르테, 아멜리아, 토디, 페루지아)를 수호하려고 모든 노력을 기울였다. 그것은 이 가도가 그들에게 플라미니아 가도와 바다로 가는 길을 열어주었기 때문이다. 공국의 요새들은 루치올리, 칼리(750미터로 칸티아노 부근 아펜니노산맥 통로 중 가장 높은 곳), 구비오, 타디노, 아메리아, 오르테, 보마르초, 토디 들이었다. 페루지아와 그 영토는 방어 시스템의 빗장 역할을 했다.

로마 공국은 전설상으로 비옥한 땅이었으나 이미 로마 시대 이래, 당시는 숲으로 덮인 화산성 산들에 둘러싸여 나무가 사라진 초원 지대였고, 아브루초와 사비나의 양치기들이 겨울에 그곳에서 양을 쳤다. 공국은 테베레강 북쪽 투스키아, 남쪽에 캄파니아 지방을 포함했다. 스폴레토와 베네벤토의 롬바르드 공국들에 끊임없이 포위되고 점령당해 영토는 점차 다음 경계선으로 확정되었다—키비타베키아항 북쪽 마르타강 물줄기, 블레라와 롬바르드령(領) 비테르보 사이, 수트리 북쪽, 보마르초 서쪽에서 오르비에토와 바뇨레조 사이, 토디 북쪽, 롬바르드령 테르니와 나르니 사이, 티볼리와 알라트리 동쪽, 그 다음은 리리강 물줄기. 수도 로마는 비잔티움인들이 왔을 때는 거의 주민이 살고 있지 않았으며 준설이 되지 않은 테베레강의 항구들(포르토, 오스티아) 때문에 교통이 막혀 있었다. 그러나 로마는 고대 세계가 물려준 특출한 가도망의 시작점이었다. 아피아 가도는 남쪽으로 로마를 테라치나의 항구들인 포르미아·가에타시(市), 그리고 폰디와 연결해주었다. 테라치나는 공국이 망한 후에도 1068년 노르만인들에게 점령당하기까지 비잔티움령 혹은 복속국으로 남았다. 카시아 가도, 아메리나 가도, 플라미니아 가도 비잔티움 구간은 비잔티움령 공국 북쪽을 연결시켜주었으며 발레리아 가도와 라티나 가도는 공국의 서쪽과 남서쪽을 연결시켰다. 공국은 8세기 중반 '로마 혹은 로마인의 (교황령) 국가'가 되었다.

나폴리 공국은 주로 쿠마항과 살레르노 사이에 있는 연안 지역이었지만 포추올리항 북쪽 비옥한 리부리아 땅도 소유하고 있었다(살레르노는 640년경 롬바르드인들에게 점령당한다). 그중 리부리아 땅에서는 일정한 수의 토지와 경작자들이 기이한 협약에 따라 롬바르드인들과 비잔티움인들의 공동 소유가 되었고, 그들은 수입을 반씩 나누어 가졌다. 동쪽 변경은 언제나 불명확했으나 아베르사 남쪽 아텔라, 나폴리 북동쪽 아체라, 살레르노 북쪽 노체라는 항상 비잔티움령이었다. 마찬가지로 이스키아섬, 프로치다섬, 카프리섬, 당연히 미세노읍 맞은편 니시다섬도 공국에 속했다. 토양이 석회질인 소렌토 반도는 그 이름을 준 도시와 아말피항과 함께 9세기 중반까지 나폴리 공국에 복속했다. 나폴리는 당시 문명·문화에서 동방의 색채가

짙은 도시였다. 지중해 연안을 침략한 아랍인들이 공국을 파멸시켰고 공국은 시칠리아에 병합되었다. 그러나 그 뒤 자신의 면모를 회복했고(800) 자신의 대공들 치하에서 실제로 독립적인 삶을 누렸으나 1140년 노르만인들에게 점령당했다. 아말피의 상인들은 아랍인들과 암거래를 마다하지 않았고 9세기와 10세기에 자신들의 도시에 큰 지위와 번영을 안겼는데, 이것은 당시 베네치아인들을 능가하는 것이었다. 아말피의 아르콘은 콘스탄티노플 궁정에서 환대를 받았으며 비잔티움 국가에 대한 종속은 명분에 불과했다. 도시의 명운과 독립적 지위는 도시가 노르만인들에게 점령당하면서(1073) 점차 기울기 시작했다.

이탈리아 남부는 훨씬 오랫동안 비잔티움의 행정체계 아래에 있었다. 타란토만을 사이에 두고 칼라브리아와 풀리아 두 부분으로 나누어진 이 제국 영토는 자연적인 중심 지역이 없었으며, 상이한 지형을 하고 각각 다른 연안과 다른 바다에 면해 있었다. 헐벗고 가파른 좁은 산등성이로 이루어진 캄파니아·루카니아주(州)의 아펜니노산맥은 석회질 토양으로 마지막 산악 지대 폴리노산(그 정상은 2,271미터의 돌체도르메[2] '산줄기serra')과 함께 칼라브리아 입구에서 사라진다. 북쪽에서 폭이 6킬로미터에 달하는 크라티강 침하 지형으로 움푹 파인 칼라브리아주는 결정성 편암과 화강암 덩어리로 이루어졌으며, 이 산괴는 카탄차로 단층에 의해 양분되어 비잔티움 시대만 해도 나무가 무성했던 타원형의 실라고원(1,930미터)과 오각형의 아스프로몬테산(정상 1,958미터)이 되었다가 대략 1,000미터에서 1,500미터 높이의 '산줄기' 산괴(山塊)들과 다시 만난다. 비교적 일정한 수위의 계곡류들을 공급하는 많은 샘물은 풍부한 식생의 근원이 되어주며,

---

2) 단꿈이란 뜻.

이 식생은 서부 연안에 파인 강어귀들 사이의 평원들(스칼레아, 산타 에우페미아, 지오이아)에도, 동쪽에서 몇 곳의 습지(시바리, 크로토네, 로크리)로 발달하는 층층으로 된 점토 지형을 뒤로 한 좁은 연안 띠에도 펼쳐져 있다. 칼라브리아반도 맨 끝에 칼라브리아 공국[3]의 전통적인(7-9세기) 수도로서 레조가 자리 잡고 있었다.

그런데 이 공국은 풀리아까지 뻗어 있었는데, 이곳을 두고 7-8세기 내내 롬바르드인들이 공국과 싸웠다. 이 지역은 당시 북쪽과 서쪽에서 오판토강, 브라다노강을 경계로 했으며, 서쪽에서 동쪽으로 무르제고원이 굴곡을 가한 평탄한 지형으로 되어 있으나, 이 고원은 가장 높은 북서쪽도 680미터를 넘지 않는다. 석회질 토양에는 물기가 없으나 타란토 전 지역, 브린디시평원의 충적토양, 연안의 부식토로 덮인 신생의 테라스 지형은 곡물, 포도, 올리브 재배에 적합하다. 주요 도시들은 항구들이다. 그중 고대부터 존재한 바리는 직선으로 된 연안 안에서 두 개의 만을 굽어보며, 더 남쪽으로는 브린디시가 있으나 비잔티움 시대 이후 흙으로 막혀버렸다. 오트란토는 동방 군대의 주요한 출항지이자 상륙지였으나 8세기 중반 단 한 번 아주 짧은 기간 제국이 상실한 적이 있다. 타란토는 같은 이름의 만에 있는데, 천혜의 항이었으나 정교도 상인들에게는 원칙적으로 금지된 아프리카 무역에만 사용되었다. 갈리폴리도 항구였고 오판토강의 북쪽에는 고립된 시폰토가 있었는데, 가르가노산이 찬 북풍을 막아주었고 비잔티움인들은 여기서 소와 양을 쳤다. 안으로 들어가 비옥한 내륙분지 중앙, 타란토와 브린디시 사이에 오리아읍(petite ville)이 있었고

---

[3] 나폴리 공국(661년 성립), 로마 공국(590년 성립), 펜타폴리스 공국(554년 성립)들처럼 6세기 후반 비잔티움인들이 롬바르드인들에게 이탈리아에서 쫓겨난 후 아직 남은 영토에서 생긴 공국들 중 하나. 892년경 남이탈리아가 비잔티움 테마로 재편성될 때 공국 수도 레조는 시칠리아 테마의 수도가 된다.

더 남쪽에는 레체가 있었다.

비잔티움령 이탈리아는 처음에는 베네벤토 공국의 롬바르드인의 끊임없는 공격에 시달리며 점령당하고 해방되는 과정이 되풀이되더니 이윽고 비잔티움인들에게는 '오트란토의 땅'이라 불린 칼라브리아 산지와 풀리아의 선단(先端)밖에 남지 않았다. 나중에는 타란토와 바리에 자리 잡은 아랍인들로부터도 괴롭힘을 당했으나 비잔티움인들의 이탈리아는 바실레이오스 1세(811-886, 재위 867-886) 때 긴 전투 끝에 재탈환되었다. 이 땅은 처음에 두 개의 행정구역으로 나뉘었다.

1) 롱고바르디아[4] 테마: 포르토레강과 오판토강 사이에 펼쳐진 충적 평원은 오랜 목축지였다. 이곳에 비잔티움인들이 몇몇 도시를 건설하고 주민들을 이주시켰다. 그중 가장 중요한 도시는 트로이아다. 수도는 바리인데 이곳에 스트라테고스[5]가 주재했다.
2) 칼라브리아 테마: 당시에도 번영한 땅이었는데, 그것은 화려한 도시의 규모가 증명해준다. 레조(수도), 트로페아, 아만테아, 코센차, 니코테라, 비시냐노, 니카스트로, 제라체, 로사노, 스퀼라체, 크로토네, 카사노 들은 그 터가 오랜 도시들로서 번영하고 있었다. 말비토, 마르티라노, 산타세베리나는 중요한 도시가 되었다. 하기아-아가테(오피도)는 확실히, 타베르나는 아마도 건설된 도시다.

---

4) 롬바르드인의 땅이란 뜻.
5) 비잔티움 초기 7-8세기 정립된 민·군 복합 행정체계인 테마에서 최고 관료를 일컫는다. 원래 그리스어로는 '장군'을 뜻했는데, 우리 고제(古制)에서 관찰사와 (병마)절도사를 합한 벼슬로 보면 될 것이다.

이 최초의 두 테마에 10세기 중엽 나무로 덮인 산간 지역이 더해진다. 이곳은 투르시·트리카리코·마르시코 주변, 브라다노강과 디아노 골짜기 사이 땅으로, 이제는 비잔티움령 이탈리아의 세 번째 테마로서 루카니아 테마를 이룬다. 이곳은 처음에는 동방으로 향한 대상업도시 바리에 주재한 황제의 유일한 대리인 카테파노, 나중에는 이탈리아 대공의 관할하에 든다. 이러한 비잔티움령 이탈리아의 행정지도 형성은 용어의 기술적 의미에서 세 지역의 부단한 인구·경제적 발전의 결과로 보아야 하나, 비록 이 지역 행정이 궁극적으로는 중앙권력에 귀속되었더라도 그것이 서로 다른 자연·인간적 경관들(그리스인, 라틴화된 롬바르드인, 아랍인, 슬라브인, 아르메니아인, 유대인이 다양한 비율로 섞인)을 무시한 것은 아니었다. 왜냐하면 중앙정부는 이 지역에서 세 명의 지방 스트라테고스의 직무를 유지했기 때문이다. 그것은 각각의 공동체에서 언어적, 종교적, 심지어 사법적 관용까지 실현되는 행정상 통일이었다. 롱고바르디아 북쪽에서는 라틴어, 칼라브리아 등 남쪽에서는 그리스어가 쓰였고, 카테파노령 수도에서는 라틴어로 전례가 올려졌다. 그렇지만 사람들은 하나의 동일한 문화에 속함을 느꼈고, 그 문화는 1071년 바리가 함락되고 노르만인들, 앙주인들이 이탈리아 남부의 주인이 되고서도 오래도록 지속되었다.

시칠리아

시칠리아는 그 위치와 자원으로 6-9세기 비잔티움 제국에서 아주 중요한 영토였다. 지중해 서안과 동안 사이에 있는 이 섬은 이탈리아 반도와 아프리카 사이에 반드시 거쳐야 할 통로로서 주요 교역로들에 중요한 위치를 차지하고 있었다. 섬은 삼각형 모양을 하고 있으며 칼라브리아 기복 지형의 연장으로서 세 종류의 경관을 나타낸다— 시칠리아 아펜니노산맥, 바깥쪽 제3기 습곡 지형, 에트나 산지. 섬의 북쪽 연안을 달리는 아펜니노산맥(펠로리타니산맥, 카로니에산맥,[6] 네브로디산맥, 마도니에산맥)은 해변으로 바로 떨어지며 인간에게 몇몇 작은 움푹한 땅 외에는 쓸 만한 땅을 제공하지 않는다. 높은 곳은 2,000미터에 이르는데 팔레르모 남쪽에 와서 평행한 습곡 지형이 되어 섬을 횡단하여 시아카에 이른다. 이로써 고대 카르타고 사람들이 개발한 부유한 북쪽 지역이 고립된다.

아펜니노산맥의 남부는 비교적 비옥한 석회질 고원인데 젤라에서 시메토강에 이르며 말타제도까지 이어진다. 이 고원과 아펜니노산맥 사이에 곡물 경작 지대가 펼쳐지는데 이것이 섬의 재부(財富)를 떠받쳤다. 마지막으로 동쪽 해안의 화산 에트나산(3,274미터) 비탈에는 항시 포도를 재배했다. 이 섬의 도시들은 거의 예외 없이 해변에 형성되어 섬을 마치 왕관처럼 둘렀다―시라쿠사(아주 희랍화한 수도), 카타나, 타오르미나, 메시나, 틴다리, 체팔루, 테르미니-이메레제, 팔레르모(832년부터 아랍인이 다스런 시칠리아의 수도), 카리니, 릴리베오, 아그리젠토, (이하 내륙) 트로칼리스, 렌티니, 알레시스. 적대적인 연대기 작가들―현대 역사가들에 의해 계승된―은 비잔티움 시칠리아의 번영상을 무시했으나 그것은 오늘날 막대한 양의 출토 금화와 동화, 그리고 시칠리아에서 주조되고(시라쿠사 공방) 크리미아반도에서 발견된 동전들이 증명해준다. 비록 8세기에 자주 아랍인들에게 약탈당했으나 시칠리아는 산업이 풍부한 식민지로서 사료에 자주 나타난다. 비잔티움 정부는 이탈리아 총독령과 마주한 이 섬에 군대와 함대를 가진 수령(praetor)이 관할하는 독립 행정권을 주었고, 그 직무는 아주 높은 공직자가 수행하였다. 콘스탄스 2세 황제(630-668, 재위 641-668)는 이곳을 거처로 삼았고 이곳에서 죽었

---

[6] '카로니에산맥'은 네브로디산맥의 별칭이다.

다. 시칠리아는 이후 테마가 되었고 나폴리 공국과 칼라브리아 공국을 경영했다.

토지 경작은 황제 상속지, 로마·라벤나·밀라노 교회 상속지, 그리고 몇 명의 지방 대지주들 사이에 배분되었다. 주요 산물은 밀과 포도였으나 말도 방목했고 유황, 암염, 염화암모니아도 채굴했다. 산림에서 나는 목재는 선박 건조에 쓰였고 어업도 성했다. 아랍인들의 안마당이란 시칠리아의 이미지는 부당하게도 비잔티움 시칠리아의 진면목을 가려버려 비잔티움 지배기 시칠리아에 대해 우리는 오늘날까지도 부정확한 인식을 가질 수밖에 없다.

아프리카, 사르데냐, 에스파냐

비잔티움 지배기(533-697)에 아프리카란 이름은 튀니지와 리비아 고원 해안(트리폴리타니아), 지중해 쪽 아틀라스와 그 스텝 고원 가장자리, 그리고 서쪽에서 세우타와 그 주변 지역을 포괄하는 말이었다. 이곳의 산지에는 세 권역이 있다.

1) 연안의 텔아틀라스산맥은 2,000미터에 달하는 산들로 이루어진 넓은 띠 모양 산악 지대로서 깊은 골짜기들과 넓은 분지들로 파였는데, 이런 지형들에 밭과 인구가 집중되어 있다. 또 산이 끊기는 곳에 원형의 만(灣)들이 작은 연안 평야들 속에 나 있다. 적당히 비가 내리면 흙이 충분한 곳이라면 어디서나 지중해식 농업이 가능하다.
2) 내륙의 평원은 관목 숲으로 덮인 산들 사이에 펼쳐져 있는데, 반대로 상당히 건조하고(여름에 덥고 겨울에 춥다) 스텝 지역이 농토와 경쟁한다. 그러나 비잔티움 시대에는 주요한 유적들이 암시하고 있듯이, 농업이 그 뒤를 이은 아랍 시대에서보다 더욱

중요했으며 방목은 덜 중요했다.
3) 사막 가장자리 사하라 아틀라스는 작은 산들과 짧은 연봉들로 이루어졌는데, 수량이 풍부하여 강, 농토, 숲을 볼 수 있고, 특히 여름에 방목이 행해졌다. 가장 높은 산지 오레스(Aurès, 2,300미터)는 베르베르족의 피난처이자 중심지였다.

이 지역의 동쪽에는 내륙에 800-900미터를 넘지 않는 높은 고원이 있고 산에는 숲이 울창하였었고 밭에는 곡물이 풍부하였으며 간선 도로들로 연결된 수많은 도시들이 있었다—콘스탄티네, 카르타고, 테베사, 팀가드, 람베세, 비스크라 그리고 사막. 이곳이 누미디아 속주였다. 아틀라스산맥 가장자리에 세티프시를 가진 세티프 마우레타니아(Mauretanie Sitifienne)가 누미디아 근방에서부터 물 없는 거대한 엘-호드나(해발 390미터) 염수호 분지까지 펼쳐져 있었는데, 지역 내륙에는 토브나(투부나), 베킬가(자비 유스티니아나), 라스 엘-웨드(타말라)가 있어 유목민들의 통로들을 방어했다. 서쪽의 카이사레이아 마우레타니아(Mauretanie Césarienne)는 잘 알려진 경계 지역은 없었으나 부지(Bougie, 살다이)를 넘지 않았다. 그렇지만 6세기 한때 비잔티움인들이 셰르셸(카이사레이아)과 테네스(카르텐나)를 소유했을 때만은 예외였다. 더 멀리 옛 로마의 팅기스 마우레타니아(Mauretanie Tingitane) 서쪽에서 비잔티움인들은 세우타(셉템)밖에는 소유한 적이 없었던 것 같은데, 이곳은 지브롤터해협과 에스파냐로 가는 길을 장악하는 중요한 지점이었다. 이곳은 다른 곳과 마찬가지로 베르베르족들이 포위하고 있었다.

비잔티움령 아프리카의 북동쪽과 동쪽은 옛 로마의 원로원령(제우기타나) 아프리카와 (남쪽의) 동비자케나로서 이곳은 텔산맥과 사하라 아틀라스산맥의 마지막 석회질 자락들로 이루어졌는데, 이 산

자락들은 고립되어 관개되는(동쪽에서 서쪽으로 흐르는 메제르다(브라가다스)강 유역) 분지들을 굽어보고 있다. 텔산맥과 아틀라스산맥은 최후로 바다에서 오늘날 각각 블랑곶(cap Blanc; Promontorium Candidum)과 봉곶(cap Bon; Promontorium Mercurii)으로 불리는 두 곶의 곶이 되어 저지 평원과 몇 개소 습지 평원과 경계를 이루는데, 이중 메제르다강 어귀가 만든 평원 남쪽에 아랍인들이 지배하던 시기에 튀니스가 건설되었다. 이곳에서 멀지 않은 곳에, 만을 두 개의 분지로 나누는 일군의 언덕 위에 비잔티움 카르타고가 로마 카르타고를 이어 건설되었고, 이곳이 비잔티움령 아프리카의 수도가 되었다. 이 도시는 시칠리아와 자신을 가르는 해협을 굽어보고 있는데, 이곳에서 내륙으로 연결되는 길들이 시작되어 서쪽과 남쪽을 향하거나, 아틀라스산맥 안 곡물과 과수 재배에 유리한 땅들 가운데로 깊숙이 달렸다. 카르타고는 아랍 장군 하산 이븐 노만의 공격을 받아 함락되기까지 자신의 문명과 문화 중심으로서의 긴 역사에 마지막 눈부신 시기를 더했다.

비잔티움 비자케나에는 고원들과 최고 1,400미터의 산맥들이 얽혀 있으며 곳곳에 많은 분지와 저지가 산지를 침식하고 있다. 산지들은 가베스만(소(小)시르테) 연안에서 간간이 작은 바위 고원이 솟는 넓고 평탄한 경관으로 끝난다. 염수호들(엘-제리드)에 점령당한 긴 와지(窪地)가 가베스(타카파이)시의 위도에서 비잔티움 비자케나의 남쪽 경계를 이룬다. 이곳에서 올리브와 어느 정도 곡물 재배에 적당한 지중해성 기후는 사막 기후로 바뀌는데, 이곳을 넘어서면 스텝이 펼쳐지며, 주거의 중심이자 카라반들의 무역로에서 중계소인 오아시스가 간혹 경관에 변화를 줄 뿐이다. 고고학적 증거로 봐서 비자케나의 산지에는 비잔티움 시대에도 사람이 살았던 것 같다. 아마 그 뒤에 버려진 땅이 되었을 것이다. 연안은 많은 항구를 품고 있었다—

수스(Hadrumetum Justiniana), 람타(Leptis Minor), 라스 디마스(탑소스), 살렉타(Sullectum), 라스 카푸디아의 남쪽에 있었으나 사라진 유스티니아누폴리스, 웅가(Iunca), 마지막으로 가프사(Capsa)·테베사(Theveste)를 거쳐 아프리카의 서쪽과 북쪽으로 펼쳐진 중요한 가로망의 출발점이었던, 남쪽 변경에 자리 잡은 가베스.

가베스는 또한 비자케나와 아직 잘 알려지지 않은, 이집트주에 속했던 비잔티움 트리폴리타니아를 잇는 협로의 출발점이기도 했다. 리비아 대고원의 한 부분으로서 반반한 퇴적암들로 이루어진 높은 고원 트리폴리타니아는 북쪽으로 내려가며 지리멸렬해지는 제벨산 능선 아래에 있으며, 수많은 건천(와디)으로 파여 가베스와 낙가자의 푸둑에 이르러 바다에 닿는다. 이 두 지점 사이에서 제벨산 단애(斷崖)가 제파라의 연안 평야를 활처럼 두른 형상으로 고원을 가르고 있다. 낙가자의 푸둑 동쪽에는 트리폴리타니아에서 유일하게 마르지 않는 하천 캄(Caam) 와디가 흐른다. 이 하천은 므셀라타의 언덕들에서 발원하여 바다로부터 수 킬로미터 앞까지 지하로 흐른다.

남쪽에서는 상당히 높은 습곡 지형이 하마다 엘-함라까지 올라가 여기에서 광활한 자갈투성이 고원이 된다. 고원의 동쪽에는 제벨 에 소다(Djebel es-Soda) 혹은 '검은 산맥'이 솟아 있다. 하마다와 시드라만 사이에는 세 줄기 와디가 흐르는데, 이들은 사우프 알진(Sawf al-Jin, Sofeggin), 잠잠, 바이 알카비르이다. 마지막 바이 알카비르는 페잔(Fezzan)의 와디들이 가로지른다. 여름에 트리폴리타니아에는 북동 무역풍이 부는데, 이 바람은 강한 열기와 건조함을 몰고 오지만, 겨울에는 지중해 기후에 특징적인 북서풍과 비 앞에서 세력을 잃는다. 가장 많은 강우량의 혜택을 받는 곳은 사브라타와 미스라타 사이 연안 가장자리와 야프란(Yafran)과 연안 사이 제벨산이 뻗은 곳이다. 이곳에 사람들이 몰려 산다. 그러나 지하수가 풍부한 연안 지역에서만 평균적 도시 문명이 유지될 뿐이다. 그렇지만 제벨산 동쪽에는 많은 정주 인구가 있는데, 이들은 올리브와 과수 재배 같은 건조 농법을 경영한다. 제벨산의 중앙부에도 언덕에 몇몇 큰 마을들을 볼 수 있으나, 이곳에서 취락은 해안에서처럼 서쪽으로 갈수록 드문드문해지며 오아시스 형으로 바뀐다.

제파라의 안쪽은 사막이다. 미스라타 동쪽 시드라만의 연안 지형들은 제벨산 동쪽 사면으로 비를 품고 오는 바람으로부터 부분적으로 차단될 뿐만 아니라, 낮은 위도에다 기복이 없어 지형적으로 불리하다. 그렇지만 바이 알카비르 와디 어귀와 키레나이카 접경 사이 좁은 해안 띠에는 이동하며 사는 농부와 목축인들로 이루어진 적은 인구를 부양할 만큼 비가 내린다. 더 멀리 가서 동쪽으로 사우프 알진, 잠잠 와디 유역에는 반유목민들이 그들의 양떼를 방목하며, 만일 때맞추어 비가 온다면 수확을 기대할 수도 있다. 지역의 다른 곳들은 지중해의 영향 밖이다. 페잔과 사막의 오아시스들은 경작지 관개에서 거의 전적으로 지하 수원에 의존한다.

해안의 몇몇 지점은 비잔티움 시대에 오늘날보다 더욱 숲이 우거졌고 더욱 풍부한 강우량의 혜택을 입었을지도 모른다. 또한 최소한의 지하수위는 고전기 고대에서처럼 현재는 사막인 내륙에서도 말과 다른 가축 사육을 가능하게 했을 수도 있다. 두 주요 카라반 루트가 트리폴리타니아를 통과하고 있었다—하나는 가다메스와 하마다 알함라의 서쪽을 지나가는 길이었고, 또 하나는 페잔에서 오는 길인데 조프라 오아시스와 부느젬(Bu Njem)을 거쳐 하마다의 동쪽에 머물렀다. 둘 다 해안에 다다랐는데, 이 광활한 해안은 트리폴리타니아를 카르타고와 지중해 동부와 이어주는 규모여서 국제 교역에서 무시 못 할 물량을 당겨올 수 있었다. 그러나 지리적으로 보기에 훌륭한 조건도 해안의 자연조건으로 불이익을 받으니, 직선 해안 앞에는 많은 암초와 위험한 여울이 있고 돌풍이 자주 내습한다. 사브라타, 트리폴리(Oea), 렙티스 마그나(Leptis Magna)는 비자케나와 키레나이카를 연결하는 항로에서 주요한 기항지로서 규모가 작은 정박지들이다. 이 비잔티움령 아프리카는 534년 반달족에게서 빼앗은 사르데냐섬과 그로부터 이십 년 뒤 서고트족에게서 빼앗은 몇몇 에스파냐 땅으로 보완되었다.

사르데냐는 평균적인 높이를 한 둥그스름한 산지들(그 정상부 푼타 라마르모라(Punta La Marmora, 1,834미터)가 젠나르젠투 산괴의 산들 위에 용립한다), 특히나 높이, 크기, 지질학적 성분이 많이 다른 고원들의 집합으로 되어 있다—아지나라만의 앙글로나(조면암), 술치스(상동), 캄페다, 마르기나산맥, 남쪽의 플라나르지아(현무암), 티르소강 왼쪽 정상이 왕관 꼴인 아르치산(상동), 남동쪽으로 내려가면서 마르밀라, 트렉센타, 북동쪽 바로니에, 올리아스트라 고지들, 올리아스트라까지도 포함한 바르바지아까지 플루멘도사강 중류 지역(석회암 지대). 평야는 많지 않고 가장 중요한 것들은 서부 해안에 있는데 바다에 이르기까지 내포(內浦)의 형태로 펼쳐져 있다. 그중 하나가 캄피다노인데, 이는 칼리아리만을 오리스타노만과 연결하며, 광산이 많은 술치스와 이글레시엔테 사이를 흐르는 칙세리강 골짜기를 따라 해안 평야와 산탄티오코(고대의 술키)섬과 산 피에트로섬까지 펼쳐져 있다. 또 아지나라만과 알게로항 사이 누라평야가 그러하다. 바로 이 평야들이 6-8세기 사이 비잔티움 문명에 속했고, 적어도 11세기까지 그리스적이었던 이 지역 인구를 먹여 살렸던 것이다.

동부 해안의 이보다 작은 평야들(사라부스, 올리아스트라, 바로니에)은 몇 줄기 급류의 충적토가 쌓인 유역들과 일치한다. 상대적으로 굴곡이 덜 심하고(북쪽과 남쪽의 거대한 두 개의 만을 제외하고) 바위

투성이의 해안들은 현대의 상선 항해에는 적당치 않다. 그러나 특히 서부에 있는, 해안을 깎은 많고도 작은 내포('잔교' 혹은 '작은 잔교')은 중세 시대 배들이 닻을 내리기에 적당했음이 틀림없다. 불투수(不透水) 하상 위를 흐르는 내들은 모두 격류성 내들이다. 그중 가장 중요한 것은 티르소강, 코기나스강, 플루멘도사강이다. 사르데냐의 기후는 전형적인 지중해성 기후로 간주된다. 겨울에 대서양 쪽에서 부는 온난한 바람에 이어 여름에는 아열대 지역에서 부는 뜨거운 기단의 영향을 받는 섬 기후다. 농업에 불리한 한 요소는 강우의 불규칙성이다. 평야의 곡물, 산록의 포도, 산지에서의 전나무·밤나무·서양물푸레나무 목재, 연안에서 나는 얼마간의 소나무, 비교적 고른 지역에 분포한 양과 염소, 이것들이 섬의 자원들이었다. 은, 납, 구리 광산도 있었으나 기록이 단절되는 걸로 보아 반달족이 섬에 도래했을 때로부터 11세기 중반까지는 생산이 멈춘 걸로 보인다. 비잔티움령 사르데냐의 가도들은 로마인들이 만든, 칼리아리(수도)와 술키, 칼리아리와 이글레시아스를 잇는 길과, 내륙로 혹은 해안로였던 칼리아리-오리스타노-포르토 토레스를 잇는 길, 동부 해안의 칼리아리-올비아 가도다. 유스티니아누스에 의해 아프리카 민정총독과 카르타고 병대장(maître des milices)[7]의 지휘하에 놓인 사르데냐는 6세기 말에 아프리카 총독에 속한 자신의 대공을 가졌고, 이후 불명확한 시점에 지역 '재판관'들에 의해 다스려지는 네 개의 속주로 나뉘었다. 사르데냐 비잔티움 공국의 문명사는 아직도 얼마간 의식적으로 무시당한 채로 있으나 금석문, 건축물, 화폐 유물 들은 한때 번성한 이 문명의 존재에 대해 역력히 증언하는 걸로 보인다.

---

7) 로마 군대 지휘관 마기스테르 밀리툼(magister militum)의 역어. '군사령관' 혹은 '군부 총감'으로 번역되고 있으나, 역사성도 고유의 의미도 살리지 못하는 것 같아 '병대장'으로 번역했다. 〈용어 해설〉 해당 항 참조.

에스파냐의 비잔티움령 토지도 더 나은 성공을 거두지는 못했는데, 비잔티움인들이 이곳에 머물렀던 기간도 더욱 짧았음을 염두에 두어야 한다. 554년에 서방의 고트족은 비잔티움 제국에 서쪽의 과달키비르강과 북동쪽의 후카르(Jucar)강 사이 시에라모레나산맥 이남 지역, 즉 시스테마 베티코(Sistema Bético, la cordillère Bétique)산맥 전역과 북쪽으로 알마르사 언덕까지의 지역을 양도했다. 중요한 도시들은 코르도바, 카르타헤나, 바자, 말라가, 아시도나, 시도니아(Sigontia)였으며, 세비야는 아니었다. 이 도시들은 612년까지 비잔티움령이었다. 제국은 또한 오수나(Ossonova)시와 함께 시에라모레나의 끝자락과 상비센테곶(le cap de Sao Vicente, Promontorium Sacrum) 사이 땅을 소유했고, 이 부유한 지역을 624년까지 지켰다. 마우리키오스 황제(539-602, 재위 582-602) 통치기 이래 이 지역 전체는 발레아레스 제도에 통합되어 제2 마우레타니아라 불렸고, 아프리카 총독에 의해 통치되었다. 지역 경관에는 서로 다른 지역들이 포함되었다. 베티코산맥은 가타곶(Promontorium Charidemi)과 지브롤터 사이 남쪽 해안과 평행해 뻗어 있으며, 시에라 네바다산(3,430미터)에서 최고점에 달한다. 이 산맥은 베가데그라나다(Vega de Granada)와 같은 몇 곳의 비옥한 분지를 끼고 있다. 높은 기온과 충분한 강우는 이곳에서 포도, 올리브, 과수 재배를 가능케 한다. 항구는 말라가다. 동쪽 부분 산세는 약해지며 지리멸렬해진다. 분지들은 초원으로 덮여 있고 저지 평원들은 관개 농토로 덮여 있는데, 나오곶(Cabo de la Nao, Promontorium Artemisium) 사이 해안까지 내려간다. 이곳에 비잔티움령 에스파냐의 수도인 카르타헤나 미항(美港)이 자리 잡았다. 마지막으로 시에라모레나산맥과 해안 산맥 사이에 넓게 펼쳐진 과달키비르평야는 풍성한 과수 재배와 건조 목축업이 행해졌던 곳이다. 코르도바가 주요 도시였다.

이곳이 기원 초 희랍 역사가 스트라본이 아프리카 표범의 가죽을 빗대 경작지를 흑색 반점, 사막을 모래색 바탕으로 묘사한 곳의 끝 지점이며, 이로써 우리는 비잔티움령 서방 영토의 마지막 경관을 훑어보았다.

제국의 동부

비잔티움 제국 동부는 발칸반도와 그리스, 타우리스의 케르손반도, 소아시아, 아르메니아, 메소포타미아 북부, 시리아, 팔레스티나와 시나이반도, 키프로스섬, 이집트와 리비아를 포함한다.

발칸반도

동쪽, 남쪽, 서쪽에서 바다(흑해, 마르마라해, 에게해, 이오니아해, 아드리아해)에 면한 발칸반도는 그 이름을 동쪽 산맥 이름에서 땄으며, 북쪽에서 다소 작위적으로(요반 츠비이치 Jovan Cvijić) 도나우강, 그 지류 사바강, 류블랴나 분지, 그 옆 디나르알프스산맥이 알프스산맥과 만나는 지점, 그리고 이손초(Soča)강으로 경계가 지어진다. 디나르산맥의 넓고 메마른 산악은 산맥, 고원, 융기한 대지(臺地), 함몰 지형들로 이루어졌는데, 길게 아드리아해 연안 쪽으로 나 있어 반도 서부를 접하며 해안을 내륙과 갈라놓는다. 반도 동부는 이와 반대로 해안으로 열려 있으며 농경지로 되어 있다.

1) 비탈이 완만한 발칸산맥은 장벽이 되지 않아 1,000미터에서 1,300미터에 이르는 언덕들에서 횡단이 가능하다.
2) 로도피산맥 북쪽 마리차(Maritsa, Hébros)강 유역, 그리고 콘스

탄티노플까지 이르는, 로도피산맥과 스트란자산 사이, 트라키아란 이름이 붙여진 땅은 지중해성 기후의 혜택을 입어 곡물 재배에 특히 적합하다.

이 확연히 다른 두 지역은 북쪽에서 남쪽으로, 도나우강 오른쪽 지류 모라바(Margos)강과 테살로니키만까지 흐르는 바르다르(Vardar, Axios)강이 형성한 긴 골짜기에 의해 나뉜다. 비옥한 분지들이 잇닿은 이 골짜기는 북방의 나라들과 지중해를 잇는 거대한 교통로였다.

디나르산맥은 남쪽(알바니아)에서 좁아져 넘기가 수월해지는데, 이곳을 따라 로마인들은 에그나티아 가도를 놓아 이탈리아에서 가까운 두라초(디라키온)와 콘스탄티노플을 이었다. 가도는 스쿰바(Genousos)강을 건너 오흐리드(Achrida), 헤라클레이아, 에데사, 테살로니키를 거치고 에게해 연안 평야들을 가로질러 마리차강을 넘고 프로폰티스[8]의 북쪽 해안을 따라 수도에 이르렀다. 가도는 12세기까지도 상인들과 군대가 다녔으며 그 뒤에도 이용된 것이 확실하다. 그러나 콘스탄티노플이 건설되고 나서 간선 가도는 북쪽에서 모라바강을 따라오다가 니쉬(Naissos)에서 강과 헤어지고 니샤바 골짜기를 따라오다가 이스커르(Oeskos)강이 흐르는 소피아(Serdika) 분지에 이르고, 843미터 높이의 언덕을 넘어 플로브디프(Philippopolis)에 이르러 마리차강을 따라 아드리아노플에 이른 뒤 마지막으로 콘스탄티노플에 이르는 가도였던 걸로 보인다. 이 중요한 가도는 많은 샛길로부터 교통량을 받아들였는데, 이 샛길들로의 교통량이 점차 증대하여 가장 유명한 도시들만 들더라도, 니코폴(니코폴리스), 슈멘, 흑해 연안의 바르나(Varna, Odessos), 스타라 자고라(Béroia), 노

---

8) 마르마라해의 별칭.

바 자고라, 얌볼, 흑해 연안의 부르가스(Anchialos) 등의 중심 도시들을 이 가도와 이어주었다. 인구가 희박한 로도피산맥은 언제나 길들이 돌아나갔다. 발칸반도는 그 분절화된 형상 탓에 중심 지역을 갖지 못했다. 콘스탄티노플과 테살로니키는 두 주요 횡단 교통로가 바다와 만나는 지점으로서 주변에 있다. 스코페(Skupi), 소피아와 같이 기하학적으로 더욱 좋은 자리에 자리 잡은 도시들은 상대적인 중요성을 지녔을 뿐이었다.

기후는 기복 지형이 구획한 반도의 지역 간 현저한 차이들을 따른다. 지중해성 기후는 서부와 남부 해안을 따라서만 관찰되고 내륙에는 대륙성 기후가 지배한다. 자연 식생과 그에 부합한 농업은 지리적, 그리고 그에 따른 인적 단절을 가져왔다. 너무나 다양한 반도의 영역들은 밖으로는 열렸으나 서로 통합되지 못하고 언제나 제국의 가장 불온한 영역들과 어깨를 나란히 했다.

이것을 이해하려면 반도를 북에서 남으로 종단할 필요가 있다. 트리에스테만, 드린강 어귀, 아드리아해, 모라바강 사이 '고산 카르스트'(Haut-Karst, 헐벗고 황량한 바위를 뜻한다)에는 건조한 바위 지형이 펼쳐지는데 단지 약간의 목초지만이 생기를 줄 뿐이다. 보스니아에는 편암으로 된 산에 간간이 숲이, 세르비아에는 모라바강 골짜기 가까이 좁은 폭의 경작지가 펼쳐진다. 구불구불한 격류들은 거의 교통수단이 되지 못한다. '평지 카르스트'(Bas-Karst)는 연안 가장자리에 발달해 있는데, 이곳에는 물기가 풍부한 점토질 분지들과 비옥한 테라로사로 덮인 석회암 표층들이 이어진다. 이곳에는 또 이스트리아가 있는데, 이곳은 트리에스테(Tergeste)와 폴라 두 항구도시를 끼고 있으며 비옥한 땅으로서 789년 이래 프랑크인들이 점유한다. 그 남쪽으로 연안에 앞서 일련의 긴 섬들이 두브로브니크(라구사)까지 잇닿아 있는데, 이 항구도시는 7세기에 북쪽의 살로나가 황폐해져 사라지고 등장한 상업항으로서 13세기에서 15세기까지 전성기를 맞는다. 이 연안과 드리나강 사이 지역 전체가 비잔티움 테마 달마티아를 이루었으며, 그 수도는 야데르(자다르)였다. 그러나 635년 이후 크로아티아인들이 지역의 서쪽과 북서쪽을 점령하고는 처음에는 로마의 종주권을 인정했다가 나중에 잠시 비잔티움에 복속한다. 그러나 10세기가 되면 그들은 거의 독립하게 되는데, 11세기 말에 결국 헝가리인들에게 점령당한다. 남쪽에는 세르비아인들이 있었지만 비잔티움에 복속했다.

앞에서도 말했듯이 제국 동부의 서쪽 경계는 드리나강이다. 7세기 슬라브족의 이주 때까지 모라바강 어귀 북동의 비옥한 언덕 지역이 '제일 모이시아' 혹은 '상(上) 모이시아' 속주를 구성했다. 집약 경작지인 이곳에는 베오그라드(싱기두눔)와 아바르인들이 파괴한 미트로비차(시르미움)란 중심 도시 두 곳이 있었다. 남서쪽에는 프라이발리타나가 있었는데, 도시들로는 11세기 후반에 세르비아 왕국의 수도가 되는 슈코더르와 리예쉬(Lješ, Alessio)가 있었다. 제일 모이시아 남동쪽 다르다니아는 세 곳의 비옥한 분지, 즉 메토히야, 스코페(스코피에, 스쿠피), 프리슈티나(Priština) 분지를 가졌고, 프리즈렌, 리퍈, 특히 테살로니키로 가는 가도에서 거점도시이며 14세기에 이르러 세르비아 제국의 수도가 되는 스코페 같은 도시들로써 12세기 이래 교역 거점 역할을 했다.

비잔티움령 다키아는 현재의 세르비아 동부와 불가리아 서부를 합친 지역이었다. 니쉬는 두 간선 가도의 교차점에 있었으며 중세의 가장 중요한 상업 도시 중 하나였다. 비토샤산(2,291미터) 자락 비옥한 분지의 가장자리에 자리 잡은 세르디카(소피아)는 비잔티움 시기 내내 상대적으로 작은 도시였다. 북쪽에서는 수량이 풍부하고 비옥한 황토로 덮인 넓은 고원(고도 200-400미터)이 도나우강을 내려다보며 스키티아라 불린 도브루자 스텝 평야까지 펼쳐진다. 고원 서쪽은 '강 연변'이란 뜻의 '리펜시스(Ripensis)' 다키아라 불렸고, 동쪽은 '제이 모이시아' 혹은 '하(下) 모이시아'(Moesia inferior)라 불렸다. 이 두 지역이 11세기 파리스트리온을 이루는데 이것은 도나우강의 옛 이름인 이스트로스강 주변이란 뜻이다. 콘스탄티누스 대제는 이 강 유역에 요새들을 지어 이민족들이 제국에 쉽게 접근하는 통로를 막으려 했고, 유스티니아누스는 이 요새들을 재건하고 반도에 크고 작은 요새들의 망을 형성했다. 중요한 것들만 열거하면 발칸산맥 언저리의 니코폴리스, 바르나항 서쪽의 마르키아노폴리스, 그리고 11세기에서 13세기까지 흑해에서 중요한 상업기지 역할을 한, 도나우강 어귀의 비치나(Vicina)가 있다. 슬라브인 공국(principauté)들이 발전함에 따라 몇몇 지점이 특별하게 중요한 곳으로 대두하는데, 프레슬라프는 10세기 초 불가리아 제국 수도였다.

발칸반도 남쪽에는 서에서 동으로 에피루스, 마케도니아, 트라키아가 있었다. 해안, 내륙의 능선, 드린강 하류, 히마라산맥(Akrokérauniens) 산주름이 시작되는 곳 사이의, 대략 알바니아와 일치하는 지역은 내륙에서 코랍산 정상(2,764미터) 아래에 있는 산악 지형이었지만, 이곳에서 스쿰바강이 동쪽의 중요한 가도(에그나티아 가도)에 길을 터주었다. 강은 이따금씩 전염병이 창궐하는 늪으로 덮인 해안 분지를 깊숙이 관통하며 흘렀다. 주요 도시로는 작은 만에 면한 두러스(드라츠, 디라키온, 두라초), 더 남쪽으로 블로러(Valona, Aulon)가 있고, 이곳에서 내륙으로 가면 카스토리아, 이오아니나에 다다를 수 있었다. 북쪽의 오흐리드는 동명의 호숫가에 자리 잡았는데, 10세기 말 불가리아 왕국 수도가 된다. 이 일대는 이탈리아와 에피루스(5-6세기 신(新)에피루스Nova Epirus)를 잇는 중요한 통로로, 팽창하는 불가리아 왕국에 일부 영토를 빼앗겼으나 11세기 초 비잔티움 황제 바실레이오스 2세 때 디라키온 테마를 구성했다. 1204년 콘스탄티노플이 함락되어 라틴인들의 수중에 떨어진 뒤 이 지역은 그리스인의 에피루스 데스포테스령이 되었고, 이후 14세기 세르비아인들에게 빼앗긴 영토를 제외하고 다시 비잔티움에 복속되었다. 그리고 얼마 안 있어 튀르크인들이 점령(1479)할 때까지 스스로에게 맡겨졌다. 디라키온은 그 전략적 중요성으로 말미암아 특별한 운명을 겪었다. 이 요새 도시는 1205년 이래 베네치아나 나폴리 왕들이 점유하다가 베네치아 단독 소유가 되었으나(1394) 1501년에야 튀르크인들에게 점령당한다.

마케도니아는 동쪽에서 깎아지른 로도피산맥 장벽에 의해, 서쪽에서 핀도스산맥에 의해 경계 지어진다. 남북으로 배열된 많은 분지는 헐벗은 산봉우리들로 나뉘지만 모두 해안에서 그 간격이 좁아져 서로 연결된다. 바르다르강, 스트루마(Strymon)강, 츠르나(Mestos)강을 제외한 강들은 여름에 마른다. 그렇지만 농작물(곡물과 포도)은 지중해성 기후에 힘입어 잘 됐는데, 이것은 의심의 여지없이 비잔티움인들이 정비한 관개 수로 덕택이다. 이 수로 시스템은 어쨌든 13세기부터는 운영되었음이 확인된다. 큰 강들, 이들과 엇갈려 난 지류들의 골짜기들, 해안을 따라 발달한 가로망은 특히 촘촘하다. 이 가로망의 종착점은 테살로니키인데, 이 항구 도시는 칼키디키산맥 가장자리 수심이 깊은 만 안쪽 유리한 곳에 자리 잡았으며 바르다르강 어귀 충적지로부터 멀지 않았다. 성 데메트리오스 정기시(定期市)로 유명했던 이곳은 콘스탄티노플에 뒤이은 제국의 거대 상업 도시였다. 그 전략적 중요성과 부는 언제나 질투를 낳아 아랍인(904), 노르만인(1185), 에피루스 데스포테스(1222), 니케아 제국 황제(1246), 튀르크인(1430)에게 차례차례 점령되었다. 스트루마강 하류 비옥한 평야에 어느 정도 세력이 큰 도시 하나가 있었으니, 그것은 세레스였다. 바르다르강과 스트루마강 어귀들 사이에 칼키디키반도의 산과 언덕들의 너른 풍경이 펼쳐지는데, 이것은 세 곳의 반도로 갈라져 뻗는다. 그중 가장 동쪽 것은 그 끄트머리에서 대리석 산 아토스가 되어 솟는데(2,033미터), 이 산 이름을 따 아토스반도라 불린다. 그러나 이 산은 하기온-오로스('신성한 산')라고도 불리는데, 10세기 이래 숲으로 덮인 그 사면들에 수많은 수도원과 은자들의 암자가 들어서 비잔티움 정신세계 중심지 중 하나가 되었기 때문이다.

제국 초기 남쪽의 '제1 마케도니아', 북쪽의 '제2 마케도니아'로 나뉜 이 땅은 슬라브인들이 이주하고 불가리아 왕국이 성립하면서 테살로니키 지역, 칼키디키, 그리고 스트루마(스트리몬)강 하류 골짜기로 축소되어 테살로니키 테마를 구성했다. 11세기에 멸망한 불가리아 왕국의 땅이 마케도니아 북부에 편입되며 새 테마, 불가리아 테마가 되었다가 다음 세기말 제2 불가리아 왕국에 합병되었다. 1205년 이후 테살로니키 비잔티움 테마는 남쪽의 테살리아와 더불어 라틴 왕국이 되었다가 얼마 뒤 에피루스 데스포테스령에 합병되었다. 14세기 중반 세르비아 제국에 북쪽 영토를 잃은 비잔티움 마케도니아가 다시 꾸려졌으나 얼마 안 있어 튀르크인들의 지배를 받게 되었다.

발칸산맥, 에게해, 흑해, 스트루마강, 로도피산맥 서쪽에서 소피아(세르디카) 분지를 짓누르듯 솟아 있는 분수령 사이에 트라키아가 펼쳐져 있었다. 북쪽의 발칸산맥 병풍 앞쪽 분지 몇 곳은 안티발칸산맥 산괴에 의해 보호되며 특히 비옥했다. 이곳의 주요 도시는 슬리벤(Stilbnon)이었다. 이곳에서 몇몇 하천 골짜기를 따라가면 거대한 마리차(Hébros)강 침강 분지에 닿을 수 있다. 이러한 분지는 트라키아 전역에 퍼져 있다. 분지 위쪽 플로브디프(Philippopolis) 부근은 지중해성 기후의 영향을 받아 아주 기름지다. 다른 중심 도시들은 스타니

마카(Sténimachos), 스타라 자고라(Béroia), 얌볼이었는데, 원래 요새였던 이 도시들은 12세기 중요한 상업 도시들이 된다. 마리차강 상류와 흑해의 풍랑이 치는 연안, 그리고 부르가스만 사이에는 언덕들이 펼쳐진다. 만의 북쪽 가장자리에는 앙키알로스와 메셈브리아 두 항구가 있는데, 상업·어업 항이었다. 로도피산맥, 스트란자산, 그리고 이들을 잇는 높은 언덕들이 트라키아를 북부와 남부로 가른다. 마리차강 하류는 경작지 언덕들에 면해 있는데, 이곳에서 적어도 15세기 전반에는 뽕나무가 재배되었다. 이 강과 툰자(Tundža, Tonzos)강이 합류하는 지점 부근, 야트막한 언덕 위, 길들이 교차하는 지점에 견고한 요새 아드리아노플이 자리 잡고서 북쪽에서 수도를 방비하고 있었다. 마리차강 어귀에는 아이노스(Enez)항이 있었다. 남쪽에는 관목 숲과 초원으로 덮여 있어 목축하기에 알맞은 돌투성이 고원이 마리차강 유역과 프로폰티스해·콘스탄티노플 연안 사이에 가로놓여 있다.

  고대인들이 프로폰티스라 불렀고 오늘날(가장 큰 섬 이름을 따) 마르마라해라 불리는 바다는 다르다넬스(Hellespont), 보스포로스 양 해협을 따라 지중해와 흑해를 이어주는 내해(內海)다. 수심이 깊고 고기가 많고 자주 바람이 부는 마르마라해는 서로 다른 연안들을 가져 북쪽은 굴곡이 심하지 않은 반면 남쪽은 들쭉날쭉하고, 양쪽 다 짐승들이 우글거리는 평지와 숲에 면해 있다. 은거지와 유형지인 '왕자(王者)의 섬' 군도(群島)는 소아시아 연안에서 수 킬로미터 떨어져 있으며 아홉 개의 섬으로 구성되어 있다—크날르아다(Prōtē), 부르가자다(Antigoni), 카슈으카다시(Pita), 헤이벨리아다(Chalkè), 뷔위카다(Prinkipo), 타브샤나다시(Anthérobinthos), 시브리아다(Oxia), 야스아다(Platè), 세데파다시(Néandros). 보스포로스해협(튀르키예 명 보아지치)은 길이 약 30킬로미터, 너비 3-4킬로미터의 해협이다. 해협 양안은 수많은 곶, 돌출부, 만, 내포(內浦)로 이루어져 있지만, 흑해로 역류하는 해류와 요동치는 소용돌이로 항해가 어렵다. 해협 입구에는 좁은 만(가장 넓은 곳이 570미터)이 트라키아 쪽으로 7.5킬로미터 들어가 있는 곳이 있는데, 이곳이 금각만(金角灣; 그리스 명 케라스, 튀르키예 명 할리츠)이다. 수심이 30미터가 넘는 이곳은 언제나 최적의 항구였다. 이 만의 우안, 언덕들의 능선 정상부에 4세기 때 제국의 수도 콘스탄티노플이 건설되었다. 이 언덕들(로마처럼 일곱 개였는데 그중 하나는 높이가 77미터였다)은 곶의 첨단부(오늘날은 톱카피 사라이 혹은 세라이 궁전)까지 잇닿는다. 금각만 위로는 약 5킬로미터, 마르마라해 위로는 약 8킬로미터에 걸쳐 집들이 원형극장 모양으로 층층이 줄지어 있었는데, 6킬로미터에 달하는 견고한 토성과 두 바다 언저리를 두른 성벽이 도시를 방비했으며, 그 둘레는 대략 20킬로미터였다. 금각만 안쪽으로 지역에서 가장 중요한 두 물줄기가 흘러드는데, 알리베이 쾨위 수유(Kydaris)와 카이타네(Kağitane, Barbyzès)이다. 콘스탄티노플은 나폴리와 같은 위도에 있지만 훨씬 더 기후가 온화하다. 건조한 여름은 북해에서 불어오는 바람으로 견딜 만하고, 봄·가을의 서늘함과 겨울 추위는 남풍이 조절해준다. 그러나 발칸산맥에서 세차게 몰아치는 바람은 금각만과 보스포로스해협을 얼릴 수도 있다. 마르마라해의 트라키아 쪽 해안을 따라 다섯 개의 또 다른 항구가 줄지어 있었다. 바로 갈리폴리(Kallipolis), 파니도스, 라이데스토스, 헤라클레이아, 셀림브리아였는데, 이중 셀림브리아는 발칸반도의 육로를 통해 오는 화물을 위한 외항이었다. 그러나 콘스탄티노플이야말로 동서로 난 반도의 모서리에서 소아시아 중앙 고원 쪽, 나아가 아르메니아나 시리아로 가는 가도 방향으로 있어 동방 제국 중심의 위치를 점하고 있었다. 이 도시가 중세의 가장 큰 도시가 된 것은 이런 연유에서였다.

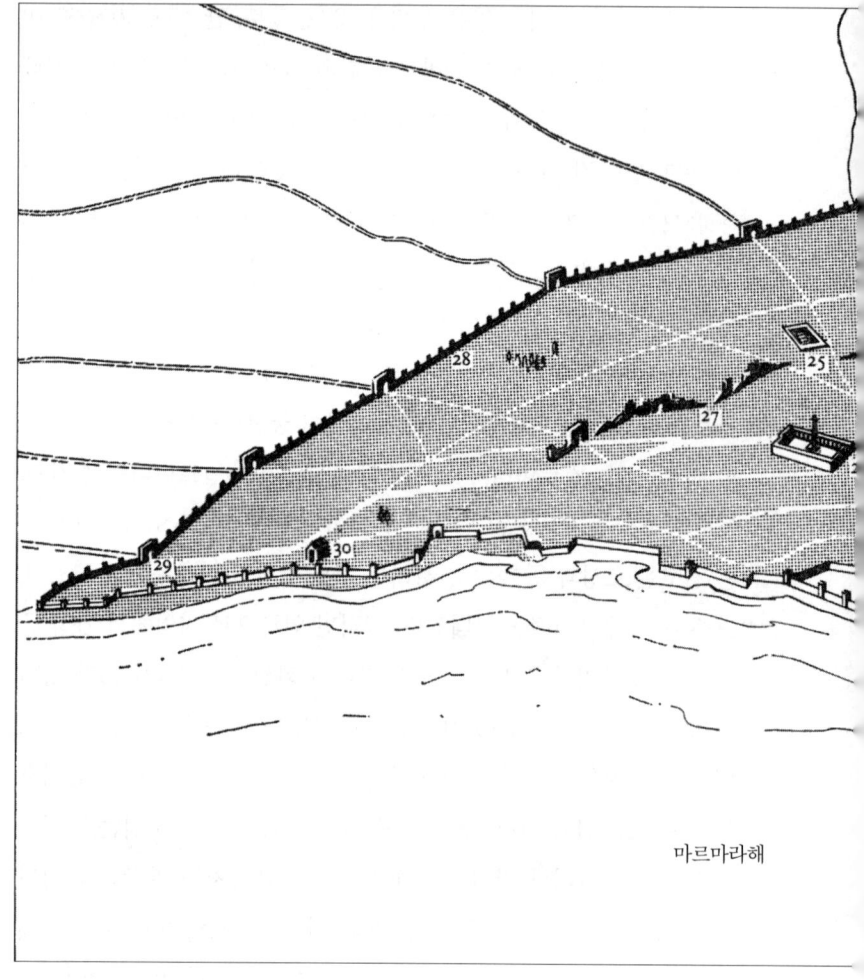

3. 유스티니아누스 시대 콘스탄티노플
(D. Jacob, *Constantinople city on the Golden Horn*, New York, 1969, pp.72-73.)

1. 고트인 기둥 2. 원로원 3. 성 이레네 성당 4. 성 소피아 성당 5. 밀리온 6. 칼코프라테이아의 테오토코스 교회 7. 황제 바실리카, 집수장 8. 제우크시포스 욕장 9. 유스티니아누스가 산 집 10. 성 세르기오스, 성 바코스 교회 11. 히포드로모스 12. 메세 거리 13. 원로원 14. 콘스탄티누스 포룸 15. 테오도시우스 포룸 16. 아마스트리스인 포룸 17. 황소 포룸 18. 성 폴뤼에욱토스 교회 19. 발렌스 수도교 20. 성 사도 교회 21. 집수장 22. 블라케르나이 테오토코스 교회 23. 집수장 24. 마르키아노스 기둥 25. 집수장 26. 아르카디오스 포룸 27. 콘스탄티누스 성벽 28. 테오도시오스 성벽 29. 황금문 30. 스투디오스 수도원 성 요안네스 세례자 교회

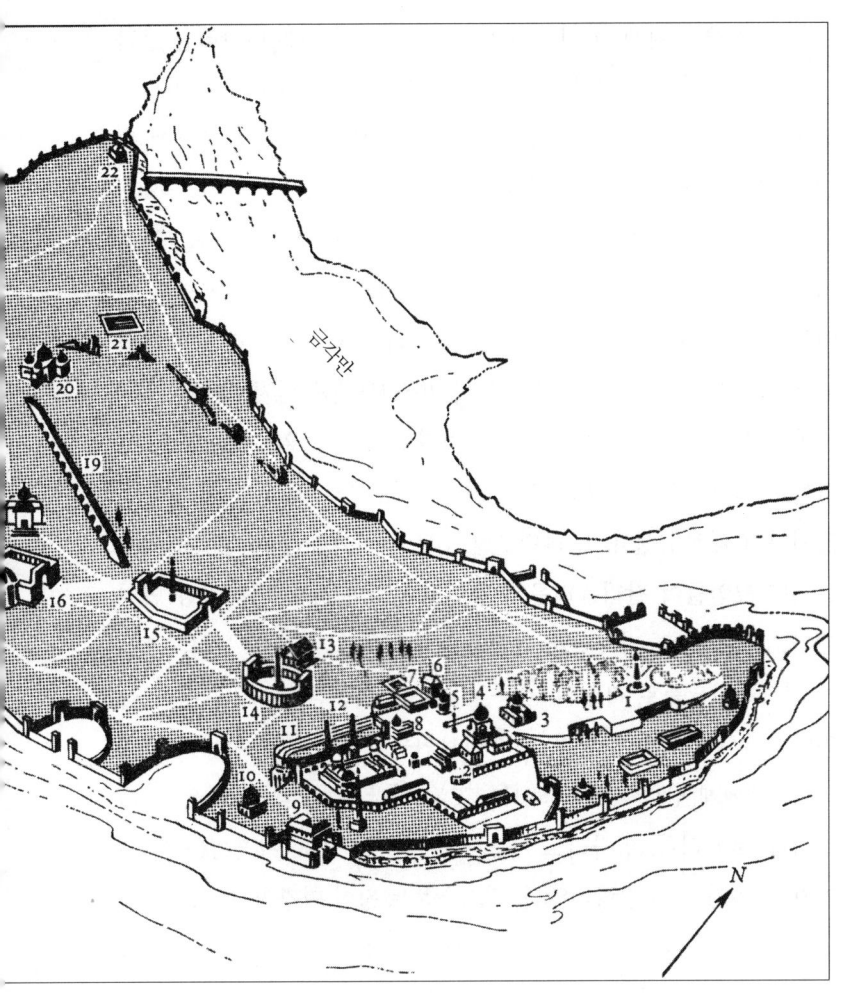

불가리아인들에게 그 일부를 뺏긴(814년 강화조약) 비잔티움 트라키아는 두 테마로 나뉘어 있었는데, 동쪽의 트라키아 테마와 마리차강 서쪽의 마케도니아 테마였다. 갈리폴리반도는 에게해 테마에 속해 있었다. 10세기 초 불가리아인들은 아드리아노플과 트라키아 거의 전역을 점령했으나 이 세기가 끝나기 전에 비잔티움인들은 불가리아 동부를 되찾고 마케도니아 테마의 경계선을 발칸산맥까지 밀어붙였다. 1204년 이후 콘스탄티노플의 라틴 제국은 트라키아 전역에 걸쳐 있었으나 곧 그 일부를 불가리아인들에게 넘겨주어야 했다. 팔라이올로고스 왕조는 내륙에서 잃었던 토지의 일부(플로브디프, 필리포폴리스)를 되찾았고, 흑해 연안 도시들을 도나우강 어귀에 이르기까지 재점령했다. 1354년 3월 오르칸의 아들 술레이만이 이끄는 튀르크인들이 갈리폴리를 점령했고, 1361년에는 마리차강 변의 디뒤모테이콘, 그 뒤 아드리아노플을 점령했는데, 술탄 무라드 1세는 아드리아노플로 자신의 궁정을 옮겼다. 이후 튀르크인들은 트라키아에서 사라지지 않았다. 남슬라브인들이 코소보 평원에서 바예지드 1세에게 당한 패배(1389)는 그 뒤 침략자들에게 반도 북부, 테살리아, 불가리아, 헝가리로 가는 길을 열어주었고, 이곳들은 이 세기가 다 가기 전에 함락되었다. 지기스문트 왕이 헝가리에서 모은 첫 번째 기독교도 군대는 니코폴리스에서 패배를 맛보았고(1396), 마찬가지로 여기저기서 끌어모은 두 번째 십자군은 바르나 전투(1444)에서 궤멸되었고, 이곳에서 교황의 사절로 왔던 줄리아노 체사리니 추기경도 죽음을 맞았다. 튀르크인들은 모레아 데스포테스령으로 쳐들어갔다(1446). 2년 뒤 무라드 2세는 튀르크인들에게 여러 차례 패배를 안긴 용감한 트란실바니아 대공(voïvode) 장 코르뱅 후냐디를 패퇴시켰다. 콘스탄티노플만이 오스만 제국 영토 한가운데 홀로 남아 있었다. 메흐메트 2세의 대포와 정예 근위보병(야니세르)들은 도시의 영웅적인 방어를 돌파했다(1453년 5월 29일). 비잔티움 마지막 황제 콘스탄티노스 11세는 무기를 손에 쥔 채 죽었다. 콘스탄티노플은 사흘 밤낮 약탈당했다.

발칸반도의 지리적 다양성과 이곳으로 귀결된 연이은 인구 이동—평화적이든 그렇지 않든 간에—은 중세 시대에 이곳 거주 인구의 수적 우세를 손쉽게 설명해준다. 비잔티움 시대 초기에는 고대의 삼분(三分) 민족 구성, 그러니까 서쪽의 일리리아인, 동쪽의 트라키아인, 가운데와 연안 식민지의 그리스인으로 된 구성은 농촌 지역에서 유지되었지만, 도시 거주자들은 라틴어 아니면 그리스어를 사용했다. 7세기부터 시작된 슬라브인의 유입은 점차로 반도를 슬라브 세력권과 그리스어권 두 지역으로 갈랐다. 이중 그리스인들은 마케도니아 남서쪽, 바르다르(Axios)강 하류 골짜기의 복잡한 민족 집단을 포함한 테살로니키, 칼키디키반도, 에게해 연안, 아드리아노플까지의 트라키아 남동부, 도나우강 어귀까지의 흑해 연안, 아마도 마리차강 상류 골짜기 몇몇 중심지들, 확실히 알바니아 연안 지역들까지 퍼져 있었음이 틀림없다. 슬라브인(세르비아인, 크로아티아인, 불가리아인)들은 반도의 나머지 지역의 주류를 이루었다. 이 두 주요 민족군(群) 곁에 11세기 두 정체불명의 민족이 나타나는데, 알바니아인들과 왈라키아인들이 그들이다. 전자는 전사들로서 농업(혹은 목축업)을 하는 무리로서(생업에 대해서는 확실치 않다) 비잔티움 시대 끝 무렵과 튀르크족 치하에서 약간의 용병 노릇을 했다. 그러다가 그들은 대략 오늘날 알바니아와 그 약간 남쪽으로 벗어난 곳에 자리 잡았다. 후자 왈라키아인들은 처음에는 아마도 목자(牧者)들이었으나 테살리아와 마케도니아 남서부, 칼키디키, 다른 발칸 지역, 나아가서는 달마티아 지역에까지 자신들의 마을들을 가지게 되었다. 그들이 어디서 왔는지는 불분명하다. 마지막으로 트라키아에는 몇몇 사민(徙

民) 민족이 들어와 살고 소아시아의 이사우리아인(6세기 초), 시리아의 마르다이타이인(7세기 말), 보고밀 정치·종교 분파를 창설한 소아시아의 바울주의자들(8, 10세기), 아르메니아인, 도나우강 변의 쿠만인(13세기), 동시기 도브루자의 셀주크 튀르크인이 그들이다. 12세기 이래 중요한 상업 도시마다 베네치아인을 으뜸으로 하는 이탈리아인 거류 구역이 형성되었고 또 유대인 수공업자와 상인들도 존재했다. 이것은 실로 많은 물류와 통행이 이루어지는 곳에서 보는 복잡한 민족 구성이었다.

그리스

발칸반도 남쪽, 편의상 오늘날의 지명 그리스로 묶을 수 있는 이 지역들은 한쪽은 대륙에 속하고 한쪽은 섬에 속한다. 석회질 디나르 산계(山系)는 이곳에서 남서쪽으로 이오니아해 섬들까지, 그리고 동쪽으로 연장된다. 산계는 테살리아의 올림포스산, 핀도스산, 파르나소스산, 타우게토스산, 펠로폰네소스반도, 크레타의 이다산 들에서, 해발 2,400에서 3,000미터 가까운 높이 사이의 산이 되어 주변으로부터 솟는다. 로도피산맥, 칼키디키반도, 타소스섬과 마찬가지로 올림포스산 남부, 펠리온산, 오사산 들은 석영 편암, 화강암, 대리석과 같은 아주 오랜 대륙 지괴의 특징들을 간직하고 있으며, 볼로스만 남쪽까지 이어진다. 에게해 함몰에서 살아남은 산맥 지형들의 잔존물인 섬들은 이들을 두른 연안 언저리, 그리스, 마케도니아, 트라키아, 소아시아와 더불어, 그리고 로도스섬, 크레타섬, 키테라섬과 더불어 풍부하고 다채로운 구조를 가진 지리적 통합체를 구성한다. 또한 비옥한 충적 평야들, 제3기 후기 언덕 지층들, 많은 작은 만을 가진 분절성 해안들로써 이 땅은 경작과 항해에 적합하다.

발칸 지형의 특징인 분지는 북그리스의 동쪽(테살리아평야)에서 이어지며, 그 반면 서부의 에피루스 산악 지대는 연안 평야 없이 평행하여 잇따른 산맥들로 이루어져 그리스에서 독특한 경관을 이룬다. 동쪽의 라미아(Lamia)만과 서쪽의 아르타만을 잇는 선 남쪽의 그리스 중부는 이러한 대조를 이어가는데, 아이톨리아가 유일한 분지인 이오니아해 쪽 면(面)은 한편으로는 코파이스호(湖)로 흘러드는 케피소스강(포키스, 보이오티아)을 따라, 또 한편으로는 연안을 따라 스페르케이오스강에서 아티카까지 여러 평야가 이어지는 에게해 쪽 면과 대조를 이룬다. 펠로폰네소스반도(12세기 이래 모레아라고도 불린다)는 코린토스만과 아이기나만 사이 코린토스 지협을 통해 그리스 중부와 이어지는 넓은 산악 반도인데, 깊은 만들(나플리오, 라코니아, 메세니아)에 의해 네 개의 반도로 나뉘며, 동쪽과 남쪽의 작은 경작 분지들 몇 곳을 제외하면 북서쪽 파트라와 피르고스 사이에 있는 비옥한 연안 평야 외에는 넓은 평야가 없다(알프레드 필립슨Alfred Philippson).

대(大)교통로로는 남북을 가로지르는 것이 유일한데, 테살리아를 관통하여 테르모퓔라이 협로를 통해 포키스 땅으로 들어가며, 보이오티아, 아티카 서부를 가로질러 코린토스 지협(地峽) 남부 연안을 따라가서 펠로폰네소스의 주요 도시들을 연결한다. 그러나 연안 항해야말로, 비록 취약하고 불안정하기는 했지만, 자연적 지세로 바닷가에 자리 잡은 거주 중심 대부분을 고정적으로 이어주는 끈이었다.

비잔티움 시대 그리스 섬들의 역사에 대해 우리가 아는 것은 많지 않다. 그러나 가장 큰 섬으로서 비옥한 언덕들과 숲이 우거진 레우카산(2,452미터), 이다산(2,465미터), 딕타이아산(2,148미터) 밑 고원들을 가진 크레타는 그 전략적 위치로 인해 많은 격동을 겪었기 때문에 정치적으로 매우 중요한 섬이다. 9세기 첫 사반세기 끝 무렵 이집트에 막 정착한 에스파냐 출신 아랍인들에 의해 점령당하고 그들에 의해 칸닥스(칸디아, 헤라클레이온)에 수도가 건설된 이 섬은 비잔티움인들이 수차례에 걸쳐 재탈환을 시도했어도 그들의 수중에서 빼낼 수 없었으며, 니케포로스 포카스(대략 912-969, 재위 963-969)의 빛나는 재정복(961)이 있고서야 다시 비잔티움령이 되었다. 1204년의 콘스탄티노플 함락 이후 이곳에 베네치아인들이 자리를 잡았고, 이때 그들은 펠로폰네소스의 코로니(Coron)항과 메토니(Modon)항, 아드리아해 연안의 디라키온과 라구사, 이오니아해의 섬들, 다도해 섬 대부분, 에우보이아, 안드로스, 낙소스에, 거기에다 헬레스폰토스와 마르마라해의 주요 항구들(갈리폴리, 라이데스토스, 헤라클레이아)에도 보태어 자리를 잡았다.

국경 지대에서 멀고 국제 무역에서 중요한 구실도 하지 않은 그리스는 순탄한 삶을 산 것 같다. 그러나 7세기에 시작된 슬라브인들의 유입은 다음 세기에도 이어졌고, 이 흐름은 9세기 초 슬라브 부족들이 펠로폰네소스의 파트라를 둘러싼 전투에서 패하고서야 가까스로 끊겼다. 또한 아랍인, 오우즈인, 노르만인도 가끔 침입해왔다. 그러나 이것들을 제외하면 테살리아, 에피루스, 이오니아해 섬들만이 이방인들(불가리아인, 왈라키아인, 노르만인)에 의한 간헐적인 점령을 겪었다. 12세기 여행가 투델라의 벤야민의 여행기에 그려진 그리스도 번영하는 도시들을 가진 부유한 고장이다.

이곳에서는 비단 직조가 큰 산업이며 테바이의 제품은 외국인들조차 콘스탄티노플 제품과 견줄 정도이다.

당시 테바이 다음으로 중요한 도시는 코린토스, 파트라, 그 다음은 아테나이와 라케다이몬이었고, 가장 유명한 항구는 에우보이아의 에우리포스(칼키스)와 볼로스만의 알미로스였다.

1204년 이후 프랑크인들은 그리스를 점령한 뒤 서방의 봉건제에 따라 그리스를 영주령으로 분할했다. 펠로폰네소스 북서쪽 레카이나와 가스투네 사이 안드라비다가 모레아 왕국 군주들의 수도였고, 여기에는 또 라틴 주교들의 수도 주교청과 수도 주교 성당 성 소피아 성당이 있었다. 프랑크인들 다음으로 옛 비잔티움령 그리스를 점령한 사람들은 이탈리아인, 그리고 카탈루냐인과 나바라인 들이었다. 그러나 아이톨리아, 아카르나니아, 알바니아 남부를 그 판도로 하고 아르타에 수도를 둔 에피루스 데스포테스령만은 점령을 피했다. 국내의 혼란, 튀르크인 해적들의 습격, 빈곤은 인구 감소를 초래했고, 이 때문에 14세기 미스트라스, 코린토스, 아테나이 총독들은 테살리아의 알바니아인 거류민들을 그들의 영토에 유치하여야 했다. 다음 세기에 에피루스를 떠나야 했던 다른 거류민들도 펠로폰네소스로와 정착했다.

　비잔티움 제국 재건기 그리스인들이 모넴바시아와 미스트라스의 성채들을 정복한 것은 거의 독립한 본래의 작은 그리스 국가의 출발이 되었으며, 이곳 통치는 황제의 막내아들인 미스트라스 데스포테스에게 맡겨졌다. 이 국가는 먼저 펠로폰네소스 남부 라코니아로, 그 다음은 아르카디아로 확장했고, 15세기에는 베네치아인들의 소유였던 땅을 제외하고는 옛 모레아 왕국 전체로 확대되었다. 이 시기에 이 데스포테스령은 튀르크인들이 침입할 때(1460)까지 비잔티움 제국뿐만 아니라 이탈리아 안에서까지도 알려진 혁혁한 지적 활동의 중심지였다. 그 띄엄띄엄한 주민들 중에는 다수의 그리스 토착민, 아마도 상당한 비율이었을 라틴인, 그리고 가스물로이로 불리던, 라틴인과 토착민의 혼혈 자녀들, 아마도 모넴바시아까지도 포함한 파르논산맥 동편에 있었던, 그 기원에 있어 논란이 되고 있는 차코니아인들, 타우게토스 지역 슬라브인 부족들, 거의 전 영역에서 반유목 생활을 하던 알바니아인 목자(牧者)들, 도시의 유대인 거류민들, 왈라키아에서 온 집시들, 그리고 소수의 튀르크인이 있었다. 그리스 다른 지역들도 아마 인구 구성이 그리 다르지 않았을 터지만, 중부와 북부에는 왈라키아인들이, 테바이에는 아르메니아 상인들이 있었고, 대다수의 섬에서는, 아마도 에우보이아와 안드로스를 제외하곤, 슬라브인들이나 알바니아인들을 볼 수 없었을 것이다. 그 대신 이탈리아인들, 특히 베네치아인들은 볼 수 있었을 것이고, 크레타에는 아랍인 정주민들이 있었다.

클리마타

흑해 북변 타우리스의 케르손, 즉 크리미아반도 동남쪽 연안, 오데사만과 아조프해(이전에는 마이오티스호라 불렸다) 사이에 놓인 땅에는 높은 산맥(로만 코쉬, 1,543미터)이 북녘에서, 그리고 시바시 갯벌까지 펼쳐진 스텝에서 발생하는 불순한 기후를 막아준다. 이곳은 비록 겨울 한파가 강하긴 하지만 그리 길지 않고 겨울에 비가 많이 내리며, 봄은 길고 온화하며, 여름은 덥고 건조하여 포도와 채소 재배가 가능하다. 바로 이 천혜의 땅에 비잔티움의 항만 관련 시설들이 발달하여 13세기 중엽까지 콘스탄티노플과 트레비존드 사이, 또한 러시아 주민들, 나중에는 러시아 공국들(키예프, 갈리치아, 볼히니아 Volhynie, 페레야슬라프, 체르니고프, 수즈달, 노브고로드 등)과의 교역이 항구적으로 이루어지도록 이바지했고, 지방 함대의 기지 역할을 했다 ― (서에서 동으로) 케르손(코르순[9]), 수그다이아(수다크), 제노바인들이 카파(Caffa)라 불렀던, 폭풍을 막아주는 만들 깊숙이 자리 잡은 테오도시아, 보스포로스 판티카파이온. 보스포로스 판티카파

---

9) 케르손(케르소네소스의 중세 이름)의 고(古)러시아어 이름.

이온은 케르치해협 위에 있는 현재의 케르치이며, 캅카스 연안 파나고리아(Tamatarcha, Tmutorokan)와 마주하고 있다. 6세기 유스티니아누스가 요새로 만들었고 사료들에서 '클리마타(klimata, 지리 권역, 산비탈)'로 불린 이 지역은 아마도 처음에는 군 사령부 소재지였을 것이며, 9세기에 이르러서야 비로소 케르손을 수도로 한 테마가 되었다.

이곳은 아바르인, 훈족, 고트족, 하자르인, 러시아인에게 포위되었고, 7세기에서 11세기 사이에 번성했던 하자르인들은 한때 케르치해협을 점령하기도 했다. 러시아인들이 10세기에 케르손을 점령했으나 쿠만인들에게 쫓겨났고, 몽골인들이 다시 이곳을 감쌌다. 13세기에 테마는 트레비존드 제국 황제들의 지배를 받다가 다시 니케아 제국령이 되었다. 13세기 중반을 조금 지나 제노바인들이 이곳에, 특히 카파와 수그다이아에, 상인 거류 구역을 세우고 방비 시설을 갖추었다. 오랫동안 유형지로 사용되었던 이 지역에서 비잔티움의 행정력이 사라진 것은 1475년경이다.

소아시아

소아시아 혹은 아나톨리아('떠오르는 태양의 나라')는 그 큰 면적, 문명 세계들의 교차로로서의 위치, 뚜렷한 경관, 콘스탄티노플에서 가깝다는 이점으로 아주 일찍부터 제국의 중심이 되었고, 언제나 중심으로 존재했다. 북쪽과 남쪽에서 섬이 없는 바다(흑해와 지중해)로 구획된 이곳은 그리스와는 에게해의 섬들로 분리된 측면보다는 연결된 측면이 강하다. 동쪽 경계는 언제나 유동적이었는데, 그것은 지세의 기복과 기후의 특징이 아나톨리아와 아르메니아 사이에서 확연히 구별되어 드러나지 않기 때문이다. 만일 함몰분지를 아르메니아로 인정하면 소아시아는 유프라테스강과 그 지천 카라 수(Kara

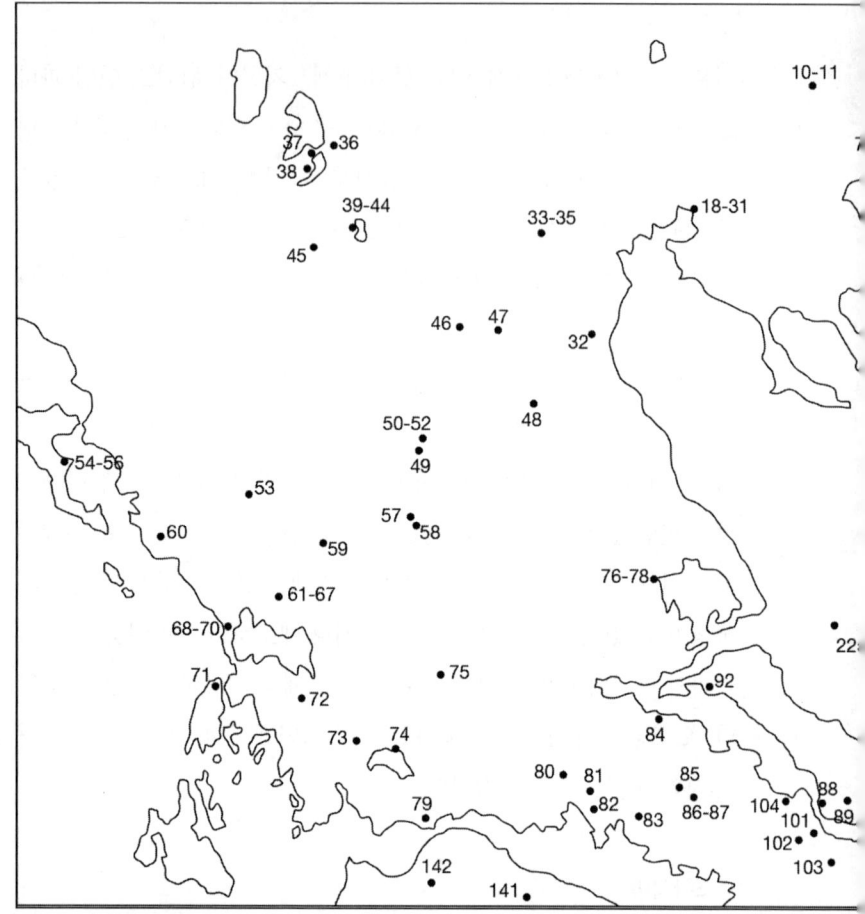

4. 비잔티움 유적지[10]

(Ch. Bouras, L. Bouras, *Byzantine Churches of Greece* (Architectural Design 43), 1972.01, pp.30-37)

1. 페레스, 파나이아 코스모소테이라 수도원 2. 타소스, 초기 기독교 시대 바실리카 3. 필립비, 제1 바실리카(포룸 북쪽, 5세기) 4. 필립비, 제2 바실리카(포룸 남쪽, 540년경) 5. 필립비, 제3 바실리카(고고학 박물관 옆, 초기 기독교 시대) 6. 필립비, 바실리카(성 밖(구시가 동쪽), 4세기) 7. 암피폴리스, 제1 바실리카(5세기) 8. 암피폴리스, 제2 바실리카(5세기?) 9. 암피폴리스, 제3 바실리카 10. 세라이, 프로드로모스 수도원(시가지 북

---

10) 이 삽화 지명은 부분적으로 현대 그리스어 한글 표기법에 따랐으므로 본문의 표기와 다를 수 있다.

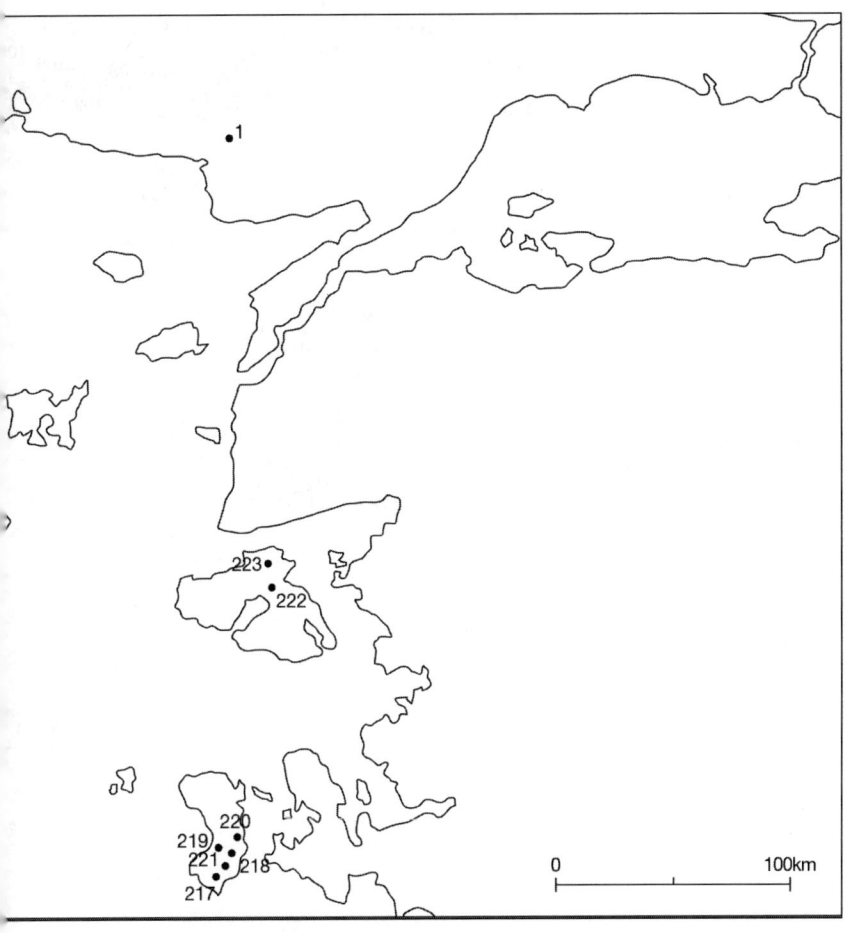

동쪽 12킬로미터): 팔라이올로고스 시대 프레스코 11. 세라이, 아이이 테오도리 교회 (구舊수도 대주교좌 교회) 바실리카(11세기): 팔라이올로고스 시대 프레스코 12. 아토스산, 힐란다리(킬란다리) 수도원: 사본, 이콘 13. 아토스산, 바토페디 수도원: 교회(972년), 프레스코(1312년), 모자이크(11, 12세기), 수장고 14. 아토스산, 판토크라토르 수도원: 이콘, 사본 15. 카뤼에스(아토스산), 프로타톤 교회(바실리카, 10세기): 프레스코 (14세기, 판셀리노스 작) 16. 아토스산, 이비론 수도원: 사본, 이콘 17. 아토스산, 라브라 수도원: 수장고, 이콘 컬렉션 18. 테살로니키, 성 사도 교회(내접 십자가형, 14세기): 모자이크, 프레스코 19. 테살로니키, 성 니콜라오스 오르파노스 교회(바실리카): 프레스코(14세기 초) 20. 테살로니키, 성 판텔레이몬 교회(내접 십자가형, 13세기 초): 프레스코 21. 테살로니키, 성 엘리야 교회(내접 십자가형, 14세기) 22. 테살로니키, 성 카트리나 교회(내접 십자가형, 13세기): 프레스코 23. 테살로니키, 파나이아 할케온((희) Panagia tôn khalkeôn) 교회(내접 십자가형, 1028년) 24. 테살로니키, 탁시아르헤스 교회(바실리카, 14세기): 프레스코 25. 테살로니키, 구세주(소티르) 교회 소성당(둥근 지

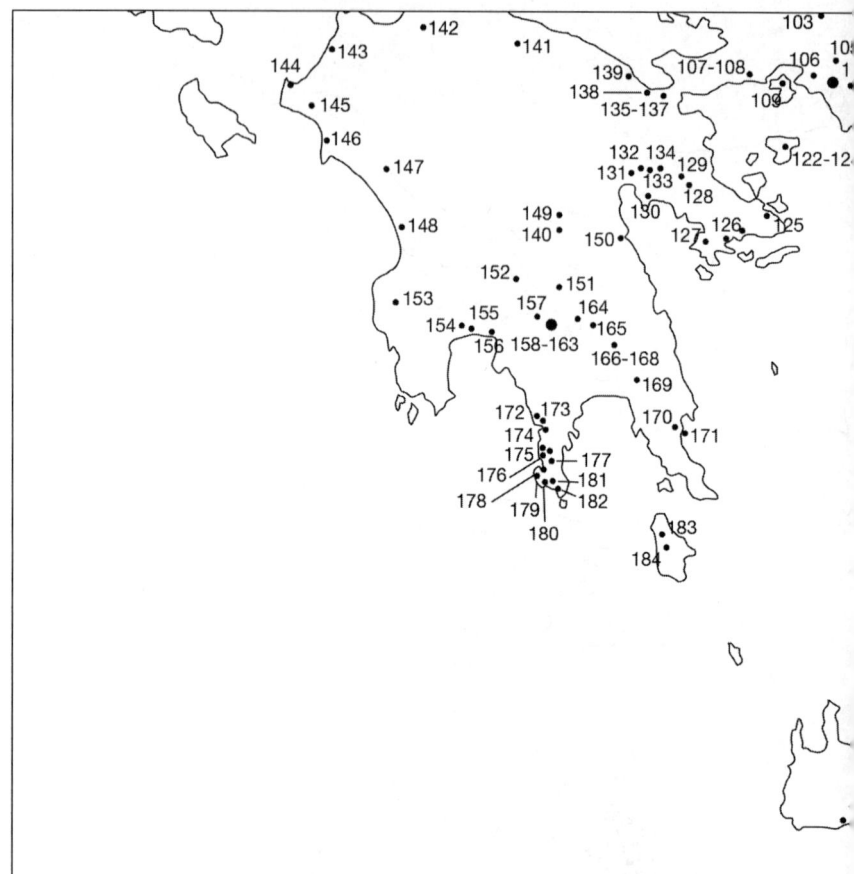

봉, 14세기) 26. 테살로니키, 성 소피아 성당(8세기 초?): 모자이크, 프레스코(11세기) 27. 테살로니키, 블라타이오이 수도원(14세기 초): 프레스코 28. 테살로니키, 성 디미트리오스 교회(바실리카, 7세기) 29. 테살로니키, 라토모스 수도원 성 다윗 교회(내접 십자가형, 7세기): 모자이크 30. 테살로니키, 아히로포이이타('손이 만들지 않은') 성모 교회(바실리카, 5세기): 모자이크 31. 테살로니키, 성 예오르요스(게오르기오스) 원형 교회(300년경): 모자이크(6세기?) 32. 디온(말라트리아 부근), 바실리카(5세기) 33. 베로이아, 아요스 키리코스 교회(바실리카, 13세기) 34. 베로이아, 아요스 흐리스토스 교회(1315년) 35. 베로이아, 구(舊)수도 대주교좌 교회(바실리카, 11세기): 프레스코 36. 프레스파, 아요스 예르마노스 교회(내접 십자가형, 11세기): 프레스코(11, 13세기) 37. 프레스파, 아요스 아힐리오스 교회(바실리카, 10세기): 프레스코 38. 필리(비네니), 프레스파, 성 니콜라오스 교회(3콘치식, 12세기) 39. 카스토리아, 성 아타나시오스 교회(바실리카): 프레스코(14세기) 40. 카스토리아, 성 아나르귀로이 교회(바실리카): 프레스코(11-13, 15세기) 41. 카스토리아, 성 니콜라오스 카스니지 교회(바실리카): 프레스

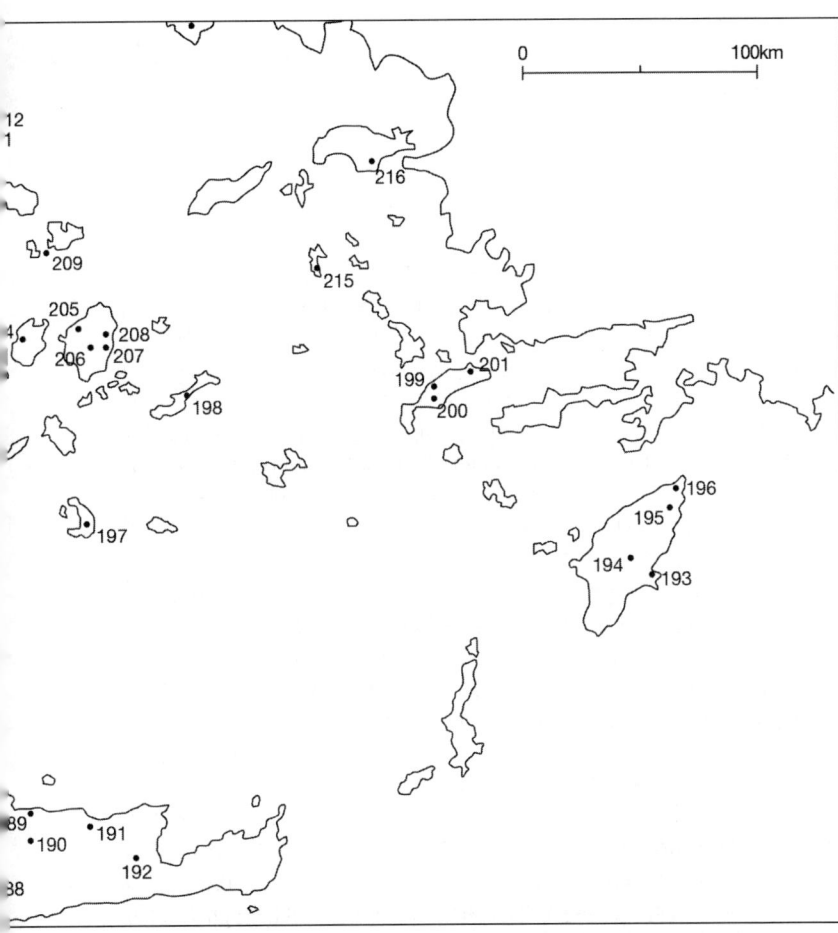

코(13세기) 42. 카스토리아, 수도 대주교청 탁시아르히스 교회(바실리카, 11세기): 프레스코(1359-60년, 15세기) 43. 카스토리아, 쿠벨리디키 교회(3콘치식, 10세기): 프레스코(14세기) 44. 카스토리아, 파나이아 마브리오티사 교회(바실리카, 12세기): 프레스코 45. 오모르포클리시아(갈리스타), 성 예오르요스 교회(카스토리아 부근, 내접 십자가형, 13세기): 프레스코(1295-1317년) 46. 아이아니(코자니 부근), 파나이아 교회(12세기) 47. 세르비아, 수도 대주교좌 교회(바실리카, 11세기): 프레스코 48. 엘라손, 올림비오티사 수도원: 프레스코(13세기) 49. 칼람바카, 성모 영면 교회(바실리카, 12세기) 50. 메테오라, 바를람 수도원(내접 십자가형): 이콘, 사본 51. 메테오라, 성 삼위일체 수도원(내접 십자가형, 1476년) 52. 메테오라, 예수 변모(대메테오라) 수도원(내접 십자가형, 1387년): 이콘, 사본 53. 도도니, 바실리카(6세기) 54. 코르푸, 성 마가 교회: 프레스코(1075년) 55. 코르푸, 요비아노스 교회(바실리카, 6세기) 56. 코르푸, 성 이아손, 성 소시파트로스 교회(내접 십자가형, 10세기 말) 57. 두시콘 수도원(필리 근처): 사본, 성 유물 58. 필리, 포르타 파나이아(바실리카, 1283년) 59. 부르가렐리 혹은 파나이아 벨라

스(붉은 교회, 아르타 부근, 1280년): 프레스코(13세기 말) 60. 글리키(테스프로티아), 바실리카(9세기?) 61. 아르타, 파나이아 파레고레티사 주교좌 교회(1283-96년): 모자이크(13세기 말) 62. 아르타, 성 바실레이오스 교회(바실리카, 13 혹은 14세기) 63. 아르타, 아야 테오도라 수도원(주교좌 교회 부근, 바실리카, 13세기 이전?) 64. 아르타, 카토 파나이아 수도원(시 외곽 3킬로미터, 바실리카) 65. 아르타, 블라헤르네스 수도원(시 북동쪽, 바실리카, 13세기) 66. 아르타, 성 디미트리오스 카츄리스 교회(바실리카, 10세기): 프레스코(12세기) 67. 아르타, 로디아, 성 니콜라오스 교회(내접 십자가형, 13세기): 프레스코 68. 니코폴리스, 알키손 바실리카(초기 기독교 시대 바실리카) 69. 니코폴리스, 두메티오스 바실리카: 모자이크(6세기 초?) 70. 니코폴리스, 초기 기독교 시대 소형 바실리카 71. 레프카스, 오디이트리아(호데게트리아) 교회(바실리카) 72. 팔레오카투나(아이톨리코 부근), 테오토코스 교회(바실리카, 13세기 말?) 73. 자판디, 테오토코스 교회(바실리카, 6세기) 74. 파라볼라(아이톨리아), 성모 영면 교회(바실리카, 7세기) 75. 클라프시온(에브리타니아 클라프시 부근), 바실리카(500년경) 76. 네아 앙히알로스(테살리아 테바이), 제1 바실리카(5세기 말) 77. 네아 앙히알로스, 제2 바실리카 78. 네아 앙히알로스, 제3 바실리카(6세기) 79. 가브롤림니, 파나이아 파낙시오티사 수도원(10세기) 80. 암피사, 구세주 교회(내접 십자가형, 12세기 초) 81. 델피, 바실리카 82. 데스피나, 탁시아르헤스 교회 소성당: 프레스코(1332년) 83. 스티리스, 성 누가 수도원 카톨리콘: 프레스코(11세기 초) 84. 다프누시아(로크리다, 아요스 콘스탄티노스 부근), 바실리카(5세기) 85. 캄비아, 성 니콜라오스 교회(오르호메노스 부근): 교회(12세기), 프레스코 86. 스크리푸(오르호메노스), 성모 영면 수도원(873-874년) 87. 스크리푸(오르호메노스), 아요스 소존 교회(3콘치식, 12세기) 88. 할키다, 아이아 파라스케비 교회(바실리카, 5세기) 89. 아르마(에비아), 성 예오르요스 수도원(13세기) 90. 카토 바테이아(아마린토스), 파나이차 교회(바실리카, 13세기) 91. 임노(에우보이아), 성 예오르요스 교회(바실리카, 13세기) 92. 아요스(에비아), 성 디미트리오스 교회(12세기) 93. 마크리호리(에비아), 바실리카(1303년 복원): 프레스코 94. 스필리이스(에비아), 오디이트리아 교회(케피 부근, 바실리카, 1311년): 프레스코(14세기) 95. 아야 테클라(에비아), 소형 바실리카: 프레스코(14세기) 96. 피르이(에비아), 예수 변모 교회(바실리카, 1310년): 프레스코(14세기) 97. 아블로나리(에비아), 성 디미트리오스 교회(바실리카, 13세기) 98. 옥실리토스(에우보이아), 바실리카: 프레스코(14세기) 99. 알리베리(에비아), 성모 영면 교회(바실리카): 프레스코(1393년) 100. 칼리비아(카리스토스, 에비아), 탁시아르헤스 수도원(12세기) 101. 시카미노(아티키), 엘레브사 교회(12세기) 102. 타나그라, 성 도마 교회(내접 십자가형, 11세기) 103. 아블로나스(아티키), 성 요안니스 교회(내접 십자가형, 12세기?) 104. 사그마타, 예수 변모 수도원(12세기) 105. 갈라치(아티나), 오모르포클리시아(내접 십자가형, 12세기): 프레스코(13세기) 106. 다프니, 수도원(11세기 말): 모자이크 107. 메가라, 구세주 교회(내접 십자가형): 프레스코

(12세기) 108. 메가라, 아요스 이에로테오스 수도원(내접 십자가형): 프레스코(12세기) 109. 살라미나, 성 요안니스 교회(3콘치식, 10-11세기) 110. 아티나(아테나이), 카프니카레아 교회(내접 십자가형, 11세기 중엽) 111. 아티나, 아이이 테오도리(성 테오도로이) 교회(내접 십자가형, 11세기) 112. 아티나, 작은 수도 대주교좌 교회(아요스 엘레브테리오스)(내접 십자가형, 12세기) 113. 아티나, 페트라키 수도원(10세기) 114. 아티나, 아이이 아소마티 교회(11세기) 115. 아티나(아고라), 성 사도 교회(4콘치식, 10세기?) 116. 아티나(플라카), 예수 변모 교회(내접 십자가형, 11세기): 프레스코 117. 아티나, 신학자 성 요안니스 교회(13세기): 프레스코 118. 아테나이, 소티라 리코디무 교회(11세기) 119. 케사리아니(이미토스산), 수도원(11세기) 120. 이미토스(아티키), ('철학자들의') 성 요안니스 키니고스(12세기) 수도원: 프레스코 121. 코로피(아티키), 예수 변모 교회(내접 십자가형, 10세기): 프레스코 122. 에이나, 성 니콜라오스 마브리카스 교회(14세기) 123. 에이나, 오모르포클리시아(성 테오도로이 교회), 소형 바실리카(1282 혹은 1285년): 프레스코(13세기) 124. 에이나, 엘라니오산, 탁시아르히스 교회(내접 십자가형, 12세기) 125. 트리지나(다말라), 주교좌 교회(12세기) 126. 에르미오니, 바실리카: 모자이크(6세기?) 127. 크라니디, 성 삼위일체 교회(1245년): 프레스코 128. 에피다브로스, 바실리카(4세기) 129. 리구리오, 성 요안니스 교회(내접 십자가형, 1100년) 130. 아레이아, 아야 모니 수도원(나플리오 부근, 내접 십자가형, 1143-44년) 131. 플라타니티(아르골리스), 구세주 교회(12세기): 프레스코 132. 호니카(네오 이라이오)(아르골리스), 성모 영면 교회(내접 십자가형, 12세기) 133. 메르바카(아르골리스), 성모 영면 교회(12세기) 134. 파나리티(아르골리스), 성 테오도시오스 수도원(12세기?) 135. 코린토스, 켕크레아이(케흐리에스)의 문 교회(초기 기독교 시대 바실리카) 136. 코린토스, 납골 바실리카(초기 기독교 시대) 137. 코린토스, 스쿠텔라 교회(초기 기독교 시대 바실리카) 138. 레헤오, 성 레오니다스 교회(바실리카, 5세기) 139. 타르시니, 예수 변모 교회(내접 십자가형, 납골 교회, 13세기) 140. 테게아, 바실리카(5세기) 141. 칼라브리타, 메가 스필레오 수도원: 이콘, 성유물 142. 플라타노브리시(멘제나), 바실리카(10 혹은 11세기?) 143. 마놀라다, 팔레오파나이아 교회(12세기) 144. 킬리니(엘리스), 블라케르나이 수도원(바실리카, 12세기 말 혹은 13세기 초) 145. 가스투니(엘리스), 파나이아 카톨리키 교회(내접 십자가형, 12세기) 146. 스카피디아(엘리스 리케온산), 수도원(12세기) 147. 올림비아, 바실리카(5세기) 148. 네아 피갈리아(주르차), 성모 영면 교회(바실리카, 10세기) 149. 테게아, 에피스코피, 성모 영면 교회(내접 십자가형, 10세기) 150. 루쿠, 수도원(내접 십자가형, 12세기) 151. 코니디차(라코니아), 선지자 엘리야 교회(11세기) 152. 롱가니코스, 성 예오르요스 교회(바실리카, 1375): 프레스코 153. 흐리스티아누, 구세주 교회(11세기) 154. 사마리나(메시니아), 조오도호스 피이 수도원(내접 십자가형, 12세기): 프레스코 155. 안드루사, 성 예오르요스 수도원(바실리카, 13세기) 156. 칼라마타, 아요스 하랄람보스 교회(내접 십자가형, 12세기) 157. 트리피

(라코니아), 아이이 테오도리 교회(내접 십자가형, 13세기) 158. 미스트라스, 수도 대주교좌(성 디미트리오스) 교회, 15세기): 프레스코 159. 미스트라스, 브론토히온(브론토키온) 수도원 성 테오도로이 교회(바실리카, 1290-95년): 프레스코 160. 미스트라스, 브론토히온(브론토키온) 수도원 아펜디코(오디이트리아) 교회(바실리카, 1311-12년): 프레스코 161. 미스트라스, 판타나사 수도원(바실리카, 1428년): 프레스코 162. 미스트라스, 페리블렙토스 수도원(내접 십자가형, 14세기): 프레스코 163. 미스트라스, 성 소피아 교회(내접 십자가형, 14세기) 164. 흐리사파, 테오토코스 교회(내접 십자가형, 1290년) 165. 자라포나(칼리테아), 성모 영면 교회(바실리카, 11세기?) 166. 예라키(예론트레스), 아요스 소존 교회(내접 십자가형, 12세기) 167. 예라키, 성 니콜라오스 교회(2신랑 소성당, 13세기): 프레스코 168. 예라키, 탁시아르헤스 교회(바실리카, 13세기): 프레스코 169. 아피디아(라코니아), 엘로스, 성모 영면 교회(바실리카) 170. 예루마나(모넴바시아 부근), 판타나사 수도원(12세기?) 171. 모넴바시아, 성 소피아 교회(13세기): 프레스코 172. 플라차(마니), 성 디미트리오스 교회(12세기) 173. 쿠티파리(마니), 예수 변모 교회(11세기) 174. 아비솔라(마니), 성 엘리야 교회(바실리카, 13세기) 175. 피르고스(마니), 성 베드로 교회(부정不定 십자가형, 11세기?) 176. 글레주(마니), 탁시아르헤스(아야 마리나) 교회(내접 십자가형, 11세기) 177. 밤바카(마니), 성 테오도로이 교회(내접 십자가형, 1075년) 178. 티가니(마니), 주교좌 교회(내접 십자가형): 프레스코(12세기) 179. 에레모스(마니), 성 바르바라 교회(내접 십자가형, 12세기) 180. 오히아(마니), 성 니콜라오스 교회(내접 십자가형, 12세기) 181. 키타(마니), 성 예오르요스(세르요스, 박호스) 교회(내접 십자가형, 12세기) 182. 아노 불라리이(마니), 아요스 스트라티고스 교회(내접 십자가형, 11세기): 프레스코(12-13세기) 183. 푸르코(키타라), 성 디미트리오스 교회: 프레스코 184. 포타모스(키타라), 성 테오도로이 교회(내접 십자가형): 프레스코 185. 알리키아노스(크리티), 키르 요안니스 교회(내접 십자가형): 프레스코(14세기) 186. 아야(크리티), 초기 기독교 시대 바실리카: 포석 모자이크 187. 피타리온(크레타), 바실리카(9세기) 188. 고르티스(크리티), 성 티토스 교회(대형 바실리카, 6세기?) 189. 크노소스(크리티), 초기 기독교 시대 바실리카 190. 아노 아르하네스(크리티), 아소마티 소성당: 프레스코(14세기 초) 191. 포타미에(크레타), 파나이아 구베르니오티사 교회(부정 십자가형): 프레스코(12-15세기) 192. 크리차(크레타), 파나이아 케라 교회(바실리카): 프레스코(13-14세기) 193. 린도스(로도스), 성 요안니스 교회(내접 십자가형, 13세기) 194. 타리(로도스), 탁시아르히스 수도원(12세기): 프레스코(12, 16, 18세기) 195. 로도스, 일크 미흐라브(바실리카): 프레스코(10-14세기) 196. 로도스, 데미를리 자미(내접 십자가형, 14세기, 그리스 정교회 대성당?) 197. 에피스코피 고니아스(산토리니), 성모 영면 교회(1081년): 프레스코 198. 아모르고스, 파나이아 호조비오티사 수도원: 사본·이콘 199. 마스티하리(코스), 바실리카: 포석 모자이크 200. 안티마히아(코스), 초기 기독교 시대 바실리카: 포석 모자이크(6세기?) 201. 코

스, 성 요안니스 세례당(초기 기독교 시대) 202. 트리피티(밀로스), 카타콤(기원후 2-5세기 무덤, 바위에 파 조성한 무덤 약 1,000기가 있다): 명문(銘文) 203. 아다만다스(밀로스), 아이아 트리아다 교회(바실리카) 204. 파로스, 파나이아 에카톤다필리아니 교회(바실리카, 6세기) 205. 포타미아(낙소스), 성 마마스 대성당(내접 십자가형, 9세기) 206. 낙소스, 프로토트로노스 교회(바실리카): 프레스코(10-11세기) 207. 아노 상그리(낙소스), 아요스 아르테미오스 교회(바실리카): 프레스코(726-843년) 208. 낙소스, 신학자 성 요안니스 교회(아피란토스 부근, 바실리카, 14세기) 209. 딜로스(델로스), 아요스 키리코스, 아야 율리타 교회(바실리카, 5세기) 210. 코르티오(안드로스), 성 니콜라오스 교회(내접 십자가형, 12세기) 211. 멜리다(안드로스), 탁시아르히스 교회(내접 십자가형, 11세기?) 212. 메사리아(안드로스), 탁시아르히스 교회(내접 십자가형, 1158년): 프레스코 213. 아르니(안드로스), 조오도호스 피이(아이아) 수도원(내접 십자가형, 1400년 전): 사본 214. 안드로스, 파나이아 팔라티아니 교회(내접 십자가형, 13세기?) 215. 호라(파트모스), 신학자 성 요안니스 수도원 카톨리콘(내접 십자가형, 11세기 말): 프레스코(12세기) 216. 이레오(사모스), 초기 기독교 시대 바실리카, 세례당 217. 피르이(히오스), 성 사도 교회(팔각형 구도, 13세기) 218. 히오스, 파나이아 크리나(팔각형 구도, 12세기): 프레스코 219. 히오스, 성 예오르요스 시쿠시스(팔각형 구도, 12세기) 220. 히오스, 네아 모니 수도원(팔각형 구도, 1045년): 모자이크, 대리석 내장 221. 파나이아(히오스), 시켈리아(바실리카, 13세기) 222. 할리나두(레스보스), 초기 기독교 시대 바실리카 223. 입실로메토폰(레스보스), 초기 기독교 시대 바실리카 224. 스키로스, 에피스코피 교회(내접 십자가형, 895년) 225. 스코펠로스, 에피스코피 교회(바실리카, 1018년)

Sou)의 서편이 될 것이고 북쪽으로는 아캄프시스(Çoruh)강까지 뻗을 것이다. 남쪽에서는 아마노스산맥이 소아시아와 시리아를 가른다. 이 경계들 안에서 소아시아 땅은 산세로 두 부분, 그러니까 내지와 주변으로 나뉜다. 내지는 평균 1,000미터의 중앙 고원이고, 이 위에 몇 군데 섬처럼 고립된 산지들이 여기저기 솟아 있다. 그 주변은 유유히 흐르는 강들이 적시고, 이 강들은 거의 모두가 할리스(Kızılırmak)강이나 상가리오스(Sakarya)강으로 흘러들고, 두 강은 흑해로 흐른다. 내지 기후는 대륙성이라 여름은 덥고 건조하며 겨울은 춥고 눈이 내리나 강수량이 많지 않아 초원이 대부분이며 유목이 주업이다. 관개가 더 잘 된 바깥쪽 테두리에서는 경작이 행해졌다.

그 북쪽 연안을 따라 산맥이 달리는데, 이 산맥을 할리스강이 관통한다. 이곳에는 북동풍이 많은 비를 몰고 와 고지에는 전나무, 소나무, 너도밤나무 숲이 빽빽이 우거졌으며, 낮은 지대에서는 과수가 자라고 초원이 펼쳐져 있다. 타우로스 산계(山系)에 접한 남변은 지중해성 기후다. 산은 침엽수림, 특히 배를 만들기 좋은 나무들로 덮여 있다. 서쪽 지역은 복합적이지만 거주에는 더욱 적합하다. 지역 남쪽의 카리아와 리키아는 펠로폰네소스와 크레타의 디나르알프스산맥 연장부가 가로지르고, 동쪽은 타우로스산맥이 가로지르며, 중앙과 북부는 에게해 열도 산계 끝이 가로질러 폰토스산맥과 만난다. 따라서 이 지역은 그리스와 닮았다. 또한 그리스에서와 마찬가지로 단층, 원형 분지, 길게 뻗은 지구(地溝)들이 바위를 깎아내고 있으며, 지구들을 가로질러 몇 줄기 중요한 하천(카이코스, 헤르모스, 카이스트로스, 마이안드로스[11])이 연안과 중심 고원 사이를 흐른다. 또 작은 만들과 곶들이 서로 이어지며 상당수의 항해에 적합한 천연 항구를 이

---

11) 영어 동사 'meander'의 어원.

룬다. 높은 고원과의 경계는 상가리오스강과 일치한다. 지중해성 기후의 연안 지대에서는 포도, 올리브, 뽕나무, 과실수를 재배했고, 내륙에서는 곡물 경작과 목축이 이루어졌다.

소아시아 서부는 먼저 북쪽에서 프로폰티스해안을 따라 펼쳐지는데, 이곳의 좁고 깊은 만 두 곳 중 한 곳은 니코메디아(이즈미트), 또 한 곳은 키오스(게믈리크)를 품고 있다. 키오스는 니케아(이즈니크)의 항구인데 니케아는 아스카니아호 위 87미터 되는 곳에 자리 잡고 있으며, 이즈미트만과는 세 줄기의 지선 도로로 연결되어 있다. 더 서쪽으로 아르크톤네소스반도를 대륙과 연결하는 지협 위에 있는 퀴지코스는 활기찬 항구도시였다. 이 두 도시의 남쪽에는 두 도시 터가 특별한 지위를 점하고 있었는데, 이들은 비티니아의 올림포스산(2,550미터) 기슭의, 온천으로 유명한 프루사(Brousse)와, 해안 쪽으로의 진출을 막은, 린다코스강 위의 다리를 방어하는 요새였던 로파디온(Ulubad)이었다. 이다산과 올림포스산 사이 다른 일련의 요새들은 비옥한 평야를 방어했고, 고원과 잇단 방어진지들 앞쪽에 콘스탄티노플로 향하는 가도에서 일종의 전초기지처럼 자리 잡은 도릴라이온은 적어도 12세기 이후로는 상가리오스 골짜기를 방어했다.

이 지역에서 으뜸인 도시는 비단 직조업으로 번영했던 니케아다. 1204년 이후 니케아는 제도(帝都)였으나 한 세기 반도 지나지 않아 튀르크인들 수중에 떨어진다. 남서쪽으로 산이 많은 미시아가 펼쳐지지만 수량이 풍부한 하천들의 비옥한 골짜기들이 이 지역을 가로지르며, 이 하천들(타르시오스, 아이세포스, 그라니코스, 스카만드로스, 카이코스)을 따라 남북 교통로들이 나 있다. 이다산(1,770미터)이 근경 위로 솟아 있다. 산 서쪽에서 테네도스섬을 만든 원뿔 모양의 화산이 중요한 상업기지가 되는데, 14세기 베네치아인과 제노바인 간의 장구한 투쟁의 대상이었던 것으로 유명하다. 현 에드레미트만 안쪽에는 아드라뮈티온시가 있었는데, 이 도시는 1100년 해적들에 의해 파괴된 후 바다로부터 조금 떨어진 곳에 재건되었다(현 에드레미트). 이 연안의 유명한 희랍 도시들은 페르가몬과 레스보스섬 주도(主都) 였던 미틸레네를 제외하고는 비잔티움 시대에 모두 사라졌다.

리디아와 카리아 북부는 헤르모스, 카이스트로스, 마이안드로스강 들의 비옥한 골짜기들을 가진, 소아시아에서 가장 부유한 지방이었 다. 이 골짜기들을 따라 난 길들이 내륙 쪽으로 이어지며 많은 도시, 그러니까 헤르모스강과 시필로스산 사이 마그네시아(Manissa), 이 산 남쪽 뉨파이온(Nif), 14세기에 셀주크인들이 파괴한 가장 큰 도시 사르디스, 필라델피아(Alaşehir), 카이스트로스강 어귀에서 멀지 않 은 에페소스, 마이안드로스강을 따라 난 밀레토스, 트랄레스(Aydın) 를 연결하고 있었다. 상업의 판도에서 스미르나(İzmir)항이 지리적 이점으로 이 모든 도시를 물리쳤는데, 14세기 이 도시의 상업적 위 력은 콘스탄티노플에만 뒤떨어져 있었다. 레스보스, 키오스, 사모스, 니카리아섬[12])이 자신들이 그곳으로 향하고 있던 연안 지역 전체의 교역 활동을 보호하고 있을 때 이 섬들과 스미르나, 그리고 명반을 수출하던 포카이아는 14세기 제노바인들 수중에 떨어졌고, 이때 셀 주크인들은 이 지역을 점령하고 이곳에 에미르령들을 설치하고 있 었다.

산이 많은 카리아는 바다 쪽으로 가까워지며 계단상으로 낮아지 다가 바위섬들인 스포라데스제도[13])로 죽 이어지는데, 그곳 섬들(파 트모스, 니시로스, 틸로스 등)에는 어부들이 살았다. 단 언덕들에 비옥 한 경작지를 가진 코스섬과 로도스섬은 예외였다. 로도스섬은 시리

---

12) 혹은 이카리아로 불린다.
13) 키클라데스제도와 튀르키예 사이에 있는 남스포라데스제도를 말하는 것 같다.

아와 에게해를 잇는 해로 상의 전략적 위치 때문에 늘 치열한 쟁투의 대상이었다. 7세기에 로도스섬은 여러 차례 아랍인들 수중에 넘어갔다가 1204년에 라틴인들에게 점령당했으나 그 뒤 비잔티움인들에게 다시 돌아왔다. 그러나 14세기 초 예루살렘의 성 요한의 구호형제회의 기사들이 이 섬과 다른 스포라데스섬, 그리고 코스섬 맞은편 작은 항구 할리카르나소스를 점령했다. 그러나 마이안드로스강에 이르는 육지부는 13세기 초 이래 셀주크인들에게 점령당한 채였다.

  내륙 고원 지대는 고대의 유서 깊은 프리기아, 리카오니아, 갈라티아, 카파도키아를 포함한다. 서쪽의 프리기아는 800미터에서 1,200미터까지 고도의 산들로 출렁대는 고원지대이며, 군데군데 숲으로 덮인, 여름에는 정상 부근에서 양을 먹일 수 있는 뾰족한 산지들이 돌출되어 있으며, 분지와 고립된 골짜기가 기복을 이룬다. 기후는 고원 한복판보다 덜 건조해서 가시덤불로 덮인 초원에는 염소를 칠 만큼 풀이 많다. 산에서 내려오는 물이 주요 하천들(상가리오스, 템브리스, 린다코스, 마케스토스, 헤르모스, 마이안드로스의 지류들)의 수량이 되어주며, 산자락에서는 오아시스식 관개에 의한 과수 재배가 가능하다. 거쳐 가는 곳으로서 프리기아는 인구가 많지 않았던 것으로 보이며 모든 도시는 쉬어가는 곳이다 ― 술탄산(2,600미터)과 사십인 순교자호(湖) 사이 비옥한 분지에 자리 잡은 필로멜리온(Akşehir), 지금은 황폐한 아모리온, 템브리스강 근처 비옥한 벌판에 자리 잡은 코튀아에이온(퀴타히아), 상가리오스강 하류로 통하는 길 위의 도릴라이온(Eskişehir), 신나다(Şuhut). 남서쪽에서 프리기아는 더욱 높아지며, 산들은 스텝 고원 지대와 좁게 파인 분지와 서로 교대하며 펼쳐진다. 이곳에 중요한 도시라곤 아파메이아(Dinar)밖에 없었으나, 반면 카드모스(호나즈, 2,515미터) 산자락의 마이안드로스강 지류 리코스강 변 골짜기는 서로 인접한 세 중심도시, 즉 히에라폴리스, 라오디케이아, 콜로사이가 발달하기 적합했다. 콜로사이는 8세기 초 코나이(호나즈)로 바뀌었다.

리카오니아(Lycaonia)는 물이 부족하여 아마도 남쪽 언저리의, 충분히 관개가 되어 어느 정도 곡물 경작이 가능했던 함몰지를 제외하곤 경작이 이루어지지 않았던 것 같다. 그렇지만 이 지방에는 중요한 도시 하나가 있었는데, 그것은 더욱 낮은 언덕들이 주름진 곳에 자리 잡은 이코니온(Konia)으로서 프리기아, 피시디아, 그리고 킬리키아-시리아 들로 통하는 가로들의 교차점이었다. 방비 시설을 갖춘 도시의 연환(連環)이 고원으로의 접근로를 방어하고 있었는데, 남쪽의 리스트라, 데르베, 라란다와 동쪽의 키비스트라(Ereğli), 티아나, 아르켈라이스(Aksaray)가 그것들이다. 갈라티아는 할리스강과 상가리오스강이 휘감아가는 곳들 사이에 끼인 땅이다. 높은 평지와 기복을 거듭하는 고원들(800미터에서 1,400미터)로 이루어졌지만 관개가 잘 된 이 땅은 곡물 경작에 적합하다. 앙키라(Ankara)가 큰 중심 도시인데 화산 지형의 변두리 위에 세워졌다. 카파도키아는 산, 분지, 평야로 이루어진 다채로운 지역인데, 말 사육뿐만 아니라 농업으로도 유명하며, 기후가 거칠며, 소아시아에서 가장 큰 할리스강이 휘감는 곳과 이 강과 평행하게 달리는 이 강의 지류들, 즉 카파독스(Delice Çay)와 스킬락스(Skylax, Tscherek Sou)[14]로 둘러싸인 곳이다. 중심 도시들은 고원 가장자리에 자리 잡고 있다—모키소스 또는 유스티니아누폴리스(Kırşéhir), 타비온, 아르메니아와 접경 지대의 세바스테이아(Sivas), 아르가이오스산(3,830미터) 자락 비옥한 둥근 평야 지대에 자리 잡은 교통의 요충 카이사레이아(Kayseri). 마지막 카이사레이아

---

14) 할리스강(튀르키예 명 크즐르르마크)의 지류로서 스킬락스강은 조사되지 않는다. 다만 다른 강 예실르르마크(고대 명 이리스)의 지류 체케레크차이강(고대 명 스킬락스)이 카파도키아 북쪽 폰토스 지역에 있다.

서쪽에는 비에 침식된 용암이 만든 불규칙한 피라미드상(狀) 지형들과 동굴들로 이루어진 풍경이 펼쳐진다. 이곳 주민들은 아마도 제국에 명성 높은 군대를 제공했던 거친 사람들이었을 수 있겠지만, 이곳에 세속 또는 수도원 주거시설, 특히 예배소들을 지을 줄 알았다. 이 건물들의 정치한 건축 양식과 장식은 매우 활발한 예술적 삶을 엿보게 한다.

소아시아 북부 연안은 두 지역으로 나뉘는데, 할리스강으로 나뉘는 폰토스와 파플라고니아다. 폰토스의 가장자리를 이루는 나무가 울창한 산맥은 고도가 3,700미터에 달하지만 이 산맥은 이리스란 이름의 강이 되어 흑해로 흘러 들어가는 리코스강 골짜기와 이보다 얕은 다른 골짜기들로 무수히 쪼개진다. 내지의 겨울 추위로부터 보호되는 연안 언저리에는 비가 많이 내리고 올리브·포도·뽕나무들과 곡식밭이 펼쳐진다. 한 줄기 가도가 폰토스를 가로지르며 주요 도시들—이리스강 변의 아마세이아, 네오카이사레이아, 콜로네이아, 마지막으로 트레비존드 대도(大都)로 가는 통로(2,300미터)를 방어하는 요새인 사탈라—을 연결해준다. 정박항 안쪽에 잘 방비된 트레비존드는 비잔티움 세계, 클리마타, 아르메니아, 페르시아, 그리고 아라비아 나라들을 이어주는 국제 교통의 중심이었다. 1204년부터 1461년까지 이곳은 트레비존드라고 하는 그리스 '제국'의 수도였다. 섬유, 명반, 은, 철, 목재의 생산지인 폰토스는 현대에 이르기까지 활동적인 그리스 주민이 거주했다. 트레비존드 외에 주요 항구 도시로는 니코메디아로 가는 가로의 출발점이었던 아미소스(Samsun)와 케라수스(Giresun)가 있었고, 할리스강과 상가리오스강 하류 사이 땅에 옛 파플라고니아와 비티니아 동부가 있었다.

폰토스산맥은 이곳에서 중앙 고원보다 조금 높을까 말까 한 고원의 모습으로 드러나는데, 고원으로부터 뾰족한 산 몇 개(을가즈산맥,

Ilgaz Dağlari)가 솟아 있다. 이곳 해안은 바다로 급전직하하여, 트레비존드와의 경쟁에서 패한 시노페, 헤라클레이아(Ereğli), 아마스트리스의 항구를 포함하여, 아무 곳에도 배를 피난시킬 만한 곳이 없다. 비록 이 지역에는 아마세이아와 니코메디아를 잇는 가도가 통과하고, 이 가도는 클라우디우폴리스(Bolu)를 지나고, 우회로를 통해 강그라에도 닿는다. 이 클라우디우폴리스와 강그라는 지역에서 유이(唯二)한 중심 도시다. 그럼에도 이 지역의 중요도는 아주 낮았던 것으로 보인다.

소아시아 남부 연안은 리키아, 피시디아, 팜필리아, 킬리키아에 펼쳐져 있다. 고도 3,200미터에 이르는 석회질 바위로 되어 있고, 비옥한 분지가 거의 없는 리키아는 비잔티움 시대에 소아시아에서 가장 개화가 덜 된 지역이었다. 카리아로부터 리키아를 가르는 크산토스 강 골짜기는 도시라곤 동명의 시밖에 갖지 못했고, 아마도 가장 중요한 도시는 연안의 굽이진 곳에 자리 잡은 뮈라(Myra)였을 것이다. 이곳은 니콜라스 성인 숭배와 그가 이장되어 그곳 수호성인이 된 11세기 이탈리아 바리로의 유골 반출로 유명해진 곳이다. 피시디아는 리키아보다는 낮지만 마찬가지로 산이 많은 지형으로, 북서쪽 큰 호수들이 있는 지역까지 이어지는, 분지와 지구(地溝) 열(列)이 가로지른다. 이곳에는 키비라(Kibyra), 바리스, 안티오케이아, 소조폴리스 같은 중요한 도시들이 소아시아 남부 연안을 니케아까지 이어주는 가로들 위에 있어 피시디아가 '일종의 조차역(操車驛)' 기능을 하게 했다(자비에 드플라놀X. de Planhol). 남쪽의 팜필리아평야는 경관이 다양하여 서쪽 측면은 산의 급경사면이 압도하며, 깊은 만에 자리 잡은 아탈레이아(Antalya)까지는 비스듬하게 단구(段丘)를 이룬다. 동쪽에서 평야는 케스트로스(Aksu)강 변 긴 골짜기를 굽어보며, 강 너머에서 에우리메돈(Eurymédon, Köprü)강에 이르기까지는 모래와 자갈이 깔린 평원 일색이다. 마지막으로 이 강 동쪽에서 평야는 다시 경사가 급한 언덕들로 울퉁불퉁해진다. 이곳의 기후는 고른데 그리스보다 온화하며 겨울은 덜 춥다. 강수량 곡선은 지중해성으로 12월과 1월에 비가 퍼붓고 여름에는 건조하다. 올리브는 750미터 높이까지 재배된다. 비잔티움 시대에 가장 중요한 도시는 아탈레이아였는데, 이곳 거친 바다를 면하여 제국 함대 기지가 있었다. 그다음으로 중요한 도시로는 연안의 시데, 내륙의 실라이온, 페르게가 있었다.

서쪽의 트라케이아(옛 이사우리아, '거친 곳'이란 의미)와 동쪽의 페디아스('평원'이라는 뜻)로 나뉘는 킬리키아는 타우로스산맥과 연안 사이에 있는 땅이다. 두 줄기 산맥으로 둘러싸여 칼리카드노스(Kalykadnos)강에 의해 침식된 황량한 석회암성 고원 고지에 호전적인 이사우리아인들이 살고 있었는데, 이들은 6세기 초 제국에 평정당했으며, 그 후 제국은 사납기로 이름난 군사들을 이곳에서 모집했다. 이사우리아의 수도 셀레우케이아(Silifke)로 가는 길의 시발점이며 산맥이 끊어지는 지점인 라란다(Karaman) 저편에서 타우로스산맥은 동쪽 방면으로 융기하여 3,560미터(Bulgar Dağlari)까지 상승하다가 북쪽으로 방향을 틀어 평행한 여러 줄기의 산맥으로 갈라져 흐르다가 이윽고 가장 높이 솟아 소아시아 최정상 3,910미터(안티타우로스산맥 데미르카지크)에 도달한다. 사로스(Seyhan)강의 한 지류[15]인 키드노스(Çakıt)강이 깎아놓은 골짜기를 따라가면 좁다란 협곡을 통해 중앙 고원(1,500미터)에 다다르는데, 이곳에서 그 유명한 '킬리키아의 관문'(Pylai)을 지나면 이코니온(Konya) 대로가 나온다. 바로 이 관문을 통해 수 세기에 걸쳐 아시아와 유럽의 수많은 민족들이 조

---

15) 키드노스강(Kydnos, 튀르키예 명 베르단)은 사로스강의 지류가 아니라, 고대에 사로스강 어귀와 가까운 곳에서 지중해로 흘러들었던 별개의 강이다. 괄호 안 차크트강은 저자가 말한 강으로 보인다.

수처럼 밀려가고 밀려나기를 반복했다.

동쪽으로 눈을 돌리면 아르가이오스산 너머로 남북으로 뻗은 안티타우로스[16]산맥 줄기의 열(列)이 눈에 들어온다. 이 산맥은 타우로스산맥보다 낮지만(Binboğa Dağlari, 3,000미터) 접근이 힘든 곳이다. 지세가 험한 이 지역은 리키아와 마찬가지로 숲이 매우 울창하다. 숲 혹은 관목 숲이 거의 전 지역을 뒤덮고 있으며 숲에는 지금도 각종 짐승들이 득실거린다. 유일하게 주목할 만한 도시는 사로스강 상류에 있는 지금은 황폐한 코마나다. 몇 가닥 길이 이곳에서 출발해 북쪽의 카이사레이아로 향했고, 동쪽으로는 엘-쿠숙 협로를 지나 아라비소스(엘비스탄 부근)와 멜리테네(Malatya)에, 남쪽으로는 하다타(Adata, al-Hadat) 협로를 지나 아라비소스와 게르마니케이아에 닿았다. 타우로스산맥은 이후 북동쪽으로 휘어져 아라비소스와 세바스테이아 사이 넓은 스텝 고원들에 중간중간 가로막히다가 할리스강과 유프라테스강 사이를 지나 아르메니아 땅에 이른다.

타우로스산맥과 동쪽의 아마노스산맥에 끼어 마지막으로 킬리키아의 더운 평원(Pédias)이 펼쳐진다. 평원은 사로스강과 피라모스(Pyramos, Ceyhan, Jihun)강이 적시고 있는데, 이곳 도시로는 예전에는 항해가 가능했던 키드노스(Kydnos)강[17] 변의 타르소스, 사로스강 변의 아다나, 피라모스강 변의 몹수에스티아, 알렉산드레타만 서쪽 해안에 자리 잡은 항구였고 서방의 십자군전쟁 이후 레반트 무역에서 굉장히 중요한 역할을 했지만 지금은 황폐한 라야초(Lajazzo, Aigai, Ayas)가 있었다. 이소스를 지나 아마노스산맥 자락의 알렉산드레타(İskenderun)로 가는 연안 길로 연결되는 킬리키아는 타우로스

---

16) '타우로스 맞은편'을 의미한다.
17) 주 15 참조.

산맥으로 거의 두절되어 있는 소아시아보다는 시리아와 더 강하게 엮여있다. 세속적이건 종교적이건 이곳의 행정 지리는 비잔티움 지배하에서도, 외부 세력 지배하에서도 몇 번이나 그 지형적 측면을 인정받았다. 8세기 초 소아시아에서 철수하며 아랍인들은 칼리카드노스(Kalykadnos, Göksu)강과 할리스·유프라테스 상류 사이 킬리키아 땅 일부를 보존했다. 이 땅이 바울주의자들의 궤멸 뒤에는 라모스강(Limonlu Čayi)에서 킬리키아의 관문, 아라비소스 지협들, 사모사타와 제우그마 사이 유프라테스강에 이르는 땅으로 축소되었다. 10세기 중반이 조금 지난 뒤 다시 비잔티움령이 된 킬리키아는 1세기 남짓 유지되다가 셀주크인들의 전진 앞에 무릎을 꿇었고, 셀주크인들은 타르소스 이쪽 편 킬리키아 남쪽 연안 지대에 포진했다. 한편 아르메니아인들은 처음에 카파도키아와 킬리키아 동부를 점령하고, 나중에는 이 지역 전체를 아르메니아 왕국에 편입시켰다. 12세기에 잠깐 다시 비잔티움령이 되었다가 킬리키아는 14세기에 튀르크인들의 소유가 되었다.

비잔티움 시대 소아시아를 가로지르는 길들은 로마 시대처럼 언제나 당연하게도 산지를 피해 갔지만, 초원 지대는 피해 가지 않았다. 중요한 길들은 모두 콘스탄티노플로 통하며, 이 길들은 니케아(이즈니크), 니코메디아(이즈미트), 칼케돈(Haydarpaşa)을 거친다. 주요 도로들로는 니케아, 템브리스강 근처 도릴라이온, 앙키라, 세바스테이아를 거쳐 아르메니아로 가는 길(또는 앙키라, 카이사레이아를 거쳐 킬리키아와 콤마게네로도 갔다), 니케아, 앙키라, 카이사레이아, 타르소스를 거쳐 시리아로 가는 순례자의 길, 니코메디아, 아마세이아, 네오카이사레이아를 거쳐 북아르메니아로 가는 길, 니코메디아 또는 니케아, 앙키라, 카이사레이아, 아라비소스, 멜리테네를 거쳐 남아르메니아로 가는 길이 있었다. 특히 연결이 잘 된 남쪽 연안에서 출발하는 길로는 다음의 길들이 있었다—타르소스, 이코니온, 라오디케이아, 사막 가장자리 아모리온, 도릴라이온, 니케아를 잇는 길, 라오디케이아, 필로멜리온, 도릴라이온, 니케아를 잇는 길(제1차 서방 십자군의 진군로), 이코니온, 안티오케이아, 코튀아에이온, 니케아를 잇는 길, 아탈레이아, 코튀아에이온, 니케아를 잇는 길, 아탈레이아, 키비라스, 헤르모스강 건널목 사르디스, 밀레토폴리스, 니케아를 잇는 길. 중앙 초원 지대는 두 가닥으로 횡단은 가능했으나 기병대가 다니기엔 어려운 길이었다—한 가닥은 타르소스와 니코메디아를 잇는 길이었는데 티아나, 아르켈라이스(Aksaray), 앙키라를 거쳤고, 다른 한 가닥은 타르소스와 니케아를 잇는 길이었는데 티아나, 아르켈라이스, 염호(鹽湖) 타타(Tatta, Tuz)와 사막 남쪽, 페시누스(Pessinonte), 도릴라이온을 거쳤다.

    중앙 초원 고원 지대와 경작이 행해진 삼면 연안 지역의 대조는 소아시아 정치사에 그 명암을 드리웠다. 비잔티움인들과 십자군에 밀려난 셀주크인들은 12세기 고원 지대에 정착하여 유목생활을 하였다. 다음 세기 초 라틴 제국이 세워짐으로써 십자군들은 상가리오스강 어귀와 아드라미티온시 사이 지역을 통치하게 되었다. 트레비존드의 그리스 제국은 옛 폰토스 지방에 수립되어 두 세기 반 동안 지속했다. 이 두 제국 사이에는 니케아의 그리스 제국이 프리기아 북부와 아모리온, 앙키라를 포함한 갈라티아 북부, 그리고 파플라고니아를 아우르고 있었다. 다른 지역은 모두 셀주크인들에게 속했고 셀주크인들은 1214년 시노페를 점령하여 흑해까지도 진출했다. 14세기에는, 거의 세기말까지 비잔티움령으로 남아 있던 필라델피아를 제외하고 소아시아 전체가 먼저 셀주크인 부족들에 속하게 되었고, 그들은 이 땅을 우즈(변방 위수衛戍 지역)들과 베일릭(공국, 에미르령)들로 나누었다. 그 후 결국 오스만 왕조가 차지하여 이 땅은 오스만 제국의 주요 영토가 되었다.

비잔티움 시기 소아시아 주민은 아마도 균질하게 정교 신앙을 가졌을 그리스인들의 바탕에, 점차로 남쪽에서 아랍인과 시리아인, 그리고 노략질을 일삼던 기독교도 주민들로서 8세기 초 팜필리아에 정착한 마르다이타이인들, 7-8세기 북서쪽에 대규모로 사민(徙民)된 슬라브인들, 상인 또는 군인이었던 아르메니아인들, 그리고 동화되거나 자기들끼리 모여 살았던 수많은 유대인들, 또 의심할 바 없이 튀르크인들이 겹쳐졌다.

비잔티움령 아르메니아

거대한 요새의 방벽처럼 가장자리는 험준하지만 높은 지형 뒤로 대지(臺地), 분지, 고원을 숨긴 땅"이다(R. 블랑샤르). 아르메니아는 소아시아보다 높아 3,000미터에 달하는 봉우리들이 많으며, 기후는 대륙성이어서 겨울은 길고 추우며 여름은 덥고 건조하다. 비잔티움령 아르메니아는 현대와 마찬가지로 유목민이나 반유목민들이 양을 치기에 알맞은 초원과 숲으로 덮여 있었다. 그러나 이 땅은 또한 여름에 눈 녹은 물로 관개가 가능해 곡물을 경작할 수 있었고, 깊은 강 골짜기에서 과수 재배가 가능했다. 아라비아의 한 연대기 작가의 기록에 의하면 10세기에 이곳은 또한 야생 뽕나무가 지천으로 널려 있어 심을 필요가 없었으며 아르메니아산 물들인 비단은 비잔티움 제국에서 꽤 많이 유통되었다고 한다.

비잔티움령 아르메니아는 11세기 짧게밖에 아르메니아 한가운데까지 확대되지 못하였는데, 북에서 남으로 다음 지형들을 포괄했다.

1) 석회암과 대리석 산맥들이 폰토스해안(Lazistan)을 따라 달리며 4,000미터 가까이 되는 높이에서 아락스(아락세스, Aras)강이

만든 협로들을 굽어보며 호상(弧狀)으로 뻗어 있다.

2) 유프라테스강 상류와 아락스강 분지는 이 지역 최대 도시 테오도시우폴리스(Karin, Erzurum)를 품고 있는데, 도시는 트레비존드-페르시아 가도 상에 있으며, 이곳에서 지금은 사라진 카마카, 바울주의 분파주의자들의 수도였던 테프리케(Divriği), 세바스테이아 들로 갈 수 있었다.

3) 서부 주요 산맥(Mousour Dağ, Schabin Dağ, 3,430미터)은 유프라테스강에 의해 끊어지며, 타우로스산맥 동편까지 이어진다.

4) 일련의 비옥한 작은 함몰 지형들.

5) 데르심 산괴는 3,000미터 가까이 솟아 있고 남쪽으로 완만하게 경사가 지며 많은 골짜기 밭을 품고 있다.

6) 아르사니오스강(동유프라테스강, Murat)[18] 줄기 ─ 강 분지 중 한 곳에는 만지케르트(Malazgirt, 1,600미터)평원이 있는데, 이곳은 1071년 셀주크인들이 비잔티움인들에게 안긴 패배로 유명하다.

7) 유프라테스강 서쪽에는 높은 우준야일라(Uzunyayla)고원이 있는데, 그 사면에 있던 멜리테네(Malatya)는 세바스테이아, 카파도키아의 카이사레이아, 아라비소스 들로 가는 가도들의 교차점이었다.

8) 마지막으로 아르메니아 타우로스산맥이 있는데, 유프라테스강 서쪽(3,000미터)이 동쪽(2,000미터)보다 더 높다. 타우로스산맥은 강 동쪽에서 반호에 접하며, 아르메니아를 남쪽에서 접근할 수 있는 두 가닥의 길이 산맥을 가로지르고 있는데, 그 두 길 중 하나는 아르사니오스강 골짜기로, 이 길을 통해 티그리스강과

---

18) '아르사니아스강'의 오기로 보인다. 튀르키예 명은 무라트다.

아미다시(Diyarbakır)로 연결되었다. 다른 하나는 유프라테스강 골짜기로, 멜리테네와 사모사타(Samsat)를 연결해주었다. 산맥의 남쪽 경사면은 부분적으로 소규모 떡갈나무 숲으로 덮여 있었는데, 이것에서 나는 오배자(伍倍子, noix de galle)는 유명한 중세 시대 잉크 원료였다.

아르메니아의 정치적 운명은 인접한 나라들이 끊임없이 차지하려고 각축을 벌이던 변경 지대의 운명이었다. 4세기 말에는 페르시아가 가장 많은 영토를 차지했다. 조금 뒤에는 비잔티움 제국이 트레비존드와 캅카스 서부 피튀우스(Pitsunda) 사이 흑해의 좁은 연안 지대를 소유했다가 곧 아캄프시스(Çoruh)강 어귀, 다시 조금 뒤는 트레비존드 근처 리자이온까지 퇴각해야 했다. 유스티니아누스는 아르메니아를 성채로 뒤덮었고 그의 치세가 끝나기 전(561) 제국 변경은 페트라에서 시작되었고, 피티오스에 이르는 북쪽의 파시스(Phasis)강 유역은 비잔티움의 속방(屬邦) 라지카(Lazica) 공국이었는데, 이것이 페르시아의 흑해 진출을 막았다. E. 호니히만[19]에 따르면 6세기 말경 비잔티움 제국과 사산 제국의 경계는 아캄프시스강을 따라가다가 비잔티움령이었던 유프라테스강 수원 지역(테오도시우폴리스 또는 카린 또는 에르주룸)을 지나고 산굽이들과 골짜기들을 지나 아르사니오스강과 아르메니아 타우로스산맥에 이르렀다고 한다. 7세기에 후자는 아랍인들에 맞서는 변경 역할을 했지만, 황폐한 아르메니아는 새로운 침략자들의 지배에 저항했다. 소위 대(大)아르메니아 왕국 주위로 점차 독립 공국들(바스푸라칸, 타론, 조지아[20])이 생기

---

19) Ernest Honigmann(1892-1954), 독일의 비잔티움 학자.
20) 흑해 동변 캅카스산맥 남쪽에 있다. 소비에트 연방에 속했을 때는 그루지야로 불렸으나 현재는 조지아로 불린다. 고대에는 이베리아로 불렸다.

게 되었던 것이다. 이 공국들은 비잔티움인들이 바울주의자들을 복속시키고 그들의 수도를 점령하고(870) 나서 하나하나 병합했다. 그러나 이때 아르메니아는 튀르크인들의 침입을 받고 있었다. 새로운 테마들이 조직되었는데 그 하나가 유프라테스강 동쪽 메소포타미아 테마였다. 11세기 대정복 사업[21] 결과(비잔티움령 이베리아가 된 초루흐강 남동쪽 타이크 출신 쿠로팔라테스 다비드의 나라, 반호 남동쪽 바스푸라칸 왕국, 아니를 수도로 한 아르메니아 바그라투니 왕국, 서쪽 카르스 왕국) 비잔티움 제국의 판도는 동쪽에서 아캄프시스강 흑해 어귀에서 시작하여 남동쪽 쿠라강 수원, 알라괴즈 화산 지역, 에츠미아진과 아라라트산 동쪽, 남쪽의 반호, 타우로스산맥을 따라 유프라테스강이 굴절되는 곳까지 확장되었다. 그러나 이 정복은 취약한 것이었으니, 카르스 왕국을 점령하고(1064) 7년 뒤 비잔티움인들은 튀르크인들에 의해 최종적으로 아르메니아로부터 쫓겨나야 했던 것이다.

근면한 농부와 목부(牧夫)들로 알려진 아르메니아인들은 자신들이 그렇게도 소중히 여기던 척박한 토지의 생산력을 높일 수는 없었지만, 비잔티움 제국 군대와 행정조직에서 복무하기를 수락하고서는 급속도로 이 부문 종사자 구성에서 비중이 높아졌고, 또 롱고바르디아 테마(풀리아) 같은 먼 지역으로까지도 온 가족을 이끌고 이주함으로써 제국 역사에서 핵심적인 역할을 했다.

비잔티움령 메소포타미아

서아시아 한가운데에 있고 아라비아, 시리아, 소아시아, 아르메니아, 이란과 동시에 접경하고 있는 메소포타미아는 유럽에서 인도로

---

[21] 11세기 초 바실레이오스 2세가 진행한 일련의 대외 정복 사업을 가리킨다.

가는 가장 오래된 길 위에 자리 잡고 있었다. 통과 지역으로서 티그리스와 유프라테스강 사이에 끼어 있고 남쪽으로 바빌로니아 또는 이라크-아라비아의 거대한 사막 기후 델타로 경계 지어지는 이 지역은 거친 대륙성 기후로서 북서에서 남동으로 점차 낮아지는 지형이다. 아르메니아 타우로스산맥 기슭에서 처음으로 펼쳐지는 500-600미터 높이의 현무암 산언덕은, 티그리스강과 그 지류들이 약하게 깎아놓은, 과수원 밭들이 연변을 따라 들어선 골짜기들을 제외하곤 초원과 약간의 곡식밭으로 덮여 있다. 변경도시는 마르튀로폴리스(Méjafarkin)이며 교통의 요충은 아미다인데, 아미다를 통해 마르딘으로부터 아르메니아로 갈 수 있으며, 아미다에서 유프라테스강변의 사모사타로도 갈 수 있다. 이 일대를 경계 짓는 산악 장벽(카라자:1,850미터, 투르 압딘:1,300미터)을 넘어서면 가파른 단층을 통과한 곳에 두 번째 대지(臺地)를 만나는데, 이곳은 약 30킬로미터에 걸쳐 얇은 진흙 퇴적층으로 비옥해진 땅으로 아무다(Amuda)를 거쳐 티그리스강과 에데사를 잇는 큰 가도에 걸쳐 있다(아무다 자신은 마르딘을 거쳐 아미다와 연결된다).

유프라테스강이 아르메니아 타우로스산맥을 나와 굽이진 곳에는 석회질 고원이 펼쳐지는데, 고원의 가장 높은 곳은 초원으로 덮여 있으나, 낮은 곳은 물이 많고 비옥하다. 이 고원 한가운데에 에데사(Urfa)가 자리 잡고 있는데, 이 도시에서 왕래가 많은 가도들이 출발한다—사모사타, 멜리테네, 게르마니케이아, 안티오케이아로 가는 길, 아파메이아, 제우그마(Birecik), 게르마니케이아, 안티오케이아로 가는 길, 카이킬리아나, 히에라폴리스(Manbij), 베로이아(Haleb, Alep), 안티오케이아로 가는 길. 또 다른 길 하나는 페르시아의 니시비스에서 와 카라이(하란)로 이어졌으며, 또 다른 길 하나는 마르딘(Marida, Merida)을 스텝 길을 통해 니케포리온(Rakka), 수라

(Hammam), 팔미라와 연결하거나 탑사코스(Dibsé)를 통해 베로이아와 연결했고, 마지막으로 또 다른 길은 카라이와 니케포리온을 연결했다. 현무암 산악 지대(Singaras, Sindjar, Djebel Abd el-Aziz)가 첫 번째 대지와 두 번째 대지를 갈라놓는데, 후자는 남쪽으로 갈수록 완만하게 낮아진다. 이곳을 경작지를 대동한 하부르(Khabur, Chaboras)강과 빌레카(Bélich)강이 횡단한다. 이 산지 또한 남쪽에서 경작지대가 펼쳐지는데, 하부르강에서 에데사와 카라이까지는 모두 경작지대다.

오스로에네 속주와 소페네(Sophene) 속주(일부 아르메니아령)로 나뉜 메소포타미아는 7세기 중엽 이전 아랍인들의 수중에 떨어진다. 비잔티움인들이 1031년 에데사와 그 주변 지역을 재점령했으나 도시는 그후 비잔티움, 셀주크인, 십자군의 군대에 교대로 점령당했으며, 십자군들은 이곳에 처음에는 공국을 세웠다가(1098) 그 뒤에 백국(伯國)을 세웠다. 도시는 12세기 중반 아랍인들의 수중에 떨어진다.

끊임없이 상인과 군대가 왕래하는 메소포타미아의 지리적 위치는 지역 인구의 복합성을 낳았다. 이곳에 튀르크인들이 오기 전 경작 가능 지역에는 시리아인들과 아르메니아인들이 많았고, 남쪽 스텝 지역에는 베두인들이 있었다.

우리가 앞으로 고찰할 비잔티움 세계의 경관들은 우리가 이제껏 고찰해온 지역들과는 많이 다르다. "기복이 심하고 복잡한 지형을 하고서 겨울 많은 기간 눈으로 덮이고 숲이 우거진 첩첩 준령들, 겨울에는 그것들조차도 추운 높은 평원들과 높은 대지(臺地)들 위 첩첩 준령들" 다음으로 오는 것은 "바둑판같은 땅, 아프리카의 축소판"이다. 지중해의 좁은 해안가를 제외한다면 말이다(장 드레슈Jean Dresch).

시리아·팔레스티나, 키프로스

'시리아 지구'(地溝)는 지구상에서 가장 두드러진 함몰 지형의 하나로서 연안을 따라 나 있는데, 남쪽의 홍해 함몰대(陷沒帶, 아카바 만)에서 북쪽의 안티타우로스산맥 마지막 기복 지형까지 이어진다. 양쪽에는 마치 테이블처럼 생긴 사막 단구가 화산 산괴를 옆에 끼고 계단상으로 두 줄을 이루며 높게 솟아 있는데, 그중 서쪽 부분은 급경사로 바다로 떨어지고, 다른 하나, 즉 동쪽 부분은 시리아 사막 쪽으로 경사져 있다. 너비 150킬로미터, 길이 700킬로미터인 이 땅은 지리적으로 단순한 특징을 드러낸다. 그러니까 일부분은 바위, 일부분은 충적토로 된 가장자리가 단조롭고, 따라서 자연적 항구가 부족한 연안을 따라 나 있고, 그다음이 첫 번째 주름, 그다음이 함몰지, 마지막으로 동쪽 내륙 주름이 나오는데, 이것은 사막 위에 솟아 있거나 사막 속으로 점차 파고든다. 그러나 고도차와 잦은 지진이 만든 가로로 뻗은 함몰 지형들이 인간 사회 형성의 단초가 되는 한편, 북시리아, 산지 시리아, 그리고 팔레스티나 사이에 남북으로 뚜렷한 차이를 만들었다.

안티타우로스산맥 남쪽으로는 좁은 고원들과 넘기 쉬운 작은 산맥들로 이루어진 거대한 통과 지대가 펼쳐진다. 실제 일련의 산괴가 나흐르 알-카비르(Éleuthéros)강을 따라 달리다 피라모스(Djihoun)강에서 멀지 않은 마라슈(게르마니케이아)까지 계속되는데, 남쪽에서는 단층으로 둘러쳐진 불룩한 고원이지만 북쪽에서는 나무랄 데 없는 산맥이 된다. 동서로 자리 잡은 함몰지 세 군데가 고지대에 숨통을 뚫어놓아 해안과 배후지 사이의 통행을 확보해준다. 첫 번째 함몰지(나흐르 알-카비르)와 두 번째 함몰지 라오디케이아(Latakia, al-Ladiqiya) 사이에 숲이 우거진 제벨 안사리에(Djebel Ansarieh)산맥(1,200-1,500미터)이 지구 쪽으로 절벽 같이 떨어지지만 해안지대는 완만하게 경사져 있고, 해안 가장자리는 아주 비옥하지만 내륙과는 고립된 평야 몇 군데를 품고 있다.
　비잔티움 시대에 취락은 7세기에 그리스 함대가 있었던 작은 섬 아라도스, 십자군들이 토르토사라고 불렀던 안타라도스(Antartous)만, 그리고 조금 더 북쪽의 발라니아(Baniyas)만에 집중되어 있었다. 이곳은 지리적 관점에서 팔레스티나의 연장이다. 라오디케이아 함몰지를 넘어서면 최고 높이 1,767미터의 카시오스(제벨 알-아크라)산이 헐벗은 대머리 산 모양으로 타우로스 산계에 잇닿는다. 오론테스강 하류 함몰지를 지나면 마지막으로 타우로스산맥과 생성 연대가 같은 아마노스(Nur)산맥이 촉촉하고 숲이 우거져 좁다랗게 내달리는데, 1,600미터가 넘는 봉우리들이 몇 개 있지만 넘기 쉬운 언덕이 되기도 한다. 그 언덕들의 하나가 북쪽의 아르슬란 보아지고 또 하나가 벨렌(베일란) 지협인데, 후자는 메소포타미아(알렉산드레타만을 따라 난 땅)와 시리아 사이에 열린 문 구실을 한다. 시리아 산악에 가로질러 난 함몰지들은 불행하게도 강물이 신(新)제3기 지층의 매우 부드러운 토사를 끌고 와 만들(라오디케이아, 셀레우케이아)을 메워버려 보잘것없이 줄어버린 항구들을 동쪽 스텝 지역과 쉽게 연결해준다. 실제로 아마노스산맥에 의해 보호된 알렉산드레타(이스켄데룬) 정박항만이 항구 구실을 하고 있다. 그러나 셀레우케이아는 아랍인들이 침략해왔을 때야 비로소 모래로 메워졌으며, 그곳과 일련의 요새들로 방비된 가도로 연결된 라오디케이아와 마찬가지로, 그때까지 비잔티움 제3의 도시 안티오케이아의 상업항 구실을 하고 있었다.
　4세기 지중해 세계에서 제일급의 경제·문화 중심으로서 뽕, 올리브, 무화과 재배에 적합한 벌판 중심에 자리 잡은 안티오케이아는 526년 지진으로 거의 완전히 파괴되고 말았다. 유스티니아누스에 의해 재건된 도시는 산기슭과 높은 성채를 연결하는 성벽을 새로 갖게 되었으며 테우폴리스(신의 도시)란 새로운 이름도 얻었다. 한 세기 뒤 도시는 아랍인들의 수중에 떨어졌으며 959년에 가서야 비잔티움인들이 탈환했다. 그러나 그때 도시는 재정복된 지방에서 가장 큰 요새 도시에 불과했다. 그때 재정복된 지역은 겨우 1세기밖에 지탱하지 못했으며, 그 경계는 유프라테스강을 따라 내려가 에우로포스 남쪽에서 사주르강과 만나고 아인타브 남쪽을 지나 나흐르 아프린(Nahr Afrin)강[22] 골짜기를 따라가다가 시데로게피론(Djisr)에서 오론테스강을 건너고 강 서쪽에서 시리아의 동쪽 습곡을 따라가다가 안타라도스(타르투스) 남쪽에서 나흐르 알-카비르강과 함께 해안에 다다랐다. 안티오케이아는 1084년 튀르크인들에게 점령당했으나 이 세기가 다 가기 전에 서방의 십자군들에게 점령당하여 프랑크 공국의 수도가 되었다. 도시는 1268년 최종적으로 회교도들의 수중에 떨어졌다.

시리아 중앙 지구(地溝)는 서쪽 고지대만큼이나 분절되어 있어 보기와는 달리 통행로 구실을 하지 못한다. 에메사(Homs, Hims)의 현무암 산괴 너머 가브(Ghab) 벌은 땅이 현무암 충적토라 아주 비옥하고, 동절기마다 오론테스강으로 침수되어 알-암크 분지[23]의 늪지로 뒤덮인다. 이 분지는 카라 수(Nahr al-Aswad)강 넓은 골짜기로 이어지다가 타우로스산맥을 따라 점차 사라지는데, 화산 분출 시 나온 토사로 덮여 있다. 오론테스강은 외견상 안티오케이아 벌과 에메사 남쪽 베카(al-Biqa, Beqaa) 골짜기 사이를 이어주는 듯 보이지만, 그 자

---

22) 본문의 'Nahr Afrim'은 'Nahr Afrin'의 오기로 보여 수정했다.
23) 본문의 '알-암크 분지'(le bassin el-Amk)는 본문의 기술내용으로 보아 튀르키예 안타키아 인근 아미크(혹은 아무크) 평야(튀르키예 명 Amik Ovasi, 시리아 명 al-ʿAʾmāq)로 추정된다.

신이 뚫은 하마의 석회질 고원 협곡을, 그리고 가브 벌에서 늪지성 엘-암크 분지까지 흐르는 것 외에는 침식과 퇴적 평형 면을 유지하기에 급급하다.

동쪽 고원들에는 오늘날 사람이 거의 살지 않는데, 비잔티움 시대가 남긴 수많은 유적은 당시에 아주 많은 사람이 정착해 살았음을 증언한다. 실제로 남쪽은 우량이 풍부하며 이곳의 테라로사는 공업원료 작물 재배(뽕, 오늘날은 목화)를 가능케 한다. 알레포(베로이아) 북쪽에서 고원은 완전히 산으로 변한다―쿠르드산은 카시오스산의 연장인데 잡목 숲으로 덮여 있고, 나무가 우거진 아인타브 지역에서는 마르지 않는 개천들이 짙푸른 골짜기로 파고든다. 이들리브의 비옥한 고원들과 쿠르드산 사이는 거대한 높았다 낮아지기를 반복하는 기름진 분지이며, 아인타브 주변 산에서 내려오는 물과 서쪽에서 막히지 않고 지중해로부터 오는 비가 이곳에 수분을 공급하는데, 이집트와 아라비아로 가는 남쪽 가도의 교차점에 있어 지중해에서 유프라테스강으로 갈 때 지나는 곳이란 이점을 가지고 있다―1) 안티오케이아, 베로이아, 유프라테스강을 잇는 길(서에서 동으로), 2) 게르마니케이아(마라슈), 베로이아, 칼키스(Qinnasrin), 에피파니아(Hamah), 에메사(홈스), 다마스 또는 팔미라, 3) 세르기우폴리스(Résapha, 세르기오스 성인에 관련된 순례지), 유프라테스강 변 수라를 잇는 길(북에서 남으로)은 큰 교통로다. 그러나 이외에도 시리아 전 지역에는 많은 교통로가 있었다―안티오케이아-라오디케이아(al-Ladiqiya), 아라도스, 트리폴리(Tarabulus), 에메사, 팔미라를 잇는 길, 아파메이아(Afamia)-팔미라, 라오디케이아-베로이아를 잇는 길 등.

나흐르 알-카비르 강 남쪽 '산지 시리아' 또는 '중부 시리아'라 불리는 땅에는 북시리아의 세 단편을 다시 발견할 수 있는데, 서쪽 고지인 레바논산맥, 베카 골짜기 중간 지대, 다마스 함몰지와 하우란을 두르는, 동쪽 고지들인 안티레바논산맥, 엣-드루즈 산지, 팔미라산맥이 그것들이다. 레바논산맥은 깎아지른 듯한 산맥(최고 3,066미터)이라 좁은 띠 모양의 해안지역을 고립시킨다. 경사면이 잡목 숲으로 덮인 산맥 서부는 거의 주거가 불가능하지만, 이 장벽 뒤 부수(Voussout, '중간 산')라고 하는 소규모 융기한 평지가 있는데, 겨울에 내리는 많은 비로 채소와 곡물이 자라며, 그 경사면에는 뽕, 올리브, 무화과, 과수, 포도, 소나무를 심었다. 이곳은 땅이 비옥하고 방어가 용이했기 때문에 마을이 많았다. 유일한 위험은 고립되거나 인구가 지나치게 불어나는 것이었다. 위로는 사람이 살지 않는 드넓은 석회질 땅 주르드(Djourd, 2,000-3,000미터)가 펼쳐진다. 눈이 많은데도 이곳의 식생은 땅이 투수층(透水層)으로 되어 있어 풍부하지 못하다. 그래서 유명한 백향목 숲 대(帶) 위로는 여름에 양에게나 먹일 고산 식생 외에는 식생이 빈약하다.

내륙에 등진 해안가 땅은 아시아, 아프리카, 지중해 사이에 일종의 섬처럼 존재한다. 변화가 많지 않은 이 땅에는 충적토로 이루어진 작은 평야 몇 곳이 있으며, 또한 단층작용의 조화로 바다로 돌출해 생긴 곶들에는 항구이자 직물 산업 중심지인 도시가 네 곳 발달했다——트리폴리(Tarabulus), 베리토스(베이루트), 시돈, 티로스(티로). 이들 도시는 해안가 가도로 서로 연결되어 있으며, 아마도 아랍 시대 이전 시돈을 제외하곤, 통행량 많은 가로를 통해 먼저 다마스에, 그곳에서 시리아 북부와 유프라테스 유역으로 이어졌다. 이곳에서는 물을 끌어와 뽕을 키울 수 있었다.

표고 2,400미터에서 해안을 내려다보는 레바논산맥 뒤에는 베카('평탄한 골짜기')가 분수령(1,100미터)에서 이쪽저쪽 남북으로 내려가는데, 이 분수령에서 오론테스강과 리타니(Nahr Litani)강이 발원한다. 북쪽 골짜기에서 유일하게 비옥한 곳은 에메사 분지인데, 이곳은 관개가 되는 덕분에 곡물과 과수가 자라며, 오늘날은 초원 한가운데 오아시스처럼 되었다. 리타니강을 따라 나 있는 남쪽의 테라로사는 비옥하다. 이 지역은 경작에는 유리하지만 큰 교통로로부터 너무 멀리 떨어져 있어 비잔티움 시대에는 어떤 큰 도시도 발달하지 못했다. 헬리오폴리스(바알베크)는 아마도 큰 고대도시의 작은 구역을 점한 마을에 불과했을 것이고, 그 작은 교회는 6세기에 지어졌다.

동쪽에서 지구(地溝)는 헤르몬산 긴 절벽 밑으로 달리는데, 이 산은 유일하게 물기가 있는 남쪽과 동쪽 낮은 비탈을 제외하곤, 식물이 자라지 않는 석회암 산이다. 식물이 자라는 비탈에는 잘 자란 작물 밭으로 둘러쳐진 촌락들이 발달해 있다. 북동쪽에서 지구와 결별하는 산맥 토막들은 들쭉날쭉하고 헐벗어 밭이 전혀 없고 주민이 살지 않는다. 산자락에는 오아시스들이 있고 그중 가장 유명한 것이 팔미라인데, 건조한 스텝 한가운데 있는 중요한 교통의 요충지다.

남쪽에는 엣-드루즈(ed-Druz, Jabal al-Druze) 화산(1,840미터) 산괴가 용립하고 있는데, 라자트(Lajat, '피난처') 벌,[24] 사파(al-Safa) 벌, 툴룰('구릉')의 화산 지형 분화구들이 옆구리를 받치고 있다. 이곳의 땅은 비옥하다. 풍부한 강우량과 사막으로부터 침략에 노출된 환경이 엄청나게 황량한 시기와 반대로 서방 십자군전쟁 때와 같이 인구가 아주 조밀한 시기를 두루 경험하게 했다. 다마스 방면으로 내려가며 테라로사를 소량 함유한 라자트 벌의 용암류가 만든 지형에서 농업이 발달한 것도 동일한 자연적 조건에 의한 것이다. 동쪽과 북동쪽에서 보이는, 화산 풍경과 사막 기후의 특징은 시리아와 사막

---

24) 다마스 남쪽 현무암 바위 위에 세워진 도시 이름이기도 하다. 구약 성서의 아르곱이다. 라틴어로 트라코니티스(울퉁불퉁한 나라), 아랍어로는 알-라자.

사이 이행 지역임을 말해준다. 옛-드루즈 산지 서쪽은 고대에 데카폴리스였던 골란(Djolan)고원인데, 풍요로운 목초지다. 또한 히에로미케스(Yarmouk) 북쪽, 엘-누크라('구덩이')라 불리는 하우란 저지평야는 최량의 테라로사로 덮여 있고 물이 많아 평야 전체에서 곡물을 재배할 수 있었고, 시리아의 중요한 곡창 구실을 했다. 보스라(Bostra, Busra al-Sham)는 주요 도시 거점이었다. 북쪽 기후는 덜 좋다. 그렇지만 다마스 분지로는 레바논산맥과 안티레바논산맥에서 내려오는 물들이, 그리고 또 힘찬 크뤼소로아스('황금 물길', Amana, Barada)강이 흘러 들어가며 사막 평야를 거대한 채전(菜田)으로 변모시킨다. 그래서 이곳의 이름은 루타(Routha, '채전')다. 무화과, 호두나무, 올리브가 가득한 과수원을 멀리에서 목초지가, 더 멀리로는 물길이 사라지는 늪지가 둘러싸고 있다. 이 '종려나무 없는 오아시스' 한가운데 표고 690미터 지점에 고대 시리아의 수도 다마스쿠스(다마스)가 있다. 도시는 유프라테스강에서 이집트로 가는 길들의 교차점에 자리 잡은 중요한 교역 도시로서, 일련의 요새로 방비된 군사 도로 '디오클레티아누스' 가로(다마스-팔미라-수라)상의 요충지였으나, 비잔티움 시대에는 그다지 중요한 구실을 하지 못했다. 왜냐하면 시리아는 서쪽을 향해 있는데 도시는 남쪽과 동쪽을 바라보고 있기 때문이다.

　팔레스티나는 건조하고 식물이 자라지 않는 티흐(Tih) 사막과 더욱 높고 더욱 습한 시리아 산지 사이에서 지리적으로 특수하게 통합된 지역을 형성하고 있다. 이 지역은 지구(地溝)로 갈라지는, 서쪽의 해안 평야 뒤편에 자리 잡은 석회질 고지 고원 두 곳으로 되어 있다. 높은 사구(砂丘) 열(列) 뒤에 자리 잡은 해안 평야는 온화한 기후와 풍부한 강우, 그리고 하천 충적토가 만든 양질의 저지 지형 덕분에 농업이 발달했다. 곡물, 올리브, 그리고 경사지에 심은 포도나무가 지천으로 있다. 연안은 직선이어서 야파(Jaffa, Joppè, Japho, Joppa)를 제외하곤 배를 피난시킬 항구가 없다. 카이사레이아, 아틀리트, 아코(Akka, Acre, Saint-Jean-d'Acre)의 내포(內浦)들은 오로지 날씨가 좋을 때밖에 사용할 수 없었다. 그러나 네게브 사막과 접한 가자는 작은 농업 지역으로서 9세기 비잔티움 사가 테오파네스가 '사막의 관문'이라 불렀던 땅이며 카라반들이 이용하는 중요한 도시였으니, 이 도시는 이집트 변방 클뤼스마, 아카바만의 아일라, 펠루시움과 페트라에서 오는 물자들이 들어오는 곳이었고, 아스칼론, 디오스폴리스(Lod, Lydda), 카이사레이아, 티로, 시돈, 안티오케이아, 몹수에스티아, 그리고 콘스탄티노플을 잇는 대(大)연안 상업로를 굽어보는 곳이었다.

해안 평야와 유다고원 사이에는 약 200미터 높이에서 이행(移行) 지역 셰펠라(Shéphélah)가 펼쳐지는데, 이곳은 연한 석회암 지역으로 동굴이 많다. 이곳은 물이 풍부하여 곡물이 재배되고 올리브 나무로 덮여 있다. 서쪽 유다, 사마리아, 갈릴리고원 들은 표고 600-1,000미터의 부식토가 부족한 건조한 산등성이들이다. 남쪽 유다는 사해 위 네게브·유다 사막의 건조한 언덕들 위로 솟아 있다. 이곳은 물이 부족하고 우물에서밖에 물을 공급받지 못해 가뭄에 잘 견디는 올리브, 무화과, 포도를 제외하곤 작물 생육이 연간 강우량 분포에 좌우되어 불안정하다. 이 지역은 언제나 정주민과 계절에 따라 이동하는 목축민(transhumants)이 서로 차지하려 다투는 대상이었고, 이곳 도시들은 남쪽의 헤브론과 북쪽의 예루살렘(아일리아) 두 인구 집단 사이 교역의 중심지였다. 예루살렘은 자신을 삼면에서 방어해주는 작은 골짜기들을 790미터 높이에서 굽어보는 성채로, 예리코를 지나 고르(Ghor) 골짜기를 횡단하는 마지막 남쪽 통행로 위에 있다. 그러나 5세기 중엽 비잔티움 총대주교좌의 창설로 성별된 이 도시의 특히 종교적인 중요성은 유대인, 기독교도, 그리고 후대에 무슬림의 성스러운 도시로서의 구실과 관련되어 있다. 북쪽 사마리아는 더욱 다채로운 기복 지형인데, 넓은 경작지 분지들과 흙이 검고 깊고 비옥한 거대한 함몰지 평야 에즈렐(Jezréel) 또는 에즈드라엘론(Ezdraélon)을 가졌으며, 카르멜산 가파른 산허리로 경계 지어진다. 고원에 자리 잡고 남북으로 난 분수령 위에 있는 나블루스(Nablus)만이 특기할 가치가 있다. 그러나 대(大)통행로가 사론(샤론)평야와 시크모나(Sykaminon, 하이파)항을 요르단강과 이어준다. 마지막으로 바다, 사마리아, 그리고 고르 골짜기에서 접근할 수 있는 백악질의 갈릴리가 북쪽에서 남쪽으로 갈수록 낮게 펼쳐진다. 풍부한 우량과 많은 개천이 고지에서 떡갈나무와 소나무를, 함몰지에서 밀을 자라게 했고, 언제나 이곳의 조밀한 인구를 부양했다.

중앙 지구(地溝)는 시리아 전역에서와 마찬가지로 팔레스티나에서도 지형의 주요 특징을 이룬다. 이곳에서 그것은 고르('구덩이' 또는 '구멍')란 250킬로미터 길이의 거대한 호수가 된다. 이 호수의 분지가 세 곳 남아 있는데 처음 두 분지, 그러니까 훌라(Huleh) 골짜기와 티베리아스는 아직까지도 헤르몬산 밑자락의 풍부한 수원들에서 내려오는 물줄기들이 적시고 관개가 가능하다. 마지막 분지는 사해인데 소금기가 가득해 요르단강과 그 지류들이 이곳에 이르면 모두 증발해버린다. 충적평야는 비옥하지만 물이 없다. 이 평야는 관개 농법이 시행되었음이 분명하다. 예리코와 스키토폴리스(Beïsan)를 먹여 살렸으니까 말이다.

고르 골짜기 위로는 높이 1,500-1,600미터에서 그 끝자락이 완만하게 내려가 사막과 만나는 동쪽 고원들이 펼쳐지는데, 서쪽 고원들보다 높고 따라서 빗물을 더 많이 받는다. 테라로사는 어떤 지역에서는 땅의 비옥함을 보장해주기도 하는데, 그것은 곡물이 잘 자라는 가장자리다. 그 가장자리는 비가 오면 경작이 가능하고 사람이 살지 않는 도시들과 황폐한 요새들이 점재(點在)한 혼성 지대(la zone mixte)인 고르 골짜기 위에 솟은 황량한 언덕과 초원 지대 사이에 끼어 있다. 남쪽에서 북쪽으로 가다 보면 사막 산 등줄기로 이루어진 에돔, 더욱 비옥한 모압을 볼 수 있는데, 모압은 사막의 약탈자들에 맞서 프랑크인들이 거대한 성채도시 케라크(Kerak)와 코박(Chobak)을 세워 방비한 곳이며 '아랍인의 공포'로 불리던 샤티용의 르노가 전공을 세운 곳이기도 하다. 그리고 발카(Belka)와 아즐룬을 볼 수 있는데 거의 녹음으로 덮여 있다. 아주 큰 가도 하나가 이 고원들을 가로지르며 나 있어 팔레스티나는 동떨어져 있다. 그것은 다마스에서 아라비아로 가는 길인데, 티흐 사막이 별반 장애물이 되지 않기 때문에 카라반들은 이곳을 가로질러 이집트까지 갈 수도 있었다. 이 가도 덕분에 사해 끄트머리와 아카바만의 아일라항 사이 길 중간에 자리 잡은 큰 중심 도시 페트라는 번영할 수 있었다. 시리아를 방어하기 위한[25] 지형과 연결된 일련의 요새들이 다마스의 동쪽을 지나 홍해까지 연결되었다.

고르 골짜기에 이어지는 메마른 평야를 가진 엘-아라바 웨드[26]의 서쪽에는 백악질의 고원이 티흐 초원과 아카바만 쪽으로 내려간다. 만 끄트머리에 작은 항구 아일라가 자리 잡았고, 이 항구 입구의 섬 요트밧(Yotvat, Tiran)에는 중요한 세관이 설치되어 있었다.

아시아와 이집트 사이에 있는 시나이는 북쪽으로 티흐 사막을 두르고 있고 물이 없는 초원성 고원이다. 북쪽에서 오는 길이 리노코루라(Rhinocorura, el-Arich)를 지나고 오스트라키네와 카시온산을 지

---

25) 'la couverture syrienne'.
26) 북아프리카와 반(半)사막지형의 수량이 불규칙한 하천. '와디'와 동의어.

나며 세르부네스(Serbounès)호에 접한 사구 열(列)을 따라와 펠루시움에 닿았다. 홍해의 두 팔 사이에 끼인 삼각 반도는 사막성 고원인데, 남쪽으로 갈수록 높아져 시나이산에 이르면 표고가 2,800미터가 된다. 2,600미터 이상 되는 높이에 6세기 유스티니아누스는 그 유명한 성 카트리나 수도원을 세웠는데, 전하는 말에 의하면 모세가 십계명 판을 받은 곳으로부터 멀지 않은 곳이라고 한다.

비잔티움이 지배하던 시리아는 다음 속주들을 포괄했다 — 제일 시리아(수도 안티오케이아), 제이 시리아(아파메이아), 그 뒤 유스티니아누스 때 테오도리아스(라오디케이아), 에우프라테시아[27](히에라폴리스), 페니키아(티로), 레바논산 페니키아(에메사), 제일 팔레스티나(카이사레이아), 제이 팔레스티나(스키토폴리스), 제삼 팔레스티나(페트라), 아라비아(보스라). 그 경계는 하부르(Khabur)강 상류 유프라테스강에서 출발하여 팔미라 동쪽을 지나 경작지인 고원들을 따라가다가 아일라에 닿았다. 6세기 남아라비아의 기독교 종족 갓산족이 제국의 경계에 접근하여 팔미라를 점령했다. 그러나 그들은 제국에 복속하고 페르시아인들과 그들의 동맹 라큼족(Lakhmides) 아랍인들에 대항하여 제국을 수호하는 방벽 구실을 해주었다. 아람어(시리아어)를 쓰는 시리아인들은 비잔티움 제국에서 그들의 치열한 종교문화로 중요한 구실을 했다. 이 종교문화는 변방에서 발전한 수많은 이단과 교파의 기원이 되었고, 나중에는 정통 교리에 대항하게 되었다. 다른 한편으로 그들 땅의 협소함과 불모 때문에도 중요한 구실을 했는데, 그들은 중세 초기 그들의 땅을 떠나 동방과 서방의 문명 지역 전역으로 이주해 상업 활동을 했던 것이다. 비잔티움령 시리아·팔레스티나 접경 지대에 아직까지 남아 있는 수많은 폐허들은

---

27) 본문의 Euphratene를 Euphratèse로 고쳐 번역함.

6세기 동안 초원 지대에 살던 베두인들이 동쪽 고원 경작지역에 진출해 그곳을 방목지로 만든 흔적을 보여주는 듯한데, 이것은 아랍인들이 이곳으로 대거 이주하고 비잔티움 지배가 몰락하기 1세기 전 일이다.

키프로스는 언뜻 보아 시리아에 지리적으로 딸린 땅처럼 보이는데, 그것은 이곳 두 산맥(카르파스, 트로오도스)이 북시리아에서 가장 북쪽에 있는 산맥들을 잇고 있기 때문이다. 그러나 산맥들의 지질학적, 형태적 특성들은 소아시아의 산들과 일맥상통하며, 그 기후, 식생, 주민의 삶 가운데 나타나는 여러 영향의 총화가 섬의 특성을 이룬다. 안드레아스곶과 코르마키테곶 사이에 있는 그리 높지 않은(겨우 1,000미터) 석회질의 카르파스산맥이 소아시아로 향해 있는 좁은 연안을 격리시키는데, 그것은 이 연안이 남쪽에서 메마른 사암질 땅 언저리 뒤에 놓여 있기 때문이다. 상대적으로 습한 기후가 해안에서 조금 떨어진, 소나무, 실편백, 노간주나무, 올리브나무, 캐롭나무에 둘러싸인, 샘들 근처에 무리 지은 큰 촌락들을 발달시켰는데, 해안은 강한 북풍 때문에 운항하기가 어렵다. 유일한 항구는 케뤼네이아다. 섬의 남쪽 해안에 평행하게 나 있는 1,953미터 높이에 달하는 트로오도스산맥은 거무튀튀한 용암으로 이루어진 원시 산맥이다. 산맥은 소나무와 서양삼나무 숲으로 덮여 있었다. 또한 해안의 충적토 가장자리에는 채전들 한가운데로 급류가 퍼져 흘러나오는 곳에 마을 몇 곳이 발달할 수 있었다. 이곳에서는 뽕과 포도가 재배되었다. 항구들—파포스(Paphos), 쿠리온, 아마투스(Amathus)—은 작았다. 섬의 동쪽에서 넓어지는 중앙 함몰지 메사오리아(Mésorée)는 폭류들(페디아스Pedieos, 이알리아스, 모르푸) 계곡 변 넓은 골짜기들을 제외하곤, 석회질 표층으로 뒤덮여 메마르며 가시덤불투성이다. 이 골짜기들은 오늘날은 겨울철 퍼붓는 폭우로 황폐해졌지만, 키프로스에 나무가 빼곡했던 때에는 폭우가 내리더라도 영향이 그만큼 심하지 않았다. 가장 낮은 언덕들에서 얼마간 나는 곡물, 캐롭, 포도주가 이 평야의 유일한 생산물이다. 그러나 석호에서는 소금이 생산되었다. 내륙에 도시는 하나뿐이다―레프코시아(Leukosia, 니코시아). 비잔티움 시대에 중요한 도시들인 콘스탄티아(Salamis)와 아마투스는 키티온처럼 시리아와 이집트를 향해 있었다. 키프로스는 이집트와 시리아로부터 에게해와 서방으로 가는 길에서 항상 중요한 교역기지였고 이 때문에 모두에게 눈독의 대상이었다.

7세기 중엽 몇 차례의 소규모 충돌 뒤 비잔티움인들과 아랍인들은 섬의 수익을 나누었고, 그리스 제국은 이 공동 운영 원칙에 적응할 수 있었다. 그러나 키프로스는 그 후 니케포로스 2세 포카스 황제의 점령이 있은 뒤 2세기 이상 다시 온전한 비잔티움령이 되었다. 1184년 반란을 일으킨 이사키오스 콤네노스가 이곳에 독립 정부를 세웠으나 수년 뒤 리처드 사자심 왕이 키프로스와 그 주군을 탈취하고 섬을 템플 기사단에 맡겼다가 다시 전(前) 예루살렘 왕 기 드 뤼지냥에게 넘겼다(1192). 이로써 섬의 화려한 중세 시대가 시작됐다. 파마구스타가 콘스탄티아의 후계 도시가 되고, 라르나카(Larnaka)가 키티온을 대체하고, 아크로티리반도에 보호된 리마솔(Lemesos)이 활발한 상업 활동을 하게 되는데, 이 도시들은 모두 동쪽과 남쪽을 향해 있었다. 베네치아인들이 1489년 키프로스를 점령하고, 그로부터 1세기도 채 안 되어 튀르크인들이 이곳에 정착했다.

중세 초 섬에서 두 차례 강압적인 사민(徙民)이 있어, 690년에 유스티니아노스 2세가 섬의 인구 일부를 추방했고, 2년 뒤 아랍인들이 이곳에 슬라브인들을 이주시켰다. 그러나 이것이 어느 만큼 섬의 인구 구성을 변화시켰는지는 알 수 없다. 시리아와의 근접성, 아랍인들의 진출, 라틴 서방인들의 거처 감과 정착이 중세 말 이전의 초기 그리스인 인구 바탕을 뒤흔들었을 수도 있다. 만일 이러한 일들이 매번 단순한 식민 활동[28] 문제였고, 토착민들이 외부 영향에 면역성을 보였던 것이 아니라면 말이다. 추론은 가설일 따름이다.

이집트와 리비아

"이집트는 사막이지만 예외적으로 좁은 띠 모양 땅에 거주가 가능하다. 그 땅의 존재는 진정한 하나의 기적이고, 그것은 나일강의 기적이다"(자크 브장송Jacques Besançon). 동쪽으로 홍해, 서쪽으로는 황량한 리비아, 북쪽으로 바다, 남쪽에 반유목민이 사는 누비아(제일 폭포 너머)로 경계 지어지는 비잔티움령 이집트는 거의 균질한 백악질 고원이며, 남쪽에서 북쪽으로 완만히 경사져 해안에서 바다 침전물이 만든 넓은 평야가 되는데, 이곳이 그 유명한 삼각주. 강 양편으로는 바위가 많은 사막이 펼쳐진다. 서쪽에서 사막은 가장자리가 가파르지만 관개가 잘 된 일련의 분지들로 끊기며, 이 분지들 안에 오아시스들이 있다. 남쪽 '큰 오아시스'(Kharga, Oasis magna)는 비잔티움 시기 유배지였고, 더 북쪽에는 '작은 오아시스'(Bahariya, Oasis parva)가 있고, 삼각주 서쪽 고원 가장자리 와디 나트룬은 4세기 이래 큰 수도원 중심지 가운데 하나였다. 마지막으로 더 서쪽, '모래 바다' 북쪽의 한 골짜기 안에는 암몬 또는 암모니온(Siwa) 오아시스가 있는데, 이집트에서 트리폴리타니아로 가는 대상로 위 중간 기착지였다.

강 동쪽의 '아라비아 사막'은 홍해를 따라 난, 이따금씩 2,000미터에 달하는 화강암 산맥을 올려다본다. 그렇긴 해도 몇 가닥 통로들이

---

[28] 한 나라의 특정 구역에 외부인들이 자신들의 거주구역을 형성함을 말한다.

한 군데 해안으로 나 있는데, 해안에는 산호초들이 작은 내포(內浦)들을 보호해주어 작은 배들이 접안할 수 있다. 게다가 지역에 내리는 비는 협곡들과 산 서쪽 기슭에 빈약한 식생을 만들어주어 일부 유목민은 그것을 이용한다.

가파른(200에서 500미터) 가장자리를 하고 고원 안에 깊숙이 박혀 있는 나일강 골짜기와 나일강 삼각주는 이 땅의 모든 경제 활동이 집결된 곳이었다. 북쪽에서 남쪽으로 갈수록 건조해지는 기후는 다음 두 가지 요인, 그러니까 기온이 상승하고, 대기 습도와 강우량이 적음에 따른 결과다. 나일강은 큰 강이지만 수위가 빈번히 바뀌고 예측 불가능해 사람들의 조바심을 불러일으켰다. 그것은 무엇보다 범람원의 범위가 농사의 풍흉(豐凶)을 결정했기 때문이다. 기원후 1세기 소(小)플리니우스는 이 변덕 많은 강의 유량(流量)에 대한 관찰을 다음과 같이 요약했다―12큐빗-기아, 13큐빗-결핍, 14큐빗(7미터 42센티미터)-기쁨, 15큐빗-안전, 16큐빗-풍요와 환희, 18큐빗-재난. 그런데 이 세기 초 30년간 시행된 계산은 다음과 같은 비율을 얻을 수 있게 했다― '증수'(增水)가 나쁜 세 해, 별로 좋지 않은 세 해, 좋은 십 년, 너무 높은 열한 해, 위태한 세 해. 자연 상태에 놓인, 아주 완만한 경사와 넓은 하상을 가진 강은 여름에 처음으로 물을 펼쳐 흐르게 했을 터이고, 그 뒤 우각호(牛角湖), 호수와 못은 사냥꾼들에게, 목초지는 유목민들에게 방기했을 것이다. 그러나 강의 넓은 유역에 살고 있던 정주민들은 살아남기 위해 지형지물을 자신들의 목적에 맞게 바꾸고 강의 자연적인 수리(水理) 여건을 정비하여 최대한 나일강의 이점은 이용하고 불리함은 회피해야 했다. 그들은 가을에 불어난 물을 운하를 이용하여 여러 인공 저수지(호드)에 저장하려 노력했고, 양수 기구(나탈레nataleh, 드럼tambour 또는 아르키메데스의 나사, 샤두프chadouf, 그리고 다양한 종류의 체인식 양수揚水 장치)를 이용하여 채소밭과 과수원에 물을 댔다. 짐작건대 북삼각주 일부 지역에서는 물을 항시적으로 이용할 수 있어 언제나 소출을 내는 땅이 존재했다. 물을 받아 오는 강에 직각으로 난 운하 길이가 짧아 마을사람들의 간단한 협력만으로도 준설 작업이 가능했고, 가깝고 지대가 낮은 호수의 흡인에 의한 자연적 배수를 이용할 수 있어 항시적인 관개가 가능했던 것이다.

비잔티움 시기 삼각주 남쪽 지역 관개망 총연장이 어느 정도였는지는 확실치 않다. 그러나 비잔티움령 이집트가 북아프리카와 시칠리아처럼 콘스탄티노플에 대량의 밀을 공급했다는 것은 분명하다. 그렇다고 해서 이런 곡물 공급이 세금 납부에 해당하던 국가에서 이 땅이 이런 방식으로 잉여물을 수출했다고 생각할 수는 없다. 이집트는 또 보리, 포도주(삼각주), 기름(파이윰), 아마, 삼각주의 파피루스, 사료용 콩류, 대추야자, 무화과, 배, 복숭아, 아몬드, 버찌를 생산했고, 손으로 물을 주는 채마밭에서는 일상 식탁에 오르는 채소들(파바 콩, 렌즈콩, 그린피스, 병아리콩, 상추 등)을 생산했다. 이집트의 그러한 농업 자원은 제국 경제에 중요한 비중을 차지했지만 공업과 상업도 성했다. 알렉산드리아는 파피루스, 금속 세공, 유리, 아마포 직조로 명성이 높았다. 홍해뿐만 아니라 나일강을 통해서도 인도, 아라비아와 아프리카에서 알렉산드리아로 향신료, 보석류, 비단, 상아를 들여왔다.

많은 도시가 나일강 본류와 삼각주 지류를 따라 점점이 퍼져 있었다—유명한 급류 바로 밑에 자리 잡은 변경 성채 시에네(Syéné, 아스완), 콤 옴보(Omboi), 아폴리노폴리스(Apollônos polis, Edfou), 상(上) 테바이스의 수도로서 콥트교도들과 콥트 수도원의 땅이고 헬레니즘에 대항하는 중심이자 헬레니즘이 결코 북쪽처럼 뿌리내리지 못했던 테바이(Luxor al-Uqsur), 콥토스(Qift, 잘 방비된 상업 도시였고 '대오아시스'로 가는 길의 출발점), 헤르모폴리스 마그나(Ousmoun, Shmoun), 테바이스 엥기스타('알렉산드리아에서 가장 가까운')의 수도 안티누폴리스(안세나, Antinoë), 문서고로 유명하고 '소 오아시스'로 가는 소로(小路)의 출발점이었던 옥쉬륑코스(al-Bahnasa), 나일강 서쪽, 모이리스호(湖)를 이루는 나일강 용수로(dérivation)로 관개되는, 비옥한 파이윰 오아시스 가장자리에 있는 아르시노에(Faiyum), 중요한 콥트 고도(古都) 멤피스(Manf), 7세기에 아랍인들이 그들의 수도(al-Fustat) 터로 삼은 바빌론, 나일강의 옛 동쪽 지류(오늘날은 말라버린)와 바다가 만난 곳에 자리 잡은 항구이자 성채였던 펠루시온(펠루시움)이 있었고, 마지막으로 바다를 바라보는 제국 제이의 도시 알렉산드리아가 있었다.

이 도시의 입지는 특이했다. 작은 섬 파로스에 의해 북쪽에서 방비되고, 자신의 자연 항 2개소와 거대한 석호 마레오티스호(삼각주 서쪽 카노푸스 지천과 연결된 운하 덕에 하천 운송을 위한 하항(port intérieur) 구실을 했다)를 갈라놓는 좁은 혀 모양의 땅 위에 자리 잡은 길쭉한 직사각형 모양의 도시는 바다와 호수 사이 남쪽으로도 접근이 쉽지 않았다. 도시는 결국 나일강, 그리고 투밀랏 와디와 그 담수 운하를 통해 홍해의 클뤼스마와 연결되었다. 이 수도에서 남서쪽으로 10킬로미터 조금 더 간 곳, 사막 가장자리에 있는 동명 성자의 무덤 위에 5세기 세워진 하기오스(성聖) 메나스 수도원은 많은 사람이 다녀가는 순례지가 되었고, 이 때문에 7세기에 상당한 규모로까지 커졌고, 8세기 아랍인 치하에서 다시 증축이 이루어졌다.

유구한 문화 전통의 계승자였던 이집트는 비잔티움적 획일성의 강요를 받아들일 수 없었다. 옛 이집트 주민들의 후예인 콥트교도들의 해묵은 대립 의식, 알렉산드리아에서 단기간에 실질적 지방 수령이 된 총대주교에 의해 대표되는 정부 공인 정통 교리에 반대하는 이집트 단성론자들의 종교적 저항, 그 수가 아주 많았던 유대인들과 아직 성했던 이교 교양 교육을 억제하기 위해 콘스탄티노플이 취했던, 강경함과 유화책 중 어느 하나도 선택할 줄 몰랐던 조치들, 이러한 것들이 이집트 주민들이 중앙 정부에 대해 항상 품고 있었던 반항 의식의 주요한 표출물들이었다. 이 뿌리 깊은 앙금들은 외부에서 오는 위험으로 강해질 따름이었고, 이웃들과 자연적인 변경 지대를 가지지 않은 이 지역 지리적 조건과도 일부분 관련돼 있었다. 블렘뮈아이족과 노바다이족이 '대 오아시스'를 통해 이 지방을 여러 차례 침략했고, 페르시아인들이 10년 이상 점령했으며, 결국 아랍인들이 7세기 중엽 이전에 이곳에 정착하여 다시는 떠나지 않았다.

비잔티움 지역 대부분과 마찬가지로 이집트도 인구 구성이 아주 복잡했다. 콥트인, 그리스인, 하(下) 이집트[29]와 알렉산드리아에 많았던 유대인 외에도 아랍인(일례로 파윰), 인도인, 누비아인, 에티오피아인, 라틴인이 있었고, 이집트와 상업 교역을 한 수많은 나라의 대표들도 있었다. 이집트에서 비잔티움 지배의 종식이 곧 이집트의 경제적 혹은 문화적 붕괴를 뜻한 것은 아니었다. 시리아에서와 마찬가지로 이집트에서도 주민 상당 부분이 점차 이슬람으로 개종했다.

비잔티움 행정 체제는 이집트를 네 개 속주로 나누었다―남쪽에서 북쪽 순으로 두 개의 테바이스, 아르카디아, 두 개의 아우구스탐니케(삼각주 서쪽), 두 개의 아이깁토스(삼각주 동쪽). 그리고 이 체제는 4세기 이래 이집트란 이름이 붙은 이 주(州)에 두 개의 리비아, 즉 하(下) 리비아와 상(上) 리비아를 포함시켰다.

나일 삼각주 서쪽에는 리비아고원이 펼쳐지는데, 고원 남쪽은 모

---

29) 이집트는 나일강의 지세에 따라 상·하 이집트로 분류된다. 즉, 물이 흘러오는 지세가 높은 쪽이 위다. 하 이집트는 지중해에서 카이로 남쪽 파이윰까지의 지역이다.

래고 북쪽은 다공성(多孔性) 석회암으로 덮여 있다. 길 하나가 해안 침강 지형을 따라 나 있어 삼각주와 리비아고원 사이 작은 항구들과 마을들, 그러니까 안티프라이(Marina), 페도니아, 하 리비아 수도 파라이토니온(Marsa Matruh), 자길리스, 지그라(Zygra, Sidi Barrani), 그리고 사막 고원 가장자리에 자리 잡은 카타바트모스(Sallum, Sollum)만 서쪽, 자그마한 만들을 구비하고 지중해성 작은 관목 숲으로 덮인 가파른 해안 위에 있는 다르니스(Derna)를 이어주고 있었다. 서쪽의 비잔티움령 상(上) 리비아는 대략 고대의 키레나이카와 일치하며, 부푼 갑(岬)의 모습으로 지중해 쪽으로 뻗어 있으며, 동쪽에서 광활한 대(大)시르테만의 경계를 이룬다. 이곳에서 사막 고원이 다시 북쪽으로 고도 850미터까지 솟았다가 급한 단구를 이루며 바다로 떨어진다. 그러므로 고원에는 수분이 공급될 수 있으며, 북쪽에서 올리브와 같은 침엽수 숲을, 남쪽에서 양질의 목초지, 초원 곁에 비옥한 오아시스를 가질 수 있다. 이곳의 주요 도시들은 항구들이었고, 그리스와의 근접성이 그것들의 상대적 중요성을 어느 정도 설명했다. 도시들은 서쪽에서 동쪽 순으로 베레니케(벵가지), 아드리아네(Driana), 타우케이라(아르시노에, 토크라), 프톨레마이스(Tolmeta), 수도 소주사(Marsa Sous), 그리고 내륙으로 몇 킬로미터 들어간 곳에 고대 도시 폐허 위에 세워진 퀴레네(Shahat)가 있었다. 우리가 서쪽으로 계속 가면, 베레니케에서 몇 킬로미터 떨어진 곳에서 우리가 이미 아프리카 총독령에서 오며 도달한 적이 있는 트리폴리타니아의 변경 지대를 만난다. 여기서 우리는 비잔티움 문명이 탄생하고 발전한 땅에 대한 탐사 여행을 마친다.

한 학자는 "지리의 목표는 무엇보다 깔끔하게 기술하는 것이다. 지리학의 의무는 징후(symptôme)들을 고려해 경험된 사실들을 기록하는 것이다"라고 최근 말한 바 있다(호더프리두스 요하네스 호그워르프Godfridus Johannes Hoogewerff). 우리의 경우에는 이렇게 지리가, 먼저 비잔티움 제국이 다스렸던 판도의 엄청난 축소, 그리고 제국이 4세기에서 15세기 사이에 겪었던 연이은 인상적인 정치적 격변상들을 확인시켜준다. 다음으로 그것이 보여주는 것은 비잔티움 세계의 근원적 지리적 통일성은, 그것이 지중해 세계이고 따라서 이탈리아와 시칠리아, 아프리카, 사르데냐, 남에스파냐, 트리폴리타니아, 발칸반도, 그리스, 현대 크리미아반도, 소아시아, 아르메니아, 북메소포타미아, 시리아-팔레스티나와 키프로스, 이집트와 두 리비아를 포함한다면, 비록 이 지역들이 "하나의 동일한 공간적 총체 속에 통합되어 있었음"(일드베르 이스나르Hildebert Isnard)을 인정하더라도, 동서 간, 남북 간 구체적인 차별성, 그리고 인문 경관의 명확한 분절성을 배제하지는 않는다는 것이다. 또한 우리가 본 것처럼 제국의 인구·경제적 진화는 바닷길만큼이나 촘촘한 육지 도로망을 형성했고, 이 망은 마치 퍼즐 맞추기처럼 다양한 요소 간의 응집력을 공고하게 해주었다. 그 반면에 그 하나하나의 요소를 차지했던 주민들은 그 종족적 기원에서나 신념에서나 잡다한 것이었고, 이것은 제국에 새로운 요소들이 추가된 후에도 존속했다.

  이러한 현격한 대조들로부터 자연스러운 일이지만 다음과 같은 의문이 발생한다──비잔티움 문명이란 과연 어떤 문명인가, 혹은 중세에 '로마'로 대변된 세계, 즉 비잔티움 세계란 무엇인가?

8. 〈이탈리아 카테파노령〉 물이 없는 울퉁불퉁한 하상(河床)은 몽돌로 덮여 있고, 양편 언덕들에는 가까운 바다에서 불어오는 바람에 기운 올리브밭 사이사이로 점점이 곡물밭이 펼쳐져 있는 고립되고 쓸쓸한 지금의 칼라브리아 풍경이다. 경제 규모가 영세하고 가족 경영이 그 토대였던 비잔티움 시대에 연중 오랜 기간 말라붙어 있는 하상은 노새 등에 아마도 먹고 남은 밀, 확실히 당시 산자락 뽕나무밭 그늘에서 먹인 누에고치를 싣고 근처 소도시로 나르는 데 쓰였다.

9. 〈가난한 시칠리아〉 에트나산 북쪽 펠로리타니산맥의 모래와 점토로 형성된 산 사면에는 식생(植生)이 드물며, 군데군데 야생 올리브가 자란 넓지만 빈약한 목초지에서는 양들과 산양들이 서로 다투며 풀을 뜯는다. 그 위로는 서양삼나무 숲과 밤나무 숲이, 그 아래로는 마을들이 골짜기의 와지(窪地)나 산허리에 고립된 채 존재한다. 이 건강하고 잘 보호된 취락은 17세기 후반과 18세기 연안 도로와 철도에 밀려 버려지고 말았다.

10. 〈오흐리드호〉 표고 695미터, 348평방킬로미터의, 모크라산, 갈리치차산 산괴들에 둘러싸인 넓은 화산성 분지인 오흐리드호는 북마케도니아와 알바니아의 경계 지대에 자리하고 있다. 물이 맑아 물고기가 잘 자라며, 물이 깊고(최고 수심 287미터) 서늘해 연어와 특히 송어 생육에 적합하다. 테살로니키로 가는 에그나티아 대로의, 교회와 수도원들로 유명한 비잔티움 슬라브 중심도시 오흐리드에서 멀지 않은, 호수를 굽어보는 절벽 카네오에는 14세기에 세워진 성 요안-보골로프 교회가 서 있다. 이 교회의 신자들은 어부들이었는데, 그들은 새를 훈련시켜 물고기들을 한 곳으로 몰게 했고, 그들은 물고기를 건져 올리기만 하면 됐다.

11. 〈코토르만〉 디나르산맥 지역(구舊유고슬라비아)은 가장 높은 탁상지(卓狀地)로 이루어진 산악, 삼림 권역을 포함하고 있다. 이 탁상지는 자고라('산 건너편') 지역 탁상지와 달마티아 해안, 즉 프리모리예 탁상지 둘로 나뉘는데, 모두 뜨거운 태양에 노출된 헐벗은 바위 지형이다. 이 중 달마티아 해안 탁상지는 지반 침하로 북서-남동 방향으로 뚜렷하게 경계가 지어지고 섬세하게 조탁된 지형들이 늘어선 모습으로 그중 코토르만 지맥은 매우 아름다운 풍광을 자랑한다. 코토르만은 크고 작은 수로들로 연결된 네 개의 작은 만들(루코비츠, 티바트, 리산, 코토르)로 형성되었는데, 이 만들은 높은 산들에 둘러싸인 일종의 피오르로서 그 가장자리에는 작은 마을들이 보금자리를 틀었으며, 주민들은 어업뿐만 아니라 남쪽 '오아시스'에서 포도밭과 올리브밭을 일구며 생업을 영위한다.

12. 〈크로아티아 서부 쿠파강 유역〉 습기가 많은 땅은 비옥하다. 그렇지만 판노니아 큰 골짜기 대부분이 그러하듯이 이곳에도 상반된 결과를 낳는 두 가지 위험이 도사리고 있는데, 그것은 홍수와 가뭄이다. 농사가 잘되는 해는 드물지만 1873년 한 지역 신문은 다음과 같이 풍작을 보도한다— "겨울이 예외적으로 포근해 예년보다 일찍 파종할 수 있었다. 그 뒤 찬 비가 풍부하다 못해 지나치게 많이 와 곡식이 썩어버렸다. 또 그 뒤로는 마른하늘이 8월 10일까지 지속됐다. 그렇지만 하늘의 노여움이 누그러들어 우리는 마침내 우천을 보았다. 그래서 이번 농사는 다음과 같다. 호밀이 모두 얼어버려 짚 수확은 적을 것이다. 보리를 심은 자는 행복하다. 결실이 아주 좋다. 그 반면 밀 작황은 평년작이 예상된다. 물을 많이 필요로 하는 강낭콩은 수확이 좋지 않을 것이다. 조는 아주 늦게 심도록 주의했으므로 잘 자랐다. 양배추는 작을 것이다. 무로 말하자면 그것은 몇 번이나 다시 심어야 했다. 처음 벤 건초는 너무 축축해 가축들이 그것을 먹고 병에 걸렸다. 과일류는 동해를 입거나 벌레가 생겨 수확량이 좋지 않다. 아마는 작황이 좋으나 삼은 씨가 나빠 잘 자라지 못했다. 참나무는 가뭄에 강해 도토리가 많이 열려 돼짓값이 하락 중이다." (A. 블랑A. Blanc 인용)

13. 〈아토스산〉 아토스산반도는 길이가 45킬로미터고 넓이가 321평방킬로미터이며 칼키디키(그리스 마케도니아)와 폭 2킬로미터의 좁은 띠 모양의 육지를 통해 연결되어 있다. 그 산악 지형의 정상 높이는 2,033미터다. 10세기 이래 반도에는 많은 수도원이 들어섰는데, 수도원들은 아토스산 내외의 황제들과 제국 유력 인사들이 행한 희사 덕에 부유해졌다. 아직 남아 있는 보물 창고, 도서관, 문서고 들은 역사가에게는 귀중한 자료다. 주요 수도원으로는 킬란다리(세르비아 소유), 바토페디, 판토크라토르, 스타우로니키타, 에스피그메누, 이비론, 카라칼루, 라브라, 성 바울, 시몬페트라(사진), 크세로포타무, 성 판텔레이몬(과거 러시아 소유), 크세노폰, 도케이아리우, 쿠틀루무스, 조그라푸(불가리아 소유), 필로테우, 콘스타모니투, 그레고리우 수도원이 있다.

14. 〈메테오라〉 "테살리아의 한 외딴곳에는 명실공히 동방의 경이로운 곳 중 하나라 불리는 기이하고 웅장한 명소가 있다. 그곳은 마치 거대한 바위들의 숲 같은 곳인데, 송곳, 날카로운 칼날, 거대한 난간 기둥, 기괴한 선돌 모양 바위들이 서 있고 일부는 기울어진 탑 혹은 기초가 허물어진 건물처럼 위태롭게 서 있다. 수도원들은 돌출된 위층, 우산 모양 지붕, 마치 허공에 걸린 듯한 나무 회랑을 가지고 있고, 이 구조물들로써 그것들이 간신히 걸터앉아 자리 잡은 바위 정상부를 아름답게 장식한다. 수도원들이 이렇게 허공을 비상(飛翔)하고 있는 것을 보고 있노라면 전설에 나오는 것처럼 하느님께서 일부러 수도사들을 위해 이 자연의 기둥들을 지으셨다고 믿고 싶은 마음이 생길 것이다."(J. 호이제 J. Heuzey) 수도원들에 이제는 수도사들이 살고 있지 않지만 그중 몇 곳은 아직 그대로 있다—메갈로 메테오로, 휘파판테, 바를람, 성 니콜라오스-코피나스, 하기아-모니, 성 스테파노스, 하기아-트리아스. 이것들은 모두 14, 15세기에 세워진 것들이다.

15. 〈미스트라스〉 전형적인 후기 비잔티움 도시이며, 그 구불구불한 골목길에 면해 교회, 저택, 수도원, 궁전이 즐비했다. 미스트라스는 스파르타(펠로폰네소스반도)에서 수 킬로미터 떨어진 타우게토스산맥 지맥 가파른 경사면 위에 세워졌다. 도시는 세 부분으로 이루어졌는데, 그 배치에는 도시 계획적 관점이 결여되어 있음을 알 수 있다—1) 빌라르두앵의 기욤이 1249년 세우고 튀르크인이 재건한 방비된 성. 2) 그 아래로 집들에 둘러싸인 데스포테스(그리스인) 정청이 있는 구역을 성벽이 감싸고 있다(사진). 3) 마지막으로 모넴바시아로 가는 길을 따라 수도 대주교청 근처에 역시 성벽으로 둘러싸여 교외 주택 지구가 있는데, 주요 수도원들이 이곳에 있다. 작은 수도교가 높은 지대에 있는 이 도시에 물을 공급했다.

16. 〈카파도키아〉 소아시아 동쪽, 고령(高嶺)들 사이에 높게 자리 잡은 광대한 카파도키아고원은 고립된 곳이다. 교통은 불편하여 북쪽에서 몇 개의 장벽을 기어오르거나 서쪽에서 염토(鹽土) 사막을 가로질러야 하며, 동쪽의 말라티아 혹은 지역 상업 중심도시 카이사레이아에 다다라야 한다. 그렇지만 이곳은 비가 많이 내려 북쪽 사면에서는 나무가 생장하고 지형이 좋은 골짜기에서는 포도 재배가 가능하다. 반면 초원으로 덮인 카파도키아 동부 화산 지역은 피라미드상(狀) 언덕들이 삐죽삐죽 솟아 있고(사진), 적어도 초기 기독교 시대 이후 동굴들이 파인 이곳에 재배가 가능한 땅은 거의 없다.

17. 〈타우로스산맥〉 높은 산봉우리들과 나무가 우거져 통과가 쉽지 않고 인구가 희박한 넓은 석회질 대지(臺地)들로 이루어진 타우로스산맥은 300킬로미터의 띠를 이루며 그 너비가 대략 50킬로미터이고 산 정상들은 3,900미터에 달한다. 이 산맥은 소아시아 고원과 바다 사이에 있으며 넘을 수 없는 장벽처럼 보인다. 하지만 실제로는 그 장애는 보기보다는 덜하다. 산맥은 하나의 분지에 의해 두 부분으로 나뉘는데, 그 분지에는 길 하나가 뚫려 있고 사람이 산다. 그렇지만 석회암 산괴에 부딪치는 강들은 1,000미터 이상 깊이의 통행 불능의 협곡들밖에는 뚫을 수 없었다.

18. 〈시리아 북부〉 유프라테스강에 가까운 이곳은 원뿔 모양 소구(小丘)가 점재한, 바위 투성이 언덕들과 초원이 펼쳐진 지대다. 지금은 인구가 희박한 이 지역은 중세에는 수많은 전투의 무대가 됐으며, 비잔티움 시대에는 건물이 세워지고 사람들이 사는 번창한 (올리브 재배) 곳이었다. 이 사실은 아랍 측 자료와 고고학적 조사를 통해 확인되었다. 칼리프 체제가 와해되면서 이 지역은 차례차례 몽골인과 유목민들에 의해 파괴되었다. 이곳의 교통은 지중해 유역 대부분 지역이 그러했듯이 낙타 대상들이 맡았다. 이 교통 수단은 해상 운송에 비해 훨씬 안전했고 부담이 덜했다. 해상 운송은 빨랐지만 규모가 훨씬 작았는데, 7-25톤의 배는 70-250마리 낙타를 가진 대상에 필적했지만, 아랍 자료에 의하면 수천 마리 낙타를 가진 대상들도 있었기 때문이다.

19. 〈관개〉 비록 기후와 식물상이 오늘날보다 좋긴 했지만, 강의 유량변동과 나쁜 토양으로 인해 비잔티움 지주들과 농부들에게 관개는 초미의 관심사였다. 그렇지만 역사 자료들은 이 문제에 대해 이상하리만치 말을 아끼고 있으며, 이에 관한 정보는 아랍 치하 지역 것만 찾을 수 있다. 사진은 홈스와 안티오케이아 사이 하마에서 평야에 물을 대기 위해 사용한 방식으로, 석회암 고원 협곡에 파고든 오론토스강 물줄기에서 수차를 이용해 작물에 줄 물을 퍼 올리는 광경이다. 이 밖에도 많은 기중기와 도수(導水) 설비가 사용됐다.

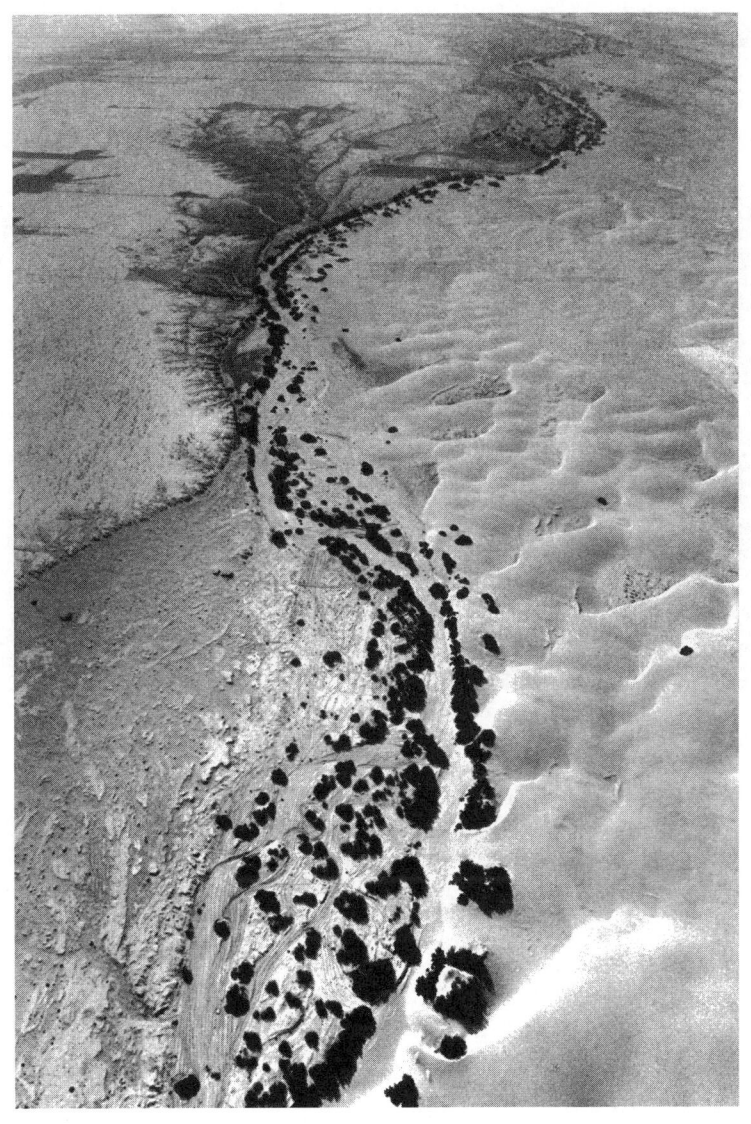

20. 〈일시적 격류〉 시나이반도 엘-아리시 와디처럼 사막의 건천(와디)은 유량이 극도로 불규칙할 뿐만 아니라 증발과 스며듦이 매우 신속해 하류로 갈수록 급속도로 줄어든다. 건천은 내 줄기 대부분에서 하상(河床)이 말라붙는 것이 정상적인 상태이며 물이 흐르는 것은 우연일 따름이다.

21. 〈우스둠(소돔) 제벨과 사해〉 찬연한 사암 절벽에 면한 사해는 1,015평방킬로미터의 넓은 분지로 북쪽 수심은 401미터, 남쪽 수심은 10미터에 달한다. 요르단강·동쪽 격류·유대 일부 물이 모여 호수가 됐으나 물이 빨리 증발해버려 소금 농도가 매우 높다. 이곳에서는 생물이 살 수 없고 유대사막 아래 유역에는 사람이 살지 않는다.

22. 〈옛 카이사레이아항(팔레스티나)〉 팔레스티나 해안은 열악하다. 해안이 너무 직선이고 배가 피할 곳이 없으며 수심이 깊지 않고, 카르멜산 곶이 품은 정박지 외에는 항만을 건설하기에 적당치 않다. 로마 시대까지 거슬러 올라가는 바위 언덕 위 인공항을 가진 카이사레이아항은 날씨가 좋을 때만 사용이 가능했다.

23. 〈제벨 네푸사 단애(리비아, 트리폴리타니아 속주)〉 활처럼 생긴 건조한 400미터 높이의 긴 절벽이 제파라 연안 평야를 경계 짓는데, 이 평야는 "서쪽에서 석호들로 끊기며 내륙 쪽으로 자갈밭 언덕과 점토가 많은 닫힌 분지들로 굽이쳐 달린다."(P. 비로P. Birot) 이 평야는 덥지만 물이 있어 대추, 쓴쑥뿐만 아니라 곡물도 자라며, 여름에는 제벨[산]에서 끌고 온 가축에게 줄 물도 제공해준다. 이곳에서는 관개가 되는 땅이 조금이라도 있으면 올리브, 무화과, 종려나무를 심는다. 두 '인간적' 경관 사이 경계 지역이다.

24. 〈소주사(옛 아폴로니아)〉 6세기 리비아 펜타폴리스 속주의 방비된 수도 퀴레네의 옛 항구. 고고학적 조사 결과 모자이크 포도(鋪道)가 깔린 바실리카 네 채(세례당이 딸린 것은 주교좌 교회)와 비잔티움 둑스 정청이 발견됐다. 바다 가까이 사막에서 솟아오른 기둥들과 몇 개의 벽면은 비잔티움 중심 도시의 존재를 말해주는 비문서 증거다.

25. 〈렘사 요새(튀니지)〉 현 수스에서 북서쪽으로 80킬로미터쯤 떨어진, 바르구 제벨이 끝나는 언덕 지점에 비잔티움 요새 렘사(Lemsa)가 솟아 있는데, 비자케나 지역에서 가장 잘 보존된 요새다. 가로·세로 길이는 38×21미터이며, 고대 유적에서 나온 돌들을 이용해 만든 벽체의 산 쪽 부분 높이는 8.5미터, 평지 쪽 높이는 10미터다. 물은 근처 샘에서 도관을 이용해 끌어왔다. 이 요새는 아마도 북쪽 비옥한 평야와 수도 카르타고를 적들의 침입으로부터 막는, 병행하는 방어선들 사이에 끼어 있었던 것으로 보인다. 또한 요새 주위의 건조한 돌로 지은 마을들도 방어했는데, 이곳 농민들은 약간의 산양 사육, 약간의 산기슭 곡물 밭 경작, 약간의 올리브 재배, 아주 협소한 관개된 텃밭 경작과 산림업으로 살아갔다.

26. ⟨가베스 지역(튀니지) 오아시스⟩ 풍부한 관개와 강한 마른 열기는 사막의 진정한 상징 종려나무 숲이 자라기 위한 두 가지 요건이다. 오아시스에서는 다양한 작물 재배(텃밭)가 가능하긴 하지만 일반적으로 그곳에 정착한 사람들이 먹고 살 만큼 충분하지는 않다. 그래서 오아시스 주민들은 비가 더 많이 오는 지역 주민들에게 귀중한 보조 식품인 대추야자 열매를 제공하고 자신들이 필요한 보리와 밀을 구한다. 정착민의 필수적인 중개자는 정착민을 복속시킨 유목민이다.

제3장 국가

　인간이란 그 본성이 혼자 살도록 만들어지지 않았으며 아버지, 어머니, 형제자매, 배우자, 자식, 그외 다른 친척, 벗, 동료 시민, 자신이 거주하는 조상 땅 주민, 동족, 나아가 모든 인간과 함께 창조주의 작품인 세계란 큰 덩어리의 일부로서 사회를 이루고 살아가도록 창조됐다. 신은 그가 만든 이 '큰 집'의 주인이며 이 집은 지상에서 교회로 구체화된다. 이 집에서 각자는, 그것이 건축업자, 석공, 농부, 병사, 양치기, 운동선수, 여행자, 사냥꾼이든 무엇이든 간에, 각자의 역할과 직무를 가지며, 이곳에서 직무를 수행하는 동안 그 선택과 행위에 대해 책임을 진다. 물론 신께서 영도하시지만 그분의 세상과 갖는 관계는 황제가 그 도시, 곧 국가와 그리고 부모가 그 자식들과 갖는 관계와 마찬가지다. 8세기 중엽 다마스쿠스의 요안네스가 편집한, 4세기에 기독교 초기 역사를 쓴 카이사레이아의 에우세비오스의 피조 세계 질서에 관한 사상은 비잔티움 문명의 근본 원리로서 존속하게 된다.

국가 행정 구조

황제

저 높은 데 일은 오로지 신께서 관장하며, 이곳 낮은 데 일은 신의 지상의 집인 비잔티움 국가의 유일한 주재자인 황제가 담당한다. 황제가 수행하는 지상의 직책은 선거에서 유래하지도(왜냐하면 인민은 선출할 능력이 없어 최악의 후보가 옥좌의 주인이 될 수 있으므로) 가계(家系)에서 유래하지도(왜냐하면 무지한 자와 무능력자를 제국 통치자 자리에 앉힐 수 있으므로) 않으며, '마치 여왕벌의 직책처럼' 그것의 본성 자체, 그러니까 신으로부터 유래한다. 권위의 수호자, 유일하게 주인을 두지 않도록 창조된 존재, 유일하게 절대적으로 자유로운 자(왜냐하면 다른 존재들은 많게든 적게든 다른 존재에 사로잡힌 존재이므로)로서 그는 지상에서 자신을 제외하곤 아무에게도 의존하지 않으며 절대 군주로서 지배한다. 여기에서 그의 작호 '아우토크라토르'가 기원한다. 아무도 그를 비판할 권리가 없으며, 그것은 신성모독이 된다. 모든 사람은 그에게 복종해야 하며 그를 위해 기도해야 한다.

나쁜 황제는 모험에 뛰어드는 무모한 군주, 물질적 자원을 결여한 군주(모든 수단을 동원해 그것을 확보하려 하기 때문에)로 불의하거나, 너무 젊거나, 무지하거나, 탐욕스러운 군주며, 이런 황제는 신께서 그에게 맡기신 권력의 크기에 비례하는 엄정함으로 신께 심판을 받는다. 선한 황제는 무엇보다 공정한 심판관이며, 약자를 동정하며, 늘 진리를 염두에 두며, '샘물처럼 맑은 마음'을 가지고 있는 자다. 백성의 평온한 삶을 담보하는 그의 양식(良識)과 평정심, 그의 사제로서의 지위를 담보하는, 열정, 가식에 물들지 않은 분별력, 맞설 수 없는 신성함, 그리고 선을 따르는 무결한 행위, 이러한 것들에 힘입어 그는 그가 되기를 원하는 신이 될 수 있다. '왜냐하면, 조금 대담하게 말하면, 당신들은 당신들의 백성에게 신이기 때문입니다' —이렇게 비잔티움인들이 '기독교인 데모스테네스'[1] 또는 '신학자'라고 불렀던 나지안조스의 그레고리오스가 매우 적절하게 표현했다.

신의 서품(敍品)에 의해 얻어지는 황권에 대한 종교적 자리매김은 알렉산더 대왕과 헬레니즘기 제국들을 거쳐 로마로 전해진 것인데, 이것은 근본적으로 윤리적인 이란적 발상에서 기원한다. 이 발상에 따르면 권력의 행사는 악과의 투쟁이란 목표와 목적을 가진다(안토니노 팔리아로Antonino Pagliaro). 비잔티움 제국은 로마를 통해 이것을 전래 받았는데, 제국이 이와 함께 전래 받은 일정 수의 의식 중에는 황제를 신의 점지자로서 서품하는 의식도 있었다. 처음에 주요한 의식은 헤브도몬[2] 연병장에서 행해진 군대의 환호였다. "자비로우신 하느님, 공사(公事, 국가)는 레온을 황제로 청합니다. 궁정의 바람, 군대의 간청, 원로원의 바람, 백성의 바람이 그러합니다. 세상은 레온을 고대합니다. 군대는 레온을 원합니다. ······오 하느님, 들으소서, 저희는 당신께 애원합니다"라고 병사들은 457년 레온 1세의 즉위식에서 외쳤다. 새 황제가 황금 목걸이와 왕관을 전달받은 뒤 방패 위에 들어 올려지는[3] 순간 병사들은 그렇게 외쳤다. 이것은 원로원이 선출한 자를 군대의 총사령관으로 지명하는 오래된 관습이었는데, 이 의식은 '큰 교회', 즉 성 소피아 성당에서 행해지는 짧은 의식으로 완성되었다. 이 의식 마지막에 총대주교는 신임 황제가 제대(祭臺) 위에 올려놓았던 왕관을 신임 황제에게 씌워주었다.

---

1) Demosthenes(기원전 384-기원전 322), 고대 희랍의 유명한 연설가.
2) 성벽에서 4킬로미터 떨어진 마르마라 해변에 4세기 이래 자리 잡은 군대 주둔지. 황제 개선식 행렬이 출발하는 곳이었다.
3) 군대가 새로운 황제를 승인하는 고래(古來)의 의식.

이 관습은 10세기 이래로는 축성 의식으로 대체됐는데, 이는 대관식에 교회식 전례의 성격을 부여한 것이었다. 콘스탄티노플 총대주교는 황제 피선출자에게 서면으로 신앙 고백을 받아 문서고에 보관했으며, 황제의 존엄함의 상징들인, 클라미스[4] (14세기에는 삿코스[5])와 자주색 반장화 위에 기도문을 낭독했다. 그리고 왕관 위에도 기도를 낭송하고 황제의 머리에 씌웠는데, 이것은 주로 이전 시기의 일이었고, 늦어도 12세기부터는 총대주교가 황제의 머리에 십자 모양으로 기름을 도포하였는데, 이것은 군주의 죄를 지우고 그를 신성하게 하기 위한 것이었다. 주(主)에게서 기름 부음을 받은 자는 더 이상 단순한 평신도가 아니었고 군중은 트리사기온(세 번 '신성한')을 선창해 그를 황제로 선포했으며, 황금으로 된 만디아스를 입은 황제는 마치 성직자처럼 행렬 선두에 섰다. 그리고 만일 의식 중 그가 성체를 배령(拜領)해야 한다면 부제들이 그를 사제들만이 들어갈 수 있는 성소로 데려가고, 황제는 사제들 식으로 성체 빵 조각과 포도주잔을 직접 총대주교 손에서 받았다.

 황제가 신에 의해 선택된 자란 관념은 원칙상 모든 후계 규정을 꺼렸다. 그러나 절대 권력의 담지자로서 군주가 그의 후계자를 지명하고 그에게 옥좌를 예비해두려는 것은 쉽게 예상할 수 있는 일이며, 한편으로 황제는 법적인 형식을 존중해 군대와 원로원의 동의를 구했다. 마우리키오스는 제국을 자기 아들에게 나누었고, 로마노스 레카페노스는 황권을 세 아들에게, 총대주교좌를 넷째 아들에게 기탁했으며, 로마노스 2세(938-963, 재위 959-963)의 미망인 테오파노는 니케포로스 포카스와 결혼해 그의 권력을 합법화했다. 콘스탄티

---

[4] 망토의 일종. 자주색 클라미스는 왕만이 걸칠 수 있었다.
[5] 넓은 소매를 하고 무릎까지 오며 두꺼운 수를 놓고 옆구리를 단추로 고정하며 등 뒤에 십자가를 박은, 동방교회 주교가 입는 제복.

노스 8세의 딸인 조에는 연거푸 세 명의 배우자(로마노스 아르귀로스(1028), 미카엘 4세(1034), 콘스탄티노스 모노마코스(1042))와 결혼해 그들을 황제로 만들었다. 4-9세기간 네 개 왕조(테오도시우스, 유스티누스, 헤라클레이오스, 이사우리아인)가 이렇게 콘스탄티노플의 옥좌를 차지했다. 그렇지만 829년에 테오필로스 황제(813-842, 재위 829-842)의 명령으로 아르메니아인 레온(775-820, 재위 813-820)[6]의 암살자들이 재판에 부쳐지고 처형당했을 때야 비로소 비잔티움 역사에서 정통성의 원칙이 출현하게 된다. 이는 마케도니아 왕조(867-1056) 하에서 더욱 진전되는데, 이 왕조의 시조 바실레이오스는 옥좌에 앉기 위해 두 번의 살인을 저질러야 했다. 옥좌는 한 가족의 소유가 됐고, 마케도니아 왕조 최후 생존자였던 콘스탄티노스 8세의 늙은 미혼의 딸 테오도라가 권력을 이양받기 위해서는 그녀가 유폐됐던 수도원에서 나와 콘스탄티노플에 모습을 드러내는 것만으로도 충분했다.

그러나 이 후계 규칙은 불안정해 정통 후계자는 거의 언제나 최소한 원로원, 궁정 근위대 혹은 총대주교와 협상해 자신의 옥좌를 쟁취해야 했다. 알렉시오스 콤네노스는 새로운 왕조(1081-1185)를 창설했고, 테오도로스 라스카리스 또한 라틴인들의 콘스탄티노플 점령(1204-61) 후 니케아에서 그리했다. 미카엘 8세는 콘스탄티노플을 재점령한 후 이 도시에서 제국이 마지막으로 몰락할 때까지 지속될(1261-1453) 팔라이올로고스 왕조를 창설했지만 어린 군주가 나올 때마다 찬탈자가 힘으로 그의 권력을 빼앗았으며, 자신의 종종 범죄적인 폭력 행사를 국가를 위한다는 명분으로 합리화했다. "전하, 도대체 누가 당신의 위력을 일컫겠나이까? 저를 높인 것은 당신의 오

---

[6] 820년 암살당한 레온 5세. '아르메니아인'은 별명이다.

른손이나이다."—정통 후계자를 눈멀게 함으로써 그를 제거한 미카엘 팔라이올로고스는 편지에 이렇게 썼다. 그러므로 황제의 출신은 이중적일 수 있어, 황제는 그의 출생으로 인해 지배하도록 부름을 받고 궁전에서 자란 자일 수도 있으며, 아니면 재능 또는 기회를 가진 벼락출세자일 수도 있다. 이 경우건 저 경우건 군대, 원로원, 그리고 백성들에게는 황제에게 권력을 맡김으로써 신의 의지를 받아들인다는 자각이 있었다.

로마의 황제교 교리는 비잔티움으로 이식됐다. 그러나 그 교리는 이곳에서 근본적으로 수정되었다. 11세기 말 불가리아 대주교 테오퓔락토스가 "신과 세계 신으로부터 왕관을 받은 힘 있는 황제"라고 묘사했듯이 황제는 승리를 보장받았고, 그가 오른손에 쥔 공 위에는 군주의 필수 상징으로서 십자가가 올려놓아져 있으며, 그는 거룩하며(hagios) 신의 사람(theios)이며, 유일한 황제(basileus)다. 그의 위력은 이 세상 사람들 모두에게 미친다. "겨레들은 네 큼을 보고 놀라움에 사로잡힐 것이며 마치 불 앞에서처럼 네 앞에서 흩어질 것이다. ……전능자께서 너를 방패로 엄호하실 것이다. ……네 옥좌는 그분 앞에서 해처럼 빛날 것이다. ……그분 자신이 너를 네 어미 태내에서부터 점지하셨고, 그분께서 모든 인간에 대한 그분의 왕권을 가장 적합한 자로서 너에게 맡기셨으며, 너를 마치 언덕 위 망루처럼 높이셨다. ……세상에 거주하는 사람들이 네 앞에 부복하도록"이라고 10세기 콘스탄티노스 포르퓌로겐네토스(905-959, 재위 913-959)가 시편을 부연하며 자기 아들 로마노스에게 썼으며, "아우토크라토르 황제님, 당신의 말씀은 무서우며, 당신은 땅과 바다의 주인이고 통치자이시며, 당신이 원하시면 끊을 수도 구원할 수도 있는 생명의 주관자이십니다, 당신의 힘은 모든 사람에게 미치기 때문에"라고 다음 세기에 에우카이타의 주교 요안네스 마우로푸스가 용렬한 군주 콘스탄티노스 모노마코스에게 말했다.

콘스탄티노플에서 매우 발달한 권선(勸善) 문학(littérature parénétique)은 군주가 신에게서 유래한다는 사상을 가부장적 시혜주의(évergétisme, (영)euergetism)로 보완했는데, 이것은 군주를 백성 모두의 가호자(加護者)로 만들었다. 비잔티움 황제는 신의 벗으로서 자신의 권력을 행사함에 다른 우두머리들을 자신의 주위에 세우는데, 그는 이들의 정신적 아버지이자 형제이고 벗이다. 이들은, 만일 그들이 제국과 유대(紐帶)의 담보로서 세례를 받았다면, 기독교도 주군과 가족 관계이며, 황제는 그들을 아들 혹은 형제라 부르고, 그러지 않았다면 그의 벗이다 — 이렇게 오흐리드의 테오퓔락토스[7]가 로마노스 4세 디오게네스 황제의 젊은 아들 콘스탄티노스에게 설명하고 있다.

이 교리는 황제교의 모든 요소로써 축성되고 찬미된다. 이 종교의 으뜸가는 성소(聖所)는 신성한 궁전이고, 이곳에서 행해지는 의식은 종교 의례의 모든 외양을 갖추고 있다. 이 예법에 의하면 황제가 있는 곳에서는 정숙해야 하며, 황제에게서 물건을 받을 때는 망토 자락으로 손을 가려야 하며(교회 전례 규정이기도 함), 또 알현자가 아무리 높은 직책을 가졌더라도 옥좌 앞 계단까지는 두 고관에게 인도되어 가야 했다. 황제 경배, 즉 엎드려 절하기(proskynèsis)는 의무였고 관리들이 추구하는 특권이었다. 국가 제도로서 황제 경배는 특히 모든 공직 수여 의식에 법적 효력을 부여했다. 비록 시간이 지남에 따라 드물게 행해지긴 했지만 황제 경배는 결코 그 굴종적 성격을 잃지 않았다. 콘스탄티노플 주재 제노바 행정장관(podestat)이 미카엘 8세

---

7) Theophylactos Achridos(11세기 중엽-1126년 이후), 비잔티움의 성직자. 미카엘 7세의 아들 콘스탄티노스 두카스의 사부로서 그의 군주 교육을 위해 『군주의 거울』(1085/86)을 썼고, 알렉시오스 콤네노스에 대한 송시(頌詩)를 썼다.

와 제노바 간 동맹조약 체결 이래 황제 경배를 허락받았을 때 그는 모자를 벗고 황제 앞에서 두 번 무릎을 꿇고, 황제의 발, 손, 뺨에 입을 맞추었다.

황제와 관련된 의식에는 로마에서 기원해 교회가 빌려온 것이 몇 가지 있는데, 행사에서 초와 향을 쓴다든지, 황제와 고관들이 명절이나 그 장엄함의 유형마다 다른 성장(盛裝)을 착용했으며, 리드미컬한 환호라든지, 파이프오르간 소리에 맞춰 부른 성가대 합창 같은 것도 있었다. 성가대 노래 주제는 행사 별로 달랐는데 "별이 태양을 고시하나니, 그리스도가 베들레헴에서 처녀의 태(胎)에서 돋으시므로"라고 기독탄신일 황제가 황궁에서 성 소피아 성당으로 거둥할 때 합창대가 노래했다. 그리고 "따뜻한 봄이 다시 찾아와 기쁨과 건강을 가져오듯이 로마인의 황제께는 하느님이 계신 곳에서 용기와 승리를 나르네"라는 노래가 사육제 기념 운동경기 때 울려 퍼졌다. 마지막 환호는 언제나 황제의 장수와 오랜 치세(治世)를 비는 것이었는데, 이것은 '폴뤼크로니온'(많은 햇수)이란 명칭을 갖고 있었다. 이는 제국 말기에는 단순히 고관들이 황제에게 바치는 의례적 문구에 불과해졌으며, 황제 또한 그들에게 같은 식으로 답했다.

황제의 초상에 행해진 경배에도 같은 전례적 의미가 있었음이 분명한데, 그것은 서약, 행정 결정, 법정 판결과 같은, 초상 앞에서 행해진 공적 행위에 법적 권위를 부여했다. 황제의 초상은 속주들에서 최상의 공대(恭待)로써 맞아들여졌다. 교황 그레고리우스는 603년 로마에서 포카스와 레온티아 황제 부처의 이콘을 받았는데, 이때 이콘들은 라트란 궁에 모인 원로원 의원들과 성직자들의 환호를 받고 팔라티노 언덕에 있는 성 카이사리우스 예배당에 모셔졌다. 14세기만 해도 큰 종교 축제일의 장엄한 행렬에는 성인들 이콘 사이에 황제의 초상을 들고 가는 관례가 지켜지고 있었다. 주화, 귀금속 검사소 검인, 도량(度量) 기구들, 고관들의 관복 위에 새겨진 황제의 초상은 진정성(眞正性)과 법적 효력의 표시였다.

교회 의식과 마찬가지로 황제와 관련된 의식에도 그 연간행사력(年間行事曆)과 고유한 축일들이 있었는데 5월 11일 콘스탄티노플 봉헌일에는 히포드로모스[8]에서 큰 경마 대회가 벌어졌다. 콘스탄티누스 축일(5월 21일)에는 황제가 성 사도 교회 안에 있는 제국 창건자의 무덤에 기도를 올렸다. 그리고 성 엘리야 축일 등 많은 축일이 있었다. 가장 일상적인 의식들로서는 크뤼소트리클리노스에서 황제 알현, 마그나우라 궁전에서 대사들 접견, 행렬, 많은 축일 행사 마지막에 행해진 연회, 오락, 게임, 경주, 연주회, 그리고 황제 장례식 같은 것들이 있었다. 황제 장례식 때는 황제의 시신이 제국 표장에 덮여 전시됐고, 고관들의 경배, 애가 제창, 사제들의 철야기도, 점등, 장례 뒤 종종 행해진 시성식 등으로 황제는 완전히 신과 같은 대접을 받았다.

황제교에도 도상학(圖像學)이 있었는데, 이것은 로마식이기도 기독교적이기도 했다. 황제 초상화는 황제를 혼자 그리거나 여럿이 함께 있는 것들이 그려졌는데, 혼자 있는 황제는 가슴까지 오게, 혹은 전신 정면상, 혹은 옥좌에 앉은 모습으로 그려졌다. 또는 제국의 승리의 도구인 십자가와 함께, 혹은 사탄·이민족 정복자의 모습, 말을 탄 모습, 피정복자의 진상물을 받는 모습, 사냥하는 모습, 히포드로모스에 있는 모습들로 그려졌다. 어떤 그림들은 경배 모습, 그리스도, 성모, 천사 혹은 성인에 의한 황제 서품, 공의회를 주재하는 황제, 그리스도와 함께 있는 황제를 묘사했다. 황제의 지엄함의 주요 성격

---

[8] 원형 경기장. 콘스탄티노플의 대표적인 군중집회 장소다. 전차 경주와 오락 공연 등을 했다.

들이 이런 그림에 나타나 있다. 그러나 특히 주목할 것은 그 성격들의 표현이 점차 기독교 도상학의 일장을 이루게 되었다는 것이다. 비록 그 이교도적 개선식 풍경의 기원을 완전히 잊지는 않더라도 말이다.

관료

황제주의는 비잔티움 제국에서 정치·행정 제도의 근간이었다. 신에 의해 국가의 수반으로 앉혀진 황제는 살아 있는 법률이고, 그의 의지는 제한될 수 없고 삼라만상과 만인, 심지어 교회에까지 미치며, 모든 사람은 그의 신민 혹은 종이다. '종'을 뜻하는 '둘로이'는 '신민'을 뜻하기도 하기 때문이다. 그러므로 신성한 궁전은 황제와 그의 가족의 사적 주거지, 직속 민간·군사 기구 소재지인 동시에 제국 통치의 중심이었다. 모든 공적 사무는 황제와 결부된다. 모든 문관은 궁정에서 그에게 서열을 부여하는 궁정 관등을 가지고 있다. 황제는 다소간 명예직인 궁정 직무에 의해 그 자신의 인신(人身)과 결부된 일꾼들과 함께 통치하며, 마치 자신이 선택한 사람에게 통치의 직분을 내리듯이 자신의 궁전 고용인에게 공무를 맡기고, 관리들 집단 또는 자신의 직속 부서에 배속시킬 수 있다. 이것은 헬레니즘 국가와 아우구스투스가 세운 로마 전제정을 통해 고대 동방 군주정에서 유래한 통치 조직이었다. 비잔티움은 중앙집권 국가였고, 국가적 추진력은 황궁으로부터 나왔다. 황궁은 제아무리 제국이 크고 인종과 주민들의 이해관계가 다양하더라도 자신의 의지를 제국에 관철시킬 수 있었다.

황제의 하인인 동시에 국가 혹은 공익(koinon)의 하인이기도 한 관료들은 하나의 독특한 집단을 이룬다. 그들은 황제로부터 받은 명령을 충실하게 집행해야 하지만 나중에 무거운 형벌을 감수해야 할지도 모른다. 왜냐하면 그들은 국가 권위의 일부를 일시적으로만 위임 받았기 때문이다. 레온 6세(866-912, 재위 886-912)는 9세기 말 다음과 같은 신칙법(『레온 6세 현왕(賢王)의 신칙법』*Les Novelles de Léon VI le Sage*) 명령을 반포했다. "짐이 생각건대 짐의 선임자들〔유스티니아누스 1세와 바실레이오스 1세〕은 국세 징세인들이 규정된 세액을 초과해 징세하려는 죄를 범했을 때, 그 죄에 가장 무거운 벌 —사형—을 주는 법을 반포했지만, 짐이 보건대 죄인을 그런 형으로 다스림은 너무 가혹하다. 그래서 짐은 이 법을 법률에 포함하는 것을 인정치 않으며 그런 죄를 범했다고 판정이 난 자는, 만일 그가 한 번밖에 죄를 저지르지 않았다면, 그가 과도하게 물게 한 세액의 두 배를 변상케 하고, 만일 그가 또 그런 죄를 저지른다면, 그가 부당하게 취한 액수의 네 배를 변상케 하고 명예롭지 못하게 관직을 삭탈할지니라. 차후로는 이것이 그러한 범행의 죗값이 될 것이다." 다른 칙령에서는 "그러한 악행〔거세〕을 시술케 하려고 시술자를 부른 자는, 만일 그가 황제 복무인의 명부에 기재되어 있다면, 먼저 그를 명부에서 삭제하라. 그리고 그는 황금 10파운드의 벌금을 국고에 지불하고 10년간 유형에 처해져야 한다"(피에르 노아이Pierre Noailles, 알퐁스 댕Alphonse Dain 역)라고 정했다.

실제 모든 관리는 황제와 서약으로 맺어졌다. 서약은 "저는 전능하신 하느님, 그분의 독생자이시고 우리 주이신 예수 그리스도, 성령, 거룩하시고 영광스러우신, 언제나 순결하신 하느님의 어머니 산타 마리아 님, 제 손 안의 사복음서, 거룩한 대천사들 미카엘과 가브리엘 앞에서 맹세합니다. 지극히 거룩하시고 지극히 신실한 주인님들이신, 유스티니아누스 님과 그 배필 테오도라 님께 결백한 양심을 지키겠노라고, 그리고 그분들이 자애롭게 제게 맡기신 직무를 충실히 수행할 것을 맹세합니다. 저는 그분들이 제국과 국가의 이익을 위해 제게 맡기신 일에서 연유하는 것이라면 어떤 고난과 고초도 기꺼이 수락하겠습니다. 저는 거룩한 정통 사도 교회, 하느님의 교회와 친교하고 있으며, 어떤 형태로나 어떤 순간에도 교회와 대적하지 않을 것이며, 저의 힘이 자라는 한 누구도 그렇게 하는 것을 허락지 않을 것입니다. 저는 또한 저에게 맡겨진 책무를 위해서나 누군가의 뒷배를 바라고 진실로 아무에게도 아무것도 주지 않았으며 주지 않을 것을 맹세합니다. 또한 황제의 동의를 얻기 위해 극히 영예로운 민정 총독들에게나 다른 행정 담당자들, 그들의 수하들이나 다른 이의 수하에게 아무것도 지방에서 보내겠다고 약속하거나 보내겠다고 수락하지 않았으며, 저의 직무를, 이를테면 보수 없이 받았으며, 국가가 저에게 지급하는 처우에 만족하며, 지극히 거룩하신 황제 부처의 백성들이 보기에 깨끗한 자가 될 것을 서약합니다"라는 엄숙한 문구였다. 이것이 6세기 일리리쿰 민정 총독(le préfet du prétoire d'Illyricum)이 행한 맹세였으며, 그는 또 그가 거느리게 될 사람들에게까지 이 맹세를 확대해, 그들이 그들의 재정에 관한 임무 수행에서 근면하고 사심 없으며, 공정하고 정의로울 것임을 약속하며, 다음과 같이 끝맺고 있다. "만일 제가 모든 면에서 이렇게 하지 못할 때는 이승과 저승에서 우리 위대한 주 하느님과 우리 구주 예수 그리스도의 심판 날 유다의 운명, 기에제〔성서에 나오는 사기꾼〕의 문둥병, 카인의 공포를 받고, 그분들이 신실하게 제정하신 법이 정한 벌을 받을 것을 서약합니다." 로마에서 비롯된 이 충성 맹세는 의심의 여지 없이 5세기에는 완전한 종교적 행위가 됐으며 제국이 끝날 때까지 지속됐다. 14세기의 한 상투적인 문사(文辭)는 다음과 같다. "저는 하느님과 하느님의 거룩한 복음서, 숭고하며 생명을 주는 십자가, 지극히 거룩하신 하느님의 어머니 호데게트리아, 그리고 모든 성인 앞에서 저의 주군이시며 위력(威力) 높고 거룩하신 황제 N〔황제 이름〕께 평생 충실한 하인이 될 것을 맹세합니다. 저는 말로만이 아니라 선한 종들이 그들의 주인에게 바치는 행실로써 충실한 하인이 될 것입니다. 그리고 그분을 위해서만이 아니라 그분이 가지고 있고 앞으로도 가질 존엄함에 있어서도 충실할 것입니다. 저는 그분의 벗의 벗이며 원수의 원수입니다. 그분들,[9] 그분의 존엄함을 해치는 어떤 계획도 기도하지 않을 것이며 그런 일을 하는 데 찬동하지 않을 것입니다. 저는 변절이나 사악한 일을 하지 않을 것이며 모든 나쁜 기도와 그것에 책임 있는 자들의 이름을 황제께 아뢸 것입니다. 저는 황제께서 빈틈없는 진실함으로 공정함 가운데 복되게 통치하신다면 그분의 충실하고 진실한 하인이 될 것입니다. 주인에게 진실하고 올곧은 하인에게서 참으로 요구되는 그러한 충직함으로써 그분을 섬기겠습니다. 그리고 만일 그분이 하느님이 허락하셔서 불행에 빠지거나 유배를 당하신다면 그분을 따라가 그분과 고통을 나누고, 그분과 같이 위험을 무릅쓰며, 제가 죽는 그 순간까지 또 저의 온 생애 동안 그리할 것입니다."
이 서면 서약은 새 황제가 선출될 때마다 갱신됐고, 궁전의 문서고로 옮겨져 장부에 기재됐다. 콘스탄티노플 총대주교와 고위 성직자들은 아마도 8세기 이래 서약이 의무화되었을 것이다(니콜라스 스보로노스Nicolas Svoronos).

관리 채용 방식은 줄곧 일정했다. 관리에게 요구되는 것은 기능적 지식보다는 일반교양이었다. 교양은 서간 작성법, 수사학, 특히 법률 지식을 망라했다. 시험은 어렵고 복잡했으며, 고위 관료들은 몇몇 예외를 제외하곤 언제나 글 읽는 사람들이었다. 모든 저명한 위대한 역사가들도 그들 가운데서 나왔다. 그들은 콘스탄티노플에 대학이 존재했을 때는 대학에서 교육을 받았으며, 그러지 않았을 때는 자비로

---

9) 또는 그분과 가까운 사람들.

개인 교수에게서 수학했다. 원칙적으로는 최고위층 관료라도 제국의 모든 신민에게 문호가 개방되어 있었다. 지방의 빈한한 집안 출신자라도 콘스탄티노플에 유학 와서는 관청에 하급 관료로 취직해 최상급 관료로 승진할 수 있었다. 6세기 유스티니아누스의 강력한 재상이었던 카파도키아의 요안네스는 병대장(兵隊長) 사무관으로 관리 생활을 시작했고, 11세기 빈한한 출신이었지만 재능 있고 야심만만한 사람들이었던 니케포리제스(환관), 프셀로스, 크시필리노스, 레이쿠데스, 요안네스 마우로푸스 들은 이렇게 벼슬길을 헤쳐 올라갔으며, 14세기 알렉시오스 아포카우코스는 동방 테마들 군대 지휘관(domesticos) 지휘소 하급 서기에서 출발해 그의 보호자를 대체하기에 이르렀다. 그리고 무능했지만 순차적으로 파라코이모메노스, 세무관, 메가둑스(해군 제독), 수도 총독의 자리에까지 올랐다. 그렇지만 일찌감치 유력한 대지주 가문들이 고위직을 독차지했으며, 12세기 이후로는 가장 높은 관료 자리는 지배 왕조 친인척들 차지가 되어버렸다. 이렇게 완전한 관료 계급이 형성됐다. 성직자들과 심지어 수도승들도 민간·군사 직무를 담당할 수 있었다. 7세기 말 수도승 테오도토스는 일종의 재무장관인 로고테테스장(logothètes général)이 됐다. 다음 세기 초 이 직책은 성 소피아 성당 부제(副祭)에 의해 수행됐고, 이 부제는 또 함대 지휘관 직을 제수받았다. 성직자들의 제국 행정 간여는 14세기와 15세기에 특히 빈번하게 일어났다.

모든 직책은 반포된 법률에 아랑곳하지 않고 돈으로 매매됐으며 레온 6세는 벼슬 가격표까지 정했는데, 이 가격은 관등뿐만 아니라 청구 가능한 급여 유무, 크뤼소트리클리노스에 들어갈 권리 유무에 따라서도 달랐다. 어떤 이들에 따르면(안드레아스 안드레아디스 André Andréadès, 폴 르메를 Paul Lemerle) 이 액수는 벼슬 지망자에게는 종신 투자와 같았는데, 당연한 일이지만 상서성(chancellerie)이 청구할 수 있는 모든 임명이나 승진에 관한 수수료에 덧보태지는 것이었다. 콘스탄티노스 7세 포르피로겐네토스가 전하는 한 잡기(雜記)는 국가가 이 과정에서 한 일을 노골적으로 증언하고 있다. 크테나스라고 하는 한 늙은 사제가 있었는데, 노래에서 그를 맞설 자가 없었고 큰 부자였다고 한다. 그는 에피쿠출론이란 연회복 망토를 입기 위해 아주 높은 지위인 프로토스파타리오스가 되길 원했고, 또 옥좌가 있는 홀[10]에서 가까운 라우시아코스 궁전 홀에 앉을 권리를 얻고자 했는데, 이 홀은 보통 높은 관리들이 모여 황제를 알현하거나 어떤 행사가 치러질 때 황제를 수행하는 곳이었으며, 이곳 좌석은 관리들의 등급에 따라 미리 배정됐다. 프로토스파타리오스의 봉급은 1파운드[11]였고 벼슬 가격은 12-18파운드였다. 크테나스는 40파운드를 제의했으나 황제는 사제가 프로토스파타리오스가 된다는 것은 완전히 논외의 일이라고 생각했다. 그러자 크테나스는 다시 20파운드 상당의 보석과 가구를 내놓겠다고 했다. 황제의 총신 파트리키오스 사모나스가 중재에 나섰고 레온 6세가 물러서기에 이르렀다. 두 해가 지나 크테나스는 죽고 말았지만, 이러한 관리 충원의 악습은 지속되었고, 12세기 후반의 한 증언에 의하면 황제는 '마치 시장에서 과일을 팔듯이' 벼슬을 팔았다고 한다. 이러한 국가 재정 거래의 규모를 추정하기 위해서는 콘스탄티노플 한 곳에만 수천 명을 헤아리는 관리가 있었다는 것을 고려할 필요가 있다.

공무 취임에 앞서서는 다소간 장중한 의식이 행해졌는데, 항상 그 중심이 됐던 것은 황제 경배였다. 임관자는 이때 예복을 수여받는데, 그 색과 장식은 축제에 따라 달랐다. 9세기 렉토르는 금실로 짠 어깨

---

10) 크뤼소트리클리노스 궁전.
11) 금화의 무게로 잰 액수.

를 덮는 두건과 금실로 수를 놓은 소매가 달린 흰색 장삼(robe), 금실로 수를 놓은 망토, 그리고 금실로 짠 장미를 여기저기 수놓은 자줏빛 보를 수여받았다. 유행 또한 한몫했는데, 의상은 후대로 올수록 덜 헐거워졌고, 진주와 보석을 치렁치렁 달아 점점 더 화려해졌으며, 챙모자는 14세기에 이르러 각각의 관등에 특유한 표지로서 필수 요소가 됐다.

직책마다에는 황제가 특정한 날 하사하는 급료와 선물이 포함됐다. 모든 관등은, 적어도 9세기부터는, 비록 아무런 직무가 없는 관등일지라도 급료를 받을 권리를 내포하고 있었다. 급료는 성대한 의식 중에 지급됐는데, 그것은 성지절(聖枝節)을 앞둔 주에 행해졌다.

팔뚝 열 개만큼의 길이와 팔뚝 네 개만큼의 너비를 한, 금화를 넣어 불룩해진 주머니들을 올려놓은 테이블이 놓이고, 주머니들 위에는 수령자들의 이름을 새긴 명패가 놓여 있다. 수령자들은 아주 질서정연하게 황제 앞을 통과하기 시작했고, 이들을 한 명 한 명 관등 순서대로 호명관이 호출했다. 궁정 렉토르가 처음으로 불려 나왔고, 의전관이 그의 (손이 아니라) 어깨에 금화가 든 주머니 몇 개와 네 폭의 스카라만기온〔의전용 망토〕을 올려주었다. 그를 이어 스콜라이 부대장과 함대장이 테이블로 다가왔다. 그들은 같은 급이었고 같은 양의 금화와 스카라만기온을 받았다. 그들이 받은 하사품은 어깨에 지고 가기 힘들 만큼 많았기 때문에 종자(從者)들의 도움을 받아 앞에서 끌고 가야 했다. 그다음에는 마기스트로스들 한 사람 한 사람에게 하사품이 배부됐는데, 그들은 24명이었고, 각각 금화 24파운드와 두 폭의 스카라만기온을 받았다. 그다음 테이블로 온 열은 파트리키오스들이었는데, 그들은 각각 금화 12파운드와 스카라만기온 한 폭씩을 받았다. 그들 다음에 테이블로 다가온 사람들은 이제 나는 관등도 받은 액수도 알지 못했다. 호출될 때마다 프로토스파타리오스, 스파타로칸디다토스, 코이토니테스, 망글라비테스, 프로토카라보스의 엄청난 무리가 차례로 자신들의 이름을 되뇌고 나와 자신들의 관등에 맞추어 7, 6, 5, 4, 3, 2, 1파운드씩을 받았다. ……성지주간(聖枝週間) 다섯째 날 시작되어 하루에 한 시간에서 네 시간까지 지속된 의식은 여섯째 날, 일곱째 날에도 되풀이됐다. 금화 1파운드 이하의 급료를 받는 관료들은 황제의 손에서가 아니라 파라코이모메노스의 손에서 받는다. 급료를 하사하는 의식은 부활절 전에도 1주일 내내 진행된다. (오토 1세의 사절 크레모나의 리우트프란트가 950년에 이 의식을 보고 기술함.)

이 원칙은 그대로 유지되어 11세기 노모퓔락스, 즉 '법률 교사'(디다스칼로스)는 금화 4파운드와 자주색 망토 한 폭을 황제에게서 받았으며, 그밖에 현물 수당을 받을 권리를 가졌던 것이 확인된다. 그렇지만 이후에는 제국 경제 상황의 악화로 녹봉 지급은 불규칙하게 되고, 지방 관리들은 납세자들을 통해 그것을 벌충했다.

비잔티움 제국의 행정기구와 관직 구성의 진화와 발전은 사전 계획 없이 그때그때 이루어진 조정의 결과로, 그것은 제국을 이루는 수많은 지역의 변화하는 삶 속에서 부단한 적응 하에 이루어진 것이며, 교조주의와 정확하게 반대되는 유연함에 기반한 것이었다.

4세기 콘스탄티누스는 전 세기 디오클레티아누스가 민간인 직분을 군대화한 시스템을 개혁했다. 황제에게 책임져야 하는 몇 명의 우두머리들이 관서들을 지휘했고, 그들 휘하에서 직분에 임용된 사람들은 여러 층위의 위계질서로 짜여졌다. 이제 민간인 권력과 군인 권력은 분리됐고, 정부 기구는 이중의 위계질서를 가지게 됐다. 동방도(道)[12] 민정 총독 한 명을 제외하고 옛 민정 총독들은 지방 관리가 됐고, 그들의 군사 관련 업무는 박탈당했다. 그들의 직분은 새로운 관서장들에게 배분됐다. 궁내부(宮內府) 주사(magister officiorum)가 많은 서기국(scrinia)을 거느리고 궁중 사무를 보았다. 그는 궁정 근위대(스콜라이 부대)의 수장이었다. 그는 또한 무기고, 우정(郵政), 치안 일을 맡아보았다. 궁정 재무관(questeur du palais sacré)[13]은 자신의 서기국과 함께 칙명을 작성하고 배포했다. 그는 황제의 법률에 관한 권능을 대표했으며, 카시오도루스에 의하면, "그의 법률 지식, 언변은 탁월해" 주권자의 생각이라고 간주되는 것을 "그 누구도 흠잡을 수 없어야 했다." 재정 사무는 공적 은사(恩賜) 업무(les largesses sacrées)와 황제 개인 재산 업무(domain privée)를 보는 서로 독립된 두 개의 부처 사이에 분담됐다. 전자[14]는 한 명의 코메스[15]의 업무로 사치세로 조달된 재원(財源)을 황제가 군대, 관리, 대사, 그리고 외국 군주들에게 선물로 하사하는 일을 담당했다. 그는 코메스들, 그리고 재무 행정 관리(procureur)들을 통해 세관, 광산 채굴, 국가 제작소,

---

12) 디오클레티아누스의 지방 행정개혁에서 기원하고 콘스탄티누스가 순전히 민간 행정 단위로 다시 고쳐 만든 제국의 가장 큰 지방 단위. 동방도 외에 갈리아, 이탈리아, 일리리쿰도가 있었다. 그 수장은 민정 총독(praefectus praetorio)이다. 도의 하부 단위는 주(州, dioecesis), 주의 하부 단위는 속주(provincia)다.
13) 그리스어로 코이아스토르라고 함. 로마 공화정 기 원래 재무 행정 혹은 중범죄를 다스리는 직을 맡은 선출직이었으나 나중에 황제와 집정관을 보좌하고 원로원 의사록을 작성했으며 지방에 파견되어 재무·행정을 맡기도 했다. 디오클레티아누스 이후 권한이 축소됐다. 콘스탄티누스 대제는 궁정 재무관(quaestor palatii sacrii)이란 직을 만들어 조칙 작성, 법전 편찬 같은 직책을 맡겼다. 뒤에 다시 성격이 바뀌어 원래의 직무를 잃고 수도 인원 출입 감시와 약간의 재판 업무를 수행하게 됐다(228-230쪽 참조). 사법적 성격이 강할 때는 '검찰관'으로 번역되기도 하나 통일성을 위해 모두 '재무관'으로 번역했다.
14) 이 관청의 장은 어사관(御賜官)이라 번역함.
15) '황제와 동행하는'이란 뜻으로 고위 관직에 붙는 작호.

화폐를 감독했다. 개인 재산 업무 담당 코메스는 자기 휘하에 각각 카파도키아와 아프리카의 황실 재산 관리인 코메스, 그리고 전통적 은급(恩給), 특히 교회에 사적 기진(寄進)을 담당한 코메스를 거느렸다. 시종장(praepositus sacri cubiculi)은 환관으로서 황제 거주 공간을 맡아 다스렸다. 그의 직접적인 대리인, 파라코이모메노스('황제 옆에서 자는 자')라고도 불린 침전 프리미케리오스(수장), 그리고 시종 집단과 함께 한 그의 존재는 궁정에서 아주 중요했으며, 경우에 따라서는, 예를 들면 대관식 같은 때 가장 중요한 역할을 했다. 이러한 다섯 명의 관서장들이 군주의 고문회(顧問會)[16]에 속했다. 이것은 국사 협의기구이자 최상급 법원으로, 그밖에 '고문회 코메스'라 불린 일정 수의 고정 인원을 포괄했으며, 업무 수행 시 한 명의 프리미케리오스에 의해 지휘되는 유력한 공증관 조합(schola notariorum)의 보조를 받았다.

앞에서 보았듯이 4세기 끝 무렵 지방 행정은 네 개 도(道), 즉 동방, 일리리쿰, 이탈리아, 갈리아도 들로 조직됐다. 민정 총독은 그들의 담당구역에서 마치 황제처럼 통치했다. 그들은 법률을 제정했고, 상고심 없는 재판을 했고, 제국 우정(郵政), 공공 공사(公共工事), 현물세 수송, 그리고 교육까지도 지휘했다. 그들은 관리와 군인에게 봉급을 지급했고, 군대를 징집하고 무기고를 감독했다. 그들 밑에는 특화된 ─ 세금, 군사 예산, 무기고, 공공 공사 ─ 부처들이 있었고, 많은 국가 관원 고용인(서기, scriniarii)들이 배속됐다. 아프리카 민정 총독은 6세기 거의 4백 명의 부서원들을 거느렸던 것으로 보인다.

민정 총독의 군사 사무는 콘스탄티누스 때 병대장에게로 넘어갔는

---

[16] 원어 consistorium은 '황제의 면전에서 조용히 서 있음'이란 뜻으로, 황제와 아주 가까운 중신들의 협의 기구를 이른다.

데, 이들은 관록 있는 군인 가운데서 선출됐으며, 휘하에 속주 주둔 군 지휘관(둑스)들을 거느렸다. 궁정 관등 서열에서 병대장은 도 민정 총독과 콘스탄티노플 총독 다음이었다.

관리들은 민간과 군을 막론하고 관등에 따라 4세기 그들의 직분에 결부된 작호를 받았다. 이 작호는 직함을 이를 때 항상 먼저 불려졌다. 작호는 너무나 헤프게 남발되어 시간이 지남에 따라 평가 절하됐고, 고위 관료들에 대해서는 새로운 명명법으로 대체됐다. 그래서 6세기 '클라리시무스'(람프로타토스)는 아직 콘스탄티노플 총독(préfet de la ville[17])) 작호로 사용됐으나 원로원 의원에게는 더 이상 사용되지 않았고, 부서장이나 지방 연락관들에게 쓰이기 시작했다. '스펙타빌리스'(페리블렙토스) 작호는 이전에는 고위 관료(동방 코메스)들에게만 허용됐으나 이제는 속주 총독들이 사용하게 됐다. '일루스트리스'(엔독소스)는 고위 장교들에게, 그리고 퇴직한 관료들에게도 사용됐다. '마그니피쿠스'(메갈로프레페스타토스)는 다른 작호들을 덧붙여 집정관과 파트리키오스에게 사용됐고, 단독으로는 그들의 부하들에게 사용했다. 마지막으로 '글로리오수스'(엔독소타토스)는 5세기 때 만들어졌는데, 줄곧 궁정 관리들의 작호였다.

작호 소유자들은 사법에 관한 특혜와 다양한 명예를 누렸다. 그들의 배우자에게도 그들의 작호가 사용됐다. 유스티니아누스 때까지만 해도 가장 높은 벼슬은 집정관 직이었지만, 이 직책은 너무나 큰 부담을 떠안아야 했다. 집정관에 새로 선출된 자는 1월 첫 주 동안 볼거리 행사 비용을 대고 민중들에게 돈을 나누어주어야 했기 때문이다. 521년 첫 번째로 집정관이 된 유스티니아누스는 이런 명목으로

---

17) éparque(eparchos) de la ville라고도 한다. 원래 로마 총독을 지칭했으나 콘스탄티누스 대제 때 콘스탄티노플 총독직으로서 창설됐다. 〈용어 해설〉 '콘스탄티노플 총독' 항을 보라.

8백만 파운드를 썼다. 그리해 얼마 안 있어 황제 한 사람만 종신 집정관으로 남게 됐고, 황제는 집정관 작호를 즉위와 함께 수여받았다. 7세기 이후에는 집정관 수여 의식이 무시됐고, 2세기 뒤에는 오랫동안 사람들의 뇌리를 떠난 집정관 직이 폐지됐다.

어떤 이들은 유스티니아누스의 방대한 법전 편찬 사업에 현혹되어 6세기가 근본적인 변화의 시기라 믿지만, 이 시기는 그렇다기보다는 언제나 제국의 구체적 상황에 민감했던 권력이 구상하여 실행한 행정 재조직 시기로 보아야 한다. 중앙 행정은 분할되어 황실 재정은 어사관(御賜官) 코메스의 소관을 벗어났고, 황실 개인 재산 관리인 코메스는 그의 두 명의 부하, 즉 말 사육 담당 로고테테스와 마사(馬事) 코메스가 대체했고, 황궁 부처들의 중요성이 커져 황제는 그의 마음에 드는 사람에게 민간·군사 업무를 맡겼다. 이렇게 트리보니아누스[18]는 궁내부 주사와 궁정 재무관을 겸직했다. 지방 행정은 늘 지방 사정을 고려했다. 이집트 주(州)가 폐지되고 아우구스탈리오스 알렉산드리아 총독은 일반 총독이 됐다. 그리고 동방 민정 총독에게 직속한 다섯 개 독립 속주는 두 영역, 즉 군사와 민간 영역에서 한 명의 둑스가 다스리게 됐는데, 이 둑스는 주로 궁정 귀족 중에서 선출됐으며, 그의 군대는 국방, 치안, 수세(收稅) 업무를 동시에 수행했다. 재정복된 이탈리아와 아프리카 영토를 롬바르드인과 베르베르인의 침입으로부터 지켜내기 위해 방책을 강구한 결과 비잔티움 정부는 이 두 속주를 총독령(exarchat)이란 명칭하에 완전히 군사적으로 재편해, 6세기 말 이래 총독(엑사르코스)들을 재정, 사법, 공공 공사, 영토 수호의 전권(全權)을 갖게 해, 그들에게 마치 대공(大公)이

---

18) Tribonianus(475년경-547), 팜필리아 출신 법률학자. 529년에 궁정 재무관에 취임했고 두 차례 법전 편찬 작업에 참여했다.

그의 공국(公國, duché)에서 갖는 것과 같은 주군(主君)의 권한을 갖게 했다. 단 시칠리아는 한 명의 파트리키오스가 다스리는 독특한 정부 형태를 유지했으며, 파트리키오스는 이제 관등 서열에서 최고위가 됐다.

아바르-슬라브인, 불가리아인, 아랍인의 침입으로 영토와 자원이 줄어든 제국은 7세기에서 11세기 말에 걸쳐 또다시 행정개혁을 단행했다. 황제 금고(사켈리온)의 장(長)인 사켈라리오스가 어사관 코메스와 황제 개인 재산 관리인 코메스를 대체했고, 도(道)의 세 재정 관련 부서, 즉 스트라티오티콘(군대), 게니케 트라페자(일반 재정), 이디케 트라페자(특별 재정)가 3인의 로고테스 부서장의 지도 아래 자율 부서가 됐고, 얼마 안 있어 이것들에 제4의 로고테스, 국가 역참 제도(드로모스)를 맡은 로고테스가 추가됐다. 이 마지막 로고테스는 궁내부 주사의 직무 일부분을 자신의 직무로 했고, 궁내부 주사는 궁정 사무밖에 보지 않게 됐다. 궁내부 주사의 나머지 직무들은 스콜라이 부대(근위대)의 장 도메스티코스, 부서들의 우두머리 재무관, 청원 처리관, 의전관에게 분산됐다. 이들은 거의 모두가 옛 고위 장교 부하들이었다.

중앙 행정의 탈집중화는 국토를 새로이 테마들로 나누었다. 이 '테마'는 아마 초기에는 '군대 명부에 등록된 군부대'를 의미했는데, 나중에는 일반적으로 군부대를 의미하다가 8세기에는 '어느 한 속주에 숙영하는 군부대, 그리고 결국에는 속주 자체, 또는 숙영하는 군대의 군사·행정 관할구역'(아고스티노 페르투지A. Pertusi)을 의미하게 됐다. '옵시키온'이나 '부켈라리오이 부대' 같은 역사적인 이름을 가진 옛 특별 부대들은 그들의 부대 이름을 그들이 정착한 지역에 주었고, 다른 행정 테마들 — 아르메니아코이, 아나톨리코이 등 — 은 그 명칭을 그곳을 점령했던 부대 이름에서 따왔다. 이러한 근본적인 속주 행정개혁으로 굳어진 변화는 황제권 절대주의 이론가들에게는 황제 권력에 대한 한 제약처럼 비쳤는데, 황제는 자신의 민간·군사 권한 일부를 각 테마의 수장으로 임명한 군대 사령관들에게 위임했던 것이다. "비잔티움 제국은 동과 서에서 줄어들고 잘려 먹혔는데, 헤라클레이오스 황제(575년경-641, 재위 610-641)의 후계 황제들은 그들의 힘을 더 이상 어디에 어떻게 쓸지 몰라 그들의 지휘권과 대단위 군대들을 잘게 쪼개버렸다. 그들 조상의 언어 라틴어를 버리고 그리스어를 채택하며"라고 콘스탄티노스 포르퓌로겐네토스가 쓰고 있는데, 이것은 물론 콘스탄티노스가 이상적인 로마 제국에 대한 박학한 인용과 더불어 제시한, 국방의 필요에 초래된 제국 속주 행정 새로 짜기의 군사적 표현일 뿐이다. 하지만 뒤에서 보게 되겠지만, 이것은 또한 속주의 경제·사회적 발전이 불러온 것이기도 하다.

이 역력한 행정개혁은 기구 서열에서 중요한 변화를 동반했다. 이제부터는 궁정이 행정 체제 전체보다 우위에 서게 됐고, 관등과 그것에 결부된 직책은 구별할 수 없게 됐다. 황제 연회 의전 담당 궁정 관리 아트리클리네스였던 필로테오스가 9세기 말 작성한 좌석 순서 규정을 보면 이 시기 사용된 작호(爵號)들과 직책들에 관해 아주 일목요연한 그림을 그릴 수 있다. 명심해야 할 것은 비잔티움에서는 작호든 직책이든 그 어느 것도 대물림되지 않았으며, 그 어느 것이나 황제의 의지에 달렸다는 것이다. 작호를 수여받은 사람들은 이런 식으로 불렀다.

1) 니케포로스, 프로에드로스[19] 겸 테살로니키 둑스, 보타네이아테스(가문 이름이 마지막에 옴)

---

19) 〈용어 해설〉 프로토프로에드로스 항을 보라.

2) 프로코피오스, 파트리키오스, 황실 프로토스파타리오스 겸 시칠리아 스트라테고스(직책명으로 끝남)
3) 요안네스, 마기스트로스, 프로콘술, 황실 프로토스파타리오스 겸 드로모스 로고테테스
4) 안드로니코스, 프로토프로에드로스, 프로토베스티아리오스 겸 동방 스콜라이 부대 도메스티코스, 두카스 등

관등은 죽을 때까지 유지됐으며, 특정한 휘장과 함께 수여됐다. 이것에는 서로 병행하는 두 개의 계열이 있었는데, 그것은 수염 난 남자들[20]에게 수여되는 관등과 군주가 환관에게 수여하는 관등이었다. 첫 번째 계열 중 가장 높은 관등은 카이사르, 노빌리시무스, 쿠로팔라테스(이것들은 황실 사람들에게만 수여됐다), 허리띠를 찬 파트리키아(궁정 여인들에게 수여됐다), 마기스트로스, 베스테스, 프로콘술(안튀파토스), 파트리키오스 들이었고, 그다음으로는 허세를 위한 관등들이 있었는데, 비스-콘술 혹은 디스휘파토스, 콘술 혹은 휘파토스, 베스티토르, 실렌티아리오스(황제 면전에서 질서를 담당), 엑스-에파르코스-스트라텔라테스 들이었고, 국가에 상당액 기부가 따랐으며 고정 연봉이 주어졌던 관등들(프로토스파타리오스(수석 검사劍士), 스파타로칸디다토스, 스파타리오스(검사), 스트라토르(말몰이꾼), 칸디다토스(황제 근위병), 어용御用 만다토르(전령))이 있었다. 환관들의 관등도 최초 납입이 따랐고 연봉을 포함했는데, 프로에드로스, 즉 원로원 의장,[21] 베스타르코스(베스테스들의 수장), 베스테스,

---

20) 즉, 환관이 아닌 남성들.
21) 프로에드로스란 관직 명칭은 960년 니케포로스 포카스 때 처음 등장한다. '앞에 앉는다'는 의미로서 원로원(255-259쪽 참조) 의장의 직책이었으며 명목상 민간인 작호 중 최고 직급이었다. 그러나 니케포로스 때 실권은 쿠로팔라테

파트리키오스(이 둘은 수염 난 남자들에게도 수여됨), 시종장, 프로토스파타리오스(수염 난 남자들에게도 수여됨), 프리미케리오스, 오스티아리오스(문지기), 스파타로쿠비쿨라리오스, 쿠비쿨라리오스(방지기 환관), 닙시스타리오스(황제가 세수할 때 대야와 황금 수병을 바치는 직)가 있었다.

직책들은 구두(口頭)로 수여되는데, 아래 부서에 대한 명령 권한을 가지며, 사람에게서 사람으로 쉽게 넘어갔다. 이러한 직책들은 큰 민간 행정기관의 수장들이 가졌다.

수도의 환관들은 특별히 궁전에서 그들에게 할당된 직책들을 가졌는데, 파라코이모메노스(침전 수장), 프로토베스티아리오스(황제의 개인 의상 보관소 및 금고vestiarion 담당), 궁정 요리 담당, 핑케르노스(술병 따르는 사람), 파피아스(대궁전 문지기)였다. 몇몇 직책들은 사람을 보고 만든 것이었는데, 온전한 행정적 권한을 가진 바실레오파토르, 세바스토포로스, 막대한 수입을 관장한 렉토르, 교회와 관련된 셍켈로스(총대주교 상임 보좌관이자 고문), 의전관, 아우구스탈리오스가 그러했다.

수도의 주요 부서들

1) 황실 상서성에서는 프로타세크레티스가 비서들과 함께 황제와 관련된 문서들을 작성하고 청서(淸書)하는 일을 맡았고, 또 사법·입법적 권능도 지녔으며, 잉크병지기는 황제 관련 문서들의 내용을 검토하고 정해진 장소에 문서가 진본임을 입증하는 주홍색(丹沙) 사인

스가 행사했다. 처음에는 환관 직인 파라코이모메노스가 겸직했다. 11세기 2사반세기부터 환관이 아닌 사람에게도 독립적으로 수여되다가 같은 세기 중반에 다시 환관의 직책으로 돌아왔다. 12세기 중반 이후로는 다시 언급되지 않는다.

을 했다.

2) 드로모스 로고테테스는 역참·외교 업무를 수행했다. 그는 프로토노타리오스[22] 한 명과 드로모스의 카르툴라리오스의 보조를 받아 역참 제도의 회계 업무를 돌봤고, 에피스켑티테스는 부처가 수입(收入)을 걷는 영지를 운영했으며, 역관들도 그의 업무를 도왔다.

3) 황실 사켈라리오스는 국가 재정 업무를 수행했다. 사켈라리오스는 국가 재정을 감독했고, 각 세크레톤(사무국)의 노타리오스들과 만다토르들이 그를 대행했다. 게니콘(일반 출납처) 로고테테스는 제국의 세무 전반을 지휘했는데, 휘하의 카르툴라리오스들은 지적(地籍) 관리, 테마의 에폽테스들은 지적 수정, 디오이케테스들은 세금 징수, 콤메르키아리오스들은 상품 유통과 판매에 붙는 1할 세인 콤메르키온 징수 업무를 수행했다. 그리고 오이키스티코스(직무는 확실치 않음)와 황실 영지 관리 쿠라토레이아(행정) 책임관이 그의 수하였고, 물 코메스들은 상수도를 운영하고 그 이용료를 징수했다. 스트라티오티콘(군대) 로고테테스는 군대의 징집과 예산을 책임지고 군인 명부를 작성했는데, 군인 명부를 담당한, 스트라테고스 휘하 테마(속주 주둔군) 카르툴라리오스들, 타그마(용병대) 카르툴라리오스들과 함께 업무를 수행했으며, 아마도 치안 업무를 수행한 레가타리오스들, 병사들에게 봉급을 나누어준 옵티온들도 거느렸다. 사켈리온(금고) 수장은 국가 금고를 책임졌는데, 휘하의 황실 노타리오스들은 중앙 부처의 장부를 관리했고, 테마 프로토노타리오스들은 스트라테고스 밑에서 테마들의 민정(民政)을 책임졌지만 보고는 콘스탄티노플에 직접 했다. 그리고 그의 휘하에는 어제(御製) 경화(硬貨)의 무게와 성분함량을 감독하는 한 명의 쥐고스타테스, 그 업무가 확실치

---

22) '프로토스'(제일의)+'노타리오스'(공증관 혹은 서기).

않은 메트레테스들, 접빈 담당 크세노도코스들, 양로원 원장 게로코모스들, 병원 카르툴라리오스들 등이 있었다. 국가 베스티아리온 담당관은 함대의 의장(艤裝)을 담당했는데, 휘하에는 황실 노타리오스들, 한 명의 켄타르코스(백인대장), 한 명의 레가타리오스, 한 명의 콘스탄티노플 해군 병기 담당 엑사르티스테스 등이 있었다. 에이디콘은 특히 원로원 의원들의 봉급을 지출하고 황금 혹은 비단 같은 귀중품들을 보관하는 금고였는데, 그 담당관은 몇 명의 황실 서기와 에르고도시아(황실 제작소들) 아르콘을 거느렸다. 대(大)쿠라토르(grand curateur, 나중에 자선기관 회계관으로 대체됨)는 황제 개인 영지 관리인이었는데, 휘하에 프로토노타리오스들, 노타리오스들, 궁궐 쿠라토르들(curateur des palais), 영지 쿠라토르들을 거느렸다. 그리고 망가나(황제 영지) 쿠라토르가 있었고, 오르파노트로포스는 콘스탄티노플 성 바울 고아원(오르파노트로페이온) 원장으로서 카르툴라리오스들, 한 명의 아르카리오스(회계관), 쿠라토르들을 거느렸다.

4) 사법 사무는 콘스탄티노플에서 총독(eparchos)에 의해 행해졌는데, 그는 민·형사 사건에 판결권을 가졌고 다른 법정들에서 오는 상소를 수리했으며, 그의 판결은 황제에게밖에 항소할 수 없었다. 총독은 이외에도 치안부대와 함께 도시 행정—상행위, 식료품 조달, 물가, 동업조합, 외국인, 볼거리, 풍기(風紀) 감독—을 맡았다. 보좌 관리로는 한 명의 부관(symponos), 재판소(그리고 감옥) 로고테테스, 지역 판사들(콘스탄티노플 14개 구 일심 판사들), 두 명의 수석 비서(프로토칸켈라리오스)와 몇 명의 비서(칸켈라리오스), 한 명의 켄투리온(백인대장), 네 명의 에폽테스(세무 장부 작성관), 몇 명의 엑사르코스(여러 동업조합장), 서기 집단, 12명의 게이토니아르코스(도시 내 구역 수장), 상품을 검사하고 총독의 도장을 찍어주는 불로테스들, 그리고 파라탈라시테스(탈라사는 바다를 의미) 한 명이 있었는데, 그

는 콘스탄티노플항에 들어오는 상선들을 통제했다. 사법 행정은 또한 재무관에 의해서도 수행됐다. 이 관리는 문서 위조 사건, 가족법을 담당했고, 수도로 오는 지방민을 감시했으며, 10세기까지는 황제의 신칙법(novella)을 편찬했는데, 편찬 작업은 전사자(轉寫者), 서기 등이 보조했다. 재판은 또 총독과 재무관의 법정에 조수로서 소속된 판사(크리테스)들도 담당했고, 이들은 테마 판사로도 임명됐다. 청원 담당관은 황제에게 오는 소청을 검토했고, 가끔 그 자신이 답을 주기도 했다. 다른 관리들도 사법 업무를 수행한 걸로 보이는데, 그들은 10-11세기 활약한, 뮈스티코스, 뮈스토그라포스, 휘파토스, 그리고 켄소르, 엑삭토르, 테스모퓔락스다.

5) 데모스는 콘스탄티노플 민중들이 그 주위에 무리 짓는 히포드로모스(원형경기장) 파당(派黨)이었는데, 데마르코스가 지휘했고, 데우테레우온(둘째가는 사람), 카르툴라리오스들, 서기들, 그들이 참가하는 행사에 쓸 환호와 노래 작사·작곡자들, 게이토니아르코스들(도시 변두리 구역들 수장들)이 그를 보좌했다. 데모스는 여러 등급의 마부들과 아마도 데모테스라 불린 회원들로 구성되어 있었다.

6) 궁궐 수비를 맡은 헤타이레이아(동무들) 부대는 헤타이레이아르코스가 지휘하는 보통 외국인들로 채워진 몇 개 부대로 이루어졌다. 또 망글라비타이 부대, 즉 망글라비테스들은 황제 신변 경호를 맡았고, 곤봉(망글라비아)으로 무장했지만 칼과 도끼로도 무장했다. 황군(皇軍, 바실리코이)도 있었는데 한 명의 프로토스파타리오스 혹은 카테파노가 지휘했다. 이밖에 타그마 부대들도 궁궐을 수비했다.

7) 타그마는 직업군인으로 구성된 기동타격대로 수도나 인접 속주에 주둔했다

(1) 스콜라이[23] 부대는 처음에는 한 명의 도메스티코스가 지휘했으나 나중에는 두 명의 도메스티코스(동방 스콜라이, 서방 스콜라이)가 지휘했고 한 명의 토포테레테스라 불린 부관, 한 명의 카르툴라리오스, 몇 명의 코메스, 몇 명의 하급 도메스티코스, 한 명의 프로엑세모스, 몇 명의 하급 장교가 보좌했다.

(2) (동·서방) 엑스쿠비토이 부대는 두 명의 도메스티코스가 지휘했는데, 휘하에 한 명의 토포테레테스, 한 명의 카르툴라리오스, 몇 명의 스크리본(연대장), 몇 명의 프로토만다토르, 몇 명의 만다토르, 몇 명의 레가타리오스, 몇 명의 기수(旗手), 시나토르라 불린 몇 명의 하급 장교가 있었다.

(3) 순라군 혹은 아리트모스는 특히 궁궐 수비와 법정이 자리 잡은 지붕 달린 히포드로모스 경비를 맡았고, 처음에는 한 명의 드롱가리오스, 나중에는 한 명의 대(大)드롱가리오스가 지휘했고, 한 명의 토포테레테스, 한 명의 카르툴라리오스, 한 명의 아콜루토스, 몇 명의 연대장 코메스, 몇 명의 백인대장(켄타르코스), 몇 명의 기수와 하급 장교들이 그를 보좌했다.

(4) 히카나토이 부대는 809년 니케포로스 1세가 창설해 그의 아들[24]에게 준, 당시 유력 가문 자제들로 구성된 개인 경호 부대에서 기원한 부대로서, 한 명의 도메스티코스가 지휘했고, 아리트모스 부대와 유사한 장교와 하급 장교 집단이 그를 보좌했다.

(5) 아타나토이(불사자不死者) 부대는 동일한 위계질서를 가졌다.

(6) 사트라파이와 바르바로이 부대는 잘 알려져 있지 않다.

---

23) '스콜레'의 복수.
24) 정확하게는 그의 손자(니케타스)다.

장군급 지휘관들은 이전에는 일시적으로 작전이 있을 때만 임명됐으나 10세기 후반부터는 그 직책 칭호를 유지하게 됐다—스트라토페다르코스는 동·서방 군대의 장군들로, 종종 환관들이 임명됐고, 호플리타르코스 혹은 아르케게테스는 작전 중 혹은 방대한 지역의 보병 총사령관이었으며, 그들의 부하 탁시아르코스는 천인(千人) 보병연대를 지휘했다.

8) 콘스탄티노플 3대 감옥인 누메라, 프라이토리움, 칼케는 각각 한 명의 도메스티코스, 총독, 한 명의 성벽 담당 코메스(혹은 도메스티코스)가 맡아 다스렸다.

9) 황실 마장(馬場)과 그 부수 부처에는 다음 관리들이 있었다.

(1) 황실 마장 총관리인인 한 명의 프로토스트라토르와 그 휘하 몇 명의 스트라토르, 전차지기들과 여타 장교들.

(2) 말 사육 담당 로고테테스(logothète des troupeaux[25])는 소아시아의 방목장 관리와 출정하는 군대에 말과 짐 지는 짐승들을 공급하는 일을 맡았고, 휘하에 한 명의 프로토노타리오스, 몇 명의 디오이케테스(징세관), 몇 명의 짐승 돌봄이 코메스 등을 거느렸다.

(3) 콘스탄티노플과 비티니아의 말라기나에 있는 마장들을 감독한 마사(馬事) 코메스(comte de l'étable[26])는 전쟁 시 치중대 보급(보리, 노새 몰이꾼)을 책임졌고, 그 휘하에는 수도, 말라기나 담당 카르툴라리오스 한 명씩, 한 명의 말·노새 돌봄이 에페이크테스, 한 명의 말라기나 마장 담당 장교 사프라멘타리오스가

---

25) 그리스어로는 logothetês tôn agelôn.
26) 그리스어로는 komês tou staulou/stablou.

있었는데, 이 마장에는 또 네 명의 코메스, 행군 시 노새 몰이꾼들과 노새들을 감독한 40명의 하급 장교 쉰트로포스(사육자), 그리고 한 명의 창고장이 있었다.

(4) 노새 몰이꾼 부대인 옵티마토이 부대 도메스티코스는 대단위 타그마 부대들에서처럼 휘하에 한 명의 토포테레테스, 한 명의 카르툴라리오스, 몇 명의 코메스, 몇 명의 켄타르코스, 한 명의 프로토칸켈라리오스를 거느렸다.

10) 콘스탄티노플 함대 또는 플로이몬은 한 명의 드롱가리오스가 지휘했고, 한 명의 토포테레테스, 한 명의 카르툴라리오스, 한 명의 프로토만다토르와 만다토르들, 함대 지휘관들이고 바다 기지에 배속될 수 있었던(엘레니 아르벨레르Helene Ahrweiler) 코메스들, 몇 명의 선장 켄타르코스, 한 명의, 드롱가리오스 경호대로 보이는 헤타이레이아 부대의 코메스가 그를 보좌했다.

11) 국가의 한 거대 기관으로 간주될 수 있는 교회는 다른 기관들처럼 가장(家長)인 황제와 밀접한 관련이 있었다. 그것은 1394년에서 1397년 사이에 콘스탄티노플 총대주교 안토니오스가 모스크바 공국 군주 바실리 드미트리예비치에게 쓴 편지에서 확인할 수 있다 (바실리는 최근에 러시아 정교 전례에서 비잔티움 황제의 이름을 낭독하는 것을 금지했다. 모스크바 수도 대주교métropolite는 언제나 콘스탄티노플 총대주교에 의해 선출됐는데도 말이다).

"모스크바와 러시아 전토(全土)의 고귀하신 왕, 성령 안에서 미천한 주교〔총대주교의 직함〕의 가장 사랑하는 아들이신 바실리여, 미천한 주교는 만물을 주재하시는(판토크라토르) 하느님께서 당신〔왕에게 주어진 작호〕께 은총과 평강과 자애, 마음과 몸의 안녕, 당신의 소원, 그분의 축복, 모든 복됨과 당신의 구원을 내려주시길 기원합니다. ……저는 전하께서 저의 위력 높으시고 거룩하신 전제자 황제와 관련해 하셨다고 전해진 말씀을 듣고 슬픔을 금할 수 없었습니다. 제가 듣기로 당신은 말도 안 되게 [모스크바] 수석 대주교가 맞접이 서판(書板, 딥티카)에서 [전례에서] 황제의 이름을 바쳐 부르는 것을 금지하셨습니다. 당신은 "우리에게는 하나의 교회가 있지만 황제는 없고 우리는 우리에게 황제 한 분이 있다고는 믿지 않는다"라고 말씀하셨다고 하는데, 그것은 전혀 옳지 않습니다. 우리 거룩한 황제께서 교회에서 점하는 자리는 아주 특별해 다른 아르콘이나 군주의 그것과는 다른 것입니다. 어느 때건 황제님들은 모든 땅 위에 신앙을 굳히고 강화하셨습니다. 황제님들은 세계 공의회들을 소집하셨고, 바른 교리와 그리스도인의 삶에 관한, 신성한 교회법에 정해진 규칙들을 그것들에 법적 효력을 부여하심으로써 보증하셨습니다. 그분들은 이단에 맞선 수많은 투쟁을 이끄셨고, 황제의 칙령들은 공의회와 더불어 주교들 서열, 주교 관할 구역과 교구 경계를 확정했습니다. 이것들이 교회에서 그분들이 중요한 구실을 가지는 이유입니다. 비록 하느님께서 허락하셔서 야만인들이 황제의 영역을 에워싸고 있으나, 지금껏 황제는 교회에서 동일한 서품과 지위, 기도를 받으시고, 대(大)성유도유식은 그분을 로마인의, 그러니까 전 기독교인의, 황제와 전제자로 서품했고, 모든 곳의 모든 총대주교, 수도 대주교, 주교들은 그분을 '기독교인'과 함께 '황제'의 칭호로써 언급하는데, 이것은 다른 어떤 아르콘이나 우두머리도 누리지 못하는 특권입니다. 또한 이분의 위력은 아주 커서 우리 교회와는 아무런 상관도 없는 라틴인들조차 이분께, 그들이 우리와 하나였던 그 옛날 사용하던 것과 똑같은 칭호를 바치고 똑같은 복종의 경례를 합니다. 그러므로 정교도는 한층 더 그분의 권능을 증언해야 합니다. 정말이지 야만인들이 황제의 강역을 포위했다고 해서 기독교인들이 그분을 얕보아서는 안 됩니다. 그 반대로 이것이 그들에게는 교훈과 지혜의 원천이 되어야 하기 때문이죠. 만일 지상(地上)의 주인이자 아르콘이시며 그렇게 큰 위력을 지니신 대(大)황제께서 그러한 환난에 처했다면, 작은 강역의 우두머리와 적은 백성을 거느린 아르콘이 받는 고통은 어떠한 것일까요? 전하와 전하의 나라가 수많은 재난, 불경한 자들〔몽골인을 말함〕의 습격과 점령을 견디어내고 있을 때 우리가 전하를 이로 인하여 얕보는 것은 옳지 않은 일입니다. 그 반대로 이 미천한 주교와 거룩한 황제는 우리 사절들이 낭독할 편지와 선출 통지문에서 당신께 예전 관례에 따라 당신의 위대한 선왕들이 불렸던 칭호를 사용해 씁니다. 내 아들이시여, 당신이 "우리에게는 하나의 교회가 있지 한 분의 황제는 없다"고 하신 것은 완전히 잘못된 일입니다. 왜냐하면 기독교인이 하나의 교회를 가지면서 황제를 갖지 않는다는 것은 불가능하니까요. 제국〔다시 말해 국가〕과 교회는 굳은 결합체를 이루기 때문에 이것들을 분리하는 것은 불가능하지요. 기독교인들에게 거부를 당하는 황제들은 오로지 이단들이거나, 교회에 맞서 광폭한 싸움을 벌이거나, 사도와 교부들의 가르침에 반하는 나쁜 교리를 도입하는 황제들뿐입니다. 저의 위력 높으시고 거룩하신 전제자께서는 하느님의 가호가 있으셔서 정통 교인이시고 신실하시며 교회의 수호자이시고 교회를 위해 투쟁하시며 교회를 보호하십니다. 그러므로 고위 성직자가 그의 이름을 언급하지 않는 것은 있을 수 없는 일입니다. 그러므로 들으십시오, 사도들의 우두머리인 베드로가 제일 서한에서 한 말을—"당신들은 하느님을 두려워하고 황제를 존경하십시오." 그는 황제가 여기저기 야만족들이 부르는 황제들로 혼동되지 않도록 '황제들'

이 아니라 '황제'라고 썼습니다. 만인의 황제는 한 분임을 나타내려고…… 그러므로, 내 아들이시여, 저는 전하께 조언하건대…… [편지의 끝은 전하지 않는다].

그러므로 교회 경영은 마땅히 황제에 속하며, 그 서열이 황궁 서열 안에 포함된 총대주교청의 경영은 콘스탄티노플 총대주교의 교회이며 궁전과 아우구스타이온 광장을 통해 연결된 성 소피아 성당 경영과 겹친다.

성당 인원은 많았으며 유스티니아누스가 그 수를 525명으로 제한했으나 7세기에 이르러 거의 600명에 이르렀고 그 수는 계속 늘어났다. 모든 직무 보유자는 하급 사환과 교회지기(망글라비테스)를 제외하고 사제들인 성직자, 그리고 부제였다. 총대주교는 다른 주교들과 마찬가지로 처음에는 성직자 집단과 민중에 의해 선출됐다. 선출 결과는 그 후 민간 권력에 의해 추인됐고 뽑힌 사람은 한 명의 주교에 의해 서품됐다. 유스티니아누스는 이 규칙을 유지했으나 선거인단을 제한했고, 특히 그 자신이 총대주교 선출에 강한 압력을 행사했다. 9세기 총대주교 선거인으로 수도 대주교들만을 인정하는 관례가 도입됐으나, 황제가 합법적으로 개입할 수 있는 권리를 인정해주었다―수도 대주교들은 세 명의 이름이 적힌 명부를 제출했고, 주권자는 그들 중 자기 마음에 드는 사람을 고르거나 그가 원할 경우 네 번째 인물을 고를 수도 있었다. 어떤 황제들은 직접 지명하기도 해 바실레이오스 2세는 사망하기 직전(1025) 스투디오스 수도원 알렉시오스를 총대주교로 임명하고 즉각 취임하게 했다. 요안네스 칸타쿠제노스는 잇따라 세 명의 총대주교를, 그러니까 1334년 요안네스 칼레카스, 1347년 이시도로스, 1350년 칼리스토스를 수도 대주교들에게 강요했다. 총대주교의 서품식은 궁전에서 치러졌는데, 세속 고관의 임명식 의전과 다르지 않았다. 그 문구는 다음과 같다. "거룩한 삼위일체께서 당신이 우리에게 부여하신 권세로 당신의 직책을 새로마 콘스탄티노플의 대주교(archevêque)와 온 세상 총대주교의 자리로 높이시노라." 그러고 나서 총대주교는 황제의 손에서 석장(錫杖)을 받고서는 말을 타고 블라케르나이 궁전에서 성 소피아 대성당까지 도시를 가로질러 행진해, 이곳에서 헤라클레이아 대주교의 손으로 성별됐다. 그렇지만 수도 대주교들의 선출권은 제국의 수명이 다할 때까지 보존됐고, 황제들은 그 법적 효력을 폐기하지 못했다.

정교회의 수장이며 제국의 제이인자로서 총대주교는 한 명의 유력한 보좌역을 두었는데, 그는 황제에 의해 임명됐고, 10세기 궁정에서 마기스트로스와 비등했으며, 수도 대주교들보다 우위였던 성켈로스였다. 그는 중요한 정치적 사명을 위임받을 수도 있었다. 그의 직무는 작호가 됐고 작호는 남발되다가 없어졌다. 총대주교의 제일 전례 보좌역이었던 수석 부제(archidiacre)도 같은 운명을 밟았다. 다섯 부처가 행정을 담당했다.

(1) 대(大)회계관(le grand économe)은 1057년 미카엘 케룰라리오스가 개입할 때까지는 황제에 의해 임명됐는데, 총대주교의 중요한 지상권(地上權)을 관리했다.
(2) 대(大)사켈라리오스는 수도원 아르콘의 보좌를 받아 수도원의 질서와 규율을 통제했다.
(3) 대(大)그릇지기(skeuophylax)는 성기물(聖器物), 의상, 전례서, 총대주교청 귀중품 보관소(스케우오퓔라키온)를 지켰다.
(4) 대(大)문서지기(카르토퓔락스)는 총대주교청 문서 관리와 도서관 일을 보았고 끊임없이 그 역할이 커졌는데, 총대주교청 문서를 인증하고 도서관 책의 사본과 번역본이 맞는지 검증하

는 일을 하며, 결국 총대주교청 모든 사무국을 사찰할 권한을 누리게 됐으며("그는 총대주교의 입이며 손이다"—알렉시오스 콤네노스의 말), 자신의 사무국들과 함께 인사(人事)도 처리했다.

(5) 마지막으로 사켈리우(sakelliou)는 한 명 또는 몇 명의 아르콘들의 도움을 받아 교구 교회들과 겸임 사제들을 관리했다.

이밖에 프로텍디코스와 엑디코이(변호인들) 단(團)이 있었는데, 이들은 법률가들과 사법 보좌관들로서 피고의 변호, 노예 면천(免賤)에 관한 건에 개입하여 비호권(droit d'asile)[27] 수혜자를 심리하고 개종자를 교육했다(장 다루제Jean Darrouzès). 그리고 프로토노타리오스는 총대주교의 비서였으며, 로고테테스는 대외 행사 시 나서는 인사로서 특히 축제에서 연설했고, 칸스트레시오스는 봉헌물을 검사했고, 레페렌다리오스는 총대주교의 서신을 황제에게 전달했으며, 휘포므네마토그라포스는 장중한 문서들과 공의회 의사록을 편집했고, 히에로므네몬은 서품식을 맡았고, 휘포미므네시콘은 총대주교의 고문 겸 개인 비서였다. 그리고 사무처(sékréta) 총책, 재판 담당관, 청원 담당관, 의전관, 공증관들, 수도원 아르콘, 교회 아르콘, 복음서·사도·시편집 교사들, 성찬식 참가자들을 안내한 안티멘시온 아르콘, 입신자(入信者)들을 뒷바라지한 광명(光名) 아르콘, 교사와 수사가 직을 수행한 레토르(rhéteur), 오스티아리오스(문지기) 두 명, 성직자들과 빈자들에게 돈을 나누어준 누모도테스, 공증인 수장(프리미케리오스)이 있었다. 겸임은 흔했다. 담당관들은 서면으로 된 임명장 혹은 승진장을 받았고, 그들의 직책을 완수할 것을, 그렇게 하

---

27) 교회는 성역이므로 범죄자가 숨어도 처벌할 수 없었다.

지 못할 때는 직책을 내놓을 것을 서면으로 서약했다. 그들이 보수를 받은 방식에 대해서는 거의 알려지지 않았다.

지방 행정

지방 행정 단위는 테마다. 그 초기 편성에서 지사(知事)직을 수행한 이는 (동방 혹은 서방의) 스트라테고스다. 그의 부하는 테마의 하위 단위인 투르메의 수장 투르마르코스, 투르메 하위 단위 반돈의 수장 드롱가리오스 혹은 코메스다. 그 부서원으로 보이는 사람들은 한 명의 메리아르코스, 한 명의 일종의 참모장인 천막 코메스, 콘스탄티노플 스트라티오티콘 로고테테스에 속한 한 명의 테마 카르툴라리오스, 한 명의 스트라테고스 관할 타그마 부대 지휘관 테마 도메스티코스, 한 명의 스파타로이[28] 부대 켄타르코스(장교), 한 명의 프로토칸켈라리오스, 한 명의 프로토만다토르와 몇 명의 만다토르다. 바다 테마들의 스트라테고스는 몇 명의 드로몬이라 불리는 전선(戰船)을 지휘한 켄타르코스, 몇 명의 수병 우두머리 프로토카라보스의 보좌를 받았다. 스트라테고스 아래에는 몇 명의 테마 수장이었을 수도 있는 에크프로소푸(대리)(nicolas oikonomides: 니콜라스 이코노미디스Nikolaos Oikonomides), 협로(峽路) 방어를 책임진 클레이수라르코스들, 수병을 공급하며 한 지역을 다스리던 바다 드롱가리오스들, 둑스 혹은 카테파노들, 아르콘들, 아나톨리코이 테마에서 징집된 연합군[29] 부대 지휘관들인 리카오니아와 팜필리아의 투르마르코스들, 마지막으로 카스트론(도시) 파라퓔락스(보초)들이 있었다.

테마 민사(民事) 관리, 즉 판사와 프로토노타리오스는 중앙 주무

---

28) '스파타로스'의 복수.
29) 라틴어 포이데라티(fœderati)를 번역한 말. 이방인들로 조직된 부대(323쪽 참조).

부처에 소속되어 있었고, 세무 행정은 오로지 콘스탄티노플에 속했으며, 고위직은 황제의 임명을 받아 정기적으로 교체됐으며, 타그마 부대들은 중앙 본부의 지휘를 받았다. 10세기 후반 지방 행정에서는 그 군사 조직과 함께 대규모 변화가 일어났다. 스트라테고스는 전방 지역 장관(長官)들인 둑스와 카테파노의 하위직이 됐고, 이들은 자신들 밑에 몇 명의, 아마도 자신들의 행정 권한을 잃은 스트라테고스를 거느렸다. 테마의, 혹은 몇 개 테마의 민사 사무는 이제부터는 군사 사무와 갈라져 한 명의 크리테스-프라이토르의 소관이 됐다. 튀르크인의 침입으로 격랑에 빠진 소아시아는 12세기 마누엘 2세[30]에 의해 재정비됐다. 이곳의 테마는 다시금 군사 고위직인 둑스에 의해 다스려졌는데, 그는 민사 행정 책임도 함께 지녔으며 민사는 테마 하위조직인 카테파니키온의 에네르곤과, 도시들의 프로카테메노스(수장)의 도움을 받아 처리했는데, 이들 각 수장들에게는 또한 카스트로필락스라는 요새 사령관 한 명이 있었다. 그러나 펠로폰네소스-헬라스 테마는 언제나 민사 장관인 프라이토르에 의해 다스려졌다. 전반적인 개혁은 일어나지 않았고, 실제로는 중앙 행정 권력이 제국의 정치·경제·군사적 필요에 따른 조정을 시행한 것이었고, 모든 테마가 똑같은 발전 과정을 밟지는 않았으며, 모두가 똑같은 행정관 체계를 가지지는 않았다는 점을 인정할 필요가 있다.

교회 행정은 수도 대주교와 주교의 소관이었는데, 이들은 수도 대주교좌와 산하 주교구의 우두머리였고, 후자는 전자에 예속됐는데, 대주교만은 예외적으로 스스로 우두머리여서 총대주교에 예속됐다. 수도 대주교와 주교는 일차로 총대주교청과 수도 대주교좌의 고위직 가운데서, 그다음 히구메노스(수도원장) 혹은 무관(無冠) 수도사

---

30) 마누엘 1세의 잘못.

가운데서 선출됐다. 주교는 수도 대주교에 복종했다. 수도 대주교와 주교는 교회와 그 재산을 경영하는데, 처음에는 부제들이, 나중에는 총대주교의 궁정을 축소판으로 복사한 수많은 보좌진이 그들을 도왔다—수도 대주교 혹은 주교의 보좌관인 수석 부제, 셍켈로스, 엑디코스(변호인), 레페렌다리오스들, 아포크리시아리오스들,[31] 디오이케테스들, 그릇지기들, 서기들 등. 그들은 아랫사람들을 그들 스스로 임명했다. 콘스탄티노플에서도 지방에서도 "교회의 위계질서 구성 원칙은 인물의 관등이 언제나 서품 작호(사제, 부제)에 입각해 주어졌다는 의미에서 한 번도 어그러진 적이 없다. 그러나 밖에서 보기에 서로 다른 품급에 의해 수행된 직무는 혼란과 발전을 초래했는데, 이 혼란과 발전은 사회와 민간 제도의 변천과 항구적으로 연계된 것이었다"(장 다루제). 이 말은 교회의 위계질서가 민간의 위계질서와 밀접한 상관관계에 있었다는 말이다. 수도원 세계는 멀찌감치 떨어져 있었다. 둘 중 어느 것도 이 세계를 통제할 수 없었다. 비록 법적으로는 이들이 그것을 주장할 수 있었을지라도.

아마도 독자들은 관리들의 근무 환경과 부처들의 효율성에 대해 알고 싶을 것이다. 그곳에서 낮은 직급으로 빛나는 출세 가도를 달리기 시작한 미카엘 프셀로스의 편지 한 통은 그의 시대 콘스탄티노플 상서성 사무국들에 팽배했던 분위기를 전해주고 있다.

"난 불행하게도 그 비서의 사무실에서 일하게 됐네. ……그곳의 일은 힘들 뿐 아니라 너무나 많고 글씨를 써야 하는 긴장에 시달려, 말하자면 귀를 긁을 수도, 머리를 쳐들 수도, 배고파도 먹을 수도, 목마를 때 마실 수도 없었고, 땀이 이마와 얼굴에 비 오듯 흐르지

---

31) 상급 교회에 하급 교회를 대표해 파견되는 성직자.

않는 한 씻으러 갈 수도 없었네. 이런 노력에는 커다란 대가가 있다고? 불같은 화와 실수에 대한 질타 등등이지. 이곳에 봐줌 같은 것은 없고 천날 만날 같은 일만 하지. ……비좁아서 발 디딜 틈도 없는 곳에 갇혀, 콩나물시루 안처럼 서로 뒤엉켜 일하지. ……각자는 자기 옆 사람 자리를 빼앗으려 기를 쓰지. ……어떤 사람은 자기가 빨리 쓸 수 있음을 밑천으로 삼고, 또 어떤 사람은 제 지식이 낫다고 하며 상사들의 지식이 불완전하다는 의혹을 퍼뜨리기 위해 온갖 수단을 다 강구하지. ……어떤 사람은 자신이 기운이 세고 씨름을 잘한다고 내세우고, 다른 이는 제 달변을, 또 어떤 사람은 자신의 지저분하고 속된 언사를, 다른 이는 제 경험이 오래됐다고 자랑하지. ……아무것도 내세울 게 없는 이는 일에 대한 대단한 열의와 문장에 대한 가타부타를 이용하려고 하지. 여기에서 큰 논쟁들이 벌어지고 형용할 수 없는 다툼들이 끝없이 이어지네. 늙은 파술라스와 더 늙은 아퀴라스가 싸운 것도 이러했는데, 많은 사람이 중재해보려고 했지만 둘은 화해할 수 없었지. ……한 사람이 다른 사람에게 마구 화를 내고 비밀스러운 일들을 죄다 까발려버리지. ……한 사람은 제 동료가 멍청이라고 선언하고, 다른 사람은 길길이 화를 내고 나쁜 짓을 몇 곱으로 갚아주지. 결국 둘은 치고받았다네."

번잡한 서류 절차가 그곳에서 으레 있는 결함 중 하나였듯이, 이런 광경들은 사무직 생활에 내재된 것들이었다. 관료들의 책임을 지는 데 대한 공포는 또한 일의 지연을 낳았다. 12세기 초 관료들은 트라키아 혹은 마케도니아에서 세금 징수에 관한 불법 행위를 적발했는데, 그들은 콘스탄티노플에 2년간 부재중이었던 알렉시오스 1세 콤네노스(그는 안티오케이아의 보에몽을 치고 있었다)의 귀환을 기다렸다가 이 안건을 품신했다. 그렇긴 하지만 관료주의는 하나의 합리적인 통치체계를 표상하는 것이었고, 이것은 비잔티움 제국에서 법의 권위 위에 세워진 사회생활을 가능하게 하는 것이었다. 이것은 중세세계에서는 독창적인 것이었다.

황제의 권한은, 비록 법적으로 절대적이었지만, 실제로는 그 자신이 제정한 칙령과 그가 폐지하지 않은 그의 전임자들의 칙령에 얽매여 있었다. 레온 6세는 그래서 법은 "우리 생활의 수호자와 같아서 마치 의사처럼, 어떨 때는 사악한 것들이 우리 사회를 침입하지 못하도록 완전히 막고, 어떨 때는 그것들이 우리 모르게 스며들어 끼친 해악들을 구제(驅除)한다"라고 말했고, 또 "각자는 짐의 황제로서의 위광(威光)에서 비롯한 칙령으로 권위를 획득한 모든 법률, 또는 그것에 덧붙여 법률의 지위에까지 높아진 모든 관습이 국가를 지배하리라는 것을 알도록 하라"라고 덧붙였다(피에르 노아이, 알퐁스 댕 역).

의회

황제의 권한은 국가를 온전히 보존하는 데 그 의미가 있다. 그러나 황제는 자신의 신민들의 복리를 위해 통치하며, 신민들 앞에서, 비록 법규로 제정되는 기회는 얻지 못했다 할지라도 지켜진 관습들과 오래된 관행들에 묶여 있는데, 그것은 그가 공식적으로 원로원과 그 구성원들이 가변적인 의회들에 자문하는 것 같은 것들이다. 콘스탄티노플 원로원[32]은 그 권위에서도, 그 구성에서도 고대 로마의 원로원

---

32) 콘스탄티우스 2세는 그의 동료 황제 콘스탄스 1세가 다스리던 곳 로마의 원로원을 부러워해 340년 콘스탄티노플에 이를 본떠 원로원을 만들었다. 비잔티움 원로원은 그 실권은 줄어들었으나 많은 기능을 수행해 새로운 황제를 선포했고, 고위 공직자 선임에 참여했고, 회계 기관을 감독했고, 사법권도 보유했다. 또 외국과의 평화조약 체결 안과 군사 행동 개시 안을 심의했다. 11세

만 한 기관은 아니었지만, 그 역할은 시기에 따라 변화했다. 시 의회, 정치 집회, 평의회, 법정으로서 원로원은 제국 말기까지 공중의 권력이 의거하는 곳이었으며, 정권이 바뀔 때마다 필수적으로 개입하는 기관이었다. 그러나 그것의 헌법적 역할은 오랫동안 군대와, 그리고 언제나 인민의 행동과 경쟁해야 했다. 4세기 콘스탄티누스, 그의 아들들, 발렌티니아누스 2세, 테오도시우스 1세는 군대의 직접적인 개입하에 선출됐다. 5세기 원로원은 황제 선출 결정을 하거나 결정에 참여했다. 457년 레온 1세는 원로원의 결정하에 선출됐는데, 그때 원로원은 고문회와 동일시됐다. 491년 아나스타시오스(430년경-518, 재위 491-518)는 히포드로모스에 모인 군중과 군대 앞에 모습을 나타내었는데, 궁정 고관들과 원로원 사이에서 그에 관한 많은 망설임이 있은 뒤였다. 유스티누스는 원로원에 의해 선출됐는데, 그때는 원로원의 권한이 군대의 의견에 반해 인민에게서 승인됐다. 이것이 전환점이 됐다. 군대 집회는 인민에 의해 배척됐다. 1세기 뒤 포카스가 자신의 군대의 환호에 의해 황제로 선포되어 콘스탄티노플에 입성할 때가 그 증거가 될 수 있는데, 그가 헤브도몬 연병장에 나타났을 때 그는 원로원과 인민 파당에 박수갈채를 받았던 것이다. 같은 일이 610년 헤라클레이오스 때도 되풀이됐다. 군대가 자신 중 한 사람을 권좌에 올리면 원로원과 인민이 의표를 찔려 그 후보에게 쏠리는 일도 가끔 있었다. 예를 들면 813년 레온 5세(775-820, 재위 813-820) 때 그러한 일이 일어났다. 그러나 그 군주들이 성공하려면 콘스탄티노플 시민과 원로원의 호의를 얻어야 했다. 마찬가지로 수도의 지지를 받지 못한 반란은 사전에 단죄됐다. 군대의 제국 헌법 기관에서의

기 말 지방 봉건 귀족의 이익을 대표한 콤네노스 왕조가 들어섰을 때 원로원의 정치적 영향력은 급격하게 약화됐다.

배제에 관한 유일한 예외는 알렉시오스 3세 앙겔로스(1153-1211, 재위 1195-1203)의 경우인데, 그는 1195년 전장에서 자신의 군대에 의해 황제로 임명됐고, 콘스탄티노플 시민은 황제 선출에 관한 자신의 권리를 주장하지 못했다. 원로원과 인민은 일반적으로 보조를 맞추었고, 11세기 이래로는 유력한 사회 세력이 된 교회의 지지를 얻으려 노력했다. 특별히 심각한 상황일 때 황제는 대중 앞에서 설명해야 했다. 콘스탄티노플시는 아나스타시오스 황제에게 불만이 있었고 공개적으로 새로운 황제를 요구했다. 황제는 자신이 히포드로모스에서 군중과 마주해 설명할 것이라고 밝히고 왕관을 쓰지 않고 군중 앞에 나타났다. 그의 연설을 듣고 나서야 군중은 그에게 왕관을 다시 쓸 것을 요청했는데, 이것은 분명히 자신들의 주권이 공식적으로 인정되어 만족했기 때문이다(한스 게오르크 벡Hans-Georg Beck). 유스티니아누스 또한 532년 복음서를 들고 히포드로모스에 나타나 군중을 위무하고 도시 주민들의 명령을 듣지 않아 일어난 과오들에 책임이 있음을 확언해야 했다. 그러므로 원로원과 콘스탄티노플 주민은 권리가 있고 그것을 행사했음을 인정해야 한다.

이것이 다른 한편 제국 역사상 황제들이 두 의회[33]와 행한 수많은 교섭들을 설명할 유일한 방법이다.

1) 페르시아 왕 호스로우 2세를 도와주기로 한 결정은 마우리키오스 황제가 원로원과 공동으로 내렸다.
2) 포카스의 잔혹한 통치 밑에서 원로원은 아프리카 총독 헤라클레이오스의 의중을 떠보고 그가 콘스탄티노플을 해방할 함대를 보낼 것을 제안한다.

---

33) 원로원과 인민 집회(assemblée du peuple)를 말함.

3) 레온 6세의 네 번째 부인인 조에 카르보놉시나('숯불과 같은 눈을 한') 황후는 아랍인과 싸우고 있는 병사들을 불가리아 차르 시메온과의 싸움에 투입하기 위해 아랍인과 화평조약을 맺는 것이 유리한지 알기 위해 원로원과 상의하며, 시메온은 황제가 아니라 원로원에 질문한다.

4) 크레타 정복자 니케포로스 포카스는 원로원에 의해 아시아 전선 사령관으로 임명됐고, 이때 그는 원로원에 거스르는 어떤 행동도 하지 않을 것을 맹세한다.

5) 알렉시오스 2세의 삼촌[34]이며 섭정인 프로토세바스토스 알렉시오스 또한 총대주교의 간섭을 뿌리치기 위해 원로원과 교섭한다.

6) 원로원은 쉬노도스와 함께 안드로니코스 1세의 딸인 이레네 공주의 결혼 문제를 결정한다.

7) 헤라클레이오스는 아바르인 카간과 담판하기 위해 트라키아로 향하며 고관들, 대지주·성직자·장인 대표자들, 그리고 인민 파당들 대표자들도 대동한다.

8) 687년 제6차 세계 공의회 결정 사항들은 주교, 성직자, 관료, 그리고 군대와 인민의 대표자들로도 구성된 집회에서 낭독되고 나서 황실 문서고에 보관된다.

9) 레온 3세(685년경-741, 재위 717-741)와 그 아들 콘스탄티노스, 그 뒤 미카엘 2세가 취한 성상 숭배 금지 조처들은 인민 집회에서 선포되고, 마찬가지로 이레네 여제는 성상 숭배 복원(787)을 인민 집회에 통지한다.

10) 963년 유력한 파라코이모메노스 요세포스 브링가스가 니케포

---

[34] 실제로는 사촌이다.

로스 포카스의 황제 선출을 저지하려 할 때 군중은 성 소피아 성당에 모여 그의 책동에 항의한다.

원로원과 콘스탄티노플 인민은 12세기 콤네노스 왕조 치하에서 그들의 역할을 잃고, 콘스탄티노플 라틴 제국(1204-1261)이 대표하는 서방 봉건 군사 귀족정치 치하에서 굴욕을 겪게 된다. 그러나 그들은 안드로니코스 2세(1259-1332, 재위 1282-1328) 치하에서 황제의 상담역으로서의 그들의 지위를 회복한다. 그 뒤 원로원은 인민과 함께 안드로니코스 2세와, 나중에 안드로니코스 3세(1296-1341, 재위 1328-41)가 되는 그의 손자 사이의 기나긴 권력 투쟁에서 정통성 판정자로서의 역할까지 수행한다. 그리고 요안네스 6세 칸타쿠제노스가 도입하려던 새로운 세금 징수안을 처음에는 반대했다가 나중에 승인한다. 게다가 마누엘 2세로 하여금 1396년 전투에서 진 뒤 니코폴리스를 튀르크인 술탄에게 넘겨주지 않을 결심을 하게 했으며, 결국 술탄과 교섭을 했다. 비잔티움 절대 군주제에 대해 이야기하는 것은 상서성·법률가들의 로마 원수정 이데올로기에 침윤된 언어, 궁정의 관변 연설가들, 내각의 언어로써 말하는 것일 따름이며, 그것은 수많은 인구를 가졌던, 제국을 대표하고 마지막에는 그곳 하나만으로 제국을 구성했던 도시의 정치·사회 현실과는 동떨어진 것이다. 비록 그 수장과 그 측근들이 현실과 이데올로기를 합치시키려고 힘쓰거나 그런 주장을 펼치기는 했지만 말이다.

국가의 중추 기관들

비잔티움 국가의 생활은 다섯 개 기관(재정, 사법, 외교, 군대, 교회)

이 통제했다. 그 운영 원칙은 기관들의 구조가 순차적으로 변화하는 가운데서도 흔들림이 없었다.

재정

"국가 이익에 대해 밤낮으로 숙고하며 짐은 상황이 중요한 항목들에서 요구하는 모든 것, 특히 공물과 세금을 복구하는 데 전력을 쏟노라. 그것들이 없이는 번영이 있을 수 없으므로"라고 유스티노스 1세[35])는 570년 3월 1일 아프리카 속주 총독 테오도시우스에게 편지를 써서 보냈다. 실제 중세 기독교 국가 중 어떤 국가도 비잔티움 제국이 필요로 했던 만큼 큰 지출에 직면했던 국가는 없다.

지출 중 첫 번째 항목은 관리들의 급료(rogai)였다. 6세기 아프리카에서 민정 총독은 한 해에 금 백 파운드(7,200노미스마, 즉 금화 7,200냥)를 받았고, 그의 부하 414명은 각각 15노미스마에서 16노미스마까지 받았다. 7명의 속주 장관은 각각 448노미스마, 그들에게 50명씩 딸린 부하들은 그들 전체로 160노미스마를 받았다. 이 사람들은 그들의 급료를 법률 수수료와 현금 특혜 수령으로 벌충했다. 관계(官階)의 맨 위 품등에 이른 고관은 관직 생활 말기에 한 해에 금 1,000파운드(72,000노미스마)를 수령할 수 있었다. 비잔티움 국가가 수지를 맞추기 위해, 앞에서 이야기한 것처럼, 관직 판매에 나서면서 관리에게 급료를 지불하지 않게 된 것에는 이러한 사정이 있었다.

군사비(육군과 해군을 위한) 지출은 언제나 특별한 부담이 됐는데, 그 항목에는 무기를 비롯해 군인 급료, 경상비 지출이 있었다. 960년 니케포로스 포카스가 크레타섬을 정복하려고 보낸 원정대는 정예부대 일대(一隊), 기병 연대들, 해병대원들, 그리고 천 1,000의 드로몬

---

35) 유스티노스 2세의 잘못으로 보인다.

(전함), 그리스의 불을 실은 여러 종류의 배 200척, 307척의 수송 선단으로 된 함대를 포함하고 있었다. 요새와 요새망 건설과 유지에도 큰 비용이 소요됐다. 아나스타시오스가 건설하고 유스티니아누스가 수·개축(修改築)한, 흑해 변 데르코스와 프로폰티스의 셀림브리아를 잇는 장성(長城)은 그 길이가 79킬로미터에 달했다.

외교 목적의 지출 또한 상당했다. "우리에게는 우리의 적을 위해서는 철이, 우리의 벗을 위해서는 금이 있다"라고 풀케리아의 남편 마르키아노스가 말했고, 제국은 위험이 닥쳤을 때 이렇게 동맹자를 샀다. 니케포로스 2세 포카스가 불가리아인을 굴복시키려고 작정했을 때 그는 러시아인들의 협력을 확보하기 위해 키예프에 1,500파운드의 금을 보냈다(964). 알렉시오스 콤네노스는 베네치아에 비잔티움인들이 아말피인들이 제국 영토에 개업한 상점들에서 징수하던 3노미스마 세를 양도하고, 베네치아인들이 그리스 지역 31개소에서 향료 무역을 하며 물던 사용료 역시 포기했다(1082). 이러한 보조금들과 특권들이 황제들이 더는 그들의 군대에 기댈 수 없게 됐을 때 비잔티움이 선호한 외교적 수단이었으며, 이것들은 마지막 수 세기간 비잔티움의 초라한 예산액 중 엄청나게 큰 비중을 차지한 항목들이었다. 그외에도 외교 사절 파견 비용과 접대비 또한 만만치 않았다. 1436년 비잔티움인 사절들이 교회 통합을 협의하기 위해 이탈리아로 향했을 때 그들의 왕복 거마비와 체재비는 271,000두카트에 이를 것으로 계상(計上)됐다. 그리스인들은 더는 그만한 지출을 감당할 수 없었으며 관계자는 공의회 장소로서 6만에서 8만 두카트를 빌려줄 도시를 물색해야 했다.

모든 사신이나 외국 군주는 비잔티움 영토에 들어오면 비잔티움 국가가 보살폈고, 이러한 환대의 정신은 제국에 많은 지출을 초래하였다. 알렉시오스 콤네노스는 궁전 옆 한 작은 집에 발 디딜 틈 없을 정도로 엄청난 양의 금과 은, 옷감을 쌓아놓았다. 그러고 나서 그는 그곳으로 방금 그에게 서약을 바친 이탈리아 노르만인의 왕 보에몽(보에몬도)을 보내도록 명령했다. 보에몽이 놀라 "만일 제게 이만한 재산이 있다면 저는 여러 나라의 왕으로 등극할 것입니다"라고 말하자, 그는 "황제께서 이것들을 바로 오늘 당신께 선물로 주십니다"란 대답을 들었다. 다른 많은 십자군도 이런 방식으로 국가 재정을 압박했다. 1096년 알렉시오스는 은수자 피에르[36)에게 220노미스마를 주고, 그의 병사 각각에게도 일정량의 돈을 주었다. 그 뒤 그는 부이용의 고드프루아와 그의 동료들을 접견한 후 그들 모두에게 금, 보석, 화병, 비단, 말, 노새를 제공하고, 매일 그의 군대에 — 연대기 작가에 따르면 — 두 사람, 때로 네 사람이 운반해야 할 금과 그외 병사들이 먹을 식비를 보내주었다. 한편 알렉시오스는 십자군이 제국의 영토에 도착함과 동시에 그 어떤 것에도 부족함이 없도록 각별히 유념했으며, 그들은 행군을 쉴 때마다 준비된 먹거리와 수많은 선물을 가져온 황제 사절들을 볼 수 있었다.

　다른 지출 항목은 황궁이었는데, 궁전의 건설과 확장, 관리, 궁전 근무 인력 유지, 다양한 배급 행위 같은 것들이었다. 여기에는 로마 제국 전통과 동방 궁정에서 받은 영향이 뒤섞여 있었다. 에스파냐 유대인 투델라의 벤야민은 12세기 콤네노스와 앙겔로스 왕조 시대 황제의 거처였던 블라케르나이궁을 묘사한 적이 있는데, 그의 기술에 의하면 벽과 기둥은 금과 은으로 뒤덮였으며, 모자이크화들은 고대와 현대의 전투 장면들을 묘사하고 있고, 마누엘 콤네노스가 얼마 전에 그곳에 금과 보석으로 치장한 보좌를 세웠는데, 그 위를 장식한 금관 역시 금으로 된 줄에 매달려 있었다고 한다. 또 다른 36채의 궁

---

36) Pierre l'Ermite (c. 1050-몰년불상), 프랑스인. 제1차 십자군 지도자.

전이 황제들과 그들의 가족에 의해 콘스탄티노플 혹은 아시아 해안 (엘레우테리우, 망가나, 헤라이우, 프사마투, 아레톤 등)에 세워졌다. 예산 중 상당 부분을 차지한 것이 마사(馬事)였다. 비잔티움인들은 말을 무척 사랑해 매일 일곱 필의 말이 황제를 위해 차출됐고, 어떤 총대주교는 500필의 말을 사육했다고 한다. 매 또한 공들여 사육됐다. 매는 사냥에 사용됐고, 젊은 안드로니코스 황제[37]는 400마리나 길렀다. 재위 중 황제의 부인, 어머니, 자녀, 형제, 조카 등 친척들은 많든 적든 측근들을 거느려 아첨꾼들과 문사(文士)들을 부양했고, 자신들의 '영혼을 구제'하려고 수도원을 건립했다. 테오도라 황후는 자신의 함대, 주방, 사무처가 따로 있어 그녀가 소아시아 퓌티온 온천으로 갈 때 그녀는 파트리키오스들, 쿠비쿨라리오스들[38] 그리고, 적어도 이 여행 기간 그녀가 보살필 4,000명의 인원을 대동했다. 연대기는 그녀가 그해 그 지역 교회들에 많은 기부를 했음을 강조한다.

 12세기 콤네노스 왕조 시기 황가(皇家)는 세도가 대단했고 그들의 지출 중 일부분은 아시아 토지 귀족의 일원이었던 황가 사람들의 수입에서 온 것일 수 있으나, 이 수입 대부분은, 직접적인 양도, 토지 기부 혹은 민간·군대 고위직 임명 같은 형태를 취한 세금에 의한 것들임에 틀림없다. 제국 말기 황가 사람들의 생계에 도움을 주기 위한 새로운 해결책이 도입됐는데, 그것은 황제가 국가의 큰 토지 필지 하나에서 나오는 수입 모두를 그들에게 양도한 것이었다. 알렉시오스 콤네노스는 그의 아우에게 마케도니아 카산드라반도의 수입을 주었고, 이사키오스 앙겔로스는 그의 형제 알렉시오스에게 콘스탄티노플 부콜레온 궁전과 그에 딸린 항구를 주었는데, 이 항구는 국가에

---

37) 안드로니코스 3세.
38) 시종장(præpositus sacri cubiculi) 휘하의 환관 시종들.

하루 금 1,500파운드(10만 8,000노미스마)를 벌어 주던 곳이었다. 조금 뒤에는 하루에 금 1,500파운드(10만 8,000노미스마)의 수입을 올리던 부유한 섬 코르푸가 테살로니키·에피루스 데스포테스 마누엘 두카스 앙겔로스의 누이에게 양도되었다.

궁궐은 또한 그곳에서 치러지는 많은 축제와 의식으로 돈을 썼다. 특별한 축제들—즉위식, 출생, 개선 행사—과 정기 행사들—브루말리아 제(祭), 12월 초 사육제, 성탄절, 부활절, 5월 11일 콘스탄티노플 봉헌일 등—은 모두 수많은 연회(부활절의 경우 열 차례)를 동반했고, 여기에는 언제나 총대주교, 성직자들, 빈자들, 황제의 친척들이 참석했다. 주현절 전 12일간 저녁마다 벌어지는 축제를 비롯해 많은 경우에는 모든 교회·군대 인사와 정치가, 외국 사절, 빈자 12인이 참석했다. 화려한 음식들이 228명을 수용할 수 있는 일명 '19침상' 홀에 자주 차려졌고, 이곳에서는 많은 시중꾼이 음식을 고가의 금은 식기들에 담아 제공했으며, 가무(歌舞)를 동반했기에 큰 비용이 지출됐다. 이러한 종류의 지출 항목에는 군주, 초대된 관료 혹은 식객들의 일상 식사비용도 포함되어야 한다. 연대기 작가들이 이사키오스 2세 류(流)의 식욕에 대해, 그러니까 그가 다량의 빵, 사냥한 고기, 생선, 포도주 앞에 앉은 것을 유스티니아누스, 포카스, 안드로니코스 1세의 검소함과 함께 이야기하는 것을 들으면, 이 항목에 대한 지출이 아마 상당했으리라 짐작된다.

하사품 또한 예산을 압박했다. 황제는 콘스탄티노플 창건 이래 매년 인민들에게, 그리고 원로원 의원들에게 선물을 주었을 뿐만 아니라, 연회 뒤에도 많은 선물을 나누어주었다. 콘스탄티노스 포르퓌로겐네토스는 브루말리아 제(祭) 때 마기스트로스들에게 160밀리아레시온(은 1밀리아레시온은 금화 12분의 1냥)과 비로드 너울 한 폭씩을, 안튀파토스들과 파트리키오스들에게 140밀리아레시온과 줄무늬 망토 한 폭씩을, 프로토스파타리오스들에게는 120밀리아레시온과 연자줏빛 너울 한 폭씩을, 스파타로칸디다토스들에게는 80밀리아레시온과 연자줏빛 너울 한 폭씩을 나누어주도록 했다. 그리고 의식 끝장을 주재한 장교를 통해 망글라비타이 부대에 300밀리아레시온씩, 대(大)헤타이레이아 부대에 500밀리아레시온씩, 중(中) 헤타이레이아 부대에 200밀리아레시온씩, 파르간인 부대에 200밀리아레시온씩을 주도록 했다. 황제 즉위식 때는 에피콤비온(천으로 만든 주머니)을 수천 개씩 나누어주었는데, 이 안에는 금화 석 냥, 은화 석 냥, 동화 석 냥이 들어 있었고, 아나스타시오스 황제 때부터는 각각 닷 냥씩 들어 있었다.

콘스탄티노스 포르퓌로겐네토스의 경우에는 특별히 씀씀이가 컸는데, 그는 교회와 측근들에게 금 200파운드(1만 4,400노미스마)를 선사했고, 수비대와 민정 관리들에게 수천 밀리아레시온을 주었다. 콘스탄티노스 모노마코스가 죽고 나자 테오도라 황후는 여제 자리에 다시 즉위하는 것이 아니라 행정의 지휘권을 다시 받는 것이라는 구실로 이 국가 재정을 압박하는 지출을 모면했다. 유스티니아노스 2세는 황제의 씀씀이 행태에서 전설적인 인물이었는데, 그가 한 해 군대, 인민, 의사들, 변호사들, 금은 세공사들, 은행가들에게 선물한 것만 해도 무려 금 7,200파운드(518,400노미스마)에 달했다. 자의적인 베풂도 그것이 종교심에서 비롯됐건 아니건 기장(記帳)은 되어야 했다. 12세기 알렉시오스 3세는 그를 황제로 선언한 병사들에게 불가리아의 왈라키아인을 치기 위해 모은 자금을 나누어주었고, 미카엘 랑가베와 그의 아내 프로코피아는 교회, 수도원, 은거지의 은수자들, 고아원, 양로원, 감옥에 기부함으로써 9세기 초 니케포로스 1세가 지극정성 복구한 국고를 낭비했다. 13세기 미카엘 8세 또한 그러했다. 미카엘 3세(840-867, 재위 842-867)는 금 600켄테나리온(432만 노미스마)을 낭비했고, 한 연대기의 기록에 따르면 니케포로스 보타네이아테스는 "너무나 후덕해 도시의 실직자들과 빈자들이 부자가 됐다"고 한다. 콘스탄티노스 9세 모노마코스는 자신의 두 측실, 즉 스클레라니아와 알라이네라는 젊은 여자를 위해, 그가 창립한 콘스탄티노플 망가나의 성 게오르기오스 수도원, 키오스섬 네아 모니 수도원의 호화 시설을 위해 쓴 돈 만큼이나 돈을 써 명성을 얻었다.

  비잔티움 국가에서 또 하나 비중이 높은 지출 항목은 교회와 자선 사업, 그리고 교육이었다. 성 소피아 성당 건축에는 금 32만 파운드(2,300백만 노미스마 이상)가 들었는데, 이때 몇몇 건축물이 있는 대지는 금 350에서 500파운드라는 엄청난 가격으로 소유주들이 양도했다. 유스티니아누스는 이 교회에 365건의 부동산과 금 100파운드에 달하는 연(年) 수입을 기부했으며, 이 액수는 11세기 로마노스 3세 아르귀로스에 의해 180파운드가 됐고, 몇 년 뒤 콘스탄티노스 9세 모노마코스에 의해 또다시 인상됐다. 바실레이오스 1세는 이 교회에 기름값으로 쓰라고 영지 한 곳을 양도했고, 또 한 곳을 사제들 생활비 명목으로 양도했다. 모든 황제가 이 교회에 신성한 기물(器物), 장식품, 사제복, 귀중본 등을 선물하는 것을 의무로 여겼다. 성 소피아 성당은 황제에 의해 건립된 유일한 종교시설이 아니었다. 콘스탄티노플에는 400곳이 넘는 교회와 수도원이 있었고, 지방에는 훨씬 더 많은 시설이 있었다. 많은 이가 종교적 열정, 미리 피난처를 마련해 두려는 의도, 혹은 시설물이 그들의 이름을 지니는 데서 오는 공명심에서 재산 일부를 이러한 곳에 썼다. 그렇지만 바실레이오스 1세는 아마도 백 곳 이상의 교회와 수도원들을 세우거나 재건했으며, 그 어느 황제도 그보다 나쁜 조건 하에서도 이러한 의무를 회피하지 않았다. 10세기 니케포로스 포카스는 수도원이나 양육원 시설을 새로 짓는 행위, 기존 시설 보유 재산을 늘리는 행위를 금지했다.

그렇지만 그는 옥좌에 오르기 전 그의 친구 아타나시오스 수도사에게 아토스산반도에 작은 수도원을 세우기에 충분한 자금을 주었고, 일단 황제가 되자 이 수도원에 토지와 수입을 기증해, 80명이나 되는 수도사를 거느린 크고 부유한 수도원으로 탈바꿈시키도록 도와주었다. 콘스탄티노스 8세는 1027년 파티마 왕조 칼리프 알 자히르와 조약을 체결해 콘스탄티노플에 이슬람교 사원 하나를 건립하고 유지하기로 약속했는데, 그 대가로 그는 1009년 알하킴의 명령으로 파괴된 예루살렘 부활 교회를 다시 지을 수 있었다.

교회와 수도원의 유지 또한 국가의 수많은 특혜 제공으로 이루어졌는데, 국가는 그것들에게 일부 세금을 감면해주거나 해마다 수입을 증여했다. 7세기 테살로니키의 성 데메트리오스 교회에는 염전 수익이 양도됐고, 1093년 알렉시오스 1세 콤네노스는 파트모스섬의 성 요안네스 프로드로모스 수도원에 크레타 공국에서 나오는 수입에 근거해 해마다 밀 300모디오스와 24노미스마를 보조했고, 요안네스 2세 콤네노스는 그의 아버지가 허락한 이 두 특혜를 확인하고, 거기에다 또다시 크레타의 수입에서 100모디오스를 추가했고, 1145년경 마누엘 1세 콤네노스는 이전의 기부를 갱신하고, 다시 200모디오스의 밀과 24노미스마를 추가했다. 1160년 마누엘은 마케도니아 스트루미차 테마의 테오토코스 엘레우사(자비로운 하느님의 어머니) 수도원에 그 지방 수입에서 해마다 30노미스마를 기부했다. 다른 한편 국가는 종교시설에 대해 자주 몇몇 세금을 포기했는데, 이리하여 성 소피아 성당은 수도에 가지고 있었던 1,100개소의 공방(工房)들이 내야 했던 세금 중 일부를 면제받았다. 그렇지만 세금을 전액 면제해주는 경우는 없었다.

국가의 복지 지출은 특별지출과 경상지출로 나누어볼 수 있다. 전자는 지진, 화재, 기근, 혹독한 겨울에 따른 피해들을 구제하기 위한 것이었고, 전쟁과도 관련이 됐는데, 왜냐하면 포로가 된 병사의 가족이 넉넉지 못할 때는 국가가 그를 속환(贖還)해 와야 했기 때문이다. "러시아인이 우리 편 기독교도 포로 몇 명을 데려오든지, 포로가 젊은 남자거나 예쁜 젊은 여자면 그들을 금화 10노미스마를 주고 데려올 것. 그가 중년의 남자면 8노미스마를, 늙은 남자거나 어린아이면 5노미스마를 줄 것"이라는 것이 944년 로마노스 1세 레카페노스 황제와 키예프 대공 이고르 간에 체결된 조약 중 한 조항이다. 노예 또한 속량시켜주어야 했는데, 노예 제도는 점점 정통 신앙과는 부합하지 않는 것으로 여겨졌기 때문이다. 마누엘 콤네노스(1118-80, 재위 1143-80)는 콘스탄티노플 노예들을 해방하는 데 황실 금고를 텅텅 비게 만들었다.

복지 경상지출은 아주 다양한 용처를 가졌다. 이사키오스 2세는 도시 남쪽 소피아 항(港)에 있는 세바스토크라토르 이사키오스의 집을 숙박시설로 개조했는데, 이것은 일정한 날 수 동안 (아마도) 지방 관리 혹은 순례자 100인을 먹이고 재우기 위함이었다. 황제와 그의 가족들은 가난한 나그네들이 한뎃잠을 자지 않도록 여관을 세우고 운영했으며, 이러저러한 규모의 병원, 양육원, 양로원, 피난소, 나병원(癩病院)들을 세우고 매년 기부금을 희사했다. 유스티노스 2세(520-578, 재위 565-574) 때 고아원을 위해 지출된 금액은 443노미스마였고, 10세기 초 레온 6세와 그의 동생 알렉산드로스는 이 액수를 두 배로 늘렸다. 다른 한편 이들 기관들에 대한 세금 감면 사례는 수도원들에 대한 사례만큼 많았다. 많은 수도원과 교회, 개인 부자들 또한 양로원이나 병원을 짓고 돈을 기부하고 운영했는데, 그들의 선행으로 말미암아 황제의 세금 감면 혜택을 입은 이 시설들은 반드시 그 소유주의 영혼 구제에만 유익했던 투자라고는 볼 수 없고, 국가 입장에서는 수입의 감소를 의미하는 것이었다. 나중에 교육에 대해 논하는 곳에서 보게 될 것이지만, 국가는 이 방면에서도 재정적인 후원을 하여 일부 교수에게 봉급을 주었고, 적어도 연대기 작가 게오르기오스 케드레노스가 3만 3,500권의 장서를 보유했다고 하는 궁정 도서관을 유지하기 위해서 상당한 액수를 하사한 것은 인정해야 할 것이다.

마지막으로 콘스탄티노플은 국가 재정에 심대한 부담이 됐다. 도시는 중세 도시 중 가장 부유한 도시였고, 십자군전쟁 때 자신의 주군 위그를 따라온 아미앵의 로베르 드클라리의 증언에 의하면, 13세기 초 그리스인들[39]은 그들의 수도에 전 세계 부의 3분의 2를 소유하고 있다고 주장했다고 한다. 토목 관련 지출은 의심의 여지 없이 막대했다. 발렌스 수도교는 유스티노스 2세, 콘스탄티노스 5세, 바실레이오스 1세, 로마노스 3세 아르귀로스, 안드로니코스 1세 등에 의해 보수됐고, 콘스탄티노스 5세는 이를 위해 아시아, 폰토스, 헬라스와 그 섬들, 트라키아로부터 6,900명의 노동자와 전문 기술자들을 불러들였다. 공공 저수조 중 가장 큰 것들은 언덕들 언저리에 있었는데, 이것들은 서로 연결되어 수많은 구역에 물을 공급했다. 그리고 궁궐용 저수조 중 가장 큰 것은 기둥이 366개나 됐다. 광장과 길의 회랑과 같은 깊이로 건설된 하수도는 아마 처음에는 바다로 오물을 흘려보냈을 것이다. 8개소의 대(大)공공 욕장 또한 관리·유지해야 했다. 도시에 식량을 공급한 항구들과 국영 방앗간 20개소, 회랑이 둘러 있고 기둥들로 장식된 널따란 광장들 또한 국가가 관리해야 하는 곳이었다. 이 외 사영 방앗간도 115개소 있었다. 왕권은 인민의 사랑을 받을 때만 안정을 누린다. 그러므로 국가는 인민에게 오락을 제공하게 되는데, 그중 가장 많이 사랑받은 것은 히포드로모스에서 8만 명이 보

---

[39] 비잔티움인들.

는 가운데 벌어진 것들이었다—경주, 맹수 격투 혹은 맹수 쇼, 연극 등. 그렇지만 그로 인한 지출이 너무나 컸으므로 점차 공연물은 5월 11일과 12월 25일 축제 때만 올리게 됐다.

아쉽게도 자료가 불충분해 제국의 지출 명세를 작성할 수는 없다. 그러므로 단지 그렇게 넓은 영토를 수호하기 위한 비용, 특히 군대에 들어가는 비용이 가장 많았을 것이라고 추측해야만 할 것이다. 제국은 이러한 부담을 병역에 대한 반대급부로 시민들에게 토지를 할양하는 방식으로 덜었다. 그러나 '군인 토지'는 병사들을 충분히 양성해 내지 못했으며 돈이 드는 용병 모집으로 다시 돌아왔다. 군대는 유지비용이 많이 들었고, 그래서 명성 높았던 황제들이 종종 인민들에게 인기가 없었다. 일례로 니케포로스 2세 포카스는 아랍인들에게서 크레타섬과 킬리키아, 그리고 시리아 북부를 탈환했지만 백성들의 미움의 표적이 됐고 연대기에서 모욕적으로 다뤄졌다.

비잔티움 제국의 수입은 세 가지 항목으로 나뉘는데, 이것들은 국가가 지주로서 영지 자산에서 거두는 수입, 생산 독점, 그리고 특히 세금 징수에서 얻는 것들이다.

비잔티움 국가가 소유한 영지는 끊임없이 새로운 기부로 잘려 나갔지만 압류와 정복으로 부분적으로 회복되기도 했다. 먼저 콘스탄티노플 주변 토지를 들 수 있는데, 14세기 연대기 작가 니케포로스 그레고라스에 의하면 이곳은 수천 명의 일손을 고용해 곡물, 채소, 유제품, 포도주, 가축을 생산했다. 지방의 국가 영지 또한 다수였는데, 경작지, 광산, 채석장, 국가 직영 또는 임대 염전들이 있었고, 수도와 지방의 공방들과 가게들도 많았다.

국고 증대를 위하여 도입된 세무 독점 혹은 상공업 진작 차원에서 시행된 경제적 독점은 행정적 독점이었던 무기와 제복을 포함했고,

특히 특급 비밀이었던 '그리스의 불' 제조와 위폐(僞幣) 제조를 방지하기 위한 경화 주조가 포함됐다. 세무적이기보다는 경제적 독점인 두 가지 비항구성(非恒久性) 독점, 즉 밀과 견포 독점은 아마도 재정적 임시변통책이었을 것이다. 국가가 밀을 현물로 징세할 때는, 상대(上代)에는 언제나 그러했던 것처럼, 국가가 대상인이 될 수 있었고, 동시에 콘스탄티노플과 곤경에 처한 지방 도시 주민들에게 풍부하고 값싼 빵을 보장하거나 상공업의 발전을 도울 수 있었다. 질 저하를 막아야 할 몇몇 직물을 제외하곤 콘스탄티노플 조합들에서 견포의 생산과 유통은 자유로웠고 누구든 시장에서 비단옷을 살 수 있었다. 한정 생산된 옷들은 황제, 궁정 인사들, 고관들에게로 갔고, 제국 우호국 군주들이나, 제국이 자기편으로 만들려고 한 인물들에게도 하사됐다. 이것은 제국으로서는 아주 이득이 되는 투자였다.

"만일 어떤 경작자가 토지를 방기했지만 해마다 지세를 국고에 납부했다면, 그의 토지를 수확하거나 이용한 사람은 그 두 배를 무는 벌을 받아야 한다." 이것은 7세기 한 농촌법 실무가의 저서의 한 구절이다. 이것은 간단히 말해 토지는 그 토지에 대한 지세를 납부하는 사람의 것이란 말이다. 비잔티움 법의 기본 원칙은 국가가 국가 수입의 주요 원천, 즉 토지에 대한 직접세를 독점하게 하는 것이었으며, 이 원칙은 논리적으로 방기된 토지의 이웃 주민들로부터 지세를 징세하고 그들에게 토지 이용권을 부여하는 데로 나아갔다(에피볼레('덧얹기') 제도). 이 지세(데모시오스 카논)는 농업의 종류, 포도밭, 목초지, 올리브밭, 경작지 종류에 따라 달랐고, 경작지는 다시 지력(1, 2등급, 관개 유무) 정도에 따라 과세액이 정해졌다. 지세는 옛 안노나—6세기 이래 쉬노네란 이름으로 금납 형태로 바뀐 현품(곡물) 제공 의무, 부리는 일소의 수에 따라 정해졌다—와 소 이외 가축에 대해 가축 수대로 정해진 엔노미온과 세대별로 징수된 카프니콘(굴뚝, 집, 가구家口의 뜻을 지닌 '카프노스'에서 유래)이란 인두세를 포함했다. 지세 총액에서 간과해서는 안 될 것으로 파라콜루테마라 불린 부속세가 있었는데, 이것들은 디케라톤, 즉 주세(主稅) 1노미스마에 대하여 받는 2케라티온(12분의 1노미스마), 헥사폴론, 즉 3분의 2노미스마로부터 시작해 항상 더 높은 수로 올림해 주세 1노미스마에 대하여 받는 6폴리스(48분의 1노미스마), 쉬네테이아, 즉 주세 5노미스마까지 12분의 1노미스마에서 시작해 구간별로 증가해 200노미스마를 넘는 액수에 대해서는 일률적으로 9노미스마를 덧붙이는 세, 마지막으로 누진율(1에서 5노미스마까지 12폴리스, 즉 24분의 1노미스마, 10노미스마까지 2분의 1노미스마, 10노미스마 이상일 때 1노미스마)에 따라 징수된 엘라티콘이었다. 적어도 10세기 이래로는 적용된 이 세제가 세액 산정의 기초가 됐다. 비록 그 뒤 11세기 중엽 이후 노미스마의 평가절하에 따라 조정되긴 했지만 말이다.

농촌 공동체에 부가되는 평균 토지세율은 많은 사정이 있었음에도 일정했는데, 11세기 후반 마케도니아에서 100모디오스(1모디오스는 800평방미터)에서 200모디오스의 토지에 대한 세율은 소출에 매기는 세(l'impôt sur la production)를 포함해 평균 1노미스마로 추정된다(니콜라스 스보로노스). 이 세액은 대략 당시 파로이코스(농노의 일종) 수입의 1할에 해당했는데, 이것은 부가세와 보조세를 제외한 액수다. 이외에도 국가는 마을을 경유해 가는 군대나 관리에 대한 현물 공여, 도로, 교량, 요새, 선박 건조 같은 공공 공사를 위한 부역을 몇 차례 징발했는데, 이것들은 종종 심각하게 남용됐다.

납세자 부류에는 사인(私人), 세속 혹은 종교기관들(수도원, 교회 등), 농촌 공동체(코리온)가 있었고, 코리온 구성원은 집단 납세 책임을 졌다. 니콜라오스 멜리세노스라는 사람과 그의 아내 안나는 1271년 테살리아의 드뤼아누베나에 사는 그들의 농노 중 한 사람인 미카엘 아르콘티제스란 사람에게서 수도원을 지으려고 경작지, 목초지 여러 곳, 과수원 하나, 포도밭 하나로 된 자산을 되사들인 일이 있었다. 그 농노의 토지 이용에는 2와 3분의 1노미스마의 세금 납부가 필요했다. 아르콘티제스의 마을 사람들은 그 대신에 그 금액을 납부하기로 문서로 확약하고, 그 액수를 그들의 재산 정도에 따라 나누어 그들의 부과금에 포함시켰다. 드뤼아누베나 마을에서 징수되는 세금 총액은 따라서 변하지 않았다. 황제의 특혜로 주어지는 개인적이고 부분적인 면제를 제외하고 비잔티움 제국에서 아무도 납세의 의무를 피할 수는 없었다.

비잔티움의 중앙 토지대장은 토지와 그것에 부과된 납세액이 간략하게 집계된 거대한 장부였다. 그것은 재정기관(디오이케시스)이 작성한 지방의 장부들을 요약한 것이었는데, 이 장부에는 논밭 뙈기들과 납세자가 기재되어 있다. 거기에는 영지들에 대해 그 이름, 자연, 위치, 경계, 면적, 농노들과 그들이 내야 할 세금들이 적혀 있고, 세무 공동체(코리온)로서의 마을별 목록(스티코스)에는 (납세자의 이름이 아니라) 각각의 논밭 뙈기 이름이 먼저 나오는데, 세무 공동체로부터 떨어져 나간 필지들(이디오스타타)과 그것들의 세금, 마지막으로 일시적으로 세금이 부과되지 않는 방기된 토지 클라스마(파편)가 기재되어 있다. 이 지방 장부들(엑소 코디케스)은 특별 장부들, 예를 들면 군인 토지 장부를 만드는 데, 또 사본과 공식 요약본(이소코디카)을 만드는 데도 사용됐다. 후자는 보유 증서로서 사인(私人)에게 교부되기도 하고 세무 기관, 그리고 디오이케시스 하부 부서들이 관계하는 기관에 송달되기도 했다. 토지에 관한 문서 중에서 '프락티카'로 불린 독특한 문서가 있었는데, 이것은 "토지 위치와는 상관없이 한 사람의 소유주 밑에 토지 개체들과 다른 재산을 모아놓은 명부로, 현대의 토지대장 원부를 연상시킨다"(니콜라스 스보로노스). 이 상세한 조서는 테마 총(總) 가계조사 때 작성됐고, 그 공식 요약본은 소유주들에게 교부됐을 수 있다. 재무 관할구역에는 테마와 일치하거나 일치하지 않는, 처음에는 디오이케테스가, 12세기 이후에는 프락토르가 담당한 디오이케시스, 에노리아, 그리고 세무 단위 공동체(코리온)의 납세구와 일치하는 휘포타게가 있었다. 12세기 쇠약해진 국가는 수세(收稅) 청부제도(ferme)에 의탁했고 징세인들은 투기꾼으로 화했다. 지방의 세금 배분은 에폽테스가 정했는데, 그는 테마 토지대장을 개정하고, 세를 감당할 수 없는 토지를 면세하고, 형편이 나아진 토지에는 다시 세를 매겼다. 그는 현지 에폽테스, 오르토테스, 아나그라페우스(나중에는 아포그라페우스라 불린다), 즉 장부 작성자의 보조를 받았다.

도시민이 낸 세금은 일정하지 않았다.

(1) 상업 수익에 매겨진 크뤼사르기온 세는 아나스타시오스 황제(430년경-518, 재위 491-518)에 의해 폐지됐고 나중에는 단순한 영업세로 대체됐다.
(2) 유스티니아누스 황제가 제정했다고 하는 아에리콘 세는 그 정체가 불확실하다.
(3) 상속세.
(4) 마지막으로 아마도 토지에 대한 재산세(taxe réelle)로서 시내에서 징세된 퀜소스 세가 있었다.

도시 주민들은 많은 시기 직접세를 면제받았다.
간접세는 비잔티움 세입(데모시온)의 아주 중요한 원천이었다. 가장 중요한 것이 수출입 상품에 매겨지는, 관세와 판매세(콤메르키온)였는데, 이것은 세관 관할 구역 내에서 게니콘 로고테테스의 지휘를 받는 콤메르키아리오스란 관리들이 징세했다(H. 안토니아데스H. Antoniades). 콤메르키온의 세율은 상품 가액의 10퍼센트였는데, 여기에 인원과 물품의 이동, 교통기관 사용(배로 예를 들면 접안, 투묘投錨, 하역, 창고 적재에 드는 비용)에 따른 세금, 본디 거래세(프락티키온)인, 중량·치수 측정 기타 등등의, 보통 판매자와 구매자가 반반씩 부담하는 세금이 덧보태졌다. 이들 수입들은 제국이 상업을 크게 주재할 동안은 상당한 규모였으나 12세기 초에 이르러 알렉시오스 콤네노스는 피사인들에게 관세를 10퍼센트에서 4퍼센트로 낮추어주었고, 제노바인들도 이 세기 말에는 같은 특혜를 누렸으며, 다음 세기(1261)에는 완전한 면세를 누리게 됐다. "이렇게 라틴인들은 비잔티움인들의 모든 재부와 바다에서 나는 수입 거의 모두뿐 아니라 군주의 창고를 살찌우던 모든 젖줄까지 가로채었던 것이다."(14세기 니케포로스 그레고라스) 실제 콘스탄티노플에서 당시 비잔티움인들의 관세 수익은 3만 휘페르퓌론(노미스마의 새로운 이름)이었던 반면 금각만 대안 갈라타 구역에서 제노바인들이 거둔 세금은 20만 휘페르퓌론에 달했다. 간접세로는 또한 상인들이 낸 영업세(patente)도 있었는데 액수는 업종에 따라 달랐다.

애덤 스미스가 제기한 4원칙에 반해 비잔티움 제국에서 간접세는 누구에게나 동등하지 않아 황제가 내린 수많은 면제 조처들로 일정하지 않았고, 상황에 따라 유동적이었고, 납세자가 내기 편할 때 징수되지 않았고, 그 액수는 민·군 당국의 자의적인 결정에 따라 바뀌었다. 이 때문에 수많은 권력 남용이 일어나고 납세자와 재무 관청에 손해를 끼쳤다. 그러나 비잔티움인은 군주가 그때그때 필요에 따라 세 부담을 늘릴 수도 줄일 수도 있는 옛 로마의 들쭉날쭉한 과세 원칙을 물려받은 것이었다.

국가 예산을 논할 때 우리가 결코 간과해서는 안 되는 것이 앞에서

본 것처럼 국가가 연금 지불을 대가로 돈을 빌리는 행위로 해석할 수밖에 없는, 비난받았지만 언제나 행해진 공직 판매란 형태의 공적 부채다. 일찍이 유스티니아누스의 재상이었던 페트로스 바르쉬메스는 542년과 547년에 국가 재정에 대한 기부금을 받고 궁정의 하위 직급에 대한 임명장을 교부했으며 관직 수를 늘렸다. 헤라클레이오스 황제는 612년과 619년에 콘스탄티노플 성직자 직책 수를 줄였으나, 만일 여분의 관직 후보들이 바치는 돈에서 나오는 1년 수익이 그들이 받을 봉급액을 상회한다면 임명을 허락했다. 10세기에 이르러 국가는 이러한 원칙을 확대 적용했다. 국가가 봉급이란 형태로 관리에게 지불하는 연금 비율은 대략 8퍼센트였다. 그러나 여기서 고려해야 할 것은 최고위직일수록 가격이 비싸 국가에 새로운 돈이 많이 들어왔고, 또 비록 하위직보다 많은 연금을 지불해야 했지만, 고위직은 높은 연령에 달해야만 다다를 수 있고 연금은 종신이었으므로 더 짧은 기간만 지불하면 됐다. 앞에서 나온 크테나스 사제의 예를 다시 들어보면, 그는 금 60파운드(4,320노미스마)를 내고 프로토스파타리오스가 되어 한 해 봉급으로 족히 금 1파운드(72노미스마)를 가져갔지만, 임명되고 나서 2년 뒤에 죽었으므로 이 부채가 누구에게 득이 됐는가는 쉽게 알 수 있다.

 비잔티움 국가의 세입과 세출 규모는 확실하지 않다. 유일하게 비교 자료가 될 수 있는 것이 바그다드의 칼리프 하룬 알라시드(763-809, 재위 786-809)의 수입일 텐데, 그 액수는 현물세를 제외하고 은 5억 3천만 디르헴(노미스마와 대략 동가의 디나르 금화로 4천 400만 냥 이상)이었다. 단 주의해야 할 것은 아랍 제국의 영토는 비잔티움 제국보다 방대했으며 그곳의 세금은 더욱 무거웠다는 것이다. 비잔티움 연대기들에 의하면 아나스타시오스 황제는 죽을 때(518) 2천 3백만 노미스마를 남겼고, 테오필로스와 테오도라는(856) 864만 노미스마, 바실레이오스 2세는(1025) 천 440만 노미스마를 남겼고, 콘스탄티노플시는 13세기 초 매년 제국 재정에 4천 400만 노미스마를 약간 웃도는 금액을 기여했다. 11세기 초 제국 총예산 규모로 추정되는 금액은 3억 노미스마다(안드레아스 안드레아디스Andreas Andréadès). 이것은 단지 최대 추정치일 따름이다.

 비잔티움의 세제는 제국 내외에서 강압적이고 자의적이란 평을 들었지만 규칙적이었고 어쨌든 효율적이었다. 불가리아와 러시아의 대공들은 그보다 훨씬 적은 액수의 세금을 거둬들였는데도 훨씬 많은 노력을 들였는데, 이것은 그들의 재정, 특히 수세(收稅) 기구가 발달하지 못했기 때문이다. 비록 비잔티움 재정이 국민 총생산의 상당한 부분을 빨아들인 것은 사실이나, 아랍 칼리프 체제가 가혹한 과세 정책을 통한 막대한 세입에도 불구하고 아주 짧은 기간에만 번영했던 데 반해 비잔티움의 세입은 제국이 끝날 때까지 풍부했다. 그것은 콘스탄티노플 당국이 언제나 특별히 납세자인 소농을 보호했기 때문이다. 비잔티움인들은 또한 종종 세입의 한 항목을 지출의 한 항목에 할당하여, 이 항목 지출이 무작정 늘어나지 않게 하거나, 새로운 사업 자금을 조달하는 현명한 정책을 사용했다. 바실레이오스 1세는 국유지 재산 항목 한 개를 떼어내어 그 수입을 황제의 식대 지출에 전용케 했는데, 이 항목은 그의 전임자 미카엘 3세 때 적자를 내던 항목이었다. 요안네스 6세 칸타쿠제노스는 포도주에 세금을 부과해 그 수입을 해군 재건에 쓰도록 했다. 그렇지만 안드로니코스 2세 팔라이올로고스(1259-1332, 재위 1282-1328)는 비잔티움 함대를 해산하고 라틴인이 점령하던 시절 황폐하거나 훼손된 수많은 교회를 수복(修復)하는 데 돈을 물 쓰듯 했으며, 황제는 언제나 예산의 수많은 지출 항목 중 하나를 늘리면서 다른 지출들을 줄이지 않는 조치를 취할 수 있었다. 그래서 수지의 불균형은 때때로 우려할 수준이었고 이것은 비상조치들(선물 지급 취소, 육·해군 예산 축소)로 메워졌다. 그렇지만 라틴인들이 점령하기(1204) 전 재정 위기는 일과성에 그쳤다.

　귀금속 준비금이 어디에 저장되어 있었는지는 알 수 없다. 아마도 그 장소는 비밀에 부쳐졌던 것 같다. 11세기 역사가이자 철학자인 미카엘 프셀로스의 말에 의하면 바실레이오스 2세는 실제 지출을 억제하고 수입을 잘 감독함으로써 상당한 재부를 축적했다고 한다.

"그는 이렇게 궁정의 금고에 20만 달란트를 채웠는데, 이것은 이베리아인,[40] 아랍인, 켈트인,[41] 스키타이인,[42] 한 마디로 주위의 이방인들이 가지고 있던 모든 보물이었다. 그는 그것을 한군데 모아 황실 금고에 보관했다. 그는 또 그에게 반역해 쓰러진 무리의 재산도 모아두었다. 현존하는 건물의 궤짝만으로는 부족했기 때문에 그는 이집트인처럼 지하에 나선형 복도와 회랑을 파게 해 그곳에 그가 모은 수많은 보화를 갖다 놓았다. 그러나 그는 그것들을 사용하지 않았고, 사람들이 진주라고 부르는 아주 흰 돌도, 그리고 여러 가지 빛깔로 빛나는 수많은 돌도 더 이상 왕관이나 목걸이에 사용되지 않고 지하 어딘가에 뒹굴고 있었다."

사법

"군주의 마음에 드는 것은 법의 효력을 가진다." 기원후 3세기 초 로마의 법학자였던 울피아누스가 한 말로 전해지는 이 말은 533년 유스티니아누스가 반포한 법전 『학설휘찬』(디게스타 혹은 판덱타이)

---

[40] 현재 조지아가 있는 남캅카스 지역을 말한다.
[41] 모든 서방인을 지칭한다.
[42] 옛 스키타이인이 살았던 지역의 주민, 즉 현재의 남러시아 지역의 러시아인을 말한다.

에도 그대로 보존됐으며, 유스티니아누스 황제는 마찬가지로 자신의 법전 한 조항에, 로마 인민이 법률로써 자신의 권력을 황제에게 최종적으로 이양했다는, 역사적으로 부정확한 원칙을 새겨 넣었다. 또한 콘스탄티누스 대제가 자신에게 법률을 해석하는 배타적인 권리를 부여한 4세기 이래 황제의 의지야말로 법의 유일한 입법 원천이 됐다. 이전에도 그랬던 것처럼 관습도 한자리를 부여받긴 했지만, 이것은 법률과 이성을 거스를 수 없었으며, 교회 교부들에 의해 그 논의가 개방된 이성의 관념은 늦어도 유스티니아누스에 의해 최종적으로 인가됐다. 따라서 황제는 최고 재판관이며, 판결하는 것은 그의 가장 중요한 직무이고, 9세기 법전 『에파나고게』 서문에서 기관장들은 황제를 대표해 판결한다고 덧붙이고 있다. 항소심에서 황제는 그들의 판결을 수정할 수 있다. 황제에게 대한 청원과 탄원 절차는 부자든 아니든 누구에게나 열려 있었고, 무도한 행위로 고통 받는 사람은 누구나 황제에게 호소할 수 있었다. 이 규칙은 현자왕(賢者王) 레온 6세의 신칙법(新勅法)에서 선언한 이래 언제나 유효했다.

다른 한편 고대 로마의 법 해석에 의거해 모든 관리는 지상권(至上權)을 대표해 법정을 주재할 수 있었는데, 그 영역은 행정소송뿐 아니라 경범죄와 형사사건까지도 망라했다. 비산티움 제국에서 비록 몇몇 사법 전담 직책도 있긴 했지만 사법은 원칙상 별개 기관이 아니었다. 그래서 12세기 문헌주석가 테오도로스 발사몬은 "[콘스탄티노플과 지방의] 재판을 주재하는 고위 관리들은 법률을 소상히 알 필요가 없다. 그들이 맡은 역할은 다른 것이므로. 그래서 만일 그들의 판결 중 일부가 그들의 무능력에서 빚어졌을 경우 그들은 사면 받을 것이다"라고 적고 있다. 그러나 같은 상황에서 그들의 보좌관들은 아마도 사면받지 못할 것이다. 왜냐하면 그들은 "직업이 법률가이고 내려진 판결에 책임이 있으므로."

황제가 재판관직을 수행하는 것에는 두 가지 방식이 있었는데, 첫째는 제국 각지에서 고문회(consistorium)로 올라오는 상소(上訴)를 협의해 처리하는 것이었고, 둘째는 행정관이나 사인(私人)이 올린 질문서나 청원에 칙답을 내리는 것이었다. 궁내부 주사는 5세기 이래 모든 궁중 부서에 대해 법률적 권한을 행사할 수 있었다. 재무관(코이아스토르)은 황제의 이름으로 항소심 재판정 하나를 관장했다. 그러나 가장 큰 재판권은 민정 총독들에게 주어졌는데, 아나스타시오스 황제는 6세기 초 동방도 민정 총독 자리를 탁월한 법률가들에게 맡겼다. 처음에는 문관이, 나중에는 군인(둑스 혹은 엑사르코스)이 담당했던 지방관들은 6-7세기 행정개혁 이후 관할 행정 단위 수도에서 배석판사(assesseur)들에게 둘러싸여 공개 재판을 행했고, 이곳에서는 하급심에서 올라오는 항소도 접수했다. 그런데 이집트 속주의 예 한 가지만 들자면, 배상금을 타내려고 소를 제기한 원고가 배상금의 3분의 1을 둑스의 기관에 낼 것을 약속하면 승소할 확률이 더 높았다. 그렇지만 제국 상대(上代) 황제들은 재판이 정기적으로 열릴 것과, 유능하고 양심적인 재판관에 의해 판결이 내려질 것에 관심을 쏟았다. 양심적인 재판관 중 가장 저명한 이들은 변호사 동업조합 출신이었다.

7세기에 큰 부서들이 사라지고 행정개혁이 단행되자 사법권 행사에 있어서도 중요한 변화가 일어났다. 콘스탄티노플 총독 에파르코스가 제국에서 가장 으뜸가는 재판관이 됐고, 이때까지 콘스탄티노플을 가득 메운 유동 인구 감시 역할을 수행하던 코이아스토르가 지방관을 황제 앞으로 소환하는 매우 강력한 권한을 얻게 됐다. 황제의 재판정에서 예심판사와 검사 직무는 사무국 수장이자 황제 금고지기였던 사켈라리오스가 수행했고, 형 집행은 콘스탄티노플 총독에게 위임됐다. 물론 황제 자신도 최고 재판관으로서 직무를 수행했고, 특정 사안들에 대해서는 특별 법정을 구성했다. 예를 들면, 연대기 작가 증거자 테오파네스에 의하면, 니케포로스 1세는 802년 마그나우라 궁전에서 이레네 여제(752년경-803, 재위 797-802) 때 세금 감면을 받았다고 주장한 사람들의 문서를 심사하고 자신들의 몫 이상 혜택을 받은 사람들에게 과징금을 부과할 위원회를 소집하고 주재했다고 한다. 황제는 때때로 친국(親鞫)을 행해 아르메니아인 레온 황제[43]는 라우시아코스 궁전 회랑에서 열린 재판에서 간통 사건 재판을 거부한 에파르코스를 벌했으며, 미카엘 2세는 수녀를 납치한 시칠리아 투르마르코스의 신체를 절단할 것을 명했고, 테오필로스는 매주 말을 타고 블라케르나이 교회로 행차할 때마다 청원을 접수했다.

이 200년 동안의 과도기와 혼란기에는 어쨌든 사법 행정이 명백히 지리멸렬했으며, 틀림없이 자의적으로 행사됐다고 볼 수 있는데, 이러한 사정은 바실레이오스 1세와 그의 아들 레온 6세의 사법 개혁을 불러왔다. 재판관이 황제 대리인과 귀족들 앞에서 독립성을 유지하는 것은 그들에게 충분한 급료를 지불함으로써 보장됐다. 그 반면 재판관들은 법률을 공부해야 했고, 언제나 진리에 봉사할 것을 서약하고, 판결을 문서로 남기고 판결문에 자필로 서명해야 했다. 예전에 황제의 고문회였던 콘시스토리움은 황제의 법정(바실리콘 크리테리온 혹은 베마)이 됐는데, 고관들로 구성됐으며 주로 항소심 혹은 종심(終審) 법정 역할을 했다. 코이아스토르는 로마의 옛 이름인 쿠아이스토르란 직명하에 법정 하나를 맡게 됐는데, 이 법정은 특히 문서 위조, 상속, 유언, 혼인에 관한 사안들을 관장했다. 그는 어느 때고 콘스탄티노플로 들어오는 지방민을 단속했고, 고위급 비서관들, 관인지기들, 서기들로 구성된 유력한 부서의 장이었으며, 그의 권한은

---

43) 레온 5세.

11세기 들어 더욱 확대됐다.

이외에도 두 개의 법정의 지위가 확정됐는데, 그중 하나는 휘장소(揮帳所, 어전御殿의 문에 드리우는 커튼)란 법정으로 관직 서열에 관한 다툼을 중재했고, 다른 하나는 히포드로모스 법정으로서 궁정 사람들 사이에서 일어나는 보통법 사안을 다뤘다. 이 궁정 법정 판사는 겸직이 허용됐는데, 예를 들면 니케포로스 보타네이아테스 황제를 위해 마케도니아 왕조 말기 역사를 집필한 연대기 작가 미카엘 아탈레이아테스는 1087년 휘장소 판사와 히포드로모스 법정 판사를 겸직했다.

지방에서 스트라테고스의 부국은 병무(兵務)를 담당한 카르툴라리오스와 민사 사안을 담당한 프로토노타리오스 부서에 민사(보통법 혹은 행정 관련 소송)를 담당한 프라이토르 혹은 크리테스(재판관)라고 하는 직책을 포함시켰으며, 형사 사건과 민간·군인 전체 인원의 기강에 대한 사안은 스트라테고스 관할이었다. 10세기 말과 11세기 민사 법정(크리테스)은 군인들까지도 자신의 재판 관할권에 속하도록 하는 데 성공했다. 사법 보좌 인력은 여전히 동업조합별로 조직되며, 연륜, 명예심, 지식을 갖추었음을 증명해야만 했던 변호사(쉬네고로스)와 공증인, 즉 타불라리오스였다. 이 중 공증인에게 요구되는 자격과 협회에 가입시키는 조건에 대해 콘스탄티노플 총독이 인증(認證)한 10세기 규칙을 보면 이렇다.

타불라리오스는 프리미케리오스와 다른 타불라리오스 조합 구성원들의 평결과 표결 절차를 통과한 자가 아니면 타불라리오스로 뽑힐 수 없다. 그는 실제로 법률을 완벽하게 알아야 하고, 글씨를 잘 써야 하며, 말이 많거나 교만하거나 방탕해서는 안 되며, 성품은 존경받아야 하며, 판단이 건전해야 하며, 교육과 사무 기량을 겸전해야 하며, 언사가 유려하고 문장이 완벽해야 한다. 문장이 완벽하지 않으면 문면(文面)과 구두법을 변조하는 사기행위가 그를 아주 손쉽게 농락할 것이다. 만에 하나 타불라리오스가 이런 사정으로 법률을 위반하고 관청의 서면 지시를 어겼다고 입증되면 그를 위해 보증을 선 자들이 책임져야 할 것이다.

후보자는 『편람』〔바실레이오스 1세가 편찬한 『프로케이론』〕 40장을 암송하고 〔마찬가지로 바실레이오스가 편찬한〕 『바실리카』 60권을 잘 알아야 한다. 또한 일반교양이 있음을 증명해야 한다. 교양이 없다면 문서를 작성할 때 오류를 범하고 나쁜 문체를 쓰게 될 것이다. 그는 충분한 시간 동안 그에게 육체적, 정신적 자질이 있음을 검증받아야 한다. 그는 조합원들이 보고 있는 그 자리에서 조서를 작성해 그로 인해 조합원들에게 폐가 되는 일이 일어나지 않을 것이라고 그들을 안심시켜야 한다. 만일 이러한 예방 조처에도 불구하고 그가 잘못을 범한 것이 발각된다면 그의 자리를 박탈해야 한다.

선거에 임하는 방식은 이러하다. 증인 등록과 후보자 검증이 있고 난 뒤에 후보자는 망토를 걸치고 고명(高名)한 총독 앞에 타불라리오스 단(團)과 프리미케리오스와 함께 출석하고, 같이 출석한 사람들은 하느님의 가호와 황제들의 안녕을 빈 다음 그 어떤 호의, 짬짜미나 혈연관계, 친분도 후보자가 그 자리를 차지하는 데 영향을 발휘하지 않았으며, 그것은 그의 미덕, 교양, 지력과 모든 면에서 발휘되는 능력이 이룬 일이라고 서약한다. 선서식이 있고 난 뒤 현직 총독은 총독 법정에 후보자가 선출됐음과 그가 이제부터 타불라리오스 단체 회원이 됐고 일인의 타불라리오스로서 간주됨을 확인한다. 법정에서 나온 후보자는 그의 주거지에서 가장 가까운 교회로 가 망토를 걸친 타불라리오스들이 모두 임석한 가운데 망토를 벗고 가운을 입고 사제의 기도를 받아 성별된다. 그리고 망토를 입은 모든 타불라리오스가 그를 수행하고 프리미케리오스는 손수 향로를 저어 새로 선출된, 성경을 양손에 쳐들고 걸어가는 타불라리오스에게 연기를 씌운다. 그가 걸어야 할 바른길은 주님 앞에서 곧게 타오르는 이 향의 연기로 상징된다. 이런 화려한 행사 속에서 피선자는 그에게 떨어진 직분을 받게 되며, 마찬가지로 이렇게 자기 집으로 돌아가 모든 축하객과 함께 잔치를 즐긴다.

콘스탄티노플에서는 변호사들과 24인의 공증인이 활동했다. 그러나 지방에서 어떤 법률가들이 활동했는지에 대해서는 알 수 없다. 이 양 부류의 사람들은 변호사나 공증인 밑에서 몇 년간 수습으로 일하거나 혹은 두 직업단체가 면밀히 감독하는 교수들의 강의를 들으면서 일을 익혔다. 1045년 콘스탄티노스 모노마코스는 법률 교육을 재정비하면서 변호사·공증인 조합에 가입하려는 자는 그가 최근에 만든 직책인 노모필락스(법의 수호자)의 승인을 반드시 거치도록 했다.
이러한 사법기관의 분별 있고 전통적인 조직을 위한 조처들은 소송을 질질 끌도록 온갖 트집을 잡는 법률가들로 인해 심각한 사법 행정 마비로 이어졌다. 1166년 마누엘 1세는 콘스탄티노플에서만이라도 소송 절차를 간편화하기 위해 네 개의 법률 부문을 만들어 그 장들이 재판을 맡게 했는데, 그들은 순라군 우두머리 대(大)드롱가리오스(민사 사건 담당), 공법 법정 재판장(경범죄와 형사 사건 담당), 황실 상서성 장관 프로타세크레티스, 아마도 재무관과 동일 인물일 디카이오도테스였다. 각 부문은 같은 수의 배석판사와 변호사를 채용했고, 한 주에 적어도 세 차례 법정을 열어야 했다. 그러나 소송을 빨리 진행하고자 하는 바람은 피고와 원고에게 필요한 보증이 손상되는 결과를 낳았다. 그러한 위험은 황제 법정에서도 마찬가지였고, 특히 사안이 정치적 성격을 띨 때 더욱 그러했다. 미카엘 글뤼카스는 이곳에서 황제의 점성술 옹호 글에 이의를 제기했다는 이유로 두 눈을 잃는 유죄 판결을 받았다. 이 법정은 마누엘 1세 때 그것이 관여해야 할 소송들이 축소되었다. 그리고 특별 법정 — 민사 사건을 담당한 히포드로모스나 휘장소의 재판관, 형사 사건을 담당한 드로모스의 로고테테스 법정 — 이 만들어져 제국 신민과 외국인 간 소송을 처리했다. 외국인은 이를테면 큰 상업 특권을 누렸던 베네치아인을 말한다.

지방의 사법 행정은 사법 관할권 문제와 소송 절차의 복잡함으로 난맥상을 보였다. 민사 재판관, 황제의 명령을 받은 테마 둑스, 게다가 콘스탄티노플의 재판관들도 재판에 관여했다. 1084년 아토스산 라브라 수도원 수도사들과 알렉시오스 1세의 형제 사이에 카산드라 반도(칼키디키)의 부동산을 둘러싸고 소송이 벌어졌을 때 황제는 재판관으로 히포드로모스 법정 재판관 미카엘 로디오스를 임명해 현지에서 사건을 조사하게 했다. 결국 변호사직은 개방직이 되어버렸고 성직자라도 법정에서 능란하게 변론할 수 있었다. 지방에서 사법 행정은 민사 혹은 교회 법정에서 행해졌다. 민사 법정은 세 명의 재판관, 즉 한 명의 재판장과 두 명의 배석판사로 구성됐으며, 교회 법정은 두 명의 재판관이면 충분했다. 재판 당사자들은 변호사를 대동하거나 혹은 법정 주변에 득실거리는 법률가 중 한 명에게 조언을 구해 단신으로 법정에 나왔다. 법정 서기국은 판결문, 유언장, 매도·매입에 관한 문서들을 작성했다. 교회 법정은 13세기 이래 민사사건까지도 그곳에 출석한 사람들에게 판결을 내릴 수 있었다. "성직자건 속인이건 원하는 사람은 교회로 가 송사(訟事)할 수 있다"라고 1371년 총대주교 그레고리우스 11세[44]가 작성한 한 문서에서 밝히

---

[44] 로마 교회 수장.

고 있다. 그것은 민사 사법 행정이 극도로 침체했기 때문이었다. 재판관들은 수준이 매우 낮았고 뇌물을 받고 정의를 더럽히기 일쑤였다. 변호사들은 탐욕스러워 그들의 고객을 배반하면서까지 재력에 봉사했다. 일찍이 작가 니콜라오스 카바실라스는 데메트리오스 퀴도네스에게 "설상가상으로 저는 법률가들을 필요로 했고 그들 중 한 명을 구해야 했습니다. 그런데 맙소사! 제가 그들을 만나 제 사정을 말했을 때 저는 후회하고 말았습니다. ……한마디로 당신은 그들의 결정들, 재판정, 재판관들에 대해 들으셨고, 그들이 얼마에 자신들을 기꺼이 파는지를 아실 겁니다. 정말이지 아주 얼마 안 되는 돈이죠"라고 말한 적이 있다.

모두가 불평했다. 그래서 안드로니코스 2세는 1296년 고위 성직자와 민정 고관 중에서 뽑은 12인의 재판관으로 구성된 법정을 창설했는데, 그들은 만장일치로 결정해야 했으며, 그들의 판결은 황제에게도 즉시 집행력이 있어야 했다. 이 법정은 호평을 받았으나 아마도 안드로니코스 2세와 그의 손자 안드로니코스 3세 간에 있었던 내전 기간(1321-28) 사이에 사라졌던 것 같다. 내전에서 승리한 후자는 요안네스 칸타쿠제노스와 알렉시오스 아포카우코스의 보좌를 받아 제국 재정비에 나섰다. 그는 전임자의 법정 운영 원칙을 따라 정직한 사람들이 담당하는 상급 법원을 창설해 모든 법정 위에 서게 했고, 세속 법정의 상당한 몫을 교회가 맡도록 했다. 그리하여 1329년 성직자 두 명, 속인 두 명, 총 4인의 법률가로 구성된 '로마인의 대법관'이 담당하는 새로운 법정이 만들어졌다. 이들은 순행(巡行)하는 법관이었고, 모든 법정의 판결을 파기할 수 있었으며, 그들의 판결은 상소가 허용되지 않았다. 이 법정 도입 후 8년이 지났을 때 대법관들의 독직 행위가 발각됐는데, 그들은 후안무치하게도 선물을 받았고, 게다가 소송 양 당사자로부터 그리했다. 범죄자들은 유형에 처해졌으나 법정은 유지됐다. 법정은 실제적인 필요에 스스로를 적응시키며 제국이 끝날 때까지 기능했다. 네 명의 법관이 모든 지방 소송에 출석할 수는 없었으므로 한 명의 판결로 족하다고 선언됐고, 지방 대법관직이 창설되어 콘스탄티노플 대법관 아래 배속됐다. 그리고 테살로니키, 모레아, 렘노스 같은 곳에 특별 대법관직이 생겼다. 사법 행정은 이제 집중화되고, 간편화되고, 통합됐으나 교회의 감시와 관리를 받게 됐다. 즉, 대법관 법정은 한 명의 주교가 재판을 주재했고, 또 한 명의 주교가 빈번히 참가했으며, 이와 병행해 이 법정을 지원(支援)하거나 이 법정에 이의(異議)를 제기하거나 또는 대체하는 방식으로 총대주교좌 소재 교회 법정이 점점 더 결정적 지위를 획득했다. 같은 추이(推移) 양상이 지방에서도 보였는데, 지방에서는 교회 법정이 더 큰 영향력을 획득했다. 이러한 교회에 의한 사법권 점유의, 이를테면 공식적인 결론이, 1453년 메흐메트 2세[45]가 그리스인 주민들을 위한 민사 소송 책임관으로 콘스탄티노플 총대주교 겐나디오스 스콜라리오스[46]를 임명한 것이었다. 그는 비잔티움 마지막 황제 시기 대법관직에 있었던 인물이었다.

교회에서 사법 사무 처리는 총대주교와 주교들의 핵심 임무에 속했고, 그 항시적이지만 지방분권적인 업무는 이를 처리하는 전문 인력의 필요성을 대두시켰으며, 이 부문에서의 국가와 교회 간 경계의 모호성은 교회 법관들로 하여금 그들 직업에 대한 높은 전문성을 갖추도록 했다. 총대주교 법정에서 카르토퓔락스는 경범죄 법정을 주재하며 성직자들에게 벌을 부과할 수 있었고 파문(破門)에 처하기까지도 했다. 민사 법정에서 그는 성직자들 간의 분규와 성직자가 연루

---

45) 비잔티움을 정복한 오스만 제국의 술탄.
46) 원래 이름은 게오르기오스 쿠르테시오스 스콜라리오스고 겐나디오스는 수도승이 되며 얻은 법명이다.

된 소송, 특히 유언과 상속에 관한 소송 등 수많은 사안을 다뤘고, 혼인 관계가 교회법을 하나도 저촉하지 않는다는 카르토퓔락스의 보증 없이는 어떤 사제도 혼인 성사를 베풀 수 없었다(15세기 신학자 테살로니키의 시므온의 진술). 카르토퓔락스는 이외에도 진정한 법률 고문 역할을 했으며 그에게 의뢰된 질문에 대한 그의 답변은 법정에서 판례 구실을 했는데, 이는 13세기 중반부터였다. 주교 법정은 수도 대주교의 그것으로 인격화된 독립 기구였다. 주교 법정은 유스티니아누스 시기 이래 그 관구의 성직자가 연루된 모든 민·형사 사건과 고유 관할인 혼인과 유언에 관한 모든 사안에 대해 재판을 했다. 법정은 또 양 소송 당사자가 중재를 구할 때는 무료로 재판을 했고, 법률 문의가 들어오면 지방 법정, 여차하면 황제 법정에도 간여해 자신에게 맡겨진 사건을 제소하거나 변호했다. 판결하기 곤란한 사안일 경우 수도 대주교는 총대주교에게 의견을 구했고 후자는 그에게 판례가 되는 진정한 답서를 내려주었다. 상기한 사항들에서 우리는 원칙상 교회 재판권 사건에만 관여하던 교회 법정이 점차 세속 사건까지도 맡도록 확대됐음을 알 수 있다.

  비잔티움 제국에서 시행된 형법전을 보면 먼저 형벌들이 기독교의 영향으로 로마 때보다 완화된 것을 부정할 수 없다. 사형은 살인, 간통, 저주를 꾀한 죄에 한정됐고, 십자가 고문은 폐지됐으며, 가장 중한 형벌은 유형(예를 들면 크리미아에), 수도원 유폐, 벌금, 재산몰수형이었다. 그러나 유스티니아누스는 도망친 자를 교회 손님으로 받아들이는 비호권 대상을 결백한 자, 개인 채무자, 학대받는 노예로 한정했다. 7세기 이후로는 튀르크인, 아라비아인, 페르시아인, 시리아인에 의해 제국에 전래된, 아주 오랜 동방 관습의 영향으로 잔혹한 형벌이 제국에 도입됐다. 유스티니아노스 2세(669-711, 재위 685-695, 705-711)는 코가 잘렸고, 이레네 여제는 그녀의 아들을 눈멀게 했으며, 후대의 미카엘 팔라이올로고스는 그가 눈멀게 하고 투옥한 합법적인 황위 계승자 요안네스 4세 라스카리스의 운명을 동정했다고 그의 비서 마누엘 홀로볼로스의 혀와 입술을 자르고 시력을 빼앗도록 명령했다(연대기 작가 게오르기오스 파퀴메레스의 기록). 이러한 신체 절단 형벌은 제국이 다할 때까지 지속됐다.

채찍질 형은 빈번하게 행해졌으며 가장 높은 관리들에게도 행해졌다. 766년에 한 에파르코스가 콘스탄티노스 5세의 명령으로 채찍질 당했으며, 1256년 대(大)로고테테스 게오르기오스 아크로폴리테스는 테오도로스 2세 라스카리스(1221-58, 재위 1254-58)와 논쟁 뒤에 공개적인 장소에서 채찍질 형을 받았다. 수도원이나 요새에 정치적인 이유로 유폐하는 일들로 마르마라해의 '왕자 군도(群島)'가 유명해졌는데, 이런 이름이 붙게 된 것은 이곳이 폐위된 황제들이나 황제 남계 혈족들을 가두는 교도소로 쓰였기 때문이다. 그러나 이 형벌은 보통법 위반자들에게도 선고됐다. 범죄자들의 형을 감해주는 것은 황제의 은총이었고 이는 언제든지 가능했다. 그리고 교회의 비호권도 있었는데, 교회는 비호권을 행사해 사기꾼이나 악인들을 자기들한테로 데려와서는 그들을 속죄하게 하고 도덕적으로 변화시킨다고 주장했다. 이 같은 남용 사례를 막거나 줄이기 위해 마누엘 콤네노스는 교회가 받아들인 용의자들은 교회에서 내린 벌을 채운 후에 먼 지방으로 추방하거나 수도원에 감금하도록 했다. 고문은 노예들에게만 한정되어 아주 드물게 시행됐고, 간통죄, 공금 횡령, 불경죄(不敬罪) 같은 특정 죄에만 시행했다. 서방에서 도입된 사법 결투와 신명재판은 예외적으로만 시행됐다. 연대기 작가 게오르기오스 아크로폴리테스의 기술에 따르면 1252년 황제에 대한 음모를 꾀했다고 기소된 미카엘 팔라이올로고스는 마상시합을 하도록 선고받았다. 피고는 졌지만 결백을 계속 주장했고 끝내 달군 쇠를 손에 쥐어 결백을 증명하라는 제안을 받았다. 그는 이것에 항의해 그것은 법을 모르는 야만족의 관습이라고 항변했다. 결국 법관들 중 한 사람인 필라델피아의 주교가 그의 말을 받아들였다.

비잔티움의 감옥은 죄인들이 자신들의 형을 사는 교도소가 아니라 재판 전 피고인들과 형 집행 전 기결수들을 수용하는 구치소였다. 그래서 그 수는 많지 않았던 것 같고, 수도원이 세속 사법관할권과 교회 사법관할권 간 마지막 연계 고리로서 진정한 구금 시설이었던 것 같다.

외교

"전쟁은 비록 돈이 들지라도 모든 평화적인 수단이 쓸모가 없을 때 치러져야 하며, 승리는 심한 손실과 함께 얻어지지 않아야 바보짓이 되지 않는다"라고 6세기 말 혹은 7세기 초 한 병법서 저자가 밝히고 있다. 그러므로 제국의 입장에서 외교는 주변 나라들, 민족들과 관계 맺는 주요 방편이다.

외교는 먼저 제국의 벗과 적들에 관한 가능한 한 정확한 지식을 포함했고, 이것이 병법 교과서에 민족지(民族誌)가 앞부분에 실릴 수도 있었던 이유다. 콘스탄티노스 포르퓌로겐네토스 황제는 장래에 로마노스 2세가 될 그의 아들에게 주는 책 서문에서 그에 대한 자신의 염려를 장황하게 예시하며 외교의 원칙을 다음과 같이 역설하고 있다.

들을진저, 나의 아들이여, 네가 이 가르침을 받게 되면 너는 현자들 가운데서 분별 있게 처신할 것이고 분별 있는 사람들 가운데서 현자로 여겨질 것이다. 민족들이 너를 칭송할 것이고 많은 나라의 인민들이 너를 복되다고 말할 것이다. 그러므로 너는 제국의 방향타를 현명하게 쥐기 위해서 무엇보다 먼저 알아야 할 것을 익혀라. 현 상황을 잘 분석하고 장래에 일어날 일을 예상하는 법을 배우고 이렇게 현명하게 경험을 쌓아 크게 성취하도록 하라. 그래서 나는 네가 공공의 이익을 위해 최선의 결정을 내리는 방책을 설명하겠다. 나는 먼저 어떤 민족이 로마인[비잔티움인]들에게 어떤 점에서 유익하며, 어떤 민족이 로마인에게 어떤 점에서 유해한지를 설명하고, 어떻게 그리고 어떤 다른 민족을 이용해 그들 민족 각각을 무찌르거나 그들에게 승리를 거두는가를 설명할 것이다. 나는 그들의 만족시킬 수 없는 탐욕성과 그들이 받기를 원하는 뜻밖의 선물이 어떤 것인지 말할 것이다. 나는 또한 이 민족들 간의 차이와 그들의 기원, 그들의 관습, 그들의 생활 방식, 그들이 사는 지역의 위치와 기온, 나라의 특징과 크기, 과거에 로마인과 다른 민족들 간의 관계를 결정지은 일들이 무엇이고, 우리 국가와 로마인 제국 전체에 조금씩 도입된 개선책들이 무엇인지 설명할 것이다. 나의 소중한 아들아, 내가 몸소 겪은 일을 너에게 일러줄 것인데, 이것으로 너는 이 각각의 민족들이 어떻게 다르며, 어떻게 이들을 다루며, 이들을 회유하며, 이들과 전쟁을 하며, 이들에게 맞서야 하는지를 알 수 있을 것이다. 너의 고귀한 정신은 이들에게 공포심을 불러일으켜 이들은 마치 불로부터 도망가듯이 너에게서 도망갈 것이다. 그들의 입술은 오므라들고 너의 말은 마치 화살처럼 그들에게 상처를 낼 것이다. 너는 그들에게 무섭게 보일 것이고 그들은 너와 마주했을 때 벌벌 떨 것이다. 판토크라토르(전능자)께서 자신의 방패로 너를 지키실 것이고 너의 창조주께서 너에게 모든 것을 알도록 해주실 것이며 너의 발걸음을 단단한 지반으로 이끄실 것이다. 너의 보좌는 그분 앞에서 태양과 같을 것이고 그분의 눈은 너를 바라볼 것이며 어떤 고통도 너에게 닿지 못할 것이다. 너를 간택하고 네 어미의 뱃속에서 꺼내신 분은 바로 그분이시다. 그분이 가장 훌륭한 사람인 너에게 당신의 제국을 주셨고 피난처로서 너를 마치 언덕 위 금상(金像)처럼 산 위 높은 곳에 놓으셨고 너를 마치 언덕 위 성처럼 높이셨다. 지상의 민족들이 너에게 진상물을 가져오고 세상 주민들이 너를 경배하러 오도록.

그러므로 비잔티움의 외교는 복잡한 과제들을 떠안게 됐는데, 그것은 역사 전 기간 동안 황제주의의 이념과 현실을 일치시키는 일이었다. 이러한 유일 황제 사상에서 다른 국가수반들은 황제의 부하에 지나지 않았다. 그리고 제국 변경의 강력한 민족 혹은 국가들(페르시아인, 아랍인, 아르메니아·캅카스·서방 공국들, 헝가리인)이 존재하고, 또한 변경 안으로 이민족들(아랍인, 슬라브인, 불가리아인, 라틴인, 튀르크인)이 정착한 사정도 황제주의와 결부시켜야 했다. 그런데 제국의 대외 관계는 결코 한 부서가 집중적으로 맡지 않았다. 이른 시기 연락 사무, 알현, 파발 업무는 궁내부 주사 소관이었으나, 세 개의 서로 다른, 대외 업무에 특화되지 않은 부처 소관으로 되어 있었다. 8세기 궁내부 주사의 업무가 여러 개로 쪼개질 때 드로모스의 로고테테스는 대사 파견과 역관 운용 업무를 맡았으나, 한동안 의전관에게 외국 대사 접견과 감시 업무를 위임하고, 나중에는 대외 업무 최고 수장이 되어 콘스탄티노플 외국인들에 대한 특별 법정 사무를 보게 됐다. 파발 대신으로서 그는 도로 경비와 변경 지역 감시를 맡은 감찰관들이 보내오는 정보와, 여행자들과 상인들이 여행하고 나서 상시 보고하는 외국 정치·경제 상황을 수집했다.

중요한 협상은 늘 다양한 관리들이 수행했다. 레온 6세 시절에 마기스트로스 레온 코이로스팍테스가 불가리아에 세 차례, 바그다드에 한 차례 외교 사절로 다녀온 것은 예외로 보아야 한다. 사절단은 여러 명으로 구성되었고 누가 갈 것인지는 외교 상대의 품격에 따라 결정됐다. 실렌티아리오스로서 하급 관리인 요안네스는 단신으로 8세기 중반 교황과 롬바르드 왕에게 명령서를 전달하러 갔으며, 조금 뒤에는 프로타세크레티스 게오르기오스와 동행해 난쟁이 왕 피핀에게 갔다. 이레네 여제는 콘스탄티노스 6세와 샤를마뉴 딸의 혼사를 논의하기 위해 두 명의 최고위 관리, 즉 사켈라리오스 콘스탄티노스와 프리미케리오스 스타우라키오스를 보냈고, 드로모스의 로고테테스, 마기스트로스 페트로스, 도메스티코스 안토니오스를 하룬 알 라시드에게 보냈으며(781), 또 두 명의 성직자(이런 일은 드물지 않았다), 즉 도로테오스란 이름의 수도원장과 성 소피아 성당 카르토필락스 콘스탄티노스를 압드 알말릭에게 보냈다. 대사는 '정직하고, 신심 깊고, 부패하지 않고, 조국을 위해 스스로를 희생할 각오가 되어 있는 사람'이어야 했으며, 출발하기 전에 그 나라의 사정과 자신의 다양한 임무에 대한 시험을 통과해야만 했다. 그는 역관들과 종종 향하는 나라 태생의 일꾼들을 대동했으며, 언제나 많은 양의 선물과 금 혹은 값나가는 물건들을 교제비로 소지했다.

외국 사절들은 국경에서 영접을 받았으며 호조(戶曹)의 책임하에 콘스탄티노플까지 성대하게 호위됐으며, 이곳에서 출입국관리사무소(le bureau des Barbares)가 그들과 그 일행의 의사소통을 도왔다. 그들은 수도의 한 궁궐에 숙박할 곳을 얻었고 호위병의 호위를 받았다. 그러나 감시의 눈이 따라붙지 않으면 한 발자국도 밖으로 나갈 수 없었다. 또한 그들에게 도시의 부와 콘스탄티노플 시민들의 아름다운 외모를 보여주어 시샘 어린 적대감을 자극하기보다는 비잔티움 당국자들은 그들의 시선이 완전군장한 병사들이나 높은 성벽에만 머물게 해, 그들이 현명하게 행동하도록 부추기길 선호했다. 그렇지만 그들에 대한 대접은 극진했고, 히포드로모스의 공연물, 성 소피아 성당의 장엄한 전례, 황제의 연회는 그들의 체재를 흥미롭게 했다. 콘스탄티노플에 온 사절에게 가장 중요한 순간은 장엄한 황제 접견이었다. 10세기 때 이 행사는 마그나우라궁에서 치러졌다. 이에 관해서는 948년 이탈리아 왕 베렝가리오의 사절들에게 베풀어진 알현식에 주요 인사로 참석해 경탄을 금하지 못한 크레모나 주교 리우트프란트의 이채로운 증언이 있다.

황제의 의자 앞에는 금을 입힌 청동으로 된 나무가 높이 솟아 있었는데, 그 가지들에는 갖가지 종류의 금박 청동 새들이 앉아 저마다 다른 소리로 지저귀고 있었다. 황제의 보좌는 엄청나게 컸고 참으로 교묘하게 제작되어 순식간에 그것이 놓여 있던 땅에서 공중으로 솟구쳐 올라 멈춰 있는데, 그것이 청동으로 되어 있는지 나무로 되어 있는지 잘 알 수 없다. 황제의 호위병 노릇하는 금으로 덮인 사자들이 꼬리로 땅을 치는데, 그 열린 아가리 안 혀가 놀며 으릉거렸다. 나는 두 환관의 어깨 위로 들어 올려져 황제 앞으로 인도됐다. 나의 입장에 맞추어 사자들이 으릉거리며 새들이 제각각으로 울 때 나는 놀라지도 소름 돋지도 않았다. 알현식을 본 사람들로부터 이미 들어 알고 있었기 때문이다. 나는 황제에게 세 번 절하고 고개를 들었다. 그가 지면에서 거의 떨어지지 않은 곳에 앉아 있는 것을 방금 보았는데 이제 그는 다른 옷을 입고 천장널 사이에 자리 잡고 있었다. 나는 도대체 어떻게 이런 일이 일어났는지 알 수 없었다. 그가 압착기를 들어 올리는 기계로라도 들어 올려지지 않았다면 말이다. 불편한 자세에서 말을 할 수 없었기 때문에 그는 로고테테스의 통역을 거쳐 베렝가리오의 안부를 물었다. 나는 적당하게 대답하고 역관의 손짓에 따라 나에게 배당된 숙소로 왔다.

진정한 협상은 이 장엄한 알현 뒤에 벌어졌고 보다 소박한 회담 속에서 이루어졌다. 협상 전에 사절이 가져온 특산물 증정이 있었다. 한 인도 수장은 유스티니아누스에게 코끼리를 바쳤고, 9세기 칼리프 알무타와킬은 사향 1,000포대, 비단옷, 보석류, 사프란을 보내왔고, 리우트프란트는 '극상품 갑주 아홉 벌, 금도금 반구(半球)들로 장식한 방패 일곱 개, 금을 입힌 은 컵 두 개, 검, 창, 단창(短槍), 네 명의 카르지마시온 노예'(생식기를 제거한 젊은 환관을 뜻하는 그리스 말인데 베르됭의 상인들이 에스파냐로 싣고 가 엄청난 이익을 챙긴다)를 바쳤다. 황제는 답례를 잊지 않고 사절들의 주군에게 줄 선물로 값나가는 피륙, 금은 세공품, 화려하게 장식된 필사본을 주었다.

이민족 수장들과 외국 군주들의 충성, 그리고 필요시 협력을 확보하기 위해 비잔티움 외교가 구사할 수 있는 수단은 (비록 역사가들로부터 종종 비판의 대상이 되기도 했지만) 무궁무진했으며 괄목할 성과를 거두었다. 이교도 민족들이 기독교로 개종한 뒤 혹은 그와 동시에 비잔티움인들에게 필수적인 것으로서 이들 민족의 범사해(凡四海) 가족 됨이 있었는데, 이때 황제는 종종 세례받는 국가수반의 대부가 되어주었다. 777년 마침내 복속한 불가리아 칸 텔레리그가 황제를 예방하러 콘스탄티노플을 찾았는데, 이때 황제는 그에게 파트리키오스 작위를 내리고 이레네라고 하는 황후의 사촌을 아내로 주고는 영광스럽게도 그가 세례반을 나올 때 그를 대자(代子)로 삼았다. 864년 다른 불가리아 칸 보리스는 그의 동맹자 '독일인' 루이를 지원하기 위해 모라비아로 진격하려다 비잔티움의 개입으로 항복해야 했다. 이때 그는 프랑크인들을 저버릴 것을 약속하고 세례받고는 그의 대부 미카엘 3세의 이름으로 개명하고 그에게서 작은 영지를 선물받았다.

비잔티움 정부는 또 다른 선전 수단을 즐겨 썼는데, 그것은 왕의 자제들이나 유력한 외국인들을 콘스탄티노플로 초치하거나 그들의 수도 예방과 체재에 특혜를 주는 것이었다. 이렇게 초치된 외국인들에게 최상급 고관 자녀들에게만 개방된 기독교·희랍어 교육을 베풀었던 것이다. 이렇게 베네치아의 대통령들은 자신들의 임기마다 그들의 아들 중 한 명을 대도(大都)로 보냈다. 많은 조약이나 협정 조항 중 하나도 같은 목적을 지녔는데, 그것은 적대적인 지도자들을 주의 깊게 감시하면서 그들이 비잔티움 문명과 위력을 오래도록 접하게 하는 것이었다. 테오도리쿠스 대왕[47]은 461년, 불가리아 보리스 칸의 아들 시메온은 레온 6세 때, 이탈리아 반란 지도자 멜루스[48]의 아들 아르귀로스는 11세기, 나중에 세르비아 황제가 될 스테판 두샨은 14세기, 나중에 튀르크족 에미르가 될 차카스, 그외 많은 인물이 콘스탄티노플에 볼모로 왔다. 이들 모두가 제국에 충실한 벗은 아니었으며, 몇몇은 자기 나라로 돌아가 극렬한 반비잔티움 인사가 됐다.

외국인에게 수여하는 궁정 작호는 이들을 황제와 결탁시켰고 황제에게 의존하게 했다. 동고트족 오도아케르[49]와 부르군트족 왕 군도바드는 5세기에 가장 높은 파트리키오스 작위를 받았고, 클로비스는 506년 집정관(콘술) 직위를, 조금 뒤 라즈족 왕은 실렌티아리오스[50] 작위를 받았다. 제국 주민에게는 모두 개인적이고 종신(終身)이었던 최고 작호들이 외국의 군주들에게는 그들의 자식에게 물려줄 수 있는 권리와 더불어 수여됐다. 베네치아의 대통령은 1082년 노르만인

---

47) Theodoricus(454-526, 재위 493-526), 테오도리크라고도 한다. 오도아케르를 죽이고 라벤나에서 동고트 왕국을 건설한 왕.
48) 밀루스, 멜레스라고도 하며 이탈리아어로는 멜로.
49) Odoacer(433년경-493, 재위 476-493). 서로마 마지막 황제 로물루스 아우구스툴루스를 폐위하고 서로마 제국을 멸망시킨 게르만족 용병대장 오도아케르는 출신이 명확하지 않으나 일반적으로 스키르족 출신으로 추정된다.
50) 제6장 주 30(656-657쪽)을 보라.

에 대한 승리 이후 당시 최고위 작위였던 프로토세바스토스 작위를 받았고, 안티오케이아의 라틴 왕 보에몽은 1096년 세바스토스 작위를 받았다. 스테판 네마냐의 아들 스테판 프로벤차니('대관한 일인자')는 1190년 라쉬카 대(大)주판으로서 이사키오스 2세 앙겔로스 황제의 조카딸이며 나중에 황제가 되는 알렉시오스 3세의 딸인 에우도키아와 혼인하며 궁정 제2등급 작위 세바스토크라토르를 받았다. 궁정 작위는 또한 외국 군주들과 가까운 유력자들에게도 수여됐다. 칼라브리아에 노르만인 정권이 수립되고 30년이 지난 후 이 지역 동쪽에는 네 명의 프로토스파타리오스, 즉 나중에 로사노 대주교가 되는 니콜라오스 말레이노스, 그의 처남 레온 간나다이오스, 요안네스 에르밍가레스, 스틸로시 법관 요세포스 테라스가 있었음이 확인된다. 비잔티움 황제가 외국 군주들에게 왕관을 보내는 것 또한 같은 의도로 수행됐다. 바실레이오스 1세는 885년 대아르메니아 왕 아쇼트 1세 바그라투니에게 왕관을 보냈고, 콘스탄티노스 9세 모노마코스는 의심의 여지 없이 헝가리 왕 엔드레 1세(재위 1047-61)에게, 30년 가까이 뒤에는 미카엘 7세 두카스가 헝가리 왕 게저 1세(1040년경-77, 재위 1074-77)의 아내가 된 비잔티움 공주 쉬나데네에게 왕관을 보냈다.

외국의 군주들이나 고관들도 제국 조정에 성대하게 초대받는 것에 대해 최상의 가치를 부여했으며, 그것을 계기로 제국과 미적지근한 벗 혹은 전날의 적들 간에 맺어지거나 강화된 유대는 여러 건이었는데, 이때는 초대된 자의 눈을 부시게 하거나 정신을 어질하게 하기 위해서 모든 가능한 방법이 동원됐다. 9-10세기 아르메니아, 캅카스 왕조 들은 이렇게 아랍인과의 동맹 관계로부터 멀어졌고, 957년 러시아의 올가 왕비에게 마련된 성대한 접견은 블라디미르 1세(956년경-1015, 재위 978-1015) 때 러시아의 비잔티움 정교로의 개종에 서곡 구실을 했다. 같은 방식으로 12세기 마누엘 콤네노스는 셀주크인 킬리지 아르슬란, 안티오케이아의 보에몽 3세, 예루살렘 왕 아모리 1세와 제국에 유리한 동맹 조약을 이끌어 냈다.

이 밖에도 비잔티움 정부는 언제나 외국의 왕가들과 기민하고 집요하게 결혼 정책을 추진해 비잔티움 황실이 그들과 인척 관계가 되도록 노력했다. 그 예들의 시초는 아마도 5세기 서고트족 우두머리 아타울프와 호노리우스 황제의 누이 갈라 플라키디아의 혼인, 훈족 아틸라가 그들의 딸 호노리아[51]와 혼인을 요구한 일이다. 로마노스 2세의 조카딸[52] 테오파노는 독일 제국 황제 오토 1세의 아들 오토 2세와 결혼했고, 그녀의 사촌 안나는 키예프의 블라디미르 대공에게 시집갔다(989년경). 로마노스 3세 아르귀로스(968-1034, 재위 1028-34)는 그의 두 조카딸을 캅카스 군주들에게 시집보냈다. 알렉시오스 1세 콤네노스의 형제 세바스토크라토르는 알라니아[53]의 이레네와 혼인했다. 알렉시오스의 아들 요안네스 2세 콤네노스(1087-1143, 재위 1118-43)는 헝가리의 이레네와 혼인했다. 그의 후계자 마누엘 콤네노스는 첫 번째 결혼에서 호엔슈타우펜의 콘라트 3세의 처형 줄츠바흐의 베르타와 혼인했고, 두 번째 결혼에서 보에몽 3세의 누이 안티오케이아의 마리아와 결혼했고, 그의 딸 마리아를 헝가리의 벨라에게 시집보냈다가 나중에 몽페라의 르니에게 다시 시집보냈다.

---

51) 서로마 황제 호노리우스의 여동생 갈라 플라치디아와 로마 장군 콘스탄티우스 사이에 난 딸. 어머니와 동생 발렌티니아누스와 함께 콘스탄티노플에 유배되어 있을 때 훈족 왕 아틸라에게 도움을 요청하며 반지를 보냈다.
52) 논란이 있으나 테오파노는 요안네스 1세 지미스케스의 처조카라고 하며 로마노스 2세의 손녀뻘이다.
53) 현재 러시아 공화국 북오세티아와 체르케시아 지역에 있었던, 고대 스키타이 종족의 하나인 알란인이 세운 나라. 8세기 혹은 9세기경에 성립해 번성했으나 13세기 몽골의 침입으로 멸망했다.

그의 수많은 조카딸 중 에우도키아는 몽펠리에의 영주 기욤의 아내가 됐고, 마리아는 헝가리 스테판의 아내, 이사키오스의 딸 테오도라는 예루살렘 왕 보두앵 3세의 아내가, 또 다른 테오도라인 세바스토크라토르 안드로니코스의 딸은 오스트리아 공(公) 밤베르크의 하인리히 2세의 아내가 됐다. 그의 두 명의 손녀 중 마리아는 처음에 예루살렘 왕 아모리 1세에게, 나중에는 이블랭 영주 발리앙 2세에게 처로 주어졌고, 다른 손녀 이레네 혹은 테오도라는 안티오케이아 군주 보에몽 3세에게 보냈다. 이사키오스 2세(1156-1204, 재위 1185-95, 1203-1204)는 두 번째 결혼에서 헝가리의 벨라 3세의 딸 마르가리타와 결혼했고, 그 딸들 중 한 명인 이레네는 처음에 풀리아 공 루지에로의 아내가 됐다가 나중에 슈바벤의 필립의 아내가 됐고, 그의 조카딸 에우도키아는 세르비아의 스테판의 아내가 됐다. 라스카리스 왕조는 궁정에 외국 여인들을 맞아들였는데, 그들은 아르메니아 여인 필리파, 테오도로스 1세의 아내인 프랑스 여인 쿠르트네의 마리, 요안네스 3세 바타제스의 아내인 독일 여인 호엔슈타우펜가의 콘스탄체, 테오도로스 2세의 세르비아인[54] 아내인 이반 아센 2세의 딸 엘레나이며, 같은 시기 테오도로스 1세의 딸 마리아는 헝가리의 벨라 4세에게, 테오도로스 2세의 딸 이레네는 불가리아 차르 콘스탄틴 티흐(?-1277, 재위 1257-77)에게 시집갔고, 이자는 두 번째 결혼에서 안드로니코스 팔라이올로고스의 손녀 마리아를 아내로 얻는다. 콘스탄티노플 최후의 왕조인 팔라이올로고스 왕조의 가계도(家系圖)는 굉장히 촘촘한데, 그 황비들 가운데 확인되는 사람은 안드로니코스 2세의 전·후처인 헝가리인 안나와 몽페라의 이레네, 미카엘 9세의 아내 아르메니아인 크세네, 안드로니코스 3세의 아내들인 브라운슈비크

---

54) 불가리아인을 잘못 표기.

의 아델라이데와 사부아의 안나, 안드로니코스 4세의 아내 불가리아 차르 이반 알렉산더르(?-1371, 재위 1331-71)의 손녀 마리아,55) 마누엘 2세의 아내 옐레나 드라가슈, 요안네스 7세의 아내인 제노바 해적 프란치스코 2세 가틸루지오의 딸 에우제니아, 콘스탄티노스 11세의 아내들인 레오나르도 토코의 딸 막달레나와 카테리나 가틸루지오이며, 황가의 인척들 가운데 확인되는 사람은 미카엘 8세의 서녀(庶女)들인 마리아와 에우프로쉬네와 결혼한 페르시아 칸 아바카와 타타르 수장 노가이, 그의 사위 왈라키아-불가리아인 이반 아센 3세(1259-1303, 재위 1279-80), 옛 성전기사단원이며 에스파냐 기사 부대 수장으로서 이반 아센 4세56)와 이레네의 딸 마리아의 남편인 루지에로 다 피오레, 안드로니코스 2세의 딸 시모니스의 남편 세르비아 왕 우로슈 2세 밀루틴, 미카엘 9세의 딸 테오도라의 두 번째 남편인 불가리아 칸 미하일 시슈만, 요안네스 6세 칸타쿠제노스의 딸 테오도라의 남편인 튀르크 에미르 오르한이 있다. 이러한 길고 많은 비용을 요한 책략의 결과물인 결혼 동맹으로 제국은 주위를 우호국들의 망(網)으로 둘러싸는 것을 기대했다. 덜 유리한 상황에서 제국은 이 나라 저 나라의 귀족 일파를 후원해 일단은 스파이로 활동하게 하고 나아가서는 반란의 씨앗으로서 기능하게끔 했다. 그러나 이러한 비잔티움 외교의 최후 방책은 의심의 여지 없이 가장 큰 자금이 소요된 반면 성공의 보장은 미미했다.

로마 제도를 이은 파발제는 당연히 외교 사무 지휘부, 따라서 궁내부 주사에 종속됐고, 나중에는 드로모스의 로고테테스 소관이었다. 국가 전관 사무로서 파발제는 최상의 안전과 신속으로 나라 일꾼들

---

55) 실제로는 이반의 딸이다.
56) 이반 아센 3세의 오기로 보인다. 그의 아내 이레네는 비잔티움 황제 미카엘 8세의 딸로서 안드로니코스 2세 팔라이올로고스의 누이다.

을 이동시키는 것이 목표였다. 명령장을 가진 관리들은 역참과 간이 역원(驛院)의 수레와 말을 이용할 수 있었고 잠잘 곳을 제공받았다. '제국 가도'의 유지는 길이 지나는 지역 주민들이 해야 했다. 유스티니아누스 이후로는 그때까지 집중 관리되던 가도 유지 사무가 대지주들 소관이 됐고, 대지주들은 국가 명의의 가도 관리인이 됐다. 이와 함께 콘스탄티노플이 생산한 서사(敍事) 자료들 가운데 가도에 관한 언급이 거의 사라진다. 7세기와 그 뒤 몇 세기 동안 두드러지게 나타나는 권력의 탈집중화와 행정의 지방화가 파발들이 왕래하는 국도(國道)란 개념 자체를 바꾸었음이 틀림없다. 그렇긴 해도 10세기, 12세기까지도 파발까지는 아니더라도 가도의 존재는 여전히 확인된다. 9-10세기 소아시아 남쪽 연안 아탈레이아 항에는 역참이 하나 있었고, 이곳으로부터 노새나 말을 탄 전령들이 육로 여행을 시작했으며, 바다로는 큰 선박들이 출항했다. 전령들은 8일, 배들은 15일 만에 콘스탄티노플에 닿았다. 1165년경 여행가 투델라의 벤야민[57]은 오트란토항에서 이탈리아를 떠나 코르푸, 레우카다, 아이톨리코, 파트라, 레판토(나우팍토스)의 항구에 들르고, 그 뒤 육로를 통해 콘스탄티노플까지 갔다. 그러나 이때는 파발제도가 사라진 것 같다. 이때 전령, 대사, 군주 들은 14세기처럼 출타 때 상선에 의존하고 있었는가?

"보수적 관념(제국의 로마식 보편주의, 비정통 신앙인에 적용된 그리스적 야만인 관념)과 변화무쌍한 융통성, 콧대 높은 자대심(自大心)과 무한한 친절, 공격적인 제국주의와 정치적 관대함의 혼효(混淆)"(디미트리 오볼렌스키Dimitri Obolensky)로 정의될 수 있는 비잔티움 외교는 자신의 기독교 문화 영역으로 들어오게 한 나라들의 수를 감안

---

[57] Benjamin, 히브리어 발음은 '빈야민 미투델라'. 12세기 에스파냐 투델라 태생 유대인 여행가.

하면, 두말할 것 없는 성공이었다. 유럽은 비잔티움에 자신의 면모의 적지 않은 부분에 대해 빚지고 있다.

군대

"군대는 국가에 대해 머리가 몸에 대해 갖는 관계와 같다. 이것도 저것도 특정한 조건 하에서는 완전한 변화가 있어야 한다. 군대에 모든 주의를 기울이지 않는 자는 그 자신의 안전에 대해 잘못 판단한다. 적어도 공공의 이해관계가 또한 자기 자신의 그것임을 고려해야 한다면 말이다." 이것이 비잔티움 황제 중 가장 군국주의와 멀었던 콘스탄티노스 7세가 10세기 중엽 한 신칙법 전문(前文)에 기록한 원칙이다. 비록 비잔티움 연대기 작가들이 그들이 보존하려 한 문학 장르 서법에 충실하게 제국의 삶을 뒤흔든 전쟁 사건들을 자락(自樂)한 심정으로 기술해 식견이 깊지 못한 독자에게 비잔티움의 역사가 전투 장면들의 연속일 뿐이라는 인상을 주지만, 제국의 긴 국경을 보존하기 위해서는 제국에 싸움으로 단련된 군대를 유지할 필요가 있었다는 점은 인정하지 않으면 안 된다. 비잔티움 황제들이 그들의 군대가 치른 수많은 전투에 몸소 참가했건 아니건 그들은 군대와 병사의 복리의 중요성을 충분히 자각하고 있었다.

군사 관련 문헌은 그에 대한 명백한 실증 사례들을 제공해주고 있다. 문헌들에는 고전 작가들의 저작 편집이나 사화집(詞華集)—비톤, 헤론, 필론, 아테나이오스, 아이네이아스, 아일리아노스, 파울리아노스, 아폴로도로스, 오노산드로스 등—이 있고, 그외 창작 교본들—오르비키오스(6세기)의『정석(定石)들』, 유스티니아누스 시절 저자 불상의『지휘법』, 마우리키오스 황제의『전쟁술』, 레온 6세의『전술 문헌집요』, 니케포로스 포카스의 저작으로 간주되는『게릴라전에 대하여』, 10세기 말 최고위 관리이자 군 지휘관이었던 니케포로스 우라노스의 『전술론』—도 있다. 이 저작들은 로마의 위대한 병사(兵事) 전통에 기대고는 있지만, 변화하는 전쟁 요구에 대응하려는 지속적인 노력도 보여준다. 다른 곳에서처럼 여기서도 우리는 보수주의와 구체성 중시란 비잔티움 정신의 두 특질을 볼 수 있다.

그렇지만 군대의 역사는 승전과 패전의 기록이나 용병술로 환원되지 않는다. 예산 항목에 있어 매우 높은 비중을 차지하기 때문에 나라의 사회·경제적 삶과 밀접하게 얽힌 군대의 역사는 무엇보다도 병사 징집 방식, 군대의 조직과 유지의 진화의 역사다. 상대(上代, 4-7세기) 비잔티움 군대는 현지에서 징집하는 위수군(리미타네이)과, 처음에는 대영지가 징집 의무를 진 자유농민들로 편성했지만 점차 자원병들로 충원된 기동군(코미타투스)으로 구성됐다. 6세기 이후로는 리미타네우스는 더 이상 진정한 병사로 간주하지 않았다. 왜냐하면 그들은 이전에는 그들의 수장이었지만 이제는 대지주가 된 둑스와 트리부누스의 소작인들이 되었기 때문이다. 그래서 그들은 병사의 별종인 부켈라리오이, 즉 동방과 서방에서 군대의 수장이나 대지주의 사유 병력으로서 등장하는 병사와 아주 유사해졌다. 그러나 내 생각에 이 두 그룹의 병사는 그 어느 것이나 국가의 큰 정책이 구체화된 사례로, 즉 국가가 대지주에게 군대 일부를 위임해 징집하고 관리케 한 정책이 구체화된 것이라 볼 수 있을 것 같다. 코미타투스는 언제나 제국의 신민인 트라키아인, 일리리아인, 이사우리아인 가운데서 징집됐으나 점차 새로운 부대, 즉 연합군 부대(포이데라티)가 성장해 머릿수에서 이들을 압도하게 됐다. 바르바로이 부대에서 징집된 이들은 이제 비잔티움 장교의 지휘를 받았으며 급료를 받고 기병대에 복무했다. 반면 변방에 배치된 동맹군 부대(소키)는 협정에 따라 원정대를 파견했는데 이들은 그들 수장의 지휘하에 남았다. 황궁 경비대(팔라티니)는 바르바로이 부대에서 징집된 정예병 연대였고, 궁전 경비는 오랫동안 그중 한 중대인 스콜라이 부대가 맡다가 5세기 후반 엑스쿠비토레스 부대가 맡게 됐는데, 이들은 궁정의 높은 관리인 코메스가 지휘하는 300인의 이사우리아인 부대였다.

콘스탄티누스는 군대의 고위 지휘를 세 명의 병대장, 즉 프라이센탈리스라 불린 콘스탄티노플 주둔군 사령관, 보병대장(magister peditum), 기병대장(magister equitum)에게 맡겼는데, 뒤에 여덟 명이 맡았다가 열 명이 됐고, 그중 두 명은 콘스탄티노플 수비를 맡았다. 이들은 그들 밑에 하나 혹은 여럿의 속주들을 다스린 황제 임명직 군인 지방 장관인 둑스들을 거느렸으나, 이들 둑스들의 행정 부서와 보조 부처들은 콘스탄티노플 궁내부 주사 소관이었다. 수행해야 할 작전에 비해 그 정원은 턱없이 적었다. 5세기 초 추정 전체 가용 병력은 55만 명을 약간 넘었으나 한 세기 뒤 이 숫자는 15만 명으로 줄어든다. 그것은 제국 원정 부대에 가장 많은 인원을 공급하던 게르만족이 서방에 정착했기 때문이다. 6세기 한 군대 단위는 1만 5,000명에서 3만 명의 병력을 헤아렸다.

군대의 우수한 실전 역량은 관련이 있다. 황제가 임명하고 그에게 충성을 맹세한 스트라테고스가 지휘하는 군대는 정원의 많고 적음에 관계없이 메라르코스가 지휘하는 세 개 지대(메로스)로 나뉘고, 휘포스트라테고스라 불린 중앙 지대장은 최전선 방어를 맡았다. 각 지대는 둑스가 지휘하는 세 개 연대(모이라)로, 연대는 다시 삼사백 명의 전술 단위인 대대나 중대급 타그마 부대들로 나뉘었고, 이것들은 그 우두머리 트리부누스와 그 하급 장교들 — 백 명을 지휘하는 헤카토나르코스와 일라르코스(기수) — 와 그 하사관들 — 열 명을 지휘하는 데카르코스, 다섯 명을 지휘하는 펜타르코스, 네 명을 지휘하는 테타르코스 — 이 지휘했다. 각 타그마에는 간호병, 보급계, 척후대, 치중대, 군악병, 전령, 사자(使者)가 있었다. 모든 병사는 우두머리에게 충성 서약을 했다.

　방어 장구 — 갑주, 각반, 투구, 방패 — 는 여전히 무거웠지만 보병들은 얼마 안 있어 제2선으로 물러나며 그 자리를 활, 투창, 검으로 무장한 기병대에게 양보했다. 이전의 기병대는 적 보병대 대열로 적을 밀치고 돌격해 적을 궤멸하는 역할을 했으나 7세기에는 전투의 온전한 부분을 이뤘고, 비잔티움 군대에 기동성을 확보해줘 페르시아 군대를 압도하게끔 했다.

　보급, 위생, 식량 현지 조달, 전리품 분배 등 모든 군대 사무는 군대 수장들이 맡았지만 군인 봉급 지급은 수도의 사무국들과 아마도 총대주교청으로부터 그 자금을 받는 군종 사제의 소관이었다. 군대 규율은 엄격했고, 장교들이 병사들에게 설명해주는 규칙 위반에 대한 벌은 가혹했다(벌금, 계급 강등, 열 명 중 한 명 처형). 이 규율은 모든 것에 앞서 전투에 참가해서 획득할 이익을 생각하는 다양한 출신의 병사들에게 평이 나빴다. 군대의 항명과 반란은 제국을 파멸의 위기로 몰고 갔고 602년에는 마우리키오스 황제가 그 때문에 목숨을 잃었다.

　연대기 작가들은 헤라클레이오스 황제를 군대 기구를 근본적으로 개혁한 황제로 꼽고 있으나, 과연 누가 그것을 시작했는지는 확실치 않다. 확실한 것은 헤라클레이오스 황제 때 페르시아인이 그 희생양이 됐다는 것이다. 아울러 황제의 거듭된 군사적 성공의 주된 원인은 소아시아에 정예 부대를 주둔시킨 것이라고 볼 수 있는데, 이곳은 군대에 말과 식량을 공급하기에 충분할 만큼 부유했고 적과 인접해 있었다. 테마의 이름이 된 주(主) 군단들 아나톨리코이(즉 동방 부대)와 아르메니아코이는 스트라테고스가, 옵시키온(프라이센탈리스 병대장들에게 배속됐던 옛 옵세쿠이움 부대)은 코메스가 지휘했다. 이 부대들은 부켈라리오이와 옵티마토이라 불린 옛 정예 부대들, 유럽에

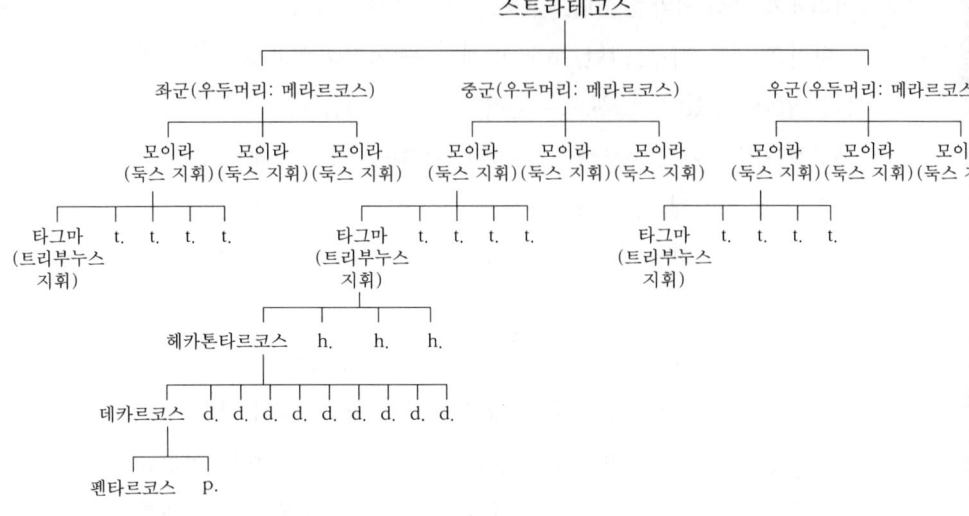

5. 7세기 비잔티움 군대 출정 시 편제

서 온 트라케시오이 부대, 그리고 아나톨리코이 부대 소속 연합군이 주둔했던 곳과 같은 곳에 주둔했다. 트라키아, 마케도니아, 헬라스, 시칠리아가 7세기 말 전 혹은 8세기 초 같은 군대 관할 지역이 됐다. 각 군대 관할권은 행정 단위도 됐는데, 여기에서는 민간과 군사 권력이 하나로 합쳐졌고, 이것 역시 테마란 이름을 갖게 됐다. 테마는 투르마르코스의 지휘와 통치를 받는 두셋의 투르마로 나뉘었다. 9세기 전반 말에 아랍 작가 이븐 후르다드베가 기록한 것을 믿는다면 스트라테고스는 휘하에 만 명을 거느렸고, 이들은 다시 각 5,000명씩 두 개의 투르마로 나뉘었고, 또다시 각 1,000명으로 나뉜 다섯 개의 반돈(bandon)을 드롱가리오스가 지휘했고, 각 반돈에는 코메스가 지휘한 다섯 개 지대(펜타르키아)가 있었다고 한다. 그러나 이 아랍 작가가 이해하고 인용한 예를 일반화할 필요는 없을 것이다. 스트라테고스의 참모부는 한 명의 테마 도메스티코스와 한 명의 카르툴라리오스로 구성됐는데, 후자는 군인 명부 작성과 군인 급료 지급을 맡았다. 몇몇 변경 지역(소아시아, 불가리아, 이탈리아)은 이외에도 클레이수라르코스가 지휘하는 클레이수라(협로)가 방어했는데, 이들은 나중에 테마로 승격될 수도 있었다. 가장 많이 적에게 노출된 요새들은 아크리테스들이 지켰는데, 이들은 테마 독립 소부대들을 지휘했고, 적과 접촉을 유지하며 적의 의도를 부대에 알리고 필요시에는 게릴라 작전으로 적들이 너무 강하게 집결하는 것을 막는 임무를 졌다.

테마 이외에 비잔티움 군대에는 타그마라 불린 콘스탄티노플 주둔 부대들이 있었다. 용병들로 구성된 이 부대들은 토포테레테스란 부관의 보좌를 받는, 도메스티코스, 드롱가리오스, 코메스라 불린 군관들이 지휘했다. 부대들은 스콜라이, 엑스쿠비토이, 순라군(la Veille), 히카나토이, 스트라텔라타이, 아타나토이(불사군不死軍)라 불렸다. 궁정의 경비는 헤타이레이아라 불린 몇몇 부대들이 맡았는데, 이들은 부분적으로 마케도니아인, 중앙아시아의 튀르크인, 하자르인, 아랍인, 프랑크인 들로 구성됐고, 아이슬란드·덴마크·노르웨이 출신 병사로 구성된 바랑고이인 부대로 그 규모가 확대됐다. 병사 숫자는 9세기 타그마당 1,500-4,000명, 전체로는 12만 명으로 추산된다. 어쨌든 10-12세기간은 비잔티움 제국은 한 번도 3만 명이 넘는 병력을 보유한 적이 없으며, 자주 그보다 훨씬 적은 규모의 군대를 보유했던 것 같다.

테마 군대는 스트라테고스가 자신의 관할지에서 모집했고, 그는 병사들의 육체적, 정신적 자질에 유의해야 했다. 병사들은 적어도 9세기 이후로는 부분적으로 그들의 가족이나 그보다 큰 경제 집단에 의해 부양됐으며, 부양 단위는 그들에게 장비와 무기 비용을 댈 만큼 땅을 소유하고 있어야 했는데, 그것은 금 2, 4, 5파운드, 나아가 갑주 차림 기병대를 위해서는 12파운드의 상당한 수입이 있는 규모를 말했다. 병사는 급료를 받았으며 그 액수는 해마다 올라 12노미스마에 이르렀다. 하사관은 대략 16노미스마, 하급 장교는 1-2파운드, 코메스는 3파운드, 드롱가리오스는 6파운드, 투르마르코스는 12파운드, 스트라테고스는 테마의 중요도에 따라 24-40파운드를 받았다. 테마 수가 늘어나고 관할지가 축소된 데 따라 레온 6세가 9세기 말 혹은 10세기 초 행한 보수 체계 개편 뒤 스트라테고스는 4등급으로 나뉘어 한 해 금 10, 20, 30, 40파운드를, 클레이수라르코스는 5파운드를 받았다.

무기류는 거의 변함이 없었으며 언제나 활과 투창이 주였다. 그러나 육박전이 더욱 많이 고려되자 기병은 큰 칼과 양날 도끼로 무장했다. 그럼에도 그리스의 불이라는 주요한 창안이 이루어졌는데, 그것은 유황, 초산, 석유의 화합물로서 7세기 말부터 해전에 사용됐으며, 공성전에서 투석기(주 제조창은 콘스탄티노플 아크로폴리스 기슭의 망가나에 있었다)와 나란히 사용되기도 했다. 이때는 앞에서도 보았지만 이른 시기의 질서정연한 대오(隊伍) 전투보다는 변경을 방어하는 수많은 요새에 근거해 행하는 게릴라전과 파괴적이고 기동성 있는 침입이 선호됐다. "침입을 위한 종대를 편성하라고 서술되어 있다. 그렇지만 최초의 약탈을 위한 침입이 있고 나서 최소 3일간 또는 더 많이 군대와 짐승을 쉬게 하는 것이 좋다. 그러고 나서 너는 우리 쪽으로 행군을 시작해라. 몇 번이고 야영해도 좋다. 너는 예기치 않게 되돌아가 낮이나 밤이나 편리한 때 적의 후위를 기습해라. 너는 적지를 가로질러 마을이나 도시에 불을 놓아야 한다"라고 니케포로스 우라노스는 쓰고 있다. 이것은 기동성과 지속적인 유인 전술에 바탕을 둔 작전들로, 니케포로스 포카스, 요안네스 지미스케스, 바실레이오스 2세가 이러한 군대를 가지고서 행한 작전들이었다. 작전들은 아주 정확하게 수행된 보조적 업무들에 의해 지탱됐다. 가장 중요한 업무는 기병대 말 보충과 수레·전쟁 기계·물자(텐트, 수동식 제분기, 소선小船, 연장, 양식)를 나르는 역축으로 구성된 치중대 업무였다. 기병대는 카파도키아와 프리기아의 목축장에서 말을 공급받았고, 니케아 부근 말라기나의 국영 마사(馬舍)가 말 공급의 중심지였다.

  군대가 출정할 동안은 종교 행사가 되풀이됐다. 트리사기온 기도가 아침저녁으로 진중에 울려 퍼졌고, 병사들은 전투 전 고해를 했으며, 콘스탄티노플에서 십자가와 성유물함들이 운송되어 왔다. 자신의 군대 앞에서 연설하는 황제의 어조는 설교자의 그것과 같았다. "짐은 제군이 짐의 기대를 저버리지 않고 짐의 왕국과 로마 시민의 충실한 일꾼으로서, 그리고 로마 인민의 수호자로서 승리하고 돌아와 기쁨과 환희 가운데 우리의 환영을 받게 되리라 확신한다. 그리고 짐이 얼마나 제군의 구원을 위해 노심초사하는지를 제군이 알도록 짐은 제군에게 성수와 그리스도 수난의 상징들……〔성유물의 긴 목록]을 보낸다. 제군에게 뿌려진 이 물이 하늘의 도우심으로 제군에게 원기를 내릴 것이다. 짐은 믿노니, 우리 주께서 당신의 상처에서 흘러내린 피와 물로 인류를 새롭게 하셨듯이, 제군에게 뿌려진 이 성수가 적들 앞에서 제군에게 힘과 용기를 내릴 것이다. 전능자 신께서 제군에게 눈길을 주셔서 제군의 행군길이 가벼워질 것이고, 당신의 천사를 보내시어 제군의 걸음을 인도하게 하시고, 제군을 무탈하고 안전하게 보호하실 것이다. 이렇게 하여 제군은 승리하고 돌아와 후세의 영원한 찬양의 대상이 되고, 기쁨으로 가득한 우리 왕국은 제군의 무훈들로 장식될 것이다. 산타마리아 님, 천상의 존재들, 그리고 모든 순교자께서 우리를 위해 그렇게 중재하실 것이다. 아멘." 958년 콘스탄티노스 7세가 타르소스의 함단 왕조를 치러 가는 동방 군을 위해 쓰고, 스트라테고스가 그 부대들 앞에서 읽은 긴 연설의 끝부분은 이러했다.

11세기 후반 제국이 경험한 돌이킬 수 없는 군사적 실패들은 국방 조직에서 하나의 전환점이 됐고, 적어도 2세기간 시험된 조직체의, 괴멸까지는 아니더라도 마멸을 보여주는 것이었다. 옛 테마들은 분할됐고 스트라테고스 직은 폐지됐으며 점차 예전의 외국인 용병 모집 체제로 돌아가게 됐다. 그러나 제국은 이질적 단위를 부양하는 데서 오는 위험과 부담을 줄이기 위해 이후에도 오랫동안 노력했으며, 11세기 말부터 새로운 관리 방식이라고 부를 수 있는 체제를 도입했다. 이 체제는 '군인 토지'(terres militaires)와 공존하다가 이를 대체한 것인데, 프로노이아라 불린, 군사 의무가 딸린 대영지였다. 대지주에게 새롭게 양여된 이익에는 대지주가 그들의 농노 가운데서 징집된 일정한 인원의 병사와 함께 병역을 수행하는 의무가 따랐다. 이 이익은 원래 종신이었으나 나중에 세습됐고, 비잔티움 정부는 멸망할 때까지 프로노이아 수령자에게 병역의 대가로 위탁된 소유지에서 나오는 수입이 줄어들지 않도록 수령자들을 상대로 끊임없는 투쟁을 벌였다. 황제의 소집에 응해 출정했던 이 귀족 전사들은 콤네노스 왕조기에 확실히 병력을 늘였다. 그러나 이내 이들은 용병들의 조력에도 불구하고 제대로 임무를 수행할 수 없음이 드러났다.

미카엘 8세는 추측건대 2만 명의 병력을 거느렸으나 그중 5,000명은 요새 방어에 묶인 병력이었다. 14세기 초 안드로니코스 2세는 프로노이아 피인가자가 그들의 토지에 결부된 병역을 세금을 내고 면제받는 방법으로 이행하지 않게 되자 새로 용병을 모집했다. 그는 트라키아에 몽골의 노가이 부대에 속해 있었던 1만 6,000명의 캅카스의 알란인을 배치해 튀르크인에 대항케 했으나 그들은 패했다. 그 뒤 세르비아인과 튀르크인이 위협하자 루지에로 다피오레의 알모가바르 카탈루냐 용병대를 투입했으나, 그들은 그들의 수장이 살해된 뒤 그리스를 약탈했다. 14세기 중엽 요안네스 6세 칸타쿠제노스는 프로노이아 부대, 용병대, 그리고 그의 튀르크인 동맹자 코튀아에이온 술탄이 보내온 부대로 군대를 재조직했으나 새로이 부대를 징집할 돈이 없어서 이내 변방 방어에 실패했다. 이제 제국 군대는 간부와 몇몇 분견대만 남게 됐다. 11세기만 해도 전투에 적극적으로 참가하던 근위 부대들은 13세기에 이르러서는 궁정의 경비를 겸해 수행하는 의장대가 된다.

이 시기 총사령관직은 대(大)도메스티코스가 수행했고 총경리관인 아드누미아스토스, 주둔지 치안을 맡은 순라군 대(大)드롱가리오스, 군대를 지휘하는 프로토스트라토르, 용병을 지휘하는 원수(元帥), 군대의 무장(武裝)과 양식 조달을 맡은 대(大)스트라토페다르코스의 보좌를 받았다. 이들은 모두 지배 황실 친인척들로 구성됐다.

서방의 영향으로 무기 또한 달라졌다. 기병대는 더 이상 둥근 방패를 사용하지 않고 길쭉한 방패를 사용했으며 긴 창을 지녔다. 그리고 쇠뇌병 부대가 창설됐다. 그러나 화약 대포는 그것으로 1422년과 1453년 튀르크인들이 콘스탄티노플을 포위 공격할 때 위력을 발휘할 때까지는 알지 못했다.

"함대는 로마니아의 영광입니다"(로마니아는 그리스 제국을 말한다)라고 11세기로 추정되는, 한 황제에게 바친 연설문이 말하고 있다. 이것이 진실인 것은 7세기 이후부터다. 그 이전에는 실제로 제국에 상비 해군이 없었다. 468년 레온 1세는 반달족을 치려고 1,000척의 운반선과 113척의 갤리선을 모았다. 532년 벨리사리오스는 500척의 운반선과 92척의 드로몬선(빠른 전선)을 서방으로 끌고 갔는데, 급조된 함대는 전쟁을 결정짓지 못했다. 전쟁은 육지에서 벌어졌다. 그러나 당시 지중해는 비잔티움 것이었다. 649년 시리아의 아랍 태수 무아위야가 첫 번째 아랍 함대를 키프로스와 로도스에 출동시켜 제국 함대에 패배를 안겼고, 672년에서 678년 사이 아랍 함대는 마르마라해에서 겨울을 났다. 이에 따라 모든 기동 함대를 포함하는 비잔티움 상설 함대가 창설됐다. 함대는 카라비시아노이(선원) 함대로 명명되고, 스트라테고스가 지휘했다. 이 해군 제독 수하에는 드롱가리오스들과 투르마르코스들이 있었는데, 이들 함대 수장들은 승선 선원을 제공한 지역명을 자신들의 이름으로 했다.

함대의 효과는 미미했다. 레온 3세는 상설 함대를 대체하는 몇 개의 독립 바다 지휘부를 만들었는데, 이것들이 테마들의 지역 함대를 구성했고, 지상군처럼 지방민들이 유지하고 인원을 공급했다. 이 함대는 드로몬선과 그리스의 불로 무장한 경선박들로 구성되어 스트라테고스의 지휘를 받았다. 이 함대는 상당한 작전 영역이 있었다. 이와 함께 중앙 권력에 의해 무장되고 경선박들로 구성된 속주 함대가 있었는데, 연안 경비 임무를 맡았다. 이 함대는 작전 지역 관청에 배속됐다. 옛 제국 함대도 잔존했다. 무거운 배들로 된, 러시아인 혹은 달마티아인 선원들로 구성된 이 함대는 콘스탄티노플에서 관리했으며 난바다에서 활약했다. 이것이 8세기에서 11세기까지의 함대 조직이었다. 콘스탄티노플 함대는 함대 드롱가리오스가 지휘했고, 그 휘하에는 코메스들이 있었다. 이 시기 가장 중요한 함대는 바다 테마 키비라이오타이(소아시아 이사우리아, 팜필리아, 리키아 해안)의 함대였다. 팜필리아인 혹은 레바논의 마르다이타이인 정예 선원들로 구성된 이 함대의 존재는 제국의 모든 바다에서 언급되고 있다. 함대의 전체 규모는 9세기 중엽 경선박 외에 드로몬선이 150에서 200척이었던 것으로 추정된다.

아랍인이 크레타를, 이어 시칠리아를 점령한 것은 9-10세기 비잔티움 해군 재정비를 초래했다. 콘스탄티노플 함대의 수장은 제국 함대 드롱가리오스가 됐고, 이를테면 해군 대신과도 같았다. 그는 분쟁이 있을 때 이 함대를 지휘했는데, 이 함대는 강화된 테마와 속주 함대와는 달리 상설 함대가 아니었다. 새로운 테마 두 곳, 즉 사모스 테마와 에게해 테마가 창설됐다. 1,000척의 드로몬 선, 그리스의 불로 무장한 배 200척, 운반선 307척이 니케포로스 포카스가 크레타를 재점령한 원정에 참가했다(960-961). 반세기 후 주로 용병 선원들(러시아인, 바랑고이인)로 된 제국 함대는 단순한 육상군 배속 부대가 됐고, 이탈리아 원정의 최종 실패는 그 해체를 의미하는 것이었다. 아랍인 해적들을 대적할 필요가 없게 된 지역 함대들은 쇠퇴해 사라졌다. 바다에 접한 속주들의 수병들은 돈을 내고 병역을 면제받았고, 국가는 수병 징모(徵募)와 설비 유지를 일원화했다. 콘스탄티노플 해군 본부는 커지고 그 직무가 확대되어 함대와 해군력 유지에 쓰이는 세금 징수까지 맡았다. 모든 해군 부대는 배가 어느 해역에 정박해 있는지를 불문하고 콘스탄티노플 해군 본부에 속했다. 이것은 11세기 후반 일어난 군사 행정 일원화의 결과이며, 육군에 있어서는 이미 확인된 바 있다. "평화와 항해 안정성의 확립은 이번에도 상선단(商船團)의 발달과 전선(戰船)의 방기를 가져왔으며, 전선들은 병기창에서 하릴없이 썩거나 저강도 치안 업무로만 만족하게 됐다."(엘레니 아르바일러Helene Ahrweiler) 콘스탄티노플 함대는 이제는 항구 순찰과 황제 신변 보호 임무밖에는 수행하지 않게 됐다.

튀르크인, 노르만인, 페체네그인의 침입에 시달린 알렉시오스 1세는 재위 전 기간 제국 군사기구를 재정비하고 유지하는 데 노력을 기울였다. 단명했던 함대 드롱가리오스의 뒤를 이어 대(大)둑스가 지상군으로부터 독립한 유일한 함대 수장이 됐고, 키클라데스 제도, 소아시아 연안 지역, 그리스로부터 온 직업 선원들이 함대를 구성했다. 이들은 콘스탄티노플에서 급료를 받다가 점차로 지상군처럼 프로노이아 수입으로부터 지불받았다. 비잔티움 제국은 해군 강국으로서의 위신을 되찾았다. 그러나 이것은 오래 가지 못했는데, 요안네스 2세 콤네노스(12세기 전반)는 (한 연대기 작가의 말에 의하면) "함대는 언제나 작전하는 것은 아니므로 함대를 위해 정기적으로 상당한 액수의 돈을 쓸 필요가 없었다. 유사시 함대는 황제 금고에서 필요한 만큼 수령하면 되니까"라고 생각해 정원을 축소하고 비잔티움 해안을 해적들의 노략질에 맡겨버렸다.

시칠리아의 노르만인이 쳐들어와 코르푸를 점령하고 펠로폰네소스를 횡단해 테바이와 코린토스를 노략질하자 마누엘 1세는 1147년 베네치아 공화국에 도움을 요청하고 그들에게 상업적 특권을 확대하는 조치를 취해야 했다. 그랬긴 해도 그는 옛 함대를 정비하고 새 부대를 더해 거대한 함대를 조직했다. "함대 편성에 소요되는 이단 노선, 큰 배, 작은 배, 드로몬선, 운반선, 호위선 등 모든 종류의 배를 만들어 로마인[비잔티움인] 해군에 바치느라고 나무꾼들이 나무를 베어 숲으로 무성했던 산들이 벌거숭이가 됐다"라고 한 동시대 작가는 말하고 있다. 이 함대가 노르만인에게서 코르푸를 되찾았으나, 투입된 병력에 비해서는 보잘것없는 성과였다. 나중에 마누엘 1세는 노르만인이 지중해 동안에 자리 잡는 것을 막고 그곳 비잔티움 진지를 강화하기 위해 유력한 제국 함대 하나를 새로 짰으나, 함대가 수송한 부대는 이집트 다미에타 앞에서 굶주림과 질병으로 몰사했다. 비잔티움 함대는 이제 더는 야심 찬 계획을 수행하는 데 필요한 자금을 구할 수 없었고, 이제부터는 바다 무역을 보호하고 라틴인들과 사라센인들의 해적행위로부터 연안을 지키는 역할에 만족해야 했다.

새로 만들어진 테마에는 저마다 의지가 되는 함대가 있었으나 모든 행정권과 마찬가지로 황제에게 책임지는 둑스 소관이었다. 그러나 이 함대는 전시에는 대(大)둑스(메가둑스) 휘하로 넘어갔는데, 대둑스는 평시에는 오로지 콘스탄티노플 함대만 책임졌다. 지중해는 바야흐로 해적의 시대에 접어들었다. 비잔티움의 지방 장관들, 알렉시오스 3세 앙겔로스 황제조차 스스럼없이 해적행위를 자행했다. 외국인들도 마찬가지여서 특히 제노바인, 에스파냐의 아랍인이 그러했으며, 베네치아인은 이제 몇 척의 작은 배만이 지키고 있는 콘스탄티노플에만 눈길을 돌렸다(1204).

니케아에서 재건된 작은 비잔티움 제국은 에게해 연안에 중점을 두고 몇 개 단위 부대를 꾸리는 데 성공했는데, 이것은 나중에 콘스탄티노플로 돌아온 미카엘 8세 팔라이올로고스가 소아시아 해안을 방어하는 데 도움이 됐다. 그는 또 수도 항구들에서 작은 함대 하나를 다시 무장시켰는데, 이 함대에는 황제 금고에서 봉급을 받는 가스물로이(그리스인 어머니와 라틴인 아버지 사이에서 태어난 아들) 선원들이 탔다. 그렇지만 황제는 오랫동안 제노바 함대의 신세를 져야 했다. 그들에게서 벗어나 콘스탄티노플을 방어하기 위해 황제는 100척의 함대를 마련했으나 다시금 제노바인 혹은 사라센인 독립 해적들의 지원을 받아야 했다. 이렇게 그는 데메트리아스항 앞에서 네그로폰테 라틴 함대를 가까스로 격퇴했다(1273). 그럼에도 대둑스 리카리오스는 아티카와 펠로폰네소스의 라틴인 소유지들에 피해를 입힐 수 있었다. 이것이 비잔티움 마지막 함대의 마지막 출정이 됐다. 미카엘 8세의 함대는 10년쯤 뒤 안드로니코스 2세에 의해 재정난을 이유로 해산됐기 때문이다. "삼단노선들은"(연대기 작가 그레고라스의 말) "금각만 여기저기 흩어져 텅 빈 채 방치됐으며, 짜부라지거나 바닷속으로 가라앉아버렸다. 아주 적은 숫자만 예외적으로 보살핌을 받아 쓸 만한 상태로 유지됐는데, 그것은 의심의 여지 없이 더 좋은 시절에 대한 기대 때문이었다." 해산된 선원들은 제국의 적들, 이를테면 라틴인, 튀르크인 밑으로 가 복무했다.

교회

재속 교회

비잔티움 교회는 그전에는 삼대 사도좌(使徒座)의 장들인 세 명의 총대주교, 즉 로마 교황, 알렉산드리아 교황, 안티오케이아 주교가 맡아 다스렸으나, 4세기와 5세기 수도 콘스탄티노플 주교구 교회와 예루살렘 주교구 교회가 총대주교좌로 격상됨으로써 그 행정 체계가 완성됐다. 이 새로운 5대 총대주교좌 체제는 칼케돈 공의회(451)에서 확정해 유스티니아누스가 공식적으로 인준한 이래 교회 조직의 기초가 됐다. 이 위계질서에서 콘스탄티노플은 두 번째 지위를 차지했다. 유스티니아누스는 그가 제정한 신칙법에서 "짐이 법을 반포하노니 옛 로마의 아주 거룩한 교황이 사제들의 첫째가는 이가 될 것이며, 아주 복된 새 로마 콘스탄티노플 대주교가 옛 로마의 아주 거룩한 사도좌에 이어 둘째갈 것이며, 모든 다른 사제에 앞서 선택

될 것이다"라고 밝혔다. 알렉산드리아는 오랫동안 그 관할구의 크기(10개 수도 대주교구와 100개 이상의 주교구), 재산의 많음, 함대, 문화 전통의 오래됨, 성직자와 수도사 군단의 절대적 복종으로써 총대주교좌 중 가장 강력했다. 그래서 동방 전체의 종교 수장이 될 것을 노리고 알렉산드리아는 콘스탄티노플의 승격을 거부하고 교리상의 차이로 이내 콘스탄티노플과 결별해 이중 위계 조직을 탄생시켰다. 중앙 정부가 지지한 정통파 혹은 멜키트[58] 교회와 7세기에 아랍인의 진출 이후 승리를 획득하는 야고보 혹은 단성론파 교회가 바로 그것이다. 안티오케이아 총대주교좌(18개 수도 대주교구, 138개 주교구)가 규모는 더 컸으나 경계가 불명확했고, 인구 집단들 간에 언어와 습관이 제각각이어서 통일될 수 없었다. 이곳은 또한 이단들(몬타누스파, 마니교, 네스토리오스주의)이 활개 치는 곳이 됐는데, 이것은 문화적 특징 때문이기도 했지만 총대주교좌로서는 약체화의 원인이 되기도 했다. 그것 또한 멜키트 교회와 야고보 교회의 이중 조직으로 분열하고 말았으니 말이다. 예루살렘 총대주교좌(4개 수도 대주교구, 51개 주교구)는 교회 조직에서 특별한 위치를 차지했다. 비록 그 영역은 작았지만 성지들을 포함하고 있어 많은 특권을 누렸다. 이곳으로는 4세기 이래 많은 순례객과 전 세계의 유력자들로부터 수많은 희사(喜捨)가 답지했다.

　동방의 총대주교좌들은 그 시초부터 농촌인구로의 기독교 침투와 수도원 수의 많음으로 특징지어졌다. 수도원 안에서 신학자들이 성장했고, 주로 수도사들 가운데서 주교들과 총대주교들이 선출됐다. 다섯 명의 총대주교 간의 유대는 아포크리시아리오스라 불린 상주

---

[58] 왕을 뜻하는 시리아어 'malkā'에서 온 말로, 황제가 소집한 칼케돈 공의회를 지지한다고 하여 붙여진 이름이다.

(常駐) 사절들의 회담, 새로이 선출된 주교가 동료들에게 공의회 의사록 주요 조항 사본을 포함한 쉬노디케(synodique, 신념 표명)를 보내는 일, 공의회 의사록 회람, 전례 때 생존해 있거나 사망한 다른 총대주교 이름 봉창(奉唱) 같은 일들에 의해 유지됐다. 아랍인의 점령은 비잔티움 교회로부터 동방의 총대주교구들을 상실케 했다. 콘스탄티노플 총대주교들은 황제들의 지원하에 제국 최후까지 동방에서 이방인(아랍인, 프랑크인, 튀르크인) 지배 밑에서 살아가던 정통 교회들을 지키거나 다시 자신의 산하로 가져오기 위해 애썼으나, 총대주교들 간의 합의제 운영을 되살리는 일은 더 이상 꿈꿀 수 없었다.

로마 총대주교좌(이탈리아, 발칸반도와 크레타, 아프리카와 에스파냐) 쪽 형편을 보면, 그것은 슬라브인들의 발칸지역 이주로 격랑에 휩싸였고, 아랍인의 점령으로 아프리카와 에스파냐를 상실했으며, 그 뒤 평소 콘스탄티노플이 유보해둔 우월적 지위를 상실하게 된다. 8세기 중엽 이전에 레온 3세가 속주 재편을 완성할 때(732) 그는 로마 교황의 영역에서 일리리쿰 교구, 아니면 최소한 그 상당 부분(코린토스, 파트라, 아테나이, 라리사, 테살로니키, 니코폴리스 등의 주교좌)과 시칠리아, 칼라브리아, 크레타를 제외시켜 콘스탄티노플 교구에 배속시켰다. 이에 대해 9세기 때 인물인 아르메니아인 이알림바나의 바실레이오스는 "이 주교좌들은 콘스탄티노플 교구회에 합병됐다. 옛 로마의 교황은 야만인들 지배하에 있었으므로"라고 설명한 바 있다. 이것은 그가 전 세기 중반 옛 비잔티움 로마 공국에서 진정한 수령 지위로까지 높아진 스테파노 2세[59]가 공국과 함께 프랑크인 측으로 넘어간 것을 암시한 것이었다.

---

59) Papa Stefano II(715-757, 재위 752-757), 로마 교황. 롬바르드인의 위협에 맞서 알프스를 넘어 프랑크 왕 피핀을 만나 그의 지원으로 롬바르드인을 물리치고 교황령 국가를 탄생케 했다.

4세기 콘스탄티노플 총대주교좌는 약 30개의 수도 대주교구와 그것들을 구성하는 대략 450개의 주교구를 지니고 있었는데, 그것들은 유럽(트라키아, 로도피산맥, 하下 모이시아, 스키티아), 소아시아. 아르메니아, 크리미아에 걸쳐 있었고, 대부분은 아시아에 속했다. 이러한 상황은 3세기 동안 변하지 않았다. 비록 그리스식 문화에 익숙지 않은 주민들이 살고 있던 동쪽 변방에서 종종 어려운 국면에 처하기도 했지만 말이다. 특히 아르메니아와는 갈등이 심했는데, 아르메니아는 전례 방식 통일을 시도한 692년 콘스탄티노플 공의회를 계기로 마침내 콘스탄티노플과의 관계를 단절했다.

  8-12세기간 총대주교의 관할영역은 크게 확대됐다. 앞에서 보았듯이 슬라브인이 정착하고 남은 일리리쿰과 이탈리아 남부가 병합됐다. 959-1025년간 제국이 거둔 군사적 성공과 서방, 동방, 러시아에서 얻은 새로운 영토들에서의 빠른 경제·문화적 팽창은 콘스탄티노플 총대주교좌의 영역과 주교구의 수를 비약적으로 늘렸다(1,000곳 이상). 그렇지만 정복되어 정교회로 개종한 토지 중 하나는 정복자로부터 교회 자치권을 획득했는데, 그것은 불가리아 교회로서, 이 교회는 대주교좌를 오흐리드에 두고 32명의 주교가 있었으나, 그들 모두 이내 그리스인으로 채워졌다.

  11세기 말 이래 제국이 겪은 재난들은 제국의 영역들과 마찬가지로 총대주교좌의 영역 또한 점차로 해체되는 길로 접어들게 했다. 소아시아에서의 이코니온 술탄국 등장과 1204년 십자군전쟁 이후 라틴인에 의한 제국 점령은 그리스 주교구 거의 전부를 사라지게 했으며, 불가리아 교회는 그리스인 사제들을 추방하고 아우토세팔(자치) 교회가 됐고, 세르비아 왕 스테판 1세 네마냐의 동생[60] 사바(Sava)

---

60) 실제로는 스테판 네마냐의 막내아들이다.

는 총대주교 게르마노스로 하여금, 로마식 전례 대신 정교회 전례를 도입하겠다는 약속을 대가로 스스로를 세르비아 자치 교회 대주교로 서품하게 했다. 요안네스 바타제스와 미카엘 팔라이올로고스가 제국을 수복했지만, 콘스탄티노플 총대주교좌에는 그 판도의 일부분밖에 돌아오지 않았다. 프랑크인, 베네치아인, 제노바인의 국가들, 독립 그리스 국가들(에피루스, 트레비존드)이 건재했기 때문이었다. 14세기 튀르크인의 진출이 제국에 최후의 일격을 가해 소아시아와 유럽 영토를 빼앗았다. 그 결과 안드로니코스 2세(1282-1328) 때 112개의 수도 대주교좌를 헤아렸던 콘스탄티노플 교회는 15세기 초 단지 67개만을 보유하게 됐으며, 대부분의 주교좌는 제국 바깥(왈라키아, 러시아, 밍그렐리아, 트레비존드, 캅카스)에 있거나, 섬에 있거나, 오스만의 지배하에 있었다.

"현재 진행되고 있는 혼란과 무질서를 방지하기 위해 [3세기] 교황령 규정에 반해 일부 지역에서 잔존하고 있는 습관을 근절할 것이며, 주교·사제·부제의 도시 간 모든 이동을 금지한다. 만일 이 거룩하고 큰 공의회의 이러한 결정이 있고 난 뒤 어느 성직자가 그 같은 일을 저지르고 사제직을 수행하고 있다면 그의 모든 직무는 무효가 될 것이며, 그는 그가 서품을 받은 교회로 돌려보내질 것이다"라고 제1차 세계 니케아 공의회(325) 카논 15호는 명시하고 있다. 따라서 주교직에 있는 자는 아무도 원칙적으로 교회 조직 최상위에 오를 수 없었고, 125명의 총대주교 중 예외는 단지 17건에 불과했으며, 그것들은 분쟁의 빌미가 됐다. 취임을 앞둔 장래의 총대주교는 사제 자격만 있으면 됐고, 총대주교 선출은 언제나 정치적 고려에 의해 행해졌다.

4-8세기간 총대주교는 특히 콘스탄티노플 성직자와 성 소피아 성당 고위직 인사 가운데서 뽑았는데 그들 모두는 고전학자이자 신학

자로 콘스탄티노플, 아테나이, 알렉산드리아에서 수학한 사람들이었다. 그중 나지안조스의 그레고리오스, 요안네스 크리소스토모스, 네스토리오스, 세르기오스, 퓌로스는 매우 유명한 이들이다. 8세기부터는 퀴로스(705-711)를 필두로 수도사 출신 총대주교가 늘어나게 되는데, 파플라고니아의 은수자(隱修者)였던 퀴로스는 피신해 있던 유스티니아노스 2세에게 그가 복위할 것이라고 예언한 이였다. 이밖에 에우티미오스(907-912)는 레온 6세의 영적 아버지였고, 바실레이오스 스카만드레노스(970-973)는 요안네스 지미스케스의 존숭을 받았고, 1204년 전 거의 모두가 무학(無學)인 45명의 수도사가 총대주교 자리에 올랐는데, 이들 비율은 거의 3분의 2였다. 그렇지만 이 기간에 임명된 총대주교 중 몇몇은 학자였는데, 그들 중 몇몇은 비잔티움 문학에 위대한 족적을 남겼는데, 콘스탄티노스 레이쿠데스와 요안네스 크시필리노스 같은 사람들이다. 그외 비성직 출신으로서 안드레아스 사도[61]의 후계자가 된 사람이 네 명 있었는데, 이들은 8세기 말 타라시오스와 9세기의 니케포로스, 테오도토스 멜리세노스, 포티오스로 중앙 정부 고관이며 쟁쟁한 학자들이었다. 또한 스테파노스 1세(재위 886-893)는 바실레이오스 1세의 삼남(三男)으로서 그의 형 레온 6세에 의해 16세 때 그 자리에 올랐고, 테오필락토스는 로마노스 레카페노스 황제의 삼남으로서 15세 때 교구회의 반대를 무릅쓰고 총대주교가 됐다. 이것들은 권력을 쥔 왕조가 총대주교좌를 독점하려는 시도들이었지만 단명으로 끝났다.

제국의 마지막 수 세기간 총대주교의 선출과 임명은 제국의 골칫거리였던 두 가지 문제와 결부됐는데, 그것은 11세기 교리와 전례 문제로 갈라선, 로마 교회와 비잔티움 교회 통합 문제와, 신비주의 혹

---

61) 예수의 제자로 콘스탄티노플 교회 설립자이자 초대 주교로 간주된다.

은 헤시카즘[62](헤시키아) 신봉자들과 식자들 간의 분쟁이었다. 세속 학문을 싫어하며 로마 교회를 적대시했고 교회 분열의 가장 완강한 주창자들이었던 수도사들이 결국 논쟁에서 우위를 점하게 됐는데, 이때는 수도원이 제국에서 가장 강력한 지주 세력일 때였다. 수도사 출신으로 1267년 총대주교가 된 요세포스는 몇 년 뒤 현임 황제 미카엘 8세에게 심정적 연계가 있었음에도 사임했는데, 그것은 후자가 외교적 관점에서 원했던 교회 통합이 1274년 7월 6일 교황에 의해 선포된 뒤였다. 그의 후계자는 뛰어난 신학자인 요세포스의 카르토퓔락스 요안네스 벡코스였는데, 그가 통합반대론자들의 반대에 부딪혀 사임하며 그의 자리를 요세포스에게 돌려주었으나 요세포스는 1년 뒤 사망했다(1283). 그때 속인으로 뛰어난 학자이며 극렬한 통합반대론자인 게오르기오스 퀴프리오스가 총대주교좌에 올랐다. 그러나 그는 공개적으로 요안네스 벡코스에게 논파(論破)됐다. 그리하여 안드로니코스 2세의 신임을 잃고 사임해야 했다(1289).

    그가 떠난 뒤 수도승들의 시대가 시작됐는데, 그들은 대체로 학식이 부족했고, 로마와의 친교에 격렬히 반대하는 자들이었고, 황제가 그것에 우호적일 때조차 반대를 멈추지 않았다. 세 명의 아토스산 수도사들, 즉 엄격한 금욕주의자 아타나시오스, 확고한 개혁주의자들인 칼리스토스와 필로테오스가 이렇게 국가가 내세운 교리에 반대했지만, 그들은 총대주교좌의 권위를 높여 그것을 제국 경계 바깥까지 확대할 줄 알았다. 팔라이올로고스 왕조의 마지막 황제들은 총대주교좌가 수도사들에게 점령되는 것을 막으려는 취지에서 수도 대주교들을 불러왔는데, 그들은 퀴지코스의 마타이오스, 피렌체에서

---

[62] 그리스어 hêsykhasmos(←hêsykhazô)를 번역한 말로 '[신비적] 정적주의'로 번역하는 경우도 있으나 서방의 'quietism'과 혼동될 우려가 있으므로 영어의 '헤시카즘'을 차용했다.

열린 통합을 논의하기 위한 공의회에 참석하러 갔다가 그곳에서 죽은 에페소스의 요세포스, 그의 후임으로 피렌체에서 선출된 퀴지코스의 메트로파네스, 성 소피아 성당 성직자 프로토쉰켈라리오스였던 그레그리오스 3세 마마스(재위 1443-50) 같은 이들이었다. 이들은 교회 통합을 지지했으나 그것을 콘스탄티노플에서 포고하도록 할 수 없었다. 결국 그레고리오스는 로마로 피신해야 했다. 1453년 콘스탄티노플 공성전 때 총대주교좌는 공석이었다.

'신의 은총으로 새 로마 콘스탄티노플의 대주교이자 범사해(œcuménique) 총대주교가 된 자'란 공적 칭호에 따라 콘스탄티노플 총대주교는 교회와 국가에서 탁월한 권위를 지니고 큰 권한을 행사한다. 그는 유일한 교리 해석자로서 재위 군주의 재가를 받아 교리를 적용시키고, 교회 전통과 교회 일에 대한 최종 결정을 책임진다. 그는 또한 직할 교권과 총대주교 관할 전 영역에서 중요한 특권인 스타우로페기아에 따라 그가 축성한 수도원의 수입 일부를 가진다. 그의 인신은 큰 존경을 받았고 그에 대한 모든 공격은 신성모독으로 여겨져 그에 준하여 처벌됐다. "콘스탄티노플 교회에 특징적인 행정 체제에서 총대주교는 자신의 교구의 수장이기도 하며 동시에 그 권위가 모든 교구에 미치는 교구 회의(synode)의 의장이기도 하다"(장 다루제). 모든 주교와 마찬가지로 그도 정령을 발한다. 그러나 이 정령의 효력은 제국의 경계를 넘어설 수 있다.

모든 중요한 공의회 기록은 쉬노도스 회의에서 검토되고 결의됐으며, 4-5세기 이래 총대주교는 특히 교리 문제를 다루기 위해 주교들을 관례적으로 소집했다. 비록 황제가 주거지 이탈 금지 명령을 내리고 총대주교청 주위에 지방 주교구 대표자들이 있었지만 콘스탄티노플의 흡인력은 떨치기 어려운 것이었다. 다른 한편 처리해야 할 안건들이 늘어나면서 쉬노도스 회의는 상설(쉬노도스 엔데무사)화 됐고, 이것은 정교회 총대주교청의 특징이 됐다. 모든 주교가 회의에 소집될 수 있었고, 민간인조차 자문하기 위해 소집하곤 했지만, 콘스탄티노플 주변 고위 성직자들만이 정기적으로 참석했다. 8세기 이래 상설 쉬노도스는 진정한 행정 업무를 수행하는데, 그것은 성사(聖事)와 예배 규칙에서부터 교회재산 관리, 주교직과 다른 직책 임명까지 포괄한다. 이는 더 이상 총대주교의 신학자 고문단이 아니고 진정한 행정 심의회다 —"성하(聖下)께서 보내신 청원에 대한 회답은 우리가 그 운을 떼기에 앞서 당신께로부터 나와야 할 것입니다. 종교적인 일에 관해서는 성하의 결정이 필요할 테니까요. 그러나 당신께서 비록 쉬노도스가 한 표를 행사할 수는 있지만 단 한 가지 일로 쉬노도스 심의회를 소집함이 적절치 않다고 주장하시고, 우리가 쉬노도스 밖에서 결정을 내리는 권리가 있기도 하므로, 성하의 제안을 받아들여 우리는 이 교서를 반포합니다"(레온 6세가 총대주교 스테파노스 1세(886-893)에게 보낸 서한)(피에르 노아이).

입법 활동에 있어서도 총대주교와 황제 간 협력은 실제로 굉장히 광범했으며, 총대주교에 고유한 발의들은 주로 내부 규율에 관한 것들이었다. 그렇지만 황제는, 특별히 그가 주창할 수 있는 문제들, 이를테면 주교구의 수도 주교구로의 승격, 주교 이동, 한 교구에의 특혜 부여 같은 문제들에 관해서는 통상 총대주교에게 의견을 물었으며, 그에게 집행을 위임했다. 총대주교만이 관할할 수 있는 영역은 전례(행렬, 교회력, 성사)와 교회 규율에 관한 영역이었지만, 여기에서도 황제는 총대주교에게 있어 항구적 버팀목이었다. 총대주교의 수도 대주교 통제는 그 선거에 총대주교 대리인이 입회하고 선출된 자에게 승인과 종속의 표시로 오모포리온(서방의 팔리움)을 보내는 것으로써 보장됐다.

주교 선출은 교구를 관할하는 수도 대주교가 행했는데, 그는 도시의 성직자와 유지들이 참가하는 선거인단의 투표에서 결정된 3인의 후보자 중에서 결정권을 행사했다. 주교는 35세 이상이어야 했고, 한 번밖에 결혼하지 않았어야 했으며, 만일 아내가 아직 죽지 않았다면 그녀는 충분히 멀리 떨어진 수도원에 들어가 그 고위 성직자에 의해 부양되어야 했다. 속인도 선출될 수는 있었으나 일정한 예비 기간(4세기 때 3개월의 성직 입문 기간, 9세기에는 10년)이 필요했으나 이 규정은 적용되지 않았다. 서품을 주는 사람은 주교가 될 사람이 성서를 속속들이 알고 있는지 검증해야 했다. 총대주교, 황제, 수도 대주교가 심심찮게 자신이 원하는 사람을 주교 자리에 앉히려 했거나 앉히는 데 성공한 것은 미루어 짐작할 수 있다. 제국 초기에는 주교들이 총대주교나 수도 대주교 주변 성직자들이었으나 8세기 이후에는 그중 많은 수가 수도원장이거나 무관(無冠)의 수도사였다. 13세기까지는 뛰어난 학자 주교들도 있었다. 제국 대학 교수 요안네스 마우로푸스는 에우카이타의 주교가 됐고, 오흐리드의 테오퓔락토스는 호메로스 주석가였고, 이외 많은 사람이 비잔티움에서 가장 학식이 뛰어난 자들이었다. 헤시카즘이 득세한 14세기 이래 수도사들과 경건한 무지를 자처하는 사람들이 주교직을 독점하게 됐고, 이들은 하위 성직자들이 주교가 되는 것을 불허했다.

    주교는 자신의 교구 성직자와 일정 수의 수도원에 대해 권위를 지녔다. 그는 세속 일에 관여할 수 없지만 교회 재산을 관리할 책임이 있었다. 7세기 이래 그는 도시의 주요 인사였지만, 황제의 금령에도 불구하고 자신의 도시에 거주하지 않을 때가 많았다. 주교, 특히 수도 대주교들이 콘스탄티노플에 체재하기를 원했는데, 이는 그들이 교회 행정에 참여하고 황제의 총애를 누릴 수 있었기 때문이다. 주교는 자신의 교구에서 강론할 책임이 있었고, 정기적으로 열리는 지방 쉬노도스 회의에 참석하고, 자신의 수도 대주교의 명령을 존중해야 한다고 자주 일깨워졌는데, 이것은 교구장들의 자치 경향의 명백한 증거였다.

성직자는 위계에 따라 나뉘었고, 독사(讀師)는 나이가 최소 20세, 부제와 부부제는 25세, 사제는 30세, 여(女)부제는 50세 이상이어야 했다. 최초 수 세기 간 성직자의 결혼은 엄격히 규제됐으나 점차 관행적으로 행해졌다. 9세기 말에 오면 성직자는 서품된 지 2년이 지나면 결혼하는 것이 용인됐다. 레온 6세는 이런 관행을 금지했으나 결혼한 성직자들은 결혼 생활을 지속할 수 있었다. 여부제 제도는 기독교 창시 첫 세기까지 거슬러 올라간다. 그녀들은 독신 여성이거나 남편을 한 명만 잃은 과부로서 서품된 여자들이었다. 성직자 조수로서 그녀들은 여성의 세례식을 주재하거나, 예비 신자들을 교육하거나, 예배 때 교회에서 여성들에게 할당된 자리를 감독했다. 여부제는 13세기 이후 성인(成人)에 대한 세례와 함께 사라졌다.

성직자는 길게 기른 수염, 이중 관 모양의 삭발, 검박한 옷차림으로 속인과 외적으로 구별된다. 그들은 병역을 면제받았고 세속 직책을 가질 수 없었다. 그러나 그들은 그들에게 위임된 교회 재산을 관리해야 했는데, 원칙적으로 한 채의 교회 재산만 관리해야 했으나, 니케아 공의회 결정(787)에 따라, 만일 한 채의 교회 수입이 사제 부양에 충분치 않거나 "수도 바깥 지역에서 생기는 일인데" 교회가 전례를 올리고 있지 않을 때는 두 채의 교회 재산을 관리할 수도 있었다. 그리고 공의회 결정 사항, 나중에는 총대주교 결정 사항들도 성직자 생활 규제에 아주 각별한 관심을 표명하고 있는데, 특정 직업(선술집, 고리대금업)이나 특정 오락(흥행물 관람, 도박) 활동을 비난하는 내용을 담고 있다. 흥행물 관람과 도박은 4세기 이래 일반 기독교인에게 권장되지 않았으며, 사제들에게는 금지됐다.

성직자들은 주교 법정에 귀속됐으며, 세속 법정을 이용해서는 안

됐다. 실제로 주교는 성직자가 관여된 모든 민·형사 사건을 심리했고, 그에게 사건을 의뢰하는 양 당사자에게 중재를 내릴 수 있었다. 그가 가진 특권 중에는 비호권(droit d'asile)과 관련된 사건을 심리하는 아주 큰 권한이 포함됐으며, 이것은 그에게 세속 법정 절차를 멈출 수 있는 권한을 주었다.

재속(在俗) 교회는 토지 자산을 보유하고 있었는데, 토지는 그 성질상 불어나게 마련이었다. 이는 많은 기부가 이어졌고, 교회 토지는 양도될 수 없었으며, 자산에 대한 부담금 문제는 언제나 권력과의 흥정 대상이었기 때문이었다. 제국 정부는 수차례에 걸쳐 교회의 요구를 제한하려고 노력했다. 니케포로스 포카스는 수도 대주교구와 대주교구에 대한 새로운 기부를 금했고(946), 공석중인 주교직 성직록을 국가에 귀속시키려 했으나, 그가 취한 조처들은 고위 성직자들의 반발을 불러일으켜 그의 후임자에 의해 철폐됐다. 968년 12월 콘스탄티노플 사행(使行)에서 돌아오는 크레모나의 리우트프란트는 그의 긴 여행 기간 그에게 숙박을 제공한 주교들을 한 서방 고위 성직자의 관점에서 바라보며 "그들은 금이 많아 궤짝에는 금이 가득하다"라고 기록하고 있다. 그러나 그들은 혼자 살며 검소하게 생활했는데, 매년 그들 재산 비율로 책정된 상당한 액수의 돈을 국고에 바쳐야 했기 때문이다. 레우카스(레우카다)의 주교가 그에게 한 말에 따르면 그는 많은 재산이 있었지만 수병들이 먹는 건빵과 약간의 물로 살았다. 12세기 중반 마누엘 2세[63]는 그의 먼 전임자[64]의 예를 따라 종교 시설 신설을 금지했지만 교회 재산이 누리고 있던 면세 혜택들을 확인해주었다. 그것들의 토지 자산—많은 기부금을 받고 종종

---

63) 앞 주 30 참조.
64) 앞에 나온 니케포로스 포카스 황제.

면세 혜택을 받는 헤아릴 수 없이 많은 자선기관(병원, 양로원, 고아원, 탁아소) 포함——운용에서 나오는 수입 외에도 주교구들은 서품식을 거행할 때 몇몇 종류의 수수료를 징수했다. 이것은 중세 초기에 금지됐지만 11세기 말 이전에 그 액수가 정해졌다. 그것은 카노니콘 세로서, 독사(讀師)에게 1노미스마, 부제에게 3노미스마, 사제에게는 4노미스마가 부과됐고, 속인들에게도 적용되어 속인들은 가구 집단별로 현금 혹은 현물 형태로 냈다. 1059년 30가구에 부과된 액수는 금화 1노미스마, 은화 두 냥, 숫염소 한 마리, 밀 6모디오스, 포도주 여섯 되, 닭 30마리였다. 신자들은 적극적이지 않았으며, 속인들에게 징구(徵求)된 헌금은 12세기 말 이후 거의 걷히지 않은 것 같다. 그러나 성직자들이 내는 카노니콘 세금은 규칙적으로 거두어졌고 늘어나기까지 했다.

비잔티움 재속 교회는 초기부터 국가에서 언제나 그 경제력에 비례한 역할을 수행했다. 6세기 법률 규정에 따라 옛 시 행정권 일부를 맡게 된 비잔티움의 주교는 나중에는 앞에서 보았듯이 시 사법기구를 통제하기에 이르렀으며 언제나 도시의 제일 시민으로 남았다.

수도원

"진정으로 흠 없이 수도사의 삶을 실천하는 자는 정당하게 존경받아야 한다. 그러나 일부 수도사들이 수도사 옷을 입은 것을 악용해 여기저기 할 일 없이 도시를 유랑하며 그들 자신을 위해 수도원을 건립하기까지 해 교회와 국가에 심려를 끼치는 일이 있다. 그래서 [451년 칼케돈] 공의회는 그 누구도 도시 주교의 허락 없이는 수도원이나 예배소를 짓거나 설립하는 것을 금하기로 결정했다. 공의회는 이 밖에 수도사들은 도시에서도 농촌에서도 그들의 주교에게 복종하고, 그들에게 지정된 장소에서 땀을 흘리며 정숙한 명상, 단식, 기도를 실천함에 만족할 것이며, 교회와 국가의 일에 곤란을 초래하거나 양 방면의 일에 개입하는 것을 삼갈 것이며, 필요가 있어 도시 주교가 명령할 때 이외에는 그들의 수도원을 떠나지 말아야 한다고 결정했다."

이는 입법자와 교회가 수도원들을 위계질서에 묶고 수도사들의 삶을 정상화하려는 끊임없는 노력의 한 예이며, 비잔티움 역사 전 기간 동안 되풀이됐다. 수도원 조직은 그 다양함 속에서도 독특했으며, 사실상 독립되어 있었고 수도사들이 국가에서 수행하는 역할은 점점 더 커졌다.

수도사들의 비조(鼻祖)는 안토니오스란 이집트의 가난한 농부로 사실상 문맹이었으며, 한 연장자로부터 영적 생활의 기본 원리들을 배우고 3세기 후반 사막으로 들어가 홀로 지내며 기도하고, 철야하며 시편과 성경 구절들을 암송하고, 손수 노동에 종사함으로써 비잔티움 수도사의 삶에 전범을 마련했다. 그의 주위로 엄청나게 많은 사람이 모여들었고, 그는 사람들에게 조언하거나 병을 고쳐주었으며, 그를 숭배한 몇몇 사람은 그의 주위에 머물렀다. 이것이 동방 수도원 조직의 출발점이 됐고 독거하는 은수자 모임 형태를 띠었는데, 독거하는 은수자들은 기도 일과를 위하여 혹은 토요·일요 예배 때만, 또는 더욱 드물게 모였다. 수도원 중심지들은 전 이집트에 빠르게 확산됐고, 그 가운데 가장 유명한 곳은 330년경 마카리오스가 창시한 스케티스 사막 수도원과 삼각주 서쪽 와디 나트룬 수도원이었다. 이러한 집단들의 개인주의적 원칙은 이것들이 집체 조직을 이루는 데 장애가 됐으나 수도사들의 수가 불어나자 곧 조직 자체를 무시할 수 없게 됐다.

파코미오스는 상 이집트 타베니시에 최초의 공동체를 조직했는데, 그곳은 벽이 둘러쳐진, 수도사들을 우두머리 한 명당 20명씩 수용하는 일련의 건물들로, 그곳으로는 수도사들이 파견되어 공동의 업무(빵 굽기, 요리, 간호)를 조직하게 하고, 수도원 안에서 세세한 시간표(노동, 공동 기도)와 수도 규율이 지켜지도록 했다. 우두머리들은 자신의 수도사들의 영적·물질적 삶에 책임을 져야 했다. 케노비티즘[65]이 창안됐고 곧 새로운 수도원들이 창설됐다. 수도원장 임명이 총수의 권한으로 되고, 정기적으로 공동 참사회를 운영하고, 대회계직을 가진 최초의 교단 조직이 4세기 말 이전에 창립됐다. 이렇게 완성된 동방 수도회가 인원이 늘어나고 농촌에서 유력한 세력이 되며 결집력이 약화됐을 때, 나중에 카이사레이아 주교가 되는 바실레이오스는 자신의 폰토스 수도원 수도사들에게 주는 조언들의 형태로 기존의 수도원 제도에 약간의 손질을 가했다. 그러나 파코미오스와는 달리 그에게는 규칙을 제정할 생각이 전혀 없었다. 그것은 수도원장에게 복종하는 공동생활, 노동(육체 혹은 정신노동)과 기도(종규宗規상 7기도였는데, 메소뉙티콘이라는 심야 기도와 오르트로스라고 하는 찬양 기도laudes를 포함했다)의 의무 같은 것들이었다. 조언들에 따르면 노동은 이집트 사막 교부들이 그토록 중시했던 금욕생활보다 더 필수적인 것이었다. 이러한 원칙들로 바실레이오스는 비잔티움인에게 그리스 수도원 제도의 창시자로 간주됐지만, 어떤 교단도 그것들을 채용하진 않았다. 그만큼 수도원 규칙들이 서로 달랐던 것이다. 그러므로 바실레이오스식 수도원에 대해 말하는 것은 아무런 전문적 내용도 없다.

---

65) 공동체에서 하는 수도 생활(koinos(공동의) + bios(삶), (프)cénobitisme, (독) Koinobitentum).

6세기 유스티니아누스 황제는 개인적인 금욕생활을 선호하는 수도사들과 맞서기 위해 바실레이오스의 규칙을 채용하고 그 본질적인 부분을 성별했다. 이에 따르면 수도사들은 수도원장(히구메노스[66])의 지휘하에 단 한 채의 식당과 단 한 채의 침소가 있는 수도원 안에서 살아야 했으며, 주교가 허가하여 십자가를 꽂는 곳(스타우로페기온) 이외 어떤 곳에도 수도원을 세워서는 안 됐다. 총대주교는 총독 한 명을 파견해 수도원들을 방문하게 했으며 사켈라리오스는 수도원의 지상권(地上權) 업무를 관장했다. 유스티니아누스는 수도원 가까이 홀로 사는 몇몇 은수자들의 존재는 허용했으나 혼성 수도원은 금지했다. 수도원장은 수도사들이 뽑았고 주교는 그에게 석장(錫杖)을 주며 서임했다. 그는 수도원 안에서 절대적인 권한을 누렸다. 회계직은 그가 임명했다. 3년간 수련기를 마친 젊은 수도사는 수도원장 앞에서 서원하고 수도원장은 그에게 삭발해주고 수도사복(라송)을 입혀주고 화해의 키스를 한다. 수도사는 만약의 경우 그의 아내와 자식이 받을 몫을 제외하고 그의 재산을 수도원에 헌정한다. (유스티니아누스 칙령) "만일 어느 수도사가 수도원을 떠나 세속의 삶으로 돌아간다면 그는 필요하면 그 직책과 칭호를 박탈당할 것이며, 그의 수도원으로 송환되어야 한다. ……만일 그가 다시 도주하면 그가 발견된 곳 속주 장관은 그를 체포해 자신의 부대 중 하나에 입대시켜야 한다."

  각 수도원에는 징벌 규칙이 있었다. 바실레이오스는 수도원장의 심판으로 형벌을 시행케 했으나, 특히 정신적 형벌(단식, 고립시키기, 격리, 에울로기아(축복과 은총) 박탈)을 권장했다. 692년 공의회(펜텍테, 즉 5, 6차라고 불리는데, 이것은 그 전 공의회들을 보완한다는 뜻이

---

66) '앞에 선 사람'이란 뜻의 (현대) 그리스어.

다) 문건은 교회 규율에 관한 가장 완전한 집록인데, 이것은 이전 조항들에 최종적인 손질을 가했다. 이에 따라 수도원에 들어가기 위한 최소 연령이 10세로 정해졌고, 바실레이오스가 도입한 순결 의무가 추인됐고, 수도사가 은서지로 옮기는 데는 3년간 수도원에서 생활할 것, 최종 서약에 앞서 1년간 시험적 은서 생활을 해야 할 것이란 조건이 부과됐다. 수도사와 수녀가 그들의 수도원 밖으로 나가는 것, 속인에게 수도원 재산을 양도하는 것은 다시금 금지됐다.

수도사들이 그들의 가장 유명한 영웅적인 활동을 역사에 아로새긴 때는 아마도 그들이 8세기 성상 숭배 관행을 금지하는 황제들의 조처와 싸워 이긴 때였을 것이다. 이때 가장 중요한 수도원 중심은 비티니아(소아시아) 올림포스산과 주변 산지에 있었다. 그것은 수많은 수도사 단체를 포함했고, 그것들은 그들 간 연락 없이 소박한 은서지 주변에 자연발생적으로 형성된 것들이었다. 이곳에서 케노비티즘 규칙과 바실레이오스의 조언들은 지켜지지 않았고, 명상이 노동보다, 금욕 수행이 공동생활보다 선호됐다. 그렇지만 이러한 중심지들 중 하나인 사쿠디온 수도원에서 비잔티움 수도원 사상 가장 강고한 개혁이 시작됐다. 그 개혁의 추진자는 수도사 테오도로스로서, 그는 제국 재정 부처의 관리이자 사쿠디온 수도원 창건자 플라톤의 조카이자 제자였다. 아랍인의 침입으로 소아시아를 떠나야 했던 그는 8세기 말 이전 콘스탄티노플의 옛 스투디오스 수도원에 정착했는데, 이곳에서 그가 수도사들에게 주 3회 행한 설교는 제국 전역으로 퍼져나갔다. 카이사레이아의 바실레이오스의 정신을 따라 그는 올림포스산의 관행들과 단호히 결별하고 진정한 경제·문화 통합체로서 수도원 공동체를 건설했다.

이곳에서 수도원 수장으로서 수도원장(히구메노스)의 역할은 지대했다. 그는 자기 가족과 재산을 포기하고 자신이 영적으로 지도하는 수도사들과 수도원을 위해 자신을 희생해야 했다. 모든 업무 수행에서 그는 가장 연륜 깊은 수도사들의 조언을 받아들였다. 수도원의 주요 업무들은 '둘째'란 이름의 보좌직, 회계직, 규율 담당, 전례 음악 담당 등의 수도사들의 책임 분담 체제 아래 수행됐다. 수도원장은 수도사들이 범한 범죄를 심판하는 유일한 재판관이었고, 속인은 수도사를 심판할 수 없었다. 금욕 수행은 강화됐고 벌칙은 더 엄격해졌다. 벌에는 단식, 성체배령 금지, 반복해서 엎드려 절하기, 임치(任置) 등이 있었고, 체벌은 비상식적이라 생각되어 시행되지 않았다. 의복 또한 완전히 공유됐고 토요일마다 빨아 무작위로 배부했다. 육류는 완전히 금지했고 빵, 물, 콩류만 먹는 단식은 수요일, 토요일, 사순절 기간 빈번히 행해졌다. 또한 긴 예배와 의무노동으로 점철된 수도사들의 주된 일과는 이러했다.

- (겨울 8시간, 여름 4시간 취침 후) 오전 1시에서 3시 사이에 수도사들은 세만트론(나무 채로 두들기는 나무 원반) 소리에 일어나 예배소에서 심야예배(matines)를 올리고, 수도원장은 이때 수도사들로부터 그들이 저지른 죄의 고백을 듣는다.
- 독송(讀誦)이 있고 나서 수도사들은 침실로 돌아가 취침한다.
- 해가 뜨면 세만트론이 세 번 울린다.
- 예배소에서 조과(朝課) 독송이 있고 나서 각자는 일상 업무(낚시, 빨래, 의료 등)나 부과된 노역(빵 반죽하기, 뱃짐 내리기 등)이나 계절노동(포도나 올리브 수확, 풀베기 등)에 종사한다.
- 아침 중간에 제3시 송(頌), 아침 식사 후에 다시 작업한다.
- 정오에 제6시 송이 있고 식사를 하고 나무 그늘에서 2시간 휴식한 후 해가 질 때까지 다시 작업한다.
- 오후 중간에 제9시 송, 해 지기 한 시간 전에 헤스페리논(저녁 기

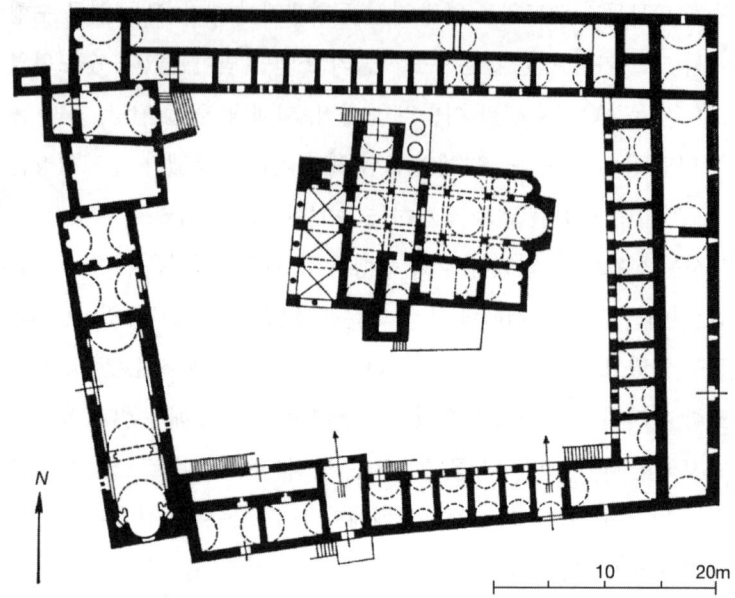

6. 호시오스 멜레티오스 수도원(11세기) 평면도
(R. Krautheimer, *Early Christian and Byzantine Architecture*, Baltimore, 1965, p.249)

도), 해가 진 뒤에 아포데이프논('식사 후': 종과終課).

일할 때나, 공방(필경소 제외)에서나, 들에서나, 길을 갈 때나, 저잣거리에서나 수도사들은 시편을 암송했다. 노동은 효율적으로 분담됐는데 농부, 직조인, 제화공, 석공, 소목, 의사, 사경인(寫經人) 수도사들이 수도원 봉방(蜂房) 일을 분담했다. 마지막 직업인들은 그들이 후세에 전한 우수한 필사본들로 영예를 얻었다. 이들은 9세기 흘림체 소문자를 발명한 주인공으로 알려져 있는데, 이 서체는 후에 옹시알체 대문자를 대체하며 전 제국 문서에 사용됐다.

스투디오스 수도원의 테오도로스의 개혁은 지방에서와 마찬가지로 콘스탄티노플에서도 그 영향력이 막강했으며, 11세기 창건된 러시아의 수도원들, 나중에 노르만령 시칠리아의 그리스 수도원들도 그 예를 따랐다.

수도원 제도의 개별성과 교회의 위계질서에 대한 독립성은 9세기 말 이래 강화됐고, 동시에 수도원 창건자들의 힘도 강화됐다. 실제 제국의 가장 유명한 수도원들이 창건되고 조직된 것은 10세기에서 12세기에 이르는 기간이었다. 함대 코메스의 아들 새 파울로스(파울로스 호 네오스)는 10세기 중엽 콘스탄티노스 포르퓌로겐네토스와 불가리아 차르의 희사금으로 소아시아 라트로스산에 수도원 공동체를 건설한다. 이때는 또 당시까지는 그 지리적 조건으로 인해 '홀로 수행하는 금욕 수행자들과 은수자들 무리의 피난처'였던 칼키디키(마케도니아)의 아토스산에, 황제들의 희사금을 기반으로 하여 이곳으로 은퇴한 수도의 부유한 집안 자제들, 라브라 수도원(Lavra)[67]

---

[67] 4세기 초 이집트에서 기원한 은수자들의 집단수행처. 교회와 가끔 식당이 있는 복판 주위에 은수자들의 독방(cell)과 동굴들이 흩어져 있다. 그리스어 '라우라'는 원래 통로란 의미나 독방들로 가는 길이 마치 가게가 즐비한 시장터

창시자 아타나시오스와 이베리아인 요안네스의 영향력 아래에서 큰 케노비티즘 수도원들(라브라 수도원에는 이미 80명의 수도사가 있었다)이 출현하던 때였고, 이것들은 이전의 작은 조직들을 흡수한 것들이었다. 이 세기가 다 가기 전에 공동 수도 방식(케노비티즘)이 이곳에서 우세한 방식이 됐고, "금욕수행자들은 아토스산의 가장 황량한 구역에서 계속 고독을 추구했지만, 독립 은수자 무리는 완전히 자취를 감추었다."(D. 파파크리산투D. Papachryssanthou)

조지아인, 아말피의 라틴인, 러시아인, 세르비아인이 아토스산에 수도원을 세운 이래 아토스산은 언제나 국제적인 장소였다. 아토스산 외에도 유명한 수도원으로 11세기 콘스탄티노스 모노마코스가 거금을 희사한 콘스탄티노플 망가나 수도원, 동 황제가 세운 키오스섬 수도원, 콘스탄티노플과 트라키아에 세워진, 휘장소와 히포드로모스 재판관이자 최고위 관리 미카엘 아탈레이아테스의 수도원들, 그레고리오스 파쿠리아노스(...)가 세운 바츠코보(불가리아 플로브디프에서 멀지 않은)에 그레고리오스 파쿠리아노스(이 수도원은 수도원 외에 양로원과 학교, 세 채의 숙박소를 포함했다)가 세운 수도원이 있었다. 그리고 알렉시오스 콤네노스도 여러 채의 수도원을 세웠는데, 그중 가장 유명한 것은 아마도 파트모스의 성 요안네스 프로드로

길과 같이 보인다고 하여 이렇게 불렀다. 독방에는 혼자 거주하기도 하고 인원이 많을 때는 몇 사람씩 들기도 했다. 수도사들은 평일 노동과 기도로 지내다가 주일이 되면 판매할 노동 생산물을 들고 공동 예배소에 와 함께 예배를 올렸다. 이와 달리 언제나 같이 생활하며 수도하는 수도원을 '코이노비온'((라)coenobium)이라 불렀다('공동생활 혹은 공주(共住) 수도원'). 초창기 수도원은 독방이었으나 관리가 어려웠으므로 이러한 코이노비온 수도원 형태가 출현했다. 'laura/lavra'의 역어로서 일산(日產) '산거(散居) 수도원', 그냥 '라우라'란 말도 보이나 수도원 내부 구조에 대한 설명으로서 '독방 수도원'이라 번역했다.

모스 수도원일 것이다. 또한 콘스탄티노플 판토크라토르 수도원은 1136년 요안네스 콤네노스 황제가 세웠는데, 세 채의 예배소와 외과 병원을 포함했다. 그외에도 여러 곳이 있는데 마리차강 어귀의 코스모소테이라[68] 수도원, 콘스탄티노플 성 마마스 수도원, 키프로스의 새 시온 수도원과 마케이라스산 독방 수도원 등이 있다. 이 수도원들은 왕자들과 공주들, 자신들의 이름을 수도원에 결부시키려는 모든 귀족 간 경쟁의 결과였다.

수도원 창건자들은 수도원 안에서 진정한 입법자 노릇을 했는데, 이는 유스티니아누스 이래 787년과 861년 공의회를, 다른 면에서는 아주 관대했던 레온 6세, 10세기 총대주교 폴뤼에욱토스, 시시니오스가 그렇게도 신경 썼던 상하 위계질서 관계를 무력화하는 것이었다. 이것이 얼마나 진실인지를 확인하기 위해서는 수도원 튀피콘(규칙) 하나만 훑어봐도 충분한데, 이 규칙은 지금은 없어진, 한 콘스탄티노플 수도원의 규칙을 모델로 페트리초스(바츠코보)의 테오토코스('하느님의 어머니') 수도원을 위해 1083년 작성된 것이다. 수도원은 높은 담으로 둘러싸인, 여러 채의 예배소와 수도사들의 거처로 되어 있고, 수도원 창건자는 튀피콘에서 새로이 창건되는 수도원에 농업 노동력·농기구를 포함한, 마케도니아 여기저기에 흩어진 농장 상당수, 이콘, 성유물, 서적, 전례용품, 고가의 의복으로 구성된 수많은 예배소용 보물을 희사하고 있다. 그는 수도원의 모든 재산이 황제, 총대주교, 수도 대주교, 주교가 부과하는 세금에서 완전히 자유롭다고 규정한다. 그리고 수도사들이 따로 떨어져 생활하는 것을 금하고 엄격한 공동생활을 할 것을 주문하는데, 공동생활은 수도원장을 포함해 모든 이에게 식·음료 평등 배급, 개인 거실에 개인용 양식 저장

---

[68] 세상의 구원자란 뜻.

금지, 거기서 음료 제조나 화식(火食) 조리 금지를 포함하고 있다. 이 외에 그가 임명한 수도원장이 죽을 때까지 그 직을 수행할 것, 자신이 그의 후계자를, 그의 친척 중에서가 아니라 수도사들의 의견을 좇아 선출할 것을 정한다. 그리고 수도원 최소 정원은 수도원장을 빼고 50명으로 하고 그 직위에 대해 다음과 같이 정하고 있다.

두 명의 수도원 영지 일 담당 에피트로포스(감독), 한 명의 에클레시아르코스, 여섯 명의 사제, 두 명의 부제, 두 명의 부부제, 한 명의 그릇지기(성기물과 성물을 돌보는 일과 회계 겸무), 한 명의 뤼크납테스(조명 담당), 한 명의 식료품 담당, 한 명의 포도주 배급 담당, 한 명의 식당 관리인, 한 명의 숙박 소장, 한 명의 노인·병자 돌봄이, 한 명의 개인 거실 관리 겸 예배 참석 감독인, 한 명의 제빵사, 한 명의 요리사, 한 명의 문지기.

그는 언제 그를 추념하는 전례를 행할 것인가를 정한다. 그는 수도사들 식사 내용과 그들이 하루 몇 잔씩 포도주를 마실 것인지를 정하고, 수도원장의 봉급(36노미스마), 수도사의 봉급(직급에 따라 10-20노미스마), 이들이 봉급을 수령할 날짜를 정하는데, 그 날짜는 수도원 근처에서 열리는 정기시에 맞춰 수도사들이 장을 보도록 부활절로 정해놓고 있다. 그리고 3대 금식기 동안 수도사들은 포도주를 마시지 말고 기름을 쓰지 말되 토·일요일에 한해 한 잔씩 마실 수 있다. 그리고 때에 따라 이콘 앞에 초와 등잔을 얼마나 밝힐 것인지, 성가대를 어떻게 지휘할 것인지, 예배 시 수도사들이 어떤 자세를 취할 것인지, 수도원장에게 고해할 때 어떤 조건이 필요한지, 어떻게 일을 하며 시편을 암송할 것인지도 정한다. 그리고 수도사들이 수도원장의 명령 없이 외출하거나 거세된 사람과 어린 소년을 수도원에 들여놓는 것 또한 금한다. 후손들에게 수도원 경영권을 물려주는 다른 창건자들과는 달리 그는 수도원이 모든 가족 상속으로부터 자유로울 것이며, 황제에게도, 총대주교에게도 예속되지 않을 것임을 선언하나, 수도사들이 군주와 비잔티움 군대, 그리고 그 자신을 위해 기도하도록 명령한다. 그는 수도원 영지 안 모든 예배소 예배에서 그의 형과, 그가 죽고 난 후에는 그 자신의 추선(追善)이 행해질 날짜들을 정하고, 이때는 수도원 공동체에 특별식을 제공하고 금화를 나누어 줄 것을 정한다. 그는 예배당에조차 여성을 들여놓아서는 안 된다고 하며, 회계와 다른 공무 담당 수도사들에게 그들의 활동에 대해 수도원장에게 보고할 것을 주문하고, 수도원장은 수도원 성원들에게 그것을 공지하고 그 지출을 보장하며 잉여금은 그릇지기(skeuophylax)에게 돌려주며, 각각의 재정 활동이 한 명의 담당자와 수도원 공동체에 의해 통제되어야 한다고 한다. 그는 수도원이 현금 자산 금 10파운드(720노미스마)를 보유하고 있어야 하며, 잉여 수익금은 토지를 사는 데 쓰라고 한다. 그는 수도원 토지 안에 있는 숙박시설 3채에 수입을 배당한다. 그는 나이 많은 수도 사제[69](hiéromoine)의 지도하에 수도원 본 건물 바깥에 작은 학교를 지어 수도원 수도 사제가 되려고 하는, 즉 사제가 되려고 하는 어린 소년들을 수용하고 교육할 것에 대해 지시를 내린다. 그는 마지막으로 어떤 경우에도 수도원 재산을 양도하지 말라고 한다. 그리고 그레고리오스 파쿠리아노스는 그가 작성하고 서명하는 이 규칙을 위반하는 자에게 무서운 저주를 내리는 것으로 이 문서를 끝맺고 있다.

  수도원의 물질적 이익의 수호, 그뿐 아니라 규율 잡힌 운영을 위해

---

69) 그리스어로는 '히에로모나코스'라고 한다. 정교회에서 사제직에 서품된 수도사를 일컫는다. 그 가운데 선별된 자만이 '아르키만드리테스'란 칭호를 갖고 수도원장이 될 수 있었다.

서는 수도원 창건자, 심지어 황제가 나서 고위 인사들로 하여금 처리하게 했는데, 이들은 만일의 경우 수도원을 위하여 신속하고도 효과적으로 개입해 세무 당국의 요구에 방패막이가 되거나 제삼자와의 분쟁을 조정하거나 할 수 있었으며, 수도원 내부 일에도 개입해 규율을 회복시키기도 했다. 황실 상서성(chancellerie) 수장은 이렇게 아토스산 라브라 수도원 창건자인 아타나시오스 수도사에 의해 이 거대한 수도원을 떠맡게 되며, 니케포로스 보타네이아테스 황제는 1079년 이비론(Iviron) 수도원을 드로모스의 로고테테스 보호 아래 두었고, 황후 이레네 두카스는 그녀가 죽고 난 뒤 그녀의 성모 수도원이 한 황녀(皇女)의 보호하에 놓이도록 했으며, 14세기 마케도니아 세레스 가까이 있는 프로드로모스 수도원은 처음에 안드로니코스 2세의 딸이자 세르비아 왕(크랄) 우로슈 2세 밀루틴의 아내인 시모니스에게, 나중에 제국의 일인자인 대(大)도메스티코스 요안네스 칸타쿠제노스에게 맡겨졌다. 이들은 수도원의 보호자 혹은 에포로스였는데, 그들은 수도원에 자신들을 위해 기도해줄 것만을 요구했으므로, 원칙상 사욕을 초월한 사람들이었다. 이 사람들[70]은 카리스티카리오스처럼 수도원 경제사에서 중요한 구실을 했다. 후자는 수도원의 재산을 지킬 임무와 더불어 수도원에서 종신(終身) 수입을 받는 속인이었다. 전자와 후자는, 비록 당국자들에게서 권력남용을 이끌어내야 하긴 했지만, 수도원 지상권(地上權)을 보존하고 번영하게 하는 두 가지 확실한 수단이었다.

 비잔티움 일부 수도원들의 경제적·행정적 발전의 종착점은 진정한 수도원 연합의 탄생이었는데, 그중 아직 면면히 이어져 오고 있는 아토스산 수도원 연합이 가장 유명하다. 이곳 최초의 은서지 모임은

---

70) 에포로스들.

프로토스(첫 번째 사람)에 의해 다스려지고 있었는데, 그는 평의회를 거느리고 아주 빠르게 이 '거룩한 산'의 자치권을 확보해나갔다. 시간이 지나며 은서지들은 규모를 늘리고 있던 대형 수도원들에 편입되어갔고, 작은 수도 카리에스에 각 수도원이 대표를 파견해 만든 아토스산 평의회는 점차 그 덩치가 커졌다. 평의회는 180명이 참가하는 수도사 회의를 개최할 수 있었다. 평의회는 매년 황제로부터 상당한 액수의 연금을 받아 수도원들에 나누어주었다. 평의회는 '거룩한 산'에 수도원을 매입하거나 세울 허가를 내어줄 권한이 있는 유일한 기구였다. 그것을 희망하는 사람의 직급이 아무리 높아도 마찬가지였다. 평의회는 수도원들의 규모가 커짐에 따라(11세기 라브라 수도원은 700명의 수도사를 헤아렸다) 빈번해진 수도원 간 분쟁을 평화적으로 해결하려고 노력했다. 평의회는 세속 권력과 교회 위계에 맞서 아토스산의 독립성을 유지하는 데 꾸준히 유념했다. 마지막으로 평의회는 가능한 한 금욕주의 정신을 지키려고 노력했는데, 금욕주의는 많은 인구를 거느린 공동체를 물질적으로 관리하는 데 급급했던 수도원들에 의해 자취를 감춘 상태였다. 아토스산 이외에도 덜 유명하지만 다른 수도원 연합체들이 존재했던 것은 문서 혹은 남아 있는 고고학적 유구(遺構)들에 의해 확인되는데, 그것들은 약 12개 수도원을 거느렸던 소아시아 라트로스산 연합체, 카파도키아의 단수 혹은 복수 연합체, 테살리아 페네이오스강 골짜기 위에 있었던 메테오라 연합체다.

　제국의 대부분을 점령당했던 라틴인 점령기는 그리스 수도원 침체기였고, 반세기 이상 지난 뒤 재건된 제국의 줄어든 자원은 황제의 수도원 창건을 많이 줄게 했다. 이제 중요한 수도원 창건(미스트라의 성 테오도리이 수도원과 브론토키온 수도원, 마케도니아 메니키온산의 성 요안네스 프로드로모스 수도원 등)은 사인(私人)들의 일이 됐다. 비록 그리스 황제들, 세르비아나 왈라키아의 군주들이 사후(事後)에 이 수도원들에 희사금과 면세 조처를 내려주긴 했지만 말이다. 아토스산의 경우에는 13, 14, 15세기 창건(성 파울로스 수도원 카톨리콘(중앙 예배당)과 판토크라토르 수도원과 디오뉘시오스 수도원 건축, 쿠틀루무스 수도원 재건축) 그리고 군주에 의한 복원작업들(킬란다리 수도원, 로시콘 수도원 등)이 이루어졌다. 프로토스는 13세기에 권한이 세어져서 수도 대주교에게도 총대주교에게도 서임을 요청하지 않았다. 하지만 1312년에는 사정이 달라졌다. 안드로니코스 2세가 그를 제국의 대다수 수도원들처럼 콘스탄티노폴 총대주교 밑에 배속시켰던 것이다. 수도원의 자치는 종종 무질서를 의미했다. 그러나 그 보상으로서 아토스산 프로토스는 교회 최상급 지위에 끼게 됐으며, 가장 강력한 라브라 수도원을 제외하고 거룩한 산 수도원들에 대한 절대적인 권한을 인정받았다. 이것은 일종의 성별(聖別)이었으며, 위에서 본 것처럼 총대주교 수인(數人)과 많은 주교가 아토스산 출신이었다.

　이러한 위계질서로의 복귀는 수도원에서 수도원장과 수도원 내 직책 보유자들의 권위가 해체되고, 그들에게 수도원 운영에 관한 모든 일을 할 때 협의해야 할 상설 평의회를 만들어주려고 관계자들이 준비하고 있을 때 일어났다. 이것은 또한 일부 수도원들이 이디오뤼트미아란 규칙을 도입한 때와 일치했는데, 이 규칙은 수도사들에게 전례 참석과 큰 축일 때 식당에서 식사해야 하는 공통의무를 제외하곤 수도원 내에서 독거 생활을 할 수 있도록 허용한 것이었다. 그렇지만 이러한 생활방식은 16세기나 가서야 널리 퍼지게 됐다. 오래전부터 그리스 대형 수도원들은 밖에서 보았을 때 큰 농업 경작지와 닮아 있었다.

11세기 간 파란만장한 변화에 맞추어 스스로를 조절하며 잘 기능한 행정 체제, 절대군주 일인 지배는 비잔티움 제국을 아나키로부터 보호했다. 이 기구는 확고했고 중세의 다른 '국가들'에 현저히 앞서는 측면이 있었다. 그렇지만 만일 우리가 이 국가적 삶을 많건 적건 간에 서로 의존하는 5부, 즉 우리가 그 변천들 속에서 짧게 살펴본 다섯 개 부처(재정, 사법, 외교, 군대, 교회)로 된 거대한 기계가 신에 의해 선출된 황제의 뜻대로 정확히 기능하는 그 무엇이라고 상상한다면 그것은 커다란 오류일 것이다. 황제는 실제로 진정한 가신 그룹(clientèle)인 한 당파에 의해 권력에 진출하며, 이 당파는 그들의 정치적 힘과, 만일 필요하다면 군사적 힘을 동원해 그를 떠받치며, 궁정에까지 그를 따라온다. 이 당파는 나중에 황제에게 족쇄가 될 수도 있지만, 황제가 이 족쇄를 떨쳐버리는 것은 너무나 위험한 일이다. 이 당파는 다른 한편 황제에게 거대한 지원군도 되는데, 그것은 그들이 관료기구를 통제하고 관료기구 밖에서 입안함으로써 군주에게 아주 효율적인 정치세력 역할을 하며, 그에게 커다란 행동의 자유를 주기 때문이다(한스 게오르크 벡).

바실레이오스 1세의 등극(867)은 이러한 가신들의 역할에 대한 하나의 뚜렷한 본보기다. 빈한한 가정 출신의 바실레이오스는 비잔티움 마케도니아 아드리아노플(에디르네) 가까운 곳에서 태어났다. 그는 청운의 꿈을 품고 콘스탄티노플로 가 유력자의 부하 자리를 찾았다. 그는 우연히 수도 주변 성 디오메데스 교회에 가게 됐는데, 이곳에서 장래 성 소피아 성당 경리가 될 한 교회지기(파라모나리오스)가 돌로 된 벤치 위에서 자고 있는 그를 발견했다. 그들은 고래(古來)의 의형제 결연 의식(아델포포이이아)을 치른다. 그는 그를 그의 형제의 소개로 테오필로스라고 하는, 한 고위 직급 성벽 담당 코메스의 측근 그룹에 넣어주었다. 그의 형제는 당연히 권력(미카엘 3세)과 아주 밀접한 관계였던 그 고관의 의사였다. 이렇게 하여 그는 사복시[71] 수장 프로토스트라토르가 됐고 그의 업무로 인해 황제와 개인적인 관계를 맺게 됐다. 황제가 어떤 일로 펠로폰네소스로 갈 때 그를 데리고 갔다. 그는 그곳에서 어느 대지주 과부의 눈에 들었는데, 그 과부는 그와 그녀의 아들을 아델포포이이아로 맺고 그에게 엄청난 액수의 돈을 주어 그녀와 같은 이익을 추구하게 한다. 바실레이오스는 부자가 되어 콘스탄티노플로 돌아왔고 그의 고향 마케도니아에 그녀가 준 돈으로 땅을 사놓는다. 그는 이제 그가 최초로 속했던 가신 그룹과 경쟁 관계에 있던 미카엘 3세의 가신 그룹으로 옮겨가는데, 이 그룹의 구성원들 히메리오스, 케일라스, 크라사스는 관원들이긴 하지만 무명의 인물들로서 궁정 관위(官位)에는 속하지 않은 관료들에 불과했지만, 그들의 아이들의 대부이자 사리 분별이 어두운, 손 큰 출자자 주군을 대신해 정치적으로 실권을 행사하던 자들이었다. 이 그룹 내부에서 바실레이오스는 곧 그 자신의 가신 그룹을 꾸리는데, 그들은 그의 형제 마리아노스와 불가리아인 페테르, 칼디아의 요안네스, 콘스탄티노스 톡사라스라는 사람들이며 황제의 처남도 그 안에 있었다. 이들의 힘을 빌려 그는 황제의 삼촌으로 강력한 카이사르였던 바르다스를 실각시키고는 암살한다. 바실레이오스는 공동 황제로 임명된다(866). 그러고는 황제 가신 그룹을 박차고 나와 그 자신의 도당의 지도자가 된다. 마침내 그는 그를 미워하게 된 황제가 그에게 마련해놓은 운명을 피하고자 그의 벗들을 시켜 성 마마스 궁전에서 곤드레만드레 된 황제를 살해하게 한다. 이러한 다소 마법의 요소가 섞인 유대관계로써 그 지도자와 결부된 가신 그룹들은 적어도 9세기 초부터는 그 존재가 확인된다. 이 가신 그룹들은 종종 콘스

---

71) 궁중의 가마나 말에 관한 사무를 맡아보던 관아.

탄티노플과 지방에서 족벌 행세를 하기도 했는데, 이들은 구성원들의 이해관계에 따라 결집되기도 해체되기도 하며 황제의 등극이나 폐위, 그리고 국가 운영에 자주 결정적인 역할을 했다. 대개 기성 정치권 바깥에서 충원되는 이 가신 그룹들은, 원칙적으로 신분 상승은 제국의 모든 주민에게 개방되어 있었으므로, 이름 없는 사람들이 신분 상승을 이루는 데 매개체 구실을 했다. 바실레이오스 1세의 예는 그 가장 현저한 예다.

27. 〈황제와 수도사〉 안드로니코스 3세 시절 대(大)도메스티코스로서 사실상 권력을 쥐고 있었던 요안네스 칸타쿠제노스는 전자가 죽자 황권을 거머쥐고 튀르크인의 도움으로 콘스탄티노플을 장악해 1347년부터 1355년 양위할 때까지 콘스탄티노플에서 황제 노릇을 했다. 그러나 요안네스 5세 팔라이올로고스가 제노바인의 지지를 업고 그를 선위시켜 수도사복을 입게 한다. 그는 관례에 따라 그의 이름을 요안네스에서 요아사프로 고치고 그의 마지막 생 30년 동안 정치와 격리되어 역사서와 신학 논문을 집필하며 보낸다. 그가 손에 쥐고 있는 것은 그의 논문 중 하나인 유대인들과 아랍인들을 반박하는 논문이다. 논문의 저자는 이 세밀화에서 이중의 초상으로 그려지고 있는데, 그 하나는 황제 공식 복장을 입은 모습이고, 또 하나는 수도사복을 입고 있는 모습이다. 이것은 이 위대한 비잔티움인의 생애의 두 시기를 나타내며 그의 세속적 삶과 수도사로서의 삶의 긴밀한 연관을 잘 보여준다. (그리스 사본 1242, 요안네스 6세 칸타쿠제노스 신학 저작집, 세밀화, 14세기, 파리 국립박물관)

28. 〈황권〉 후광을 두른 니케포로스 3세 보타네이아테스가 군주의 상징물들을 몸에 두르고 두 가지 의인화한 미덕, 즉 진실과 정의가 잡고 있는 보좌에 앉아 있다. 그의 좌우에 궁정 예복을 입고 서 있는 네 명의 대신은 두 개의 큰 고관 범주, 환관과 '수염 난' 관리를 대표하는 베스티아리온(어의 보관소와 금고) 담당관 프로토베스티아리오스, 가장 높은 격식의 황제 문서를 검토하고 인증하는 카니클레이온(문갑) 담당관, 상서성 고관 데카노스, 황제 직속 부서들의 우두머리 대(大)프리미케리오스다. 이는 중앙 권력의 본모습이다. (쿠아슬랭 도서 79, 요안네스 크리소스토모스 『설교집』 세밀화, 1078–81, 파리 국립박물관)

29. 〈경건한 황제〉 예복 차림의 요안네스 2세 콤네노스 황제와 그의 아내 이레네 황후가 성모에게 금화가 든 주머니와 몇 건의 특혜가 봉인된 양피지 두루마리를 바치고 있다. 이는 한 일어난 일에 대한 공인(公認)이기도 하고 하나의 상징적 의미기도 한데, 그것은 두 기증자가 하느님의 어머니에게 그녀가 높은 곳에서 중개를 베풀어 그들에게 영원한 구원을 내려달라고 비는 것이다. (성 소피아 성당, 모자이크, 1118-22년경, 이스탄불)

30. 〈교회 수장으로서의 황제〉 궁정 예복 차림의 콘스탄티노스 4세가 후광을 두른 그의 두 아들 공동 황제, 헤라클레이오스와 티베리오스의 보좌를 받아 라벤나 교회에 특혜장 한 건을 수여하고 있다. 라벤나 교회를 대표하는 이들은 주교 레파라투스와 두 명의 성직자이며, 이들은 라벤나 교회 독립의 영웅 고(故) 마우루스 대주교 뒤에 자리 잡고 있다. 양피지에는 중요한 물질적 특혜의 양여, 몇몇 상업세의 감면, 이제까지 국가가 징수하던 공물 수여가 쓰여 있다. 한 중요한 행정 조치의 기록화記錄畵. (라벤나 클라세 산타폴리나레 성당, 많이 복원된 모자이크화, 673-679)

31. 〈경기를 주재하는 황제〉 황제가 자신의 특별석에서 몇 명의 고관들에 둘러싸여 앉아 있다. 다른 귀빈석에는 마구간 네 곳, 즉 각각 청색당, 녹색당, 적색당, 백색당 마구간 책임자들이 서 있다. 회랑에는 구경꾼들이 들어차 있고 전차들이 이제 막 트랙으로 돌진하려 하고 있다. 그러나 누가 이기든 경기가 끝나면 구경꾼들은 황제를 '영원한 승리자'로 환호할 것이다. 이러한 일종의 황제 개선 그림은 바로 이 권력의 상징성으로 인해 러시아 군주들의 수도에 이식됐다. (성 소피아 성당 남탑, 프레스코, 11-12세기, 키예프)

32. 〈정의의 수호자 황제〉 테오필로스 황제는 매주 약간의 무장 인원을 대동한 채 말을 타고 블라케르나이 성모 교회에 행차했다. 아주 엄격한 정의의 수호자로서 자신이 사건을 심리하기를 바라 판사들에게 부당한 대우를 받은 사람들이 매주 이루어지는 이 행렬 도중에 직접 그에게로 와 진정할 것을 기대했다. 여기서는 두 사람이 성직자들이 기다리고 있는 교회 정문 가까이에서 진정하고 있다. 군주가 법이 제대로 집행되고 있는지 감시하는 것이 그리 빈번한 일은 아니었던 것 같다. 감시가 이루어진다고 해도 그것은 콘스탄티노플 주민들에 한정된 일이었다. (사본 5-3 2번, 요안네스 스쿨리제스『연대기』세밀화, 13세기, 마드리드 국립박물관)

33. 〈황제 대관식〉 811년 황제 미카엘 1세 랑가베가 총대주교 니케포로스로부터 왕관을 수여받고 있다. 그가 서 있는 방패는 비잔티움 군주 권력의 군사적 기원과 비잔티움 군주의 신성함을 동시에 상기시킨다. 방패는 궁정 최고위 관리들에 의해 지탱되고 대관식 입회인으로서 군사들과 백성들이 초청된다. 군사들은 두 개의 상징물로써 표현되며 백성들은 나팔 소리가 울려 퍼지는 가운데 신에게 새로이 황제로 선택된 자를 환호하고 있다. 그러므로 대관식에는 교회, 원로원, 군대, 백성이 참가했다. (사본 5-3 2번, 요안네스 스퀼리제스 『연대기』 세밀화, 13세기, 마드리드 국립박물관)

34. 〈테오도로스 메토키테스(고관·작가)〉 권력자의 아들로 태어나 호조 대신(게니콘 로고테테스)과 국정 전반을 통괄하는 고관(대大로고테테스)을 역임하고 안드로니코스 2세의 고문이 됐다. 그의 주군이 실각한(1328) 뒤 그가 창건하고 큰 도서관을 만든 콘스탄티노플 코라 수도원에 은거하다 1332년 사망했다. 테오도로스 메토키테스는 백과전서적 지성의 소유자로서 철학과 역사의 혼합물, 연설문, 천문학 논문, 시 등을 썼다. 그림 속 그는 성장 차림으로 그리스도에게 그의 수도원 교회 모형을 바치고 있다. (모자이크, 카리예 자미, 1316-21, 이스탄불)

35. 〈해군 제독 알렉시오스 아포카우코스〉 비티니아의 빈한한 가정 출신인 알렉시오스 아포카우코스는 황실 염전 경영으로 많은 돈을 벌었다. 야심찼으며 민활하고 몰염치한 재정 책임자였던 그는 전능한 요안네스 칸타쿠제노스의 비호 덕에 해군 제독(메가둑스)과 콘스탄티노플 총독 자리에 오른다. 그 뒤 그는 그의 은인을 배반하고 그에 맞서 젊은 요안네스 5세와 그의 어머니 사부아의 안나를 옹립해 전횡을 일삼는다. 그는 1345년 6월 11일 감옥을 방문했을 때 그가 희생시킨 사람 중 한 명에게 암살된다. 독본 옆 그를 그린 초상화는 그에게 헌정된 사본을 장식하는 작품이다. (그리스어 사본 2144, 히포크라테스 저작집 세밀화, 1345년경, 국립박물관, 파리)

36. 〈공의회를 주재하는 황제〉 요안네스 6세 칸타쿠제노스가 1347년 2월 콘스탄티노플에 입성할 당시는 헤시카스트들의 대열 선두에 선 수도사 그레고리오스 팔라마스가 막 총대주교 요안네스 칼레카스에 대해 승리를 거두고 요안네스가 팔라마스와 바꾸어 감옥에 들어갔을 때였다(실은 유형에 처해졌다―옮긴이). 팔라마스에 호의적이었던 새 황제는 팔라마스의 적 칼레카스의 퇴위를 승인하고 그의 자리에 유명한 헤시카스트 모넴바시아의 이시도로스를 앉혔고, 그의 뒤를 이어 아토스산의 무식한 수도사 칼리스토스가 총대주교가 됐다. 논쟁에 종지부를 찍기 위하여 요안네스 6세는 1351년 5월 27일 블라케르나이 궁전에서 공의회를 소집했는데, 그가 총대주교, 세 명의 수도 대주교, 수도사들, 그리고 그의 경비병들에 둘러싸인 모습이다. 팔라마스의 적이자 학식 높은 작가 니케포로스 그레고라스는 험한 말을 듣고 코라 수도원에 유폐됐다. (그리스 사본 1242, 요안네스 6세 칸타쿠제노스 신학 저작집 세밀화, 1371-75, 국립박물관, 파리)

37. 〈세리〉 테이블 앞에 앉은 엄격한 표정의 세무 관리가 손으로 소박한 차림의 납세자들을 가리키며 왼손에 쥔 서류에 적힌 금액을 내놓으라고 지시하고 있다. 다른 관리는 정화(正貨)를 달 저울을 손에 들고 있고, 테이블 위에는 주화가 포개져 있으며, 목에 밧줄을 매단 다른 납세자들은 출두를 기다리고 있다. 나지안조스의 그레고리오스의 설교집 여백에 실린 삽도로 비잔티움식 삶에 대한 희화를 담고 있다. (사본 339, 나지안조스의 그레고리오스의 『설교집』 세밀화, 12세기 후반, 시나이 성 카트리나 수도원)

38과 39. 〈유스티니아누스의 폴리스(follis) 동화〉(539-540년) 황제의 초상(그림 38)과 그 둘레에 황제의 이름 명문(銘文)이 새겨져 있다. 뒷면(그림 39)의 글자 M은 경화의 가치 40(눔미온)을, 숫자 XIII은 재위 년을 가리킨다. 공방 이름 Kyz는 퀴지코스를, B는 숫자 2, 즉 2호 작업장을 뜻한다. (파리 국립박물관 메달 방)

40과 41. 〈유스티니아노스 2세의 노미스마 금화〉(705-711년) 콘스탄티노플 주조. 황제는 십자가를 쥔 아직 어린 그의 아들이자 공동 황제인 티베리오스와 함께 있다(그림 40). 그 둘레에 새겨진 명문은 황제들의 이름이다. 뒷면(그림 41)에는 그리스도의 흉상이 새겨졌는데, 왼손에 복음서를 들고 오른손으로 축복을 한다. 그리스도 뒤로는 십자가가 있다. 둘레 명문은 "왕 중의 왕 그리스도"를 찬양하는 문구다. 무게 4.36그램. (파리 국립박물관 메달 방)

42와 43. 〈레온 6세의 노미스마 금화〉(886-912년) 콘스탄티노플 주조. 총대주교의 십자가를 세운 지구의를 쥔 황제 흉상(그림 42)으로 명문은 황제의 이름과 그의 칭호 "비잔티움인의 바실레우스"다. 뒷면(그림 43)은 기도하는 성모 흉상이며, 성모의 머리 위에는 "마리아"라고 쓰여 있고, 성모의 좌우에 있는 글씨는 약자로서 "하느님의 어머니"를 뜻한다. 무게 4.36그램. (파리 국립박물관 메달 방)

44. 〈알렉시오스 1세 콤네노스의 휘페르퓌론 금화〉(평가절하(1092-1118) 뒤) 콘스탄티노플 주조. 라바룸과 십자가를 얹은 지구의를 든 황제의 입상이 새겨져 있다. 위에 보이는 것은 하느님의 손이다. 굵은 진주 장식이 있고, 명문은 황제의 이름 "알렉시오스 콤네노스"다. 무게 4.295그램. (파리 국립박물관 메달 방)

45. 〈외국에 간 비잔티움 사절〉 829년 테오필로스 황제는 새 황제의 등극을 칼리프에게 통고하기 위해 콘스탄티노플 총대주교를 바그다드에 보냈다. 총대주교에게는 제국을 괴롭히는 압바스 왕조 우두머리를 회유할 임무가 있었다. 그는 도착하자 모든 대사가 그러했듯이 칼리프 궁정 고관들에게 그가 가져간 선물들을 나누어주었다. 그림에서 보이는 것은 황실 공방에서 짠 비단이다. (사본 5-3 2번, 요안네스 스퀼리제스『연대기』 세밀화, 13세기, 마드리드 국립박물관)

46. 〈지방 장관〉 카파도키아 카이사레이아 장관이 관복 차림으로 발렌스 황제(328-378, 재위 364-378)에게 장래 카이사레이아 주교가 될 바실레이오스를 심문한 결과에 대해 보고하고 있다. 바실레이오스는 황제 주변의 아리우스주의 고위 성직자들을 반대하여 자신의 은서지에서 나왔다. (쿠아슬랭 도서 239, 나지안조스의 그레고리오스 『설교집』 세밀화, 12세기, 국립박물관, 파리)

47. 〈정의〉 사본 피증정인들인 요안네스 2세 콤네노스와 그의 아들 알렉시오스가 권력의 표지들로 치장하고 후광을 두른 채 그리스도의 안수를 통해 정의와 자비를 전수받고 있다. 정의와 자비는 의인화되어 판토크라토르 좌우에서 그들의 미덕을 불어넣고 있다. (우르비나테 그레코 사본 2, 복음서 초록 세밀화, 1122, 바티칸 도서관, 로마)

48. 〈군대의 작전〉 요안네스 지미스케스 황제의 972년 4월 프레슬라프 점령(위). 요새의 정문 앞에서 허리를 굽힌 주민들이 기병대 선두에 선 황제에게 굴복하고 있다. 1000년 바실레이오스 2세의 옛 불가리아 수도 플리스카 점령(아래). 비잔티움 기병들이 창을 앞으로 하고 유혈 전투 뒤 요새로 숨는 불가리아 군대 뒤를 쫓고 있다. 왼손에는 방패를, 오른손에는 창을 든 황제가 군대를 이끌고 있다. (슬라브 사본 2, 콘스탄티노스 마나세스의 『연대기』 불가리아어 판 세밀화, 14세기, 바티칸 도서관, 로마)

49. 〈적에 의한 파괴〉 모든 전쟁은 인명 살상과 약탈을 동반한다. 전쟁에 대한 이런 표상은 욥에게 사환이 와서 하는 말에 대한 삽화로써 상기된다—"칼데아인이 세 패로 나뉘어 주인님 낙타 떼를 덮치고 그것을 빼앗았습니다. 또 당신 종들을 칼로 쳐 죽였습니다. 저만 홀로 피해 주인님께 아뢰러 왔습니다." (그리스 사본 135, 욥기 주석본, 마누엘 쥐칸딜로스의 세밀화, 1362, 국립박물관, 파리)

50. 〈그리스의 불〉 칼리니코스라고 하는 시리아인이 콘스탄티노스 4세에게 '그리스의 불' 제조 비법을 전했는데, 이것은 9세기까지 비잔티움인들에게만 알려진 제조법이었다. 아마도 유황, 초석, 나프타가 그 성분으로 폭발성 혼합물의 힘을 빌려 시폰이라 불리는 관에서 발사하거나, 수류탄 같은 것으로 만들어 던졌다. 지상에서 그리스의 불은 적의 목제 기구를 불태우는 데 쓰였다. 14세기 오베르뉴(프랑스의 한 지방―옮긴이)에서 제조됐다. (그리스 사본 5-3 2번, 요안네스 스퀼리제스 『연대기』 세밀화, 13세기, 국립박물관, 마드리드)

51. 〈전쟁에서의 지략〉 이곳에 3단(도전, 전투, 골리앗의 죽음)으로 서술되고 있는 것은 블레셋인의 군대 대표 골리앗이 이스라엘 군대의 명예를 걸고 나온 어린 목동 다윗에 맞서 일대일로 싸운 전투다. 거인 골리앗은 갑주를 입고 방패를 들고 투창과 검으로 무장하고 있다. 다윗은 투석기와 허리 주머니에 다섯 개의 돌을 가지고 있다. 그는 첫 번째 돌로 골리앗의 이마 한복판을 맞히고 골리앗이 넘어지자 그에게로 달려들어 골리앗의 검으로 그의 머리를 벤다. 비잔티움인들은 스스로를 이스라엘 민족의 후계자로 여겼으며, 다윗에게서 자신들 황제의 위대한 선조를 보았다. 이런 점에서 그들은 다윗의 전 생애 사건들에 깊은 관심이 있었다. (키프로스 출토 은 쟁반, 610-630, 메트로폴리탄 미술관, 뉴욕)

52. 〈교회〉 천사 합창단에 둘러싸여 보좌에 앉은 성모가 다섯 개의 품급으로 나뉜 지상의 교회를 주재하고 있다. 다섯 개의 품급은 각각 복음서를 들고 있는 주교들(복음서는 전통과 그들이 베풀 책임이 있는 가르침의 상징이다), 수도사들, 사제들, 부제들, 여부제들이다. (그리스 사본 1208, 코키노바포스의 야코보스 수도사의 『성모 설교집』세밀화, 12세기 후반, 국립박물관, 파리)

53. 〈주교 성별〉 제단 층계 위 안티오케이아 총대주교가 세 명의 주교 입회하에 새로이 고위 성직자가 되는 사람의 임명장을 읽고, 복음서를 펼치고, 그의 이마 위에 성호를 세 번 긋는다. 그러고는 그의 머리 위에 두 손을 얹고 하느님께 고위 성직자로 뽑힌 사람을 도와주시도록 청을 드린다. 복음서는 다시 제단 위에 올려질 것이고, 총대주교와 세 명의 주교가 새 주교에게 키스하고 나서 전례가 재개될 것이다. 성직자가 든 두 개의 전례용 부채(리피디온)는 빵과 포도주 위에 앉는 파리를 쫓는 역할을 했다. (시리아 사본 112, 주교 예전서(Pontifical) 세밀화, 1238, 국립박물관, 파리)

54. 〈비잔티움 전례〉 비잔티움 교회는 1년에 10회, 이른바 성 바실레이오스 전례를 올렸다. 빵과 포도주(두 명의 성직자가 그 위에 리피디온(그림 53을 보라)을 들고 있다)가 놓인 제단 앞에 허리를 숙인 수도 대주교가 양피지 두루마리에 적힌 봉헌송을 읽고 있다— "우리를 창조하신 주 하느님…… 우리로 하여금 당신의 새 언약의 종, 당신의 거룩한 신비의 대행자가 되게 해주시고, 우리가 당신의 거룩한 제단에 오를 때 우리를 맞아주소서." 전례 집전자 뒤로는 전례에 참여하는 성직자들이 있고, 그들 뒤로는 신도들이 있다. (프레스코, 1040년경, 성 소피아 성당, 오흐리드)

〈부제 서품식〉 성 베드로가 사도들이 보는 가운데 초대 교회 부제들을 안수해 서품하고 있다. 7인 초대 교회 부제는 스테파노스, 필립포스, 프로코로 니카노르, 티몬, 파르메노스, 니콜라오스다. 그들 초대 사도들로부터 교회 공동체의 살림 부담을 덜 주는 역할을 부여받았다. 주교, 수도 대주교, 총대 교의 보좌역으로서 그들의 교회 내 영향력은 그들 책에 상응했다. (프레스코, 10세기, 괴레메, 카파도 키아)

56. 〈영성체〉 팔레스티나 사막에서 노인이 된 성 조시 마스가 이집트인 마리아에게 성체 포도주를 주고 있다. 이집트인 마리아는 창녀였으나 회개해 47년간 금욕 수행 중이며, 4월 1일 자신의 은서지로 돌아가다 사망한다. (프레스코, 11세기, 아요스 게르마노스 마을, 프레스파)

57. 〈비잔티움 수녀들〉 대(大)스트라토페다르코스 요안네스 쉬나데노스의 아내이자 미카엘 8세의 조카딸인 테오도라(법명은 테오둘레)가 콘스탄티노플에 세운 수녀원의 수녀들이 수녀원 창설자가 기초한 수녀원 규칙을 그녀에게서 받고 있다. (그리스 사본 35, 보들리 도서관, 링컨 칼리지 자료, 소망 굳건한 테오토코스 수녀원 튀피콘 세밀화, 1397, 옥스퍼드)

제4장 사회

신분 관계

노예와 환관

　우리가 비잔티움 사회를 개관해보면 현재의 관점으로 볼 때 부정적인 면들도 있기는 하지만, 그만큼 많은 대조적인 모습도 눈에 띈다. 그들의 로마 스승들이 신성시해놓은 계급 차별을 물려받은 비잔티움 법률가들은 제국 주민을 노예와 자유민 혹은 '로마 시민'으로 양분했다. 이러한 구별을 단순히 학자적 항상성 기질 탓으로 돌릴 필요는 없다. 이것은 적어도 12세기 말까지는 경제생활의 기본적인 현실과 일치했으니까 말이다.

　4세기 카이사레이아의 바실레이오스는 "노예란 이집트인이 파라오의 노예인 것처럼 전쟁 당시 잡혀 와서 혹은 빈곤으로 노예의 숙명을 짊어진 자들이고, 또는 현명하고 신비한 협정에 의해 같은 아버지의 자식이면서 아버지의 명령에 따라 그들의 더욱 유능한 형제들에게 봉사하도록 정죄(定罪)된 자들이다"라고 했다. 이것은 비잔티움 제국이 고대로부터 물려받은 결함이며, 교회는 신에 의해 창조된 존재는 평등하다는 원칙에 입각해 이를 비난했지만, 그것은 자신이 신의 작품이라고 일컬은 사회질서를, 그리고 주지하듯 그 안에서 노예가 중요한 역할을 수행하던 사회질서를 고쳐야 한다고는 한 번도 주장하지 않았다. 노예의 기원이 어떠하건, 그가 전쟁포로건, 노예의 자식이건, 영락한 제국 농부건, 아드리아해나 흑해 연안에서 팔려 온 노예건, 그 노예의 처지와 구매가는 그가 가진 특별한 자질과 시장 상황에 따라 다양하게 형성됐다. 부자에게 총애를 받게 되면 그 노예는 비단옷을 입고 향수를 뿌리고 다니며 큰 권한을 누렸지만, 불행한 농부로서는 전제적이거나 비도덕적인 노예주의 포획물이 되어야 했다. 직능이 있는 노예의 가격은 20-30노미스마였고, 그가 공증인이면 50, 의사면 60노미스마까지 값이 나갔고, 거세된 사람은 50노미스마에 거래됐는데, 만일 그가 유능한 직능인이라면 60노미스마까지 주어야 했다. 자료에 기록된 가장 비쌌던 노예의 가격은 72노미스마였다(12세기).

노예들의 운명 개선을 결정한 것은 노예 시장 조건이었고, 세속법과 교회법 또한 그것을 확인하고 재가해주었다. 유스티니아누스는 면천 절차를 간소화하고 노예주인의 권리를 제한했다. 노예주들은 종종 노예에게 자신의 업무를 맡겼으나 노예가 자신의 적립금(페쿨리움[1])을 마음대로 쓰지 못하게 했던 것이다. 종종 그러했듯이 만일 노예가 고위 관리직이라면 페쿨리움은 상당한 액수일 수 있었다. 마케도니아 왕조기에 많은 전쟁에서 승리가 이어졌고 그에 따라 노예의 수도 상당히 늘어 이제는 직공이나 상인 중에서도 쉽게 노예를 찾을 수 있었다. 그 가운데 일부는 필경사가 되기도 했으나 다른 이들은 여전히 국영의 광산, 채석장, 염전, 제빵소, 무기 제조창에서 노역

---

1) 노예주가 노예에게 봉사의 대가로 개인재산으로서 적립해주는 돈.

에 종사하거나 교회나 수도원의 토지를 경작했다. 가장 총애받는 자들의 경제 형편은 옛날만 못해진 것 같았으나 그들의 처지는 많이 바뀌었다. 레온 6세는 그의 노예들을 면천했고, 가난한 자들도 이제는 자신을 노예로 팔 권리가 없어졌으며, 특히 노예들이 자신들의 적립금을 자유로이 처분할 수 있게 됐다. 비잔티움 노예들이 자유를 획득하는 것은 이제 손쉬운 일이 됐다. 콤네노스 왕조의 황제들은 노예들이 주인의 허락이 없어도 결혼하는 것을 허락했고, 마누엘 1세는 수도의 모든 노예를 자신의 돈으로 속량시켰다. 이는 제국이 병사와 새로운 납세자를 필요로 했기 때문이다. 라틴인에 의한 콘스탄티노플 점령, 제국이 정치적으로 수복된 뒤 급속한 경기 침체는 노예의 공급원을 완전히 고갈시켰다. 노예무역은 이제 제노바인, 베네치아인, 튀르크인의 손으로 넘어갔다.

교회가 노예의 처지에 동정을 표시하고 로마법이 노예의 처지가 '자연에 반한다'라는 견해를 표명했음에도 비잔티움인은 노예의 소유를 하나의 부의 외적 표지로 보았다. 5세기 초 역사가 변호인 소크라테스(Sôkratès le Scholastique)는 전 세기 율리아노스 황제(331-363, 재위 361-363)가 궁정 하인들이 과다하다고 여겨 그들을 해고한 것을 언급하고는 놀랍게도 "이 처사를 두고 공감을 표시한 사람은 거의 없었고 대부분의 사람은 그를 비난했다. 이런 식으로 백성들은 황제의 부가 일으키는 어지럼증을 상실하고 황제의 존엄을 경멸하게 됐으므로"라고 부언했다. 하인의 숫자는 사인(私人)들에게도 역시 부의 표지였다. 요안네스 크리소스토모스는 실제로 이렇게 말했다―"우리에게 비록 두 명의 하인밖에 없다 할지라도 우리는 살 수 있습니다. 그리고 한 명의 노예도 없는 사람들이 있는 마당에 우리가 두 명밖에 없다고 불평하면 우리는 어떻게 스스로를 옳다고 할 수 있겠습니까? ……그렇지만 어떤 사람은 '귀부인이 단 두 명의 하인만 대동하고 길을 걷는다면 남우세스럽지 않을까요?'라고 할 것입니다. 전혀 그렇지 않습니다. 남우세스러운 일은 오히려 많은 하인을 대동하고 외출하는 것입니다. 제가 이런 말을 하면 여러분들은 아마 저를 비웃으실 겁니다. 그렇지만 저는 힘주어 말하건대, 이것이야말로 우세를 사는 일입니다. 마치 상인이 양떼를, 노예 상인이 노예들을 끌고 가듯 노예들을 몇 사람이나 끌고 다니는 것 말입니다." 4세기에 위신(威信)은 이러한 대가를 치러야 했고 이것은 변함없이 이어졌다.

9세기 후반 다니엘리스란 한 과부가 "황제를 알현하고 싶어 했다. 그녀는 [펠로폰네소스 영지에서] 많은 하인을 대동하고 말을 타고 수도로 향했다. 그러다가 그녀는 수레나 말을 타고는 수도에 들어갈 수 없었거나, 혹은 그녀의 부를 마음껏 뽐내고 싶어 그녀는 가마 위에 눕고 젊고 건장한 노예 300명을 골라 그녀를 어깨 위에 짊어지고 가게 했다. 노예들이 10명씩 서로 교대하며 가마를 떠받들고 그녀를 펠로폰네소스에서 수도까지 데려가는 여행이었다. 그녀는 황제들이 한 나라의 이름난 우두머리를 맞이할 때 으레 그러했던 것처럼 황제에게 융숭한 대접을 받았다. 그녀는 어떤 이교도 왕도 로마인 황제에게 바친 적이 없는 값나가는 선물들을 가져왔던 것이다. 그녀가 바친 오백 명의 노예 중 백 명은 잘생긴 거세된 사람들이었다. 이 늙은 부유한 귀부인은 거세된 사람들은 언제나 궁정에서 환영받고, 궁전에서는 환관들이 봄날 마구간 파리보다도 더 많이 돌아다닌다는 것을 잘 알고 있었던 듯했다. 그녀가 그들을 데려간 것은 그녀가 궁전에 들어가더라도 이전에 그녀의 노예였던 그들이 그녀를 호위하도록 하려는 생각에서였다."(한 연대기 기록)

주인의 참모이건, 단순 노무자이건, 호화로운 단역(端役)이건, 지주 집 하인이건, 직공이건, 농부건 비잔티움의 노예들은 면천의 절차를 거쳐 다시 자유민이 됐다. 5-11세기간 콘스탄티노플이나 지방의 유언장이 몇 건 발견됐는데, 이 문서들에서 노예주는 그가 죽으면 노예가 자유를 얻도록 하고 있으며, 그들에게 돈과 토지를 유증하고, 가끔은 자유민과 결혼을 시키고, 언제나 이제부터 "그들은 자유민으로서 할 수 있는 것은 뭐든지 할 수 있다"고 못 박는다. 그리고 노예주는 확인서를 써주었는데 지금까지 전해지는 한 문안은 다음과 같다.

"전능자께서는 인간을 창조하시면서 그가 자유롭고 매이지 않은 몸으로 그의 창조주 하느님 한 분만을 섬기도록 창조하셨다. 그러나 욕심이 세상에 끼어들어 그 본성상 〔하느님의〕 동료 하인들인 인류를 지배하는 주군과 지배를 받는 신민으로 나누었고, 자유와 얽매임 없음을 구속으로 바꾸었다. 이렇게 삶의 유동(流動)하는 흐름이 너에게 노예의 굴레를 씌웠고 내(某)가 너를 돈으로 사 네가 나를 섬기게 했다. 그렇지만 나는 거룩한 자비를 베풀 필요가 있어 오늘부터 너에게 자유를 돌려준다. 너는 네가 가고 싶은 곳은 어디든지 마음 놓고 가도 된다. 그리고 자유를 잃지 않을까 두려워 말라. 나나 나의 대리인이든, 내 친척 중 한 사람이든, 이방인이든 그 누구도 이제부터 너를 노예의 신분으로 떨어트리지 못할 것이다. 그리고 그런 무도한 일을 하려고 기도하는 자가 있다면 그는 나라에 아주 많은 벌금을 물어야 할 것이다. 너는 자유인의 영예를 받고 로마 시민으로 선언된다. 이것을 확증하기 위해 나는 너에게 공증인〔모(某)〕에게 명하여 작성한 이 면천장(免賤狀)을 주었노라. 모년〔인딕티오〕 모월."

12세기 지식인 테살로니키 수도 대주교 에우스타티오스가 바라본 노예제는 총체적으로 해결하여야 할 악한 제도였으며, 이것은 바로 기독교인 웅변가들이 복음서가 쓰여진 시대에 있었다고 한 옛 자유를 모든 사람에게 회복시키는 것이었다. 이 시대 다음에는 봉급생활자에 대한 착취 시기가 있었고, 그다음 노예 착취 시대가 왔다고 한다. 이것이 교회가 내놓은 정식(定式)이었다. 이것이 가지는 구체적인 효과는 테오도로스 발사몬이 발휘한 신중함과 동일한 신중함으로 수용됐는데, 그는 면천장이 효력을 갖기 위해서는 세 명의 증인이 있어야 한다는 공의회 카논에 대해 주석하면서 자신의 시대(12세기 말) "모든 세속법과 교회법은 모든 것에 앞서 면천을 장려했다"라고 쓰고 있다.

비잔티움인들에게 가르쳐지는 삶의 원리와 거세된 사람들이 겪는 삶의 현실 사이, 그리고 비잔티움인들이, 9세기 제국 주무 부처의 표현을 빌리자면 "창조주가 현명하게 구상한 의도와는 다르게 창조된 새로운 피조물들"을 바라보는 태도에는 모순이 개재되어 있다. "그것은 충분히 단죄되어야 하는데도 반대로 그것은 마치 신의 어떤 징벌도 면제받을 수 있는 행위로 보이기라도 하는 것처럼 끝없이 불경한 마음으로 자행되는 범죄다. 신이 종의 번식을 위해 자연에 부여한 능력을 말살하는 행위 말이다." 이것은 레온 6세의 한 법률 도입부에 있는 말이다. 거세는 로마 시대부터 금지됐으며 6세기 유스티니아누스는 거세 시술이 소름 끼치게 높은 사망률을 초래해 수술받은 사람의 불과 3퍼센트 남짓만 생존한다는 사실을 알고 그 시술자들과 그들의 공범들을 중벌에 처하도록 했는데, 그것은 궁형, 궁형에서 살아남는 자들에 대한 광산노역형과 재산 몰수를 포함하고 있었다. 그러나 동시기 캅카스 사람들은 대대적으로 거세 시술을 시행하고 있었다.

다른 한편 5세기 이래 동궁(東宮), 나중에는 중앙 관청에서도 수많은 환관을 고용했다. 일정 직책과 일정 작위가 그들에게 배당됐고, 그외에도 환관들은 약간의 예외를 제외하곤 모든 공직에 진출할 수 있었다. 식전(式典)에서 작위가 동일할 경우 환관들은 상석을 배당받았다. 문관 서열에서뿐만 아니라 교회나 군대에서도 그들은 최상의 지위를 차지했다. 그 가운데는 총대주교로서 8세기 게르마노스 1세, 9세기 중반 메토디오스 1세, 10세기 스테파노스 2세, 11세기 에우스트라티오스 가리다스 등이 있었고, 또한 다수의 수도 대주교, 성직자, 수도사가 있었으며, 유스티노스 2세 때 프로토스파타리오스이자 쿠비쿨라리오스였던 환관 나르세스는 콘스탄티노플에 환관들만을 위한 카타로이('순결한 자들') 수도원을 짓게 했고, 스투디오스 수도원 등 수도의 가장 유명한 수도원들도 환관들에게 개방된다. 군대 지휘관들 또한 많은 수가 환관이었다. 이레네 여제 때 스타우라키오스, 10세기 칼라브리아 스트라테고스 에우스타티오스, 반세기 뒤에는 아랍인에게 패하고 포로가 됐지만 니케포로스 2세 포카스에 의해 돈으로 풀려난 파트리키오스 니케타스 모두 환관이었다. 또한 파트리키오스 니콜라오스는 970년 알레포와 안티오케이아를 재점령했고, 11세기 중엽 콘스탄티노스 9세와 테오도라의 군대 장수들 거의 모두가 환관이었다. 13세기까지 황제의 측근 중에서 환관은 종종 아주 중요한 역할을 수행했고, 시종장(le préposé à la chambre impériale)은 종종 국가를 지휘했다. 페르시아인 스테파노스는 유스티니아노스 2세의 어머니 아나스타시아를 때리고도 무사했고, 바아네스는 바실레이오스 1세가 원정 중일 때 국가 일을 떠맡았으며, 레온 6세 때 아마도 아라비아 출신으로 노예 출신 환관 침전 수장 사모나스는 옛 뮈스티코스 그리고 대신이었던 막강한 총대주교 니콜라오스를 한때 실각시키기까지 했다.

로마노스 1세 레카페노스가 한 슬라브인 여자 노예에게서 얻은 사생아 바실레이오스는 더욱 두드러진 예인데, 그는 아랍인에게 승리를 거둔 뒤 히포드로모스에서 개선식 주인공이 되는 영예를 얻었고,

로마노스 2세의 두터운 신임을 얻었고, 요안네스 지미스케스의 재상이 됐고, 제국 최대 지주 중 한 명이기도 했다. 미카엘 4세(1010-41, 재위 1034-41)의 형제 중 세 명이 환관이었는데, 이때는 환관들이 제국을 경영하기도 했으며, 미카엘 6세, 미카엘 7세 때도 그러했고, 12세기 말 알렉시오스 3세 앙겔로스 때는 사켈라리오스 콘스탄티노스가 황궁 경비대를 지휘했다. 황궁에서 환관들이 이렇게 높은 지위를 누릴 수 있었던 것은 아마도 그들이 제권(帝權)을 넘볼 수 없었던 것과 관련이 있을 터인데, 그들은 13세기 후반 팔라이올로고스 왕조가 콘스탄티노플로 돌아온 뒤에는 모든 위세를 잃고 만다. 그들을 신체적으로 열등한 존재로 본 서방인들의 편견이 작용했던 것이다. 비잔티움 행정기구에서 환관의 지위에 대해서는 꽤 잘 알려져 있는 반면 부유한 개인의 저택에서 환관이나 거세된 노예들이 했던 역할에 대해서는 잘 모르는 경우가 많다. 그렇지만 부유한 자들의 저택에서 환관은 규방에 출입할 수 있었던 유일한 남자였다.

상당한 수였을 것이 분명한 그들을 제국이 어디에서 조달받았는지 궁금하지 않을 수 없다. 9세기 한 아랍 연대기 작가에 의하면 그가 살았던 시기 시칠리아 북서쪽 한 섬에서 노예 신체 상해가 행해졌다고 한다. 이곳이 금지된 시술을 은밀히 행하던 곳 중 하나였던가? 희생자의 값어치를 올려주는 아주 수지맞는 일이어서 심지어 어머니들이 자신의 아이들을 상해하기도 한 그 시술 말이다. 어찌 됐든 우리가 잊어서는 안 되는 것은 스스로 수술을 선택한 자들과 더불어 특별한 부류의 환관들도 있었다는 것인데, 그들은 선천적으로 기형이거나 병을 앓아 생식 불능이 된 자들이었다. 레온 6세의 법률은 "만일 종종 있듯이 거세 시술이 병에 걸린 자에게 치료 목적으로 행해진다면, 이것은 짐의 의사나 법에 반하는 일이 아니다. 이 시술이 자연을 불구로 만들기 위해서가 아니라 그것을 구제하기 위해서 행해졌기 때문이다"라고 명시하고 있다. 만일 성기 관련 병을 심하게 앓는 자에게 비잔티움 의사들이 행한 처치가 외과적 절제였고, 좋지 않은 위생 때문에, 어쨌든 도시에서는 이런 환자들의 숫자가 많았음을 상기한다면 많은 거세된 자가 이런 원인으로 거세됐다고 볼 수 있다. 노예와 마찬가지로 거세된 자들 역시 원칙상 금지됐음에도 그들은 오랫동안 비잔티움인의 일상의 일부를 이뤘다. 업신여김을 당하거나 연민을 자아내거나 그들은 사회의 모든 층위에서 발견된다. 그러나 노예건 거세된 자들이건 비잔티움인의 눈에 그들이 사회 위계질서 내 하나의 집단으로서 인식되지는 않았다.

얼개

비잔티움인이 속한 사회에서 사람을 가르는 근본적인 구별은 언제나 지배하는 자(아르콘테스)와 지배받는 자(아르코메노이), 즉 우두머리와 신민(臣民)의 그것이었다. 이 성서적 관념은 모든 구전·성문 문학을 관통하고 있다. "신분이 낮은 사람이 신분이 높은 사람에게 지배당하는 것은 언제나 선(善)이며 전자는 후자와 어깨를 겨누려고 하지 않는 것이 좋다. 후자는 전자에게 언제나 머리를 숙이게 할 것이니까"라고 4세기 카이사레이아의 바실레이오스는 말한다. 12세기 고관 그레고리오스 안티오코스는 의인과 죄인에게 똑같이 자연의 혜택을 내리는 신에, 신분이 높은 사람이건 낮은 사람이건 모든 사람의 필요를 충족시켜주는 황제를 빗대면서 세상 사람들이 기본적으로 두 부류로 나뉜 것을 매우 자연스러운 것으로 보았다. 이 고전적 '나눔'은 동시에 국가가 승인하는 나눔이며, 국가가 사회에서 자신의 보증인이자 대화자, 즉 명예를 가지고 있으므로(악시오로고이) 신뢰를 둘 수 있는 이들(악시오피스토이)로서 선택하는 이들은 성직자와 문무 관료들로, 8세기 말 한 법률이 열거하는 바에 따르면 직책과 재산을 동시에 소유하고 있는 자들이다. '힘 있는 자들'(뒤나토이)로 구성된 지배계급은 그러므로 돈과 통치권을 동시에 가진 이러한 소수의 인구 그룹을 포함한다. 비잔티움 제국에서는 부가 직책을 담보하였으니 말이다. 가난뱅이라고도 불리는 약자와 서민은 도시의 장인·상인 계급, 그리고 농촌 인민이다.

신분과 직업

비잔티움 지배계급의 일반적인 특징 가운데 하나는 그 유동성과 하층 계급에 의한 교체 가능성이다. 비잔티움인들은 서유럽 사회의 공고한 서열에 경악했다. 12세기 황제 비서이자 역사가였던 요안네스 킨나모스는 라틴인의 나라에 존재하는, 그가 일찍이 보지 못한 완고한 서열 구조에 깊은 인상을 받아 그 나라들에서 어떻게 작위란 것이 황제, 왕, 둑스, 코메스 순으로 낮아지며, 어떻게 각 작위 보유자가 "자연스럽게 상위자에게 복종"하는지 특기(特記)하고 있다. 실제 비잔티움 제국에서는 오랜 기간 동안 권력에 오르는 것이 세습에 의해서가 아니라 공적에 의한 것이었고, 출세한 사람에게 미천한 근본은 결점으로 작용하지 않았을 뿐만 아니라 그 반대이기조차 했다. 권력이 예컨대 그를 극심한 가난에서 구출해준 것이 권력에 대한 찬양거리가 될 수 있었기 때문이다. 비법한 방식으로 권좌에 오른 황제들 상당수가 이렇게 미천한 과거를 가졌었다. 미카엘 2세는 군대에서 잔뼈가 굵은 무식한 군인이었고, 아르메니아인 레온 5세에 의해 반란죄로 사형을 선고받았다가 때마침 성탄절이었기 때문에 사형이 연기(820)된 자였으며, 바실레이오스 1세는 원래 농부였다가 한 고관 밑에서 일하다가 말 조련사가 됐으며, 10세기 로마노스 1세 레카페노스도 농민 출신이었다. 미카엘 4세는 황제가 되기 전에 그의 형제 중 한 명인 니케타스처럼 환전상이었고, 그의 다른 형제 두 명은 평판이 좋지 않은 민간 의료인이었으며, 그의 누이 중 한 명은 콘스탄티노플 항에서 배 틈새를 메우는 칠장이와 혼인한 사이였고, 그녀가 낳은 아들은 나중에 미카엘 5세(1015-42, 재위 1041-42)가 된다.

10세기 최고위 관료 중에는, 앞에서 보았듯이, 사모나스란 이름의 개종한 아랍인 노예 한 명이 있었는데, 그는 레온 6세를 해치려는 사람의 말을 엿듣고 그것을 고해바치면서 출세 가도를 달렸다. 범인이 붙잡히면서 그는 노예에서 해방됐고, 그가 고해바친 사람의 재산 3분의 1을 받았다. 그는 궁정으로 불려가 황제의 총신이 됐으며 황제는 그에게 작위와 재산을 아낌없이 퍼주었다. 그는 파라코이모메노스와 파트리키오스로서 제국을 15년간(896-911) 지휘했고, 그를 참으로 사랑한 황제는 그가 그의 돈을 훔쳐 아라비아로 탈주를 감행하자 그를 붙잡아 오게 해 그에게 짧은 기간의 불명예라는 가벼운 벌을 내렸다. 관직에 복귀한 그는 방자하게도 레온 6세를 중상하는 글을 써 레온 6세는 그를 수도원에 유폐하고, 그의 자리를 콘스탄티노스란 파플라고니아 출신 환관으로 메꾸었다. 사모나스는 벼락출세한 자 중 가장 유명한 자로 그런 예는 콘스탄티노플에도 지방에도 많았다. 단, 황위에 오르는 것은 원칙상으로는 모든 사람에게 가능했으나, 일개 서민이 그런 신분 상승을 이루는 것은 항상 예외였다. 황위는 언제나 귀족들이 차지하거나 그들 간 쟁투의 대상이었다. 귀족들의 처지는 늘 불안정했고, 그것은 군주의 비(妃), 자식, 친인척, 그의 주변 인척들 또한 예외가 아니었다. 환관, 외국인 용병은 종종 황제에 의해 큰 권력이 부여됐다. 다른 한편, 제국의 모든 고위 관리의 운명은 다른 신민의 그것과 마찬가지로 군주의 의지에 크게 좌우됐고, 재산 몰수, 유형, 감금, 공개 체벌은 권력자나 서민이나 할 것 없이 모두에게 적용됐다. 권력자들은 그들의 생계를 그들이 받는 봉급, 황제가 하사하는 선물, 그들이 직책을 수행하며 횡령한 돈에 의지했으며, 이러한 수입은 그들이 가진 토지에서 나오는 수입보다 훨씬 컸던 것으로 보인다. 따라서 그들은 언제나 황제의 총애나 호의를 필요로 했다. 황제의 총애를 잃는 것은 곧 파멸을 의미했으므로 귀족들은 그들의 덧없는 영화를 지키기 위해 모든 사람을 불신하여 그 누구에게도 신뢰와 우정을 보내지 않았다.

10-12세기 비잔티움 사회의 상층부는 그 얼개에서도 그 역할에서도 급격한 변화를 겪게 된다. 최근 처음으로 수행된 비잔티움 인명 연구에 따르면 9세기 일사분기까지 역사상 사건에 연루된 사람들 중 두 개의 이름을 사용한 사람은 20퍼센트 정도에 불과했고, 두 번째 이름도 일반적으로 별명으로서 개인적인 것에 불과했으나, 12세기에 오면 80퍼센트 이상의 사람들이 진정한 부칭(父稱)을 사용했다. 또 11세기에 알려진 가문 중에서 6개 가문이, 그중 가장 유명한 가문 중 하나인 멜리세노스가(家)를 포함해 8세기까지 거슬러 올라가며, 16-17개 가문이 9세기 — 그중 3분의 1은 쇠락 —, 25개 가문이 10세기, 45-50개 가문이 바실레이오스 2세 시대, 약 60개 가문이 이 세기 말에서 기원한다는 것이 밝혀졌다(알렉산드르 카즈단Alexander Kazhdan). 고귀한 출신에 대한 자부심은 비잔티움에도 확실히 존재했으며, 8세기 가장 위대한 비잔티움 고급문화를 대표하는 자 중 한 사람인 다마스쿠스의 요안네스는 "좋은 집안에서 난 사람은 그 혈연으로써 귀한 집안과 맺어진다"라고 썼다. 그러나 새천년을 맞이할 때쯤 되면 그 자부심은, 비록 언제나 공적이란 잣대에 직면해야 하기는 했지만, 새로운 구체적인 표현을 획득하게 된다. 왜냐하면 이때부터 귀족 가문은 점점 더 그 위상이 확고해지기 때문이다.

이러한 가문들이 모두 콘스탄티노플에 살았던 것은 아니며 11세기 많은 부자가 지방에 거주하고 있었다. 그들 중에는 비록 아무런 공직에도 있지 않았지만 그들의 토지가 있는 지역에서 지역 주민 전체에 대한 영향력으로 결정적인 역할을 하는 사람도 문헌에 등장한다. 중앙 행정 대표자들은 이 지방 귀족들과 이들 가문 구성원들에게 최대의 경의를 표했다. 언제든 황제에게 도움을 요청할 수 있었던 그들과 우호적인 관계를 맺지 않으면 어떤 위험에 노출되는지 잘 알고 있었던 것이다. 지방 귀족들은 자신의 영지에서 사는 서방 귀족들과는 달리 도시에서 살았다. 물론 그들의 영지에 욕탕과 잘 꾸며진 정원을 갖춘 쾌적한 저택을 갖고 있긴 했지만 말이다. 그들은 이미 10세기 동안이나 비잔티움령 이탈리아에 많은 재산을 가지고 출현한다. 소아시아의 말레이노스 가문은 엄청난 토지를 소유하고 있어서, 한 연대기 기록에 따르면 3,000명의 병사를 출동시킬 수 있었다. 우리가 알고 있는 가문 대부분은 그들이 살았던 시대 정치사의 한 대목에 이름을 남겼기 때문에 알려졌을 따름이다. 아르귀로스가, 케카우메노스가, 멜레스가 들은 동방과 서방 가문들 중 가장 현저한 예에 불과하다.

아르귀로스가는 카파도키아 동부 할리스강이 크게 굽이도는 곳 안쪽 카르시아논 테마에 살았다. 이곳에서 이 가문 위 선대(先代) 레온이 9세기 중엽 제국을 위해 바울주의자들, 아랍인들과 싸웠고, 이곳에 성녀 엘리사벳을 기리는 수도원을 세웠는데, 여기가 그들 가족 공동묘지가 됐다. 순라군(la Veille) 드롱가리오스가 된 그의 아들 에우스타티오스는 게르마니케이아에서 아랍인과 싸워 이겼고, 카르시아논 테마 스트라테고스가 됐다가 독살됐다. 그의 두 아들 포토스와 레온은 망글라비테스로서 황궁 근위대에 복무했고, 세 번째 아들 로마노스는 917년 8월 스콜라이 부대 도메스티코스 레온 포카스 밑에서 불가리아인의 대승으로 끝난 피비린내 나는 아켈로오스강 전투에 참가했다. 그리고 3년 뒤 로마노스 레카페노스 황제의 누이[2]와 결혼해 황가의 일원이 된다. 레온은 이전에 그의 가족 영지가 있는 카르시아논 테마의 이웃 테마 라리사 테마의 라리사[3]에서 투르마르코스를 역임했고, 이어서 마기스트로스로서 스콜라이 부대 도메스티코스가 된다. 포토스는 파트리키오스로서 엑스쿠비토이 부대 도메스티코스였다. 레온의 아들 마리아노스는 수도사가 됐다가 그의 삼촌[4] 로마노스 레카페노스가 콘스탄티노스 7세에 의해 폐위당하는 사건(944)에 연루되어 많은 고초를 겪은 뒤, 수년간 칼라브리아와 롱고바르디아 스트라테고스를 역임하고 서방 스콜라이 부대 도메스티코스로 생을 마감한다. 로마노스와 아가테 레카페나의 일곱 명의 손주 중 마리아는 베네치아를 잡아두려는 바실레이오스 2세에 의해 도제 피에로 오르세올로 2세의 아들 조반니의, 자료에 이름이 전해지지 않는 다른 손녀 두 명 중 한 명은 장래 마기스트로스가 될 로마노스 스클레로스의, 다른 한 명은 파트리키오스 콘스탄티노스 카란테노스의 아내가 된다. 다른 한 명의 손녀는 풀케리아란 이름만 남겼고, 손자 한 명은 황제 로마노스 3세 아르귀로스(1028-34)가 됐고, 다른 손자 바실레이오스는 사모스 테마 스트라테고스가 됐다가 이탈리아 카테파노가 됐다가(1010-17) 바스푸라칸[5] 스트라테고스가 된다. 막내 레온은 이탈리아에 와 그의 형이 막 떠나려는 참에 암살된다. 보존된 자료에 따르면 이 집안 후손들은 11세기 말, 그러니까 노르만인

---

2) 그의 아내 아가테는 실제로는 로마노스의 딸이다.
3) 옛 카파도키아 도시 라리사는 한 번도 테마가 된 적이 없고 카르시아논 테마 서남부에 911년 창설된 세바스테이아 테마의 한 투르마(테마 하위 행정 단위)였다.
4) 앞 주대로라면 로마노스는 마리아노스의 삼촌 장인이므로 그냥 인척으로 불러야 마땅할 것이다.
5) 옛 대아르메니아 속주의 하나. 지금의 튀르키예 북동쪽 반호를 둘러싼 지역.

정권하에서도 남이탈리아에 토지를 보유하고 있었던 것 같다.

케카우메노스가는 타이크 출신으로 보아도 무방해 보이는데, 이 지역은 초루흐(옛 아캄프시스)강 오른쪽 지류 토르툼 수강과, 이 강이 합류하는 올투-차이(옛 이스피라)강이 관통하는 캅카스 남서쪽 산악지역이다. 그들의 선조는 10세기 사람으로 슴밧 키카치라는 아르메니아-조지아계 사람이었다. 그의 아들은 파트리키오스로서 헬라스 테마 스트라테고스가 됐고, 이어 라리사와 마케도니아 스트라테고스가 됐다. 그 뒤 그는 바실레이오스 2세로부터 그의 고향 타이크에 임지를 발령받았고, 죽기 전(1006-1007년경)에 성모 교회를 하나 세웠다. 콘스탄티노플 혹은 타이크의 아버지 영지에서 살았던 그의 아들은, 만일 그의 사촌 중 한 명인 스트라테고스 요안네스 마이오스가 그의 재산을 가치 있게 쓰려고 세무 관련 직책 구입에 투자했다가 파멸하지 않았다면 이름조차 남기지 못했을 것이다. 앞의 선조의 4세손으로 역사가이자 도덕철학자인 케카우메노스가 출현하는데, 그는 불가리아 원정(1041)에 참가했고, 그의 조부처럼 헬라스 스트레테고스를 지냈고, 나중에 타이크 또는 헬라스에서 그의 토지를 돌보며 회고록을 집필했다.

이탈리아의 멜레스가는 비교적 단명했지만 참으로 파란만장한 삶을 살았다. 멜레스는 바리에 살았던 롱고바르디아 테마의 실력자였다. 그는 11세기 일사분기간 풀리아 주요 도시들에서 일어난 반비잔티움 봉기의 선두에 섰다가 실패하고 독일 밤베르크로 망명해(1020) 그곳에서 죽었다. 그의 아들 아르귀로스는 그의 아버지의 첫 번째 반란(1011) 뒤 어머니 마랄다와 함께 콘스탄티노플에 유형에 처해져 그곳에서 18년간 살았다. 그는 비잔티움 당국의 배려로 콘스탄티노플에서 최고의 교육을 받을 수 있었고, 바리에 돌아와서는 약 10년 만에 몰수당한 가산을 회복하고 테마 제일인자가 됐다. 비잔티움 당국을 못마땅하게 여긴 그는 노르만인 부대와 지역 민병대를 이끌고 도시 몇 곳을 점령한다. 그러나 콘스탄티노플이 그에게 내리는 파트리키오스와 베스테스 작위는 그로 하여금 다시 기성 권력을 존중하게 한다. 몇 년 뒤 그는 소아시아 파플라고니아 테마 수령직을 제수받고 콘스탄티노스 모노마코스 황제와 막역한 사이가 된다. 그리고 그는 마기스트로스로서 이탈리아 둑스에 임명된다. 노르만인의 공격을 물리치기 위해 그리스화해 제국의 고관이 된 이 위대한 서방인은 교황과 독일 황제의 군대의 힘을 빌렸으나, 이는 단지 당시 콘스탄티노플 궁정에서 유력한 인물이었던, 1054년 로마와 모든 관계를 단절한 총대주교 미카엘 케룰라리오스와 그의 정파의 그에 대한 적대감만 불러일으키는 결과를 낳았다. 당시 콘스탄티노플에 있던 베스테스 작위를 갖고 있던 그의 아들과 베스테스 중 제일인자인 베스타르코스 작위를 갖고 있던 그의 사위는 투옥되고 만다. 아르귀로스는 아마도 이탈리아 카테파노령 수장 후임자를 받아들인 듯하나 확실치 않다. 왜냐하면 그는 그 뒤 콘스탄티노플과 로마 사이에 진행된 흥정을 이끌기 때문인데, 이 흥정은 비잔티움인의 적 노르만인과 교황 베네딕토 10세 사이 동맹(1058)으로 귀결된다. 하여튼 새 카테파노 마룰레스가 1060-61년 그를 대체했고, 그는 궁정 작위 중 가장 높은 급인 프로에드로스 작위를 받아 1068년 사망한다. 그가 죽을 때 그는 부유한 이탈리아에서도 가장 부유한 인물 중 한 명이었는데, 그것은 그가 로마 북동쪽 파르파의 라틴 황제 수도원 산타마리아 수도원 같은 곳에 수천 노미스마를 기부한 것을 보면 알 수 있다.

10세기 말부터는 수도 귀족 계급은, 특히 바실레이오스 2세는 동일한 가문들이 '70년간 심지어 100년간' 최고위 관직을 차지하고 있는데 격분해 지방 유력 가문의 재산을 몰수하거나 그들을 중앙 권력에 예속시켰다. 이로써 외국인 상당수를 포함한 신흥 군인 귀족이 혜택을 입었다. 편파적인 한 역사서는 이와 관련해 바실레이오스에게 영광을 돌리며, 그가 강자들의 탐욕으로부터 약자들을 보호한 것처럼 기술했다. 실제로는 원로원이라고도 불리고, 그 구성원들을 인민들이 7세기 이래 아주 표현력 풍부하게 '궁정의 원로원 의원들'(「성 아르테미오스 기적 이야기」)이라 부른 구지배계급의 축출은 새로운 유형의 귀족들이 정치 전면으로 부상하며 이 군주의 후계자들 시대에 진행된다. 이 귀족 계급은 여느 때와 같이 군대 우두머리들로도 구성됐으나(알렉산드르 카즈단Alexander Kazhdan), 이외에도 고위 민정 관료, 부처 공무원, 부유한 상인들이 포함했다. 이들은 출신에 따라 선발된 초기 원로원보다 훨씬 확대된 새 원로원을 구성했다. 하지만 이 새 원로원은 곧 군인 계급에게 경멸의 대상이 됐다가 그들의 저항에 부딪혀 축출된다. 이것은 제국 경제의 현저한 성장세를 반영하는 것이었지만, 새로운 사회세력의 상승은 "상인과 행정 관료로 이루어진 도시민 계급을 제패한 군인 계급"(폴 르메를) 출신 대지주들이 권력 무대로 복귀함으로써 저지당한다.

비잔티움 관료의 덧없는 신분 상승의 예로는 그리스 제국의 가장 유명한 작가·정치인 중 한 사람인 미카엘 프셀로스의 경우를 들 수 있다. 그는 아버지 쪽으로 파트리키오스와 콘술들을 배출했지만 가난한 집안 출신이었다. 어머니의 주의 깊은 훈육 아래 그 자신의 활달한 지적 능력에 힘입어 그는 콘스탄티노플에서 우수한 성적으로 초·중·고등 교육을 마쳤다. 수강료가 비쌌던 탓에 그는 학업을 잠시 중단하고 소아시아에서 행정관 일을 하다가 다시 콘스탄티노플로 돌아와 학업을 이어나갔다. 이때 그의 동문들 중에는 후에 비잔티움의 위대한 작가들이 될 니케타스 뷔잔티오스, 요안네스 마우로푸스, 콘스탄티노스 레이쿠데스, 요안네스 크시필리노스, 그리고 장래 황제가 될 콘스탄티노스 두카스가 있었다. 프리기아의 필라델피아에서 변호사를 하고 있는 그를 미카엘 5세(재위 1041-42) 밑에서 대신 노릇을 하고 있던 그의 벗 레이쿠데스가 불러 그는 황제의 비서가 되고 나중에는 철학 교수가 된다. 수도에서 그의 강의는 청강생들에게서 아주 큰 호응을 불러일으켰고, 이후 30년 이상 모든 황제의 정권에 참여하지만, 마침내 그보다 권모술수에 뛰어난 환관 니케포리제스가, 그가 사부(師傅) 노릇을 하고 권좌에 앉힌 미카엘 7세(1050년경-90, 재위 1071-78)를 설득해 그를 궁정에서 쫓아낸다. 위대한 교양인이자 비굴하고, 야심만만하고, 허영에 찌들고, 변신에 능한 이 정치인은 아마도 음산한 음모, 피비린내 나는 궁정 쿠데타, 권좌를 향한 사나운 쟁투가 활개를 친, 누군가 '수사가들과 환관들'의 시대로 적절하게 표현한 이 시대의 한 전형일 것이다.

이 시기 수도 귀족과 지방 귀족의 대립은 아주 첨예했는데, 지방 귀족들이 자신들의 지위를 강화해나감에 따라 지방에서의 수도 비판은 점점 더 도를 더해갔다. 그들은 수도 주민들은 유약해 비가 두려워 집 밖을 나서지 않는다든가, 중앙 행정이 지방에 무관심하다든가, 세원(稅源)이 고갈될 것에 개의치 않고 세금을 짜낸다고 비난했다. 또 다른 이들은 궁정의 위선을 비난하며, 그곳에서는 수다가 학문과 행동의, 추종과 아첨이 도덕과 교양의 자리를 대신하고 있다고 했다. 이사키오스 콤네노스(1057-59)가 소아시아 군인 귀족 계급을 대표해 정권을 잡았을 때, 비록 이 계층이 권좌 위에 안전하게 자리잡을 때까지는 다시 20년을 기다려야 했지만, 지배계급은 한순간 문자 그대로 전전긍긍했다. 미카엘 프셀로스는 늙은 미카엘 6세가 퇴위하고 수도원으로 갈 것을 동의한 뒤 새 황제가 첫 원로원 회의를 소집했을 때의 광경을 다음과 같이 묘사했다.

"옥좌가 배설되고 의원들이 옥좌 좌우로 늘어설 때까지 황제는 아직 한마디도 하지 않았다. ……그런데 의원들은 큰 공포에 휩싸여 크게 동요하고 있었다. 어떤 이들은 공포로 얼어붙어, 마치 그 자리에서 벼락에 맞아 피가 모두 빠져 말라붙은 것처럼 꼿꼿해져 얼빠진 모양을 하고 있었고, 어떤 이들은 겉으론 태연한 척하며 이런저런 동작을 취했는데, 가만히 두발을 모은다든가 팔을 모아 가슴을 세게 쥐어짠다든가 했으며, 한 명이 고개를 밑으로 깊이 처박으면 다른 이가, 그리고 나서 모든 이가 안절부절못하며 따라 하는데, 잠자코 눈에 안 띄도록, 스스로를 가능하면 작게 만들려고 했다. 황제는 그의 앞에 있는 사람들에게 눈길도 주지 않았는데 모든 사람의 호흡이 가빴고, 그들이 평소와 다른 모습임은 한눈에 알 수 있었다."

11세기 말에서 12세기 전반 지배계급은 새로운 형태를 취했다. 지배 엘리트는 콤네노스 지배 황가(1081-1185)와 인척 관계로 맺어진 몇몇 가문 그룹을 포함했다. 거의 모든 가문이 지방 출신으로 많은 토지를 가지고 있었고, 많은 하인을, 종종 무장한 하인들을 거느리고 있었으며, 많은 예속 농민을 소유하고 있었다. 가장 높은 작위를 얻고 가장 높은 직위에 진출하기 위해서는 콤네노스 '씨족'에 속할 필요가 있었고, 콤네노스가는 이러한 방식으로 국가를 독점적으로 운영했다. 구지배층은 변호사, 법률가가 되거나 지방 지주가 됐고, 외국인은 군대에서, 환관은 권력에서 배제됐다. 그렇지만 교체된 사회계층은 사라지지 않았다. 안드로니코스 1세(1118-85, 재위 1183-85)의 피비린내 나는 권력 장악은 이들의 존재로 빚어진 것이 분명하며, 콤네노스 씨족의, 혹은 씨족 상당 부분의 몰락 또한 그럴 것이다. 라틴인에 의한 콘스탄티노플 점령 뒤 소아시아 니케아로 퇴각하며 그리스 제국은 다시금 수도 민간 귀족에게 기대게 됐고, 민간 귀족은 요안네스 바타제스(1192년경-1254, 재위 1222-54)로부터 세습영지를 수여받음으로써 그들의 특권을 불가침한 것으로 만든다. 12세기에 시작된 이 연속적인 사회적 변화는 테오도로스 2세 라스카리스에 의해 돌연 중단되게 되는데, 그는 군대의 편에 서서 제국의 최고위 인사들을 재산 몰수, 투옥, 실명(失明)으로 파멸시켰다. 그렇지만 바타제스의 정책은 미카엘 8세에 의해 재개되어야 했다. 최후까지 제국을 통치하게 될 팔라이올로고스가 실제로 대귀족 계급의 이익을 다시 권좌에 복귀시키는 구실을 수행했다. 팔라이올로고스가는 대귀족들, 교회, 특히 수도원에 수많은 영지를 나누어줌으로써 대귀족들의 이익을 지키게 되는데, 이 경제주체들은 지방을 통치기구와 분리시키고, 지방과 수도와의 연결을 약화시키게 된다(엘레니 아르바일러Helene Ahrweiler). 이것이 비잔티움에서 사회적 영향력을 가진 유동적인 계급의 개략적인 변천사다. 비잔티움에서 사회적 영향력을 가지려면 토지, 노동력, 그뿐만 아니라 가장 빈번하게 공무 직책을 가져야 했는데 직책이야말로 이익의 원천이었다.

비잔티움인의 눈에는 '유력자들' 층 밑에 아주 두껍게 '땅 위를 기는', 다시 말해 궁정과 직·간접적으로 연결 고리를 갖지 못한 사람들의 층이 존재한다. 이것은 모두가 자유로이 특권계급이 될 수 있다는 것으로 해명될 수 있는, 비잔티움 사회의 흥미로운 이론적 양극화다. 그렇지만 이는 또한 사회 실정을 전혀 감추지 않는다. 중간 지대 사람들, 즉 고명한 부자들과 하찮은 가난뱅이들 사이 중류층 신분의 사람들에 대해서는, 14세기 대영주로서 역사가였던 요안네스 칸타쿠제노스가 자신의 시대 테살로니키 주민들을 묘사하며 사용한 '중간의'(메소이)란 특정적이지 않은 형용사 외에 다른 명칭은 발견되지 않는다. 무엇보다 도시에서 그들은 의사들, 돌팔이 의사들·성인들과 환자를 놓고 경쟁하는 세속 혹은 교회 의사들로 대변된다. 8세기 중반까지도 반복되는 경고, 즉 "네 아들이 아플 때 너는 마술사를 찾아 여기저기를 헤맨다. 어떤 마술사는 환자 곁에서 노래하고, 어떤 마술사는 무구한 아이들 목 주위로 뜻도 모를 부호를 긋는 사람이다. 그리고 너는 마지막에 의사를 찾는다. 그를 살릴 수 있는 사람의 치료는 모조리 등한시하고선 말이다"라는 말에서 그들이 확인된다. 외과 의사들은 병원에 고용될 수 있었는데, 병원은 많은 경우 잘 조직된 기구였고, 응급실, 경비원, 수술 보조인, 사무 인력 등을 갖추고 있었다. 외과 의사들은 무료 숙박과 급료를 제공받았지만, 개인 의료행위를 할 수는 없었다.

지방의 도시와 마을에서 교육이 어떻게 이루어졌는지에 대해서 우리가 알 수 있는 것은 거의 아무것도 없다. 모든 지식과 그 전수 행위가 마치 콘스탄티노플에 집중되어 있기라도 한 것처럼(뒤에 논의할 것이다) 자료가 존재하지 않기 때문이다. 그렇지만 우리는 이른 시기에 비잔티움 동방(니나 피굴레프스카야Nina Pigulevskaya)과 비잔티움 서방의 시골과 작은 읍성들에서 초등 그리고 이따금 중등 교육이, 주교가 어느 정도 직접 관리하는 여건에서 속인 교사 또는 성직자들에 의해 행해졌다는 것을 알고 있다. '지적 노동자'로 볼 수 있는 사람들로는 책을 베끼는, 서방에서처럼 모두가 성직자거나 수도사는 아니었던, 필경사, 계약서를 작성하는 공증인, 법률가, 건축가, 군사 기술자, 수사가, 작가 등을 들 수 있을 것이다. 이들 모두에게는, 장기 혹은 임시의 공적 직무를 가진 경우를 제외하곤, 고정 수입원을 가지지 못해 자신들의 불안정한 처지를 비관했다는 공통점이 있다. 12세기 후반 테살로니키 수도 대주교 에우스타티오스는 학업을 마친 한 사람이 장인(匠人)처럼 손노동으로 생계를 잇지 못하고, 자신의 독립성을 희생해 어떤 것이든 교회, 국가, 혹은 돈 많은 사람에게 고용되어 일하는 자리를 찾는 것 외에 다른 수를 찾지 못하는 현실을 한탄했다. 학자는 이렇게 전통 신학 교리 해설자가 됐고, 수사가는 황제나 총대주교를 위한 찬사를 지어 바쳐야 했고, 시인은 자신의 후원자의 공적을 찬양해야 했고, 그렇게들 하지 않으면 해고됐다. 콘스탄티노스 9세는 그에 대한 찬사를 빠트린 요안네스 마우로푸스의 연대기를 파기하게 했고, 대담하게도 한 글에서 마누엘 1세의 점성술 기호를 비웃은 미카엘 글뤼카스는 체포되어 감옥에 갇혔다.

상인과 장인의 삶의 불안정성도 그보다 덜하진 않았다. 국가가 관공서를 통해 모든 생산과 유통을 면밀하게 통제했기 때문이다. 지나친 국가 집중의 여파로 동업조합이 엄격히 감시되고 그 이익이 엄격히 제한되는 상황에서 모든 상업적 창발성은 무위가 됐고, 과감한 투자도 가능하지 않았다. 이 통제를 이용해 상관을 개설한 외국인을 제외하고, 적어도 콘스탄티노플에서는 12세기에 이르러 당국이 규제를 완화할 때까지는 토박이 상공업자가 진정으로 발전할 길은 막혀 있었다. "그 결과 국내 상공업자들은 제국의 연대를 해칠 세력들의 동맹을 모색하게 됐다."(알렉산드르 카즈단Alexander Kazhdan) 작위를 사기 위해 종종 파산하면서 생업을 버리지 않는 장인들에게는 모든 경쟁과 기술 발전을 가로막는 생산 특혜의 그늘 밑에서 근근이 생계를 이어가는 나날만이 기다리고 있었다. 12세기 제국의 상인들과 장인들이 이탈리아 공화국 상인들과 충돌하게 됐을 때 그들은 굴복하는 것 외에 다른 수단이 없었다. 비잔티움 지주들조차 베네치아, 제노바, 피사 상인들과 거래하는 것이 더 유리했던 것이다. 그리고 이 이탈리아 상인들은 곧 제국의 운명을 손아귀에 거머쥐게 된다.

비잔티움 도시에는 중소 지주들도 살고 있었는데 그들은 유복했고, 토지를 세주고는 수확하기 위해 그들의 영지로 갔다. 그외 남는 시간은 그들의 수입을 소비하고, 회랑에서 그들과 비슷한 생활을 하는 소상인, 가게주인, 선술집 주인들과 토론하며 보냈다. 이 돋보이는 인구층 밑으로는 농업 노동자, 거지(아무나 무단으로 할 수 없는 공인된 직업이었다), 온갖 종류의 도둑, 창녀가, 적어도 콘스탄티노폴에서는 많든 적든 간에 황제의 배려에 기대어 살았다. 경제적으로 헐벗은 대중, '극빈자'들의 질서와 상대적 온건함은 실은 7세기 이집트를 상실하기 전까지는 정기적이었던 빵 배급, 특정한 계기를 맞아 지급되고 특히 군주, 교회, 혹은 유력자의 구호에서 비롯되는 다양한 식료품, 즉 빵의 대가로 얻은 것이었다. 대중의 공권력에 대한 충성심은 늘 빵에 의존하는 법이니 말이다. 테오필로스, 바실레이오스 1세, 로마노스 2세는 이 수도 경제에서 필수적인 요소를 인위적으로 낮은 가격에 유지하려 모든 수단을 동원했고, 인민은 그들이 어려울 때 그들을 지지했다. 곡물 생산 속주에 대한 정부의 통제가 약해지고 소요 곡물을 고정가로 들여오는 것이 불가능해짐과 함께 황제가 더 이상 콘스탄티노폴 인민에 기대는 것도 불가능해졌다.

농촌 주민들은 도시 주민들에게는 경멸의 대상이었고 무교양과 어리석음과 동의어였다. 그렇지만 그들은 부의 원천인 빵과 가축을 생산했고, 배를 만들고, 요새를 건설하고, 그리고 오랫동안 제국에 병사를 공급해 왔다. 그들의 삶은 그들이 정주하던 지역의 기후, 자연재해, 외국 군대 침입에 영향을 받았고, 또 세무 행정의 전단(專斷)에 휘둘렸는데, 수세 관리들은 진정한 공포의 대상이어서 그들이 온다는 소식이 들려오면 마을 주민이 통째로 근처 산으로 피신할 정도였다. 곧 알게 되겠지만 그들의 형편에는 많은 격차가 있었다.

유대관계

이 사회의 결속의 근거로서의 유대관계, 그러니까 가족, 동업조합, 도시에 있어 유대의 역사는 이들 구성원의 자연적 성향 중 하나인 개인주의를 확인케 해준다. 사람들은 모든 집단적인 일과 타인과의 동거를 회피한다. 이것들은 불화와 싸움의 원천이라고 8세기 한 격언은 말하고 있다.

비잔티움은 로마로부터 이어받은 가족 관념을 정교하게 만들고 공고화했다. 집단에 속한 단순 세포로서 비잔티움 가족은 자신의 집에 거주했다. 가정에서 여성의 역할은 필수적이다. 바울이 디모데 전서에서 말했고 모든 비잔티움 설교문이 되풀이하는 대로, 여성은 원죄의 장본인으로서 아이를 낳고 가정의 주부가 됨으로써 구원을 얻는다. 결혼은 교회에 의해 엄숙함을 부여받고, 교회는 결혼과 약혼 행위에 의식 절차를 부과했다. 알렉시오스 1세(재위 1081-1118) 이후 약혼은 실질적으로 결혼과 동일시하게 됐다. 결혼에는 번식이란 원칙과 규칙이 따랐는데, 입법자의 눈에는 오직 자연적이고 합법적인 결합만이 남자와 여자에게 함께 육욕을 채우는 것을 허락하며, 모든 혼외의 육욕 추구, 간통, 근친상간, 아동성애는 금지된다(다마스쿠스의 요안네스). 이것들은 친밀한 가족 간 유대를 해치는 사회악으로 인식된다. 6세기까지 두 배우자 간 합의하에 허용되던 이혼은 그 뒤에는 규제됐고 두 번째 결혼까지는 관용됐다.

가족 구성원 간 강한 결속은 재산권 문제에 있어서 아내가 살아 있는 동안 남편에게 아내 재산 관리를 책임지게 하는 것, 재산 이전 시 재산권을 가진 자들 모두를 문서로 참가하게 하는 것에서 볼 수 있다. 11-12세기경 가정 내 도덕관념에서 변화가 목격된다. 간통과 혼외정사는 적어도 우리가 유일하게 이런 관점에서 실태를 알 수 있는 계급인 지배계급 안에서 묵인되고, 혼외 관계에서 난 자식들은 적법한 자식들과 실질적으로 동등한 권리를 가진다. 이때까지 집안에 갇혀 있던 여성들은 공적 생활에 참여하고 문화적인 혜택도 누리게 된다. 성(姓)이 등장하고 자식에게 이따금 어머니의, 심지어 할아버지의 이름을 줄 수 있게 되고, 두 형제가 다른 성을 가질 수도 있게 되지만, 그렇더라도 콤네노스, 팔라이올로고스, 칸타쿠제노스 같은 족벌들이 이 시기에 탄생하고 이들이 제국의 몰락을 훌쩍 넘겨 존속한 것 또한 진실이다.

국가가 규제한, 이웃 간 유대 또한 막강했다. 바로 곁의 이웃은 이웃 토지에 들어가 나무를 하거나 가축에게 풀을 뜯기거나 밤을 주울 권리가 있었는데, 이러한 법률로 수혜자의 요금이 정해진 공동체는, 도시가 그 영토와 함께 국가가 인정하는 법인 자격을 획득한 11세기에 오면 작은 도시 중심 주변으로까지 확대됐다. 이뿐만 아니라 이웃 주민에게는 자기 밭과 경계를 이룬 무주(無主) 토지에 대해 원래 주인의 가족과 공동소유인 다음으로 선매권(先買權)이 있었다. 이 농민들 간 협력은 자신의 소유가 아닌 땅에 난 과수와 포도나무 소유권까지도 포함했다. 이러한 협력은 행정관청, 재판소, 세무 기관을 마주하여 수세(收稅) 영토(territoire fiscal)란 형태로 공적으로 표현됐는데, 수세 영토는 아주 이른 시기부터 마을 이름 역할을 했다. 그에 따라 주민들은 상속자가 없는 토지에 대한 지세를 청산해야 했다.

'농업 동업조합'의 일종인 마을 공동체는 성벽 안 도시 사회에서도, 적어도 콘스탄티노플 도시 사회에서 그 짝을 찾을 수 있는데, 아마 대도시들에서도 마찬가지였을 것이다. 도시의 장인들은 직능단체별로 조직되어 있었고, 이 단체들은 비록 시장 판매 생산을 조직하진 않았지만 생산을 자질구레하게 통제했다. 10세기에는 공방의 성격, 도제 수, 그들의 봉급 액수, 제품의 질, 이윤까지 모든 것이 규제됐다. 그렇지만 각 공방과 점포는 하나의 가족 같은 자족적인 활동 공간으로, 그곳에서는 가족, 노예, 생도, 품삯을 받는 도제가 그들을 먹여 살리는 주인과 함께 일했다. 남자 도제는 공방 여주인과 결혼할 수 있었으나 비잔티움 법률은 도제를 독립적인 장인의 지위로까지 올려주지는 않았다. 공방은 가족적 경영 단위였고 공방 수준에서도,

동업조합 수준에서도 제휴는 존재하지 않았다. 동업조합 내부에서는 전문화된 집단들 외에도 가족 집단이나 농촌 공동체의 이웃 집단처럼 동업조합을 분할하는 집단들이 법률에 명시됐다. 10세기 콘스탄티노플 행정에 관한 『총독 지남(指南)』(Livre de l'éparque)이라 불리는 책의 한 규정은 다음과 같다.

"은 기구 생산업자들은 구매 권유를 받으면 금, 은, 진주, 보석류와 같은 그들의 전문 분야에 속하는 물품들을 살 수 있다. 하지만 동(銅), 아마포와 같이 다른 상인이 주로 취급하는 물품은 살 수 없다. ……프란디오프라테스[옷 상인]가 베스티오프라테스[견직물 상인]에게만 허락된 장사를 하거나 여러 시리아제 기성복, 셀레우키아 혹은 다른 지방산 카레리온[‘하리르’, 즉 중급 견직물에서 온 말]…… 외의 상품을 구매하는 것은 금지되어 있다. ……말안장 제조인들이 가죽 상인들과 같은 단체를 이루어서는 안 된다. 전자는 총독이 임명하는, 그들에게 고유한 우두머리의 지시를 따라야 한다. 후자 또한 그들의 우두머리 밑에서 말안장 제조인들과 함께 일한다. 그들은 구두장이들에게 재료를 제공받아 제품을 생산하고 구두장이들이 쓸 가죽을 제조하지만, 운송 수단에 쓸 가죽을 제조해서는 안 된다. 생가죽을 가공하는 무두장이들은 범주를 달리한다. 그들은 가죽 상인들과 동일한 우두머리 밑에 있고 동일한 배석 판사에 귀속되지만 무두장이들과 가죽 상인들 사이 구별은 유지되어야 한다. 이 규정을 위반하는 자는 누구든 체형에 처해질 뿐만 아니라 자신의 생업에 종사하지 못하게 될 것이다."

어떤 종류의 공방들은 그 생산물 일부가 국가에 공급됐고, 어떤 종류의 공방들은 오직 국가만을 위해 조업했다. 모든 동업조합은 도시 행정청에 속한 관리들의 통제하에 놓였으며 특정 공식행사에 집단으로 참여하도록 강제됐다. 이 관에서 작성한 동업조합 명부라는 행정 장부 위에서만, 혹은 행렬의 동업조합 열을 이루기 위해서만, 다른 때에는 파편으로 존재하는 동업조합들이 한 곳으로 모였다. 이 관청의 명부, 즉 동업조합은 12세기 조합들의 권한이 전문화되면서 함께 사라졌는가? 국가의 상품 질에 대한 통제는, 어쨌든 공방 조직은 여전히 존재했고, 14-15세기 테살로니키에는 선원, 건축노동자, 염전 노동자 협회가 있었음이 확인되고 있다.

비잔티움에서는 도시 주민들도 하나의 공동체를 이뤘다. 공동체가 어떻게 조직됐는지에 대해서는 잘 알 수 없으나 몇몇 특징들은 식별 가능하다. 적어도 6세기 이래 비잔티움 도시에는 몇몇 지배계급 대표자들로 구성된 평의회가 있었으며, 그중 주교 혹은 수도 대주교는 국가로부터 현물세(annone)·공역(工役) 사무를 처리하고 도시 재정과 도량형 사무를 관리하도록 위탁받았다. 주민들은 그들의 개인적인 일(결혼, 계약, 장사)로 평의회를 찾기도 했지만, 떼로 몰려와 그들이 선발한 수사가를 중간에 내세워 그들이 호감을 느끼는 시민에게 내려진 벌을 무르게 하거나, 그들이 죄를 지었다고 판단한 인물을 탄핵하게 하기도 했다. 그들은 집회에서 모든 시민에 관계된 일을 토의하기도 했다. 그들은 무기를 들고 수비대를 도와 성벽을 방어하기도 했는데, 노르만인의 테살로니키 침입(1185년 8월)을 경험한 테살로니키의 에우스타티오스는 "조국에 대한 사랑이 주민들을 사자로 변신시켰다"라고 선언했다. 6세기 말 모이시아 아세모의 민병대는 당시 스클라비니아인을 치려고 행군하고 있던 마우리키오스 황제의 동생 페트로스에게 사열을 받을 때 참으로 훌륭한 모습을 보여주며 페트로스를 감동시켜, 만일 민병대원들이 일찍이 유스티노스 황제가 민병대의 의무와 더불어 권리들을 정한 사실을 들며 자신들의 특권을 요구하지 않았다면, 페트로스는 그들을 자신의 군대에 배속시켰을 것이다. 테살로니키 역시 보두앵6)이 시에 들어오지 못하게 하고 그가 시의 특권들을 갱신하는 것을 관철시켰다. 11세기 비잔티움령 이탈리아의 주요한 도시들에도 민병대가 있었는데, 그들은 비잔티움 장군들 밑에서 복무했다.

이러한 크고 작은 도시의 단합된 모습은 농촌 공동체처럼 오랜 기간 요새화된 읍성의 삶의 특징이 됐다. 마케도니아 아드라메리 주민 일동은 1076-77년 72노미스마를 받고 경작지 한 곳에 대한 그들의 권리를 어느 수도원에 양도하는 데 단체로 서명한 바 있다. 이 일이 있기 20년 전 롱고바르디아(풀리아) 테마 모노폴리 주민들은 성 니콜라오스 수도원을 몇 명의 개인에게 양도했다. 이러한 비잔티움 도시와 마을 주민 공동체의 예는 이외에도 수없이 많지만, 그렇다고 마치 공동체가 국가권력으로부터 독립해 있었다는 환상을 품어서는 안 된다. 이 모든 단체는 국가가 바라는 경제적 결속으로부터 탄생했고, 국가는 언제나 자신의 대화 상대자로서 토지를 경작하고, 물품을 제조해 도시에 생존 수단을, 국고에 수입을 제공할 수 있는 존재들을 구하고자 했던 것이다. 7세기 한 이집트 기름 장수가 어느 시점까지 기름 상인 동업조합 틀 안에서 활동하다가 홀로서기를 하기 위해 조합을 탈퇴하며 계약을 체결할 때 그는 그가 조합을 위해 해야 했던 만큼의 일이 조합에 계속 제공되고, 매년 국가에 지불하는 그의 총세액 분담금이 계속 지급될 것을 서약한다. 농촌 공동체의 세무 당국에 대한 집단 책임제를 상기하면 비잔티움 동업조합의 행정적 의미에 대해 잘 이해할 수 있을 것이다.

---

6) Baudouin VI de Hainaut(1171-1205/06, 재위 1204-1205), 플랑드르와 에노 영주. 십자군전쟁에 참여해 콘스탄티노플 첫 라틴 황제로 재임했다.

도시 공동체 또한 이와 다르지 않았다. 1016년 8월 롱고바르디아 테마 소도시 팔라자노는 비잔티움 속주 장관인 바리의 카테파노에게 주민 한 사람을 통해 지난 인딕티오 년(年)분 도시 세금을 바쳤는데, 이 주민은 이 속주 황제 대리인으로부터 그가 서명한 납세액 영수증을 받았고 이 영수증은 지금까지 보존됐다. 이렇게 모든 주민 집단은 제국 행정, 세무 기관 관리, 재판소, 군대에 종속되어 있었다. 결속을 위한 경제적 기초가 여하함을 불문하고 비잔티움 도시는, 그곳이 콘스탄티노플에서 가깝건 멀건, 한 번도 자치 공동체로 발전하지 못했다.

기층 얼개로서 가족은 제국의 최후까지 온전했다. 가족은 개인주의적 삶의 총화를 표상했고, 이는 8세기 입법자가 결혼 불가 촌수를 확대하고, 로마식 가장(pater familias) 개념을 공식적으로 철폐하고, 성년이 된 자식들이 한쪽 부모를 잃었을 때 사망한 부모 재산에서 그들 몫을 가질 수 있게 했을 때 잘 나타난다. 다른 단체들도 많이 생겨났는데, 그것은 의심의 여지 없이 이것들이 개인적인 선택의 문제였기 때문이다. 일례로 한 수호성인을 숭배하는 사람들에 의해 특정 예배소에서 결성되는 신도회가 있다. 콘스탄티노플 옥세이아(Oxia)섬 성 요안네스 프로드로모스 수도원에도 그 신도회가 있었다. 이 신도회 회원들의 필수적인 의무로 축제 전날 주야간 올리는 철야기도, 이튿날 축전에 참석하고 '초를 가져오는' 것이 있었던 걸로 보이는데, 위반 시 벌금이 부과됐다. 구역 신도회도 있었는데, 비잔티움 도시인들은 그들의 동업조합보다 이 단체에 훨씬 깊은 소속감을 느꼈음이 틀림없다.

이외 비잔티움 사회를 특징짓는 유대관계 서술에서 특기(特記)해야 할 두 개의 공동체로서 수도원과 민족 공동체가 있다. 수도사 삶의 공식적인 이상은 완전한 공동체 생활, 즉 케노비티즘이다. 그러나 상술했듯이[7] 이는 수도원과 떨어져 개인적인 구원을 추구하는 삶을 살고자 하는 비잔티움 수도사들의 바람과 충돌했다. 다른 한편 수도원 공동체는 10-20명 이상 수도사로 구성되는 경우가 드물었고, 수도사들은, 비록 성 바실레이오스 시대 이래 손수 노동해야 했지만, 대체로 자신들의 토지를 경작하거나, 자신들의 방앗간을 가동하는 농민들이 내는 임차료로 생활했다. 좋은 집안의 자제가 재산 일부를 기부하며 수도원에 들어올 경우 종종 수도원 규칙은 그가 수도원장의 허락하에 수도사 한 명을 하인으로 부릴 수 있게 했다. 아토스산과 같은 수도원 연합체의 수도사 주민들 간 결속 또한 그다지 공고하지 못했다. 프로토스(제일인자)의 권한은 제한되어 있었고 그 영향력은 라브라, 이비론, 바토페디 등 대형 수도원 우두머리들보다도 훨씬 약했다. 다른 공동체들과 마찬가지로 수도원 공동체가 취약했던 이유는 그것이, 모든 수도원 헌장의 장중한 선언에도 불구하고, 경제적으로 국가 권력과 밀접히 결부되어 있다는 사실과 연관되어 있는데, 국가 권력은 기부 혹은 세금 면제를 통해 수도원이 부유해짐을 넘어서서 크건 작건 간에 농장 경영을 지속할 수 있게 해주었던 것이다.

마지막으로 비잔티움 제국의 주민 집단으로서 소수민족들이 있는데, 꽤 많이 존재했지만 그들의 삶에 대해 알려진 것은 매우 적다. 정교 신앙을 갖고 완전히 동화된 많은 슬라브인, 아르메니아인, 조지아인, 아랍인, 세르비아인, 튀르크인, 유대인을 제외한다면, 소아시아와 그 뒤 펠레폰네소스반도 슬라브인, 마케도니아의 쿠만인과 왈라키아인, 루카니아의 아랍인, 롱고바르디아의 아르메니아인과 슬라브인, 그외 많은 민족 집단은 여전히 오랫동안 그들의 언어, 전통, 생활 습관을 간직했으며, 아마도 상대적으로 고립된 상태에서 살았을 것

---

[7] 이 책, 400-404쪽 참조.

이다. 소수민족들은 비잔티움 주민들에 둘러싸여 살거나, 제국으로부터 분리되기 이전의 불가리아인처럼 종종 제국 변방에 정착해 살았다. 비잔티움 국가는 그들을 '로마화'하는 데 노력을 기울였고, 그들의 사회적 지위는 국가 권력이 그들을 얼마나 배려하느냐에 따라 달랐다. 그래도 제국의 지리적 위치에서 유래한 끊임없는 외국인의 유입은 나라가 소수민족 별로 조각나는 경향이 지속되도록 했다. 그렇더라도 이러한 경향이 제국의 문화적 통일성을 흔든 적은 없었다. 문화적 통일성이 의심의 여지 없이 제국 행정의 통합과 일원화에 기여하는 것이었다면 말이다.

그런데 한 전제적 체제가 이해하는 대로 공동생활이 조직되는 곳에서, 그러니까 국가와 그 국가의 문화가 공적·사적 생활의 매 순간을 그 가장 일반적인 의미에서 틀로 규정짓는 체제 내에서 인간의 자유란 무엇인가? 단어들은 착각을 불러일으킨다. 농촌 주민 사이에서 '자유로운' 인간은 가장 불쌍한 사람이다. 왜냐하면 그는 '세무 당국에게 알려지지 않은' 사람이니 말이다. 사람들은 그를 '방외인'이라고도 말한다. 왜냐하면 그는 아무에게도 의존하지 않는 몸이기 때문이다. 공식적이거나 주민들 사이에서 하는 언어에서 의존해 있다거나 황제의 하인이라는 사실은 비잔티움 주민이 군주와 신과의 관계에서 갖는 신분을 형용한다. 제국의 모든 주민은 황제의 하인, 즉 종(아직 이 말은 그 옛 의미를 간직하고 있으므로)이다. 그리고 종의 신분(둘레이아)이란 말은 점차로 이러한 의존관계의 표명, 즉 제국에서 맡는 직책이나, 농촌 프롤레타리아트를 제외한 모든 비잔티움인이 다양하게 물어야 하는 납세의 의무를 지칭하게 됐다. 농촌 프롤레타리아트는 극빈해서 '자유로운' 것이다. 자유란 단어는 그 원래적 의미를 잃었고, 11세기 초 새 신학자 시므온(Syméon le Nouveau Théologien)은 봉사하는 것이 자유로운 상태보다 우월한 상태라고 말할 수 있었다. 섬기는 것이 자유로운 상태보다 우월한 상태였다고 말할 수 있었다. 섬기는 것은 시민에게 명성과 재산을 가져다주었으니까 말이다. 그러면 자유란 무엇인가? 제국 주민이 그 안에서 살았던 것처럼, 국가에 대하여 보편적 의존의 삶이 지배하는 환경에서 자유란 그에게 이 의존관계의 물질적 표현을 탈 없이 견딜 수 있는 가능성을 의미했다.

고위 행정직 모든 단계를 뛰어넘은 역사가 미카엘 아탈레이아테스에 의하면 니케포로스 3세 보타네이아테스(1078-81)가 비잔티움 주민들에게 하사한 은총 중 하나는 그가 그들을 '진실로 자유로운 로마인'으로 만들어준 것인데, 그것은 그들을 면천하는 것으로써가 아니라 그의 관대함으로 그때까지 그들이 두려워하고 있던, 국가에 바쳐야 하는 세금 부담의 공포로부터 그들을 해방시켜준 것으로써였다. 또한 미카엘 프셀로스는 그의 수많은 벼락출세자로서의 열띤 자화자찬 중 하나에서 다음과 같이 외치고 있다—"나로 말하자면 난 자유롭고 해방된 사람이고 세리들 앞에서 마음 졸일 필요가 없는 사람이다." 이 말에는 아무런 모순점이 없다. 자유란 경제적인 개념이며 각각의 주민에게 허여된 자유의 정도는 사회 계층 층계에서 그가 가진 순위와 비례한다. 모든 비잔티움인은 이렇게 사로잡힌 자에 비견될 수 있고 유일하게 절대적으로 자유로운 자는 황제뿐인데, 그는 권한의 보지자이고, 유일하게 주인 없이 태어난 자이고, 지상에서 그 자신 외에 아무에게도 종속되지 않는 자다(다마스쿠스의 요안네스). 따라서 어떤 탈출구도 존재하지 않는다. 비잔티움 사회는 겉보기로나 이론적으로는 유동적인 사회였지만 가장 근원적으로, 그리고 잔혹하게 위계화된 사회였던 것이다. 이러한 것들로부터 아마도 우리는 비잔티움 신비주의자가 보여주는 경건한 이의 제기와 빈번한 지적 퇴역을 더 잘 이해할 수 있을 것이다—"은자나 낮은 사람뿐만 아니라 수도원장과 많은 인원을 거느린 공동체의 장, 그리고 현역에 있는 사람조차도 걱정 없는 마음을 가져야 한다. 즉 세상일에서 완전히 벗어나야 한다. ······생존을 위한 필요를 염려하는 사람은 자유롭지 않다."(새 신학자 시므온) 그렇지만 우리는 이쯤에서 이 사회의 얼개에 대한 고찰을 접어두고 그 사고방식 안으로 틈입해보자.

사고방식

사회의 얼개가 표출시킨, 식자들이 가진 이론적 사고와 현실 간 모순은 사고방식의 분석에서, 적어도 우리가 여기에서 채택한 표본들, 즉 법률 규정, 그들의 선조관, 시간, 일과 휴식, 복식과 유행, 가정생활, 정복욕, 마지막으로 질서 들에서 다시 확인할 수 있다. 여기서 전통의 존중은 구체성의 압박과 충돌한다.

전통의 존중

공식적인 법전들은 정기적으로 제국 전 지역에서 사용될 **법률**을 정했고, 법률 실무가들과 학생들을 위한 편람 제작의 기초가 됐다. 가장 유명한 것들로는 「테오도시오스 법전」(438), 「학설휘찬」(디게스타 혹은 판덱타이), 「법학제요」, 「칙법휘찬」, 「신칙법」(마지막 네 개 법전은 6세기 유스티니아누스 「시민법 대전」 Corpus iuris civilis을 이룬다), 레온 3세의 「법률집요」(Éklogè tôn nomôn)(726), 9세기 바실레이오스 1세의 「편람」(Procheiron), '바실리카'라고 불리는 동 황제의 「칙법」("유스티니아누스 때 이래 시행되어온 법률의 본질적인 부분만 요약한 법전, 제국의 최후까지 민·형법 기초로 작용했다"—니콜라스 스보로노스), 마지막으로 레온 6세가 편찬케 한, '신칙법'이란 명칭으로 알려진 「신찬(新撰) 113법」이 있다. 이 법전들은 오랫동안 로마법의 단순한 취사 편집으로 생각되어왔다. 유스티니아누스는 동방도 민정 총독 요안네스에게 보내는 편지에서 자신이 고대와 고대 로마인의 이름을 다시 영광되게 함으로써 제국의 삶이 다시 위광을 발하게 되었다고 스스로 뽐내지 않았던가? 그렇지만 그는 2년 뒤(537) 다음과 같이 덧붙인다. "절대로 한 가지에 머물지 않고 쉼 없이 생성하는 인간사의 무상함은 법전에 어려움을 야기하며, 정당하고 확실하며 엄밀하게 관찰해 틀림없다고 보이던 것들이 종종 여러 가지 원인이 내습해 혼란에 빠진다." 8세기에 레온 3세는 「법률집요」(에클로게)를 편집하기 위해 그가 대부분의 상황이 상정됐다고 인정한 이전 법전들을 활용하기는 하나, 더욱 이해하기 쉽고 더욱 분명하고 더욱 간명한 법률 풀이, 저질러진 죄와 주어진 형벌 사이의 더욱 정당한 상응, 그리고는 죄인을 제국 공동체에 다시 받아들이기를 열망했다. 이것은 고대 조문들의 진정한 기독교화를 의미했다. 비잔티움 입법자에 의한 부단한 법률 개정 작업의 필요성은 레온 6세의 다음과 같은 말에서도 전해진다.

"일반적으로 삶의 모든 국면에서 매번 우리에게 어떻게 대처해야 하는지를 지적해주는 것은 필요성이다. 모종의 유익함을 주는 것들을 우리는 높게 평가하며, 반대로 아무런 이익도 주지 않는 것들을 우리는 무시한다. 우리가 법률 조문들을 작성할 때 이러한 조화를 이루어야 하는 것도 완전히 똑같은 원칙에 따른 것이다. 국가에 모종의 효용이 있고 모종의 이익을 가져오는 것은 반드시 보존되고 존중될 것이지만, 반대로 아무 이익도 없거나 조그마한 이익밖에 없는 것은 언급되지도 않을 뿐만 아니라 법전에서 배제되어 버려져야 할 것이다."(피에르 노아이, 알퐁스 댕 역)

이렇게 전통을 보존, 해석, 조율하고 그것이 이미 시대에 뒤떨어진 경우에만 버리는 세속법 입법자의 전통에 대한 집착은 사회에서 인간이 살아가며 지켜야 할 규칙들을 공포하는 교회법 입법자의 태도이기도 했다. 그러한 예 중 가장 유명한 것은 분명히 8세기 전반 다마스쿠스의 요안네스가 작성한 지침서인데, 그 서문에는 다음과 같은 구절이 있다.

"하느님의 영감으로 쓰여진 성서에 대한 연구는 부, 영광, 권력 등 인간이 아끼는 모든 것보다 우월하다. 그것은 그것이 우리에게 구원의 수단이 되기 때문이다. 이 책은 성서 연구에서 우리가 부딪히는 고통을 잘 견딜 수 있게 도우려고 만들어졌다. ……이 책에서는 신·구약 성서의 거룩한 말씀들에서 읽을 수 있는 모든 신성한 예언이 격언별 혹은 권고의 형식하에, 모든 주제와 논지에 대한 설교라는 체재를 취하여 담겨 있다. 또한 지상 어디에서나 그 큰 영광이 기념되고 찬미 되는 우리 거룩하신 교부들이 영감을 받아 저술하신 것들 중에서 읽을 수 있는 것들도 모아놓았다. 우리는 또한 일정한 주제에 관한 흩어진 모든 교훈을 모아 상응하는 표제 밑에 모아놓았다. 작품 전편은 세 부분으로 나뉜다. 제1부는 태초 이래 우리를 밝음으로 이끄시는 삼위일체이신 하느님을 따라 기독교인이 본질이라고 생각해야 하는 것들에 대해서다. 제2부는 인간사의 짜임과 상태에 대해서다. 제3부는 면밀하게 그리고 완전한 방식으로 덕과 악에 대해 논한다."

제국이 최후에 이를 때까지 광범위하게 읽힌 이 구도(求道) 생활 규범은 약 6,000개의 따온 글을 저자가 3책으로 묶고, 각각의 책 안에서 알파벳순 제목 밑에 정렬한 것이다. 이렇게 우리는 글자 "A" 밑에

"아나키, 즉 목자를 갖지 않은 백성에 관하여"란 항목 밑에 실린, 다양한 저자의 격언을 만날 수 있다.

하바꾹: 너는 그 사람들을 우두머리가 없는 바닷물고기들이나 도마뱀들처럼 대우할 것이다!
마태: 예수께서 오셔서 큰 무리를 보시고 측은해하시니 그들은 마치 목자 없는 양떼 같았음이라.
나지안조스의 그레고리오스(4세기): 우두머리가 없음은 무질서를, 우두머리가 많음은 혁명을 가져온다. 이 두 가지 일은 같은 결과를 낳는데 무질서와 파멸이다. 무질서는 파멸을 초래한다.
알렉산드리아의 아타나시오스(4세기): 무질서는 아나키의 징표다. 질서는 우두머리가 있음을 나타낸다.
(차명자) 아레오파고스 회원 디오뉘시오스(5세기): 우두머리가 없는 곳에는 반드시 아나키가 있다. 많은 사람이 같은 지위를 가지고 지휘를 하는 곳에는 아나키뿐만 아니라 혁명이 있다.

신·구약, 특히 4-5세기 교부들의 저작, 동방의 유명한 고행승들이 했다고 전해지는 권고로부터 발췌된 글들은 이렇게 선별되고 분류되어, 하나의, 실제적 용도를 가진 전승(傳承)의 사화집(詞華集)을 전해줌으로써 수 세기간 설교자들의 설교의 밑거름이 되고 신자들의 영성 실천을 강화하는 촉매가 됐다.

비잔티움인이 고래의 전통을 고수하며 그것에 계기(繼起)적인 보완을 가한 데 바친 노력의 또 하나의 유명한 예를 우리는 아마도 「정교 쉬노디콘」(Synodikon) 문건의 역사에서 볼 수 있을 것이다. 이 정치적·종교적 선언은 아마도 총대주교 메토디오스 1세(843-847)에 의해 성상 파괴 운동 위기 뒤 비잔티움 제국이 공식적으로 성상 숭배로 되돌아온 것(843)을 기념하기 위해 작성됐을 것이다. 이 문건 서문은 먼저 30년간 탄압이 있고 나서 거행된 식전의 정황을 장황하게 서술하고, 그다음 성상 옹호파인 불특정인("하느님이 육신으로 오셨음을 고백하는…… 그들이 영원히 기억되길! ……을 아는 사람들…….")과 혹은 특정인들("게르마노스,[8] 타라시오스[9] …… 그들이 영원히 기억되길!")에 대한 일련의 축원이 있고, 그다음 같은 순서로 일련의 저주, 니케아 공의회(787)에서 빌려온 총괄적인 파문이 열거되고, 마지막으로 살아 있는 황제들, 황후들, 총대주교들에 대한 장수 기원과, 망자(亡者)들에 대한 명복 빎이 길게 이어지고, 간단한 맺음 기도로 끝을 맺는다. 이 '대(大)교리 정의(定義) 모음'(장 구이야르 J. Gouillard)은 제국의 최후까지 각 성당 설교단(ambon)에서 1년에 한 번씩 낭송됐다. 그러나 이 문건은 해가 감에 따라 발전했는데, 성 소피아 성당 대문서지기(grand chartophylax)는 이를 보완해 최근 단죄된 이단설, 파문 받은 장본인, 재위 황제·군주, 장수 기원을 받을 권리가 있는 총대주교, 영원한 명복 빎에 합당한 망자들의 이름을 삽입했다. 지방에서는 여기에 주교 명부, 수도 대주교·휘하 주교에 대한 축복, 지역 차원의 환호를 끼워 넣었고, 지나치게 콘스탄티노플적인 사항은 삭제했다. 이러한 일의 예로서는 아토스산 라브라 수도원 수도원장의 예를 들 수 있다. 그는 1351년 공의회가 있은 뒤 총대주교 필로테오스에게 서신을 보내 최근 재가된 정령(政令)들 사본 한 부를 보내달라고 요청하고 있는데, 그것은 수도원이 가지고 있던 쉬

---

[8] 총대주교(재위 715-730). 레온 3세가 성상 파괴 정책을 시작할 때 이를 반대해 파문당함.

[9] 총대주교(재위 784-806). 원래 관료였다가 성상 파괴 정책을 반대한 이레네 황태후에 의해 784년 총대주교로 발탁됨. 성상 숭배를 공식화한 787년 니케아 공의회를 주도함.

노디콘에 그것들을 삽입하려 했던 것으로, 그는 이 교리집 최신 개정판을 소유하기를 무척 바랐던 것이다.

끊임없이 강화되는 과거와의 이 끈끈한 유대는 비잔티움인의 영적 교의(敎義)에서 지속적으로 확인된다. 설교집 저자는 언제나 그의 가르침의 출발점으로서 권위 있는 논지, 성경 본문을 들고 있고, 이것들을 그가 경험한 일, 교부들의 주석서, 그리고 게론티카에서 발췌한 내용으로 더욱 풍부하게 만든다. 게론티카는 제국에서 아주 많은 독자를 확보한 책으로, 여기에는 **연장자들**(희랍어로 '게론테스'라 불린다. '게론테스'는 수도사들을 의미하기도 한다)의 훌륭한 행적과 경건한 당부들이 수록되어 있다. 이러한 글쓰기가 동방 교회 문헌 저술가 중에서도 가장 고전적인 작가인 6세기 때 가자의 도로테오스가 정립해놓은 글쓰기다. 그는 또한 수도사의 삶은 전통을 존중하는 삶이 되어야 하며, 연장자, 노인을 길잡이로 가질 필요가 있다고 강조하는데, 그 이유에 대해서 다음과 같은 우화로써 설명하고 있다.

내가 [가자 남쪽에 세리도스가 수도원장으로 있는] 수도원에 있을 때 나는 어느 날 어르신들 중 한 사람을 뵈러 갔다. 그곳에는 큰 어르신들이 많았기 때문이다. 그를 모시는 일을 맡은 형제가 그와 함께 식사하고 있었다. 나는 그를 따로 불러 말했다. "이보게 형제, 자네도 알다시피 자네가 식사하는 것을 보고 있고, 약간의 위안을 느끼는 것처럼 보이시는 어르신들은 자루 하나를 구하여 자루가 다 찰 때까지 쉬지 않고 일해 돈을 자루 안에 넣은 사람들과 같다네. 그 자루를 봉인한 뒤 그들은 그 안에 있는 돈을 남겨두고 다시 쉬지 않고 일해 다시 1,000냥의 돈을 모았지. 필요할 때 쓰려고 말일세. 이렇게 이 어르신들은 쉬지 않고 일해 보화들을 모았지. 이 보화들을 봉인해놓고는 병이 나거나 늙었을 때 뜯어 쓰려고 또 얼마

간 자산을 계속 모았지. 그 보화들을 남겨두고서 말일세. 그런데 우리는 어떤가? 우리는 아직 그 자루만큼도 벌지 못했네. 그런데 우리가 어떻게 우리를 위해 돈을 쓸 수 있겠나?" 바로 이 때문에 우리는 우리가, 비록 우리가 부득이해서 취하긴 해도, 모든 위안을 누릴 자격이 없다고 생각해야 하는 것이다.(L. 레뇨, J. 트레비유 역)

그가 가르치는 젊은 제자 수도사의 섬김을 받는 게론, 연장자의 수도원 생활에서의 역할은 제국 전 기간 규범으로 작용했다. 이것은 비잔티움인의 정신세계에서 연장자가 갖는 탁월한 지위를 하나의 특정 공동체에 적용했을 때의 일일 따름이다. 이교나 성서 고대에서 유래하는 비잔티움의 백발노인은, 물론 그의 나이로 말미암아 일종의 숭배를 자아내기도 하지만, 그가 살아온 날 동안 획득한 사회적인 자질들 때문에 더더욱 숭배를 자아낸다. 화합으로 이끄는 그의 지혜는 그의 불행과 역경의 소산이고, 그의 지혜의 귀결인 학문은 산지식이다. 그만이 젊은 세대에 그가 그의 아버지에게서 배운 교훈을 전달해 줄 수 있다. 왜냐하면 그만이 바른 지식을 가지고 있고, 오류에 빠지지 않게 하는, 지금까지 내려온 전통이 무엇인지를 알고 있기 때문이다. 5세기 때 교양인이며 신학자인 앙퀴라의 네일로스는 심지어 일반적으로 모든 국가적 사안에 대해 젊은이들의 의견을 취하는 것은 위험한 일이며, 단 하나의 중대사라도 공적으로 심의하는 데 나이 많은 사람들이 개입하지 않고서 잘 수행된 경우를 들기는 쉽지 않을 것이라고 공언하기에 이른다.

이 사상은 널리 받아들여졌다. 비잔티움 문명과 같은 문서의 문명에서 당국이 두 필지 사이의 경계를 측정하는 데서 종종, 다툼이 있을 시에는 언제나, 지역의 나이 많은 사람들의 의견을 구했다는 것은 주목할 만한 일이다. 증빙서류를 가졌든 안 가졌든 토지를 다투는 쌍방이 진술하고 나서 나이 많은 사람들이 사법 책임자와 궁정의 유력 인사들 앞에서 선서하고 경계를 설명하고 쌍방의 공술을 확인하거나 부인했다. 이러한 절차는 예를 들면 10세기 칼라브리아 테마 쿠르차논과 알레스에서 땅 경계를 확정 지을 때 행해졌다. 투르마르코스 페트로스는 먼저 쿠르차논에 가서 '믿을 만한' 10명의 유지가 입회한 가운데 '사정을 아는' 늙은이 휘포모노스의 말을 청취한다. 휘포모노스는 그에게 땅은 "개울을 따라 튀코톤, 스펠라이온에 이르고 산에 닿습니다"라고 대답한다. 투르마르코스는 이번에는 알레스에 가서 다른 증인들을 입회시키고 다른 나이 많은 사람들의 말을 청취하는데, 그들은 그에게 문제가 되는 땅이 "휜 땅에서 출발해 그 낡은 건물에서 렉토르의 땅 가장자리를 따라가다가 서쪽에 있는 산을 내려오고 아자스의 영지에 닿습니다. 그러고는 에울람피오스에 접하는 강을 건너고 길까지 내려오고 다시 올라가 휜 땅에 이르는데, 렉토르의 땅과 양육원에서 일하는 사란타레스의 땅을 가르는 경계까지 이어집니다"라고 선언했다. 1286년 소아시아 동정녀 렘비오티사 수도원의 수도사들이 안드로니코스 2세에게 한 지위 높은 인사 미카엘 콤네노스 브라나스가 그들이 황제가 하사한 특권에 기초해 소유하고 있는 소유지를 침범한다고 제소했다. 황제는 마누엘 스구로풀로스란 관리를 불러 현지에 임하여 일을 처리하도록 하는데, 그에게 수도원이 가지고 있는 금인칙서(金印勅書, chrysobulle)와 다른 문서들을 점검하고, 현지에서 나이 많은 사람들의 말을 청취해 수도사들이 가지고 있는 문서에 기재된 땅의 경계가 어떠한지 알아보고 그들에게 속한 땅을 되돌려주라고 한다.

젊은이들을 못 믿는 태도, 특히 전통의 계기적인 과정에 항상 편입되는 데 대한 핍절한 기대, 이러한 것들이 우리가 전 세계 연대기(la chronique universelle)라 불리는, 대중 취향이며 종교적 색채를 띤 역사 편집물에서 확인하는 것들이다. 이러한 작품들에는 4세기 카이사레이아의 에우세비오스, 밀레토스의 헤쉬키오스, 6세기 안티오케이아의 요안네스 말랄라스의 작품들, 다음 세기 무명씨의 「부활제 연대기」(la Chronique pascale), 총대주교의 성켈로스였던 게오르기오스의 요약, 증거자 테오파네스의 연대기, 총대주교 니케포로스의 연대기, 9세기 수도사 게오르기오스의 연대기, 또한 각각 로고테테스 시므온, 문법학자 레온, 멜리테네의 테오도시오스, 10세기 차명자 폴리데우케스, 게오르기오스 케드레노스, 요안네스 조나라스, 시민 운율[10]로 쓴 콘스탄티노스 마낫세스, 12세기 미카엘 글뤼카스의 연대기들, 라틴 점령기 요엘의 요약, 마지막으로 그 단편들만이 전해지는 13세기 퀴지코스 수도 대주교 테오도로스의 연대기 같은 것들이 있다. 예수 그리스도 탄생 전 5508년으로 설정된 아담의 창조 이래 역사를 기록한 이 연대기 작가들은 차례차례 자신들의 선행자가 기술을 끝낸 곳에서 자신들의 기술을 잇는다. 예를 들면 9세기 게오르기오스 성켈로스는 서기 284년까지 기술하고, 테오파네스는 이 해에서 시작해 미카엘 1세의 지배가 끝난 해(813)까지 잇는 식이다. 말랄라스(안티오케이아인)처럼 거의 그리스화 되지 않은 수도사가 썼건 조나라스처럼 교양 있는 고관이 썼건 연대기들은 인간 세계 창조로부터 시작하는, 전 세계 역사의 중심인 선민 헤브라이 민족의 역사에 마치 하나의 연결된 직조물처럼 비잔티움 세계의 역사를 덧대며, 그 마지막 자락은 작가의 시대가 된다.

  이 거대한 설교의 프레스코화 같은 긴 세월의 이야기 안에서 경험된 일은 획일적인 연대기 기술 속에서 과거의 가르침들을 연장한다.

---

[10] vers politique, 10세기부터 사용된, 15음절과 강세를 바탕으로 한 비잔티움식 희랍어 운율.

그 이야기의 시간은 경험되는 시간과는 많이 격절되어 있는데, 이곳에서 긴 시간 단위는 언제나 깊은 인상을 남겼고, 종종 파괴적이기도 했던 자연의 이변들로, 짧은 시간 단위는 두 차례의 세금 납부기를 가르는 해, 계절, 축일로 분절된다. 연대기 작가들과 역사가들은 일식, 월식, 혜성의 통과를 기록하고, 또한 지진(약 200회)도 기록하고 있는데, 지진은 그 흔적이 뚜렷하게 남을 만큼 전체 혹은 국지적으로 제국 주민의 삶에 깊이 각인됐다. 축성되고 종종 성례전에 의해 영원의 자리를 획득한 시점들은 437년 9월 25일, 447년 11월 6일, 450년 1월 26일 콘스탄티노플을 뒤흔든 지진들, 740년 10월 26일 콘스탄티노플, 니코메디아, 니케아를 뒤흔든 지진, 472년 11월 6일 베수비오 화산이 분화해 수도에 몰아친 잿비다. 이날들은 전례에서 추념됐다. 취약한 토지의 경작자들을 직격한 큰 가뭄과 큰 홍수들도 기록됐는데, 만일 기후학자들이 제시한 중세 초기 자료들이 정확하다면, 이것들은 아마도 슬라브인과 아랍인의 대거 이주의 원인이었을 것이다. 이 사건들은 인구를 격감시켰고 과거 삶에 얼룩이 됐다. 특히 페스트가 그러했는데, 그중에서도 가장 피해가 컸던 두 번의 창궐, 즉 프로코피오스가 비잔티움령 이탈리아에서 그 피해를 목격한 542-543년의 그것과 니케포로스 그레고라스와 요안네스 칸타쿠제노스(투퀴디데스를 그대로 옮기고 있긴 하지만)가 기록한, 콘스탄티노플 인구 3분의 2가 목숨을 잃었다고 하는 1348년의 페스트가 대표적이다. 이 사건들은 아주 불길한 경계 지표가 됐고 지중해 세계 역사에서 변곡점을 이뤘다. 이 사건들은 사람들이 의도적으로 작성한 기도문으로 피하려고 한 무시무시한 사건들이었다.

그렇지만 자연은 사계절의 흐름 속 비잔티움인의 일상생활에 보다 규칙적인 리듬을 부여했다. 계절들은 이 농업 문명에 있어 파종과 수확의 시기들이었고, 겨울은 소박한 농기구를 정비하는 시간이었다.

이 각각의 농촌의 절기 변화는 마치 교회가 담당하는 듯했는데, 교회는 순탄한 절기 순환에 대비한, 또한 폭풍우의 전조나 특히 가뭄처럼 염려스러운 상황에 대비한 일련의 기도를 보존해왔던 것이다.

비잔티움인의 삶은 또한 부분적으로 서로 겹치는, 세속·종교적 축제들로 분할되는데, 이때는 도시와 농촌에서 다양한 제전과 행렬이 열렸다. 포도 수확 축제 시즌(8월 15일)이 되면 황제와 총대주교가 주재해 블라케르나이 궁전에서 엄숙하게 그 시즌 개막이 선포됐고, 총대주교는 이때 만물 포도송이와 처음 거른 포도주를 축복했다. 축제는 9월까지 이어졌다. 1166년 마누엘 콤네노스의 한 결정 사항에서 보이는 이 시기 공휴일들은 다음과 같다.

9월 8일 성모 탄신일
9월 14일 십자가 현양일
9월 26일 신학자 성 요안네스(요한) 기일(忌日)
10월 6일 성 도마 사도
10월 9일 성 야고보 사도
10월 10일 성 누가 복음사가
11월 13일 성 요안네스 크리소스토모스
11월 14일 성 빌립보 사도
11월 16일 성 마태 사도
11월 21일 성모가 신전에 들어간 날(입당 축일)
11월 30일 성 안드레아스 사도
12월 9일 성모 수태 축일
12월 20일-1월 6일 그리스도 탄신·세례
1월 18일 성 아타나시오스, 성 키릴로스 교부 2위
1월 25일 성 그레고리오스(나지안조스의) 신학자

2월 2일 구세주 정화(淨化)일

2월 3일 성 시므온(예언자) 기일

3월 25일 성모 희보 축일, 부활제(라자로 부활 축일(성지절聖枝節 전 토요일)에서 부활절 뒤 여드렛날까지)

4월 25일 성 마르코 사도

4월 30일 성 야고보(요안네스의 형제)

5월 8일 성 요안네스 신학자(복음사가)

5월 10일 열심 당원 성 시몬 사도

5월 21일 성 콘스탄티누스, 성 헬레나(황제, 모후)

5월 26일 성 알패오 사도

6월 11일 성 바르톨로메오 사도

6월 19일 성 유다-타대오 사도, 성 렙바이오스, 성 야고보

6월 24일 프로드로모스(세례자 요안네스) 탄신일

6월 29일 성 베드로 사도, 성 바울 사도

6월 30일 십이사도

7월 25일 성 안나 안식 축일

8월 6일 그리스도 변모 축일

8월 9일 성 마티아 사도

8월 15일 성모 영면 축일

8월 20일 성 타대오 사도

8월 24일 성 바르톨로메오 사도(유해 이전)

8월 29일 프로드로모스(세례자 요안네스) 참수일

이 축일들에 황제는 사순절 단식재 가운데 날, 성령강림절 단식재 날, 그리스도 승천절 단식재 날, 연중 모든 주일을 추가한다. 직업적 삶의 시간은 이렇게 매년 114-115일간의 휴일들로 구획됐고, 그중

18일은 성탄, 10일은 부활제였다.

따라서 비잔티움인의 시간은 교회와 전례의 시간이었다. 비잔티움인은 고대의 연도와 하루 시각 명칭을 채용했다. 사람 나이의 기준이 되는 시민년(année civile) 첫날은 15년 주기의 인딕티오기(期) 안에 있는 해의 첫날이었고, 인딕티오기 안에서는 그 햇수만 표기했다. 유스티니아누스는 537년 공문서에 반드시 인딕티오를 표기하도록 했다. 콘스탄티노플 쉬낙사리온(성인들에 대한 간략한 찬미를 달력 순으로 배열해 놓은 책, 성인별로 지정된 날 심야 예배 때 낭송했다)의 그날 설명은 이러했다.

"이날은 인딕티오, 즉 법령의 시작이다. (로마인은 명령을 인딕티오라 불렀다.) 이 명칭은 이날 그의 황제직을 시작한 카이사르 아우구스투스에서 비롯됐다. 아우구스투스는 모든 땅의 목록을 작성하고 이날을 신민들이 매년 납부하는 세금을 계산하는 기점이 되도록 했다. 우리 주의 육화로 말미암아 교회는 마땅히 떠맡아야 할 전통으로서 인딕티오를 경건하게 받아들였고, 교회는 이 첫날을 기념하고 이날로 그해 전체를 축복하고 성스럽게 한다. 이날은 실제 우리 주가 유대인들의 시나고그에 들어간 날이고, 거기서 그가 선지자 이사야서를 집어 들고 폈을 때 '주의 영이 내게 임했으니, 이는 주께서 내가 가난한 자들에게 복음을 전하러 가도록 나에게 기름 부으셨기 때문이며, 주께서는 나를 당신의 복된 해를 선포하도록 보내셨도다'라는 구절이 잡혔다. 이때부터 영원히 존재하시고 모든 것을 창조하셨고 모든 것을 축복하시고 모든 것을 지키시는 분에게서 온 이날을 그분의 영광을 위해 모든 교회가 기념하게 됐다."

문서의 날짜 매김에서는 인딕티오 주기(1에서 15까지)와 달 이름

(로마식) 두 요소가 가장 널리 사용됐다. 만일 인딕티오 연도가 어떤 사정으로 천지창조 기준 연도(5509년, 5510년 등)와 일치하지 않는다면 잘못은 보통 후자에 있다는 것이 판명됐다.

비잔티움인에게 노동시간 단위인 날의 시작은 아침이었고, 이 점에서 저녁에 시작하는 헤브라이인, 자정에 시작하는 로마인과 달랐다. 로마에서처럼 하루해는 3시, 6시, 9시, 마지막 시(時)로 계절에 따라 일정하지 않은 네 부분으로 나뉘었는데, 교회는 이것들에 기도의 이름을 정해 붙였고, 5세기 이후에는 여섯 기도 시간이 됐다―해가 뜨는 1시, 아침 시간 중간경 3시, 날 중간 6시, 오후 중간 9시, 해 지기 한 시간 전 만도(晩禱)시, 해 진 뒤 정찬후시(혹은 종과complies시). 이 시각들에는 수도원 안 교회 곁, 나무의 가지 혹은 벽에 걸린, 작고 큰 세만트론 혹은 나무라는 뜻의 크쉴론이라 불린 도토리나무 널빤지를 나무망치로 쳐서 시간을 알렸다. 9세기 이후로는 고정된 종도 사용됐다. 매 시에는 작은 세만트론, 뒤이어 큰 세만트론을 쳐 소리를 울렸고, 큰 축제일에는 종을 울렸다. 그렇지만 "만일 닭이 울지 않으면 우리는 시간을 모른다"라고 한 비잔티움 속담이 전하고 있는데, 물론 이 시간은 잠 깨는 시간이다. 어쨌든 도시 주민들은 돌로 된 해시계 판을 보고 시각을 알 수 있었기 때문이다. 늦어도 10세기에 일부 사람은 다소 고가의 금속제 물시계를 사용하기도 했다. 또한 궁정의 벽시계, 히포드로모스의 기이한 진자(振子), 한 시간마다 새로운 조각상을 내보이는 콘스탄티노플 성 소피아 대성당의 큰 톱니바퀴에 관한 기록도 있다. 하지만 이것들은 내가 보기에 아주 귀한 것들이었고, 민중들은 해가 지나면서 건물이 땅에 그리는 그림자를 따라 시각을 짐작했다.

다른 곳과 마찬가지로 비잔티움에서도 사회관계의 중심에는 휴식까지 포함하여 일과 급료, 이득과 이윤의 관념이 발달해 있었으나,

다른 것들에서도 그렇듯 이 관념들에는 모순이 없지 않았다. 인간은 일을 하기 위해 신에 의해 창조됐고, 일은 복리와 부의 유일한 원천이다. 월계관을 받으려면 운동선수는 경기장에서 이겨야 하고, 병사는 싸워야만 자신의 전리품 몫을 가질 권리를 얻는다. 4세기 교부들이 발전시킨 이러한 복음서적 화법은 비잔티움 전 시대를 거쳐 달라짐 없이 계승됐다. 사용인은 피사용인에게, 비록 그가 가난한 사람이거나 친척 혹은 지역에 정착한 외국인이 보낸 사람일지라도 그가 일을 완수하자마자 급료를 지불해야 한다. 입법자(8세기 다마스쿠스의 요안네스)는 레위서의 구절(19장 3절)을 인용하며 "일꾼의 삯은 이튿날 아침까지 네 집에서 잠자서는 안 된다"라고 역설하고 있다. 하지만 실제로는 스스로를 방어할 힘이 없는 자들을 밥도 품삯도 주지 않고 부리는 불경한 자들이 있었다. 바울 사도의 규칙 "일하는 자에게는 그 삯이 은혜로 여겨지지 아니하고 보수로 여겨지거니와"(로마서 4장 4절)는 끊임없이 적용되는 규칙이었다. 인정되는 노동의 유일한 형태는 임금노동이었고, 부역은 암묵적으로 비난받았다. 이것은 농촌에서의 관념이었고, 경제가 확대되어도 그대로 남았다. 소작료, 건물 임대 수익 같은 토지 이용에서 나온 수익은 법으로 정한 테두리 안에서는 정상적인 것으로 간주됐다. 그러나 남의 노동을 통한 이익이나 상업적 투기는 그렇지 않았다.

직업에 내재한 위험으로 인해 "상인이 죄를 면하는 것은 어려운 일이다."(집회서 26장 29절) 그는 무게 다는 추와 되를 속일 것이며, 가물 때 팔려고 개악된 동전으로 곡식이나 그는 가뭄으로 인한 기아를 이용해 곡식 투기를 하고, 가물 때 사람들이 그에게 팔려고 하는 모든 것을 개악된 동전으로 살 것이다. 왜냐하면 그는 이런 일에 전문가니까. 누구나 어려운 사람에게 돈을 빌려줄 수는 있지만 그에게서 이자를 받거나 값나가는 담보물을 요구해서는 안 된다. 사람이 돈을 빌릴 수는 있지만 몹시 어려울 때만 빌려야 한다. 돈을 빌림으로써 그는 그 자신의 자유를, 그리고 갚아야 할 빚을 남김으로써 자기 자식들의 자유를 희생한다. 그렇지만 누군가에게 기탁물을 맡기는 사람은 기탁물을 맡는 사람의 정직성을 신뢰할 수 있다. 왜냐하면 그는 신 앞에서 기탁물에 대해 책임을 지기 때문에. 그러므로 고리대는 비록 9세기 이래 화폐 거래가 합법화됐지만 엄격하게 금지됐다. 고리대에 대한 도덕적 비난은 지속됐고 대부업의 불안정성을 키우는 데도 한몫했다. 장인과 경작자의 잉여생산물 판매만을 합법적 거래로 인정하면서 비잔티움의 도덕은 이익을 목적으로 행해지는 전매(轉賣)와 모든 도매업을 비난했다. 기록에 의하면 12세기 콘스탄티노플 주민들은 당국에 진정하여 어물전 소매상인이 어부들에게서 동화(銅貨) 1폴리스에 생선 12마리를 사서 이문을 남겨 1폴리스에 10마리 값으로 되판다고 하고, 과일 상인도 똑같이 한다고 했다. 그들은─한 생각이 트인 문인에 의하면─상인들이 그들의 등에 상품을 져 시장으로 나른 수고 값, 이익이 되는 수고의 가격을 몰랐는데 그것은 다음과 같은 사실, 그러니까 16.66퍼센트란 이윤율을 떠올려보면 결국 인정해주어야 하는 가격이었다. 이 이윤율은 9세기 때 자신에게 돈을 빌린 선주(船主)들에게 국가가 동의한 이자율이었고, 다음 세기 수도 식료품상 같은 상인들에게 허용한 이윤이었던 것이다. 하지만 장인의 이윤을 늘리려는 모든 시도는 가혹하게 징벌됐고, 화가 난 테오필로스 황제는 그의 아내 소유 선박 한 척을 불태우게 했다. 이것은 9세기 전반 일이었고, 그 뒤 상인들은 부유해졌고 많은 귀족이 그들에게 '적절치 않은' 방식으로 재산을 모았다.

 긴장에서 이완됨의 즐거움은 입법자에게 있어 주일날의 휴식과 관련한 것이었고, 노예나 임금 노동자나 다 이런 즐거움을 가질 권리가 있으며, 모든 이가 반드시 가져야 하는 것이었다. 이날은 주의 날이기 때문이다. 신을 경배하는 자들은 일요일을 기다려 교회에 가고, 이런 일을 아랑곳하지 않는 자들 또한 그들이 좋아하는 오락에 심취하기 위해 그날을 기다린다. 일요일에는 각 도시의 주요 가로는 기타라[11] 연주자와 가수들로 활기가 전해지고, 그들을 둘러싼 구경꾼들은 춤을 추고 손뼉을 친다. 다른 곳에서는 땅에 퍼질러 앉은 사람들이 주사위나 서양 주사위놀이(jacquet)를 하는데, 이 놀이들은 교회가 금지한 도박이었지만 성직자나 수도사들조차도 늘 이 놀이들을 했다. 4세기 카이사레이아의 에우세비오스의 말로 표현하자면 "말 전하는 사람이 예배에 부르면 모두 꾸물거리지만 기타라나 플루트 소리를 들으면 모두 마치 날개라도 돋친 듯이 부리나케 달려 나갈" 정도였다. 그들은 또한 무희(舞姬)들을 감상하기를 즐겼는데, 무희들은 맨머리로 춤추며 긴 머리를 휘날렸다. 몇몇 도시에서는 매일 아침부터 저녁까지 다양한 볼거리를 제공했는데, 거기에는 약장사, 손재주꾼, 줄타기꾼, 곡예사, 악사와 가수, 재주 피우는 원숭이와 개, 춤추는 곰, 떠돌이 집시들이 보여주는 길들인 뱀, 사람 모습의 괴물들, 거인, 이적을 행한다고 신봉되어 아주 귀한 대접을 받은 난쟁이나 혹은 삼쌍둥이가 등장했고, 특히 마술사들은 인기가 있어 가게 주인과 장인들이 그들의 노점을 잠시 비울 정도였다. 특정한 예외적인 행사가 대중을 도시 중심부로 불러들이기도 했는데, 그것은 끔찍하게 신체를 훼손당한 반역자나 범죄자의 마지막 숨을 끊는 것처럼 차원이 낮은 것도 있었고, 고관, 장교, 병사, 그리고 전쟁포로들이 땅에 깔아 놓은 융단이나 꽃을 밟고 지나가는 개선 행렬처럼 위풍당당한 행사도 있었다.

그러나 비잔티움인에게 큰 위안거리는 히포드로모스(원형경기장)

---

[11] 고대 희랍의 현악기.

에서의 공연이었다. 이곳에서는 부자들과 가난한 사람 모두 서커스 공연에 열광했는데, 그것은 토끼·개 경주, 코끼리·기린·곰·호랑이 쇼, 구보하는 말 위에 기수가 곤추선 채 달리기, 곡예사가 마당 위에 쳐 놓은 줄 위에서 하는 묘기, 야수 격투 같은 것들이었고, 특히 달리기와 전차 경주 인기가 높았다. 이런 놀이는 재정적으로 투자를 하는 부자들의 오락이기도 했지만, 무엇보다 가난한 자와 적빈자들의 오락이었다. 적빈자란 나지안조스의 그레고리오스가 비잔티움 용어집에 수록한 정의에 따르면 "앞으로 먹을 하루분 식량조차 가지지 못한 자들"이다. 공연은 소란스러웠고 경기장이건 관중석이건 활기가 넘쳤으며, 종종 경기장보다 관중석이 더욱 들끓었다. 이런 집단적인 정열을 어떤 작가들은 심히 달갑지 않게 여기며, 그것이 밤에 꿈속에서도 지속된다고 했다. 오락이라면 물론, 특히 콘스탄티노플 가로를 길게 색으로 물들인 종교적·공식적 행사를 들 수 있고, 매년 몇몇 대도시들에 활기를 불어넣은 국제교역 시장들(테살로니키, 트레비존드, 에페소스, 에우카이타)도 있었다. 그외 지방 장들에서 사람들은 장을 보고 나서 춤추고 달리기를 하고 씨름 시합을 하고 모의 칼 검술 경기, 활쏘기를 하고 술을 마셨다. 교회는 장마당을 규탄했으나 국가는 그 필요성을 인식해 장에서 세금을 거두는 것에 그쳤다.

주일과 축제일은 비잔티움인에게는 성장(盛裝)의 날이기도 했다. 한 이적담(異蹟譚) 자료에 의하면 7세기 전반 어느 52세의 독신 남성이 콘스탄티노플의 한 성소(聖所)에서 성 요안네스 프로드로모스 축제 철야기도 예배에 참석하고 있었는데, 그가 자리를 비운 사이 두 명의 도둑이 그의 옷을 훔쳐 갔다. 그는 자리에 돌아온 후 잠자리에 들었다. 그런데 아침에 그가 기념 전례에 가려고 "예식용 옷으로 갈아입으려고 할 때" 그제야 옷이 없어진 것을 발견했다. 신도회 규칙에 따르면 교회에 가지 않으면 벌금을 물게 되어 있었는데도 그는 교회에 가는 것을 단념하고 다시 자리에 누워야 했다. 평상복 차림으로는 예배에 참석할 수 없었기 때문이다. 비잔티움 복식의 발달상에 대해서는 잘 알려져 있지 않고 단지 몇몇 유행의 대략적인 특징만을 구별해낼 수 있을 따름이다. 실제 처음의 튜닉(스티카리온)과 다소 화려하게 장식된 나사, 아마 혹은 비단제(製)의 다소 주름진 넓고 긴 망토(히마티온)에, 먼저 7세기 때 아시아 초원의 유목민족 기병들에게서 유래한, 옷깃을 단 일종의 타이츠 모양 스카라만기온이 추가됐던 것 같고, 여기에 금으로 장식한 것을 나중에 황제와 고관들이 착용하게 되는데, 이때는 튜닉과 망토가 좁아지고 몸에 밀착되어 남자용이나 여자용이나 대략 굽 달린 잔 같은 모양이 됐다. 마누엘 1세 시절 비잔티움인의 사치는 서방인들에게는 경이로운 것이었다. 이때는 루코스(rouchos)가 유행하던 때였는데, 이는 서방의 블리오(bliaud)[12] 같은 것으로, 앞이 트이고 팔꿈치까지 오는 좁은 소매가 달린 비단으로 된 짧은 옷이었다. 이 유행은 곧 사라졌는데, 팔라이올로고스 왕조기 사람들은 긴, 아주 동양풍의 옛 복장으로 돌아오거나 심지어 외국 옷을 입기도 했다. 여성들에게 섬세한 취향의 극치는 언제나 하늘하늘한 천으로 된 옷을 입는 것이었지만, 교회는 이를 비난했다. 옷은 비교적 비쌌는데, 비단과 금란(金襴), 부드러운 아마포는 물론이고, 거친 양모 포, 성긴 베 또한 비쌌다. 투박한 망토 하나가 7세기 때 3밀리아레시온이었는데, 이때는 하루 생활비 15-16폴리스(1밀리아레시온 미만)에서 단출하게 먹기 위해 하루 6-8폴리스를 쓰던 때였다(로밀리 젠킨스Romilly Jenkins). 의복류는 내구재였고 자산에 속했기 때문에 대대로 물려주었고 유언장, 기부장에도 기재됐다.

 비잔티움인에게 가족의 심상(心象)은 질서 잡히고, 사리 분별 있고,

---

[12] 양모 또는 비단으로 된 긴 옷.

행복한 작은 세계며, 그 중심에는 주부(主婦)가 있다. 가족 구성원은 이곳에서 그녀의 통솔하에 자신의 역할을 수행한다. 처자는 젊어서 결혼하고 남편에게 완전히 복속되어 남편을 유순하게 대하고 공대한다. 그녀는 집안에 머무르며 자신의 자유를 앗아갈 도시의 유흥과 동떨어져 가사와 성경 읽기에 전념하며, 처신이 가벼운 여자들이나 남편이 좋아하지 않는 남자들과는 일절 교류하지 않는다. 비잔티움 사회의 종교적이고 학식 높은 지도적 사상가들의 실현성 없는 충고는 충실하고, 현명하고, 음전하고, 분별 있는 주부는 과도한 심려를 유발하고 집안을 파산시키는 모든 덧없는 몸치장 욕구를 멀리한다고 한다. 아무리 많은 재산도 여성의 그 방면의 욕구를 모두 채워줄 수는 없기 때문이다. 모범적인 주부는 그녀와 아무런 공통점도 없는 사람들로부터 숭배받으려고 하지 않는다. 그녀가 생각건대 살림을 잘 꾸리는 것이 덧없는 쾌락에 시간을 바치는 것보다 유익한 일이기 때문이다. 물론 여성의 아름다움은 그 시선을 매혹적인 것으로 만들고 남성에게 최상의 즐거움을 선사한다. 그렇지만 완벽한 여성은 아름다움이란 자신의 정신의 훌륭한 질서에 깃드는 것이라고 생각한다. 마치 초원처럼 얼굴을 꽃으로 장식하고, 뺨에 아롱진 색을 입히고, 분과 다른 많은 화장품으로 희게 칠하고, 눈 밑을 검게 칠하고, 목과 손, 머리칼에 금 치장을 하고, 진한 향수를 옷에 뿌리는 여자는 견디기 어려운 유혹자로 보아야 한다. 다마스쿠스의 요안네스(8세기)는 이렇게 4세기 때의 교훈을 후대에 전하고 있다. 그렇지만 비잔티움 여성은 자신의 운명을 놓고 눈물짓거나 다른 이들의 운명에 애처로워하는 여성들과는 다르다. 비잔티움 여성에게 그 용기와 활력으로 해서 모범으로 제시되는 여성들은 아비멜렉, 다윗, 그밖에 다른 사람들을 혼낸 성경 속의 명성 높은 성격파 동네 아주머니들이다. 지중해 세계에서 남자는 밖에서 지내며, 여자는 집을 다스린다.

가정은 잠자코 있지 않거나 울음을 그치지 않는 아이를 어머니가 달래고 돌보는 곳이다. 어머니는 아이를 옛날이야기, 악마나 작은 요정 이야기, 이삭, 야곱, 그리고 예수의 어린 시절 이야기 같은 성경에서 따온 이야기를 들려주거나 '무서운' 인형을 보여줘 고분고분하게 만든다. 비잔티움인에게 어린아이는 아이를 무구함의 표본으로 보는 엄격한 교회 입법자에게나, 모든 감상적 심정 토로에 귀를 닫고 남편과 아이들 또는 친척들을 엄격하게 이끄는 근면하고 완고한 관리자로서의 어머니에게나 한없는 감동의 대상이다. 그렇지만 그녀는 저녁이 되면, 11세기 초 미카엘 프셀로스의 어머니가 그랬던 것처럼, 가장 신선한 성경 이야기로 아이들을 진정시키고, 그들이 잠들었다고 믿으면 그들의 이마에 모성이 넘치는 키스를 한다.

가정은 아이들의 교육장이기도 한데, 교육은 부모의 첫째가는 의무며, 부모가 이 의무를 소홀히 한다면 그들은 아이들의 잘못에 책임이 있는 것이다. 사랑하는 자에게는 매를 아끼지 않는 법이어서 체벌은 장려된다. 그것은 꾸중보다 더 많이는 아니어도 그와 비슷한 정도로 필요한 것이다. 그래도 체벌은 부모에게 있어 결코 분노의 표현은 아닐진대, 부모들은 그들의 권위를 전혀 포기하지 않고도 경우에 맞게 너그럽게 행동할 줄 안다. 아이들 교육은 또한 그들의 교우관계에도 주의를 하여, 부모들은 아이들이 행실이 좋지 않거나 버르장머리 없는 친구들과 어울리는 것을 허락하지 않는다. 딸의 교육은 각별한 정성이 요구되는 일이며, 이때 아버지가 맡는 역할은 아버지로 하여금 밤잠을 설치게 만드는 것이라고 누누이 강조된다. 아버지는 딸을 현명한 남자의 완벽한 배필로 길러야 하므로.

자녀들에게 있어 가정은 부모를 공경하는 장소로 부모를 도우며, 부모에게 유순하고 순종하는 곳이다. 부모를 공경함은 그들의 아버지를 기쁘게 했다는 것에서 오는 만족 외에 다른 보상은 기대하지 않는다. 어질고, 사리 분별 있고, 예의 바르며, 정의롭고, 공손한 아이는 부모의 영예가 될 것이고, 철없고, 행실이 나쁘고, 교활하고, 불손한 아이는 자신의 보잘것없는 신세를 제 후손에게까지 잇게 할 것이다.

가정은 또한 형제간 우애의 장소다. 이 점에서 가정은 그 범위가 넓어진다. 왜냐하면 형제는 영락한 형제를 업신여기지 말며, 탕자가 집에 돌아왔을 때 받는 진심 어린 맞아들임을 기꺼워해야 한다는 명시적인 언급이 있기 때문이다. 만일 형제들이 서로 돕는다면 가정은 요새화한 도시와 같을 것이고, 그 구성원 중 하나가 그곳을 떠나 먼 곳으로 주거를 옮기는 일을 막기 위해서는 무엇이든 해야 할 것이다. 이러한 가정의 연고지에 대한 애착이 농촌을 그 기반으로 하고 있다는 것은 명확하다.

가정은 또한 회계장부여서 매일 거기에 지출액과 지출 대상, 수입액과 수입원이 기재되고, 지출에도 수입에도 동일하게 주의가 기울여진다.

마지막으로 가정은 걸인이 지나가며 "자비가 당신 집 문을 두드립니다"라고 외칠 때 그에게 적선하는 곳이다.

선민으로서의 소명에 확신을 가진 비잔티움 인민은 당연히 자신의 정교 신앙 확대를 지향했고, 그들은 이 사업을 자신들의 물질적·정신적 이익과 결부된 정복 정신으로 수행했다. 한 무명씨의 시리아어 연대기에 의하면, 6세기 2사반기 중 아르메니아 주교 카르도스트가 당시 캅카스 북동 다게스탄에 정착해 있던 사비르 훈족을 기독교로 개종시키고, 그들을 위해 복음서를 소그드어로 번역하게 했다. 사비르 훈족은 아직 유목 생활을 하고 있어 고기와 말린 생선을 먹고 살고 있었으나, 제국으로부터 식량을 공급받고 있던 그들의 전쟁포로들을 통해 밀, 포도주, 기름, 그리스식 복장을 접해 알고 있었다. 카르도스트의 후계자 마카리오스는 사비르 훈족 지역에 최초로 교회를 짓고, 이와 더불어 경지를 조성하고 처음으로 곡식을 심었다. 성인전 텍스트가 전하는 이야기의 결말은 벽돌로 지은 성소와 주임 사제(desservant)들의 식량 조달용으로 먼저 시작한 개간이 지역의 다른 부족 우두머리들을 아주 매혹시켜, 그들이 비슷한 스승들을 보내줄 것을 요구했다고 한다.

새로운 주민과 새로운 영토의 편입은 비잔티움인 같은 전승을 중시하는 시민들이 변경의 유목민을 정주시키고 정교 신앙으로 귀의시키는 결과를 낳았는데, 정교식 세례는 황제와 제국에의 유대의 담보물이었고, 공식적으로 세금납부자로서의 유대와 완전히 같은 정도로 중요한 것이었다. 동일한 관심 사항을 증명하는 동일한 계획이 9-10세기 불가리아인들에게도 행해졌다. 오흐리드의 클리멘트는 모든 수단을 동원해 불가리아인이 신성한 것들에 보이는 무관심을 극복하려 했고—그의 전기가 전하는 바에 의하면—아직 야만 상태에 머물러 있던 그들의 삶을 인문적인 것으로 변화시키는 데 모든 노력을 기울였다. 그래서 그는 제국에서 과실수들을 가져와 불가리아 대지를 덮고 있던 야생 나무들에 접붙였다. 이는 신의 의지로만 자라던(오흐리드의 테오퓔락토스) 먹거리를 그들에게 보여줌으로써 이 야만인들의 정신을 교화하고 변모시키기 위해서였다. 이 수목 재배의 교체와 개량은 설교를 보완하는 것이었는데, 설교는 언제나 예배소를 짓는 것으로 구체화됐지만, 이 경우에는 여기에 더해 기도와 모범적인 생산이 이루어지는 곳으로서의 수도원 건설로 구체화됐다. 비잔티움인은 하늘의 집과 땅의 집을 결코 분리해 생각하지 않았는데, 땅의 집은 하늘의 집에 속하기 때문이다.

신이 창조한 세계의 질서는 비잔티움인에게는 아주 민감한 부분인데, 그는 이 질서 안에서 자신의 위치를 발견하고 의식적으로 자신의 역할을 수행하기 때문이다. 그는 신의 모든 창조 행위에 동참하는데,

그는 그에게 맡겨진 동물들의 '권위자이자 왕'(나지안조스의 그레고리오스)이기 때문이다. 그는 이론적으로 이 훌륭한 기성 질서를 바꾸는 데 하등의 관심도 없으며, 어떤 좋은 기회를 만나면 그가 얼마나 이 질서에 유대감을 느끼는지를 표현한다. 7세기에 쓰인 테살로니키시 수호성인 성 데메트리오스 기적담의 한 이야기에서 성자전 기자(記者)는 그 도시 수호자 성 전사(戰士) 옆에 '에우탁시아 부인', 즉 '질서' 혹은 '규율' 부인이 자리 잡고 있는 모습을 그리는데, 그녀는 여기에서 도시 수호성인으로 격상되어 의인화된다. 사회에서 모든 것은 질서에 달려 있고, 사회생활도 개인생활도 그러하다. 비잔티움인의 언어에서 비정상, 불규칙은 전복, 새로움, 무질서, 혁명과 동의어다. 비잔티움인에게 있어 질서는 공권력에 대한 경건한 복종이며, 질서는 제국이란 거대한 공동체, 그리고 그 주요 구성인자인 도시와 가족 안에서의 구성원 간 단합과 조화. 이 조화는 정교 사상을 산출하는 신에 대한 사랑과 이웃에 대한 사랑에서 나오며, 이 사랑은 성인만이 가르칠 수 있는 올바른 신학, 신에 대한 지식으로 가는 길이다. 그렇지만 더욱 많은 사람에게 어울리는 다른 신학이 있으니, 이것은 인간을 짐승과 구별하며, 덜 정신적이지만 더욱 즉각적으로 도달할 수 있는 것이니, 이 신학은 인간에게 신의 창조물과 신의 지상 대리자들에 대한 존중인 공경심(에우세베이아)을 가르치며 인간사회에서 정의를 실천한다.

지역주의와 몇몇 예외적 정신

이러한 기본적 교리 요강은 유지됐고 아무런 변경도 가해지지 않았으나 그렇다고 우리가 알 수 있는 범위 내에서 지역적·개인적 감성의 발생과 성숙을 방해하지는 않았다. 역사적으로 제국에는 몇몇 심리적 지역들이 있었는데, 이 지체(肢體)들은 충분히 발달해 머리에서 분리됨을 거리끼지 않았다. 6-8세기 이탈리아 총독령 2개 공국을 이루고 있던 라벤나와 펜타폴리스[13]의 주민들은 라벤나 대주교의 지도하에 황제 대리인들에 맞서 살인을 저지름으로써 자신들의 지역적·경제적 이익과 사회집단(군대, 라틴·그리스 성직자)의 종교적 신념을 수호하려 했고, 동일한 과격성으로 자신들의 영토적·종교적 독립을 침해하려는 모든 교황 권력의 기도에 저항했다. 단일한 제국이란 로마적 원칙에 침윤된, 유스티니아노스 2세의 인신(人身)에 체현된 중앙 권력은 더 이상 황제의 이름이 아니라 그들의 이름으로 통치하고 있던 대주교와 귀족들을 유형에 처한다. 그렇지만 수년 뒤 주교들도 유지들도 없던 이 비잔티움 이탈리아 속주 수도는 자신들의 도시를 공적 질서 안으로 되돌리려 파견된 황제 분견대를 절멸한다. 비잔티움 국가는, 비록 지역주의가 그 합법성을 검증받아 결국 가장 확실한 라벤나 대주교——교황과 함께 속주에서 가장 힘 있는 인사——의 권위란 승인된 권위에 의해 움직인다 하더라도, 제국 테두리 내 지역주의 관념 그 자체를 구상할 수 없었다. 이것은 정치 심리에 있어 치명적 시대착오였는데, 더욱 가까운 곳과의 접촉으로 일상 생활을 영위하던 지역이 자각해가고 있던 상대적인 경제적 여유로움은 먼 수도와의 유대를 철 지난 것이 되게 하고 있었던 것이다. 지역 자치주의는 비잔티움령 이탈리아의 경제적 이익이 더 이상 콘스탄티노플의 그것이 아닐 때 제국과의 관계 단절이 될 것이었다.

  같은 현상이 팔레스티나와 시리아에서도 일어났다. 이 두 속주는 단성론파('신의 본성이 단일함') 지역이었으며, 따라서 정부 대표자들과 공식 성직자 집단으로부터 박해의 도마 위에 올랐다. 이곳 성직자들과 수도사들은 종종 페르시아 영내로 피신까지 해야 했다.

---

[13] 라벤나 총독령에 속한 도시 리미니, 페사로, 파노, 시니갈리아, 안코나.

614년 페르시아인들이 예루살렘에 진주했을 때 그들은 총대주교 자카리아스와 도시의 유지들을 유형에 처하고 단성론자들에게 통치권을 부여했다. 포로가 된 총대주교는 도시의 주민들에게 보낸 편지에서 그들이 페르시아 점령하 포로된 자들의 불행을 잊고 정상 생활로 돌아간 데 대해 불평하고 있다. 유형에 처해진 유지들은 팔레스티나의 친정부파 주요 대표자들이었으며, 그들이 도시를 떠난 것은 그 지역의 관점에서는 하나의 손실이라기보다는 해방을 의미했던 것이다. 이러한 인상은 단성론파 사회의 결속력과 지역에서의 지지가 명약관화한 시리아로 오면 하나의 확실성이 된다. 페르시아인들이 시리아 주요 도시들을 점령하자 페르시아 왕 호스로우는 그곳에서 친정부 주교들을 쫓아내고 시골에 살고 있던 단성론자들에게 그들이 마우리키오스 황제 때 이래 상실한 도시 교회와 수도원을 돌려주었다. 그리하여 팔레스티나에서처럼 시리아에서도 그때까지 도시 지배 권력에서 배제되어 있던 주민 집단 전체의 지도적 지위로의 복귀가 이루어졌다. 이와 더불어 시리아인 단성론파 주민들의 특색을 이뤘던, 그들의 교리와 전례 규칙에 대한 충성심은 그들이 비합법적 지위를 벗어남으로 인해 놀랄 만큼 전면에 부각되기에 이른다. 호스로우는 단성론자 주교들에게 주교좌 교회들을 복원시켰다. 그렇지만 지방의 시리아인은 이들을 인정하기를 거부했다. 그것은 이 고위 성직자들 모두가 유일한 종규(宗規) 상 관할 교구장인 안티오케이아 총대주교에 의해 성별 되지 않았기 때문이다. 페르시아 왕에 의해 복권된 고위 성직자들이 불평했지만 총대주교 아타나시오스는 그들이 사제 성별식을 전통적인 규정에 따라 받게 했다. 완전한 점령하에서, 그리고 단성론파 주민들이 이제 막 스스로가 그들의 본질적 권리들을 인정받았을 때 호스로우가 취한 조처들에 저항하고 나선 것, 이것은 내가 보기에 공권력에 대항하는 단성론파 주민사회의 자각적인 일체의식을 분명히 보여주는 것이다. 이 주민사회는 또 한 차례 그리스인의 지배를 경험한 후 팔레스티나와 이집트에서처럼 아랍인 군대를 쌍수를 들어 환영한다. 비잔티움인 수비대와 정부 측 고위 성직자들을 그들의 비극적 운명에 내맡겨버리곤 말이다.

몇몇 예외적 정신들의 비정통적 감성들은 제국의 삶에 동일한 결과로 나타난 것이 아니었고, 그 주창자들의 개성에만 국한된 독창적인 사상으로 보아야 할 것이다. 그것들로는 교회와 국가의 관계에 대한 포티오스, 앙퀴라의 니케타스의 이론들, 제국 정부에 대한 게오르기오스 게미스토스 플레톤의 이론이 있다.

9세기 후반 총대주교 포티오스는 행동가이자 식자, 철학자이자 신학자로서 독립적인 정신의 소유자였고, 성깔 있는 그리스정교 신앙 옹호자였다. 그는 비잔티움인이 볼 때 새로울 뿐만 아니라 전혀 예기치 못한 국가론을 고안했다. 그에게 있어 황제는 합법적 권위며, 제국을 온전하게 보존하고, 성경의 계율, 공의회 교리, 기성의 세속법을 지키고 실제에 적용하는 사명을 띤 존재다. 총대주교는 '그리스도의 살아 있고 생동하는 형상으로서 자신의 말과 자신의 행동으로써 진리를 상징하는' 존재며, 교인들의 구원과 교회 전범(典範)의 전승을 책임진다. 이것은 전통적으로 인정된, 신의 지상 대리자로서 군주의 유일적 전제권 사상에 배치되는 권력분립 이론이다. 포티오스가 보건대 군주는 신민들의 세속적 행복을, 총대주교는 그들의 영적 행복을 맡은 존재로 이 둘은 긴밀히 협력하는데, 그 사상은 다음과 같이 요약된다—"국가 기구는 사람 몸처럼 몇 개의 부분으로 되어 있는데, 가장 중요하고 가장 필수적인 부분들이 황제와 총대주교다. 따라서 제국 신민들의 육체와 정신의 평안과 행복은 황권과 성직자 사이의 모든 면에서의 조화와 화합에 달려 있다." 이것을 지식인이 꿈꾼 유토피아라고 보아야 할 것인가? 어쨌든 이 교리는 이것을 만든 사람의 일생보다 긴 삶을 살지 못했다.

2세기 뒤 앙퀴라의 니케타스로 추정되는 한 성직자가 한 논문을 저술했는데, 이 논문에서 그는 한 사회집단을 구성하는 수도 대주교와 주교들은 황제와 총대주교에 맞서 자신들의 권리를 수호해야 한다는 논지를 펼쳤다. 황제는 수도 대주교들에게 설교할 권리가 없으며, 교회 일에 간섭할 수도 없고, 오히려 교회의 충고를 따라야 한다는 것이다. 이것은 지방의 고위 성직자들이 이번에는 황제, 총대주교에 의해 의인화된 공권력, 즉 정부 시책으로부터 독립을 주장한 것인가? 그것은 잘 알 수 없지만, 고위 성직자들이 세속 권력과 밀접한 관계였고, 언제나 행정의 한 톱니바퀴였다는 것은 분명하다.

마지막으로 15세기 게오르기오스 게미스토스 플레톤은 제국의 정치·사회 구조가 붕괴하고 있을 때, 사회주의에 방불하게 국가를 개조하려는 한 '낭만적 계획'을 품고는 다음과 같이 썼다.

"나는 이렇게 제안하고 싶다. 토지가 그 본성상 그러한 것처럼 전 토지를 주민 전체의 공동소유로 할 것을, 그리고 아무도 그 한 부분을 자신의 개인소유로 주장할 수 없도록 할 것을. 원한다면 누구라도 그가 원하는 곳에 파종하고, 집을 짓고, 원하는 만큼 토지를 경작할 수 있도록 하자는 것이다. 단 토지를 놀려 두지 않는 조건에서 그가 토지를 보유한다는 합의가 있어야 한다. ……만일 원하는 사람은 누구나 원하는 곳에서 토지를 경작할 수 있게 된다면 모든 땅이 경작될 것이고 어떤 땅도 묵혀지지 않을 것이다."

실제 생산량에 정확하게 비례하는 만큼의 균일적인 현물 과세, 모든 공적 부담을 면제받는 병사로 이루어진 국민 군대의 건설, 강력한 국가의 보호무역주의, 화폐에 대한 불신, '명상적 삶을 폄계로 하여 공유재산의 큰 몫을 향유하기를 바라는' 성직자 집단에 대한 경멸, 수형자의 체벌과 신체절단형에 대한 분개, 이것이 "곤경에 빠진 조국을 그 도덕적 힘을 일깨우고 헬레니즘의 정신적 유산을 활용함으로써 재생시키기를"(디오니시오스 자키티노스D. Zakythènos) 꿈꿨던 미스트라스의 철학자가 개진한 관대한 개혁 프로그램이다. 그의 주저는 총대주교 겐나디오스 스콜라리오스 그 자신의 손으로 불태워졌고, 총대주교는 교인들에게 그들의 손에 들어갈지도 모를 이 철학자의 저서 사본에 대해서도 똑같이 처분할 것을 명령했다. 이것은 튀르크인의 콘스탄티노플 점령이 있고 나서 몇 해 뒤의 일이었다.

중간계층 대표자들에게 지배계급으로의 접근을 한동안 허락했던 비잔티움 세계의 사회조직은 원칙적으로는 모든 이에게 평등해야 했지만, 귀족 지배와 계급 서열 사회로 남았다. 극복될 수 없었던 구성원들의 개인주의는 국가의 필요에 의해 조직된 공공 단체들로 은폐됐지만 지역적·개인적 분출로 소란스럽게 그 존재가 드러났다. 언제나 전통을 존중한 비잔티움 사회는 자신의 모든 문제에 대한 해답을 전통에서 구했다. 그리하여 내키지 않아 하면서도 비잔티움인은 문제들의 낡아 해진 경험들을 새로운 사례들로 손질하는 데까지도 나아갔다.

58. 〈새 선민 비잔티움인〉 하느님께서 이사야 예언자에게 메시아 도래 예언을 전달하고 있다. 그가 선포하는 메시아는 다윗의 자손으로서 지상에 평화와 정의가 군림하게 하고 하느님의 지식을 펼칠 분이시다—"어둠 속을 헤매던 백성이 큰 빛 하나를 보았으니…… 이는 우리에게 한 아기가 나시고 우리가 독생자를 받았음이라." 어두운 형색의 성숙한 여인으로 묘사된 밤이 불이 꺼진 횃불을 늘어뜨리고 새벽이 옴에 물러서고 있다. 새벽을 형상하는 어린이는 손을 펴들고 작은 불타는 횃불을 들고 달려오고 있다. 사려 깊은 사회의 근본적인 확신, 즉 고대적 과거와의 결별과 기독교 세계 역사로의 편입을 신고전주의적으로 묘사했다. 인생의 세 시기를 그린 것으로도 볼 수 있다. (그리스 사본 139, 『시편집』 세밀화, 10세기 전반, 국립박물관, 파리)

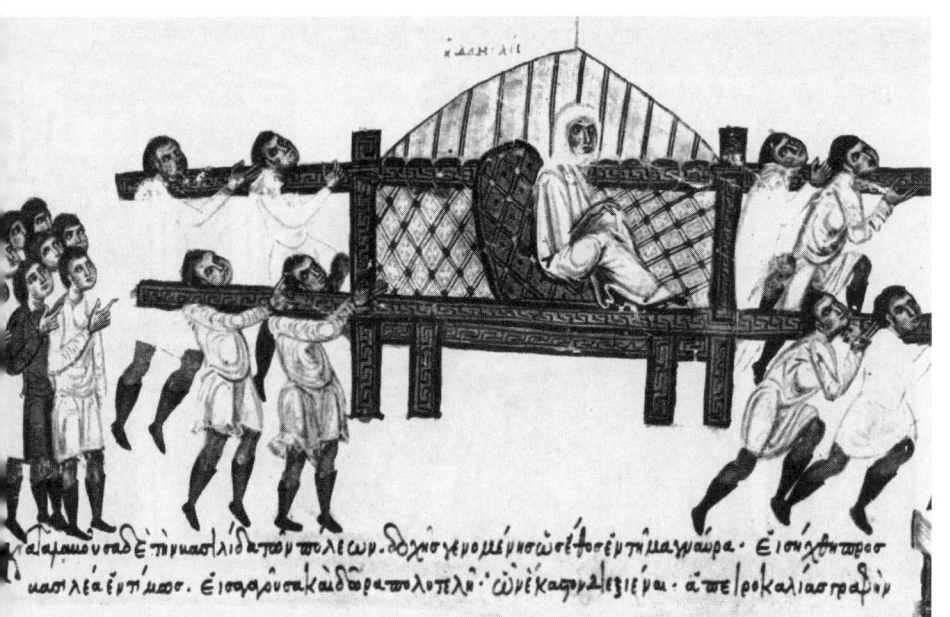

59. 〈9세기 지방 대지주〉 파트라(펠로폰네소스)의 과부 지주 다니엘리스를 그린 그림. 그녀는 황제를 알현하러 콘스탄티노플로 가고 있다. 예외적일 정도로 엄청난 부자이고 고령인 그녀는 여러 교대 조(組)로 이루어진 노예들이 맨 가마를 타고 제국 가로를 따라 수도로 갔다. (그리스 사본 5-3 2번, 요안네스 스퀼리제스 『연대기』 세밀화, 13세기, 마드리드 국립박물관)

60. 〈음모〉 두 명의 고관 바실레이오스와 사모나스가 레온 6세 황제(886-912)를 상대로 음모를 꾸미고 있다. 두 명의 남자가 숨어서 그들의 대화를 받아 적고 있다. (그리스 사본 5-3 2번, 요안네스 스퀼리제스 『연대기』 세밀화, 13세기, 국립박물관, 마드리드)

61. 〈궁정 서기〉 품이 큰 긴 옷을 입고, 허리를 끈으로 조이고, 테 두른 깃과 소맷부리를 한 서기가 왼팔에 양피지 두루마리를 올려놓고 성모의 전기를 쓰고 있다. (테오토코스 교회, 프레스코, 1413, 칼레니츠, 세르비아)

62. 〈지방 영주〉 불가리아 보야르 세바스토크라토르 칼로얀과 화려한 옷을 입은 그의 아내 데시슬라바가 그들이 막 창립한 교회의 모형을 선보이고 있다. 교회를 기증한 사람은 그리스인 공주 이레네를 아내로 얻은, 현임 차르 콘스탄틴 아센(?-1277, 재위 1257-77)의 사촌이다. (칼로얀 교회, 프레스코, 1259, 소피아 부근 보야나)

63. 〈가복들〉 주인들이 식사하고 있으면 필요할 때마다 짧은 옷을 입은 가복이 큰 호리병 모양 가죽 주머니에 서늘하게 보관된 물을 배가 부르고 굽이 달린 항아리들에 채워 넣는다. (카나에서의 기적, 상아 조각, 11세기, 빅토리아 앤드 앨버트 박물관, 런던)

64와 65. 〈대장간〉 아담은 모루 위 쇠를 두드리고(왼쪽), 이브는 두 개의 풀무를 동시에 풀무질해 불기운을 북돋운다(오른쪽). (궤 장식 상아 판 조각, 10세기 말-11세기 초, 박물관, 다름슈타트)

66. 〈제화공〉 제화공이 짧은 민소매 튜닉을 입고 높은 데 올려놓은 간이의자에 앉아 양다리를 엇갈리게 하고는 손님의 요청에 응해 일을 하려고 만들거나 고치던 구두, 송곳바늘, 가죽 재단 칼을 내놓았다. (성 마가의 설교, 상아 조각, 11세기, 스포르체스코 성, 밀라노)

67. 〈우물〉 우물은 마을 중심 곁에 있다. 젊은 처녀들이 집에서 쓸 물을 길러 오고, 한 이방인이 사람을 시켜 짐승이 이용하는 물통에서 낙타들에게 물을 주고 있다. 그는 그의 주인 아들을 위해 약혼녀를 찾아 이곳에 왔고, 이곳에서 그녀를 만날 것이다. 그녀의 이름은 리브가다. (그리스 신학 사본 31, 창세기 세밀화, 6세기 3사반세기, 국립박물관, 빈)

68. 〈아기 목욕시키기〉 아기를 무릎 위에 앉힌 산파가 아기를 목욕시키기 전에 하녀가 더운물을 붓고 있는 굽이 달린 대야에 손을 넣어 온도가 적당한지 살피고 있다. (프레스코, 1265년경, 성삼위 교회, 소포차니 수도원, 세르비아)

69. 〈왕실 식기〉 하녀가 쟁반 위에 컵 하나와 소형 카라프(물, 포도주를 담는 식탁용 물병—옮긴이) 두 개를 담아 가져가고 있다. 이것은 왕실 공간에서 벌어진 장면이다. 이 교회는 세르비아 왕 스테판 우로슈 2세 밀루틴(재위 1282-1321)에 의해 세워졌고 화가들은 콘스탄티노플 본을 따랐다. (프레스코, 1314, 성 요아킴과 성 아나 교회, 스투데니차 수도원, 세르비아)

70. 〈잔치〉 부자(욥의 한 아들) 집 잔치 풍경. 카라프 하나, 굽 달린 그릇 하나, 유리컵 몇 개, 나이프 몇 개, 모자를 쓴 손님들, 너울을 쓰고 잡담하는 부인들, 그녀들에게 말을 거는 집주인, 먹을 것을 달라고 하는 개, 양푼을 들고 가는 하인, 꼬챙이에 꿰진 닭을 들고 가는 하인이 보인다. 테이블 큰 접시 위 구운 새끼 돼지를 막 자르려고 하고 있으며, 손이 미치는 거리에는 손잡이와 주둥이가 달린 큰 물 항아리도 있다. (그리스 사본 135, 욥기 주석본, 마누엘 쥐칸딜로스의 세밀화, 1362, 국립박물관, 파리)

71. 〈곰 사냥〉 두 나무 사이로 유인되어 2열의 쇠꼬챙이 밑을 통과하도록 몰린 곰이 그물 덫에 걸렸다. (그리스 사본 2736, 오피아노스 저작집, 15세기, 국립박물관, 파리)

72. 〈돼지 사육〉 목동이 떡갈나무 위에 올라가 막대기로 도토리를 쳐 떨어트려 돼지가 도토리를 포식하도록 한다. 그의 동료 목동은 작대기에 몸을 기대고 그가 하는 일을 바라본다. (그리스 사본 74, 복음서 세밀화, 11세기 3사반세기, 국립박물관, 파리)

73. 〈과실 따기〉 과실을 따기 전에 서리꾼 새들을 쫓아야만 한다. (그리스 사본 2736, 오피아노스 저작집, 15세기, 국립박물관, 파리)

74. 〈군주의 수행원〉 젊은 처녀들이 대열을 이루어 그녀들의 벗을 행사장으로 데려가고 있다(성모 입당 장면). 의식을 치르는 여자는 흰 너울을 두르고, 깃과 아랫단에 수를 놓고 허리께를 조인 드레스를 입고 있으며, 다른 여자들은 머리를 땋아 리본으로 묶고 허리띠 없는 드레스를 입었다. 그녀의 어머니 한나는 너울을 두르고 어두운 색 옷을 입었다. (프레스코, 1314, 성 요아킴과 성 아나 교회, 스투데니차 수도원, 세르비아)

75. 〈악사(樂士)들〉 악사는 쌍피리를 연주하며, 고수는 북채로 네 개의 탬버린을 치며 반주한다. (그리스 신학 사본 31, 창세기 세밀화, 6세기 3사반세기, 국립박물관, 빈)

76. 〈아버지의 축복〉 비탄에 잠긴 아내 앞에서 노인(야곱)이 죽기 전에 자녀들을 축복하고 있다. (그리스 신학 사본 31, 창세기 세밀화, 6세기 3사반세기, 국립박물관, 빈)

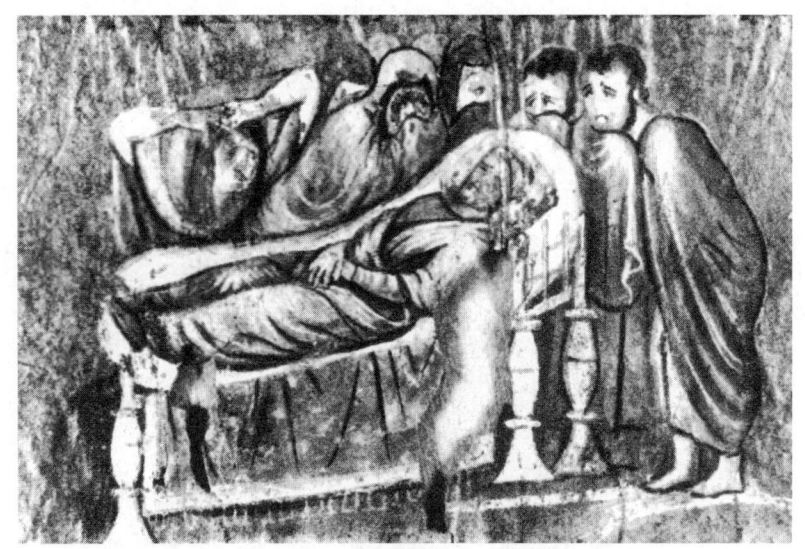

77. 〈죽음〉 숨을 거둔 노인(야곱)이 가족들에게 둘러싸인 채 높게 마련된 침대에 안치되어 있다. 그의 손은 포개지고 머리는 베개에 파묻혔다. 곡 하는 여자가 머리를 쥐어뜯고 몸을 비틀며 곡을 하고 있다. (그리스 신학 사본 31, 창세기 세밀화, 6세기 3사반세기, 국립박물관, 빈)

78. 〈거리 공연〉 피리 주자가 광대를 춤추게 하고 있다. (프레스코, 11-12세기, 성 소피아 성당 남탑, 키예프)

79. 〈키타라 주자〉 악사가 현 하나를 움켜쥔 왼손으로 가슴 높이에 놓인, 공명통과 6줄 현으로 된 악기를 쥐고 오른손 엄지와 집게손가락으로 활을 켜고 있다. (프레스코, 11-12세기, 성 소피아 성당 남탑, 키예프)

80. 〈동방의 댄서〉 (이집트산 아마포 바탕에 양모로 짠 벽걸이 양탄자, 6-7세기, 루브르 박물관, 파리)

81. 〈지진〉 최후의 심판을 묘사하는 그림에서 화가는 최후의 지진을 그렸다. (프레스코, 16세기, 디오뉘시오스 수도원, 아토스산)

82. 〈장엄한 행렬〉 마케도니아 서부 세르비아 왕 마르코(1335년경-95, 재위 1371-95)의 교회에서 벌어지는 행사 장면. 고위 성직자들과 고관들이 부활제 전 세 번째 토요일 아카티스토스 축일을 쇠고 있다. 아카티스토스는 성모를 기려 서서 부르는 유명한 찬미가 이름이다. 이콘은 바퀴가 세 개 달린, 진주로 장식된 화려한 천을 두른 대 위에 놓여 있다. (프레스코, 성 드미트리 수도원, 14세기 후반, 스코피에 부근, 북마케도니아)

83. 〈신도들의 기도〉 (그리스 사본 1162, 코키노바포스의 야코보스 수도사의 성모 찬미 설교집 세밀화, 12세기 2사반세기, 바티칸 도서관, 로마)

84. 〈최후의 심판〉 사도들, 성모, 선구자 요한 가운데 보좌에 자리 잡은 판토크라토르 그리스도 밑으로 거룹들과 치천사들이 있어 하늘 세계와 지상 세계를 갈라놓는다. 지상 세계 중앙에 있는 빈 보좌는 '헤토이마시아'라 불리는데, (그리스도 재림의) '준비'란 의미다. 죽은 자들이 천사의 나팔 소리로 소집되는데, 어떤 자들은 검은 꼬마 악마들에게 붙잡혀 있고 어떤 자들은 천사들에게 붙잡혀 있다. 살아 있는 유력한 남녀 속인, 성직자들은 성모와 성인들의 자비와 중재를 간청한다. 한 천사가 저울을 쥐고 있고 두 악마가 유심히 살핀다. 따로 떨어진 한 무리의 아이들은 이미 요셉 성인이 보호하고 있다. (그리스 사본 74, 복음서 세밀화, 11세기 3사반세기, 국립박물관, 파리)

제5장 경제

 토지, 햇빛, 공기와 같은 모든 피조물은 신의 소유며, 신은 인간에 대한 크나큰 사랑에서 인간에게 지상 대리자 황제의 책임하에 그것들을 향유할 권리를 부여했다. 황제는 창조자가 그에게 맡긴 모든 물질적 부를 공정하게 분배할 임무가 있다. 기독교적 사고는 이렇게 유일한 주권자에게, 따라서 국가에 모든 생산 자원과 그 이용을 관리하도록 위임한다. 여기에 이론과 실천 간 명백한 모순이 존재했다고는 보이지 않는다.

토지

 비잔티움 국가는 토지 보유자이므로 토지 이용에 대한 이해관계가 있으며, 그것은 경제적·세무적 관점 양면에 걸쳐 있으며, 이중 세무적 이해관계는 다른 모든 이해관계에 우선한다. 일부 연구자들은 이를 인정하기를 주저하나 이것을 단호하게 부정하는 사람도 거의 없다. 내가 보기에 행정 표어 '토지는 세금을 내는 자의 것이다'는 이점에 대해 충분한 확신을 준다. 11세기 말 알렉시오스 1세는 콘스탄티노플 북쪽 흑해 변 필레아호 근처 데르코스 지역에 살고 있던 유명한 금욕수행자 키릴로스 필레오토스를 방문했을 때 그와 다음과 같은 대화를 나누었다.

"신부님, 이 작은 수도원은 누구의 것입니까?"
"이 다 쓰러져가는 수도원은 우리 조상들이 우리에게 물려주신 것입니다. 그리고 제가 오기 전에는—키릴로스는 그의 친형제를 가리키며 말했다—이 수도사가 거주했습니다. 그는 하느님이 도와주시는 가운데 땀과 노력을 바쳐 보시다시피 이렇게 수도원을 일구었습니다. 그리고 저희는 변변치 못한 인간으로서 저희, 그리고 폐하, 그리고 온 세상의 구원을 위해 하느님께 기도하며 이곳에 살고 있습니다."
황제가 물었다.
"수도원이 현재 보유하고 있는 토지는 처음부터 수도원 것이었습니까, 아니면 당신들이 취득한 것입니까? 그렇다면 어떻게 취득했습니까?"
"제가 말씀드렸듯이 이 땅은 세금이 매겨진 작은 땅을 저희의 노고로 일구어 저희 것이 됐습니다."
"당신 말씀대로라면 이 땅은 세무 당국, 그러니까 국가 소유가 확실합니다. 그렇지만 이 시점부터 과인은 당신의 거룩한 기도에 대한 보답으로 이 땅을 수도원에 증여하고, 이와 함께 국가가 이 땅에 대해 가진 모든 세금을 양도하겠습니다. 그리고 과인은 수도원의 토지를 국가의 국가로부터 해방하고 세금을 수도원에 귀속시키겠습니다. 과인은 수도원에 모든 세금 부담을 면제하는 금인칙서(金印勅書, chrysobulle)를 써주겠습니다."

그리고 황제는 그의 말을 실천했다.

키릴로스 수도사와 그의 형제의 기부, 구입, 교환, 상속에 의한 재산 취득은 그들에게 진정한 의미에서의 소유권을 부여하지 않았다. 그러므로 국가야말로 토지 소유자이며, 이 자격으로써 황제는 그가 원하는 대로 토지에서 나오는 수입을 처리한다. 10세기 바실레이오스 2세는 40년 이상 토지를 소유해온 자들의 합법적인 소유권을 일반 이익의 관점에서 무효화하고, 그렇게 취득한 '소유권을 뒤집는다'고 주장할 수 있었던 것이다. 따라서 내 생각에는, 이것은 국가의 제국 토지에 대한 '우월한 소유권'(propriété supérieure)으로 볼 것이 아니라, 군주에 의해 관리되는 공적 토지의 개념으로 보아야 할 것이다. 비잔티움에는 우리가 현재도 사용하는, 지상 한 부분에 대한 로마법적 토지소유자는 없으며, 단지 다양한 수준의 점유자들이 있을 뿐이다. 이렇게 국가는 반역자의 토지를 몰수하기도 하지만, 또한 어떤 이의 토지를 재판 없이 간단한 행정조치만으로 빼앗거나 아무에게라도 토지를 교환하도록 강제할 수 있었다. 마찬가지로 국가는 세속·성직의 유력자들에게 세리들이 거둔 세금의 일부를 하사했는데, 직접 이러저러한 농촌공동체에 부과되는 세금을 하사하거나 혹은 10세기 이후처럼 일정 수의 농민과 그들이 부담해야 할 세금을 하사했다. 그렇지만 모든 토지나 농민의 양도, 따라서 거기에서 나오는 수입의 양도는 군주의 선물로 간주됐다.

군주의 첫 번째 관심사는 언제나 토지의 경작을, 그가 기대하는 현물 혹은 화폐 세금 징수를 보장하는 사람들에게 맡기는 것이었고, 초보적인 토지 이용 형태를 고려하면 농촌 인력 사정, 따라서 농촌 인구의 증감이 가장 중요한 문제였다.

자료의 부족과 계량화를 위한 기준의 부재 속에서 제국의 농촌 인구 곡선을 그리는 것은 아마도 영원히 불가능한 일일 것이며, 일찍이 8-15세기간 제국 전체 인구에 대해 제시된 1,500에서 2,000만 명이란 숫자는 순전한 가설 차원을 벗어나지 않는다. 그 외에도 농촌 인구는 분명히 지역별로 많은 편차가 있었으며 — 지리 개황(槪況)은 우리에게 얼마나 지역들이 다양할 수 있는지를 보여주었다 — 토양의 질과 비옥도와도 밀접한 관련이 있었다. 게다가 9세기 이래 많은 마을이 숲을 희생해가며 새로 생겨나거나 확장됐다고 볼 근거가 있다. 사람들은 숲과 잡목 숲을 쳐내고 불살라 늘어나는 인구를 거주시켰다. 이 시기 마을의 규모에 대해 알려진 것은 없으나 추정에 의하면 13-15세기 마케도니아의 예를 통해 알 수 있는, 50-1,000명을 헤아린 마을들보다는 훨씬 컸을 것이다.

 이 시기 어떤 지역에서 출생률은 대략 100명 당 22인이었는데, 평균해서 남아 19명당 여아 14명의 비율이었다. 그러나 성년에 도달하는 아이들 수는 한 가족당 두 명에도 미치지 못했다. 실제 사망률은 늘 매우 높았다. 그 첫째 원인은 영양실조였다. 식료품은 지역별로 달랐는데, 식용 기름, 채소, 해안 가까운 곳에서 갓 잡거나 햇빛에 건조시킨 생선, 맥주의 일종으로 보이는 술은 모두가 알고 있었고, 여러 가지 곡물로 만든 빵도 물론 그러했으나 작은 가계 예산의 3분의 1을 차지했고, 사냥한 짐승의 고기와 더불어 가장 흔했던 돼지고기는 살림이 넉넉한 사람들만 먹을 수 있었고, 과일은 흔하지 않았다. 가난한 사람들은 보리죽, 치즈, 그리고 완두콩, 잠두, 강낭콩 같은 콩류로 입에 풀칠해야 했다. 단백질 부족은 저소득 계층 사람들을 특히 위생 불량이 원인인 질병들에 노출시켰다. 드물지만 인구를 격감시킨 전염병은 제쳐놓고서라도, 수많은 풍토병이 있었다. 이집트 녹내장, 장티푸스, 천연두, 수많은 형태의 간질과 히스테리 같은 것들이 구마(驅魔) 의식 기도문에서 기술되고 있는데, 그것은 이 질병들이 마귀나 마법사들 때문에 일어난다는 믿음 때문이었다. 그 외 도시에서 맹위를 떨친 성병, 늑막염, 그리고 안기나(구협염), 류머티즘 관련 질병들 같은 치명적이진 않지만 주민들을 괴롭힌 다른 질병들이 10세기 후반 비잔티움령 이탈리아에서 활동한 유대인 의사 샤브타이(일명 돈놀로)의 약방문에서 발견된다.

바실레이오스 1세의 가족력을 일별하면 최상위 계층에서조차 질병들이 얼마나 맹위를 떨쳤었던지 알 수 있다. 황제는 농민 출신이고 소문난 장사였다. 그는 두 번의 결혼을 통해 적어도 다섯 명의 아들과 네 명의 딸을 얻었고, 한 명뿐인 손자, 한 명뿐인 증손자, 한 명뿐인 고손자가 생존했고, 세 명의 6세 손녀 후 대가 끊겼다. 그의 아들 중 한 명은 아기 때 죽고, 한 명은 환관이 됐고, 두 명은 자식 없이 죽었다. 넷째 아들 레온 6세는 세 명의 아내와 사별했고, 그 자신은 45세 때 죽었다. 그의 맏아들은 세례를 받고 얼마 되지 않아 죽었고, 둘째 아들은 노년까지 살아남았으나 불구였다. 11세기 문인으로 고관이었던 미카엘 프셀로스의 자서(自敍)에 따르면, 그는 세 명의 자식이 있는 집의 셋째였는데 그의 손위 누이는 젊어서 죽었고, 그의 무남독녀는 14세 때 천연두가 앗아갔다. 알렉시오스 1세에 의하면, 80-90세 혹은 이따금 그보다 더 오래 산 금욕수행자들을 제외하고, 비잔티움인 중 60세를 넘기는 사람은 드물었다. 외부 유입으로 일시적으로 인구과잉이 된 몇몇 지역, 토지 자원이 풍부한 지역, 혹은 피난처가 된 지역을 제외하곤 비잔티움 제국 전체 농촌 인구밀도는 매우 낮았다고 보아야 하며, 유감스럽게도 그것은 추정치조차 산정이 불가능하다.

토지 경작 방식

인구변천 양상은 그 가장 명확한 투영 중 하나를 개략적으로 그려

볼 수 있는 농촌 토지 이용의 역사에서 찾을 수 있다. 4세기 탄생하고 있던 비잔티움 제국은 로마식 대장원의 해체를 경험했다. 이집트 농 경영의 예에서는 고고학자들이 시리아 북부에서도 발견한 바 있는 분산 소경영 단위들을 볼 수 있으며, 농사는 농민공동체가 주체였으며, 대토지 경영은 경지의 6분의 1을 넘지 아니했다. 그러므로 소농 체제가 일반적이었던 듯하다. 다음 세기 이러한 경향은 지속되어 작은 올리브 재배 지역들 같은 부유한 단작(單作) 경영 지대에서는 '대토지 소유의 소멸'(G. 찰렌코G. Tchalenko)에 이르기도 했다. 그러나 다른 곳에서는 대장원이 특혜받고 면세된 토지의 집적이 점차 강화되어가는 추세 아래 재건됐다. 토지보유자들은 드물게 부농이기도 했으나, 대부분의 기간 동안 원로원 의원 중 가장 유력한 자들, 관리들, 특히 주교좌 교회였는데, 주교좌 교회는 지중해 지역 한쪽 끝에서 다른 쪽 끝까지 이르는 곳에서 대토지 소유와 행정·사법 권한을 겸병하고 있었음이 확인된다.

이 대장원 경영과 국가 행정 활동의 밀접한 관계는 6세기 전 기간 동안 얼마간 명료한 형태로 나타난다. 시칠리아의 예는 하나의 표본이 될 수 있다. 경작지, 그러니까 밀 경작지는 몇몇 대단위 경작자의 소유였는데, 그들은 국가, 로마 교회, 라벤나 교회, 밀라노 교회, 카노사 교회 등의 교회들이었고, 그리고 부유한 개인 소유자들도 있었는데, 콘스탄티노플에 거주하며 그녀의 딸을 이집트에서 가장 부유한 집 자제 아피온 3세와 결혼시킨 루스티키아나 같은 로마인이었다. 국가 영지는 프로쿠라토르라 불린 징세 청부인들에 의해, 루스티키아나의 영지는 비케도미니(vicedomini)라 불린 집사들에 의해, '성 베드로의 유산'이라 불린 교황의 영지는 두 명의 렉토르에 의해 경영됐다. 토지는 장기간 차지(借地) 계약을 체결한 엠퓌테우테스들에 의해 간접적으로, 특히 자유 소작인(colon libre)들에 의해 경작됐다. 이 소작인(콜로누스[1])들은 농촌 동업조합의 일종인 농민단체로 조직됐으며 지역의 세수를 책임졌는데, 노예, 해방 노예, 혹은 소작인인 콘둑토르(conductor)의 지도를 받았다. 콘둑토르는 지주의 하청인으로서 현물 혹은 화폐로, 대략 전체 부담액의 57퍼센트를 차지하던 국세, 임대료, 부대(附帶) 세금을 징수하고 부역을 시켰다. 소작인은 토지와 결부되어 있었고, 개인 명의로 소유할 수 있었고, 세금과 부대비용(1-4노미스마)을 내면 잉여 생산물을 그가 원하는 가격에 내다 팔 수 있었다. 소작인은 병역의무를 졌다. 소작인의 또 다른 부류로 피기장인(被記帳人, adscrit)이 있었는데, 이들은 반(半)노예로서 인구조사 시 그들의 주인 이름 아래에 기재되며 주인이 그들의 세금을 부담했다. 토지는 노예로 경작되기도 했다.

대토지 소유주는 토지대장을 작성해 팔린 토지나 증여된 토지는 줄을 그었으며, 영지 관리인은 그 요약본을 가지고 있었다. 영지 면적은 지역별로 편차가 있으며, 매년 500-1,650노미스마의 수익을 올리는 시칠리아나 이집트의 영지들은 이탈리아의 그것들보다 훨씬 컸다. 경작자 중 낮은 서열로는 의심의 여지 없이 시칠리아 동쪽 연안 릴리베오[2]의 한 수도원을 들 수 있을 것인데, 이 수도원은 그 설립 자본으로 어린 노예 세 명, 성인 노예 다섯 명, 황소 세 쌍, 양 40마

---

[1] 콜로누스 제도: 원래 이집트에서 행해졌으나 로마 제국 후기 서방에서 노예를 기반으로 한 대농장(라티푼디움)이 노예의 감소·생산성 저하에 직면했을 때 노예에게 토지를 할당하고 지주와 생산물을 나누기로 한 경작 형태. 콜로누스는 예속농으로서 토지에 결박되어 땅을 처분할 수 없었으나 주인이 쫓아낼 수도 없었다. 그러나 독립 소작농, 피기장인 등 지역에 따라 경작 조건이 달랐다. 동방에서는 그 실체가 확실하지 않다. 6-8세기로 오면 동방의 경작인들은 거의가 독립농이었다. 콜로누스는 아마도 농부를 지칭하는 법전 용어였을 것이라고 한다.

[2] 지금의 마르살라.

리, 암말 10필, 암소 10마리, 포도밭 4필지를 받았는데, 매해 힘겹게 14노미스마 수입을 산출하는 분량이었다. 서열의 다른 끝에 있는 시칠리아 성 베드로 유산 농장들은 매해 33만 노미스마 이상의 수입을 올렸다. 라벤나 교회 영지들은 총독령 수도에 도시 식량으로서 한 해에 밀 5만 모디오스, 다른 곡물들, 채소류를 3만 1,000노미스마 제공했고, 그중 만 5,000노미스마는 콘스탄티노플로 가는 세금이었다. 제국 다른 곳에서처럼 이곳 교회도 '집'(희랍어 '오이코스', 라틴어 '도무스')의 명의로 세금 징수에 참여하며, 다른 곳과 마찬가지로 자신의 소작인들(단체 혹은 개인)에게서 자유로이 징수하는 세금의 일부를 할당받으며, 세금을 직접 해당 관청에 납부한다.

 영지의 목적은 제국 전역에서 농민에게 지대(地代)나 생산물을 징수하는 것이었으며, 생산 증대는 생산 그 자체를 위해 추구되는 것이 아니었다. 회계장부는 진정한 회계 상황을 보여주는 것이 아니었고, 세금을 할당받은 자들이 그들의 입찰견적서를 잘 지켰는지 확인하기 위한 것이었다. 수입은 상당한 수준에 이르기도 했지만, 영주가 큰 도시에 살고 있을 땐 상당한 수준의 영주의 비싼 생활비, 인력 유지·감독 비용, 경비(警備)·관리 비용에 쓰였고, 거기에 선전 비용까지 들어가며, 자선 기부와 유흥비로 쓰이기도 했다. 생산적인 활동에는 거의 투자되지 않았고, 한 어림셈에 따르면 그것은 8퍼센트를 넘지 않았다. 그렇지만 비잔티움령 서방, 이집트, 팔레스티나에서 6세기는, 비록 그 결과물들밖에 식별할 수 없지만, 농업 변화와 개선의 시기였다. 밀 단작은 복합재배에 자리를 내주어, 포도·채소·사료작물, 이집트에서는 종려, 섬유·염료 식물이 상당한 비중을 차지하게 됐고, 시칠리아 같은 곳에서는 올리브 재배가 활성화됐고, 닭·돼지·양·소·말과(科) 동물들을 키우는 목축업이 대두했으나 강제로 감축됐고 그 인력들이 다시 농업으로 되돌려졌다. 이 시기에는 또한 저수지·수로 관개시설이 확충·정비된 것을 볼 수 있는데, 적어도 동방에서 2-4헥타르 규모의 소농 경영에 맞는 개인 수문(水門) 증대가 이루어졌다. 이 규모는 농부 한 명과 그 가족을 부양하기에 충분한 규모로 생각된다. 이러한 텃밭 경영이 비잔티움인의 농업으로 자리 잡은 듯하다(장 가스쿠Jean Gascou).

노예와 소작인을 쓴 고대 대장원 경영의 마지막 형태는 7세기에 사라지는데, 아직도 이러한 변화로 대변되는 경제·사회 구조 변화를 설명할 방법은 없다. 실제로 9세기 비잔티움 전원은 상당히 다른 모습으로 나타나는데, 그것은 독립 농민 마을들과 특권 귀족 소유의 방대한 농장들로 채워진 것이다. 이때부터는 인두세와 지세가 분리되어 모든 농촌 주민에게 부과되고, 군인 토지를 보유해 납세와 병역의 의무가 있는 농민과 그러한 의무가 없는 농민 사이의 경제적 차별이 완전히 사라진다. 많은 인구의 유입으로 더 이상 농업에 일손이 부족하지 않게 됨에 따라 농민은 주거를 옮길 수 있게 된다. 토지 경작은 두 가지 유형으로 나뉘는데, 하나는 농장 소유의 토지로 둘러싸인 고립된 대농장이며, 더욱 흔한 형태는 우물을 둘러싸고 집들이 다닥다닥 붙은 작은 촌락으로, 각각의 집은 마당과 텃밭을 가지고 있으며, 수원(水源)과 토질이 이 주거 형태의 구조를 결정한다. 몇몇 촌락 근처에는 작은 가족 소유 우물들이 한곳에 모여 있고, 이 우물들로 빗물이 흘러 들어가 그 물이 주민들에게 식수가 될 뿐만 아니라 관상(冠狀)으로 마을 주위에 펼쳐진 텃밭들을 적시는 모습도 관찰되고 있다.

거주 중심 지역 바깥으로는 농민들의 경작지가 펼쳐져 있다. 각각의 농민 소유지는 분산된 필지들을 포함하는데, 이 필지들은 과수원, 텃밭, 포도원일 경우 종종 울타리가 쳐져 있고, 경지는 개방되어 있다. 목초지, 숲, 그리고 가끔 경작에 덜 적합한 토지나 일시적으로 방기된 토지는 농민 공동 소유이나, 모인(某人)에게 귀속될 수도 있다.

비잔티움 농민의 주업은 주요 수입원이 되는 밭농사나 포도원·채소밭·양봉은 그의 생활에 약간의 윤택을 가져다준다. 쟁기를 끌고 수레를 끌기도 하는 역축 소유는 그의 재산 정도를 가늠하는 표준이다. 마을의 가축들은 가축 마릿수에 따라 주민들이 분담하는 돈으로 고용된 가축지기가 함께 돌본다. 얼마간의 물방앗간 혹은 풍차 방앗간도 마찬가지로 공유(公有)이다. 농민은 농기구와 의복을 언제나 가까이 있는 도시에서 조달한다. 마을에는 장인이 없지만 정기시(定期市)가 있어 교역이 가능하다.

이 시기 최고조에 달한 대토지 소유는 9세기 후반 다니엘리스[3]라고 하는 과부가 황제에게 남긴 유산을 보면 알 수 있다.

"막대한 양의 금화, 금·은·동제 집기들, 의복류, 노예, 가축 등의 부는 모든 사인(私人)의 소유를 능가했고 거의 군주 규모였다. 노예는 그 수가 너무나 많아 그들 중 3,000인은 황제의 허락을 받아 면천하고 롱고바르디아 테마에 보내어 거주하게 했다. 그녀의 모든 재산, 돈과 노예들은 그녀의 유언장 지시대로 나누어주었다. 그러고 나니 그녀의 상속자 황제〔레온 6세〕 개인 몫으로 80개소의 영지가 남았다."

부농은 광대한 토지를 소유하고 넓은 면적을 경작해 현금 혹은 현물로 정기수익을 올리고, 수많은 가축을 사육하며, 토지를 사거나 임대한다. 자신의 토지를 경작할 수 없는 가난한 농민은 토지를 단기간 반타작으로 임대하거나 장기간 임대하는데, 이때는 생산물의 10분의 1밖에 받지 못한다. 생활에 여유가 있는 농민은 자신의 잉여 생산

---

[3] 이 책 448쪽에 나온 인물.

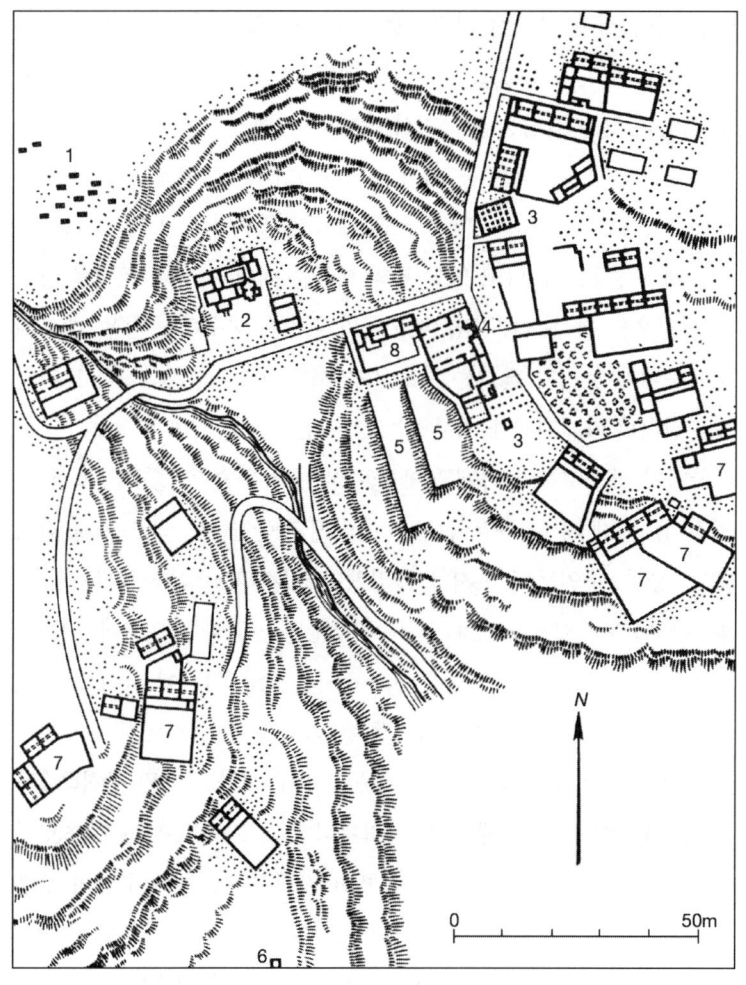

7. 5세기 시리아 세르질라 마을 평면도
(R. Krautheimer, *Early Christian*…, p.107)
1. 석관 2. 목욕탕 3. 압착기 4. 교회 5. 대지 6. 피라미드형 무덤 7. 집 8. 우물(?)

물을 마을 경계 밖까지 경작지를 확대하는 데 활용하고, 만일 충분한 자본금과 설비가 있으면 마을을 떠나 마을 밖에 집을 짓고 그곳으로 자신의 활동 거점을 옮기기까지 한다. 이렇게 마을 주변에 소유주에 의해 경작되는 작은 농토(아그리디온)나 노예, 임차인에 의해 경작되는 규모가 큰 영지(프로아스테이온)가 생겨난다. 양자 모두 마을 공동체 구성원으로 남고 그들 몫의 세금을 낸다. 마을이 토지를 상실하는 경우는 세금을 내지 않아 국가가 토지를 회수하는 경우, 대토지 소유주에게 토지가 팔리는 경우, 수도사나 독신자(篤信者)가 토지를 수도원이나 자선기관에 기부하는 경우다.

국가가 상공업을 강하게 통제한 결과 수입은 농촌 영지 구입에 돌려졌다. '힘센 자'(뒤나토이)들은 이렇게 가난한 자들의 토지를 잠식했고, 농민·군인들의 토지를 매입했다. 비잔티움 국가의 세무와 국방은 테마 분권화의 틀 안에서 독립 소경영 농업과 결부되어 있었고, 이러한 상황에서 국가는 납세자와 병사를 잃을 위험에 놓여 있었다. 10세기 황제들은 토지 소유의 집중을 막고 농촌의 소토지 소유자들을 보호하려 온갖 입법조치 — 이웃 토지에 대한 선매권 강화, 927-928년 흉작이 들었을 때 실제 가격보다 낮은 가격으로 매수된 토지를 옛 주인에게 되돌려주도록 강제한 판결, 기병 혹은 수병의 생계 유지에 드는, 금 2-4파운드 상당의 '군인 토지' 취득 금지, 교회 재산 증가 억제, 몰수, 부유한 사람들이 농민이 연체한 세금을 물도록 강제하는 조치 — 를 취했다. 하지만 그 어느 것도 소용없었다. 작위 소유자들과 고관들은 저축과 수탈로 모은 돈을 토지에 투자했고, 대토지 소유자들은 중앙 권력에 맞서 한 덩어리가 되어 저항했다. 바실레이오스 2세가 죽고(1025) 중앙 권력이 약해지자 정부는 세금을 거두기 위해 점점 더 징세 청부 제도에 의존하게 됐고, 대토지 소유자들의 토지 약취(掠取)를 방관하게 됐다. 11세기에 독립 농민들이 존속하긴 했으나 대토지 소유주들, 그리고 그들의 예속 농민들에 비해 소수였던 듯하다.

9-11세기간은 정복 전쟁의 영향으로 농업 지역이 확장되고, 제국 주요 지역들(아시아, 발칸반도, 섬 지역, 비잔티움령 이탈리아)의 경제 상황은 모종의 균형 상태에 이른 듯하다. 가장 부유한 지역들은 호황을 맞았다. 그러나 이러한 성장은 농업구조에 아무런 변화도 가져오지 않았다. 큰 소유지들에서조차 토지 이용은 가족적이고 간접적인 방식에 머물렀고, 투자는 오직 영지를 확장하고 궁정의 작위를 돈으로 사는 대토지 소유주들에게만 한정됐으며, 다른 사람들은 현상 유지에 그쳤다.

대영지들이 중앙 권력에 저항하는 투쟁을 벌였을 때 그것들이 어떤 조직으로 되어 있었고, 그 안에서의 생활이 어떠했는지에 대해 알려진 것은 거의 없다. 그렇지만 대농장 중 두 군데, 즉 11세기 중반에 우스타티오스 보엘라스의 농장과 1073년 안드로니코스 두카스의 농장 두 곳에 대해서는 개략적인 모습을 그릴 수 있다. 보엘라스는 프로토스파타리오스로서 크뤼소트리클리노스 궁전 책임관 겸 집정관이었는데, 그의 재산이 있던 카파도키아를 그가 밝히지 않은 어떤 이유로 떠나 소아시아 국경에서 멀지 않은 곳 어딘가에서 다시 재산을 일구었다. 그의 유언장에 나와 있는 그의 재산목록을 보면, 그는 그가 짓고 기부를 한 테오토코스(생신녀) 수도원에서 멀지 않은 곳에 집을 짓고 살았다. 그는 다수의 촌락(우지케, 쿠스파크라티, 코르테리우, 쿤세리아, 이사이에)을 통째로 경영하고, 파라부니온 마을은 그 일부를, 그리고 바르타·부지나·탄추틴 같은 영지(프로아스테이온) 몇 군데를 경영했다. 그는 또한 성 바르바라 수도원도 관리했는데, 이곳에는 그의 모친, 아내, 젊어서 죽은 아들 로마노스가 묻혀 있으며, 그 또한 이곳에 묻힐 예정이었다. 그의 토지 자산은 목초지, 포도원, 채소밭, 경작지로 되어 있는데, 그는 이곳에 관개수로, 물방앗간을 설치했으며, 약 20명의 노예와 많은 가축을 소유하고 있다. 그는 테오토코스 수도원에 금·은제의 성 집기류, 고가의 성상(聖像)들, 성유물함, 고가의 전례용 의상을 제공했고, 66권의 장서를 보유한 도서관을 차려주었다. 그 장서 중 절반은 전례서들(신·구약, 시편집, 쉬낙사리온, 트리오디온, 콘타카리온, 헤이르몰로기온 등)로서 호화롭게 장식된 복음서 초록이 한 권 포함되어 있으며, 그 나머지는 신학·수행 실천서(카이사레이아의 바실레이오스, 요안네스 크리소스토모스, 나지안조스의 그레고리오스, 살라미스의 에피파니오스, 펠루시움의 이시도로스, 요안네스 클리마코스, 시나이의 아나스타시오스, 성 사바 수도원의 안티오코스 저『성서 문선』, 다마스쿠스의 요안네스 등)와 교육적 서적(요안네스 모스코스의『영적 초원』, 시므온 메타프라스테스의 성인전, 순교자 행전, 안토니오스의『꿀벌』, 파테리콘 등), 법률·교회법 모음, 세속문건(문법, 병서, 연대기, 아킬레우스 타티오스의 따분하고 부화浮華한『레우키페와 클리토폰의 모험』, 에페소스의 아르테미도로스의『꿈의 해석』등)으로 고르게 나뉜다. 보엘라스의 토지 자산은 아마 금 400파운드를 웃돌 것이다. 그는 세금을 내고 있고, 토지를 (적어도 몇 군데) 임대하고 있다. 탄추틴 토지 임차인이 목초지 사용료 외에 매년 80노미스마를 지불하고 있기 때문이다. 죽기 전 보엘라스는 그의 마지막 노예들(그중 한 명은 필경사였다)을 면천하며 그들에게 준 적립금(페쿨리움) 액수, 즉 그들 모두에게 준 60노미스마를 확인하고, 만일 그들이 원한다면 그의 상속인들을 위해 급료를 약정하고 일할 수 있도록 배려하고 있다.

미카엘 7세는 그의 형제 안드로니코스 두카스에게 소아시아 밀레토스 지역 알로페카 징세 구역에 있는 여덟 개 영지(프로아스테이온)와 그곳에서 나오는 수입을 증여하는데, 1073년 3월 총대주교청 소속 공증인 아담 마주케스가 작성한 목록은 다음과 같다.

바리스[4] 소재 영지
- 짝을 맞추지 않은 돌을 석회 모르타르로 접착해 세운 교회. 교회는 여덟 개의 기둥 위에 둥근 지붕으로 덮여 있고, 잘 보존된 내진 후면 회랑(déambulatoire), 현관홀(나르텍스), 주교좌(tribune)가 있다. 교회는 대리석을 깔았고 13매의 성상, 성 집기류, 가구, 전례서 몇 권을 보유하고 있다.
  ―건물류
- 대저택 한 채[주인집]. 십자가 모양을 한 커다란 응접실은 네 개의 기둥이 떠받히는 둥근 지붕으로 덮여 있고 그 주위에 방이 네 개 있다. 대리석을 깐, 천장이 없는 테라스가 집을 둘러싸고 있으며, 테라스에는 문이 없다.
- 터를 파서 세운 목욕탕 한 채. 기와로 된 지붕이 있었으나 지금은 없으며, 건물 외장 일부분은 대리석이다.
- 황폐한 건물 몇 채.
- 터를 파서 세운, 기와로 덮인 큰 농가. 문이 없다.
- 필로포티온[5]이라 불리는 개간되지 않은 작은 포도밭.
- 올륀티논이라 불리는 곳의 과수원과 과수들. 울타리가 없다.
- 주인집 근처 다른 과수원 한 뙈기. 목초지로 변했고 도토리나무 두 그루와 배나무 한 그루가 있다.
- 필로포티온이라 불리는 곳의 다른 올리브 과수원.
- 밭으로 변한 곽시마데스의 채소밭.

---

4) 현 튀르키예 서부 이스파르타.
5) '마시기를 좋아함'이란 뜻.

- 아리발레에 있는 과수원 1필지와 경지 한 뙈기.
- 올륀토스 영지의 떡갈나무 숲.
- 주인집에 딸린 목초지. 40모디오스(약 3.5헥타르).
- 주인집에 있는 종자. 밀 260모디오스(대략 2,600킬로그램), 보리 150모디오스, 파바콩 50모디오스, 아마씨 5모디오스, 비축용(이하 동) 밀 124모디오스, 보리 60모디오스, 아마씨 8모디오스.
- 물소 두 쌍, 황소 한 쌍.
- 두 쌍의 가축용 쟁기 두 채. 장비 포함.
- 쇠테를 두른 청동제 되 하나.
  —하인: 아무도 없음. 모두 사망.
  —농가 수입.
- 성 엘리야산 방목료·가축몰이 비용 혹은 프티노포리콘(가을세) 2노미스마.
- 올륀토스 숲 도토리(돼지 방목 허가) 값 114노미스마.
- 소가 뜯는 풀 값 5노미스마.
- 베르빌롱 마을(commune rurale) 판티제스의 정기 납부금 1노미스마.
- 올리브 나무 12노미스마.
- 아루발레스 영지 정기 납부금 1노미스마 반.
- 나마타(샘들) 수도원이 95모디오스 반 되는 토지에 대해 내는 정기 납부금 4노미스마. 원래는 10모디오스(약 1헥타르) 당 임대료 1노미스마로 계산해 9노미스마 반이어야 함.
- 여인숙 6노미스마(미납).
- 테오도토스의 정기 납부금 1노미스마.
- 교회 과수원 1노미스마.
- 필로포티온 과수원 1노미스마.

- 올륀토스 과수원 1노미스마.
- 메타노이아이〔후회〕영지 임대료〔지세 일부 포함〕137노미스마 반.
- 만드라클론 소재 땅 임대료 14노미스마.
- 새 농노[6]〔예속농〕에페소스의 요안네스 다익시노스가 230모디오스〔약 22헥타르〕땅에 대해 내는 임대료 24노미스마. 그가 딴 곳으로 가서 미납 상태.
- 아클라다 목장 7노미스마. 목장이 밭으로 바뀌어 내지 않음.
- 프리나 영지 임대료 10노미스마. 종자와 올리브 열매 포함.
- 법적으로는 이 영지에 속하지 않는 500모디오스〔대략 47헥타르〕경작지에 대한 임대료 ― 10모디오스 당 1노미스마로 계산해 50노미스마.
- 바리스 · 올륀토스 · 감마 · 베르불리디온 · 갈라이다이의 농노들에게 부과되는 세금: 한 쌍의 소와 그에 상당한 토지를 갖고 있는 자들〔제우가라토이〕에게는 2.5-4노미스마〔인두세와 기초세 1노미스마, 나머지는 소출에 매기는 세(l'impôt sur la production)〕, 황소 한 마리만 갖고 있거나〔보이다토이〕토지가 없는 자들〔아크테모네스〕에게는 반 노미스마, 이렇게 48가구에 대한 세금 총액은 67노미스마 반인데, 이 액수 중 국가는 기부[7] 수혜자에게 인두세와 기초 토지세 37노미스마를 양도한다.

---

6) 농노(parèque, (희)paroikos): 비잔티움 문헌에서 10세기경부터 등장하는 예속농의 명칭. 대토지 소유자들의 토지 겸병, 농민들의 토지 투탁 등으로 독립농은 서방의 농노((영)serf)와 비슷한 신분으로 떨어졌다. 장기 임차권에 대한 대가로 농노들은 지세와 부역(서유럽만큼 빈번하지는 않았다)을 바쳐야 했다. 지주들은 임차권을 철회할 수 있었으나 30-40년 이상 땅을 부친 농노는 땅을 상속할 수 있었다. 지주들은 국가에 내야 할 세금을 농노들에게서 징수했다.
7) 국가의 지주에 대한 세액 기부.

- 경계 기술.

멜라니온 영지

- 주인집 없음.
- 농노 ○인.
- 경작지 15필지(지상 물건 포함).
- 임대료 137노미스마 반.

만드라클론 영지

- 교회도 주인집도 없음.
- 농노 1가구.
- 경계 기술.
- 361모디오스.
- 수입 25파운드.
- 프리에네 주교구 가까이 있는 30모디오스[2.8헥타르] 넓이의 포도원, 4모디오스[37.5아르]의 밭뙈기, 농노 1가구.

프리노스 영지

- 사람이 살지 않음.
- 경계 기술, 경계 밖 측량하지 않은 경지와 목장 한 곳에는 올리브나무 90그루, 떡갈나무 42그루, 이 밖에 여러 종류의 과실수가 있다.

갈라이다이 영지

- 돌과 벽돌로 지은, 문이 있는 생신녀 교회.
- 돌과 점토로 지은 이층집 세 채.

- 넓이: 762모디오스[72헥타르].
- 수입: 10파운드.

* 영지 전체는 암소, 말, 당나귀, 돼지를 가진 겨리농[8] 18인, 홑소농[9] 6인, 무지농(無地農)[10] 25인을 포함하며, 첫 번째 그룹 각인(各人)은 세금으로 1노미스마, 홑소농은 반 노미스마, 당나귀를 가진 무지농은 반 노미스마(이들은 면세된다), 당나귀가 없는 무지농은 3밀리아레시온을 납부한다. 암소, 황소, 말, 당나귀, 돼지를 방목하는 것에 대해 무지농 각인은 1밀리아레시온, 양 100마리당 1노미스마, 50마리당 반 노미스마를 낸다. 소유한 토지 10모디오스당 각인은 1노미스마를 납부한다. 마름 1인과 감독 1인에게 봉급을 지급한 후 순수익은 300노미스마다.

안드로니코스 두카스가 최근에 받은 영지는 완전하게 이용할 수 있는 상태가 아니었다. 어쨌든 그가 보유한 8,000에서 1만 모디오스(940헥타르 전후) 땅 중 반만이 경작 가능하고 세금을 낼 수 있었다고 볼 수 있다. 이러한 비율은 예외적이지 않았다. 또 겨리농들은 평균해 150모디오스의 땅을 경작하고 인두세·기초 지세 명목으로 일률적인 1노미스마에 덧붙여 대략 10퍼센트로 계산되는 소출 과세액, 30-45노미스마 수입과 대략 밀 4,500킬로그램 생산량에 대해 대략 10노미스마인 부가세와 보조세, 그리고 생산수단 이용료를 물었다

---

8) 한 쌍의 소와 겨리를 가진 농가. '제우가라토스'(복수 형태는 제우가라토이)를 이렇게 번역한다.
9) 소 한 마리만 가진 농가. '보이다토스'(복수 형태는 보이다토이)를 이렇게 번역한다.
10) 토지를 갖지 않은 농가. '아크테몬'(복수 형태는 아크테모네스)을 이렇게 번역한다.

고 볼 수 있다.

12세기 콤네노스 왕조가 추진한 군대 재건은 비잔티움 주민들에게 많은 지출을 강요했다. 세금이 더 부가됐고, 선박 건조, 요새·다리·도로 건설 노역, 작전 중인 장교·사병들 숙박·식사 제공 같은 국가에 대한 요역이 늘어났다. 세속과 교회 대지주들은 서민들은 받을 수 없었던, 관리들과 장교들이 자신들의 토지에 들어오는 것을 막는 황제의 특권을 부여받았다. 이 특권은 부분적이었지만 드물게 전반적인 것이었고, 언제나 철회될 수 있는 것들이었지만 힘 있는 자들, 교회, 수도원의 배를 불렸으며, 국가를 빈궁에 빠트렸다. 수입원을 확보하고 군대를 유지하기 위해 비잔티움은 새로운 세무·경제 방식에 의존하게 됐는데, 그것은 프로노이아라고 불린 제도다.

프로노이아는 황제가 병역에 대한 반대급부로 양여하는 지대다. 이 지대는 부동산에 부과될 수 있다. 국가는 프로노이아 수령자에게 그곳에 살고 있는 농노들과 함께 일정 영지를 양여하고, 그에게 자신의 토지에서 나오는 지대, 그 주민들이 물어야 할 세금과 납부금을 이전한다. 병역과 교환되는 지대는 어장, 염전과 같은 다른 수입원에도 부과될 수 있으며, 모든 경우 그 수혜자는 '힘 있는' 사람이고 직접 생산자는 아니다. 지주 프로노이아 수령자는 그의 땅을 경작하는 농노들에게서 지대를 징수하고, 어장이나 염전 소유주 프로노이아 수령자는 그의 영세 임차인들(fermiers)에게서 사용료를 징수한다. 전자도 후자도 자신이 소유한 영지 자산에 비례한 수의 병사를 대동하고 병역을 제공한다. 그들은 이 영지 안에서 모든 세금과 납부금을 거두며 그 일부는 국고로 가고, 다른 일부는 그들 차지가 된다.

예전에 사라진 '군인 토지'와 아주 유사하지만, 프로노이아는 특히 그 보유자들의 사회적 지위에서 그것과 달랐다. 또 그 규모에서 차이가 있다. 총대주교 필로테오스와 1367년 쉬노도스가 천명한 원칙,

즉 '황제는 교회에 재산을 준 사람이므로' 황제가 원하면 교회 재산을 가질 수 있다는 원칙에 기대어 튀르크인의 끝없는 공세에 직면한 비잔티움 국가는 대규모로, 아마도 절반에 달하는 교회 소유 토지를 세속화해 프로노이아 수령자들에게 나누어주었다. 비잔티움인의 눈에는 불경스럽게 비친 이러한 노력은 군사적 측면에서 무용지물이었다. 다른 한편 프로노이아는 상속 가능한 것으로 되어 있었고, 프로노이아 수령자는, 비록 국가가 대부분의 기간 동안 자신에게 유보하고 있었지만, 프로노이아 수령자를 위해 희생한 더욱더 수가 불어난 권리들, 자치적인 행정기구에 의해 운영되는 이러한 권리들 때문에 더욱더 독립적이 되어 있었다. 황제가 이따금 프로노이아 상속권을 남성에게 유리한 방향으로 조정까지 했지만, 프로노이아는 절대로 제삼자에게 양도되거나 분할될 수 없었고, 프로노이아 소유에 결부된 의무는 제국이 몰락할 때까지 청구됐다.

지주로서의 비잔티움 국가는 모든 수단을 동원해서라도 토지와 그 자원에 대한 자신의 권리를 유지하려 노심초사했지만, 그와 함께 12세기 이래 개인들이 점유한 영지 종류는 다양해지고 수가 늘어났다. 이러한 상황은 다음 세 가지 예에서 확인된다. 1110년 로마노스, 레온, 콘스탄티노스라는 세 형제는 테살로니키와 그 부근에 있는 유산을 사이좋게 나누는 일을 시작하며 그들의 자산 명세를 다음과 같이 기술하고 있다.

시의 두 군데 구역에 있는 집 두 채와 좋은 자리에 있고 임대된 공방 한 채, 시의 동남쪽에 있는 방앗간 수 채, 포도원 수 필지, 골풀밭 한 필지, 밭 수 필지, 가족 경영주 농장 부대(附帶) 시골집, 작은 교회(성 스테파노스 교회) 한 채와 부속 집기 · 전례서, 가축.

이 밖에도 그들은 피손이란 곳에 있는 영지 한 곳을 경작용으로 임대해주고 있었는데, 이 영지는 부당하게도 그 주인이 아토스산 라브라 수도원으로 되어 있었으나 최근 한 감사 때 호조(戶曹)[11]가 몰수했고, 그들은 이제 임대료와 국세를 납부하는 대가로 이 영지를 직접 국가로부터 임대받는 것을 바랄 수 있게 됐다. 그렇지만 라브라 수도원 영지의 역사는 국가가 나중에 이 피손 영지를 수도원에 증여한 것을 알려주고 있으며, 이 영지는 12세기 5,000헥타르를 초과한 토지 자산의 항목으로 포함됐다. 이 토지 자산은 다른 몇몇 수도원이 조금 뒤에 마케도니아의 가장 비옥한 곳에 보유한 토지와 토지에 대한 권리들을 합친 것과 비슷한 규모다—킬란다리 1,570헥타르, 에스피그메누 1,150헥타르, 크세로포타무 570헥타르, 조그라푸 375헥타르.

1294년 구델레스 튀란노스는 소아시아 스미르나 인근 렘본의 테오토코스 수도원에 재산을 유증하는데 그 목록은 다음과 같다.

모직 제품을 파는 가게 네 채, 빵 공장과 그 가게가 들어선 탑 한 채 (각각 200휘페르퓌론(노미스마의 나중 명칭)에 임대), 포도원 3필지 (2.5헥타르), 페가이의 농가 한 채(62아르), 황소 두 쌍, 암소 네 마리, 말 두 필, 다른 빵 공장 한 채, 님파이온의 포도원이 딸린 목욕탕 수입 절반, 집과 가게들, 또한 도시 밖 향수 공장 지분 일부, 수도원 근처 과수원 1필지·집 한 채, 마지막으로 구델레스가 420휘페르퓌론 빚과 함께 소유했고 그중 150휘페르퓌론을 렘본의 수도원이 최근 갚은 가옥들과 건물들.

안드로니코스 2세의 총리였던 테오도로스 메토키테스는 안드로

---

11) 'fisc' 혹은 'Trésor'를 번역한 말.

니코스 3세가 권력을 잡자(1328) 그에 의해 마케도니아 동부 디뒤모테이콘(데모티카)에 유배됐다. 관례에 따라 그의 재산은 몰수당하고 그의 콘스탄티노플 궁전은 파괴됐다. 2년 뒤 수도로 돌아와 그가 지은 코라 수도원에 칩거한 그는 그의 파괴된 저택을 마음속에 그리며 그 화려함에 대해 다음과 같이 쓰고 있다.

가운데에는 원주 열로 장식된 예배당이 있었는데 아롱진 대리석이 바닥에 깔려 있고 모자이크로 장식되고 주랑이 있었지. 주위에는 아늑한 주거용 건물들이 있었는데 포석(鋪石) 밑으로 물을 흘리는 훌륭한 냉방 장치가 있었지. 수영장·잔디밭·정원이 있었고, 아주 너른 원형 가도는 햇빛에 노출되지 않고 전체가 포석으로 덮여 있었지. 고대의 유물들이 놓여 있었고, '보통 사람들이 아닌 우리 부자들과 권력자들에게 소용되는' 값진 식탁용품들과 식기류가 있었지. 안사람의 보석들, 진주와 보석을 박은 금제 장신구, 왕관, 귀걸이, 목걸이, 펜던트, 팔찌, 반지, 당초 문양을 새긴, 보석이 비쳐 보이도록 투명한 금 베일들, 어깨에 핀으로 고정하는, 오래된 천으로 만든 어깨 덮개, 이 모든 것은 진주와 보석으로 짜맞춘 궤짝 속에 보관되어 있었지.

그리고 그에게는 그의 주군이 하사한 막대한 영지와 말, 소, 양, 산양, 돼지, 다수의 낙타, 단봉낙타를 기르는 넓은 목장들이 있었다. 이 큰 규모의 가축 군(群)의 마릿수는 명기되어 있지 않다. 그러나 그것은 제국의 가장 큰 가문들의 대표자로서 몇 년 뒤 설득력 있는 가축 명세서를 작성해 남긴 요안네스 칸타쿠제노스의 것과 비슷한 수준으로 볼 수 있을 것이다—"목장 소 5만 두, 농사용 소 1,000쌍, 말 1,500필, 낙타 200두, 노새 300두, 당나귀 500두, 돼지 5만 두, 양 7만

두." 이러한 종종 진정한 봉토의 모습을 띤 생산방식은 국가로 하여금 점점 더 주요한 수입원으로부터 멀어지게 했다. 공물(公物)의 할당·관리의 다양한 형태가 대가문들과 대기관들 — 수도원을 먼저 들 수 있겠지만, 그 외에도 콘스탄티노플 '망가나 집[12]' 혹은 오르파노트로페이온 같은, 병원과 양육원, 중등교육 기관, 수도원을 겸했고, 징세 청부업자들(grands fermiers)이 관리하는 영지와 상당한 수입원의 소유주였던 황제 설립 기관들 또한 들 수 있을 것이다 — 의 이익에 맞게 허가됐고, 이 다양성의 경향은 제국에서 힘 있는 자연인·법인 계급이 되돌릴 수 없게 부상(浮上)한 것에 대한 추인이 되었다.

토지경작 방식과 농민의 사정

토지를 어떻게 취득 — 상속받았건 구입했건 — 했든 간에 그 이용 방식은 동일했다. 점점 비중이 줄어들고 있던 것으로 보이는 노예경작을 논외로 하면, 그것은 임차농이거나 자작농 방식이었다. 대지주가 자기 영지에서 자신의 몫으로 보유한 토지 면적과 농민들에게 위탁한 토지의 비율은 알 수 없으나 그 예로써 제시할 수 있는 것은 11세기 소아시아 바리스 영지에서 지주 보유 토지가 전 토지 면적의 5분의 4를 차지한 것과, 14세기 초 마케도니아 이비론 수도원 영지에서 농노들의 보유 토지가 영지 면적의 40분의 1에 불과했다는 것이다. 이 비율은 시대·지역별로 바뀌었으나 영지의 토지 중 지주 몫은 늘 아주 컸다. 그런데 예속농이던 농노가 지주에게 제공해야 할 부역은 많지 않았으며 1년에 7일 내지 12일을 넘기는 경우가 드물었다.

따라서 지주에게는 자신의 토지를 경작하는 두 가지 수단이 있었

---

12) '집'은 희랍어 oikos((프)maison)를 직역한 말이다. 이 '집'은 궁전도 뜻하지만 영지, 자선 시설, 교회 같은 회계단위의 의미로도 사용된다.

는데, 그것은 토지를 임대하거나 아니면 농노를 쓰는 것이었다. 가장 널리 행해진 임대 방식은 언제나 장기임대(엠퓌테우시스emphytéose)였으며, 이는 25년 내지 29년에 한 번씩 갱신되는 상속 가능한 임대차였다. 갱신했던 이유는 임차한 지 30년이 되면 토지 점유자에게 소유권이 넘어가기 때문이었다. 이 임대차에는 토지의 질을 개선하는 의무가 포함되어 있었다. 상술했듯이 11세기 10모디오스의 경작지에 대해 평균 1노미스마, 포도밭에 대해서는 그 10배였던 임대료가 14세기 25모디오스의 상등(上等) 토지 혹은 50모디오스의 하등 토지에 대해 1휘페르퓌론까지 떨어졌다. 휘페르퓌론의 가치는 옛 노미스마의 5분의 2에 불과했다. 제국의 최후 수 세기간 화폐경제의 확대와 함께 물가가 올랐으나 토지 임대료는 거듭되는 외적의 침입으로 인한 불안한 정세, 인구 감소, 화폐 평가절하의 영향으로 대폭 인하됐다. 대토지 소유의 확대는 토지의 낮은 생산성과도 관련이 있었다. 11세기에만 해도 생산량의 10분의 1을 바랄 수 있었던 지주는 이제 20분의 1밖에 요구할 수 없게 됐다.

예속 농노들의 토지는 경제적 관점에서 생산력이 가장 높았다. 농노는 지주나 토지 점유자에게 노동(아주 약간의)·현물·화폐 지대를 납부해야 했는데, 마지막 두 종류의 지대 사이 비율은 불명확하다. 현물 지대는 농산물로 주로 빵, 포도주, 가금류 등이었다. 화폐 지대는 가구별로 산정됐고, 토지의 양·질뿐만 아니라 지주·농노 간에 전통적으로 만들어진 역학관계에 따라서도 그 액수가 달랐으며, 농노가 유족(裕足)할수록 적게 지불했다. 이것은 노동력을 구하기가 어려워진 상황의 한 측면이다. 후대로 갈수록 화폐 납부금이 늘어났는데, 그것은 겨릿소 수, 가축 방목, 돼지를 먹이는 숲, 벌통, 어업활동 등에 대해 부과됐다. 국가 농노와 사가(私家) 농노 사이에는 별반 차이가 없었으며 국가 농노는 프로노이아 영지로 옮겨갈 수 있었다. 농노는 그가 경작하는 땅에 '유효' 소유지(domain utile)만 가지고 '직할' 소유지(domain direct)를 가지지 못하는 것에서 법적으로 독립농과 구별될 뿐 이 두 종류의 농민 사이에 경제적 간극은 존재하지 않았다. 같은 집안에서 어떤 식구는 독립농으로서, 어떤 식구는 농노로서 같은 영지에서 일할 수 있었고, 후자는 성직자나 사제일 수도 있었다. 지주는 농노를 쫓아낼 수 없었을 뿐만 아니라 한편으로 농노를 확보하는 것이 그에게는 사활이 걸린 일이었다. 농노는 토지에 인격적으로 매이지 않았으며 재정·경제적으로만 매였다. 만일 농노가 자신의 토지를 떠나면 지주는 그의 귀환을 요구하고 종종 강요하기도 했다.

후기 비잔티움 촌락 풍경은 매우 복잡하다. 농노들은 많은 경우 한 대지주에 속하는 마을별로 묶이고, 여러 뙈기로 나뉜 그들의 경지는 바로 곁에 있으나, 그들 모두는 마을에서 조금 떨어진 곳에 밭, 포도원 혹은 올리브밭을 가지고 있다. 종종 다른 지주의 영지에도 토지를 가지고 있고, 그들 중 유족한 자들은 토지를 세놓기도 한다. 따라서 농노는 거의 언제나 여러 명의 지주에게 수행할 의무가 있다. 비잔티움 농노의 토지는 상속 가능한 것이고, 그것은 그 점유자가 국가 농노든 수도원 농노든 세속 대지주 농노든 상관없이 탈법적으로 양도될 수 있다. 농노는 재산을 자신의 부모에게서 상속받아 자신의 자식들에게 물려준다. 이러한 데서 그들 재산에 대해 혼동하기 쉬운 유산이란 명칭이 쓰였는데, 이런 재산은 구입한 재산 같은 것과는 별개의 종류다. 마지막으로 농노는 그 법적 자격에 있어 제한받지 않는다.

그렇다면 농노가 지주에게 복속하는 것은 어떤 성질의 복속인가? 그것은 농노가 지주에 대하여 짊어진 공여·연부금·납부금·요역이다. 즉 "농노는 그가 세금을 내는 사람에게 속하며, 농노가 세금을 내거나 세금을 내어 이득이 되도록 하는 사람은 그의 주인이다"(게오르크 오스트로고르스키George Ostrogorsky). 요역 제공은 부차적이며, 그의 지주에게 내야 할 세금을 청산하면 농노는 도시로 이주할 수 있다. 연부금에 묶인 농노들이 실제로 거주를 옮기기는 쉽지 않았으나 경제 사정이 나빠지며 도망 농노, '방외인' 혹은 '가난한 사람'이라고도 불린, 호조에도 어느 지주에도 속하지 않는 '엘레우테로이'(자유인)의 숫자가 늘어났다. 안드로니코스 2세가 1319년 이오아니나시[13] 시를 위해 써준 한 금인칙서(chrysobulle)에 "아무도 자신의 영지에 다른 이의 농노를 받아들여서는 안 된다"라는 구절이 있는데, 그 행위는 제삼자의 채무자를 가로채는 행위였기 때문이다. 농노는 자신의 세습 토지와 가정, 개인적인 권리들을 가지고 있었지만 국가는 그를 밭·포도밭·경지·가축에 뒤이은 지주의 재산 중 하나로 보았다. 농노는 이들 재산처럼 지주에게 수입의 원천이었기 때문이다. 농노(parèque)는 그의 이름(para-: 곁의, oikos: 집)이 지칭하고 있듯이 '집'(희랍어로 오이코스)의 보좌관으로서 국가의 수입 징수의 일부를 책임진 존재였다.

  비잔티움 농민의 주요 관심사는 경지, 포도원 그리고 조금이라도 가축을 소유하는 것이었다. 기후와 토질이 결정적 요소였고 어떤 지역들(시리아, 칼라브리아)은 다른 작물들(올리브, 뽕나무)에 더욱 특화되었다. 토지 가격은 13세기까지 안정됐으며 상급 토지는 1모디오스, 중급 토지는 2-3모디오스, 하등 토지는 5-10모디오스를 1노미스마에 살 수 있었다. 포도원은 평균적으로 1모디오스가 6노미스마였고, 올리브 나무 한 그루는 토지를 합해 1노미스마, 토지를 제외하면 3분의 1노미스마, 말 한 필이 10-20노미스마, 물소 한 마리는 3노미스마, 황소 한 마리는 6노미스마, 양 한 마리는 1노미스마였고, 콘스탄티노플에서 밀 1모디오스 가격은 11세기 평가절하 전까지는 12분

---

13) 그리스 북동 에페이로스(에피루스) 지방의 한 도시.

의 1노미스마, 그 뒤로는 9분의 1노미스마, 보리 가격은 밀 가격의 3분의 2였는데, 이 가격은 수량이 명기된 자료가 부족해 근사치일 뿐이고 부정확할 수도 있다.

농노의 재산은 작은 대상(帶狀) 토지들로 되어 있어서 어떤 필지는 7헥타르에 달하기도 했지만 어떤 것은 몇 아르에 불과한 것도 있었다. 1407년 아토스산 로시콘 수도원은 황제로부터 렘노스섬의 최상급 토지 748모디오스(70헥타르)를 22필지 하사받았는데, 어떤 필지들은 30아르 안팎 규모였다. 전술했듯이 큰 경지들도 있었지만 국가, 개인 혹은 수도원 소유지들은 아주 잘게 조각나 있었고 점유 조건들도 각양각색이었다. 1350년 어느 마을 하나가 부분적으로 한 수도원, 부분적으로 한 개인 지주, 부분적으로 국가 소유였다는 것이 그 일례다. 8세기 이후로 경작되지 않는 토지의 과잉과 노동력 부족이 농촌 경제에 덜 결정적이었기는 하지만 그렇다고 그것들이 본질적 문제가 아니었던 것은 아니다. 그래서 대지주들이 농민 토지 획득에 끌린 것이 독립 농민을 농노의 지위로 떨어뜨림으로써 노동력을 얻으려는 그들의 이익 관점에서 비롯된 게 아닌가라고 생각해볼 수도 있다. 9, 10세기 개간이 성행했던 시기 이후조차도 제국의 대부분의 토지는 사실상 미경작지로 남아 있었고 기껏해야 목초지로 사용됐다. 이러한 결점은 비잔티움 농업의 원시적 조건들과 관련된 것이었고, 이것들에 대해서는 뒤에서 좀 더 자세히 살펴볼 것이다.

농노의 형편은 그가 경작하는 토지, 따라서 그의 경제적 능력으로 대변된다. 황소 한 쌍이 연간 갈 수 있는 토지 면적 제우가리온이 경제·세무 단위였으며, 겨리농(제우가라토스) 농노란 겨리 한 채와 그에 상당하는, 토질에 따라 다른(100-200모디오스) 넓이의 토지를 점유한 농노들이었으며, 쌍겨리농(뒤오제우가라토스) 농노는 그 두 배를, 홀소농(보이다토스) 농노는 한 마리의 소와 50-100모디오스의 토지를 점유했다. 무지농(aktèmones: 부정접두사 a + 토지 ktèma)은 토지도 역축도 가지지 못하고 종종 당나귀 한 마리만 소유했기 때문에 사람들은 그에게 가축 돌보미를 시켰다. 어느 신분에서 무지농이 됐건 토지가 부족하진 않았기 때문에 전반적으로 경기가 좋을 때라면 무지농들은 토지를 취득해 그 범주를 바꿀 수 있었다. 그렇긴 해도 14세기 몇몇 영지들에서 그들의 숫자는 농민 인구의 3분의 1을 점하기도 했었던 것 같다. 최근에 영지의 땅에 정착한 농민들, 즉 프로스카테메노이(proskathèménoi)는 나중에 농노가 될 사람들로, 이들은 다음 공적 조사가 시행될 때 겨리농 혹은 홑소농처럼 그들이 그동안 취득한 땅의 양에 따라 구분되어 등록될 터였다. 이들은 제국 말기에 특히 많았는데, 그 다수는 경기 침체의 희생자들이거나 외적의 침입으로 자기 땅에서 쫓겨난 사람들이었다. 이르거나 늦거나 그들은 대지주 땅에 정착해 농노가 됐다. 한편 세속·교회 지주들은 그들을 유인하고 중앙 권력으로부터 이런 농민들을 그들의 영지에 정착시켜도 좋다는 금인칙서를 획득하려 노력했다. 다른 한편으로 농노는 대영지에서 땅을 부치는 것이 유리했는데, 그것은 대영지 땅에 언제나 특권이 부여됐기 때문에 일정 수의 납부금과 요역으로부터 면제됨으로써 보다 많이 그들의 땅뙈기를 돌볼 수 있게 해주었기 때문이다. 소토지 소유는 없어지진 않았지만, 특권을 부여받지 못한 대토지처럼 쇠락해갔다. 한편 국가로부터 특혜를 누린 토지들은 번창했으나 국가를 영세하게 했다.

도시 생활

대토지 소유의 발전과 이에 의존한 도시경제의 활황은 밀접하게 연관되어 있었다. 비잔티움 제국은 '도시의 제국'(6세기에 1,200개소)이고 비잔티움 도시는 언제나 나라 삶의 중심이었다. 13세기 말 수사였다가 수도사 테오둘로스가 된 토마스 마기스트로스는 테살로니키 주민들이 집단적으로 발휘하는 분방한 활력에 깊은 인상을 받아 이 들끓는 도시의 주민들에게 보낸 한 논문에서 다음과 같이 쓰고 있다.

"나무나 돌로 지은 집, 체력단련장(gymnase), 항구, 극장, 주랑, 집의 웅장함이나 아름다움, 이런 것들이 도시를 만드는 것은 아닙니다. 그것을 만드는 것은 이런 것들을 창안하였고, 그들 사이에 감도는 협화(協和)에 힘입어 옛 기념물들을 보존할 수 있었던 사람들의 존재입니다."

이것은 그들이 보존할 책임이 있는 전통의 장식 아래 살아가는 도시 주민들 간 상호 이해에의 권유이기도 하다.

도시의 구조 변천사

비잔티움인들은 자신들의 도시 건축에 큰 중요성을 부여했으며, 건축술은 고객의 필요에 기반한 전범을 세우려 노력했다. 아나스타시오스 1세는 자신의 군대가 원정이 없는 시기에 휴식을 취하고 무기를 수리할 요양지와, 페르시아인과 아랍인에 맞서 지역을 방어할 요새 하나를 건설해줄 것을 요청했을 때 메소포타미아 마을 다라[14]를 선택해 507년 그곳에 아나스타시우폴리스란 도시를 건설했다. 그는 땅을 개간할 농부와 건설 인부, 숙련공을 불러들였다. 그는 그들에게 2밀리아레시온, 당나귀를 데려오면 4밀리아레시온이란 높은 급여를 지불했고, 도시는 2-3년 후에 완성됐다. 도시는 성벽 한 채, 황제의 비용으로 짓고 아미다 주교가 관할해 그 초대 주교로 에우튀키아노스를 서품한 교회 한 채, 공중목욕탕 한 채, '널따란' 곡물 창고들과 인근 산에서 물을 끌어와 견고한 수도관으로 물을 채운 집수장들을 포함하고 있었다(수사가 자카리아스). 6세기 말 마우리키오스 황제는 자신에 태어난 마을 카파도키아의 아라비소스(야르푸즈)를 개조할 때 그곳에 장교들과 한 개 연대를 파견해 건설 예정지를 방어하게 했고, 모든 동업조합에 도움을 요청해 그곳에 있던 작은 교회를 헐고 더 크게 지어 콘스탄티노플처럼 닫집을 달게 했다. 또한 외국인을 맞을 큰 숙박소, 목욕탕, 시 청사, 넓은 주랑, 다수의 공공건물이 지어졌는데, 이 모든 것은 높은 성벽 안에 수용됐다(에페소스의 요안네스에 의함).

　이러한 문헌 정보들과 몇몇 다른 정보들이 비잔티움 도시들에 대한 고고학적 조사 결과로 구체화된다면 좋은 일이겠으나 그러지 못하므로 이른 시기 몇몇 유지(遺址)가 보여주는 부분적인 양상들로 만족할 수밖에 없다. 아프리카를 제외하고 당시 거의 모든 도시는 방어시설을 갖추었고 그중 많은 도시가 국비로, 어떤 곳들은 아테나이처럼 주민 비용으로 방어시설이 건설됐고, 토미스[15] 같은 또 다른 곳들은 성벽을 수선하는 데 그쳤다. 시외에는 종종 교회, 수도원, 여관(파시스,[16] 에데사, 시칠리아의 카우카나), 방어시설로 보강된 마을들

---

14) 메소포타미아 북부 도시. 현 튀르키예 오우즈.
15) 흑해 변 도브루자 지역 중심 도시. 현 루마니아 콘스탄차.
16) 흑해 동안에 있었던 도시. 조지아어로 파지시. 현 조지아 포티항 근처이나 정확한 위치는 모른다.

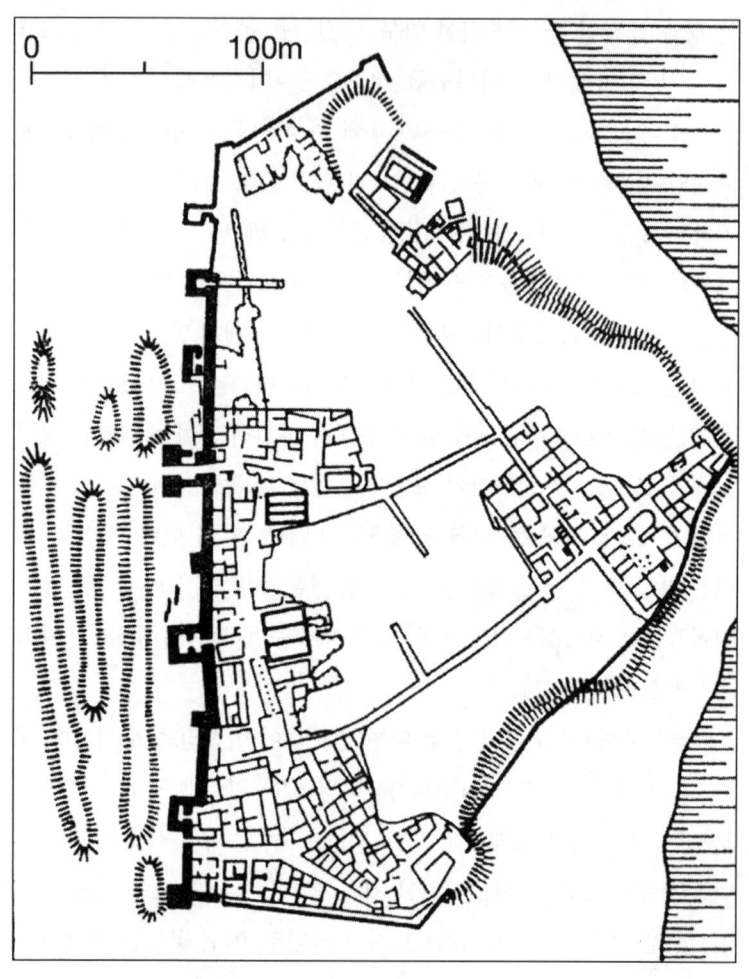

8. 이스트로스(히스트리아): 6세기 성벽
(D. Claude, *Die Byzantinische Stadt im 6. Jahrhundert*, München, 1969)

(이스트로스[17]), 그리스인과 시리아인이 거주한, 시리아의 베로이아 근처 엘-하데르 같이 시내의 장소 부족으로 시외에 설치된, 시장으로 활용된 베두인 캠프들, 에페소스에서 2.5킬로미터 떨어진 신학자-성-요안네스 수도원(Saint-Jean-le-Théologien) 같은 순례 중심지들, 가자·아스칼론[18]·아라도스[19] 같은 교역소(emporion)들을 볼 수 있다. 아테나이, 사르데스,[20] 퀴로스,[21] 아미다,[22] 카르타고, 아폴로니아[23]의 옛 아크로폴리스들도 방어시설을 갖추었고, 방어선을 몇 중으로 꾸미는 것이 선호되어 유스티니아나 프리마[24](구舊유고슬라비아[25])에서는 낮은 지대를 둘러 하나, 중간 지대를 둘러 또 하나, 아크로폴리스 주위에 또 하나, 이렇게 삼중의 방어선이 마련됐다. 많은 도시 터가 로마 시대에 이미 방비시설을 갖추었고 3세기[26]에도

---

17) 흑해 서안 도나우강 하구 근처 도브루자 지역 도시. 그리스어로 히스트리에. 현 루마니아 이스트리아. 콘스탄차(토미스) 약간 위쪽이다.
18) 현 이스라엘 텔아비브 남쪽 50킬로미터에 있는 지중해 항구 도시. 히브리어로 아쉬켈론.
19) 현 시리아 아르와드섬.
20) 희랍어로 사르디스 혹은 사르데이스라고도 한다. 리디아 수도. 현 튀르키예 서부 사르트.
21) 알레포 북서 70킬로미터 시리아 북부 도시. 퀴레스티카 속주 수도. 637년 아랍인에게 점령됐다. 마케도니아 중부 퀴로스시에서 도시 이름이 유래했다..
22) 메소포타미아 티그리스강 우안 도시. 현 튀르키예 디야르바크르.
23) 동명의 도시가 여럿 있다. 가장 유명한 도시는 주교구가 있었던, 일리리아 해안 도시(현 알바니아), 피시디아(현 튀르키예 서남부, 주교구), 현 불가리아 소조폴(흑해 변의 아폴로니아, 주교·수도대주교구), 키레나이카의 동명 도시(소주사로 개명)다.
24) 세르비아 남부 차리친 그라드로 추정된다. 이설에 따르면 북마케도니아 스코피예 근처다.
25) 지금은 없어진 나라다. 소연방 해체 뒤 내전이 발생해 세르비아, 크로아티아 등 여러 나라로 나뉘었다. 원문은 '유고슬라비아'이나 모두 '구(舊)유고슬라비아'로 고쳐 표기했다.
26) 세베루스 알렉산데르 황제(208-235, 재위 222-235) 암살로부터 디오클레티

거의 망가지지 않았음을 고려할 필요가 있다. 직사각형 형태가 선호됐으나 세르기우폴리스(레사파)[27]는 사다리꼴이었고, 렙티스 마그나[28]와 사브라타[29]는 아주 불규칙했다. 로마의 도시는 때에 따라 확대되거나(팜필리아[30]의 시데, 아테나이, 이스트로스, 예루살렘), 동일하게 유지되거나(게라사,[31] 필리포이, 카르타고), 축소되거나(안티오케이아, 카파도키아의 카이사레이아, 시리아의 히에라폴리스,[32] 렙티스 마그나, 사브라타) 했으며, 요새나 작은 요새들로 방비되거나(프톨레마이스,[33] 튀니지의 수페툴라Sufetula[34]), 방어시설을 갖추거나(텔렙테Thélepte,[35] 팀가드[36]) 했다. 그러므로 이제는 비잔티움 도시가 이

아누스 황제 등극(284)에 이르는 로마 제국 대혼란기를 염두에 두고 있다.
27) 4세기 유프라테스강 서쪽 제방 지대를 따라 창립된 에우프라텐시스(에우프라테시아) 속주의 한 도시. 막시미아누스 황제에 의해 이곳에서 순교했다고 전해지는 순교자 세르기오스를 따 명명됐다. 세르기오폴리스라고도 한다.
28) 현 리비아 북서부 항구 도시 홈스 동쪽 3킬로미터에 있었던 고대 도시. 아랍명 라브다. 로마 시대 아프리카 속주 수도였다.
29) 렙티스 마그나 서쪽 항구 도시. 기원전 500년경 페니키아 수출항으로서 출발했다. 렙티스 마그나, 오이아(현 트리폴리)와 더불어 트리폴리를 이룬다.
30) 아나톨리아 서남쪽 모서리 동편 바다에 면한 지역. 서남으로 리키아, 북으로 피시디아, 동으로 킬리키아와 접한다.
31) 현 요르단 북부 제라시.
32) 현 시리아 알레포시 북동 84킬로미터.
33) 로마 시대 키레나이카(현 리비아 동부 연안) 속주 주요 도시. 현 리비아 톨메이타(프톨레마이스의 로마 명 톨메타에서 유래) 부근.
34) 현 튀니지 스베이틀라.
35) 현 튀니지 서부 페리아나 근처에 있었던 로마 시대 도시. 현재는 유적만 남아 있다.
36) 현 알제리 북동부 아우레스산맥 안에 있었던 도시. 로마 명 타무가디는 베르베르어에서 기원했다. 100년경 트라야누스 황제가 지역 로마 주둔군을 동원해 건설했다(로마 주민이 이주해 세운(colonie de déduction) 마지막 식민시). 학자들은 이 도시가 제한된 군사 목적의 소도시일 것이라 추정했으나 60-70년대 이루어진 고고학적 발견으로 이 도시가 군사도시라기보다는 주변으로

전에 로마 도시였던 때보다 작아졌다고 되뇌는 일은 없어야 한다.

비잔티움인이 어느 정도로 그들이 정주한 로마 도시 지도를 바꾸었는지는 명확하지 않다. 그렇지만 몇몇 텍스트는 그들이 규칙적인 도시 모양을 따르는 경향이 있었음을 시사하고 있는 것처럼 보인다. 양옆으로 원주 열 주랑을 낀(사르데스, 퀴로스, 아파메이아, 에데사, 다라, 아나자르보스,[37] 시데, 세르기우폴리스, 제노비아,[38] 콘스탄티노플) 넓은 주도로(主道路, 아파메이아[39]의 경우 너비 23미터)는 로마 도시들에서처럼 비잔티움 도시의 돋보이는 장식이었을 뿐만 아니라 상인과 직인들의 가게가 들어선 곳이었고, 상업 활동의 중심이었다. 주도로는 포석이 깔리고 밑으로 배수 도랑이 달리기도 했으며(유스티니아나 프리마, 이스트로스) 원형 광장은 종종 도시의 정중앙에 위치한 만큼 도시 생활의 중심이 됐다. 고대 유물들은 종종 개조됐는데, 이런 식으로 파르테논 신전은 아테나이 성당이 됐고, 테세이온과 에레크테이온은 교회가 됐고, 게라사의 아르테미스 신전, 시라쿠사의

방대한 경작지가 펼쳐진 왕성한 농업 생산 중심지였음이 확인됐다. 4세기 주민이 기독교화되고 7세기 중반까지 종교 활동이 관측되나 그 후 불명의 이유로 버려졌다.

37) 현 튀르키예 남부, 시리아와 접한 옛 킬리키아 도시. 현 튀르키예 아나바르자. 폼페이우스가 아르메니아 티그라네스 2세에게서 북시리아와 더불어 빼앗아 로마 판도 안에 들었으며 5세기 킬리키아 속주 수도가 됐다.

38) 현 시리아 동부에 유적으로 남아 있다. 266년경 팔미라의 여왕 제노비아가 교역로를 보호하기 위해 세웠다. 273년 반란을 일으킨 팔미라를 친 아우렐리아누스 황제에 의해 점령당했다. 이후 로마·페르시아 양 제국 간 힘의 각축장이 된다. 6세기 서방 원정에 나선 유스티니아누스 황제는 이 도시의 후방 방어 전략적 가치를 중시해 많은 노력을 들여 시설들을 재정비하고 사람들을 이주시켜 확대했다.

39) 현 시리아 하마 북서 55킬로미터. 아랍 명 칼라트 알-마디크. 주변에 오론테스강이 흐른다. 비티니아에 동명의 도시가 있다(튀르키예 명 무다냐).

아테나 신전, 마다라[40] · 티파사[41] · 티바리스[42] · 아프로디시아스[43]의 아프리카 바실리카들도 마찬가지로 개조됐지만, 퀴레네[44]와 베이루트의 바실리카는 개조되지 않았는데, 전자에서는 이교 조상(彫像)들이 함께 출토됐다. 프리에네[45]에서와 같이 고대 신전 옆에 교회가 세워지는 경우도 가끔 있었지만, 3세기 이래 지중해 고래의 관습에 따라 건축 재료를 재사용하기 위해 유물들을 헐기도 했다. 뮈라[46]의 아르테미스 엘레우테레 신전, 피시디아의 안티오케이아의 신전, 람프사코스[47] · 카파도키아의 카이사레이아의 신전들은 헐렸고, 퀴레네의 아폴론 신전 대리석은 공중목욕탕 바닥을 까는 데 사용됐다. 아프리카의 극장, 원형극장은 방치되거나 헐렸는데, 시데에서는 예배당 두 곳이 들어섰고, 스토비[48]의 원형극장은 일부분은 헐렸고, 프리에네의 원형극장은 일부분은 보존되어 양 우리가 됐고, 일부분은 헐려 그곳에서 나온 돌로 주교좌 교회를 지었다. 테살로니키의 고대 스타디움과 극장은 6세기 말까지는 사용됐지만 그 뒤 방치되다가 나중에는 채석장으로 사용됐다.

---

40) 현 불가리아 북동 슈멘주 마다라.
41) 현 알제리 해변 도시.
42) 현 튀니지 북동 헨쉬르 함마마트. 근처에 티바르 와디가 흐른다.
43) 현 튀르키예 서부인 카리아에 있었다. 현 튀르키예 게이레 마을 근처. 사랑의 여신 아프로디테에서 그 이름을 땄다. 근처에 석회암 채석장이 있고 고대에 수많은 조각상을 생산했다.
44) 현 리비아 동부 샤하트 근처. 이 도시로부터 키레나이카 속주 명이 유래됐다.
45) 이오니아 해변 뮈칼레 급경사지 기부(基部)에 자리 잡은 고대 도시. 원래 해변이었으나 현재는 내륙 도시가 됐다. 고대 도시 밀레토스에서 가깝다.
46) 아나톨리아 서남부 리키아의 수도. 현 튀르키예 데므레. 염색 재료인 뿔고동과 자주조개 생산으로 번창했다.
47) 헬레스폰토스(다르다넬스)해협 아나톨리아 쪽 연안 도시.
48) 현 북마케도니아 중부 도시. 고대 파이오니아 왕국 수도였으며 로마 시대 마케도니아 살루타리스 속주 수도가 됐다.

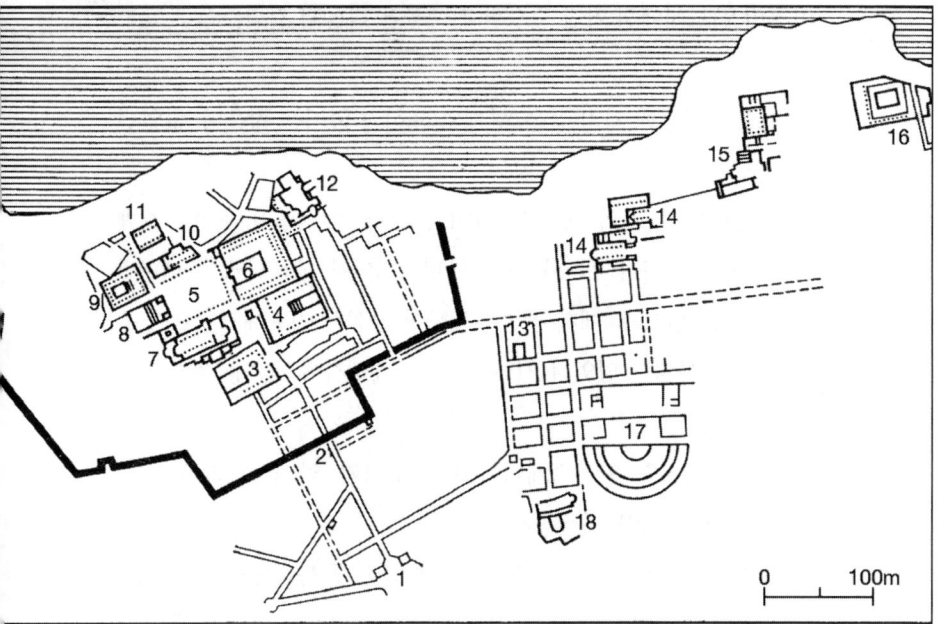

9. 6세기 사브라타

(D. E. L. Haynes, *An Archaeological Historical Guide to the Preislamic Antiquities of Tripolitania*, London, 1955)

1. 발굴지 입구 2. 비잔티움 시대 성문 3. 신전과 포룸 4. 안토니누스 사당 5. 포룸 6. 리베르 파테르 사당 7. 바실리카 8. 카피톨리움 9. 사라피스 사당 10. 원로원 11. 유스티니아누스 바실리카 12. 바다 사당 13. 헤라클레스 사당 14. 바실리카(교회) 15. 오케아노스 목욕탕 16. 이시스 목욕탕 17. 극장 18. 열주랑(列柱廊) 가옥

비잔티움 도시에서 가장 중요한 건축물은 다음과 같다.

1) 주요 도시들에 자리 잡은, 황제의 윤허가 없이는 지을 수 없었던 히포드로모스.
2) 공중목욕탕. 거의 모든 도시(키르케시온,[49] 제노비아, 안티오케이아, 유스티니아나 프리마, 니케아, 니코메디아, 베레니케,[50] 렙티스 마그나, 카르타고 등)에서 공중목욕탕이 건설되거나 재건됐으며 종종 두세 해까지도 있었다(시데에 세 채, 에데사에 겨울용 여름용 각각 한 채씩).
3) 콘스탄티노플·안티오케이아·테살로니키·알렉산드리아, 아마도 다른 곳에도 있던 황궁들.
4) 그 밖에 중심지의 관가(官家), 성벽 근처 군사 건물, 곡식 창고, 수도교(aqueduc)와 집수장, 교회 한 곳 혹은 그보다 더 흔하게 여러 곳이 있었다.

예배를 올리는 곳은 실제로 꽤 많았다. 여기에서는 이른 시기의 도시들만 다룰 텐데, 이 외에도 마케도니아 왕조 때도 그 숫자가 아주 많았음을 잊어서는 안 된다. 게라사에는 성벽 안에 적어도 12개소의 교회가 있었으나 예외적인 것은 아니었으며, 마다바[51]에는 6세기 말 혹은 7세기 11개소가 건설됐고, 아테나이 14개소, 수페툴라 약 12개소, 텔렘테에는 7개소의 교회와 4개소의 기도소, 렙티스 마그나는

---

49) 메소포타미아 비잔티움 요새 도시. 디오클레티아누스 황제가 페르시아인들에 맞서기 위해 세웠다. 하부르(하보라스)강이 유프라테스강과 합류하는 지점에 있다. 현 시리아 부세이라.
50) 상 리비아 도시. 현 리비아 벵가지.
51) 요르단 중부 고대 도시.

6개소, 사브라타는 4개소, 유스티니아나 프리마는 5개소, 팔미라는 3개소, 1,000 내지 1,500명의 인구를 헤아린 팔레스티나의 네사나에는 4개소가 있었고, 아마도 3만 명 규모였고 주민 중 10퍼센트가 성직자였던 이집트의 옥쉬링코스[52]에는 40개소의 교회가 있었다. 주교구청(主敎區廳) 곁에는 종종 병원이나 나그네들을 위한 숙박소가 있었다(예루살렘, 에데사). 6세기까지도 묘지는 종종 고대 법식에 따라 성벽 바깥 성문 근처에 있었으나(게라사, 시데) 아프리카와 시칠리아 사람들은 교회 안이나 교회 밖 후진 가까이 석관을 두는 것을 선호했고, 이러한 이중 관습은 수도원·개인 예배당·마을 교회들에서 지켜졌다. 도시에는 자주 시유(市有) 시너고그가 있었고 도시는 그것을 보존했다.

이른 시기 비잔티움 도시의 전형은 다음과 같다―황제의 동상과 목욕장이 있는 원형 광장을 가로지르는, 주랑이 설치된 도로, 아크로폴리스 위에 있는 주교좌 교회와 관저, 한 줄기 수도교. 유스티니아나 프리마가 이것을 정확하게 구현하고 있다. 이곳에는 민정·교회 관청이 자리 잡은 아크로폴리스, 직인들과 상인들이 모여 사는 광장을 둘러싼 중간 시가지, 농민들이 사는 저지대 도시(옛 마을)가 있다. 잊어서는 안 될 것은 대부분의 비잔티움 도시들에서 주민 중 일부는 농업이 생업인 사람들이었다는 것이다. 이스트로스는 보다 발전한 경우로, 도시 입구에 있는 제1 광장에는 교회, 관가가 몰려 있어 정치의 중심을 이루고, 주랑으로 둘러싸인 제2 광장은 상공업 중심을 형성하고, 높은 지대에는 도브루자[53] 지역 무역으로 돈을 번 상인들의

---

52) 상 이집트 고대 도시. 아랍 명 엘-바흐나사.
53) 루마니아 동부와 불가리아 북동부에 걸친 도나우강 하류 이남 흑해와 접한 평원이다. 루마니아 지역 중간에 콘스탄차항이 있고 우크라이나와 접한, 그 위 도나우 삼각주에는 술리나항이 있다. 땅이 비옥하다.

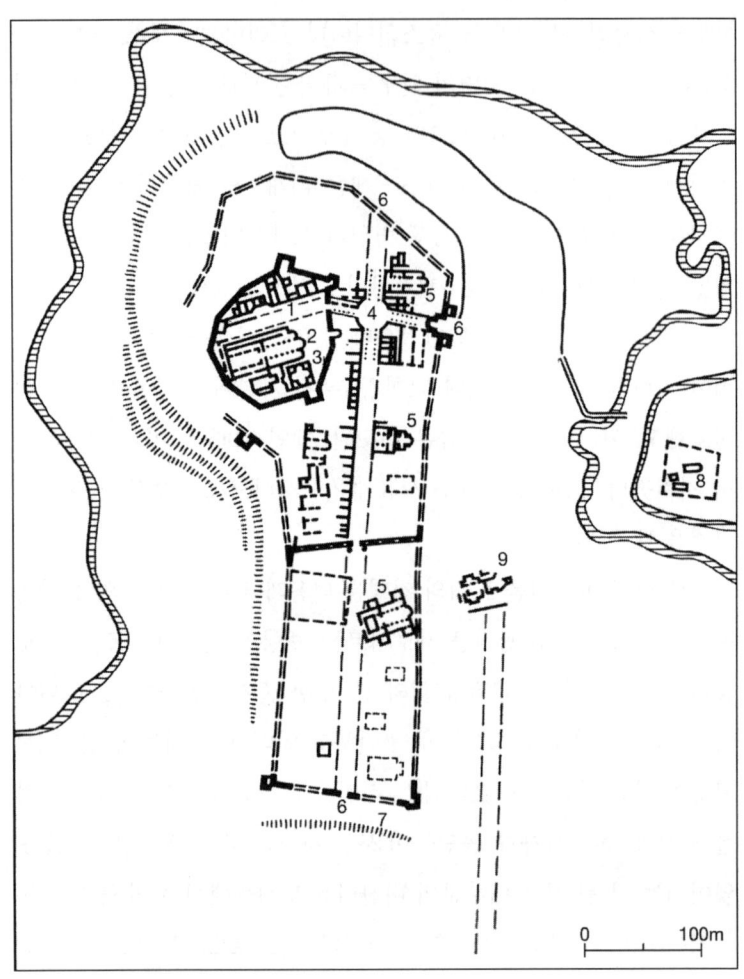

10. 6세기 차리친 그라드(유스티니아나 프리마?)
(D. Claude, *Die Byzantinische Stadt*…)
1. 아크로폴리스 2. 대성당 3. 세례당 4. 원형 교차로 5. 교회 6. 성문 7. 묘지 8. 성 엘리야 교회 9. 목욕탕

빌라들이 들어서 있다. 몇몇 도시들은 면적이 알려져 있는데, 안티오케이아(교외 제외) 1,029헥타르(이하 같은 단위), 알렉산드리아 920, 에페소스 316, 에페이로스의 니코폴리스 250, 아미다 150-200, 옥쉬링코스 160, 다마스 105, 게라사 84, 도나우 강변 니코폴리스 30-40, 렙티스 마그나 44(후기 28), 세르기우폴리스(레사파) 20, 유스티니아나 프리마 7, 키레나이카의 보레이온 3.75다. 시리아 베로이아[54]의 터는 95헥타르였으나 단지 25헥타르만이 거주 지역이었다. 이것은 전형적인 비율인데, 확인된 터 면적만으로 주민 수를 산정하려는 부주의한 역사가라면 명심해야 할 사항이다.

비잔티움 도시가 태어나는 데는 네 가지 방식이 있었다. 어떤 도시들은 황제나 관청이 지역 방어나 군주의 위신 제고를 위해 창설한 도시들이다—유스티니아누스가 세운 유스티니아나 프리마, 헤라클레이오스가 세운 도나우강 변 니코폴리스, 세바스테이아[55] 근처 헤라클레이우폴리스와 미래의 베네치아 근처 헤라클레이아, 유스티니아노스 2세가 키프로스인을 이주시켜 세운 네아 유스티니아누폴리스, 8세기 콘스탄티노스 5세가 발칸반도에 건설하고 아르메니아인과 시리아인을 이주시킨 몇몇 도시, 이레네 여제가 784년 세운 이레노폴리스. 그 외 다른 도시들이 니케포로스 1세, 미카엘 3세, 바실레이오스 2세, 로마노스 3세 아르귀로스(1030년경 동쪽 변경 로마노폴리스[56]), 콘스탄티노스 9세 모노마코스 등에 의해 동·서방에 세워졌

---

54) 현 시리아 알레포(아랍 명은 할라브). 레반트에서 가장 오래된 도시 중 하나로 유스티니아누스 황제가 페르시아인들에게서 빼앗아 재건했다. 637년 아랍인들에게 정복당하고, 944년 아랍 함단 왕국 수도가 된다. 962년 비잔티움 군대에 의해 정복당했으나 곧 이집트 파티마 왕조의 소유가 됐다가 셀주크 튀르크족에게 넘어갔다.
55) 현 튀르키예 중부 시바스.
56) 현 튀르키예 동부 엘라지주 팔루.

다. 한편 다른 어떤 도시들은 유명한 종교시설(lieu de culte)을 중심으로 성장했다. 주상고행자(柱上苦行者) 시므온은 텔라니소스 마을에 그가 금욕 수행을 한 기둥 곁에 수도원 하나를 세웠는데, 이 기둥으로 수많은 사람이 순례를 왔다. 성자가 사망한 후 제논 황제(425년경-491, 재위 474-475, 476-491)는 그 근처에 한 채의 순교 기념 건축물(마르튀리온), 한 채의 세례당, 한 채의 수도원, 한 채의 순례자를 위한 숙박소로 구성된, 1만 2,000평방미터에 이르는 거대한 순례 단지를 건설하게 했다. 그러나 이 숙박소는 얼마 안 있어 미어터졌다. 여행객들은 마을로 역류했고 순례객 맞이가 생업이 된, 숙박소 12곳, 수많은 직인 공방, 세 채의 수도원을 지닌 텔라니소스 마을은 순식간에 하나의 시를 방불하게 되었지만, 마을에는 관가도 목욕탕도 주교관도 없었다.

디오클레티아누스 황제 때 알렉산드리아에서 순교한 메나스의 유해는 대상(隊商)들이 다니던 두 갈래 길 교차점 위 옛 묘지에 묻혔고, 이곳에는 예배당 하나, 그리고 나중에 세 개의 신랑(身廊)이 있는 바실리카가 세워졌다. 제논 황제는 이곳과 이곳에 모이는 순례자들을 베두인의 습격으로부터 보호하기 위해 이곳에 1,200명의 병력으로 된 수비대를 배치했다. 이렇게 도시가 탄생했다. 도시는 한 채의 커다란 수도원, 두 채의 묘지 부속 바실리카, 몇 채의 숙박소, 수많은 다른 건물, 그리고 벽돌 건물들이 있는 주변부와 화려한 빌라들이 늘어선 근교를 포함했다. 그 북서쪽에 방비시설을 갖춘, 메나폴리스 아니면 제노폴리스, 아니면 마르튀루폴리스(도시의 이름이 무엇인지는 모른다)가 그 넓이가 4헥타르나 되는 거대한 종교시설 주변에 발달해 있었다.

세르기우폴리스(레사파)는 시리아의 여러 주요 대상로가 교차하는 지점에 있었으며, 디오클레티아누스의 기독교도 박해기에 처형

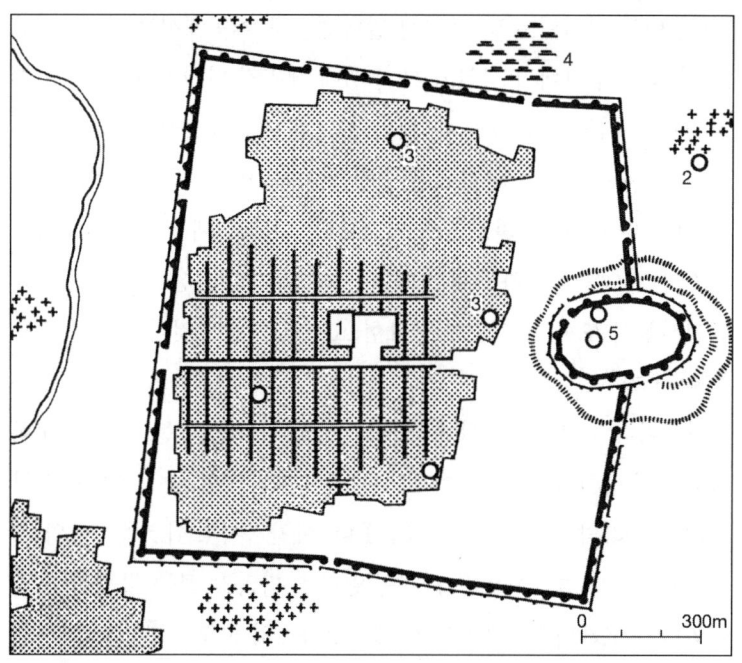

11. 6세기 베로이아(알레포)
(D. Claude, 같은 책)
1. 주교좌 대성당 2. 40인의 순교자 교회 3. 시나고그 4. 유대인 묘지 5. 아크로폴리스

된 한 병사 성인의 무덤 주위에 발달했는데, 이곳에서는 21-22헥타르 넓이의 터 안에서 성인의 묘지 위에 세워진 바실리카 한 채가 발견됐으며, 다른 바실리카 한 채와 주교좌 교회를 중앙에 가진 다른 교회들, 건물이 드문 구역에 집수장들, 너비 약 10미터의 중앙 가로와 다른 열주(列柱) 가로들도 발견됐다. 이 도시에서는 아나스타시오스가 도시를 건설하고 유스티니아누스가 방비시설을 설치한 이래 종교시설이 도시 발전의 한 중요한 요소였으나, 그것이 유일한 요소는 아니었다.

킬리키아의 셀레우케이아 근처의 메리아믈리크에는 줄지은 교회들과 목욕탕이 있었는데, 이 도시는 한 채의 묘소, 즉 1세기 순교한 성녀 테클라의 묘소 주위로 성장했다. 마찬가지로 아르메니아의 페다크토에(헤라클레이우폴리스)는 일디즈 다라고 하는 궁핍한 지역이었다가 코레피스코포스[57] 아테나고라스의 순교를 계기로 발전한 도시이며, 에우카이타[58]는 테오도로스 티론 순교자에서 유래한다. 한편 다른 어떤 도시들은 경제적으로 발전한 방비시설이 있는 큰 마을이 행정적으로 공인된 경우로, 아프리카의 툭가(28아르), 암마이다라(2-3헥타르)가 있고, 아나사르타는 테오도리아스가 됐고, 수스(수사)는 유스티니아누폴리스[59]란 명칭이 부여됐으며, 그 외 다른 많은 요새가 같은 길을 밟았다. 마지막으로 아나스타시우폴리스(다라), 유스티니아나 프리마처럼 농업적으로 아주 중요한 마을에서 상업 중심지로 승격된 곳들도 있다.

---

57) 희랍어 khôra(촌)와 episcopos(감독)에서 온 말로 초기 기독교 시기에 농촌 지역에서 도시의 주교처럼 사목 활동을 한 교회 성직자를 가리킨다. 후에 서방에서는 사라졌다.
58) 폰토스에 있었다. 현 튀르키예 초룸주 베이외쥐.
59) 현 튀니지 동부 함마마트만 안 항구 도시. 수도 튀니스 남방 140킬로미터.

도시들의 '여왕'이란 수식어가 붙은, '황제의 도시', '신이 가호하는', 황제가 거주하는 곳이 바로 콘스탄티노플이다. 여타 도시와 비교할 수조차 없을 만큼 큰 도시로 콘스탄티노플은 중세 전 기간, 영국에서 중앙아시아까지, 스칸디나비아에서 니제르강안에 이르기까지 문명 세계를 끌어당기는 중심축이었다. 뷔잔티온의 로마식 명칭 비잔티움(프랑스식으로는 뷔장스)은 그 유래가 확실치 않다. 일반적으로는 아마도 기원전 7세기 델피의 신탁에 따라 메가라인 식민시로서 이 도시를 건설했다는 식민시 수장 뷔자스에서 유래했다고 알려져 있다. 로마 황제 셉티미우스 세베루스의 적 페스켄니우스 니게르와 동맹을 맺은 대가로 도시는 196년 황제에게 점령당해 폐허가 됐다. 카라칼라고도 하는 그의 아들 안토니우스 바시아누스의 요청에 따라 정복자는 도시를 다시 일으켜 세우고 넓혀 주랑이 딸린 대로, 극장, 원형경기장(히포드로모스), 정청(政廳), 목욕탕으로 아름답게 꾸미고는 안토니우스를 기려 아우구스타 안토니나란 이름을 하사했다. 성벽은 금각만(Corne d'Or) 네오리온항에서 출발해 부콜레온 궁전 비밀 문에서 마르마라해에 다다랐다. 안드리노플[60]에서 패하고 경쟁자 로마 황제 콘스탄티누스에게 쫓긴 리키니우스는 아우구스타 안토니나로 피신했고, 이곳이 안전하지 않다고 느껴 다시 아시아 해안의 크뤼소폴리스로 갔지만 324년 9월 18일 그곳에서 패전했다.

　콘스탄티누스는 셉티미우스 세베루스에 의해 아크로폴리스를 중심으로 재건된 도시 터의 진가를 알아차렸고, 이곳에 그의 제국의 새로운 수도를 건설하기로 결정했다—"이전에 뷔잔티온이라 불린 도시를 콘스탄티누스는 확대했다. 그는 도시를 큰 성벽으로 두르고 수

---

60) 그리스 이름은 아드리아누폴리스. 현 튀르키예 에디르네. 그리스와 불가리아 접경 지대에 있다.

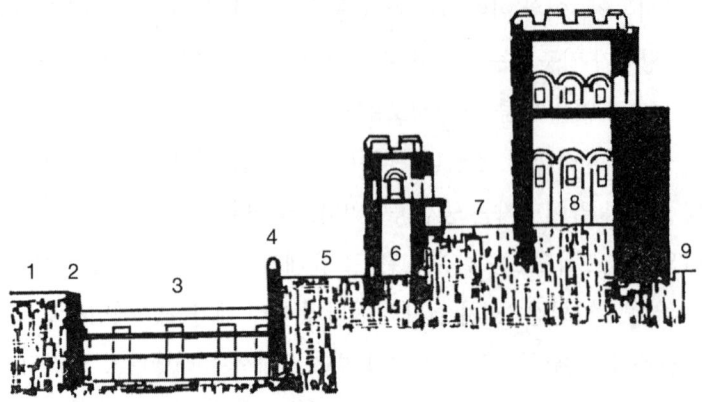

12. 콘스탄티노플 테오도시오스 성벽(단면도)
(E. Mamboury, *Istanbul touristique, Galata-Istanbul*, 1951)
1. 바깥 지면 2. 해자 바깥 제방, 수도교 3. 장애물(디아타프리스마)이 있는 해자 4. 총안을 뚫은 해자 안쪽 벽 5. 프로티키스마(제2 고리) 6. 447년 쌓은 참호와 망루가 있는 제2 성벽 7. 방어벽 혹은 제1 고리 8. 413년 처음 쌓은 큰 망루들과 계단 하나가 있는 성벽 9. 성벽 안 도로 바닥: 음용수가 흐르는 도랑이 있다.

많은 기념물로 장식했다. 그리고 도시를 콘스탄티노플이란 새 이름으로 명명하고 이 도시를 제2의 로마로 부르도록 법률로 명령했다. 이 법령은 석주에 새겨졌고 콘스탄티누스는 그것을 공개행사가 벌어지는 가운데 스트라테기온 광장에 있는 그의 기마상 옆에 세우도록 했다"(5세기 역사가 변호인 소크라테스의 기록). 콘스탄티누스는 324년 새로운 성벽을 건설했고, 이때 그는 손수 그의 창끝으로 성벽이 지나갈 곳 윤곽을 그었다. 이 성벽으로 도시 면적은 다섯 배가 됐다. 성벽은 페트리온 지구에서 시작되어 아스파르·모키오스 집수장 동쪽으로 멀지 않은 곳을 지났고, 네 개의 성문[61](성 요안네스·폴뤼안드로스·성 사투르니노스·아탈로스)이 관통하는 원호를 그린 뒤 현 에튀에메즈구에서 다시 해변에 이르렀다. 이밖에 콘스탄티누스는 바다 쪽 성벽을 육지 쪽 새로운 성벽까지 연장했고, 광장들을 새로 만들고, 주랑이 딸린 도로를 연장하고, 히포드로모스를 증축하도록 하고, 교회와 궁전을 여러 채 건설하도록 하고, 그의 이름을 딴 광장에 서 있는, 로마에서 가져온 원주 위에 아폴론 신의 모습을 한 자신의 동상을 세우도록 했다. 로마의 많은 원로원 의원도 이때 새 수도로 이사 와 그들의 저택들로 도시를 장식했다.

    점차 장소가 협소해짐에 따라 도시는 413년 테오도시오스 황제 때 새로운 성벽을 하사받았다. 콘스탄티누스의 성벽(9세기까지 존재)에서 1,200미터 떨어진 곳에 민정 총독 아르테미오스는 새로운 성벽을 쌓았는데, 그 웅장한 자취는 오늘날에도 볼 수 있다. 마르마라 해변 대리석 탑(tour de Marbre)에서 시작된 성벽은 금문(Porte Dorée) 개선 아치를 감싸안고 콘스탄티누스 포르퓌로겐네토스 궁전(텍푸르 사라이)를 지나 금각만에 다다랐는데, 현재는 궁전에서 멈춰 있다. 바

---

61) 원문은 'ports'이나 'portes'의 오기로 보인다.

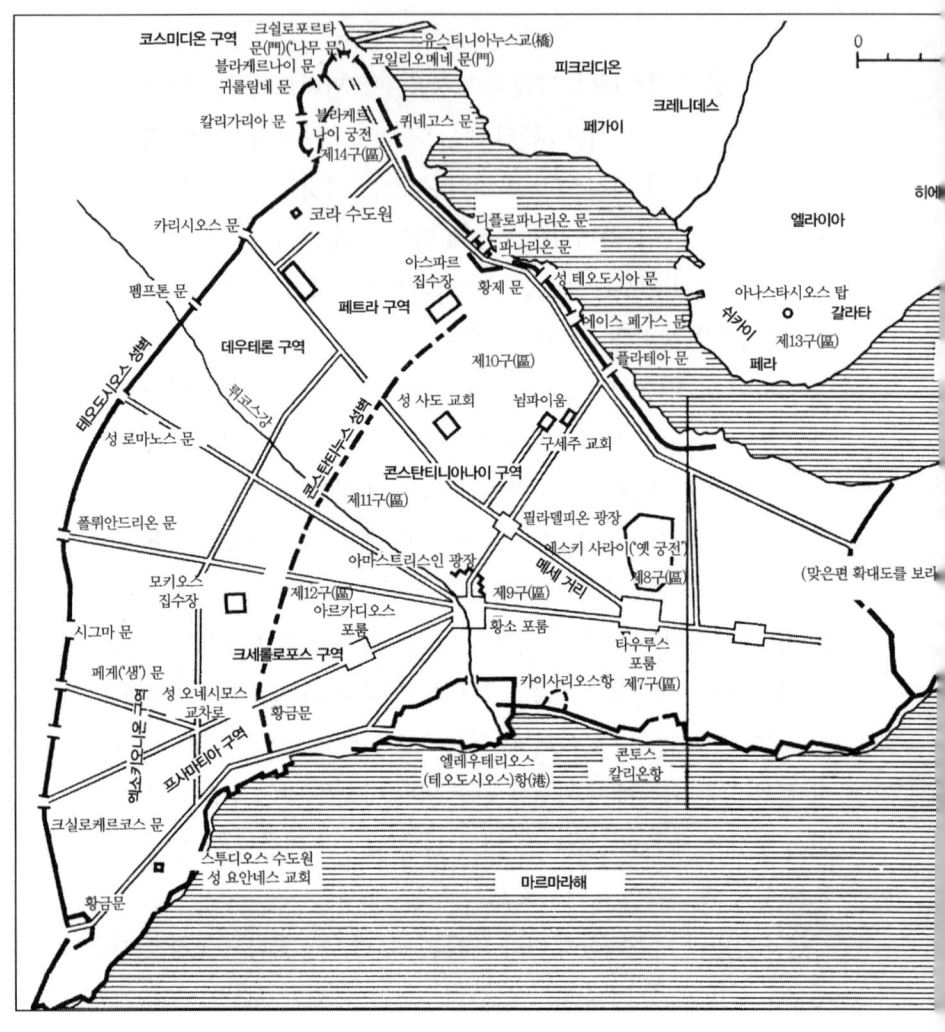

13. 콘스탄티노플 지도
(E. Mamboury, 같은 책)

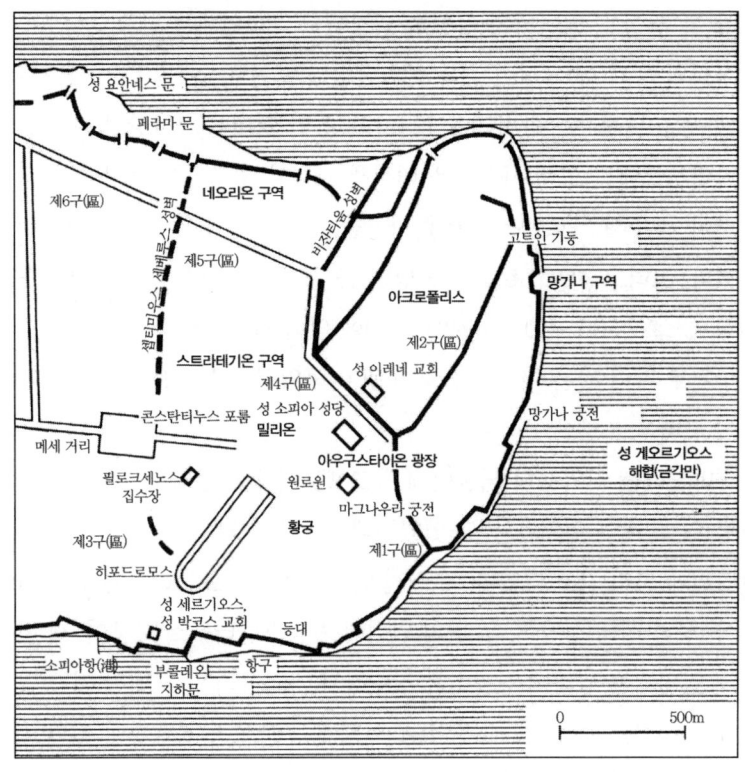

13. 콘스탄티노플 지도 일부
(E. Mamboury, 같은 책)

다 쪽 담장도 성벽까지 당연히 연장됐고, 447년에는 테오도시오스 성벽의 육지 쪽 담장이 총독 콘스탄티노스 퀴로스에 의해 이중으로 됐고 넓은 해자로 방비됐다. 1세기 반 동안 거대한 공사장이 된 콘스탄티노플에는 고대 사원들을 대신해 교회와 수도원이 들어섰고, 주랑이 딸린 새 가로들은 새로운 광장들, 도시의 수많은 구역을 이어주었다. 그리고 히포드로모스 근방의 큰 궁전들이 건설됐는데, 테오도시오스 2세(401-450, 재위 408-450)에 의해 재건축된 성 소피아 성당 주위로 자리 잡은 이 궁전들로써 관가 구역이 완성됐으며, 이때부터 이 구역은 유명한 곳이 됐다.

비잔티움 작가들이 되풀이해 강조했듯이 콘스탄티노플은 로마처럼 일곱 개의 언덕을 품고 있었는데, 이 언덕들은 뤼코스강 골짜기 양편에 자리 잡고 있었다. 첫 번째 언덕에는 아크로폴리스와 성 소피아, 성 이레네 성당이, 두 번째 언덕에는 콘스탄티누스 포룸이, 세 번째 언덕에는 뉨파이움 막시뭄 집수장과 카피톨리움이, 네 번째 언덕에는 성 사도 교회가, 다섯 번째 언덕에는 보노스 집수장이 있었고, 아스파르 집수장이 있는 여섯 번째 언덕은 코라 수도원과 카리시오스 성문(현 에디르네 문)에까지 이르렀고, 일곱 번째 언덕에는 아르카디오스 포룸과 모키오스 집수장이 있었다. 로마처럼 콘스탄티노플도 14개 구(區)로 나뉘었는데, 제국이 끝날 때까지 변경이 가해지지 않았다.

제1구(북동): 성 라자로스 교회(후기), 망가나 궁전, 망가나 성 게오르기오스 수도원, 성모 마리아 호데게트리아 교회, 성 구주(救主) 교회, 망가나 병기창, 망가나 탑, 성 바르바라 교회.

제2구(서): 아크로폴리스, 성 이레네 성당, 성 소피아 성당, 셉티미우스 세베루스 소극장(Theatrum Minus), 고트인의 기둥(la colonne des Goths).

제3구(남): 히포드로모스, 성 에우페미아 교회, 소피아항, 성 세르기오스·성 바코스 교회, 성 아나스타시아 교회, 40인의 순교자 교회, 필로크세노스 집수장.

제4구(제1, 제2 언덕 사이): 황금 이정표(밀리온, 모든 제국 지역까지 거리를 계산하는, 모자이크로 장식된 거대한 아치로 된 기준점 이정표), 칼코프라테이아의 성모 마리아 교회.

제5구(콘스탄티누스 포룸 북편): 프로스포리온항, 칼케도니아인의 부두. 이곳에 나중에 제노바인의 상관(商館)이 들어선다.

제6구: 콘스탄티누스 포룸, 대주랑(le Grand Portique), 네오리온항. 피사인·아말피인·베네치아인의 상관들이 있었다.

제7구: 테오도시우스 개선 기념 기둥과 아치, 마르마라해 콘토스칼리온항, 그리고 아마도 성 바울·성 이레네·성 아나스타시아·성 아카키오스 교회.

제8구: 타우로스 혹은 테오도시오스 포룸, 카피톨리움, 콘스탄티누스 포룸 일부와 메세 거리(la Mésè) 북쪽 주랑.

제9구(메세 거리와 마르마라해 사이): 뮈렐라이온 교회와 카이사리오스 소항(小港).

제10구(금각만): 발렌스 수도교로 날라온 물을 가두는 뉨파이움 막시뭄 집수장, 마르키아노스 기둥, 콘스탄티누스 목욕탕, 플라키디아 궁전, 발렌스 수도교.

제11구: 황소 포룸(le forum du Boeuf), 성 사도 교회, 순결하신 동정녀 교회, 크리스토스 판토크라토르 교회, 크리스토스 판테폽테스 교회, 콘스탄티노스 립스(Constantin Lips) 수도원.

제12구: 황소 포룸 일부, 아르카디오스 포룸, 엘레우테리온항, 디오스 수도원.

제13구(금각만 건너편): 현 갈라타 구역.

제14: 코라(시골) 혹은 엑소키오니온(콘스탄티누스 성벽 금문에 우뚝 서 있던 '기둥 바깥'이라 불렸다. 블라케르나이 성모 마리아 교회, 나중에는 블라케르나이 궁전(헤라클레이오스 성벽과 마누엘 콤네노스 성벽이 이루는 고리 안).

대략 13평방킬로미터 면적의 이 중세 도시의 지지(地誌)는 이곳에서 행해진 공식적인 행사 보고, 옛 여행자들의 기록, 그리고 고고학적 발굴 덕택에 비교적 잘 알려져 있다. 콘스탄티노플은 Y자 모양을 한 대로가 교통로 구실을 했는데, 이 길은 대리석으로 포도를 깔고, 넓은 복도를 인 주랑으로 둘러싸인 직사각형 모양의 큰 광장 아우구스타이온 광장 옆 황금 이정표(밀리온)에서 출발해 타우로스 포룸에 닿은 뒤 두 갈래로 갈라지는데, 한 갈래는 남쪽으로, 장거리 국제 가도 에그나티아 대로의 종착점인 금문으로 가며, 다른 한 갈래는 북쪽 카리시오스 성문 쪽으로 가는데, 이곳이 안드리노플(에디르네) 가로로 가는 길목이다. 이 세 갈래 길은 메세, 즉 중앙 간선도로로 불리는데, 직선의, 배수로를 갖춘 도로며, 언덕들을 지나므로 많은 부분이 고가다리로 건설되어야 했다. 다른 한편, 8 내지 10미터 너비의 많은 길들은 3미터 50센티미터 너비의, 산책로가 있는 주랑으로 장식됐다. 이 길들에 면한 집들은 주랑과 연결됐지만 안뜰도 햇빛을 받았다. 사각형 블록 모양으로 구획된 이 집들은 교회가 있는 광장들을 둘러싸고 있었다. 도시의 가장 높은 지대들에는 집수장들이 있다. 콘스탄티노플에는 대략 50갈래의 주랑이 딸린 도로들이 종횡으로 달렸지만, 지형이 단구상(段丘狀)이어서 100개 이상의 계단이 길을 옮겨 다닐 수 있게 해주었다. "도시 안은 이러하다. 바다 쪽 평원 두 군데, 원형극장 모양의 언덕 경사면들 그리고 더 높은 평탄한 지형에는 큰 포룸·큰 교회·큰 건물·황궁·개인 궁전 등이 자리 잡고 있다"(에르네스트 망부리Ernest Mamboury).

금각만과 보스포로스해협으로 만들어진 트라키아 모퉁이 부분(옛 쉬카이[62] 지역)은 콘스탄티누스에 의해 방비시설이 갖추어지고 테오도시오스 2세에 의해 콘스탄티노플에 편입되어 제13구가 됐으며, 교회들, 포룸, 목욕탕들, 극장, 항구, 그리고 431채의 대저택 등을 포함하고 있었다. 6세기 유스티니아누스는 이곳의 몇몇 기념물을 복원하고는 이 지역에 유스티니아나이란 이름을 하사했다. 이곳 구역 중 하나가 갈라타란 이름으로 불렸고, 티베리오스 2세(520-582, 재위 578-582)가 세운, 금각만 입구를 봉쇄하는 쇠사슬의 기점이 된 요새도 이름을 땄다. 이 구역은 12세기 제노바인들에게 할양됐고, 제노바인들은 이곳에서 베네치아인들과 이웃해서 살았다. 이 구역은 페라(금각만 '반대편')로 불렸고 제노바 상인들이 실권을 쥔, 거의 콘스탄티노플과는 독립한 상관(商館) 도시를 형성했다. 흥분한 베네치아인들이 1296년 페라에 불을 지르자 주민들은 블라케르나이 지구로 피신했다. 나중에 제노바인이 페라를 복구한 후 보루를 건설하고는 점차 영역을 넓혀나갔으나 힘이 약화된 제국은 이를 좌시할 수밖에 없었다. 15세기 페라에는 제노바시 총독부(podestat)가 있었고 자신들의 주화를 주조했다. 여러 구역으로 나뉜 이 도시는 수많은 정방형 망루로 보강된 튼튼한 성벽으로 방어됐다. 경작지와 포도밭이 있는 교외 구역, 특히 성 테오도로스 언덕은 전원주택으로 덮였고, 페라의 상인들은 축젯날 이곳에서 시간을 보냈다.

비잔티움인의 자랑이었던 콘스탄티노플은 4세기 이래 그 크기, 방비시설, 화려한 건축물들로 모든 외국인에게서 경탄을 자아냈다. 파

---

62) 무화과나무밭을 의미한다.

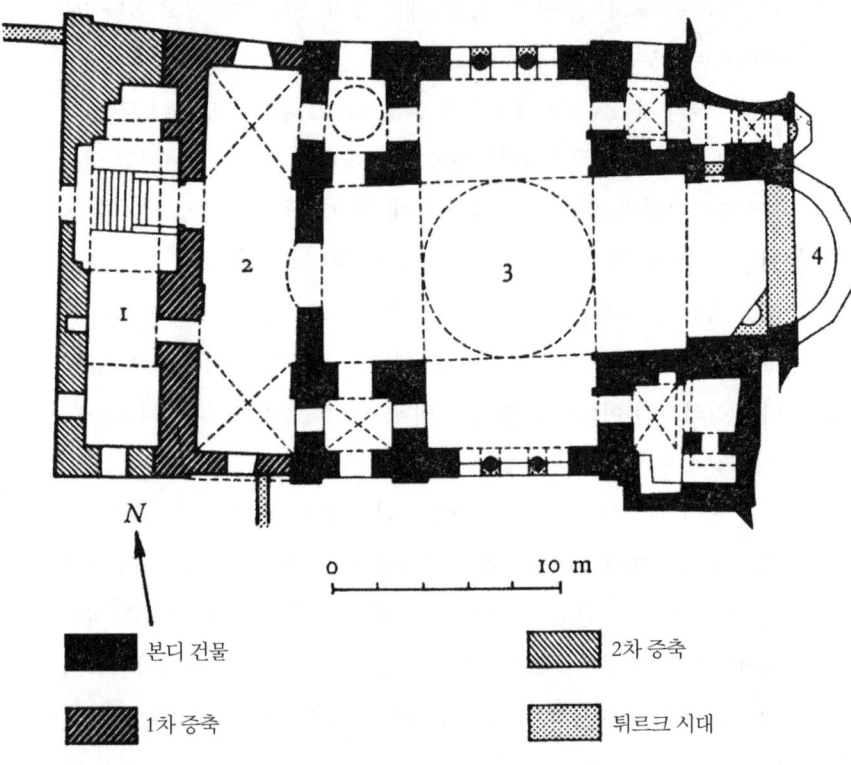

14. 콘스탄티노플 크리스토스 아카탈렙토스(불가지한 그리스도) 수도원(칼렌데르하네 자미?)(9세기 후반)
(R. Krautheimer, *Early Christian*…, p.207)
1. 엑소나르텍스 2. 에소나르텍스 3. 둥근 지붕 4. 후진으로 추측되는 곳

리 근처 생드니 수도원의 성직자였던 외드 드되이는 12세기 중반 못 미처 프랑스 왕 루이 7세의 십자군 군대와 함께 이 도시에 머문 적이 있었는데, 비록 그리스인들에게는 아무런 호감도 표시하지 않았으나 그들의 수도에 관해서는 크게 감동했다. 비록 비판적인 시각으로 이 도시를 바라보긴 했지만 말이다.

"그리스인들의 자랑인 콘스탄티노플은 실제로는 그 명성이 말하는 바보다도 더 부요하다. 도시는 삼각형의 돛처럼 생겼다. 모퉁이 안쪽에는 성 소피아 성당과 콘스탄티누스 궁전이 있는데, 후자 안에는 지극히 성스러운 유물들이 있는 예배당이 있다. 바다가 도시 두 변을 감싸고 있다. 도착해서 보면 오른쪽에는 성 게오르기오스 해협〔금각만〕이 있고, 왼쪽에는 내〔알리 베이〕 같은 것이 이곳에서 흘러나와 약 4마일에 걸쳐 펼쳐지는 것이 보인다. 그곳에 블라케르나이라고 하는 궁전이 서 있는 곳은 그다지 높진 않지만 궁전은 그 건축 솜씨·화려함·크기에 있어 뛰어나고 궁전에 사는 사람들에게 삼중의 전망, 즉 시골·바다·시내 풍경을 동시에 내려다보는 세 가지 즐거움을 동시에 제공해준다. 궁전 외관의 아름다움은 거의 비길 데가 없으며 안에서 보는 아름다움은 그보다 더하다. 어디를 보나 금과 갖가지 색깔의 정치하게 짠 대리석으로 장식되어 있어, 섬세한 기예와 귀중한 재료 가운데 어떤 것이 이것들의 최상의 가치 혹은 아름다움을 낳았는지 알 수 없다. 도시가 그리는 삼각형의 세 번째 모서리에는 들이 자리 잡고 있지만 탑이 있는 이중의 성벽으로 방어되는데, 그것은 바다에서 궁전까지 약 2마일에 달한다. 성벽은 그다지 견고하지 않고 탑은 그다지 높지 않은데, 내가 보기에 이 도시는 자신의 많은 인구와 전통적인 평온을 믿는 것 같다. 성벽 안 빈터는 쟁기와 괭이로 일구어져 주민들이 갖가지 채소가 자라는 밭으로 이용한다. 지하의 수도관은 시외에서 담수를 풍부하게 날라 온다. 그렇지만 이 도시는 더럽고 악취가 나며 많은 구역이 온종일 어두침침하다. 길에 잇닿은 아름다운 집들은 부자들 것이고 가난한 자들과 외국인들은 더럽고 어두침침한 곳에 산다. 이곳에서는 살인, 절도 등 어둠을 필요로 하는 모든 범죄가 일어난다. 이 도시는 무법천지고 부자들은 모두 왕 노릇을 하며 가난한 자들은 거의 모두가 도둑들이고 범죄자들은 거리낌 없이 범죄를 자행하는데, 그것은 죄가 처벌되지 않고 드러나지 않기 때문이다. 이 도시는 거의 모든 면에서 다른 도시들을 앞질러, 그 부요함도 그 악습도 최고다. 이 도시에는 수많은 교회가 있다. 성 소피아 성당은 그 장식물에서는 아니더라도 그 규모 면에서 맞설 곳이 없다. 교회들은 모두가 그 아름다움에서 경탄을 자아내고 많은 유물을 보유하고 있어 존귀하다."

수년 뒤 빌라르두앵(트루아 근처의 한 성)의 제오프루아는 말 그대로 황홀경에 빠졌다.

"그런데 콘스탄티노플을 한 번도 보지 못했던 그 사람들이 얼마나 그 도시를 한참 동안 바라보았는지 당신들에게 말씀드리죠. 그들이 온통 도시를 둘러싼 높은 담장들과 견고한 탑들, 그 웅장한 궁전들, 높이 솟은 교회들—너무나 많아[1202년 오브리 드 트루아-퐁텐은 10만이라고 말했다] 아무도 제 눈으로 보지 않고서는 믿을 수 없었던—그리고 다른 모든 도시 위에 왕자(王者)로서 군림하는 이 도시의 길이와 너비를 보았을 때, 온 세상에 이만큼 강대한 도시가 있을 것이라곤 생각지도 못했기 때문이죠."

박물관 도시로서 콘스탄티노플은 오랫동안 기둥들, 개선 아치들, 동상들을 자신의 역사 혹은 신화의 증거물로서 간직해왔을 뿐만 아니라 공공 그리고 개인 궁전들, 교회들, 수도원들에 수많은 소중한 공예품을 보존하고 있었는데, 이것들은 외지에서 온 선물, 특히 자신의 장인들이 만든 걸작들이었다. 콘스탄티노플 총대주교 마타이오스 1세의 권한으로 1397년 10월 작성된 성 소피아 성당 재산 목록의 단편(斷片)을 보면 콘스탄티노플 예술의 실상을 어느 정도 알 수 있다.

- 법랑이 박힌, 금도금 은 장식을 한 벽옥(碧玉) 성배. 일곱 군데 장식이 없다.
- 법랑이 박히고 진주로 장식된 성배. 진주 장식 네 개는 없다.
- 성인들이 새겨진, 작은 진주 장식이 있는 금도금 은 성배.
- 은제 성배와 금판에 새긴 성인 초상이 있는 성반(聖盤) 세트. 진주 몇 개는 없다.
- 금제 성반. 각각 진주 테두리 장식을 한 법랑 14개가 있다.
- 은제 성배 다섯 개. 그중 두 개는 작다.
- 금도금 은제 성배. 네 군데 금을 아로새긴 장식이 있다.
- 부서진 은제 성배.
- 금도금 은 장식을 한 석영 성배. 가장자리에 글을 새겼다.
- 은제 성배 네 개.
- 성배로 변형된 석영 화병. 금도금 은으로 만든 다리 하나가 달려 있다.
- 의전용 수저 두 개. 한 개는 상아제, 한 개는 호박제.
- 금제 아스테리스코스〔성반 위 성체 빵 위에 올려놓는 천(베일)을 받치는 도구〕.

- 의전용 은제 수저 세 개.
- 성유 수저.
- 금도금 은 장식이 된 석영 수저.
- 은제 아스테리스코스 세 개.
- 은제 여과기.
- 물병(aiguière)63)과 은제 화병.
- 큰 쟁반.
- 의전〔행렬〕 때 쓰는, 금도금 은 장식이 된 복음서.
- 금도금 은 글자를 새기고 금도금 은제 십자가 장식을 한 전례서.
- 십자가 한 개와 금도금 은구슬 네 개가 장식된 전례서.
- 금으로 된 글자를 새기고 금은·법랑·진주 장식이 된 복음서. 진주 78개가 빠져 있고 법랑 자리 세 군데는 비어 있다.
- 금도금 은 장식이 된, 금과 법랑 조판(彫版)이 있는 복음서.
- 금으로 된 글자와 금 십자가 장식이 있는 상용(常用) 복음서. 교회 안에 있다.
- 금도금 은제 리피디온〔부채〕 16개.
- 금도금 은 조판이 있고 법랑·진주 조판 장식을 한 구세주 그리스도 이콘. 머리에 있던 법랑은 없고 진주가 여러 군데 빠졌다.
- 금도금 은 조판이 있고 법랑·진주 조판 장식을 한 생신녀(生神女) 이콘.
- 장식된 생신녀 이콘.
- 입구에 놓는 네 벌의 촛대. 한 벌은 벽옥제, 한 벌은 석영제, 한 벌은 금도금 은제(베네치아산), 한 벌은 은제.
- 금도금 은 장식을 한 성 소(小) 스테파노스의 머리.

---

63) 예전에 물을 옮기는 데 쓰던, 손잡이와 주둥이가 달리고 배가 부른 물병.

- 금도금 은제 향로.
- 금도금 은제 기름 그릇.
- 은제 성유물함에 담긴 성 십자가(la Vraie Croix) 목편(木片).
- 금도금 은제 십자가. 금을 아로새긴 장식이 있고 5열의 진주와 다섯 개의 법랑이 있다.
- 부서진 금도금 은제 십자가. 3과의 자수정 장식이 있다.
- 금도금 은제 성유물함에 담긴 성 십자가 목편.
- 작은 금 십자가.
- 법랑 장식이 된 금도금 은제 경배의 십자가(la croix de la vénération).
- 은 장식이 된 십자가 세 개. 그중 두 개는 옥수(玉髓)제이고 은 장식이 되어 있다.
- 작은 벽옥제 성반(聖盤).
- 향로. 교회 안에 있다.
- 금도금 은제 향로.
- 그리스도의 십자가 강하(la Descente de Croix) 이콘. 장식이 되어 있다.
- 금도금 은제 요안네스 크리소스토모스 성화.
- 붉은색과 보라색 진주로 된 십자가가 달린 복음서 초록(évangéliaire). 주의 축일들(les fêtes du Seigneur)[64] 성화 포함.
- 완전히 진주로 덮인 성배 베일.
- 진주가 망실된 성배 베일.
- 금실로 장식된 성배 베일.
- 녹·황색 성배 베일.
- 붉은 비단 제단포.

---

64) 그리스도의 일생과 관련된 축일들.

- 금실로 장식된 홍·황금색 성소 휘장(벨로튀론).
- 2색 성소 휘장. 교회 안에 있다.
- 금실로 되고 진주와 18과의 보석으로 덮인 에피트라켈리온〔영대〕.65)
- 금실로 되고 진주로 덮인 영대.
- 금실로 되고 주의 축일들 그림이 장식된 영대.
- 금실로 된 소맷부리 한 켤레.
- 금실로 되고 부활 주제 성화가 장식된 에피고나티온〔오른쪽 무릎 높이에 차는 수를 놓은 판지(板紙)〕.
- 금실로 되고 보라색 원들과 진주 십자가들이 장식된 흰색 삿코스.
- 진주가 망실된, 금실로 된 흰색 삿코스.
- 금실로 된 검은색 삿코스.
- 금실로 장식되고 그리스도와 생신녀상(像)을 입힌 흰색 삿코스. 진주와 세 개의 청색 보석 장식이 있다.
- 금실로 된 보라색 삿코스.
- 금도금 은 담쟁이 잎 30장, 법랑 12개가 있고, 다이아몬드·진주 장식이 된 성인 성화 여섯 장이 있는, 또 다른 금실로 된 보라색 삿코스.
- 물을 성별할 때 입는 금실로 된 보라색 펠로니온〔샤쥐블〕.
- 진주를 박은 청색 삿코스.
- 비단 스티카리온〔알바66)〕 석 장.
- 보라색 스티카리온 한 장.

---

65) 주교나 사제가 제복(祭服) 위에 걸치는, 목 뒤로 해 앞으로 늘어뜨린 넓은 띠.
66) 사제가 전례 때 입는 흰옷.

- 금실로 짜고 진주와 보석 여섯 개가 달린 소맷부리.
- 진주와 보석 16개가 달린 오모포리온〔팔리움〕.
- 금실로 짠 낡은 오모포리온 두 장.
- 금실로 짠 십자가 형상들이 있는 보라색 오모포리온 한 벌.
- 수놓은 만딜리온〔예수가 에데사의 아브가르 왕에게 보냈다는, 자신의 얼굴을 닦은 손수건을 그린 이콘〕 세 장.
- 진주 장식이 있는 수놓은 만딜리온〔사제가 쓰는 수건〕 한 장.
- 전례용 두루마리 다섯 권(卷).
- 행렬 때 쓰는, 큰 금도금 은제 십자가. 5인의 성인을 새겼다. 교회 안에 있다.
- 장식된 성소 성문(Saintes portes)[67]들. 한 짝은 밑 부분이 없다.
- 두 번째 성배 베일 15장. 두 장은 빨갛고 금빛이고 진주 장식이 있다. 두 장은 빨갛고 금실로 되어 있고 진주가 없다. 한 장은 금실로 되어 있고 작은 진주 장식이 있다. 한 장은 보라색, 한 장은 흰색, 세 장은 금실로 짠 것이다. 두 장은 빨갛고 금빛이다. 다른 석 장은 예사롭지 않은 빛깔이다.
- 자줏빛 베일 두 장.
- 총대주교 석장(錫杖) 네 개.
- 금인칙서〔황제가 자주색 잉크(단사)로 서명한 양피지 두루마리〕 두루마리 세 권.
- 상아 성유물함에 담긴 바울 성인 턱뼈.
- 금도금 은제 테를 씌운 성 에우스트라티오스의 머리.
- 납 장(欌)에 모신 성 판텔레이몬의 유해.

---

67) 성상벽 중앙에 설치된 두 짝으로 된 문. 특별한 전례 때만 성직자들이 이용한다.

- 성 실베스트루스의 유해.
- 어느 성인의 발.
- 성 프로코피오스의 수염.
- 성 코스마스의 유해.
- 성 테오도로스 스트라텔라테스의 유해.
- 성 그레고리오스 타우마투르고스의 유해.
- 성 클레멘스의 유해.
- 여러 성인의 유해.
- 쉬노디콘〔정교 축제인 사순절 첫 번째 일요일에 읽는 문서를 수록한 책〕.
- 은 조각, 깨진 화병 조각.
- 작은 베일들〔성반 위에 첫 번째로 올려놓는 베일들〕.
- 훅 단추 네 개.
- 진주가 박힌 보라·자주색 영대. 고(故) 네일로스 총대주교〔재위 1379-88〕 기증품.
- 휘포모네 공주가 기증한 벽옥제 성배.
- 진주 매듭이 달린 전례용 허리띠.
- 파랑·금색 삿코스.

안토니오스 4세 총대주교 재위기[1391-97]에 추가된 물품
- 금실로 된 오모포리온. 러시아에서 보내왔다.
- 작은 은제 아스테리스코스 세 개.
- 성 콘스탄티누스를 그린, 성 소피아 성당의 오래된 베일.

현 총대주교 재직 시 추가된 물품
- 진주로 덮인 러시아산 에피트라켈리온〔영대〕. 금도금 은제 양

조각들과 법랑들로 장식되어 있다.
- 금도금 은으로 덮이고 글자가 새겨져 있는 석영제 전례용 수저.
- 2색(노랑·빨강) 다마스크 천으로 만든 망토.
- 성배 베일 일곱 장.
- 금실로 짠 자주·보라색 큰 성배 베일 두 장. 고(故) 발사몬 사켈라리오스 기증품.
- 행렬 시 축복할 때 쓰는 작은 십자가. 우리가 교회에 주었고 우리는 이것을 오래된 은제 장에 넣어 보관하고 있다. 예전에 이 장 안에는 큰 십자가에 박혀 있던 성 십자가 조각이 보존되어 있었다.
- 베일 두 장. 금실로 짠 한 장은 파랑·금색이며, 2색 다마스크 천으로 된 다른 한 장은 녹색 다마스크 천으로 가장자리를 둘렀다.
- 코발트색 성배용 베일 두 장. 금실로 짜고 다마스크 천으로 된 깃 하나가 있다.

이 성 소피아 성당의 보물들은 인상적이긴 하지만 하나의 찌꺼기에 불과한데, 십자군의 콘스탄티노플 약탈은 수도의 다른 재화들처럼 이 보물들에도 궤멸적인 타격을 입혔기 때문이다. 그 재화들은 오늘날 베네치아와 서방의 다른 도시들, 미국에서 사람들의 경탄을 자아내고 있다. 이 유명한 약탈 사건과 이후 약 60년간 라틴인 점령자들에 의한 부주의한 관리는 14-15세기 아랍인·에스파냐인 여행자들이 이 위대한 도시의 딱한 정경을 남기게 한 원인이었다. 사람이 빠져나간 도시 중심부는 폐허와 뜰로 가득했고, 심지어는 작물을 파종한 밭이 되어 있었다. 성 소피아 성당 구역은 황폐해졌고, 집수장은 메워져 포도가 심어져 있었고, 대궁전은 황무지가 되어 가난한 사람들의 묘지가 되어 있었고, 히포드로모스는 거의 완전히 사라진 상태였다. 비잔티움인의 콘스탄티노플은 고고학 발굴지가 되는 것밖에 기대할 수 없는 상태였다.

황제의 거소(居所)인 콘스탄티노플은 또한 제국의 거점이기도 했다. 그러므로 도시는 특별한 제도들과 고유한 법적 자격을 누리고 있었다. 이제까지 아르콘이 맡았던 도시 행정은 359년 로마처럼 프라이펙투스(préfet de la ville), 즉 총독(éparque)이 맡게 됐는데, 그는 민정장관으로서 황제 다음으로 지상권(至上權)을 갖는 존재였다. 최고위 관료로서 그는 성대한 승진 의식을 거행받고, 행정 중심으로서 재판소와 감옥이 있는 메세 거리의 프라이토리온에 주재한다. 그의 직무는 광범위한데 치안총감으로서 치안을 책임지고, 시장·볼거리·외국인 입경(入境)을 감독한다. 성벽 안에서 그는 민·형사 사건 판관이며, 성벽 밖에서도 100마일까지 9세기 옛 민정 총독(préfet du prétoire)의 판관 권한 일부를 부여받는다. 마지막으로 도시의 상업·경제 활동 일체, 특정 직업인들(은행가, 환전상, 공증인, 변호사)의 영업, 제조 공방, 점포, 시장을 통제한다. 이 복잡한 과제를 수행하기 위해서는 거기에 맞는 인원이 필요하다. 그들은 여러 부서, 즉 공문을 발송하고 법규를 편찬하고 분동·되·저울·수출용 피륙에 검인을 찍는 상서성, 동업조합과 상품 수출입을 통제하는 부서, 선박 출입을 감독하는 부서, 기타 등등 많은 부서에서 일했다. 11세기 미카엘 프셀로스는 총독에 대해 다음과 같이 말하고 있다—"그에게 자의(紫衣)만 있었다면 황제의 권한을 행사할 수 있었을 것이다." 총독은 그의 휘하에 있는 온갖 시정(市政)을 총괄했다. 지구 치안 업무는 지구 경찰서, 14개 지구 재판관, 그리고 소방대와 함께 수행했는데, 지구 경찰서는 특히 야간 범죄행위를 방지하고, 지방에서 온 소송인, 탄원자, 부랑인 등 수도 거리를 가득 메웠던 유동 인구를 감시하는 임무를 띠었다. 도시 조명, 상수 보급, 축일에 하는 도시 장식도 그가 해

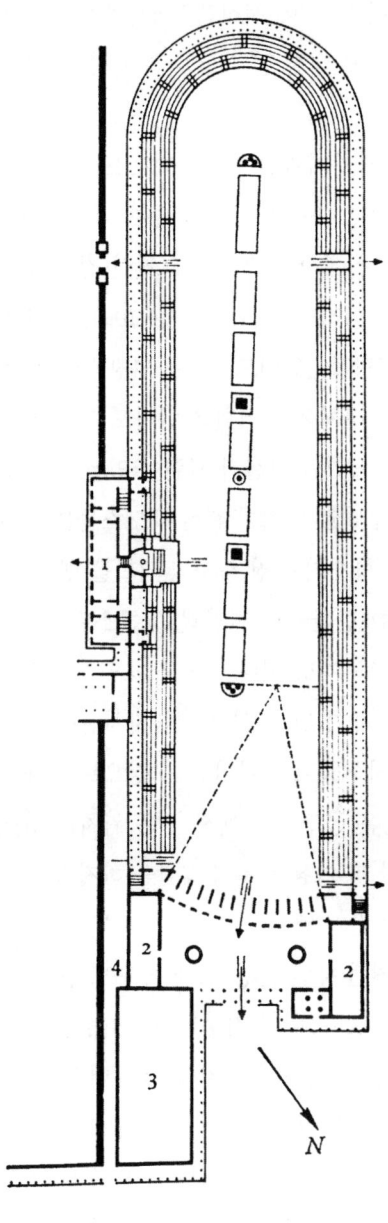

15. 콘스탄티노플 히포드로모스
(A. Vogt, *Constantin VII Porphyrogénète. Le Livre des cérémonies*, Paris, 1940)
1. 카티스마 2. 마구간 3. 제우크시포스 목욕탕 4. 아킬레우스 통로

야 할 일이었으나, 그 외에도 특히 4세기에 시작해 7세기까지 지속된, 도시빈민, 궁전 근무자, 경호부대에 대한 밀 배급(annone)은 중요한 일이었다.

도시 단체들에 의해 관리되는 국가기관인 히포드로모스 또한 총독 관할이었다. 로마에서처럼 2 대 2로 나뉜(홍색·녹색당, 백색·청색당) 네 당이, 전술했듯이 히포드로모스에서 주요 볼거리였던 전차 경주 개최 업무를 분담했고, 이 행사는 여러 차례(최소 1년에 10회) 열렸다. 원칙적으로 스포츠 단체인 이 파당들, 즉 데모스들은 명망 높은 부르주아지 중류층을 이뤘고, 그들의 정치적인 역할은 아마도 황제가 즉위하며 이러저러한 파당의 편이 되었단 사실과 관련이 있을 것이다. 콘스탄티노플이나 지방에서 지구별로 인원이 뽑힌 데모스들은 도시 민병대 역할도 했지만 무엇보다 황제의 무장 사조직 역할을 했다. 격렬한 싸움이 일어나 군주에 대한 반란으로 변전됐고, 콘스탄티노플에서는 종종 무정부 상태가 연출되기도 했다. 7세기 이후 데모스의 역할은 줄어든 듯하고, 어쨌든 9세기 말까지는 모든 자치권을 상실했다. 데모스는 시내와 변두리 지구들로 나뉘어 그 수장으로서 데마르코스를 두었다. 데마르코스들은 궁정 서열에서 높은 위치를 점했으며, 경주는 언제나 개최했지만 더 이상 정치적 역할을 하지 못했으며, 공식행사에서 고위 대표성만 갖게 됐다.

히포드로모스에서 경주가 개최될 때면 관청, 고관들, 수도 주민, 황제가 분주하게 움직였고, 이들은 모두 미리 작성된 의전(儀典)의 주인공이었고, 경주 대회는 마치 공식 행사처럼 치러졌다. 행사 중 가장 성대한 것은 뭐니 뭐니 해도 5월 11일 개최되는 전 인민 축제였다. 그 전날 군주의 명에 따라 프라이포시토스(나중에는 프로토프라이포시토스)는 히포드로모스 정문에 도시 전체에 경주 대회가 있음을 고하는 깃발을 게양했다. 말들이 구사(廐舍)에 인도되고 당의 대표자들과 마부들이 와서 각각의 말 상태를 검사한다. 경주 전날 오후 경주를 개최하는 당의 대표자들이 당의 데마르코스, 마부들과 함께 '카르케레스'[68]라 불린, 따로 된 각 당의 대기실과 말 출발 칸들이 있고, 황동 4두마 동상(오늘날은 베네치아 산 마르코 성당 정문 현관 위를 장식하고 있다)으로 장식된 건물로 온다. 그들은 이튿날 프로그램과 말, 차단물, 트랙 상태 등을 점검해 경주 끝 무렵 벌어질지 모를 이의제기를 방지하기 위한 조치를 취한다. 축젯날이 되면 데모스 수장들과 그 관리들이 그들에게 배정된 관중석 줄에 앉는데, 청색당은 카티스마라고 하는, 황제 주재 재판정 뒤 궁전 건물, 녹색당은 그 왼편, 군중들은 다른 좌석 열들에 자리 잡는다. 황제는 장신구들을 착용하고 초를 손에 쥔 채 여러 예배당에 부복하고, 행사 시 그의 주위에 있을 특권이 있는 고관들을 맞는다. 전차들에 마구들이 채워지고 황궁 근위대는 부대 깃발 주위에 정렬한다. 모든 준비가 끝나면 집전관은 프라이포시토스에게 군주에게 알릴 것을 요청한다. 황제가 손짓하면 문이 열리고 황제는 인파를 헤치고 그의 옥좌가 있는 연단에 올라 그를 향해 몸을 숙인 군중들에게 세 번씩 축복을 내리면 군중들이 그를 연호(連呼)한다. 다시 침묵이 찾아오면 당들의 합창대가 합창하고 고관들이 군주에게 하례한다.

마침내 황제가 일종의 타월인 마파(mappa)를 경기장에 던지면 카르케레스 문이 열리고 전차들이 관중의 열광적인 함성 속에 트랙으로 질주한다. 4색의 4두 전차 네 대가 트랙을 일곱 바퀴 도는 경기 방식이다. 승자는 콘스탄티노플 총독에게서 옛날식대로 종려나무 가지, 머리띠, 금화를 받고, 승자의 당 그리고 모든 관중이 그에게 그리

---

68) 로마 시대 키르쿠스(경기장)에서 트랙 위 출발선에 말들을 구분해놓는 칸막이를 지칭한다. 현대 경마 용어는 '출발 게이트'.

고 황제에게 영예를 돌리는 구호를 연창한다. 경기가 네 차례 있고 난 후 당들은 군주의 허락을 얻어 물러나 춤과 음식을 즐기러 가고, 군중들은 경기장 안으로 내달아 히포드로모스 여기저기 놓인 야채와 주전부리들을 챙긴다. 그다지 성대하지 않은 행사 때는 각자 자신이 챙겨온 음식을 꺼내놓는다. 이러는 동안 황제는 관례적으로 초대된 고관들과 함께 카티스마 궁전의 큰 홀로 가 점심을 먹는다. 황제가 휴식을 마치고 히포드로모스 청소가 끝나면 모두가 관중석에 다시 자리를 잡고 오후에 벌어지는 네 차례의 경주를 관람한다. 아침 경주 마지막 회가 끝나면 관중들에게 다양한 막간극을 제공하는 것이 관례였는데, 그중 많은 장면이 예를 들면 키예프의 성 소피아 성당 탑들에 묘사되어 있다. 공연물은 팬터마임, 플루트·다관(多管) 피리·풍금 반주에 맞춰 춤추기, 인간·동물과 야수의 격투, 영리한 동물 쇼, 또는 기이한 장치에 올라타고 히포드로모스 위를 날려고 하다가 트랙 위에 짜부라져 버리는 사나이 같은 무모한 곡예사 공연 같은 것들이었다. 히포드로모스 경주는 1204년까지 거행됐으나 라틴인 점령기에 중단됐다. 트랙은 나중에 가끔 사인(私人)들이 승마 경주를 개최할 때 쓰였다.

　박물관 도시·공연물 도시로서 콘스탄티노플은 이곳에 온 나그네들에게 자주 일찍이 보지 못했던 사치의 인상을 주었다. 12세기 후반 투델라의 벤야민도 그들 중 한 명이었다.

"주민들은 금과 보석이 넉넉했고 금으로 수를 놓은 비단옷을 입고 있다. 그들은 말을 타고 다니고 왕족의 풍모를 지니고 있다. 이 나라에는 진실로 직물·빵·고기·포도주가 풍부하다. 세상 다른 어디에서도 이런 풍족함을 볼 수는 없을 것이다."

주의 깊은 사람이라면 좋은 추억거리로서 본 이러한 목가적 풍경에, 8세기 전 한 성직 설교사 니사의 그레고리오스가 전하는 궁상(窮相)을 병치해 도시의 풍경을 완성할 것이다.

"거리는 오갈 데 없는, 아무것도 가진 것이 없는 무리로 넘쳐난다. 모든 집 대문에는 전쟁포로들이 쇄도하고, 이방인과 망명자들도 그들 틈에 끼어 있다. 어디를 보아도 적선하라고 내미는 손이 있다. 이 가난한 사람들에게는 하늘이 곧 지붕이다. 회랑들은 여인숙으로 변해 있고, 거리도 시장도 비어 있다. 그들이 걸친 것이라곤 누덕누덕한 넝마뿐이다. 그들은 지나가는 사람에게 구걸해 끼니를 해결하고, 동물들이 물을 마시는 샘에서 물을 찾는다. 모아 쥔 손이 그들의 잔이고, 옷자락이 그들의 지갑이다. 그것이 헤지지 않았다면 말이다. 그들은 무릎을 모아 식탁으로 삼고 다진 땅을 침대로 삼는다. 그들이 몸을 씻는 하천이나 호수는 신이 원래 다른 목적으로 창조한 자연 목욕장이다. 그들은 부랑자 생활을 하고 야만인처럼 살지만 원래 그랬던 것은 아니며 불행과 가난이 그들을 이 지경이 되게 했다."

만일 4-12세기간 40-50만 명이 거주했다면 인구가 아주 조밀한 이 동방의 도시는 제국 전체 인구밀도와는 현격한 대조를 이룬다. 실제 도시의 상당한 부분은 기념물들이 차지했으며(콤네노스 왕조기 대궁전[69] 면적은 그 부속건물들을 합해 10만 제곱미터였고, 히포드로모스의 그것은 6만 제곱미터였다), 밭으로 이용된 면적도 상당했다. 다

---

[69] Mega Palation, 성 소피아 성당과 히포드로모스 사이에 자리 잡은 황궁. 콘스탄티누스 대제에 의해 건설되어 11세기 초까지 쓰였다. 튀르키예 명은 뷔윅 사라이.

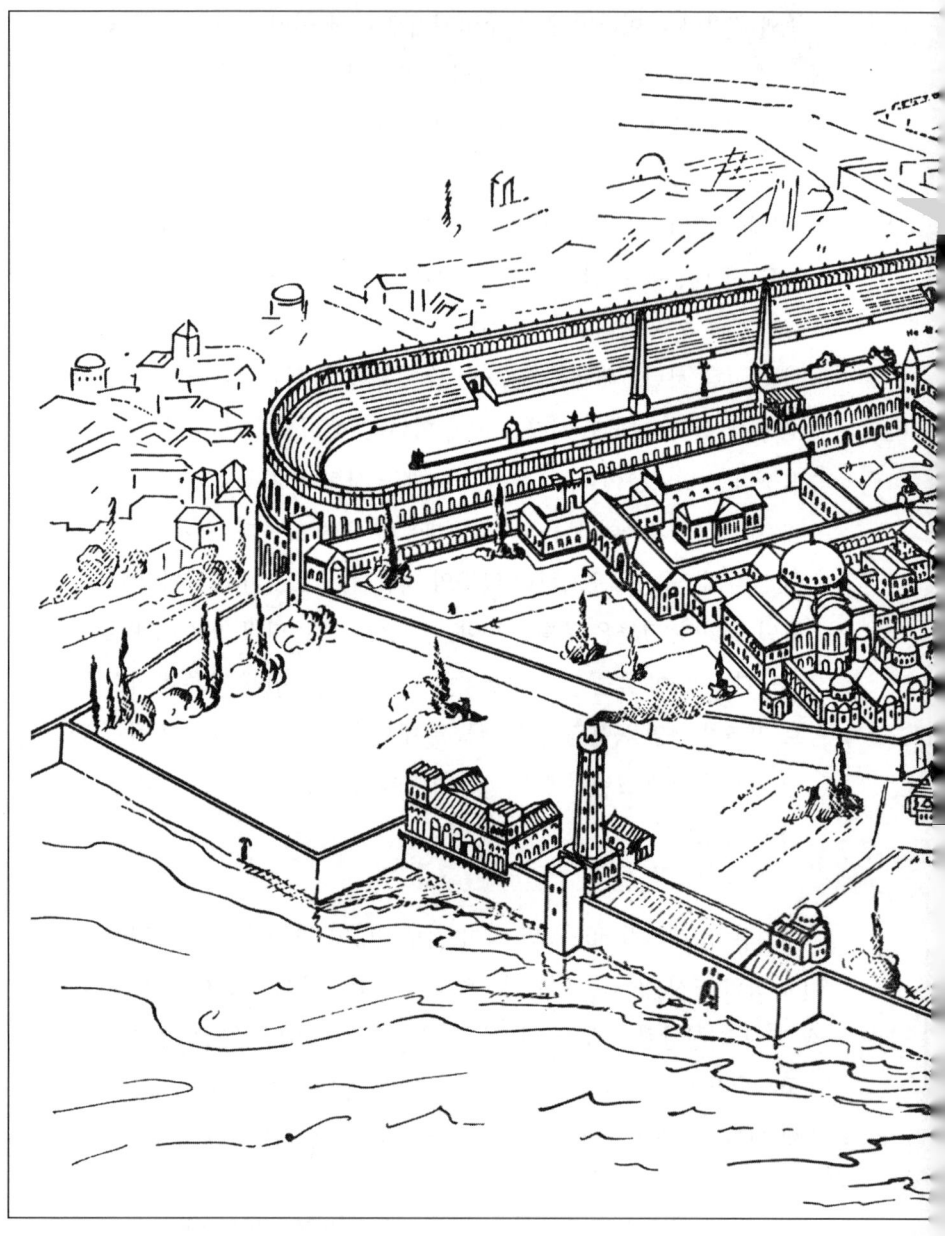

16. 콘스탄티노플 대궁전 조감도
(A. Vogt, 같은 책)

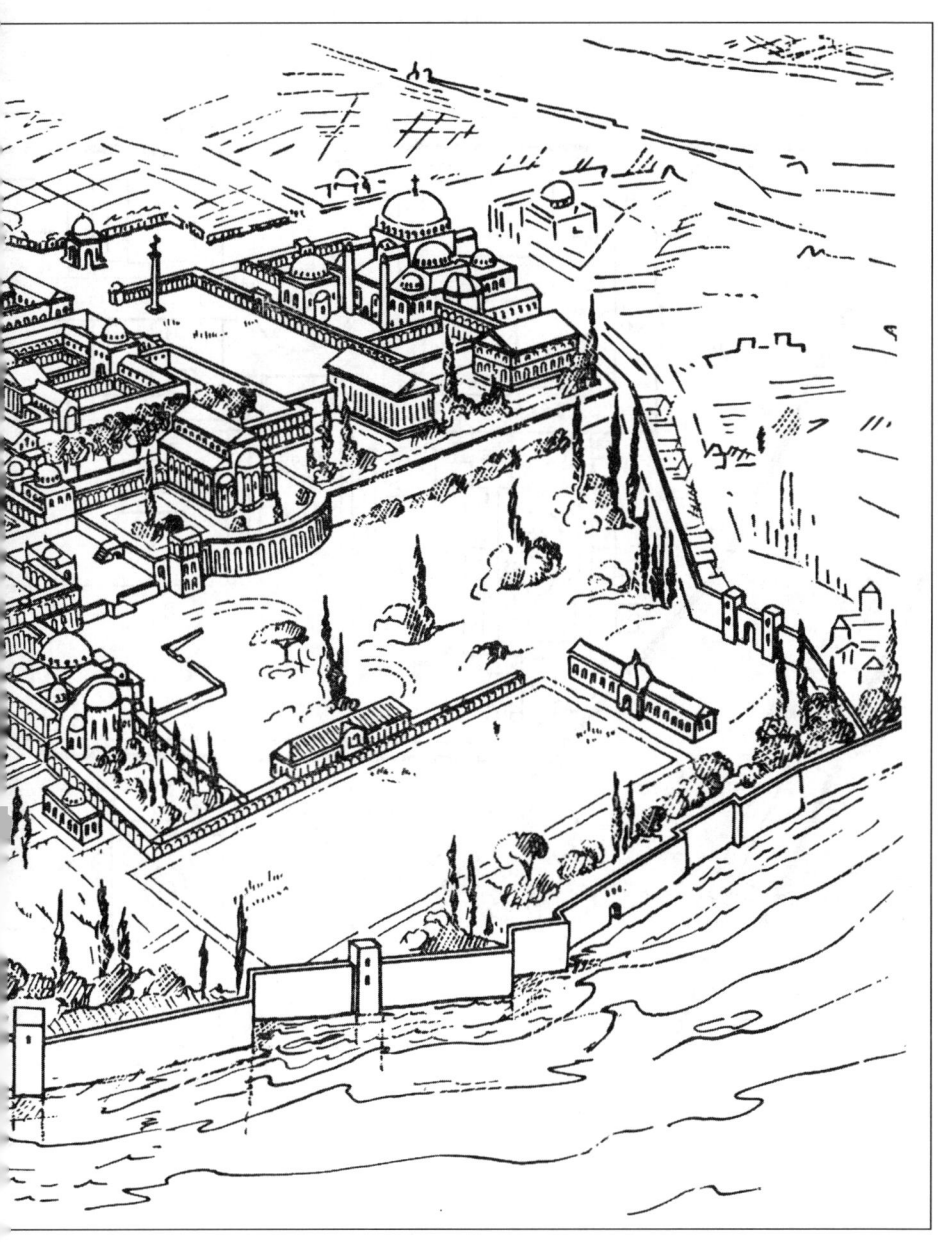

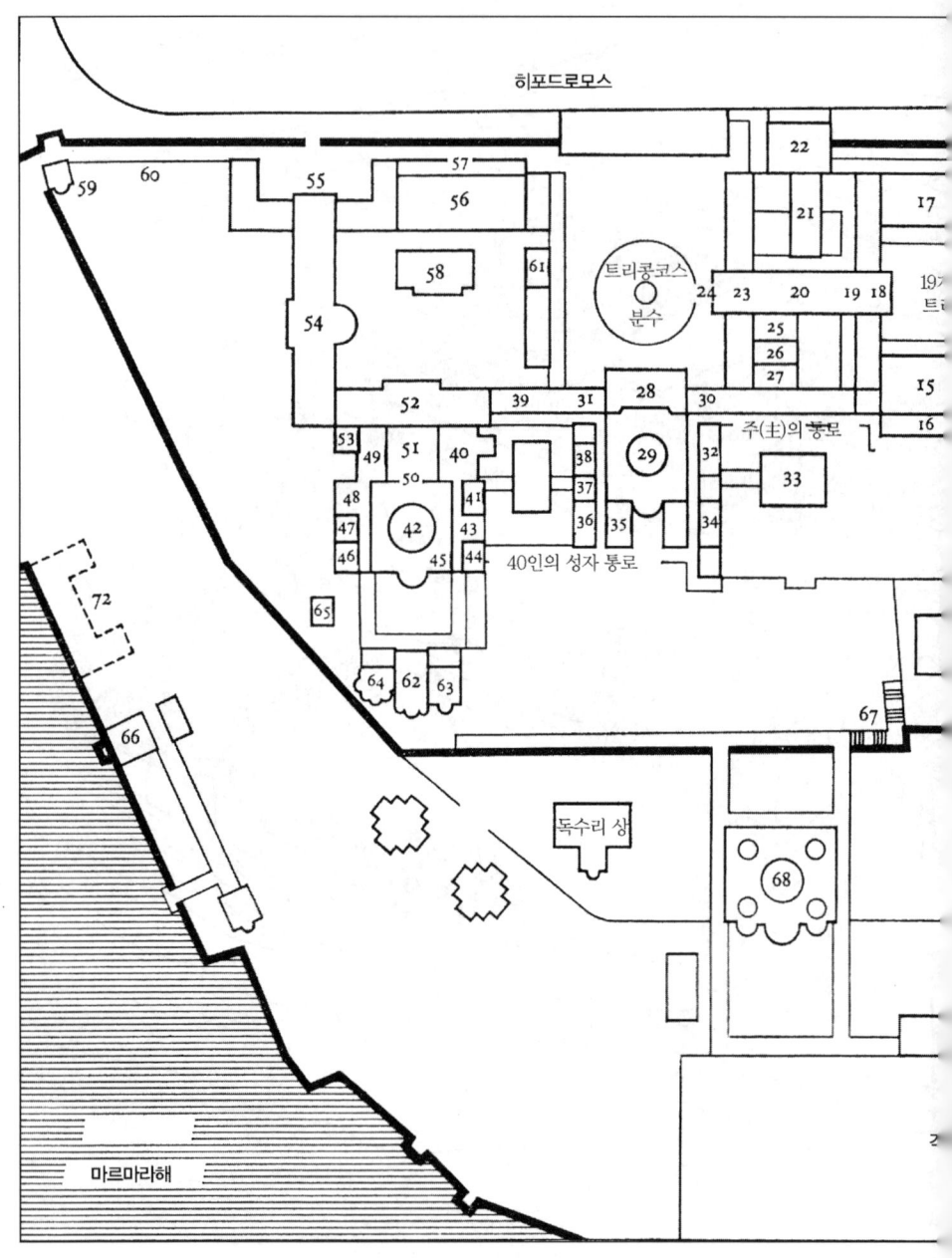

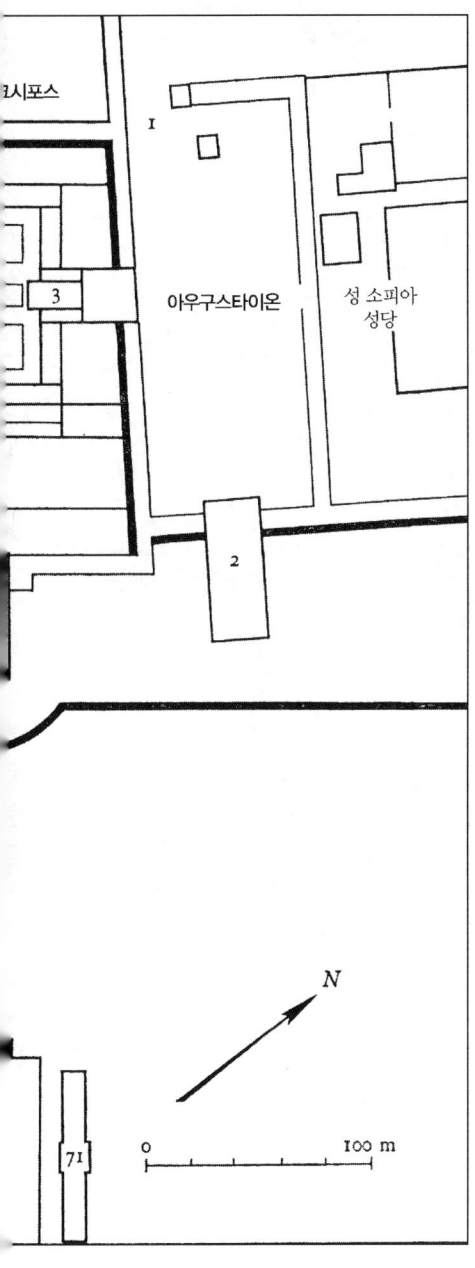

17. 콘스탄티노플 대궁전
(A. Vogt, 같은 책)
1. 멜레티오스 문 2. 원로원 3. 칼케(청동문) 4. 스콜라이의 트리클리노스 궁전 5. 성 사도 교회 6. 엑스쿠비토이 문 7. 트리부날(뜰) 8. 뤼크니(등불) 9. 엑스쿠비토이 트리클리노스 궁전 10. 칸디다토이 트리클리노스 궁전 11. 제일 스콜레 12. 주(主)의 교회 13. 사켈룸(사당) 14. 오아톤 15. 대콘시스토리움 16. 소콘시스토리움 17. 19침상 홀 18. 오노포디온(뜰) 19. 금손 주랑 20. 아우구스타이온 홀 21. 옥타곤 22. 성 스테파노스 교회 23. 다프네 회랑 24. 후진(後陣) 문 25. 세례당 26. 성 삼위일체 소성당 27. 테오토코스 교회 28. 시그마(곁방) 29. 트리콩코스궁(宮) 30. 성 요안네스 교회 31. 픽시티스 32. 에로스 33. 카리아노스궁(宮) 34. 진주 관(館) 35. 식당 36. 카밀라스 37. 환관 숙소 38. 무시코스 39. 에이디콘 40. 카이누르기온(홀) 41. 중궁전 42. 크뤼소트리클리노스 43. 판테온 44. 퓔락스 45. 성 테오도로스 교회 46. 베스티아리온 47. 어전 48. 식당 49. 주방 50. 호를로기온('시계') 51. 트리페톤(문간방) 52. 라우시아코스 홀 53. 성 바실레이오스 교회 54. 유스티니아노스 홀 55. 스퀼라(전승 기념물) 56. 지붕이 덮인 히포드로모스 57. 마구간 58. 펜타쿠비쿨룸 59. 성 베드로 교회 60. 마르키아노스 통로 61. 테오크티스토스 집 62. 파로스의 테오토코스 예배당 63. 성 데메트리오스 교회 64. 성 엘리야 교회 65. 구세주 기도소 66. 등대 67. 부콜레온 계단 68. 네아 에클레시아('새 교회') 69. 마그나우라 궁전 70. 트리클리노스 71. 마구간 72. '유스티니아누스 집'

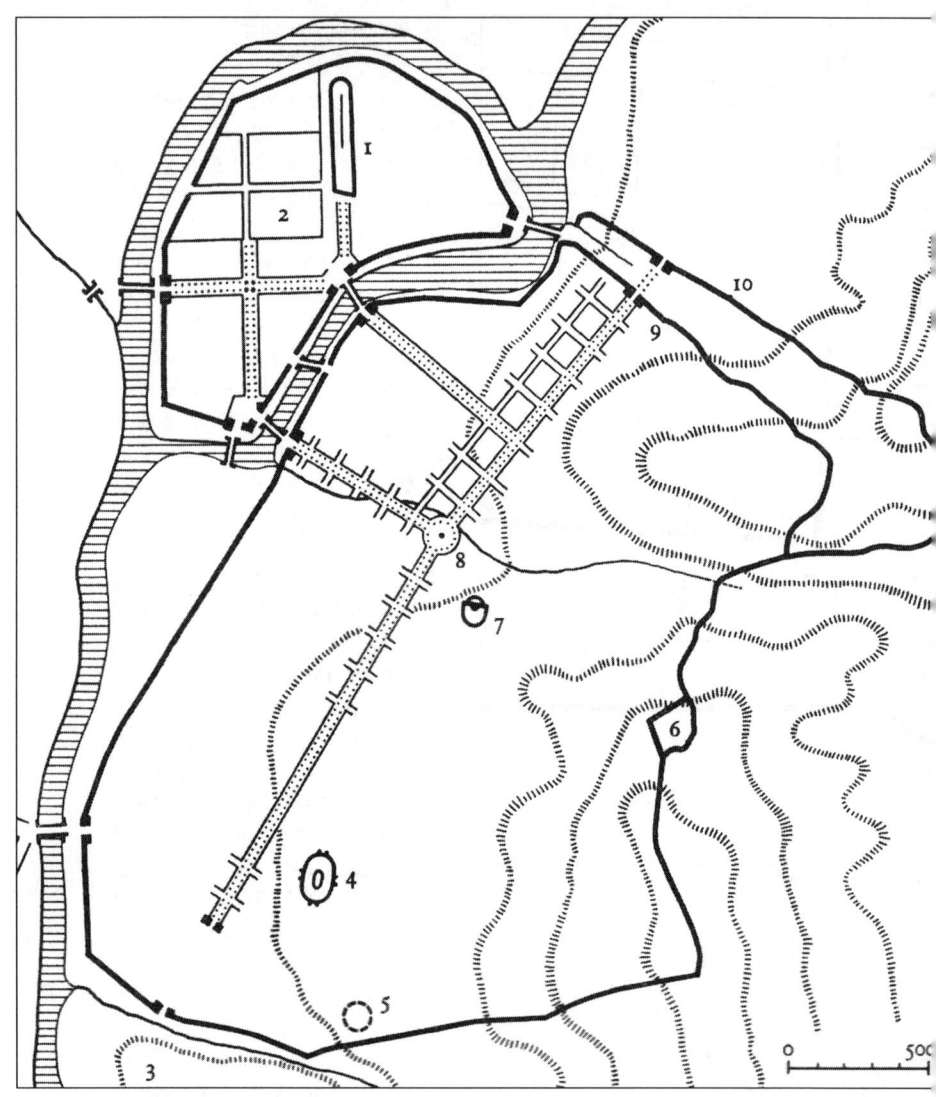

18. 6세기 안티오케이아

(D. Claude, *Die Byzantinische Stadt*…)

1. 히포드로모스 2. 궁전 3. 기독교인 묘지 4. 원형극장 5. 집수장 6. 아크로폴리스 7. 극장 8. 발렌스 포룸 9. 유스티니아누스 성벽 10. 티베리오스 성벽

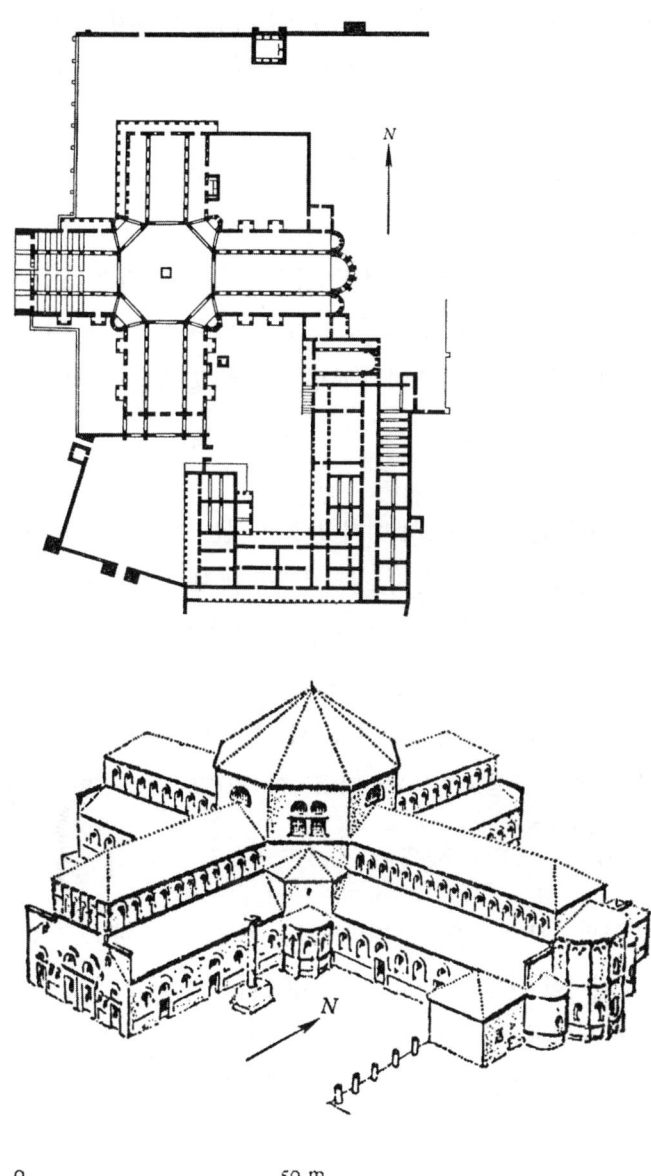

19. 칼라트 세만(순교 기념 건축물, 470년경) 평면 · 복원도
(R. Krautheimer, *Early Christian*⋯, p.112)

른 한편 화재 대비책으로 공공건물 주위에는 15피트, 상점 주위에는 100피트의 공지를 두는 것이 법제화됐다. 마지막으로 도시 인구밀도는 바다 쪽에서 내륙으로 갈수록 감소했고, 관청·개인 궁전들 바로 가까이 6, 8층 혹은 10층 높이의, 터를 파 세운 영구 건물들도 있었지만, 가축들이 붐비는 골목 쪽으로 난 2, 3층 높이의 작은 목조 간이 건물이 더 많았다. 이러한 상황으로부터 콘스탄티노플의 가장 큰 문제점은 식량문제와 함께 실업문제였음을 알 수 있다. 539년 유스티니아누스가 민정 총독 요안네스에게 보낸 칙명은 그 해결책을 제시하고 있다.

"토박이 신체 건강한 자로서 생계 방책이 없는 자들은 지체 없이 토목공사 기업, 제빵소 운영자, 정원사 등한테 보내져야 하며 거부하는 자들은 도시에서 추방해야 한다. ……신체에 장애가 있는 자들과 노인들은 그대로 내버려두고 자선가들이 부양하도록 할 것이다. 다른 사람들은 그들이 실업자가 되는 것을 막기 위해 콘스탄티노플에 왜 왔는지 묻고, 용무를 마치자마자 고향으로 되돌아가게 해야 할 것이다."

참으로 특별하긴 하지만 콘스탄티노플은 제국의 유일한 대도시가 아니었고, 심지어 다른 몇몇 도시는 그것보다 훨씬 더 오랜 전통을 가졌다. 6세기 알렉산드리아에는 아마도 수도보다 많은 주민이 살았던 듯하다. 도시의 오랜 모습은 변함없었고, 양쪽에 기념물들을 거느린 기다란 길이 큰 항구(le Grand Port)와 마레오티스 호수의 하항(河港)을 이었다. 성 밖에 큰 교외 지구들인 라코티스, 카노포스, 엘레우시스, 그리고 히포드로모스는 남겨 두고, 비잔티움 시대에 쌓은 성벽이 감싸고 있었다. 유스티니아누스의 칙령도 근절하지 못한 이교 관습과 단성론파 신앙에 많이 경도된 콥트교도 주민들은 비잔티움의 통치를 받기 힘겨워했다. 공업(견직, 유리, 양모, 양탄자, 반암斑巖·경석硬石 조각彫刻)과 상업이 풍부하고 콧대 높고 소란스러운 이 도시는 중앙 정부에 수많은 곤란을 초래했고, 엄청난 숫자의 빈곤 계급이 성장하는 것을 방치했다. 다른 언급할 가치가 있는 이집트 도시로는 132년 직각으로 교차하는 두 큰길 주위에 창건된, 테바이스 속주 수도 안티누폴리스,[70] 양탄자 생산으로 유명했던 아크밈-파노폴리스, 부요하고 활기 넘쳤던, 히포드로모스와 경주용 말 구사(廐舍)를 가졌던 아르카디아 속주 수도 옥쉬륑코스를 들 수 있다.

4세기 이래 알렉산드리아의 맞수는 테우폴리스, 즉 신의 도시라고도 불린, 당시에는 바다까지 항해가 가능했던 오론토스강 좌안에 자리 잡은 안티오케이아였다. 원형극장처럼 생기고, 성채 하나가 굽어 보고, 관개가 잘 된 채원들로 둘러싸인 도시는 반듯한 모습이었는데, 고대 이래 4구역으로 나뉘고 성벽 하나로 둘러싸였다. 5세기 테오도시오스 2세는 이곳에 콘스탄티노플 건축가들을 파견해 도시를 더욱 아름답게 꾸미도록 했다. 동상들로 장식된 광장, 분수, 올림픽 경기장, 교회, 호화 저택, 공방, 가게, 많은 회랑, 넓은 길, 히포드로모스들로 안티오케이아는 비잔티움 동방에서 가장 아름다운 도시 중 하나였다. 그리스인, 시리아인, 유대인으로 구성된, 아마도 30만에 달한 주민들은 반항적이며 방탕한 것으로 정평이 났으나, 이곳에는 유명한 신학 학교도 있었다. 도시는 수많은 교회와 종종 이름난 고행승을 추념하기 위한 수도원을 많이 세웠는데, 그중 하나가 5세기 성 시므온이 일생 중 많은 기간을 보냈던 기둥 주위에 세워진 칼라트 세만

---

70) 하드리아누스 황제의 총신 안티누스의(*Antinou*) 도시(*polis*)란 뜻. 안티노에이 아로도 불렸다. 프랑스 이름은 '안티노에'.

수도원이다. 알렉산드리아의 문화적 맞수였던 안티오케이아는 또한 상업적으로 맞수이기도 했다. 왜냐하면 도시는 그 위치상 인도·극동·조야(粗野)한 서방을 중개하는 역할을 했기 때문이다. 6세기 세 차례의 지진으로 거의 완전히 파괴되고 호스로우 2세(570년경-628, 재위 590-628)[71]에 의해 주민이 흩어진 도시에 유스티니아누스는 그 축소된 성벽 안에 활기가 다시 생기게는 했지만 지난날의 영광과 권위는 되돌릴 수 없었다.

이와는 반대로 같은 세기 후반 다른 시리아 도시들은 발전하고 경제가 성장했는데, 당시 세워진 기념물들이 이를 증언하고 있다. 오론토스 강변 20헥타르 넓이의, 그 가로 회랑 아래 보도가 신화적 모티브의 모자이크화들로 장식된 아파메이아, 그리고 하우란[72] 지역의 인구가 많은 도시들이 그 예다. 팔레스티나와 아라비아에는 큰 탑들이 있는 예리코, 바실리카 교회에 이르고 회랑이 있는 큰길이 놓여 있는 가자, 큰길이 놓이고 기념비적 성묘(聖墓) 탑과 탑을 옆에 거느린 성문과 성 스테파누스·자파 성문이 있는 예루살렘, 직경 37미터 둥근 지붕을 인 6세기 지어진 원형 성당이 있는 보스라, 로마 시대 대도시였다가 유스티니아누스 시절 복원되고, 수많은 기념물로 장식되고, 다음 세기에도 아름답게 꾸며졌으나 8세기 중반 사라진 게라사가 있었다. 25줄기의 개천으로 관개되고, 산줄기·이중 성벽·성채로 방어된 메소포타미아의 에데사는 반듯한 모양을 하고 있었고, 그 가로들은 견고한 여섯 채의 성문으로 이어졌다. 유프라테스강 지류 스키르토스강 변의 회랑으로 둘러싸인 포럼 같은 아름다운 광장들, 목욕탕, 극장, 히포드로모스, 큰 병원, 궁전, 수많은 교회와 같은 장소

---

71) 페르시아 사산조 23대 왕. 그리스식 이름은 코스로에스.
72) 현 시리아 남서부 쿠네이트라, 수웨이다, 다라를 포함한 지역. 서쪽 경계는 골란고원이고 동쪽은 제벨 알드루즈산이다. 수도는 보스라.

들이 이 시리아어를 사용하는 도시로 하여금 제국의 가장 아름다운 도시 중 하나가 되게 했다. 도시가 간직한 두 개의 유명한 성유물, 즉 그리스도가 아브가르왕에게 보냈다는 편지와 만딜리온이라고 하는, 천에 기적적으로 찍힌 그리스도의 초상이 수많은 순례자를 이 도시로 이끌었다.

소아시아에도 많은 인구를 지닌 큰 도시들이 있었는데, 그 대부분은 헬레니즘 시대부터 존재했다. 바다에서 5킬로미터 떨어진 카이스트로스 강변 하항 도시 에페소스는 항구에 중요한 상업 지구가 있어 이곳에서 해마다 성대한 정기시(12월 27일)가 열렸다. 아크로폴리스에는 두 채의 건물이 있었는데, 다섯 개의 원형지붕을 가진 성 요안네스 복음서 기자 교회는 유스티니아누스가 세운 것이고, 3세기 중반 데키우스의 박해를 피해 몸을 숨긴 형제들이 잠들었다는 자리에 세워진 '7인의 잠든 이들 순교 기념 건축물'(le martyrium des Sept-Dormants) 위에는 거대한 성소가 솟아 있었다. 기원전 4세기 비티니아 올림포스산 자락 아스카니오스 호숫가에 세워진 니케아(이즈니크)는 비잔티움 시대에 그 바둑판 모양 형태를 보존하고 있었다. 반원형 탑들이 있는 이중 다각형 성벽으로 방비된 이 도시는 6세기 때 궁전과 수도교가 보수됐고, 많은 수도원과 교회가 건설됐다. 그중 성소피아 바실리카 교회는 5-15세기에 네 차례 공사를 진행했다. 높은 산들로 둘러싸인 고원 위에 건설된 앙키라(앙카라)는 초원 지대 한가운데 목축 중심지로서, 비잔티움 시대에는 작은 도시였음이 분명하다. 도시에는 아직도 도시를 굽어보는 강고한 성채와 성 클레멘스 교회 유적이 남아 있으며, 원형지붕을 가진 이 바실리카 교회는 아마도 9세기 전반에 세워진 듯하다. 838년 알무타심에 의해 황폐해진 도시는 20년 뒤 미카엘 3세와 스파타로칸디다토스 바실레이오스에 의해 탈환됐다. 흑해에 있는 항구 도시라면 아주 활발한 도시 생활이 전제

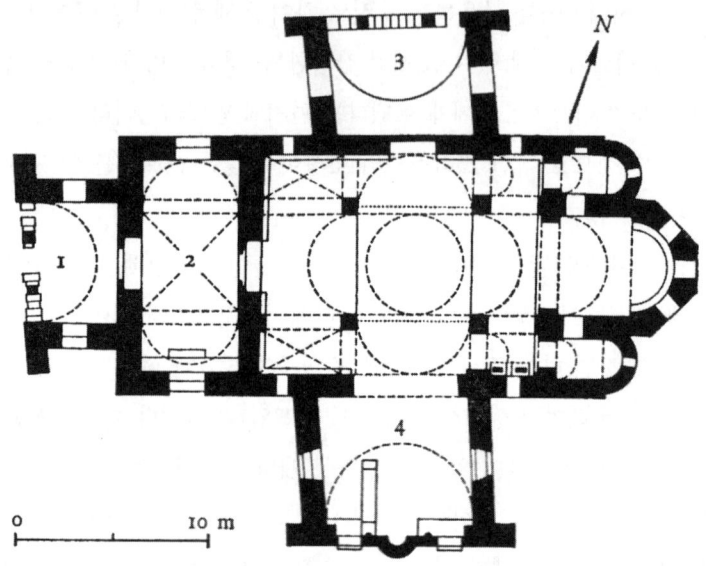

20. 트레비존드 성 소피아 성당(1238-63년) 평면도
(R. Krautheimer, 같은 책, p.299)
1. 서쪽 포치 2. 나르텍스 3. 북쪽 포치 4. 남쪽 포치

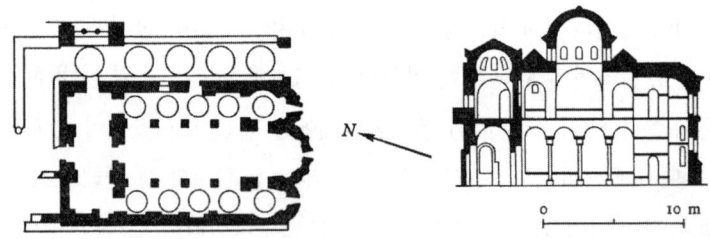

21. 미스트라스 판타나사 수도원(1428년) 평면 · 단면도
(R. Krautheimer, 같은 책, p.209)

되는데, 그중 가장 중요한 항구는 트레비존드[73]였다. 이 도시는 13세기 독립 국가의 수도가 됐다. 번성한 옛 희랍 식민시로서 도시는 바다 위에 건설됐다. 초원, 과수원, 포도밭, 흐르는 내가 도시 성벽을 감싸고 있었고, 삼단으로 된 도시의 가장 높은 곳에는 고대 아크로폴리스와 황궁이, 그 밑에는 성벽으로 둘러싸인, 수도교, 성당, 다수의 교회, 원형지붕을 가진 그리스식 십자가형 바실리카들이 늘어선, 좁은 길로 연결된 중간 시가지가 있었고, 이 구역은 두 개의 큰 성문으로 낮은 시가지와 연결되어 있었다. 낮은 시가지는 성벽으로 방비된, 공방들이 있는 국내외 상인들의 구역으로, 외국 상인 중에는 특히 제노바인이 많았는데, 그들은 요새 한 채로부터 보호받았다. 이 성 에우게니오스의 도시는 성벽 밖으로 확대되어, 여러 교회를 가진 명실상부한 교외 구역들을 형성했다. 이 교외 구역들은 14세기 동안 진행된, 장애가 되는 자연 지형을 극복하는 많은 공사 끝에 더욱 두터운 새로운 성벽으로 방비됐다. 트레비존드는 당시 비잔티움 동방에서 가장 큰 도시였다.

도나우 강변 도시들의 몰락 이후 테살로니키는 콘스탄티노플에 이어 제국의 주요 전략 거점 도시가 됐다. 기원전 4세기 카산드로스에 의해 코르티악산 사면 바르다르강 어귀에 원형극장 모양으로 건설된 테살로니키는 무엇보다 큰 하항(河港)이었다. 최상급 상업 요지로서 데메트리오스 성인 축젯날인 10월 20일 시작되어 6일간 지속됐던 정기시에는 온갖 인종과 온갖 언어를 사용하는 사람들이 몰려들었다.

"그것은 도시 밖 금문(la Porte Dorée) 근처, 성벽과 악시오스강 사

---

[73] 흑해 남동 해안 도시. 튀르키예 명은 트라브존. 비잔티움 칼디아 테마 수도. 실크로드상에 있었으며 무역이 번성했다.

이 평원에서 열렸다. 그야말로 장관이었는데 멀리서 보면 더욱더 장관이었다. 아크로폴리스같이 높은 데서 장터를 보면 그 질서정연함이 더욱 돋보였다. 그곳에는 수많은 텐트 대오(隊伍)가 규칙적인 간격으로 놓였고, 토박이건 외지인이건 각종 산업 대표자들이 온갖 종류의 물건들을 선보였다. 아주 긴 텐트 줄이 2열로 이어지고, 그 사이로는 사람들이 지나다닐 수 있도록 넓은 공간이 나 있다. 마찬가지로 규칙적이나 더 짧은 열이 앞의 열들에 직각으로 교차해 나 있어 전체적으로 마치 거대한 거미 같은 모양을 하고 있다. 가설 점포와 텐트 안에는 농산물, 공산물, 공예품 등 수많은 상품이 전시되어 있다. 사람들이 이곳에서 보고 매혹되고 구입하는 고운 직물, 보이오티아와 펠로폰네소스의 값비싼 천, 이집트·동방·서방, 특히 이탈리아와 에스파냐산 천, 흑해의 산물들은 테살로니키로 직접 혹은 콘스탄티노플을 거쳐 대상(隊商)들의 노새와 말 등에 실려 운반된 것들이다. 시장 한쪽은 가축 시장인데, 떼 지어 서 있는 짐승들은 시장에 활기를 더한다. 말, 산양, 양, 돼지의 울음소리가 개 짖는 소리와 한데 뒤섞여 주변의 공기를 진동시켜 귀를 먹먹하게 한다. 여러 민족이 뒤섞인, 헤아릴 수 없이 많은 군중이 텐트 주변에서 북적이고 있고, 테살로니키인, 마케도니아인 등 이 지역 사람들 외에 동방 전역에서 온 그리스인, 소아시아·시리아·키프로스·도나우강 연안 지역에서 온 상인들, 심지어 중앙아시아 상인들, 또 이탈리아, 에스파냐, 프랑스 등 서방의 상인들도 보인다"(오레스테 타프랄리Oreste Tafrali가 그의 저서에서 『티마리온』[74]에 의거해 소개함).

---

[74] (차명) 루키아노스 작 풍자 대화록. 12세기경 비잔티움인이 쓴 것으로 추정된다.

이전에 테살로니키는 자신의 수호성인에게 호화로운 바실리카 성당을 지어주었는데, 그 거대한 규모에서 도시를 찾는 순례객이 많았음에 고개가 끄덕여진다. 그 고대 기념물들과 기독교 유물들로써 도시는 콘스탄티노플과 거의 맞먹는 박물관 도시였다. 필리포이는 알렉산더 대왕의 형[75]이 발칸산맥 지맥 비옥한 평원 위에 건설한 도시로서, 에그나티아 대로가 이곳을 지나 수도로 연결됐고, 네아폴리스(카발라)항이 멀지 않았다. 그 기념물들이 증거하고 있듯이 도시는 5-6세기 번성했으나 9세기 초반 불가리아에 점령당한 뒤 다시 일어서지 못했다. 비록 성벽이 수차례나 재건됐지만 말이다.

펠로폰네소스는 작은 속주 도시의 일례로 스파르타를, 새로운 도시의 일례로 미스트라를 보여주는데, 스파르타형의 도시는 많았음에 틀림없다. 비잔티움 시대의 고대 도시 스파르타는 속주 수도의 한 전형이다. 한 명의 주교와 한 명의 스트라테고스가 주재(駐在)하는 스파르타의 성벽 안에는 도시의 영광스러운 과거를 잊지 않은 유력자들에 의해 지도되는 주민들이 살고 있으며, 제국 거의 모든 도시에서처럼 유대인 거주 지역이 있는데, 이곳 유대인들은 베네치아와의 무역에 종사한다. 지역 산업으로는 자색(紫色) 염색, 양피지 제조, 직물업이 발달했다. 도시 중앙 고대 아고라는 놀이(폼)[76]와 집회 장소였으며, 10세기 성 니콘의 요청에 따라 주민들이 이곳에 지역에서 나는 재료들로 교회 한 채를 지었다. 13세기 초 전쟁터가 된 스파르타는 프랑크인에게 점령당해 봉토(封土)가 됐고, 점차 도시로서의 면모를 잃었다. 빌라르두앵의 기욤은 코린토스와 나우플리아를 장악한 지 얼마 되지 않아 타우게토스산맥 지맥 한 곳에 미스트라스성을 지을 것

---

75) 실제로는 아버지다.
76) paume, 맨손이나 가죽 글러브를 끼고 공을 공중에 쳐진 줄 위로 넘기는 놀이. 현대 테니스의 조상 격.

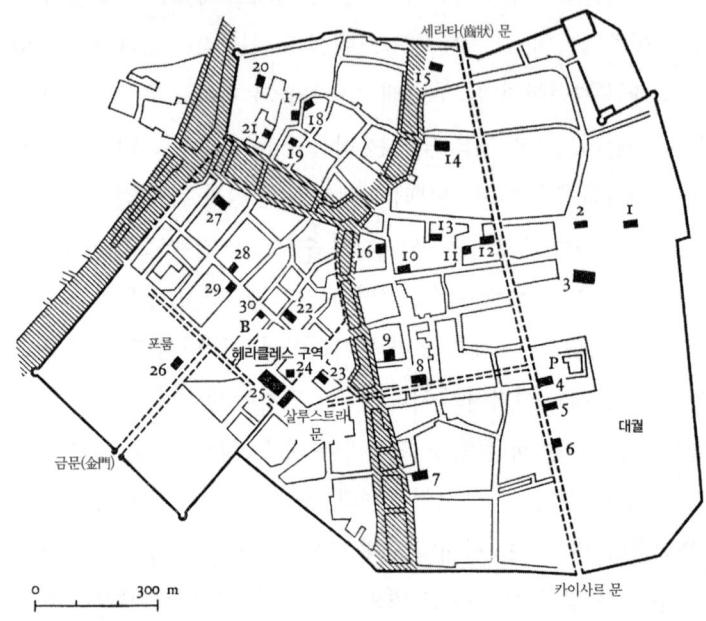

22. 비잔티움 시대 라벤나
(P. Verzone, *Ipotesi di topografia ravennate*, XIII corso di cultura sull'arte ravennate e bizantina, 1966, p.437)
1. 산티 세르지오, 박코 교회 2. '고트인 목욕탕 옆' 산 스테파노 교회 3. 성서 기자 산 조반니 교회 4. 산타폴리나레 누오보 수도원 5. 산 살바토레 교회(일명 테오도리쿠스 궁전) 6. '왕기(王基) 옆' 산 스테파노 교회 7. 산타가타 마조레 교회 8. 산 프란체스코 교회 9. '회랑이 있는' 산 조르지오 교회 10. '조폐창 옆' 산 빈첸초 교회 11. 아리우스 교인 세례당 12. 스피리토 산토 교회 13. 산티 니칸드로, 마르치아노 교회 14. 선지자 산 조반니 교회 15. 산 비토레 교회 16. 아프리치스코의 산 미켈레 교회 17. 산타크로체 교회 18. 산 로렌초 교회 19. 산타마리아 마조레 교회 20. 산 스테파노 마조레 교회 21. 산 비탈레 교회 22. 산타네제 교회 23. 산타주스티나 교회('in capite porticus') 24. 정통파 세례당 25. 오르소 교회 26. 산탄드레아 마조레 교회 27. 산테우페미아 교회 28. 산 데메트리오 교회 29. '포룸 안' 산타마리아 교회 30. '시계 옆' 헤라클레스상
B: 헤라클레스(?) 바실리카(로마 시대)
P: 궁전
주: 빗금친 부분은 '파덴나강'과 '파덴나내' 하상(河床)이 있었던 자리를 나타낸다.

을 명령했는데, 그것은 서방인들이 펠로폰네소스를 점령하는 완만한 과정에서 일어난 일이었다. 이 성이 비잔티움인에 의해 재점령되자 이웃한 스파르타 주민들이 이 성 안으로 피난했다. 이리하여 지는 제국에서 그리스 문화의 수도로 활약할 하나의 새로운 도시가 데스포테스 정권 아래 발전하게 된다.

빌라르두앵성(621미터)이 굽어보는 언덕 지형 위에 세워진 미스트라스는 높이를 달리하는 여러 구역으로 나뉘어 있었으며, 오늘날에도 몇몇 유물이 그 당시 모습을 전하고 있다. 냇가 조약돌로 만든 포도로 연결된 수도대주교좌 구역에는 1302년 다시 지어진 성 데메트리오스 성당, 14세기 후반에 지어진 페리블렙토스 수도원이 있고, 아마도 더욱 부유했을 것으로 보이는 에방겔리스트리아 교회 구역은 왼쪽으로 판타나사 언덕, 오른쪽으로 브론토키온 교회, 2인의 성 테오도로스 교회로 둘러싸여 있다. 도시 고지대에는 정청(政廳, palais de gouvernement)이 있는데, 앞은 발코니로 된 고층 집들이 둘러싸고 있고, 지금까지도 그 규모를 알려주는 대규모 유적이 남아 있으며, 그 위로는 1350년 마누엘 칸타쿠제노스 데스포테스가 궁정 교회로 지은, 나르텍스[77])가 있는 성 소피아 바실리카 성당이 정청을 굽어보고 있다. 100미터 더 올라간 곳에 있는 빌라르두앵성의 회색빛이 도는 성벽과 넓게 갈라진 틈들은 비잔티움·튀르크 제국 시대 개보수한 흔적이다.

서방의 두 큰 고대도시 카르타고와 로마는 6세기 비잔티움 군대에 의해 점령당했을 때 상이한 양상을 보이고 있었다. 전자는 로마 시대 영광스러운 과거의 흔적을 간직하고 있었고, 후자는 그 약간의 과거의 흔적들을 보존하려고 애쓰고 있었다. 유스티니아누스는 테오도

---

77) 성당 정문 안 현관 홀.

시오스 2세에 의해 방비시설을 갖춘(425) 로마 도시 카르타고의 거대한 바실리카, 거대한 키르쿠스, 하드리아누스 수도교, 포룸, 원형극장, 극장, 뷔르사 궁전, 대로, 항구에 수많은 장식물과 종교시설을 덧보태 도시가 마지막 광채를 발하도록 했다. 반대로 로마는 인구가 반쯤은 줄고 황폐해져, 콘스탄티노플 대표자들과 교황, 그리고 이러한 상황에서도 그들의 과거를 열렬히 사랑한 개인들이 노력을 기울였지만 완전히 재기할 수는 없었다. 나르세스는 도시의 성벽과 성문, 살라리오 다리(565년 낙성)를 보수했다. 하지만 벨리사리오스는 수도교 11줄기 중 트라야누스 수도교(l'Aqua Trajana) 한 줄기밖에 정비할 수 없었다. 그 뒤 종교 기념물들이 종종 고대 기념물 잔해로 개축되거나 새로 지어졌다. 판테온은 성모와 모든 순교자의 교회가 됐고, 고대 로마 원로원 회의가 열리던 쿠리아 율리아는 성 하드리아누스 교회로 개조됐고, 팔라티누스 언덕 자락의 옛 미네르바 아트리움은 성모 마리아 안티카 교회로 대체되어 7-8세기 호화롭게 장식됐다. 물 공급이 개선되어 주민들이 먹을 밀가루를 빻는 방앗간들이 재가동됐다. 상업 중심이자 순례지, 비잔티움 둑스와 교황의 행정 활동 거점으로서 로마는 7세기 경제가 정상으로 회복됐고, 속주 대도시로서의 구실을 수행할 수 있게 됐다.

로마는 비잔티움령 이탈리아 수도 라벤나에 주어진 서열로 인해 고통받았다. 여덟 개 교량이 걸린 세 줄기 내가 가로지르는 이 도시[78]는 5세기 때와 다르지 않았고, 비잔티움령 라벤나 주민들은 고트인의 성벽 안에 자리 잡았지만, 이들은 라벤나에 일찍이 존재한 적 없는 광채를 더했다. 도시는 종종 50년이나 전에 시작된 건설 계획들(오르소 바실리카 옆 주교좌 교회, 산타가타 마지오레 교회, 산타마리아 마지

---

78) 라벤나를 말한다.

오레 교회, 산 비탈레 교회, 산 안드레아 마지오레 교회, 클라세[79]의 산 야코포 수도원과 산 마테오 수도원, 산 피에트로 바실리카 세례당) 모두를 완수했다. 또한 클라세의 산타폴리나레 교회, 아프리치스코의 산 미켈레 교회, 산토 스테파노 마지오레 교회, 마르모라토의 산 조반니 교회 같은 웅장한 기념물을 건설했는데, 이 건축물들의 규모와 대리석·모자이크 장식물들은, 6-8세기 모든 중심 구역이 그러했듯이, 안뜰과 텃밭, 우물을 갖춘 2층 사가(私家)들이 주종이었던 중심 구역에서 특히나 깊은 인상을 주었음이 분명하다. 종교시설에 부속된, 숙박소, 병원, 고아원 들은 주민들에게 편의를 제공했고, 시너고그들은 유대인을 맞아들였다. 속주 도시에서 세계시민적 속주 수도가 된 라벤나는 제국 주요 거점 도시들과 상업적·문화적 교류를 유지했다.

이들 주목받는 비잔티움 도시들 외 도시들의 경관은 불명확한 부분이 많다. 잇단 지리적·정치적 사건들, 지진, 군사적 파괴를 겪은 어떤 도시들은 방기됐으며, 한편 어떤 도시들에서는 거주민들이 이후에 이룩한 경제적 성공으로 도시의 옛터가 당대에 발전한 구역 속에 편입되고, 도시 윤곽이 현대 구조물 밑에 깔려 파괴됐다. 두 경우 모두에 있어서 오늘날까지 고고학적 연구는 도시 구조의 변천을 추적하게 하고, 도시 구조가 도시 주민들의 상공업 활동과 어떠한 관계가 있었는지 밝혀줄 역사적 증거물들을 발굴해내는 데 성공하지 못했다.

상공업의 발달

상공업 관리는 엄격한 집중 관리, 수도 식량 공급에 우선권 부여, 규칙적인 수세(收稅)의 세 가지 지침에 따라 이루어졌다. 장터 도시

---

[79] 옛 로마 항구 클라시스(Classis)에서 딴 라벤나의 구역 이름.

들은 콘스탄티노플과, 그리고 전술하였듯이 마을들은 장터 도시들과 밀접한 관계를 지니고 있었고, 자신들의 필수품 조달에서 장터 도시들에 의존했다. 현지 지방 장관들에게는 큰 독립성이 있었지만, 그들에게 급료를 지불하는 중앙 권력으로부터 자주 직무 감찰을 받아야 했다. 지방은 종종 자신의 살림살이를 챙기는, 특히 자신의 주민에게 값싸게 식량 공급을 해야 하는 콘스탄티노플을 위해 자신의 이익을 희생해야 했다. 수도에 무질서가 오면 행정 기능이 마비될 수 있었기 때문이다. 마지막으로 정화(正貨) 세수액은 국가가 자신의 민정·교회·군 일꾼들에게 봉급을 주고, 건설을 하고, 금 준비량을 유지하는 데 충분할 만큼 상시 확보되어야 했다. 금 준비량은 제국 화폐 재료로 쓰였고, 유사시 국가를 위협하는 내적·외적 재정 압박을 해소할 수단이 됐다. 좋은 황제는 국고를 그득그득 채우고 죽는 자다. 이 관리 지침은 모든 경제생활을 망라하는 수많은 행정 명령에서 나타나는데, 이 행정 명령들은 한 경제 정책의 운용이 아니라 한 좀스러운 행정의 표현이다. 이것은 사실인데, 규정들은 행정 주체가 강제하지 않는 시기에는 있으나 마나였다.

여행자들이 외관으로 본 콘스탄티노플은 공업 도시였으며, 건축물, 도자기, 가구, 특히 사치품, 그중에서도 비단 제품이 그들의 눈을 휘둥그레지게 만들었다. 유스티니아누스 때까지 수입되던 생사는 그 후에는 제국에서 생산됐지만 수요를 채울 만큼 넉넉하진 않았던 것 같다. 콘스탄티노플 장인들은 견사를 가공·직조·염색해 견포의 형태로 시장에 내놓았다. 마케도니아, 폰토스, 기타 지역에서 온 아마포는 아마도 수도에서 특별한 염색과 마무리 작업을 거쳐 지방산과 다른 제품이 됐던 것 같다. 면직물도 마찬가지로 콘스탄티노플에서 완제품이 됐지만 공방들은 양모 제품에는 관심이 없었다. 빈자들의 옷이었던 모직물은 가정에서 짜여져 마름질됐기 때문이다. 견직에 이어 가장 유명한 수도 산업은 귀금속 가공업이었다. 금은 식기류는 대량으로 생산됐다. 칠보 공예품, 상아 조각, 반보석(半寶石), 보석 세공품은 주문량이 매우 많았다. 이들 제품은 원재료 값이 비싸고 제조에 요구되는 기술 수준이 높았기 때문에 생산이 한정됐다.

군비(軍備)는 국가가 독점했고, 경제적으로는 아니었지만 행정적으로 긴요했다. 그리스의 불 제조소는 많은 노동자를 고용했지만 군사용 화합물 제조 비법은 엄중하게 지켜졌다. 고고학자들과 미술사가들이 비잔티움 사치품 제조 장소를 거의 언제나 콘스탄티노플로 보긴 하지만 콘스탄티노플이 제국에서 유일한 공업 도시는 아니었다. 비잔티움령 시칠리아산 금 세공품은 콘스탄티노플에서 명망이 높았고, 라벤나는 상아 조각과 선조(線彫) 세공 보석의 메카였으며, 이른 시기 나폴리는 아마포로 유명했다. 키프로스는 금실 직조품 산지였고, 테바이산 견포는 콘스탄티노플 시장에서 인기가 높았다. 도서 지역에서는 아주 이른 시기부터 금란을 짰고, 펠로폰네소스는 9세기 이래 아마 옷과 양모 옷을, 다음 세기에는 이탈리아에까지 양탄자를 수출했다. 소아시아는 셀주크인에게 정복당할 때까지 유명한 도자기 산지였고, 테살로니키는 의류 제품으로 명성이 높았다.

콘스탄티노플 공장의 제품들은 국가가 직접 또는 대지주, 동업조합이 판매했다. 최초의 견직물 공장이 있던 곳은 바로 궁전 안이었다. 황제의 뽕나무에서 자란 누에에서 만든 견사와 수입된 견사는 궁전의 남녀 피고용인들에 의해 가공되고 직조됐으며, 짙은 보라색 염색과 금·은 실은 적어도 한동안은 황제 소유 공방들이 독점 생산했던 것 같다. 최상급 제품들은 황제 옷 보관소를 채울 옷과 황제가 외국 군주들에게 주는 선물용으로만 쓰였다. 7세기에는 최고급 견포만 황제 소유 공방 밖 제조가 금지됐다. 이 공방들은 세 개의, 즉 재단사·염색공·금실 자수공 동업조합들에 속했으며, 각각의 조합에는 책임자들이 있었고, 조합 활동은 콘스탄티노플 총독 휘하 관리가 감독했다. 경화 주조 또한 국가 독점이었다. 고급 보석 가공도 독점이었으나 이 부문은 규제가 덜 엄격했는데, 아마도 국가가 유의미한 설비 투자를 할 수 있는 유일한 주체였기 때문이었을 것이다.

견포 생산은 적어도 콘스탄티노플에서는 최대한 주의 깊게 이루어졌다. 생사를 사기 위해 콘스탄티노플에서 나갈 수 없었던 상인들이 구입한 생사는 세금을 무는, 허가받은 구매자들에게 재판매됐다. 개인 구매자나 동업조합 구성원은 동업조합이 정한 고정된 가격으로 제품을 구입했고, 첫 번째 판매자는 8.33퍼센트 이상 이윤을 취할 수 없었다. 외국인과 허가받지 않은 자는 아무도 수출이 금지된 종류의 견포를 사서 팔 수 없었다. 견포 관련 동업조합에 들어가려는 자는 5인의 구성원의 추천이 필요했고, 10노미스마를 물어야 했다. 조합 규칙을 위반한 자는 누구든 채찍질·삭발·재산 몰수를 당할 수 있었다. 직공은 월별로 계약했고 종종 한 달 치 월급을 미리 지급받았다. 아마포 상인 조합에도 견포 직공과 같은 규정이 있었다. 콘스탄티노플에는 다른 중요한 동업조합들도 있었는데, 금은 판매상들은 이윤이 8퍼센트로 제한됐다. 금융업자와 공증인 조합도 있었고, 공증인들은 그들의 이익의 12분의 1을 그들 사무실의 서기에게 지급해야 했다. 향수 판매업자들은 향수, 염료와 향신료 판매권을 가지고 있었고, 약제사들도 거의 같은 특권을 가지고 있었지만 10세기에는 사라졌다. 그외 밀랍·비누 제조업자, 무두장이, 식료품상, 도축업자, 돈육 상인, 생선 상인, 제빵인이 있었는데, 식료품상의 정해진 이윤은 16.66퍼센트였고, 제빵인은 모든 공적 의무가 면제됐고 4퍼센트까지 이윤을 취할 수 있었다. 마지막으로 선술집 주인들만 포도주를 팔 수 있었고 저녁 8시에 가게 문을 닫아야 했다. 식료품상과 제빵인을 제외하고 대다수 동업조합들은 자신들의 구역을 가지고 있었고, 그 구역들은 특히 메세 거리를 따라 나 있었다.

지방에서는 생산 통제가 그렇게 심하지 않았을 수도 있다. 그렇지만 테살로니키에서는 시 총독이 세관 일을 보며 수출입을 통제했고 물가를 단속했다. 이곳에서는 이미 몇몇 동업조합의 존재가 확인됐다. 자료가 부족하므로 현재로서는 콘스탄티노플 이외 지역 산업의 수준과 현상에 대해 말할 때는 신중할 필요가 있다.

비잔티움의 어떤 텍스트에도 제국 국제수지에 대한 언급은 없다. 수출은 경제적이라기보다는 정치적 활동이었던가? 국제수지는 어쨌든 금 보유량에 의해 안정됐다. 따라서 제국 번영의 상당한 부분은 이 금 보유량에 달려 있었다. 로마 제국은 자급자족했고 사치품(비단, 보석, 향신료)만을 동방에서 금 혹은 그보다 적게 은을 주고 수입했다. 로마의 금은 누비아,[80] 캅카스, 우랄 지역에서 채굴된 것이었다. 금 보유량은 점점 줄어들었는데, 그것은 페르시아에 수출된 금이, 이 나라에서는 은 단일본위제가 시행되고 있었으므로, 사치품으로 바뀌었고, 동시에 제국에서는 경화의 질 저하가 금 퇴장(退藏)을 야기하고 있었기 때문이다. 콘스탄티누스의 개혁은 주민들의 신뢰를 회복시켜 그들이 금을 내놓게 했다. 그럼에도 4-8세기간 귀금속은 귀했는데 그것에는 몇몇 원인이 있었다. 먼저 에스파냐 광산 고갈, 페르시아전쟁과 이방인들의 북유럽·아프리카(이집트 상실) 이주로 오래된 혹은 새로운(일리리아, 달마티아) 광상(鑛床) 접근이 가로막힌 점이 그 가용 보유량을 감소시켰고, 다른 한편 중국에서 비단 구입, 제국의 벗 혹은 적들에게 지급되는 수많은 조공과 보조금이 정화 준비금(正貨準備金)을 걷잡을 수 없이 유출시켰는데, 이러한 유출은 사태를 줄곧 악화시키다가 유스티니아누스 때부터는 심각한 지

---

80) 현 이집트 남부와 수단 북부에 걸쳐 있었던 지역.

경에 이르게 했다. 금의 일부는 조폐창들, 특히 콘스탄티노플, 알렉산드리아, 안티오케이아의 조폐창에서 사용됐으나, 상당량의 금은 아시아산 제품을 사들이거나 이집트와 시리아 교회 보물고를 장식하는 데 사용됐다. 이집트와 시리아는 아랍인들에게 점령당하기 전에는 제국에서 가장 부유한 지역이었다.

  이른 시기 콘스탄티노플은 이미 그리스산 제품이나 수입품들이 거래되는 시장이긴 했으나 이곳 공방들은 유리·도자기·보석·고급 섬유제품을 생산하던 알렉산드리아와는 경쟁이 되지 않았다. 한편 모든 동방과의 무역은 이집트와 시리아를 거쳐 지중해에 다다르고 있었다. 아라비아 향신료 특히 향은 대상들에 의해 아라비아반도 남서부를 따라 아카바만까지 운반되어, 팔레스티나 남쪽에서 다시 바다를 만나거나 다마스와 오론토스강 계곡을 거쳐 올라가 안티오케이아까지 올라오는 방법으로 수입됐다. 극동의 향신료, 즉 후추와 정향(丁香), 생사 일정량은 말레이시아와 실론[81]에서 왔는데, 이집트인 상인들이 탄 에티오피아 선박에 실려 인도양을 거쳐 홍해까지 왔고, 제국 감사관이 있던 클뤼스마에서 알렉산드리아로 운반됐다. 페르시아 시장은 안티오케이아에 특히 생사 혹은 연사(練絲)를 수출했으나, 콘스탄티노플에도 아르메니아와 트레비존드항을 통해 그것들을 공급했다. 유스티니아누스가 벌인 페르시아와의 전쟁은 시리아 경제에 그토록 요긴했던 교역로를 끊어놓았다. 황제는 에티오피아인들과 뒷거래를 해 홍해 통로가 닫히지 않고 아프리카의 금 공급이 지속되게 함으로써 이 심각한 손실을 보전하려고 시도했다. 하지만 에티오피아인들의 패권이 몰락하고 블렘뮈아이인[82]이 아라비아를 침

---

81) 스리랑카라고도 한다.
82) 이집트 남서부 누비아에 살았던 유목 부족 이름.

공함으로써 황제의 책략은 수포가 됐다. 중앙아시아를 통해 중국으로 가는 비단길로 무역로를 대체하려던 그의 시도 또한 무위로 끝났다. 그렇지만 바로 이 길을 통해 네스토리오스파 수도사들이 그에게 누에 종자를 가져다주었다. 서방에서 금 보유량이 줄어들어 지중해 상업 활동이 침체하고 있던 시기 비잔티움의 국고는 바닥나고 있었다. 페르시아의 점령은 시리아를 황폐하게 했고, 이집트에는 아마도 이보다 덜 손해를 끼쳤지만, 헤라클레이오스 황제는 그의 원정 자금을 대기 위해 콘스탄티노플과 소아시아 교회 보물들을 압수해야 했다. 황제가 손에 넣은 페르시아 국고는 황제 살림을 회복시키고, (준비금을 고정함으로써) 교회에 진 빚을 변제하고, 무너진 시리아와 이집트를 재건할 수 있도록 했다. 630년 금의 유통량은 두 세기 전의 그것보다 20퍼센트 적었다.

시리아와 이집트를 상실하고서 제국의 무역은 이제 콘스탄티노플로 집중됐는데, 콘스탄티노플은 유럽에서 아시아, 그리고 흑해에서 지중해로 가는 세계 2대 무역로의 교차점 위에 자리 잡은 도시였다. 이때 금 보유량도 다시 회복됐다. 실제 8세기 초 비잔티움인이 사르켈시를 건설해준 하자르인이 카스피해 북쪽에 자리 잡은 것은 콘스탄티노플에 우랄산맥과 그 금 산지로 가는 길이 다시 열리는 결과가 됐고, 이에 더해 마케도니아와 아프리카 광산의 금, 독일과 프랑스 사금광의 금, 보헤미아, 헝가리, 알자스의 금과 은도 유입됐다. 한편 이슬람 세계에서 이자를 엄격히 금지한 것은 비잔티움 제국으로 자본이 흘러들게 했다. 9세기 비잔티움 제국은 다시금 동방에서 물품을 대량으로 수입할 수 있게 됐다. 아랍인과의 전쟁으로 말미암아 극동에서 오는 물품은 투르키스탄을 거쳐 흑해 북안에 이르는 경로를 취했다. 그러나 이 길은 중앙아시아 초원 지대와 동부 유럽이 안정됐을 때만 이용이 가능했다. 하자르 왕국은 이 교역에 상대적인 안정을 보장해주었고, 그 수도 이틸은 볼가강 하류에서 큰 국제 교역시가 됐다. 상품들은 이틸에서 케르손[83]까지 운반됐고 그리스 선박에 실려 콘스탄티노플까지 왔다. 중국에서 생사가 운반된 것은 이 길을 통해서였다. 인도와 말레이시아 상품들(상아, 보석, 향신료)은 아프가니스탄과 페르시아를 거쳐 왔고, 페르시아에서 대상들은 양탄자와 가공된 견사로 몸피가 커졌다. 아르메니아 상인들이 이곳에서 물건을 넘겨받아 트레비존드까지 날랐고, 이곳에 온 그리스 선박들이 상품을 받았다. 아랍인의 지중해 남쪽 연안 지배가 시작될 때 아랍인과 비잔티움인 간 교역은 뜸했음이 분명하다. 그러나 이집트 면포는 언제나 콘스탄티노플에 수입됐고, 9세기 말 이전 시리아와 바그다드산 직물은 킬리키아의 셀레우케이아를 통해 제국에 수입되어 소아시아를 가로질러 운반됐다.

   북유럽으로부터 흑해 상선들은 콘스탄티플에 노예, 모피, 러시아 평원의 밀랍, 발트해의 호박·건어물을 가지고 왔다. 이 상선들의 출발항은 케르손이었다. 발칸반도와 중부 유럽 상품들, 트란실바니아의 소금, 세르비아의 광석 들은 육로로 테살로니키까지 와서 해로로 콘스탄티노플까지 운송됐다. 서부 유럽에서 콘스탄티노플은 특히 노예, 목재, 무기류, 나중에는 피복류를 조금씩 수입했다. 흑해에서 오는 배들은 보스포로스해협 입구에 있는 히에론 세관에 정선(停船)해 이곳에서 상품가의 10퍼센트를 세금으로 물어야 했고, 지중해와 에게해에서 오는 배들은 아비도스에서, 아시아를 통해 오는 상품

---

83) 흑해 북안 크림반도 남서 해안 테마 명칭. 현 러시아 도시 세바스토폴이 그 터다. 833(839?)년 테마로 됐고 그 이전은 클리마타로 불렸다(96-97쪽). 동명의 수도(고(古)러시아어 명칭: 코르순, 현대 러시아어 명칭: 헤르소네스)가 실제적인 세력 범위였고 중요한 무역 항구였다. 하자르인 등 튀르키예계 유목 민족, 러시아, 비잔티움 사이에 주인이 여러 차례 뒤바뀌다가 1204년 콘스탄티노플 함락 후에는 트레비존드 제국령이 됐다.

들은 트레비존드에서, 발칸반도에서 오는 상품들은 테살로니키에서 세금을 납부했다. 여전히 많이 수입된 상품들은 중국 비단, 다마스크, 금란(金襴), 상아, 아라비아 나라들의 보석, 향신료(후추, 육계肉桂, 설탕, 육두구, 정향), 부유층을 위한 약간의 모피 들이었다. 콘스탄티노플은 동방으로 염료, 에게해 섬들에서 생산된 유향(乳香), 펠로폰네소스의 양홍(洋紅), 금속 산화물 혹은 금·은박으로 색을 낸 미장(美粧)용 모자이크 제작에 쓰이는 테세라(tessère de verre)를 수출했다. 서방과 북쪽 나라들은 콘스탄티노플에서 견직물, 법랑, 상아 조각, 보석을 샀다. 이러한 교역은 비잔티움의 금고 안으로 금이 흘러들어가게 했지만 당국은 언제나 교역을 백안시했고 공급이 수요를 따라가지 못했던 것으로 보인다. 국가가 생산품을 귀하게 만듦으로써 상품의 가격을 높이고 이것으로써 공적 선물용으로 쓸 고가의 경화를 비축하려 했던 점은 일반적으로 인정된다. 뒤에서 보게 되겠지만 이러한 설명은 경화의 중요도를 인정하면 더욱 무게가 실린다. 그러나 이 설명에는 보충이 뒤따라야 한다. 제국 관청이 통제해 시장에 내놓는 사치품의 양이 적었던 것은 기본 재료(금, 보석, 금은 실을 수놓은 직물)가 귀했던 것과 비잔티움인들이 그 재료들을 제국 공방까지 옮기는 데 겪은 다소 큰 어려움에도 기인한다. 예를 들면 콘스탄티노플에서 아마포 특히 면포를, 또 확실히 보통 견직물을 대량으로 수출하는 것은 이러한 방식으로였고, 이것은 다른 모든 직물 생산 중심지로부터 수출할 때도 마찬가지였다. 모든 수출품은 수입품과 똑같은 세금을 동일한 세관들에서 물어야 했다. 많은 물품이 동방에서 서방 혹은 북쪽 나라들을 이러한 방식으로 지나갔는데, 이 상품들은 오로지 비용을 지불하며 콘스탄티노플을 살찌우며 면세 상품으로서 콘스탄티노플을 거쳤던 것 같다.

 이 시기 콘스탄티노플에 닻을 내리는 거의 모든 연안 상선과 원양

항행 상선은 그리스 선박이었다. 반면에 육로 혹은 내륙 수로로 운반되는 상품은 수출하는 나라가 주로 호송했다. 외국 상인들은 세금을 납부해야 했다. 러시아인이든 시리아인이든 이탈리아인이든 콘스탄티노플에 온 외국 상인들은 현지 관청에 출두하면 미리 정해진 구역들에 숙소를 배정받았고, 시 총독 관서의 불철주야 감시하에 최장 3개월간 머무를 수 있었다. 전쟁으로 때때로 교역로가 막히긴 했지만 콘스탄티노플 대외 교역량은 11세기까지 증가일로를 걸었다. 비록 비잔티움 당국이 교역을 관영 공방들이 필요로 하는 원재료를 사들이면서 세금을 징수하는 수단으로서만 주목할 뿐 교역량을 늘리려는 노력은 거의 하지 않았지만 말이다.

국내 교역 사정과 교역량은 대부분의 자료가 콘스탄티노플에 관한 것이므로 잘 알 수가 없다. 그렇지만 제국의 일부 지역은 국경 안에서 유통됐음이 분명한 판매용 물품으로 경제적 명성을 획득했다. 소아시아는 바다 항구들을 이어가며 운반된 밀의 대량 공급처였고, 1037년의 경우처럼 밀이 부족할 때는 헬라스, 펠로폰네소스 혹은 이탈리아 카테파노령 지역이 밀 공급처가 됐다. 트라키아에서 키운 뿔 달린 짐승들과 돼지는 무리 지어 특히 콘스탄티노플 도축장으로 운반됐다. 비티니아에는 양이 넘쳤고, 칼라브리아에서는 뽕나무가 재배됐고, 니코메디아만은 과일로 넘쳐났고, 도서 지역에서는 유향, 킬리키아에서는 사프란, 피시디아에서는 고무가 났고, 펠로폰네소스는 전술했듯이 아나톨리아처럼 피복류와 양탄자를, 또 아마포와 면포, 염료를 생산했고, 트레비존드 서쪽 흑해 변 케라수스는 명반을 생산했다.

비잔티움 국제 무역의 두 가지 주된 수단은 해운력과 화폐였다. 해운업에는 '노모스 로디오스', 즉 「로도스인의 법」이라 불린 바다 위 규칙이 있었는데, 그 명칭은 고대의 한 유명한 수정·보완된 규칙 모음에서 왔다. 여기에는 운임 분담, 짐 도착 조건부 금융(à la grosse), 선주의 책임, 짐 손상 처리법 등 모든 사항에 대한 처리법이 마련되어 있다. 각 선박에는 반드시 선장일 필요는 없는, 한 명의 선주나 배 임차인이 있다. 선장은 선박 안에서 절대적인 권한을 갖지만 그도 규정을 준수해야 한다. 선장과 선원의 급료는 계층화됐는데 선장은 일반 선원의 두 배의 급료를 받았고, 간부, 부선장, 배 목수 장, 키잡이들은 선원 보수의 한 배 반, 조리사는 그 절반을 받았다. 상인들이 그들의 상품과 함께 갔다. 만일 짐이 선장의 물로 상했다면 선장이 책임을 져야 했다. 선장은 그가 나르는 상품을 가죽으로 덮는지 살펴보아야 하기 때문이다. 만일 짐을 잃게 되면 선주는 은에 대해 5분의 1, 금·진주·비단에 대해 10분의 1, 축축한 견사에 대해서는 그보다 적은 몫을 책임져야 했다. 밀, 기름 같은 저가 물품에 대해서는 이런 의무 규정이 없었다. 배의 가격은 1,000모디오스 당 50노미스마, 낡은 배는 30노미스마였다. 바다 여행은 지중해가 거칠고, 배가 작아 위험했다. 10월에서 3월까지 지중해 항해는 금지됐다. 그러나 흑해와 에게해는 다른 시기에 폭풍우에 노출됐다. 다른 한편 이 두 바다에는 항시 해적이 출몰했고, 연안에는 난파선의 화물을 훔치려는 도둑들이 들끓었다. 항구에서는 삭구들이 잘려나가거나 닻을 도난당했다. 그러므로 배에 투자하는 것은 위험한 일이었다.

상품의 시장가격은 항상 정화(正貨)로 평가됐고, 원칙적으로 정화로 지급됐다. 비잔티움이 자신의 화폐 제도에서 높은 명성을 누리고 있었음은 주지의 사실이다. 화폐 제도는 단일본위제였는데, 금 본위 화폐 노미스마의 이상적인 무게는 4.48그램이었고, 이것은 이론적인 로마 파운드(livre)의 72분의 1에 해당했다. 노미스마는 13세기에 휘페르퓌론으로 개명됐고, 은화와 동화로 분할됐다.

1노미스마=12밀리아레시온 은화(2.24그램)=24케라티온 은화
1밀리아레시온=2케라티온=24폴리스(follis) 동화
1케라티온=12폴리스

예금 통화(monnaie de compte)는 금화 파운드(72노미스마), 은화 파운드(5노미스마), 금화 켄테나리온(100파운드)이었다.

세금이 노미스마화(貨)로 납부됐듯이, 국가는 조공, 몸값, 급료의 일부를 현금으로 지불했다. 그렇지만 국내 시장도 주장되고 있는 만큼 화폐 경제에 기초해 있었던가?『시리아 연대기』작가 수사가 자카리아스(Zacharie le Rhéteur)가 전하는 바에 의하면, 6세기 아미다를 포위한 페르시아인들은 "도시에 거주하는 비잔티움인들이 도시 밖으로 나가서 성벽 근처에서 열리는 시장에 가는 것을 금지했다. 포도주, 밀, 그 밖에 다른 식료품들을 가지고 온 촌 농부들이 열을 짓고 페르시아인 기병들이 그들 앞뒤로 따라붙어 도시 안으로 가게 했다. 그래서 아무도 감히 그들에게 무슨 물건이든 팔려고도 사려고도 하지 않았다." 이것은 의심의 여지 없이 작은 도시들에서의 물물 교환이다. 이런 교환 형태는 5세기 뒤 제국의 다른 끄트머리 롱고바르디아 테마에서 더욱 뚜렷하게 나타난다. 1064년과 1068년에 대지주 시폰토 대주교는 부유한 트레미티의 산타마리아 수도원에 두 차례에 걸쳐 염전 한 개소 3분의 2를 팔면서 그 값으로 첫 번째 거래에서 금실을 섞어 짠 스카라만기온(궁정 복식) 한 장과 이콘 한 개를 받고, 두 번째 거래에서 20노미스마짜리 다른 스카라만기온 한 폭과 문서에 30노미스마로 값이 매겨진 성모 마리아 이콘 한 개를 받고 있다. 944년 비잔티움과 러시아 사이에 맺어진 조약에서 러시아인들에게서 사는 노예의 값을 견포 두 필로 정한 것, 950년 비잔티움 정부와 페체네그인들이 협정을 맺어 페체네그인들이 케르손을 러시아인들

로부터 방어하는 대가로 벌이는 작전 한 차례마다 받는 보수를 견포 하급품, 리본, 자색(紫色) 직물, 금실 양단(洋緞), 후추, 피혁 들로 정한 것 또한 물물교환 경제의 방증으로 보아야 할 것이다.

정금(正金)이 부족하지 않았던 10세기에도 콘스탄티노플은 이탈리아 왕에게 프로토스파타리오스 에피파니오스를 보내며 고급 옷짐을 딸려 보냈다. 이 짐의 일부는 그 관리의 거마비에 충당되고, 일부는 제국의 그 라틴인 동맹자에게 지급되어 그가 반란을 일으킨 롬바르디아[84] 군주들의 환심을 사는 데 사용됐고, 나머지는 콘스탄티노플로 되돌아왔다. 특상 제품이든 아니든 바로 이 실제 시장 가격을 수많은 수도원과 교회에 독신(篤信)한 기부자들이 기부한, 비(非)전례용 모든 고급 의류에도 동일하게 부여해야 할 것이다. 호조가 고위 관리들의 급료를 왜 노미스마화뿐만 아니라 의류로도 지급했는지는 이로써 알 수 있다. 두 가지 모두 환금성이 있었던 것이다. 그러므로 하나의 가정이지만, 제국에서 금화가 세무 계정 밖에서는 거의 유통되지 않았을 수도 있다.

비잔티움 금화는 96퍼센트 이상이던 순금 비율이 아마도 7세기 말, 8세기 초 이후 93퍼센트 전후로 낮아지고, 무게가 약간 감소했다. 이후 그것은 11세기 중반경까지 안정되다가 단계적으로 낮아져 니케포로스 3세 보타네이아테스(재위 1078-81) 때는 (24캐럿이 아니라) 평균 9캐럿까지 낮아져 금화의 성분은 금 40퍼센트, 은 52퍼센트, 동 약 8퍼센트가 된다. 밀리아레시온은 이제 순은 50퍼센트에 지나지 않게 됐다. 이러한 이중의 심각한 가치 저하는 귀금속 부족과 제국 재정 적자에서 비롯됐다. 이것은 수년 뒤 콤네노스 왕조에서의 평가절하를 예고하는 것이었다. 이로써 그 결과 노미스마화는 이제 금 3분의 1, 은

---

84) 그리스 이름은 '롱고바르디아' 혹은 '롱기바르디아'.

3분의 2에 불과하게 됐다. 밀리아레시온화는 사라지고 은 6퍼센트만 함유한, 새로 발행한 개주(改鑄) 화폐로 대체됐다. 팔라이올로고스 왕조는 나락으로 향하는 마지막 걸음을 내디뎌 금의 함량을 4분의 1로 줄였다가 다시 회복시키긴 했으나 휘페르퓌론화의 무게를 2그램 미만까지 줄였다. 이러한 임시변통책은 비잔티움 화폐로 하여금 서방의 금화들, 특히 시장에 침투한 베네치아 두카트화와 피렌체 플로린화와 맞설 수 없게 했다. 휘페르퓌론은 예금통화가 됐고, 요안네스 8세(1392-1448, 재위 1425-48)는 은화와 동화밖에 발행하지 않았다.

이러한 비잔티움 화폐의 비극적 운명은 11세기 말에서 15세기 사이 제국을 덮친 경제 부진을 정확하게 반영한다. 셀주크인들의 소아시아 점령은 콘스탄티노플에 곡물 공급처 상당 부분을 앗아갔고, 수도에 필수불가결한 교역로 몇 갈래를 끊어놓았다. 이때는 바로 이탈리아 상선들이 비잔티움 연안에 더욱 큰 선단을 이루고 더욱 빈번하게 나타나, 비잔티움에 불이익을 끼치며 동방 교역을 일대 변혁하는 십자군 전쟁을 예고하고 있던 때였다. 1082년 튀르크인들에 대한 전쟁으로 약해지고, 발칸반도로의 외침(外侵)과 노르만인의 에페이로스 공격으로 동요된 알렉시오스 1세는 노르만인들의 진출로 위협을 당하고 있던 베네치아에 재정적 도움과 함대 지원을 요청했다. 10년 뒤 황제는 일정 수의 도시에서 다른 상인들이 물고 있던 10퍼센트의 세금을 베네치아에는 면제하는 방식으로 그의 빚을 갚았다. 베네치아는 이제 콘스탄티노플에서 오래지 않아 노르만인들의 영향권에 들어가는 아말피가 떠나 공백이 된 자리를 차지하게 된다. 1111년 피사는 관세를 4퍼센트로 감면받았고, 다른 도시들에 이어 콘스탄티노플에 상관(商館)을 허락받았다. 1세기도 채 되지 않아 제노바인들도 비잔티움 수도에 자리를 틀고 베네치아인들과 거의 같은 세제 혜택을 획득하게 된다. 황제들은 이탈리아인들에게 부여된 특혜들을 폐지하려고 여러 차례 시도했으나 압력에 못 이겨 다시 부여했다. 대규모 무역은 이윽고 그들 손으로 넘어갔고 행정부를 갖춘 진정한 거류민 지구들이 콘스탄티노플에 형성됐다. 그러나 이 지구들은 종종 자의적으로 설정된 높은 세금을 납부하는 것을 감수했는데, 이 세금은 비잔티움 호조가 허가한 감세액을 보충했다.

십자군 전쟁이 제국 무역에 준 영향은 바로 눈에 띠지는 않았다. 사실 십자군은 먼저 새로운 고객들을 데리고 왔다. 하지만 십자군은 동시에 서방 선박들에 5세기 동안 닫혀 있던 시리아의 항구들을 열어주었다. 콘스탄티노플은 이제 더 이상 동방과 서방 사이 중심 시장이 아니었다. 이런 사정에도 아랑곳없이 북방 그리고 동방과의 교역을 통해 제국 수도는 12세기 중반 여전히 큰 번영을 누렸고, 바그다드만이 이 도시와 견줄 수 있었다. 동 세기 말 쇠락의 조짐이 뚜렷이 나타났다. 마누엘 1세의 사치스러운 국정과 정권 말기의 군사적 실패들은 국고를 텅 비게 했다. 이탈리아인 집단 간의 항시적인 경쟁 관계는 콘스탄티노플에 끊임없이 무질서 상태를 일으켰고, 종종 그 희생이 되는 것은 창고에 쌓인 상품들이었다. 라틴인에 대한 적대감이 수도에서 고조되었고, 이것은 1182년 서방인 학살과 그들 구역 화재로 구체화했다. 이에 이탈리아인들은 제국 연안을 황폐하게 하고, 이윽고 금각만에 옛 특혜를 지닌 채 다시 나타나는데, 그들은, 특히 베네치아인들은, 제국 상업 활동뿐 아니라 국가 자체의 통제 또한 요구하기에 이른다. 1204년 라틴인의 콘스탄티노플 점령은 새 제국 수도의 상행위를 베네치아의 그것에 동화되게 했다. 니케아 제국은 큰 교역로 상에 있지 않았고, 제국은 사치를 억제하고 자급자족 경제 정책을 펴 스스로 필요한 물자를 조달하기에 이르렀다. 이와는 반대로 페르시아와 아르메니아로 가는 중요한 길목에 자리 잡은 트레비존드 제국은 몽골 제국이 성장하며 길 위의 유통량이 많아진 덕분에 척박한 토지 사정에도 번영을 누릴 수 있었다. 제국은 현명하게도 대상들과 그들의 상품을 사러 온 제노바 선박들에 대해 부과하는 세금을 낮게 유지했던 것이다. 테살로니키 황제[85])는 외국 상인들에 의존했고, 게다가 테살로니키의 특수한 자리는 그에게 파란만장한 삶을 예비했다.

팔라이올로고스 왕조 황제들에 의한 제국 부흥은 제노바인들 덕택이었다. 그래서 제노바인들은 제국 모든 항구에 자유로이 드나들 권리를 획득했고, 페라의 상관은 이윽고 콘스탄티노플 무역 전부를 처리하게 됐으며, 제노바인 거류지 카파와 타나가 설치된 흑해에서 흑해 무역까지도 장악했다. 무역은 외국인들이 독점했다. 베네치아인들도 제노바인들과 같은 특혜를 누렸지만 그들의 거류지는 더욱 축소됐고 그들의 역할은 감소했다. 피사·피렌체·안코나·나르본·시칠리아 상인들은 수출입 상품에 대해 단지 2퍼센트 세금만 물었으며, 카탈루냐인들은 3퍼센트를 물었다. 이외에도 외국 상인들은 그들이 짐을 넘겨주는 비잔티움 항에서 수입세를 물어야 했기 때문에 동방의 물품을 보스포로스해협에서 사들여 서방으로 가져가는 것을 대체로 선호했다. 그럼에도 그리스 상선들은 아마도 14세기까지도 세력이 강했던 것 같다. 실제 이 시기 테살로니키 선원 동업조합이 왕성하게 활동했던 것은 확인되나 수도의 그것의 활동 상황에 대해서는 실은 잘 알려져 있지 않다. 그 대신 우리가 알 수 있는 것은 그리스 선박들이 외국 선단들과 경쟁적으로 활동하고 있었다는 것인데, 그들은 수출세를 물지 않았고 외국에서 수입하는 물품에 대해서도 아마 세를 물지 않았기 때문이다. 그러나 후자의 경우 그리스 상인들의 우위는 경미했는데, 그것은 이탈리아인들은 그리스인들이

---

85) 테살로니키 제국: 1204년 라틴인들의 콘스탄티노플 점령 이후 1224년 테오도로스 콤네노스 두카스가 테살로니키에 세워진 라틴인들의 테살로니키 왕국을 멸망시키고 세운 비잔티움 후계 제국. 1246년까지 존속했다.

물건을 조달하는 모든 항구를 엄격하게 통제하고 있었기 때문이다. 그리스 상선단은 지역적 이해관계가 되어 있었다. 메셈브리아와 모넴바시아 같은 작은 항구들은 그 지역들 필요를 충족시킬 선박 몇 척만 가지고 있었고, 밀 상인들은 배를 사서 장사 철이 지나면 배를 되팔았다. 모든 수출은 점차 외국인들 손으로 넘어갔고, 트라키아산 제품이나 모넴바시아의 포도주는 이탈리아 선박으로 운송됐다.

트레비존드 제국에는 사실상 선박이 없었다. 제국의 항구들은 겨울 폭풍우에 취약했기 때문이다. 에페이로스 데스포테스령은 작은 함대를 보유하고 있었다.

비잔티움 세관원들이 페라와 콘스탄티노플에서 선박의 국적, 짐의 톤수와 내용을 엄격하게 검사했고, 또 오스만 튀르크인들이 14세기 말 이전 보스포로스해협 아시아 쪽 연안에 자리 잡고 세금과 성가신 일들을 부과했지만, 외국 상인들은 1453년까지 금각만으로 와 금지된 영업을 했고, 비잔티움 당국은 콘스탄티노플 공성전 전야에도 새로운 외국 거류민들에게 조차지를 허가하고 있었다.

"처음에는 라틴인에게 수도에 초라한 작은 건물 몇 채를 세우는 것을 허가했다. ……시간이 지남에 따라 그들은 엄청난 세력이 됐고, 왕자들 간의 불화와 군대의 약체화가 그들을 이러한 번영으로 이끌었다. 그들의 번영은 비잔티움의 모든 부와 바다로부터의 수입뿐 아니라 군주의 금고를 살찌우던 모든 공적 자원을 그들 가운데로 흘러들게 했다"(니케포로스 그레고라스의 기록).

비잔티움 제국이 경제적으로 쇠퇴한 원인으로 자주 받아들여진 원인은 다음과 같다.

1) 그리스인은 외국으로 상품을 가져가지 않고 고객들이 오기를 기다렸다.
2) 이탈리아인 거류민 집단들은 제국의 이러한 취약성에 편승해 제국을 점령해 그 생산 원천에 접근하고는 관세를 면제받음으로써 제국을 황폐하게 하고는 그들 자신의 공산품을 판매해 그리스 제조업의 자리를 빼앗았다.

서방 상선들이 이렇게 비잔티움 제국을 질식시켰다는 것이다.
실제로 비잔티움 무역이 내리막길을 걸은 것은 제국의 경제가 쇠퇴했기 때문이다. 사실 11세기 초부터 도시가 발전함과 동시에 산업과 상업이 다시 진작되고 도시 중간계급이 정치적으로 대두할 때도 제국 경제 구조 그 자체 내에 성장을 제한하는 약점들이 존재했다. 기업들은 모두 가족 경영 형태였으며, 분산되어 있었고, 국내 상업은 분절되고 국지화해 좁은 활동 영역밖에 가지지 못했고, 대외 교역은 아랍인, 아말피인, 베네치아인 손에 넘어가고 있었으며, 지방은 중앙 권력과 떨어져 경제를 발전시키고 있었다. 다른 한편 제조업과 상업은 경제적으로 토지 귀족들에 종속되어 있었는데, 귀족들은 상품이 되는 잉여 농업 생산물을 소유하고 상공업 활동에 직·간접적으로 참여하는 사람들이었다. 이런 상황에서 산업 생산은 이윽고 감소하고, 국내 교역은 정체됐으며, 비잔티움인들은 중개업자가 되고, 가용 자본은 흩어졌다. 11세기 중반까지 비잔티움은 유럽 경제 최강자의 자리를 지켰지만 상공업의 낡은 틀은 자신의 성장에도, 지중해 세계에서 일어나는 변화에도 적응하지 못했다. 서로 다른 산업 간, 생산지역 간 균형이 이제 막 이루어진 단계에서 경제발전은 둔화되고, 경제는 이윽고 침체하고 저성장에 빠지게 된다(니콜라스 스보로노스 Nicolas Svoronos).

85. 〈식물학 애호〉 고대 식물학자 디오스코리데스의 희랍어 저서는 9세기 남이탈리아에서 필사됐고 식물 표본화들로 장식됐다. 이 그림은 물망초에 관한 설명으로 10세기 쓰여진 아랍어 적바림은 이 식물의 이름과 성질이다. 이 적바림은 1300년경 라틴어로 번역됐다. (그리스 사본 2179, 디오스코리데스, 『약재에 관하여』 세밀화, 9세기, 국립박물관, 파리)

87. 〈밭갈이〉 농부가 소몰이 작대기로 한 쌍의 소를 몰며 쟁기질하고 있다. (그리스 사본 2736, 오피아노스, 『사냥용 동물론』 세밀화, 15세기 말, 국립박물관, 파리)

86. 〈포도나무 가지치기〉 짧은 옷을 입은 농부들이 낫으로 포도나무를 자르고 나무 밑동 사이의 땅을 삽으로 갈아엎고 있다. (그리스 사본 74, 복음서 세밀화, 11세기 3사반세기, 국립박물관, 파리)

88. 〈양봉〉 농부가 자신의 무릎 위에서 널빤지를 자르고 있다. 그는 이 널빤지를 나무줄기 구멍에 쑤셔 넣어 벌 떼를 가둘 것이다. (엑술텟 두루마리 세밀화, 11세기 2사반세기 초, 대성당, 바리)

89. 〈알뿌리 채취〉 모자를 쓰고 장화를 신은 농부(주인?)와 다른 한 명의 농부가 알뿌리를 캐고 있고, 셋째 농부는 고리바구니에 나뭇잎(?)을 따 넣고 있다. (그리스 사본 135, 욥기 주석본, 마누엘 쥐칸딜로스의 세밀화, 1362, 국립박물관, 파리)

90. 〈산책〉 (그리스 사본 부록 247, 니칸드로스, 『테리아카』 세밀화, 10세기, 국립박물관, 파리)

91. 〈집어등 어로〉(그리스 사본 Z 479, 오피아노스, 『사냥용 동물론』 세밀화, 10세기, 산마르코 도서관, 베네치아)

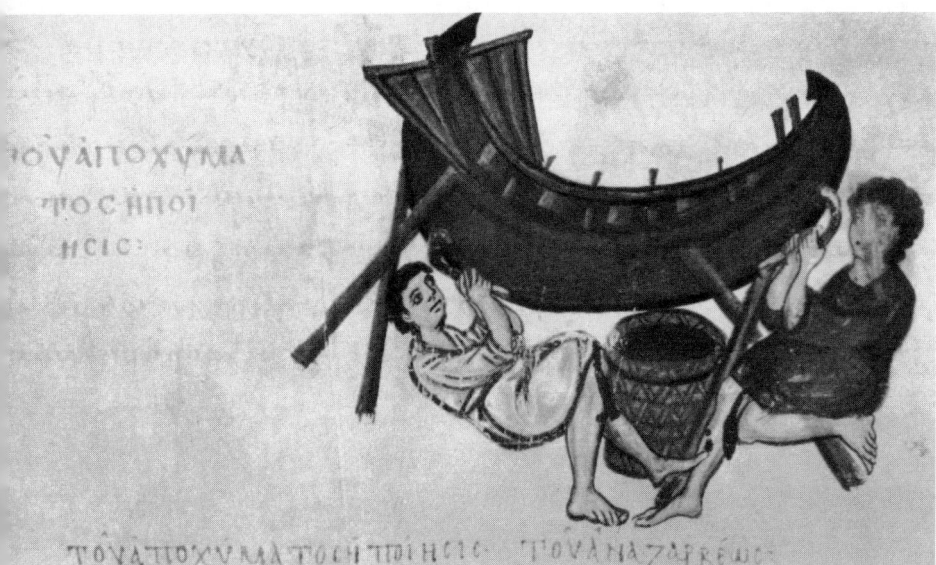

92. 〈배 방수 작업〉 (사본 M 652, 디오스코리데스 저작집 세밀화, 10세기, 피어폰트 모건 도서관, 뉴욕)

93. 〈직업인들〉 위에서부터 공증인, 대장장이, 도붓장수. (그리스 사본 923, 다마스쿠스의 요안네스, 『히에라』 세밀화, 9세기, 국립박물관, 파리)

94. 〈양치기〉 성탄 그림에 나오는 늙은 양치기가 반팔 양모 튜닉을 입고 양몰이 작대기와 양동이를 메고 있다. 허리춤에 매달려 있는 것은 구이 그물과 사슬이 달린 고리다. 곁에는 그의 개가 있다. (프레스코, 성 지오르지 교회, 1191, 쿠르비노보, 북마케도니아)

95. 〈베 짜는 여인〉 (그리스 사본 1231, 욥기 세밀화, 13세기, 바티칸 도서관, 로마)

96. 〈집짓기〉 11명의 일꾼이 편수의 지휘 아래 주랑 위에 벽돌로 집을 올리고, 두 사람이 줄을 당기는 도르래를 사용해 위층에 기둥을 놓고 있다. (바르베리누스 그레쿠스 사본 372, 시편집 세밀화, 1092년경, 바티칸 도서관, 로마)

97. 〈성벽〉 성벽과 성벽을 보강하는 사각형 탑들은 압착하지 않은 벽돌로 지어졌다. 각각의 벽돌은 고운 모르타르 위에 놓였으며, 벽돌(40×30×5센티미터) 층이 성벽의 두 측면을 가로질러 연결한다. (8세기, 테살로니키)

98. 〈길가의 폐허가 된 집〉(14세기, 미스트라스)

99. 〈방비 시설을 갖춘 교회〉 (아브다트, 6세기, 네게브 사막, 이스라엘)

100. 〈성채〉 장방형(111.25×67.50미터)으로 여덟 개의 돌출된 탑을 세워 보강했다. 폐허가 된 로마 시대 도시에서 가져온 부재로 만든 성벽은 두께가 2.40에서 2.70미터다. 군사시설로서 유목, 반유목 주민에게 피난처를 제공했다. (6세기, 팀가드)

101. 〈황궁〉 이 궁전은 구도와 건축 기법은 서방식이지만 내·외부 장식은 비잔티움식이다. (텍푸르 사라이, 북서쪽 외벽, 14세기 초, 이스탄불)

102. 〈콘스탄티노플 성 소피아 성당〉 돔과 그것을 떠받치는 서쪽의 반 둥근 지붕. (성 소피아 성당, 532-537, 이스탄불)

103. 〈콘스탄티노플 성 이레네 성당〉 본당 양 측면에는 그 위에 특별석(tribune)이 있는 측랑이 있고, 그 앞에는 성직자들이 사용하는 성소와 쉰트로논이 있다. (성 이레네 성당, 6-8세기, 이스탄불)

104. 〈칼라트 세만, 주상 고행승 시므온의 순교 기념 건축물〉 금욕 수행자 시므온의 기둥 주위로 건설된 대수도원 안에 있는 이 순교 기념 건축물은 그 규모(90×80미터)와 독특한 십자가 구도로 줄곧 예외적인 건축물로서 존재했다. (순교 기념 건축물 남쪽 외벽, 470년경, 칼라트 세만, 시리아)

105. 〈알라한 수도원 교회〉 둥근 지붕을 인 바실리카 건축물(19×12미터)로 돌 세공이 섬세하고 조각 장식이 정교하다. (알라한 수도원 서쪽 (면) 외벽, 6세기, 튀르키예)

106. 〈응회암 속을 파 만든 교회 입구〉(11세기?, 괴레메, 카파도키아)

107. 〈스틸로 성당〉 칼라브리아 중심 도시에 있는 성당으로 그리스식 십자가형 소형 교회(약 6×7미터)다. 중앙 돔을 이보다 낮은 네 개의 돔과 궁륭 지붕들이 떠받치고 있다. 재료는 두껍거나 납작한 벽돌이며 원형 벽을 둘러 그물 모양으로 쌓았다. (10세기 말, 스틸로 성당, 스틸로)

108. 〈테오토코스 교회: 스크리포스 수도원 카톨리콘〉 세 개의 궁륭 천장 신랑과 돌출된 수랑이 있는 바실리카. 두 부분이 만나는 지점에 둥근 지붕이 있었다. 지금 보는 둥근 지붕은 현대에 복원된 것이다. 이 교회는 이곳에서 멀지 않은 테바이에 주재했던 헬라스 테마 스트라테고스 레온이 기금을 내어 지었다. (스크리포스 수도원, 873-874, 보이오티아)

109. 〈호시오스 루카스 수도원 카톨리콘〉 사각형에 내접(內接)한 십자가형 구도에 엑소나르텍스와 교차 궁륭(groin vault), 측면의 벽감, 특별석(tribune), 넓은 창문이 있는 건축구조는 콘스탄티노플풍이지만 석재의 장식적 활용과 벽돌 장식은 그렇지 않다. 비교적 큰 규모(15×22미터)다. 버팀벽은 확실히, 식당은 아마도 후대에 조성됐다. (호시오스 루카스 수도원, 11세기 초, 포키스)

110. 〈오흐리드 성 소피아 성당〉 대주교 그리고리는 성 소피아 성당 앞에 로지아가 딸린 웅장한 엑소나르텍스를 덧붙여 세우게 했는데, 그 양옆에 버티고 선 사각형 탑에는 8각형 원형 벽 위에 둥근 지붕을 올렸다. (성 소피아 성당, 오흐리드, 14세기, 북마케도니아)

111. 〈블라디미르 성 드미트리 성당〉 11세기 중엽 이후 러시아에서는 비잔티움 영향이 두드러지게 나타난다. 건축에서의 비잔티움 영향은 세 개의 후진을 가진 사각형 구도와 둥근 지붕으로 나타난다. 브세볼로트는 화가를 콘스탄티노플에서 블라디미르까지 초청했으나 건축 재료는 카마강에서 채취한 흰 돌이고 건물 벽면과 원형 벽의 쇠시리 장식(상상의 동물들, 엮음 무늬)은 동방풍이다. (성 드미트리 성당, 1194, 블라디미르, 러시아)

112. 〈아그타마르 성 십자가 교회〉 바스푸라칸 왕국의 가기크 왕이 반호 섬 안에 세운 교회다. 석조(石造) 집중·대칭식 구도 건물이며 원형 벽 위에 피라미드형 둥근 지붕이 여덟 개의 반원형 벽감 위에 올라앉아 있다. 건물 벽면에는 당초문, 동물, 고관들 부조가 새겨져 있고, 종루를 인 정문 양편에는 콘스탄티노플의 것처럼 교회 창건자가 교회를 그리스도에게 봉헌하는 장면이 있다. 건물은 아주 강한 지역 전통적 특색을 띠고 있다. (성 십자가 교회, 915-921, 아그타마르, 아르메니아)

113. 〈가브라 미카엘 주교 동굴 교회〉 아스마라 남쪽, 홍해에서 약 200킬로미터 떨어진 티그라이 산악지역에는 에티오피아 다른 곳들과 마찬가지로 콥트 기독교인들이 무른 바위를 뚫어 집중·대칭식 구도에 둥근 지붕들이 있는 동굴 교회들을 세웠다. 둥근 지붕들은 비잔티움 양식 회화들로 장식되어 있다. (가브라 미카엘 주교 교회, 12세기(?), 코라로, 에티오피아)

제6장 교양

영원한 구원의 도정에 있는 비잔티움 사회에서 교양(paidéia, paideusis)은 하나의 삶의 방식을 위해 받는 훈도와 교육 과정이며, 그것은 오류의 시정을 포함한다. 정통 신앙의 가장 열렬한 이론가 중 한 사람인 알렉산드리아의 키릴로스(375년경-444)는 그의 이사야서 주해 중에서 다음과 같이 말하고 있다—"교양(culture)은 복음서가 가르치는 진실을 일컫는다." 비잔티움 교양의 성서적 기원은 코스마스 인디코플레우스테스라고 불리는 사람이 6세기 최상의 전 세계 연대기[1])에 실릴 만한 가치가 있는 그림 안에 쓴, 이 연대기들의 정신 속에서 묘사한 다음과 같은 글에 나와 있다.

"외국인들 가운데서 명성이 높았던 소크라테스, 피타고라스, 플라톤, 아리스토텔레스나 다른 철학자들, 그들 중 그 누가 죽은 자들의 부활과 인간에게 부여된 흔들리지 않는 왕국같이 세상에 유익한 일을 예언하거나 이 일에 관련된 무엇을 선포하는 데 적합하다고

---
1) 577-580쪽 참조.

판정 난 사람이 있는가? ······인간에게 지략을 부여하고 이성을 줌으로써 신은 인간을 그의 정신이 상상하고 교육에서 습득하는 모든 것을 획득할 수 있도록 만드셨다. 인간은 그 본성상 이성 있는 존재이기 때문이다. 기예(art)의 비조(鼻祖)들이 많은 시행착오를 저지르긴 하지만 시간과 경험, 그리고 실천이 그들을 도움으로써 그들이나 그들의 후계자들은 뒤늦게 목표를 달성한다. 마찬가지로 후자들로부터 학업을 전수받는 상속자들은 그들한테서 오류를 저지를 위험을 물려받지 않는다. 이와는 반대로 신과 관련된 가르침은 인간이 발견한 것에서 출발해 그것의 목표를 달성하지 않는다. 시초에 신으로부터 받은 가르침은 교리건 기예건 오류의 위험이 없으며, 우리는 오류의 위험이 없는 가르침을 전달받는다. ······최초의 인간이 죄를 저지르고 자신이 잘못했음을 깨닫고 자신의 잘됨을 위해 신으로부터 꾸지람을 들었을 때 그는 부끄럽고 민망해져 자신의 벌거벗은 몸을 가리려 마음먹었다. 그는 기지와 신이 추동한 이성을 발휘해 나무 가시로 무화과나무 잎사귀들을 깁는 바느질을 창안했다. 같은 필요에 봉착해 그는 다시 신에게서 재주를 부여받아 나무껍질로 웃옷을 만드는 법을 배우게 됐다. 성서의 증언에 의하면 카인은 농사짓는 법을 창안했고 아벨은 양 치는 법을 창안했다. ······카인과 그의 후예들은 두려움 속에서 살았으므로 그들의 안전을 위해 다른 기예들, 예를 들면 목공·석공·대장일이나 음악을 발명했다. 목공 일은 천장과 문이 달린 집을 지어 그들 스스로와 그들의 가축을 지키기 위한 것이다. 돌 다듬는 일은 집과 도시를 지어 그들의 안전과 방어를 꾀하기 위함이다. 대장일은 농사짓고, 쟁기로 땅을 갈고, 낫으로 이삭을 베고, 피리나 다른 악기를 만들기 위함이다. 음악은 피리·키타라[2]·노래 소리에 맞춰 밤을 새워 그들 자신의 안전을 도모하고, 들짐승들이 자신들의 가축을 해치지 못하도록 하기 위함이다. ……나중 사람들은 이전 사람들에게서 시작점을 취하고 여러 번의 적용을 거쳐 이 기예들을 더욱 엄격하게 발전시켰다."

이것은 고대 지식에 대한 회의이자 교양을 성서적 전통 안에 포함시키려는 노력이다. 하지만 11세기 미카엘 프셀로스류(類)의 지식인의 관점은 매우 다르다. 그에게 배움의 대상은 이중적이다. 그것은 한편으로 그리고 우선적으로 고대 희랍인의 지식 전체까지도 포괄하는 고대의 수사학과 철학이며, 다른 한편 또 다른 '지혜', 즉 바실레이오스, 니사의 그레고리오스, 요안네스 크리소스토모스, 나지안조스의 그레고리오스 교부들의 지혜를 프셀로스는 전혀 무시하지 않는다. 이것은 비잔티움 교양의 이중 계보를 뜻하는 것인가? 이러한 설명이 존재하긴 한다. 그러나 이 문제는 다시 한번 논의해 볼 필요가 있다. 이것을 먼저 지성사 측면에서, 이어서 감성사 측면에서 살펴보도록 하자.

지성사

자신의 전통을 지극히 존중하는 인민에게 지성사는 지식 전수의 역사였다. 지식 전수는 몇 가지 경로로 불균등하게 이루어졌다. 그 경로로는 문서, 연설, 도상학, 공예를 들 수 있다.

---

2) 고대 희랍의 7현 악기. 리라와 비슷하다.

문서

- **책**

일반적으로 그 전하는 메시지의 성격이 다른 모자이크, 석비, 회화를 제외하면 문서는 파피루스, 양피지, 그리고 종이 위에 기록됐다. 파피루스는 오랫동안 이집트에서만 재배됐으며, 알렉산드리아에서 가공된 지면(紙面)들은 문명 세계의 모든 상서국들(chancelleries)로 보내졌다. 아랍인들이 이집트를 점령하면서(640년경) 이집트에서 파피루스 생산이 축소되자 칼리프들은 파피루스의 재배와 가공을 티그리스강 계곡까지 확대하면서도 7세기 말부터는 수출을 금지했다. 그렇지만 그 전 세기 말 전 시칠리아가 이 귀중한 식물을 동방에서 들여와 재배하고 있었으며, 13세기까지 팔레르모 지역에서 재배됐다. 12세기 테살로니키의 에우스타티오스는 파피루스로 된 『오디세이아』 주석서 한 편을 인용하며 얼마 전 이 오래된 필기도구의 생산이 중단됐음을 언급하고 있다. 비잔티움 황제들도 로마의 교황들도 증서와 교서를 쓸 때 이 재료를 사용했기 때문이다.

파피루스가 사라지기 훨씬 전에 다른 재료, 특히 양피지가 사용됐다. 이미 기원전 7세기 페르시아에서 양가죽 위에 쓰인 문서가 확인되는데, 그리스와 이탈리아에서는 거의 발견되지 않으며, 이탈리아에서는 1세기에도 양피지가 귀하고 비쌌다. 로마 역사가 대(大)플리니우스(23-79)가 전하는 바에 따르면 양피지를 처음 만든 사람은 페르가몬의 왕 에우메네스 2세(재위 197-158 B.C)인데, 그는 알렉산드리아 도서관에 필적하는 도서관을 세우려고 결심했다. 이집트의 파라오가 파피루스를 페르가몬에 반출하는 것을 금하자 이 도시의 주민들은 가죽을 가공해 도서관에 장서를 채웠다고 한다. 이 이야기가 사실이든 전설에 지나지 않든, 어쨌든 소아시아의 페르가몬이 양피지(parchemin, (희)페르가메논, (라)페르가메나)에 자신의 이름을 준 것은 확실해 보인다. 이제까지 발견된 양피지에 쓰인 가장 오래된 사본은 메소포타미아에서 유래한다. 4세기 양피지는 파피루스를 추월하며, 5-6세기 이집트의 한 교회 도서관은 21권의 가죽에 쓴 책과 세 권의 파피루스에 쓴 책을 소장했다. 파피루스는 중세에 완전히 자취를 감추었고, 현재까지 남아 있는 파피루스로 된 책은 158권이다.

양피지는 유럽 남부에서 주로 양이나 산양의 가죽을 깎아내고 윤기를 내 만들어졌다. 12세기 뱀의 창자에 기록하고 삽화를 그린 『일리아스』와 『오디세이아』 사본이 언급되기도 하나, 이것은 희귀한 예에 불과하다. 파피루스는 처음에 두루마리 모양으로 보관됐으며, 이런 형식으로 보존된 것이 있기는 하나 점차 코덱스, 즉 오늘날의 책 형태에 자리를 내주며, 4세기 이집트의 경우 보존된 기독교 관련 문헌의 대략 4분의 3이 이 형태다. 가장 오래된 양피지 문건들도 두루마리 모양으로 되어 있으며, 이 형태는 소송 관련 문건과 일정한 전례 문헌들에서 계속 채용됐다. 그렇지만 두루마리가 오랜 기간 이교 문헌을 전달하는 매체였다면 코덱스는 기원 초 세기들부터 기독교 관련 문헌들에서 선호되던 형태였다고 말할 수 있다. 두루마리에서 코덱스로 넘어가는 과정은 저자들과 필경사들의 물리적 작업 조건을 상당 부분 변화시켰다. 기원 첫 몇 세기 동안 필경사는 책상을 사용하지 않았고, 다리 밑에 작은 걸상을 놓아 두 무릎을 고정하고 그 위에 두루마리를 놓았다. 늦어도 5세기에는 책상 앞에 앉은 저자가 출현하기 시작했다. 이런 필기 방식을 묘사한 그림이 처음에는 특수한 경우에 국한됐지만 8-9세기 이후에는 보편화된다. 비록 실제가 아니라 적어도 그림에 그려진 모습에서 무릎 위에 대고 쓰는 전통이 지속되긴 했지만 말이다. 비잔티움의 필경사는 받아쓰기를 하는 경우가 드물었고, 많은 복음서 기자를 묘사한 세밀화가 증명해주듯이, 주로 하나의 전범을 필사하는 경우가 대부분이었던 만큼 책상 없이 작업하기 어려웠으리라는 것을 염두에 두어야 한다. 처음에는 두 겹으로 접은 형태였던 양피지 코덱스는 곧 테트라디아, 즉 4절첩(截帖, quaternion)이라 불린, 번호가 매겨진 절지(截紙) 형태로 바뀌었는데, 이것은 접힌 소재 네 장, 즉 16쪽 분량이었다. 규격은 사본에 따라 다양했다.

아랍인들이 지중해 주변에 새로운 필기도구를 도입했는데, 그것은 그들이 8세기 중국에서 들여온 종이였다. 비잔티움인들도 조금 뒤 이것을 이용하게 됐고, 이것을 밤뷔키논이라 불렀다. 아마도 이 이름은 유프라테스강 서안에 자리 잡은 셀레우코스 왕조 시대 도시 밤뷔케(만비즈)에서 유래했을 것인데, 이 도시는 종이를 파는 큰 장이 섰던 곳이거나 종이 제조에 필요한 헝겊 꾸러미 집산지였다. 종이는 양피지와 동시에 사용됐다. 동방이 기원인 이 종이들은 대부분 두껍고 조악했다. 13세기 후반경 서방의 종이 질이 향상되어 제국에서도 이를 사용하게 되나 동방의 종이는 점점 더 질이 나빠진다. 이런 연유로 11세기 중반 이래 가장 장중한 문서(금인칙서)에 종이를 사용하던 제국 상서국은 13세기 중반 다시 양피지로 돌아와 종이는 덜 중요한 문서에만 쓰게 된다. 다음 세기들에는 서방, 특히 이탈리아산 종이가 유일한 필기도구가 된다.

비잔티움의 책은 손으로 썼다. 필경사기 여백을 치거나 괘선을 그을 때, 그는 아마 작은 박편(薄片) 같은 것으로 난(欄)을 치고 줄을 그었을 것인데, 만일 필기도구가 양피지나 종이면 주로 점판암을 썼을 것인데, 이걸 사용하면 거무스름한 줄이 남았다. 그리고 그는 펜을 깎기 위해 주머니칼을 사용했다. 펜은 칼라모스라 불리는 갈대 대롱이었는데, 이것은 복음서 기자들이 그려진 수많은 성화에서 볼 수 있다. 그림들에서 저자는 갈대 대롱 펜들이 가지런히 정렬된 책상 한편에 앉아 있거나 펜을 손에 쥐고 있다. 비잔티움 필경사가 다른 종류의 펜도 사용했는지는 확실치 않다. 남아 있는 잉크 그릇들은 돌, 상아, 혹은 금속제이고, 9세기 것 몇 개는 신화적 내용의 그림과 명문(銘文)으로 장식되어 있는데, 파도바(이탈리아)에 보존된 한 은제 잉크 그릇에는 "레온, 필경사(calligraphe)의 백미(白眉)"란 운문 글귀가 새겨져 있다. 검댕과 고무, 뼈 태운 재, 나무, 과수 씨, 그리고 아마도 오징어 먹물로 만든, 오래 못 가는 고대에 사용하던 잉크는 아마도 4세기 무렵 양피지와 함께 출현한 새로운 액체로 대체됐다. 이것은 기본적으로 떡갈나무 오배자(伍倍子)에서 채취한 즙으로 만들어졌으며, 보존성이 훨씬 뛰어났다. 이 잉크의, 밀랍이 없으면 아주 빨리 사라지는 누른 밤색에 검댕과 고무로 만든 잉크의 반짝이는 색깔이 도전장을 내밀었다. 이외에도 제국에서는 끓여서 만든 잉크를 사용했는데, 이것은 오배자를 갈고 쪄서 의심할 여지 없이 일종의 황화(黃化)구리를 첨가한 것으로, 후자의 함량이 너무 높으면 양피지나 종이에 손상을 줄 수 있었다. 제목이나 주의를 끌기 위한 장식체 문자는 자주 단사(丹砂)나, 청록색 같은 다른 색으로 쓰이기도 했으나 비잔티움 필경사들은 다른 어떤 색깔보다도 금색을 선호했으며, 종종 금으로 책 전체를 쓰기도 했다. 중세 기간에는 양피지가 부족해 글자가 있는 쪽을 씻어내고 문질러 여러 차례 재사용하기도 했는데, 이것을 팔림프세스테스(palin(새로)+psèkhein(긁다))라고 불렀다. 이런 방식으로 6세기 혹은 7세기 한 행정 협정을 기록한 바티칸 성 사도 도서관의 한 사본 쪽들은 다음 세기(7세기 혹은 8세기) 처음으로 지워져 노모카논(nomokanon)이 필사됐다가, 10세기 혹은 11세기에 다시 지워져 모세5경 텍스트에 그 자리를 내어준다.

중세 그리스인은 두 가지 서체를 사용했는데, 그것은 대문자체인

옹시알(onciale)과 소문자체였다. 옹시알체는 파피루스와 함께 출현하는데, 파피루스 위의 글자는 모두 같은 높이로 규격이 컸다. 모든 글자는 괘선에 접하고 정사각형 안에 자리 잡았다. 단어는 띄어쓰기하지 않고 악센트 기호도 붙지 않았다. 9세기 이 글자체는 오른쪽으로 기울고 날씬해지기 시작한다. 그러나 바른 옹시알체는 복음서 초록과 같은 특정 호화 전례서에서는 수 세기 간 그대로 보존된다. 4-8세기 사본과 달리 9세기 사본에는 구두점이 들어가고 악센트 기호도 붙였다. 이 시기부터 앞의 두 글자체보다 작은 크기로 구두점과 악센트 기호를 포함하는 다른 옹시알체가 출현하는데, 이것은 옹시알체이긴 하지만 곧 소문자체가 섞인, 잡체(雜體) 혹은 반(半)옹시알체가 된다.

소문자체는 아주 이른 시기부터 두 가지 글자체가 섞인 파피루스에서부터 확인되는데, 이것은 빈에 있는 680년 공의회 파피루스 문건 같은 것이 확인해주고 있다. 이 문건 밑에 서명된 주교들의 이름은 바른 대문자체, 기울어진 옹시알체, 대문자체와 소문자체, 일관된 소문자체의 여러 서체로 되어 있다. 더욱 빠르고 더욱 작은 이 서체가 책에 도입된 것은 일반적으로 테오도로스가 콘스탄티노플 스투디오스 구역에 세운 수도원 수도승들로부터라고 여겨지는데, 이 수도원에는 필경소가 있었다. 실제로 이제까지 알려진 가장 오래된 소문자체 사본은 835년 5월 7일 이 수도원 수도승 요안네스가 완성했다. 이 책은 상트페테르부르크에 보존되어 있으며 복음서 본문이 실려 있다. 이 글자체는 모든 옹시알체로부터 자유로워, 반옹시알체는 제목에만 쓰며, 단어는 서너 개씩 글자를 모아 썼고, 간간이 거의 띄지 않았으며, 글자들은 어떨 때는 괘선 위에, 어떨 때는 밑으로 붙고, 심지어 괘선 사이에 오거나 괘선으로 잘리기도 했다. 보존된 사본들에서의 이 글자체의 완성도로 미루어보면 아마도 이것은 더욱 이른

8세기에 도입되어 발전한 것일 수도 있으며, 스투디오스 수도원은 아마도 이 글자의 주동자 중 하나에 불과했다고 인정해야 할지도 모른다.

10세기 중반 이후에는 흘려 쓰는 서체의 글자들이 소송 관련 문서들에서처럼 책에도 고정적으로 쓰이게 된다. 예외적인 경우를 제외하곤 비잔티움 서체는 필경사마다 고유한 글자체를 가지지 않았으며, 비록 어떤 윤곽들은 지역이나 공방에 따라 고유한 것들이 있으나, 사본들 전체로 봐서 서방의 사본들에서는 볼 수 없는 높은 통일성을 나타내고 있다. 이러한 사정으로 사본의 생산지를 판별하는 것은 어려운 일이다. 비록 익명의 필경사가 책의 말미에 독자들에게 그들의 기도와 함께 관용을 부탁하곤 하지만 사본을 만든 사람의 서명이 드문 것은 그것을 더욱 어렵게 만든다. 필경사가 자기 이름을 공백으로 남겨두는 관행을 설명하기 위해서 수도원의 다른 업무를 하듯이 책을 필경하는 수도사의 겸손함이 이야기된다. 그렇지만 사본 제작자가 공증 사무소 서기일 수도 공증인일 수도 있다는 것은 차치하고서라도, 비잔티움 제국 필사자의 익명성은 우리가 뒤에서 보게 될 전수받은 지식에 대한 일반적인 관념에 따른 것이지 필사자의 겸손함에 따른 것은 아니다.

사본 제작에는 몇 명의, 특히 장식 관련 전문 인력의 참가가 요구되기도 했는데, 금박 글자를 새기기 위해서는 금자각수(金字刻手, chrysographe)가, 세밀화를 위해서는 한 명 혹은 복수의 화가가 초청됐다. 바실레이오스 2세는 현재 교황청 도서관에 보관되어 있는 그 유명한 『메놀로기온』 제작에 여덟 명의 화가를 참가시켜 430매의 그림을 그리게 했는데, 이 그림들로 이 책은 비잔티움 회화에 있어 기념비적인 자료 중 하나가 됐다. 그렇지만 필경사, 금자각수, 화가 간 경계가 언제나 이처럼 분명했던 것은 아니었고, 직인 한 사람의 힘으로만 제작된 삽화본도 여럿 있다.

제국의 모든 지역에는 이러저러한 시기에 희랍어 문헌 필경 중심지들이 있었고, 외국인들의 지배에 들어간 지 오랜 때조차 사본 공방들은 활동했다. 콘스탄티노플에는 전술한 스투디오스 수도원 공방(9-10세기)과 코라 수도원 공방(11세기)이 있었고, 11세기 프로폰티스 안티고니(부르가즈) · 할키(헤이벨리)섬 공방, 유럽 테마로서 마케도니아(10-15세기), 헬라스(10세기), 펠로폰네소스(9-13세기), 디라키움(두라초, 13세기) 공방들, 에게해 섬들의 공방들(11-12세기), 지중해 동부 섬들로서 키프로스(12-14세기), 크레타(12세기), 로도스(13세기) 공방들, 소아시아 테마로서 옵시키온(9-13세기), 트라케시오이(11세기), 키뷔라이오타이(11세기), 카파도키아(10-11세기), 파플라고니아(13세기), 메소포타미아(11세기) 공방들, 알바니아(12세기), 이집트(11세기), 팔레스티나(9-13세기) 공방들, 마지막으로 이탈리아 남부와 시칠리아의 공방들(10-16세기)이 있었는데, 이것들은 제작 시기와 필경사의 이름이 적힌 약간의 사본들로써만 알려진 공방들이다.

공방들은 종종 특정 도서관을 위해 필사 작업을 했다. 저명한 고대 철학 선생이지만 지나치게 능란한 조신(朝臣)이기도 했던 테미스티오스가 콘스탄티우스 2세에게 한 말을 믿는다면, 4세기 중반이 조금 지난 시기 "국가가 조직하고 지원하는 거대한 제국 필경실에서는 일군의 필경사들이 시인 · 철학자 · 수사가 · 희랍 역사가들의 작품들을 전사하고 있는데, 가장 위대한 작가들뿐만 아니라 지금까지 그 사본이 전해지는 작가의 작품들까지 모두 작업하고 있다"(폴 르메를). 이 것은 제국 최초의 도서관일 것이다. 이 도서관은 율리아노스 황제(재위 361-363)의 개인 장서로 확충되는데, 장서는 희랍 철학자, 이들에 대한 주석가, 수사가의 작품뿐 아니라 기독교 서적도 포함했고, 사본

중 몇몇은 율리아노스 황제 자신의 작품이었다. 몇 년 뒤 희랍어를 아는 필경사 몇 명과 라틴어를 아는 필경사 몇 명이 선발되어 책을 간수했으며, 몇 명의 관리는 책을 빌려주고 제자리에 가져다 놓는 책임을 졌다. 작가 말코스에 따르면 제국 도서관은 궁전과 콘스탄티누스 포룸 사이에 있었고, 475-476년 도서관이 불탔을 때 보유했던 장서가 12만 권에 달했다고 하는데, 이 수치는 구체적으로 뜻하는 바는 없고 도서관 규모가 꽤 컸음을 의미할 따름이다. 이 공공 도서관은 나중에 사라진 것 같은데, 왜냐하면 어쨌든 9세기 이후로는 궁전 도서관에 대한 언급만 있기 때문이다. 궁전 도서관은 다음 세기에 많이 확충됐음에 틀림없지만 크게 발전하진 못했고 개인 장서에 머물렀다(장 이리굉J. Irigoin). 이 도서관에는 헤로도토스·투퀴디데스(기원전 5세기)로부터 시작해 역사가들과 연대기 작가들의 작품, 고대 농서·병서·의서, 가축 사육에 관한 책이 있었고, 아마도 고어사전도 있었을 것으로 보이는데, 이것들은 황제와 그의 벗들이 독서를 하거나 책을 편찬하거나 할 때 쓰였다. 그 외에도 특히 기도서, 꿈·예언·천둥·지진 풀이에 관한 책, 마지막으로 해난과 바다 날씨 예측에 관한 책이 있었다. 이 도서관은 1204년 산실된 것으로 추정된다. 콘스탄티노플 총대주교관에도 도서관이 있었는데, 알 수 있는 것은 단지 이 도서관이 모든 공의회 문건과 많은 교부 신학 저서를 보유하고 있었고, 이단으로 간주된 서적들은 장롱 속이나 특별 금고에 유폐(幽閉)됐다는 것이다.

개인 장서의 양과 그 성격에 대해서도 잘 알려진 것은 없다. 그중 하나의 예가 그 시대 거물 교양인의 장서로서 하나의 본보기가 될 수 있을 것이다. 그것은 10세기 초 카이사레이아 수도 대주교 아레타스의 것으로, 그는 많은 사본을 사고 전사하게 했는데, 특히 세속적인 문건이 많았다. 그중에는 에우클레이데스, 플라톤, 아리스토텔레스, 루키아노스,3) 아일리오스 아리스테이데스,4) 호메로스, 핀다로스, 아테나이오스,5) 디온 크리소스토모스,6) 마르쿠스 아우렐리우스, 파우사니아스,7) 필로스트라토스,8) 폴리데우케스,9) 스트라본,10) 칼데아 신탁서, 그리고 몇 권의 종교 서적, 즉 카이사레이아의 안드레아스(6-7세기)의『묵시록 주해서』, 알렉산드리아의 클레멘스(150-215)·카이사레이아의 에우세비오스(265-339)·유스티노스11)(100-165년경)·아테나고라스12)(2세기)의 저작 모음 1권, 마지막으로『14장판(章版) 노모카논』(7세기)이 있었다.

세속·종교 서적 비율은 예상되듯이 수도원 도서관에서 역전되며, 상당수의 수도원 도서관 도서 목록과 대출 대장이 전하고 있다. 예를 들면 1201년 파트모스의 성 요안네스 프로드로모스 수도원 소장 330권의 장서(267권은 양피지, 63권은 종이) 중 124권이 전례서인데, 그중 12권이 복음서 초록이고, 13권이『구약』낱권들 모음, 116종의

---

3) Lucianus(120년경-180년 이후), 사모사타 태생 희랍 작가.
4) Aelios Aristeides(117-181), 소아시아 미시아 태생 희랍 수사가·궤변가.
5) Athenaios(170년경-3세기), 이집트 나우크라티스 태생 희랍 학자·문법학자.
6) Dion Chrysostomos(40년경-120년경), 소아시아 프루사 태생 희랍 수사가.
7) Pausanias(110년경-180년경), 리디아 마그네시아 태생 희랍 여행가·지리학자. 희랍 지지『희랍 안내』를 남겼다.
8) Philostratos(170년경-247/250), 아테나이의 플라비우스 필로스트라토스. 렘노스(?) 태생 희랍 궤변가·전기 작가.
9) Julius Polydeuces(?-?), 라틴명은 율리우스 폴룩스. 이집트 나우크라티스 태생 2세기 희랍 수사가·문법학자. 어휘집『오노마스티콘』을 남겼다.
10) Strabo(기원전 64년경-기원전 24년경), 소아시아 아마세이아 태생 희랍 역사가·지리학자. 당시 로마 제국 판도를 망라한 방대한『지리지』를 남겼다.
11) Justinus(100년경-165년경), 플라비아 네아폴리스(현 요르단 나블루스) 태생 초기 기독교 신학자. 165년경 로마에서 순교했다.
12) Athenagoras(?-?), 아테나이인 아테나고라스. 아테나이인이라 전해지는 기독교 호교가.

사본이 교부들의 저서와 성인 전기이며, 그중 성 바실레이오스의 것이 일곱 권이다. 세속 서적으로는 아리스토텔레스(기원전 4세기) 두 권, 플라비우스 요세포스(1세기) 한 권, 비잔티움 소설 『바를람과 요아사프』, 총대주교 니케포로스와 요안네스 스킬리체스 연대기가 각 한 권 있다. 이를 보면 교회 도서관의 장서 중 75퍼센트 이상이 전례서, 20퍼센트 이상이 교회 문학이며, 이중 3분의 2가 4세기 교부들의 저서이며, '고전' 고대 혹은 비잔티움 시대 세속 작가들의 작품은 문법서와 사전을 포함하더라도 2퍼센트 미만이라고 볼 수 있다.

비잔티움 제국에서 도서관은 드물었다. 코즈마라고 하는 한 불가리아 성직자는 972년경 한 마니교 계통 종교 신봉자들인 보고밀파 교인들을 탄핵하는 한 논문에서 다음과 같이 쓰고 있다.

"당신은 부자고 모든 것이 충족되어 있으며 신·구약과 그밖에 다른 책들을 가지고 있습니다. ……당신은 당신의 형제를 논쟁에서 이기려고 남몰래 읽지 그를 구원하려고 읽지 않습니다. ……당신은 그에게 하느님의 말씀들을 베끼지도 읽지도 못하게 하지만, 당신은 그것들로 우쭐대며 유식한 체하고, 모든 이가 당신을 능한 사람이라 여기고 인정하기를 바랍니다."

이것은 책이 아주 비쌌다는 말이다. 책값은 당연히 면수와 장정 질에 따라 들쭉날쭉했다. 10세기 카이사레이아 수도 대주교 아레타스는 종류를 알 수 없는 책 한 권을 약 30노미스마에 주문하는데, 그중 6노미스마는 양피지 값이고, 20노미스마는 필경사 보수금이었다. 대략 같은 시기 칼라브리아에서 시편집 한 권은 1노미스마였고, 조금 더 지난 시기 브린디시에서 소설 『바를람과 요아사프』는 2노미스마, 『바울 서간집』은 5노미스마였는데, 이때는 황제가 콘스탄티노플 매매춘에게 1주일간 식대로 4밀리아레시온, 즉 3분의 1노미스마를 지급하던 때였다. 일부 호화장정판은 막대한 가격이 붙었고, 1057년 파트리키오스 포토스는 아직 완성되지 않은 사본을 위해 선금으로 150노미스마를 냈다고 한다. 13-14세기 한 서적의 청구서는 다음과 같다.

양피지	13휘페르퓌론
필경사 보수금	18휘페르퓌론
내제(內題)와 단면(斷面) 청색 박막	?휘페르퓌론
각 복음서 장수(章數)·제목 금자(金字)	17플로린(34휘페르퓌론)
금자각수 보수금	8휘페르퓌론
제본공	?휘페르퓌론

• 교육

비잔티움 제국에서 문해(文解) 교육은 선생에게 수업료를 낼 수 있는 가정의 자제들에 한정됐다. 초등교육은 오랜 기간 확실히 주교가 관장했고 줄곧 사립으로 운영됐다. 초등학교에서는 읽고 쓰고 계산하는 법을 가르쳤다. 생도들은 먼저 글자를, 그리고 음절을, 그리고 낱말 전체를 익혔다. 음절, 낱말, 그리고 텍스트는 다 함께 소리 내어 읽고 암기했고 기본 텍스트는 「시편」이었다. 필기는 서판(書板, tablette)[13])을 사용했다. 계산은 손가락이나 자갈을 써서 했으며, 가끔

---

13) tablette à écrire, 고대 이른 시기부터 중세를 거쳐 19세기까지 사용된 밀랍 서판(tablette de cire)을 말함. 이것은 주로 나무, 드물게는 상아·은·고래 뼈 등으로 만든 판을 바깥 테두리만 남기고 안을 오목하게 판 후 밀랍을 입힌 길쭉한(10-40센티미터) 판인데 여기에 스틸루스라 불린 뾰족한 펜으로 글자를 새기고, 글자를 지울 때는 데워서 말랑말랑하게 한 다음 스틸루스 뒤쪽 납작한

주판(abaque)을 사용하기도 했는데, 이것은 판자에 구멍을 뚫어놓고 그 밑에 숫자를 새긴 것이었다. 선생이 숫자를 말하면 생도들은 그 숫자에 해당하는 구멍에 손가락을 집어넣었다. 비잔티움인들은 15세기까지 자신들의 숫자 표기법을 고수했는데, 이 표기법에서는 각 글자가 그 위치에 상관없이 고유의 수치를 가지는 것이었다. α, β, γ는 1, 2, 3이고, ι, χ, ϱ, σ는 10, 20, 100, 200이어서 ϱια는 111을 뜻했다. 체육은 비잔티움 학교에서 행해지지 않았지만 전례 가창(典禮歌唱)은 광범위하게 시행됐다. 일부 수도원에도 학교가 있었지만, 이곳에서는 장래 수도사가 될 생도들만 가르쳤고, 생도들은 이곳에서 숙식과 의복을 제공받았다. 초등학교에서는 2-3개년의 학제가 시행됐고, 많은 생도에게 이것이 마지막 학교 교육이었다. 학교를 마치면 학생들은 9-10세가 됐다. 어떤 이들은 더 늦게 공부를 시작했다. 성 소(小)엘리야[14]는 어느 직인 밑에서 점원을 하다가 열두 살 때 공부를 시작할 수 있었다. 미카엘 프셀로스는 열 살이 되고 나서 학업을 시작했다.

원칙적으로 신분에 상관없이 모든 사람이 중등학교에 진학할 수 있었으나 중등학교에 받아들여지는 생도들은 주로 민간 관리·군인·성직자 혹은 대지주·대상인의 자제들이었다. 12세기까지 여자 아이들은 그곳에 갈 수 없었다. 적어도 초기의 중등 교육은, 어쨌든 지방에서는, 재속(在俗) 고위 성직자가 관장했다.

8세기 초 고향 시칠리아를 떠난 코스마스가 아랍인이 잡은 다른 포로들 틈에 끼여 시리아 해안에 상륙할 때 다마스 사교계의 한 그리스인이 그에게 다가와 그는 이미 수도승으로서 세상을 등진 몸인데

부분으로 문질러 재사용했다. 밀랍에는 어두운색의 염료를 첨가해 빛에 대고 보기 편하게 했다. 여러 장을 끈으로 묶어 오늘날 책처럼 만든 것을 라틴어로 '코덱스'라 불렀다.

14) Saint Élie le Jeune(?-903), 시칠리아 엔나 태생 성자.

왜 자유를 상실한 것을 비통해하느냐고 물었다. 그러자 코스마스는 이렇게 대답했다.

"나를 비통케 하는 것은 이것이오. 나는 모든 인간 지식을 탐구했고, 내 혀를 사용해 수사학을 열심히 연습했고, 논증법 이론과 실습을 닦았고, 아리스토텔레스와 키오스의 아리스톤[15])의 도덕론을 탐구했고, 한 인간에게 허락된 모든 자연에 관한 학문을 섭렵했고, 산술을 배웠고, 기하학을 깊이 파고들었고, 화성학과 음악의 화음들을 능숙하게 만들었고, 천체와 별들의 운행에 대해 알고 있소. 이러한 피조물들의 위대성과 아름다움에 대한 내 지식 덕택으로 나는 유추를 통해 창조주에 대한 공부로 넘어갈 수 있소. ……나는 신학의 현의(玄義)를 깨우쳤는데, 그것은 희랍인이 우리에게 전해주고 우리 신학자들이 명쾌하게 풀이해준 것이오. 이렇게 많은 지식을 가지고 있으면서 나는 아직도 그 혜택을 나눌 사람을 찾지 못했소. 이것이 나를 비통케 하오."

이 말을 듣고 있던 그 권력자는 감동을 받아 포로가 된 학자의 몸값을 치르고 그의 아들 다마스쿠스의 요안네스와 그의 양자 예루살렘의 코스마스의 가정교사로 삼았다. 이탈리아의 수도승은 이들에게 문법, 변증법, 필연 명제(apodictique), 윤리학, 유비(類比, analogie), 피타고라스와 디오판토스의 산술, 에우클레이데스 기하학, 화성학, 천문학을 잘 가르쳐 제자들이 스승을 앞질렀다. 그러므로 지방에서는, 적어도 일부 특혜를 누린 중심지들에서는, 아직 전통적인 백과사

---

15) Aristo of Chios(기원전 300년경-?), 기원전 4세기 활동한 키오스 태생 윤리철학자.

전적 지식에 접근할 길이 열려 있었다. 하지만 9세기에 이르자 사정은 완전히 달라진 듯하다. 실제 슬라브인의 사도 콘스탄티노스[16]의 전기에 따르면, 이 시기 이 테살로니키 고관의 자제는 제국 제2의 도시에서 중등 교육을 받을 길이 없어서 "호메로스와 기하학, 변증법과 다른 모든 철학 과목…… 수사학, 산술, 천문학, 음악, 그리고 다른 희랍 학문들"을 배우기 위해 수도로 가야만 했다. 콘스탄티노플에조차도 10세기 중등학교는 10개소 정도밖에 없었으며 생도는 2-3백 명에 불과했다. 그런데 많은 부모가 자기 자녀들을 이 학교에 보내길 원했는데, 그들이 이곳에서 받는 교양이 그들의 벼슬길을 확실히 보장해주었기 때문이다. 그렇지만 이곳의 교육은 나중에 그들이 수도나 지방 관리로서 해야 하는 직무와는 맞지 않았다.

---

[16] 테살로니키 태생 학자들인 콘스탄티노스(827-869)와 그의 형 메토디오스(815-885)를 이른다. 이들은 9세기 중엽 슬라브 문자(콘스탄티노스의 승명僧名 키릴로스에서 그 이름을 딴 키릴 문자와 슬라브어 '글라골라티'(말하다)에서 온 글라골 문자)와 문어를 창안하고 전례서 등 기독교 전도에 필요한 서적들을 슬라브인들의 언어로 번역해 슬라브인들의 전도뿐만 아니라 이후 슬라브인들의 문화 발전에 지대한 공헌을 했다. 이 언어는 창안자들의 고향인 테살로니키 주변 슬라브인의 방언을 토대로 만들었으나, 당시는 슬라브인들의 언어가 지역별로 차이가 심하지 않아 모든 슬라브인은 이해하는 데 무리가 없었다고 한다. 로마 가톨릭교회와는 달리 동방 정교 교회들(시리아·콥트 교회 등)은 그 지역 언어를 예전부터 전례에 사용해왔으며, 미카엘 3세는 문자가 없는 슬라브인들을 위하여 콘스탄티노스 형제를 콘스탄티노플 교회에 관심이 있던 모라비아 공국 로스티슬라프의 요청에 응해 모라비아 공국(현재 체코 동부 지역)에 파견했으며, 형제는 이곳에서 전례서 번역을 시작했다. 9세기에서 대략 11세기 말까지 사용된 이 언어는 국내 학계에서 '고대 (교회) 슬라브어'로 통칭되나 서양사에서 '고대'((영)antiquity)란 일반적으로 '고전 고대'와 '후기 고대'처럼 더욱 이른 시기를 가리키는 말이다. '고대'를 중세 언어인 이 언어에 사용하면 혼동의 소지가 있으므로, 이 책에서는 이것을 피하기 위해 '고(古)슬라브어'라 칭하기로 한다. 참고로 이 언어의 프랑스어 명칭은 'vieux slave'이므로 마찬가지로 혼동할 염려가 없다.

생도들은 문법을 필두로 공부했는데, 이것은 고대 작가들 작품 읽기와 주석 달기였고, 고대 역사와 지리 기초, 신화도 배웠다. 여기서 호메로스는 기본적으로 읽어야 할 작가였다. 이외에도 아이스퀼로스 비극 세 편, 소포클레스 비극 세 편, 에우리피데스 비극 세 편, 아리스토파네스 희극 세 편, 헤시오도스·핀다로스·테오크리토스의 작품들이 포함됐다. 상대적으로 적은 비중이 기독교 문헌들에 할당됐는데, 그것들은 주석본 성경, 시편, 나지안조스의 그레고리오스(4세기)의 시 들이었다. 생도는 선생에게 질문하면서 텍스트를 읽었다. 읽고 교훈을 이끌어내는 것이 각각의 주석의 목적이었고, 작품이 언제나 즉각적으로 교훈을 끌어내기에 적합하진 않았으므로 선생은 텍스트를 우의적으로 풀이해주어야 했는데, 이것은 비잔티움 해석학이 집착한 방식이었다. 같은 선생이 문법과 수사학을 가르쳤는데, 후자는 수사가와 서한 작성 전문가를 양성하는 것을 목표로 했다. 수사 교육에서는 예를 들면 호메로스의 작중 인물의 운문 대사를 데모스테네스[17]풍 산문으로 만들어보라거나, 서한이나 송사(頌辭)를 즉석에서 작성하라는 과제가 주어졌다. 마지막으로 철학은 어떤 생도들에게는 신학과 수학(산수, 음악, 기하학, 천문학) 그리고 생리학(physiologie), 즉 유기체에 관한 학문을 포함했고, 다른 생도들에게는 수학에서 마지막으로 배우는 단원이었다.

외국어 학습은 비잔티움 학교 교육 과정에 포함되어 있지 않았는데, 이러한 공백은 모든 비잔티움 도시가 그중에서도 콘스탄티노플이 가장, 다민족 사회였다는 것을 고려하면 더욱 주목할 만하다. 궁정에서 일어난 일이라 큰 반향을 일으킨 한 일화가 이에 대해 생생한 증언을 해주고 있다. 마누엘 1세의 통역 아론이 어느 날 조신들이 모

---

[17] Demosthenes(기원전 384-기원전 322), 기원전 4세기 아테나이 수사가.

여 있는 곳에서 대담하게도 외국 사신들에게 제국의 이익에 반하는 조언을 했다. 이 반역 행위는 만일 황제의 독일인 아내 베르타 폰줄츠바흐가 아론이 말하는 것을 알아듣고 속임수를 폭로하지 않았다면 감쪽같이 넘어갔을 것이다. 콘스탄티노플에서 외국 문헌들에 대한 관심은 13세기까지 존재하지 않았다. 13세기가 되면 라틴어·페르시아어·아랍어 작품들이 번역되는데, 특히 자연과학 문헌이 그러했다.

'중등'교육이지만 전술했듯이 실제로는 관리를 양성하기 위한 교육이었던 중등교육은 순전히 이론적이고 사변적이었다. 수학 시간에 생도는 모든 신비한 영역과 성스러운 숫자들, 에우클레이데스 기하학, 피타고라스의 산수, 차명자-헤론(Pseudo-Héron)[18]의 측지학을 공부했지만, 이 교육을 받은 측량사나 세무 담당관은 땅을 잴 때 경험적 방법을 활용했고 완전히 다른 계산법을 써, 예를 들면 잴 땅의 총 둘레를 기준으로 삼았다. 다른 한편 문법 선생과 수사 선생은 생도들에게 주민들의 절대다수가 이해하지 못하는 사어(死語)를 가르쳤다. 고대 희랍어는 구조가 단순해지고 형태·통사론적 불규칙성이 완화되는 것에 의해 4세기경 아티카 방언이 위주가 된 언어가 됐는데, 이 언어는 헬레니즘 세계에서 공통적으로 말해지고, 써지고, 이해되는 언어였다. 장단 억양은 강세 억양으로 바뀌었다. 그 어휘는 라틴어에서 행정·군사 부문 전문용어를, 아랍어에서 섬유 산업 전문용어를 차용했다. 그러나 비잔티움 공식 문헌에는 이 언어를 사용하지 않았다. 궁정과 교회는 투퀴디데스·아리스토파네스·고대 비극 시인들의 옛 언어를 고수했고, 모든 문학 장르 중에서도 구체적인

---

18) 헤론은 1세기 알렉산드리아에서 활동한 공학자·수학자다. '차명자 헤론'은 누군지 알 수 없다.

행사 때 낭독되는 장문의 송사(頌辭)가 가장 높이 평가됐는데, 이 송사들은 그 행사에 대한 내용은 거의 없고 황제를 고대 신화나 성서의 영웅들에 비견했다. 옛 언어에 가깝게 조탁된 이 언어는 적은 수의 청자들만 알아들을 수 있었다. 교회는 4-5세기 교부들이 전해준 문헌들의 규범적 '순수성'을 보존하기 위해 노력했고, 이 고전적 시기의 언어를 고수했다. 아티카 교양과 성서 교양이 혼합된 이 언어는 주해, 설교 혹은 종교시란 장르들에 따른 편차는 있었지만 사실상 제국이 끝날 때까지 변하지 않았다. 마지막으로 역사서에서 이방 민족들은 그들 당대(當代) 이름으로 불린 것이 아니라 고대에 같은 지역을 차지하고 있던 종족의 이름으로 불렸다. 집중적인 정치 시스템이 쇠락하고 13세기 외국인들의 제국 점령이 있고 나서야 비로소 그리스어 구어는 그때까지 비잔티움 언어에 생소한 장르였던 서사시 몇 편을 생산한다. 궁정과 교회는 고대 언어 유산을 지키려 했고, 그것들에 있어 이 유산은 영원한 가치를 지닌 것이었다.

중등 교육 선생은 세속인이고 그의 학교는 사립이지만 보조금으로 인해 다소간 교회와 경제적으로 연결된다. 그는 부모들과 계약을 체결하고 부모들이 내는 돈에서 수입을 얻지만, 생도들이 이 학교 저 학교로 옮겨 다녔으므로 유복하지 않고, 종종 사본 필경으로 수입을 보충해야 한다. 선생이 한 명밖에 없으면 가장 나이 많은 생도나 가장 우수한 생도가 가장 나어린 생도를 돕는다. 모든 생도는 선생 집에서 함께 산다. 일부 유력한 학교에서는 황제가 일부 교사를 임명하고, 다른 교사들은 그들의 동료나 생도들이 뽑는다. 암기가 우수한 생도의 주요 자질이었고, 학생 시절 책을 통째로 암기한 관리는 찬사를 들었다. 생도들은 좋은 성적을 위해 신께 빌기도 했지만 마법에 기대기도 했다. 한 일화에 의하면 한 생도는 어떤 교회로 인도됐는데, 그에게 누군가가 접시에 백묵(?)으로 쓰고 포도주로 희석한 희랍어 알파벳 24자를 신약 구절들을 읽으면서 마시도록 시켰다. 중등 교육은 세속적이어서 종교 교육은 기초적인 것 몇 가지밖에 포함하지 않았고, 수도원 안에서나 금욕수행사가 주재하는 종교 교육은 언제나 그 자율성을 유지했다.

로마 제국 주요 문화 중심 도시들에 분산되어 있던 고등 교육은 점차 콘스탄티노플로 수렴됐다. 알렉산드리아, 아테나이, 베이루트, 안티오케이아, 가자, 팔레스티나의 카이사레이아, 니시비스, 시라쿠사, 로마는 아마도 4-5세기까지만 해도 어느 한 분야에 특화되거나 그렇지 않은 교육 중심지들이었을 것이다. 알렉산드리아의 특화 부문은 천문학·기하학·의학이었고, 베이루트의 그것은 법학, 니시비스의 그것은 의학이었다. 그렇지만 세력을 키우고 있던 교회의 영향으로 이 세속 교육기관들에 신학교가 추가됐는데, 알렉산드리아와 니시비스가 그러했다. 이른 시기에는 기독교인 선생들이 작품들이 가진 도덕적 교훈(이들은 호메로스는 그 전체를 덕에 대한 예찬으로 보아야 한다고 했다)으로 인해 선별한 고대 시인·수사가·역사가들의 작품을 가르치는 고대 교양 교육이 존중받았으나, 6세기 이후 그것은 교회가 적대적 입장을 취하고, 특히 제국 영역의 확장과 더불어 무지가 확산됨에 따라 교사의 단순한 참고 원문, 그리고 수업의 형식적 구성 요소의 지위로 떨어졌다. 아테나이 학교는 폐쇄됐고 지진으로 무너진 베이루트 학교는 재건되지 않았다. 유스티니아누스가 비잔티움 재정복 이후 테오도리쿠스 시대처럼 로마에 문헌학·의학·법학 고등 교육을 유지하는 데 대해 표명한 관심은 한 경건한 서원(誓願)밖에 될 수 없었는데, 옛 제국 수도의 영락한 귀족계급은 경제적으로 몰락하면서 전통적인 로마의 인재 선발을 고갈시키고 말았던 것이다.

425년 테오도시오스 2세는 콘스탄티노플에 아우디토리움이라 불리는 일종의 교육기관을 설치했는데, 몇 개의 강당이 있는 이것은 카피톨리누스 언덕 남쪽 사면에 있었다. 국립 기관인 이곳에는 31명의 교사가 있었는데, 10명은 그리스어 문법, 10명은 라틴어 문법, 다섯 명은 그리스어 수사학, 세 명은 라틴어 수사학, 두 명은 법률, 한 명은 철학을 가르쳤다. 이들은 특권을 부여받고 제복을 갖춰 입은 폐쇄적인 동업조합을 이뤘다. 이 교육기관은 5세기 완전히 기독교화했고 다음 세기에도 활동한 것은 알 수 있으나 어떤 조건 하에선지는 모른다. 또 다른 국립 고등 교육기관이 9세기 미카엘 3세(재위 842-867)의 고문 바르다스 카이사르에 의해 세워졌는데, 그는 이 학교 운영을 수학자 레온(Léon le Mathématicien)에게 맡겼다. 레온은 테살리아 태생으로서 콘스탄티노플과 안드로스섬에서 수학했고, 그 '광박한 지식'으로 이미 큰 명성이 난 자였다. 당시 그는 테오필로스 황제가 임명해 '40인의 순교자 교회' 부설 중등학교 교원 일을 하고 있었다. 이 새로 생긴 교육기관은 일반 교양, 즉 철학, 수사학, 산수, 기하·천문, 음악을 교수했고, 라틴어 문법과 라틴어 수사학은 더 이상 수도 교육 과정에 들어 있지 않았다. 7세기 이후 그리스어가 제국 공식 언어가 되어 있었다. 틀림없이 상당히 낮은 수준이었을 이 교육과정은 10세기 내내 이어졌다. 이곳에서의 교육은 1045년 콘스탄티노스 9세 모노마코스가 세운 새로운 교육기관에 의해 빛을 잃었다.

후자는 5세기 아우디토리움과 유사했다. 이곳은 두 개 학부로 운영됐는데, 하나는 망가나의 성 게오르기오스 수도원 안 법학부이고, 하나는 아마 아우구스타이온 가까이 있었을 철학부였다. 하지만 단지 전자의 조직에 대해서만 알려져 있다. 노모필락스, 즉 법의 수호자라 불린 최고위 관리가 그곳 행정을 맡았는데, 그의 봉급은, 비단옷과 여러 선물이 지급된 현물 공여를 제외하고도 금화 288노미스마였고, 종신으로 임명됐다. 이 학교 수업은 무료였고 학생들이 노모필락스에게 아무것도 주어서는 안 된다는 규칙이 있었으나 그렇게 될 리 만무했다. 공부를 마치면 법학부 생도들은 변호사나 공증인이 될 수 있었다. 또 다른 학부는 백과전서식 교육을 행했는데, 그것은 고대 희랍 문헌들에 대한 주해와 질의에서부터 지진·비·번개·천둥 같은 덜 문학적인 주제들까지 포괄했다. 제기된 문제는 교사와 학생들 간 토론의 계기가 됐고 이따금 논쟁으로까지 발전했다. 서면 과제도 제출을 요구받았고, 교사가 이를 비평하고 교정해 주었다. 두 학부는 학부장으로서 저명한 문인들을 모셨는데, 그들은 요안네스 크시필리노스, 콘스탄티노스 레이쿠데스, 미카엘 프셀로스, 요안네스 이탈로스, 니케아의 에우스트라티오스였다. 그러나 철학부는 12세기 요안네스 이탈로스가 합리주의 때문에 단죄된 이후 총대주교청에 의해 단계적으로 규모가 축소됐다. 이탈로스의 후임으로 앙키알로스의 미카엘이 총대주교가 될 때까지 철학부를 이끌었다.

다른 한편 진정한 총대주교청 부설 학교가 알렉시오스 1세 때 이후 운영됐던 것으로 보인다. 실제로 이 황제의 한 신칙법(1107)은 수도에 세 명의 새로운 교사 자리를 만들고 있는데, 그것은 복음서·사도(「사도행전」과 서한들)·「시편」 교사 각 한 명이다. 이 직함들에 속아서는 안 되는데, 그것은 12세기 전반 복음서 교사 미카엘 이탈리코스는 거룩한 텍스트와 함께 수학, 즉 산수·기하·천문·음악을 가르쳤고, 역학·광학·의학·철학도 함께 가르쳤기 때문이다. 이 총대주교청 학교와 디아코니사, 성 베드로, 40인의 순교자, 스포라키온의 성 테오도로스, 성 바울, 칼코프라테이아의 성모 수도원 부설 중등학교들과의 관계는 어땠을까? 총대주교는 언제나 교장 임명에 관여했고, 이 학교들 생도들은 성직 고위직이 되는 경우가 많았다. 또 이 학교들이 장래 성 소피아 성당 신학 강좌 청강생들을 배출했다는 주장도 제기된 적이 있다.

구식이며 비록 국가와 교회가 통제했지만, 본질상 언제나 개인 발의에 의해 조직된 것으로 보이는 이 교육이 13세기까지 어느 서방 나그네의 눈에는 콘스탄티노플로 하여금 파리와 바그다드와 더불어 가장 명성 높은 3대 학문 중심지의 하나로 보이게끔 했다. 이러한 특권적 지위는 라틴 점령기를 넘지 못했다. 이때는 교육기관들이 수도 수도원 내로 피신했는데, 그것은 막시모스 플라누데스가 창건한 아카탈렙토스 수도원 학교, 그 뒤 니케포로스 그레고라스가 개설한 코라 수도원 학교 같은 곳들이었다. 세속인이든 성직자든 모두에게 개방된 이 교육은 민간·군대 관리들과 의사들을 양성했다. 교육과정은 한결같이 고전 작품·고대 수학·고대 의학이었다. 얼마 안 가 미스트라스 같은 지방 대도시가 수도와 경쟁하며 성과를 내기 시작했고, 비잔티움인들은 서방 문화에 관심을 갖기 시작한다. 학식과 웅변으로 유명한 미스트라스 태생 15세기 궁정 공인 설교가 요세포스 브뤼엔니오스조차도 자신이 그의 동시대인들처럼 이탈리아, 프랑스 혹은 영국의 대학에서 변증법을 배우지 못한 것을 한탄하지 않았던가?

• 문헌

이러한 교육이 생산한 문헌들은 매우 다양하지만, 예상할 수 있듯이 교회 영역이건 세속 영역이건 독창성이 부족하다.

4-5세기 이교와의 투쟁은 그리스 교회 최초 작가들의 성서 주해서들과 논박서들의 기원이 됐다. 그것들에는 카이사레이아의 에우세비오스의 『복음을 위한 준비』(*Praeparatio evangelica*), 『복음의 논증』(*Demonstratio evangelica*), 총대주교 알렉산드리아의 아타나시오스의 『변명』, 그의 후계자 중 한 사람인 키릴로스의 『율리아노스 황제 논박서』, 카이사레이아의 바실레이오스의 천지창조에 대한 아홉 개의

설교 모음 『6일』(헥사에메론)과 특히 교회의 이교 문화에 대한 태도를 밝힌, 젊은이들에 대한 연설집, 후대 비잔티움 신학자들에게 수많은 착상과 표현을 제공한 나지안조스의 그레고리오스의 수많은 설교문(로고스의 신성에 대한 설교들이 특히 유명), 교리 역사에서 중요한 공헌을 한, 니사의 그레고리오스의 『교리 강화』, 이단들을 치료하기 위한 처방 모음인 키프로스(살라미스)의 에피파니오스의 『파나리온』, 6세기 네스토리오스 학설로서 단죄된 몹수에스티아의 테오도로스의 시리아어로 된 성경 주해, 비잔티움의 가장 뛰어난 변론가 요안네스 크리소스토모스의 대략 500편의 설교문, 마지막으로 5세기 때 퀴로스의 테오도레토스가 명료한 아티카 문체로 작성한, 구약과 신약에 대한 뛰어난 주해들이 있다. 이때부터 신학 용어들이 정립됐고, 교리와 기독교 도덕의 정식(定式)들이 작성됐다. 최초의 기독교적 인간학 고찰은 5세기 중엽 에메사 주교 네메시오스와 그의 논저 「인간 본성에 관하여」(12세기 혹은 13세기 라틴어로 번역됨)에 의해 이루어졌으며, 이후 수 세기간 이것이 유일했다.

아리스토텔레스의 논리학과 그 체재(體裁)는 분명히 6세기 전반 높은 교양을 가진 비잔티움의 레온티오스가 그의 논박 논문 「네스토리오스주의자들과 에우튀키오스주의자들을 반대함」에서 사용했다. 이때는 또 최초의 연계형 주해(chaînes exégétiques) 방식이 등장한 때였는데, 이것은 책의 여백에서 초기 교부들의 주해를 원용하여 성경 본문 주해를 하는 것이었으며, 비잔티움 정신의 뿌리 깊은 보수성을 반영한다. 이러한 보수성은 또한, 황제 비서를 역임하고 공식 교리에 반대했다는 이유로 흑해 연안으로 유배된 증거자 막시모스(Maxime le Confesseur)가 지은 교리와 주해 모음 『탈라시오스에게 한 질문들』, 7세기에 시나이의 아나스타시오스의, 이단설을 반박하는 『길잡이』, 특히 다마스쿠스의 요안네스(754년 이전 몰)가 기독교 교의 주요 원칙들을 요약한 『지식의 원천』, 그리고 그가 세 권으로 구성해서 지은 『히에라』(신성한 글들)에서도 볼 수 있는데, 후자는 신·인간·악덕과 덕에 대한 총체적인 고찰로서 제국이 끝날 때까지 비잔티움 사회에 길잡이 구실을 했다. 이 책은 신·구약과 교부들 저서들에서 수천 곳을 인용해 주제별로 배열한 것이다. 창조의 시기가 이로써 완성됐다고 볼 수 있는데, 이 시기 이후는 이례적으로 뛰어난 지성인들, 그러니까 9세기 포티오스(『암필로키아』, 『성령의 신비 입문』*Mystagogie de l'Esprit-Saint*), 14세기 니케포로스 그레고라스, 그레고리오스 팔라마스의 경우 등을 제외하곤 교리와 주해 저작들은 교부들의 저작을 산더미처럼 인용해 성령 발출(發出)에 관해 라틴인들을 반박하는 것 외에는 관심을 쏟지 않는다.

세상을 등짐인 금욕주의, 그리고 신과의 합일의 추구이자 열광과 비관의 혼합인 신비주의는 이집트의 마카리오스(4세기 말) 작으로 전해져 그에게 최초의 그리스 신비주의자로서 명성을 안겨준 50편의 설교문에서 시작되는 일련의 문헌들을 살찌웠으나, 이 설교문들은 실제로는 메소포타미아의 시므온 작이다. 이 문학의 가장 저명한 작품들에는 마카리오스의 제자로서 이집트 니트리 사막에서 살았던 폰토스의 에바그리오스(346-399) 작 『격언들』, 그리고 카이사레이아의 바실레이오스가 편집한 공동 수도 생활[19]에 관한 『원칙들』이 있는데, 후자는 9세기 스투디오스 수도원의 테오도로스의 『대(大)교리문답』과 『소(小)교리문답』의 선구(先驅)가 됐다. 또 바울 성인의 제자 아레오파고스 회원 디오뉘시오스의 이름으로 간행됐으나 5세기 말 혹은 6세기 초에 편집된 논문들은 어떻게 유일하신 신이 위계적으로 짜인 천지를 현시(顯示)하시는 가운데 교회 서열이 천상의

---

19) '케노비티즘'을 말함. 349-352쪽 참조.

위계질서를 반영하고 있는지, 또한 영혼이 어떻게 몇 개의 단계를 거친 뒤 마침내 신과 합일하는지를 설명하고 있다. 이 논문들은 9세기 요한네스 스코투스 에리제나와 힐뒹에 의해 라틴어로 번역되어, 동방에서와 마찬가지로 서방에서도 철학과 신학 발전에 큰 영향을 미쳤다. 같은 계열의 작품인 시나이 수도승 요안네스 클리마코스의, 신에게로의 상승을 논한 『천국의 계단』이란 작품도 그 대중적 필치로 비잔티움 수도승들 사이에서 큰 인기를 누렸다.

그런데 세 명의 신비 신학자는 비잔티움 문학에서 독특한 지위를 차지하고 있다. 그들은 새 신학자 시므온(Syméon le Nouveau Théologien), 그레고리오스 팔라마스와 니콜라오스 카바실라스다. 첫 번째 사람은 의심의 여지 없이 특출한 사상가였고, 그가 살았던 시대는 그를 이해하지 못했다. 그는 스투디오스 수도원 수도사였다가 성 마마스 수도원으로 옮겼으며, 그곳에서 활동적으로 수도원장 직을 수행한 뒤 유배됐다. 그의 말년(11세기 초)의 극단적으로 개인주의적인 수도 방식이 교회 위계 조직의 반감을 샀던 것 같다. 그는 자기의 감사 기도 하나에서 다음과 같이 쓰고 있다.

"그때 저는 제가 보던 당신이 어떤 분이셨는지 잘 알아차리질 못했습니다. 어쨌거나 저는 자주 어떤 빛 하나를 보아왔는데, 그것은 어떨 때는 나의 영혼이 고요함과 평정을 누릴 때 내 속에, 어떨 때는 멀리 바깥에 나타나거나 감쪽같이 숨어버렸으며, 다시는 그것이 나타나지 않을까 하는 염려가 나에게 견딜 수 없는 고통을 주곤 했습니다. 그렇지만 내가 다시 탄식과 눈물에 젖어 완전한 초탈, 복종, 겸비(謙卑)를 보일 때 그 빛은 마치 해가 두꺼운 구름을 뚫고 점차 부드럽고 둥근 모습으로 나타날 때처럼 내 앞에 나타났습니다. 이렇게 형용을 초월해 있고, 보이지 않고, 만질 수 없고, 부동(不動)

인 당신, 어디에나 항상 모든 이 안에 현존하시고, 모든 것을 채우는 분이신 당신은 매 순간, 이를테면 밤이나 낮이나, 당신을 나타내시고 감추시고, 떠나시고, 다시 오시면서, 사라지셨나 했더니 홀연 다시 나타나시는구료! 당신은 점차 나의 모호함을 걷으시고, 구름을 흩으시고, 그 두터운 층을 얇게 하시고, 내 예지(叡智)의 눈으로부터 눈곱을 걷어내시고, 내 생각의 귀에서 마개를 뽑아 귀를 열어주시고, 감각을 마비시키는 장막을 걷어내셨으며, 그뿐만 아니라 내 모든 정념과 육욕을 잠재우고 내 밖으로 내쫓아버리셨습니다."

시므온과 달리 그레고리오스 팔라마스(1296-1359)가 그의 작품에서 드러내는 그 자신의 모습은 그의 고유한 경험을 진술하는 개인적 신비주의자가 아니라 세속적 헬레니즘에 맞서 비잔티움 교회 교리를 부연하는 신학자의 그것이다.

"언제나 심술을 부려 우리가 보다 높은 것에서 멀어지게끔 획책하는 사탄은 우리 영혼 안에 매혹하는 것들을 불러일으켜 허영을 좇는 인간들이 소중히 여기는 사슬들과 거의 영원히 묶어놓는다. 사탄은 다른 이들에게 부 혹은 헛된 영광, 육욕에 대한 생각을 불러일으키듯, 우리에게는 형형색색의 사물들과 수많은 지식에 대한 상념들을 불러일으켜 우리가 이런 것들을 추구하는 데 전생을 허비하게 함으로써 영혼을 정화하는 배움의 길에 정진하지 못하게 한다. 영혼을 정화하는 배움에서 주된 것은 신을 두려워하는 것이며, 신에 대한 두려움은 참회와 복음서 가르침의 실천 가운데 신께 끊임없는 기도를 낳는다. 기도와 명령의 실천으로 신과 화해가 일단 이루어지면 두려움은 사랑으로, 기도의 고통은 환희로 바뀌어 영감의 꽃을 피운다. 그러면 이 꽃에서 나는 향기처럼 신의 신비에 대한 지식이 이 지식을 견딜 수 있는 자에게 부여된다. 이것이 진정한 배움이며 진정한 지식이다. 헛된 철학에 대한 사랑에 빠지고, 그 표상들과 이론들에 휩싸이고, 꽁꽁 묶인 자는 그 실마리, 즉 신에 대한 두려움조차 보지 못한다. ……신에 대한 두려움이야말로 신적 지혜와 관상(觀想)의 벼리다. 영혼 속에서 두려움은 어떤 감정과도 동거할 수 없다. 두려움은 영혼을 모든 것에게서 떼어내 기도로써 광을 내 마치 하나의 서판처럼 만들어 성령의 카리스마가 글을 새길 때 그것을 받아들일 수 있게 한다."

그의 적은 수도에서 부활하는 비잔티움 인문주의 대표자 칼라브리아의 그리스 수도사 바를람이 개정한 고대 철학이다.

팔라마스에 필적하는 신비주의자로서 자기 어머니 이름을 따 카바실라스로 불린 니콜라오스 카마에토스는 테살로니키 수도 대주교 네일로스의 조카인데, 그는 그의 7부작 저서 『그리스도 안에서의 삶에 대하여』를 통해 비잔티움 후기 신비신학 최고의 저자 반열에 든 인물이다. 그에게 있어 덕과 기도, 명상은 사랑의 고통과 기쁨이신 지상에 내려온 신을 향유하도록 이끈다. 그의 저서 『성례전 해설』에서 그는 전례 집전과 전례 기도에 담긴 상징들을 해석하고 있는데, 이것은 증거자 막시모스(7세기)의 『신비 입문』(*Mystagogie*)에서 제시된 이래 위대한 비잔티움 신비주의자들 가운데 마지막 주자 테살로니키 대주교 시므온이 15세기 첫 사반세기에 쓴 성축일들에 대한 논문에서까지 다루어지는, 비잔티움인들에게 소중한 한 개념을 상기시킨다.

성자들의 삶에 관한 교훈적 소설(roman) 문학은 비잔티움 제국에서 큰 성공을 거두었다. 「사도행전」과 최초 순교자들에 대한 기록 이후 가장 오래된 작품들은 옛 수도사들의 전기들인데, 성 아타나시오스가 쓴 『안토니오스전』, 5세기 팔라디오스가 수집해 테오도시오스 2세의 시종 라우소스에게 헌정한 연고로 『라우소스 이야기』(Histoire lausiaque)란 이름으로 알려진 전기 모음, 알렉산드리아 부주교 티모테오스가 편찬한 『이집트 수도승들 이야기』가 있고, 이것들은 모두 서방에서 큰 반향을 불러일으켰다. 뒤에서 다시 언급할 역사가 키로스의 테오도레토스조차 팔라디오스의 이야기와 비슷한 『수도승들 이야기』를 편찬했고, 예루살렘 가까이 사바스 성인이 세운 '신(新) 라브라' 수도원 수도사 스키토폴리스의 키릴로스는 6세기 팔레스티나 수도사 7인의 전기 모음을 펴냈다. 다음 세기 국제적인 대수도사 요안네스 모스코스는 팔레스티나·이집트·시나이반도·키프로스·사모스·안티오케이아·로마를 여행하며 그의 『영적 초원』(Pré spirituel)에 3백 명 이상의 금욕수행자들의 놀랄 만한 전기들을 편집했는데, 대부분은 그와 동시대인들이었으며, 이 책은 라틴어, 슬라브어와 몇몇 동방 언어로 번역됐다. 이 성자전 모음은 제국 서쪽에서 그레고리우스 교황이 쓴 네 권의 『이탈리아 신부들의 삶과 기적들』 혹은 『대화편』(Dialogues)과 짝을 이루는데, 이 전기들은 8세기 그리스어로 번역됐다.

키프로스 네아폴리스의 레온티오스는 7세기 후반 알렉산드리아 총대주교 자선가 요안네스(Jean l'Aumônier, ?-619, 재위 610-619)의 아주 생생한 전기와 '하느님을 위해 바보가 된 성자 시므온'의 전기를 썼는데, 후자는 비잔티움 성자전에서 경건하지만 괴상하게 행동하는 인물들의 비조(鼻祖)가 됐다. 성상 숭배자들이 승자로 떠오른 성상 파괴 논쟁은 새로운 성자전 창작 흐름을 추동했고, 그 주인공들은 스투디오스 수도원의 테오도로스, 증거자 테오파네스, 소(小)스테파노스, 데카폴리스의 성 그레고리오스 들이었다. 또 성 필라레토스,[20] 타라시오스·니케포로스·이그나티오스·에우티미오스(콘스탄티노플 총대주교들), 로사노(칼라브리아)의 성 네일로스, 펠로폰네소스의 사도 참회자 니콘(Nikon le Métanoïtès), 마지막으로 성 소(小) 멜레티오스가 그들이었는데, 이 전기들은 8-11세기 가장 유명한 작품들이다. 13-14세기 제국의 마지막 2세기간 성자전은 몇몇 작가들이 문체를 실습한 장르였다. 그들 중에는 게오르기오스 아크로폴리테스, 총대주교 키프로스의 그레고리오스, 니케포로스 쿰노스, 콘스탄티노스 아크로폴리테스가 있었고, 니케포로스 그레고라스도 있었다. 이것들은 가장 무거운 필치의 신학 논문을 가장 전통적인 수사학으로 치장하려는 작문 수업 글쓰기에 불과하다. 그리고 이러한 개별 혹은 합편(合編) 성인 전기에 가까운 장르로서 이집트 성인 수도사들의 생애와 어록에서 따온, 교훈적인 가르침 모음들을 들 수 있을 것인데, 시므온은 몇 번이나 재가공되고 재인용되어 사본들 가운데 '금언집'(Apophtegmata), 혹은 '게론티콘'(옛사람들에 관한 책), 혹은 '파테리콘'(교부들에 관한 책), 혹은 단순히 '영혼에 유익한 이야기들'이란 이름으로 전한다. 이러한 이야기들에서 그것들이 주는 것 이상의 것을 찾으려 하고, 시므온 메타프라스테스('번역자') 같은 사람을 이야기들에서 구체적인 색채와 인민성을 지워버렸다고 비난한다든가 해서는 안 되는데, 이 사람은 10세기 150편 가까운 전기들을 편집해 하나의 '총서'를 만들어 옛 전기들이 필요 없게 만든 사람이다. 보기와는 달리 사실 이 이야기들 대부분은 신·구약 소화(小話)들의 주제를 다른 배경으로 옮겨놓은 것들이다. 인민적 색채를 띠었건 인위(人爲)의 소산이건 성자전 문학은 실상 성서 전승을 가장 잘 전달한 매개물이다.

---

20) 이 책을 번역한 옮긴이의 번역이 『녹색평론』 117호에 실려 있다.

고유한 장르로서의 교회사는 짧은 역사로 끝났다. 성서 주석학에서와 마찬가지로 이 분야 선도자는 4세기 카이사레이아의 에우세비오스였다. 그의『교회사』 10권은 교회가 창건된 때로부터 콘스탄티누스 황제 때까지 겪은 일들을 기술하고, 교회가 성스럽게 조직되어가는 모습을 보여주며, 그의『연대기』는 아브라함에서부터 로마 시대까지 존재한 제국들의 약사(略史)로서, 일종의 앞 작품에 대한 서장(序章) 격으로 비잔티움 제국이 기독교 세계의 삶 가운데 자리 잡게 하고 있다.『교회사』는 4세기와 5세기 카이사레이아의 겔라시오스, 시데의 필리포스, 필로스토르기오스에 의해 그 속편들이 만들어졌으나 그들의 저서들은 거의 완전히 소실됐다. 그 반면에 변호인 소크라테스, 소조메노스, 퀴로스가 저술한 테오도레토스(428년까지)의 후속편들과, 이 세 명의 후속편들을 6세기 성 소피아 성당 독사(讀師)였던 테오도로스가 편집하고 527년까지 사적(事跡)을 덧붙인『3부사』(Histoire tripartite)라 불리는 책은 보존되어 있다. 6세기 또 다른 변호인 미틸레네의 자카리아스는 450년에서 490년까지의 역사를 썼는데 그 일부가 시리아어로 남아 있고, 변호인 에바그리오스(Évagre le Scholastikos)는 동세기 말, 431년에서 594년까지 이단들인 네스토리오스주의자들과 단성론자들을 중앙 권력과 맞붙게 했던 논쟁을 서술하고 있다. 이때부터는 교회사가 독자적으로 서술되지 않게 되고, 세속 역사 속에 중요한 부분으로 편입되게 된다. 이것은 사실로서는 인정되나 왜 그리됐는지는 알 수 없다. 14세기가 되어서야 니케포로스 칼리스토스 크산토풀로스란 역사가가 다시 교회사를 편찬하려 노력하나, 소실된 10세기 저작에 기초한 그의 편집은 포카스 황제의 죽음(610)에서 끝이 난다.

이렇게 '문학적'이라 부를 수 있는 교회 문헌들은 문헌의 상당한 부분을 차지하는 전례서로써 보충되어야 한다. 이 전례서들은 4세기에서 15세기간 끊임없이 필사됐다. 3세기 전반 오리게네스가 본문을 표준화한 그리스어 구약은 다음과 같은 편제로 되어 있었고 지금도 그러한데, 라틴어 성서나 히브리어 성서와는 차이가 있다.

1. 율법과 역사서들

창세기, 출애굽기, 레위기, 민수기, 신명기, 여호수아, 사사기, 룻기, 왕국 4권(1권과 2권은 불가타판[21])에서 사무엘서고, 3권과 4권은 열왕기다), 역대기 1·2, 에스라 4권(1권과 2권은 에스라-느헤미야), 에스더(그리스어로만 된 단편들 포함), 유딧, 토빗 1-4, 마카베오(불가타 판은 3권과 4권을 인정하지 않는다).

2. 시인들과 예언자들

시편, 오드(Les Odes), 잠언, 전도서, 아가, 욥기, 솔로몬 지혜서(지혜서), 벤 시라 지혜서(집회서), 솔로몬 시편, 12소 예언서(호세아, 아모스, 미가, 요엘, 오바댜, 요나, 나훔, 하박국, 스바냐, 학개, 스가랴, 말라기), 이사야, 예레미야, 바룩(1-5서), 애가, 예레미야의 편지(바룩 6서), 에스겔, 수산나(다니엘 13서). 다니엘(1-12서), 벨과 뱀(다니엘 14서).

비잔티움식 신약 성서 체재는 다음과 같다.

- 장절로 나뉘고 복음서별 이름이 붙은 사복음서(카이사레이아의 에우세비오스(4세기)가 만든 복음서 본문 대조표가 딸려 있다)
- 사도행전(통상 요안네스 크리소스토모스(4세기) 혹은 다른 교부

---

21) 4세기 말에서 5세기 초 성 히에로니무스가 히브리어와 그리스어에서 라틴어로 번역한 성서.

의 서문이 앞에 있고 상이한 장수章數로 나뉜다)
- 공동 서한들(épîtres catholiques, 각각의 서문이 붙어 있다)
- 성 바울 서한들(총 개요와 각각의 서문이 붙어 있다)
- 묵시록(72장)

전례와 성사에 쓰이는 서적들은 성서에 그 기원을 두고 있고 수 세기에 걸쳐 확충됐다. 시편은 전통적으로 교회 기도의 기반이었다. 이 책은 신·구약 찬미가와 함께 일주일간 통째로 낭송됐으며 별도의 책이었다. 성서의 다른 책들은 발췌한 것들만 읽혔으며 이것들은 독송집(lectionnaire)에 모여 있다. 신약 성서 또한 같은 방식으로 다루어졌으며 비고정 축제일(fêtes mobiles)에 쓰이는 낭송문은 쉬낙사리온에, 고정 축제일(fêtes fixes)에 쓰이는 낭송문은 메놀로기온에 실려 있으며, 이 두 책이 복음서 초록(évangéliaire)을 이룬다. 「사도행전」과 「사도 서한들」은 '프락사포스톨로스'라고도 불린 『아포스톨로스』란 책에 모여 있다. 다른 성가대용 책 중 하나로 튀피콘이 있는데, 이 책에는 각각의 행사와 전례 거행 시 필요한 낭송문들과 일정수의 규칙들, 또는 세 전례, 즉 요안네스 크리소스토모스·바실레이오스·예비성체 전례들의 성경 본문, 그리고 몇몇 예배 기도들을 실어놓았다. 또 다른 성가대용 책들로는 『옥토에코스』, 『파라클레티케』, 『트리오디온』, 『펜테코스타리온』, 『메나이온』, 『에우콜로기온』 등등으로 많다. 마지막으로 전례는 성자전 텍스트나 옛 설교문 선집들에 섞여 있다가 나중에 두 권의 별개의 책으로 나뉜 책 중에 있는 설교문 낭송을 동반했는데, 그 하나 『예찬 설교집』(panègyrika)은 고정 축제일용 설교문과 비고정 축제일에 쓰는, 특정 수사가 저자들의 설교문 초록선(選)이며, 그 둘 『설교집』(homéliaires)은 비고정 축제일에만 쓰였던 설교문인데, 그 가운데 몇몇 유명한 작품은 콘스탄티노플 총대주교들인, 13세기 게르마노스 2세, 14세기 요안네스 13세 글뤼퀴스, 요안네스 14세 칼레카스, 필로테오스가 편집한 것들이다.

이러한 모든 종교 문학의 융성은 콘스탄티누스 대제 이후 기독교가 제국의 정치와 지적 생활에서 가장 중요한, 나중에는 본질적인 요인이 됐다는 것에서 설명이 가능하며, 이 문학은 서방이나 근동에서보다 세속 문학으로 더욱 깊이 파고들어, 엄밀하게 규정된 세속 문학 작품들에도, 과학 문헌들에도 그 사고 관습과 표현 방식을 부여했다.

문학 작품들은 그 대부분이 '학문의 언어'(langue savante)로 쓰였다. 그것들은 역사·지리·병법을 다뤘고, 또한 수사학 실습서·소설·철학서·문헌학 저서·문법서였다. 시는 유사 드라마(pseudo-drame)·에크프라시스(묘사)[22]·경구시·애가, 특히 성가(聖歌)에 사용됐다.

비잔티움 역사 서술에는 두 가지 형식이 있었는데, 그것은 한 황제 재임기 혹은 한 시대의 사건 기록, 그리고 전 세계 연대기다. 첫째 형식은 거의 항상 한 군주 혹은 한 가문의 영광에 바쳐졌고, 세련된 문체로 쓰였으며, 그 많은 저자 중 대표자들인, 율리아노스 황제의 변호자로서 270-404년의 역사를 쓴 4세기 말 사르데이스의 에우나피오스, 또 다른 이교도로서 407-425년의 역사를 쓴 5세기 올림피오도로스, 433-472년의 역사를 쓴 트라키아 파니온의 프리스코스, 기독교도로서 콘스탄티누스 대제 때에서 시작해 480년에서 멈춘 말코스의 작품은 단편밖에 남아 있지 않다. 5세기 후반 반기독교적 신플라톤주의자 조시모스는 디오클레티아누스 황제에서 시작해 410년까지 황제들의 사적을 기록하고 있는데, 제국의 정치·문화적 쇠퇴는 홀대당한 이교 신들의 징벌이라는 것을 논증하고 있다. 6세기 밀레

---

22) 수사학적 효과를 위해 생생하게 묘사하는 텍스트.

토스의 헤쉬키오스는 518년까지 세계사를 썼고 특히 『오노마톨로고스』로 유명한데, 이것은 문학사와 관련한 귀중한 사전으로 비잔티움어 어휘에 커다란 영향을 미쳤다. 콘스탄티노플 교수 리디아의 요안네스는 제국 행정의 역사와 그 로마적 기원에 대해 썼으나, 라틴어를 몰라 너무나 많은 오류를 저질러 그 가치가 심각하게 손상됐다.

카이사레이아(팔레스티나)의 프로코피오스는 유스티니아노스의 페르시아인·반달인·고트인에 대한, 554년까지 그가 몸소 보고 겪은 전쟁들에 관한 여덟 권의 기록을 남기고, 이 황제가 건설한 수많은 민간·군사 건축물에 대한 책을 쓰고, 마지막으로 이 황제를 헐뜯는 소책자를 썼는데, 모두 생생한 문체로 이루어져 있다. 프로코피오스를 이어 552-558년 역사를 쓴 아가티아스는 수사가였고, 그의 문체를 본떠 메난드로스가 558-582년의 역사를, 황제 비서관 테오퓔락토스 시모카테스가 마우리키오스 황제(재위 582-602) 때 역사를 썼다. 그 뒤 10세기가 되어서야 다시 한 역사가가 등장하는데, 콘스탄티노스 7세 포르퓌로겐네토스는 그의 할아버지 바실레이오스 1세(재위 867-886)의 전기를 써 마케도니아 왕조 창건자의 영광을 드높였다. 그리고 다른 민족들과의 관계 속 제국 통치에 관한 일고찰 『제국 통치에 관하여』, 궁정 의례에 관한 지침서 『비잔티움 궁정 의례에 관하여』, 행정 지리 지침서 『테마에 관하여』를 썼는데, 이것들은 비교적 소박한 문체로 된 편집들이었다. 또한 미상(未詳)의 작가를 시켜 레온 5세·미카엘 2세·테오필로스·미카엘 3세 재위기 역사와 53편으로 된 고대·비잔티움 작가들의 방대한 사화집(詞華集)(『황제의 선언』·『사절(使節)들』·『덕과 악덕』·『전략론』·『관례와 풍습』 등)을 짓게 했으나 후자는 거의 모두 소실(消失)됐다. 그밖에 콘스탄티노스 7세는 요세포스 게네시오스에게 『황제들의 사적(事績)』(Règnes)을 쓰게 했는데, 이것은 813년에서 886년까지의 일을 다루고 있다.

게네시오스의 저작에 이은 961년까지 역사는 로마노스 2세(재위 959-963) 때 궁정 고관이었던 테오도로스 다프노파테스가 써 내려갔다. 그 뒤로는 바실레이오스 2세의 불가리아인과의 전쟁에 동행한 '부제(副祭) 레온'(Léon le Diacre)[23]이 959-975년 일을 부자연스러운 그리스어로 기록했다. 철학자이며 정치가인 미카엘 프셀로스는 그의 『연대기』에 976-1077년 일을 기록했다. 이보다 더욱 객관적인 기술은 분명히 히포드로모스의 변호인이자 판사인 아탈레이아의 미카엘(미카엘 아탈레이아테스)이 1034-79년 일에 대해 쓴 책이다. 더욱 찬양조의 기술은 알렉시오스 1세 콤네노스의 사위 니케포로스 브뤼엔니오스가 1070-79년에 대해 쓴 책이다. 그의 아내 안나 콤네네는 애정 어린 시선으로 그녀의 아버지 알렉시오스 1세(재위 1081-1118) 때 역사를 우아한 문체로 기술했다. 요안네스 킨나모스는 마누엘 1세(재위 1143-80)의 원정에 비서관으로서 동행하여 1118-76년 역사를 기록했는데, 그 원용한 자료의 질과 고대 역사서들의 전범을 따른 고상한 문체로써 특기할 만하다. 그의 저작에 이어 제국 대(大) 로고테테스 니케타스 코니아테스가 1118-1206년 동안 재임한 황제들 일을 기록했다. 니케아 제국 시대(1203-61)는 요안네스 바타제스, 테오도로스 2세 라스카리스, 그리고 미카엘 8세 팔라이올로고스의 고문관이었던 게오르기오스 아크로폴리테스가 기술했다. 고관 게오르기오스 파퀴메레스는 1261년에서 1308년까지 일을 다뤘는데, 그의 후계자들처럼 교회 문제를 강조했다. 의심의 여지 없이 중세 말기

---

[23] '부제'는 아마도 980년대 초 궁정 소속 성직자가 됐기 때문에 붙은 별명이다. 비정통 황제들인 니케포로스 포카스와 요안네스 지미스케스에 호의적인 역사를 썼다. 요안네스가 죽은 뒤에는 바실레이오스 2세를 찬양하는 수사학 작품(엥코미온)을 썼다.

가장 저명한 학자였던 니케포로스 그레고라스는 헤시카스트들을 반대해 갇힌 콘스탄티노플 코라 수도원에서 『로마의 역사』를 저술해 1204년에서 1359년까지 일을 가끔 플라톤을 연상시키는 문체로 기록했다. 요안네스 6세였다가 아토스산 수도사 요아사프가 된 요안네스 칸타쿠제노스는 『역사』(재위 1320-56) 4권을 지었는데, 그의 치세를 변호하는 말로 끝을 내고 있다.

그 뒤로 역사 서술은 15세기까지 공백기를 거쳐 포카이아의 두카스에 의해 이어지는데, 그는 튀르크인의 진출(1341-1462)을 다룬 첫 번째 역사가고, 코르푸의 게오르기오스 스프란제스의 개작된, 1258년에서 1477년까지를 다룬 역사서가 전한다. 마지막으로 초기 튀르크 제국의 두 명의 그리스 역사가가 등장하는데, 그 한 명은 투퀴디데스를 닮고자 한 라오니코스 칼코콘딜레스이며(1298-1463), 다른 한 명은 튀르크의 위대한 정복자 메흐메트 2세에 대해 찬사를 올린 임브로스의 크리토불로스다. 이상이 비잔티움 시대의 기억들이다.

전 세계 연대기(chronique universelle)가 의도하는 것은 아주 다른 것이다. 이 연대기들은 정통 신앙이 신적인 영감에 의한 것이며, 그 구체적 발현이 비잔티움 세계 그 자체란 것을 독자에게 확신시키고자 한다. 연대기 작가는 어디서든지 그의 제재를 취하며, 의심의 여지 없이 구어와 그다지 다르지 않은 문체로 글을 쓴다. 이 장르에서 최초로 대성공을 거둔 작가는 6세기 시리아인 수사가 요안네스 말랄라스인데, 그는 그다지 다듬지 않은 문체로 천지창조부터 유스티노스 2세(재위 565-578)까지 세계사를 수많은 이적과 기사(奇事)로 채우고 있다. 이 책은 고(古)슬라브어[24]로 번역되어 남슬라브인의 종

---

24) 앞주 16 참조.

교·정치관에 큰 영향을 미쳤다. 『부활제 연대기』(chronique pascale)는 익명 작품으로 629년까지 일을 다루는데, 사건들을 천지 창조를 시점으로 기산한 연대를 따라 배열하고 있다. 그 뒤 모두가 이 책을 전범으로 삼았다. 9세기 성켈로스 게오르기오스는 284년까지밖에 쓰지 못했지만 수도사이자 그의 벗인 증거자 테오파네스가 그 뒤에 813년까지 이어 썼고, 총대주교 니케포로스가 602년부터 769년까지 기간을 썼다.

테오파네스의 저작 다음으로 중세에 가장 많이 활용된 연대기는 수도사 혹은 하마르톨로스(수도사를 형용한 '죄지은 자') 게오르기오스(Georges le Moine)의 연대기다. 이 책은 세계사를 아담으로부터 시작해 842년까지 다룬다. 이 책은 고슬라브어로 번역됐고, 몇 명의 익명 저자가 11세기까지 후속편을 썼다. 테오파네스의 또 다른 후속 작품은 요안네스 스퀼리제스의 작품인데, 그는 고위 관리로서 11세기 말경 죽었다. 한 익명의 작가가 그의 기록을 1078년까지 이어 썼다. 다음 세기 게오르기오스 케드레노스는 테오파네스와 스퀼리제스를 베끼고는 새롭게 세계사 쓰기를 시도해 1057년까지 썼다. 마지막으로 황제 근위대 지휘관 요안네스 조나라스가 더욱 고양되고 더욱 문어적인 문체로 또 하나의 연대기를 썼는데, 이것은 1118년에 끝난다. 이것은 산문으로서 마지막 것이었다. 그런데 12세기 콘스탄티노스 마나세스는 6,000행이 조금 넘는 15음절 시행으로 1081년까지 세계사를 썼고, 14세기 에프라임은 12음절의 1만 행 가까운 시행으로 율리우스 카이사르 때부터 1261년까지 전 역사를 기술했다.

지리학 방면 저작들은 기이한 인상만을 남기고 있다. 그들의 시대에 알려진 세상의 모든 육로와 해로를 샅샅이 훑고 다닌 비잔티움인들이 실상은 독창적인 지리서를 단 한 편 남겼는데, 이것은 6세기 알렉산드리아 상인 코스마스 인디코플레우스테스가 편집한 『기독교인의 지형도』란 책이다. 이 책은 그가 방문했거나 들은 많은 나라를 기술하고 있기는 하나, 그것은 그가 선언하고 있듯이 성서의 자료들과 합치하는 자연 지리를 수립하는 것이 됐다. 12세기 콘스탄티노플 여행안내서 한 편, 트레비존드 수도 대교구 카르토퓔락스 안드레아스 리바데노스의 이집트·팔레스티나 여행기, 15세기 카나노스 라스카리스의 독일·노르웨이·스웨덴·아이슬란드 여행기를 들면 이 방면 비잔티움 문헌은 총망라된 셈이 된다. 최초의 해안도는 16세기 것이니까 말이다. 여기에 이전에 말한 병법서들을 참고로 덧붙일 수 있을 것인데, 비잔티움인들은 이 방면의 저작들에 비상한 관심을 보였다.

수사학은 학교 교과목인 점 외에도 제국 주민에게 특별히 귀중한 장르였다. 그것은 비잔티움인들에게 시와 동급의 표현 형식이었으며 단순한 산문보다 월등한 것이었다. 황제에게 바쳐진 수많은 송사에서는 인공미가 느껴지고, 이것에서는 길고 이리저리 얽힌 종합문 (période)들이 신화·성서적 암시들로 점철되어 있는데, 마치 교부, 역사가, 철학자, 수사가, 시인들이 서명하고 모은 서신들을 보는 듯하다.

수사의 기예는 4세기 이후 거물들을 전해주고 있다. 수사학 교사인 안티오케이아의 리바니오스는 온갖 종류의 연설문 외에도 143편의 연설문 본보기와 1,605통의 서한을 남겼으며, 아티카 문체의 대가였다. 철학 교사이자 군주들의 벗인 파플라고니아의 테미스티오스는 그의 궁정 행사 연설문으로 명성을 얻었다. 율리아노스 황제, 나지안조스의 그레고리오스, 니사의 그레고리오스, 성 바실레이오스, 요안네스 크리소스토모스는 그들이 함께 살았던 시대의 풍경을 이 설득의 기예로 표현했는데, 이 기예는 이교적 궤변술에 바탕을 둔 것이었다. 수사학은 6세기 프로코피오스가 활약한 가자 학교에서 높은 경지에 이르렀는데, 이 학교의 우두머리 프로코피오스는 이곳에서 각 종류의 연설문에서 가장 순수한 아티카 그리스어를 다듬었다. 이에 뒤이은 수 세기간 조금이라도 명성이 있는 작가는 모두 이 장르가 보장해주는 성공을 추구하며 이 장르에 도전했다고 볼 수 있는데, 이 연설문들은 편지, 가상의 혹은 그로테스크한 주제로 지은 실습(progymnasma), 황제 송사(頌辭), 장례 연설, 미지의 벗의 죽음에 대한 위로 연설의 형식을 취했다.

"당신은 델포이를 들어 알고 있으며, 델포이에서 우리가 경탄해 마지않는 것들, 그러니까 크로이소스[25]의 금괴와 유명한 탈란톤,[26] 세 발 의자[27]·뮤즈 소리와 리라 가락에 대해 알고 있습니다. 그런데 레토의 아들[28]이 떠나면 모든 것은 입을 다물고, 성소엔 슬픔이 찾아오고, 세 발 의자는 침묵에 사로잡히고, 노래는 꿈도 꿀 수 없게 되지요. 아폴론이 클라로스나 델로스 근해에 머물고 있기 때문이죠. 그렇지만 뮤즈들을 인도하는 아폴론이 성소에 당도하고 영지 전체를 기쁨으로 채우면 리라와 백조가 앞다투어 목청을 돋우고, 대합 껍질은 현(絃)의 음조에 맞추어 몸을 떨고, 예언녀는 신탁을 말하기 시작하지요. ……이것이 나에게도 일어난 일이라오, 벗이여……."

이것은 흑해 연안에 유배된 마기스트로스 니케타스가 그의 궁정 고관 벗 요안네스에게 보낸 편지다. 이것은 수사학의 한 예다.

---

25) Kroisos(기원전 595-기원전 546년경, 재위 기원전 560-기원전 547/546), 기원전 6세기 리디아의 왕. 막대한 부를 소유했다고 한다.
26) 고대 희랍에서 순은 25.80킬로그램의 가치에 해당하는 화폐 단위. 한국어로 번역된 성서에서는 '달란트'로 나온다.
27) 델포이의 예언녀 시빌라는 세 발 의자 위에 앉아 신탁을 전했다고 한다.
28) 희랍 신 아폴론을 말한다.

이러한 격식을 중시한 문학에 가까운 것으로는 루키아노스의 풍자 작품에서 영감을 받아 쓴, 12세기 『필로파트리스』, 『티마리온』, 15세기 초 마자리스의 이야기, 이소크라테스가 데모니코스에게 군주의 의무에 대해 쓴 권유문을 표절한 『군주들의 거울』 몇 작품, 그리고 동방에서 수입한 이국취향 가득한 작품들인 『칼릴라와 딤나』(그리스어로 '스테파니테스와 이크넬라테스'), 『신드바드』(그리스어로 『쉰티파스』, 서방에서는 『7현인 이야기』가 됨), 슬라브어로 번역된 『이솝전』, 서방에서 11세기 이래 유통된 『바를람과 요아사프』가 있는데, 이러한 인민적 취향의 교훈적이며 교육적인 우화들은 제국에서 많은 수요를 낳지는 못한 것 같다.

철학은 수사학과 자매였다. 철학은 4세기 교부들에 의해 정식 학문이 됐는데, 모든 지식의 원천이며 신앙과 도덕의 벼리인 신적 계시가 이때 이성에 의해 인지될 수 있는 진리들과 함께 플라톤·아리스토텔레스·스토아학파 철학자들의 고대 철학 용어를 사용해 하나의 교리체계로 만들어졌다. 사실 기독교는 이교나 영지주의와 투쟁하기 위해 철학적 체계화가 필요했다. 신플라톤주의를 학습한 카파도키아 교부들은 이교 철학의 완성으로서의, 그리고 신학으로의 준비 단계로서의 철학이라는, 계시된 기독교적 진리의 이중적 개념을 만들었다. 5세기 편찬자(compilateur) 아테나이의 프로클로스와 기독교인으로서 아리스토텔레스 주해로 유명했던 6세기 요안네스 필로포노스에 뒤이어 등장했고, 모든 이 중 가장 정력적인 인물이었던 비잔티움의 레온티오스는 최초의 기독교인 스콜라학자란 이름에 걸맞게 정통 신학을 철학적 방법으로 구축했다. 다음 세기 아리스토텔레스 사상에 조예가 깊었던 증거자 막시모스는 비잔티움 신비주의의 신플라톤주의 요소를 강화하는 데 크게 기여했고, 의심의 여지 없이 레온티오스와 필적할 만했다. 이것들이 비잔티움 철학이라고 부를 수 있는 것의 독창적인 저작의 전부다.

다마스쿠스의 요안네스(8세기)의 『지식의 원천』은 이 훌륭한 신학자의 다른 저서들과 마찬가지로 아무것도 새로운 것을 제시하지 않으며, 그럴 의사도 없다. 이것은 최초의 정통 신앙 참고서다. 11세기 미카엘 프셀로스는 철학을 가르치며 플로티노스, 프로클로스, 플라톤을 공부해야 할 필요성을 역설했으나, 그것은 철학의 최종 단계인 형이상학에 대한 준비 단계로서였고, 철학은 또 다음 단계 신학을 위한 공부였다. 그를 이어 콘스탄티노플 철학부 주임교수[29])가 된 요안네스 이탈로스는 서방에서 왔으며 스콜라철학을 알고 있었다. 그의 일부 신조 비판은 그를 예컨대 윤회설 지지로 나아가게 했고, 그가 파문당하는 계기가 됐다. 서방에서 사변 철학이 스콜라철학 덕택에 발전하고 있을 때, 비잔티움은 정체되기 시작했다. 철학자의 이름에 걸맞은 철학자가 출현하기 위해서는 15세기까지 기다려야 했다. 바로 미스트라스의 게오르기오스 게미스토스 플레톤이 전 세기 니케포로스 그레고라스가 조심스럽게 제기한, 천상계와 땅을 결합시키는 보편 영혼에 관한 이론을 다시 취해 율리아노스 황제 이후 최초로 정통 교리 체계 비판을 감행했던 것이다. 그는 메디치가의 코시모를 설득해 피렌체에 플라톤 아카데미를 설립하게 했고, 서방에 한정되기는 했지만 사상의 발전에 중요한 역할을 했다.

비잔티움 식자들이 희랍 고전 문헌에 커다란 관심을 가지고 있었다는 것은 아마 잘 이해했으리라 믿는다. 비잔티움인이야말로 후대에 희랍 문헌을 전해준 공로자다. 고대 문헌 비정자(批正者)들과 주석가들은 영원한 명성을 얻었다. 그들은 아주 많은데, 가장 유명한 이들로는 콘스탄티노플 총대주교로서 『비블리오테카』란 책에 수백

---

29) 철학 주임교수. 그리스어로 hypatos tôn philosophôn.

명의 세속·교회 저자로 독서 노트를 꾸린 포티오스(9세기), 호메로스·헤시오도스 외 수많은 고전 작가에 대한 주해서를 편집한 요안네스 제제스(12세기), 호메로스·핀다로스·테오크리토스·비극 작가들의 텍스트를 주해한, 테살로니키의 에우스타티오스(12세기 말), 14세기 막시모스 플라누데스, 마누엘 모스코풀로스, 마기스트로스 토마스, 데메트리오스 트리클리니오스가 있다. 문법학에서는 알렉산드리아의 테오도시오스, 게오르기오스 코이로보스코스의 저작들도 있었지만, 14세기까지 트라키아인 디오뉘시오스(2세기)의 영향력이 지대했다. 그 후 마누엘 크뤼솔로라스, 가자의 테오도로스, 데메트리오스 칼코콘딜레스가 문답법이란 새로운 교수법을 실천했는데, 이것은 또한 서방에서 학생들이 희랍어를 배울 때 활용됐다.

전술했듯이 비잔티움 시는 자신의 고유한 장르나 주제를 가진 적이 한 번도 없다. 11세기 미카엘 프셀로스는 라틴어 법률 용어 주해서를 운문으로 써 미카엘 7세에게 헌정했다. 드물게 남아 있는 희곡 작품들은 낭송을 위한 작품이지 무대에 올리기 위한 것이 아니었다. 이것들로는 9세기 부제(副祭) 이그나티오스가 쓴 『아담·이브·뱀의 대화』, 『고난을 당하시는 그리스도』(고전 비극들에서 따 와 조잡하게 취합한 애가(哀歌), 11-12세기?), 테오도로스 프로드로모스(12세기)·마누엘 필레스의 단편(短篇)들이 있다. 비잔티움인들에게 공연물은 무엇보다 서커스, 교회와 궁정의 장엄한 의례였다.

운문 작품으로는 유스티니아누스 때, 실렌티아리오스 파울로스[30]

---

[30] 유스티니아누스 1세 때 활약한 경구시(epigramme) 작가. 로마 제정기와 비잔티움 제국 초기 실렌티아리오스는 황제가 참석하는 행사에서 정숙을 담당하고 황제 고문회(consistorium)를 소집하는 임무를 띤 의전관이었으나 서방에서는 단지 명예직이 됐다가 유스티니아누스 대제의 이탈리아 정복과 더불어 폐지됐다. 동방에서는 고관 응대, 메시지 전달 등 황제 고문회의 일을 수행했

의 성 소피아 성당 묘사, 가자의 요안네스가 700행 헥사미터(6보격 步格) 시행으로 쓴 가자의 겨울 묘사, 10세기 로도스의 콘스탄티노스 작 콘스탄티노플 성 사도 교회 묘사, 그리고 예술작품·이콘 등 임의의 사물 묘사가 있다. 역사 찬시(讚詩)로는 피시디아의 게오르기오스(7세기)가 12음절 시행으로 헤라클레이오스 황제의 페르시아 원정을 노래한 것이 대표적이다. 부제 테오도시오스는 같은 형식의 시로 10세기 니케포로스가 크레타에서 아랍인들을 몰아낸 것을 노래했고, 콘스탄티노스 마나세스는 그의 1160년 시리아 사행(使行)을 읊었다. 12세기 말에는 또 1-3세기 작가들에 영감을 받은, 운문으로 된 비잔티움 연애담이 유행했는데, 이것은 끊임없는 연애·이별·재회 장면들로 된 수업 습작으로 무미건조하리만치 피상적인 글쓰기였다. 비잔티움 교훈시는 다른 원천을 가지지 않았고, 풍부하게 생산됐지만 그것은 불행한 일이었다. 몰취미의 극치니까 말이다. 이와는 달리 비잔티움인은 비록 남용하긴 했지만 경구시에 능했다. 이 짤막한 문구들은 선물에 부가되기도 하고, 기념비·예술작품에 새겨지기도 했으며, 누구에게 아첨을 하거나, 기원(祈願)을 올리거나, 조의를 표하거나, 심지어 누군가를 매도하는 데도 쓰였다. 9세기 콘스탄티노스 케팔라스가 첫 번째로 그 모음을 펴냈고, 또 다른 모음은 14세기 초 막시모스 플라누데스가 펴냈다.

 비잔티움이 생산한 최량의 시는 순수하게 종교적 영감에서 쓰인 시다. 그 주요 장르는 콘타키온과 카논이며, 둘 다 전례에 사용됐다. 기원후 2세기 그리스어 모음과 이중모음은 더 이상 짧은 음절과 긴 음절을 구별하지 않고 같은 길이로 발음했고, 시는 같은 길이의 시

고, 나중에 실권이 사라지고 명목상으로만 존재하다가 10세기 60년대 이후에는 언급되지 않는다.

행을 버리고, 강세 음절과 무강세 음절이 갈마드는 리듬을 갖고, 같은 운율의 같은 수의 시행으로 된 연(聯)들로 나뉜 불균일한 시행 형식을 취했다. 작가 한 명이 가사와 음악을 동시에 작성한 콘타키온은 6세기부터 작품들이 전한다. 이것들은 18연에서 22연까지 길이이고 후렴 1구가 딸려 있다. 이 장르 최고 작가는 시리아인 성가 창작자 로마노스(Rômanos le Mélode)인데, 1,000편의 시가 그의 작품으로 전한다. 그 신선한 영감과 운율의 아름다움은 이 작품들로 하여금 비잔티움 시대 한 특이한 성취가 되게 한다. 아마도 8세기부터 전례용 시의 새로운 형식으로서 카논이 발전한 것 같은데, 정교회에서는 아직도 쓰고 있다. 카논은 콘타키온에서 유래했다. 카논은 동일한 운율의 같은 개수의 연을 가진 오드 9편으로 되어 있다. 7-8세기 크레타의 안드레아스가 이 새로운 형식의 창시자로 간주되고 있으며, 이 형식은 또한 8세기 다마스쿠스의 요안네스, 마이우마 주교 예루살렘의 코스마스, 9세기 스투디오스 수도원의 테오도로스, 시칠리아인 성가 작가 요세포스, 그리고 스미르나의 메트로파네스, 요안네스 마우로푸스, 요안네스 조나라스 등 수많은 작가에게 명성을 안겼다.

　박식한 고위 성직자들과 콘스탄티노플 궁정 수사가들로부터 멀리 떨어진 소아시아와 에게해 남쪽 섬들에서 속어로 된 시 형식이 발전했는데, 이것은 의심의 여지 없이 그곳의 서방 문화, 그러니까 프랑크, 특히 이탈리아 문화로부터 영향받은 것이었다. 수도의 작가들로부터 배격된 이 작품들은 결함을 면치 못했으니, 오히려 자신의 자매인 문어 시의 최악의 요소들, 즉 현학적 수사로 길게 늘어놓는 묘사, 사말(些末)적이고 산문적인 주요 등장인물 성격 형상화, 끝없는 한탄조 서술만 받아들였다고 해도 무방하다. 시들 대부분은 익명 작이고 후대에 지속적으로 개작이 이루어졌다. 대부분의 작품은 14세기 이상 거슬러 올라가지 않으며, '시민 운율', 즉 15음절 운격으로 쓰였다. 알렉시오스 콤네노스는 그의 조카를 위해 이 운율로 『스파네아스』를 썼는데, 이것은 나중에 커다란 성공을 거둔 『군주들의 거울』류(類)의 작품이다. 1158-59년 마누엘 1세에 의해 투옥된 미카엘 글뤼카스도 이 형식으로 애가(complainte) 한 수를 써 황제에게 바쳤다.

테오도로스 프로드로모스가 황제나 콘스탄티노플 고위 인사들에게 바친, 비잔티움 식자의 비참한 삶을 사정없이 생생한 필치로 묘사한 풍자시들은 아첨과 몰염치한 구걸 행위를 섞은 것이다. 그렇지만 동물 우화는 아마도 대중 문학의 가장 빼어난 산물일 것이다. 구체적인 관찰의 묘사력이 뛰어난 이 작품들은 그 생생한 묘사의 이면에서 지배계급의 문화적 자만심과 성직자들의 위선을 공격한다. 1365년 작 『네 마리 네발짐승 이야기』에서 사자 왕은 공공의 평화를 지켜주겠다고 약속하고는 모든 동물을 초청해 그들의 불만을 토로하게 한다. 그래서 동물들은 각각 이웃의 장단점을 늘어놓고, 강자는 약자를 비난한다. 이어지는 살육극에서 사자, 표범 그리고 다른 야수들이 약한 짐승들에게 살해당하고 시인은 매우 흡족해한다. 『풀로로고스』에서는 새들의 왕국에서 독수리가 사자 역을 연출한다. 『당나귀, 늑대와 여우』에서는 당나귀가 자신을 죽이려고 자신을 난바다로 데려온 늑대와 여우를 꾀를 써서 따돌리는데, 당나귀는 여기서 '철학자'들로 불린 높은 양반들의 빛나는 학식과 문화적 거드름을 패배시키는 농부의 꾀를 상징한다. 『수염이 없는 사람의 전례』는 거친 신성모독의 희귀한 예인데, 13-14세기의 놀라운 작품인 이 작품은 성직자 계급에 대한 외설적인 풍자로 비잔티움 전례 운율에 따라 쓰였다. 여기에서 사제는 전례를 패러디하며 환관과 그의 딸을 결혼시킨다.

고대 희랍 전설들이 비잔티움 대중 시가에 그 흔적을 남긴 것은 놀랄 만한 일이 아니다. 1330년경 에피루스의 데스포테스 요안네스 2세 오르시니는 콘스탄티노스 헤르모니아코스에게 명해 호메로스의 이야기들을 추려 엮게 했다. 하지만 8음절 8,800행으로 된, 호메로스 이전·호메로스·호메로스 이후 주제들로 엮인 이 작품의 작가는 원작을 잘 이해하지 못했고, 시는 고대 서사시의 조잡한 모방에 지나지 않는다. 생트모르의 브누아의 프랑스 소설을 번역한 『트로이아전쟁』은 더욱 졸렬한 작품이다. 이와는 달리 『아킬레이스』는 14세기 한 재능 있는 작가가 고대적 요소와 서방 기사도 주제를 혼합한 작품으로, 그 소박한 매력으로 눈길을 끈다. 단편 소설 『벨리사리오스』는 인간의 질투심이 불러일으킨 참화, 운명의 부침과 조신(朝臣)들의 음모를 그리고 있다. 이러한 문학에서 벨리사리오스보다 더욱 대중적인 인물은, 디게니스 아크리타스로 상징되는 비잔티움 변방(그리스어로 아크리테스) 영주였다. 동명의 장시에는 여러 판본이 존재하며, 시는 이방인과 이교도에 맞서 비잔티움 변방을 방어하는 이에게 영광을 바치는 노래다. 주인공 디게니스는 한 아랍 태수와 한 부유한 비잔티움 여성 사이에 난 아들로서, 이 태수는 그녀를 유괴해 그녀와 결혼하고서는 개종한 사람이다. 디게니스는 혁혁한 무공으로써 약혼녀를 차지하고, 그녀와 함께 유프라테스 강변의 한 호사스러운 성에서 카론이 그를 땅 밑으로 데려갈 때까지 함께 여생을 보낸다. 10세기 중엽 한 구체적인 사건과 결부되어 탄생한 이 서사시는 구전되면서 점차 새로운 요소들이 추가됐고, 디게니스는 거인의 풍모로까지 커졌다. 이외에도 15음절 시행으로 된 작품으로, 프랑스 시에서 번역된 프랑크인의 모레아 왕국 지배(1204-92)에 대한 기록과, 바르나 전투(1444)를 그린 작품이 있다.

세속어로 된 시는 소설 문학(roman)도 풍부히 생산했다. 이 문학은 후기 고대 소설의 주제들을 되풀이하는데, 그것들은 연인들의 이별과 다시 알아봄-재회, 해적 혹은 꿈이다. 여기에서 묘사는 수사적으로 쓴 연애편지와 더불어 빈번하게 나오지만, 환상적인 동방 환경

속에서, 기사도 세계에서 낯익은 주인공이 활약하는 순진한 이야기는 독자로 하여금 동시대적 확신을 갖게 한다. 이 소설 중 가장 오래된 것은 『칼리마코스와 크뤼소로에』인데, 이 소설에서 젊은이는 뱀·마법의 사과·사악한 군주를 물리치고 그의 사랑의 대상을 얻는다. 이어서 등장하는 소설들로 『뤼비스트로스와 로담네』, 『임베리오스와 마르가로네』(아름다운 마겔로네), 이탈리아 소설 『피오리오와 비앙카피오레의 노래』(*Flore et Blanchefleur*)의 번역 『플로리오스와 플라치아플로레』, 실전(失傳)한 희랍어 원작품에 기초한 5-6세기 라틴어 텍스트의 이탈리아어판을 번역한 『튀로스의 아폴로니오스』, 마지막으로 『프로콜레온』이 있는데, 이것은 늙은 현인이 노예로 팔리고, 황제가 그를 사서 크게 보상해주고 고향으로 돌려보낸다는, 현인의 통찰력이란 고전적인 주제를 발전시킨 작품이다. 이 소설들은 요컨대 그 발상에 있어서는 독창성이 약하나, 군데군데 서정적인 토막들이 있다. 그렇지만 이런 점에서 가장 뛰어난 작품은 아마도 14세기에 창작되고, 『로도스 사랑의 노래』란 제목으로 알려진 수백 행으로 된 시다. 이 시에서 로도스의 한 기사는 한 그리스 미녀에게 구애하고, 그녀는 만일 백 가지 사랑에 대한 물음에 대답할 수 있다면 그와 결혼하겠다고 한다. 알파벳순 이합체(acrostiche)로 된 대답들은 모두 정열이 묻어나는 시들이다. 이런 것들이 대중 문학의 주된 표현들이며, 이것들이 아마도 무엇보다 중세 말 그리스인의 연대감을 형성하는 역할을 했고, 이는 비잔티움 체제가 끝난 뒤에도 그리스인들이 그들의 본질적인 성격 일부를 지키게 했다.

   비잔티움인들이 저술한 과학서적은 헬레니즘 시대 그리스인이 도달한 수준에서 한 걸음도 더 나아가지 못했다. 그렇지만 그들은 고대의 지식을, 서방인이 그 내용을 추출할 능력이 있을 때까지 확고하게 보존했다. 수학자로서 첫 번째로 들어야 할 인물은 단연히 요안네스

필로포노스(6세기)다. 그는 헬레니즘 과학이 비잔티움 과학으로 넘어가는 시기 가장 위대한 학자 중 한 사람이다. 그의 저작으로는 수학·천문학 저작들, 니코마코스[31](2세기) 주해서, 천문 관측의(觀測儀)에 관한 논문이 전해진다. 아리스토텔레스에 대한 한 주해에서 그는 원적(圓積) 문제를 다루고 있다. 같은 알렉산드리아 학파에서 같은 스승 암모니오스로부터 가르침을 받은 에우토키오스(6세기)는 일생을 고전 수학 연구에 바쳤다. 그는 아르키메데스 저작들에 대한 주해를 썼는데, 그는 도리아 방언으로 된 옛 아르키메데스 판본에서 3차 방정식의 기하학적 풀이에 관한 한 실전(失傳)된 텍스트를 찾았다. 그는 희랍 고전 수학을 콘스탄티노플에 소개한 인물이라고 할 수 있다. 무엇보다 콘스탄티노플 성 소피아 성당을 지은 건축가로 유명한 트랄레스의 안테미오스는 또한 포물선을 전문으로 연구한 수학자였다. 그가 죽은 뒤(534) 성 소피아 성당 건축 후계자가 된 밀레토스의 이시도로스는 아르키메데스의 원주 측량과 구·원기둥에 관한 논문들을 에우토키오스의 주해와 함께 출판하는 것을 주재했으며, 그 자신 알렉산드리아의 헤론(1세기 초)의 원형 천장 건축에 관한 저서에서 입체 기하학적·역학적 문제들을 강조하며 확충했고, 포물선을 그리는 컴퍼스를 고안했다. 다음 세기 알렉산드리아의 스테파노스는 「특정 예들을 통한 테온[32]의 도표 설명」이란 제목이 붙은 한 천문학 논문을 집필했다. 이른 시기 학자들의 저작은 여기까지다. 그러나 산술 지침서나 생도들의 서판들을 보건대, 적어도 이집트에서는 분수·합자산(合資算)·이자 계산하는 법을 가르쳤거나, 어쨌든 도표를 활용하는 방법을 배웠다.

---

31) Nikomachos(60년경-120년경), 게라사 태생 수학자.
32) Théon(335년경-405년경), 4세기 알렉산드리아에서 활동한 수학자. 알렉산드리아 연구원(무세이온) 마지막 관장이었으며 철학자 히파티아의 아버지다.

두 번째 시기는 테오필로스 황제 때 시작되는데, 이 황제는 당시 바그다드로 떠나려던 수학자 레온(Léon le Mathématicien)이란 위대한 학자를 현명하게도 콘스탄티노플에 붙잡아놓았다. 그로 인해 주요 고대 수학자들의 저서들이 필사됐는데, 그것들은 에우클레이데스, 디오판토스, 아폴로니오스, 프톨레마이오스, 아르키메데스, 차명자-헤론의 측량법에 관한 논문 외 많은 저작이었다. 편찬 활동이 가장 활발했던 콘스탄티노스 7세(10세기 중반) 시대에 에우클레이데스의 『기하학 원본』, 아르키메데스의 『방법』, 비잔티움의 헤론[33]이라 불리는 한 기하학자의 『측지학』 같은 저서들의 사본이 생산됐다. 이 저자들과 다른 저자들이 11-12세기 거듭거듭 필사됐다. 그 자신 천문학과 점성술 애호가였던 마누엘 1세(재위 1143-80) 때 아리스팁포스는 프톨레마이오스의 『천문학론』[34] 한 부를 시칠리아에 가져갔는데, 이곳에서 이 책은 아마도 바트의 아델라르드[35]에 의해 번역된 것 같다. 다른 과학 서적들이 같은 시기 팔레르모의 노르만인 궁정으로와 모에르베케의 빌렘[36]에 의해 번역됐다. 당시 비잔티움인들은 서방에서 수학에 관해서는 거의 배울 것이 없었으나, 그럼에도 그들이 12세기 아라비아 숫자와 새로운 산법을 받아들인 것은 이탈리아에서였을 수 있다. 아라비아 숫자가 널리 쓰이게 되기까지는 아주 오랜

---

33) 소(小)헤론이라고도 한다. 그에 대한 어떤 기록도 없는 익명 작가다. 10세기 공학 관련 논문들을 저술했다. 그의 저작으로 공성 무기, 실용 기하·탄도(彈道)에 관한 논문 두 편이 전한다. 후자의 명칭이 Geôdaisia, 즉 '측지학'이다.
34) 일반적으로 『총론(總論)』(희랍어로 *hê megalê syntaxis*, 아랍어로 *al-Mijisti*)으로 불린다. 원제는 『수학총론(總論)』이다.
35) Adelard of Bath(1080년경-1152년경), 12세기 영국의 베네딕토회 수도사로서 수학자·철학자·과학자. 에우클레이데스의 『기하학 원본』을 라틴어로 번역했다.
36) 13세기 플랑드르 출신 성직자. 코린토스 라틴 교회 주교였으며 아리스토텔레스 저작들과 희랍 과학 논문들을 라틴어로 번역했다.

시간이 필요했다. 아라비아 숫자는 『4과 지침서』(산수·기하·천문·음악)를 저술한 게오르기오스 파퀴메레스가 알고 있었는데, 이 책을 보면 그는 당시로서는 특출하게도 디오판토스를 잘 알고 있었고, 이 점은 『산법』을 저술한 막시모스 플라누데스도 마찬가지였다. 고관 테오도로스 메토키테스에 의하면 13세기 후반 콘스탄티노플에서 수학은 교사와 생도 부족으로 심각한 상황에 처해 있었으며, 사람들은 철학과 어느 정도 관계있는 에우클레이데스나 니코마코스의 단락들 외에는 공부하지 않았다. 하지만 그 자신은 천문학 교사이며 화음에 대한 책을 쓴 마누엘 브뤼엔니오스를 만나는 행운을 누렸다. 메토키테스는 프톨레마이오스 천문학 입문서인 『천문학 기초』, 철학의 수학적 형식에 관한 논문과 수많은 아리스토텔레스 주해를 썼다. 그는 콘스탄티노플에서 수학 연구가 되살아나는 데 핵심적인 역할을 했으며, 그것은 그의 시대에 필사된 사본 수에서 가장 명확하게 드러난다. 니케포로스 그레고라스를 수학 연구로 이끈 이도 그였는데, 니케포로스는 제곱수 형성에 관한 한 변변찮은 저서의 저자이기도 하지만, 천문 관측의에 관한 두 편의 시론과 여러 천문학 저서의 저자이기도 하다. 마지막 문헌들은 아마도 14세기 후반 아토스산에서 수학과 아리스토텔레스의 자연학에 대한 관심이 크게 높아진 데 단초를 제공했을 것이다. 당시 천문학에 대한 취미는 트레비존드에서 온 것이었다. 그레고리오스 키오니아데스는 13세기 말 페르시아에 여행하고 그 나라 말을 배우고 나서 그 나라 책들을 가져왔는데, 이 책들은 마누엘이라고 하는 성직자에 의해 번역됐다.

고대 희랍 과학은 이렇게 다시 비잔티움으로 돌아왔다. 이러한 일들의 영향 아래 이사키오스 아르귀로스는 천문 관측의에 관한 논문 한 편과 천문학에 관한 저서 두 편, 평방근에 관한 시론 한 편, 에우클레이데스의 방주(旁註)를 쓰고, 프로클로스와 필로포노스(요안네스

필로포노스)의 니코마코스 주해 신판을 편찬하고, 차명자-헤론의 짜 깁기풍(風)의 측지학 저서를 집필했고, 콘스탄티노플 교사 테오도로스 멜리테니오테스는 1361년 비잔티움 천문학 지침서를 가장 명확하고 가장 수준 높게 했다. 제국의 마지막 시기에는 더 이상 아르키메데스, 아폴로니오스, 디오판토스는 거론되지 않으며, 이들의 저서는 콘스탄티노플 도서관을 떠나 서방으로 가, 아랍어로부터 라틴어나 히브리어로 번역된 책들과 함께 수학의 부활을 이끌게 된다.

자연학에서도 비잔티움인들은 옛 문헌을 필사하고 교육함으로써 보존했으며, 또한 시리아인들과 아랍인들에게 전달하고, 특히 12세기에는 노르만인 지배하의 시칠리아에도 전달했다. 이 분야에서도 그들 자신이 이룬 발전은 거의 없거나 전혀 없었다. 그렇지만 그들은 자연학을 기술적 문제에 적용하는 데에는 언제나 큰 관심을 보였다. 그럼에도 6세기 필로포노스는 진공의 존재를 가정하고 관성 개념에 가까이 다가가 무거운 물체는 가벼운 물체보다 빨리 떨어지지 않는다는 것을 시사한 점에서 아리스토텔레스를 초월한 것 같다. 그렇지만 그의 독창성에 대해서는 아직 의문의 여지가 있다. 아리스토텔레스의 자연학은 콘스탄티노플에서 늘 연구됐지만, 특히 11세기에 더 많은 연구가 이루어졌다. 이때는 미카엘 프셀로스와 그의 동시대인 시므온 세트 같은 저명한 인물들이 활동하던 때였고, 전자는 질료·색깔·운동·메아리·비·천둥·번개에 관한 많은 논문을 썼다. 이러한 탐구들은 두 사람 모두에게 하늘과 땅, 질료와 형상, 장소와 시간, 영혼과 정신, 오감에 대해 많은 고찰을 수행하는 계기가 됐다. 니케포로스 블렘뮈데스, 니케포로스 쿰노스, 특히 테오도로스 메토키테스의 몇몇 저작들은 13-14세기에도 자연학이 끊이지 않고 연구됐음을 말해준다.

광학에 관한 그리스인들의 개념은 아리스토텔레스, 에우클레이데스, 헤론, 알렉산드리아의 테온, 그리고 당연히 프톨레마이오스의 『광학』에서 유래한다. 6세기 이후 비잔티움인들은 아리스토텔레스의 자연학을 통해 광학의 생리적 측면·시력·색깔·무지개·햇무리 현상에 관심을 가졌다. 미카엘 프셀로스와 시므온 세트는 이 주제에 관해 몇몇 관찰을 수행했지만, 비잔티움인들은 이 분야에서 옛 저자들을 답습하는 데 그친 것 같다.

비잔티움 음악은 8세기부터 현저하게 발전했다. 본질적인 문제는 기보법이었다. 기보법은 개량을 거듭해 장단만 표시하는 단순한 형태로부터 음표·음정·음표의 길이·강세·음고·리듬을 표기하는, 더욱 진보한 형태로 바뀌었다. 음악 이론은 소리와 그 들림뿐만 아니라 음정의 수학적 처리에 있어서도 고대인들에 충실했고, 가끔 아주 재미있는 설명을 제시하기도 했다. 미카엘 프셀로스는 귀가 천둥소리를 감지하기 전에 눈이 번개를 보는 것은 눈이 튀어나오고 움푹 들어가지 않았기 때문이라는 주장을 폈다. 이에 관해 시므온 세트는 소리는 시간이 필요하나 보는 것은 시간과 무관하다(!)고 생각했다. 14세기에도 콘스탄티노플에서는 시편 영창(psalmodie)의 이론과 실제를 가르쳤으며, 파퀴메레스, 마누엘 브뤼엔니오스, 니케포로스 그레고라스는 이 분야에서 훌륭하게 전작(前作)들을 편집했다.

비잔티움의 식자들은 아리스토텔레스가 다룬 동물학 문제, 즉 생물의 발육, 기관의 생리와 기능에 관해 무지했고, 기껏해야 아리스토텔레스를 그 자체로 연구하고 그의 저작 몇몇을 필사하거나 주해한 데 그쳤다. 그렇지만 비잔티움인들은 실제적인 동물학, 동물들과 그 특성, 병을 기술하는 데 주목했다. 종종 이 모든 것은 환상적이거나 신비학적인 관념들에 섞여들었다. 비잔티움인들은 말과 벌을 포함한 가축·물고기·해로운 동물(거머리·독이 있는 짐승들·기생충·촌충)을 기술했고, 일군의 동물들은 그 고기의 먹거리로서의 가치로,

다른 일군의 동물들은 약재로서의 가치로 특기했다. 이러한 취미는 6세기 초 가자의 티모테오스가 편찬한 동물지(動物誌), 코스마스 인디코플레우스테스의 『기독교인의 지형도』에 나오는 아프리카와 인도의 수많은 동물 묘사와 그림, 13세기 후반 데메트리오스 페파고메노스가 상세하게 기록한 『매 사육법』, 마누엘 필레스(1275-1345)의 평범한 교훈시 『동물들의 특성에 관하여』가 저술되는 계기가 되었으며, 마지막 것은 새·물고기·네발 달린 짐승 등 생명 있는 것뿐 아니라 일각수와 주마르(jumart)[37] 같은 가상의 동물들도 다루고 있다. 이런 종류의 책 중 가장 중요한 것은 확실히 『퓌시올로고스』인데, 이 책은 중세 전 지역에 알려진 익명 작품으로 그 원본은 아마도 기원후 첫 세기들까지 거슬러 올라가지만, 콘스탄티노플에서는 7세기에야 비로소 알려진 듯하다. 이 책의 동물지 편(篇)은 현실 세계 또는 전설 세계의 동물들(바실리스크·켄타우루스·불사조·용)에 대한 묘사를 포함하고 있으며, 이것들의 실제 혹은 가상의 특성들에 종교적·우의적 해석이 가해진다.

식물 연구, 즉 식물들의 생리와 생명 현상에 관한 연구는 비잔티움 제국에서는 이루어지지 않은 것 같다. 카이사레이아의 바실레이오스가 천지창조가 이루어진 6일에 관한 그의 설교집에서 식물 세계의 역사에 관한 관념들을 가지고 있었다는 것이 확인되기는 하지만, 이러한 전통은 나중에 서방으로 건너가고 동방에는 그 흔적이 남지 않은 것 같다. 동물학에서처럼 비잔티움인들은 식물학에서도 단지 농사·원예·의학·약학, 그리고 요리와 관련된 응용 분야에만 관심을 가졌다. 『게오포니카』, 즉 농서는 식용 식물들(곡물·채소·과수·올리

---

[37] 종마 혹은 당나귀와 암소, 혹은 황소와 암탕나귀, 혹은 암말 사이에서 태어난다는 가상의 잡종 동물.

브·포도)을 기술하고 그것들을 어떻게 기르는지, 최소한 고대인이 어떻게 길렀는지에 대해 설명하고 있다. 이 책의 포도 재배 장(章)은 12세기 콘스탄티노플에 자주 내왕한 피사의 부르군디오가 라틴어로 번역했다. 디오스코리데스가 기원후 1세기에 편집한, 삽화가 딸리거나 딸리지 않은, 대략 600종의 식물 목록과, 그 대부분 어원이 불분명한 어휘 목록을 포함한 백과사전 필사본이 다수 남아 있다는 것은 식물학 분야가 제국의 마지막까지 최소한 무지한 상태로 있지는 않았다는 것을 보여준다. 과학으로서의 광물학은 식물학보다 더욱 미약했다고도 볼 수 있는데, 그것은 광물학에 신비학적 개념들이 덧입혀져 광물학이 아주 망했기 때문이다. 제국의 마지막 시기 『암석론』이란 제목으로 쓰인 책들은 먼저 광물들, 특히 보석들에 감추어진 마력에 대해 기술하고 있다.

이론적 연구 주제로서의 화학은 기원전 3세기, 철학자이자 과학자인 스트라본에서부터 시작되는데, 그는 저자를 아리스토텔레스에 가탁한 『기상학(氣象學)』 제4권의 실제 저자다. 이 책은 화학 반응(발효·응고·부패·산화)을 물질들의 결합과 분리로써 설명하려고 시도하고 있다. 콘스탄티노플에서 6세기에 알려진 이 책은 최초로 서방으로 건너간 희랍어 서적 중 하나다. 이 책은 12세기 시칠리아에서 아리스팁포스에 의해 번역됐으며, 다음 세기에는 모에르베케의 빌렘에 의해 번역됐다. 이 책이 아리스토텔레스의 저서로 위장됐다는 것을 알아차린 사람은 14세기 초 테오도로스 메토키테스다. 그렇지만 비잔티움인들은 스트라본의 저서보다는, 신비학에서 자유롭지 않고 과학적으로는 보잘것없는 다른 많은 문헌이 증명하듯이, 야금, 염료·의약품·유리 제조 등 화학의 실제 응용에 훨씬 더 많은 관심을 가졌다.

다른 많은 학문에서처럼 비잔티움인의 의학에 대한 주된 공헌은 고전 유산의 보존에 있다. 위생 사업에서는 주목할 만한 진전이 이루어졌는데, 위생 사업은 제국 행정과 그것을 맡은 교회의 상시적 관심사였다. 병원들이 건설되고, 의사 양성 규칙이 마련되고, 의사의 생계가 보장되고, 약품의 조제와 보관이 규제됐다. 4세기 후반 율리아노스 황제의 주치의이자 벗이었던 페르가몬의 오레이바시오스가 저술한 『집성』(쉬나고가이)은 히포크라테스, 특히 갈레노스의 저서들과 밀접히 관련되어 있으며, 그가 아니었으면 잊히고 말았을 다른 고대 저술가들의 인용으로 가득하다. 모든 후대 의서는 이 책에 의존한다. 유스티니아누스 때 공직에 있던 의사인 아미다의 아에티오스는 알렉산드리아에서 교육받았고, 그가 아르키게노스와 갈레노스(2세기)에 기초해 저술한 16권 분량의 의학 백과사전에 한 장을 할당한 안과학으로 명성을 얻었다. 그의 손아래 동시대인으로서 수학자이자 건축가인 안테미오스의 형제 트랄레스의 알렉산드로스는 그의 개인적 실험 뒤에 발표한 독립적 견해로 주목받았다. 그의 병리학과 치료술에 관한 저작은 눈병·열병·장내(腸內) 기생충에 관한 그의 개별 연구서들과 함께 아주 널리 읽혔다. 4대 명의 중 마지막 사람은 아이기나의 파울로스인데, 그는 7세기 아랍인의 포로가 되어 알렉산드리아에 머물렀다. 이 사람은 갈레노스와 오레이바시오스에 기초한 질병과 치료에 관한 논문으로 서방에서 대가가 된 바로 그 사람이다. 그의 외과·산과(産科) 연구는 아랍 의학에도 큰 영향을 끼쳤다. 이들 뒤에 유명한 사람들로는 아테나이의 스테파노스와 그의 제자로서 아랍인에게 점령된 알렉산드리아에 살았던 알렉산드리아의 요안네스, 프리기아의 수도사로서 해부학 개론을 쓴 멜레티오스, 특히 다른 책들과 함께 『의학 편람』을 저술한 수학자 레온, 오레이바시오스·아미다의 아에티오스·트랄레스의 알렉산드로스·아이기나의 파울로스의 저작들을 편집한 10세기 테오파네스 논노스, 11세기 질병 사전을 펴내고 그가 개인적으로 경험한 옴에 관한 우스개 시를 쓴 미카엘 프셀로스, 음식의 치료 효능에 대한 용어 사전을 펴낸 시므온 세트 가 있다.

갈레노스 학파의 마지막 명의는 14세기 요안네스 악투아리오스 (공직 의사)[38]였다. 부분적으로 그의 개인적 임상 경험에 기초한 그의 의학은 세 편의 중요 저작으로써 알려져 있다. 첫 번째 책은 『치료법』인데, 진단·병리·치료술·약전(藥典)에 대해 서술하고 있다. 오줌에 관한 두 번째 책은 중세 비뇨기학에서 핵심적인 역할을 했다. 마지막 책은 심리철학(pneumatologie)과 정신병리학 역사에서 중요한 자리를 차지한다. 인간 장내(腸內)에 기생하는 선모충(旋毛蟲)을 발견하고 최초로 기술한 사람도 그다. 천문학에서처럼 이 시기 콘스탄티노플에서의 의학의 쇠퇴는 몇몇 페르시아 서적이 수입되고 그리스어로 번역되는 길을 열어주었다. 수도에서나 지방에서나 의료 실무는 오래전에 유대인 의사들의 손에 넘어가 있었다. 그렇지만 고대인들의 지식은 다행히 중동 지역에 그랬던 것처럼 이탈리아·에스파냐·프랑스로 전해져 있었다. 의사는 치과의이기도 하여 비잔티움 4대 명의는 치아와 잇몸의 질환과 그 치료법(발치·절삭·연고 도포 등)에 몇 쪽을 할당했다.

인간에게 먹거리와 운송·밭일 수단으로서 필요불가결한 동물들의 건강은 군대와 전원에서 항구적인 관심거리였다. 10세기에 엮은 두 책, 즉 『마의술』(馬醫術)(힙피아트리카)과 이보다는 못한 『게오포니카』는 고대인 수의(獸醫)들이 전해주는, 동물들(말·개·소·양·거

---

38) 악투아리오스: 후기 로마 제국과 비잔티움 제국 여러 관직 관련 문서에 나타나나 일정한 직책은 없었던 것 같다. 후기 로마 제국과 6세기까지는 병사의 월급과 식량을 지급하는 재무 직책으로 나타난다. 요안네스의 경우에서 보듯 시의(侍醫)들에게 부여되는 경우가 많았다.

위·돼지)의 질병 치료와 영양에 관한 지식의 총합(總合)이었다. 약학 또한 의학의 일부분이었으며 비잔티움인들은 니칸드로스·디오스코리데스·갈레노스가 집적(集積)한 지식에 그들이 아랍인들과 페르시아인들에게서 빌려온 지식을 덧보탰다. 저자들은 일반 의학 개론서나 식이요법 책에서 약재에 관해 논했다. 오레이바시오스의 『집성』, 특히 앞에서 언급한 시므온 세트의 용어 사전에 약재에 관한 기술이 있으며, 시므온은 정향·육두구·대마 씨 같은 동방 산품에 관해 최초로 언급했다. 12세기 히에로필로스를 비롯한 몇몇 저자들은 계절별로 먹어야 할 식단을 기술했고, 마지막으로 의사들은 자가 조제가 가능하거나 불가능한 약 일람을 작성했다. 약품 모음 중 가장 완전한 것은 13세기 니콜라오스 뮈렙소스의 것인데, 2,656조의 약방문 중 약 150개 조는 살레르노에서 유래하나 다른 것들은 동방에서 기원한 것들이다. 니콜라오스 다음에는 요안네스 악투아리오스가 활약하는데, 그의 저서 두 권은 약 조제법에 대해 기술하고 있다. 이 뒤로는 다른 분야에서와 마찬가지로 약학에서도 페르시아의 영향력이 커지고, 이미 알려진 문헌들을 필사하고 엮는 것이 고작이다.

여기서 정밀과학을 떠나 의사(擬似) 과학 쪽으로 한 번 가보자. 의사 과학이란 그 세계에서 득도한 사람들에게 계시되는, 천상의 힘·동물·식물·보석과 인간 사이의 교감 혹은 반감을 묻는 활동이다. 비잔티움인들이 집성한 이 분야의 지식은 무엇보다도 희랍·로마적 이집트란 매개자를 통해 멀리 이란인들에게서 받은 것이다. 연금술 책을 편집한 저자들은 드문데, 그것은 중세 전체에 거쳐 필사되고 재필사된 그 많은 고대 논문과 제조법이 익명으로 전해지고 있기 때문이다(그렇지만 우리는 그 저자들 중에서 두 명의 황제, 즉 유스티니아누스와 헤라클레이오스를 발견할 수 있다). 이러한 사정은 별들을 이용한 점복술이며, 그것으로 고통받는 사람을 구제하는 방법에 관한 학문인 점성술에서도 마찬가지다. 이와는 달리 비잔티움인들이 신탁과 수수께끼를 풀고, 꿈·환상·계시를 해석하고, 죽은 자의 영혼을 일깨우고, 사탄의 힘을 부르거나 사탄을 물리치려 한 것은 가장 오랜 희랍 전통에 기댄 것이었고, 그들은 이 모든 일을 많은 책에 전사(轉寫)했다.

연설

전술한 교육 과정에 포함된 연설이 더 널리 청취됐으나 기록은 덜 남겼다. 그럼에도 몇몇 자필 적바림을 통해 우리는 9세기 방랑 가객들이 저택 문간을 옮겨 다니며 저명한 사람들의 공적을 노래해 그 보수로 푼돈을 받곤 했다는 것을 알고 있으며, 비잔티움 서사시 주인공 디게니스 아크리타스는 자신의 전승(戰勝)을 그리는 시를 자신이 직접 노래했다고 한다. 고대 희랍과 로마는 비잔티움인에게도 자신의 연극을 전승해주었는데, 하지만 이 연극의 언어는 점차 이해 불가능한 언어가 돼 있었으며, 그 주제는 기독교적 이상에 맞지 않았다. 고대 연극은 팬터마임으로 대체됐는데, 그것은 가끔 고대 연극에서 힌트를 얻은 노래·춤·곡예의 혼합물이었다. 교회의 연극에 대한 적대감은 그 빈약한 발전을 설명하기에는 충분하지 않다. 왜냐하면 주지하듯이 서방에서 그토록 성행한 성서 혹은 성자전 주제에 의한 전례극 또한 비잔티움에서 더 큰 성공을 거두진 못했기 때문이다. 전례극에 대해서 잘 알 수는 없으나 그중 하나가 나사로의 부활에 대해서였으며, 또 하나가 화덕에 들어 있는 세 명의 아이에 관한 극으로 14세기 성탄절 전 일요일 성 소피아 성당에서 상연됐다. 세 번째 극은 시리아어 번역으로 남아 있는데, 그 줄거리는 다음과 같다.

• 가상 황제 게오르기오스의 지배하 옥쉬링코스에서 배우들이 한

종교 패러디를 상연할 것을 제안한다.
- 무대는 제단과 십자가가 있는 한 교회를 보여주고, 성직자 옷을 입은 배우들이 신학적 주제에 대해 토론하기 시작하는데 그 어조는 자못 엄숙하다.
- 주교 역을 맡은 배우가 세례 의식을 흉내 낸다.
- 의식이 진행되는 동안 이교도들은 더 이상 조소하지 않고 기독교인이 되어 십자가 앞에 쓰러져 기도한다.
- 그들 세례받은 사람들 위로 한 줄기 빛이 내려와 비추고 그들은 이 모든 사실을 황제에게 고하려고 떠난다.
- 황제는 돈까지 주려고 하며 모든 수단을 동원하여 그들을 이교로 되돌려 세우려 하나 성공하지 못한다.
- 개종자들은 늘어나지만 황제에게 간 사람들은 참수형을 선고받는다.
- 극은 사형을 받은 순교자들을 찬양하는 것으로 끝나고 머리가 절단된 그들의 육체는 하늘에서 내려온 천사들이 가져간다.

한 성자전 전형을 그대로 옮긴 이 평범한 작품의 상연 상황은 알려져 있지 않다. 비잔티움 연극 표현은 앞에서 말한 대중 팬터마임 수준을 넘어서지 못한 듯하다. 단조롭지만 화려한 종교·궁정 행사들에서의 엄숙하고 공식적인 연출들을 제외한다면 말이다.

그렇지만 비잔티움인들은 고대로부터 내려오는 다른 형식의 구전(口傳) 지식 전달 방법을 보존했는데, 그것은 수사학이며, 그것은 식자 청중들에게 한정되기도 그렇지 않기도 했는데, 그것은 수사가의 연설이 유일한 정치 혹은 종교 선전 수단으로서 청취됐기 때문이다. 전술했듯이 전통 수사학의 성과물인 황제에 대한 송사(頌辭)는 정규적으로 낭송됐다. 미카엘 프셀로스가 콘스탄티노스 9세에게 바치는 송사에서는 연극에서 사용되는 표현들이 끊임없이 원용되며, 황제는 수사가가 연설하고 있는 무대를 밝게 비추는 아침 해에 비유된다. 종교 전례에 동반되는 설교는, 적어도 요안네스 크리소스토모스의 말을 믿는다면, 비잔티움인들에게 전례 자체보다도 더욱 높은 인기를 누렸다. 요안네스의 설명에 따르면, 이전에는 설교는 비신자들이 들을 수 있게 본 예배에 앞서 행해졌지만, 신자들이 예배에 남아 있게 하기 위해 맨 뒤로 옮겨졌다고 한다. 최상의 연설가들은 수사 교육을 받은 수사가들이었고, 그들의 연설문은 기록됐다.

또한 운문으로 된 시도, 아침 기도 예배(matines) 같은 때는 성자전도, 높은 소리로 낭송했고, 보다 사적인 받은 편지도 이렇게 소리 내어 읽어서 벗들에게 전달해주었다. 이 두 경우에 있어 청중 규모는 많이 달랐을 수 있으며 그리 많지는 않았다.

도상학

글을 조금밖에 읽을 줄 모르거나(올리고그람마토이) 전혀 읽고 쓸 줄 모르는(아그람마토이) 사람들과 소통하는 것은 비잔티움 교양인들에게, 특히 교회에서는 가장 큰 걱정거리였다. 이러한 염려는 충분히 이해되는데, 문맹률이 너무나 높았기 때문에 10세기 초 레온 6세가 도시에서처럼 시골에서도 까막눈이들이 법적인 증언을 하는 것을 허가해야 했다는 것을 보더라도 그것을 알 수 있다. 앙퀴라의 네일로스는 430년경 총독 올림피오도로스에게 다음과 같이 쓰고 있다.

"당신은 당신이 막 지으신 교회를 눈을 즐겁게 하는 사냥과 고기 잡이 그림으로 장식하려고 하십니다. ……그것은 신자들을 빗나가게 할 어리석은 생각입니다. 그럴 것이 아니라 당신은 교회의 벽면들을 구약과 신약 장면들로 채워야 하며, 그렇게 하면 성서를 읽을 줄 모르는 문맹자들이 그 그림들을 보면서 하느님의 진정한 종들이 발휘한 담대한 정신을 배울 수 있을 것입니다."

이것은 599년 7월 대(大)그레고리우스 교황이 마르세유 주교 세레누스에게 한 말과도 상통한다—"교회에서 그림은 문맹자들이 벽에서 그것들을 보고 그들이 책을 읽어서 알 수 없었던 것을 알 수 있게 하도록 쓰입니다." 9세기 한 문헌은 아기들을 품에 안고 손위 아이들 손을 잡은 남편들과 아내들이 교회 벽면에 그려진 이야기들을 아이들에게 설명해주는 모습을 그리고 있는데, 그것은 "그들의 정신과 마음을 교화하고 하느님께로 이끌기 위해서"다.

교회는 조각에 대해서는 이교의 흔적이라 보아 늘 배척했지만 4세기 이후 모자이크화와 그림에 대해서는 관용적이었고 나중에는 장려했다. 유감스럽게도 이른 시기의 장식 기념물들은 매우 적은 수만이 남아 있다. 알려진 가장 오래된 모자이크로는 손이 만들지 않은 성모상 교회(église de la Vierge Acheiropoiètos)와 성 다윗 교회(5세기)의 모자이크화, 그리고 천사들이 둘러싸고 있는 그리스도를 그린 성 게오르기오스 교회(4-6세기?) 원개가 있는데, 이 세 작품은 모두 테살로니키에 있다. 콘스탄티노플 성 소피아 성당은 유스티니아누스 시대 그림을 하나도 보존하지 못했고 십자가와 장식 모티프들만 남겨놓았지만 그것들은 간소하지만 강한 인상을 준다. 소아시아, 안티오케이아, 알렉산드리아에서 이 시기 회화 예술을 증명할 만한 작품은 한 점도 보존되지 않았다. 키프로스에 천사들과 함께 성모와 아기를 그린 작품 두 점, 그리고 시나이의 성 카트리나 수도원 후진에 그려진 그리스도의 변모를 그린 작품 한 점, 라벤나의 '갈라 플라치디아 능(陵)'이란 이름으로 알려진 예배소와 성당 세례당에 몇 점 존재하는 작품은 지금까지 감상할 수 있다. 그러나 이 모자이크화들은 비잔티움이 이탈리아에 입성하기 전 것들이고 비잔티움과는 거의 관련이 없음이 분명하다. 그렇지만 산타폴리나레 누오보(6세기) 성당의 수염 난 그리스도가 있는 복음서 주제화들, 보좌에 앉으신 그리스도와 성모 그림 같은 것들은 콘스탄티노플이나 팔레스티나의 그리스 양식을 반영하고 있으며, 마찬가지로 라벤나 산 비탈레 성당의 두 개의 거대한 경배 그림 속 유스티니아누스와 테오도라 초상화, 클라세의 산타폴리나레 성당의, 콘스탄티노스 4세(650년경-685, 재위 668-685)와 그의 아들들을 그린 초상화(7세기, 많이 복원됐다)는 이 두 교회의 다른 모자이크화들처럼 비잔티움 전통을 역력하게 보여주고 있다. 이 모자이크들은 그 구도의 넉넉함, 색조의 조화, 공간과 입체감에 대한 무시로서 놀라우며 두드러진 인물 두상에는 현실감이 있다.

  포도(鋪道) 장식 모자이크화는 이른 시기 매우 흔했으나 대체로 질은 낮았다. 그러나 주목할 만한 예외가 하나 있는데, 그것은 5세기 때 제작된 것으로 추정되는 콘스탄티노플 대궁전 모자이크화로, 이것의 발견된 단편들은 목가적 장면과 '고전적' 사냥 장면을 그리고는 있지만 비잔티움 양식이다(얼굴의 이상적 묘사). 모자이크는 값비쌌기 때문에 프레스코화가 가장 많이 사용됐지만, 유감스럽게도 이 재료는 세월을 견디지 못한다. 그 비조(鼻祖) 작품은 유프라테스 강변 두라-에우로포스의 이교·기독교·유대교 성소들을 장식한 작품들(2-3세기)인데, 이것들은 '고전적' 전통과 셈 문화적 해석이 공존하는 형태이며, 이러한 공존은 레반트 지역 콥트·시리아 기독교 회화들, 예를 들면 바가와트(신·구약 장면들, 4-5세기), 안티노에(보좌에 앉으신 그리스도, 6세기), 바윗(Bawit)·사카라(성모와 사도들과 함께 천상의 영광 속에 계신 그리스도, 지역 성인들)의 작품들의 한결같은 특징을 이루게 된다. 이곳 벽에 새겨진 수많은 기도문은 그림들이 신과 성인들에게 올리는 간구를 도상학적으로 떠받치는 역할을 했음을 시사하고 있으며, 이에 비해 교회 후진 장식은 성찬식을 주제로 한다. 바웻의 일부 프레스코화는 액자 모양으로 만들어진 휴대용 성인 그림을 본뜬 것인데, 이것은 이집트와 시나이의 다른 곳들에서도 볼 수 있는 제작 방식이다.

콘스탄티노플 예술 권역에는 테살로니키·소피아·구(舊)유고슬라비아 니쉬[39]의 몇몇 묘지 장식 프레스코화가 속하는데, 특히 불가리아 플로브디프에서 가까운 페루쉬티차의, 유스티니아누스 때 작품들로 볼 수 있는 아름다운 단편들은 아기 그리스도, 새끼 양, 천사들, 구약 장면들, 순교자들의 일생을 묘사하고 있다.

나중에 필사된 책들의 수효로 판단하건대 비잔티움 초기에 삽화로 장식된 책들이 많이 있었다는 것을 추정할 수 있으나, 그중 극히 일부만이 남아 있다. 그러나 남아 있는 책들(『부활제 연대기』, 『일리아스』 한 부, 디오스코리데스의 저서 한 부, 창세기 한 부, 복음서 초록들)은 삽화를 그린 필사본들이 다양했음과, 화가들이 독립적이었다는 것을 짐작케 하는데, 화가들은 본문에 관련된 삽화를 그리는 데 그치지 않고 주제에 대한 논리적 혹은 교훈적인 해석 또한 덧붙였다. 이 그림들은 '고전적' 전통에 머물렀다.

고대로부터 비잔티움에 전해진 조각(7세기 비잔티움이 조각을 방기한 이래 조각이 부활하는 일은 없었다)은 일련의 기념물과 황제에 관련된 조각물들을 낳았다. 이것들은 주로 황제·고관·인기 높은 기수(騎手)·신화적 주제의 석상 혹은 청동상이었고, 콘스탄티노플과 지방 대도시의 광장을 장식했다. 또 종교적이거나 세속적인 주제의, 규모가 더 작은 계열이 있는데, 이것에는 교회 설교단(ambon), 칸켈

---

[39] 현 세르비아 남부 도시.

리⁴⁰⁾와 다수의 아주 순수한 고대적 전통을 따른 석관 소(小)장면 조각 장식들, 주교 보좌(라벤나 대주교 막시미니아누스의 것이 가장 아름답다), 전례용 그릇, 상아 장롱, 돋을무늬 압착 세공을 한 금은 장신구·고가의 식기가 있다. 후자는 고대 금은 세공술의 전통을 잇고 있다.

동일한 전통적 취향을 복식과 모든 벽걸이 천에 사용되는 그림 직물(tissu peint) 패션에서 볼 수 있다. 라벤나 산 비탈레 성당에 그려진 테오도라 황후가 입은 망토는 동방박사들의 경배 장면으로 장식이 되어 있다. 자수되거나 직조된 그림 주제들은 이교적이거나 기독교적이었고, 고대(푸토⁴¹⁾)·이집트·페르시아 제품에서 많은 본보기를 따왔다. 하지만 6세기부터는 사치스럽거나 수수하거나 모든 물품을 기독교 주제로 장식하는 습관이 퍼졌고, 이러한 경향을 가장 잘 나타내는 예는 의심의 여지 없이 순례자들이 예루살렘에서 성유를 담아 오는 금·은·납제 병들로서, 이 병들에는 복음서 장면들이 돋을무늬 압착 세공으로 장식됐다.

비록 성상에는 적대적이었지만 성상 파괴주의자들의 예술에 대한 태도는 부정적이지 않았다. 그들은 벽 그림을 파괴했지만 그 벽을 그들이 새로이 입안한 작품들로 채웠다. 이 작품들에 대해서는 그들의 후임자들⁴²⁾도 같은 방식으로 행동했기 때문에 잘 알 수 없다. 교회의 교육적 주제를 가진 그림들은 황제를 찬양하는 장식 그림들로 대체되어 히포드로모스 전차 경주·사냥·동물 혹은 새가 있는 정원이나 과수원 그림들이, 아마도 비록 교회 자체 속으로는 아니지만, 11세기

---

40) 울타리를 뜻하는 라틴어 'cancelli'에서 온 말로, 초기 중세 교회에서 일반 신자가 앉는 신랑(nef)과 성직자와 성가대가 자리 잡는 후진을 분리하기 위해 세운 울타리.
41) 서양 회화에서 사랑을 상징하는 벌거숭이 남자 아기.
42) 여기서는 성상 파괴주의자들이 패배하고 새로 교회의 책임자들이 된 성상 숭배주의자들을 가리키는 듯하다.

키예프 성 소피아 성당에서처럼, 교회 부속 건물들 속으로 침투했다. 이때는 또 이슬람 미술이 관변 예술에 일련의 새로운 본보기들을 제공하던 때여서, 마지막 성상 파괴주의자 황제였던 테오필로스는 칼리프 수도 바그다드에 홀딱 반해 돌아온 사신의 지도하에 브뤼아스에 있는 그의 교외 궁전을 바그다드 왕궁처럼 짓고 장식하게 했다. 성상 파괴주의자들이 마케도니아 왕조 시절 제국의 세속 예술과 종교 예술에서 그토록 자주 발견되는 동방 취향을 일으킨 당사자일 수도 있다.

성상 파괴 논쟁 위기가 끝난 뒤(843) 성상 숭배주의로의 귀환은 느린 과정이었음이 틀림없는데, 그것은 급격한 예술 부흥이 9세기 말이 되어서야 일어나기 때문이다. 예술 부흥은 먼저 성상 파괴 시대 이전 주제로의 복귀이자 소묘에서의 새로운 걸음마였으며, 이것은 테살로니키 성 소피아 성당과 같은 대성당 모자이크화에서조차 드러났다. 비잔티움 직인들은 10세기에 가서야 그 성숙한 기량을 발휘하기 시작한다. 콘스탄티노플 성 소피아 성당의 몇몇 패널들은 그들이 이런 기량을 되찾았음을 보여주지만, 다음 세기들이 되어서야 우리는 그 놀라운 증거물들을 보게 된다. 그것들은 11세기 귀족들이 출연(出捐)한, 포키스 호시오스 루카스 수도원·키오스섬 네아 모니 수도원·아테나이에서 가까운 다프니·키예프 성 소피아 성당·니케아 성모 죽음 교회 현관(나르텍스)에 있는 아름답게 하나가 된 작품들이며, 마지막으로 콘스탄티노플 성 소피아 성당의 콘스탄티노스 9세와 그 황후 조에가 봉헌한 작품들이다. 12세기로 오면 마케도니아 세레스[43] 성당·키예프 성 미카엘 성당의 모자이크화들도 예로 들 수 있지만, 미학적 관점뿐만 아니라 도상학적 측면에서도 가장 인상적인

---

43) 테살로니키 북동쪽에 있는 도시. 세라이라고도 한다.

작품들은 노르만 왕실 건립 건축물들인, 체팔루 성당, 팔레르모의, 궁전 소성당, 마르토라나 교회, 그리고 몬레알레 성당 안 작품들이며, 조금 뒤에 지어진 베네치아 산 마르코 성당도 그중 하나다.

이 모자이크화들의 도상학적 입안은 9세기 말 혹은 10세기 초 이래 동일했으며, 초기 기독교 시절 성행했던 낙원 주제를 대신해 이제부터는 신의 왕국과 그 신민들이란 주제를 선호하게 된다. 이것이 가장 잘 적용된 것이 교회 건축인데, 교회는 그 자체가 그들이 상정한 창조된 세계를 상징했으니, 입방체 몸체에 둥근 지붕을 씌운 구조가 그것이다. 이 가시적인 세계에서 이미지로 나타나는 상징들은 기독교 공동체에서 각 구성원에게 귀속되는 위치에 따라 배치된다. 그리스도와 그의 천사들은 원개(圓蓋) 꼭대기에 그려지고, 그다음 신 가까이 사는 성인들이, 그다음으로 복음서 장면들이 오는데, 이것들은 전례년 대(大)축제일들에 맞춰져 있고, 그리스도의 세계 왕국의 기원인 성육신을 포고하고 있으며, 이 성육신은 성육신을 중신(重新)하는 의식인 성찬식과 연계된다. 모자이크화는 9세기에서 13세기까지 한결같이 이 도상학적 테마를 되풀이했으며, 전문가들이 지적하는 미학적 발전은 근본적으로 아무런 변화도 초래하지 못했다. 그 반면 비용이 덜 드는, 기념물들 벽면을 채운 그림들에서 진전이 있었다. 그 가장 오래된 증거물은 포키스 호시오스 루카스 수도원의 나지막한 예배당이지만 가장 유명한 것은 카파도키아 작품들이다. 이것들은 고대 바실리카에서처럼 대상(帶狀)으로 이야기 환(環)을 구성해 쌓아 올렸거나 전술한 것처럼 전례년 순서에 맞춰 배치해놓았다. 의심의 여지 없이 수도 예술과 더욱 직접적으로 연계된 작품들은 구(舊)유고슬라비아 마케도니아 네레지(1164)와 러시아 블라디미르 성 드미트리 교회(1198)의 프레스코화들로서 비잔티움 예술의 걸작들이다. 이 시기 모든 벽화는 그 균제미와 절도, 기민하게 매체와 기

넘물에 적응하는 특성으로써 뛰어난 작품들이며, 바라보는 이로 하여금 숭고미와 마음의 평정을 느끼게 한다.

세밀화(miniature)도 같은 길을 걸었지만 그 본보기들에 더 오래 가까이 머무르며 그 표현법을 답습함으로써 작품들에 큰 다양성을 부여했다. 가장 유명한 작품들로는 파리 소장 나지안조스의 그레고리오스 설교집(880-883), 바티칸 도서관 소장 성서(940년 이후), 그리고 10세기 후반 작으로『여호수아 두루마리』, 파리『시편집』, 바실레이오스 2세의『메놀로기온』이 있다. 당시 콘스탄티노플 직인들은 고대 본보기가 된 작품의 해석에서 비롯된 절도 있는 양식의 대가들이었으며, 이것은 1204년까지 지배적인 양식이 된다. 고대 전통에서 빌려온 모티프들은 이곳에서 비잔티움의 고유한 자질들인 구도, 공간 처리, 사람 얼굴 표정의 내적 정신성과 결합한다. 11-12세기에는 성서·시편·설교집 삽화본이 대량으로 제작되고, 세밀화들이 늘어났다. 모두 생기 있는 작품들인데 이것들은 두 가지 주요 경향을 보이고 있다. 그 첫 번째는 생생하고 이국적인 취향으로서 동양풍의 화려한 복식이나 환상적인 나무들이 있는 풍경에서 보이며, 이것은 어떤 종류의 사실성, 아이들과 천사들의 외적 우아함이 주는 것 같은 감정을 표현하려는 경향과 결합된 것이다. 두 번째는 아주 작은 규격의 호화 세밀화풍 경향으로, 금과 화려한 색채로 번쩍이고 완벽한 제작기법과 섬세한 멋 부림이 구현되어 있다.

이 시기 종교 판화는 비잔티움에서 그 당시 가장 높은 완성도에 달한 칠보 법랑에서 아주 널리 활용됐다. 보존된 작품 중 가장 아름다운 것은 아마 림부르크안데어란[44] 성당의 성유물함과 베네치아 산 마르코 성당의 팔라도로 제단화일 것이다. 전례용 그릇, 이콘 액자,

---

44) 독일 서부 헤센주에 있는 도시.

크고 작은 성유물함, 십자가, 반지, 귀고리들이 이렇게 장식됐다. 판화 장식은 또한, 많았음에 틀림없지만 그 대부분이 사라진 돋을무늬 압착 세공을 한 금붙이들, 성상벽(iconostase)에 부착되는 대리석 부조 몇 작품, 종교 주제로 제작된 상아 제품들에 보이는데, 후자로는 런던의 빅토리아 앤드 앨버트 박물관의 '십자가에서 내려지시는 그리스도상', 루브르 박물관 삼련화(三連畫, triptyque) 혹은 로마 베네치아 궁전 삼련화 같은 것들이 있다. 시리아·이집트의 헬레니즘 혹은 사산조 양식 고대 전통은 동시대 다른 상아 조각가들에게 영감을 주었고, 이들은 이전 작품들로부터 오락 주제(사냥, 서커스 놀이, 곡예, 바쿠스와 헤라클레스 이야기)를 가져와 부자들 저택을 장식했다.

1204년까지 비잔티움 예술의 운명은 제국의 운명과 밀접하게 연관됐다. 예술은 제국의 이념과 영광을 반영했고, 제국의 보호로 명맥을 이어갔으며, 제국 지도자들의 재정 지원에 의지했다. 국경 너머로 수출될 때는 어디서나 자신의 출처를 공언했고, 시칠리아에서도 러시아에서도 콘스탄티노플 언어로 말했다(앙드레 그라바르André Grabar). 13-14세기 제국 수도에서 일어난 예술 부흥은 비록 찬란하기는 했지만 더 이상 지배적 지위의 표현이기를 멈추었고, 그리스 세계든 아니든 중세 세계 전체에 공유된 종교적 감정의 표현이 됐다. 그 세계는 트레비존드·크리미아·미스트라스·섬 지역·불가리아·세르비아·왈라키아·몰다비아·조지아, 그리고 러시아를 포함했고, 이들에게 콘스탄티노플은 정교의 중심이었다. 12세기 중엽 이후 일부 화가는 그들이 묘사하는 사물과 살아 있는 피조물의 구체적 실상(중량감, 입체감)을 더욱 세밀하게 본뜨려 노력했고, 이탈리아의 영향 아래 보는 이를 그것들의 형상으로부터 방출되는 감정(유년기의 아늑함, 고통받는 영혼과 죽음의 고통)으로 감동시키려 했다. 이러한 예술 흐름을 그리스·세르비아·불가리아 화가들이 따랐고, 그들은

13세기 세르비아와 불가리아 군주들이 세운 교회들을 프레스코화로 장식했다.

밀레셰보(1235년경, 블라디슬라프왕 초상/그리스도 부활 장소의 천사)
세르비아 왕국 북서부, 달마티아 해안에서 멀지 않은 소포차니 수도원(1265년경, 성모 죽음 장면)
소피아 부근 보야나(1259)

다른 한편 화가들의 그림 주제를 확장하고자 하는 바람은 그들을 성상 파괴주의 이전 본보기들로 향하게 해, 극화된 종교 이야기의 환(環)들, 언덕과 건물 풍경, 헬레니즘·로마 기원의 화려한 장식이 타원형 장식 테두리 안 성인 초상 열(列) 주위 벽을 채우게 된다. 그러나 이러한 팔라이올로고스 왕조 시대 풍성한 그림들에서 가장 인상적인 것은, 비록 작품에 서명하진 않았지만 화가가 자신의 작품에 남긴 개성적 표현들이다. 13세기 밀레셰보와 소포차니 수도원 작품들에 나타난 얼굴 표정·머리 모양·옷 주름·가재도구 들에서는 개인적 색채가 묻어난다. 이것들은 서방의 화풍에 민감할 수 있었던 변방(세르비아) 화가들의 야성적인 붓질(ébrouement)이었나? 어쨌든 다음 세기 초부터 콘스탄티노플과 지방에서는 새로운 아카데미즘이 발전하는데, 수도의 카리예 자미·베파 킬리세 자미, 테살로니키의 성 사도 성당이 그 가장 유명한 예다. 이것들에서 실현된 회화나 모자이크화 기법은 과거 것이긴 하지만 12-13세기 직인들이 그들의 경험들로 풍부하게 만들었던 것이다. 소묘에서의 우아함·표현의 흡인력·생생한 세부 묘사는 자신의 본보기를 재현하는 데 충실한 제작자의 이상이었던 것이다. 이 지역·공방·화가에 따라 무수히 다른 스타일을 가진 모사자(模寫者)적 태도는 14-15세기, 심지어는 16세기 교회 회화, 즉 펠로폰네소스의 미스트라스, 마케도니아의 카스토리아 · 베로이아, 구(舊)유고슬라비아 스타로 나고리차네[45] · 그라차니차[46] · 레스노보[47] · 데차니[48] · 페츠, 불가리아의 제멘 · 이바노보 (동굴 예배당들), 루마니아의 쿠르테아데아르제슈, 조지아의 자르즈마, 러시아의 노브고로드 예수 변모 교회 그림들에서 구현되고 있다. 이러한 예들에서 보이는 것은 비잔티움 정신이 가진 생래적(生來的)인 보수적 취향이고, 이로써 수도승들을 비난한 사람도 있지만 그것은 잘못된 것이다. 전통 종교 예술은 절대적인 우위를 지켰고, 그것은 모든 정교회 교부에 의해 배양되고 주석이 달려진, 계시에 뿌리를 둔 감정에 대한 새로운 표현을 받아들일 어떤 이유도 없었다. 이콘 회화도, 세밀화도, 다른 욕구는 가지지 않았다.

문명의 물질 도구들

지식의 전달 매체 분석에서 가장 나중에 고찰되어야 할 것은 기술(technologie) 매체다. 이 분야에 대한 저자들의 침묵은 비잔티움 사회가 물리적인 작업을 지성의 하위 형태로 간주했던 것에 기인한다. 그렇긴 하지만 적은 양의 고대 기술 저술이 보존됐고, 예를 들면 기구와 도구 제작 같은 몇몇 경우는 지식의 양이 늘었고, 군사 기술 · 약학 · 화학 분야에서도 그러했다. 비잔티움인은 기초적인 생존 문제 ―식 · 의 · 주― 를 해결하는 문제에 관한 옛 문헌들을 거의 갖고 있지 않았고, 이런 문제는 구전 지식에만 의존해야 했다. 그림들에서

---

45) 현재는 북마케도니아에 있다.
46) 현 코소보(세르비아)에 있다.
47) 현재는 북마케도니아에 있다.
48) 현 세르비아 코소보 자치주 페츠주 내 도시.

는 이런 주제들을 거의 다루지 않는다. 그럼에도 그림들은 목욕탕이 있는 다층집을 건축하는 모습·가구(장롱·서재·침대·식탁·의자·등燈·부엌 세간·경대鏡臺 물품)·난방장치·쟁기·무기·옷·사냥과 어로 도구·악기들을 보여주고 있으며, 대장간에서 일하는 사람·말 마구(馬具) 채우기·땅 측량 장면도 보인다. 14세기 한 사본에서는 농부가 낫·긴 자루 낫·쌍두 해머·파종 구멍 뚜르개(plantoir)[49]·쇠스랑·곡괭이를 사용했음을 알 수 있다. 단 한 종류의 쟁기는 경토(輕土)에 맞게 제작된 쟁기 같은데, 단순히 구부러진 나뭇가지 한 개가 소의 연결구의 멍에에 부착된 구조로서 연결구에 쟁기날과 경작자가 쥐는 자루가 부착되어 있다.

　소가 끄는 달구지는 농장의 운반 일을 도맡아 했다. 큰 물건은 종대(縱隊)로 연결된 소들이 날랐고, 역축의 목에서 멍에를 벗기는 몇 가지 방법이 실험됐다. 등자(鐙子)와 안장은 중국에서 발명되어 페르시아로 건너갔다가 아랍인들을 거쳐 비잔티움인들에게 전해졌으며, 비잔티움인들은 늦어도 9세기에는 말에 편자를 신기는 법을 알게 됐다. 마지막으로 물방아를 들 수 있는데, 이것은 고대인들도 익히 알았던 것이고, 제국 주민들도 모르지 않았다. 그들은 1년 내내 가동 가능한 물방아와 기타 물방아를 구별했으니, 이는 지중해로 흘러드는 하천들의 유량 변화가 빚은 것이었다. 먹거리에서 생선이 차지하는 비율은 어로가 널리 행해졌다는 것을 말해주며, 야간 어로를 위해 횃불을 설치한 보트, 부표를 단 그물, 작살이 어로의 주요 수단이었다. 맹금류(매·새매·독수리·솔개) 사냥은 대지주나 왕족들에게만 허락됐고, 그들은 활을 들고 몰이용 개나 사냥개와 함께 자고새·토끼·여

---

49) 손에 쥐고 뾰족한 끝으로 씨를 심을 구멍을 내는 데 사용하는 도구. 뚜르개는 석기 명칭이나 역자가 임의로 사용했다.

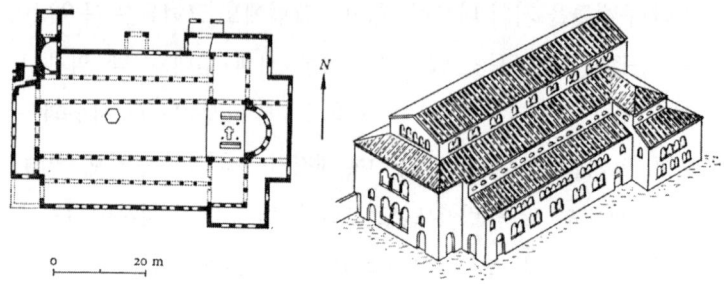

23. 테살로니키 성 데메트리오스 교회(5세기 말) 평면 · 복원도
(R. Krautheimer, *Early Christian*…, p.96)

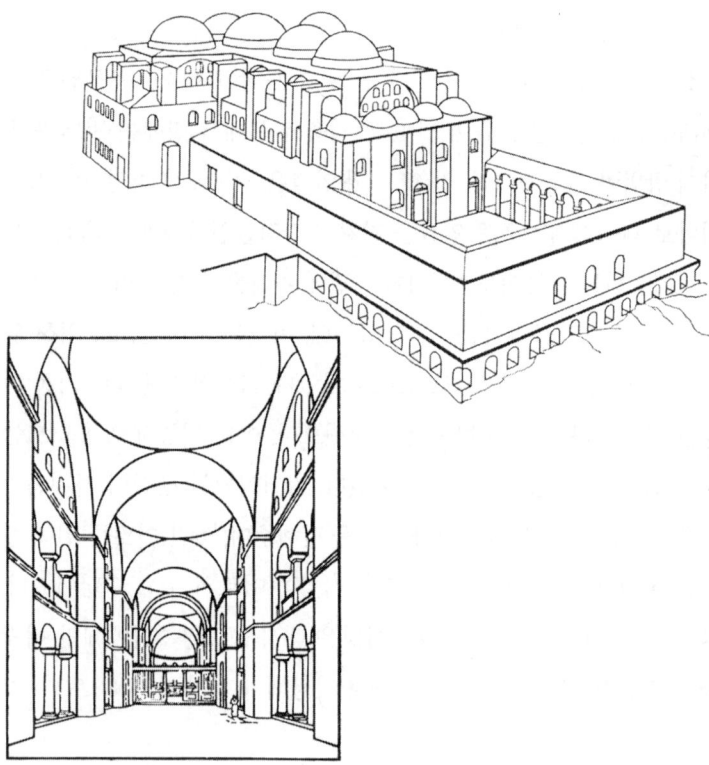

24. 에페소스 성 요안네스 교회(565년 완성) 바깥 · 내부 복원도
(R. Krautheimer, 같은 책, p.176)

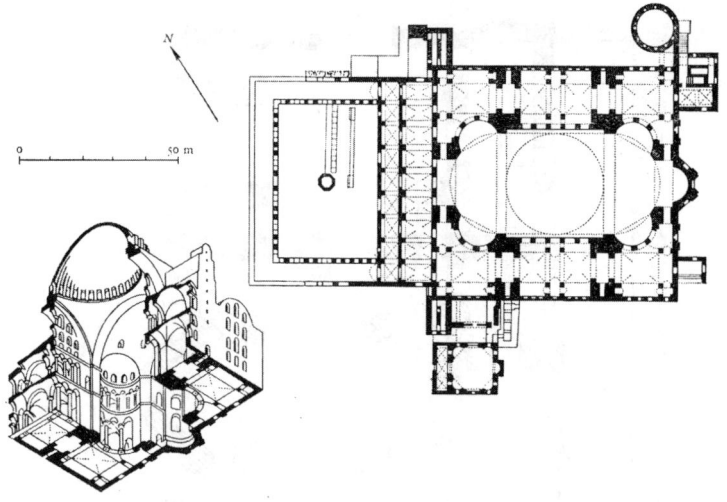

25. 콘스탄티노플 성 소피아 성당(532-537년) 평면 · 단면도
(R. Krautheimer, 같은 책, p.155)

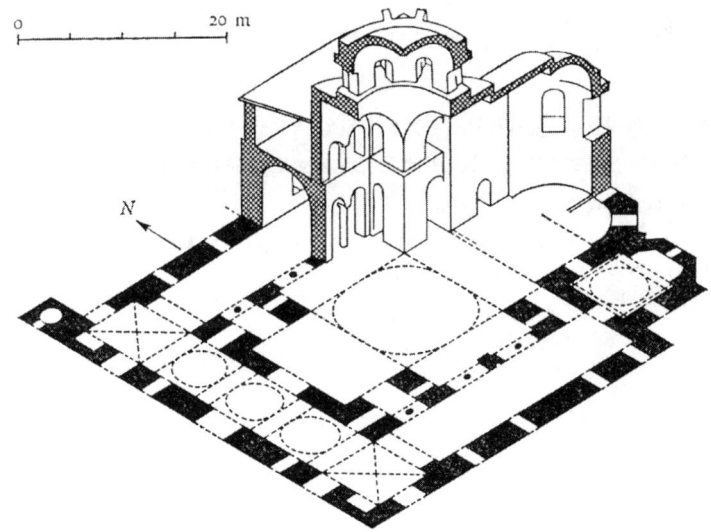

26. 테살로니키 성 소피아 성당(8세기 초?) 평면 · 단면도
(R. Krautheimer, 같은 책, p.206)

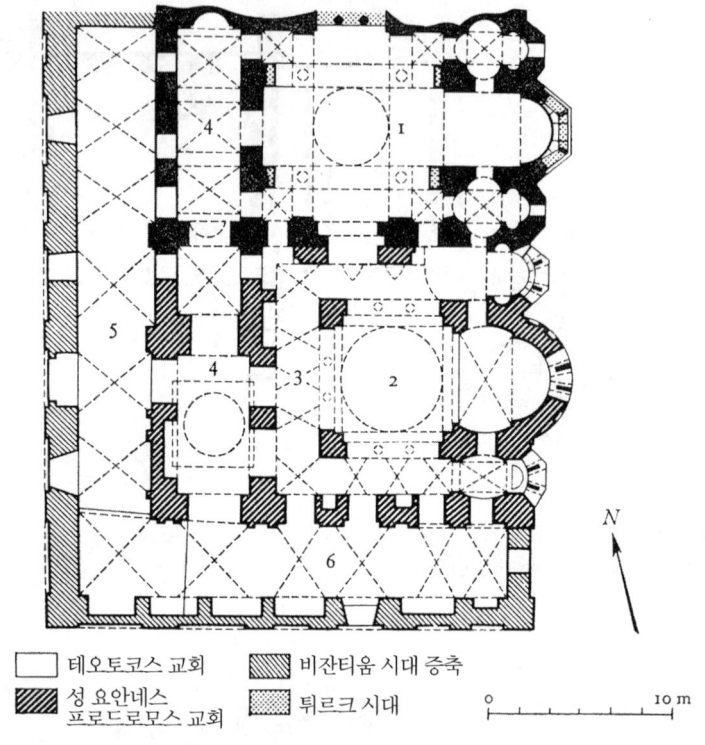

	테오토코스 교회		비잔티움 시대 증축
	성 요안네스 프로드로모스 교회		튀르크 시대

27. 콘스탄티노플 콘스탄티노스 립스 수도원(페나리 이사 자미)
(테오토코스 교회 907년, 성 요안네스 프로드로모스 교회 13세기)
(R. Krautheimer, 같은 책, p.262)
1. 테오토코스 교회 2. 성 요안네스 프로드로모스 교회 3. 회랑 4. 나르텍스 5. 엑소나르텍스
6. 남쪽 회랑

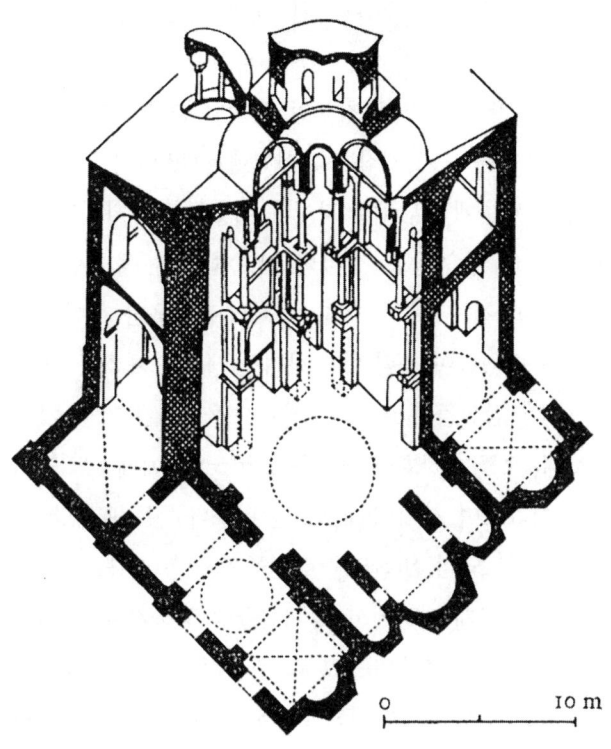

28. 아르타 파나기아 파레고레티사 교회(1283-96년) 평면·단면도
(R. Krautheimer, 같은 책, p.295)

우·사슴·흰 반점 사슴(daim)·가젤·멧돼지·곰을 쫓았다.

비잔티움인들은 고대인들이 기록한 과실수·포도·올리브 재배법, 곡물과 과실 보존법, 올리브 착유법, 석회와 송진 채취법, 비누와 세제 제조법, 유리나 도기 제작법을 실천했을까? 아마 언젠가 고고학적 조사가 이 질문에 대답해줄 것이다. 어쨌든 비잔티움인들은 옛 연금술사들로부터 금속 용융·합금법, 안료 합성법, 색 혹은 그림을 넣은 유리 제조법, 진주·보석·호박·설화석고 사용법, 상아 조각법, 법랑 제조법을 배웠음이 틀림없다. 화려한 색채를 애호한 비잔티움인들은 그들이 희랍인들과 로마인들에게서 물려받은 기술들을 배합하고 개선했다. 그들이 선호한 색깔은 호박 노랑·에메랄드 녹색·자줏빛 빨강 들이었으며, 사파이어 파랑은 너무나 독특해 서방인들이 본뜨려고 했을 정도였다. 비잔티움 직인들의 높은 기량은 전술한 자동인형처럼 오락 기계 개량에서도, 시간을 측정하기 위한 시계·천문 관측의, 천문 관측용 조준의(照準儀), 광학적 신호기, 일부 교회 둥근 지붕에 음향 효과를 높이기 위해 설치된 음향 도기들 같은 유용한 물건들 개량에서도, 공성(攻城) 기계·투척기·그리스의 불 같은 필수 기계 개량에서도 발휘됐다. 이 모두에서 과학적 진보는 거의 없었으며, 응용과 직능적 개선만이 있었다. 전문성 결여가 확실히 그 원인 중 하나였다. 3세기 알렉산드리아의 파포스는 건축사란 이름에 값하는 직인이 지렛대·쇠뇌·물이 올라가게 하는 장치·자동인형·해시계·물시계·물로 움직이는 천구의·롤러·톱니바퀴·사면·도르래·나사·캡스턴·권양기·굴착기·승강기를 만들려면 수학·천문학·음악·금속과 목재 가공·그림 그리기 지식을 겸비하고 있어야 한다고 하고 있는데, 이러한 기구들은 건축가와 기사들이 배(드로몬선[50]·켈란디온선

---

50) 비잔티움 전선(戰船) 이름. 돛과 노로 움직였다. 일종의 갤리선인 고대의 전선

51)·갈레아선52) 등)를 만들고 도로·다리·집·궁전·교회를 건설하는 데 사용하던 것들이었다.

콘스탄티누스가 수도를 보스포로스해협 기슭으로 옮기며 미래의 비잔티움 제국의 기초를 쌓을 때 건축에서 가장 중요한 기념물은 의심의 여지 없이 황궁이었다. 군주들은 저마다 자신의 권력과 야망의 상징으로서 자신의 궁전을 가지고 있었다. 유감스럽게도 콘스탄티노플·니코메디아·안티오케이아·밀라노에 있던 그러한 궁전들은 모두 사라져버렸다. 그렇지만 다음 세기 콘스탄티노플 주위에 세워진 성벽을 보면 이 시기 세속 건축물들의 규모가 엄청났음과 건축 기량이 뛰어났음을 미루어 짐작할 수 있다. 이 성벽은 6세기 제국 전 영역에서 모든 요새 건축의 본보기가 됐다. 이른 시기 종교적 기념물로서 유일하게 보존된 것은 성 헬레나가 베들레헴에 세운 예수 탄생 교회다. 고고학적 조사 결과 다섯 개의 신랑(身廊)은 처음 것이고, 예수 탄생 동굴 위에 세워진 내진은 팔각형이었다는 것이 드러났다. 그러므로 이 교회는 다른 곳에서는 나란히 배치되어 있거나 서로 분리되어 있던, 초기 기독교 시절에 매우 흔했던 두 종류의 기념물, 그러니까 영성체 의식에 사용되던 본래적 의미의 교회와 종종 성유물의 존재와 결부된 특별한 경배로서 축성되고 한 순교자를 모시는 곳으로서만 세워진 순교 기념 건축물을 결합한 구조였다.

당시 교회는 일반적으로 로마에서 재판을 하던 바실리카나 황제 알현 홀의 모습으로서, 세 개 혹은 다섯 개의 신랑(nef)으로 나뉜 긴 직사각형 모양이었으며, 그중 주 신랑은 측랑 위에 뚫린 창문

삼단노선으로부터 발전했다.
51) 원래는 드로몬선을 약간 개조한, 말을 수송하는 배를 지칭했던 듯하나 드로몬선의 별칭으로도 사용됐다.
52) 갤리선의 그리스식 명칭.

으로 빛을 받았고, 복판에 닫집(ciborium)을 인 제단이 자리 잡은 성가대석 고소(高所)를 칸켈리가 분리하고 있었다. 순교 기념 건축물(martyrion)은 로마의 능묘 건축에서 영감을 받아 원형·다각형·클로버형 혹은 같은 길이의 가지가 있는 사각형 십자가 형태의 집중·대칭식 구도53)로 된 것들이 가장 흔했다. 이 건물은 목재 혹은 석재로 된 둥근 지붕으로 덮여 있었는데, 원형의 예루살렘 성묘(聖墓) 교회가 가장 유명했다. 세 번째 종류의 건물은 세례당이다. 서방과 시리아의 관행과는 달리 제국의 그리스·셈 지역은 따로 세례당 건물을 짓지 않았고, 6세기 이래 이들 지역에서 순교 기념 건축물과 함께 자취를 감춘다. 순교 기념 건축물은 이때로부터 성유물함·세례반(洗禮盤)·전례를 위한 장소를 가진 독특한 기념물이 된다.

이 시기 이집트에는 파라오 건축을 딴 것으로 눈길을 끄는 지역적인 바실리카 건축(소하그의 수도원들)이 있었다. 시리아에 많이 남아 있는 이른 시기 직선 모양 후진벽을 한 바실리카 건축에는 두 대칭적인 작은 건축물이 후진 옆으로 나 있는데, 그 하나는 성구실(聖具室)로 쓰였고, 또 하나는 순교 기념 건축물로 쓰이다가 6세기에는 프로테시스(prothesis)로 쓰였는데, 이곳에서 성체 봉헌이 이루어졌고, 이것은 또 이 시기에 도입된 정문 행렬(procession de la Grande Entrée)의 출발점으로도 쓰였다. 입구는 종종 포치로 덮였으며 두 개의 탑이 양쪽에 서 있을 수도 있다(Qalb Lozeh). 아주 소박한 내부 장식 조각은 고전 혹은 셈 전통에서 영감을 얻은 것이고, 지붕을 덮은 재료는 나무나 돌이다. 메소포타미아는 시리아 본을 따른다(레사파의 성 세르기오스 교회, 니시비스의 성 야고보 교회). 팔레스티나·소아시아 남부 연안·헬라스 남부 연안·섬 지역에서 가장 유행한 건축물은 주

---

53) plan central/centré를 옮긴 말.

랑을 가진, 소박한 후진으로 끝나는 바실리카 형 건물인데, 골조 모양 지붕으로 덮여 있고, 포치가, 혹은 아트리움조차 앞에 자리 잡았다. 어떤 교회들(팜필리아의 시데·필리포이·마케도니아 테살로니키 성 데메트리오스 교회)에는 돌출하지 않은 수랑(袖廊, transept)이 있는데, 이것은 동방에서는 사라지지만 후대 서방 건축에서는 흔한 형태가 된다. 소아시아 건축물들은 통일성을 결여해 동부 지역·고원과 그 어름의 지역은 시리아·메소포타미아식으로 건물을 지었고, 연안 도시들에서는 그 기술적·미적 우수성으로 눈길을 끄는 그리스식 교회들이 지어졌다. 이사우리아의 메리아믈리크·코자 칼레시(알라한 킬리세) 교회들, 시데의 세례당, 에페소스의 성모 교회·성 요안네스 교회·7인의 잠든 이들 순교 기념 건축물이 가장 유명하다. 목재가 귀했던 반도 내륙 쪽에서는 4-5세기 바실리카 구도 혹은 십자가 구도(그리스 혹은 라틴형 십자가(빈비르킬리세·토마르자))의 원형 천장 구조의 교회가 지어졌는데, 이들은 마치 서방의 로마네스크 교회 같은 분위기를 띠고 있다.

　제국의 서부 지역에서는 동부 지역에서처럼 다양한 형태의 건물들이 지어졌는데, 테살로니키의 성 게르기오스 원형 교회·손이 만들지 않은(Acheiropoiètos) 바실리카·성 다윗 소(小)기도소·성 데메트리오스 대(大)바실리카, 소피아(성 소피아 성당)와 페루쉬티차에 있는 교회가 그 주요 기념물들이다. 4세기와 7세기 사이 콘스탄티노플에 수백 채의 교회가 세워진 기록이 있으나 서너 개의 교회만이 아직 서 있고, 다행스럽게도 그중에 성 소피아 성당이 있다. 유스티니아누스의 명에 따라 532-537년간 지어진 이 거대한, 아트리움과 2층으로 된 현관칸(나르텍스)을 앞에 내세운 건물 몸체(77미터×71.7미터)의 거대한 사각형 공간은 반구형 돔으로 덮여 있고, 이 돔은 동쪽과 서쪽에서 두 개의 반(半) 둥근 지붕이 받치고 있으며(이 둥근 지붕들은 다시 조개 모양을 한 반원형 벽감들이 받치고 있다), 양옆에는 측랑이 배치되어 있다. 역사가 프로코피오스가 '마치 금사슬로 허공에 매달린 듯한'이라 표현한 직경 51미터의 돔은 모든 원형천장처럼 새로운 기법인 벽돌로 지어져 네 개의 기둥이 떠받치고 있었다. 이 돔은 얼마 안 있어 붕괴했고, 그 무게의 압력을 완화하기 위해 더 높게 재건됐다. 이것은 두 건축 모델, 즉 바실리카와 집중·대칭식 구도의 건축양식을 결합하는 유스티니아누스 시대 전형적인 건축의 실현이었으며, 황제 스스로가 콘스탄티노플에 동시대 본보기를 하나 남겼는데, 그것은 성 세르기오스·성 바코스 교회다. 비잔티움 전례가 그것에 어울리는 형식들을 가지게 됨에 따라 건축은 더 이상 진화하지 않고 언제나 같은 본보기들만을 활용하고 고쳐 쓰게 된다.

부유한 건축 발주자들의 취향과 부는 이제부터는 점차 장식에 최대의 정성을 쏟은, 종종 세련되게 장식된 작은 건축물들로 옮겨간다. 이 우아한 건축물들은 벽돌 구조 혹은 벽돌 줄과 돌 줄을 교대로 쌓은 구조로, 반원형 궁륭(穹窿)이 받치는 돔을 이고 있다. 종종 고대 본보기들로 복귀하기도 했는데, 그것들은 골조 모양 지붕으로 덮인 바실리카(메셈브리아, 세레스)이거나, 여러 가지 십자가 구도의 건물들(콘스탄티노플 파나기오티사 수도원, 테살로니키 근처 페리스테라이, 마케도니아 보도차Vodoča)이거나 했다. 그러나 절대다수의 교회는 세 개의 후진이 있고 현관칸(나르텍스) 하나를 전방에 놓고 원형천장을 두른 다소 정방형 꼴이며, 원형 벽(tambour) 위에 돔을 올렸으며, 이 돔은 종종 네 개의 소형 돔이 옹위한다. 이러한 건축물에 주어지는 상징은, 뒤에서 보겠지만, 건물의 거의 배타적인 쓰임새를 확실하게 설명해준다. 그렇지만 변화한 면이 하나 있는데, 그것은 건축가들이 건축 구조물들을 가볍게 하고 점점 더 취약한 구조 위에 선 둥근 지붕을 위로 올리려 노력한 것이며, 둥근 지붕들은 이제 갈수록 홀쭉한 모양이 된다. 이것은 성상 파괴주의 이전 시대의 테살로니키 성 소피아 성당을, 콘스탄티노스 립스[54]가 세운 성모 교회(페나리 이사 자미, 907), 로마노스 레카페노스(870년경-948, 재위 919-944)가 콘스탄티노플에 세운 뮈렐라이온 교회(보드룸 자미)와 비교해보면 잘 알 수 있다. 이 둥근 지붕을 얹은 작은 정육면체 모양 건물들은 이탈리아 같은 바다 건너 속주들, 그리고 제국 바깥의 불가리아·세르비아·러시아·조지아, 그 외 다른 곳에서도 발견된다. 제국 마지막 수 세기간 교회들은 갈수록 이 홀쭉한 둥근 지붕을 애호하며, 교회 외부는 벽돌과 유약을 칠한 작은 도기 조각들로 장식되며, 허용된 형태들에 대한 개인적 해석의 성향을 드러낸다. 국가 경제가 쇠퇴하던 이 시기 가장 유명한 건축물들은 테살로니키(성 사도 교회), 마케도니아 카스토리아·오흐리드, 모든 구도의 건축물들이 제시된 미스트라스, 아르타(파나기아 파레고레티사 교회), 페티예 자미[55]에 세워졌고, 유일한 세속 건물로서 텍푸르 사라이(Tekfur Seray) 궁전이 있는데, 이는 궁전 건축의 유일한 예다. 여기에 세르비아·불가리아·루마니아 공국들의 교회들을 보탤 수 있을 것인데, 이것들은 그 고장 직인들의 취향에서 비롯된 약간의 지방색을 지닌 점에서 주목할 만하다.

 이 모든, 단순히 장식이라고만 볼 수 없는 기념물들에 의해 전달된 교육, 아니 선전이라고 해야 할 활동은 상징들의 그것이며, 그것은 비잔티움인의 영적 감성 가장 깊은 곳, 그 교양의 뿌리와 맞닿아 있다.

---

54) 9-10세기 비잔티움 귀족 해군 제독.
55) 이스탄불에 있는 모스크. 모스크로 변하기 전 이름은 팜마카리스토스 교회다.

감성사

신앙의 상징들

7세기 한 시리아 찬가에 의하면 교회는 신성한 비의(祕儀)의 형상이다. 둥근 지붕 관을 쓴 평행육면체 교회는 우주고, 동일한 삼면의 외벽은 세 개의 창문을 통과하는 단 하나의 빛과 마찬가지로 삼위일체의 형상이며, 삼면의 벽을 뚫은 수많은 창유(窓牖)는 성 사도·예언자·순교자다. "천장은 하늘처럼 펼쳐져 있고 마치 천공(天空)에 빛나는 별들을 흩뿌린 듯 금 모자이크들로 장식된다. ……높은 원개는 천국에 견줄 만하고 원개를 떠받치는 아치들은 세상의 사처(四處)다"(앙드레 그라바르André Grabar). 6세기 이후 가르쳐져 온 비잔티움 종교 시설의 상징에 대해 테살로니키 대주교 시므온은 15세기 초 크레타인들을 상대로 다음과 같이 설명한다.

"지상 세계, 천상 세계, 천상 세계 위에 있는 세계가 성스러운 교회의 형태 안에 제시됩니다. 프로나오스(전실前室)〔엑소나르텍스〕는 지상의 일을, 신랑(나오스)〔교회〕은 하늘을, 성가대석은 하늘 위에 있는 세계의 일을 표상합니다. ……교회는 물질로 지어졌지만 초자연적 성격을 지니고 있습니다. 주교의 비의적인 기도로써 축성되고 성유가 도포된 교회는 그 전체로 신이 거하는 곳이 되지만, 모든 부분이 모두에게 개방되지는 않습니다. 어떤 부분은 사제들, 어떤 부분은 속인들에게 개방됩니다. ……신랑(身廊)은 지상 세계와 하늘의 가시(可視) 부분을 표상합니다. ……칸켈리〔나중에는 성상벽〕는 감각적 사물을 예지적 사물(choses intelligibles)로부터 분리하고, 칸켈리에 그려진, 성모와 선구자 요한 사이에 계시는 그리스도, 천사, 성 사도, 성인 들은 하늘에 계신 그리스도를 표상합니다."

전술했듯이 장식의 선택과 배치는 다른 기원을 갖지 않는다. 회화와 모자이크는 세계를 가득 채운 신의 왕국을 상징하며, 아마도 7세기 시칠리아에서 작성됐고 조지아어로 쓰인 이본(異本) 하나가 전하는 미편집된 성자 전설이 확언하고 있듯이, 그 왕국의 계획은 성 사도들에 의해 교회에 계시됐다. 이 텍스트에 따르면 성 베드로는 그리스도의 성육신 이야기를 수태고지부터 예수 변모 때까지 쓰고는 그의 제자들에게 그들이 건설할 교회를 이 이야기로 장식할 것을 명했고, 이 이야기를 화가 요셉에게 양피지에 그리게 했고, 이 양피지를 초대 주교들에게 보냈다. 이렇게 하여 그가 바울 성인의 충고를 따라 판크라티오스와 마르키아노스를 서방에 보낼 때 그는 그들에게 "두 권의 복음서 초록, 두 권의 사도행전, 두 개의 성배와 은제 성반 세트, 두 개의 삼나무로 만든 십자가, 두 권의 교회 장식을 담은 성스러운 이야기책, 즉 성 사도들이 정한 그림으로 된 신구약 책을 주었다". 그는 그들에게 "나는 당신들이 교회를 다음과 같이 장식하게 하면서 교회를 세우길 바랍니다"라고 말하곤 그들에게 요셉이 그린 수태고지·성탄·선구자 요한에 의한 세례·제자들을 처음 부르심·치유 기적들·유다의 배반·십자가에 매달리심·매장·부활과 변모 그림 모음을 보여주었다. "이 모든 장면을 교회 안에 놓으십시오. 백성들이 그곳에 들어오면서 그 의미를 깨달아 주의 성육신을 기억하고 성육신에 대한 그들의 신심이 다시 활기를 띠고 다시 뜨거워지게 말입니다." 그 전언의 진실성과 그 의미는 이렇게 제시되며, 그 사실성은 본보기 그림첩으로써 전달된다. 이 본보기 그림들의 존재는 여기에서 전제가 된다. 비록 현재까지는 아무것도 발견되지 않았지만 말이다.

이 상징체계는 그것을 담는 그릇에서부터 그 내용, 신자들의 예배 모임(쉬낙시스), 전례(예식leitourgia · 미사 · 성무)에까지 미치는데, 이 전례에는 다음과 같이 3형식이 있다.

- 한 해에 10번 올리는 바실레이오스 전례
- 사순절 기간 토요일 · 주일 · 3월 25일(수태고지일)을 제외한 날에 올리는 예비성체 전례(liturgie des Présanctifiés)[56]
- 다른 날들에 올리는 성 요안네스 크리소스토모스 전례

"경건한 묵상을 통해 지혜로써 문자를 넘어 성령에까지 올라가지 않으면 안 됩니다. 성령 안에는 모든 덕의 완성과 지(知)와 지혜의 감추어진 보물들이 있습니다. 만일 누가 성령에 값하게 된다면 그는 성령의 은총으로 그의 심장의 서판에 새겨진 하느님 자신을 발견하고, 하느님의 영광을 문자의 장막을 걷고 마치 거울 속에서처럼 관상(觀想)할 수 있을 것입니다."

이렇게 쓰고 증거자 막시모스는 선택된 자들을 향해 예배의 각기 다른 부분들의 의미를 설명하려 한다. 전례 집전자가 성스러운 종교 행사(쉬낙시스)를 위해 교회에 첫 번째로 입장함은 그리스도가 육신이 되어 세상에 처음 오심과 인간의 죄로부터의 해방을 형상화하며, 성소에 들어가 그의 옥좌 계단을 하나하나 올라가는 집전자는 하늘에 올라 자신의 자리를 도로 찾으시는 그리스도를 상징한다. 사제와 함께 교회에 들어오는 하느님의 백성은 불신자들이 무지에서 하느

---

[56] 정교회에서 사순절 기간 수요일과 금요일에 올리는 저녁 예배. 그 전 주일 축성된 성체를 쓰기 때문에 '미리 축성된(presanctified) 성체'란 이름이 붙었다.

님을 앎으로, 악에서 덕으로 전향함을 표상한다. 교회는 덕을 상징하기에. 성스러운 책들의 가르침은 각자가 자신의 능력에 따라 받는 하느님의 명령, 나아가 계율이며, 각자는 이것으로써 전투를 벌여 승리의 관을 받는다. 전례 송가는 그 감미로움으로써 천상의 보화를 가지는 데서 오는 기쁨을 표현하며, 영혼으로 하여금 하느님을 사랑하고 죄를 미워하도록 이끈다. 각 독송(讀誦)에 이어 성소 높은 곳에 있는 집전자의 요청에 응해 외치는 평화의 환호는 전투의 직무에서 해방되어 그들 영혼의 모든 역량을 영적 교양, 그러니까 덕의 실천에 바치고 있는 천사들에 대한 찬양이다. 복음서의 독송과 그에 이은 의식은 말씀(le Verbe)의 수난을 표상하며, 말씀은 곧이어 내려와 육욕에 대한 생각을 예지적 세계(l'intelligible)에 대한 관조로 향하게 한다. 복음서의 전체적 의미는 우리가 사는 세상의 완성이다.

성 복음서의 독송(부제가 한다) 후 전례 집전자는 그의 보좌에서 내려오고, 예비신자와 성비의 광경에 참예하는 것이 허락되지 않는 사람들은 모두 퇴거를 명받는다. 그리고 하느님의 최후의 심판을 위한 두 번째 강림이 포고되는데, 이것은 사도 바울이 「테살로니키인에게 보내는 편지」에서 "우리 구주 자신이 대천사의 음성과 하느님의 나팔 소리와 함께 하늘에서 내려오실 것이기 때문입니다"라고 한 말에 따른 것이다. 이때 성소의 문이 닫히는데(그리고 장막(벨로튀론)이 쳐지는데), 이것은 지상의 사물들의 일과성(一過性)과 장래에 있을(무시무시한 격리隔離와 두려운 판결이 있은 뒤) 그 장소에 합당하다고 심판이 내려질 사람들의 예지적 세계, 그러니까 신의 신전으로의 입장을 상징한다. 성스러운 의식의 입장(큰, 두 번째)은 장차 하늘에서 듣게 될 우리를 위한 하느님 경륜 설명의 서론이며, 우리 구원 신비의 계시다. 집전자가 의식에 참가한 모두가 서로 나눌 것을 요청하는 평화의 입맞춤은 그들 간의 화합을 예시(豫示)하는데, 이 화합으로부터 전례에 합당한 사람들의, 말씀 그리고 하느님과의 친밀한 관계가 생겨난다. 입은 말씀(Verbe)의 상징이며, 입으로써 모두가 처음이자 유일한 말씀에 참가하기 때문이다. 집전자와 회중이 일제히 불러 젖히는 신앙의 상징은 그들의 구원을 보장하기 위해 하느님의 섭리가 구사하는 놀라운 도구들에 대한, 그들 모두가 하느님께 올리는 상징적인 감사 기도다. 모든 신자가 선포하는 트리사기온(삼(성聖)창三唱)은 그들이 장차 무형이고 예지적인 위력 있는 존재들의 모임에서 다시 만날 것에 대한 징표인데, 그들은 이 존재들과 함께 삼중의 찬사를 발함으로써 유일한 신성의 삼위일체를 송축할 것이기 때문이다. "하늘에 계신 우리 아버지시여!"는 모든 이를 하느님의 자녀로 삼는 입양을 간구하는 기도다. 전례의 마지막 기도 "단 한 분 거룩하신 분, 단 한 분 주님"은 현의(玄義)를 전수받은 사람들의, 앞으로 예지적 세계의 썩어 없어지지 않을 세기에 있을 감추어진 신의 특별한 단순성에의 설명되지 않고 불가지한 합일을 나타내며, 이때는 저 높은 곳에 있는 위력 있는 존재들과 함께 그들은 영광의 빛을 보게 된다. 모든 것의 완성으로서의 신비 배수(拜受)는 그들에게 이러한 은총에 참여하는 데 필요한 순수성을 부여한다.

비잔티움 전례 상징 표출 방식의 구체성, 소박하고 절도 있는 모습은 의식을 찾는 과정에서 주저하고 있던 어느 민족을 매혹했는데, 이것은 러시아 중세 시대 가장 이른 문헌 가운데 하나인 『원초 연대기』에 나오는 이야기다. 키예프 대공 블라디미르[57]는 그의 보야

---

57) Vladimir the Grea(958년경-1015, 재위 978-1015), 러시아 류릭 왕조 스뱌토슬라프 1세의 막내로 태어나 왕자들끼리 내전을 거쳐 978년 왕위에 올라 블라디미르 1세가 됐다. 원래 이교를 숭상했으나 본문에 나오는 경위를 거쳐 988년 그리스 정교로 개종하고 백성들에게도 받아들이게 했다. 987년 바실레이오스 2세가 소아시아 귀족 바르다스 포카스의 반란으로 위기에 처했을 때

르[58])들과 도시의 원로들을 모아놓고 다음과 같이 말한다.

"제공은 들으시오, 불가리아인들이 나를 찾아와서는 내게 그들 종교를 받아들이라고 종용했소. 그들 다음으론 독일인들이 그들의 신앙을 나에게 자랑했소. 그다음으로 유대인(하자르인)들이 그리했소. 마지막으로 그리스인(비잔티움인)들이 와 다른 믿음 모두를 비난하고 그들의 믿음을 권하곤, 태초 이래 세상의 역사를 길게 설했소. 그들의 말은 유창했고, 그것을 듣고 있으니 놀랍고 듣기에 좋았소. 그들은 내세가 있음을 설하고 '누구든 우리 종교를 받아들이는 자는 죽어서도 부활해 영원히 살지만 다른 종교를 품는 자는 내세에 불에 태워져 사라질 것입니다'라고 하는 것이오. 당신들은 이에 대해 어떻게 생각하고 어떤 답을 줄 것이오?"

그러자 보야르들과 원로들은 이렇게 대답했다.

"주군이시여, 당신께서는 누구든지 자기 것에 대해서는 비난을 참지 못하고 정반대로 자랑한다는 것을 아십니다. 만일 당신께서 어떤 확실한 것을 얻으려 하신다면 당신께는 당신 종들이 대령하고 있사옵니다. 그들을 파견해 각 민족의 전례와 신께 올리는 예배에 대해 알아보게 하소서."

그들의 조언은 대공과 모든 백성의 마음에 들었다. 그들은 10명의 선하고 현명한 사람들을 골라 먼저 불가리아인들에게 파견해 그들

군대를 보내 구원해주고, 그 대가로 황제의 누이 안나를 왕비로 취한다.
58) 10-17세기 러시아 봉건귀족.

의 신앙을 가까이에서 살펴보도록 했다. 길을 떠난 특사들은 목적지에 도착해 불가리아인들의 모스크에서 그들이 예배를 드리는 볼썽사나운 모습을 보고 자기 나라로 돌아왔다. 블라디미르는 그다음 그들에게 독일로 가 그들의 신앙을 보고, 마지막으로 그리스인에게 갈 것을 명했다. 이리하여 독일로 간 그들은 독일 전례(로마 교회 전례)를 보고 차리그라드(콘스탄티노플)로 가 황제를 알현했다. 황제가 그들이 파송되어온 까닭을 묻자 그들은 일의 자초지종을 아뢰었다. 그들의 말을 들은 황제는 기뻐하며 그들을 융숭하게 대접했다. 이튿날 황제는 총대주교에게 전언(傳言)해 러시아 사절단이 그리스인의 신앙을 배우러 왔음을 알리고, 총대주교가 교회(성 소피아 성당)와 그 성직자들을 준비시키고, 그 자신도 전례 장신구들을 착용해 러시아인에게 그리스인들의 신의 영광을 보여주도록 명했다. 황제의 명을 들은 총대주교는 성직자들에게 모일 것을 명했고 그들 모두는 평소 하는 전례를 봉행했다. 향이 타올랐고 성가대는 찬송가를 불렀다. 황제는 러시아인과 함께 교회로 가 그들을 넓은 곳으로 인도하곤 그들에게 건축물의 아름다움, 노랫소리, 총대주교의 전례 수행, 부제들의 직무에 주목할 것을 청하며 그의 신께 올리는 예배에 대해 상세히 설명해주었다. 러시아인들은 경탄하면서도 그리스인들의 예식에 대해 찬사를 빼놓지 않았다. 그 뒤 두 황제,[59] 바실레이오스와 콘스탄티노스는 사절들을 그들의 처소로 초대하여 "당신들 고향으로 돌아가시오"라고 말하곤 값진 선물과 큰 영예를 안겨 전송(餞送)했다. 그들이 돌아오자 대공은 그의 보야르들과 원로들을 소집했다. 블라디미르는 그들에게 먼 곳에 갔던 특사들이 돌아왔음을 알리고 그들의 보고

---

59) 실권을 가진 바실레이오스 2세와 당시 공동 황제(《용어 해설》 참조)였던 그의 동생 콘스탄티노스(나중에 콘스탄티노스 8세)를 말한다.

를 들을 것을 제안했다. 그리고 그가 특사들에게 그의 수행원들이 있는 데서 본 것을 말할 것을 청하자 특사들은 다음과 같이 말했다.

"저희가 불가리아인들에게 갔을 때 저희는 그들이 모스크라고 부르는 곳에서 무기 없이 서서 예배를 올리는 것을 보았습니다. 그들은 절을 하고 앉아 마치 무엇에 씐 사람처럼 고개를 오른쪽, 왼쪽으로 저었는데, 그들에게는 충만감이 없고 그 대신 슬픔과 끔찍한 악취만이 있었습니다. 그들의 종교는 좋지 못했습니다. 그러고 나서 저희는 독일인들의 나라로 가 그들이 신전에서 여러 가지 전례를 올리는 것을 보았지만 거기서 아무런 영광도 볼 수 없었습니다. 그다음 저희는 그리스로 갔습니다. 그리스인들은 저희를 그들이 신을 경배하는 집으로 데리고 갔는데, 저희가 하늘에 있는지 땅에 있는지 모를 지경이었습니다. 지상의 그 어떠한 광채와 그 어떠한 아름다움도 그것에 비할 바가 없어 도무지 그것을 형용할 수가 없습니다. 저희는 단지 신께서 그 사람들 가운데 머물고 그들의 전례가 다른 민족들의 그것보다 아름답다는 것을 알 뿐입니다. 그 아름다움을 잊을 수가 없으니까요. 감미로운 그 무엇을 맛보았다면 누구라도 쓴 것을 받아들일 수가 없고 저희는 더 이상 여기서 살 수가 없습니다."

그때 보야르들이 아뢰기를 "만일 그리스인들의 신앙이 좋지 못했다면 그 누구보다 현명하셨던 우리 할머니 올가(956년경 세례받음)께서 그것에 귀의하시지 않았을 것입니다"라고 했다. 이리하여 블라디미르는 그들에게 그들 모두 어디에서 세례를 받는 것이 좋겠느냐 물었고 그들은 그의 의향에 따르겠다고 대답했다(크로스, 세르보비츠베초르S. H. Cross, O. P. Sherbowitz-Wetzor 역).

아름다움에 대한 견해

그러므로 예배 환경의 아름다움은 관람자와 참가자 모두에게 깊이 체험되는 것이었다. 새 교회의 성서 시대 성소(聖所)에 대한 우월성에 대해 9세기 중반 포티오스는 "(그것은) 은총과 성신의 율법과 성서에 대한 우월이 아니라, 이 교회의 기예(art)의 아름다움과 완전성에서의 우월에 근거한다"라고 했다. 그런데 이것은 어떤 아름다움과 어떤 기예를 말하는가? 중세 미술품들(oeuvres d'art)은 모두 지배자의 발주와 봉헌에 기초해 제작됐으며 "(그것들은) 단순히 예술가의 개인적인 감성과 사상의 표현이 아니었으며, 경배의 실제적인 필요에 맞추어 제작된 것들이었다"(로자리오 아순토Rosario Assunto). 그것들은 그것들의 목적에의 봉사 기능에 의해 감식됐으며, 그 미적 성질은 그것이 얼마나 예술품의 기능성에 기여하느냐와 얼마나 그 목적에 부응하느냐에 따라 평가됐다. 비잔티움에서 예술적 계획은 고정된 것이었고, 직인이나 예술가의 역할은 이것을 작업 대상의 본성에 적용하는 것이었다. 만일 직인이나 예술가가 이 계획을 성공시킨다면 사람들은 그것이 잘 실현됐다고 하지 절대로 예술적이라고 말하지 않는다. 그래서 식자들이 그들의 서재에서 예술에 대해 정의해 전달하는 것은 두 가지인데, 그중 하나는 자연주의적인 것이며, 다른 하나는 종교적인 것이다. 첫 번째 것은 자연의 아름다움, 즉 철학자들의 아름다움에 관계한다. 6세기 비잔티움의 레온티오스는 다음과 같이 말했다.

"예술품에서 우리는 어떻게 기예가 작업을 통해 그것이 가공하는 무형의 주제를 변형시켜 하나의 상태와 하나의 더욱 고상한 성질로 이끌고, 그것의 효용을 증대시키는가를 볼 수 있다. 실제 기예는 자연이 갖지 못한 것을 낳으며, 피리와 키타라, 그리고 같은 종류의 악기들은 기예의 작용 아래 소리를 발하고, 조형 예술은 금과 다른 재료들에 동물의 수많은 형상뿐만 아니라 인간의 형태까지 부여하며, 기계 제조업은 천구의와 시계, 그리고 다른 비슷한 물건들을 발명하는 것이다. 창의적인 재능이 기예 덕택에 자연에, 그것이 그 고유한 한계를 벗어나지 않고 손상됨이 없이, 미와 유익한 성질을 더한 예는 이밖에도 수없이 많을 것이다."

성 바실레이오스의 묘사에 의하면 화가는 "그에게 본보기가 되는 이콘을 눈에서 뗌 없이 한 이콘을 다른 이콘에 따라 그리며, 그가 모사하는 이콘의 특징들을 미술품에 옮기려 노력한다." 이 정식은 중세 내내 유지된다. 이는 예루살렘 한 필사본에 그려진 직인의 작업에서 볼 수 있는데, 이 작품에서 성 누가는 아기 예수를 안은 성모를 실물을 보며 그리고 있다. 예술에 대한 자연주의적 관념은 여기서 두 번째 관념과 만나는데, 그것은 포티오스(9세기)에서 비롯한다.

"한 사물의 조형 표현은 언제나 그 본보기의 영향을 받도록 준비되며, 그것은 거울처럼 사물의 외형을 붙잡을 수 있다. ……눈이 사물을 관조하려면 그것은 보이는 사물과 닮고 비슷해져야 한다. 그러므로 모든 존재가 신과 미를 관조하려면 그것은 신성하고 아름답게 되어야 한다. 아름다움은 내면의 눈으로 보아야지 육체의 눈으로 보아서는 안 된다."

예술은 더 이상 단순히 물질적 자연의 직접적이거나 다소 이상화시킨 모방·모사(模寫)가 아니라, 높은 곳에 있는 예지적 존재와 접촉하는 하나의 수단이며, 작품은 그것을 표현한다.

예술은 설명하기 위한 재현이며, 이콘이든 어떤 다른 비잔티움 작품이든 원작자에 대한 관념은 주지하듯이 우리들이 그것에 대해 가지고 있는 관념과는 아주 다른 것이다. 수많은 비잔티움 문헌, 성자전, 시, 소설, 연대기, 사전, 가지가지의 주석서가 "누구의 것도 아니었고, 각각의 베낀 자들이 또한 편집자와 작가였다. ……하나의 형식적 서문 혹은 단순히 잘 선택된 몇 마디의 소개 글을 덧붙이는 것만으로도 익명의 문헌(adespoton)이나 단순한 초록이 하나의 소논문으로 탈바꿈했다"(레인데르트 헤리트 베스테링크Leendert Geritt Westerink). 비잔티움 문학과 마찬가지로 비잔티움 예술은 작가가 알려진 '고전' 작품 집성을 보존할 필요조차 갖지 못했으며, 그것이 본질적으로 정통 신앙의 필요에 부응해 조성한 작품 집성은 익명으로 남았다. 비잔티움 교양인 서클들의 지적 야심은 태생적으로 좁은 문헌학에 국한된 것이었으며, 그것은 정확한 원문을 보존하는 데 주안점을 두었고, 책의 삽화는 특정한 미적 의미가 없는 이콘으로 인식됐으며, 사적 신앙심에 기여하는 것이었다. 삽화 화가는 그가 필경사이기도 했을 때에야 비로소 삽화본에 이름이 남았다(한스 벨팅Hans Belting). 실제로 제작 의뢰인들의 경건한 뜻이, 비록 그들이 언제나 권력자들과 아주 가까운 사람들이었을지라도, 언제나 세속적 고려들에 훨씬 앞서는 고려 사항이었다.

신앙

실제 모든 비잔티움인은 신앙인들(pistoi)이며, 신앙은 그들 일생의 모든 계기에서 표출됐다. 걷다가 돌부리에 차이거나, 약간의 아픔을 느낄 때도 비잔티움인은 언제나 하느님의 어머니의 가호를 빌며 "산타마리아 님 절 지켜주십시오"라고 한다. 길을 가다가 수도사를 만나면 그는 그에게 축복을 빈다. 많은 사람이 죽기 전에 수도원에 들어가고, 그것이 불가할 경우 속인으로 남은 사람들조차 죽음이 임박했을 때 수도사복을 입기를 원했다면, 그것은 강한 확신이 아니겠는가? 그들이 병인들과 걸인들을 구조하는 데 보인 열정은 또 달리 어떻게 설명할 수 있겠는가? 어떤 서방 작가들은 장중한 정교회 의식과 궁정의 추문들에 강한 인상을 받고는 비잔티움 기독교의 도덕적 통일성에 이의를 제기했다. 그렇지만 내가 보기에 개인과 비잔티움 사회의, 이러한 삶에 있어서의 통일성은 제국에서 하나의 필요성으로서 깊게 체험된 것 같다. 신참(新參) 민족들의 정교로의 개종은 내가 보기에 비잔티움인들의 신앙 일치에의 강한 집착의 표현인데, 이것이 예컨대 왜 비잔티움인들이 제국 경내에서 모든 자치주의, 모든 언어에 관용적이면서도 이단설에 그러한 태도를 취했는가를 설명해준다. 유스티니아누스 황제는 다음과 같이 말한다.

"우리 신민들에게 유익한 모든 것을 주는 데 마음을 쓰는 우리의 첫째 관심은 그들의 영혼이 정통 신앙에 대한 신실한 믿음, 거룩하고 그 본질에 있어 하나인 삼위일체 숭배, 영예로우시고 영원히 동정이신 하느님의 어머니 마리아 님 경배를 통해 구원받는 것이었다. 그렇지만 우리는 많은 사람이 가지가지 이단설에 빠진 것을 발견했고, 그래서 우리는 그들을 하느님께로 이끄는 권유를 통해 그들이 더욱 좋은 감정으로 돌아오도록 힘을 썼고, 우리 칙령들과 법률들로써 그들의 잘못된 선택을 교정하고, 그들이 유일한 구원의 신앙인 기독교인의 신앙을 인정하고 믿도록 추동(推動)하는 데 노력을 기울였다."

악마에게서 영감을 받아 생긴 어리석음의 표출로 간주된 수많은 비잔티움 이단은 세 개의 범주로 나눌 수 있다. '고상한 이단'이란 이름이 붙은 것들은 네스토리오스주의, 단성론, 단의론(單意論)인데,

이것들은 이른 시기에 유행했다. 이것들은 하느님·그리스도·성신에 대한 정의와 그들 간 관계에 대한 콘스탄티노플의 교리로부터 멀어진 것들이었지만 "이것들의 짜임·규율·신조는 본질적으로" 공식 교회의 그것들과 "동일했다"(장 구이야르J. Gouillard). 처음 두 가지는 제국 속주들(시리아·이집트)이 통째로 행한 표명으로서, 이 지역들의 자치주의 감정과 독립의식을 보여주는 것이다. 성상 파괴주의가 종종 이 교리들과 관련지어졌다. 이것들 모두는 세계 공의회에서 단죄됐다―431년 에페소스 공의회(네스토리오스), 451년 칼케돈 공의회(알렉산드리아의 디오스코로스와 단성론자들), 681년 콘스탄티노플 공의회(단의론), 787년 니케아 공의회(성상 파괴주의). 정교회는 또 다른 일련의 교리 일탈을 비난하고 엄숙하게 정죄했으니, 그것들은 그러니까 게론티오스―"크레타에 자신의 불순한 이단의 독을 내뿜고 그 스스로를, 아 끔찍하도다! 기름 부음을 받은 자로 선포해, 유익한 그리스도의 성육신을 망쳐놓으려 획책한 자, 그자의 가르침과 그자의 편벽된 저서, 그것을 신봉하는 자들에게 파문이 있을지어다"―의 일탈 교리(10-11세기)였으며, 또 "콘스탄티노플 거룩하신 하느님 대교회[60] 부제들인 전(前) 교사·프로텍디코스[61]·수사학 교사 미카엘과 사도서한 교사 니케포로스 바실라케스가 도입하고 구두로 퍼뜨렸으며, 디라키온 수도 대주교 에우스타티오스가 받아들였고, 동(同) 교회 부제며 테우폴리스(위대한 도시 안티오케이아) 총대주교 피선출자인 소테리코스(판테우게노스라 불리는)가 문서로써 지지한 편향들"이었고, 또 "동일한 소테리코스가 도입하고, 문서로써 공표하고, 나중에 모두 파문에 처해지고 그들[62]에 의해 거부된 다

---

60) 성 소피아 성당.
61) 성 소피아 성당에서 피비호권(asylum) 심사를 담당한 교회 관직.
62) 앞에 언급된 두 부제, 미카엘과 니케포로스를 가리킨다.

른 명제들, (이것들을) 위대한 정통신앙 옹호 황제이시고 포르퓌로겐네토스[63]로서 로마인의 전제군주(아우토크라토르)이신 마누엘 콤네노스 님의 분부로 소집된 거룩한 공의회는 단죄하고 파문, 또 파문에 처했노라"라고 기록된 것들이다. 이 밖에도 다른 많은 일탈 교리가 같은 길을 걸었다.

이러한 다소간 널리 퍼졌거나 아주 지역화한 이단들은 신자 집단에게는 전문가들 간 논쟁으로 비쳤음에 틀림없다. 그러나 교회가 이단설 중 대다수가 전통 교리를 대수롭지 않게 여김을 폭로하자 신자 집단도 이에 무관심할 수만은 없었다. 제국 내에는 또한 특정 지역들(불가리아·카파도키아·프리기아·크레타)에서 종족적인 열망과 정통 신앙으로의 통일에 대한 어떤 형태의 반감을 대변하는 이단 종파주의 집단들이 있었다. 아마도 정통 규율에 대한 반발에서, 그 밖에도 모든 동방 정신에 유전적으로 존재하고 있는 감성에서 비롯되어, 이 분파주의들 가운데 많은 것(바울주의·보고밀파·마살리아노이[64] 등)은 개인적인 완전성·각자의 하느님과의 직접적 교류·개인적 기도와 신비적 체험을 높은 자리에 두고 교회의 가르침과 성사(聖事)를 유명무실한 것으로 축소시켰으며, 이로써 위계질서와 대립까지 하게 된다. 그 우두머리들을 수도원 안에 감금하는 것이 그들에게 가장 흔하게 집행된 벌이었는데, 이것으로 수도원 내에서 평화로운 수도 생활을 심각하게 위협하는 전염 현상이 초래됐다. 분파들은 의문의 여지가 없는 나라 안 지적 활기를 증명이라도 하듯, 끊임없이 대두했으나 "이 분파들 내부에서 현의(玄義) 전수의 깊이에 따른 차별이 존재한 것은 그 효율성을 현저하게 떨어트렸음이 틀림없다"(장

---

63) '자의(紫衣)를 입고 출생한 자'라는 뜻으로 정통 황제를 수식하는 말.
64) 시리아어 '므쌀리아네'에서 옴. '기도하는 사람들'이란 뜻의 에우키타이라고도 '메잘린파'라고도 함.

구이야르). 그렇긴 해도 이 분파주의 신봉자들 몇몇의 헌신성과 성스러운 몸가짐은 정교회 위계질서를 감동시켰다. 구래의 '민족적 이단들', 신학자들의 오류, 분파들의 교리는 결코 정교회를 흔들지 못했다.

정통 교회는 언제나 문서로써 자신의 교의를 지켰고 이단의 저서들을 불살랐다. 교회는 죄인들을 죽이고, 불구로 만들고, 유배하고, 과세했다. 그렇지만 교회의 정통 신자 집단의 영혼에 대한 가장 잔인한 무기는 분명히 파문(aphorismos)으로서, 이것은 교회의 영성체 의식으로부터의 배제를 의미하는 것으로, 교회가 발한 아나테마, 즉 저주에 따라 그 효력이 발생한다. 파문은 이단자들을 겨냥하지만, 또한 이단자들과 관계를 맺는 자, 이단 사제에게 성무를 부탁하는 자, 그들의 축복을 받는 자, 그들을 맞아들여 식사를 함께하는 자, 그들과 친분을 유지하는 자들을 겨냥한다. 파문의 기간은 하루에서 1년까지 다양하고, 어떤 것들은 임종 시까지 풀리지 않는다. 그리고 이단자가 파문된 채로 죽으면 교회는 그를 위해 어떤 의식도 베풀어줄 수 없다. 이단자는 회심한 이후일지라도 모든 종규(宗規)적 제한에서 완전히 자유로울 수 없으며, 사제·부제·독사(讀師)들은 공의회 허가 없이는 더 이상 제단에서 직무를 수행할 수 없다. 동일한 실격(失格)이 예배 건물에도 적용되어, 이단자가 전례를 수행한 건물에서는 화해의 의식이 있기 전에는 그곳에서 그 어떤 정통 신앙인도 의식을 집행할 수 없으며, 기도하는 것조차도 불가능하다.

이러한 정교 세계의 교리 일치에의 집착은 하나의 진정한 정신적 단합을 보장하는데, 이것은 의심의 여지 없이 비잔티움 문화의 한 독특한 면을 이룬다. 예를 들면 수도 생활의 위대한 스승들은 자신들의 직업에 대해 높은 자부심을 지녔음에도 언제나 수도사의 정신성이 기독교적 정신성과 그 목적, 즉 구원에 있어, 그리고 그 수단에 있어

서까지도 일치하는 것이라고 단언했다. 그 수단의 항목들을 스투디오스 수도원의 테오도로스는 스파타리오스 마리아노스에게 보내는 편지에서 다음과 같이 들고 있다.

"정신적 빈한함, 회한(悔恨), 눈물, 온정과 관용, 평화, 동정심, 하느님께로 향한 지력, 돈에서 초탈함, 세상에 대한 거부, 검박, 각자의 능력에 따른 절제, 또한 자신의 배우자보다도, 자신의 자식들보다도, 자신의 부모보다도, 자신의 형제보다도, 한마디로 누구보다도 우리를 만드시고 우리들 각자를 위하여 목숨을 바치신 우리 주님을 사랑하는 것, 이러한 미덕들과 이와 비슷한 다른 것들이 진정한 기독교인을 만듭니다. 진실로 귀하는 이러한 항목들이 수도사에게 해당되고, 결혼하지 않는다는 것과 진정으로 가난하다는 사실을 제외하곤, 전적으로 그리고 동일한 정도로 속인에게는 해당되지 않는다고(더욱이 수도사에게 더욱 강한 정도로 해당된다고) 믿으시지 말기를 바랍니다. 결혼하는 것과 진정으로 가난하지 않다는 것 두 가지는 세상에 속한 사람에게는 아무런 비난이 되지 않습니다. 그럼에도 그에게는 이것에서조차 절제해야 하는 기간이 있으며 작은 것에 만족하라는 계율이 있습니다. ……이것이 귀하, 귀하께서 저에게 귀하에게 하느님의 뜻을 선포하라고 강제하신 내용입니다. 너나 할 것 없이 우리들의 구원을 이루어 나갑시다."

또 이집트인 마카리오스(4세기, Macaire l'Égyptien)는 진정한 기독교인을 성인에게밖에 걸맞지 않은 특징들 속에서 묘사하고 있다. "금욕수행자들은—그들을 수도사라 부르건 달리 부르건—그들의 소명을 이해하고, 그것에 합당하도록 자신들의 능력을 쓰기로 결심한 기독교인들에 불과하다"(이레네 하우스헤르Irénée Hausherr). 몇 번이나 강조했듯이 여기에서 이러한 세속 세계와 수도원 세계의 항구적인 소통이 이루어진다.

정신적 고양은 마음이, 생각이 그 속에서 유전(流轉)하는 외적 사물에서 멀어져 내적 세계에 도달하게 되는 점진적 돌아섬이다. 이것은 신플라톤주의자들의 가르침인데, 이것을 성 바실레이오스(4세기)와 아레오파고스 회원 차명자-디오뉘시오스(Pseudo-Denys l' Aréopagite, 5세기)가 손질하고, '신비주의자 교부'라 불리는 이들 모두, 그리고 마지막으로 14세기 헤시카스트들이 전했다. 아토스산 수도사들의 내밀한 기도는 이 교리의 가장 뚜렷한 표현이다. 마음이 외적 현상들에서 돌아서서 내적 자아로 향함은 정적(靜寂)과 평정(平靜), 그리고 물질적 관심의 부재를 전제한다. 그러므로 수도사는 이것에 도달하는 데 가장 가까이 가 있다. 인간이 신과 접촉하고 생의 목표인 구원을 이루려면 본성에 대적하는 고독한 싸움이 필요하다. 지상에서 삶을 영위하는 인간은 사실 신의 거처인 그의 본성의 고향으로부터 유배된 자다. 그래서 수도사는 조금씩 이 땅 위를 올라가 하늘에 접근한다. 세상에서 잘라내어진 그는, 아토스산 한 수도사가 발간한 지 채 20년도 되지 않은 책 제목 그대로 '하늘과 땅 사이'에 매달린 채로 삶을 영위할 것이다. 이 정신적 목표는 어떤 철학적 뒷받침이 있는 것인가? 그것은 부정된다. 철학적 체계는 현상들을 설명하려는 강박에서 생겨난 것으로서 영혼에 혼란과 동요의 씨앗만 되기 때문이다. 수도사 또는 속인은 우주의 신비와 구원을 향한 그의 도정(道程)을 설명하려고 하는 대신에 자신의 영혼을 신비로 살찌워야 한다. 영혼은 본성적으로 신비에 속하니까 말이다. 이것이 본질적인 것이고, 비잔티움인은 이 신비주의를 그 가장 높은 형태에서부터 가장 유치한 표명에 이르기까지 어떤 대가를 치르고서라도 함양한다고 말할 수 있다. 이 신비는 그의 삶의 터전이며, 거룩함으로 이끄는 정신성은 실제로는 영혼의 정서지 지성의 숙고가 아니다. 이것이 또 다른 요점인데, 신학자들과 식자들은 종종 '그들의 지식을 으스댈' 뿐만 아니라 신에게 이르지 않는 길을 좇기 때문이다. 따라서 수도사들은 지식을 불신한다. 그들 중 몇몇은 한동안 외면의 압력을 못 이겨 구원에 이르는 평정을 포기하고, 신학이나 교회사에서 최근에 이루어진 발견들에 관심을 가질 수도 있겠지만, 그들 대다수에게는 풀어야 할 문제도 공백 기간도 없으니, 그것은 그들이 그들의 믿음이 올바르고 그들의 침묵이 지혜에 속한다는 것을 알기 때문이다. 혹자는 제국 말기, 그리고 그 뒤에도 유행한 대중적인 금욕주의가 무지의 정당화라고 주장할 것이며, 그 철학적 기원을 제시하기도 했다.

그렇지만 비잔티움 신비주의에는 또 다른 측면이 하나 있는데, 그것은 소망이다. 그 최초의 표명은 의심의 여지 없이 5세기 말 시리아 은자 아파메이아의 요안네스의 서간문에서 발견된다. 그에게서는 그 어떠한 신플라톤주의적 사변도 찾아볼 수 없다.

"죽은 자들 가운데서 우리 주가 부활하셨던 것처럼 우리가 죽은 자들 가운데서 부활하는 사건도 그렇게 일어나야 합니다. 그리하여 세례에서 시작된 신비가 완성되는 것입니다. ……요셉은 어린아이 때 꾼 꿈에서 그가 장차 가질 권력을 약속받았지만, 그것의 실현은 그가 파라오에 의해 투옥될 때까지 미루어졌습니다. 그러므로 우리 영예가 이승에서 나타나지 않는다고 조금도 애석해하지 맙시다. ……사람이 그 순결함 덕에 기쁨을 맛볼 때 그는 완성의 문에 도달한 것입니다. ……누가 새 사람의 행동거지를 터득하였다면 그는 자신의 영혼 안에서 하느님이 참여하시는 비의의 아름다움을 봅니다. 그의 영혼의 순결함은 지성이 나쁜 생각과 결별해 있을 때 영혼이 육(肉)의 본능을 탈피하는 일일 따름입니다. ……삶의 소망이 공표된 후에 할 일은 한 가지밖에 없는데, 그것은 그것을 좇되 영적인 지식으로써 그리하는 것입니다."

아파메이아의 요안네스와 그의 후계자들은 마카리오스, 니사의 그레고리오스, 그리고 방금 말한 신비주의자들과는 달리 이 세상에서 영적으로 사는 사람들의 복됨과 저세상에서 선민들이 누리는 복됨을 아주 정연하게 구분한다. 그의 지적 금욕주의는 하지만 어떠한 철학적 용어도 사용하지 않는데, 그는 4세기 교부들보다는 훨씬 더 초기 기독교인들을 따르고 있다. 그는 의심의 여지 없이 그들보다 더욱 인생의 최종 목표를 강조하고 있는데, 정교도에게 그것은 부활의 기쁨이다. 비잔티움 정교회는 실제 다시 태어나기 위한 고통에 대해 길게 논하지 않으며, 그리스도의 무덤이 갖는 의미는 '부활의 은총이 빛난 곳'으로서의 의미다.

기도

비잔티움인은 신앙이 독실한 사람이다. 퇴직 고관 케카우메노스는 11세기 그의 속인 독자에게 다음과 같이 충고한다.

"너는 내가 너에게 한 말, 그러니까 땀 흘려 일해 너의 생계에 필요한 것을 벌되 너를 너의 영혼을 잃게 할, 또 신을 멸시해 모든 정교회 신자들이 올리는 송독 의식, 곧 아침 기도(orthros)와 4시과(時課), 저녁 기도, 아포데이프논(식후 기도)을 잊게 할 기업이나 과도한 일에 내맡기지 말라고 한 말을 들었다. 이것은 우리 삶의 일부이고 이 전례들로써 비로소 우리는 하느님의 친밀한 종으로 인정된다. 하느님을 증거하는 것으로 말하자면, 불신자들과 사탄들도 하느님의 존재하심을 인정하니까 말이다. 너는 이 전례들을 올려야 하고, 가능하면 시편 한 장을 외울지라도 심야 기도(메소뉙티콘)도 올려야 하는데, 이 시간에 너는 방해받지 않고 하느님께 사뢸 수 있기 때문이다. 기도가 끝나고 너는 자리에 들도록 하라. 하느님과 독대해 사뢰는 것은 고역이 아니라 오히려 기뻐할 일이다. 나는 너에게 이 세상 일에 열심이기를 권면하기도 하지만, 또한 영적인 일에도 열심이기를 바란다. 그렇게 하면 너는 양쪽 모두에서 내 바람을 충족시켜 주고, 한마디로 모든 일에서 내가 바라는 만큼 뛰어나게 될 것이다. 너는 '아무개는 교회 예배에 참석하지 않는데도 잘 살아요'라고 말하지 말라. 너는 그가 몰래 하는 일을 모른다. 어떤 이들은 남들 모르게, 사탄조차 모르게 덕을 행한다. 하지만 어떤 이들은 덕을 행하길 게을리하며, 못된 짓을 해도 일이 번창하는데, 이것에 놀랄 필요는 없다. 유대인·이단자·회교도와 다른 많은 자는 교리를 알지 못하고, 진정한 신이신 우리 주 예수 그리스도께 소망을 기탁하지 않지만, 그들 중 어떤 사람들은 잘살고 사람들을 부리며 신께서 내려주시는 복을 누린다. 하지만 우리는 그들이 잘 삶을 시샘해선 안 된다. 선한 신은 자신의 고유한 판단에 따라 모든 것을 이끈다. 너는 자비를 실천하라. 그러면 헛되지 않을 것이다. 코르넬리오스라고 하는 어느 가장 하찮은 교리조차 모르는 이교도가 바른 생각에 이끌려 신께서 보시는 곳에서 선을 행해왔는데, 그는 어느 날 '코르넬리오스여, 너의 기도와 자비행은 신께서 헤아리셨다'라고 하는 말을 들었다."

기도는 이렇게 비잔티움인의 삶을 채우고 있으며, 평복(平伏)·성호 긋기·간원(懇願)·많은 관용적인 표현·끊임없이 이어지는 행렬·이콘 앞에서 발하는 기원들은 병·위험·불행을 회피하기 위한 것이다. 축복과 기도가 집을 지으려고 정초(定礎)하기·새 집에 입주하기·아궁이 놓기·우물 파기·배 의장(艤裝)들에 함께 한다. 비잔티움인은 신께서 들이나 텃밭을 지켜주고 맹수나 다른 자연재해들이 토지를 덮치지 않게 해줄 것을 빌고, 물고기를 잡는 못이나 호수를 지켜달라고 빈다. 집에서 나쁜 귀신들을 쫓으려고, 부정 탄 우물·저수조·항아리를 정화하려고 기도한다. 경작지·포도밭·파종한 밭·과수원에 도마뱀과 해로운 짐승들이 창궐하지 못하도록 빌며, 이러저러한 짐승의 이름을 부르고 사람의 발길이 닿지 않는 산속이나 숲속 나무로 물러가도록 간청한다. 기도와 축복 중에는 정신적으로 곤경에 처한 기독교인이 불순한 충동(공상·간음)·수마(睡魔)·외설스러운 꿈·사탄 들에서 벗어나도록 돕기 위한 것도 있다. 또 다른 기도들은 육체적 장애가 있는 사람, 병자, 역병이나 재난을 당한 사람, 열병 환자, 종기나 치통으로 고생하는 사람들에게 도움이 되는 것들이다. 그들을 위한 기도는 다음과 같다.

"오, 예수님의 영광스러운 순교자이신 성 안티파스 님! 사도님들의 동료이시고 주교들의 꽃이시고 페르가몬 초대 주교였던 분이시여, 교회의 빛이시고 신앙의 수호자이신 분, 하느님의 적들 앞에서 담대하게 예수 그리스도를 증거하시고 찬미하신 분, 죄 없는 어린 양처럼 번제에 바쳐지셨고, 마치 향기로운 향처럼 뜨거운 청동 소 안에 넣어져 그 안에서 불타 죽으면서도 거룩하신 아버지를 찬미하신 분, 당신 영혼 속에서 태양처럼 빛나시는 예수 그리스도로 빛이 비취어 순교를 견디시고, 그럼으로써 종말에 이르도록 사탄을 제압하신 분, 이처럼 크나큰 공적으로 땅에서 예수님께 높임을 받으시고, 특별한 은총을 입으시어 치통을 치료하고, 믿음 속에서 당신의 중개를 간구하는 이들의 아픔을 덜어줌으로써 세상의 빛이 되신 분이시여, 저를 불쌍히 여겨 제 말씀에 귀 기울여주시고 당신의 못난 종인 죄인 N이 당신께 도움을 구하며 다음과 같이 올리는 겸손한 기도를 들어주소서—하느님의 주교이자 순교자이신 성 안티파스 님! 당신의 못난 종 N이 당신께 드리는 겸손한 기도를 받아들이시고 그 기도를 제가 당신께 간구하는 지금 바로 들어주셔서, 우리 하느님이신 주께 청을 올리셔서 그분께서 저의 죄를 사하셔서 저를 괴롭히는 치통에서 제가 속히 벗어나게 해주시도록 하여주시옵소서. 이것이 예수 그리스도 님의 공덕과 당신의 유력한 중개로 말미암아 제가 얻고자 하는 것입니다. 아멘."

불면증에 시달릴 때 사람들은 에페소스의 7인의 잠자는 성자들에게 간구한다. 이 성자들은 성자전에 따르면 데키우스 황제의 박해를 피해 에페소스 부근 한 동굴에 몸을 피한 일곱 아이로서, 그곳에서 잠들어 2백 년 뒤에야 깨어났다고 한다. 또한 비잔티움인 전례에는 더럽혀진 먹거리(예를 들면 곡식이나 밀가루에 죽은 동물이 빠졌을 때)나 부정 탄 먹거리(질식사한 동물)를 두고, 혹은 이것들을 먹은 사람들 앞에서 외우는 기도문도 있었다. 그리고 전쟁 위험과 적의 침입을 액막이하고, 동시에 비잔티움 군대의 승리를 기원하는 기도문도 있었다. 또한 기독교인들을 지진, 폭풍 같은 자연재해에서 지키기 위한 기도와 축복, 쾌청한 날씨 기원·가뭄 회피를 위한 기도들도 있었다. 마지막으로 기도와 전례는 인생의 각각의 국면, 즉 여행 떠나기·개학·아이들의 말 안 들음·입양·불화(不和)·안 보이던 물건 발견·죽음에 부수된다. 병이 나지 않도록 가축을 축복하고, 가축우리와 그물을 축복하고, 물고기가 많이 잡히도록 기도한다. 벌을 축복하는 기도는 다음과 같다.

"전능의 주(판토크라토르) 우리 주 하느님, 당신 말씀 하나로 모든

제6장 교양　717

것을 무에서 창조하신 분, 주님, 바로 당신께서 이 벌들 또한 보살펴주시고, 이놈들이 대대로 정해 살고 있는 이곳에 드나들도록 지켜주옵소서. 라우렌티오스 성인 님, 아가피오스 성인 님, 코드라토스 성인 님, 40인 순교자 성인 님들, 조시모스 성인 님, 그리고 또 모든 성인이시여, 하느님의 어머니(테오토코스)이신 지극히 거룩하신 마리아 님·천상의 귀한 무형의 위력들〔천사〕·거룩하고 고명한 아나르귀로이 성인들〔코스마스와 다미아노스〕·히에라르코이〔주교들〕 성인들께서 중개해주시는 가운데, 이 벌들을 모든 뱀·나쁜 개미들·메뚜기, 그리고 다른 곤충들로부터, 또 딱새들로부터도 지켜주셔서 이놈들이 때맞추어 아주 넉넉한 수확을 내게 하여주옵시고, 우리 거룩한 조시모스 신부님 벌들에게도 그렇게 하여주옵소서."

또한 누에·수확한 포도·포도주 맏물·올리브 나무와 기름·밭에 뿌릴 곡식·벨 곡식·타작마당에 있는 곡식·소금·물·누룩을 위해 기도한다. 기도, 축복, 전례는 또한 전례력 가운데 고정 축제와 비고정 축제를 위해 정해진 날들을 위해서도 마련됐다.

민간신앙

이러한 직접적인 용도에 기반한 기도들의 목록은 스스로를 악의 힘으로부터 지키려는 비잔티움인의 절실한 욕구를 대변하는 것이었다. 비슷한 것들로는 또 다종다양한 영검스러운 물건이 있었는데, 십자가에서 떨어져 나온 나무 조각·무덤의 일부 등 십자가 사건에 관련된 모든 물건, 성인 유해(뼈·머리카락 등), 성인들이 접촉해 신성하게 된 물건, 옷·이콘·기름, 심지어 먼지 등 성인들이 특별히 축복한 물건들, 구마(驅魔) 기도문이 쓰인 모든 부적이었다. 가짜도 흔했다. 팔레스티나 티베리아스 주교 요안네스는 페르시아인의 침입을 피해 알렉산드리아로 피신한다(7세기). 그는 그곳에서 죽으며 그의 상속자에게 성 십자가 조각이 든 금제 가슴걸이 십자가를 물려준다. 알렉산드리아 총대주교 자선가 요안네스(Jean l'Aumônier)는 그 귀중한 성유물을 갖고 싶어 했다. 그는 목걸이값의 두 배를 주겠다고 목걸이 주인에게 제안한다. 그는 후자는 그 제안을 받아들이나 총대주교에게 진품 대신 복제품을 준다. 천사들이 꿈에 나타나 그를 겁주고 그는 성유물을 총대주교에게 건네준다. 비잔티움인들이 즐겨 목에 걸고 다닌, 예루살렘에서 만든 납·은·동으로 만든 작은 병 안에는 성 십자가 앞에서 타오르던 등의 기름이 들어 있었다. 그렇지만 그들은 이보다 품격이 떨어지는 부적으로 만족하기도 했다. 어느 법률가 아르메니아 아미다 북서쪽 아르아 랍타[65] 수도원의 주상(柱上) 고행승(stylite) 마론을 찾아와 자기 아내가 아기를 갖게 해달라고 빌어줄 것을 청했다. 마론은 아주 길게 자란 자신의 발톱을 깎고 있는 중이었다. 그는 발톱 한 개를 정성스럽게 싸 그 법률가에게 주며 다음과 같이 말했다―"이것은 순교자의 성유물도 아니고 진토에 기름과 물을 탄 것도 아니오. 제가 당신께 드리는 것은 풀 한 포기인데, 아무도 이것을 찢거나 보지 않도록 주의하시오. 내년에 당신은 당신 아들을 내게 데려오고, 그 아이와 함께 이것도 가져오시오." 마론이 지시한 대로 그 남자는 그가 준 것을 그의 아내 목에 걸어 주었고, 그녀는 아이를 뱄고, 성인에게 아기를 데려갔다.

이콘은 가장 대중적인 부적이었으며, 그 쓰임새가 다양했다. 콘스탄티노스라고 하는 한 장교가 라오디케이아에 임지를 발령 받아 나

---

[65] 원문의 '(monastère) d'Ar' à Rabtha'를 'Ar'a Rabtha'로 고침. Ar'a Rabta는 시리아어로 '너른 땅'을 의미한다.

갔다. 그는 그곳에서 아내를 얻었다. 결혼한 지 며칠 뒤 그의 아내의 왼뺨에 종기가 났다. 콘스탄티노스는 겨드랑이에 언제나 성인 의사인 코스마스와 다미아노스를 그린 이콘을 끼고 있었다. 그 두 성인이 밤에 그의 젊은 아내에게 나타나 말했다―"왜 너는 그렇게 슬퍼하느냐? 왜 너는 너의 남편을 괴롭히느냐? 우리가 여기 너와 함께 있으니 걱정하지 말거라." 이튿날 밤 그들이 재차 현현(顯現)한 뒤 그녀의 병은 나았다. 이렇게 이콘은 치유의 능력이 있었다. 이콘 가운데는 또 기금을 모으는 데 활약을 한 것도 있었다. 아마세이아 지역 디부딘(Dibudin) 마을에는 사람 손이 만들지 않은(acheiropoiètos, 손이 만들지 않은) 이콘이 있었는데, 이것은 천 위에 그리스도 상을 그린 것으로서 카파도키아의 카물리아나이에서 온 것이었다. 6세기 중엽 이 마을은 도적 떼에게 노략질을 당해 교회는 불타고 주민들 일부가 포로로 잡혀갔다. 성직자들은 콘스탄티노플로 가 유스티니아누스에게 마을을 재건하고, 교회를 다시 세우고, 포로가 된 사람들의 몸값을 지불해줄 것을 요구했다. 황제는 돈을 주었지만 사람들은 그가 성직자들을 그 이콘과 함께 제국 여러 도시로 보내 또 다른 기금을 모으게 할 것을 제안했다. 그 이콘은 6년 동안 자신의 임무를 수행했다. 이러한 기적을 일으킨 이콘들은 수없이 많다.

　사탄의 행위에 대한 믿음 역시 비잔티움 종교 유산의 일부다. (콘스탄티노스 포르퓌로겐네토스 황제가 지은 『바실레이오스전』의 한 대목) 제독 아드리아노스는 아랍인에게 포위된 시칠리아의 시라쿠사를 구출하기 위해 콘스탄티노플에서 함대와 함께 파견되었다(877). 그는 바람을 만나 모넴바시아(펠로폰네소스) 히에락스항에 정박해야 했다. 그곳에는 엘레오스라고 하는 곳이 있었는데, 그곳을 뒤덮은 빽빽한 숲에서 그 이름을 딴 곳이었다. 한 사탄의 세력이 그곳에 터를 잡고 있었는데, 목동들은 자주 그들을 불러내어 그곳에서 풀을 뜯는 양 떼를 돌보아달라고 부탁하곤 했다. 그런데 목동들이 들으니 마치 사탄들이 그들끼리 말하며 닥친 불행에 대해 기뻐하고 있는 것처럼 들렸는데, 그것은 시라쿠사가 전날 함락되고 거기에 있는 모든 것이 파괴되고 불탔다는 것이었다. 이 소식이 아드리아노스의 귀에 들어왔다. 아드리아노스는 목동들을 불러 자세히 심문하고 그들에게서 그가 들은 것이 자신들이 한 말이라는 말을 들었다. 그는 그 소식을 자기 귀로 듣고 싶어 목동들과 함께 그곳으로 가 목동들에게 시라쿠사가 언제 함락될 것인가를 묻게 했다. 그리고 그는 도시가 이미 함락됐다는 것을 알았다. 그는 슬픔과 무력감에 사로잡혔으나 사탄들은 예지(豫知)의 능력이 없으므로 그들이 하는 말을 믿을 필요는 없다는 생각에 냉정을 되찾았다. "그러나 그가 몰랐던 것은 그가 들은 것은 예지가 아니라 사탄들이 일어난 사건을 밝힌 것이란 것이었는데, 그들은 정보의 신속함과 정확성에서 어떤 목격자들보다도 나은 존재들이다." 지은이조차도 이렇게 사탄의 역할을 정당화하고 있다.

비잔티움인들은 또한 방자와 주술사들을 믿었고 마법을 믿었다. 킬리키아 태생 에피파니오스는 콘스탄티노플 프로 격투사였다. 그의 성공을 시기한 그의 맞수들이 그에게 저주를 걸었다. 격투사는 병이 들어 일을 그만두어야 했다. 그의 벗들이 혹시나 어떤 성인이 그를 고쳐줄까 하는 기대에서 그를 이 수도원 저 수도원으로 데리고 다녀보았으나 소용이 없었다. 마침내 그들은 그를 점쟁이들에게 데리고 갔는데, 그들은 그에게 더러운 귀신이 들게 했다. 두 해 동안 그는 다시 무적의 격투사가 됐으나 다시 병이 들어 이전보다 더 심하게 앓았다. 에피파니오스의 적들에게 시달린 에피파니오스의 벗들은 그에게 식량을 챙겨주고 예루살렘으로 보냈다. 그는 성지에서 명상의 시간을 갖고 요르단강으로 가는 길에 코지바 수도원에서 쉬게 됐다. 그는 그곳에서 나중에 예루살렘 총대주교 모데스토스(재위 632-634) 밑에서 십자가지기(staurophylax)를 하게 될 도로테오스 수도사를 만난다. 수도사는 그 격투사를 수도원의 한 나이 많은 수도사에게 데려가는데, 그는 그에게 "내 아들아, 네가 내 말을 듣는다면 나는 너에게 조언을 해줄 것이고 네 영혼은 구원받을 것이다"라고 말했다. 에피파니오스는 땅에 엎드려 "그것이 제가 찾는 것입니다, 신부님"이라고 말했다. 그래서 그는 그 수도사의 권유에 응해 그 수도원에 머물렀다. 어느 날 그는 그 늙은 고행승에게 병을 낫게 해달라고 부탁했다. 그는 그에게 "네가 나에게 바라는 것은 될 수가 없다. 너는 너에게 거짓 도움을 준 점쟁이들에게 갔었기 때문이다. 너는 네 신앙을 욕되게 했고 하느님께서는 네 불충에 화가 나셨다"라고 대답했다. 이야기의 결말은 그 격투사는 수도원에 머물렀으나 사탄은 그에게서 떠나지 않았다는 것이다.

12세기 콘스탄티노플에서 열린 두 마법사에 대한 재판에서 피고인 스클레로스 세트와 시키디테스는 사람들의 이목을 끌었는데, 이 이야기를 연대기 작가 니케타스 코니아테스가 전하고 있다. 스클레로스는 점성술을 한다는 핑계를 내세우며 마법에 빠져 있었다. 그는 공개적으로 한 혼기에 이른 젊은 처녀를 유혹하려 했다. 그 처녀는 그를 뿌리쳤다. 그는 그녀에게 복숭아 열매 하나를 보냈고, 그녀는 그 복숭아를 그녀의 넓적다리 위에 놓았다. 상사병에 걸려 육욕에 눈이 먼 그녀는 스클레로스에게 몸을 바치고 말았다. 젊은 처자의 부모는 분노해 이 일로 큰 소동을 일으켰다. 시키디테스로 말하자면 그는 "그가 혼내주려는 사람들에게 사탄 대군을 불러내어" 사람들의 눈을 멀게 하거나 착란하게 했다. 어느 날 그는 궁전만큼 높은 곳에서 바다를 바라보고 있었는데, 그의 눈에 사발과 접시를 실은 배가 항구로 들어오는 것이 보였다. 시키디테스는 주위에 있는 사람들에게 만일 그가 배를 세우고 뱃사람이 노를 쳐들어 배에 실린 짐을 박살 나게 한다면 그에게 얼마를 줄 거냐고 물었다. 사람들은 그에게 그가 요구하는 것을 주겠다고 했다. 그러자마자 뱃사람이 일어나 노를 쥐더니 그릇들이 가루가 될 때까지 두들겨 부쉈고 주위에 있던 사람들은 신나게 웃어댔다. 사람들이 자초지종을 묻자 시키디테스는 그 자신이 보니 등가죽이 불꽃처럼 빛나는 적갈색 뱀 한 마리가 갑자기 사발 위로 몸을 일으키더니 그를 잡아먹을 듯이 노려보더라는 것이며, 그릇들이 모두 깨어지고 나서야 비로소 그놈이 응시를 거두고 사라지더라는 것이다. 또 한 번은 시키디테스가 목욕탕에 갔는데, 그와 그와 같이 목욕을 하고 있던 사람들 사이에 시비가 붙었다. 그는 목욕탕을 나와 라커룸으로 갔다. 조금 있으니 사람들이 모두 겁에 질려 목욕탕에서 뛰쳐나왔다. 그들 말에 따르면 시키디테스가 나간 뒤 더운물 나오는 도관(導管)에서 마치 타르를 뒤집어쓴 듯 새까만 사람들이 나오더니 그들의 엉덩이를 발로 걷어차며 목욕탕에서 내쫓더라는 것이다. 제국 재판소는 스클레로스 세트와 시키디테스에게 눈을 멀게 하는 형벌을 내렸다. 전자는 제 나쁜 버릇을 버리지 못했고, 후자는 수도사가 되어 훗날 하느님의 신비에 대한 논저를 저술했다.

민간 미신은 예언에 특별한 관심을 보였다. 예언에서 숫자는 중요한 역할을 수행했다. 짝수는 남성, 홀수는 여성으로 인식됐는데, 예를 들면 6번째 달 같이 2로 나누면 홀수가 되는 달들에는 임신한 여자가 놀라서 조산할 염려가 없다고 했다. 14세기 한 문건은 태어날 아이의 성별을 예측하는 법을 알려주고 있는데, 그것은 다음과 같다.

- 부모의 이름 글자의 수치[66]에 아이를 밴 달의 숫자를 더하고 그

---

[66] 그리스어 문자 하나하나에 고유한 숫자 값을 말한다(627쪽 참조).

값을 3으로 나눈다.
- 만일 나머지가 1이면 사내아이가 태어날 것이고 2면 계집아이가 태어날 것이다.
- 나누어 떨어지는 경우에 대해서는 아무 말이 없다.

이러한 일상적인 점(占) 기호(嗜好)의 가장 단순한 형태로는 글을 읽을 줄 아는 사람이 쓰는, 책을 잡아 아무 곳이나 읽는 곳에 자신의 문제에 해답이 있다고 믿거나, 1-38 사이 임의의 숫자를 선택해 그것에 해당하는 성서 초록을 참조하는 것이 있었으며, 글을 모르는 사람이 쓰는, 거울·물·포도주·기름을 이용해 치는 점, 심지어 사발이나 대야에 자갈 세 개를 던져 넣고 사탄에게 도움을 비는 행위까지 있었다.

그러므로 우리는 제국 주민의 종교적 감수성이 그 어떤 지적 도그마에 대한 집착이라기보다는 하나의 심적 열정의 발로라는 것을 어렵지 않게 인정할 수 있을 것이다. 꿈으로부터도 현실로부터도 같은 거리에 있는 신성함·경이로움에의 취향은 가장 유치한 과잉 행동들을 정당화했고, 이것들이 아마도 비잔티움 민중 문화에 접근하는 길일 것이다.

내가 생각하기에 비잔티움 문화의 특질을 파악하기 위해서는 언제나 이 문화의 영향을 받는 공중을 염두에 두어야 한다. 고대 교양과 지식을 얼마나 적은 사람들이 활용했는지는 전술한 바 있다. 10세기 흑해 동안에 유배된 마기스트로스 니케타스는 그의 벗 니케아 수도 대주교 알렉산드로스에게 데모스테네스와 플루타르크 저작 한 권씩을 보내달라고 하는데, 그의 문학적 취향은 그로 하여금 제국 유력 인사들과 주고받은 서신에서 고대 영웅들을 인용하게 했다. 이것은 권력에 가까운 몇몇 인사에게만 한정된 문화다. 그러나 이 사람들에게조차도 모든 사람의 문화라고 하는 다른 문화가 있었으니, 이것은 다소 배양된 문화임엔 틀림없으나 일반적으로는 느낌의 문화로서 정교회 세계의 독특한 문화였으며, 이 세계에서 성서는 모든 지식의 원천이었다. 성서로 그 외양을 삼은 정교회 문화는 성서에서 모든 기준을 재발견했으며 다른 서사시를 필요로 하지 않았다.

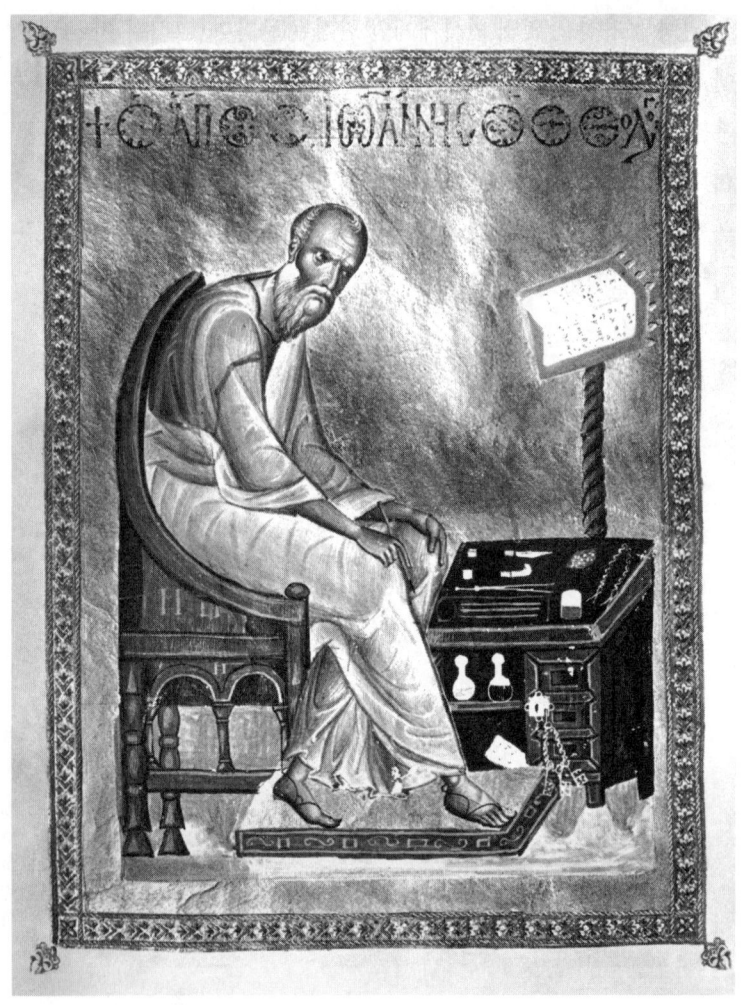

114. 〈필기도구〉 낮은 탁자 위에 반쯤 채워진 잉크병, 긁개, 컴퍼스, 경석(輕石), 스펀지가 놓여 있다. 칸막이 위에 얹힌 병 두 개 중 하나에는 잉크 혹은 잉크 재료가 담겨 있다. 열쇠로 잠가 놓은 곳에는 분명 양피지가 들어 있을 것이다. 필경사(성서 기자 요안네스)의 손에는 갈대를 잘라 만든 펜이 쥐어져 있다. (사본 57, 복음서 초록 세밀화, 11세기 3사반세기, 국립박물관, 아테나이)

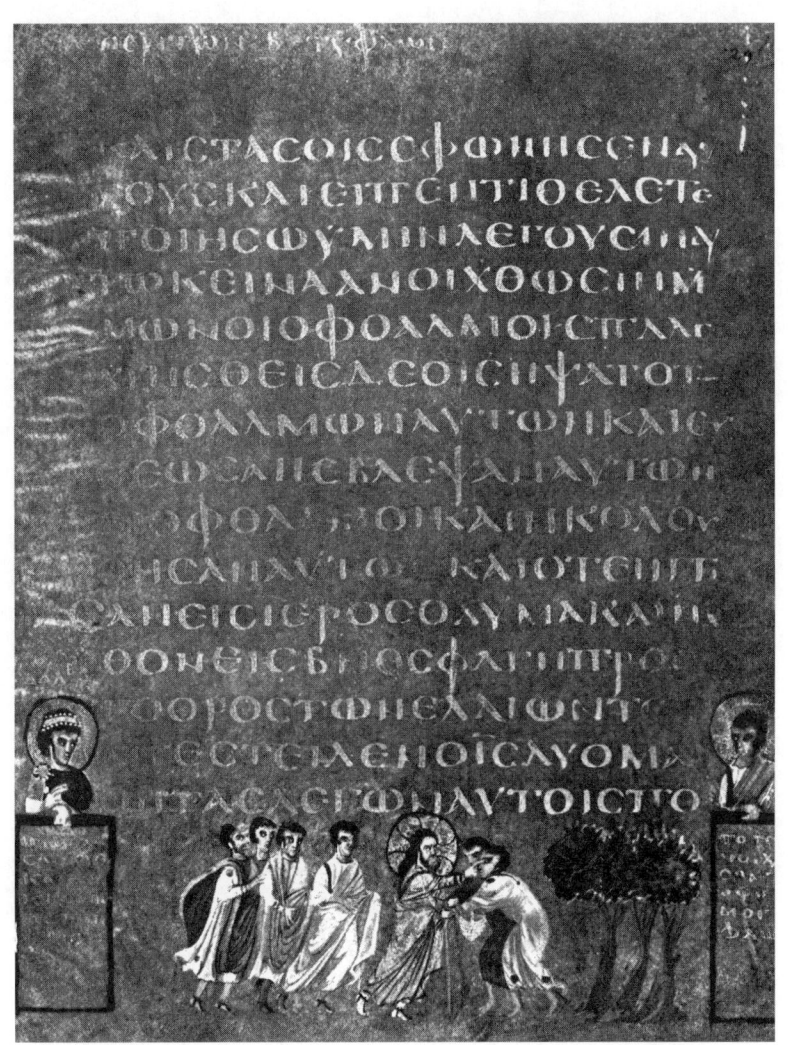

115. 〈웅시알체〉 자줏빛 양피지 위에 금색 웅시알체로 쓰였다. (그리스 사본 부록 1286, 소아시아 시노페에서 구입한 마태복음 단편, 6세기 말, 국립박물관, 파리)

116. 〈소문자체〉 제목은 장식을 설한 필레(pylè)가 감싸고 있고, 2단으로 짠 본문은 장식된 대문자 π로 시작한다. (그리스 사본 543, 나지안조스의 그레고리오스 설교집, 11세기, 국립박물관, 파리)

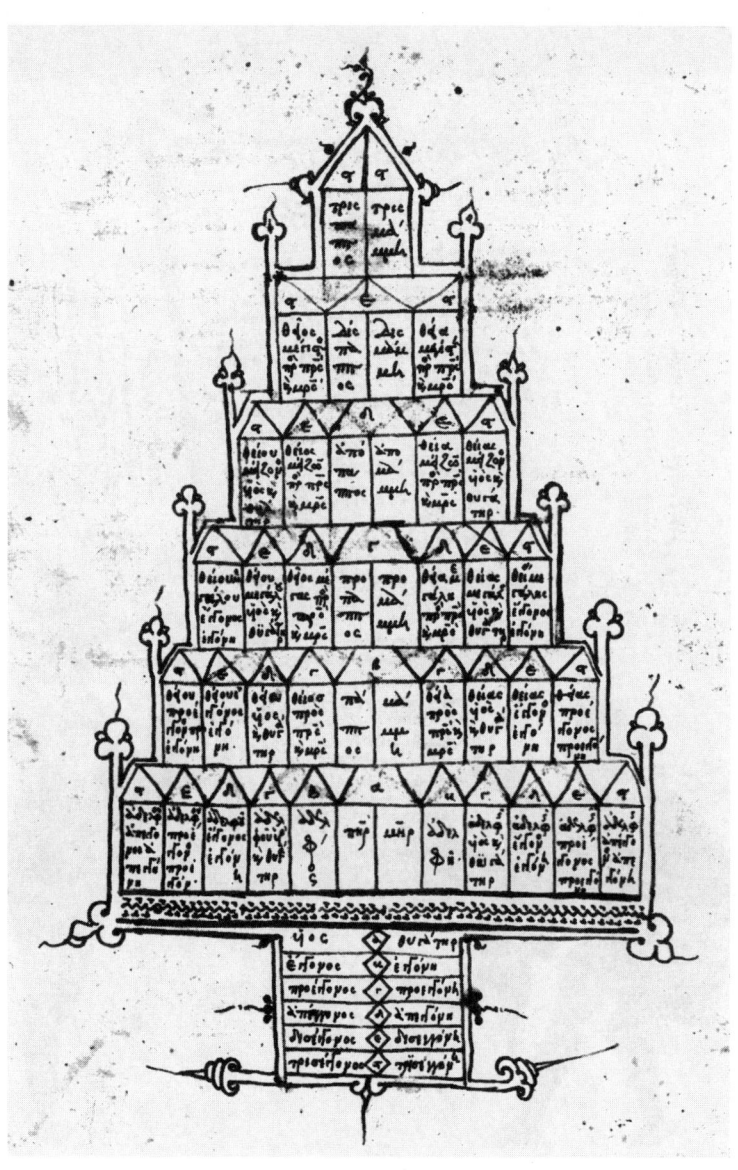

117. 〈촌수 표〉 밑에서부터 위로 배치한 12세대에 걸친 촌수 표. 바로 난 줄은 직계(아들, 아버지, 할아버지 등등), 옆으로 난 줄은 방계(형제, 삼촌)다. 한쪽에는 여자, 다른 쪽에는 남자들로 갈라놓았다. (그리스 사본 부록 623, 바실리카 요약본, 11세기, 국립박물관, 파리)

118. 〈피리를 노래함〉 이 시의 작자로 전해지는 테오크리토스(기원전 3세기)와 목신(牧神) 사이에 필경사가 피리에 바친 시를 피리 모양으로 배열했다. 시의 작자는 로도스의 심미아스(기원전 3세기)임이 확실한데, 그는 시행을 하나의 물건 모양으로 배열한 기지로써 유명하다. 비잔티움인들은 이 고대적 유희를 잘 보존했다. (그리스 사본 2832, 테오크리토스 작품집, 14세기 중반, 국립박물관, 파리)

119. 〈무료 진료소〉 의사가 손에 플라스크(오줌?)를 들고 있고 조수가 플라스크를 데울 화로를 가지고 온다. 오줌에는 약사(한쪽 겨드랑이에 처방이 적힌 책을 낀 사람)가 내밀고 있는 약제를 탈 것이다. 목발 두 개를 쥔 환자가 서 있고, 아이를 안은 여자가 바닥에 앉아 기다리고 있다. 플라스크와 상자들이 얹힌 시렁 옆에서 조수 한 사람이 낮은 의자에 앉아 큰 막자사발에 약을 빻거나 섞고 있다. (그리스 사본 2243, 니콜라오스 뮈렙소스, 『약 배합법 24책』 세밀화, 1339, 국립박물관, 파리)

120. 〈학교〉 '철학자' 지위를 지닌 두 명의 나이 든 학생이 손가락을 치켜세우고 그들 앞에 선 네 명의 신입생을 가르치고 있다. 긴 테이블에선 선생이 한 명의 생도와 대화를 나누고 있고, 생도의 동급생 일곱 명이 이를 듣고 있다. (그리스 사본 5-3, 2번, 요안네스 스퀼리제스, 『연대기』 세밀화, 13세기 후반, 국립박물관, 마드리드)

121. 〈신전(伸展) 수술〉 고대 의학 논문에 따르면 경추가 탈구된 환자는 사다리에 묶고 세워서 치료할 수 있다. (플루테오 사본 74-7, 키티온의 아폴로니오스, 의학 논저 세밀화, 10세기 말-11세기 초, 메디치-로렌초 도서관, 피렌체)

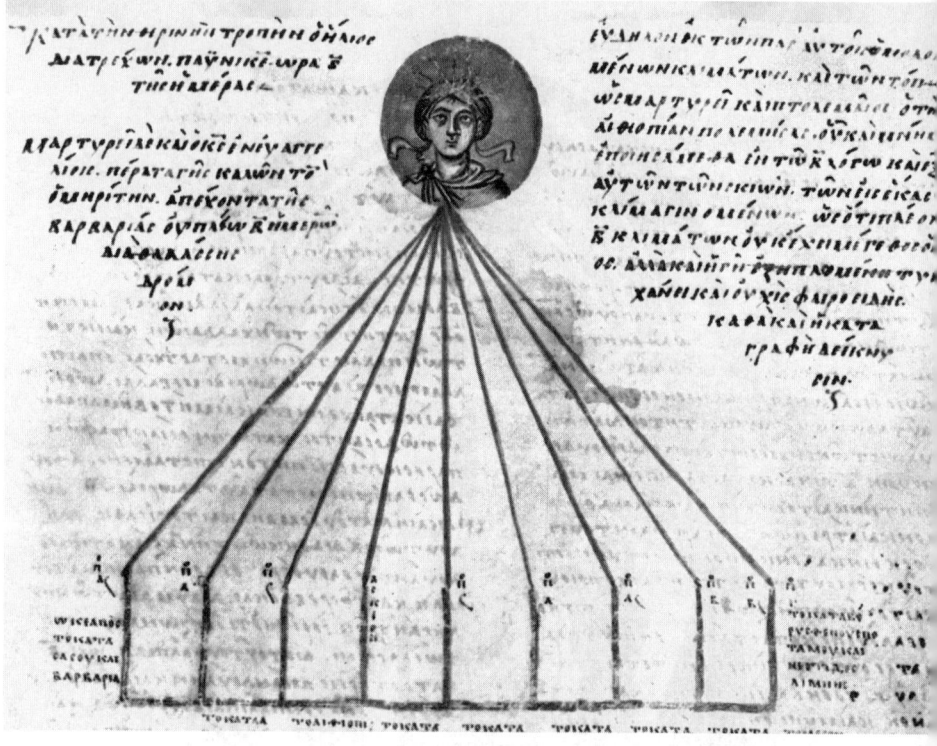

122. 〈평평한 지표(地表) 위의 지리 권역〉 가로 선은 땅을, 수직선(지리 권역 하나에 한 개씩)은 서 있는 물체를 가리킨다. 이 물체들에 해가 비쳐 그림자가 드리운다. (그리스 사본 699, 코스마스 인디코플레우스테스, 『기독교인의 지형도』 세밀화, 9세기 말, 바티칸 도서관, 로마)

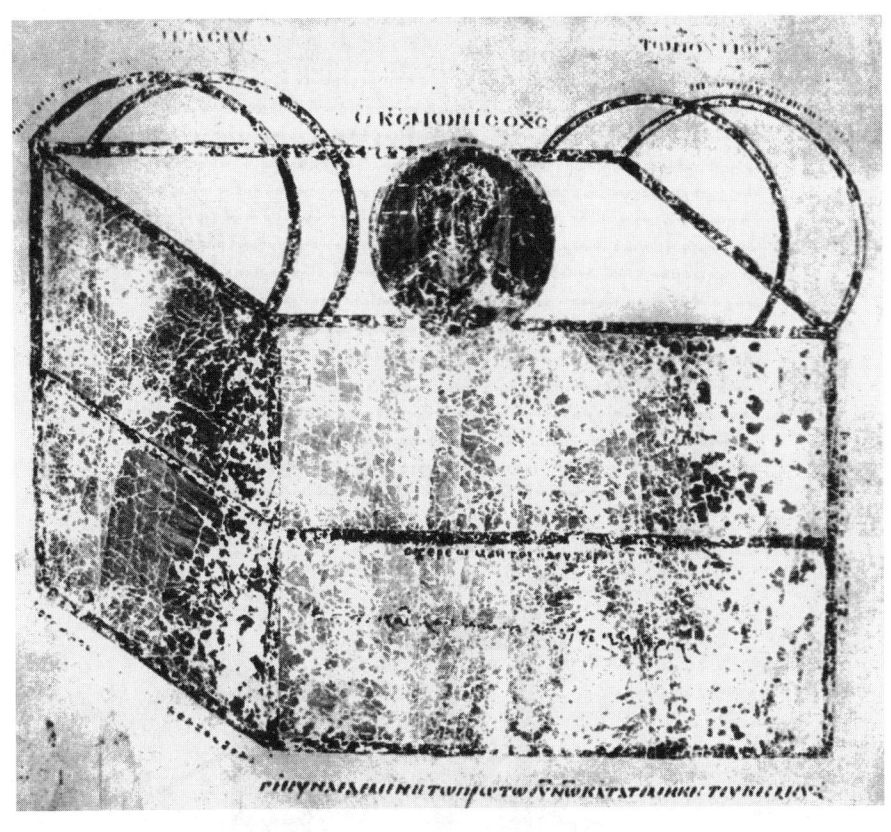

123. 〈우주의 형상〉 평행육면체는 지상 세계를, 그 위의 이중 아치는 천공을 나타낸다. 위에는 천상 세계가 자리 잡고 있다. 그림이 뜻하는 바는 메다용 안에 새겨진 그리스도의 흉상이 말해주고 있다. (그리스 사본 699, 코스마스 인디코플레우스테스, 『기독교인의 지형도』 세밀화, 9세기 말, 바티칸 도서관, 로마)

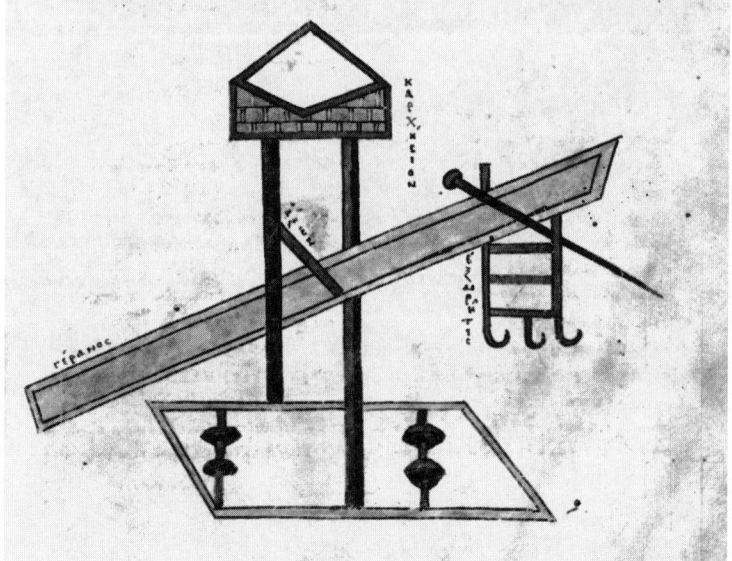

124. 〈투척기〉 (그리스 사본 2442, 고대 병서 세밀화, 11세기, 국립박물관, 파리)

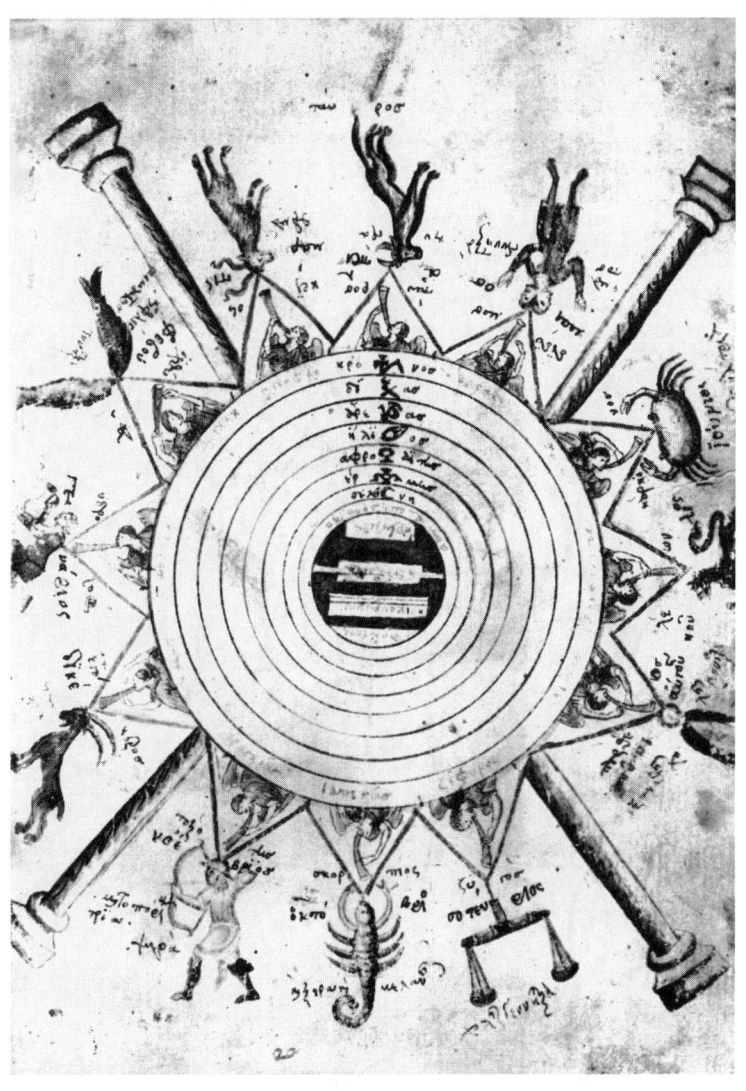

125. 〈천체 평면도〉 점성학에서 쓰는 천문 도해. 가운데 원이 땅(거주 지역, 사막)이고, 그 다음이 해양(일명 오케아노스강江), 그 주위에 7행성이 일곱 개의 동심원으로 그려져 있다. 네 개의 기둥은 네 개의 중심점을 나타내고, 그 사이에 12개의 바람, 12달 이름, 달에 해당하는 황도12궁 동물이 각각 표기되어 있다. (그리스 사본 36, 성서 초록, 의학·식물학·천문학 논저들 세밀화, 15세기, 국립박물관, 파리)

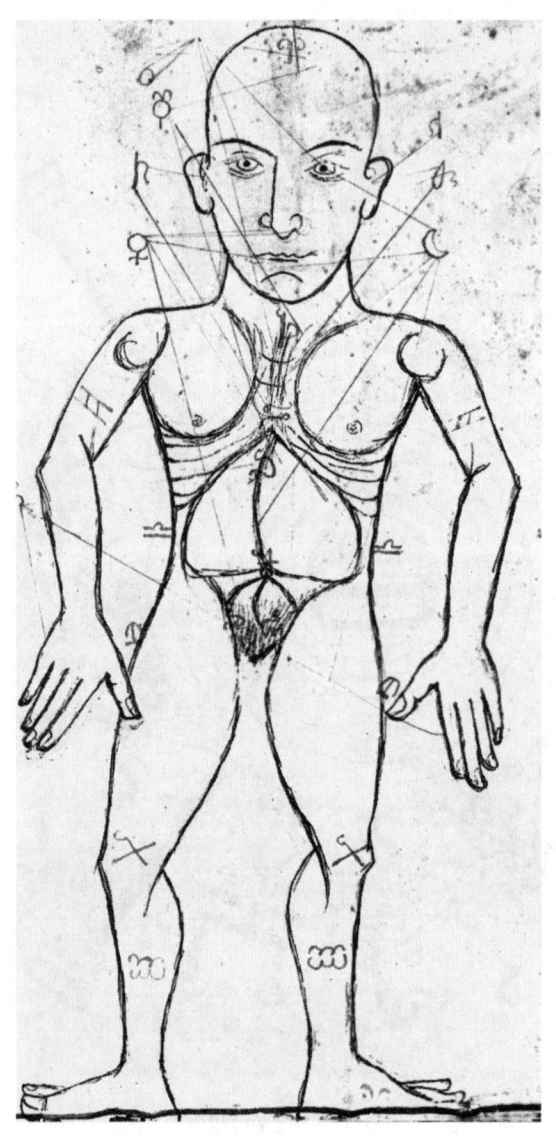

126. 〈인체 해부도〉(그리스 사본 2180, 디오스코리데스, 5권, 15세기, 국립박물관, 파리)

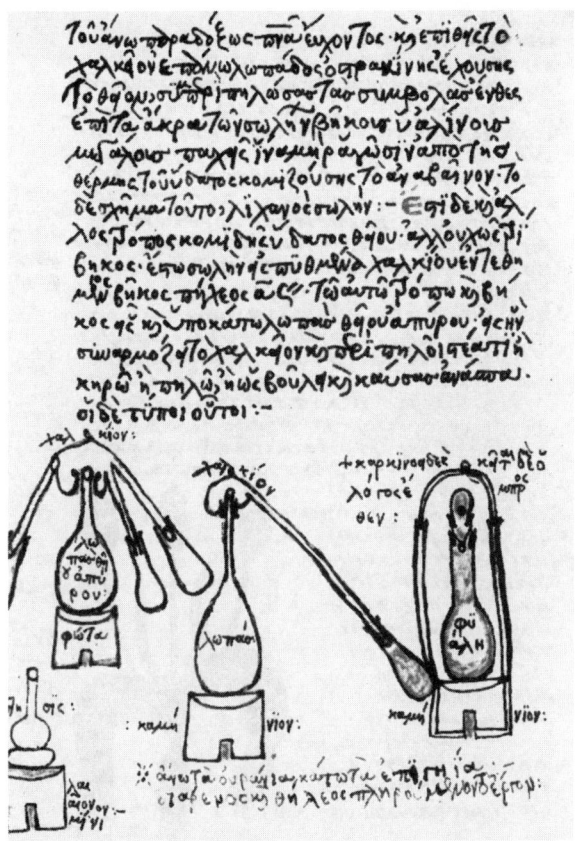

127. 〈구리 변성법〉 (그리스 사본 2327, 파노폴리스의 조시모스, 「신성한 업에 대하여」란 연금술 논문 1470년 사본, 국립박물관, 파리)

128. 〈롱키티스((희)lonkhitis)〉 1세기 때 한 백과사전 편찬자가 기술한 식물들이 삽화로 그려져 있다. 지금 보는 식물은 양치류 롱키티스로 그 열매를 단면(斷面)으로 그려 놓았는데, 비잔티움 식물 장식에서 흔히 볼 수 있는 사람 얼굴 모양을 하고 있다. (그리스 사본 2179, 디오스코리데스, 『약재에 대하여』 세밀화, 9세기, 국립박물관, 파리)

129. 〈추도 연설〉 비잔티움 교회에서 가장 위대한 신학자 중 한 사람인 알렉산드리아의 아타나시오스(373년 5월 2일 사망)를 기리는 연설이 행해지고 있다. (그리스 사본 543, 나지안조스의 그레고리오스 설교집 세밀화, 11세기, 국립박물관, 파리)

130. 〈축복을 내리시는 그리스도〉 (모자이크, 남쪽 회랑 데에시스 그림, 12세기 2사반세기, 성 소피아 성당, 이스탄불)

131. 〈성 모자〉(모자이크, 1316-21, 에소나르텍스, 카리예 자미, 이스탄불)

132. 〈천사 가브리엘〉 (모자이크, 7세기, 파나기아 앙겔로크티스토스 교회, 키티온, 키프로스)

133. 〈사제의 모습을 한 그리스도〉 (모자이크, 11-12세기, 중앙 돔, 성 소피아 성당, 키예프)

134. 〈지역 성인상〉 성인 수도사 스테이리온의 누가. (모자이크, 11세기 1사반세기, 호시오스 루카스 수도원, 포키스)

135. 〈승천하시는 그리스도〉 (모자이크, 843년경-880/ 885, 중앙 돔, 성 소피아 성당, 테살로니키)

136. 〈야이로의 딸을 소생시키시는 그리스도〉 (프레스코, 1316-21, 남쪽 소성당, 카리예 자미, 이스탄불)

137. 〈영면에 드시는 성모〉 (프레스코, 1295, 성 클리멘트 교회, 오흐리드, 북마케도니아)

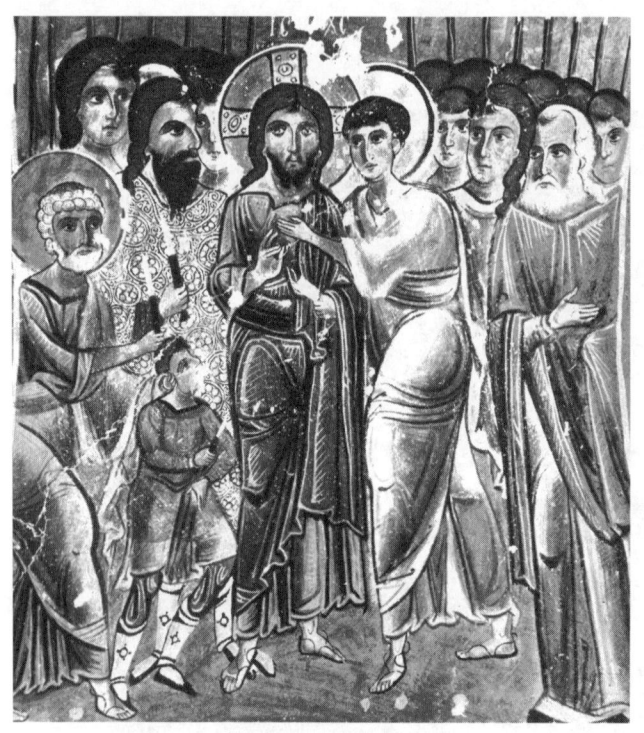

138. 〈배반하는 유다〉(프레스코, 12세기, 카란릭 킬리세, 괴레메, 카파도키아)

139. 〈수태고지 장면의 성모〉(프레스코, 13세기?, 랄리벨라(아디스아바바 북동쪽 250킬로미터), 에티오피아)

140. 〈수태고지 장면의 대천사 가브리엘〉 (프레스코, 1191, 성 지오르지 교회, 쿠르비노보, 북마케도니아)

141. 〈다윗 성왕〉(그리스 사본 부록 1286, 마태복음 단편(일명 시노페 단편), 6세기 말, 국립박물관, 파리)

142. 〈사도 마가〉 (프레스코, 1195년경, 성 드미트리 성당, 블라디미르, 러시아)

143. 〈주상 고행승 다니엘〉 (1200-30, 프레스코, 파나이아 마브리오티사 교회, 카스토리아, 그리스 마케도니아)

144. 〈성 베드로와 성 요안네스 크리소스토모스〉 (이콘, 7-8세기, 성 카트리나 수도원, 시나이)

145. 〈블라디미르의 성 모자〉 (이콘, 12세기 초반, 트레차코프 화랑, 모스크바)

146. 〈대(大)탁시아르코스 대천사 미카엘〉 대천사 미카엘이 천사의 표징들을 들고 있다. 그것들은 전령봉과 십자가를 위에 달고 '크리스토스 디카이오스 크리테스'(공정한 심판관 그리스도)의 첫 세 글자가 새겨진 지구다. (이콘, 14세기 후반, 비잔티움 박물관, 아테나이)

147. 〈병 고치는 성인: 성 판텔레이몬〉 (이콘, 14세기, 킬란다리 수도원, 아토스산)

148. 〈성 모자〉 (상아, 11세기, 메트로폴리탄 미술관, 뉴욕)

149. 〈십자가 수난〉 십자가 수난을 다룬 삼련화(三連畵) 상아판. 가운데에는 십자가에 매달리신 그리스도, 성모와 2인의 다른 마리아, 요한과 2인의 사도, 날개 달린 천사 4인의 흉상, 창과 스펀지를 쥔 종 2인이 있고, 오른쪽 날개에는 사도 2인(베드로, 바울), 교부 2인(바실레이오스, 요안네스 크리소스토모스), 왼쪽 날개에는 다른 2인의 사도 도마와 안드레, 콘스탄티누스와 헬레나가 새겨져 있다. (상아, 10세기, 국립박물관, 베를린)

150. 〈십자가 수난〉 (필사본 장정, 금판에 법랑 장식, 10-11세기, 국립박물관, 뮌헨)

151. 〈네게브 사막 내 방비시설을 갖춘 바실리카의 후진〉 지역의 건축 양식을 따라 바실리카의 세 개의 후진이 석조 블록 안에 배치되어 있다. (6세기?, 스베이타, 이스라엘)

152. 〈이국적 장식: 에피루스 아르타 파나기아 파레고레티사 교회〉(1283-96) 입방체 몸체는 이탈리아 궁전을 연상시킨다. 비잔티움 건축 원칙과 다르게 건물 내부 조형은 건물 바깥에서는 보이지 않는다. 바깥에서 보이는 것은 2단으로 난 이엽(二葉)형 창문과 조상대(彫像臺: entablement)로 분리된 불규칙하게 놓은 기초 석단이다. 당시 에피루스의 권력자 가문은 케팔로니아의 오르시니, 시칠리아의 호엔슈타우펜, 빌라르두앵, 생토메르가(家)와 인척 관계였다. 하지만 수평 지붕 위에는 다섯 개의 비잔티움 양식의 둥근 지붕이 올라앉았고, 건물의 벽돌 구조는 석재와 잘 어울린다.

153과 154. 〈건물 외부 장식〉 비잔티움 건축가들은 벽면 빈 곳의 밋밋함을 없애기 위해 벽돌 공법을 활용했다—문과 창문 윗부분에 2단, 3단의 홍예 틀기, 사고석들 주위에 벽돌 테 두르기 등. 이곳에 제시된 예(그림 154)는 마케도니아 서부 카스토리아의 프레스파 호수 변에 자리 잡은 성 아나르귀로이 교회 장식이다(11세기). 13-14세기 건축가들은 다종다양한 벽돌 무늬 조합(원, 이삭, 톱니, 그물, 바둑판, 장미, 그리스 번개 등)을 고안하기에 이르며, 이것은 특히 다채롭고 회화성을 띠는 후진(그림 153: 마케도니아 서부 베로이아의 하기오스-크리스토스 혹은 퀴리오티사 교회)을 만드는 데 기여했다.

155. 〈둥근 지붕 안쪽 버팀벽〉 계기적(繼起的)으로 둥근 지붕의 압력을 받는 아치들과 기둥들은 외벽에 궁륭들과 아케이드들로 연결되어 지탱된다. 궁륭들은 압력을 분산시켜 울타리 벽에 방사상으로 전달한다. (호시오스 루카스 수도원, 11세기 1사반세기)

156. 〈조각 장식〉 꽃바구니 장식이 달린 이 기둥머리(6세기 중엽 이전 라벤나 산 비탈레 성당)는 일종의 대리석 투조(透彫)로 장식되어 있다. 투조 장식은 배경이 단조롭고 어두워 더 두드러져 보인다. 위에 있는 것은 '빅토리우스 주교' 모노그램이 새겨진 대리석 홍예 받침이다. (538-545)

157. 〈펜던티브 위의 둥근 지붕〉 둥근 지붕을 한 건축물에서는 건축가가 여러 요소 간 균형을 찾는 것이 요구된다. 이곳 미스트라스 브론토키온 수도원 교회(14세기 초)의 둥근 지붕은 그 하중을 주위 전체에 확산하여 미치고 있는데, 원형 벽은 그 일부를 받아 펜던티브(네 개의 우묵한 삼각형)로 연결되고 네 개의 기둥으로 받쳐진 네 개의 대형 상층 아치에 전달하고 있다.

158. 〈유스티니아누스 시대 이탈리아 바실리카〉 거대한 교회(라벤나 클라세 산타폴리나레 성당) 내부 공간은 그리스 휘메토스산에서 채취된 결이 있는 대리석으로 만든, 조각이 된 대리석 받침돌 위에 서 있는 2조의 12기둥 열로 나뉜 세 개의 신랑으로 되어 있다. 기둥 열의 기둥머리 아치 받침돌은 바람에 휘어진 이파리 장식이 되어 있다. 교회는 57개의 창문으로 채광이 된다. 개선문형 아치에 장식된 모자이크 중 일부는 6세기까지 올라간다. 바닥과 첫 번째 창문 열 높이까지 벽면은 대리석으로 덮여 있었다. 초기 비잔티움 바실리카 건축의 일례다.

159. 〈제국 중부 초기 바실리카: 테살로니키 손이 만들지 않은 성모 교회〉(450년경) 길이 36미터 (후진 미포함), 너비 28미터, 2조의 12개의 프로이콘네소스산(産) 대리석(각력사문암(角礫蛇紋巖, vert antique)으로 만든 처음 두 개는 제외)으로 만든 기둥 열로 나뉜 3신랑 구도다. 마루를 깐 특별석이 양옆 신랑 위에 설치되어 있다. 특별석에는 바깥에서 계단으로 올라간다. 이런 고전적 형태로 된 것은 수백 좌(座)가 있다.

160. 〈성상벽〉 카파도키아 집중·대칭식 구도의 동굴 교회. (클르츨라르 킬레세, 10세기, 괴레메, 카파도키아)

161. 〈6세기 콘스탄티노플 교회 장식〉 성 소피아 성당 같은 곳에서 원시적인 문양은 그 장식성에 주안점을 두었다. 풀·꽃 당초무늬와 십자가가 모자이크의 청·금·은색 바탕 위로 두드러졌다. (나르텍스, 성 소피아 성당, 이스탄불)

162. 〈전통의 기원〉 모세가 시나이산에서 하느님께 십계명 판을 받고 있다. 모세는 그 것을 선민 이스라엘 민족에게 전달하는데, 비잔티움인들은 스스로를 그들과 동일시한 다. (레기나 사본 1, 스웨덴 크리스티나 여왕 기증 성서 세밀화, 10세기 전반, 바티칸 도 서관, 로마)

163. 〈민족들의 수호성인〉 세르비아 대주판 스테판 네마냐는 1196년 스투데니차 수도원으로 은퇴한 뒤 다시 아토스산에 들어가 그곳에서 몇 년 전부터 금욕 수행을 하고 있던 그의 아들 사바와 재회한다. 사바는 이후 세르비아 자치교회 대주교가 된다(1219). 시메온 수도사(스테판 네마냐)와 사바 대주교는 세르비아 교회 수호성인들이 되고, 그들의 교훈적인 삶에 대한 이야기는 그리스어와 슬라브어로 전해진다. (이콘, 15세기, 국립박물관, 베오그라드)

164. 〈그려진 도그마〉 하느님의 말씀의 육화(肉化)인 그리스도-임마누엘은 보통 수염이 없는 젊은이의 모습으로 그려진다. 이곳에 그려진 나이 많은 임마누엘은 비잔티움 정교 기본 교리 가운데 하나인 성부와 성자의 본성상 동일성을 나타낸다. (이콘, '임마누엘' 글씨가 있는 별 장식 광배를 두르고 옥좌에 앉으신 그리스도, 7-8세기, 성 카트리나 수도원, 시나이)

165. 〈도상학적 자료로 전승되는 메시지의 진정성〉 성 누가가 실물을 모델로 성 모자를 그렸다. (성묘교회 사본 14, 나지안조스의 그레고리오스의 설교집과 다른 저작들 세밀화, 11세기 3사반세기, 그리스 정교회 총대주교청, 예루살렘)

166. 〈이콘 화가〉 이콘 화가는 이콘의 표징들을 충실하게 복제한다. (그리스 사본 923, 다마스쿠스의 요안네스, 『히에라』 세밀화, 9세기, 국립박물관, 파리)

167. 〈성인 군단〉 1열은 성모와 프로드로모스 사이 옥좌에 앉으신 그리스도, 대천사 미카엘과 가브리엘, 신학자(혹은 성서 기자) 요안네스, 누가, 마태, 마가. 2열은 아타나시오스, 니콜라오스, 요안네스 크리소스토모스, 신학자 그레고리오스, 바실레이오스, 예언자들 모세, 아론, 엘리야, 엘리사, 이사야. 3열은 전사(戰士) 성인들 메르쿠리오스, 데메트리오스, 스트라텔라테스 테오도로스, 게오르기오스, 순교자들 스테파노스, 에우게니오스, 아욱센티오스, 에우스트라티오스, 마르데리오스, 오레스토스. 4열은 요안네스 클리마코스, 사바스, 에우티미오스, 시리아인 에프라임, 스투디오스 수도원의 테오도로스, 파코미오스, 아르세니오스, 테바이의 파울로스, 안토니오스, 성 사바 수도원 교부들, 시나이와 라이투 교부들. 5열은 아브라함, 이삭, 야곱, 콘스탄티누스, 헬레나, 성녀들 테클라, 카트리나, 페브로니아. 밑에 보이는 사람은 기도하는 자세를 한 화가 수도사다. (이콘, 15세기, 성 카트리나 수도원, 시나이)

168. 〈세례〉 하느님은 창조물 관리를 황제에게 위임하셨고, 세례수는 피조물 전체를 하느님이 창조하신 질서 안에 편입시킨다. 이 세례로써 불가리아인의 칸 보리스는 864년 자신의 백성의 이름을 비잔티움 황제 신민의 일원으로 올렸다. 그는 세례명 미카엘을 받고, 황비와 함께 그려진 미카엘 3세는 그의 대부가 된다. (슬라브 사본 2, 콘스탄티노스 마나세스, 연대기 세밀화, 1344-45, 바티칸 도서관, 로마)

169. 〈악마〉 뿔이 나고 날개가 달린(드물게 그려진다) 악마는 아담과 이브에게 했듯이 언제나 하느님의 피조물을 구원의 길에서 멀리 떼어놓으려 호시탐탐 노린다. (사본 1187 세밀화, 15세기, 성 카트리나 수도원, 시나이)

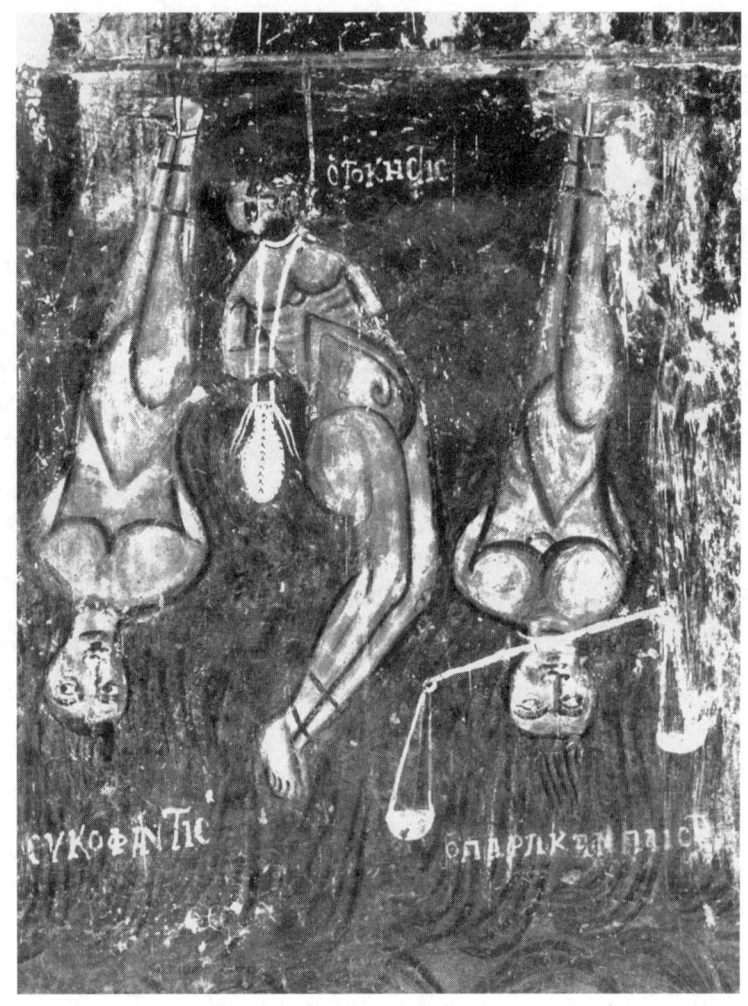

170. 〈지옥에서의 형벌〉 밀고자가 다리가 묶인 채 거꾸로 매달려 있다. 고리대금업자의 목을 돈지갑이 고통스럽게 당기고, 거꾸로 매달린 저울 분동을 속인 자의 턱 위에 평형이 된 천칭이 놓여 있다. 미래에 올 형벌에 대한 생생한 이미지다. 이런 종류의 그림이 아주 드묾을 볼 때 비잔티움인들은 이런 그림을 좋아하지 않았다. (프레스코, 파나이아 마브리오티사 교회, 13-14세기, 카스토리아, 마케도니아 서부, 그리스)

171. 〈선지자 엘리야〉 산속에 은거한 선지자 엘리야가 하느님이 보내신 까마귀가 날아온 비스킷으로 식량을 삼는다. (프레스코, 1252, 성모 영면 교회, 모라차 수도원, 북마케도니아)

172. 〈에페소스 7인의 잠든 이들〉 로마 황제 데키우스의 박해(250)를 피해 7인의 형제가 동굴로 숨어들어 잠들었다. 전설에 따르면 그들은 테오도시우스 황제(재위 379-395) 때 잠이 깨었다. (그리스 사본 1613, 바실레이오스 2세, 메놀로기온 세밀화, 976-1025, 바티칸 도서관, 로마)

173. 〈기둥 위에서 수도하는 주상 고행승〉(반신상) (그리스 사본 1613, 바실레이오스 2세, 메놀로기온 세밀화, 976-1025, 바티칸 도서관, 로마)

174. 〈천국의 계단〉 지상에 남은 동료들이 그들을 위해 기도하는 사이 죽은 수도사들이 악마들이 괴롭히는 가운데 하느님이 계신 곳으로 계단을 한 개씩 기어오르고 있다. 이는 개개의 인간이 구원을 향해 오르는 과정을 상징적으로 표현하는 일반적인 방식이다. (이콘, 11-12세기, 성 카트리나 수도원, 시나이)

결론

 잘 생각해보면 비잔티움 제국의 역사에서 가장 놀라운 것은 그 지속성이 아니겠는가?
 제국은 북·동·남·서에서 들이닥치는 이주민 집단이 일으킨 충격의 모든 여파를 경험했으며, 그 면적은 전 지중해 유역에 걸친 영역에서 해협들[1]의 양안으로 축소됐다. 제국은 지상의 신과 같은 존재인 한 명의 수장과, 수도와 지방에 주재하며 재정·사법·외교·육군·해군을 맡은 큰 관청들에 소속된 그의 수하들 및 대리인들에 의해 다스려졌다. 또 다른 지배의 한 축이었던 교회는 수도원과 복지 시설들을 책임졌고, 동시에 전통의 보존이란 책무를 짊어졌다. 이러한 행정의 역사는 로마 제국에서 물려받은 아주 경직된 원칙들을 주어진 상황에 맞게 각별히 유연하게 조절하는 과정이었으며, 그 결과 탄생한 것은 보수주의와 구체성의 감각의 독특한 혼합물이었다. 한편, 이 체제를 본래적 의미에서의 절대군주제로 볼 수는 없는데, 그것은 군주가 유일한 존재이긴 하나 그는 보좌에 오르기 전과 후 그의

---

[1] 다르다넬스해협과 보스포로스해협.

가신 그룹, 그리고 그의 가족에 묶인 존재이며, 종종 그의 정부 혹은 그의 사생활에 대한 감정을 격렬히 드러내는 의회들, 원로원, 군대, 그리고 인민을 끊임없이 고려해야 하기 때문이다. 게다가 황제 암살은 콘스탄티노플에서 하나의 정상적인 이의 제기 방식이었다.

비잔티움 사회는 늘 구조적 유동성으로 특징지어지는데, 이 겉보기에 평등주의적인 정신은 순차적으로 국가의 혜택을 입은 두 사회 그룹, 즉 지방 대지주들과 도시 고위 관료 간 투쟁의 한 측면일 따름으로 보인다. 이 과정에서 전자가 우위에 올라 대귀족 가문들이 탄생하며 권력에 영향력을 행사하게 된다. 이 사회의 구성원들은 기질적으로 극도로 개인주의적이지만 몇 개의 자연적이거나 직업적인 집단으로 조직화되는데, 그것들에는 여성이 지배하는 가정, 이웃과 마을, 평의회와 의용대를 가진 도시, 직인(職人) 동업조합, 신도회, 수도원, 마지막으로 종족 집단들이 있으며, 이것들은 국가에 의해 규제되는 한편 행정의 동반자 구실을 하는 공적이고 법적인 협의회들이다.

실제 사회는 교회가 바랐듯이 엄격하게 서열화됐는데, 천상 세계의 판박이다. 이곳에서 개인의 자유는 국가에 대한 자신의 종속 관계를 감당하는 개인의 경제력과 결부된다. 비잔티움 사회의 이상은 신과 신의 법전인 성서가 정해놓은 대로의 인간적인 질서에 대한 존중이다. 그것은 새 선민으로서 세계사 안에서 자신의 자리를 취한다.

비잔티움 사회에서 시간은 신의 시간이며, 큰 자연재해·계절·축제·전례의 시간이다. 노동은 정당한 보수를 가져다주며 상업적 투기로서의 이윤은 금지된다. 일요일은 쉬는 날이며 성장(盛裝)하는 날이다. 이러한 사회생활의 질서는 사적(私的) 삶의 질서이기도 한데, 여기에서는 머리가 백발인 사람, 즉 노인만이 지도를 한다. 이것들은 일종의 범용(汎用) 요강(要綱)으로서 정복된 변경 민족들에게도 전해지는데, 그 과정에서 땅을 경작하는 방법·사치 취향·떠들썩한 놀이마당이 전해진 것 또한 사실이다. 다양한 지리 환경과 다양한 종족을 품고 12세기간 수많은 격변을 견뎌낸 비잔티움은 이러한 균질한 사고의 이면에서 몇몇 지역적 혹은 개인적인 독립 욕구의 표출을 경험하기도 했다. 이러한 표출들은 각기 다른 결과들을 낳았으나 삶에 뿌리내린 정통성을 손상하지는 못했다.

경제 구조는 경제 규모의 확대에 맞게 조정되지 못했다. 분할된 로마 제국 거대 영지들은 사라지거나 6세기에 재조직됐다. 이 과정에서 영지들은 징세 지구(terre fiscale)의 공적 운영에 한몫 끼게 됐다. 경작은 다각화했고 농가 경영은 영세화했다. 9세기부터 시작된 개간 사업은 국가에 새로운 농지를 가져다주었다. 토지는 공권력에 의해 보호되는 독립적인 마을들과 대농장에 의해 경작을 이어갔다. 아마도 이 시기는 확장과 균형의 시기일 것이다. 토지 경작은 가족 단위에 머물렀다. 12세기 국가 방어를 위한 재정 수요는 소토지 소유주들의 자원을 감소시켜 국가의 보호를 받는 대지주들이 대두하는 계기가 됐는데, 이들은 점점 더 국가로부터 독립적인 대경영인이 되어갔다. 그리고 바로 이 대지주들이 그들이 거주하는 도시의 부를 일구었다. 이 도시들은 다소간 농촌 성격을 띠었고, 아주 많았다. 일부 도시에는 히포드로모스가 있었고, 모든 도시에는 목욕탕·관아·창고·수도교·수조·교회가 있었으나, 많은 도시 면적의 4분의 1은 공터로 남아 있었다.

황제의 거처이자 제국의 거점이었던 콘스탄티노플은 그 자체가 박물관이었고, 유흥과 사치 그리고 빈곤이 공존한 도시였으며, 중세의 가장 명성 높은 도시였고, 엄청나게 큰 동방의 수도였다. 아마도 7세기 아랍인의 수중에 떨어지기 전 알렉산드리아와 안티오케이아를 제외하곤 다른 중심 도시들은 콘스탄티노플과 비교조차 되지 않았다. 상업 중심 도시들은 각기 다른 정도로 공업의 중심지이기도 했는데, 제국은 비단·법랑·상아 제품·보석·염료·채색 테세라[2]를 수출했고, 시기에 따라 생사·목재·무기류·모피·밀랍·소금·광물·보석·향신료를 수입했다. 국내 시장은 곡물·기름·포도주·콩류·양모·목면·아마·비단이 주를 이뤘다.

해상 운송은 위험하다고 생각됐고, 상선단에 대한 투자는 안전하지 않은 것으로 간주됐다. 활용할 수익이 있으면 땅을 샀다. 그러나 재화를 쌓아놓기도 했는데, 교회들이 쌓아놓은 금은보화들은 그 일례다. 아마도 적어도 제국 내 거래에서 금화의 중요성은 많이 과장되었다. 이른 시기, 적어도 작은 상업 중심지들에서는 농산물이 수공업 제품과 맞교환됐으며, 중세 전 기간 동안 고가의 옷이나 이콘은 부동산 구입이나 관리의 봉급·외교사절 거마비 지급에 사용된 것으로 알려져 있다. 이것은 11세기 말 상업과 경제의 부진에 수반하여 노미스마화의 평가 절하가 일어나기 전에도 그러했다.

비잔티움 문화에서 확연하게 두드러지는 것은 이 문명의 특징들인 과거의 무게와 현재의 속박이다. 문서·연설·도상학·생활 도구와 장식물 들은 비잔티움인들이 얼마나 세속 및 종교적 전통에 집착했고, 이러저러한 영역에서 얼마나 선인들의 말에 충실했으며, 그것을 후세에 흠 없이 전해주려 애썼는가를 증언해준다. 그들의 활동에는 창의성이 완전히 결여되었고 작업 도구의 개선이 있었을 따름이다. 현재와 그 내세적 의미가 감성계에 파고든 것처럼 보인다. 비잔티움인의 미(美)는 미적 정서가 아니라 모방이며, 자연의 적절히 변용된 모사, 표상된 형상과의 접촉이다. 기념물, 기념물 장식, 그곳에서 전개되는 종교 행사 참가, 이 모든 것이 상징이기 때문이다. 정통

---

[2] 라틴어로는 tessera. 사각형을 의미하는 그리스어 tessares에서 왔다. 모자이크 장식에 쓰는 유리 제품.

파적 일치 속에서 신앙은 삶의 의미이며, 그것은 점진적인 금욕 수행을 통해 세속인·성직자 할 것 없이 모두를 그들이 봉사해온 저 높은 세상으로 이끌며, 신앙을 설명하는 데는 그 어떤 철학 체계도 필요하지 않다. 신앙은 또한 오류에 대한 불관용이며 이단자나 분파주의자를 제국 삶에서, 따라서 신의 계획에서 배제한다. 신앙은 또한 주야 시과(時課)를 규율하는 기도이며, 기도는 신과 황제의 종을 도와 악마를 물리치게 한다. 마지막으로 신앙은 방자·마법·예언에 대한 가지가지의 믿음을 포함하는데, 구원으로 가는 길에서 모든 훼방은 사탄으로부터 오는 것이기 때문이다!

비잔티움 문명을 연구하며 사람들은 그에 앞선 로마나 희랍의 사례들을 즐겨 찾는다. 문헌학자들, 법률학자들이 역사의 영역을 침범하여 콘스탄티노플이 비잔티움 제국이 되었다.[3] 하지만 이미 4세기에 요안네스 크리소스토모스는 "로마인에게는 그들의 법이 있고 우리에게는 우리의 법이 있습니다. 전자는 한도를 지키지 않고 가혹해 피를 흘리게까지 하지만 우리 법은 인간적입니다"라고 쓰지 않았던가? 생각의 논리와 행위의 현실성 간의 불일치를 아랑곳하지 않고 이 교부들 중 가장 시인을 닮은 옛 고전주의에 하나의 새로운 고전주의를 대치시키는데, 그것은 성서와 복음의 전통 위에 있는 고전주의다. 이렇게 한 농업 문명 안에서 신·국가·황제 간, 그리고 토지와 인간 간 새로운 유대가 이루어졌으며, 교회는 이 문명을 위해 로마도 희랍도 더 이상 세울 수 없었던, 그것 나름의 행복의 틀을 세웠다.

---

3) '콘스탄티노플이 비잔티움 제국 전체처럼 보이게 했다'로 읽을 수 있다.

법률 문건

계약서, 특혜장, 관청의 결정 사항이다. 이것들은 정해진 양식에 따라 작성되어 제삼자의 이의 제기가 있을 시 문건 소지자의 권리를 확인해준다.

175. 〈토지 매매 증서〉 페트로스 카파사스와 그의 딸 이레네가 마케도니아 세레스 근처 그들 소유의 포도밭을 코스마스 팡칼로스에게 25휘페르퓌론에 판다는 내용이다. 증서는 세레스 수도 주교청의 한 공증인이 공증인 프리미케리오스(수장) 감독하에 작성했고, 공증인들은 토지 매매 증인들인 세레스시 관리 3인 다음으로 문서에 서명했다. (6814(1305)년 12월 인딕티오 4년, 440×320밀리미터, 종이, 쿠틀루무스 수도원, 아토스산)

176과 177. 〈콘스탄티노스 10세 두카스 황제의 금인칙서〉(처음과 끝) 황제가 '성 아타니시오스 대(大)라브라 수도원'에 콘스탄티노스 7세 포르퓌로겐네토스와 콘스탄티노스 9세 모노마코스가 혜택을 준 조치들을 언급하며 확인해주고 있다. 기원문(祈願文), 황제의 이름과 직함은 길게 늘여서 썼고(첫째 줄), 둘째 줄은 그리스 글자와 라틴 글자로 된 주소다(그림 176). 증서 본문 필체는 11세기 제국 상서성 필체다. 마지막 장(그림 177) 끄트머리 황제의 친필서명이 들어갈 곳에 상서성 수장은 라틴어로 'Legimus'(우리는 읽었다)라고 썼는데, 이것은 이러한 종류의 문서에 필요한 체재와 양식이 지켜졌음을 확인하는 것이다. 황제의 서명은 진사(辰砂)로 되어 있다. (6568(1060)년 6월 인딕티오 13년, 7,000×410밀리미터(14장 접합), 127행, 양피지, 라브라 수도원, 아토스산)

178. 〈요안네스 5세 팔라이올로고스 황제의 금인칙서〉 황제는 아토스산 쿠틀루무스 수도원과 네아 페트라 수도원의, 고(故) 대스트라토페다르코스 아스트라스와 미카엘 히에라케스의 기부로 조성된 렘노스섬 소재 재산에 대한 소유권을 확인한다. 서기가 상서성 수장 자리로 비워둔 곳에 수장이 그에게 합당한 말을 진사로 본문 안에 쓰고 황제가 그 밑에 진사로 서명했다. (6874(1366)년 인딕티오 4년, 404×297밀리미터, 종이, 디오뉘시오스 수도원, 아토스산)

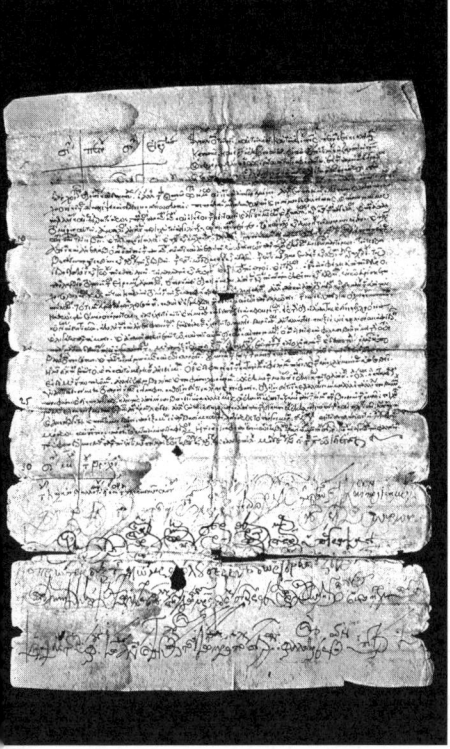

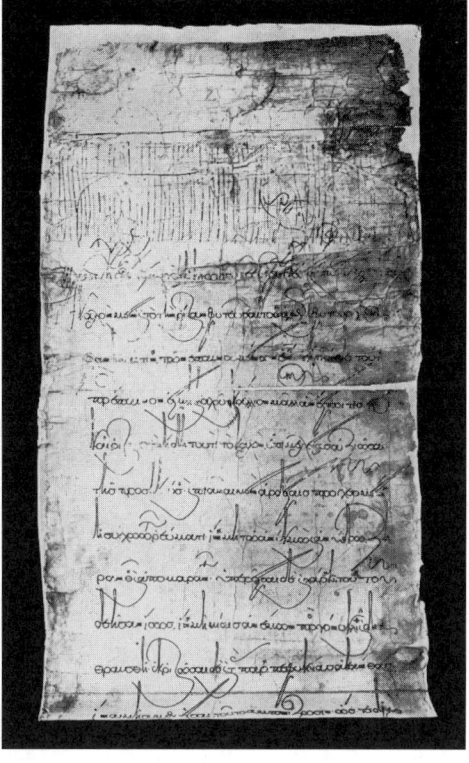

179. 〈요안네스 5세 팔라이올로고스 황제의 프로스타그마(명령)〉 황제가 네아 페트라 수도원 렘노스 소재 재산에 대한 모든 세금을 면제하고, 네아 페트라 수도원에 주라고 디오뉘시오스 수도원에 해마다 식량(밀, 콩류, 치즈)을 보시하는 내용이다. 이런 종류의 단순한 황제 발행 증서는 황제에 의해 두 가지 날 매김 요소인 인딕티오와 월명(여기에서는 인(딕티오) 5년, 6월)으로 서명됐다. (인딕티오 5년(1382) 6월 3일, 210×280 밀리미터, 종이, 디오뉘시오스 수도원, 아토스산)

180. 〈총대주교 안토니오스의 증서〉 총대주교 안토니오스 4세는 디오뉘시오스 수도원(아토스산)에 총대주교청 직할 수도원의 칭호와 특권들을 하사했는데, 그것들은 수도원을 지역 주교구(이곳의 경우 히에리소스)의 관할권에서 제외하는 것이었다. 이런 총대주교청 문건에서는 첫째 줄을 한 줄 띄워 총대주교의 이름과 직함을 쓰고, 그다음 본문을 쓰고, 마지막으로 총대주교의 친필 서명을 넣는 형식이 지켜졌다. 서명 내용은 "안토니오스, 하느님의 가호로 새 로마 콘스탄티노플 대주교, 세계 교회 총대주교가 된 자"다. (6897(1389)년 7월 인딕티오 12년, 473×322밀리미터, 양피지, 디오뉘시오스 수도원, 아토스산)

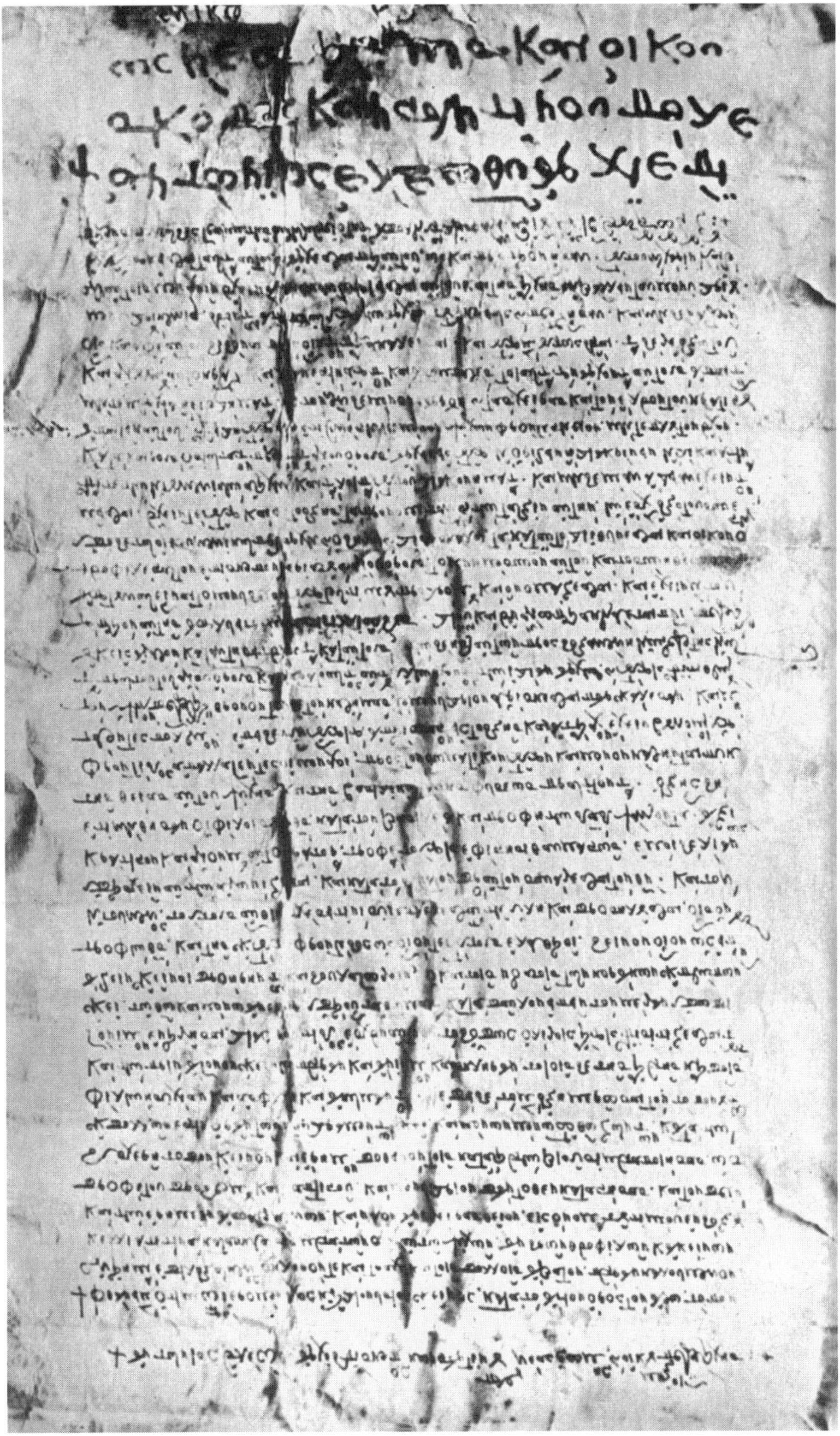

군주들의 보물

세속·교회 권력자들은 명성 높은 장인들이 귀한 재료(금, 줄무늬마노, 갈색 옥수 등)로 만든 물건들에 특별한 기호(嗜好)를 보였다.

181. 〈법랑 장식 메다용이 있는 줄무늬 마노제 성반(聖盤)〉 최후의 만찬. (10세기, 직경 3센티미터, 스토클레 컬렉션, 브뤼셀)

182. 〈갈색 옥수제 성배〉 금도금 은제 테 안에는 법랑으로 성인들(데메트리오스, 프로코피오스, 테오도로스, 아퀸디노스, 나지안조스의 그레고리오스, 이그나티오스, 테오퓔락토스, 요안네스 크리소스토모스)의 반신상을 새기고 진주 열(列)을 박았다. (10-11세기, 높이 27.3×직경 18센티미터, 산 마르코 성당 수장고, 베네치아)

183. 〈줄무늬마노 물병(aiguière)〉 굽, 목, 손잡이, 주둥이는 금도금 은제다. (10-11세기, 산마르코 성당 수장고, 베네치아)

184와 186. 〈법랑 장식 금제 가슴걸이 십자가〉 앞면(그림 184): 십자가에 매달리신 그리스도. 뒷면(그림 186): 가운데 그리스도와 테오토코스, 프로드로모스, 바실레이오스, 요안네스 크리소스토모스. (1200년경, 3.4×2.8센티미터, 국립박물관, 코펜하겐)

185. 〈법랑 장식 금제 성유물함 뚜껑〉 기도하는 하느님의 어머니. (11세기, 8.7×7.2센티미터, 성모 교회 수장고, 마스트리흐트)

187과 189. 〈법랑 장식 금제 손목 덮개〉 (9세기, 직경 6-7.5센티미터, 고고학 박물관, 테살로니키)

188. 〈법랑 장식 금제 성 십자가 함〉 위: 수태고지, 방문. 왼쪽: 베들레헴 여행. 가운데: 예수 강탄. 오른쪽: 동방박사 경배. 밑: 주님 봉헌, 세례 받으시는 그리스도. (817-824, 27×18센티미터, 로마 공방, 바티칸 박물관, 로마)

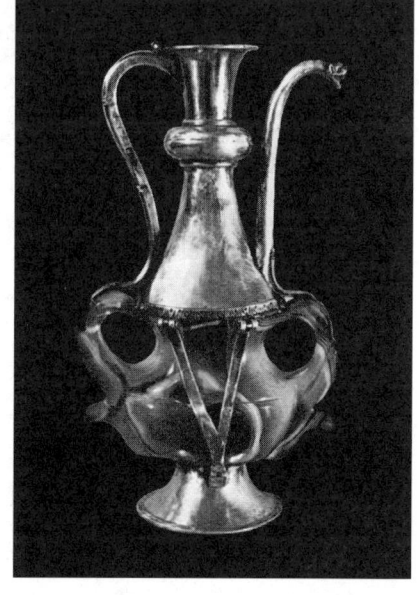

184

185

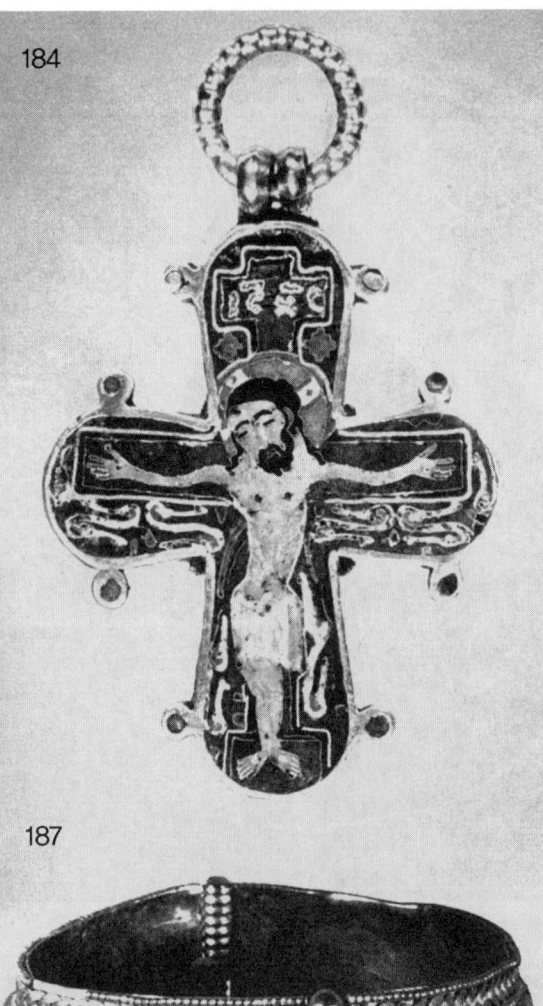

187

188

190. 〈법랑 장식 금판〉 '콘스탄티노스 모노마코스의 금관'으로 알려진 관에 달려 있던 것들이다. a, b: 무희들(10×4.5센티미터, 9.8×4.5센티미터). c: 진리의 의인화(8.7×4.2 센티미터). d: 겸비(謙卑)의 의인화(8.7×4.2센티미터). (11세기, 국립박물관, 부다페스트)

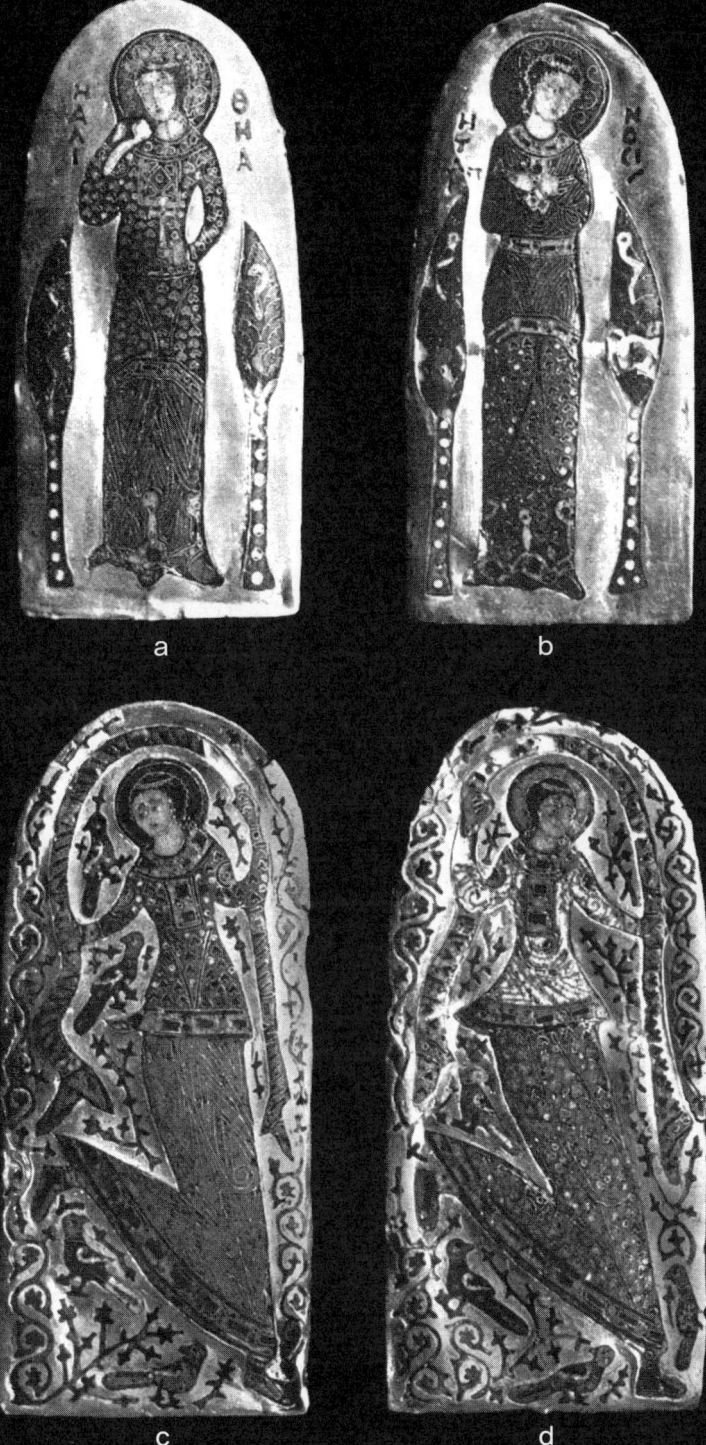

한 비잔티움 부자의 소장품

한 부자의 저택에서 나온 것들―금도금 은제 사발형 잔, 청동 조각 분동, 금제 반지, 법랑 장식 접시와 항아리, 삼련화, 귀금속으로 만든 이콘.

191. 〈금도금 은제 사발형 잔〉 상상의 동물(그리핀, 날개 달린 사자) 모양의 꽃무늬와 당초무늬를 새긴 장식은 동방풍이며, 중국적인 특징들도 보인다. 이 작품은 1361년 덴마크인이 고틀란드(스칸디나비아반도 남동쪽 바다에 있는 섬―옮긴이)에 침입했을 때 뒤네(Dune)에서 파묻힌 보물 중 하나다. (11세기, 높이 6.1×상부 직경 11센티미터, 국립 고대 박물관, 스톡홀름)

192. 〈청동 분동〉 한 황후의 반신상으로 만들었다. (5세기 전반, 16.51×8.89센티미터, 빅토리아 앨버트 박물관, 런던)

193. 〈법랑 장식 금반지〉 보석 받침에 하느님의 어머니를 새겨 넣었고, 원형 명문(銘文)으로는 기도문 처음 부분 "테오토코스여, 당신의 종에게 가호를 베푸소서"를 새겨 넣었다. 반지 몸체에는 그 뒷부분 "(당신의 종) 미카엘 스트뤼프노스, 나바르코스에게"라고 새겼다. 반지 주인 함대장(나바르코스) 미카엘 스트뤼프노스는 황후의 친척으로서 알렉시오스 3세 앙겔로스에 의해 함대 수장으로 임명됐다가 근무 태만으로 징계받았다. (1200년경, 반지 직경 2.3×보석 받침 직경 1.5센티미터, 비잔티움 컬렉션, 덤바턴 오크스, 워싱턴 D. C.)

194. 〈바닥 깊은 법랑 장식 오지 접시〉 (14세기, 직경 19센티미터, Chr. 로이지데스 컬렉션, 모르푸, 키프로스)

195. 〈바닥 깊은 법랑 장식 오지 접시〉 (14세기, 직경 15센티미터, Chr. 로이지데스 컬렉션, 모르푸, 키프로스)

191

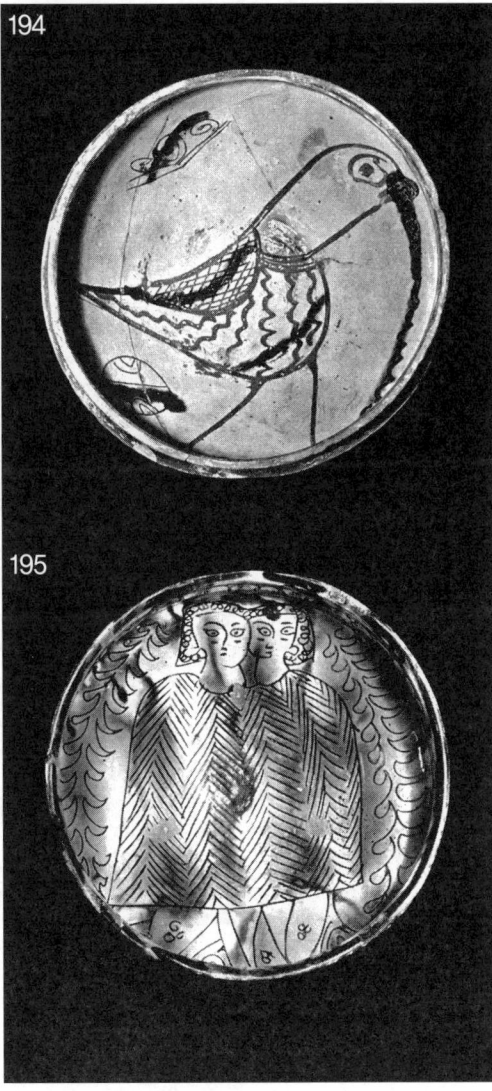

194

195

196. 〈법랑 장식 오지 항아리〉 (12세기, 크리미아 반도 쿠비친 출토, 에르미타주 박물관, 상트페테르부르크)

197. 〈금도금 청동제 삼련화〉 성자와 함께 옥좌에 앉으신 하느님의 어머니, 신학자(나지안조스의) 그레고리오스, 요안네스 크리소스토모스. (12세기, 16.14×19.68센티미터, 빅토리아 앨버트 박물관, 런던)

198. 〈동석제 이콘〉 휘파판테, 즉 신전에 봉헌되는 예수를 그리고 있다. (12세기, 10.7×8.8센티미터, 베나키 박물관, 아테나이)

199. 〈돋을무늬 압착 세공 은제 이콘〉 바울 사도를 묘사한 안티오케이아 부근에서 출토된 이콘. (6세기, 27.30×21.60센티미터, 메트로폴리탄 미술관, 뉴욕)

호사스러운 취미

상아 조각품, 모자이크, 그림을 수놓은 비단 같은 것이 유복한 취미생활자의 삶을 장식한다.

200. 〈상아제 삼련화 가운데 판〉 세바스테이아의 순교자 40인이 얼음같이 차가운 물 속에서 떨고 있다. 신앙을 버릴 자들을 위해 목욕물이 준비되어 있다. 그들을 기다리는 천국의 표상으로서 그리스도가 두 천사 합창단 사이 옥좌에 앉아 계신다. 원래 상아 위에 채색이 됐었고 안료를 쓴 흔적이 남아 있다. (10세기 말, 17.6×12.8센티미터, 국립박물관, 베를린)

200

201. 〈상아제 복음서 초록 겉표지〉 위에 두 천사가 안에 십자가가 든 승리의 관을 들고 있다. 가운데 조각은 아기 예수를 안고 옥좌에 앉으신 성모다. 좌우에 새겨진 네 개의 작은 장면들은 수태고지, 엘리사벳 방문, 강탄, 베들레헴 여행이고, 밑은 동방박사 경배 장면이다. (6세기, 성당 수장고, 에치미아진, 아르메니아)

202. 〈상아제 장(欌)〉 결혼 선물로 증정되곤 했다. '장미 문양' 시리즈의 일부다. 고대 신화 장면들을 장미 장식이 감싸고 있다. (6세기, 에르미타주 박물관, 상트페테르부르크)

203. 〈상아제 성체함〉 성체 빵 혹은 향을 담는 뚜껑 달린 그릇으로 요나의 이야기로 장식되어 있다. (6세기, 에르미타주 박물관, 상트페테르부르크)

204. 〈상아제 성체함〉 민중적 발랄함으로 요셉의 삶을 새겼다. (6세기, 에르미타주 박물관, 상트페테르부르크)

205. 〈모자이크 장식〉 고해 성사를 베풀고 성유물을 보관하는 곳으로 쓰인, 494년에서 519년 사이에 세워진 라벤나 주교 개인 기도실 입구의 궁륭을 장식하는 꽃과 새 그림이다. 순수한 로마 전통 장식으로 비잔티움인들은 이것을 이탈리아에 도착했을 때 발견하게 된다. (대주교청 소성당, 라벤나)

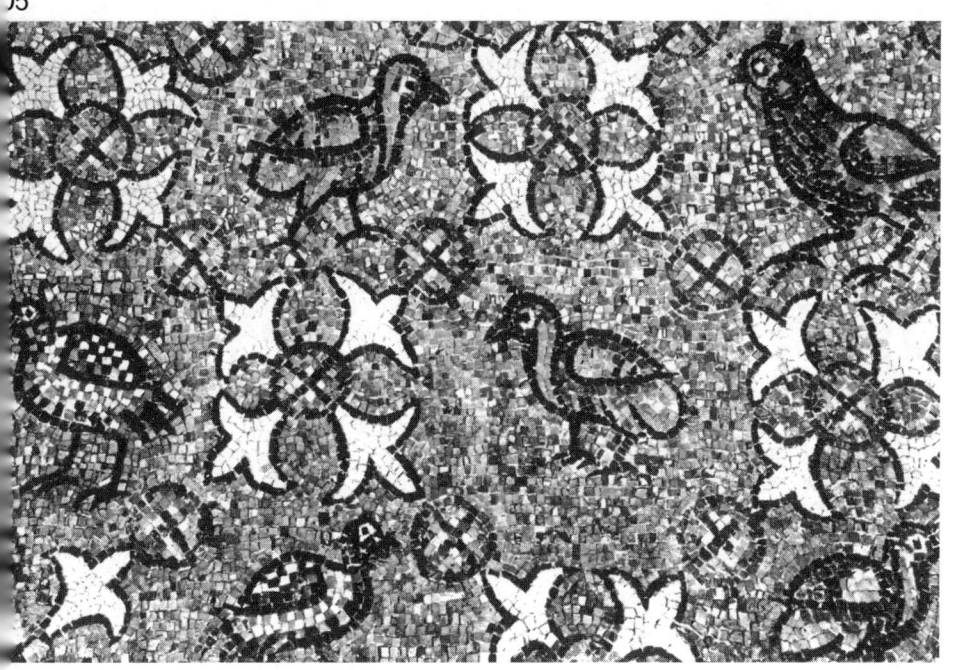

206. 〈그림을 수놓은 천〉 그림을 수놓은 천은 동방에서처럼 비잔티움 제국에서도 아주 귀한 물건으로 여겨졌으며, 경배·세속 시설과 개인 저택(벽걸이 자수, 커튼)을 장식하는 데뿐만 아니라 부유한 남성과 여성의 복장으로도 쓰였다. 중국에서 이 예술을 배워 온 사산조 페르시아가 비잔티움에 직조 방법과 장식 모티브들을 전해 주었다. 퓌레(페르시아 종교의 불 제단)를 가운데 두고 양편에 호랑이를 수놓은 이 천은 비잔티움인들이 사산조 본을 떠 만든 것이다. (성 막시모스의 것으로 전해지는 제의(chape), 7세기?, 프랑스, 생 에티엔 교회, 시농)

옮긴이의 말

우리에게 역사 연구란 주로 세계의 여러 전통 사회에 대한 호기심에서 출발할 것이다. 우리 할아버지 세대만 해도 거의 전통 사회의 환경과 관념 속에서 살았으며 우리가 서양과 접촉하여 소위 근대화를 이룩한 시간은 얼마 되지 않는다. 그러므로 역사 연구는 시대를 초월하여 인간 사회의 기본 원리와 그 변천의 과정을 성찰함을 의미하며 그 기초에 놓인 것은 언제나 사회를 구성한 인간 그 자체에 대한 관심이다.

한국 사회는 급속한 소위 근대화를 수행하면서 물질·정신적으로 전통 사회를 거의 완전히 탈각하는 격변기를 거쳤으며, 우리의 전통 관념과 제도는 희미해져버렸다. 이 과정에서 비록 개인의 자유 신장 등 긍정적인 변화도 있었으나 환경 문제, 인간 소외 등 그 부정적 결과 또한 만만치 않은 것 또한 사실이다. 그러나 인간의 삶에서 정말로 중요한 가치는 아무리 시대가 바뀌어도 변하지 않는 것이며 마땅히 존중받아야 하고 그 사회적인 기능 또한 동서고금 사회에서 비교 연구가 필요하다.

비전공자인 내가 『비잔티움 문명』이란 대작을 감히 번역하기로 마음먹은 것은 여러 조건이 합치한 결과이지만 한 인문학자로서 이러한 역사 연구의 기본 상식에 평소 동감하고 있었던 것이 하나의 계기였다. 나의 비잔티움학 연구의 직접적인 계기는 내가 러시아학으로 학위를 받고 한국에 돌아와 강의를 맡는 대신 한 서양철학 원로교수님의 수업을 청강하고 있을 때 이루어졌다. 수업 중 한국에서 비잔티움 연구가 아주 공백이라고 하시는 그분의 말씀을 듣고 미력으로나마 이 공백을 메꾸어보자고 덤벼든 이래 나는 지금까지 아주 느리게 혼자 비잔티움 세계 연구를 진행해왔다.

나름대로 비잔티움 연구서들을 골라 읽으며 기초를 쌓던 중 설익은 실력이지만 조금이라도 앞서 한국의 비잔티움 연구에 기여를 하려고 고른 책이 이『비잔티움 문명』이다. 프랑스 비잔티움학을 대표하는 저서이므로 찬찬히 읽던 중 이 책은 비잔티움학의 성과에서뿐만 아니라 역사학 일반을 하는 기본 자세에 있어서도 많은 시사점을 던진다는 것을 깨달았다. 먼저 본문의 4분의 1에 달하는, 모두의 지리와 정치사 설명이 기유의 역사학의 광박함과 깊이를 대변해준다. 혹 너무나 지리 위주인 이 부분에서 질려버리는 독자도 있을지 모르겠다. 그러나 지리학이 역사학의 사전 지식으로서 필수 요소임을 안다면 우리는 저자에게 한때 비잔티움 역사 영역이었던 지역에 대한 상세한 지리 설명을 고마워해야 할 것이다. 그다음은 제도, 사회, 경제, 교양의 순으로 비잔티움 문명의 특징과 주변 세계와의 교류가 논해지는데, 필드워크를 주로 해온 역사학자답게 종종 사료로 하여금 스스로 말하게 하는 서술법을 취해 마치 저자는 역사상 인물 뒤로 비켜난 듯한 인상을 받는다. 제도, 사회, 경제 편에서 문명의 기초 조건들과 내부 문제 전개 양상 서술이 이루어지고, 교양 편에서 먼저 학술과 서적의 역사를 논한 다음 비잔티움 문명의 중추인 종교와 신앙에서 비잔티움인의 심성 깊은 곳에 대한 시론으로 이 역작은 이 문명에 대한 총체적 접근을 완성한다. 기유의 깊이 있는 역사학은 마치 우리에게 비잔티움 문명의 속살을 체험시키는 듯하다.

지중해 동안에 천 년 동안 지속되고 오랫동안 지중해 문명의 거물 노릇을 한 비잔티움 문명의 사료는 의외로 많지 않다. 많은 도시 유적이 지하에 미발굴인 채로 남아 있고 문헌 또한 서양 중세에 비해 턱없이 부족하다. 그럼에도 그 실체는 많은 학자의 노력 덕에 조금씩 밝혀지고 있으며 앞으로도 지중해 중세 문명 가운데 그 중요성에 비추어 이 퍼즐 맞추기는 끊임없이 진행될 것이다. 특히 관료 중심 사회와 유동적인 신분 제도, 법률에 의한 지배 등 동시대 서양 중세 문명과의 차이점 또한 가장 우리의 주목을 끄는 주제다.

비잔티움 문명의 가장 큰 업적 중 하나는 아마 고대 희랍 문화와 문헌의 전달자로서의 업적일 것이다. 만일 비잔티움 문명이 없었다면 우리가 지금 알고 있는 희랍 고전 문헌들은 모두 망실되고 우리는 그 건축 유물들로만 희랍 문명을 더듬고 있었을지 모른다. 기독교라는 완전히 다른 세계관을 표방했지만 알렉산드리아에 이어 희랍 고전을 아끼고 열심히 보존한 비잔티움인의 전 세계 문명에 대한 공헌은 아무리 강조해도 지나치지 않을 것이다.

또한 남·동슬라브족을 비롯해 비잔티움 문명이 그 주변 세계의 역사와 문화에 미친 영향 또한 체계적인 연구가 필요할 것이다. 보다 포괄적으로 비잔티움 문명을 바라보려는 우리의 시도는 비단 전통 사회뿐만 아니라 오늘날 세계 여러 지역에 대한 우리의 인식의 폭도 넓혀 줄 것이다(C. Mango, *Byzantium: The Empire of New Rome*, 1980, p.233 참조).

그 중요성에 비해 우리나라 비잔티움 관련 도서 목록은 아주 빈약한 것이 실정이며, 그 또한 유감스럽게도 정치사에 편중돼 있다. 비잔티움 문명의 여러 측면을 심도 있는 서술로 개괄하고 있는 『비잔티움 문명』 같은 서적이 앞으로도 많이 소개되길 기대한다.

　비전공자로서 노력은 했으나 역사 상식이 부족하여 오역과 잘못된 소개가 섞이지 않았을까 두렵다. 전문가들의 많은 질정을 바란다.

　끝으로 변변치 않은 학자 아들을 변함없는 모정으로 그동안 물심양면으로 지원해 주신 어머님께 깊은 감사를 드린다.

　김래모

비잔티움 문명권 지도

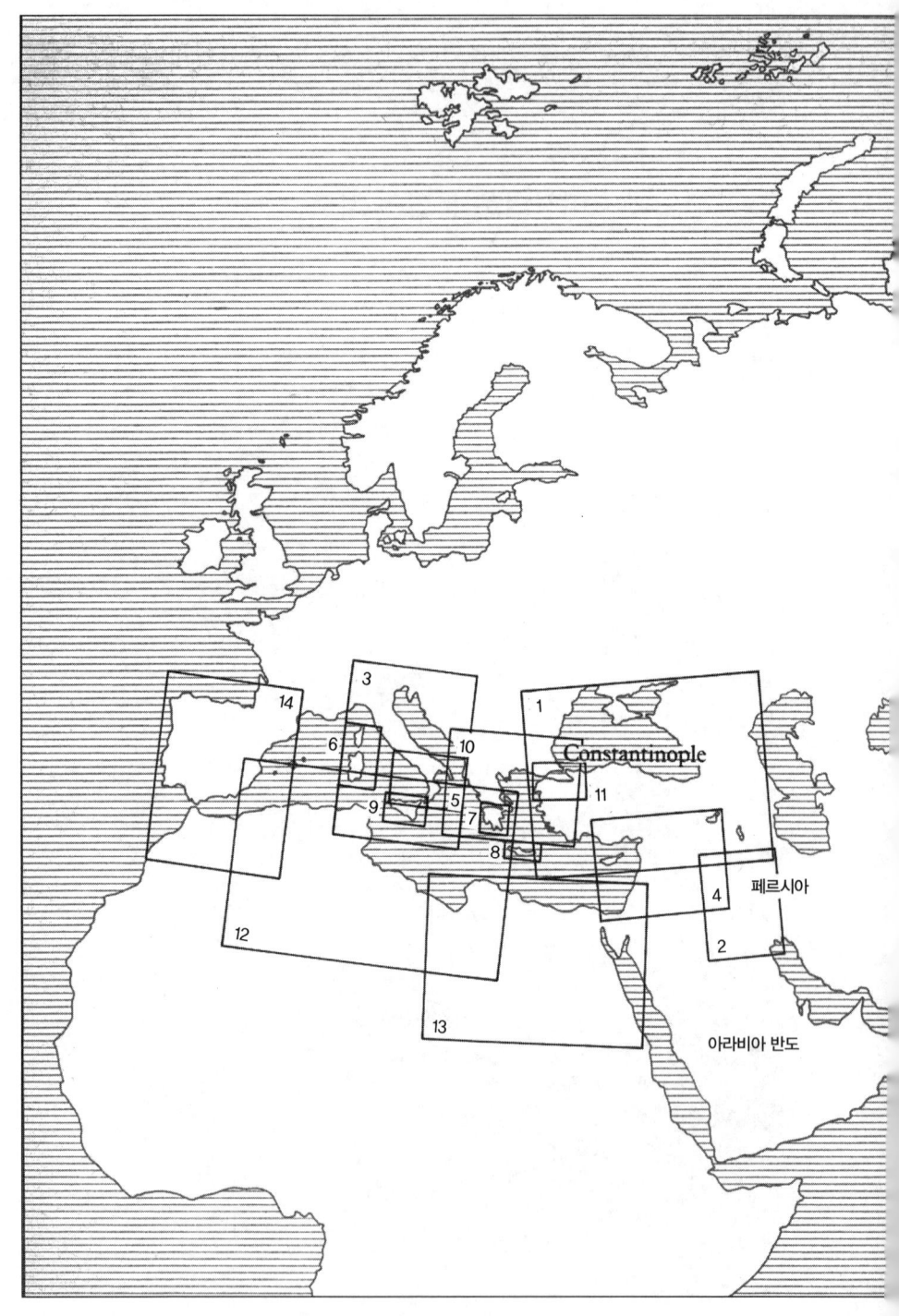

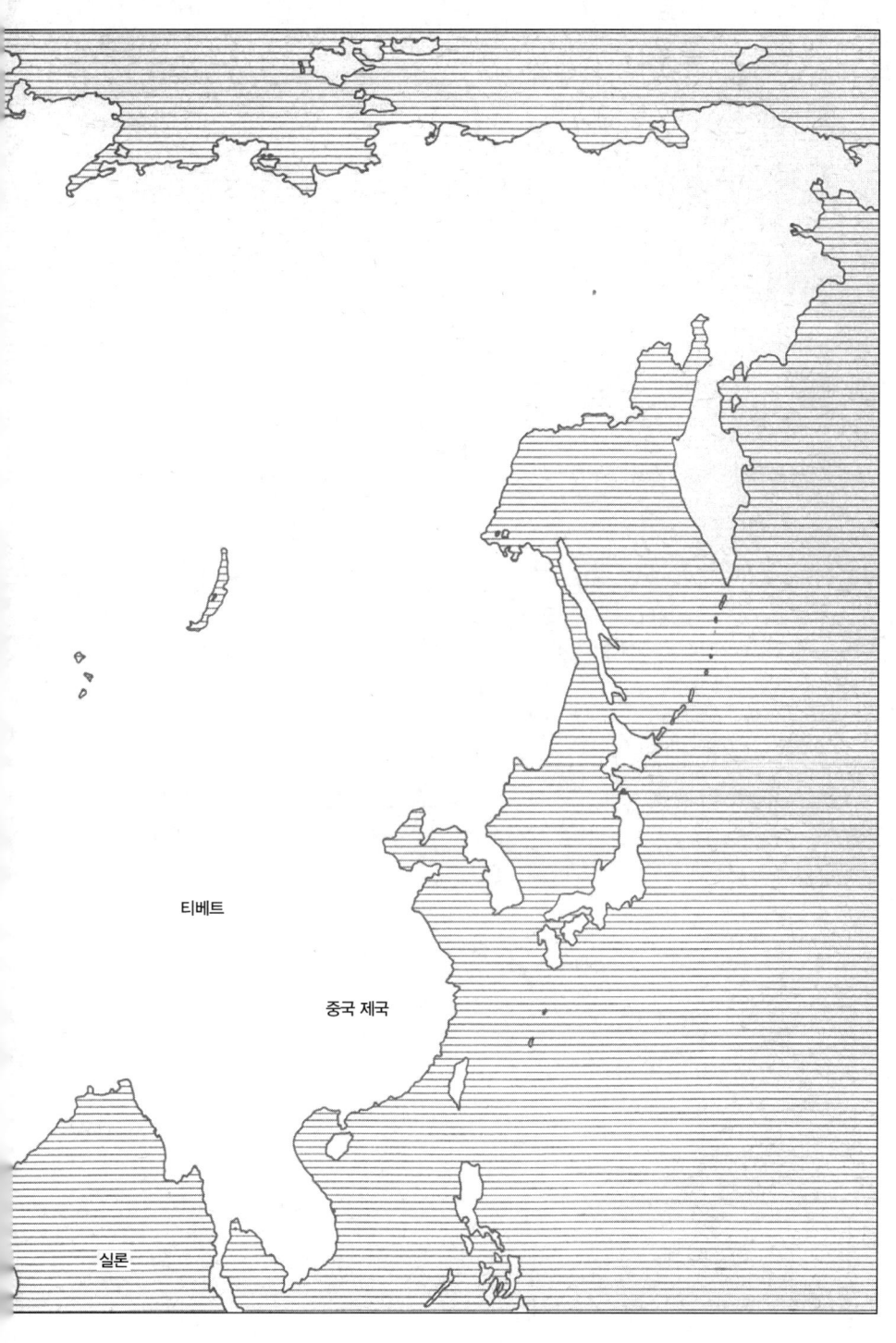

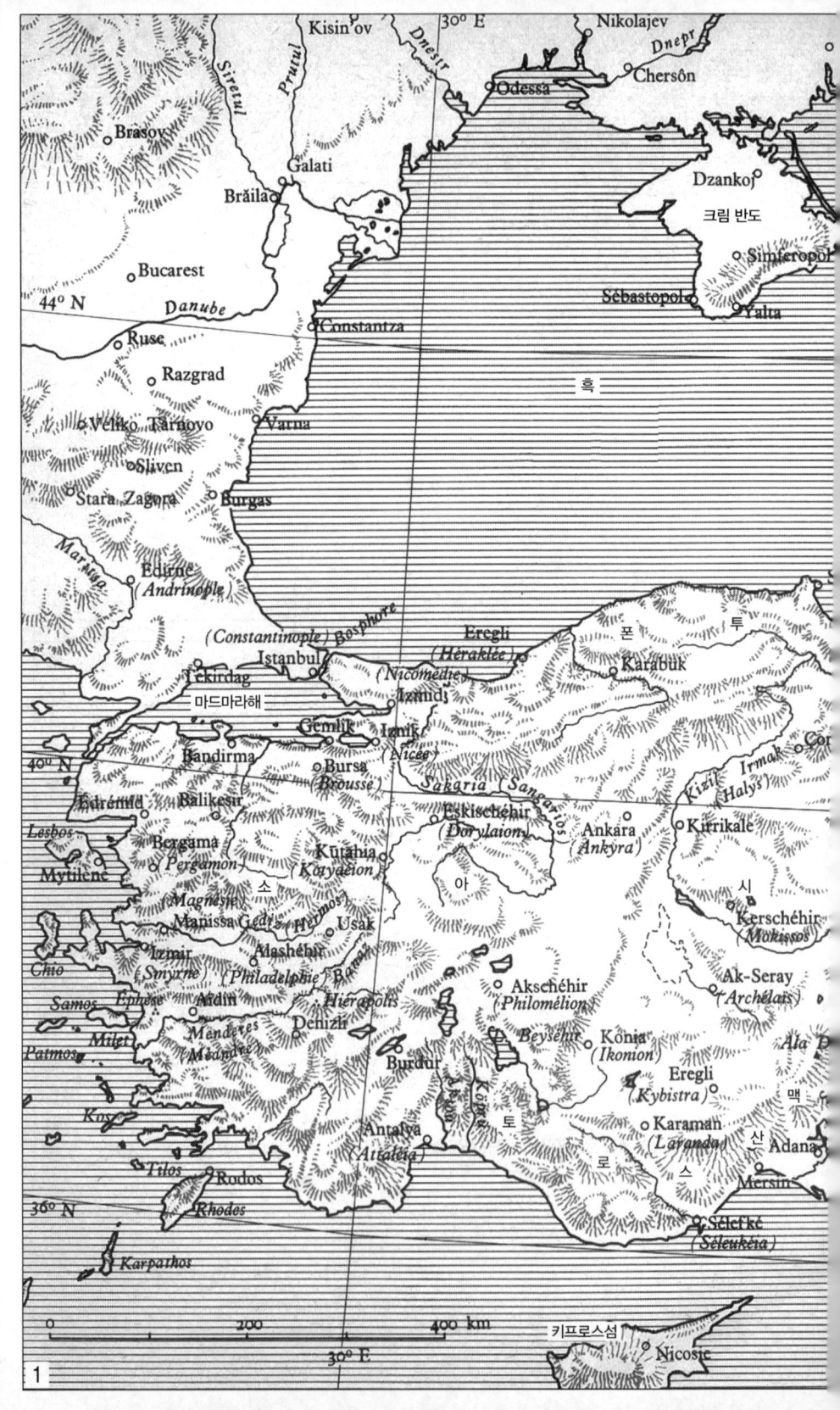

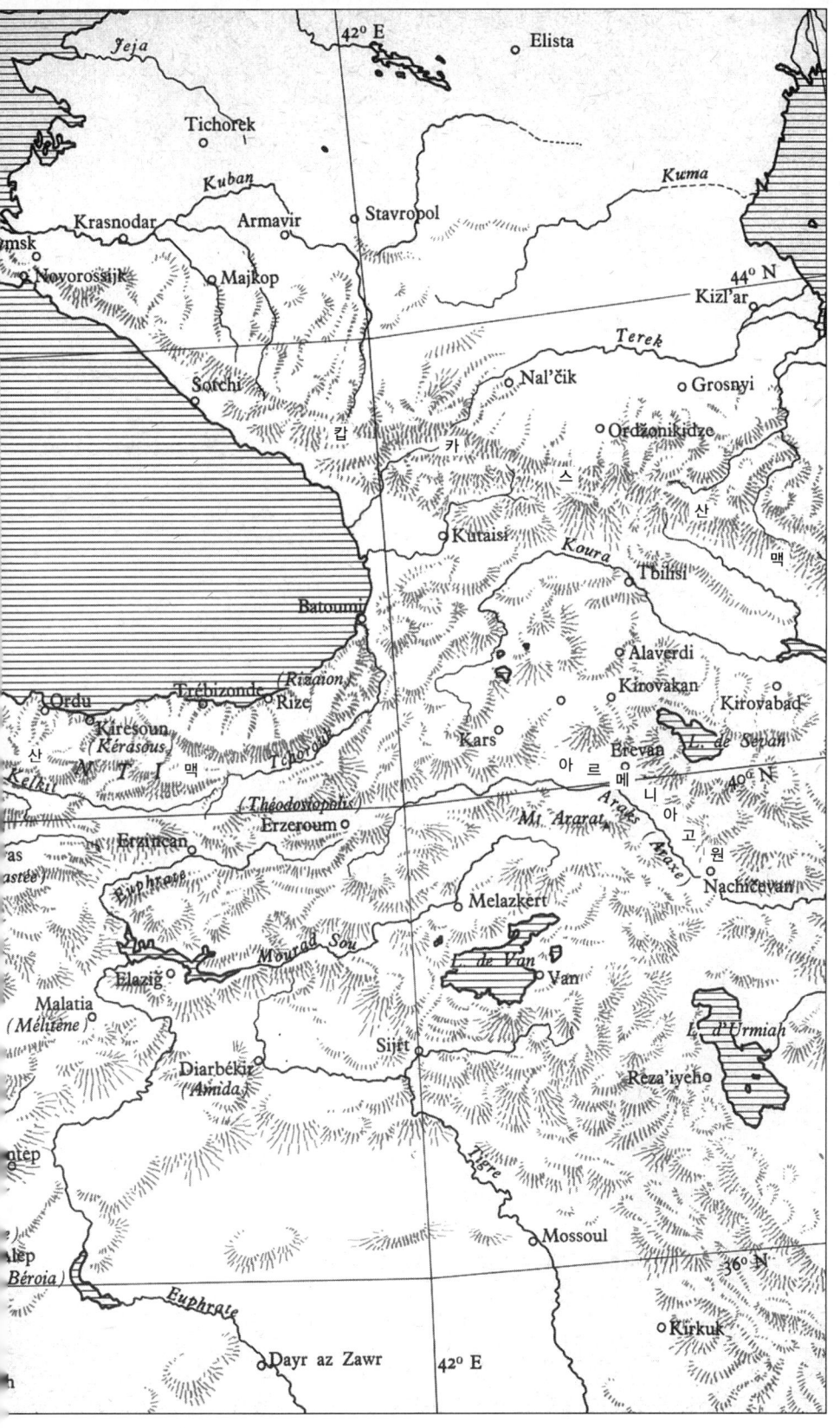

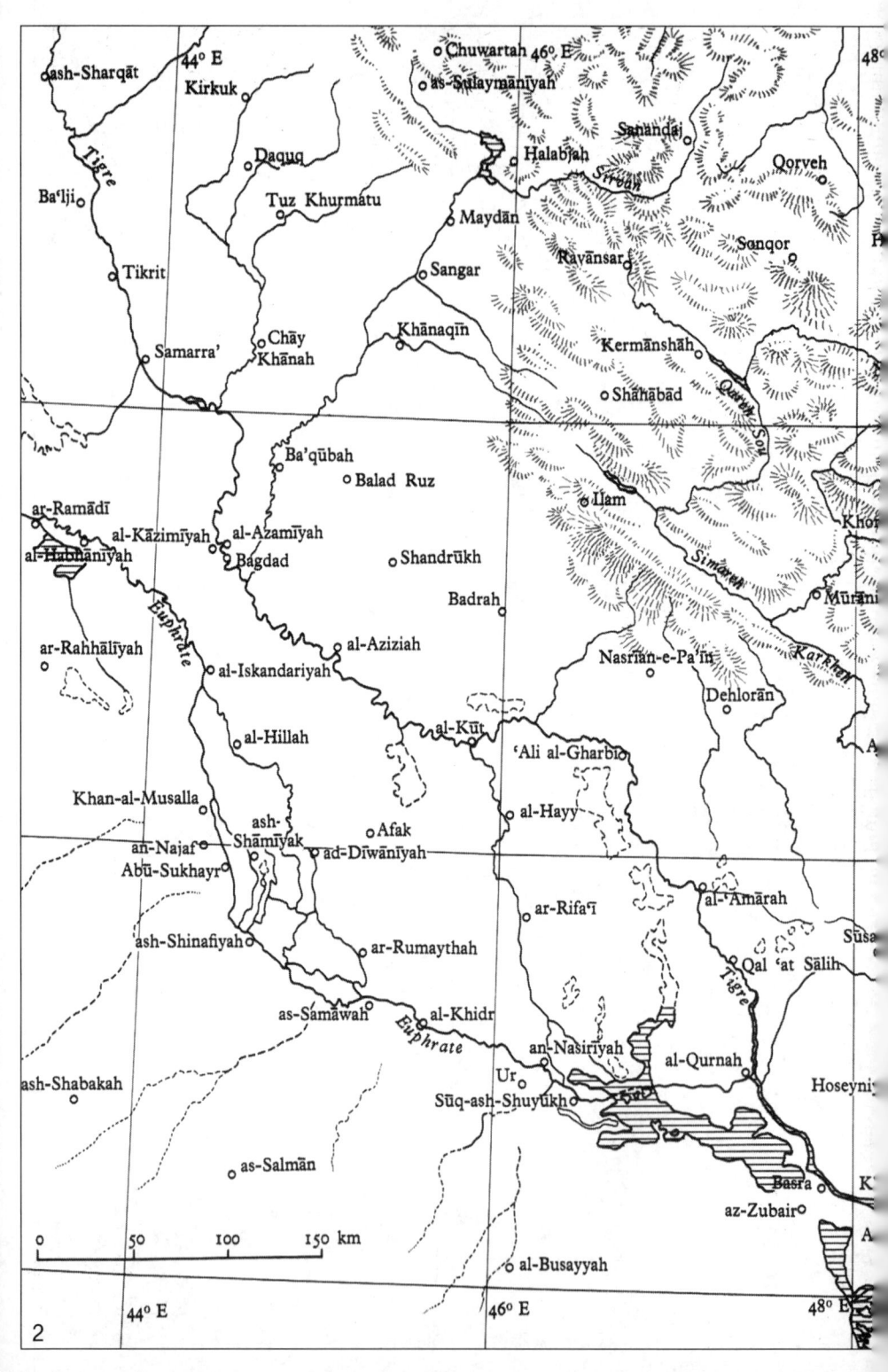

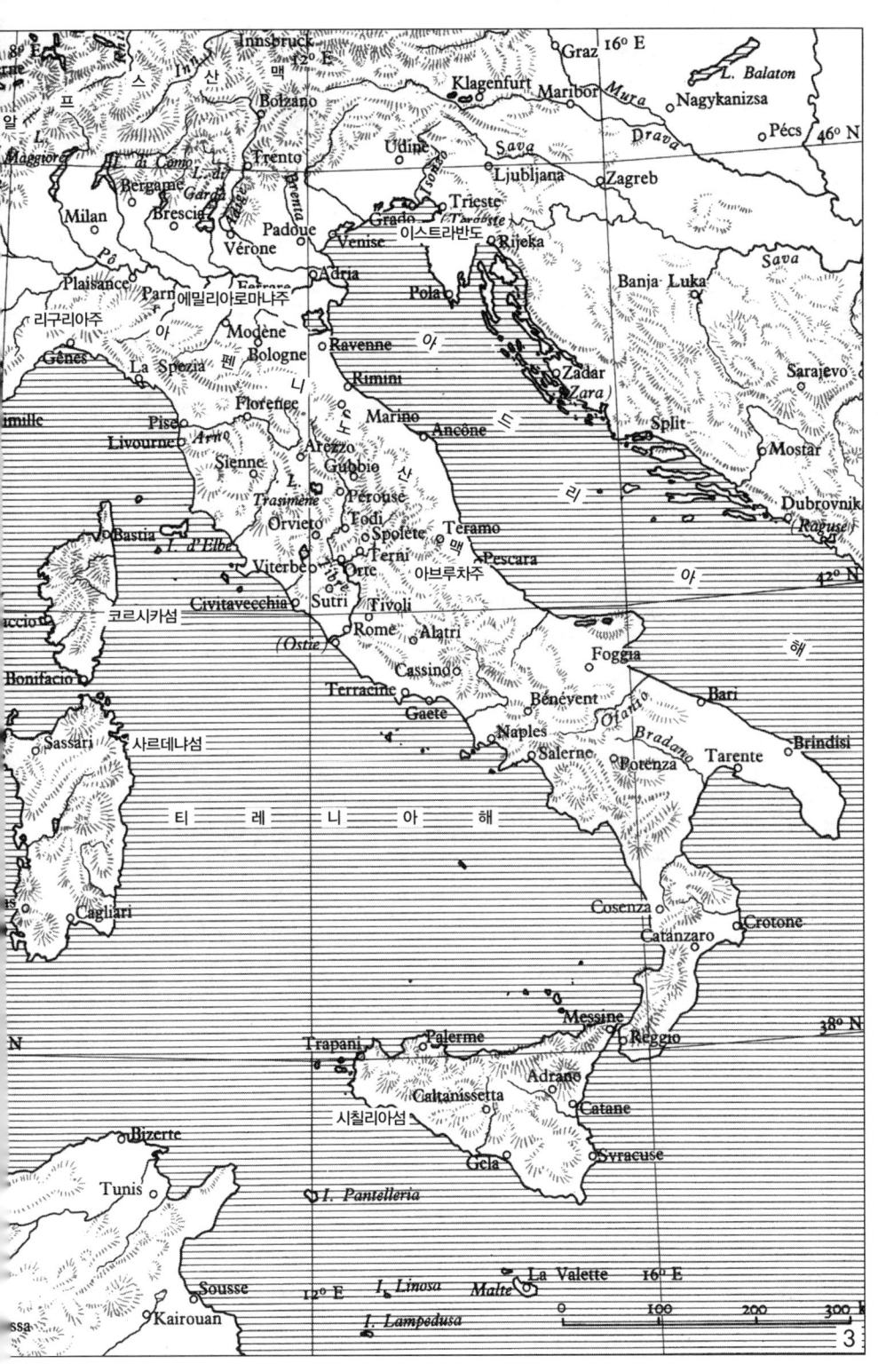

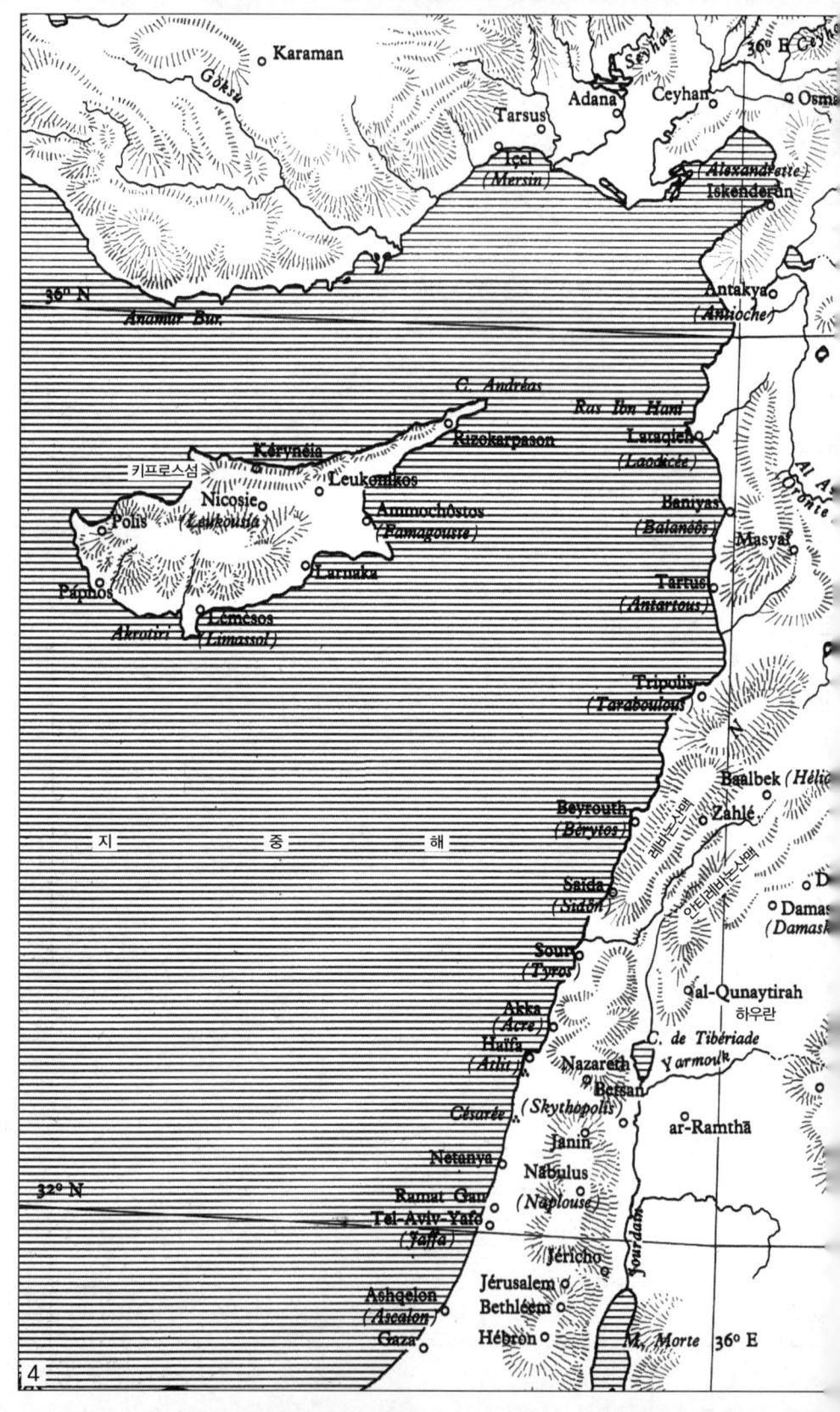

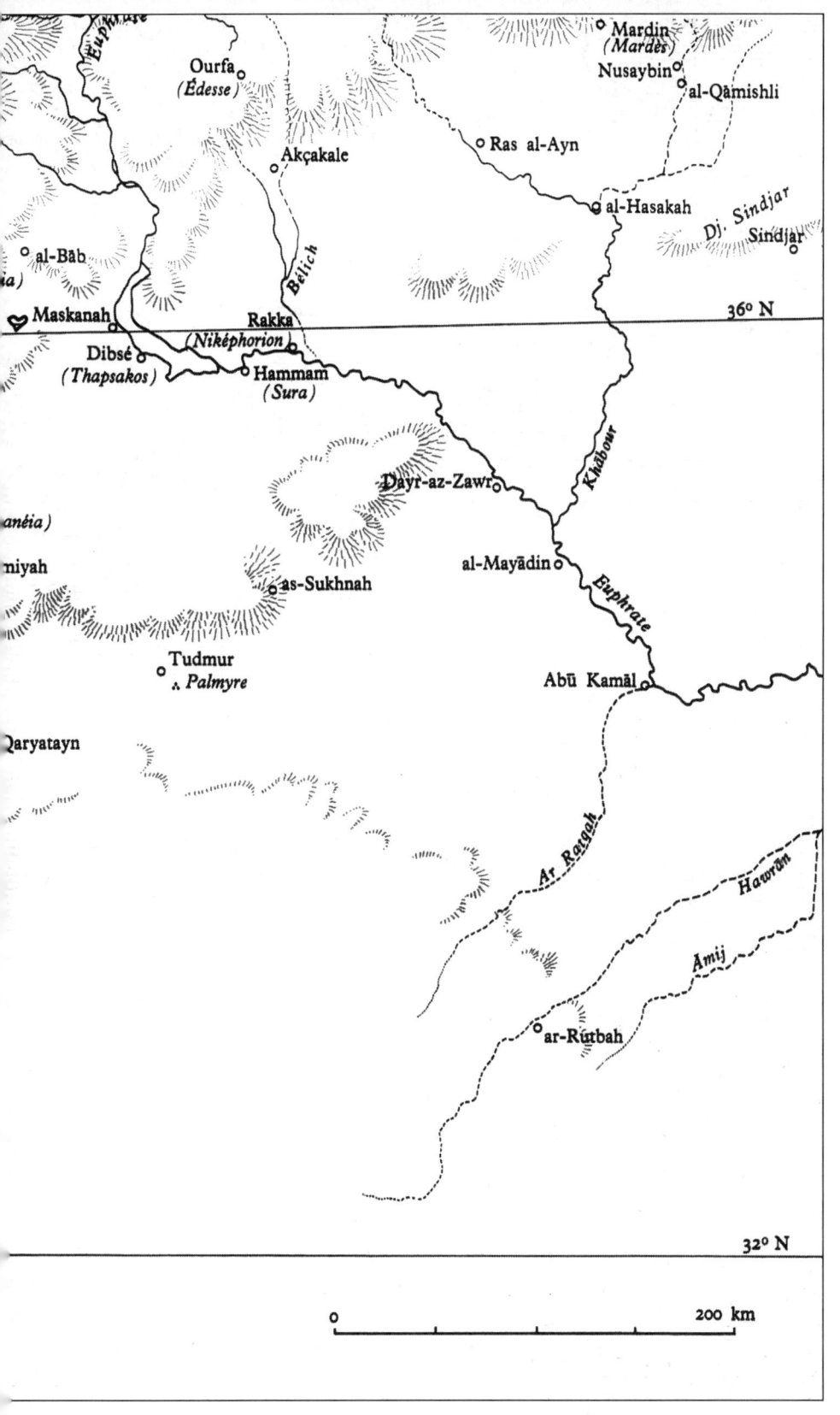

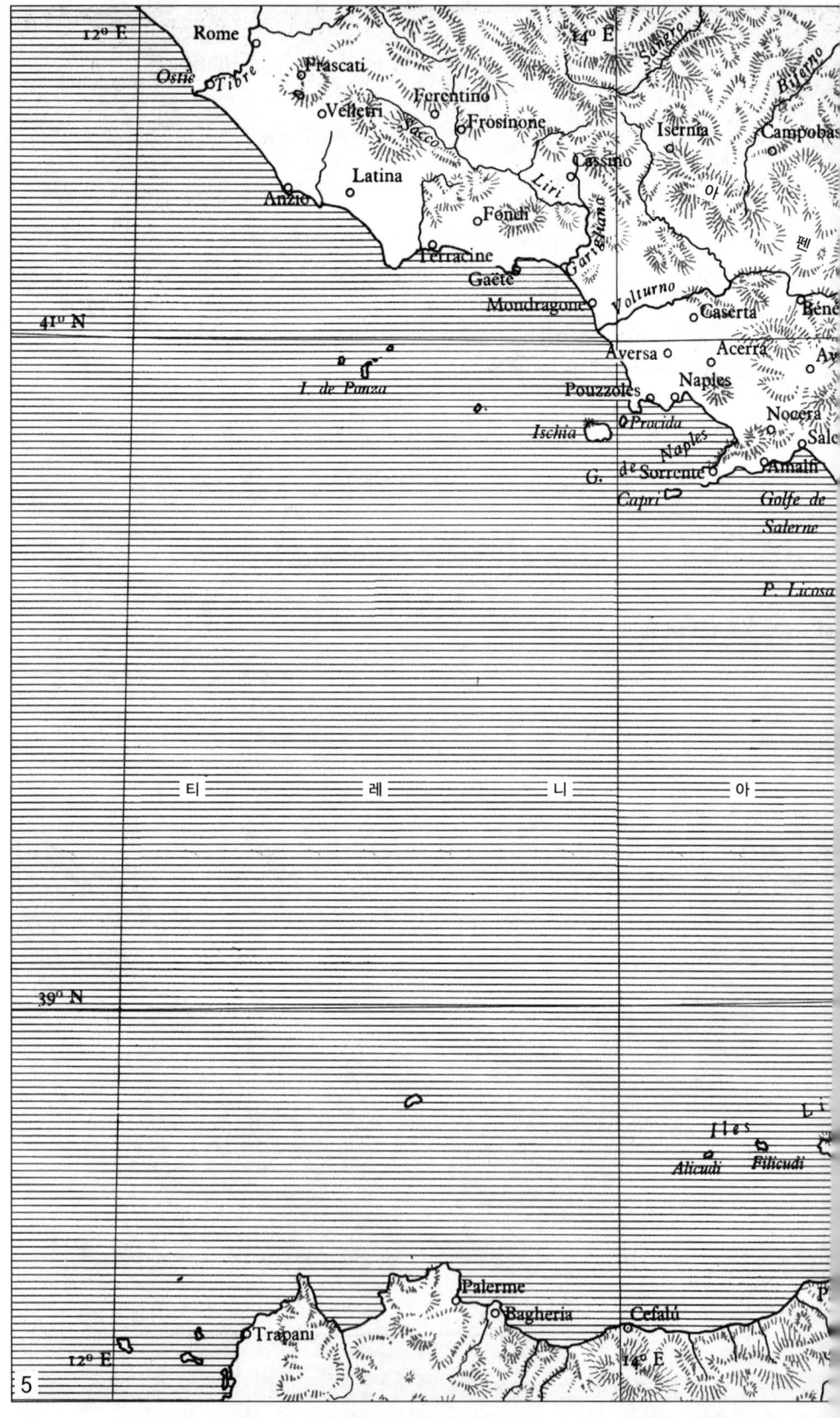

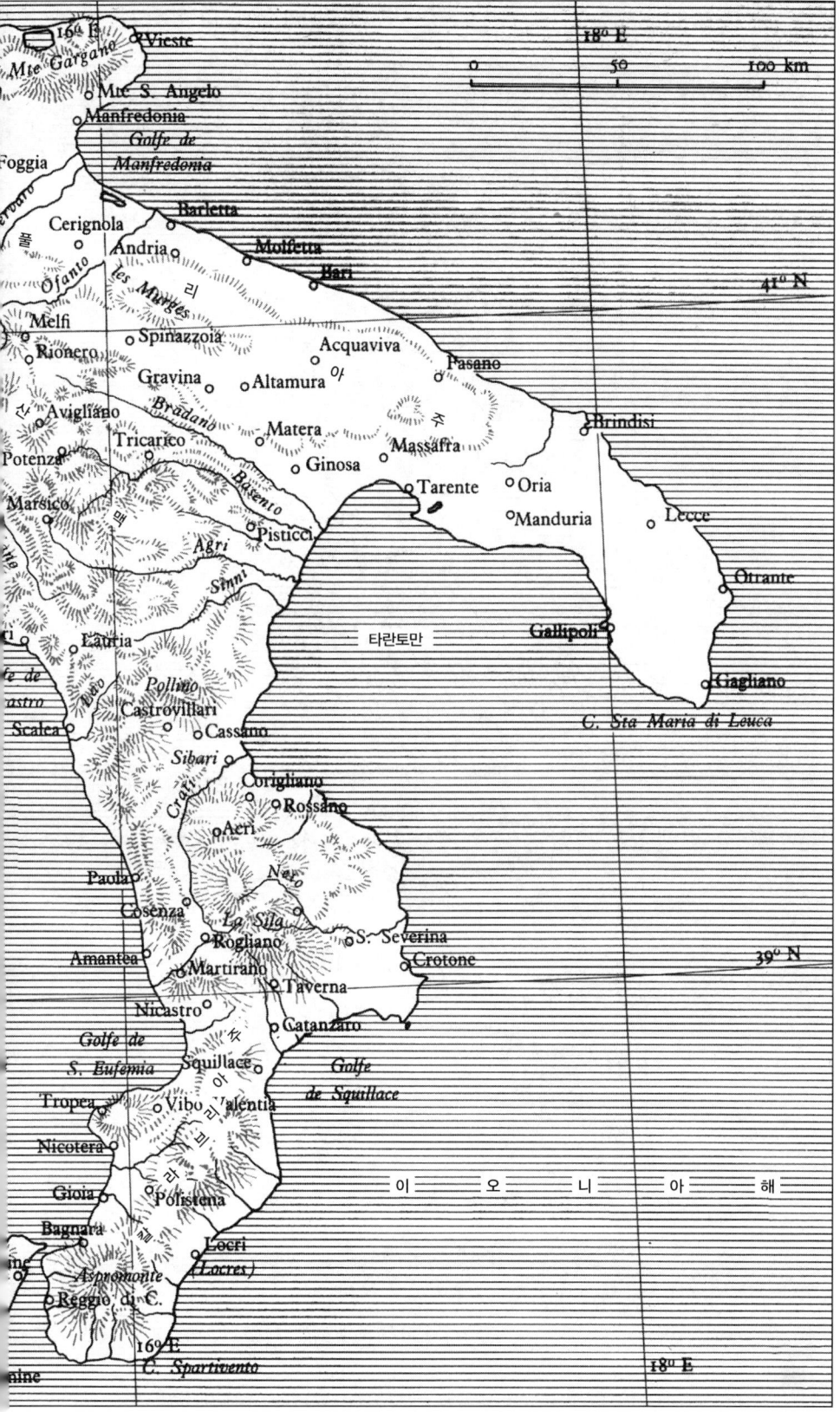

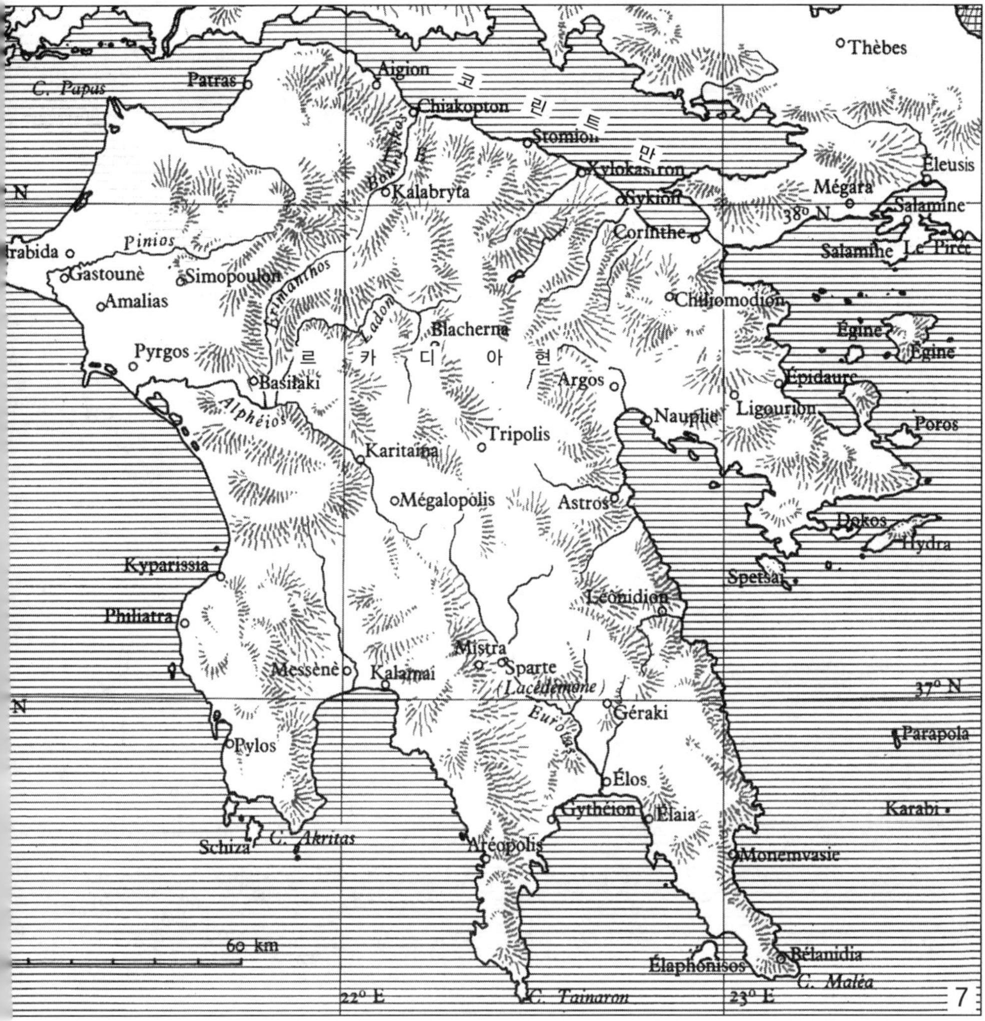

Thèbes
C. Papus
Patras
Aigion
코
Chiakopton
린
트
만
Stomion
Xylokastron
Éleusis
Mégara
Salamine
38° N
Kalabryta
Sykion
Corinthe
Salamine
Le Pirée
Pinios
Gastounè
Simopoulon
Erimanthos
Amalias
Ladon
Chiliomodion
Blacherna
Égine
Égine
Pyrgos
르
카
디
아
현
Basilaki
Argos
Épidaure
Alphéios
Nauplie
Ligourion
Poros
Tripolis
Karitaina
Mégalopolis
Astros
Dokos
Hydra
Kyparissia
Spetsai
Léonidion
Philiatra
Mistra
Messènè
Kalamai
Sparte
(Lacédémone)
37° N
Géraki
Eurotas
Parapola
Pylos
Élos
Gythéion
Élaia
Karabi
Schiza
C. Akritas
Aréopolis
Monemvasie
60 km
Bélanidia
Élaphonisos
C. Maléa
22° E
C. Tainaron
23° E
7

C. Spatha
24° E
25° E
26° E
50 km
크
레
타
해
Chania
Dia
Panormos
Réthymnè
Héracléion
(Candie) Chandax
Mt Leuka
Kandanos
Mountros
Milatos
Ianisadès
C. Sidéros
Spèli
Mt Ida
Hag. Myrôn
Anô
Archanai
Malia
Néapolis
Krousôn
Audou
Sellia
Kastellion
Tzermiadhes
Hag. Nikolaos
Sitia
Chôra
Sfakiôn
Hag. Barbara
Kritsa
Palaiokastron
Mt Diktaia
Tympakion
Anô Biannos
Hiéropotamos
Pyrgos
Hiérapetra
8

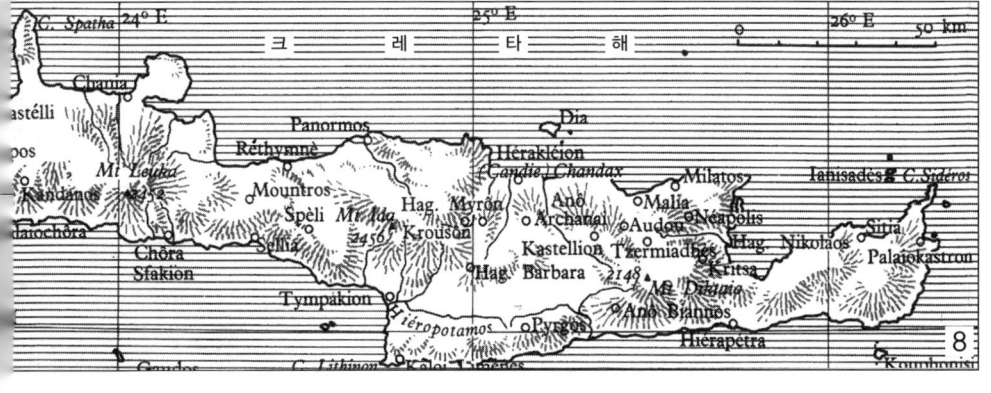

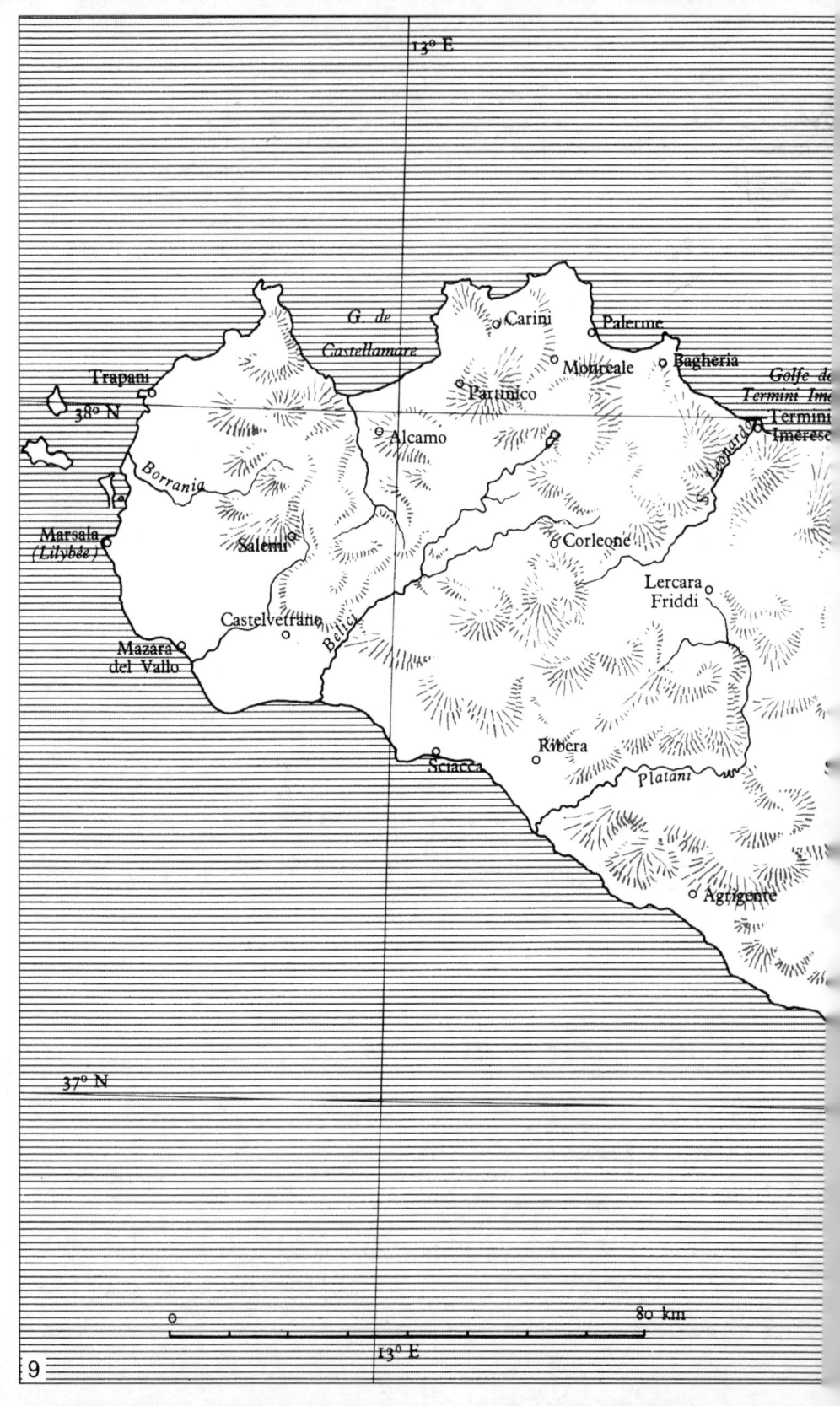

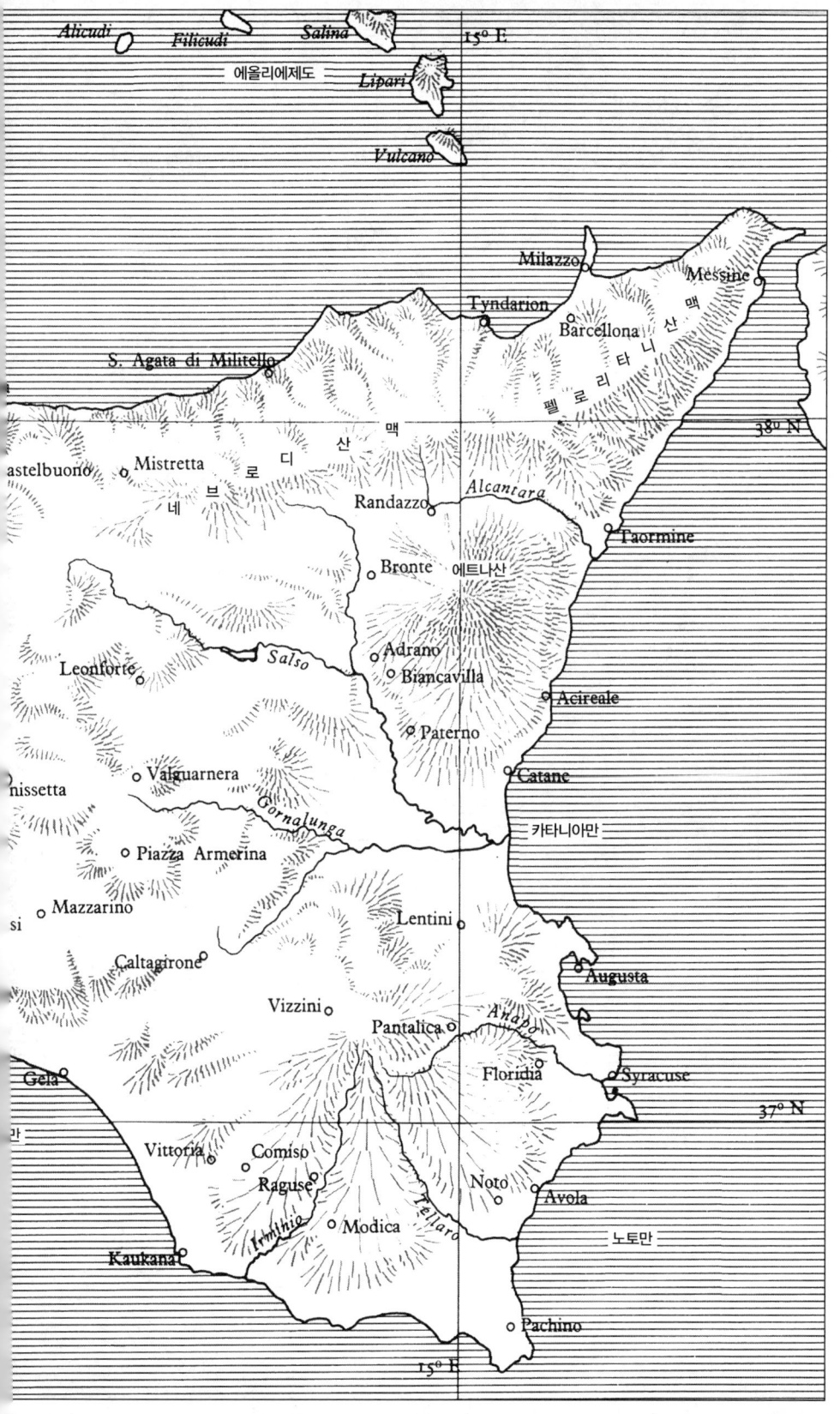

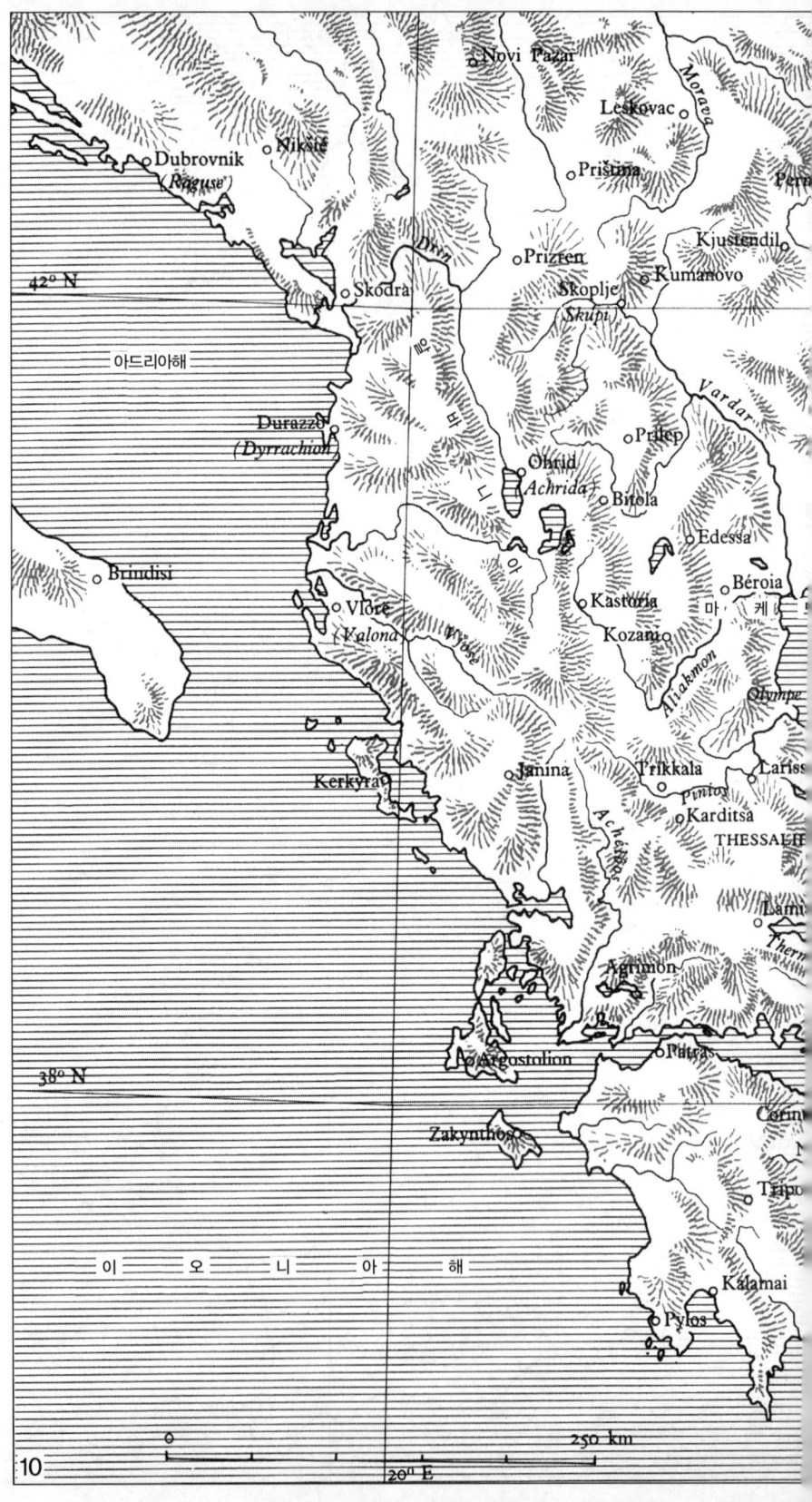

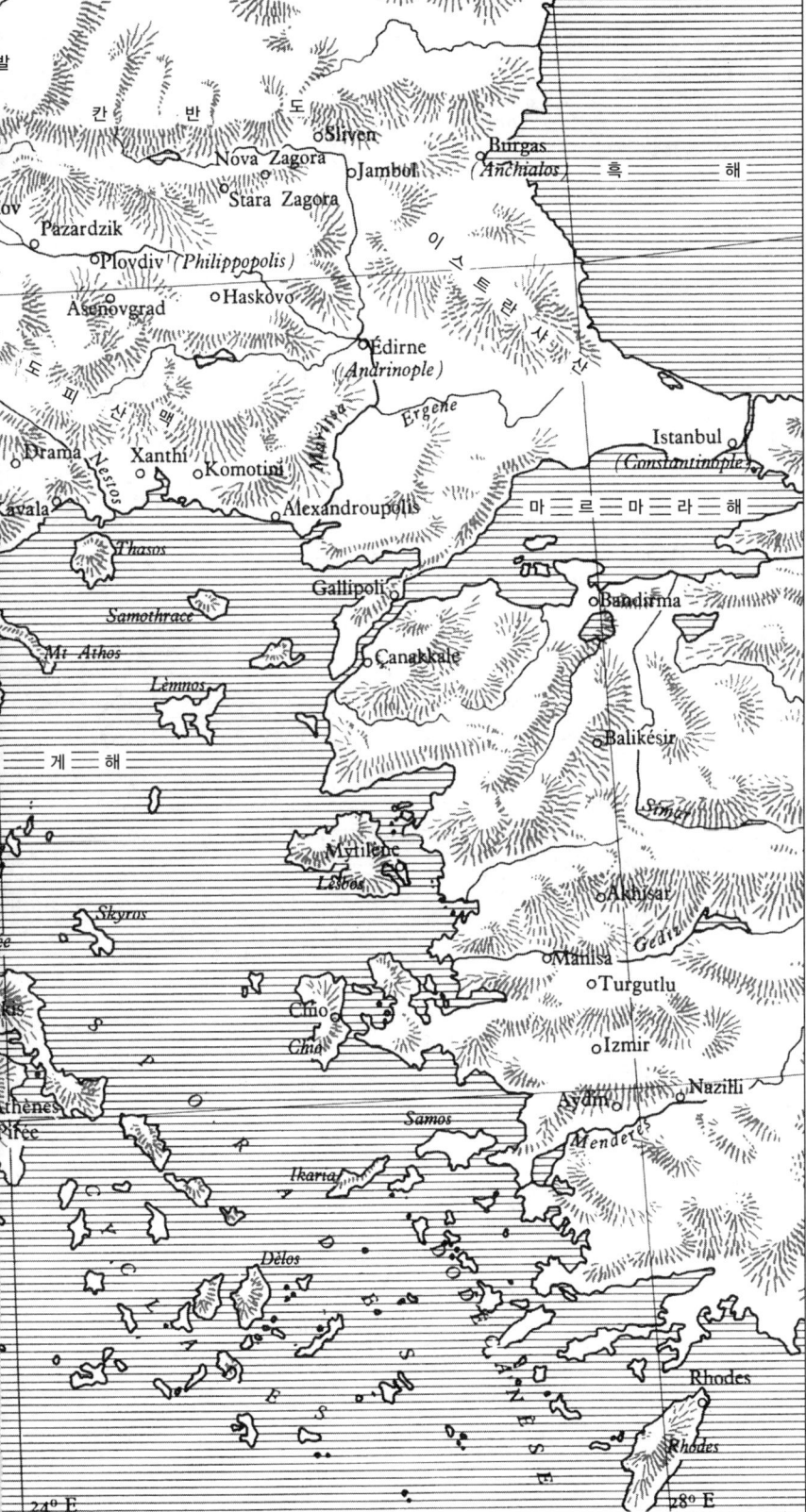

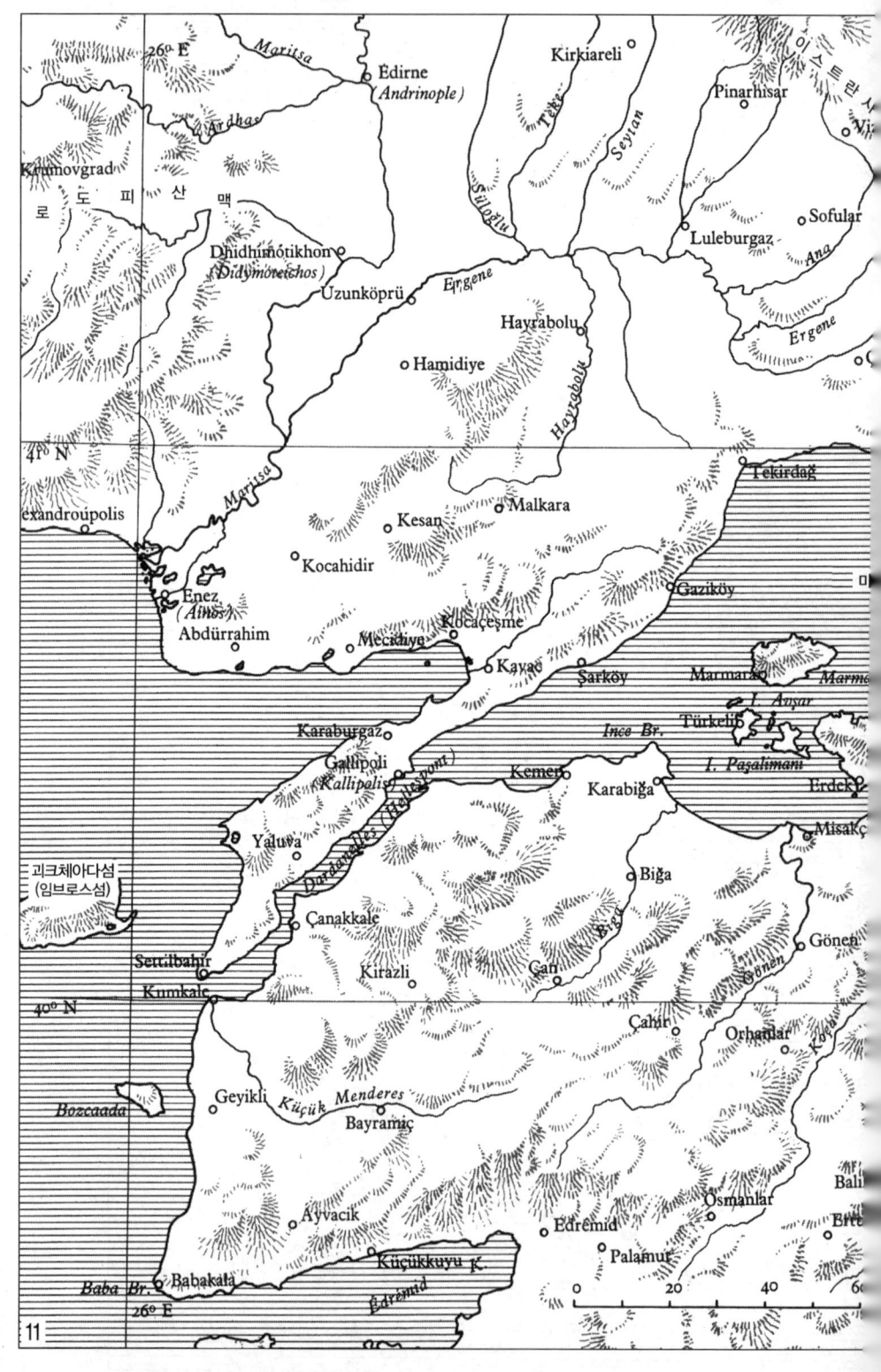

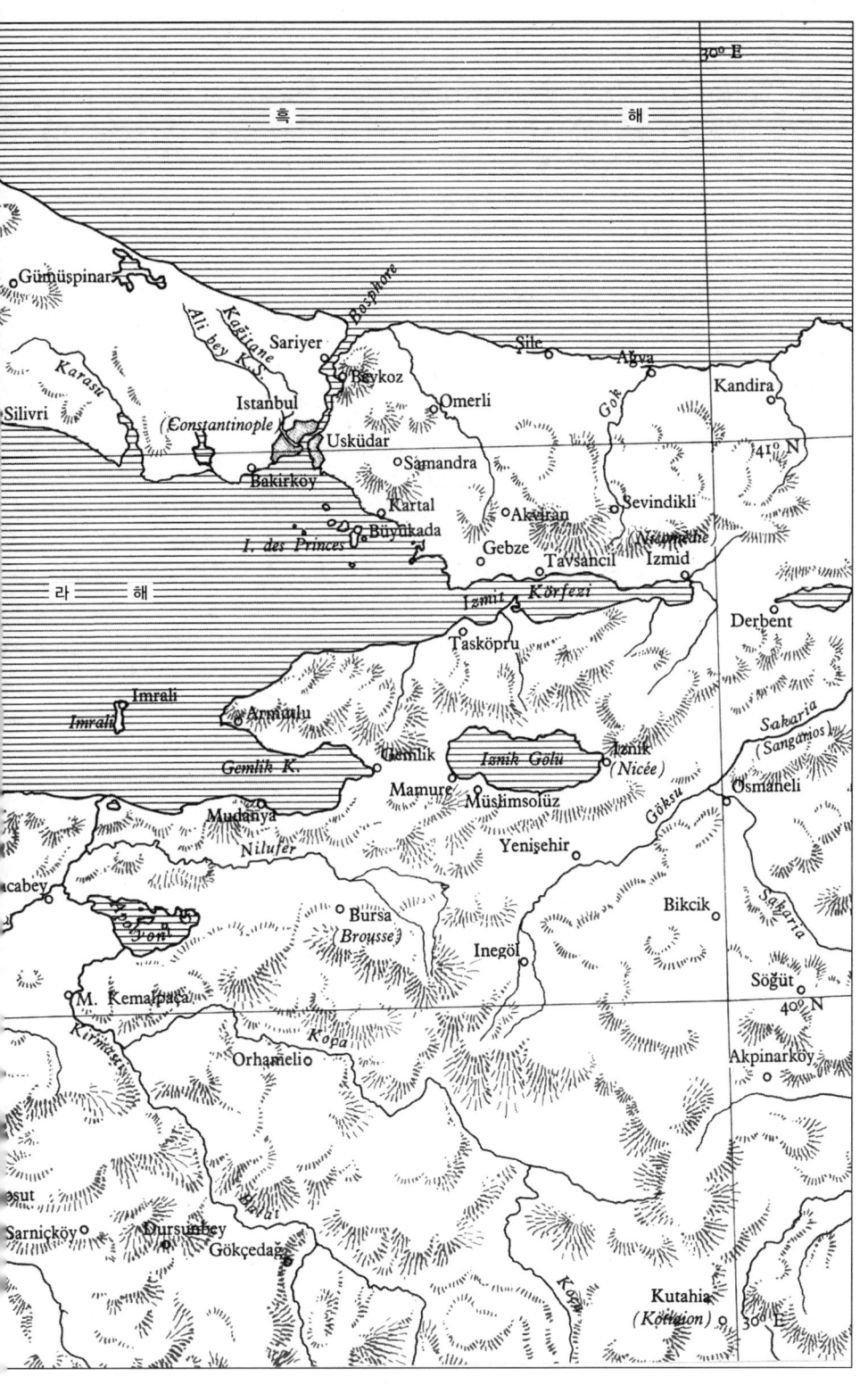

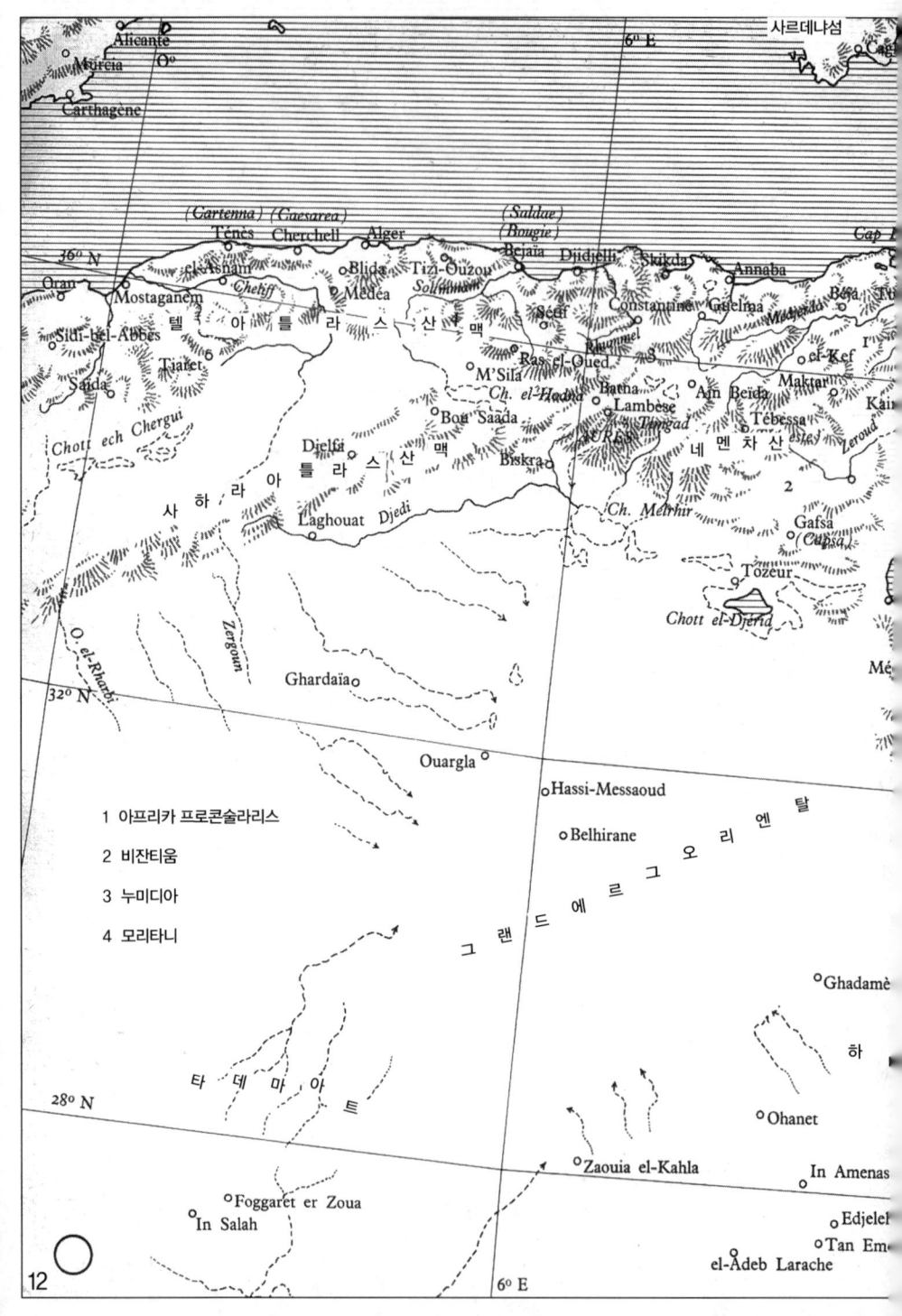

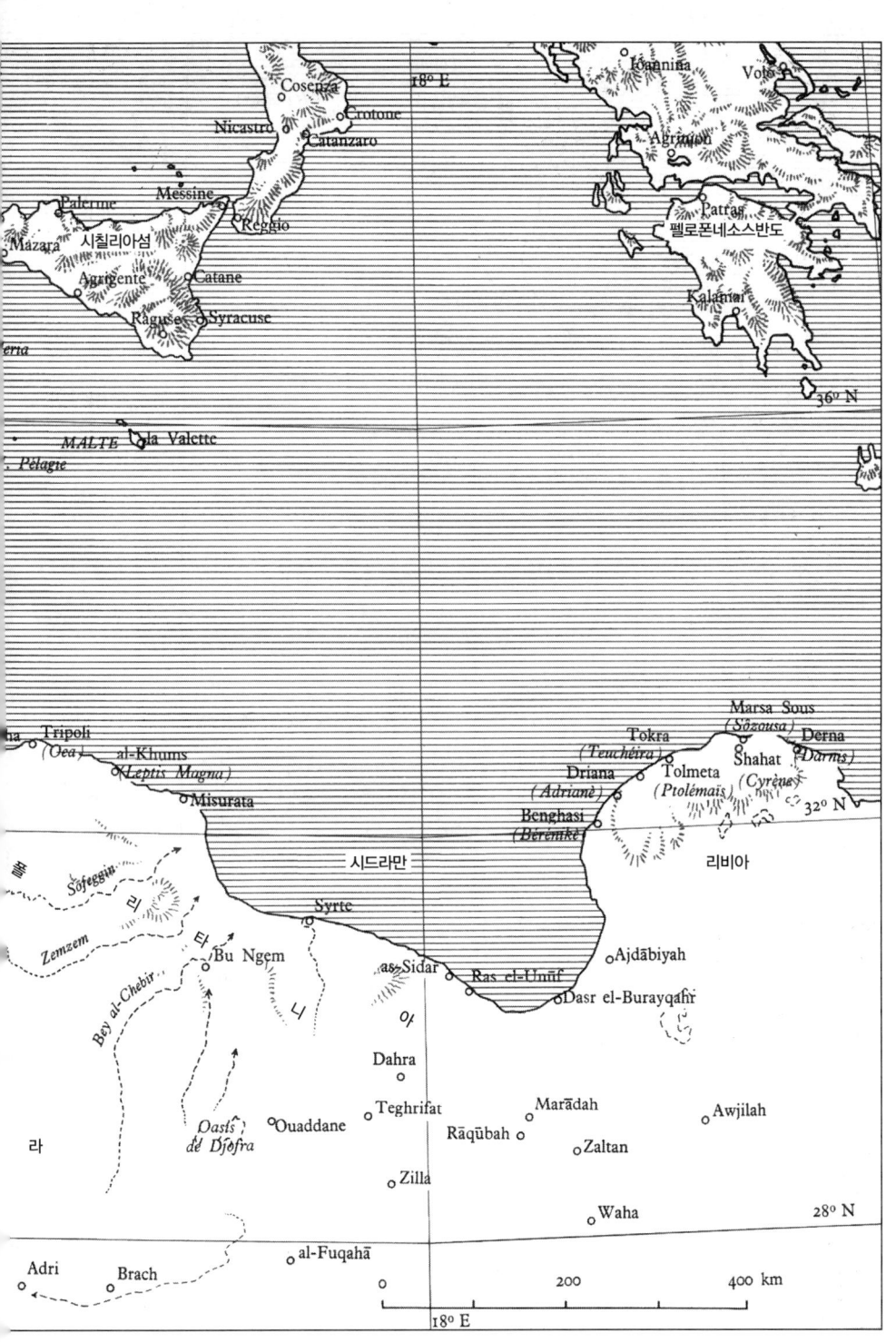

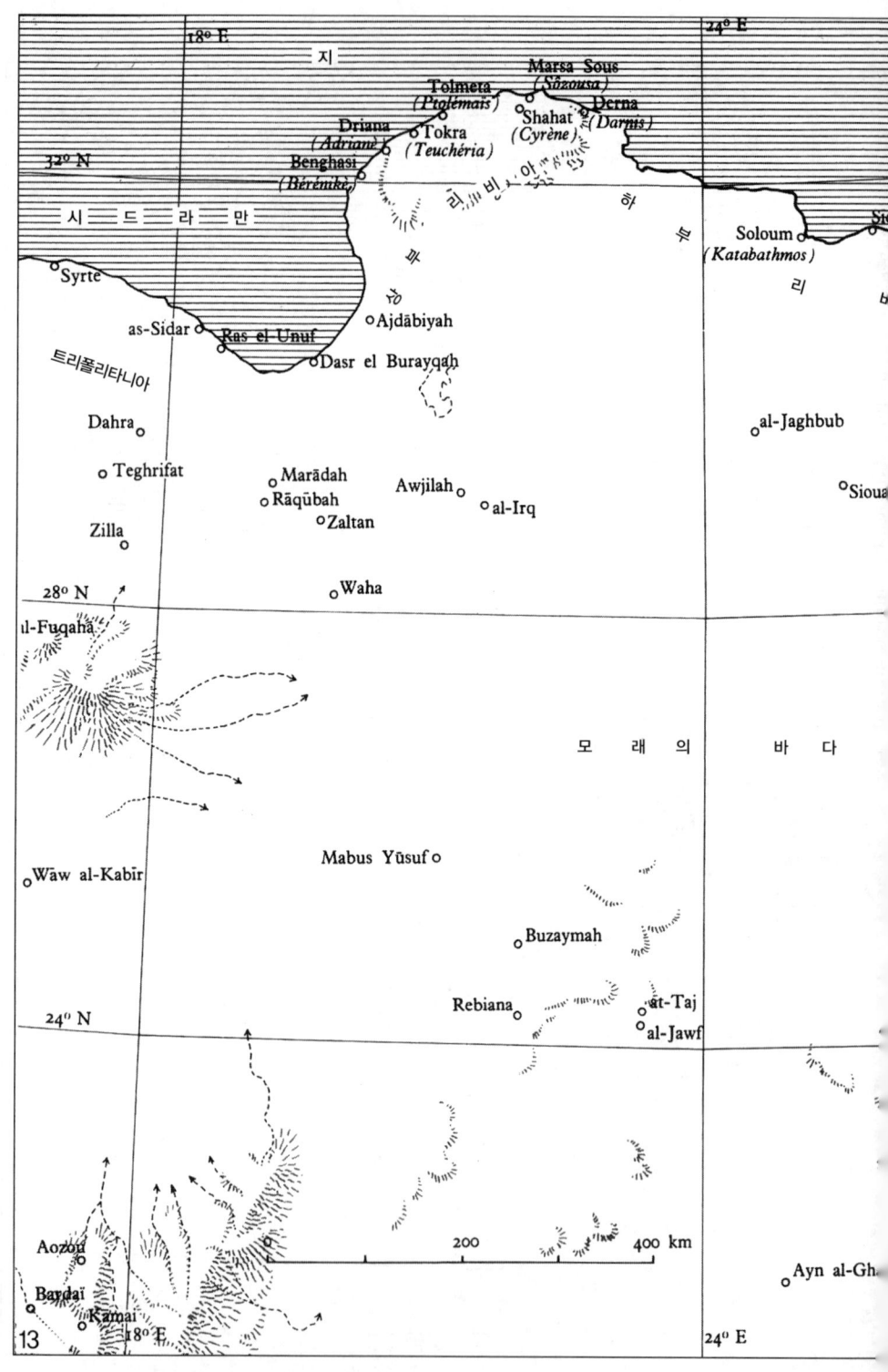

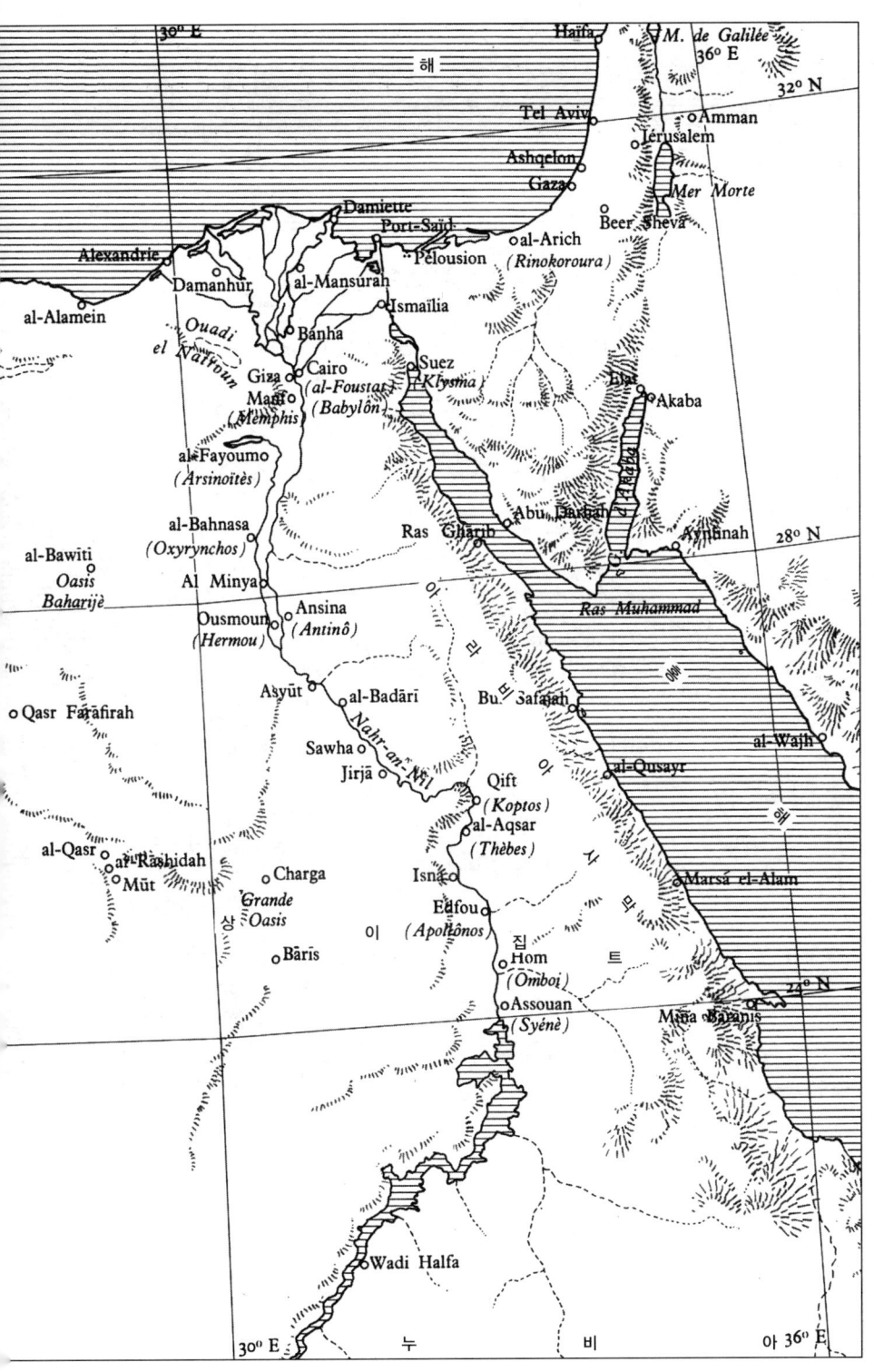

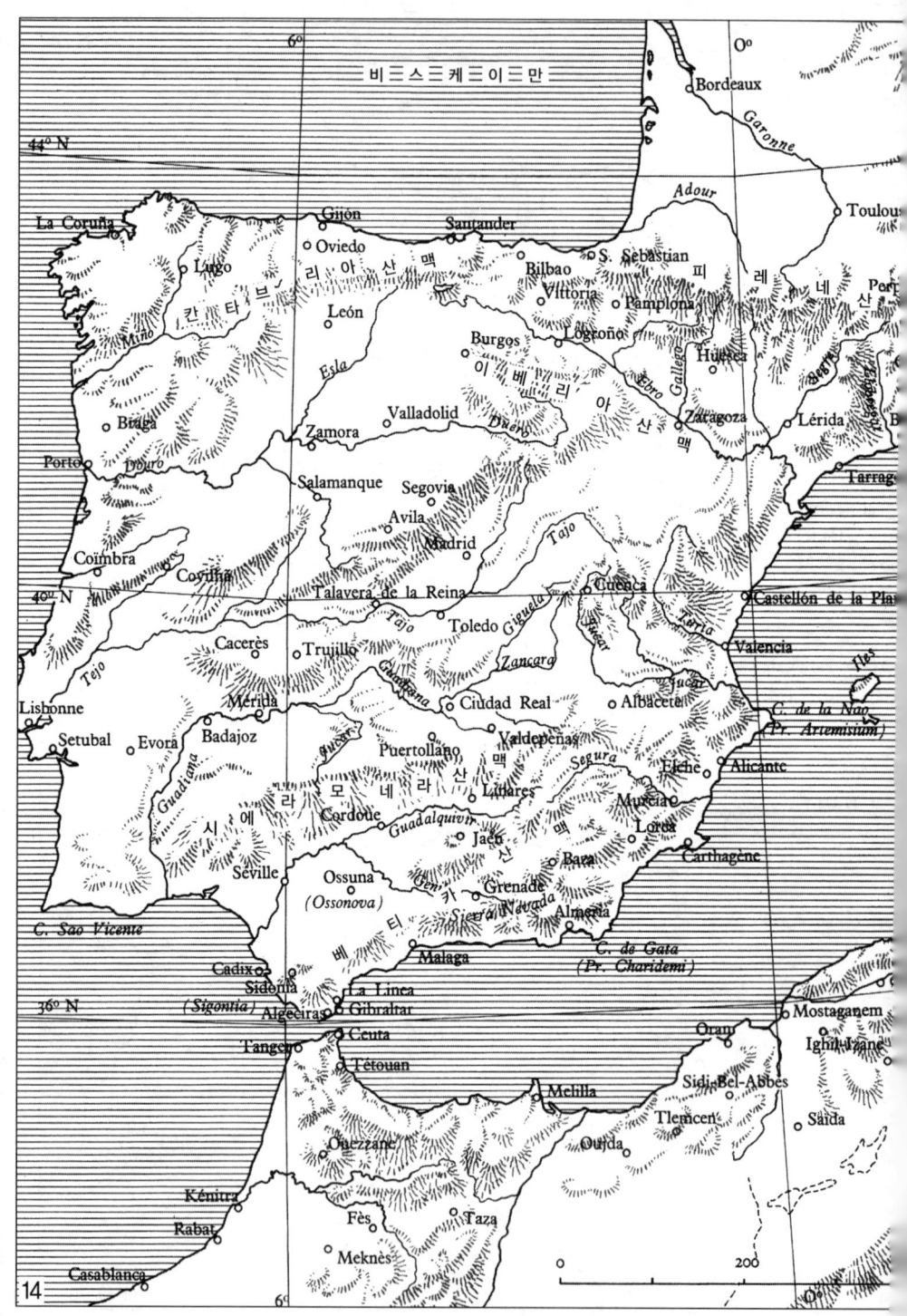

연표

	1. 정치 사건들	2. 종교 사건들	3. 문화생활
285			
306			
309			
314		314-333 마카리오스 1세, 예루살렘 총대주교.	
324	324-337 콘스탄티누스 1세.		
325		325 제1차 니케아 공의회, 아리우스주의 단죄. 성부와 성자 간 본질의 일치를 정의한 신경(信經) 발표.	
326			326-337 콘스탄티노플 전, 히포드로모스, 성 에교회, 성 사도 교회 등 축
327			327-341 안티오케이아 축조.
330	330년 5월 11일 콘스탄티노플 낙성(落成).		
350		350/351-386 키릴로스 1세, 예루살렘 총대주교.	
361	361-363 율리아노스 황제.		
363	363-364 요비아노스 황제.		
364	364-378 발렌스 황제.		
366		366-384 다마수스 1세, 로마 교황.	
379	379-395 테오도시우스 1세.		
380		380-384 티모테오스 1세, 알렉산드리아 교황.	

페르시아·아랍 세계	5. 슬라브 세계	6. 서방 세계	
		285-312 디오클레티아누스 황제, 삼두정치.	285
		306-324 콘스탄티누스 대제 로마에서 통치.	306
9 샤푸르 2세, 사산 왕조			309
			314
		324-337 콘스탄티누스 대제 단독 통치.	324
			325
			326
			327
			330
			350
			361
			363
			364
			366
			379
			380

	1. 정치 사건들	2. 종교 사건들	3. 문화생활
381		381-397 넥타리오스, 콘스탄티노플 총대주교. 381 제1차 콘스탄티노플 공의회, 아리우스와 마케도니오스 단죄. 성령의 신성을 선포.	
395	395 로마 제국 동과 서로 최종적 분열. 395-408 아르카디오스 황제.		
398		398-404 요안네스 크리소스토모스, 콘스탄티노플 총대주교였다 유배됨.	
408	408-450 테오도시우스 2세.		
412		412-444 키릴로스, 알렉산드리아 교황.	
422		422-432 첼레스티노 1세, 로마 교황.	
423			423-424 라벤나: 성서 조반니 교회.
425			
428		428-431 네스토리오스, 콘스탄티노플 총대주교. 428-441/442 요안네스 1세, 안티오케이아 총대주교.	
430			430년 무렵 라벤나: 갈치디아 능묘.
431		431 에페소스 공의회, 네스토리오스 단죄. 성모의 거룩한 모성을 정의함.	
440		440-461 대(大)레오, 로마 교황.	
449		449-458 아나톨리오스, 콘스탄티노플 총대주교.	

페르시아·아랍 세계	5. 슬라브 세계	6. 서방 세계	
			381
		395-423 호노리우스 황제.	395
			398
			408
			412
			422
			423
		425-455 발렌티니아누스 3세 황제. 이방인들의 서방 정주와 지배권 확립.	425
			428
			430
			431
			440
			449

	1. 정치 사건들	2. 종교 사건들	3. 문화생활
450	450-457 마르키아노스 황제.		450 콘스탄티노플: 스투(?) 성 요안네스 수도원, 칼케테이아의 성 마리아 교회(?) 로니키: 성 데메트리오스(?)
451		451 칼케돈 공의회 알렉산드리아의 디오스코로스와 단성론자들을 단죄하고 그리스도의 단일 인격 안에서의 양성(兩性)을 정의함. 451-455 막시모스 안티오케이아 총대주교. 451-457 테오도시우스, 예루살렘 단성론파 주교. 451-457 프로테리오스, 알렉산드리아 교황.	
455			
457	457-474 레온 1세 황제.		
472		472-489 아카키오스, 콘스탄티노플 총대주교.	
474	474-475 레온 2세, 제논 황제		
475	475-476 바실리스코스 황제.		
476	476-491 제논 황제(두 번째 재위).		
482		482 요안네스 1세 탈라이아, 알렉산드리아 교황(칼케돈파).	
491	491-518 아나스타시오스 1세 황제.		
493			
505		505-516 요안네스 2세, 알렉산드리아 교황(단성론파).	

페르시아·아랍 세계	5. 슬라브 세계	6. 서방 세계	
			450
			451
		455-476 서로마 제국 멸망.	455
			457
			472
			474
			475
		476-493 오도아케르 로마 제국 제도를 그대로 답습함.	476
			482
			491
		493-526 테오도리쿠스 이탈리아 지배함. 판노니아를 탈환하고 부르기뇽인과 전투를 벌임. 에스파냐를 실제적으로 지배함.	493
			505

연표 841

	1. 정치 사건들	2. 종교 사건들	3. 문화생활
507			507 다라(아나스타시우 건설.
517		517-535 티모테오스 3세, 알렉산드리아 교황(단성론파).	
518	518-527 유스티노스 1세 황제.		
526			
527	527-565 유스티니아누스 1세 황제.		527-536 콘스탄티노플 르기오스, 성 바코스 교
530			
531			
532	532 니카 폭동.		532-537 콘스탄티노플 피아 성당.
533	533-555 비잔티움인 이탈리아를 재정복하고 에스파냐를 부분적으로 탈환함. 동방 세계와 서방 세계 분열함.		
535		535-536 안티모스 1세, 콘스탄티노플 총대주교였다가 폐위됨. 535-566 테오도시우스, 알렉산드리아 콥트 교회 총대주교.	
537		537-555 비질리오, 로마 교황.	
541			541-565 성 소(小)시 상고행승 수도원(안티 근처).
544			

...르시아·아랍 세계	5. 슬라브 세계	6. 서방 세계	
			507
			517
	518 스클라비니아인과 안타이인 일리리아와 마케도니아 침입.		518
		526-535 고트인이 로마에 반발함.	526
			527
		530년대 프랑크인이 서방에서 지배권을 장악함.	530
호스로우 1세, 사산 왕			531
			532
	533년경 안타이인과 스클라비니아인의 침입으로부터 트라키아를 지키려고 유스티니아누스가 보낸 킬부디오스 사망. 슬라브인이 모이시아와 트라키아를 약탈함.		533
			535
			537
			541
	544년경 유스티니아누스 안타이인 복속시킴.		544

	1. 정치 사건들	2. 종교 사건들	3. 문화생활
545		545-559 돔닌, 안티오케이아 멜키트 그리스 가톨릭교회 총대주교.	
547			547 라벤나: 산 비탈레
548			548-565 시나이성 카ㅌ 도원.
549			549 라벤나: 클라세의 리나레 성당.
552		552-565 에우튀키오스, 콘스탄티노플 총대주교였다가 폐위됨.	
553		553 제2차 콘스탄티노플 공의회 네스토리오스주의자들의 「3장」을 단죄함.	
556		556-561 펠라지오 1세, 로마 교황.	
558			
560			560 상가리오스강 우 건설.
561			
565	565-578 유스티노스 2세 황제.		565-578 콘스탄티노플 내 크뤼소트리클리노스
568			
578	578-582 티베리오스 2세 황제.		
579			
581			

844

페르시아·아랍 세계	5. 슬라브 세계	6. 서방 세계	
	545-556 스클라비니아인 트라키아 침입.		545
			547
			548
			549
			552
			553
			556
	558 불가리아인과 슬라브인들이 트라키아의 케르소네소스 모퉁이(갈리폴리)까지 쳐들어옴.		558
			560
		561-721 프랑스 메로빙거 왕조.	561
		565-751 롬바르드인이 이탈리아 일부를 지배함. 565 서고트족 에스파냐 지배함.	565
	568 튀르크인이 캅카스산맥 북쪽에 나타남.		568
			578
호르미즈드 4세.			579
	581 아바르인이 시르미움을 정복함.		581

연표 845

	1. 정치 사건들	2. 종교 사건들	3. 문화생활
582	582-602 마우리키오스 황제.	582-595 금식자 요안네스 4세, 콘스탄티노플 총대주교.	
590		590-604 대(大)그레고리우스 1세, 로마 교황.	
595		595-631 낙타치기 아타나시오스, 안티오케이아 시리아 정교회 총대주교.	
7세기			(7세기) 『퓌시올로(Physiologos)의 가장 리스어 사본은 이 세기 거슬러 올라간다.
602	602-610 포카스 황제.		
605			
608			608 드빈: 성당.
610	610-641 헤라클레이오스 황제.	610-619 자선가 요안네스 3세, 알렉산드리아 멜키트 그리스 가톨릭교회 총대주교. 610-638 세르기오스 1세, 콘스탄티노플 총대주교.	
612			
614	614 슬라브인이 살로나를 파괴함. 페르시아인이 예루살렘을 정복함.		
619	619 페르시아인이 이집트까지 진출함.		
623			
624			
625			

페르시아·아랍 세계	5. 슬라브 세계	6. 서방 세계	
			582
호스로우 2세.			590
			595
			7세기
			602
	605-666 대 불가리아 창건자 쿠브라트 칸의 치세.		605
			608
인의 이주.	610 슬라브인의 이주.		610
메트 전교를 시작함.			612
			614
			619
	623 아바르인 사모가 이끄는 슬라브인에게 패함.		623
	624-659 사모 제국.		624
	625-629 슬라브, 크로아티아인 발칸반도로 이주함.		625

연표 847

	1. 정치 사건들	2. 종교 사건들	3. 문화생활
626	626 콘스탄티노플이 페르시아인과 아바르, 슬라브인들에게 포위됨.	626-665 벤야민, 알렉산드리아 콥트 교회 총대주교.	
628	628 비잔티움인이 호스로우가 있는 다스트게르트에 입성함.		
630	630 헤라클레이오스 황제 예루살렘 재점령함.	630/631-643/644 퀴로스, 알렉산드리아 멜키트 그리스 가톨릭교회 총대주교.	630-636 바가르샤파트 야네 교회.
632			
634			
635			
636	636 아랍인이 야르무크 강변에서 비잔티움인 군대를 섬멸함.		
638	638 시리아와 팔레스티나가 아랍인에게 점령당함. 예루살렘이 오마르 칼리프에게 점령당함.	638-641 퓌로스, 콘스탄티노플 총대주교.	
639	639-640 메소포타미아 아랍인에게 점령당함.		
640	640 드빈이 아랍인에게 점령당함.		
641	641 '새' 콘스탄티누스(3세) 헤라클레이오스 황제. 641-668 콘스타스 2세 황제 (663-668년간은 시라쿠사에서 통치).	641-653 파울로스 2세, 콘스탄티노플 총대주교.	
642	642 아무르 알렉산드리아 입성.		
645			645-660 바가르샤파트 트노츠 성당.
647			

페르시아·아랍 세계	5. 슬라브 세계	6. 서방 세계	
			626
			628
			630
호메트 사망.			632
2 아랍인들 시리아와 메]이아 점령함.			634
슬림들 페르시아에 침			635
			636
			638
			639
			640
			641
ㅏ인 이집트 점령함.			642
			645
ㅏ인이 최초로 바르바리 침입함.			647

연표 849

	1. 정치 사건들	2. 종교 사건들	3. 문화생활
649		649-655 마르티노 1세, 로마 교황.	
650			
654	654 무아위야 로도스섬 약탈함.	654 퓌로스, 콘스탄티노플 총대주교(두 번째 재위).	
668	668-685 콘스탄티누스 4세 황제.		
670			
674	674-678 아랍인이 콘스탄티노플을 공격함.		
678		678-681 아가톤, 로마 교황.	
679		679-686 게오르기오스 1세, 콘스탄티노플 총대주교.	
680	680 불가리아인을 정벌함.	680-681 제3차 콘스탄티노플 공의회 단의론 단죄함.	
685	685-695 유스티니아누스 2세 황제.		
687		687-701 세르기오스 1세, 로마 교황.	
688		688-694 파울로스 3세, 콘스탄티노플 총대주교.	
690			
691	691-692 유스티니아누스 2세 아르메니아 세바폴리스에서 아랍인에게 패함.		
692		692 펜텍테 공의회(정교도들은 이것을 제3차 콘스탄티노플 공의회의 연장으로 간주한다) 계율 102조를 정해 동방교회의 교회론 총론(叢論)을 제정함.	

페르시아·아랍 세계	5. 슬라브 세계	6. 서방 세계	
			649
재 아랍인 키프로스에 침 란 정본 확립됨.			650
			654
			668
이르완 건설.			670
			674
			678
	679-691 아스파루흐 도나우 강변 불가리아인의 칸으로서 재위.		679
			680
			685
			687
			688
슬림 최초 금화 주조됨.			690
			691
			692

	1. 정치 사건들	2. 종교 사건들	3. 문화생활
693			
695	695-698 레온티오스 황제.		
696			
697	697 아랍인이 비잔티움령 아프리카를 점령함.		
698	698-705 티베리오스 3세 황제.		
705	705-711 유스티니아누스 2세 황제(두 번째 재위).		
706			
709	709 아랍인 티아나 점령함.		
710			
711	711-713 필리피코스 황제. 아랍인 세우타 점령함.		
713	713-715 아나스타시오스 황제.		
714			
715	715-716 테오도시우스 3세 황제.	715-730 게르마노스 1세, 콘스탄티노플 총대주교.	
717	717-740 이사우리아인 레온 3세 황제. 아랍인이 콘스탄티노플을 포위함.		
718	718년 8월 15일, 레온 황제 아랍 함대가 수도 봉쇄를 풀게 함.		
720			
721			

페르시아·아랍 세계	5. 슬라브 세계	6. 서방 세계	
카 점령.			693
			695
초의 아랍식 주화 주조.			696
			697
르타고 재점령함.			698
			705
슬림들 트란스옥시아나 함.			706
			709
6 아랍, 베르베르인 에 점령함. 알레포, 다마스, 렘, 메디나, 푸스타트에 크들이 건설됨.			710
			711
			713
슬림들 트란스옥시아나			714
			715
			717
			718
			720
		721-751 카를 마르텔과 궁중 감독관들(maires).	721

연표 853

	1. 정치 사건들	2. 종교 사건들	3. 문화생활
726	726 성상 파괴 논쟁 시작됨.		
730	730년 1월 17일, 레온 황제 성상 파괴를 명함.	730-754, 아나스타시오스, 콘스탄티노플 총대주교.	
740	740 아랍인 아모리온 근처에서 패함. 740-775 콘스탄티누스 5세 황제.		740년 이후, 콘스탄티노플 수리함.
741		741-752 자카리아스, 로마 교황.	
746	746 시리아 북부 원정이 성공적으로 수행됨.		
750			
751			
752	752 아르메니아와 메소포타미아에서 군사작전이 수행됨.	752-757 스테파노 2세, 로마 교황.	
756			
762			
763	763 불가리아인 흑해 변 앙키알로스에서 참패함.		
768			
772		772-795 아드리아노 1세, 로마 교황.	
775	775-780 레온 4세 황제.		

페르시아·아랍 세계	5. 슬라브 세계	6. 서방 세계	
			726
			730
			740
			741
			746
	8세기 중엽, 이틸이 하자르 제국 수도가 됨.		750
슬림들 탈라스 전투에서을 이김. 사마르칸트에가 제조됨.		751-768 피핀, 난쟁이 왕.	751
			752
	756-775 비잔티움 황제 콘스탄티누스 5세 불가리아를 원정함.		756
그다드 건설됨.			762
			763
		768-800 샤를마뉴 대제 롬바르드인의 왕이 되고 작센, 노르달빙기아, 바이에른, 에스파냐, 브르타뉴 변경지역 등을 복속시킴.	768
포타미아 북부 라까 건			772
			775

연표 855

	1. 정치 사건들	2. 종교 사건들	3. 문화생활
780	780-790 콘스탄티누스 6세 에 이레네와 공동으로 통치함.		
783	783 로고테테스 스타우라키오스 헬라스와 펠로폰네소스의 슬라브족들을 복속시킴.		783년경 테살로니키: 아 성당.
784		784-806 타라시오스, 콘스탄티노플 총대주교.	
785			
786			
787		787 제2차 니케아 공의회 성상 숭배 합법화함.	
790	790 에이레네 단독 통치. 790-797 콘스탄티누스 6세 에 이레네와 공동으로 통치함.		
792	792 비잔티움인 마르켈라이 근처에서 불가리아인에게 패함.		
797	797-802 에이레네 단독으로 통치함.		
800			
802	802-811 니케포로스 황제.		
803			
806		806-815 니케포로스 1세, 콘스탄티노플 총대주교였다 유배됨.	
811	811 비잔티움 군대 불가리아 수도 플리스카를 파괴하나 크룸에게 학살됨. 스타우라키오스 황제. 811-813 미카엘 1세 황제.		

페르시아·아랍 세계	5. 슬라브 세계	6. 서방 세계	
			780
			783
			784
르도바 대모스크 건설됨.			785
)9 하룬 알-라시드 칼			786
			787
			790
			792
			797
~ 건설됨.		800-814 샤를마뉴 황제.	800
			802
	803-814 불가리아 칸 크룸 재위. 크룸 왕조(803-997)의 시작.		803
			806
			811

연표 857

	1. 정치 사건들	2. 종교 사건들	3. 문화생활
813	813 크룸이 안드리노플 근처에서 비잔티움인을 패퇴시킴. 813-820 레온 5세 황제.		
814			814-831 플리스카: 궁전 스트라: 궁전.
820	820-829 미카엘 2세 황제. 슬라브인 포마 반란 일으킴.		
827	827 아랍인이 시칠리아에 상륙함.		
829	829-842 테오필로스 황제.		829-842 콘스탄티노플 축함.
831			
836			
838	838 칼리프 알-무타심 아모리온 점령함.		
841			
842	842-856 테오도라 황후 섭정. 842-867 미카엘 3세 황제.		
843	843년 3월, 성상 숭배 재개가 엄숙히 선포됨.	843-847 메토디오스 1세, 콘스탄티노플 총대주교.	
846			
847		847-858 이그나티오스, 콘스탄티노플 총대주교였다 해임됨.	
850			
852			

페르시아·아랍 세계	5. 슬라브 세계	6. 서방 세계	
그다드 공성전.			813
		814-843 루이 경건왕 재위.	814
			820
2 무슬림들 시칠리아를			827
			829
르모 점령되고 이탈리 침략당함.			831
라 건설됨.			836
			838
점령됨.			841
			842
		843 베르됭 조약으로 카롤링거 제국 분할됨.	843
		846 사라센인이 로마를 약탈함.	846
			847
		850-870 노르만인이 영국을 공격함. 850년경 카롤링거 시대 세밀화 걸작들 샤를 대머리 왕의 『성서』, 우트레히트의 『시편』 제작됨.	850
	852-889 보리스 1세 불가리아를 통치함.		852

	1. 정치 사건들	2. 종교 사건들	3. 문화생활
856			
858		858-867 포티오스, 콘스탄티노플 총대주교.	
860	860-861 러시아인이 콘스탄티노플을 공격함.	860 키릴로스와 메토디오스 크리미아의 하자르인에게 선교함.	
863	863 멜리테네 태수 오마르 비잔티움 장군 페트로나스에게 참패함.	863 키릴로스와 메토디오스 모라비아에서 선교함.	
864			
865			
867	867 니케포로스 포카스 이탈리아 남부를 점령함(장군. 동명의 니케포로스 2세 황제(재위 963-969)의 할아버지-옮긴이). 867-886 바실레이오스 1세 황제.	867-872 아드리아노 2세, 로마 교황. 867-877 이그나티오스, 콘스탄티노플 총대주교(두 번째 재위).	
868			
869		869-870 제4차 콘스탄티노플 공의회 포티오스 단죄함.	
870	870 비잔티움 주교구 몰타 점령됨.		870-871 페리스테라이 드레아스 수도원.
873			873-874 스크리포스 판아야 교회.
875			
877		877-886 포티오스, 콘스탄티노플 총대주교(두 번째 재위).	
878	878 시라쿠사 아랍인 수중에 떨어짐.		

페르시아·아랍 세계	5. 슬라브 세계	6. 서방 세계	
	856-860 바랑고이인이 콘스탄티노플 무역로에 자리 잡음.		856
			858
			860
			863
	864 불가리아의 보리스 1세 정교 세례를 받음.		864
		865년경 요안네스 스코투스 에리우게나 『자연 구분론』(De divisione naturae).	865
			867
이집트 툴룬 왕조.			868
			869
			870
			873
		875-877 카롤루스 대머리 왕.	875
			877
	878년에서 882년 사이 스칸디나비아 왕 올레그 키예프 대공이 됨.		878

	1. 정치 사건들	2. 종교 사건들	3. 문화생활
879		879-880 통합 공의회 포티오스를 복권시킴.	
884			884-885 트레비존드: 교회.
886	886-912 레온 6세 황제.		
888			
893			
894	894 불가리아인이 비잔티움 영내로 침입해 제국 군대 패퇴시킴.		
895			
896	896 불가로피곤에서 시메온 비잔티움인에게 패배를 안김.		
10세기			10세기 『그리스 ᄉ (Anthologia graeca, 시ᄃ 해 모은 3,700편의 경구᷄ 비잔티움 서사시 『디게 크리타스』 초기 판본. 아테나이: 페트라키 수회). 카뤼에스: 프로타 괴레메: 토칼리 킬리ᄉ 츨라르 킬리세. 스틸로 아): 카톨리카 교회. 로 마르코 기도소. 비니ᄎ 아): 교회.
900			
901		901-907 니콜라오스 1세 뮈스티코스, 콘스탄티노플 총대주교였다 유배됨.	
902	902 타오르미나 함락됨. 시칠리아 아랍인에게 점령당함.		

페르시아·아랍 세계	5. 슬라브 세계	6. 서방 세계	
			879
			884
			886
		888 카롤링거 왕조 마지막 왕 카롤루스 뚱보왕 폐위 당함.	888
	893-927 시메온 불가리아 제국 왕.		893
			894
	895년경 마자르족 침입함.		895
			896
			10세기
		900년 이후 바르셀로나의 이베르 「천문 관측의에 대하여」.	900
			901
			902

연표 863

	1. 정치 사건들	2. 종교 사건들	3. 문화생활
904	904 그리스인 배교자 트리폴리의 레온 태살로니키를 점령하고 약탈함.		
907		907-912 에우티미오스 1세, 콘스탄티노플 총대주교.	907 콘스탄티노플: 콘스 립스 수도원(북쪽 교⋯
909			
910			
911			
912	912 비잔티움 함대 크레타 원정에 실패하고 키오스섬 앞바다에서 섬멸당함. 912-913 알렉산드로스 황제.	912-925 니콜라오스 1세 뮈스티코스, 콘스탄티노플 총대주교(두 번째 재위).	
913	913-920 콘스탄티누스 7세 황제.		
917	917 비잔티움 군대 아르켈로오스강 그리고 카타쉬르타이에서 불가리아의 시메온에게 습격당해 괴멸함.		
920	920-944 로마노스 1세, 콘스탄티누스 7세 황제들.		
921			
923	923 안드리노플 시메온에게 점령당함.		

페르시아·아랍 세계	5. 슬라브 세계	6. 서방 세계	
			904
	907 헝가리 아르파드 왕조 (1301년까지 지속) 창시자 아르파드 사망. 올레그와 비잔티움 황제들 레온 6세, 알렉산드로스 사이에 최초로 러시아-비잔티움 조약이 체결됨.		907
티마 왕조 마흐디 이프리령함. 71 파티마 왕조.			909
	910-928 크로아티아 토미슬라프 왕.		910
	911 올레그와 비잔티움 황제들 레온 6세, 알렉산드로스, 콘스탄티누스 7세 사이에 두 번째 러시아-비잔티움 조약이 체결됨.		911
			912
			913
			917
			920
티마 왕조 페스를 점	921-929 첫 번째 체코 국가: 벤체슬라우스.		921
			923

연표 865

	1. 정치 사건들	2. 종교 사건들	3. 문화생활
927	927 불가리아의 시메온의 후계자 페터르 비잔티움인과 협상함.		
928			
934	934 멜리테네 비잔티움 장군 쿠르쿠아스에게 점령당함.		
936			
941	941 러시아인이 보스포로스 해협 아시아 쪽 연안을 약탈함.		
943	943 요안네스 쿠르쿠아스 아랍인에게서 마르튀루폴리스, 아미다, 다라, 니스비스를 빼앗고 나중에 에데사도 빼앗음.		
944	944-959 콘스탄티누스 7세 황제.		
945			
949	949 크레타에 대한 함대 출정 실패함.		
957			957 아그파트(캅카스):
958	958 요안네스 지미스케스 사모사타 점령함.		
959	959-963 로마노스 2세 황제.		
961	961 크레타 비잔티움 지배에 듦.		961 아토스산: 성 아타스 대라우라 수도원.
962	962 니케포로스 포카스 알레포 점령함.		

페르시아·아랍 세계	5. 슬라브 세계	6. 서방 세계	
			927
카미타파 메카를 점령함.			928
			934
그다드에 최초로 태수를		936 오토 1세, 독일 왕.	936
			941
			943
	944 이고리와 로마노스, 콘스탄티누스, 스테파노스 황제들 사이에 러시아-비잔티움 조약이 체결됨.		944
	945-957(964?) 올가 대공비, 키예프 섭정.		945
			949
	957 올가 세례받음(콘스탄티노플 행차). 957-973 스뱌토슬라프 1세 이고리예비치 키예프 대공.		957
			958
			959
			961
		962 오토 1세, 황제.	962

연표 867

	1. 정치 사건들	2. 종교 사건들	3. 문화생활
963	963 바실레이오스 2세, 콘스탄티누스 8세와 공동 황제. 963-969 니케포로스 2세, 바실레이오스 2세, 콘스탄티누스 8세와 공동 황제.		
965	965 비잔티움 함대 키프로스 점령함.		
969	969 비잔티움인이 안티오케이아 점령함. 안티오케이아 태수 강화협정 체결하고 안티오케이아는 비잔티움 제국에 합병됨. 알레포 비잔티움의 종주권 인정함. 969-976 요안네스 1세 치미스케스, 바실레이오스 2세, 콘스탄티누스 8세와 공동 황제.		
970	970 러시아 대공 스뱌토슬라프 안드리노플 포위함.	970-973 바실레이오스 1세 스카만드레노스, 콘스탄티노플 총대주교.	
972	972 비잔티움 황제 프레슬라프를 점령하고 불가리아를 합병함. 오토 2세 로마에서 비잔티움 황제 친척 테오파노와 혼인함.		
973		973-976 안토니오스 3세 스투디테스, 콘스탄티노플 총대주교였다 사임함.	
975	975 에메사, 바알베크, 다마스, 카이사레이아 비잔티움 황제의 수중에 떨어짐.		
976	976-1025 바실레이오스 2세, 콘스탄티누스 8세와 공동 황제.		
980			980년경 아토스산: B 수도원, 이비론 수도원
983			

868

페르시아·아랍 세계	5. 슬라브 세계	6. 서방 세계	
			963
	965년경 스뱌토슬라프 대공 불가리아와 하자르 왕국에 원정함.		965
티마 왕조 칼리프 이집트 카이로 건설됨.			969
티마 왕조 다마스 정			970
52 이프리끼야 지리 베 족 왕조.	972 스뱌토슬라프와 요안네스 지미스케스 사이에 러시아-비잔티움 조약 체결됨. 972-1018 불가리아 코미토풀 왕조.		972
	973 프라하 주교구 창설됨. 슬로바키아 헝가리에 병합됨. 973-978 야로폴크 1세 스뱌토슬라비치, 키예프 대공.		973
		975 삽화가 그려진 지로나『묵시록』.	975
			976
	980-1005 블라디미르 1세 스뱌토슬라비치, 키예프 대공.	980 덴마크인이 영국 정복을 시작함.	980
		983-1002 오토 3세.	983

연표 869

	1. 정치 사건들	2. 종교 사건들	3. 문화생활
985	985 불가리아 황제 사무일 라리사 점령함.		
987			
988			988-1000 아니: 성당.
991			
994	994-999 바실레이오스 2세 몇 차례 원정해 시리아에서 획득한 형세를 유지함.		
996			
997	997 사무일 비잔티움 장군 우라노스에게 패하나 라쉬카와 디오클레이아 점령함.		
11세기			11세기 초반, 호시오스 수도원: 주 교회. 오흐리 소피아 성당.
1001			
1009			
1010			
1014	1014 바실레이오스 2세 수년에 걸친 전투 끝에 스트리몬에서 사무일의 군대를 섬멸하고 병사들의 눈을 멀게 함.		
1018			
1019			

페르시아·아랍 세계	5. 슬라브 세계	6. 서방 세계	
			985
		987-996 위그 카페, 프랑스 왕.	987
	988 블라디미르 세례받음. 키예프 왕국 기독교 국가가 됨.		988
	991-996 키예프 성모영면 교회 (십일조 교회) 건설됨.		991
			994
1021 이집트 알-하킴 칼			996
	997-1014 사무일, 불가리아 차르.		997
	11세기 4사반세기, 다프니 수도원 교회.		
바실레이오스 2세와 알-전 협정 체결함. 무슬림 브 지방 정복함.		1001 로마 오토 3세에 대항해 반란을 일으킴.	1001
묘 교회 파괴됨.			1009
스파냐 무슬림 지역 작 짐.			1010
		1014 덴마크인이 런던을 점령함. 1014-24 헨리 2세, 황제.	1014
	1018-1185 비잔티움 불가리아를 지배함.		1018
	1019(?)-54 야로슬라프 1세 블라디미로비치(일명 현왕賢王), 키예프 대공.		1019

연표 871

	1. 정치 사건들	2. 종교 사건들	3. 문화생활
1020	1020년 이후 바스푸라칸과 아르메니아 일부 정복함.		
1023			
1025	1025-28 콘스탄티누스 8세 황제.	1025-43 알렉시오스 스투디테스, 콘스탄티노플 총대주교.	
1027			
1028	1028-34 로마노스 3세 황제.		1028-34 콘스탄티노플: 코스 페리블렙토스 교회 로니키: 파나기아 칼케온
1029			
1030			
1031			
1032			
1034	1034-41 미카엘 4세 황제.		
1037			
1038			
1041	1041-42 미카엘 5세 황제.		

...르시아·아랍 세계	5. 슬라브 세계	6. 서방 세계	
			1020
		1023년 이후 생사뱅-쉬르-가르탕프 수도원 부속교회 프레스코화 제작됨.	1023
	1025-37 키예프 성 소피아 성당 건설됨.		1025
		1027-39 콘라트 2세, 황제.	1027
			1028
		1029 캄파니아 지방(아베르사)에 첫 번째 노르만 공국 들어섬.	1029
	1030년경-58 이슈트반 1세, 헝가리 왕. 헝가리 기독교 국가가 됨.	1030년경 이탈리아에서 자치도시((이)comune, (프)commune) 운동이 시작됨.	1030
...르도바 우마이야 칼리 ...함.			1031
...주크 튀르크족 트란스 ...에 출현함.			1032
			1034
...주크 튀르크족 트란스 ...를 지배함.			1037
...잔티움과 파티마 왕조 ...약이 체결됨. ...57 이란과 근동에 셀주 ...왕조(나중에는 술탄 왕...섬.			1038
			1041

	1. 정치 사건들	2. 종교 사건들	3. 문화생활
1042	1042 제타(디오클레이아) 군주 제국에 대한 제타의 독립권 확보함. 조에, 테오도라 공동 통치. 1042-55 콘스탄티누스 9세 모노마코스 황제.		1042-54 콘스탄티노플: 의 성 게오르기오스 수도
1043		1043-58 미카엘 1세 케룰라리오스, 콘스탄티노플 총대주교였다 유배됨.	
1045			1045 키오스: 네아 모니 주 교회.
1048	1048 페체네그인이 도나우강을 건너옴. 비잔티움은 그들에게 땅을 떼주어 그들이 조용히 있도록 함.		
1049			
1051			
1052			
1054		1054 동서 교회 분열함.	
1055	1055-56 테오도라 여제.		
1056	1056-57 미카엘 6세 황제.		
1057	1057-59 이사키오스 1세 콤네노스 황제.		
1058			
1059	1059-67 콘스탄티누스 10세 두카스 황제.	1059-63 콘스탄티누스 3세 레이쿠데스, 콘스탄티노플 총대주교.	

페르시아·아랍 세계	5. 슬라브 세계	6. 서방 세계	
			1042
			1043
	1045-50 노브고로드 성 소피아 성당 건설됨.		1045
			1048
		1049-54 레온 9세, 로마 교황. 그레고리오 개혁의 단초를 엶.	1049
주크 튀르크족 이스파함.	1051 키예프 페체르스카야 라브라 수도원.		1051
랄 부족 이프리끼야에 감.			1052
			1054
주크족 투그릴 베그 바에 입성함.			1055
		1056-1106 하인리히 4세, 황제.	1056
			1057
		1058년 이후 몬테 카시노 자치 수도원에서 아랍, 희랍어 의학 서적이 번역됨.	1058
		1059 교황이 로베르 기스카르에게 이탈리아 남부 영유권을 인정함. 1059-62 니콜라 2세, 교황.	1059

	1. 정치 사건들	2. 종교 사건들	3. 문화생활
1060			1060-70 아테나이: 성 로이 교회, 카프니카레아
1064		1064-75 요안네스 8세 크시필리노스, 콘스탄티노플 총대주교.	
1065	1065 튀르크인이 아르메니아를 횡단해 아니를 점령함.		
1066			
1067	1067 카이사레이아 튀르크인에게 점령당함. 에우도키아 두카이나 섭정.		
1068	1068-71 로마노스 4세 황제.		
1070			
1071	1071 바리가 노르만인에게 점령당함. 알프 아르슬란 아르메니아 만지케르트에서 비잔티움 용병 군대를 섬멸함. 에우도키아 다시 섭정. 1071-78 미카엘 7세 두카스 황제.		
1072			
1073			
1074			
1076			
1077			

페르시아·아랍 세계	5. 슬라브 세계	6. 서방 세계	
		1060-91 노르만인이 시칠리아를 정복함.	1060
			1064
			1065
		1066 정복왕 윌리엄이 이끄는 노르만인이 영국을 점령함.	1066
			1067
			1068
라케시 건설됨.		1070년경 베르제-라-빌 프레스코화.	1070
튀르크인이 아르메니아 ...르트에서 승리함.		1071 로베르 기스카르 바리 점령함. 몬테 카시노 수도원 봉헌됨.	1071
	1072-77 옛 사무일 제국 지역들에서 반란이 잇따름.		1072
아나톨리아 동부에 다니...왕조가 출현함.		1073-85 그레고리오 7세, 교황.	1073
	1074-77 게저 1세, 헝가리 왕.		1074
		1076-78 성 안셀모, 『모놀로기온』, 『프로슬로기온』.	1076
아트시즈 다마스를 점... 1307 셀주크 룸 술탄	1077-95 라슬로 1세, 헝가리 왕.		1077

연표 877

	1. 정치 사건들	2. 종교 사건들	3. 문화생활
1078	1078-81 니케포로스 3세 보타네이아테스 황제.		
1080	1080년경, 술레이만이 소아시아 전체의 패자가 됨.		
1081	1081-1118 알렉시오스 1세 콤네노스 황제.		
1082	1082 베네치아에 상업적 특권을 수여함.		
1083			1083 바츠코보 수도원(아): 납골 교회.
1085			
1086			
1088			
1090	1090-91 페체네그인이 스미르나 태수 차카스와 같은 시기에 콘스탄티노플을 포위함. 쿠만인의 도움 덕택에 황제는 이 두 적군의 공격을 벗어남.		1090 쿠초벤디스(키프로) 크리소스토모스 수도원
1091			
1095			
1096	1096년 8월 1일 은수자 피에르 무질서한 무리를 데리고 콘스탄티노플에 당도함. 봉건 대영주들이 그를 뒤따라옴.		
1097			
1098			

페르시아·아랍 세계	5. 슬라브 세계	6. 서방 세계	
1117 셀주크 시리아			1078
			1081
			1082
			1083
		1085 영국 최초 토지대장 둠즈데이 북 작성됨.	1085
라비트 왕조 에스파냐 지역 점령함.			1086
스파한 대모스크 건		1088-98 위르뱅(우르바누스) 2세, 교황.	1088
			1090
칠리아의 노르만인이 야 연안 약탈함.			1091
		1095 위르뱅 2세 제1차 십자군에게 설교함.	1095
			1096
자군 니케아 점령함.			1097
		1098 에데사 공국, 안티오케이아 공국 수립됨.	1098

연표 879

	1. 정치 사건들	2. 종교 사건들	3. 문화생활
1099			
12세기			12세기 말 콘스탄티노 데르하네 자미.
1100			1100년경, 콘스탄티노 스토스 판테폽테스 수도
1101			
1104			
1108			
1110		1110년경 콘스탄티노플 보고밀 파 단죄함.	
1111	1111 피사에 중요한 상업적 특권이 수여됨.	1111-94 요안네스 9세 아가페 토스, 콘스탄티노플 총대주교.	
1113			
1118	1118-43 요안네스 2세 콤네노스 황제.		1118-24 콘스탄티노플 토스 판토크라토르 교 교회).
1120			
1122	1122 페체네그인이 마지막으로 비잔티움 영내로 침입함.		
1126	1126 베네치아에 수여된 특권이 갱신됨.		
1131			

페르시아·아랍 세계	5. 슬라브 세계	6. 서방 세계	
		1099 서방 십자군에 의해 예루살렘이 점령되고 예루살렘 왕국이 세워짐.	1099
		1100 베네치아와 예루살렘 왕국 사이에 무역협정이 체결됨. 1100-35 앙리 1세, 영국 왕.	1100
		1101 루지에로 2세, 시칠리아 왕.	1101
다마스 부리 왕조.			1104
	1108 키예프: 성 미카엘 교회.	1108-37 루이 6세 뚱보왕, 프랑스 왕.	1108
			1110
			1111
	1113 노브고로드: 성 니콜라이 성당. 1113-25 블라디미르 2세 프세볼로도비치 모노마흐, 키예프 대공.		1113
			1118
		1120-50 서방에서 최초로 직업 규칙이 제정됨.	1120
			1122
			1126
	1131-41 벨라 2세, 헝가리 왕.		1131

	1. 정치 사건들	2. 종교 사건들	3. 문화생활
1136			
1137	1137 황제가 안티오케이아에 입성함.		
1141			
1143	1143-80 마누엘 1세 콤네노스 황제.		
1144			
1145			
1146		1146-47 코스마스 2세 앗티코스, 콘스탄티노플 총대주교였다 폐위됨.	
1147			
1148			
1150			
1152			
1153			
1155	1155 비잔티움인이 안코나와 타란토 사이에서 이탈리아에 다시 교두보를 마련함.		
1156	1156 굴리에모 1세 비잔티움인을 브린디시에서 무찌르고 그 영토를 탈환함.		

페르시아·아랍 세계	5. 슬라브 세계	6. 서방 세계	
		1136 아벨라르, 최초의 스콜라 철학 저작 『어느 것이 맞느냐』 (Sic et non).	1136
		1137-80 루이 7세, 프랑스 왕.	1137
골인이 트란스옥사니아 남.	1141-61 게저 2세, 헝가리 왕.	1141 존자 피에르(Pierre le Vénérable) 꾸란을 라틴어로 번역하게 함.	1141
			1143
		1144 조프루아 플랜태저넷, 노르망디 공작이 됨.	1144
		1145 베르나르 성인 제2차 십자군에게 설교함.	1145
라케시 무와히드 왕조 됨.			1146
무와히드 왕조 에스파냐	1147 모스크바가 역사에 모습을 드러냄.		1147
		1148 제2차 십자군 다마스 앞에서 실패함.	1148
		1150년경 최초로 파리 대학이 설립됨.	1150
		1152 피에트로 롬바르도, 스콜라철학 교본 『격언집』.	1152
		1153-84 앙리 2세 플랜태저넷, 영국 왕.	1153
		1155-90 프리드리히 바르바로사, 황제.	1155
			1156

연표 883

	1. 정치 사건들	2. 종교 사건들	3. 문화생활
1158			
1159			
1163			
1164			
1165			
1168			
1169	1169 제노바와 조약 체결함.		
1170	1170 피사와 조약 체결함.		
1171			
1172			
1174			
1175	1175 비잔티움과 이코니온 술탄국 관계 단절함.		
1176	1176 비잔티움 군대 뮈리오케팔론에서 튀르크인에게 포위됨.		
1180	1180-83 알렉시오스 2세 콤네노스 황제.		
1182			

페르시아·아랍 세계	5. 슬라브 세계	6. 서방 세계	
	1158-60 블라디미르: 성모영면 교회.		1158
		1159-81 알레산드로 3세, 교황.	1159
		1163-1260 파리 노트르담 성당.	1163
	1164 네레지(마케도니아 공화국): 성 판텔레이몬 교회.		1164
		1165 프리드리히 바르바로사 로마 점령함.	1165
	1168-95 스테판 네마냐, 세르비아 대주판. 네마니치 왕조 (1168-1371)를 엶.		1168
1260 이집트, 시리아 아 왕조.			1169
			1170
]집트에서 파티마 왕조			1171
	1172-96 헝가리 벨라 3세 왕.		1172
3 살라딘 술탄.		1174-84 보두앵 4세, 예루살렘 왕.	1174
			1175
ㅏ누엘 콤네노스 뮈리오 ㅔ서 패배함.			1176
225 바그다드 나시르 칼		1180-1223 필리프 2세 존엄왕, 프랑스 왕.	1180
		1182 크레티앵 드 트루아, 『퍼시벌』(Perceval).	1182

연표 885

	1. 정치 사건들	2. 종교 사건들	3. 문화생활
1183	1183-85 안드로니코스 1세 콤네노스 황제.		
1185	1185-95 이사키오스 2세 콤네노스 황제. 노르만인이 태살로니키를 점령하나 알렉시오스 브라나스 장군이 격퇴함. 1185 불가리아인이 반란을 일으킴.		
1186	1186 황제가 불가리아인의 반란을 진압하나 반란군과 협상함.		
1187			
1189			
1190	1190 불가리아에 대한 대원정이 참혹한 실패로 끝남.		
1191			
1194			
1195	1195-1203 알렉시오스 3세 앙겔로스 황제.		
1197			
1198		1198-1206 요안네스 10세 카마테로스, 콘스탄티노플 총대주교.	
1199			

페르시아·아랍 세계	5. 슬라브 세계	6. 서방 세계	
	1183년 이후 스투데니차 수도원(세르비아): 테오토코스 교회.		1183
			1185
	1186 제2차 불가리아 제국(1186-1396) 탄생함. 아센 1세(1186-96) 불가리아 아센 왕조를 엶.		1186
틴에서 십자군에 승리고 예루살렘을 탈환함.			1187
		1189-91 제3차 서방 십자군 전쟁. 1189-99 리처드 사자심왕, 영국 왕.	1189
자군 키프로스 점령함.			1190
		1191 서방 십자군이 아크레를 점령함. 뤼지냥이 키프로스를 점령함.	1191
	1194-97 블라디미르: 성 드미트리 성당.	1194 하인리히 6세 시칠리아 왕이 됨.	1194
와히드 왕조 에스파냐리함.	1195-1228 스테판 네마냐(프르보벤차니), 대주판. 1217년 세르비아 왕으로 등극함.		1195
	1197-1207 칼로얀, 불가리아 차르.		1197
	1198 스테판 네마냐와 그 아들이 돈을 내어 황폐한 킬란다리 수도원(아토스산)을 재건함.	1198-1216 인노첸초(인노켄티우스) 3세, 교황.	1198
		1199-1216 존 무지왕, 영국 왕.	1199

	1. 정치 사건들	2. 종교 사건들	3. 문화생활
1202			
1203	1203-1204 이사키오스 2세 (두 번째 재위), 알렉시오스 4세 황제.		
1204	1204 라틴인이 콘스탄티노플을 점령함. 알렉시오스 5세 황제. 콘스탄티누스 11세 라스카리스 니케아 그리스 황제. 1204-22 테오도로스 1세 라스카리스 니케아 그리스 황제.		1204년 이후 마닛사, 스프리에네, 에페소스 요…
1205			
1206			
1211	1211 테오도로스 1세 라스카리스 800명의 라틴인 용병들과 룸 술탄국 튀르크인들을 참패시킴.		
1214	1214 뉨파이온 조약: 라틴인과 니케아 그리스인이 소아시아를 분할함.		
1215			
1216			
1217		1217-22 마누엘 1세 사란테로스, 콘스탄티노플 총대주교.	
1218			
1220			

페르시아·아랍 세계	5. 슬라브 세계	6. 서방 세계	
		1202 제4차 십자군 전쟁 시작됨.	1202
			1203
		1204 서방 십자군 콘스탄티노플 점령함. 동방 로마 제국과 베네치아의 로마니아가 수립됨.	1204
		1205 안드리노플 전투에서 콘스탄티노플 라틴 황제 불가리아인에게 포로로 잡힘.	1205
		1206년 이후 클라리의 로베르, 『콘스탄티노플 정복』.	1206
	1211 터르노보 공의회. 보고밀파 교인들에 대해 투쟁을 전개함.		1211
			1214
		1215-18 빌렘 반 모에르베케, 아리스토텔레스 저작 라틴어로 번역함.	1215
		1216 프리드리히 2세, 신성로마 제국 황제. 1216-27 오노리오(호노리우스) 3세, 교황. 1216-72 헨리 3세, 영국 왕.	1216
			1217
	1218-41 이반 아센 2세, 불가리아 차르.	1218-22 제5차 십자군 전쟁.	1218
		1220-50 프리드리히 2세, 황제.	1220

	1. 정치 사건들	2. 종교 사건들	3. 문화생활
1222	1222-54 요안네스 3세 두카스 바타제스, 니케아 그리스 황제.		
1223			
1224	1224 에피루스 데스포테스 테오도로스 앙겔로스 테살로니키에 입성함. 마케도니아, 테살리아 라틴 왕국 사라짐.		
1226			
1229			
1230	1230 테오도로스 앙겔로스 마리차 강변에서 불가리아인에게 패함.		
1231			1231-71 아르타 부근: 키나기아 교회.
1235	1235 아센 2세와 그리스 황제 사이에 동맹조약이 체결됨.	1235 니케아: 불가리아 터르노보 총대주교구를 승인함.	
1237			
1238			1238-63 트레비존드: 아 성당.
1240			
1243	1243 몽골인의 위협에 직면해 요안네스 바타제스 이코니온 술탄과 동맹조약 체결함.		
1244			
1249			

페르시아·아랍 세계	5. 슬라브 세계	6. 서방 세계	
			1222
		1223-26 루이 6세, 프랑스 왕.	1223
			1224
			1226
십자군 다미에타 점령함. 휴파 조약: 예루살렘 분			1229
	1230 터르노보: 성 40인의 순교자 교회. 1230-37 밀레셰보: 예수변모 교회.		1230
		1231 시칠리아 왕국 조직을 서술한 『멜피 법전』.	1231
			1235
	1237 바투 칸이 지휘하는 몽골인이 침입함. 수즈달 공국 공격함.		1237
			1238
	1240 키예프 잿더미가 됨.		1240
아나톨리아에 몽골인이	1243-76 스테판 우로슈 1세, 세르비아 왕.	1243-54 인노첸초(인노켄티우스) 4세, 교황.	1243
		1244 기독교인들 최종적으로 예루살렘 상실함.	1244
맘루크들 이집트에서 잡음.			1249

연표 891

	1. 정치 사건들	2. 종교 사건들	3. 문화생활
1250			1250-1350 미스트라스: 테스궁.
1252			
1254	1254-58 테오도로스 2세 라스카리스, 니케아 그리스 황제.		
1256	1256 불가리아 차르 트라키아와 마케도니아에서 그가 획득한 땅을 포기함.		
1258	1258 요안네스 4세 라스카리스, 니케아 그리스 황제. 1258-61 미카엘 8세 팔라이올로고스, 니케아 그리스 황제.		
1259	1259 에피루스 데스포테스, 시칠리아 왕, 아카이아 대공 연합군 펠라고니아에서 패함.		
1261	1261년 7월 25일 라틴인에게서 콘스탄티노플 무혈 탈환됨. 1261-82 미카엘 8세 팔라이올로고스 콘스탄티노플 황제.		1261-91 콘스탄티노플 세라이.
1264	1264 타타르 연합군 불가리아인이 공격함.		
1265	1265 베네치아에 새로운 특권들이 부여됨.		
1266		1266-75 요세포스 1세, 콘스탄티노플 총대주교.	
1268	1268 제노바와 새로이 조약 체결함.		
1269			

페르시아·아랍 세계	5. 슬라브 세계	6. 서방 세계	
	1250년경 소포차니 수도원: 삼위일체 교회.		1250
		1252-59 성 토마스 아퀴나스 파리에서 강의함.	1254
		1254-66 만프레디, 시칠리아 왕.	
훌레구 이란 북부를			1256
몽골인이 이라크, 시 점령함. 336 몽골 일한국 이라 지배함.			1258
		1259 성 보나벤투라, 『정신이 하느님께로 나아가는 여정』: 프란체스코회 신비주의, 스콜라 철학 저서.	1259
			1261
			1264
		1265-68 프로방스 백작 앙주의 샤를 시칠리아 정복함.	1265
		1266-74 토마스 아퀴나스, 『신학대전』.	1266
			1268
린 왕조 마라케시 점			1269

연표 893

	1. 정치 사건들	2. 종교 사건들	3. 문화생활
1272	1272 타타르 칸 노가이와 조약 체결함.		
1273			
1274		1274 리용 공의회: 그리스 교회가 라틴 교회와 다시 합쳐짐.	
1280			
1282	1282-1328 안드로니코스 황제.		
1283			1283-96 아르타: 파레고리티사 교회.
1285			
1290	1290 야니나 공성전.		1290-95 미스트라스: 도로이 교회.
1291			1291-92 미스트라스: 주교좌 교회.
1292			
1294			
1298			
1299			
1303	1303 루지에로 다 피오레 그의 6,500인 카탈루냐인 부대와 함께 콘스탄티노플에 도착함.		

페르시아·아랍 세계	5. 슬라브 세계	6. 서방 세계	
		1272-76 그레고리오 10세, 로마 교황. 1272-1307 에드워드 1세, 영국 왕.	1272
		1273-91 루돌프 1세, 신성로마 제국 황제.	1273
			1274
	1280-1323 불가리아 테르테르 왕조.		1280
	1282-1321 스테판 우로슈 2세 밀루틴, 세르비아 왕.	1282 아당 드 라알, 『로뱅과 마리옹의 장난』. 시칠리아 만종 사건: 프랑스인이 쫓겨나고 아라곤인이 대신 들어옴.	1282
			1283
		1285 앙주의 샤를 2세, 나폴리 왕.	1285
			1290
		1291 아크레 함락되고 시리아 프랑크인 지역 멸망함.	1291
	1292 노브고로드: 리프냐 성 니콜라 교회.		1292
...골 가잔 칸 이슬람으로...	1294-95 오흐리드: 성 클리멘트 교회.		1294
		1298-1301 마르코 폴로, 『동방견문록』.	1298
...티니아에 오스만 1세 공... ...김.			1299
			1303

연표 895

	1. 정치 사건들	2. 종교 사건들	3. 문화생활
1304			
1310		1310-14 네폰 1세, 콘스탄티노플 총대주교.	1310 미스트라스: 브론수도원 주 교회.
1312			1312-15 태살로니키: 교회.
1313			
1315		1315-19 요안네스 13세 글뤼퀴스, 콘스탄티노플 총대주교.	
1316			1316-21 콘스탄티노플 성 구세주 교회(수축).
1321			
1323			
1326			
1327			
1328	1328-41 안드로니코스 3세 황제.		
1331	1331 안드로니코스 3세와 요안네스 칸타쿠제노스 필로크레네에서 튀르크인에게 패함. 튀르크인이 니케아 점령함.		
1334		1334-47 요안네스 14세 칼레카스, 콘스탄티노플 총대주교.	
1337	1337 안드로니코스와 칸타쿠제노스 에피루스 데스포테스령을 복속시킴.		

페르시아·아랍 세계	5. 슬라브 세계	6. 서방 세계	
		1304-1308 둔스 스코투스 파리에서 강의함.	1304
			1310
		1312-14 단테, 『신곡』 지옥편.	1312
	1313 오흐리드: 성 소피아 성당 (나르텍스).	1313년경 단테, 『신곡』 천국편.	1313
			1315
			1316
	1321-31 스테판 우로슈 3세 데찬스키, 세르비아 왕.		1321
	1323-96 불가리아 시슈만 왕조.		1323
...르사 셀주크국 수도가	1326 모스크바: 성모영면 교회.		1326
	1327-35: 데차니(세르비아 코소보): 수도원 교회.	1327 에드워드 2세 폐위되고 에드워드 3세 즉위함.	1327
	1328-40 이반 1세 다닐로비치 칼리타, 모스크바, 블라디미르 대공.	1328 발루아의 필리프 6세 즉위함. 바이에른의 루트비히 로마에서 대관함.	1328
	1331-55 스테판 4세 두샨, 세르비아 왕, 황제.		1331
			1334
		1337 조토 사망.	1337

연표 897

	1. 정치 사건들	2. 종교 사건들	3. 문화생활
1341	1341-54 요안네스 5세 황제.		
1346			
1350			1350-1400 미스트라스: 테스궁(제2기).
1352			
1353			
1354	1354-55 요안네스 6세 칸타쿠제노스 황제. 오르칸의 아들 술레이만 갈리폴리 점령함.		
1355	1355-76 요안네스 5세 황제(두 번째 재위).		
1356			
1359	1359 오스만 군대 콘스탄티노플 성벽 밑에 나타남.		
1360			1360년경 태살로니키: 엘리야 교회, 블라타이 도원.
1362			
1366			
1370			
1371			

페르시아·아랍 세계	5. 슬라브 세계	6. 서방 세계	
			1341
	1346년 4월 16일 스코페에서 스테판 두샨 황제 대관.		1346
	1350년경 쿠르테아 드 아르제쉬(루마니아): 성 니콜라스 교회.		1350
	1352 튀르크인이 발칸반도에서 첫 승리를 거둠.		1352
		1353 보카치오, 『데카메론』.	1353
		1354 페트라르카, 『고독한 생활에 관하여』.	1354
	1355-71 스테판 우로슈, 세르비아 황제.		1355
	1356-70(?) 시메온 우로슈 팔레올로그, 테살리아 황제.	1356 푸아티에 전투.	1356
			1359
			1360
	1362-89 드미트리 3세 이바노비치, 모스크바, 블라디미르 공국 대공.		1362
드리노플 셀주크 왕국 됨.	1366-67 모스크바: 크레믈 성벽 건설됨.		1366
	1370(?) 요반 우로슈 팔레올로그, 테살리아 황제.		1370
	1371 오스만인이 마리차 강변에서 세르비아 왕 부카쉰 므르냐브체비치와 그의 동생 요반 우글리예샤 데스포테스의 군대를 이김.		1371

	1. 정치 사건들	2. 종교 사건들	3. 문화생활
1374			
1376	1376-79 안드로니코스 4세 황제.		
1378			
1379	1379-91 요안네스 5세 황제(세 번째 재위).		
1380			
1382			
1383	1383-87 오스만인이 세레스, 소피아, 니슈, 태살로니키를 점령함.		
1389			
1390	1390 요안네스 7세(참칭자).		
1391	1391-1425 마누엘 2세 황제.		
1396			
1397		1397-1410 마타이오스 1세, 콘스탄티노플 총대주교.	
1400			1400-60 미스트라스: ㅌ 스궁(제3기).
1402			
1406			

페르시아·아랍 세계	5. 슬라브 세계	6. 서방 세계	
		1374 페트라르카 사망.	1374
			1376
		1378 서방 교회 분열 시작됨.	1378
			1379
	1380 드미트리 대공 쿨리코보 평원에서 몽골인을 섬멸함.		1380
		1382 프랑스 군중 도시 폭동.	1382
			1383
	1389 튀르크인이 코소보에서 승리함. 1389-1425 바실리 1세 드미트리예비치, 모스크바, 블라디미르 공국 대공.		1389
			1390
	1391 성 삼위일체 수도원 원장 세르기 라도네주스키 성인 사망.		1391
	1396 불가리아에서 튀르크인이 지배를 시작함.		1396
			1397
			1400
		1402 장 드 베탕쿠르 카나리아 제도 식민지화함.	1402
	1406-18 레사바(마나시야) 수도원(세르비아): 수도원 교회.		1406

	1. 정치 사건들	2. 종교 사건들	3. 문화생활
1413			
1422			
1425	1425-48 요안네스 8세 황제.		
1428			1428 미스트라스: 판타노도원.
1430	1430년 3월 29일 무라드 2세 태살로니키 점령함.		
1431		1431-47 에우제니오 4세, 로마 교황.	
1433			1433-48 콘스탄티노플 수축함.
1434			
1438		1438-39 페라라-피렌체: 라틴, 그리스, 아르메니아, 야고보파 교회들 통합함.	
1443		1443-50 그레고리오스 3세 맘마스, 콘스탄티노플 총대주교였다 수도를 떠남.	
1446	1446 무라드 2세 헬라스에 침입함.		
1449	1449-53 콘스탄티누스 11세 드라가세스 황제.		
1451			
1452			

페르시아·아랍 세계	5. 슬라브 세계	6. 서방 세계	
	1413-17 칼레니치 수도원(세르비아): 수도원 교회.		1413
		1422 카 도로 궁전 건설 시작됨.	1422
	1425-27 모스크바: 안드로니코프 수도원. 1425-62 바실리 2세 바실리에비치, 모스크바 대공.		1425
			1428
			1430
			1431
			1433
		1434 코시모 데 메디치 피렌체에서 권력을 잡음.	1434
			1438
			1443
			1446
			1449
1 마호메트 2세 정복자 …르크 제국이 아랍 나라 확대됨.			1451
		1452 레오나르도 다 빈치 출생함.	1452

연표 903

	1. 정치 사건들	2. 종교 사건들	3. 문화생활
1453	1453년 5월 29일 메흐메드 2세 콘스탄티노플 점령함.		
1454		1454-56 겐나디오스 2세 스콜라리오스, 콘스탄티노플 총대주교.	
1455			
1462			
1466			
1473			
1484		1484 콘스탄티노플: 피렌체 공의회(1444) 단죄함.	
1488			
1492			
1505			
1515			

페르시아·아랍 세계	5. 슬라브 세계	6. 서방 세계	
			1453
			1454
		1455 구텐베르크 『마자랭 성서』 인쇄함.	1455
	1462-1505 이반 3세 바실리에비치, 모스크바, 러시아 대공.		1462
	1466-81 푸트나 수도원(루마니아): 수도원 교회.		1466
	1473 이반 3세 콘스탄티누스 11세의 조카 소피아와 혼인함.		1473
			1484
	1488 보로네츠 수도원(루마니아): 수도원 교회.		1488
	1492 새 시세계산법(時歲計算法: (라)computus) 서문에서 모스크바 수도 대주교 조시마는 모스크바 대공을 지칭해 "전 러시아의 주권자, 전제자, 신(新) 콘스탄티노플-모스크바의 새 차르 콘스탄틴"이라 하고 있다.		1492
	1505-1509 모스크바: 크레믈 대천사 미카엘 성당((러) Arkhangelskiy sobor).		1505
	1515 프스코프의 수도사 필로페이는 바실리 3세 차르(1505-33)에게 보내는 편지에서 그를 "모든 기독교인의 유일한 황제"며 로마, 비잔티움 황권(皇權)의 상속자라 부름.		1515

참고문헌[*]

[*]이 참고문헌 목록은 학생들을 위한 참고용으로 수집한 것이다. 이 목록은 완전하지 않으며, 저자가 여기에 수록된 저작들의 견해에 항상 동의한다는 뜻이 아니다. 그러나 이 목록을 출발점 삼아 비잔티움 사학의 흐름을 이해하고, 원전과 그에 관한 연구에 접근하여 개인적인 연구를 시작할 수 있을 것이다. 우선 순수한 참고문헌 및 기본 자료를, 그다음에 개론서를, 이어서 본서에서 다룬 다양한 주제에 관련된 책을 소개한다. 각 항목 내에서는 출판 연도 순으로 저작이나 논문을 배열했다. 슬라브어와 그리스어 서명은 프랑스어로 적었다.

    I. 참고문헌 및 주요 자료
      II. 개론서
      III. 지리
      IV. 국가
      V. 사회
      VI. 경제
      VII. 교양

I. 참고문헌 및 주요 자료

Dumbarton Oaks bibliographies, série I, *Literature on Byzantine art, 1892-1967*, vol. I par J. S. Allen, Washington, 1967(en location). Pour les autres matières, et pour les années postéreures à 1967 en histoire de l'art, on consultera la bibliographie annuelle de la *Byzantinische Zeitschrift*, qui est ainsi divisée: Littérature, Manuscrits- Actes de la pratique-Historiographie, Langue-Métrique-Musique, Théologie, Histoire(extérieure, intérieure, religieuse, monastique), Géographie-Topographie-Ethnographie, Histoire de l'art, Numismatique-Sigillographie- Héraldique, Épigraphie, Droit, Spécialités(sciences de la nature, médecine, art militaire). *Real-Enzyklopädie der klassischen Altertumswissenschaft*, par A. Pauly, continué par G. Wissowa et autre, Stuttgrat, depuis 1893. *Dictionnaire de la Bible*, Paris, 1895-1912; supplément, depuis 1928. K. Krumbacher, *Geschichte der byzantinischen Literatur*, Munich, 1897(I. von Müller, *Handbuch der Altertumswissenschaft*, IX, I); trad. franç. sur l'édition grecque de G. Sôtiriadès, Aix-en-Provence, 1969-70, 4 vol. *Dictionnaire de théologie catholique*, Paris, 1903-72. *Dictionnaire d'archéologie chrétienne et de liturgie*, Paris, depuis 1907. R. Duval, *Littérature syriaque*, 3e éd., Paris, 1907. *Dictionnaire d'histoire et de géographie ecclésiastiques*, Paris, depuis 1912. O. Bardenhewer, *Geschichte der altkirchlichen Literatur*, Bonn, 1922. *Dictionnaire de droit canonique*, Paris, 1924-58. Dictionnaire de spiritualité, Paris, depuis 1927. Reallexikon für Antike und Christentum, I, Leipzig, depuis 1941. P. De Meester, *De monachico statu juxta disciplinam byzantinam*, Cité du Vatican, 1942. G. Graf, *Geschichte der christlichen arabischen Literatur*, Cité du Vatican, 1944-53, 5 vol("Studi e test", 118, 133, 146, 147, 172). *Enciclopedia cattolica*, Cité du Vatican, Florence, depuis 1948. *Sbornik dokumentov po social'noekonomičeskoj istorii vizantii*("Recueil de documents sur l'histoire économique et sociale de Byzance"), Moscou, 1951. R. Janin, *la Géographie ecclésiastique de l'empire byzantin*, 1re partie, *le siége de Constantinople et le patriarcat œcuménique*, III, *les Églises et les monastéres*, Paris, 1953("Publications de l'Institut français d'études byzantines"). M. E. Colonna, *Gli Storici bizantini dal IV al XV secolo*, Naples, 1956. G. Moravcsik, *Byzantinoturcica*, I, *Die Byzantinischen Quellen der Geschichte der Türkvölker*, 2e éd., Berlin, 1958("Deutsche Akademie der Wissenschaften zu Berlin. Institut für griechisch-römische Altertumskunde. Berliner byzantinische Arbeiten", 10). H. Delehaye, *l'Œuvre des Bollandistes à travers trois siècles, 1615-1915*, 2e éd., Bruxelles, 1959("Subsidia hagiographica", 13 a 2). H.-G. Beck, *Kirche und theologische Literatur im byzantinischen Reich*, Munich, 1959(I. von Müller, W. Otto, H. Bengston, *Handbuch der Altertumswissenschaft*, XII, 2, 1, *Byzantinisches Handbuch*, 2, 1). P. Peeters, *l'Œuvre des Bollandistes*, 2e éd., Bruxells, 1961("Subsidia hagiographica", 24a). B. Altaner, *Patrologie*, 5e éd., Fibourg, 1959; adapt. franç. de H. Chirat, *Précis de patrologie*, Mulhouse, 1961. J. Quaten, *Patrology*, Utrecht, 1960; trad. franç., *Initiation aux Pères de l'Église*, Paris, 1963. *Reallexikon zur byzantinischen Kunst*, par K. Wessel, M. Restle, Stuttgart, depuis 1966. *Lexikon der christlichen Ikonographie*, hrsg. von E. Kirschbaum et autres, I, Fribourg, 1968. P. Wirth, "Forschungsbericht byzantinische Geschichtswissenschaft in den Jahren 1945-67", dans *Byzantinische Forschungen*, 3(1968), 1971, pp.262-336(*Polychordia, Festschrift Fr. Dölger*, III). Z. V. Udal'cova, *Sovetskoe vizantinovedenie za 50 let*("les Travaux de la byzantinologie soviétique pendant cinquante années"), Moscou, 1969. R. Guilland, *Études de topographie de Constantinople byzantine*, Berlin, Amsterdam, 1969, 2 vol.("Deutsche Akademie der Wissenschaften zu Berlin. Institut für griechisch-römische Altertumskunde. Berliner byzantinische Arbeiten", 37). *Reallexikon der Byzantinistik*, hrsg. von P. Wirth, I, Amsterdam, depuis 1970. I. E. Karagiannopoulos, *Pègai tés byzantinès historias*("Sources de l'histoire byzantine"), Thessalonique, 1970("Byzantina keiména kai mélétai", 2). *Bibliografia di storia antica e diritto romano*, Rome, 1971. H.-G. Beck, *Geschichte der byzantinischen Volksliteratur*, Munich, 1971(I. von Müller, W. Otto, H. Bengston, *Handbuch der Altertumswissenschaft, Byzantinisches Handbuch*, 2, 3).

Ⅱ. 개론서

a) 비잔티움 지역

J. B. Bury, *A history of the later Roman empire from Arcadius to Irene(295-800)*, Londres, 1889, 2 vol. C. Neumann, *Die Weltstellung des byzantinische Reiches vor den Kreuzzügen*, Leipzig, 1894; trad. franç. par E. Renauld et Kozlowski, Paris, 1905. A.

Miliarakis, *Historia tou basileiou tès Nikaias kai tou despotatou tès Epeirou(1204-1261)* ("Histoire de l'empire de Nicée et du despotat d'Épire"), Athènes, 1898. J. Pargoire, *l'Église byzantine de 527 à 847*, Paris, 1905. J. B. Bury, *A history of the eastern Roman empire from the fall of Irene to the accession of Basile I(802-867)*, Londres, 1912. J. Kulakovskij, *Istorija Vizantii*, Kiev, 1912-15; rééd., Londres, 1973, 3 vol. W. Schubart, *Agypten von Alexander dem Grossen bis auf Mohammed*, Berlin, 1922. J. B. Bury, *A history of the later Roman empire from the death of Theodosius I to the death of Justinian(395-565)*, Londres, 1923, 2 vol.; rééd., New York, 1958. O. M. Dalton, *East christian art*, Oxford, 1925. Ch Diehl, *Manuel d'art byzantin*, 2e éd., Paris, 1925, 2 vol. M. Jugie, *Theologia dogmatica christianorum orientalium ab ecclesia dissidentium*, Paris, 1926-35, 5 vol. *dissidentium*, Paris, 1926-35, 5 vol. F. Lot, *la Fin du monde antique et le début du Moyen Age*, Paris, 1927 (H. Berr, *l'Évolution de l'jumanité*, 31). E. Diez, O. Demus, *Byzantine mosaics in Greece*, Cambridge (Mass., 1931. E. Caspar, *Geschichte des Papstums*, II, *Das papstum unter byzantinischer Herrschaft*, Tübingen, 1933. J. Ebersolt, *Monuments d'architecture byzantine*, Paris, 1934. K. I. Amantos, *Historia tou Byzantinou kratous*("Histoire de lÉtat byzantin"), I, *395-867 m. Ch.*, II, *867-1204*, Athènes, 1939-47 ("Collection de l'Institut français d'Athènes"). A. Piganiol, *l'Empire chrétien (325-395)*, Paris, 1947 (G. Glotz, *Histoire générale. Histoire romaine*, IV, 2). L. Bréhier, le *Monde byzantin*, Paris, 1947-50, 3 vol. (H. Berr, *l'Évolution de l'humanité*, 32). S. Runciman, *Byzantine civilization*, Londres, 1948. E. Kornemann, *Wiltgeschichte des Mittelmeerraumes von Philipp II. von Makedonien bis Muhammed*, Munich, 1948-49, 2 vol. P. Tatakis, *la Philosophie byzantine*, Paris, 1949. D. A. Zakythènos, *Byzantion. Kratos kai koinônia. Historikè épiskopèsis*("Byzance. État et société. Recherche historique"), Athènes, 1951. A. Grabar, *la Peinture byzantine*, Genève, 1953. A. Grabar, C. Nordefalk, le *Haut Moyen Age du* IVe au XIe *siècle*, Genève, 1957. W. Heyd, *Histoire du commerce du Levant au Moyen Age*, Leipzig, 1885-86, 2 vol.; rééd. anast., Amsterdam, 1959. S. Mazzarino, *La Fine del mondo antico*, Milan, 1959; -trad. franç. par A. Charpentier, Paris, 1973. J. Beckwith, *The Art of Constantinople*, Londres, 1961; trad. ital., *L'Arte di Constantinopoli*, Turin, 1967. G. Every, *The Byzantine patriarchate 451-1204*, 2e éd., Londres, 1962. G. Ostrogorsky, *Heschichte des byzantinischen Staates*, 3e éd., Munich, 1963 (I. von Müller, W. Otto, H. Bengston, *Handbuch der Altertumswissenschaft*, II, 1,

2, *Byzantinisches Handbuch*); trad. angl. par J. Hussey, *History of the Byzantine State*, New Brunswich, 1969, rev. par l'auteur("Rutgers Byzantine series"). J. Daniélou, H. Marrou, *Nouvelle histoire de l'Église*, I, *Des origines à saint Grégoire le Grand*, Paris, 1963. A. H. M. Jones, *The later Roman Empire(284-602). A social, economic and administrative survey*, Oxford, 1964, 3 vol. R. Révondon, *la Crise de l'empire romain de Marc Aurèle à Anastase*, Paris, 1964("Nouvelle Clio", 11). J. Vogt, *Der Niedergang Roms. Metamorphose der antiken Kultur*, Zurich, 1965("Kindlers Kulturgeschichte"); trad. ital., Milan, 1965; trad. angl., Londres, 1967; trad. esp., Madrid, 1968. R. Krautheimer, *Early christian and Byzantine architecture*, Harmondsworth, 1965("Pelican history of art"). *The Cambridge economic history*, I, 2e éd., cambridge, 1966(chap. v, "Agrarian conditions in the Byzantine empire in the Middle Ages"). *The Cambidge medieval history*, IV, *The Byzantine empire*, Cambridge, 1966-67. F. Dvornik, *Histoire des conciles de Nicée à Vatican II*, Paris, 1966. A. Grabar, *le Premier art chrétien (200-395)*, Paris, 1966("l'Univers des formes"). A. Grabar, *l'Age d'or de Justinien. De la mort de Théodose à l'Islam*, Paris, 1966("l'Univers de formes"). R. Jenkins, *Byzantium. The imperial centuries A. D. 610-1071*, Londres, 1966. S. D. Skazin, V. N. Lazarev, N. V. Pigulevskaja, A. P. Každan, E. E. Lipšić, E. C. Skrzinskaja, M. J. A. Sjuzjumov, Z. V. Udal'cova, G. G. Litavrin, K. A. Osipova, *Istorija Vizantii*("Histoire de Byzance"), Moscou, 1967, 3 vol. V. Lazarev, *Storia della pittura bizantina*, Turin, 1967. Ch. Delvoye, *l'Art byzantin*, Paris, 1967. F. G. Maier, *Die Verwandlung der Mittelmeerwelt*, Francfort-sur-le-Main, Hambourg, 1968("FIscher Weltgeschichte", 9); trad. ital., #*Il Mondo mediterraneo tra l'Antichità e il Medioeve, Milan, 1970*("Storia universale Feltrinelli", 9). *Kulturbruch oder Kulturkontinuität im Ubergang von der Antike zum Mittelalter*, hrsg. von E. Hübinger, Darmstadt, 1968("Wege der Forschung", 201). *Handbuch der Kirchengeschichte*, hrsg. von H. Jedin, II, 1, *Die Kirche von Nikaia bis Chalkedon*, par K. Braus, E. Ewig, Fribourg, Bâle, Vienne, 1973; III, 2, *Die Mittelalterliche Kirche von kirchlichen Hochmittelalter bis zum Vorabend der Reformation*, par H.-G. Beck, K. A. Fink, J. Glazik, *ibid.*, 1968. W. F. Volbach, J. Lafontaine-Dosogne, *Byzanz und der christliche Osten*, Berlin, 1968("Propyläem Kunstgeschichte", 3). W. E. Kaegi, *Byzantium and the decline of Rome*, Princeton(N. J.), 1968. R. Browning, *Medieval and modern greek*, Londres, 1969("Modern languages"). J. Beckwith,

Early christian and Byzantine art, Harmondsworth, 1970("Pelican history of art"). K. Wessel, *Die Kultur von Byzanz*, Francfort-sur-le-Main, 1970("Handbuch der Kulturgeschichte", 2). R. Bianchi Bandinelli, *Roma. La fine dell' arte antica*, Milan, 1970; trad. franç. par G.-Ch. et E. Picard, Paris, 1970. R. Bianchi Bandinelli, *Rom, das Zentrum der Macht*, Munich, 1970("Universum der Kunst", 15). D. Obolensky, *The Byzantine commonwealth: eastern Europe 500-1500*, Londres, New York, 1971. *Handbuch der Ostkrchenkunde*, hrsg. von E. von Ivanka, J. Tyciak, P. Wiertz, Düsseldorf, 1971. P. Brown, *The World of late antiquity: from Marcus Aurelius to Muhammad*, Londres, 1971. D. M. Nicol, *The Last centuries of Byzantium 1261-1453*, Londres, 1972. R. Folz, A. Guillou, L. Musset, D. Sourdel, *De l'Antiquité au monde médiéval*, Paris, 1972("Peuples et civilisations", 5). F. G. Maier, avec la coll. de H. Beckedorf, H. J. Härtel, W. Hecht, J. Herrin, D. M. Nicol, *Byzanz*, Francfort-sur-le-Main, 1973("Fischer Weltgeschichte", 13); trad. ital., *L'Impero bizantino*, Milan, 1974("Storia universale Feltrinelli", 13). C. Mango, *Architettura bizantina*, Venise, 1974("Storia dell'architettura", dir. par P. L. Nervi). A. Guillou, "L' Italie byzantine du IXe au XIe siècle. État des questions", dans E. Bertaux, *l'Art dans l'Italie méridionale*, III, sous presse.

b) 주변 지역

O. Demus, *Byzantine art and West*, Londres, 1970. E. Petrucci, ;Rapporti di Leone IX con Constantinopoli, dans *Studi medievali*, série 3, 14, 1973, pp.733-831(sera continué). S. Radojšić, *Geschichte der serbischen Kunst. Von den Anfängen bis zum Ende des Mittelalters*, Berlin, 1969("Grundriss der slavischen Philollogie und Kulturgeschichte", hrsg. von M. Vasmer). V. N. Zlatarski, *Istorija na bulgarskata duržava prez srednite vekove*("Histoire de l'État bulgare au Moyen Age"), 1918-40; rééd., Sofia, 1972, 2 vol. A. Boschkov, *Die Bulgarische Malerei. Von den Anfängen bis zum 19. Jahrhundert*, Recklinghausen, 1969. N. Jorga, *Geschichte des osmanischen Reiches*, Gotha, 1908-09, 2 vol. ("Geschichte der europäischen Staaten"). P. Wittek, *Das Fürstentum Mentesche. Studien zur Geschichte Westkleinasiens im 13-15. Jahrhundert*, Istanbul, 1934. F. Babinger, *Beiträge zur Frühgeschichte der Türkenherrschaft in Fumelien(14-15. Jahrhundert)*, Brno, Munich, Vienne, 1944("Südosteuropäische Arbeiten", 34); trad. franç., *Mahomet II le Conquérant et son temps(1432-1481)*, Paris,

1954("Bibliothèque historique"). P. Lemerle, *l'Émirat d'Aydin. Byzance et l'Occident. Recherches sur "la geste d'Umur Pacha"*, Paris, 1957("Bibiothèque byzantine. Études", 2). P. Diaconu, *les Petchénègues au Bas-Danube*, Bucarest, 1970("Bibliotheca historica Romaniae", 27). G. Moravcsik, *Byzantium and the Magyars*, Budapest, 1970. A. Christensen, *l'Iran sous les Sassanides*, Copenhaque, Paris, 1936. R. Ghirshman, *l'Iran des origines à l'Islam*, Paris, 1951. S. Ker Nersessian, *Armenia and the Byzantine empire*, Cambridge(Mass.), 1945. R. Grousset, *Histoire de l'Arménie des origines à 1071*, Paris, 1947("Bibliothèque historique"). C. Toumanoff, *Studies in christian Caucasian history*, Georgetown, 1963. P. Lemerle, "Invasions et migrations dans les Balkans", dans *Revue historique*, 211, 1954, pp.265-308. H. Preidel, *Slawiche Altertumskunde des östlichen Mitteleuropas im 9. und 10. Jahrhundert*, Munich, 1961-66, 3 vol. F. Dvornik, *les Slaves. Histoire et civilisation de l'Antiquité au début de l'époque contemporaine*, Paris, 1970. R. Portal, *les Slaves. Peuples et nations*, Paris, 1965("Destins du monde"). K. Jireček, *Istorija Srba*("Histoire des Serbes"), 2ᵉ éd., Belgrade, 1952, 2 vol.; trad. all., *Geschichte der Serben*, Gotha, 1911-18, 2 vol. ("Geschichte der europäischen Staaten"). S. Runciman, *A history of the first Bulgarian empire*, Londres, 1930. R. Dussaud, *la Pénétration des Arabes en Syrie avant l'Islam*, Paris, 1907. B. Spuler, *Geschichte der islamischen Länder*, Leyde, 1942-59, 2 vol. ("Handbuch der Orientalistik", I, 6, 1-3). D. et J. Sourdel, *la Civilisation de l'Islam classique*, Paris, 1968("les Grandes civilisations"). A. Miquel, *l'Islam et sa civilisation, VIIᵉ-Xᵉ siècle*, Paris, 1968("Destines du monde"). C. Cahen, *l'Islam des origines au début de l'empire ottoman*, Paris, 1970("Histoire universell"). B. Spuler, *Die Golden Horde. Die Mongolen in Russland, 1223-1502*, 2ᵉ ed., Wiesbaden, 1965. B. Ferjančić, *Tesalija u XIII I XIV veku*("la Thessalie au xiiiᵉ et au xivᵉ siècle"), Belgrade, 1974("Institut d'études byzantines de l'académie serbe des sciences et des arts. Monographies", 15).

Ⅲ. 지리

W. M. Ramsay, *The Historical geography of Asia Minor*, Londres, 1890("Royal geographical society. Supplementary papers", 4). J. Cvijić, *la Péninsule balkanique. Héographie humaine*, Paris, 1918. R. Dussaud, *Topographie historique de la Syrie antique et médiévale*, Paris, 1927("Haut commissariat de la République française en Syrie et au Liban. Service des antiquités et des beaux-arts. Bibliothèque archélogique et historique", 4). R. Blanchard, F. Grenard, *Asie occidentale, Haute-Asie*, Paris, 1929(P. Vidal de La Blache, L. Gallois, *Géographie universelle*, 8). F. M. Abel, *Géographie de la Palestine*, Paris, 1933-38, 2 vol Y. Chataigneau, J. Sion, *Méditerranée. Péninsules méditerranéennes*, 2e partie, *Italie. Pays balkaniques*, Paris, 1934(P. Vidal de La Blache, L. Gallois, *Géographie universelle*, 7). A. A. Vasiliev, *Byzance et les Arabes*. III, *Die Ostgrenze des byzantinischen Reiches von 363 bis 1071 nach griechischen, arabischen, syrischen und armenischen Quellen*, par E. Honigmann, Bruxelles, 1935("Corpus bruxellense historiae byzantinae", 3). A. Bernard, *Afrique septentrionale et occidentale*, Paris, 1937(P. Vidal de La Blache, L. Gallois, *Géographie universelle*, 11). A. Philippson, *Das Byzantinische Reich als geographische Erscheinung*, Leyde, 1939. P. Birot, J. Dresch, *la Méditerranée et le Moyen-Orient*, Paris, 1953-56, 2 vol. ("Orbis. Introduction aux études de géographie"). A. Blanc, *la Croatie occidentale. Étude de géographie humaine*, Paris, 1957("Travaux publiés par l'Institut d'études slaves"). J. Besançon, *l'Homme et le Nil*, Paris, 1957. I. Crkvenčić, *Prigorje planinskog niza Ivančice*("le Prigorje de la chaîne montagneuse d'Ivančica"), Zagreb, 1958("Radovi geografskog instituta sveučilišta u Zagrebu", 1). B. Z. Milojević, *les Vallées principales de la Yougoslavie. Recherches géographiques*, Belgrade, 1958("Mémoires de la société serbe de géographie", 9). X. De Planhol, *De la plaine pamphylienne aux lacs pisidiens. Nomadisme et vie paysanne*, Paris, 1958("Bibliothèque archéologique et historique de l'Institut français d'archéologie d'Istanbul", 3). J. Despois, *l'Afrique du Nord*, 2e éd., Paris, 1958("Pays d'outre-mer". 4e série, "Géographie, I, l'Afrique", 1). V. Rogić, *Velebitska primorska padina*("le Versant littoral de Velebait"), Zagreb, 1958("Radovi geografskog instituta sveučilišta u Zagrebu", 2). R. Almagià, *L'Italia*, Turin, 1959, 2 vol. A Grohmann, *Studien zur historischen Geographie und Verwaltung des frühmittelalterlichen Agypten*, Vienne, 1959("Osterreichische Akademie der Wissenschaften. Philosophisch-historische Klasse", 77, 2). *Le Regioni d'Italia*, coll. fon. par R. Almagià, dir. par E. Migliorini, Turin, 1960-66, 18 vol. L. Robert, *Villes d'Asie Mineure*, 2e éd., Paris, 1962. H. Ahrweiler, "l'Histoire et la géographie de la région de Smyrne entre les deux occupations turques(1081-1317) particulièrement au *xiiẻ* siècle", dans *Travaux et mémoires*, 1, 1965, pp.1-204. G. T. Kollas, *Historikè géôgraphia tou hellènikou chôrou*("Géographie historique de la Grèce"), Athènes, 1969. O. Schmieder, *Die Alte Welt. Anatolien und die mittelmeerländer Europas*, Kiel, 1969. H. Ahrweiler, "La frontière et les frontières de Byzance en Orient", dans *XIVe Congrès international des études byzantines, Bucarest, Rapports*, Ⅱ, Bucarest, 1971, pp.7-19.

Ⅳ. 국가

A. Rambaud, *l'Empire grec au Xe siècle. Constantin Porphyrogénète*, Paris, 1870. Ch. Diehl, *Études sur l'administration dans l'exarchat de Ravenne(568-751)*, 2e éd. anast., New York, 1888("Bibliothèque des écoles françaises d'Athènes et de Rome", 53). L. M. Hartmann, *Untersuchungen zur Geschichte der byzantinischen Verwaltung in Italien(540-750)*, Leipzig, 1889. G. Schlumberger, *Un empereur byzantin au Xe siècle, Nicéphore Phocas*, Paris, 1890. H. Monnier, "Études de droit byzantin. L'épibolè", dans *Nouvelle revue historique du droit français et étranger*, 16, 1892, pp.125-164, 330-352, 497-542, 637-672, et 18, 1894, pp.433-486. Ch. Diehl, *l'Afrique byzantine. Histoire de la domination byzantine en Afrique(533-709)*, Paris, 1896. L. Bréhier, *le Schisme oriental du XIe siècle*, Paris, 1899. F. Chalandon, *Essai sur le règne d'Alexis Ier Comnène(1081-1118)*, Paris, 1900. Ch. Diehl, *Justinien et la civilisation byzantine au VIe siècle*, Paris, 1901. W. Norden, *Das Papstum und Byzanz. Die Trennung der beiden Mächte und das Problem ihrer Wiedervereinigung bis zum Untergange des byzantinischen Reiches*, Berlin, 1903. J. Gay, *l'Italie méridionale et l'empire byzantin depuis l'avènement de Basile Ier jusqu'à la prise de Bari par les Normands(867-1071)*, Paris, 1904("Bibliothèque des écoles françaises d' Athènes et de Rome", 90). A Pernice, *L'Imperatore Eraclio. Saggio di storia bizantina*, Florence, 1905("Pubblicazioni del R. Istituto di studi superiori pratici e di perfezionamento In Firenze. Sezione di filosofia e filologia"). F. Chalandon, *Histoire de la domination normande en Italie et en Sicile*, Paris, 1907, 2 vol. J. B. Papadopoulos, *Théodore Ⅱ Lascaris, empereur de Nicée*, Paris, 1908. A. Vogt, *Basile Ier empereur de Byzance et la civilisation byzantine à la fin du IXe siècle*, Paris, 1908. F.

Chalandon, les *Comnènes*, II, *Jean Comnène(1118-1143) et Manuel Comnène(1143-1180)*, Paris, 1912. A. Amdréadès, *Historia tès hellènikès dèmosias oikonomias*("Histoire économique de l'État grec"), Athènes, 1918. E. Stein, *Studien zur Geschichte des byzantinischen Reiches, vornehmlich unter den Kaisern Justinus II. und Tiberius Constantinus*, Stuttgart, 1919. B. Leib, *Rome, Kiev et Byzance à la fin du XIe siècle*, Paris, 1924. A. Michel, *Humbert und Kerullarios*, Paderborn, 1924-30, 2 vol. W. Miller, *Trebizond, the last Greek empire*, Londres, 1926. C. Chapman, *Michel Paléologue, restaurateur de l'empire byzantin*, Paris, 1926. G. Ostrogorsky, *Studien zur Geschichte des byzantinischen Bilderstreites*, Breslau, 1929. F. Uspenskij, *Očerki iz istorii trapezuntskoj imperii*("Études sur l'histoire de l'empire de Trébizonde"), Léningrad, 1929. S. Runciman, *The Emperor Romanus Lecapenus and his reign*, Cambridge, 1929. E. J. Martin, *A history of the iconoclastic controversy*, Londres, 1930. D. Zakythènos, *le Despotat grec de Morée*, Paris, 1932-53, 2 vol. M. Jugie, *le Schisme byzantin. Aperçu historique et doctrinal*, Paris, 1941. L. C. West, A. C. Johnson, *Currency in Roman and Byzantine Egypt*, Princeton, 1944. J. Danstrup, "The State and landed property in Byzantium to c. 1250", dans *Classica et mediaevalia*, 8, 1946, pp.222 *sqq*. A. M. Andréadès, *Erga*("Travaux"), Athènes, 1948. E. Stein, *Histoire du Bas-Empire*, I, *De l'État romain à l'État byzantin(284-476)*, éd. franç. par J. R. Palanque, Paris, 1959, 2 vol.; II, *De la disparition de l'empire d'Occident à la mort de Justinien(476-565)*, Paris 1949. A. Vasiliev, *Justin the First*, Cambridge(Mass.), 1950. E. Demoougeot, *De l'unité à la division de l'empire romain(395-410). Essai sur le gouvernement impérial*, Paris, 1951-65, 4 vol. S. Runciman, *The Eastern schism. A study of the papacy and eastern Church during the XIth and XIIth centuries*, Oxford, 1956. A. Grabar, *l'Iconoclasme byzantin. Dossier archéologique*, Paris, 1957. F. Altheim, R. Stiehl, *Finanzgeschichte der Spätantike*, Francfort-sur-le-Main, 1957. *Storia di Venezia*, Venise, Centro internazionale delle arti e del costume, 1957, 2 vol. D. M. Nicol, *The Despotate of Epirus*, Oxford, 1957. P. J. Alexander, *The Patriarch Nicephorus of Constantinople. Ecclesiastical policy and image worship in the Byzantine empire*, Oxford, 1958. J. Karayannopulos, *Das Finanzwesen des frühbyzantinischen Staates*, Munich, 1958("Südosteuropäische Arbeiten", 52). P. Lemerle, "Esquisse pour une histoire agraire de Byzance: les sources et les problèmes", dans *Revue historique*, 219, 1958, pp.32-74, 254-284, et 220, 1958, pp.43-94. G. Ostrogorskij, "Pour l' histoire de l'immunité à Byzance", dans *Byzantion*, 28(1958), 1959, pp.165-254. N. G. Svoronos, "Recherches sur le cadastre byzantin et la fiscalité aux xie et xiie siècles: le cadastre de Thèbes", dans *Bulletin de correspondance hellénique*, 83, 1959, pp.1-145. G. T. Dennis, *The Reign of Manuel II Palaeologus in Thessalonica, 1382-1387*, Rome, 1960("Orientalia christiana analecta", 159). F. Dölger, *Beiträge zur Geschichte der byzantinischen Finanzverwaltung besonders des 10. und 11. Jahrhundert*, 2e éd., Hildesheim, 1960. H. Glykatzi-Ahrweiler, "Recherches sur l'administration de l'empire byzantin aux ixe-xie siècles", dans *Bulletin de correspondance hellénique*, 84, 1960, pp.1-111. H. Glykatzi-Ahrweiler, "La Politique agraire des empereurs de Nicée", dans *Byzantion*, 28(1958), 1960, pp.51-66. J. Vogt, *Constantin der Grosse, und sein Jahrhundert*, Munich, 1960. B. Rubin, *Das Zeitalter Justinians*, I, Berlin, 1960. G. Downey, *Constantinople in the age of Justinian*, Norman, 1960. P. Grierson, "Coinage and money in the Byzantine empire 498-1090", dans *Settimane di studio sull' alto Medio Evo*, 8, Spolète, 1961, pp.411-453. H. Antioniadis-Bibicou, *Recherches sur les douanes à Byzance. L'octava, le kommerkion et les commerciaires*, Paris, 1963("Cahiers des Annales", 20). R. Cessi, *Venezia ducale*, Venise, 1963-67, 2 vol. ("Deputazione di storia patria per le Venezie"). H. Kretschmayr, *Geschichte von Venedig*, rééd., Aalen, 1964, 3 vol. F. Dvornik, *Byzance et la primauté romaine*, Paris, 1964("Unam sanctam", 49). H.-G. Beck, *Byzantinisches Gefolgschaftswesen*, Munich, 1965("Bayerische Akademie der Wissenschaften. Philosophisch-historische Klasse. Sitzungsberichte", 1965, 5). A. Hohlweg, *Beiträge zur Verwaltungsgeschichte des Oströmischen Reiches*, Munich, 1965("Miscellanea byzantina monacensia", 1). D. M. Metcalf, *Coinage in the Balkans 820-1355*, Thessalonique, institute for Balkan studies, 1965. A. N. Stratos, *To Byzantion ston z'aiôna*("Byzance au viie siècle"), I, 602-626; II, 626-634; III, 634-641; IV, *Kônstantinos III*, Athènes, 1965-72' trad. angl., *Byzantium in the VIIth century*, I, 602-634, La Haye, 1968. H. Antoniadis-Bibicou, *Études d'histoire maritime de Byzance. A propos du "Thème des Caravisiens"*, Paris, 1966("École pratique des hautes études. VIe section. Bibliothèque générale"). H.-G. Beck, "Kirche und Klerus im staatlichen Leben von Byzanz", dans *Revue des études byzantines, 24(Mélanges V. Grumel*, I), 1966, pp.1-24. H.-G. Beck, *Senat und Volk von Konstantinopel. Probleme der byzantinischen Verfassungsgeschichte*, Munich,

1966("Bibliothèque byzantine. Études", 5). E. Eickhoff, *Seekrieg und Seepolitik zwischen Islam und Abendland*, Berlin, 1966. R. Guilland, *Recherches sur les institutions byzantines*, Berlin, Amsterdam, 1967, 2 vol. ("Deutsche Akademie der Wissenschaften zu Berlin. Institut für griechischrömische Altertumskunde. Berliner byzantinische Arbeiten", 35). V. Von Falkenhausen, *Untersuchungen über die byzantinische Herrschaft in Süditalien vom 9. bis ins 11. Jahrhundert*, Wiesbaden, 1967("Schriften zur Geistesgeschichte des östlichen Europa", 1). M. F Hendy, *Coinge and money in the Byzantine empire, 1081-1261*, Washington, 1969("Dumbarton Oaks studies", 12). L. Mortari, *Consacrazione episcopale e collegialità. La testimonianza della Chiesa antica*, Florence, 1969("Testi e ricerche di scienze religiose", publ. a cura dell'Istituto per le scienze religiose di Bologna, 4). *Storia di Napoli*, II, *Alto Medioeve*, Naples, 1969, 2 vol. C. Capizzi, *L'Imperatore Anastasio I(491-518)*, Rome, 1969("Orientalia christiana analecta", 184). G. Weiss, *Joannes Kantakuzenos—Aristokrat, Staatsmann, Kaiser un Mönch—in der Gesellschaftsentwicklung von Byzanz im 13. Jahrhundert*, Wiesbaden, 1969("Schriften zur Geistesgeschichte des östlichen Europa", 4). J. W. Barker, *Manuel II Palaeologus(1391-1425): a study in late Byzantine statesmanship*, New Brunswick, 1969("Rutgers Byzantine series"). D. Hoffmann, *Dasn Spätrömische Bewegungsheer*, Düsseldorf, 1969-70, 2 vol.("Epigraphische Studien", 7). J. Darrouzès, *Recherches sur les Offikia de l'Église byzantine*, Paris, 1970("Archives de l'Orient chrétien", 11). F. Dvornik, *The Photian schism. History and legend*, 2e éd., Londres, 1970. G. Ostrogorsky, "Die Pronoia unter den Komnenen", dans *Zbornik radova vizantološkog instituta*, 12, 1970, pp.41-54. A. Holweg, "Bishof und Stadtherr im frühen Byzanz", dans *Jahrbuch der Osterreichischen byzantinischen Gesellschaft*, 20, 1971, pp.51-62. C. Head, *Justinian II of Byzantium*, Madison, 1971. R. Browning, *Justinian and Theodora*, Londres, 1971. A. E. Laiou, *Constatinople and the Latins: the foreign policy of Andronicus II, 1282-1328*, Cambridge(Mass.), 1972. J. Gascou, "La détention collégiale de l'autorité pagarchique dans l'Égypte byzantine", dans *Byzantion*, 42, 1972, pp.60-72. H. Chadwick, *Die Kirche in der antiken Welt*, Berlin, New York, 1972("Sammlung Göschen", 7002). N. Oikonomidès, *les LIstes de préséance byzantines des IXe et Xe siècles*, Paris, 1972("le Monde byzantin"). S. Gero, *Byzantine iconoclasm during the* *reign of Leo III with particular attention to the oriental sources*, Louvain, 1973("Corpus scriptorum christianorum orientalium", 346. "Subsidia", 41). G. Dagron, *Naissance d'une capitale. Constantinople et ses institutions de 330 à 451*, Paris, 1974("Bibliothèque byzantine. Études", 7).

V. 사회

a) 개관

M. Rostovtzeff, *Gesellschaft und Wirtschaft im römischen Kaiserreich*, Leipzig, 1930, 2 vol. J. Starr, *The Jews in the Byzantine empire, 641-1204*, Athènes, 1939("Texte und Forschungen zur byzantinisch-neugriechischen Philolohie", 30). S. Mazzarino, *Aspetti sociali del quarto secolo*, Rome, 1951. E. barker, *Social and political thought in Byzantium from Justinian I to the last Palaeologus. Passages from Byzantine writers and documents translated with and introduction and notes*, Oxford, 1957. E. E. Lipšić, *Očerki istorii vizantijskogo obščestva I kul'tury(VIII pervaja polovina IX veka)* ("Études d'histoire de la société et de la culture byzantines, du viiie à la première moitié du ixe siècle"), Moscou, Léningrad, 1961.

b) 단일 주제 연구

N. Skabalanovič, *Vizantijskoe gosudarstvo I tserkov' v XI v.* ("l'État byzantin et l'Église au xie siècle"), Saint-Pétersbourg, 1884. A. Hadjinikolaou-Marava, *Recherches sur la vie des esclaves dans le monde byzantin*, Athènes, 1950("Collection de l'institut français d'Athènes"). G. Ostrogorskij, *Pour l'histoire de la féodalité byzantine*, Bruxelles, 1954("Corpus bruxellense historiae byzantinae. Subsidia", 1). G. Ostrogorskij, *Quelques problèmes d'histoire de la paysannerie byzantine*, Bruxelles, 1956("Corpus bruxellense historiae byzantinae. Subsidia", 2). L. Harmand, *le Patronat sur les collectivités publiques des origines au Bas-Empire; un aspect social et politique du monde romain*, Paris, 1957. A. P. Každan, *Derevnja I gorod v Vizantii(IX-X vv.). Očerki po istorii vizantijskogo feodalizma*("le VIllage et la ville à Byzance, ixe-xe siècles. Études sur l'histoire de la féodalité byzantine"), Moscou, 1960. G. L. Seidler, *Soziale Ideen in Byzanz*, Berlin, 1960("Deutsche Akademie der Wissenschaften zu Berlin. institut für griechisch-römische Altertumskunde. Berliner byzantinische Arbeiten", 24). P. Lemerle, "Thomas le Slave", dans *Travaux et mémoires, 1, 1965*, pp.255-297. H.-G. Beck, "Konstantinopel. Zur Sozialgeschichte einer frühmittelalterlichen Hauptstadt", dans *Byzantinische Zeitschrift*, 58, 1965, pp.11-45. N. Svoronos, "Société et organisation intérieure dans l'empire byzantin au xie siècle: les pricipaux problèmes", dans *Proceedings of the XIIIth international congress of Byzantine studies*, Londres, 1967, pp.373-389. S. D. Goitein, *A Mediterranean society. The Jewish communities of the Arab world as portrayed in the documents of the Cairo-Geniza*, Los Angeles, 1967-71, 2 vol. K. V. Chvostova, *Osobennosti agrarno pravovych otnošenij v pozdnij Vizantii(XIV-XV vv.)* ("Particularités des relations de droit rural à la fin de l'époque byzantine, xive-xve siècles"), Moscou, 1968("Istoriko-sociologičeskij očerk"). D. M. Nicol, *The Byzantine family of Kantakouzenos(Cantacuzenus)(1100-1460)*, Washington, 1968("Dumbarton Oaks studies", 11). D. I. Polemins, *The Doukai. A contribution to Byzantine prosopography*, Londres, 1968. A. Guillou, *Régionalisme et indépendance dans l'empire byzantine au VIIe siècle. L'exemple de l'Exarchat et de la Pentapole d'Italie*, Rome, 1969("Istituto storico italiano per il Medio Evo. Studi storici", 75-76). A. Guillou, "Demography and culture in the exarchate of Ravenna", dans *Studi Medievali*, X, 1969, pp.201-219. L. Cracco Ruggini, "Le associazione professionali nel mondo romanobizantino", dans *Settimane di studio sull' alto Medio Evo*, 18, 1970, pp.59-193. A. Bryer, "A Byzantine family: the Gabrades, c. 979-c. 1653", dans *Hist. Journ. Univ. Birmingham*, 12, 1970, pp.164-187. A. Guillou, *Studies on Byzantine Italy*, Londres, 1970. G. L. Kurbatov, *Osnovnye problemy unutrennego razvitija vizantijskogo goroda v IV-VII vv. Konec antičnogo goroda v Vizantii*("les Problèmes fondamentaux du développement interne de la ville byzantine aux ive-viie siècles. Fin de la ville antique à Byzance"), Léningrad, 1971. A. P. Každan, "Charakter, sostav I evoljucija gospodstvujuščego klassa v Vizantii xi-xii vv. Predvaritel'nye vyvody" ("Caractère, composition et évolution de la classe dominante à Byzance aux xie-xiie siècles. Remarques Préliminaires"), dans *Byzantinische Zeitschrift*, 66, 1973, pp.47-60. J. Gascou, *la Possession du sol, la Cité et l'État à l'époque protobyzantine et particulièrement en Égypte(recherches d'histoire des structures agraires, de la fiscalité et des institutions aux Ve, VIe et VIIe siècles*, thèse de troisième cycle, dactyl., 1974.

c) 정신사

P. Koukoulès, *Byzantinôn bios kai politismos*("Vie et civilisation des Byzantins"), Athènes, 1948-57("Collection de l'institut français d'Athènes", 10, 11, 12, 13, 43, 73, 76, 90). J. Gouillard, "Le synodikon de l'orthodoxie. Édition et commentaire", dans *Travaux et mémoires*, 2, 1967, pp.1-316. V. Tiftixoglou, "Gruppenbidungen innerhalb des konstantinopolitanischen Klerus während der Komnenenzeit", dans *Byzantinische Zeitschrift*, 62, 1969, pp.25-72. G. G. Archi, *Giustiniano legislatore*, Bologne, 1970. F. Dvornik, *Byzantine missions amongst the Slavs*, New Brunswick, 1970("Rutgers Byzantine series"). A. Gadolin, *A theory of history and society with special reference to the 'Chronographia' of Michael Psellus; XI th century Byzantium*, Stockholm, 1970("Acta universitatis stockholmiensis. Stockholm studies in history of literature", 11). I. Ševčenko, "Society and intellectual life in the XIVth century", dans *XIVe Congrès international des études byzantines, Bucarest, Rapports*, I, Bucarest, 1971, pp.7-30. D. Jacoby, compte rendu critique à A. Scharf, *Byzantine jewry from Justinian to the IVth crusade*, Londres, 1971, dans *Byzantinische Zeitschrift*, 66, 1973, pp.403-406. P. Lemerle, "Histoire des Pauliciens d'Asei Mineure d'après les sources grecques", dans *Travaux et mémoires*, 5, 1973, pp.1-144. A. Guillou, "L'évêque dans la société méditerranéenne des vi^e-viie siècles. Un Modèle", dans *Bibliothèque de l'École des chartes*, 131, 1973, pp.5-19. A. Guillou, "Le système de vie enseigné dans le monde byzantin au viiie siècle", dans *Settimane di studio sull'alto Medio Evo*, 20, Spolète, 1973, pp.343-381. F. Burgarella, *Structures mythiques de la généalogie byzantine. L'exemple de l'idéologie macédonienne*, mémoire ms. de l'École pratique des hautes études, section des sciences économiques et sociales, Paris, 1974.

VI. 경제

B. Pančenko, "Krestjanskaja sobstvennost' v Vizantii"("La propriété paysanne à Byzance"), dans *Izvestija Russkago archeologičeskago Instituta v Konstantinopole*, 9, 1904, pp.1-234. G. Mickwitz, *Geld und Wirtschaft im römischen Reich des vierten Jahrhunderts n. Chr.*, Helsinki, 1933. G. I. Bratianu, *Privilèges et franchises municipales dans l'empire byzantin*, Paris, Bucarest, 1936. G. I. Bratianu, *Études byzantines d'histoire économique et sociale*, Paris, 1938. D. Zakythènos, *Crise monétaire et crise économique à Byzance du XIIIe au XVe siècle*, Athènes, 1948. A. M. Andréadès, "The economic life of the Byzantine empire", dans *Byzantium. An introduction to East civilization*, ed. by N. H. Baynes, H. St. L. B. Moss, Oxford, 1949. A. C. Johnson, L. C. West, *Byzantine Egypt. Economic studies*, Princeton, 1949. R. Janin, *Constantinople byzantine. Développement urbain et répertoire topographique*, Paris, 1950("Archives de l'Orient chrétien", 4). N. Pivulevskaja, *Vizantija na putjach v Indiju. iz istorii torgovli Vizantii s vostokom v IV-VI vv.*, Moscou, 1951; trad. all., *Byzanz auf den Wegen nach Indien. Aus der Geschichte des byzantinischen Handels mit dem Orient vom 4. bis 6. Jahrjundert*, Berlin, Amsterdam, 1969("Deutsche Akademie der Wissenschaften zu Berlin. Institut für griechischrömische Altertumskunde. Berliner byzantinische Arbeiten", 36). A. P. Každan, *Agrarnye otnošenija v Vizantii(X III-XIV vv.)*("les Relations agraires à Byzance aux *xiiie-xive* siècles"), Moscou, 1952. G. Tchalenko, *Villages antiques de la Syrie du Nord. Le massif du Bélus à l'époque romaine*, paris, 1953-58, 3 vol. ("Institut français d'archéologie de Beyrouth. Bibliothèque historique et archéologique", 50); compte rendu par M. Rodinson, "De l'archéologie à la sociologie. Notes méthodologiques sur le dernier ouvrage de G. Tchalenko", dans *Syria*, 38, 1961, pp.170-200. D. E. L. Haynes, *An archeological and historical guide to the pre-islamic antiquities of Tripolitania*, Département des antiquités de Tripolitaine, 1955. N. Svoronos, "Sur quelques formes de la vie rurale à Byzance: petite et grande exploitation", dans *Annales*, 11, 1956, pp.325-335. A. J. Festugière, *Antioche païenne et chrétienne. Libanius, Chrysostome et le smoines de Syrie*, Paris, 1959. G. Downey, *A histor of Antioche in Syria from Seleucus to the Arab conquest*, Princeton, 1961. L. Ruggini, *Economia e società nell' 'Italia annonaria'. Rapporti fra agricoltura e commercio dal IV al VI secolo d. C.*, Milan, 1961. E. Kirsten, *Nordafrikanische Stadtbilder. Antike und Mittelalter in Libyen und Tunesien*, Heidelberg, 1961. D. Savramis, *Zur Soziologie des byzantinischen Mönchtums*, La Haye, Cologne, 1962. H. Ahrweiler, "Charisticariat et autres formes d'attribution de fondations pieuses aux *x^e-xie* siècles", dans *Zbornik radova vizantološkog instituta*, 10, 1967, pp.1-27. P. Lemerle, "Un aspect du rôle des monastères à Byzance: les monastères donnés à des laïcs, les charisticaires", dans *Comptes rendus de l'Académie des inscriptions et belles-lettres*, 1967, pp.9-28. E.

Ashtor, *Histoire des prix et des salaires dans l'Orient médiéval*, Paris, 1969("École pratique des hautes études. VIe section. Centre de recherches historiques. Monnaie, prix, conjoncture", 8). D. Claude, *Die Byzantinische Stadt im 6. Jahrhundert*, Munich, 1969("Byzantinisches Archiv", 13). J. I. Miller, *The Spice trade of the Roman empire, 29 B.C. to A.D. 641*, Oxford, 1969. T. N. Vlachos, *Die Geschichte der byzantinischen Stadt Melenikon*, Thessalonique, 1969("Institute for Balkan studies"). G. I. Bratianu, *la Mer Noire des origines à la conquête ottomane*, Munich, 1969("Societas academica dacoromana. Acta historica", 9). J. Marlowe, *The Golden age of Alexandria*, Londres, 1971. A. H. M. Jones, *The Cities of the eastern Roman provinces*, 2e éd., Oxford, 1971. N. Kondov, "Das Dorf Gradec. Die demographischwirtschaftliche Gestalt eines Korfes aus dem Gebiet des unteren Strymon vom Anfang des 14. Jahrhunderts", dans *Études balkaniques*, VII, 3, 1971, pp.31-55. E. Wipszycka, *les Ressources et les activités économiques des églises en Égypte du IVe au VIIIe siècle*, Bruxelles, 1972("Papyrologica bruxellensia", 10). N. Oikonomidès, "Quelques boutiques de Constantinople au xe siècle: prix, loyers, imposition(Cod. Patmiacus 171)", dans *Dumbarton oaks papers*, 26, 1972, pp.345-366. A. Guillou, "La Sicile byzantine(vi^e-ixe siècle)", dans *Actes du IIIe Symposium d'études byzantines(Byzantinische Forschungen, 1974)*, Strasbourg, sous presse.

VII. 교양

K. Krumbacher, "Die griechische Literatur des Mittelalter", dans *Die Griechische und lateinische Literatur und Sprache(Die Kultur der Gegenwart, I, VIII)*, 2e éd., Berlin, Leipzig, 1907, pp.239-290; trad. ital. avec notes biblographiques par S. Nicosia, *Letteratura greca medievale*, Palerme, 1970("Istituto siciliano di studi bizantini e neoellenici. Quaderni", 6). G. La Piana, *Le Rappresentazioni sacre nella letteratura bizantina dalle orihini al secolo IX*, Grottaferrata, 1912. A. Heisenberg, *Aus der Geschichte und Literatur der Palaiologenzeit*, Munich, 1920("Bayerische Akademie der Wissenschaften. philosophisch-philologische und historische Klasse. Sitzungsberichte", 1920, 10). H. Delehaye, *les Origines du culte de smartyrs*, 2e éd., Bruxelles, 1933("Subsidia hagiographica", 20). K. Weitzmann, *Die Bzantinische*

Buchmalerei des 9. und 10. Jahrhunderts, Berlin, 1935. A. Grabar, *l'Empereur dans l'art byzantin. Recherches sur l'art officiel de l'empire d'Orient*, Paris, 1936("Publications de la Faculté des lettres de l'université de Strasbourg" 75). A. Grabar, *Martyrium*, Paris, 1943-46, 2 vol. F. Dölger, *Die Byzantinische Dichtung in der Reinsprache*, Berlin, 1948. P. Peeters, *Orient et Byzance. Le tréfonds oriental dans l'hagiogtaphie byzantine*, Bruxelles, 1950("Subsidia hagiographica", 26). A. K. Orlandos, *Hè Xylostégon palaiochristianikè basilikè*("la Basilique paléochrétienne couverte en bois"), Athènes, 1950-57, 2 vol. H. Delehaye, *les Légendes hagiographiques*, Bruxelles, 1955("Subsidia hagiographica", 18a). H. Hunger, *Byzantinische Geisteswelt von Konstantin dem Grossen bis zum Fall Konstantinoples*, Baden-Baden, 1958. H. Urs von balthasar, *Kosmiche Liturgie. Das Weltbild Maximus' des Bekenners*, 2e éd., Einsiedeln, 1961. W. Wolska, *la Topographie chrétienne de Cosmas Indicopleustès. Théologie et science au VIe siècle*, Paris, 1962("Bibliothèque byzantine. Études", 3). J. Hussey, *Church and learning in the Byzantine empire, 867-1185*, 2e éd., New York, 1963. K. Weitzmann, *Geistige Grundlagen und Wesen der makedonischen Renaissance*, Cologne, Opladen, 1963("Arbeitsgemeinschaft für Forschung des Landes Nordhein-Westfalen. Geisteswessenschaften", 107). H. Hunger, *Reich der Neuen Mitte: der christliche Geist der byzantinischen Kultur*, Graz, Vienne, Cologne, 1965. J. Gouillard, "L'hérésie dans l'empire byzantin des origines au xiie siècle", dans *Travaux et mémoires*, 1, 1965, pp.299-325. B. Brenk, *Tradition und Neuerung in der christlichen Kunst des ersten Jahrtausend. Studien zur Geschichte des Weltgerichtsbildes*, Vienne, 1966("Wiener byzantinistische Studien", 3). H. Delehaye, *les Passions des martyrs et les genres littéraires*, 2e éd., Bruxelles, 1966("Subsidia hagiographica", 13 b). N. G. Garsoïan, T*he Paulician heresy: a study of the origin and development of paulicianism in Armenia and the eastern provinces of the Byzantine empire*, La Haye, Paris, 1967. K. Wessel, *Die Byzantinische Emailkunst*, Recklinghausen, 1967; trad. angl. par I. R. Gibbons, Shannon, 1969. N. G. Wilson, "The libriaries of the Byzantine world", dans *Greek, Roman and Byzantine studies*, 8, 1967. D. Bogdanovic, *Jovan Lestvičnik u vizantijskoj I staroj srpskoj knjiž̌evnosti*("Jean Climaque dans la littérature serbe ancienne"), Belgrade, 1968("Vizantološki institut, Posebna izdanja", 11). A. Grabar, *Christian iconography. A study of its origins*, Washington, 1968("Bollingen series", XXV, 10). P. J. Norhagen, *The Frescoes of John VII(A.D.*

705-707) in *S. Maria Antique in Rome*, Rome, 1968("Institutum romanum Norvegiae. Acta ad archeologiam et artium historiam pertinentia", 3). A. Böhlig, *Mysterion und Wahrheit. Gesammelte Beiträge zur spätantiken Religiongeschichte*, La Haye, 1968. A. P. Každan, *Vizantijskaja kul'tura(X -XII vv.)*("Culture byzantine, x^e-xiie siècle"), Moscou, 1968. P. Lemerle, "Élèves et professeurs à Constantinople au xe siècle", dams *Comptes rendus de l'Académie des inscriptions et belles'lettres*, 1969, pp.576-587. B. Zenkowsky, H. Petzold, *Das Bild des Menschen im Licht der orthodoxen Anthropologie*, Marburg, 1969("Orthodoxe Beiträge", 4). K. Oehler, *Antike Philosophie und byzantinisches Mittelalter. Aufsätze zur Geschichte des griechischen Denkens*, munich, 1969. B. Lohse, *Askese und Mönchtum in der Antike und in der alten Kirche*, Munich, Vienne, 1969("Religion und Kultur der alten Mittelmeerwelt in Parallelforschungen", 1). S. Impellizery, "L'umanesimo bizantino del IX secolo e la henesi della 'Biblioteca' di Fozio", dans *Rivista di studi bizantini e neoellenici*, nouv. série, 6-7, 1969-70, pp.1-61. J. Jarry, *Hérésies et factions dans l'Égypte byzantine*, Le Caire, 1970("Institut français d'archéologie orientale. Recherches d'archéologie, de philologie et d'histoire", 14). O. Papadopoulou-Tsanana, *Hè Anthrôpologia tou Megalou Basileiou*("l' Anthropologie de Basile le Grand"), Thessalonique, 1970("Analekta Blatadôn", 7). H.-G. Beck, *Res Publica Romana. Vom Staatsdenken der Byzantiner*, Munich, 1970("Bayerische Akademie der Wissenschaften. Philosophisch-historische Klasse. Sitzungsberichte", 1970, 2). H. Belting, *Das Illuminierte Buch in der spätbyzantinischen Gesellschaft*, Heidelberg, 1970("Abhandlungen der Heidelberger Akademie der Wissenschaften. Philosophisch-historische Klasse", 1970, 1). T. N. Zésès, *Anthrôpos kai kosmos en tè oikonomia tou Théou kata ton hiéron Chrysostomon*("l'Homme et le monde dans l'économie de Dieu selon saint Chrysostome"), Thessalonique, 1971("Analekta Blatadôn", 9). I. Ševčenko, "Theodore Metochites, Chora et les courants intellectuels de l'époque", dans *Art et société à Byzance sous les Paléologues*, Venise, 1971, pp.13-39. E. Benz, *Geist und Leben der Ostkirche*, 2e éd., Munich, 1971("Forum slavicum", 30). F. H. Tinnefeld, *Kategorien der Kaiserkritik in der byzantinischen Historiographie*, Munich, 1971. K. Weitzmann, *Studies in classical and Byzantine manuscripts illumination*, Chicago, Londres, 1971. K. Hruby, *Juden und Judentum bei den Kirchenvätern*,

Zurich, 1971("Schriften zur Judentumskunde", 2). A. Grabar, "La verrerie d'art byzantine au Moyen Age", dans *Monuments Piot*, 57, 1971, pp.89-127. S. Vryonis, *The Decline of medieval hellenism in Asia Minor and the process of islamisation from the XIth through the XVth century*, Los Angeles, 1971. P. Lemerle, *le Premier humanisme byzantin. Notes et remarques sur enseignement et culture à Byzance des origines au Xe siècle*, Paris, 1971("Bibliothèque byzantine. Études", 6). H. Hunger, *Aspekte der griechischen Rhetorik von Gorgias bis zum Untergang von Byzanz*, Vienne, 1972("Osterreichische Akademie der Wissenschaftem. Philosophisch-historische Klasse. Siitzungsberichte", 277, 3). R. Ettinghausen, *From Byzantium to Sassanian Iran and the Islamic world. Three modes of artistic influence*, La Haye, 1972. C. mango, *The Art of the Byzantine empire. Surces and documents*, Englewood Cliffs(N. J.), 1972. A. P. Každan, *Kniga I pisatel' v Vizantii*("le Livre et l'écrivain à Byzance"), Moscou, 1973.

부록*

용어 해설
주요 인물 한 줄 사적
지역과 민족

*〈용어 해설〉과 〈주요 인물 한 줄 사적〉 그리고 〈지역과 민족〉에서 표제어는 이탤릭체로 표기했다.

용어 해설

가계(家系)
명망 높은 가문과의 연줄(에우게네이아)은 9세기 이전에는 중시되지 않았고, 신에 의한 선택을 암시하는 공적(功績)에 대한 개념만 있었다. 9세기가 되자 지도자들은 자신의 선조들을 널리 알릴 필요를 느끼게 되고, 이와 더불어 족보의 신화가 만들어진다. 아르메니아인 *바실레이오스 1세*의 전기가 가장 현저한 예다.

가옥
모든 주거 생활은 다층 주거 공간들에 면한 집 안뜰을 중심으로 전개됐다. 도시의 구불구불한 골목길을 따라 지어진 6, 8 혹은 10층 건물들에는 서민들이 세 들어 살았다. 부유한 사람들은 길 쪽으로 발코니가 난 3-4층 저택에서 살았는데, 저택의 방들은 건물 높이만큼 천장이 높은 거실을 둘러싸고 배치됐다.

가족
비잔티움 사회를 이루는 기초 단위로 방계 친척들까지 포함되며, 같은 가옥 뜰 주위로 난 방들에서 함께 살았다. 가족 간 단합은 절대적이었으며, 높은 유아 사망률에 대한 대책으로 입양(양자들이기)이 빈번하게 이루어졌다.

갈대 대롱(칼라모스)
일반적으로 서기의 펜은 갈대를 잘라 뾰족하게 만든 것이었다. 칼라모스 모양의 뼈로 만든 펜이 발견되기도 했다.

강자(유력자)
(희)뒤나토이. '자신의 권위와 영향력을 이용해 사회적으로 낮은 자리에 있는 사람들을 억압하는, 국가나 교회의 공직에 있는 사람들'(폴 르메를). 10세기 농촌 지주가 그러했다.

개인주의
자신의 문화에 대한 우월감과 관련된 개인주의는 비잔티움인의 첫 번째 자질을 형성했으며, 이는 통제되는 집단들로 나뉜 국가주의 사회에서 특히 두드러졌다.

거세 시술
법적으로는 금지됐으나 널리 시행됐다. 이는 거세된 노예는 비싸게 팔렸고 거세된 자유인 남자들은 *환관*에게만 허여된 직책에 진출할 수 있는 길이 열려 있었기 때문이다. 사망 원인(*사망률*) 중 큰 비중을 차지했다.

거세된 남자→*환관*

게론티콘(파테리콘)
옛 금욕수행자들의 교훈적이거나 소름 돋게 하는 행적들을 모은 책. 이를 바탕으로 새로운 짜깁기들이 만들어지기도 했다.

겨리농(제우가라토스)
한 쌍의 황소와 그에 해당하는 가계(家計)를 소유한 농부. 12세기 한 *금인칙서*에서는 *겨리농* 1인을 *무지농*(빈자) 4인으로 쳤다.

결혼
주요 의식은 관(冠) 씌워주기, 영성체 의식, 축복 행사에 참석한 친척·친구·축복 사제들과 함께 식사하기다. 두 번째 결혼에서는 원칙상 이 의식들은 생략됐다. 황제가 결혼할 때는 법적으로 총대주교만이 결혼식을 주재할 수 있었다. 가치로 볼 때 결혼은 독신보다 못한 것이었으며, 결혼은 유일하게 자연적이고 합법적인 결합이었고, 모든 혼외 욕구 추구(간통, 근친상간, 소년애)는 단죄되었다.

골풀
끈으로 사용하기 위해, 특히 수목 재배(포도, 뽕 등) 재료로 쓰였으므로 널리 재배됐다.

공경심(에우세베이아)
신의 위업과 그의 지상의 대리인들에 대한 존경과 경건함이며, 종교 생활·신앙·바른 행실·종교 계율 지킴을 이른다. 선량한 비잔티움인의 사고방식과 삶의 총체.

공동 황제
황제 승계에 관한 법률이 없었기 때문에 황제에 의해 선택된 후계자는 재임 군주가 살아있을 때 대관했다. 공동 황제는 황제의 관과 칭호를 지녔다. 주화에서 그는 정(正) 황제와 나란히 자리 잡는다.

공의회 → 쉬노도스

교양(paidéia, paideusis)
제한된 지배층의 고대 교양과, 같은 집단과 전 주민(문맹자 포함)의 기독교 교양을 포괄한다. 전자는 점차 어법에 관한 참고로만 쓰이고 결코 후자에 동화되지 않았다. 후자의 서사시는 성서다.

교육
종교적이고 수구적이었다. (학교 항을 보라.)

궁내부 주사((라)magister officiorum)
후기 로마 제국(Bas-Empire) 최고 민간 관리. 7세기에 대부분의 권한을 상실했다.

궁전
콘스탄티노플 황궁으로는 황제교의 성소로서 줄곧 그것으로 머문 대궁전, 알렉시오스 1세 때 이후 사용된, 금각만 깊숙이 자리 잡은 더 작지만 더 쾌적한 블라케르나이궁, 카티스마궁, 마그나우라궁이 있었다. 다른 황족의 거처는 프로폰티스해 연안에 자리 잡았다. 부자들도 각지에 궁전들을 소유하고 있었다.

그림 직물(tissu peint)
비잔티움은 고대의 직물과 자수 취향을 시리아와 페르시아로부터 이집트를 경유해 받아들였고, 많은 직물 예술 작품을 남겼다. 초기 비잔티움 직물은 페르시아와 이집트 주제(바퀴, 기하 문양, 이국적 동물들, 전차 경주, 원형극장 전투)이나 몇몇 기독교적 주제들(동방박사들의 경배, 사자 굴에 던져진 다니엘)를 답습했고, 10세기에는 그 섬세한 색조에서 매우 높은 완성도를 이뤘다. 나중에는 벽화에서처럼 분방한 스타일과 구체성, 회화성, 극적 성격이 종교적 장면들에서 두드러지게 나타난다.

금
모자이크화, 두마음, 천사의 성별에 관한 논의 들처럼 전통적으로 비잔티움 문명과 함께 한다. 악의나 무지가 아마도 이러한 상투적 정의들의 유일한 근거일 것이다. 비잔티움 금의 원천에 대해서는 역사 자료에서는 아무것도 알려주지 않고 있으며 단지 가정으로서 제시될 수 있을 뿐이다. 그러므로 역설을 지어내지 않더라도 우리는 콘스탄티노플에서 공납, 보석, 주화용으로 사용된 금이 과연 상당한 양에 달했는지 의심해 볼 수 있다. 실제 투자나 상업 거래에 있어서 견포나 견의(絹衣), 이콘 등 귀중품들이 11세기까지만 해도 매우 중요한 역할을 했다.

금식 → *단식재*

금언집(아포프테그마타)
기원후 첫 수 세기간 사막의 교부들이 남긴 금언들을 모은 책. 수도사들과 속인들이 즐겨 읽었다.

금욕 수행 → *금욕주의*

금욕주의(금욕 수행)
비잔티움 금욕주의의 대가는 오리게네스(3세기)였다. 자기 자신을 알기, 세상에 대한 열정 물리치기, 육(肉)을 박대하기, 밤샘, 명상, 금식, 매일 성서 읽기 들이 그가 가르친 계율들이다. 오리게네스 이후 가장 위대한 금욕주의 작가는 요안네스 클리마코스(6세기)다.

금인칙서(金印勅書, chrysobulle)
khrysos(금)+bulla(인장)에서, 즉 증서에 매달고 신청자가 지불하는 금 인장에서 그 이름이 유래했다. 황제가 서면으로 수여한 특권 중 가장 장엄한 형식이다.

기술(technologie)
고대 과학 서적을 베끼거나 짜깁기만 했던 작가들은 기술에 무관심했다. 관개 시스템 같은 작물 재배에서의 기술적 진보는 그 뛰어난 효과 덕에 널리 퍼졌을 따름이다.

기예(art, 예술)
이것에는 세 가지 의미가 있었다:
1) 재능 있든 없든 본보기의 모사(模寫), 2) 자연의 개조, 3) 표현되는 대상과의 정신적 접촉.

나르텍스(프로나오스, 전실前室)
교회 본당 앞 현관. 몇몇 의식은 이곳에서 행해진다. 초기에는 예배 중 예비 신자들의 참가가 허락되지 않는 부분이 진행될 때 그들이 대기하는 곳이었다. 수도원 교회에서는 종종 이곳에 유명한 수도사나 수도원 창건자를 매장했다.

나오스→*신랑*

내진 칸막이→*성상벽*

네스토리오스주의
안티오케이아 학파 학자로서 콘스탄티노플 총대주교를 지낸 네스토리오스 (5세기 사람)의 이름에서 유래했다. 그는 말씀(Verbe)이 수난을 당했음을 의심했고 마리아는 사람을 낳았으므로 '하느님의 어머니'로 불려서는 안 된다고 주장했다. 로마(첼레스티노 1세)와 알렉산드리아(키릴로스)가 연합해 콘스탄티노플에 반대했다. 네스토리오스와 그의 교리는 에페소스 공의회(431)에서 단죄되고 총대주교는 유배된다. 비잔티움 제국에서 뿌리가 뽑힌 네스토리오스주의는 니시비스 학파를 중심으로 페르시아 제국에서 발전하게 된다.

노모카논
시민법에서 발췌하여 보강한 종규집. 6세기 마지막 3분기에 두 큰 모음집이 전해지는데, 그 하나는 『14장판(章版) 노모카논』이고 또 하나는 『50장판 노모카논』이다. 전자 883년 판은 총대주교 포티오스가 편(編)했다고 전해진다.

노모퓔락스
'법의 수호자'. 1045년 콘스탄티노스 9세 모노마코스 황제에 의해 창설된 직책. 황제는 사법관 양성을 목적으로 콘스탄티노플 법률 학교를 재편해 요안네스 크시필리노스에게 이 직책(학장)을 맡겼다.

노예(종)
노예는 제국에 늘 존재했다. 그러나 노예를 면천(免賤)시키고자 하는 경향이 강했다. 노예의 신분이 노예의 집안 역할과 반드시 일치하는 것은 아니어서 노예가 진정한 마름의 역할을 수행하기도 했다. 물려받은 관습을 따를 줄밖에 몰랐던 한 사회의 혐오스러운 징표다.

녹봉 지급
관리 녹봉은 금화(금)와 값비싼 옷으로 지급됐다.

농노→*파로이코스*

농민(농부)
정권이 처한 도시적 환경에서 볼 때 농민들은 무식하고 어리석은 사람들이다. 이런 표상에는 구체성이 결여되어있다. 제국의 필수 노동력으로서 그들의 형편은 수확을 결정짓는 기상(氣象)이나 경기에 좌우됐으며, 구조 활동 혹은 유랑민을 낳는 빈곤에서 유족함에 이르기까지 다양했다. 유족함의 정도는 보유 역축 마릿수로 측정됐다.

(관련 사항: *무지농*, *홑소농*, *파로이코스*, *겨리농*)

농부→농민

농업
비잔티움 경제의 기초. 농업은 언제나 가족 경영 테두리 안에서 이루어졌다. 6-7세기에 오면 단작(밀, 올리브)을 대신해 텃밭식 다각 농업이 자리 잡게 되는데, 이것은 인구 사회학적 변천에 적응한 결과다. 땅은 경토(輕土)고 초보적인 도구가 사용됐다.

농촌 공동체
한 영역의 토지나 농촌 행정구역에 대한 토지세를 집단으로 무는 농민 단체. 농민들의 거주지는 *마을*에 집중되어 있거나 분산되어 있었다.

(관련 사항: 코리온)

니카
콘스탄티노플 히포드로모스에서 황제 입회하에 일어난 폭동 때(532년 1월 11-18일) 폭도들이 외쳐[1] 폭동의 명칭이 된 전투 구호. 중앙 행정의 가혹함이 폭동의 발단이었고 *벨리사리오스*와 *나르세스*가 폭도들을 학살해 진압했다.

다니슈멘드 왕조
만지케르트 전투 이후 셀주크 장군의 일원이었던 오우즈족(튀르크족 일파) 다니슈멘드 가지가 세운 왕조. 11-12세기 소아시아 중북부 지역을 지배하다가 1174년 룸 술탄국에 흡수된다.

단사(丹沙)
진사(辰砂)로 만들어 상서성에서 생산하는, 황제 문서가 진짜임을 증명하는 서명에 쓴 자주색 안료.

단성론파
말씀(로고스)에는 신적 본질 하나밖에 없다고 한 5세기 *히구메노스* 에우튀케

---

1) "이겨라."

스의 학설을 따르던 사람들. 이 *이단설*은 칼케돈 공의회(451)에서 단죄됐고 새로운 신경(信經)이 선포됐다. 이집트(콥트교도)와 시리아 주민들의 새로운 교리에 대한 반발은 군대로도 진압하지 못했고, 단성론은 지역의 반체제 운동으로 전화해 아랍인에 의한 정복의 길을 열었다. 5-6세기 가장 뛰어난 신학자들인 이베리아인 페트로스, 축융공 페트로스(Pierre le Foulon), 필로크세노스, 안티오케이아의 세베로스, 넝마를 걸친 야고보(시리아어로 Ya'quv Burde'ana)는 단성론자였고, 단성론은 치열한 종교적 삶의 구심점 구실을 했다. 일설에 의하면 8세기 동부 *테마*들에서 트라키아로 이주당한 단성론자들은 다음 세기에도 그들의 신앙을 고수했다.

단식재(斷食齋)
비잔티움 교회에는 대(大)단식재가 몇 차례 있었다. 사순절, 성탄, 성사도 축제일(6월 29일), 성모 안식 축일(8월 14일), 십자가 현양일(9월 14일)을 앞두고 단식재를 지냈고, 사순절 금식 기간(7주)에는 고기를 팔지 않았다.

단의론(單意論)
비잔티움인의 강박관념인 *정교* 세계 통일을 이루기 위해, 특히 *단성론자*들을 규합하기 위해 총대주교 세르기오스는 단의론을 고안했는데, 이는 그리스도의 단일 의지(텔레마)와 힘을 인정하는 것이었다. 예루살렘 총대주교 소프로니오스는 교부 저작들을 인용하며 이 이론의 오류를 지적한다. 638년 *헤라클레이오스* 황제는 칙명을 반포해 그리스도 안의 하나 혹은 두 힘에 대해 논의하는 것을 금지하나 단일의지론을 강제한다. 로마 교황들이 단의론을 배격하자 황제는 이를 기회로 교황을 자신의 법정에 세워 교황의 반비잔티움 책동을 비난한다. 신학적 논쟁은 680-681년 세계 *공의회*(콘스탄티노플)에서 단의론 지지자들을 파문함으로써 수습된다.

대(大)둑스→메가둑스

대(大)드롱가리오스→순라군 드롱가리오스

대(大)로고테테스→로고테테스

대(大)스트라토페다르코스→스트라토페다르코스

대주교(arkhiepiskopos, (프)archevêque)
총대주교에 직속하나 산하 주교구가 없는 주교.

대천사→*아르키스트라테고스*

데모스
경기 주최 단체로서 대도시(도시)들에서 아마도 구역별로 배분된 정치 파당들을 말한다. 이 파당들은 이론적으로는 권력에 맞서 인민을 대변하지만, 실제로는 그 유족한 지도자들이 권력의 손아귀 안에서 놀았다.

데스포테스
① 12세기까지는 예외적으로 주어진 궁정 칭호였다. 나중에는 에페이로스나 그 뒤의 펠로폰네소스(모레아 왕국) 군주 같은 독립 군주들에게 수여됐다.
② 전례나 관청 문서에서 하느님, 황제, 총대주교 등을 지칭했다.

데에시스
성모와 선구자 성 요한(일반적으로)이 그리스도를 감싸고 있는 그림. 그리스도에게 가장 가까운 두 사람이 그들의 죄인 벗들을 위해 행하는 청원(데에시스)과 중개의 상징으로서, 힘 있는 인사들이 군주의 궁정에 사람을 천거함을 전용(轉用)한 것이다.

도메스티코스
관리 등급의 하나. 특정의 *타그마*(스콜라이, 엑스쿠비토이, 히카나토이, 아타나토이(불사不死군)) 부대들의 수장, 감옥소(콘스탄티노플 누메라)나 마장(馬場, 옵티마토이 부대) 관리인, 지방 *테마* 군대 지휘관 등에서 보이며, 성 소피아 성당 성가대 감독으로도 활동했다.

도시
크건 작건 도시는 상업, 공방(工房)·지적 활동의 중심이다. 대부분 지주들로 구성된 도시 주민들은 하나의 법인(法人)으로서 존재했다. 도시 영역은 장시(場市) 도시(bourg)와 큰 마을(bourgade)을 포함한다.

도시 실업
제국 입법가가 언제나 대책 마련에 부심했던 대도시(도시)의 골칫거리.

독방(켈리온)
수도사 한 사람이 거주하는 곳. 단순히 시설 내 작은 방이기도, 동굴이기도, 혹은 부대시설이 딸린 집이기도 했다.

돌팔이 의사→*민간 의료인*

동업조합→*직인 동업조합*

둘레우테스 (*파로이코스* 항을 보라.)

둘로파로이코스 (*파로이코스* 항을 보라.)

디게니스 아크리타스
10세기에 생산된, 비잔티움 변방 영웅을 그린 민중 서사시. 대가문 연대기들에서 그 영향을 읽을 수 있다.

디게스타(*판덱타이*, *학설휘찬*) (*법전* 항을 보라.)

디아코니콘→*성구실*

딥티콘→*맞접이 서판*

라송(rason)
성직자와 수도사가 입는 아주 넓은 소매가 달린 통이 큰 옷.

랍도스(rabdos)
'막대기'.
① 주교의 석장(錫杖). 데카니키온 혹은 박테리아라고도 한다.
② 수도원에서 *히구메노스*의 징표로 쓰이는 지팡이. 모세의 마법 지팡이를 상징한다.

렉토르
혹은 황실 렉토르. 막대한 수입을 관리했다는 것 외엔 이 직책에 대해 잘 알 수 없다. 성직 혹은 세속직이었고 작위는 *마기스트로스*였으나, 환관일 때는 *파트리키오스*였다.

로고테테스(logothètes)
국가 회계관(logos: 계산). 6세기에는 점점 더 많아져 이윽고 공(公) 재정, 드로모스(dromos, 역참·통신·첩보), 말 사육, 세크레톤(11세기 이후 사무국), 황제 개인 재산 관리부서(trésor privé) 같은 국가 큰 관서들의 우두머리 자리를 차지하게 된다. 대(大)로고테테스는 13세기 이후 외교 수장, 그리고 진정한 내각 수반이 됐으나, 이때 다른 로고테테스들은 공무 담당자라기보다는 일개 지도급 인사의 지위로 하락했다.

로로스(lôros)
황제가 걸치는 호화롭고 넓은 현장(懸章).

로마니아
비잔티움 제국.

로마인((희)로마이오스)
비잔티움인의 명칭.

리타네이아(litanéia, 행렬)
교회 안팎에서 행해지는 성직자들의 장엄한 행렬. 찬양과 시편 낭송 가운데 행해진다.

리피디온(ripidion)
작은 부채. 자루 끝에 금속으로 된 원판을 달아 봉헌이 시작되면 부제가 빵과 포도주 위에서 흔든다. 그리스도를 둘러싼 케루빔의 날갯짓을 상징하며 제단에서 파리를 쫓는 구실을 한다.

마기스트로스((라)magister)
황제 고문으로서 8-9세기 2인의 마기스트로스가 출현한다. 나중에 이 칭호는 단지 높은 품계 중 하나를 뜻하게 되지만 아주 높은 고위직 제5관등이었다.

마니교
3세기 바빌로니아에서 마니가 창설한 종교 운동. 유대, 기독교적 영지주의와 이란의 조로아스터교에서 동시에 영감을 받은 이원주의 영지주의로서 교인들은 완전 교인인 금욕수행자, 불완전 교인인 청강자 혹은 예비신자로 나뉜다. 마니교는 물질세계, 결혼, 모종의 식물(食物) 섭취를 부정하며 중세까지 지속되었다.

마법
*사탄*을 불러내고 질문하거나 그의 도움을 얻어 타인에게 복수하는 데 사용되는 모든 절차. 11세기 *미카엘 프셀로스*는 고대 마법에 관한 모든 서적을 읽었으며, 사탄을 공중, 에테르, 불, 땅, 물, 땅속에 사는 일곱 종으로 분류했다. 니케포로스 황제는 *바울주의자들*로부터 반란을 일으킨 *파트리키오스*를 꺾는 방법을 배웠는데 그것은 이러했다: 황소 한 마리를 도랑 안에서 도살하는 동안 황제가 주문을 외우며 맷돌을 돌려 거꾸로 넣은 반역자의 옷을 간다. 마법은 법률로 금지됐다.

마을
분산 거주지(크테시스)에 대하여 집합 거주지를 말한다. 요새로 만들어지고, 방어 탑으로 방비되거나 아니거나 마을은 특히 지주들과 유족한 농부들이 모여 사는 곳이었다.(관련 사항: 코리온)

만디아스
황제들이 입었던, 값비싼 천으로 만든 품이 넉넉한 큰 망토. 포타모이(內河)라 불린, 여러 색상의 긴 띠들로 장식했다.

만딜리온(만딜리온)
에데사 왕 아브가르를 위해 만든, 그리스도의 얼굴 모습을 담은 *성화*(聖畫). 한 전설에 의하면 성화는 왕이 보낸 사신이 제작했다고 하며, 또 다른 전설은 그리스도 자신이 자신의 얼굴이 찍히게 했다고 한다. 544년 페르시아인들이 에데사를 포위했을 때 이 성화가 되찾아져 도시를 구했다고 한다.

말레이노스가
10세기 이래 비잔티움 대가문.

마살리아노이(에우키타이)
'기도하는 사람'(시리아어). 에페소스 공의회(431)에서 단죄됐다. 이 교파의 수도사들은 세례 이후에도 인간의 본성이 나쁜 성향을 가지는 것에 착안하여, 나쁜 성향을 극복하는 유일한 방법은 혹독한 *금욕* 수행과 지속적인 기도라고 여겼다. 정화되고 성화(聖化)된 영혼은 성령의 임재를 생리적으로 체험하며, 성령은 그 영혼을 법열 상태에 이르게 한다. 이 사변적 오류는 동방 정신생활 전체에 걸쳐 많은 영향력을 행사했다.

망글라비타이
곤봉(망글라비아)과 검, 도끼로 무장한 경호 부대. 이 직책은 나중에 고위직이 됐다.

맞접이 서판(딥티콘)
사제가 성체성사를 올리며 기도를 올려주는 죽은 사람과 산 사람의 이름이 그 안쪽 면에 새겨진 두 장으로 된 서판.

매매춘
도시에서 광범위하게 이루어졌고 국가에 의해 통제됐으며 국가가 창녀들에게 보조금을 지급하기도 했다. 6세기 말 시라쿠사의 창녀 300인이 도시의 주교와

함께 시위를 했는데, 그것은 황제의 대리인이 그녀들의 동업조합 감독을 교체
해달라는 것이었다.

메가둑스(메가즈 둑스)
'대(大)둑스'. 해군 제독의 직. 1094년 창설될 때 이 자리를 차지한 사람은 알렉
시오스 콤네노스 황제의 삼촌 요안네스 두카스였다.

메나이온
고정 축제일에 쓰는 전례서. 달마다 한 권씩 12권이 있다.

메놀로기온
교회력. 각 월일 앞에 축제와 추념할 일이 적혀 있다. 또한 이 이름으로 된 책으
로 연간 기념되는 성인들의 축약된 다소 짧은 전기가 실려 있는 책도 있는데,
이때는 *쉬낙사리*온과 동의어다.

멜레스(멜루스, (이)멜로)*가*
10세기 이래 비잔티움령 이탈리아 대가문.
(관련 사항: *아르귀로스*)

모자이크화
모자이크화는 비용이 많이 들었으므로 '어용' 장식에서 보인다. 이 매체를 사
용한 그림들에는 로마에서 물려받은 것으로 동방에서는 그 도상학적 요소와
양식이 고대적 전통과 연결되며 7세기에 사라지는 단순한 포도(鋪道) 장식(대
리석·색깔 있는 돌로 만든 입방체들)과 벽화 모자이크화 두 종류가 있다. 후자
에서는 채색 유리 입방체들이 빛을 굴절시켜 장식되는 기념물들에 광채와 화
려한 배색 효과를 주며, 기념물들로 하여금 내세를 상징하게 하기도 했다.

몬타누스파
2세기 프리기아인 몬타누스의 제자들로 동정, 순교를 찬양했고 예언력, 특히
여인의 예언력을 높이 평가했다. 아시아적 기독교의 형태로서 *이단*으로 간주
되지는 않았지만 하나의 천계설(天啓說)로서 비난받았다. 아프리카에서 특히
성했던 몬타누스파는 제국 도처에서 오랫동안 그 명맥이 끊이지 않았다. 그들
이 레온 3세가 내린, 세례를 강요하는 칙령을 어기고 집결한 교회에서 스스로
불타 죽었다고 전해지고 있으니 말이다.

무지농(아크테몬)
자기 소유 토지가 없는 농부.

무형의 존재(아소마토스)
원의: '무체(無體)의'. 천사를 말한다.

문맹자(아그람마토이)
읽을 줄도 쓸 줄도 모르는 '까막눈이들'. 인구의 많은 부분에 해당하며 준문맹자(올리고그람마토이)와 더불어 입법자와 교회의 고려 대상이 된다.

문서지기 →카르토퓔락스

뮈스테리온(mystêrion, 성사)
비의, 성사(聖事). 한 글자를 대문자로 바꾸면 성체성사를 가리킨다.

뮈스티코스(mystikos)
9세기 이래 황제에게 신임이 두터운 사람이 맡은 직책. 나중에는 법률 분야에서 일하게 된다.

미신
여성 사탄 겔로는 아이들을 유괴해 그 피를 빨았다, 날개 달린 마녀들은 아이들의 진액을 빨아 마르게 했다 등등의 미신들이 있었다. 사람들은 점성 예언, 신탁, 꿈, *이콘*의 신통력, *사탄*의 위력을 믿었다. 고래(古來)의 미신에 새로운 민간신앙이 첨가됐으나 황제로부터 가난뱅이에 이르기까지 모든 사람이 이러한 신앙 체계를 가졌다.

민간 의료인
이론적인 지식을 가진 *의사*들보다 더 많은 성가(聲價)와 고객을 거느린 존재였다. 그들 중에는 성인들도 있었는데, 그들의 교회는 환자들로 문전성시를 이뤘다.

바실레우스(황제)
비잔티움 궁정은 7세기에 이르러 옛 로마 제국 황제의 칭호를 폐하고 그 대신 옛 희랍 왕의 명칭인 바실레우스를 도입했다. 이에 따라 이 칭호는 모든 비잔티움 황제들과 공동 황제들의 공식적인 칭호가 됐다.

바실리카 (*법전* 항을 보라.)

바울주의
2원적 우주론(두 신이 존재하며 한 신은 지상 세계를 창조한 나쁜 신, 한 신은 장차 도래할 세계의 선한 지배자)을 믿는 분파주의. 자신들은 기독교 복음의 원천으로 돌아간다고 주장한다. 7세기 시리아와 아르메니아 경계 지역에서 발생했다. 이들은 위계 조직, 성직자, 수도원 제도를 부정한다. 9세기 그리스인과의 전쟁에서 져 소아시아 경계 밖으로 밀려나 멜리테네의 에미르가 그들을 비호해 제국 군대에 맞설 군대를 보내 주기도 했다. 그들의 수도는 테프리케였는데, *바실레이오스 1세*가 처음에는 그들을 제국에 합류시키려고 시도했다가 바울주의 '국가'와 그 수도를 파괴했다(870). 바울주의자들이 멜리테네로 퇴각하자 바실레이오스 역시 그들을 어쩌지 못했고, 그들은 소아시아 변경지역에서 항구적인 위협 요소로 남았다. 바울주의에 대한 최근 견해는 '특정한 사회·경제적 조건들과 두드러진 관계가 없는' 그리스 종교 현상이라는 것이다(폴 르메를). 이는 바울주의를 민중의 혁명 운동으로 보는 이론에 대한 준엄한 (그리고 의표를 찌르는) 반론이다.

방자 → *저주*

법률집요(에클로게) (*법전* 항을 보라.)

법전
로마의 법률가들은 비잔티움인에게 법전 작성 방법과 핵심적인 법전 전범들을 물려주었다. 주요 법전들에는 1)「테오도시오스 법전」(438), 2)*유스티니아누스* 때 법률로서, 5년(528-533)에 걸쳐 법률가 위원회의 활동 뒤 공포한「시민법 대전」(Corpus iuris civilis, 이것은 196년 이래 유효한 옛 법률들을 짜깁기한「칙법휘찬」과, 법률가들의 저작들에서 발췌해 신법에 맞춘「법학제요」를 합친 것이다), 그리고「시민법 대전」이래 제정된 법률 모음「신칙법」, 3)이사우리아 왕조 레온 3세의 법률 선집「법률집요」(Éklogè tôn nomôn, 726), 4)「편람」(Prokheiron, 870-879), 5)「에파나고게」(886년경), 6)「바실리카」와 *레온 6세*의「신찬(新撰) 113법」, 7)「에피토메 레굼」(Épitomè legum, 920), 8)동 시기「쉬놉시스 바실리코룸 마요르」(Synopsis basilikorum major, 바실리카 대요약집), 9)판결 모음으로써 11세기 실제 소송 사건들을 포함한「페이라」, 10)*미카엘 아탈레이아테스*의「포메마 노미콘」(Pomèma nomikon, 1072), 11)콘스탄티노스 하르메노풀로스의「헥사비블로스」(Hexabiblos, 1345년경)가 있다.

법학제요((라)institutiones) (*법전* 항을 보라.)

베마
원래는 바실리카, 즉 고대 재판정에서 프라이토르가 판결하는 곳이었으나 나중에는 교회에서 신랑 바닥 위에 몇 계단 높게 만든 제단과 주교의 옥좌가 설치된 성소를 지칭했다.

베스테스(vestès)
황제 개인 베스티아리온(의상 보관소)에서 비롯된 관등. 10세기에 출현했고, 프로토베스테스라는 작호는 11세기에 만들어졌다.

벨로튀론
'휘장'. 성상벽 뒤에 놓는 가동식 휘장. 전례 중 특정한 때나 비밀 제의를 거행할 때 쳐졌다.

병대장((라)magister militum, (프)maître des milices, (영)master of soldiers)
황제를 대리한 총참모장. 콘스탄티누스에 의해 창설됐다. 처음에는 2인이어서 각기 기병, 보병을 지휘했으나 나중에 3인이 됐다. 5세기에는 서방에 3인, 동방에 5인이 있었고, 그중 2인은 콘스탄티노플에서 황제를 시위(侍衛)했다. 6세기 말에는 최소 10인이 있었고 지역에서 복무했다.

보고밀파
이원론(신과 사타나엘의 투쟁)과 순수하게 정신적이고 금욕적인 종교의 옹호자들로서 전례, 교회 위계질서, 시민적 *질서*를 배격했다. 7-14세기간 *불가리아*에서 확장한 이 교리는 나중에 *세르비아*, 보스니아, 이탈리아(파타리파), 프랑스 남부(카타르파)까지 진출한다. 제국에서 이 교리의 성장은 11세기 알렉시오스 1세에게 근심거리가 됐으며, 그는 그들의 우두머리 바실레이오스를 포함해 일부 교도들을 처형했다.

보이다토스→홑소농

복음서 초록→*에방겔리온*

본당→*신랑*

부활제 연대기
7세기 전반에 편집됐다. 아담부터 629년까지 서술되어 있다. 저자는 성 소피아 성당의 한 성직자로 추정된다.

브루말리아
콘스탄티노플에서 7세기까지 거행되었음이 분명한 이교 축제. 남녀 참가자들이 가면을 쓰고 변장한 모습으로 거리를 배회했다.

비단

비단은 운송 계약에 있어서 금과 동급이었다. 콘스탄티노플 혹은 지방에서 직조된 비단은 확실한 투자 가치를 지녔으며, 6세기에서 적어도 11세기까지 (매겨진 값어치에 따라) 토지, 염전, 그 밖의 자산을 구입하는 데 쓰였다. 비단은 또한 관리들의 녹봉 지급, 외국 친제국 인사 금품 지급 등에 쓰였다.

비의(秘儀)→뮈스테리온

빈자

'빈자'는 사회적으로 강자에 대척하는 개념이다. 경제적으로는 당장 내일 먹을 것이 없는 사람들을 의미한다.

빵

비잔티움인의 밀 빵에는 세 종류가 있었다. 처음 두 종류는 체질을 곱게 한 정도에서만 서로 달랐고, 세 번째는 밀기울 색이고 다른 곡물을 혼합한 것이었다. 굵은 밀가루, 아주 거친 밀기울로도 빵을 만들었다.

사도→아포스톨로스

사망률

유아 사망률이 가장 높았다. 어떤 지역들에서 조사된 평균치에 따르면 한 가구에서 두 명 미만의 아이들이 자라 성인이 되었다. 위생 불량이 주요 원인이었지만 장기적으로 볼 때 위험한 거세 시술 또한 전쟁이나 전염병보다 훨씬 많이 인구를 감소시키는 원인이었다.

사복음서→테트라에방겔리온

사탄

신적 질서를 흐트러뜨림으로써 비잔티움인들이 구원으로 가는 도정을 훼방하는 무리. 많은 재앙의 장본인으로 간주되지만 또한 특수한 정보를 알려주는 유익한 존재들이기도 하다. 민간 신앙에서 사탄의 구실은 크지만 공식 전례, 도상 들에서 언급이 되는 경우는 아주 드물다.

삼성(三聖)기도→트리사기온

삿코스

고대의 클라뮈스. 본래는 소매 없는 튜닉이었다가 나중에 짧은 소매가 달렸다. 비단으로 만들었고 수를 놓았다. 총대주교와 수도 대주교만이 입을 수 있었다.

생신녀→테오토코스

샤두프
황새라고도 한다. 추(錘)가 달린 무자위의 일종(D. & J. Sourdel, la Civilisation de l'Islam classique, Paris, Arthaud, 1968, p.297과 그림 91을 보라).[2]

서사시
영웅들의 이상화와 관련이 있었으며, 민간 가요(chant populaire) 수준을 넘지 못했다.

선구자→프로드로모스

선매권→프로티메시스

설교단(ambon)
복음서가 낭독되고 설교자가 신자들에게 설교하는, 닫집이 달린 강단. 교회 북쪽 가운데쯤에 놓인다.

설교집(homéliaire)
몇 편의 작품들은 12-14세기 저자들(수도사 요안네스 크시필리노스, 콘스탄티노플 총대주교들인 게르마노스 2세(재위 1222-40), 요안네스 13세 글뤼퀴스(재위 1315-19), 요안네스 14세 칼레카스(재위 1334-47) 등)이 편집하여 만들어졌다.

성구실(聖具室, diakonikon)
부제가 관리하는 성기(聖器)들과 성스러운 의복들을 보관하는 방. 후진 오른쪽에 있었다.

성사(聖事)→뮈스테리온

성상(聖像)→이콘

성상벽(iconostasis, 템플론, 내진 칸막이)
교회에서 중앙 신랑과 내진을 분리하는 칸막이. 처음에는 기둥, 울타리용 널빤지, 갓돌로 된 대리석 차폐물에 지나지 않았으나, 이 위에 나무로 된 성상벽이 더해지고, 14세기에 이르러 이윽고 금을 입힌 나무로 된 성상벽이 출현한다.

---

2) http://en.wikipedia.org/wiki/Shadoof도 참조하라.

여기에 그리스도, *선구자* 요한, 아기를 안은 성모, 12대제(大祭-수태고지, 성탄, 신전 행차, 세례, 나자로 부활, 변모變貌, 예루살렘 입성, 십자가에 못 박힘, 림보 하강, 승천, 성령 강림, 성모 잠듦)를 그린 *성화*들을 걸어놓았다.

성상 파괴주의

조형 예술품(불안했던 시기인 7세기에 많이 만들어짐)에 대한 공식적 투쟁 시기(730-843). 나중에 *질서*의 붕괴, 그리고 국가와 교회 간 힘겨루기로 기억되는 시기다. 지방과 농촌 지역 세력이 콘스탄티노플 관료들에게 승리를 거두는데, 후자의 패배는 그들의 경제적 열세에 따른 것이기도 한데, 그것은 한편으로 농업 기술 발전이 있었고, 기본적으로 7세기 새로운 토지들이 경작에 투여되며 이루어진 경제 진작이 이끈 결과다.

성유물

성유물의 진품성에 대해서는 한 번도 이의가 제기되지 않았으며, 성유물 숭배는 국가사업이었다. 블라케르나이궁 테오토코스 교회에는 성모의 수의와 튜닉이, 칼코프라테이아의 테오토코스 교회에는 성모의 허리띠가 모셔져 있었고, 그것들은 *콘스탄티*노플에서 공성전이 있을 때 성벽 위를 도는 행렬에 함께 했다. 가장 존숭된 유물은 아라비아 침입 때 *예루살렘*에서 가져온 성 십자가였다. 이것은 궁전에 모셔졌으며 작은 조각들로 잘려져 동·서방의 성소들, 수도원들, 외국 군주들에게 보내졌다. 성 십자가 옆에는 가시관, 성혈(聖血), 성 창(槍)[3])을 같이 모셨는데, 이것들은 라틴 황제 보두앵 2세가 프랑스 왕 루이 9세에게 팔았으며, 루이 9세는 이것들을 안치하려고 생트 샤펠(Sainte-Chapelle) 교회를 세웠다. 성자들의 유해는 진정한 사냥 대상(모세의 지팡이, 이사야 유해, 선지자 엘리야의 망토, 콘스탄티노플 세례자 요한의 머리, 기독교 세계를 통틀어 공유된 *프로토마르튀라스* 스테파노스, 테살로니키 성 데메트리오스, 트레비존드 성 에우게니오스, 에페소스 복음서 기자 요안네스, 이집트 성 메나스 등)이었다. 특정 성유물들을 만지는 일, 성자들의 무덤에서 흘러나온 기름, 그들 무덤 앞에서 타올랐던 등 기름, 집수장 물 들은 병자를 낫게 했다.

성인전

성인들의 생애 이야기는 수도사들에게나 속인들에게나 다른 무엇보다 가르침이 풍부한 읽을거리였다. 지나치게 역사적인 대목들을 뺀 성자전들의 총서가

---

3) 십자가 밑에서 병사가 예수를 찌른 창.

10세기 한 고관 시므온(나중에 메타프라스테스(번역가)라 불리는)의 손에서 편집됐다. 이 총서는 그전 성자전들이 빛을 잃도록 했고, 제국이 끝날 때까지 모든 사람이 읽었다.

성화→이콘

세만트론((현대그리스어)시만트론, (러)빌로, (불가리아, 세르비아, 마케도니아)클레팔로)
교회 입구나 교회 가까이 걸어놓은 나무 혹은 금속판. 나무망치로 쳐서 예배 시간임을 알렸다. 수도원에는 일상적인 용도로 쓰는 '작은 세만트론', 그리고 격식이 필요할 때 쓰는, 더욱 웅장하고 큰 소리를 내는 '큰 세만트론'이 있었다.

세밀화(책 장식)
동방에서 세밀화 기예는 서방에서처럼 수도사들만의 일이 아니었다. 종교적 내용이건 세속적 내용이건 세밀화 기예는 후대로 내려오며 더 많은 내용을 가리키는 함축적 기호들을 다용하며 다채로움을 더해 갔다. 13-14세기 때는 *전례*의 영향을 받는다.

소문자체
9세기 콘스탄티노플에서 출현한 이 서체의 기원은 확실하지 않다. 이 서체가 도입되기까지 필사본은 *옹시알체*, 즉 대문자체로 쓰였는데, 훨씬 많은 공간을 차지했다.

수민족
제국에 정착한 소수민족은 권리와 의무를 가진 집단으로서 제국에 통합됐다. 이들의 역사에 대해서는 잘 알 수 없다. 이들은 자신들의 문화에 대해 기록을 남기지 않았으며, 그리스어 자료들은 이들을 경시했기 때문에 믿을 수 없다.

소유지→크테시스

손이 만들지 않은(아케이로포이에토스)
'사람 손이 만들지 않은'. 전설에 신통력이 있다고 전하는, 성모나 그리스도를 그린 *이콘*에 붙는 형용사. 성 누가가 만들었다고 전해지는, 콘스탄티노플 파나기아 호데게트리아 수도원 소장 성모 이콘이나 유스티니아누스 대제 때 카파도키아에서 수도로 가져온 그리스도 이콘들이 그 일례다.

수도 대주교(métropolités)
총대주교에 배속되고 일정 수의 산하 주교를 거느린 주교.

수도사(수도원)
비잔티움인에게 수도사가 되는 것은 세상의 장애물들을 멀리하고 구원을 이루는 가장 확실한 방법이다. 수도원 창건자는 보통 자신이 세우거나 수축한 수도원에서 생을 마치고, 그를 위한 수도사들의 기도는 저세상에까지 이어진다.

수도(修道) 사제→히에로모나코스

수도원→수도사

수도원 공동체
종족, 직인 동업조합, 농촌 공동체 들처럼 국가에 대해 집단 책임(국유 토지, 세금 등)을 졌다.

수도원장→히구메노스

순교 기념 건축물(martyrion)
팔각형 혹은 원형의 집중·대칭식 구도를 하고 둥근 지붕을 이었다. 흔히 순교자의 무덤 위에 세워졌기 때문에 martyrion이란 이름이 붙었다.

순라군 드롱가리오스(Drongaire de la Veille)
혹은 아리트모스 부대 드롱가리오스. 황제의 신변 경호와 궁정(궁전) 경비를 담당했다. 11세기에는 황제 법정 재판장 일을 맡았다.

쉬낙사리온
성인들의 간략한 행적을 실은 전례서.

쉬낙시스
종교 행사를 위해 모인 신자 모임. 종종 행사 자체를 가리키기도 한다.

쉬노도스(공의회concile)
원래 '모임'을 의미하는 희랍어 '쉬노도스'(라틴어 concilium은 synodos의 동의어이며 프랑스어 concile의 어원이다)는 정교회에서 교회 우두머리들의 회의를 지칭하는 말이다. 이 회의에는 여러 종류가 있는데, 먼저 콘스탄티누스 대제가 기독교를 공인한 뒤 각지의 교회 주교들이 모여 교리 등 교회에 관한 사항을 심리·의결한 회의를 '세계 교회회의'(ecumenical council)라 한다. 그 외 총대주교, 수도 대주교, 주교가 소집해 주재하는 교회 회의를 일컫기도 하는데, 특히 콘스탄티노플 총대주교좌에는 '엔데무사('주재駐在하는') 쉬노도스'라 불리는 상설 회의가 있었다. 이들 각 지역 단위 회의에서는 정기적인 회합이 규정됐고 주교 서품, 신앙, 전례, 윤리, 규율, 조직 문제들이 논의됐다. 동방 정교회에서는 초기 교회 교리, 조직 등에 대해 중요한 결정들이 이루어진 세계 교회회의를 787년 7차 회의까지만 인정하고 있다. 11세기 교회 대분열 이후에는 교리 등 범정교회 차원의 안건들은 부정기적으로 열리는 총대주교 소집 쉬노도스에서 논의되었다. 이 특별한 쉬노도스에는 주교들뿐만 아니라 황제와 원로원 의원들도 참가했다. 본문에서는 각 교구에 한정된 문제들을 논의하는 지역 회의를 '쉬노도스'로, 범교회 차원의 회의는 '공의회'라 옮긴다-옮긴이(참고 문헌: A. Kazhdan(ed.), *Oxford Dictionary of Byzantium*).
(참조: 연대표 '종교 사항' 단段)

쉬노디콘
'정교 축제'의 날(사순절 첫 번째 일요일) 예배 전에 읽는 문서.

쉰트로논
주교석과 성직자용 계단석.

스케우오필라키온
'귀중품 보관소'. 성소 안 혹은 곁에 있는 성기(聖器)들과 성스러운 의복, 그리고 땅문서, 사본 귀중본 같은 문서들을 보관하는 장소. *디아코니콘*이라고도 불렀다.

스타우로테케
성 십자가 조각을 담는 성유물함.

스타우로페기아
아마도 8세기에 생겨난, 수도원이 주교나 상근 수도 *대주교*에 속하지 않고 총대주교에 직속하는 권리. 이는 경제적으로도 규율적으로도 그러하다.

스타우로페기온(스타우로스(십자가)+페그뉘미(꽂다))
교회가 서기로 예정된 곳에 가끔 총대주교가 보내주는 나무 십자가를 꽂는 의식.

스트라토페다르코스, 대(大)스트라토페다르코스
13세기까지 스트라토페다르코스는 동방과 서방의 원정군 사령관이었다. 대

(大)도메스티코스에게 군 지휘권이 쏠린 이후 대(大)도메스티코스 주요 참모진 장교 중 군대의 무장과 급식을 관장하는 장교가 대(大)스트라토페다르코스였고, 그의 휘하에는 네 명의 스트라토페다르코스(기병, 쇠뇌병, 재향군인, 사수射手 담당)가 있었다.

스트라티아
① 병역
② 군관이었을지도 모르는 직책
③ 군대
④ 부대
⑤ 원정
⑥ 군인의 비용을 충당하기 위한 토지

스트라티오테스
'군인'. 군인 한 명을 부양하기에 충분한 수입을 내는 토지를 소유한 지주. 스트라티오테스는 자신이 스스로 복무할 수도, 일정액의 현금을 내고 병역을 면할 수도 있었다.

스티카리온
튜닉. 특히 수를 놓은 긴 *비단* 가운. 짧고 넓거나 길고 좁은 소매가 달렸으며, 전례 때 성직자들이 입는다.

스티케론
시편 1절을 외운 후 부르는 *트로파리온*.

스파타로칸디다토스
돈으로 사야 하는 황제 측근 고위직. 황제 관련 직책에 임명됐고 급료(녹봉)가 지급됐다. 스파타리오스(검사劍士, 친위병)와 칸디다토스(황제 경호부대) 직책들을 합쳐서 만들어졌고, 9세기에서 11세기까지 존속했다.

시민법 대전(Corpus iuris civilis) (*법전* 항을 보라.)

시편집(psautier)
비잔티움 교회 기도의 바탕. 아주 빈번히 단독으로 필사됐다. 사본 중에는 낮과 밤 시간 전례를 위한 시편 일람이 수록된 사본도 있고 낮, 저녁, 각 정시과 전례 등을 위한 사본도 있다.

식생활

향신료(후추, 계피, 겨자, 마늘)를 많이 사용했고, 소금물에 절인 올리브, 양파, 파를 즐겨 먹었다. 생선은 겨잣가루를 묻혀 튀기고 감송과 고수(coriandre)가 들어간 소스를 넣거나 삶아서 뻑뻑한 대구(merluche) 퓌레 소스를 쳐 냈다. 철갑상어와 가자미는 고급 음식이었고 다랑어는 흔했다. 초기 한 부자의 연회를 그린 그림(그림 70)에서는 흰 소스를 곁들인 아티초크, 족발 구이, 달걀, 생선, 돼지 넓적다리 구이, 오리구이, 층층으로 쌓은 비스킷 과자, 과일, 빵, 포도주가 보인다. 11-12세기 한 영양사는 생야채와 고기(돼지고기), 상추(래터스), 근대, 양배추, 멜론이 든 샐러드, 소금을 뿌린 무화과, 파바콩, 강낭콩 퓌레, 렌즈콩, 아스파라거스, 버섯, 견과류(건포도, 아몬드, 피스타치오), 구운 사과, 마르멜로 설탕 졸임, 석류, 대추야자, 꿀과 감송을 섞은 크림을 권장하고 있다. 빈자들은 특히 콩류(파바콩, 강낭콩 등)에 의존했다.

신랑(身廊, 본당, (희)나오스, (프)nef, (영)nave)

나르텍스와 성소 사이 교회 가운데 부분. 넓은 의미로 교회 전체를 뜻하기도 한다.

신비 사상

비잔티움 정신사를 관통하는 흐름으로 두 가지를 들 수 있는데, 그 하나는 합리주의라 할 수 있는 것이고, 다른 하나는 신비주의라 할 수 있는 것이다. 후자의 관점은 관상(觀想)하는 삶만이 신성에 도달하는 길이라는 것이다. 비잔티움 수도사 중에는 거룩한 인물들이 많았으나 학식 있는 사람은 드물었다. 이러한, 자신이 이해할 수 없는 신비주의적 삶의 비경제적 측면에 골머리를 앓은 국가는 공동체적 삶의 원칙과 장점들을 강화하며 신비주의적 삶을 제한하려 했으나 성과는 없었다.

신비주의 → 신비 사상

신앙 일치

비잔티움 세계는 신앙(정교 신앙) 일치를 하나의 필요로 보았고 그것을 굳게 믿었다. 국가사업이 된 신앙 일치 정책은 제국 행정이 비기독교 민족들과 이단설들에 대해 갖는 태도를 결정지었다.

신칙법

유스티니아누스의 「칙법휘찬」 이후 공포된 법령을 일컫는다. (법전 항을 보라.)

신학((희)theologia)
'신에 대한 학문(science) 혹은 지식'. 신학에는 세상의 속박에서 벗어난 사랑의 귀결이자 종결로서의 성인의 신학, 신의 창조물과 신의 지상 대리자들을 존경하고 정의를 실천하는 종교인의 신학이 있다.

아그람마토이→문맹자

아그뤼프니아→철야제

아그리디온
땅 주인이 경작하는 소규모 농가 경작지. 주인은 보통 그곳에 거주한다.

아델포포이이아→의형제 결연

아르귀로스가
10세기 아르메니아와의 접경 지역에서 대두한 비잔티움 대가문.

아르콘
일반적으로 민·군·교회 유력자를 지칭할 때 쓰는 말.

아르키만드리테스
수도원의 장. *히구메노스*, 카티구메노스 혹은 프로에스토스보다 널리 사용되진 않았다.

아르키스트라테고스(대천사)
천상 군대 지휘관(스트라테고스)인 미카엘과 가브리엘 대천사에게 주어진 칭호.

아리우스주의
성부와 성자의 수직 위계질서를 세운 4세기의 알렉산드리아 사제 아리우스에서 유래한 기독교 분파. *알렉산드리아* 주교에 의해 *이단설*로 규정됐지만 이를 둘러싼 논쟁은 동방 전체를 분열시켰다. 콘스탄티누스는 니케아 공의회를 소집해(325) 알렉산드리아에서 내린 결정을 추인하고 성부와 성자의 일본질(一本質)을 선언했다. 이것은 비잔티움 교회사에 있어 최초의 장엄한 교리 수립이었다. 그러나 이것은 동방을 결속시키기는커녕 분열을 심화했다. 이 문제는 대중을 열광시켰고, 이 이단설은 381년 공의회가 소집되고 세기말까지 황제의 조처가 잇따르고서야 수그러들었다.

아소마토스→*무형의 존재*

아스테르 혹은 아스테리스코스
소(小)제구. 끄트머리가 직각자 또는 반원형으로 구부러진 귀금속 판 두 장을 붙여 놓은 것으로서 성반 위에 올려놓아 성체가 다른 물건, 특히 베일 천과 닿는 것을 방지했다.

아우구스탈리오스
539년 이후 아우구스탈리오스[4] 지위의 이집트 총독직이 폐지되고 그의 관할 구역은 다섯 개의 공국(duché)으로 나뉘었다. 두 명의 둑스(공국 장), 즉 알렉산드리아 둑스와 테바이스 둑스는 아우구스탈리오스라는 칭호를 가졌다.

아우토크라토르(전제자, 전제 군주)
헤라클레이오스 황제 때부터 유일 군주에게 주어진 칭호. 14세기부터는 부(副)황제들에게도 확대 부여됐다.

아카티스토스 혹은 아카티스토스 휨노스
일어서서 부르는(부정 접두사 a+kathizô(앉다)) 찬송. 사순절 기간 다섯 번째 일요일에 올리는 성모 예배(*그림 82*) 때 부른다. 이 전례는 *헤라클레이오스* 황제 때 콘스탄티노플을 포위한 *아바르*족에 대한 승리를 기념하기 위한 것으로 하느님의 어머니(*테오토코스*)가 이때 도와주었다고 전한다.

아케이로포이에토스→*손이 만들지 않은*

아크테몬→*무지농*

아포데이프논
저녁 식사 후 올리는 시과(時課)를 일컫는다. 대 아포데이프논과 소 아포데이프논이 있는데, 전자는 사순절 기간에만 올리는 아주 긴 기도이고, 후자는 사순절을 제외하고 연중 올리는 기도다.

아포리스모스→*파문*

아포스타테스
정통 종교(*정교*)를 버렸건 반란을 일으켰건 신성한, 즉 제국의 질서 밖에서 사

---

4) '아우구스투스의'.

는 사람을 가리킨다.

아포스톨로스(프락사포스톨로스)
'사도'. 신약 서신(특히 바울 서신)과 「사도행전」을 발췌해 엮은 책. 일 년 내 읽히는 순서에 따라 배열되어 있다. "프락사포스톨로스"라고도 한다.

아포프테그마타→*금언집*

아폴뤼티키온
저녁 예배 때 부르는 *트로파리온*.

안티도론
복된 빵. (*프로스포라* 항을 보라.)

안티멘시온
한 변이 50-60센티미터인 정방형 천. 그 모서리 하나에 성인의 *성유물*을 접착제로 부착했다. 주교가 엄숙하게 축성했고, 이것이 있으면 보통의 테이블 위에서도 성찬식을 거행할 수 있었다.

앙겔로스가
황제를 배출한 대가문.

야만인→*이방인*

양자들이기→*휘오테시아*

언어
언어에는 문어와 구어의 구별이 있었다. 문어는 헬레니즘, 로마 시대의 희랍어로서 아리스토텔레스, 폴뤼비오스, 플루타르코스, 또 교회 교부들의 언어였으며, 7세기 이후 국가 공용어로서 행정과 문헌에 사용되는 인공적인 언어였다. 이 언어는 15세기까지 유지됐다. 속어로서의 구어는 한 번도 문서에 적합한 언어로 간주되지 않았다.

에방겔리온(복음서 초록)
전례 시 읽는 복음서 초록들을 수록한 전례서로서 초록들은 일 년 동안의 행사 순서에 따라 배열되어 있다.

에소나르텍스
교회의 안 *나르텍스*. 바깥 나르텍스(엑소나르텍스)의 안쪽에 있다.

에우세베이아→공경심

에우콜로기온
그리스 정교 3예배,[5] 성사(聖事) 거행, 추도 예배, 임종에 든 자를 위한 기도, 그리고 수많은 축복문과 기도문을 수록한 전례서.

에우키타이→마살리아노이

에우탁시아(좋은 질서)
신에 의해 지상에 세워진 좋은 사회 질서. 위험을 무릅쓰지 않고는 아무도 이 것에 대항할 수 없으며 권력은 이것을 책임진다.

에클레시아르코스
예배당의 보존·유지와 예식 거행에 관한 모든 일을 맡은 교회 일꾼.

에클로게→법률집요

에트노스(종족)
제국 안과 바깥의, 통상적 행정 틀 안에 들지 않는 종족.

에파르코스→시 총독

에피토메 레굼(Épitomè legum) (법전 항을 보라.)

에피트라켈리온
영대의 일종. 주교나 사제가 목(트라켈로스)에 걸치는 장식된 긴 헝겊 띠로서, 그 끝이 무릎까지 온다.

엑사르코스→총독령

엑소나르텍스
교회의 바깥 나르텍스. 이 안에 안 나르텍스(에소나르텍스)가 있다.

엑스쿠사토스
(국가로부터 일정한 납세 의무를) '면제받은'. 이 용어는 사람에게도 재산에도 적용된다. 이것은 세금 면제를 받은 사람이나 재산에 대해 완전한 면제를 의미 하진 않는데, 그것은 이 세금들이 일반적으로 몇몇 수혜자에게 철회될 수 있는

---

[5] 바실레이오스, 예비성체, 성 크리소스토모스 전례를 말한다(698쪽 참조.).

연금 명목으로 주어지기 때문이다.

엘레우테로이→자유 농민

엠퓌테우시스
토지 개량 의무를 지고 맺는 갱신 가능한 장기 임차 계약. 최소한 일부 지역 임차인(엠퓌테우테스)은 임대인을 고소하지 않는다는 서약을 했다.

영지
대지주들의 영지는 세금 징수 할당 단위로 간주됐을 수도 있다.

예배→전례

예속농→파로이코스

예술→기예

예찬 설교집→파네귀리카

오모포리온
비단으로 된, 십자가를 수놓은 길고 넓은 띠. 총대주교와 수도 대주교가 목에 두르는데, 한쪽 끄트머리는 몸 뒤로 어깨에 걸쳐지고, 다른 한쪽은 몸 앞으로 무릎까지 내려온다.

옥토에코스
교회에서 주일 첫 번째 저녁 기도(토요일 저녁) 때부터 본 예배 때까지 부르는 모든 찬송이 수록된, 여덟(oktô) 개의 선법(旋法, hêkhos)에 관한 책.

올리고그람마토이→준문맹자

옹시알체
이른 시기 그리스어 사본의 대문자체를 일컫는, 라틴어에서 온 말.

외교
비잔티움에서 지출의 상당 부분을 차지했다. 군사적 해결방식을 가장 뒤로 미루는 것이 그 임무였다. 외교적 조치는 외교로써 다루어야 할 민족들에 대한 광박한 역사적 지식에 기초해 내려졌다.

외국 상인
산업 생산이 소아시아에서 칼라브리아에 이르기까지 균형을 잡고 전도가 유망해지자 비잔티움 국가는 *베네치아, 아말피, 제노바, 피사*의 상인들에게 의존했고, 이들은 곧 *금각만*에 확고히 자리 잡았다.

우즈
셀주크(셀주크 튀르크족) 제국의 변방 위수(衛戍) 지역.

원로원
콘스탄티노플 원로원은 로마 원로원의 계승자로서 그것과 동일한 직분을 부여받긴 했지만 그 특권을 가질 수는 없었다. 시 의회로서, 또 황제 즉위 때마다 최고 정치 회의 구실을 한 원로원은 황제의 미성년기(期)와 위기 때마다 유력한 국가 의결 기관이었으며, 법정 역할도 했다. 그러나 9세기 이후 원로원은 무엇보다도 모든 사회 통치 계급을 아우르게 된다.

유력자→*강자*

유산(流産)
692년 공의회 이후 유산을 일으키는 물질을 주거나 받는 사람은 살인자가 받는 형벌, 즉 10년간 파문에 처하는 벌을 받았다.

의사
의학 서적(히포크라테스, 갈리에노스, 헤로필로스, 페다니오스 디오스코리데스)에 의존한 의사들의 활동은 진단, 증상에 대한 지식, 약물 치료에 국한됐다. "의사마다 다르게 진단했고 자신의 진단에 맞는 치료를 추천했다"라고 안나 콤네네는 자신의 부친이 죽는 장면을 기록했다. 그녀의 부친은 사혈(瀉血) 치료를 받고 얼마 안 있어 죽었다. 환자들은 비용이 적게 드는 돌팔이 *의사*나 성인(聖人), 예배당 근처 무료 진료소, 마법사에게 가는 것을 선호했다.

의형제 결연(아델포포이이아)
다른 가족에 속하는 사람을 자신의 가족에 받아들여 형제 관계를 맺는 일. 자신들의 가신 그룹(clientèle)을 형성하여 이들을 이용해 권력의 자리에 오르려는 야심가들이 자주 쓰던 방식이다. 교회는 이를 이교 관습으로 보아 금지했으나, 이와 관련된 전례(典禮)가 있는 것을 보면 나중에는 용인한 듯하다.

이단설
'민족적 성격을 띤' 이단설들인 *네스토리오스주의·단성론파*는 정통 교의를 선언한 수도 콘스탄티노플과의 단절을 불렀다. '지역적' 이단설은 엄숙하게 근절됐다. 이들은 몇몇 사회의 왕성한 지적 활동의 증거이긴 하나 결코 교리의 근간을 흔들지 못했다.

이방인(barbaroi, 야만인)
비잔티움 질서 밖에서 사는 모든 사람. 비잔티움의 질서는 정치·종교적으로 정교에 기반을 두지만 주민의 언어와는 무관하다.

이웃
가족(방계 포함)이 확대된 집단. *가족과 농촌 공동체*를 매개한다.

이적(移籍, adoption) (*의형제 결연(아델포포이이아)*, *휘오테시아*를 보라.)

이콘(성화, 성상聖像)
특별한 공적·사적 예배의 대상. 도시 수호, 치유 등 초자연적 힘이 있다고 믿었다.

인딕티오
문서나 사건에 날짜를 매기기 위해 쓰인 15년 주기 기산법. 이 연대 표기 방법에서는 각 주기의 햇수만 드러나고 최초 시작 년(4세기)에서부터 몇 주기가 흘렀는지는 드러나지 않는다. '인딕티오'는 15년 주기 혹은 한 주기의 해당 연(年)을 가리키며, 비잔티움 인딕티오의 기점은 9월 1일이다. 공문서에 날짜를 매길 때 인딕티오 사용 의무화는 537년 *유스티니아누스*에 의해 이루어졌다.

자유
사회 체제가 국가에 대한 어느 정도의 종속성에 기반하고 있는 세계에서 자유로운 사람이란 국가에 대한 경제적 의무를 수행할 수 있는 자를 의미한다.

자유 농민(엘레우테로이)
땅을 소유하지 못해 국고에 세금을 바칠 의무가 없는 농민. (호조에) '낯선 사람'이라고도 하는데, 납세자 명부에 오르지 못한 '가난뱅이들'을 일컫는다. 그 자체만으로는 경제적 약자를 의미하지 않는다.

재산 몰수
황제가 반역자에게 통상 맨 먼저 과하는 형벌.

저주(방자)
부자건 가난한 자건, 교양 있는 사람이건 무지한 사람이건 비잔티움인의 일상생활은 '사악한 눈'((프)mauvais œil, (영)evil eye)과 온갖 저주에 대한 믿음으로 가득 차 있었다. 나쁜 일을 예방하기 위해 액막이 물품을 썼는데, 아기의 손목에 금속 방울을 채워 주었고, 사탄을 쫓는다고 믿은 솔로몬에게 바치는 기도가 쓰여 있는 메달과 팔찌를 찼다. 포도주가 쉬지 않도록 시편 34장 8절('너희는 주가 얼마나 자상하신지 맛보아라'Goûtez et voyez combien doux est le Seigneur)[6]을 외우기도 했다.

전례(leitourgia, 예배)
종교 행사 특히 성체 예배를 말한다. 후자에는 세 종류가 있는데, 성 *바실레이오스* 전례, 예비성체(liturgie des Présanctifiés) 혹은 *대(大)그레고리우스* 전례, 성 *요안네스 크리소스토모스* 전례가 그것이다. 각 전례의 기도문들은 부분적으로 다르다.

전례서
교회의 공식 기도문과 이에 수반하는 전례 법규[7]를 수록한 책. 전례서로는『시편집』,『에방겔리온』,『아포스톨로스』,『튀피콘』,『전례』,『옥토에코스』,『펜테코스타리온』,『메나이온』,『안톨로기온』,『호롤로기온』,『에우콜로기온』,『디아코니콘』,『스티케라리온』,『테오토카리온』,『헤이르몰로기온』,『콘타카리온』등이 있다.

전실(前室)→나르텍스

전쟁
비잔티움인들에게 전쟁은 모든 외교 수단이 소진됐을 때 구사하는 최후의 수단이다. 전쟁은 용의주도한 준비를 거쳐 안전하게 수행되어야 했다.

전제자, 전제 군주→아우토크라토르

정교, 정통 가치, 정통 교의(orthodoxie)
비잔티움 사회의 규준(規準)에 따라 생각하고 사는 법. 비잔티움 사회는 4세기부터 작성된 정치적·종교적 법규들을 준수했다.

제우가라토스→겨리농

---

6) γεύσασθε καὶ ἴδετε ὅτι χρηστὸς ὁ Κύριος(『70인 역 성서』본문).
7) (프)rubrique, 기도문에 쓰인 전례 시행 규칙. 일반적으로 붉은 글씨로 쓰였기 때문에 이런 명칭이 붙었다.

조각
건물 외벽에 돌을 여러 층으로 쌓아 장식하고, 건물 안벽을 다른 재료를 덧대 치장하는 취향은 조각 장식에 불리했다. 8세기 말까지 대리석이나 청동으로 황제들의 동상을 만들었지만 비잔티움 건축은 오래전부터 천공(穿孔) 장식을 선호했고, 이윽고 고리짝과 유사한 투조(透彫) 기법(기둥머리)이 유행했다. 돋을새김 기법은 대리석 울타리, 기둥머리, 문짝, 상아 제품, 금·은 세공 제품들에서 유지되지만 이것도 잠시였으며, 그 후로는 조각-자수와 '샹르베(champlevée) 조각'이 유행했다. 고대 기법들, 특히 부조(浮彫)가 보존됐으나 그 기념비적 성격은 상실했다.

종→노예

종교 행사와 그 상징들
중세 초기부터 비잔티움인들에게 전례의 각 부분은 복음서적 계획의 한 예시이며, 이 계획의 또 하나의 이해는 교회의 벽과 둥근 지붕에 구현됐다.

종족→에트노스

주판(abaque, (라, 영)abacus)
학생이 산수를 배울 때 쓰는, 숫자가 매겨진 구멍이 뚫린 작은 판자. 선생이 구령하면 생도는 해당하는 구멍에 손가락을 집어넣었다.

주판
세르비아 한 영역의 우두머리. 주파(župa: 마을 연합)에서 유래한 명칭.

준문맹자(올리고그람마토이)
겨우 읽고 쓸 수 있는 사람들. 문맹자(아그람마토이)와 더불어 거의 전체 인구에 해당한다.

지진
4-15세기간 150차례 이상의 지진이 제국 전체 혹은 일부를 흔들었고, 콘스탄티노플에서는 40차례 확인된다.

직인
도시 중심부에서 국가가 통제하는 동업조합(직인 동업조합)을 이루어 근로했다.

직인 동업조합
국가의 통제를 받는 자치 단체.

질서→*에우탁시아*

집수장
식수를 공급하기 위한 시설로서 처음에는 노천으로 지었다. 콘스탄티노플 모키오스 집수장은 그 넓이가 약 2만 5천 평방미터였다. 지을 공간이 부족해지자 지하에 건설했으며, 콘스탄티노플과 알렉산드리아에서는 다층(多層)으로 지어지기도 했다.

책 장식→*세밀화*

철야제(아그뤼프니아)
대축일(fête solennelle) 전야에 밤을 새우며 올리는 예배.

철학자(philosophos)
플라톤과 아리스토텔레스를 가리키는 고대적 의미를 별도로 치면 이 용어는 고학년 학생, '진정한 철학자'인 기독교인 일반, 수도사, 금욕 수행자를 가리킨다. 이 두 문화는 이것에서 확연히 대척된다.

총독령(exarchat)
6세기 말 몇몇 옛 속주를 재편성해 창설한 영토. 이곳에서는 황제가 임명하는 총독(엑사르코스)이 민간·군사 업무를 겸장했다. 이탈리아와 아프리카에 있었다.

칙법휘찬((프)Code, (라)Codex vetus) (*법전* 항을 보라.)

칠보 공예
금판(금)에 붙인 금 박편으로 만든 작은 칸들에 법랑 분말(납, 붕사, 금속 산화물)을 채워 만들었다.

침전 수장→*파라코이모메노스*

카논
오드라 불리는 아홉 개 장(章)으로 이루어진 전례용 시가.

카르토퓔락스(문서지기)
행정·사법 양면에서 주교의 오른팔 역할을 하는 직책. 총대주교청에서는 대

(大)카르토퓔락스의 칭호를 가진다.

카르툴라리오스
각종 관청(중앙 출납부서(게니콘), 우편·도로(드로모스), 호조(사켈리온), 국방(스트라티오티콘), 감옥(누메라), 마사(馬事, 옵티마토이 부대) *테마* 등)에서 장부 작성을 맡은 관리.

카이사르
고대 황제의 칭호였으나 4세기 이후 황제의 가족 구성원들에게 수여됐다. 제국 제일 관등이었으나 알렉시오스 1세는 세바스토크라토르란 관등을 창설해 이 위에 자리매김했다.

카테파노
군사 지휘관이었지만 10세기 이탈리아를 비롯해 일부 지역에서는 민간 지사도 겸했다.

카테파노령
민사·군사상 권한을 가진 *카테파노*가 다스리는 지역. 10세기 중반에 성립된 이탈리아 카테파노령에는 세 개 *테마*, 즉 롱고바르디아, 칼라브리아, 루카니아 테마가 있었다.

카톨리케
'공'(commune) 교회인 가톨릭교회(katholikè ekklèsia)의 준말. 주교에 배속된 주교구 교회다. 사 교회(église privée)와 대치(對峙)된다.

카톨리콘
수도원의 '공'(commune) 교회. 주 예배당으로서 매일 정해진 *전례*가 행해지는 곳이다. 수도원에는 늘 예배당이 몇 채 더 있었다.

카티구메노스 → *히구메노스*

칸타쿠제노스가
11-12세기 이후 비잔티움 대가문.

칼라모스 → *갈대 대롱*

칼로게로스
'훌륭한 노인'. 수도사들에게 자주 주어진 칭호.

케카우메노스가
10세기 이후 비잔티움 대가문. 아르메니아 타이크에서 유래했다.

켈리온→독방

코레피스코포스
비잔티움 초기 시리아와 메소포타미아에서 농촌 교회를 돌보았다. 이들이 주교의 권한까지도 침해했으므로 페리오데우테스, 즉 '방문자'(역방자歷訪者)라 불린 일반 사제들이 그들을 대신하는 조치가 취해졌다.

코리온
이 낱말의 복잡한 의미는 비잔티움어 의미론의 성격을 잘 대변한다. 3세기 이후 이 낱말은 경작지 한 뙈기를 가리켰으나, 촌락, 공유지, 교구, 농촌 행정단위, 농촌 공동체, *마을*을 뜻하기도 했다. 전문 용어건 아니건 이 낱말은 하나의 의미에서 다른 의미로 넘어가며, 아마도 지역에 따른 차이가 있었던 것으로 보인다. 이것에는 언제나 경제·사회적 심층이 있었다.

코이토니테스
궁전에서 일하는, 침전(koitôn) 수장 *파라코이모메노스* 예하(隷下) 환관.

콘스탄티노플 총독(préfet de la ville, 에파르코스)
359년 콘스탄티노플에 창설된 직책. 콘스탄티노플과 그 교외의 민·형사 법정을 관장했으며, 도시 활동(치안, 물가, 상행위, 볼거리, 풍속, 외국인 통제)을 관리했다.

콘타카리온
일 년 동안 부르는 *콘타키온*을 수록한 전례서.

콘타키온
축일의 주제를 간략히 수록한 *트로파리온*.

콤네노스가
11-12세기 이후 대가문으로 황제들을 배출했다.

크테시스(소유지)
분산된 주거 형태를 가진 농촌 경작지.

클리마타
지표면을 구획한 구간. 코스마스 인디코플레우스테스에 따르면 구간 남북의 경계는 그곳의 낮 길이에 따라 정해진다.

클리마타→〈지역과 민족〉 클리마타

타그마
"토착인·외국인 직업군인들로 구성된, 국가가 급료를 지불하고 장비를 지급하는 자율적인 군대로 그 임무는 다양했는데, 첫째가 황제 경호였고, 아마도 치안 유지도 하였으며, 확실하게 영토를 방어하였다"(엘레니 아르벨레르Helene Ahrweiler).

탁시스
① 행사 식순
② 천사 부대, 총대주교·수도 대주교·주교 교회 성직자 집단
③ 군단(軍團)

탁시아르코스
탁시스 장(長)의 작호. 일례로 대천사 코러스 장 미카엘 성인에게 주어진다.

테마
작전에 참가하는 군부대를 가리켰으나 7세기 이후는 행정구역을 뜻했다. 테마 장관은 몇 년간의 임기로 황제에 의해 임명되고 민사 행정과 방어를 책임졌다. 이 큰 행정 단위는 자신의 군대를 스트라티아로 징집하고 유지했다. 이 비효율적인 군대는 점차 직업군인으로 구성된 타그마 부대로 대체되며, 테마 민간 행정 부문 또한 11세기 동안 군사 행정 부문에서 떨어져 나왔다.

테오도시오스 법전 (법전 항을 보라.)

테오토카리온
테오토코스를 기리는, 7수(1주 날수)의 시로 된 연작시 8편 56수의 카논을 수록한 전례서.

테오토코스(생신녀)
'하느님의 어머니'. 비잔티움인들이 통상 성모 마리아를 가리킬 때 쓰는 이름.

테트라에방겔리온(Tétraeuangélion, 사복음서)
복음서들을 이어서 수록한 전례서. 에방겔리온과 혼동해서는 안 된다.

템플론→성상벽

튀피콘
① 전례 튀피콘: 종교의식 봉행 시 따라야 할 법식들을 수록한 책.
② 창립 튀피콘: 수도원 창건자가 자신의 수도원에 주는 정관. ②는 ①을 포함할 수 있다.

트라페자
① 수도사들이 공동으로 밥 먹는 식탁
② 수도원 식당
③ 하기아-트라페자(Hagia-trapéza, '거룩한 식탁'), 즉 제단. 튀시아스테리온(thysiastèrion, '희생의 식탁')이라고도 함.

트로파리온
모든 비잔티움 성가(聖歌)의 한 구성 부분으로서 제일(祭日)별로 다른 짧은 기도문이다. 처음에는 무운(無韻) 산문으로 쓰였으나 동수 음절과 동일한 으뜸음에 바탕을 둔(homotonal) 리듬 규칙이 적용되면서 시련(詩聯)의 형태를 취했다. 어떤 것들은 새로운 유형의, 같은 리듬과 같은 선율을 가진 헤이르모스(헤이르몰로기온)를 생성시켰으나, 다른 것들은 모방작을 생산하지 못했으니, 이디오멜론이 그러했다.

트리사기온(삼성三聖기도)
성무일과에서 자주 외워지고 예배 때 엄숙하게 불린 기원(祈願). 그 문구는 "하기오스 호 테오스, 하기오스 이스퀴로스, 하기오스 아타나토스, 엘레에손 헤마스"(거룩하신 하느님이시여, 거룩하고 전능하신 이여, 거룩하고 영원하신 이여, 저희를 불쌍히 여기소서)다.

트리오디온
부활제 준비 기간 성무일도의 기도문을 수록한 전례서.

티마리온
12세기 풍자 작품.

파나기아
'온전히 성스러운'. 하느님의 어머니 *테오토코스*에 대한 형용사.

파네귀리카(panègyrika, 예찬 설교집)
일 년 혹은 반년 단위로 된 예찬문들을 수록한 책. 고정 축제일용 연설문 선(選)이기도, 특별히 그리스도와 성모에 관한 축제일에 쓰는 예찬문들이기도, 특정 저자들의 연설문에서 따온 글들이기도 하다.

파라코이모메노스(침전 수장)
침전(코이톤) 담당 부서의 장. 밤에 황제의 안전을 책임진다. 9세기 이후 한 명이 맡았으며 궁전 *환관*들의 총수다.

파라클레티케
옥토에코스 속편. 주일뿐 아니라 주중 성무일과에 부르는 찬송도 포함하며 여덟 가지 선법 순으로 배열되어 있다.

파로이코스(농노, 예속농)
모든 경제적으로 예속된 농민에 대한 총칭. 이러한 농민은 "보유지를 가지거나 최소한 독립 세대를 경영하고, 토지 사용이 일정한 세금 지불로 이루어지며, 또 이차적으로 미리 정해진 부역 제공의 의무가 있는 본래적 의미의 농노와, 전유(專有) 보유지(tenure)를 보유하지 않고 대부분 지주의 토지를 경작하는, 둘로파로이코스와 둘레우테스"(게오르크 오스트로고르스키 George Ostrogorsky)로 구별된다.

파문(아포리스모스)
'격리'. 기독교인을 교회의 영성체 의식에 참가 못 하게 하는 교회에서 행하는 형벌.

파이데이아→*교양*

파테리콘→*게론티콘*

파트리키오스
콘스탄티누스 대제가 예외적인 관직들을 위해 제정하고 수여한 작호. 4세기부터는 *환관*들에게 수여됐고, 이 작호를 부여받은 자는 고관 중에서도 최상위에 속했다. 오도아케르와 테오도릭 같은 *이방인* 수장들에게도 수여됐다. 하지만 시간이 지나며 그 성가(聲價)를 상실했고 12세기에는 사라진다.

판덱타이→*디게스타*

부록 965

판토크라토르
'전능자'. 하느님이신 그리스도에 대한 형용사.

팔라이올로고스가
11-12세기 이후 대가문이며 비잔티움의 마지막 왕조.

펜테코스타리온
성령 강림절((희)Pentècostè)에서 유래한, 부활절에서 성령 강림절 뒤 첫 번째 일요일까지 50일간 쓰이는 연중 전례 시기별 고유문(propre du temps)을 실은 전례서.

펠로니온
샤쥐블(chasuble, (영)채주블). 복판에 머리를 빠져나오게 하는 구멍 하나뿐인 둥근 옷. *비단*에 수를 놓아 만들며, 여러 의식에서 사제가 착용한다.

편람→프로케이론

필레(pylè)
'문'. 사본의 제목을 문처럼 둘러싼 장식. 아주 호화로운 것들도 있다.

프네우마티코스
정신적 아버지. 예를 들면 수도원에서 수도사의 고해를 듣는 신부(directeur de conscience).

프락사포스톨로스→아포스톨로스

프레스코
가난한 사람의 *모자이크화*. 정해진 순서에 따라 성서 주제들을 형상화한다. 또 교회 봉헌자들이 숭모하는 성인들도 표현한다. 교회 벽, 궁륭, 둥근 지붕은 이러한 그림들로 빼곡하다.

프로나오스→나르텍스

프로노이아
토지 소유주 국가가 군역(軍役)에 대한 대가로 지급하는 수입.

프로드로모스(선구자)
'앞에서 뛰는 자'. 통상 세례자 성 요한에게 주어지는 이름. 그의 전도가 그리스도의 전도에 앞서 이루어졌기 때문이다.

프로스카테메노이
'거주자들'. 자신의 토지가 없는 가난한 농부들로 영지에 '정착'해 농노가 될 사람들.

프로스타그마
'명령'. 상서성 용어. 시행령이나 간단한 집행 명령 같은 비교적 짧은 황제의 문서로 *단사*로 쓴, 달 이름과 *인딕티*오로 된 황제 서명이 딸려 있다.

프로스포라
'바치는 물건'. 희생제를 올리기 위해 신자들이 바치는 발효시킨 빵과 포도주. 프로*테시스*에서 행해지는 예배 첫머리에서 사제는 프로스포라를 세 부분으로 나눈다. 한 조각은 성별되어 '성스러운 빵'(하기오스 아르토스)이 되고, 다른 조각들은 축성되어 신자들의 영성체에 쓰이는데, 이것들은 메리다('조각들')라 불린다. 성별되지 않은 나머지는 작게 쪼개져 축복된 빵, 즉 안티도론이 된다.

프로아스테이온
경작하는 사람이 거주하는 농촌 소유지. 땅 주인은 읍에 산다.

프로에스토스
'앞에 선 사람'. 수도원장.

프로케이론(편람) (*법전* 항을 보라.)

프로테시스
후진의 왼쪽에 있어 희생제 첫머리가 행해지는 곳. 사제와 부제는 이때 빵과 포도주를 성별한다.

프로토베스티아리오스
황제의 '개인' 의상 보관실이자 보물고, 사 금고인 베스티아리온 담당관으로 수입이 상당했다.

프로토마르튀라스
'처음 순교자'. 정교 교회력에서 성 스테파노스와 성녀 테클라에게 주어진 이름.

프로토스파타리오스
'수석 스파타리오스'. 궁정 부대 중 한 제대를 지휘했다. 이 작위는 나중에 남발되어 많은 스트라테고스에게도 통용되다가 알렉시오스 1세 콤네노스에 의해 폐지된다.

프로토카라보스
바다 *테마* 스트라테고스의 참모진에 속하는 수석 도선사(導船士).

프로토프로에드로스
'수석 프로에드로스'. 11세기에 생긴 관작. 전 세기 한 명이었던 프로에드로스 작위는 이 관작이 생길 때는 여러 사람에게 수여되고 있었는데, 모두 *환관*들이었다. 비잔티움 관등 진화의 본보기다. 프로에드로스는 교회 관등 서열에서도 볼 수 있다.

프로티메시스(선매권)
먼저 살 권리. 양도되는 토지가 있을 때 친족 다음으로 이웃이 선매할 수 있는 권리.

프리미케리오스
'첫째 사람'을 뜻하는 라틴어 primicerius에서 유래. 궁정 *환관* 담당 부서들(침전, 황제 의상 보관실 등)에 몇 명 있었다. 민사 행정기구에도, 총대주교청과 주교청 같은 교회 행정기구에도 있어, '큰 교회'(콘스탄티노플 성 소피아 성당) 프리미케리오스, 공증인 프리미케리오스, 서기 프리미케리오스 등이 그들이었다.

필로파트리스
12세기 풍자문학 작품.

하느님의 어머니→*테오토코스*

학교
초등·중등·고등 교육기관이 있었다. 콘스탄티노플에서조차 드물었고, 유료였으며, 학비를 감당할 수 있는 가정들만이 수혜자였다. 교습은 고대 전통을 따랐다.

학설휘찬→*디게스타*

함단 왕조
메소포타미아와 시리아 북부를 905년에서 1004년까지 지배한 아랍 왕조. (Dominique Sourdel et Janine Sourdel, *la Civilisation de l'Islam classique*, Paris, Arthaud, 1968, pp.99-100을 보라.)

해군 제독→*메가둑스*

행렬→*리타네이아*

헤시카스트[8] (헤쉬카스트)
시나이에서 온 수도사 그레고리오스의 제자들인 아토스산 수도사들은 14세기 하느님과의 즉각적인 합일을 이루려고 턱을 가슴에 붙이고 숨을 멈추는 *헤시키아*에 전념했다. 그레고리오스 팔라마스를 필두로 모든 전통문화를 경멸한 이들은 *니케포로스 그레고라스* 류(類)의 '인문주의자'들을 배격했다. 권력은 헤시카스트들을 지지했고, 1360년경 그레고라스가 죽었을 때 콘스탄티노플 팔라마스 지지자들은 그의 시신을 공격했다. 이것은 무지한 수도사들의 승리였다.

헤시카즘→*헤시키아*

헤시키아
하느님께서 허락하시면 유일하게 하느님과의 직접적 접촉을 체험하게 하는 관조 속 평온.

헤이르몰로기온
모든 헤이르모스, 즉 그 리듬과 선율로 본보기가 되는 *트로파리온*들을 모은 전례서.

헤토이마시아
복음서와 십자가가 놓여 있는 보좌 그림. 보좌는 최후의 심판을 위해 그리스도가 재림(파루시아)할 때 쓰도록 준비된(헤토이모스) 것이다.

헥사비블로스
노모필락스이자 테살로니키 판사인 콘스탄티노스 하르메노풀로스가 편집한 법전. (법전 항을 보라.)

호데게트리아
'길잡이'. *테오토코스*에게 아주 빈번히 주어지는 칭호.

---

8) 헤시카스트: 헤시키아를 실천하는 사람.

호롤로기온
성무일도 통상문, 그날그날의 *아폴뤼티키온*, *콘타키온*이 수록된 교회력, 그리고 일정한 수의 *카논*을 수록한 전례서.

홑소농(보이다토스)
소 한 마리를 가진 농부.

환관(거세된 남자)
궁정에서만 필요한 직책인 *파라코이모메노스*, *프로토베스티아리오스*, 식탁 담당관, 술 담당관, 대궁전 파피아스('문지기') 등은 환관이 맡았다. 이들은 개인 집에도 있었고 거세된 *노예*는 더욱 비싸게 쳤다.

황제→*바실레우스*

회계
행정 회계장부는 이집트(6-8세기)나 남이탈리아(11세기) 그리스어 입찰견적서의 형태로 남아 있는 것들밖에 없는가? 한편 사회생활 규범 안에 언급된 가계 회계장부는 일 단위 수입·지출 기입에 대한 내용을 포함하고 있다. 이것은 어쨌든 회계 적바림이다. 7세기 이집트에서 회계의 대체(對替)가 있었는지에 대해서는 그 입증이 진행 중이다.

회계장부
이상적인 가정(가족)의 상징. *회계* 항을 보라.

휘오테시아
'양자들이기'. 높은 유아 *사망률*에 따른 가구 수 감소에 대응하기 위해 널리 시행됐다. 또 많은 사생아 배우자에게 법적 지위를 부여하기 위해서도 시행됐다.

휘파판테
'영접'. 2월 2일 축제. 예수의 부모가 예수를 신전에 데리고 갔을 때 시므온 노인과 예언녀 한나가 그에게 마중 나온 것을 기념하는 축제다.

히구메노스(카티구메노스)
'우두머리'. 수도원장.

히에로모나코스(수도修道 사제)
사제로 서품된 수도사.

히포드로모스 유흥(遊興)
비잔티움인들이 애호한 소일거리. 콘스탄티노플에서는 황제, 지방에서는 황제 대리인의 입회하에 떠들썩하게 경마 대회, 기타 공연물이 치러졌고 관중들은 열광했다. 이러한 행사는 또한 주민들이 정부에 자신들의 요구를 제기하는 기회이기도 했다.

주요 인물 한 줄 사적(事績)

게오르기오스 게미스토스 플레톤
15세기에 활동한 신학자, 플라톤주의 철학자로서 고대 이교에 가까운 새로운 종교와 그 예배·의식의 창시자가 되려고 했다.

게오르기오스 겐나디오스 스콜라리오스
1468년 몰. 수도사, 튀르크인 점령기 첫 총대주교로 신학 저서, 라틴인·이슬람·유대인에 대한 비난 글을 썼다.

게오르기오스(수도사)(Georges le Moine)
미카엘 3세 시절 아담 때부터 테오필로스 황제 사망 시(842)까지 내려오는 전 세계 연대기 네 권을 썼다. 이 연대기에 후속편 몇 편이 지어졌다.

게오르기오스(성켈로스)(Georges le Syncelle)
8-9세기 사람. 총대주교 성켈로스. 천지창조로부터 시작해 디오클레티아누스 황제 때까지 내려오는 축약본 연대기 한 편을 편집했다.

게오르기오스 스프란제스
15세기 사람. 1258년에서 1476년간 역사를 썼다.

게오르기오스 아크로폴리테스
1282년 몰. 대(大)로고테테스. 니케아 제국(1203-61) 황제들의 사적을 기록했고, 아리스토텔레스 철학 교수였다.

게오르기오스 케드레노스
11-12세기 사람. 천지창조로부터 이사키오스 콤네노스 재임 초(1057)까지 내려오는 전 세계 연대기를 썼다.

게오르기오스 파퀴메레스
디카이오필락스(교회 재판관), 역사가. 게오르기오스 아크로폴리테스의 속편(1261-1308)을 지었다. 또 수사학, 물리학, 철학 관련 책을 썼다.

게오르기오스(피시디아의)
헤라클레이오스 황제 때 콘스탄티노플 성 소피아 성당 부제를 지냈다. 헤라클레이오스 황제의 페르시아 전쟁 사적을 운문으로 지었고, 신학 시들을 편집했다.

겐나디오스 스콜라리오스→게오르기오스 겐나디오스 스콜라리오스

겔라시오스
395년 몰. 카이사레이아 주교. 에우세비오스의 『교회사』 속편을 썼다.

구델레스 튀란노스
13세기 소아시아 대지주.

그레고라스(연대기 작가)→니케포로스 그레고라스

그레고리오스(나지안조스의)
329/330-390. 그가 쓴 45편의 연설문, 244통의 서한, 약 만 8천 행의 시는 신학적 가치가 높다.

그레고리오스(니사의)
394년 몰. 폰토스 사람으로 훌륭한 철학자이자 신학자였으며, 뛰어난 수사가였다. 교리서, 주해서, 금욕 수행에 관한 저작들을 남겼다.

그레고리오스 안티오코스
12세기 사람. 대(大)드룽가리오스(해군 제독). 궁정 인사들에게 보내는 서한 몇 통과 시사적 연설문을 썼다.

그레고리오스 키오니아데스
13-14세기 천문학자.

그레고리오스(키프로스의)
콘스탄티노플 총대주교(재위 1283-89). 자서전, 서한, 성인 송덕문, 이솝 우화 모방작을 썼다.

그레고리오스 파쿠리아노스
11세기 사람. 아르메니아·조지아 유력자로서 서방 스콜라이 부대 도메스티코스를 지냈다. 불가리아에 수도원 하나를 세우고 조직했다.

그레고리오스 팔라마스
14세기 사람. 철학자이자 신학자. 칼라브리아의 바를람에 반대하여 명상에 긍정적인 기능이 있음을 역설했다(신앙은 마음이 바라보는 것이다).

그레고리우스(대(大)) (Grégoire le Grand)
교황(재위 590-604). 그의 저작 중 두 편이 그리스어로 번역됐는데, 그중 하나는 그의 생전 마우리키오스 황제의 요청에 따라 번역된 목회학 소론(小論)이고, 다른 하나는 자카리아스 교황(재위 741-752)의 붓에 의한 『대화록』이다.

나르세스(장군)
478-573. 유스티니아누스(재위 527-565)를 섬긴 장군.

나르세스(환관)
유스티노스 2세 때 환관. 프로토스파타리오스로서 쿠비쿨라리오스.

네메시오스
5세기 사람. 에메사 주교. 그의 저서 『인간 본성에 대하여』는 중세에 많이 활용됐고 살레르노의 알파누스와 피사의 부르곤디오에 의해 라틴어로 번역됐다.

네스토리오스→⟨용어 해설⟩ 네스토리오스주의

네일로스(앙퀴라의)
430년경 몰. 히구메노스. 금욕수행과 도덕에 관한 논저들의 저자.

니케타스
환관. 파트리키오스로서 니케포로스 2세 포카스 황제(재위 963-969) 때 비잔티움 군대를 이끌고 아랍인들을 치러 갔다.

니케타스(마기스트로스) (Nicétas le Magistros)
10세기 사람. 학식 있는 귀족. 음모를 꾸민 죄로 헬레스폰토스 남동 연안 부근으로 유배되어 자신의 벗들에게 일체의 감상이 배제된 매우 현학적인 편지를 보낸다.

니케타스 뷔잔티오스
'철학자'이자 '교사'. 포티오스의 젊은 동시대인으로서 아르메니아인·아랍인·라틴인에 반대하는 호교론적 문서를 썼다.

니케타스(앙퀴라의)
11세기 사람. 앙퀴라 수도 대주교. 몇 편의 논저들의 저자로 여겨지며 그중에는 공의회, 주교 선출에 관한 것들이 있다.

니케타스 코니아테스
1155년경-1217. 1118-1206년간 역사를 서술했다.

니케포로스
총대주교(재위 806-815). 마우리키오스 황제의 죽음(602)으로부터 장래 레온 4세가 되는 콘스탄티노스 5세의 장남 결혼(769)까지의 연대기, 아담 때부터 자신이 죽을 때까지의 사건들을 수록한 연대표를 썼다.

니케포로스 그레고라스
14세기 사람. *테오도로스 메토키테스*의 제자. 자연과학과 플라톤 철학에 이끌려 이성의 무오류성에 대해 의심을 품었다. 요안네스 필로포노스의 것보다 더욱 완벽한 천문 관측의에 대한 논저를 써 대단한 성공을 거두었고, 부활제 날짜에 대한 논문도 썼다. 1204년 사건을 서술하고 1359년까지 이은 연대기를 썼다.

니케포로스 바실라케스
12세기 사람. 이단설 주창자.

니케포로스 브뤼엔니오스
12세기 사람. 콤네노스가 연대기 작가.

니케포로스 블렘뮈데스
13세기 철학자. 보편 개념 문제에 이끌려 실재론과 명목론을 조화시키려 시도했다.

니케포로스 우라노스
10세기 사람. 병서(兵書) 저자.

니케포로스 칼리스토스 크산토풀로스
14세기 초에 포카스의 죽음(610)까지 교회사 18권을 엮었다.

니케포리제스
환관. 콘스탄티노스 10세(재위 1059-67) 때 안티오케이아 둑스를 지냈고, 미카엘 7세의 막강한 참모였다. 그는 많은 재산을 모았으나 그의 보호자의 권좌를 지켜주지는 못해 미카엘은 선위(禪位)하고 에페소스 *대주교*가 된다. 니케포리제스 자신은 옥시아섬에 유배되어 그곳에서 죽는다.

니콜라오스
환관, 파트리키오스. 아랍인들에게서 알레포와 안티오케이아를 되찾았다(969, 970).

니콜라오스 말레이노스
12세기 사람. 프로토스파타리오스, 이탈리아 노르만(노르만인) 왕조하 로사노 대주교.

니콜라오스 카바실라스(혹은 니콜라오스 카마에토스)
14세기 사람. 테살로니키 대주교. 아주 많이 회자된 신비주의적 저서들을 저술했으며, 그는 이 저서들에서 은수자적 삶을 비난하고 새 신학자 시므온과 증거자 막시모스에게 유대감을 표한다.

니콜라오스(뮈스티코스)(Nicolas le Mystikos)
포티오스의 친척으로서 황제 비서를 역임하고 콘스탄티노플 총대주교(재위 901-907)가 되나 레온 6세가 격노한 반역죄 재판에 회부될 것이란 위협을 받고 사임했다. 그러나 911년 다시 총대주교 자리에 올라 925년까지 제국을 좌지우지한다. 그가 크레타 아랍 에미르, 불가리아의 시메온, 로마 교황, 아르메니아 군주, 롬바르드 유력자들, 로마노스 1세 레카페노스, 관리들, 주교들, 수도사들 등에 보낸 편지들은 드물게 보는 역사 자료다.

다니엘리스
9세기 펠로폰네소스 대지주.

데메트리오스 퀴도네스
팔라이올로고스 왕조 시대 가장 재능 있는 수필가 중 한 사람. 1346년 테살로니키 내전에서 쓰러진 사람들을 기리는 글, 시사적 연설문 몇 편과 많은 서간문을 썼다.

도로테오스(가자의)
6세기 사람. 가자 가까이에 있는 세리도스의 수도사. 그가 남긴 영적 가르침 모음, 서간, 격언집은 비잔티움 영적 생활에 지대한 영향을 미쳤다.

두카스(포카이아의)
15세기 사람. 1341-1462년 간 역사를 썼다.

디오뉘시오스(차명자)(아레오파고스 회원 Pseudo-Denys l'Aréopagite)
5세기 사람. 바울 성인 제자 아레오파고스 회원 디오뉘시오스의 이름으로 된, 신플라톤주의 영향을 받은 철학 문건들의 저자.

라오니코스 칼코콘딜레스
15세기 사람. 아테나이 출신으로서 1298-1463년간 역사 10권을 썼다.

레온(필경사)
10세기 사람. "필경사(calligraphe)의 백미(白眉)"로 불렸다.

레온 간나다이오스
11세기 사람. *프로토스파타리오스*. 노르만령 이탈리아에서 활동한, *니콜라오스 말레이노스*의 처남.

레온(문법학자)(Léon Grammatikos)
11세기 사람. 948년까지 내려오는 전 세계 연대기를 썼다.

레온(부제)(Léon le Diacre)
11세기 사람. 10세기 제국 연대기 작가.

레온(수학자)(Léon le Mathématicien)
콘스탄티노플 사립학교 교수로 있다가 테오필로스 황제가 세운 국립학교 학장이 됐다. 테살로니키 *대주교*로 서임되나 *성상 파괴주의자*란 이유로 파직당했다. 그 뒤 콘스탄티노플로 다시 소환되어 *바르다스* 카이사르에 의해 철학 교수로 임명됐다(863년경).『의학 편람』의 편자이기도 하다.

레온 코이로스팍테스
마기스트로스. 레온 6세 때 여러 차례 외교 사절단을 이끌었다.

레온 6세
황제(재위 886-912). '필로소포스'(현자賢者)로 불렸다. 포티오스의 제자로 매우 박식했으며, 모든 지배계급의 아이들이 그러했듯 백과전서적 교육을 받았다. 몇 편의 성인 축제에 즈음한 설교문, 교리 주석서, 전례용 기도문을 썼다. *신칙법* 모음 한 권을 엮었는데, 이것은 전대 *법전* 편찬 사업에서 중요한 자리를 차지한다.

레온티오스(네아폴리스의)
7세기 사람. 키프로스 네아폴리스(현 리마솔) 주교. 자선가 요안네스, 바보 성자 시므온 전기 들과 *유대인 반박서* 한 편을 썼다.

레온티오스(비잔티움의)
6세기 사람. 알렉산드리아 철학자. 비잔티움 스콜라학 창시자.

로마노스(성가 창작자)(Rômanos le Mélode)
6세기 사람. 시적인 성가를 창작했다.

루스티키아나
로마 대지주 가문 출신으로 6세기 후반 콘스탄티노플로 이주했다.

리바니오스(안티오케이아의)
4세기 사람. 아테나이, 콘스탄티노플, *니케아*, 니코메데이아, 특히 *안티오케이아*에서 수사학 교사를 지냈다. 재사(才士)로서 엄청난 활동력의 소유자였으며, 희랍적 동방에서 손꼽히는 인물이었다. 그의 방대한 저술(서간, 연설문)은 중요한 역사 자료다.

리카리오스
13세기 사람. 대독스(메가독스), 즉 해군 제독을 지냈다.

마누엘 필레스
14세기 초 활약했다. 특히 경구를 많이 남겼다.

마누엘 홀로볼로스
미카엘 8세의 비서이자 수사가, 교수, 궁정 연설가. 종교시, 고대 시 주석, 아리스토텔레스 제1분석론 제1권 주석, 보에티우스 몇 작품의 주해 딸린 번역, 시사적 연설문을 썼다.

마자리스
15세기 초 풍자문학 작가.

마카리오스(이집트의)(Macaire l'Égypte)
390년경 몰. 스케티스 사막에서 생애의 많은 부분을 보냈다. 그가 지은 50편의 설교문으로 가장 이른 고대 기독교 *신비주의자*들 중 한 사람으로 평가된다.

막시모스(증거자)(Maxime le Confesseur)
7세기 사람. 차명자 디오뉘시오스의 교리를 비잔티움 정신생활의 일부분으로 만들었다.

막시모스 플라누데스
13-14세기 사람. 경구시 모음을 펴냈다.

말랄라스(역사가)→요안네스 말랄라스

말코스
5세기 사람. 팔레스티나 필라델피아 출신으로 연대기들을 썼으나 단편들만 남아 있다.

메난드로스
6세기 사람. *프로코피오스*와 변호인 *아가티아스*를 이어 전쟁사를 썼다.

미카엘 글뤼카스
12세기 사람. 알렉시오스 1세 콤네노스의 사망 년(1118)까지의 전 세계 연대기, 신학 저작들, 어휘집 한 권을 저술했다.

미카엘 로디오스
알렉시오스 1세 콤네노스 때 히포드로모스 법정 재판관.

미카엘 아탈레이아테스
'아탈레이아(팜필리아)의 미카엘'. 11세기 고관. 법률 선집, 1034-79년 역사, 자신이 창건한, 자선기관을 겸한 수도원 규칙을 썼다.

미카엘(앙키알로스의)
콘스탄티노플 총대주교(재위 1170-78). 1045년 콘스탄티노스 9세 모노마코스가 창설한 대학의 철학부를 이끌었다.

미카엘 프셀로스
1017/1018-1078. 자신이 살았던 백과전서적 교양의 시대에서 최고봉을 이룬 인물. 976-1077년간 궁정 삶을 기록한 역사서를 저술했고, 이 책에서 그는 정치인으로서 자신의 활동을 변호한다. 철학자로서 점성술과 신비학에도 관심을 보였다. 법률 문헌 편찬, 연설문·서한·시 창작 등 그가 손댄 모든 장르에서 재치를 발휘했으나 깊이는 없었다. 11세기 콘스탄티노플 최고위 공직자의 한 전형이다.

바르다스
?-866. 카이사르, 미카엘 3세의 외삼촌. 863년 공교육을 마그나우라 궁전 학교에 집중하고 수학자 레온에게 그 운영을 맡겼다. 또 기하, 천문, 문법 교수직 들

을 창설해 레온의 제자들을 그곳에 취임시켰다.

바를람(칼라브리아의)
14세기 사람. 철학자. 신비주의자들(헤시카스트)에 맞서 기독교의 진리는 이성에 의해 증명될 수 있다고 주장했다.

바실레이오스
로마노스 1세 레카페노스의 사생아, *환관*. 제국 최고위 인사 중 한 사람이었다.

바실레이오스(카이사레이아의)
379년 몰. 카이사레이아 주교. 교리·금욕 수행에 관한 저술, 설교집·연설집·수도원 규칙들을 남겼다.

바실레이오스 1세
황제(재위 867-886). 마케도니아 왕조 창시자. 옛 로마 국가의 영토를 수복하기를 열망해 달마티아 연안에 대한 비잔티움 주권을 다졌고, 제국 동부 속주로부터의 진격에 시동을 걸었으며, 이탈리아 남부를 회복했다. 그의 법률 사업은 성과가 있었고, 그의 치하 문화는 발양됐다. *헤라클레이오스*와 함께 비잔티움 민간 설화의 주인공이 된 황제다.

바아네스
환관. 바실레이오스 1세 때 파트리키오스.

벨리사리오스
유스티니아누스(재위 527-565)를 섬긴 장군.

사모나스
개종한 젊은 아라비아 출신 *환관* 사모나스는 *레온 6세*에 대한 음모를 고발해 그의 총애를 받는다. 수많은 작위와 부를 부여받고 *파트리키오스*, 제국의 지배자인 *파라코이모메노스*의 지위에까지 오르지만 황제를 헐뜯는 소책자를 쓴 죄로 수도원에 유폐되어 생을 마친다.

샤브타이
일명 '돈놀로'. 10세기 비잔티움령 이탈리아에서 활동한 유대인 *의사*.

소조메노스
5세기 사람. 콘스탄티노플에서 활동한 변호인. 324년에서 425년간 교회사를 썼다.

소크라테스(변호인)(Sôkratès le Scholastique)
439년 이후 몰. 변호인. 일곱 권으로 된, 305년에서 409년간 교회사를 썼다. 저작 안에 많은 공식 문건을 원문대로 삽입했다.

스타우라키오스
802년 몰. *환관*. 이레네 여제 곁에서 전권을 휘두른 참모. 여제를 해치려는 음모를 꾸미다가 발각되었고, 결국에는 분사(憤死)했다고 한다.

스테파노스(페르시아인)(Stéphane le Perse)
환관. 유스티니아노스 2세의 유력한 사켈라리오스였다. 몹시 포학해 증오의 대상이었으며, 그의 주군이 코가 잘리고 케르손으로 유배될 때 참칭자 레온티오스의 명으로 산 채로 불태워졌다(694).

시므온
테살로니키 대주교(재위 1410-29), 신학자. 그의 주저(主著)는 그와 한 성직자 간 대화의 형태로 기록된, 신앙, 그리스 교회 *신비 사상·전례* 의식들에 관한 논저다.

시므온(로고테테스)
10세기(?) 사람. 948년(로마노스 레카페노스 사망)까지 내려오는 전 세계 연대기의 저자.

시므온(새 신학자)(Syméon le Nouveau Théologien)
949-1022. 콘스탄티노플 성 마마스 수도원 *히구메노스*로 있을 때 교회 당국자에 의해 아시아 연안으로 유배되어 그곳에서 일단의 제자들을 거느렸다. 휘하 수도사들에 대한 34개조 훈육, 종교 윤리에 관한 몇 편의 저서들과 *금욕수행*에 관한 논저들을 저술했다. 그는 의심의 여지 없이 니콜라오스 카바실라스와 더불어 그리스 교회 가장 위대한 신비주의자(*신비 사상*)들 중 한 사람이다. 그가 보기에 신성한 존재를 깨닫는 유일한 길인 신비적 직관은 세상의 삶과는 공존할 수 없다.

시므온 세트
11세기 사람. 프로토베스타르코스와 *마기스트로스*를 지냈다. 아랍어에서 『군주들의 거울』을 번역했고, 식물의 효능과 다른 유사한 주제를 다룬 저서들을 썼다.

아가티아스(변호인)(Agathias le Scholastique)
6세기 사람. 프로코피오스가 시작한 전쟁사를 이어 서술했다.

아나스타시오스(시나이의)
700년 이후 몰. *네스토리오스주의자, 단성론자, 단의론자*(單意論者), 유대인들에 맞서 큰 논쟁을 벌였다.

아레타스
카이사레이아 대주교(10세기). 포티오스의 제자로서 많은 교회와 세속 작품, 묵시록 주해서, 플라톤과 루키아노스의 주석 등을 남겼다. 그 자신을 위해 교리서 몇 편뿐만 아니라 에우클레이데스(유클리드)와 수사가 아리스테이데스 저작들을 필경하게 했다.

아르귀로스
1068년 몰. 바리에서 반역자 멜레스와 라틴인 어머니 사이에서 태어났다. 비잔티움령 이탈리아 둑스와 프로에드로스를 지냈다.
(참조: 〈용어 해설〉 멜레스가)

아타나시오스
296-298년경-373. 알렉산드리아 주교. *아리우스주의*에 맞서 니케아 공의회 정통 교의를 수호하는 데 지대한 영향을 미쳤다. 많은 호교론, 교리, 성경 주해, 금욕 실천(금욕 수행) 관련 서적들을 저술했다.

아타나시오스
10세기 아토스산 독방 수도원(라브라) 창건자.

안나 콤네네
1083년 생. 알렉시오스 1세 콤네노스 황제의 장녀. 『알렉시오스전』이라는 자신의 아버지(1069-1118) 재위기 때 역사를 썼다.

안드레아스
카파도키아 *카이사레이아* 주교(6-7세기). 묵시록 주해를 남겼다. 이 책은 가장 최근의 그리스어 묵시록 교감본(校勘本) 두 점 중 한 점의 모습을 알려주는 것으로서 대단히 중요하다.

안드레아스 리바데노스
15세기 사람. 여행기를 남겼다.

안드레아스(크레타의)
7-8세기 콘스탄티노플에서 부제를 지냈다. 그가 남긴 23편의 설교문으로 볼 때 그는 아주 재능 있는 연사였다. 또 이디오멜라(*트로파리온*)와 *카논*도 썼다.

안드로니코스 두카스
미카엘 7세의 동생. 11세기 소아시아 대토지 소유주였다.

안테미오스(트랄레스의)
6세기 사람. 수학자, 건축가.

안토니오스(성인)
356년 몰. 이집트 최초 은수자. 서간들을 남겼다.

알렉산드로스(트랄레스의)
6세기 사람. 콘스탄티노플 성 소피아 성당을 건축한 안테미오스의 형제. 의학 논문 몇 편을 남겼다.

알렉시오스 아포카우코스
14세기 사람. 한 관청 서기에서 콘스탄티노플 총독이 됐다.

에바그리오스(변호인)(Évagre le Scholastique)
6세기 사람. 시리아 고관. 431-594년간 교회사를 썼다.

에우나피오스(사르데이스의)
346-414년경. 연대기 작가, 전투적인 이교(異敎) 신봉자. 그가 속했던 시대 (270-404)의 일을 율리아노스 황제(재위 361-363)를 기리며 기록했다.

에우세비오스(카이사레이아의)
339년 몰. 역사, 호교론, 성서론 저술을 남겼다. 비잔티움 문학과 사상에 큰 영향을 미쳤다.

에우스타티오스
10세기 사람. 환관, 칼라브리아 *테마* 스트라테고스.

에우스타티오스 보엘라스
프로토스파타리오스, 크뤼소트리클리노스 궁전 책임관 겸 집정관. 11세기 소아시아 대지주.

에우스타티오스
테살로니키 수도 대주교, 콘스탄티노플 성 소피아 대성당 부제, 수사학 교수를 지냈고, 고대 텍스트(호메로스의 일리아스, 오디세이아, 핀다로스 등) 주해서를 썼다. 1175년 테살로니키 대주교로 임명되어 1185년 노르만인들에 의한 테살로니키 약탈에 대한 보고서, 시사적 연설 몇 편, 서한, 많은 수도원 제도 현황과 그 개혁 필요성에 대한 글들, 금욕 수행에 대한 글들, 설교문, 종교시를 썼다.

에우스트라티오스
12세기 사람. *니케아 수도 대주교*. 비잔티움 철학자. 요안네스 이탈로스의 제자.

에피파니오스
프로토스파타리오스. 10세기 이탈리아 롱고바르디아에 사신으로 갔다.

에피파니오스(살라미스(키프로스)의)
403년 몰. 박식했으나 비판력이 부족했다. 특히 『파나리온』이라 불리는 이단설들을 대거 편집한 작품으로 유명하다.

오레이바시오스(페르가몬의)
율리아노스 황제(재위 361-363)의 총애를 입은 의사. 히포크라테스와 갈리에노스의 저서를 짜깁기하고 부연한 의학 백과사전을 편찬했다.

요세포스 게네시오스
콘스탄티노스 포르퓌로겐네토스 때 레온 5세, 미카엘 2세, 테오필로스, 미카엘 3세, *바실레이오스 1세* 때 일들을 기록한 연대기를 엮었다.

요세포스 브뤼엔니오스
미스트라스 출신. 크레타에서 수도사 생활을 하고 1396년 스투디오스 수도원으로 옮겨 황제 고문회 회원, 궁정 설교가가 된다. 요안네스 8세가 라틴인들과 대화할 것을 제의했으나 이를 뿌리치고 크레타로 돌아갔다.

요세포스(성가 작가)(Joseph l'Hymnographe)
880년경 몰. 성가 작가. 아랍인들을 피해 고향 시칠리아를 탈출해 콘스탄티노플로 와 *히에로모나코스*가 됐고 종교시 편집자로 명성을 얻었다.

요세포스 테라스
11세기 사람. *프로토스파타리오스*. 노르만령 칼라브리아 동안 도시 스틸로 법관.

요안네스(다마스쿠스의)
754년 이전 몰. 비잔티움 가장 위대한 신학자 중 한 사람. 교리, 도덕, 금욕 수행에 관한 문제들을 천착했고, 성서 주해와 역사 연구도 수행했다. 신학 총서인 『지식의 원천』을 저술했다.

요안네스(리디아의)
490년 출생. 동방 도(道)의 위세(威勢) 높은 관리로서 구로마력, 점성술, 로마 행정관들에 관한 저술들을 남겼다.

요안네스 마우로푸스
11세기 사람. 에우카이타 주교를 지냈고, 파플라고니아에서 콘스탄티노플로 와 학교를 열었는데, 백과사전적 지식으로 큰 성공을 거두었다. 그의 제자로는 *미카엘 프셀로스*, *콘스탄티노스 레이쿠데스*, *트레비존드의 요안네스 크시필리노스*가 있다.

요안네스 말랄라스
6세기에 전 세계 연대기 한 편을 입말로 엮었는데, 563년 분까지 남아 있다.

요안네스 모스코스
7세기 사람. 예루살렘 사막, 이집트, 시나이산, 키프로스, 사모스섬, 안티오케이아에서 수도사 생활을 했다. 614년 *예루살렘*이 페르시아인들에게 점령되자 로마로 갔다. 그가 지은 『영적 초원』에는 300명 이상의 금욕수행자(금욕주의)들의 교훈적이고 경이로운 이야기들이 수록됐다.

요안네스 벡코스
총대주교(재위 1275-82). 교회 일치에 호의적인 신학서 여러 편을 썼다.

요안네스 스퀼리제스
11세기 사람. 고관을 지냈다. 미카엘 1세의 등극으로부터 니케포로스 보타네이아테스 시대까지 연대기를 썼으며, 이 책은 *게오르기오스 케드레노스*가 자신의 작품 맨 앞에 전사(轉寫)해 놓았다.

요안네스(아파메이아의)
5세기 말 시리아 은자.

요안네스 에르밍가레스
프로토스파타리오스. 11세기 노르만령 이탈리아 대지주.

요안네스(이베리아인) (Jean l'Ibère)
10세기 사람. 콘스탄티노플 부유한 집안 출신. 아토스산에 은거했다.

요안네스 이탈로스
11세기 사람. 미카엘 프셀로스의 제자이자 후임 교수. 철학을 신학으로부터 분리해 내지만 교회로부터 단죄당한다.

요안네스 조나라스
12세기 사람. 순라군 대(大)드롱가리오스(*순라군 드롱가리오스*)와 프로타세크레티스를 지냈고, '왕자들의 섬들' 중 하나인 하기아-글뤼케이아에 있는 수도원에 은거했다. 1118년까지 내려오는 전 세계 연대기를 썼고, 교부 저서, 공의회 문건, 교회법에 대한 주해서 몇 편, 성인전 여러 편 등을 썼다.

요안네스(카파도키아의)
유스티니아누스의 대신.

요안네스 6세 칸타쿠제노스
1383년 몰. 황제(재위 1347-1354). 처음에 참위(僭位) 황제였다가 나중에 황제가 된다. 권좌에서 쫓겨난 뒤 콘스탄티노플 망가나 수도원에 은거했다가 나중에 아토스산으로 옮기고는 요아사프란 법명을 얻는다. 자신을 정당화하는 1320-1356년 간 연대기, 아리스토텔레스『니코마코스 윤리학』의 장황한 번안, 다수의 신학 논문을 썼다.

요안네스 크리소스토모스
347년경-407. 397년 콘스탄티노플 총대주교로 임명됐다. 성경 주해에 기반한 설교문들, 사제직, 수도원, 처녀성에 관한 논문들 등을 썼다. 그리스 교회 가장 위대한 설교가로 일컬어진다.

요안네스 크시필리노스
총대주교(재위 1064-1075). 콘스탄티노플에서 *요안네스 마우로푸스*에게 배웠다. 1045년 노모퓔락스직이 창설됐을 때 노모퓔락스로 임명됐고, 새 법률학교 학장으로 있다가 나중에 총대주교가 됐다. 교회법, 교회론, 금욕수행 정신에 대해 잘 알았고 많은 설교문을 썼다.

요안네스 클리마코스
6세기 사람. 수도사의 *신비주의* 지침서 『계단』을 썼다. 이 책은 대단한 성공을 거두었다.

요안네스 킨나모스
12세기 사람. 요안네스 콤네노스 황제(1118-43) 때와 1176년까지 마누엘 황제 때 일을 기록했다.

요안네스 필로포노스
6세기 사람. *알렉산드리아* 대학 교수. 아리스토텔레스 철학 연구가로서 천문 관측의에 관한 논문 한 편을 썼다.

유스티니아누스 1세
황제(재위 527-565). 옛 로마 제국을 재건하려는 시대착오적인 구상을 좇아 방대한 법전 편찬 사업을 벌였고, 아프리카와 이탈리아를 정복했고, 제국을 수많은 예술품으로 장식했으며, 국가 재정을 탕진했다.

자카리아스(수사가 혹은 변호인)(Zacharie le Rhéteur, Zacharie le Scholastique)
미틸레네(뮈틸레네) 대주교. 518년경 교회사 한 편을 썼다.

조시모스
테오도시오스 2세 때 호조 변호인과 궁정 코메스를 지냈다. *사르데이스의 에우나피오스*의 역사서를 요약하고 410년까지 이어 썼다. 그의 문장은 명료하고 우아했는데, 이것은 전편(前篇) 작가에게는 결여된 것이었다.

카나노스 라스카리스
15세기 사람. 여행기를 썼다.

코스마스(시칠리아의)
8세기 사람. *다마스쿠스의 요안네스*와 *예루살렘의 코스마스*의 스승.

코스마스(예루살렘의)
일명 멜로도스. 8세기 사람. 최상의 전례 시 작가 중 한 사람.

코스마스 인디코플레우스테스
6세기 사람. 자신의 출신지 이집트에서 시작하는 여행기 『기독교인의 지형도』를 썼다.

코즈마((희)코스마스)
10세기 사람. 사제. *보고밀파*를 반박하는 논문을 썼다.

콘스탄티노스
알렉시오스 3세 앙겔로스 때 *환관*. 사켈라리오스.

콘스탄티노스 레이쿠데스
총대주교(재위 1059-63). 콘스탄티노플에서 요안네스 마우로푸스에게 배웠다. 미카엘 5세, 콘스탄티노스 9세 모노마코스의 대신을 지내고 총대주교가 된다.

콘스탄티노스 마나세스
12세기 사람. 운문·산문 저작 몇 편을 남겼다. 1081년에서 멈춘 전 세계 연대기, 소설 한 편, 오피아노스(2세기) 전기, 묘사문(모자이크를 보고 쓴 것 두 점, 사냥에 대한 것 한 점 등), 긴 교훈시 한 편 등이 있다.

콘스탄티노스 아크로폴리테스
14세기 사람. *게오르기오스 아크로폴리테스*의 아들. 서한들과 성인전 여러 편을 지었다.

콘스탄티노스 퀴로스
5세기 사람. 콘스탄티노플 총독.

콘스탄티노스 7세 포르퓌로겐네토스
황제(재위 944-959). 찬양일색인 자신의 할아버지 *바실레이오스 1세* 재위기 역사, 자신의 아들 로마노스에게 들려주는 제국 통치론, 역사지리서, 궁정 의전서를 편집했다.

크테나스
사제. *레온 6세*(재위 886-912) 시절 금 60파운드를 내고 *프로토스파타리오스*가 됐다.

키릴로스(퀴릴로스)(스키토폴리스의)
6세기 성인전 작가.

키릴로스(퀴릴로스)(알렉산드리아의)
444년 몰. *네스토리오스* 이단설에 대해 투쟁을 벌여 정통론(정교)을 수호하는 데 큰 구실을 했다. 그의 문학 작품은 교회·교리 역사에서 아주 중요하다.

테미스티오스
4세기 사람. 콘스탄티노플에서 성공한 철학 교사였고, 궁정에서 귀하게 여긴 연설가였다. 아리스토텔레스를 번안했고, 격식에 치우친 시사 연설 약 40편을 썼다.

테오도레토스(퀴로스의)
5세기 사람. 325년에서 428년간 교회사를 썼다.

테오도로스 다프노파테스
10세기 사람. 고관, 연대기 작가.

테오도로스(독사(讀師))(Théodore le Lecteur)
6세기 사람. 콘스탄티노플 성 소피아 성당 성직자. 소크라테스, 소조메노스, 테오도레토스의 역사서를 합편했다.

테오도로스 메토키테스
14세기 사람. 안드로니코스 2세 때 대(大)로고테테스(로고테테스)를 지냈다. 백과전서적 교양인이자 인문주의적 철학자. 수학, 점성술에 물들지 않은 천문학 연구에 심취했다.

테오도로스 멜리테니오테스
14세기 사람. 천문학 백과전서 한 편을 썼으며, 천문학을 신학 다음가는 학문으로 여겼다.

테오도로스(몹수에스티아의)
428년 몰. 몹수에스티아(킬리키아) 주교. 안티오케이아 학파의 가장 위대한 성서 주해가. 성서 거의 전부에 대해 주해했으며, 교리와 전례에 관해 저술했다. 그의 저작들은 553년 *네스토리오스주의*로서 단죄됐다.

테오도로스 발사몬
12세기 사람. 14장판 노모카논과 교회법(canon) 집성 한 편 주해서를 엮었다.

테오도로스 스쿠타리오테스
13세기 사람. 퀴지코스 주교. 미카엘 팔라이올로고스에 의한 콘스탄티노플 수복(1261)까지 내려오는 전 세계 연대기를 엮었다.

테오도로스(스투디오스 수도원의)(Théodore Studite)
759-826. 콘스탄티노플 스투디오스 수도원 *히구메노스*. 그리스 수도원의 위대

한 개혁가. 자신의 수도사들에게 행한 연설 선(選), 성상 옹호론 논저, 서신 다수, 경구, 찬미가를 썼다.

테오도로스 프로드로모스
12세기 풍자 시인. 속어로 작품을 썼다.

테오도시오스(멜리테네의)
11세기 사람. 전 세계 연대기 한 편을 썼고, 948년까지 그 단편이 보존되어 있다.

테오파네스(증거자)(Théophanès le Confesseur)
부유한 가문의 후손이며 시그리아노산(퀴지코스 근처에 있다) 부근 그가 창건한 수도원에9) 은거한다. 레온 5세의 *성상파괴주의* 정책에 적대적 태도를 취해 사모트라케 바위섬에 유배된 후 이곳에서 817년 사망한다. 그의 벗 *게오르기오스 셍켈로스*의 청에 응해, 그가 쓴 천지창조로부터 디오클레티아누스 황제 때까지 내려오는 연대기를 이어 써 미카엘 1세 랑가베 황제 실각(813) 때까지 썼다.

테오필락토스 시모카테스(혹은 시모카타)(Théophylakte Simocatta)
6세기 사람. 마우리키오스 황제 때 일을 기록했다.

테오필락토스(오흐리드의)
불가리아 대주교. 11세기 우수한 신학자 중 한 사람. 많은 서한을 썼다.

토마스(마기스트로스)(Thomas le Magistros)
안드로니코스 2세의 비서, 참모. *테오도로스 메토키테스*와 *니케포로스 그레고라스* 문인 그룹에 속한다. 어휘, 문헌학, 수사학에 관한 학교 교재들을 썼다.

파울로스(아이기나의)
7세기 때 위대한 *의사*.

파울로스 호 네오스(새 파울로스)(Paul le Nouveau)
10세기 사람. 소아시아 라트로스산에 수도원 한 곳을 창건했다.

---

9) 그가 은거한 수도원은 폴뤼크로니오스 수도원인데, 그가 창건하지는 않았다.

파코미오스
346년 몰. 성인. 케노비티즘[10] 수도원 창시자.

포마((희)토마스)(슬라브인)(Thomas le Slave)
소아시아에서 제국 지배에 저항하는 반란을 일으키고 아랍 영토 내 *안티오케이아* 총대주교에 의해 황제로 대관한다. 821년 콘스탄티노플을 포위 공격하지만 불가리아 칸 오무르타그가 구원하러 와 실패한다. 이로써 종족·종교·사회적 반감들에 기대어 일어난 민중 봉기는 막을 내린다.

포티오스
총대주교(재위 858-867, 877-886). 박식하고 행동의 인물로서 고대 교양에 심취했으며, 비잔티움 세계 위대한 인물들 중 한 사람이다. 독서 노트, 어휘집, 경구집을 엮었다. 또한 미완성이었던 교회 법전 편찬 사업에도 큰 영향을 미쳤다.

프로코피오스(가자의)
538년경 몰. 연쇄형 주석서(chaînes exégétiques)와 163통의 편지를 썼다.

프로코피오스(카이사레이아의)
6세기 사람. *벨리사리오스*의 비서를 역임했다. 고전 교양이 깊었고 유스티니아누스 대제 때 수행된 수많은 *전쟁* 기록, 동 황제 때 건설된 건축물 묘사, 그리고 이 위대한 시대의 이면을 들추는 소책자를 썼다.

프로클로스
5세기 사람. 아테나이 아카데메이아에서 활동한 철학자.

필로스토르기오스
5세기 사람. 300-425년간 교회사를 썼다.

필리포스(시데(팜필리아)의)
5세기 전반 천지창조에서 426년경까지 내려오는 『기독교인의 역사』를 썼다.

헤라클레이오스
황제(재위 610-641). 그리스 제국황제 전설 주인공 2인 중 1인(다른 한 명은 바실레이오스 1세). 비잔티움의 오랜 적 페르시아에 참패를 안기고, 성 십자가(la

---
[10] 공동체에서 하는 수도 생활.

Vraie Croix)를 예루살렘에 다시 안치했다.

헤쉬키오스(밀레토스의)

6세기 중엽에 활동했다. 앗시리아인에서 시작해 아나스타시오스대(518)에 이르는 전 세계 연대기를 편집했다. 유스티노스 재임기(518-527)와 유스티니아누스 대제 초기 시절 역사도 썼으나 실전됐다.

지역과 민족

가자
5-6세기에 훌륭한 수사학 학교가 있었다. 이 학교 출신 중 가장 걸출한 인물은 프로코피오스와 아이네아스다.

가산족
남아라비아가 발상지인 가산족은 5세기 시리아 사막 서부를 점하고 있었다. 498년경 팔레스티나 대공 로마노스는 팔레스티나를 침략한 가산족 우두머리 자발라를 치기 위한 원정에 착수했고, 자발라의 아들 하리쓰는 유스티니아누스에 의해 파트리키오스 겸 '모든 로마인 아라비아인'의 왕으로 임명됐다. 이로써 유스티니아누스는 페르시아 속국 라큼 왕국에 이웃한 동맹군을 확보하게 됐다. 이 동맹은 다른 면에서도 제국에 도움이 됐는데, 그리스 역사가 *요안네스 말랄라스*에 의하면 531년 4월 *벨리사리오스*가 페르시아로 진격할 때 그의 군대 안에는 하리쓰가 지휘하는 5천 명의 아랍인이 있었다. 554년 가산족과 라큼족 간 전쟁은 이 가산족 왕의 승리로 끝났다. 그의 아들 알-문디르는 라큼족에 대한 전쟁과 황후 테오도라가 비호한 *단성론파* 교회의 선교를 성공적으로 추진했다. 그러나 이 가산 군주의 점점 더 늘어나는 영향력은 당시 장군이자 미래에 황제가 될 마우리키오스에게 의심을 품게 했고, 마우리키오스는 티베리오스 황제를 설득해 581년 그를 콘스탄티노플로 유인하며, 이곳에서 시칠리아로 유배당한다. 마지막 가산 군주가 된 그의 아들도 얼마 뒤 그곳에서 아버지를 만난다. 그 후 가산 왕국은 15인의 군주들 사이에서 분열되고, 그중 몇몇은 페르시아와 연합한다.

고트족
2세기 중엽 비스툴라강 하류 지역을 떠난 이 게르만계 민족은 우크라이나에 도착하고 도나우강 유역까지 거주지를 확대한다. 주로 흑해 북변에 정착한 고트족은 두 개의 그룹으로 나뉘는데, 서고트족과 동고트족이 그들이다. 4세기 중반 이래 고트족은 당시 콘스탄티노플에서도 매우 우세하던 *아리우스파*로 개종한다. 378년 트라키아주(州)에 정착해 있던 고트족이 제국 안으로 침입해 발렌스 황제의 군대는 대패하고 만다. 이 전투 결과 동고트족은 판노니아에, 서고트족은 트라키아에 정착하고, 그들은 동맹군(foederati)으로서 제국 군대에 복무할 것을 서약하고 완전한 자치권을 누리게 된다. 이때부터 7세기까지 게르만인은 제국 군대에서 가장 중요한 부분이 된다. 게르만인의 득세가 동로마 제국에 위협이 될 수도 있었을 때 억지를 써 일리리쿰 *병대장* 칭호를 획득한 서고트족 수장 알라릭은 그의 군대와 함께 서방으로 방향을 돌려 410년 *로마*를 점령한다. 제논 황제 때 이탈리아의 게르만 수장 오도아케르는 동로마 황제의 종주권을 인정하고 이탈리아 병대장 칭호를 받지만 실제로는 게르만족 영향 아래 놓인 이탈리아는 비잔티움 측에서는 이미 상실된 상태나 마찬가지였다. 발칸반도에 남은 고트족은 자꾸만 제국 내부 일에 간섭하려 해 비잔티움 당국은 그들을 테오도릭 지휘하에 기피인물이 된 오도아케르를 대적하게끔 제국의 관내로부터 벗어나게 했다. 그리하여 테오도릭은 오도아케르를 제거하고 493년 이탈리아의 주인이 된다. 야심 차게 옛 제국 국경을 되찾으려 한 *유스티니아누스*는 벨리사리오스로 하여금 동고트족 치하 이탈리아를 치게 한다. 긴 전쟁의 결과 비잔티움이 승리하고, 이탈리아를 재정복하게 된다. 반대로 에스파냐 서고트족은 반격에 성공해 연안 좁은 띠 모양 지역 외 에스파냐는 영원히 상실된다. 이 이후 그리스화한 동고트족만이 제국 속주 안에 있게 되고, 이 속주는 헤라클레이오스 황제 때 이후 *옵시키*온 테마라 불린다.

금각만
튀르키예어로는 할리츠. 옛 이름은 케라스('뿔'). 길이 7.5킬로미터, 최대 폭 570미터, 수심 1-30미터의 좁은 만. 비잔티움 수도 북동쪽 양항(良港).

나폴리인
6-8세기 나폴리는 비잔티움 이탈리아 총독령에 속한 공국이었다. 8세기 이탈리아가 비잔티움으로부터 떨어져 나갔을 때 나폴리 대공들은 줄곧 자신들의 이익만을 지키려 애썼고, 총독령이 없어지고 난 후에도 나폴리는 제국 스파타리오스에 의해 다스려졌다. 그러나 성직자들은 로마 전통을 지키려 해 성직자들과 교황 권력에 적대적인 군인 귀족들 간에 알력이 발생했다. 얼마 안 있어 나폴리는 완전한 독립으로 나아가 자신의 주교 스테파노 2세의 영향 아래 로마 영향권에 편입되는 길을 택하고, 성직자들은 라틴어와 라틴 문화를 받아들이기 시작했다. 그렇지만 그리스어는 나폴리 전례에서 중요한 부분으로 남는다. 나폴리는 로마와 가까워졌지만 영향력을 차지하려는 싸움은 계속되어 818-821년간 비잔티움 관리들이 나폴리를 통치한다. 813년 아랍인의 팔레르모 점령은 나폴리와 비잔티움 간 접촉을 점차 어렵게 했고, 나폴리인들은 프랑크인들과 아랍인들에게 호소해 *롬바르드인*들로부터 자신들을 지키려 한다.

836년 롬바르드 왕 시카르드와 나폴리 사이에 체결된 조약은 나폴리인들의 상업적 자유를 확대했다. 아랍인들에게서 위협을 느낀 교황 조반니 8세가 비잔티움 황제에게 자신의 가신(家臣)들을 구원해줄 것을 요청하자 비잔티움 함대는 아랍인들을 물리치고 나서 나폴리에 제국의 패권을 다시 세우려 나폴리 해안으로 진격했다. 그러자 나폴리 대공은 독립을 유지하기 위해 아랍인들에게 접근했다. 나폴리인들은 카푸아의 롬바르드 영주들로 인해 비잔티움에 구원을 요청해야 했고, 카푸아·베네벤토 대공 아테놀프 또한 제국 편에 서게 된다. 제국에서 *파트리키오스* 작위를 받은 그의 아들 란돌프는 나폴리를 아랍인들과의 동맹으로부터 떼어놓는 데 성공하기까지 한다. 나폴리는 비잔티움의 종주권을 인정하고 제국 군대는 915년 가릴리아노 강변에서 아랍인들에게 대승을 거둔다. 이 승리로 비잔티움 세력은 이탈리아에서 새로운 특권을 획득하고, 나폴리 대공은 바리 주재 비잔티움 스트라테고스의 중재로 파트리키오스 작위를 수여받는다. 그러나 그의 후계자들이 이 작위를 계속 잇지는 않은 것 같다. 10세기간 나폴리는 제국과 평화롭지만 모호한 관계를 유지했으며, 이 기간 동안 나폴리에서 비잔티움으로의 사절 파견은 단 한 차례에 불과했다. 나폴리 공국에서 비잔티움 문헌들은 어쨌든 계속 필경되고 번역된다. 11세기 나폴리인들은 노르만인 로베르 기스카르의 침략에 용감하게 맞선다. 시칠리아 왕 루지에로 2세는 왕위에 오른 후 나폴리 대공에게 자신을 주군으로 인정할 것을 강요한다. 시칠리아 왕은 반란을 일으킨 나폴리를 포위하지만, 나폴리가 파견한 사절단은 1139년이 되어서야 결국 도시를 왕에게 바친다.

노르만인

11세기 비잔티움 군대는 외국 용병 모집 체제를 부활시켰고, 이 용병 중 노르만인은 중요한 자리를 차지했다. 이리하여 1071년 로마노스 4세가 *셀주크인*들을 치러 갈 때 노르만인들이 *페체네그*인들, 우즈인들, 프랑크인들과 병진(竝進)했다. 알렉시오스 1세 때는 로베르 기스카르(로베르토 기스카르도)가 이끄는 노르만인 군대가 남이탈리아 비잔티움령을 복속시키고 아드리아해 동안을 공격했다. 하지만 *베네치아*의 도움과 1085년 로베르 기스카르의 사망으로 제국은 노르만인의 위협에서 벗어날 수 있었다. 한편 1077년 *셀주크인*들이 *예루살렘*을 점령하자 교황 우르비노스 2세는 성지를 탈환하기 위한 제1차 서방 십자군을 조직한다. 로베르 기스카르의 아들 보에몽(보에몬도)은 십자군이 1098년 *안티오케이아*를 점령한 것을 기화로 도시들을 튀르크인의 지배에서 해방하면 비잔티움 황제에게 바치겠다고 한 서약을 어기고 안티오케이아 독립 군주로 자리 잡는다. 튀르크인들과 비잔티움으로부터 이중의 위협에 직면한 보에몽은 제국을 상대로 대대적인 공격을 감행할 군대를 모으러 서방으로 떠난다. 1107년 아드리아해 연안에서 치러진 전투가 제국의 승리로 끝나자, 보에몽은 비잔티움 황제를 주군으로 인정해야 했다. 그러나 알렉시오스는 안티오케이아를 되찾을 수 없었고, 그것을 되찾은 이는 1137년 여름 짧은 포위 끝에 도시를 수복한 요안네스 2세 콤네노스였다. 그 뒤 요안네스는 시칠리아·풀리아 왕 루지에로 2세에 맞서 독일 왕 콘라트 3세와 동맹을 맺는데, 그의 아들 마누엘은 줄츠바흐의 베르타와 혼인함으로써 이 동맹을 강화한다. 그러나 루지에로 2세는 1147년 제2차 십자군 전쟁을 틈타 제국에 대한 직접적인 공격을 단행해 코린토스와 테바이를 약탈한다. 1155년 노르만의 강력한 왕이 죽고 나서야 마누엘 2세[11])는 이탈리아에서 몇 곳을 재점령할 수 있었다. 이에 위협을 느낀 베네치아는 비잔티움에 등을 돌리고, 새로 시칠리아 왕이 된 굴리엘모 1세는 1156년 브린디시에서 비잔티움 군대에 패배를 안기고 자신의 이탈리아 영토를 탈환한다. 1185년 시칠리아의 노르만인들은 새로이 제국에 대해 군사 행동을 벌여 테살로니키까지 진출해 도시를 함락시킨다. 그러나 안드로니코스 1세가 죽은 후 노르만 군대는 알렉시오스 브라나스에게 패해 점령한 도시들 대부분에서 물러나야 했다. 시칠리아 왕 굴리엘모 2세가 죽었을 때 독일 황제 하인리히 6세는 자신이 노르만인 콘스탄체와 결혼한 것의 결과로써 시칠리아를 자신의 아버지 프리드리히 바르바로사가 남긴 유산에 보탰으며, 1194년 시칠리아 왕으로 등극해 이 나라를 독일에 합병시켰다. 프리드리히 재임기 독일은 비잔티움과 긴장된 관계에 놓였었다.

노바다이족

3세기 디오클레티아누스 황제 때 누비아에서 유래한 노바다이족은 이집트 맨 아래 남쪽에 영토를 받았는데, 그것은 그들의 제국 변경 침입 파괴 행위를 근절키 위한 계획에서였다. 그러나 4세기 말부터 노바다이인들은 제국 방위의 취약한 틈을 타 침입을 재개했고, 이는 452년까지 이어졌다. 마르키아노스 황제 때 이집트에서 노바다이인 노략질 떼들이 비잔티움 군대에 패했던 것이다. 6세기 유스티니아누스 황제는 이시스 신전에서 예배를 올리던 이 민족을 기독교로 개종시키려 온갖 노력을 기울였다. 황제는 이시스 신전을 폐쇄했고, 비잔티움이 편 종교 통일 정책은 540년 노바다이 왕의 개종을 이끌어냈다. 누비아는

---

11) 마누엘 1세의 오기.

정치적으로는 독립을 누렸으나 누비아 민족들의 기독교화는 이들이 제국에 아주 가까운 이웃이 되게끔 했고, 그들의 교회 미술은 이것을 확실하게 증명해 준다.

니케아(니카이아, (터)이즈니크)
비티니아에 있다. 옵시키온 테마 수도. 유스티니아누스 대제가 도시를 수축하고 성벽, 궁전, 수로, 공중목욕탕, 교회, 수도원 등을 희사했다. 이 도시에는 제국 정청(政廳)이 자리 잡았고, 라틴 제국 시기에는 조정(朝廷)이 이곳으로 왔다.

다라(아나스타시우폴리스)
아나스타시오스 1세 황제가 페르시아 도시 니시비스 맞은편에 세운 요새 도시.

라벤나
라틴 고대 전통의 중심지로서 6세기에서 8세기 중엽까지 비잔티움 이탈리아 총독령 수도였다. 도시는 자신의 라틴 문화를 보존하면서도 그것에 외래 인구적·문화적 요소, 즉 동방 혹은 슬라브적 요소를 보탤 줄 알았다. 공용어와 문화어는 줄곧 라틴어였다. 희랍어는 7세기 수도와의 행정 연락에 쓰였고 이곳에서는 거의 쓰이지 않았다.

라지카(Lazica), 라즈인
456년 마르키아노스 황제는 북해 남동 해안, 아르메니아 북쪽에 자리 잡은 라지카[12]라 불린 작은 나라로 원정을 떠났는데, 라지카 왕은 이때 제국에 복속한다. 그러나 468년 페르시아가 라즈인들의 공격에 반격을 가하자 레온 1세는 이 제국 속국을 곤경 속에 내버려 둬 라지카는 페르시아에 복속되고 만다. 그렇지만 522년 담나제스 왕이 죽고 그 아들 짜테가 책봉을 구하러 간 곳은 콘스탄티노플이었다. 그곳에서 그는 세례를 받고, 라지카는 다시 비잔티움의 속국이 된다. 라지카의 지리 형세는 제국에 캅카스산맥 북쪽으로부터의 침입과 페르시아에 대해 안전을 보장해 주었다. 유스티니아누스 때 호스로우 1세 사이에 발생한 충돌과 제국에 의한 착취의 결과로 라즈인들은 페르시아 편으로 돌아선다. 그러나 라지카 왕 구바제스는 상업적·종교적 필요성에 쫓겨 비잔티움에 도움을 요청한다. 유스티니아누스에 의해 강력한 도시가 된 페트라는 551년 비잔티움인들이 재점령한다. 그러나 561년 페르시아와 제국 사이에 평화조약

---

[12] '라즈인들의 나라.'

이 새로 체결되고 나서야 라지카는 온전히 제국으로 돌아온다. 조지아 서쪽에 있는 이 나라는 조지아 왕국에 통합될 때까지 제국의 속국으로 남는다.

러시아인

러시아의 가장 오래된 연대기 『원초 연대기』(*Chronique des temps passés*)에 의하면 루시의 나라 이름이 처음으로 언급된 것은 852년 비잔티움 황제 미카엘 3세 때의 일이다. 총대주교 포티오스는 860년 러시아인들이 콘스탄티노플을 공격한 일이 있다고 말하는데, 이들 중에는 의심의 여지 없이 이미 '바랴그인[13]들의 그리스 진출로'를 따라 남하하고 있던 스칸디나비아인들이 섞여 있었다. 스칸디나비아식 이름을 가진 최초의 대공들 밑에서 키예프 러시아가 빠르게 발전하고 있었음은 10세기 러시아와 비잔티움 사이에 체결된 통상조약들을 보면 잘 알 수 있다. 이 조약들은 통상과 관련된 항목들 외에도 러시아인들이 그리스인들에게 행하는 군사상 부조(扶助)에 대해서도 비중 있게 다루고 있는데, 초기 조약들에서 러시아인들은 용병으로서, 944년 이고르 대공과 로마노스·콘스탄티노스·스테파노스 황제들 사이에 체결된 조약에서는 진정한 동맹군으로서 기술되고 있다. 957년 이고르의 미망인으로서 키예프 공국 섭정 올가 왕비가 콘스탄티노플로 온다. 이때쯤 올가는, 아마도 비잔티움 제국 수도에서, 세례를 받은 듯하다. 그렇지만 그녀의 아들 스뱌토슬라프는 이교도로 남았고, 비잔티움 황제가 러시아인들의 군사적 부조를 활용해 도나우강 유역 *불가리아인*들을 치려고 군대를 보낸 것은 의심의 여지 없이 *하자르* 왕국 멸망 뒤 스뱌토슬라프와 이슬람 세력이 직접 접촉하는 것을 막기 위함이었다. 비잔티움의 종교적 영향력이 러시아 깊숙이 침투한 것은 스뱌토슬라프의 아들 블라디미르 대에 와서였다. 블라디미르의 개종이 지속적인 결과를 낳은 것은 의심의 여지 없이 키예프 궁정에 정교 신자 공주가 도래한 것과 관련이 있다. 러시아인들이 참칭자 바르다스 포카스를 물리치는 데 군사 원조를 제공하는 대가로 바실레이오스 2세의 여동생 안나가 블라디미르에게 시집가기로 약정되었던 것이다. 그러나 이 '자의(紫衣)를 입고 태어난' 공주가 '이교도 이방인'과의 혼인을 받아들이기 위해서는 그가 케르손을 점령하고 기독교로 개종해야만 했다. 두 나라 사이의 우의는 1043년 야로슬라프가 제국 원정을 나설 때까지 증진됐다. 야로슬라프의 벗인 한 노르웨이 군주에 대한 비잔티움 황제의 적대적 태도가 부른 이 원정으로 콘스탄티노플에 있던 러시아 상인들은 깡그리

---

[13] 그리스식으로는 '바랑고이'.

도시 밖으로 쫓겨났다. 이는 당시 비잔티움 수도에서 러시아인 상인 거류민들의 세력이 얼마나 셌었나를 말해 준다. 야로슬라프의 아들과 콘스탄티노스 9세 모노마코스의 딸의 혼인은 두 나라 간 관계 회복의 굳은 징표였다. 키예프 러시아에서 비잔티움의 영향력이 급속히 발전해 가고 있던 바로 그때 이 젊은 국가는 독립에의 의지를 표명하기 시작한다. 러시아인으로서 최초로 수도 *대주교*가 된 수도사 일라리온은 그의 연설문에서 이미 블라디미르 1세와 야로슬라프를 비잔티움 식으로 러시아 기독교인들의 수장들로 부른다. 다른 한편 비잔티움 장인들이 장식 일부를 담당한 키예프의 성 소피아 성당은 콘스탄티노플 대성당(성 소피아 성당)과 대등한 자리를 꿈꾼다. 11세기 후반 이후 비잔티움과 러시아의 관계는 지중해 지역 전체에 형성된 불리한 국면의 영향을 받는다. 다른 한편 끊임없는 러시아 대공들 간 다툼은 공국 방위를 위한 병력 상존을 불가피하게 해 러시아의 비잔티움에 대한 군사 원조가 감소하기 시작한다. 두 나라가 희생된 침략에서 비롯된 두 국가 간 긴 관계 단절이 있고 난 뒤 이들의 관계는 14세기 재개되는데, 이는 비잔티움과 러시아에서 새로운 중심으로 부상한 모스크바 공국 간 관계로 나타난다. 비잔티움 교회가 러시아에 콘스탄티노플 총대주교가 선출하는 단 한 명의 수도 대주교를 세운다는 원칙을 고집했지만 비잔티움 총대주교청 내부에서 또 다른 수도 대주교구를 위한 투쟁이 일어나 모스크바가 승리했는데, 이것은 총대주교 필로테오스의 영향력 때문이었다. 14세기 말 러시아 대공 바실리 1세가 *전례*에서 더 이상 비잔티움 황제의 이름을 언급하지 않는 결정을 내린 것은 러시아의 문화적 독립의 물꼬를 트는 것이었다. 1414년 비잔티움 황제 마누엘 2세의 아들과 바실리의 딸의 혼인이 있었지만 1439년 피렌체 공의회에서 있은 교회 일치 선언으로 두 나라 관계는 파국을 맞이하며, 모스크바 대공은 이때로부터 정교회 유일 수장을 겸하는 '새 콘스탄티노플-모스크바의 새 차르 콘스탄틴'이 된다.

로마
비잔티움령 로마는 공국 수도지만 교황이 도시의 첫째가는 소유주다. 536년 그리스인 군대가 도착했을 때는 가난하고 황폐한 곳이었으나 재건되어, 특히 제국 행정 영역 안에서 중요한 사치품 교역 중개지로 발전했다. 이곳에서 그리스 문화는 거의 퍼지지 않았다. 도시는 자치적으로 살아나가는 길을 개척했고, 8세기에는 독립을 선택한다.

롬바르드인((희)롱고바르도이)
4세기 중엽 엘베강 유역에서 실레지아에 도착한 롬바르드인들은 지금의 헝가리 평원 쪽으로 향했다. 5세기 제국 국경 근처까지 진출하고 시르미움을 점령한 게피다이인의 위협에 맞서기 위해 *유스티니아누스* 황제는 롬바르드인들과 동맹을 확보하고, 그들을 동맹군(포이데라티)으로 만든다. 이 협약 덕분에 그들은 도나우강 중류 지역에서 지배적인 위치를 차지할 수 있었다. 그렇지만 그들의 게피다이인들에 대한 계속되는 공격에도 그들의 침입은 근절되지 않았다. 6세기 롬바르드 왕 알보인은 아바르인 왕 바얀에게 협공을 제안해 567년 게피다이인들의 군대는 섬멸된다. *아바르인*들이 이 승리를 이용해 그 지역에 대한 지배를 강화하자 롬바르드인들은 새로운 땅을 찾아야 했고, 이탈리아로 향했다. 이탈리아 비잔티움 수비 병력은 무력했던 모양으로 5년이 채 지나지 않아 이탈리아 북부 거의 전체가 롬바르드인들에게 장악됐고, 572년 로마와 나폴리는 포위됐다. 7세기 콘스타스 2세는 남이탈리아를 가로지르는 원정을 단행했으나 실패하고, 그의 후계자 콘스탄티노스 4세는 침입자들과 조약을 맺어 제국 국경을 획정하는 결정을 내렸다. *베네치아*, *나폴리*, 로마 속주, *라벤나*, 그리고 연안 지역 일부가 제국에 남았으나 반도 내지는 외부세력의 침입이 계속됐다. 8세기 롬바르드 왕 리우트프란트는 에밀리아와 펜타폴리스(마르케)를 복속시키는 데 성공한다. 758년 리우트프란트의 두 번째 후계자인 아스툴프는 라벤나를 공격해 비잔티움 엑사르코스를 탈출케 하고, 교황에게 복속을 요구한다. 이에 교황은 카롤링거 왕조 난쟁이 왕 페팽에게 도움을 요청한다. 페팽이 개입함으로 롬바르드인들은 후퇴하고 정복지를 포기해야만 했다. 롬바르드인들의 영토는 이때 공국들로 나뉜다. 비잔티움 함대가 개입해 사라센인들을 물리치고 915년 제국 군대가 가릴리아노 강변에서 승리하자 살레르노와 카푸아의 롬바르드 대공들은 비잔티움의 패권을 인정한다. 그러나 이들은 조금씩 예속 상태를 벗어나는 데 힘을 기울인다. 10세기 말을 전후해 독일 황제들은 롬바르드 공국들을 신성로마제국에 병합시키려고 시도하나 실패하고, 비잔티움인들은 롱고바르디아, 칼라브리아, 루카니아 *테마*를 묶어 하나의 *카테파노*령으로 만든다. 1017년 노르만인들이 바리의 유력자 멜레스에 의해 초치되어 풀리아로 들어온다. 그들의 도움으로 비잔티움의 질곡으로부터 벗어나려는 희망에서 롬바르드인은 이 침입자들과 우호 관계를 맺는다. 그렇지만 비잔티움 카테파노 보요안네스가 초기에 승리를 거두자 카푸아 롬바르드 대공은 황제에게 굴복한다. 독일 황제 하인리히 2세의 원정은 비잔티움 군대에 의해 좌절된다. 1038년부터 노르만인의 대대적인 공격이 시작되고, 세력이 신장된 살레르노 롬바르드 대공은 노르만인들을 독려하고, 그들은 비잔티움 영토를 빠르게 점령한다. 그러나 노르만인들의 진출은 계속되어 살레르노 대공은 이번에는 자신의 영토를 침략당하고, 다른 롬바르드 영토들도 침략당한다.

마르다이타이인

레바논·타우로스·아마노스산맥 최전방 지역에 뿌리를 내리고 있던 마르다이타이인들을 유스티니아누스 2세는 제국 안으로 이주시켜 트라키아와 팜필리아 연안 지역에 정착시킨다. 이 외지 소작인들은 오랜 기간 비잔티움 병력원이 되는데, 그것은 10세기 역사가 콘스탄티노스 포르퓌로겐네토스의 기록에 옵시키온 테마 마르다이타이인 지휘관이 4,000-5,000명의 병력을 지휘하는 걸로 기록되고 있기 때문이다. 그들은 또한 유능한 선원이기도 해 9-10세기 해군에서 제국 변경을 지키는 데 동원되기도 했다. 서방 마르다이타이인이라고 하면 펠로폰네소스, 에페이로스, 케팔로니아에 정착한 마르다이타이인들을 말하는 것이었으며, 이들은 *카테파노* 휘하 키비라이오타이 함대에서 복무하는 팜필리아 마르다이타이인들과는 구별됐다.

망가나 궁전

이그나티오스 총대주교(877년 몰) 거처였다가 바실레이오스 1세가 소유하면서 '황제 집'으로 만들었다. 이곳에서 나오는 수입은 특수한 목적에 사용됐다(황실 식료품 구입―옮긴이).

메세 거리

*콘스탄티*노플 주 도로. 양 가로 3층 주랑이 늘어서 있다. 아우구스타이온 광장에서 출발해 콘스탄티누스, 황소, 아나스타시오스, 아르카디오스 포럼을 가로질러 금문(金門)과 셀림브리아 문에 닿는다. 대궁전(뷔윅 사라이)과 콘스탄티누스 포럼 사이는 거래소 밀집 지역(금은 세공사 가게, 왕실 회계관 사무소 들)이었다.

몽골인

13세기 전반 동유럽은 다시 한번 아시아인들이 대규모로 침입해 격랑에 빠진다. 옥수스강과 현재 몽골 사이 지역에서 칭기즈칸의 손자 바투가 이끄는 원정이 시작되어 볼가강 불가리아인들을 패주시킨 다음 캅카스산맥을 넘는데, 도중에 러시아인들의 수즈달, 갈리치아 공국들을 황폐화시켰다. 1240년 키예프가 불탔다. 러시아는 긴 타타르 멍에 시대에 접어들고, 볼가강과 돈강 하류 유역에 세워진 금장한국은 도나우강 유역을 쑥대밭으로 만든다. 불가리아, *트레비존드* 제국, 이코니온 술탄국은 이 한국에 조공을 바치는 속국이 된다. 북쪽에서는 노브고로드 공국만이 화를 면했다. 금장한국으로 비잔티움과 단절됐

지만 러시아는 몽골인들이 종교 문제에 간섭하지 않아 자신의 교회의 전일성
(全一性)을 보존할 수 있었다. 니케아 제국은 변경에 몽골인들이 있음으로 해
서 고통받을 일도 없었고, 비잔티움 경제는 새로운 이웃들과의 교역으로 성장
하기까지 한다. 몽골은 테오도로스 2세 라스카리스 황제에게 사절단을 한 번
파견했다. 1259년 이래 몽골인들끼리 분열이 발생해 바그다드를 점령한 일파
는 그 지배권을 인도에서 지중해 지역까지 확장했다. 불가리아인과 연합한 다
른 일파 금장한국은 이집트의 맘루크들과 두 해협을 통해 만나려고 1264년 비
잔티움 군대를 정벌해 승리했다. 1272년 미카엘 8세와 노가이 칸 사이에 조약
이 체결됐다. 이때로부터 미카엘 8세, 금장한국, 맘루크들 사이에 항구적인 관
계가 결성된다. 15세기 초에는 몽골 세력이 바예지드의 오스만(오스만 튀르크
족) 제국에까지 이르는데, 금장한국을 복속시킨 몽골 군주 티무르가 바예지드
를 참패시켰던 것이다. 이 시기 러시아에 대한 몽골의 장악력이 쇠퇴하는데,
1380년 쿨리코보 폴리예에서 몽골인이 최초로 당한 패배는 러시아가 2세기 이
상 지속된 타타르의 멍에를 벗는 데 첫걸음이 됐다.

무어인(베르베르인)
비자케나, 누미디아, 마우리타니아, 트리폴리타니아의 사막 접경지역이나 비
잔티움령 아프리카에 정착한 유목 혹은 정주 부족들. 아랍인들이 오기 전까지
거의 독립적인, 진정한 국가를 이루고 있었다. 자주 비복속민으로 남고 종종
반란을 일으키기도 했으며 아랍인들의 침략을 저지하기 위해 비잔티움 측과
연합했다.

미스트라스
펠로폰네소스 수도. 13세기 중반 창건되어 1779년 파괴됐다. 이 도시는 프랑
크인들이 세운 성, 그리스인 *데스포테스* 정청(政廳), 웅장한 교회, 발달한 상공
업, 그리스 이교 교양의 마지막 융성기를 대표하고 장래 추기경이 되는 베사리
온(1403-72)을 위시한 콘스탄티노플 학생들까지 불러들일 만큼 명성이 자자
했던, *게오르기오스 게미스토스 플레톤*이 운영한 철학 학교 들로써 비잔티움
인들이 조성한 마지막 도시 생활의 실례다.

밀리온→황금 이정표

바랑고이인(바랴그인)
9세기 중엽부터 스칸디나비아의 바랑고이인은 러시아 북부에 정착했고, 드네
프르강을 따라가다가 흑해와 만나고, 이어서 보스포로스해협, 콘스탄티노플로

이어지는 무역로를 따라 남하한다. 키예프는 10세기 그 지리적 위치 덕에 중심 도시로 발전하고, 아스콜드, 올레그, 이고르 같은 스칸디나비아식 이름을 가진 초기 군주들은 키예프를 러시아의 비잔티움과의 교역 중심으로 삼는데, 이것은 두 나라 간 체결된 교역 조약에서 잘 드러난다. 988년 바르다스 포카스의 위협에 직면한 바실레이오스 2세는 러시아 대공 블라디미르에게 원조를 요청하고 블라드미르는 콘스탄티노플로 바랑고이인 전사 부대를 파견하는데, 이들은 참위자의 군대를 패배시킨 다음에도 비잔티움 수도에 남아 최초의 바랑고이인 부대가 된다. 이들 중 일부는 궁정 근위대가 되고, 나머지는 소아시아 원정에 참가한다. 바랑고이인들은 또 11세기 중엽 게오르기오스 마니아케스가 시칠리아에 원정할 때도 원정대에 참여한다. 1203년 콘스탄티노플이 십자군의 침략에 맞서 사투를 벌일 때 그들은 방어에 중요한 역할을 했다. 13세기 이래 바랑고이인들은 언제나 궁정 소속이었지만 예전(禮典)에만 종사하며 더 이상 원정에는 참가하지 않는다.

바랴그인 → *바랑고이인*

베네치아

옛 이탈리아 총독령 공국 베네치아는 11세기 아드리아해에서 자신의 우월적 지위가 로베르 기스카르가 이끄는 노르만인들의 진출로 위협받는다고 느낀다. 그리하여 베네치아 함대는 비잔티움 황제 알렉시오스 콤네노스의 함대에 합류하게 된다. 베네치아의 주효한 원조에 대한 대가로 비잔티움은, 992년 이미 베네치아와 무역협정을 체결했는데도, 1082년 다시 조약을 체결한다. 이 조약에 따라 베네치아 도제는 프로토세바스토스 작호를 얻는 것 외에도 비잔티움 전 영역과 콘스탄티노플 점포들에서 세금을 물지 않고 자유로이 교역할 수 있는 허가를 얻는다. 요안네스 2세가 베네치아의 상업적인 압력에서 벗어나려고 노력했지만 베네치아 함대가 너무나 강해 1126년 그들이 획득한 특권들을 확인하는 새로운 조약에 서명할 수밖에 없었다. 마누엘 1세의 이탈리아 원정에 불안감을 느낀 베네치아는 제국에 등을 돌리고, 비잔티움이 *제노바, 피사*와 조약을 맺자 반격에 나서 키오스섬과 레스보스섬을 무단 점령하고 돈을 요구한다. 12세기 말 베네치아 도제 엔리코 단돌로는 제4차 십자군 원정에 베네치아가 참가한다면 도시가 비잔티움을 제치고 제일 세력으로 떠오를 기회가 되리라 계산한다. 한편 콘스탄티노플에 수감되어 있다가 탈출에 성공한 젊은 알렉시오스 앙겔로스는 십자군이 있는 곳으로 가 그들이 자신에게 권력을 얻게 해주면 엄청난 특혜를 베풀 것을 약속한다. 1203년 십자군 함대는 갈라타 구역을 점령하고 항구 안으로 들어와 콘스탄티노플을 장악한다. 알렉시오스(4세)와 그의 아버지 이사키오스는 짧은 기간 권력을 되찾는다. 라틴인들에 대한 군중 폭동이 일어난 뒤 양인이 제국을 공유하기로 결정했던 것이다. 1204년 4월 13일 콘스탄티노플은 적의 손에 들어가 비잔티움 수도는 노략질을 당하고, 침략자들은 도시의 보물들을 나누어 가진다. 베네치아인 토마스 모로시니가 라틴 제국 총대주교로 임명되고, 베네치아는 획득한 항구들에 대해 새로운 통제권을 수립하며, 베네치아에서 (자신이 그 일부를 차지한) 콘스탄티노플에 이르는 제해권을 확립한다. 하지만 라틴 제국은 칼로얀의 *불가리아인* 군대에 힘입은 그리스인들의 반란으로 급속도로 안정을 잃어 가고, *니케아* 제국은 테오도로스 라스카리스의 영도 아래 안정을 찾아간다. 그러나 그리스인들과 라틴인들 간 평화는 아직 유지되어 테오도로스는 1219년 자신의 작은 제국 안에서 베네치아인들이 자유롭게 교역하는 것을 허가한다. 테오도로스의 후계자 요안네스 3세는 1236년 아센 2세와 손잡고 콘스탄티노플 포위 공격을 시도하나, 베네치아 함대는 여전히 막강했다. 1260년 새로이 체결된 휴전 조약을 믿고 베네치아 함대가 콘스탄티노플에서 멀리 이동했을 때에야 비로소 비잔티움 군대는 무방비로 남겨진 도시를 탈환할 수 있었다. 타격을 입은 베네치아는 기욤 2세 빌라르두앵과 손잡는데, 처음에는 졌으나 베네치아는 1263년 제노바인들을 섬멸하며, 미카엘 8세는 이 강력한 도시에 특혜를 주기로 결정한다. 교황 그레고리우스 10세는 베네치아인들의 영향력을 이용해 황제를 설득해 교회 일치를 받아들이게 한다. 그 뒤 교회 일치 정책이 실패하자 베네치아는 1281년 샤를 당주와 전 라틴 황제 아들 필립과 접촉해 라틴 제국의 부활을 꾀한다. 1282년 팔레르모 폭동은 이 계획을 좌초시키고, 베네치아는 제국과 화해하는 길을 모색한다. 안드로니코스 2세 때 콘스탄티노플에서 베네치아와 제노바의 교역 활동이 틀을 잡은 시점에 두 강력한 해양 세력 간 전쟁이 발발하고, 전쟁은 곧 비잔티움과 베네치아 간 전쟁으로 발전하며, 베네치아가 새로운 특혜를 획득하는 것으로 종료된다. 1310년 12년간의 휴전협정이 조인된다. 요안네스 5세와 요안네스 6세 사이 내전에서 베네치아는 적법한 황제[14] 편을 들고, 1376년 안드로니코스 4세에 맞서 다시 황제를 돕지만 실패한다. 술레이만이 그의 형제들과 내전을 벌일 때 술레이만을 지원한 제국이 튀르크인들의 공격을 받았을 때 베네치아는 다시 제국을 도우려 했다. 뒤에 *테살로니키*가 베네치아인들에게 양여되나(1423) 베네치아인들은 무라드 2세의 공격 앞에 무릎

---

14) 전자를 말한다.

을 끓는다.

베르베르인→무어인

불가리아인

불가리아인들의 첫 국가는 쿠르터 칸(605-665)이, 비잔티움 자료가 마이오티스(아조프해)에서 쿠피스(쿠반)강에 이르렀다고 전하는 영토에서, 강력한 다민족 연합체로 세웠는데, 그중 튀르크인이 대종을 이루었다. 쿠르터 칸이 죽고 대(大)불가리아는 다섯 개 유목집단으로 나뉘었고, 그중 한 개가 도나우강 하류에 자리를 잡았다. 8세기 콘스탄티노스 5세가 트라키아에 군사 시설물들을 세웠는데, 이로 인해 비잔티움과 불가리아의 수많은 무력 충돌이 시작됐고, 이는 황제가 사망할 때까지 단속적으로 벌어진다. *아바르인* 세력이 쇠퇴하며 불가리아는 새로운 세력 확대 기회를 맞았고, 809년 크룸 칸은 세르디카 요새를 파괴했다. 니케포로스 황제가 반격에 나섰지만 비잔티움 군대가 대학살을 당하며 끝이 났다. 모라비아가 기독교를 받아들인 뒤 보리스 칸은 프랑크인들에게 사절단을 파견하지만 비잔티움 군대로부터 심각한 위협을 받고는 프랑크인들과의 연대를 포기하고, 864년 비잔티움식 세례를 받는다. 그럼에도 상호 간의 이해는 완전한 것이 못 됐으며, 보리스는 로마와 비잔티움 간 경쟁 관계를 능숙하게 활용해 자신의 신생 교회의 자치권을 일정량 확보한다. 893년 시메온의 등극 직후 불가리아와 제국 간 갈등이 폭발해 심각한 다툼들이 이어졌는데, 이 과정에서 제국은 헝가리와 손을 잡았고, 불가리아는 *페체네그인*들에게 도움을 호소했다. 패한 비잔티움은 불가리아에 해마다 공물을 지급할 것을 약속해야 했다. 알렉산드로스 황제가 공물 지급을 거부하자 시메온은 자신의 군대와 함께 콘스탄티노플 성벽 앞까지 쳐들어온다. *외교* 교섭이 시작되어 시메온은 콘스탄티노플 총대주교에 의해 불가리아 황제로 제수된다. 그렇지만 시메온이 지배하길 원한 것은 비잔티움이었다. 전투가 재개되어 불가리아는 일시적으로 발칸반도를 지배한다. 그렇지만 비잔티움 외교는 막강했다. 927년 시메온이 죽고 난 뒤 그의 아들 페테르는 비잔티움과 평화 협정을 체결해 두 나라 간 관계는 긴밀해졌다. 그러나 불가리아인들이 연공 지급을 요구하자 965년 비잔티움 황제는 스뱌토슬라프의 *러시아* 군대에 불가리아인들을 공격할 것을 요청한다. 얼마 뒤 불가리아는 다시 비잔티움 지배로 들어온다. 10세기 말 등장한 사무일이 시메온이 물려준 불가리아 제국을 재건하지만, 이 제국은 1000년에서 1014년까지 이어진 바실레이오스 2세의 대공세 앞에 무릎 꿇고, 사무일은 전사한다. 이때 불가리아는 비잔티움 제국에 편입되고 *테마*들로 나뉜다. 12세기 말이 되어서야 불가리아 제국은 재건되어 또다시 독립한 제국이 되는데, 그것은 아센의 반란(1185) 덕분이었고, 그는 황제로 등극한다. 그렇지만 불가리아가 빠르게 발전한 것은 칼로얀 때 불가리아가 로마 쪽으로 돌아서고 교황의 권위를 인정한 때부터였다. 콘스탄티노플 라틴 제국 로베르 쿠르트네가 죽자 불가리아 군주 이반 아센 2세는 라틴 제국 섭정직을 거머쥐려는 욕심에서 라틴 제국과 동맹한다. 이때 *테살로니키* 제국 황제 테오도로스 앙겔로스는 아센을 치기 위해 군대를 보내나 마리차강에서 섬멸된다. 트라키아, 마케도니아, 그리고 알바니아 일부가 불가리아인들의 손에 떨어진다. 콘스탄티노플로 보아 위험한 경쟁자였던 테오도로스 앙겔로스의 패전 이후 라틴인들의 수도는 불가리아에 관심을 잃고, 아센은 라틴인들에게 등지고 *니케아* 제국과 손잡는다. 하지만 이 동맹은 오래가지 않았는데, 그것은 아센이 1237년 다시 라틴인들 편으로 돌아서 *쿠만인*들의 도움을 얻어 초를루를 포위하기 때문이다. 1241년 아센이 죽은 뒤 *몽골인*들의 침략과 요안네스 바타제스의 승리로 불가리아는 무력화된다.

뷔잔티온((라)비잔티움, (프)뷔장스)

보스포로스해협에 희랍인이 세운 식민시. 콘스탄티누스 대제가 이곳을 324년 11월 자신의 수도로 삼고 콘스탄티노플로 명명했다.
(관련 사항: 콘스탄티노플)

블렘뮈아이인

6세기 테바이(이집트) 지역에 여러 번 침입해온 누비아 원시 부족. 기독교로 개종하고 그리스어를 쓰면서 세기말 이전 활동성이 약화됐다.

사산조 페르시아

이미 4세기에 페르시아인들은 비잔티움 제국에 위협적인 세력이었으며, 363년 율리아노스 황제는 그들과 싸우다가 죽음을 맞았다. 이때 율리아노스의 후계자 요비아노스는 강화조약을 체결해 *아르메니아*와 메소포타미아 일부에 대한 제국의 권리를 포기했다. 그러나 아나스타시오스 1세 때 비잔티움의 중요한 도시들이 페르시아인의 수중에 떨어지고, 532년 유스티니아누스 황제는 페르시아 왕 호스로우 1세와 상당한 양의 공물 지급이 딸린 '영구' 평화조약을 체결한다. 그러나 호스로우는 540년부터 이 조약을 위반하고 공격에 나서 시리아를 침입하고, 안티오케이아를 파괴하고, *아르메니아*와 이베리아를 약탈하고, *라지카*를 차지한다. 이에 유스티니아누스는 더 많은 액수의 공물 지급을 약속하고 평화와 라지카를 다시 손에 넣는다. 6세기 유스티노스 2세가 공물 지급을 거부하자 긴 전쟁으로 이어지며, 591년 마우리키오스 황제 때 가서야 양측은 진정한 평화 합의에 이른다. 이 평화조약에 따라 비잔티움은 페르시아령 아르메니아의 큰 부분을 얻게 된다. 마우리키오스가 암살된 후 호스로우 2세가 제국에 침입해 페르시아 군대는 소아시아 깊숙이 들어와 *카이사레이아*를 점령한다. 페르시아의 침입은 헤라클레이오스 황제 때도 계속되어 614년 *예루살렘*이 함락되고, 이집트 또한 적의 수중에 떨어진다. 이에 헤라클레이오스는 긴 원정에 나서게 되는데, 626년 페르시아인들과 슬라브-아바르인들의 콘스탄티노플 대규모 공격을 격퇴한 황제는 *하자르인*과 연합하고, 페르시아 군대는 섬멸당한다. 호스로우의 아들은 제국에 아르메니아, 비잔티움령 메소포타미아, 시리아, 팔레스티나, 이집트를 돌려주어야만 했다. 이후 페르시아는 붕괴하고 아랍인들에게 점령당한다.

세르비아인

헤라클레이오스 황제 때 *아바르인*들에게 승리를 거둔 뒤 카르파티아산맥 지역에서 *크로아티아인*들과 함께 온 세르비아인들은 헤라클레이오스 황제가 내어준 토지 남동쪽에 자리 잡는다. 9세기 정교로 개종하고, 불가리아인들에게 참패를 당하고 나서 비잔티움 종주권을 인정한 차슬라프 대공 지배하 재건된 세르비아인 나라들은 항상 격변의 중심에 서게 된다. 11-12세기 비잔티움 황제들은 라쉬카의 *주판*(주파(나라)의 파생어) 견제에 나서야 했는데, 주판이 헝가리인들의 지원을 받음으로써 제국에 위협이 되기 시작했기 때문이다. 12세기 말 스테판 네마냐 주판은 비잔티움에 복속하겠다고 공개적으로 선언했지만, 그 복속은 짧은 기간에 그치고 수년 뒤 네마냐는 제국의 이익에 반하여 자신의 나라 남쪽과 북쪽을 확대해 독립을 강화했다. 1190년 모라바강 유역에서 패한 대(大)주판은 정복한 땅을 도로 내놓아야만 했고, *결혼 동맹*으로 보증된 평화조약으로 두 나라는 화해한다. 13세기 초 진행된 골육상쟁에서 네마냐의 적통 후계자는 불가리아의 개입으로 제위에 복귀할 수 있었으나, 로마의 영향력이 세르비아에 손을 뻗치는 계기가 된다. 그러나 세르비아의 남방 진출은 비잔티움의 반격을 불렀고, 이는 밀루틴 왕과 비잔티움 황제 손녀의 결혼이 담보하는 평화로 연결됐다. 밀루틴은 지참금 명목으로 정복한 땅 일부를 건지고 이 결합으로 세르비아에서 비잔티움의 문화적 영향력이 급신장한다. 안드로니코스 2세는 밀루틴이 그의 형제 드라구틴과 내전을 벌일 때 개입해 도와주기까지 한다. 세르비아인들의 남방 공략은 두샨 왕(재위 1331-55) 때 더욱 강력해지는데, 이때 그는 마케도니아 전토를 정복하고 자신을 '세르비아인과 그리스인'의 황제로 칭한다. 그는 테살리아까지 자신의 영향력 안에 둔다. 이렇게 세

르비아 황제는 자신의 제국을 실질적으로 배가(倍加)하는데, 그중 중요한 부분이 그리스 지역이었다. 적통 황제 요안네스 5세 팔라이올로고스와 후에 요안네스 6세가 되는 *요안네스 칸타쿠제노스* 간 내전 때 두샨은 황제를 도우러 4,000명의 병력을 파견하지만 이 군대는 칸타쿠제노스 측에 가담한 튀르크인들에게 섬멸당한다. 두샨이 죽자 그의 아들 우로슈는 아버지가 물려준 제국을 건사하지 못해 제국은 작은 나라 여럿으로 쪼개지고 만다. 우로슈의 후계자이자 네마냐 왕가 최후 대표자 라자르(Lazar)는 가장 중요한 나라들을 다시 한번 합치고, 비잔티움과 다시 관계를 맺고자 시도한다. 그러나 1389년 불가리아 동부에 침입한 오스만 튀르크인들은 세르비아 쪽으로 방향을 틀어 세르비아인들을 코소보 평원에서 대파한다. 이제 튀르크인들의 비잔티움 침공을 저지할 만큼 강한 나라는 더 이상 남아 있지 않았다.

셀주크족→*셀주크 튀르크족*

셀주크 튀르크족(셀주크족)

11세기 투르키스탄에서 온 튀르크족 일파가 제국 동쪽 변방에 모습을 드러내는데, 이미 페르시아와 메소포타미아를 제패한 셀주크 튀르크인들은 술탄 알프 아르슬란의 지휘 아래 서쪽으로 오며 *아르메니아*와 킬리키아를 병합한다. 그들은 비잔티움 내부 정치 사정에 힘입어 진격을 계속했고, 소아시아 상당 부분을 손에 넣은 술탄 술레이만은 1080년 이코니온 술탄국을 창설한다. 제1차 십자군 전쟁 때 *니케아*, *안티오케이아*, *예루살렘*이 튀르크인들에게서 수복된다. 12세기 비잔티움인들이 일련의 셀주크족 원정을 치른 후 튀르크 술탄은 1162년 협상을 하러 콘스탄티노플로 온다. 그러나 진정한 강화 조약에는 이르지 못하는데, 그것은 1176년 마누엘 1세 콤네노스 황제의 군대가 뮈리오케팔론에서 대패했기 때문이다. 13세기 초 셀주크족 술탄은 콘스탄티노플 라틴 황제와 동맹을 맺지만, 1211년 니케아 황제 테오도로스 라스카리스에게 살해당한다. 몽골의 침입에 쫓긴 이코니온의 새 술탄은 가족과 함께 재건된 비잔티움 제국 수도로 피신하고, 13세기 초부터 이코니온 술탄국은 독립 공국들로 쪼개져 차례차례 *오스만 튀르크*의 영역에 흡수된다.

스클라비니아

7세기 제국 안에 형성된 *스클라비니아인* 이민들이 거주한 영토.

스클라비니아인

역사가인 요르다네스와 프로코피오스가 저술한 자료들에서 처음으로 언급되는 스클라비니아인들은 6세기 갈리치아와 볼히니아에서 이주해 도나우강 하류 북부 지역에 거주한다. 집단 농경민들인 이 슬라브계 부족들은 항해에 능했으며, 비잔티움 제국과 급속히 관계를 맺는다. 그들의 전사로서의 자질과 농경 소질은 의심의 여지 없이 비잔티움인들의 이익이 되었고, 비잔티움인들은 그들을 받아들였다. 스클라비니아인들이 비잔티움령 이탈리아로 사민(徙民)되고, 그들이 토착민들과 신속히 합체된 것은 스클라비니아인들이 비잔티움 경제에 대해 가지는 측면에 대한 증거 자료로 보인다.

아니
대(大)아르메니아 수도.

아르메니아인
기원전 7세기 인도유럽족의 중요한 지파(支派)인 트라키아·프리기아족(族) 민족이 상세치 않은 과정을 거쳐 소아시아에서 우라르투(반호 지역)로 온다. 기원전 1세기 티그라네스 대제가 아르메니아 부족들을 정치적으로 통합해 첫 번째 제국을 형성하는데, 그는 이때까지 아시아적으로 발전해 온 이 제국을 서방으로 눈 돌리게 했다. 4세기 말 이후 아르메니아는 페르시아인들과 비잔티움인들이 두 개의 '보호령'으로 나누어 가졌고, 프로코피오스의 기록에 따르면 비잔티움인들은 제국 영토 5분의 1을 차지하고 있었다. 비잔티움과의 접경선은 에르제룸과 마르튀루폴리스 부근을 지났다. 비잔티움 제국의 선교적 열정은 이 나라의 새롭게 기독교국이 된 비잔티움령 지역에 집중됐다. 비잔티움 보호령을 다스리던 아르샥 3세가 죽자 비잔티움 제국은 이 지역을 병합했다. 392년에서 405년 사이 승려 메스롭 마슈토츠에 의해 아르메니아 문자가 발명되어 희랍어 성서 원문이 아르메니아어로 번역됐다. 새로운 교회의 발전과 비잔티움이 펼쳤던 '비아르메니아화' 정책에 대한 반발로 아르메니아 교회는 6세기 그리스 교회와 결별하고 독립 아르메니아 교회를 따로 꾸리기에 이른다. 532년 유스티니아누스 황제와 호스로우 1세 사이에 체결된 평화조약은 호스로우 1세가 540년 시리아를 침략하고 아르메니아를 황폐화시키며 깨졌다. 그후 비잔티움이 페르시아에 공물을 지불하지 않았기 때문에 오랫동안 전투가 이어졌다. 결국 591년 호스로우 2세는 페르시아령 아르메니아의 상당 부분을 마우리키오스 황제에게 양도한다. 마우리키오스 황제 암살 후 페르시아의 소아시아 진출이 재개되자 비잔티움인들은 아르메니아에서 쫓겨난다. 7세기 *헤라클레이오스* 황제 지휘하에 페르시아로의 대원정이 단행됐다. 아르메니아에서 벌어진 전투는 비잔티움의 승리로 귀결됐으나 호스로우 2세는 협상을 거부했고, 626년 비잔티움은 페르시아인들과 아바르-슬라브인들로부터 동시에 습격을 받기에 이른다. 이때 승리한 비잔티움 제국은 *하자르인*들의 도움을 받고, 호스로우의 아들은 628년 헤라클레이오스에게 아르메니아를 포함해 전에 비잔티움 영토였던 지역을 모두 반환한다. 634년 이래 아랍인들이 비잔티움 제국 접경지역에 출현하기 시작했고, 칼리프 오마르의 군대가 시리아와 팔레스티나를 점령한 뒤 아르메니아를 침략한다. 유스티니아노스 2세 때 먼저 아랍인들과 평화조약이 체결되는데, 이 조약에서 두 나라는 아르메니아에서 나오는 수입을 나누어 갖기로 하나 얼마 지나지 않아 분쟁이 일어났고, 아르메니아는 다시금 칼리프국에 복속된다. 9세기 말 아랍인들의 세력이 약해지자 아르메니아는 발전할 기회를 잡으며, 바그라티온(바그라투니) 왕조(885-1045) 첫 번째 왕 아쇼트 1세는 칼리프와 *바실레이오스 1세*의 승인을 얻는다. 1025년 가기크 1세가 죽고 발생한 아르메니아의 내부 혼란은 바실레이오스 2세로 하여금 *아니* 왕국을 병합하기 위한 협상을 가능하게 한다. 1045년 콘스탄티노스 9세 때 이 병합이 이루어지지만, 비잔티움 제국 국경에서의 *셀주크 튀르크족* 출현, 1065년 알프 아르슬란 술탄에 의한 아니 점령, 그에 이은 소아시아 셀주크 술탄국 수립은 아르메니아에 대한 비잔티움의 야심에 종지부를 찍는다.

아말피
10세기에 콘스탄티노플(큰 집단거류지 한 군데 포함), *안티오케이아*, *예루살렘*, 카이로(추정)에 상업기지를 가지고 있었고, 아랍인의 영토였던 시칠리아, 에스파냐, 이프리키야(북아프리카), 그리고 이탈리아 롬바르드인 지역과 거래했다. 노르만인들의 진출로 이 도시의 상업력은 쇠퇴한다. 1082년 알렉시오스 콤네노스는 아말피인들에게 제국과의 상업 거래를 *베네치아*를 통해서만 하게 했다.

아바르인
이들은 중앙아시아 출신으로 알타이산맥 튀르크족에 쫓겨나 6세기 캅카스 지역에 출현하기 시작했다. 이들은 북해 북변 주민들을 복속시키고 도나우강까지 진출한다. 유스티니아누스 황제와 교섭을 벌인 이들은 군 복무 제공을 조건으로 판노니아 땅 일부를 할양받는다. 567년 롬바르드인들 밑에서 군대를 지휘한 아바르 군주 바얀은 게피다이인들을 패주시키고, 롬바르드인들이 이탈리아로 물러간 뒤 자신의 영역을 카르파티아 분지에서부터 아드리아해까지 확대한다. 581년 자신의 슬라브인 예속민 중에서 차출된 보조병들의 도움을 받은 이 기마민족은 비잔티움의 중요한 요새 도시 시르미움을 손에 넣는다. 유스티노스 2세와 일련의 교섭이 성과 없이 끝난 후 이들은 그들이 비잔티움에 인상을 요구한 공물이 정기적으로 지급되지 않는다는 구실 아래 제국에 대한 공세를 재개한다. 마우리키오스 황제의 원정도 장기적인 성과 없이 끝이 나고 만다. 슬라브인들의 공세가 발칸 전역에서 계속되더니 크레타와 달마티아도 그 영향권에 들어갔기 때문이다. 7세기 초 페르시아이가 제국에 심각한 위협이 되자 헤라클레이오스 황제는 아바르인들과 페르시아인들이 손잡는 것을 막기 위해 아바르인들에게 아주 많은 양의 공물을 지급할 것에 동의한다. 그럼에도 그들의 연합은 성사된 것으로 보이며, 626년 아바르, 슬라브, 페르시아인 들은 콘스탄티노플을 공격한다. 하지만 슬라브인들이 탄 배들이 비잔티움 해군에 섬멸된다. 이 참패 후 아바르 카간의 장악력이 약해지고, 슬라브인들은 독립적으로 행동한다. 다른 한편으로 헤라클레이오스 황제의 *크로아티아인, 세르비아인* 발칸 이주 정책이 슬라브인들에 대한 아바르인들의 멍에를 빠르게 종식시켰다. 사모가 이끄는 슬라브인들에게 패하고 크로아티아인들과 세르비아인들에게 묵사발이 된 아바르인들은 제국에 위험한 이웃으로서의 그들의 구실을 영원히 잃어버렸고, 678년 비잔티움인들의 아랍인들에 대한 승리 후 콘스탄티노스 4세 황제에게 예를 바치고 제국의 종주권을 받아들인다.

아테나이
작은 농업 도시 터.

아파메이아(아파메아)
시리아 부자 도시.

안티오케이아(안티오코스, 테우폴리스, (성경)안디옥)
시리아 도시. *알렉산드리아*의 문화적·상업적 맞수였다. 6세기 3차례의 궤멸적인 지진을 겪은 뒤에는 이전 지위를 회복하지 못했다.

알렉산드리아
이집트 도시. 7세기 아랍인이 내도할 때까지 인구수, 상공업 면에서 제국 대도시 중 하나였다.

알바니아인
11세기 중반경 비잔티움 역사서에 등장하나 그들이 원래 살던 땅과 정착지(디라키온 지역?)는 아직까지도 잘 모른다. 1042년 이탈리아에서 알바니아인 군대 일대(一隊)가 복무한 기록 등이 보인다. 이때 이후 알바니아인들은 비잔티움과 그 이웃 나라들에 예비 병력이 된 것 같다. 1273년 샤를 당주가 비잔티움 제국에 대항하는 연합 전선을 폈을 때도 알바니아인들이 참가했다. 14세기 초 타란토의 필립이 제국 영토를 침범하며 영지 확대를 시도했을 때 그들은 그와 연합했다. 세바스토크라토르 요안네스 2세 앙겔로스가 죽자(1318) 많은 알바니아인이 후계자가 끊긴 '제국 봉토' 테살리아로 진입했다. 헬라스 땅으로의 알바니아인 이주는 이후에도 지속됐다. 안드로니코스 3세가 오스만 튀르크족에 맞서 싸울 때 비잔티움은 테살리아 일부를 점령했고, 그때까지 그곳에 독립해 살고 있던 알바니아인 부족들이 복속했다. 1346년 세르비아 황제로 등극한 스테판 두샨은 자신의 정복 전쟁을 수행하며 테살리아까지 정복했다. 스테판이 죽자 에페이로스 데스포테스였던 니케포로스 2세는 쪼개진 세르비아 영토를 재점령하려고 했으나 알바니아인들과의 전투 중 전사했다. 15세기 알바니아인들은 스컨데르베우(제르지 카스트리오티)를 중심으로 뭉쳐 튀르크족 정복군대에 맞서 25년간 투쟁한 끝에 항복했으나 그 영웅적인 활약상을 역사에 남겼다.

앙키라(앙고라, (튀르키예)앙카라)
소아시아 도시.

에데사
방비시설을 갖춘 메소포타미아 도시. 그 기념물들과 문화적 전통으로 아랍인들에게 점령될 때까지 제국 주요 거점 도시 중 하나였다.

에페소스((성경)에베소)
소아시아 도시. 상업의 중심으로 해마다 대교역시가 열렸다.

예루살렘
제국에서 가장 큰 순례 도시. 614년 5월 5일 페르시아인들에게 점령당한다. *헤라클레이오스* 황제는 630년 이곳에 다시 성 십자가를 옮겨놓는다. 638년 2월 오마르 칼리프가 이곳에 진주한다. 요안네스 지미스케스가 975년 원정하여 도시의 항복을 이끌어낸다. 제국의 황제들은 언제나 파티마 왕조 치하 이곳에 거주하는 기독교인들의 안위를 걱정했다. 도시는 12세기 라틴 왕국의 중심이 된다. 1187년 도시는 살라딘에게 점령당한다.

오르파노트로페이온
콘스탄티노플에 있는 성 바울 대(大)고아원을 일컫는다. 1032년 재건되며, 알렉시오스 1세가 상당한 규모로 확대시키며 많은 보조금을 하사했다. 많은 토지, 국고 수입원(revenu fiscal)을 소유했고, 조지아인 수녀원과 초등학교, 대규모 관리기구가 있었다. 고아원은 젖먹이, 노인, 불구자를 받아들이고 부양했다. 도시에서 하나의 지구를 이루었고, 한 행정 단위로서 기능했다. 고아원 책임관은 오르파노트로포스다.

오스만 튀르크족

13세기 중엽 확장하는 몽골 세력에 쫓겨 투르키스탄으로부터 밀려난 오스만 튀르크족은 *셀주크 튀르크족*이 온 길을 따라오다가 처음에 소아시아에서 이들에게 패한다. 셀주크 술탄국이 붕괴했을 때 이 신래자(新來者)들은 승승장구하며 프로폰티스해 연안까지 진출한다. 1344년 요안네스 6세 칸타쿠제노스는 오르칸 술탄과 동맹을 맺어 자신의 딸을 그에게 출가시키고, 적법한 황제 요안네스 5세와 대적함에 있어 튀르크인들의 군사적 지지를 확보한다. 요안네스 6세가 승리한 뒤 오스만 튀르크의 진출은 계속되어 1365년 술탄 무라드 1세는 아드리아노플에 자리를 잡는다. 오스만 튀르크는 비잔티움인의 내부 싸움에서 간헐적으로 대립 당파의 편을 든다. 다른 한편 제국에 이웃한 민족들의 도움은 언제나 제국 *외교*에 의해 활용됐다. 1389년 오스만 튀르크는 코소보 평원에서 *세르비아인들을* 분쇄함으로써 세르비아의 많은 부분에 대한 지배권을 확립한다. 1393년 튀르크인은 발칸반도로 진격해 *불가리아*가 그들의 수중에 떨어진다. 판도가 줄어들고 위협에 직면한 비잔티움 제국은 서방에 도움을 요청하나 헝가리 왕 지기스몬트가 이끄는 군대는 1396년 니코폴리스에서 패한다. 바예지드가 몽골의 티무르에게서 입은 패배는 제국을 구원하지 못했는데, 1421년 무라드 2세가 권좌에 오르며 튀르크인들의 진출이 재개되고, 이때는 비잔티움 제국에 적을 물리쳐 줄 강한 이웃이 존재하지 않았던 것이다. 1430년 테살로니키 함락, 1444년 울라슬로[15]의 헝가리 군대의 패배 후 메흐메드 2세는 콘스탄티노플을 포위하고 1453년 5월 30일 도시는 함락된다.

옵시키온

옛 황제 근위대를 뜻하는 라틴어 *옵세쿠이움*('따름')을 그리스 식으로 바꾼 말. 이 부대의 일부가 6세기 비티니아에 주둔했는데, 그 주둔한 지역이 나중에 옵시키온 *테마*로 불리게 되었다

---

15) 울라슬로 1세. 폴란드어로는 브와디스와프 3세. 라디슬라우스(Ladislaus)로도 알려졌다.

왈라키아인

왈라키아인들의 유래에 대해서는 논란이 있다. 그들은 도나우강 남쪽 발칸 지역에서 왔을 수도 있으며, 12세기 말 혹은 13세기 초엽에는 옛 로마 다키아 지역, 현 루마니아 지역으로 이동해 자리 잡았다는 것이 일설이다. 다른 설에 따르면 그들은 다키아에서 유래했다. 어쨌든 사료에서 그들은 10세기 삼사분기 초 비잔티움 장교가 지휘하는 헬라스 지역 왈라키아인 부대로서 언급되며, 11세기 전반 칼라브리아 테마에도 있었을 것으로 짐작된다. 한편 12세기 사료는 왈라키아인들이 마케도니아와 테살리아에 있었음을 알려주며, 이들이 1185년 *불가리아*인들이 제국에 대해 일으킨 반란에서 중요한 구실을 했음이 확인된다.

유대인

율리우스 카이사르 때부터 로마 제국에서는 유대인에게 특혜를 베풀었고, 4세기 율리아노스 황제도 이 특혜 정책을 이어갔다. 그러나 이러한 정책에 대한 반발이 제국에서 잇따르자 5세기 테오도시오스 2세는 유대인을 공직에서 배제하는 등 탄압 정책을 실시했다. 그럼에도 전반적으로 비잔티움의 유대인 정책은 관용적이었다. 지중해 전 연안 지역에서 많은 유대 상인 거류민이 자리 잡고 활동하고 있었고, 10세기 이래 제국에서 직물 염색, 특히 비단 염색을 하는 도시들에서 많이 발견된다. 교회는 전통적으로 그리스도를 죽인 자들인 유대인들을 불신했다. 문헌들 속에서 그려지는 그들의 모습도 그러한 것이었다. 중세 전 기간에 걸쳐 황제들이 유대인을 강제로 세례를 받게 하는 결정이 단지 사료에서 두세 번 발견된다는 것은 주목할 만한 일이다. 이러한 드문 경우조차도 그러한 조처들이 큰 규모로 시행됐다는 증거는 없다. 확실해 보이는 것은 도시 유대인 집단거주지가 제국이 끝날 때까지 자치지역으로 남았다는 것과 제국의 시점에서 유대인 집단은 그 자체로 과세되는 집단이었다는 것이다.

이사우리아인

고트족의 지지를 업은 알란인 아스파르의 영향력에서 벗어나기 위해 5세기 레온 1세는 소아시아의 호전적인 민족 이사우리아인에게 지원을 요청한다. 이때 이사우리아인들의 우두머리는 제논이란 그리스식 이름을 취하고는 황제의 큰딸과 혼인한다. 이후 게르만 부족과 이사우리아 부족 간에 비잔티움 황제 후계 자리를 놓고 긴 투쟁이 벌어진다. 471년 아스파르는 콘스탄티노플 군중에 의해 살해당하고 이사우리아인 제논이 권력을 차지한다. 제논의 동생이 권력에의 야심을 접지 못한 가운데 제논의 후임자 아나스타시오스 황제 때는 황제와 그의 전임자가 나온 이사우리아 부족 간에 내전이 발생한다. 격렬한 혼란이 이어진 후 이사우리아인들은 수도에서 쫓겨나고 제논 황제 때 연 1,400파운드까지 올랐던 그들에 대한 교부금이 철회된다. 그들의 예전 땅으로 돌아온 이사우리아인들은 상당한 수의 군대를 재건하지만 492년 프리기아에서 패배를 맛본다. 전쟁은 이어지지만 498년에 비잔티움인들이 결정적인 승리를 거두어 이사우리아는 완전히 복속한다. 이사우리아인들 중 일부는 트라키아로 사민(徙民)되어 비잔티움 군대 자원으로 활용되어, 6세기 중반 벨리사리오스가 이탈리아 원정을 할 때도 동원됐다.

제노바인

베네치아인들이 12세기 지중해 교역에서 특권적 지위를 누리고 있었기 때문에 마누엘 1세는 이탈리아의 다른 해양 도시들에 접근했다. 그는 1169년 제노바인들과 조약을 체결했다. 그 후 라틴인들으로부터 콘스탄티노플 탈환을 노리던 미카엘 8세는 1261년 넘파이온에서 라틴 제국에 많은 도움을 주고 있던 *베네치아*에 맞서 비잔티움에 군사적 도움을 제공한다는 조약을 맺었다. 그 대가로 그들에게 주어진 막대한 특혜로 제노바인들은 자신들의 세력을 급속도로 신장시킬 수 있었다. 미카엘 8세가 베네치아와 동맹한 기욤 2세 빌라르두앵과 투쟁할 때 제노바인들의 군사적 원조가 처음에는 제국에 얼마간의 성공을 안겨주지만 1263년 제노바인들은 베네치아인들에게 패하고 만다. 비잔티움과 제노바 사이에 한동안 관계가 끊기지만 제노바인들은 얼마 안 있어 황제로부터 *금각만* 갈라타 구역 사용권을 획득한다. 제노바인들의 약진은 베네치아의 적대감을 불러일으켜 1294년 두 해양 세력 간 전쟁이 발발하나 '영구 평화' 조약으로 끝을 맺는다. 제노바인들은 갈라타 구역 주위로 성벽을 쌓고 1304년 키오스섬을 손에 넣는다. 그 후 요안네스 6세가 거의 통째로 제노바인들의 금고 안으로 향하던 관세를 인하하려 하자 제노바인들은 무기를 들었고 비잔티움 함대는 참패한다. 1352년 제노바인들과 베네치아인들 간 새로운 알력이 발생하자 황제는 다시 제노바와 협상을 해야만 했다. 하지만 적법 황제인 요안네스 5세는 제노바인들의 지지를 손쉽게 획득해 자신의 적수를 제거한다. 그러나 요안네스 5세가 테네도스를 베네치아인들에게 할양할 것을 약속하자 제노바인들은 그에 맞서 단합했고, 궁정 쿠데타를 일으켜 안드로니코스를 황제 자리에 앉힌다. 하지만 15세기 튀르크인들의 진출은 제노바인들을 제국 편에 서게 한다. 1453년 키오스섬 제노바인 주스티니아니가 지휘하는 제노바인 병력 700인은 콘스탄티노플 최후 방어전에서 일익을 담당했다.

조지아인

비잔티움 제국은 이미 4세기부터 기독교가 발달해 있던 조지아와 관계 증진에 힘을 기울였다. 499년 페르시아에 복속하지만 조지아인 기독교인들은 *정통 교의*를 수호하는 황제를 그들의 보호자로 여겼다. 어쨌든 유스티니아누스는 그들을 호스로우 1세를 치는 데 활용했고, 그가 파견해 페르시아를 치러 가는 훈족과 사비르인들이 향한 곳이 조지아였다. 마우리키오스 황제는 '조지아인과 모든 기독교 교도의 보호자이자 지주(支柱)' 자격으로 조지아를 위해 호스로우 2세에게 중개자로 나선다. 이 나라는 이렇게 비록 비잔티움의 종주권하이긴 하지만 페르시아와 비잔티움 사이에서 중립을 유지한다. *아르메니아* 교회와 조지아 교회 분열의 여파로 7세기부터 조지아는 다시 비잔티움 교회에 접근하기 시작한다. 마우리키오스 황제의 암살, 호스로우의 제국에 대한 원정이 있은 뒤 조지아의 바그라투니 왕조 왕 스테파노즈 1세는 정통파 기독교인임에도 페르시아 편을 들지만 *헤라클레이오스* 황제의 승승장구하는 원정 과정에서 살해당한다. 9세기 슬라브인 포마가 미카엘 2세에 대해 반란을 일으켰을 때 아르메니아인들과 조지아인들이 포마 군대 안에 있었다. 다른 한편 10세기에 조지아인들은 제국에 파병했다. 소아시아 정복 전쟁 중 바실레이오스 2세는 조지아 일부를 병합한다. 그러나 그도 그의 후계자도 조지아를 완전히 복속시키진 못한다. 11세기 중반에 와서야 조지아는 실질적으로 비잔티움의 통제하에 든다. 1386년 조지아 수도 트빌리시는 결국 몽골인들에게 함락된다.

집시

인도가 고향인 집시들은 페르시아를 거쳐 9세기 전반 시리아 북부와 킬리키아에 출현한다. 이어 그들은 서쪽으로 퍼져 14세기 후반에는 왈라키아에서 목격되며, 펠로폰네소스에서도 목격된다. 한편 *베네치아*는 나우플리아(현대 그리스 나플리오) 지역 집시들에게 1444년 특혜를 부여했다. 집시들은 15세기 파트라, 메토네(메토니)에도 정착했다.

차코니아인

퀴누리아 서부 민족들인 차코니아인은 아마도 슬라브인들이 침입해오던 때 인접한 산들로 피신한 것 같다. *콘스탄티노스 포르퓌로겐네토스*에 따르면 이들은 비잔티움 군대에서, 특히 요새 방어에서 폭넓게 활용됐고, 제국 함대에서도 활약했다. 14세기 콘스탄티노플 차코니아인 거류민 구역에는 상인과 뱃사람도 있었다.

카이사레이아(카파도키아)
성 *바실레이오스*(4세기)와 역사가 *프로코피오스*(6세기)의 고향. 『페르시아 전쟁사』를 저술한 6세기 역사가 프로코피오스는 팔레스티나 지방 카이사레이아 출신이다.

카탈루냐인
시칠리아에서 앙주인과 아라곤인들 간에 전쟁이 끝나 가용(可用) 상태가 된 6,500명의 루지에로 다피오레를 그 수장으로 하는 카탈루냐 용병대는 안드로니코스 2세를 위한 복무로 옮겨간다. 그들은 튀르크인들에게 포위된 필라델피아를 해방하지만 1304년 비잔티움 영토를 노략질한다. 콘스탄티노플에서 그들의 수장이 암살당하자 부대는 미카엘 9세의 군대를 패퇴시키고 2년간 트라키아를 황폐화시키지만 1308년 *테살로니키* 앞에서 저지당한다. 이후 그들은 테살리아를 노략질하고 프랑크인 아테나이 공을 위해 복무한다. 결국 그들은 아테나이 공을 축출하고 카탈루냐 공국을 세우는데, 이 공국은 70년간 유지된다.

콘스탄티노플((희)콘스탄티노폴리스, (튀르키예)이스탄불)
중세 세계에서 엄청난 규모를 자랑했던 도시. 궁전과 교회의 화려함, 그곳에서 개최된 축제들 때문에, 또 황제의 거소, 행정 중심, 모든 은혜의 원천임으로 해서 도시에는 시끄럽고 변덕스러운 수많은 시민이 모여들었다.

콥트인
3세기 기독교는 이집트에서 급속히 확산하는데, 4세기 초 이곳에는 벌써 약 40개의 주교좌가 설립되고, 이집트 사막으로는 최초의 수도사들이 은거를 시작해 *금욕주의*의 생활을 영위하다가 나중에 수도원을 세운다. 5세기 비잔티움 제국과 *단성론* 추종자 알렉산드리아 총대주교 디오스코로스 간에 최초의 드잡이가 폭발한다. 총대주교는 451년 칼케돈 공의회에서 단죄되고, 콘스탄티노플 당국에 적대적인 이집트 기독교도들은 그들의 정신적 지도자를 따른다. 7세기 페르시아 원정군이 이집트까지 오고 619년 이 지역이 제국 적들의 손에 떨어지자 콥트 교도들은 환호했다. 사산조의 이집트 지배는 하지만 오래가지 않았는데, 그것은 *헤라클레이오스* 황제의 대원정으로 페르시아인들이 참패했기 때문이었다. 이집트는 다시 제국 안으로 들어오고, 비잔티움 정부는 둘로 분열된 교회를 다시 묶으려 했으나 허사였다. 몇 년 뒤 아랍인들이 헤라클레이오스가 페르시아인들에게서 되찾은 모든 영토를 제국에서 앗아가고 비잔티움은 영원히 이집트를 잃게 된다. 이집트인들은 비잔티움의 멍에보다는 아랍인들의 멍에를 짊어지는 것을 더 달갑게 여겼던 것이다. 이제 이집트 기독교회를 뜻하는 명칭이 된 콥트교회는 아랍인들 치하에서 자주 힘겨운 삶을 이어갔다.

쿠만인

11세기 중엽 쿠만인들이 아시아에서 드네프르강 유역에 도달한다. 페체네그인들과 연합한 그들은 1087년 *페체네그인들*의 비잔티움 정벌에 동참하나 페체네그인들이 스미르나 에미르(1090-91)와 동맹을 체결하자 알렉시오스 황제는 쿠만인들에게 도움을 요청해 적을 섬멸시킨다. 수년 뒤 동 황제는 쿠만인들에 대해 두 차례에 걸친 대대적 정벌을 단행해 1114년 그들을 도나우강 밖으로 몰아낸다. 1185년 아센이 반란을 일으켜 *불가리아*에서 비잔티움인들의 지배를 끝장내고 제2차 *불가리아* 제국을 탄생시킬 때 쿠만인들이 중요한 구실을 한 것 같다. 그들 중 일부는 이때 마케도니아에 살도록 주선되는데, 프로노이아 보지자(保持者)로서였다. 몽골인들의 침입은 쿠만인들이 분열하는 결과를 낳았지만, 쿠만인들은 라틴 제국과 동맹한 *불가리아*와 *니케아* 제국 간 분쟁에서 활약한다. 미카엘 8세 팔라이올로고스의 군대와 요안네스 3세 바타제스의 군대에서도 그들을 볼 수 있다.

크로아티아인

아마도 사르마티아인에서 기원한 크로아티아인은 그리스 역사가 *콘스탄티노스 포르퓌로겐네토스*에 의해 두 무리로 나뉘는데, '백(白) 크로아티아인'으로 불리는 갈리시아 크로아티아인과 발칸반도에 정착한 무리다. 헤라클레이오스 황제 때 일리리아의 *아바르* 군대에 승리를 거둔 크로아티아인들은 황제로부터 발칸반도 북서쪽 그들이 점거한 영토에서 살도록 공식적으로 허가받는다. 10세기 초 크로아티아는 중요한 세력이 되어 *불가리아*와 전쟁을 수행하는 비잔티움은 크로아티아에 많이 양보함으로써 이 나라와 동맹을 강화해야 했다. 바실레이오스 2세의 발칸 재정복으로 크로아티아는 제국의 복속국이 되나 오래 가지 못하니, 그것은 11세기 말 크로아티아 왕 즈보니미르가 교황 그레고리우스 7세가 주는 왕관을 받고 그의 가신이 되기 때문이다. 12세기 초 크로아티아는 헝가리에 복속하나, 헝가리와 비잔티움 간 전쟁이 터지고 비잔티움이 유리한 조건으로 전쟁이 끝나자 크로아티아는 몇 년 동안 비잔티움의 신하국으로 돌아온다. 1181년 다시 헝가리에 병합된 크로아티아는 비잔티움이 멸망할 때까지 헝가리의 영향권에 놓이게 된다. 그러나 독립성이 강한 크로아티아-달마티아 지역은 비잔티움 법률의 전통을 가진 연안 도시들과 밀접한 관계를 유지한다.

크뤼소트리클리노스
8각형에 6개의 창문이 뚫린 둥근 지붕으로 덮인 호화 홀. 황제, 황후의 거소들과 통했다.

클리마타
흑해 북변 비잔티움령 소유지들. 833년 이것들이 묶여서 수도를 케르손[16]으로 하는 하나의 *테마*가 되었다.

키프로스(퀴프로스)
그 지리적 위치로써 키프로스는 비잔티움 함대에 매우 중요한 전략 기지였다. 수도 콘스탄티아는 649년 모아위아에 의해 점령당한다. 유스티니아노스 2세 때 압드 알-말리크와 체결한 조약은 섬의 수입을 비잔티움들인과 아랍인들 사이에 나눌 것을 규정했다. 9세기 키프로스는 *바실레이오스 1세*에 의해 탈환되어 7년간 비잔티움의 땅이었으나 다시 아랍인들의 수중에 떨어졌다가 965년 니케포로스 포카스 황제의 함대가 이곳에 상륙하며 다시 비잔티움에 병합된다. 11세기 안드로니코스 황제에 맞선 이사키오스 콤네노스는 섬을 점령하고 이곳에서 자신을 황제로 선포한다.[17] 이렇게 섬은 비잔티움에서 떨어져나갔고, 12세기 사자심왕 리처드는 섬을 점령하고는 섬을 성전기사단에 넘겼다가 다시 옛 예루살렘 왕 기 드뤼지냥에게 넘긴다. 이때 이래 섬은 서방의 소유지로 남는다.

테살로니키(테살로니카)
동명의 만 안쪽에 자리 잡은 마케도니아 대도시. 인구 규모, 견고한 성벽, 농업과 공방들에 기반한 경제력, 지리적 위치 들로써 *안티오케이아와 알렉산드리아*가 아랍인들에게 점령당한 뒤 언제나 제국 제2의 도시였다. 7세기 테살로니키를 공격한 슬라브들인은 그 주변에 정착하고, 그 주민들과 융합했다. 아랍인, *불가리아인*, 노르만인의 침략을 받은 도시는 라틴인 왕국 중심이었다가, 데스포테스령 수도가 됐다가, 1246년 제국에 돌아온다. 그 다음 세기 도시는 사회적·종교적 고양(高揚)의 중심이 된다.

튀르크인→*하자르인, 쿠만인, 오스만 튀르크족, 페체네그인, 파르간인, 셀주*

---

16) 러시아식 이름은 '헤르소네스'이다.
17) 이사키오스 콤네노스는 키프로스를 1184년에서 1191년까지 지배했다. 그러므로 앞선 '11세기'는 12세기의 잘못이다.

크 튀르크족.

트레비존드((희)트라페준타 혹은 트라페주스, (튀르키예)트라브존)
흑해 변 항구 도시. 캅카스와 페르시아로 가는 대로들 길목에 있다. 위대한 콤네노스 왕조 황제들 시절(13-15세기) 비잔티움 제국을 본떠 조직된 국가의 수도로 팽창하기 전까지는 작은 도시에 불과했다. 팽창하고서는 흑해 주요 교역시가 된다. 도시 수호성인은 성 에우게니오스로 그의 초상이 주화에 새겨졌고, 많은 아이 이름이 성인의 이름을 본따 지어졌다.

파르간인
9-10세기 하자르인들과 더불어 제3 궁정 경호 부대(헤타이레이아)를 이룬 중앙아시아 출신 튀르크 부족.

페체네그인((희)파지나코이 혹은 파지나키타이)
9세기 말 볼가강 유역에 처음 등장한 튀르크족 페체네그인(파치낙)들은 계속해서 서진해 10세기 전반 돈강과 도나우강 하류 사이 지역을 점령해 제국과 이웃한다. 비잔티움 황제는 언제나 이 유목 전사들을 자기편에 두려 했으나 그들의 군사적 기민성은 제국의 적들에게도 활용되었으니, 예를 들면 그들은 10세기 키예프 대공들인 이고르와 스뱌토슬라프의 비잔티움 원정에 참가했다. 11세기 중엽 페체네그인들 중 일부는 제국에 합병되고 다른 일부는 다른 스텝 민족들인 우즈인들과 *쿠만인*들과 동맹을 맺는다. 1048년 페체네그인 대군이 당시 비잔티움이 점령하고 있던 *불가리아*를 침입한다. 이때부터 이러한 제국 변경의 전사 민족들이 제국에 실질적인 위협이 되며, 1059년 이사키오스 콤네노스는 이들에 대한 원정을 조직한다. 그렇지만 페체네그인들은 언제나 지원군으로 활용됐으며, 1071년 로마노스 4세의 *셀주크 튀르크족* 정벌 때도 그러했다. 1090년 스미르나 튀르크 에미르와 동맹한 페체네그인들은 콘스탄티노플을 공격한다. 이에 알렉시오스 황제는 쿠만인들에게 도움을 요청하고 페체네그인들은 섬멸된다. 1122년 이들은 마지막으로 제국으로의 침입을 감행했으나 원정은 실패로 끝나고, 수많은 페테네그인 전쟁 포로는 제국 영토에 이주되거나 제국 군대에 편입됐다.

피사인
바실레이오스 2세(재위 976-1025)는 이탈리아 바다 공화국들과 좋은 관계를 유지했으며, 그들의 강력한 해군력은 비잔티움에 든든한 보탬이 됐다. 1005년 피사는 칼라브리아 레조에서 사라센 함대와 싸우는 제국을 도왔다. 이탈리아 바다 공화국들이 콘스탄티노플에서 벌이는 교역 활동의 중요성으로 인해 1111년 알렉시오스 1세는 피사에 *베네치아*와 *제노바*에 이어 교역상 상당한 특혜를 주는 조약을 체결했다(제노바는 피사에 이어 특혜 조약을 체결했다—옮긴이). 12세기 루지에로 2세의 노르만 왕국이 번성해 제국에 위협이 되자 요안네스 2세는 피사의 특권들을 재확인했고, 이를 통해 피사는 시칠리아 왕에 맞서는 비잔티움-독일 연합에 참가하게 된다. 피사인들은 *금각만*에 *아말피*인들과 *제노바*인들의 창고 사이에 그들의 창고를 가지고 있었다.

하자르인
"다게스탄 북부와 볼가강 삼각주 사이에서 유목 생활을 하던 하자르인들은 6세기 훈족 기원 집단으로 발전한다"(J. 소를랭J. Sorlin). 7세기 서로 다른 튀르크인 집단들 간 투쟁들이 있고 나서 하자르국이 출현하는데, 그 지배권은 비잔티움령이었던 크리미아(크림)반도에까지 미친다. 제국과 상호 적대시하는 시기가 있었지만 8세기 하자르인은 제국 편이 되고, 제국, 그리고 칼리프국과 외교·정치적 관계를 맺는다. 10세기 말까지 하자르인들은 아랍인들에 맞서 비잔티움 편에 선다. 10세기가 되자 새로운 민족인 러시아인들이 하자르인들의 토지를 위협한다. 9-10세기 교역 중심도시로서 번성하던 하자르인들의 수도 이틸은 키예프 대공 스뱌토슬라프의 공격을 받아 황폐화되고, 12세기 말이 되면 역사 기록에서 하자르인들에 대한 언급이 사라진다.

헝가리인
*하자르*인들과 이웃해 러시아 남부에 살던 헝가리인들은 9세기 말 *불가리아*의 시메온과 비잔티움 제국 사이에 싸움이 터진 것을 계기로 이동을 시작한 것 같다. 비잔티움 편이었던 그들이 *페체네그*인들과 *불가리아*인들에게 공격을 당해 패했기 때문이다. 그들이 슬라브 부족들을 복속시키고 오늘날 헝가리 영토인 대평원에 도달한 것도 이때였다. 비잔티움 *외교*는 언제나 적들과의 투쟁에서 헝가리인들과의 동맹을 이용하려 했다. 10세기 전 기간, 비록 제국에 침입하려는 시도들이 있었지만, 헝가리인들은 비잔티움의 동맹으로 남았고, 비잔티움은 선교 목적에서 헝가리인들에게 한 그리스인 수도사를 주교 자격으로 보냈다. 11세기에는 비잔티움 수도원들이 헝가리에 세워졌고, 1042년에서 1050년 사이 콘스탄티노스 모노마코스 황제는 헝가리 왕에게 고가의 왕관을 보냈다. 니케포로스 3세의 조카딸은 게자 1세의 왕비가 되고, 알렉시오스 1세가 이탈리아 *노르만*인들과 싸울 때 헝가리인들은 원군으로 온다. 1105년 알렉시오스 1세 콤네노스는 나중에 요안네스 2세가 될 자신의 아들과 라디슬라우스 왕의

딸을 혼인시켜 동맹을 강화한다. 이후 이들의 아들 마누엘 1세의 헝가리를 병합하고자 하는 야심과 다른 한편 헝가리의 남방 진출이 무력 충돌을 일으킨다. 두 나라를 병합하려는 한결같은 목적을 가진 마누엘은 게자 2세의 아들 벨라를 자신의 후계자로 삼으려고 자신의 딸과 약혼시킨다. 그러나 마누엘에게 남자 상속자가 태어나자 마누엘은 이 혼약을 깨버린다. 이런 사정에도 벨라는 비잔티움의 동맹자로 남아 1176년 *셀주크족*과 싸우는 비잔티움에 원병을 보낸다. 또 다른 정략결혼들이 이들 지배 왕조들 간에 이어지지만 팔라이올로고스 왕조 때 양국 관계는 소원해진다. 그렇지만 14세기 비잔티움 제국이 오스만 튀르크족에게 위협당할 때 제국은 헝가리 군대의 도움을 받는다. 1396년 지기스몬트 왕은 니코폴리스에서 튀르크인들에게 패배를 당하고 콘스탄티노플로 피신한다. 15세기 얀 후냐디와 라디슬라우스 왕이 영웅적으로 싸웠지만 튀르크인들의 진출을 막지는 못했다.

황금 이정표(밀리온)
아우구스타이온 광장에 설치된 콘스탄티노플과 제국 주요 도시들까지 거리를 표시한 경계석.

찾아보기

용어 색인
인물 색인
지명·민족 색인

용어 색인

*용어에 대한 설명은 〈용어 해설〉 편을 참조하라.

ㄱ

가계(家系) 363-364, 404-409, 729
가옥
  안뜰 530
  가옥 구조 554
  발코니가 딸린 고급 저택 563
  높은 거실 493
  기타 501, 508, 531, 565, 592, 594, 685
가족 7, 416-417, 418, 421, 443-446, 448, 483, 490 하단, 491, 483, 582, 729
갈대 대롱(칼라모스) 618-619, 726
강자(유력자) 401-410, 414, 455, 484, 490-491, 498, 501-502, 506, 534, 627, 659
개인주들 348-352, 415-416, 421, 453, 639, 785
거세 시술 245, 400-401
게론티콘(파테리콘) 430-431, 492, 643
겨리농(제우가라토스) 495, 497, 506
골풀 499
결혼 308, 395, 397, 419, 421, 483
결혼 제도 416
정략결혼 278, 313, 317, 318-320, 404, 406, 411
공경심(에우세베이아) 447-448

공동 황제 238, 364, 370, 378
공의회→쉬노도스
교양(paidéia, paideusis) 613-615
교육 247-248, 253, 289, 302, 356, 413, 502, 656, 672
교황(로마)
  교황령 국가 수장 104, 134, 137
  기타 162, 313, 336, 342, 408, 449
교회 건축
  각 부분의 상징적 의미 696-703
  교회 건축 126-127, 130, 170-173, 231, 354, 458, 532, 553, 558, 595, 599-613, 686-689, 691-695, 761-763, 765, 766-771
군인 지주→스트라티오테스
궁내부 주사((라)magister officiorum) 252, 255, 300, 312, 320, 324
궁전
  콘스탄티노플 황궁 241, 243, 268, 282, 283-284, 531, 567, 623
  대궁전 259, 541, 547, 548-551, 676
  블라케르나이궁 268, 282, 435, 530, 533
  카티스마궁 543, 545
  마그나우라궁 243, 301, 314
  다른 황족의 거처 282-283
  부자들의 궁전 501
  기타 222, 516, 517, 523, 525, 526-527, 528, 533, 556, 557, 564, 598, 679, 691, 695

그림 직물(tissu peint)
　동방적 본보기 678
　기타 996
금
　비잔티움에 대한 상투적 정의의 한 가
　　지 546
　비잔티움 금의 원천 569-578
　콘스탄티노플에서 사용된 금 565-568
　보석 418, 444, 501, 678
　주화 250, 281, 285, 358, 378-379, 488
　귀중품 261, 282, 313, 535-541, 619,
　　621, 681, 682, 696, 727, 760
　견포·견의 249-250
금식→단식재
금욕 수행→금욕주의
금욕주의(금욕 수행) 348-352, 358-
　359, 638-639, 710-714
금욕주의 작가 요안네스 클리마코스
　492
금인칙서(金印勅書)(크뤼소불라
　(chrysobulle)) 432, 480, 505, 507,
　539, 616, 618
기술(technologie)
　새로운 기술에 관한 기술(記述)의 빈
　　약함 623, 684-691
　관개 시스템 126
기예(art, 예술) 682-684, 704-706, 774
　상단

ㄴ
네스토리오스주의

5세기 안티오케이아 학파 학자 네스
　토리오스 337, 341
에페소스 공의회(451)에서 단죄 644,
　707
기타 102, 571, 637
노모카논
　『14장판(章版) 노모카논』 624
　기타 619
노모퓔락스
　콘스탄티노스 9세 모노마코스 황제에
　　의해 창설 304, 634
　기타 251
노예(종)
　노예 면천(免賤) 270, 288, 488, 492
　기타 308, 393-398, 399, 400, 403,
　　417, 423, 440, 455, 485, 488, 502,
　　572, 576, 661
녹봉 지급 246, 250-251, 252, 260, 261,
　280, 296, 301, 328, 403, 566, 576,
　577
농노→파로이코스
농민(농부)
　도시민의 편견 415
　노동력의 원천 411, 422, 517
　빈곤층 423
　부유한 농민 483-491, 502-507
　기타 394, 402, 487-488, 659, 685,
　　584-586, 591 상단
　(관련 사항: 무지농, 홑소농, 파로이
　　코스, 겨리농)
농부→농민

찾아보기 1025

농업

    텃밭식 다각 농업 290, 291, 488, 586

    비잔티움 경제의 기초 393-421, 517

    단순 도구 8, 434, 438, 685, 584-585 상단, 584 하단

농촌 공동체 291, 417, 420, 481, 484, 487-488, 490, 495

    (관련 사항: 코리온)

니케아 공의회(345) 340

니케아 공의회(743) 346, 357, 429, 708

ㄷ

다니슈멘드 왕조 114

단사(丹沙) 260, 539, 619

단성론파

    칼케돈 공의회(491)에서 단죄 708

    시리아 102

    이집트 212, 555

    알렉산드리아 337

    페르시아인 · 아랍인 침략기 449-451

단식재(斷食齋) 349, 351, 353, 358, 436

단의론(單意論) 708

대(大)둑스→메가둑스

대(大)드롱가리오스→순라군 드롱가리오스

대(大)로고테테스→로고테테스

대주교(arkhiepiskopos, (프)archevêque) 269, 272, 336, 339, 370, 449, 773 상단

대천사→아르키스트라테고스

데모스 262, 371, 544

데스포테스 117, 118, 119, 156, 157, 162, 167, 222, 284, 563, 581, 659

데에시스 498, 742

도메스티코스

    군부대 256, 258, 263, 327, 356, 405, 406

    감옥소 264

    마장(馬場) 265

    지방 군대 271, 327

    기타 331, 360, 366-367

도시

    상업 · 공방(工房) · 지적 활동의 중심 508-565, 566-567, 567-568, 569, 582, 630, 636

    법인의 지위 417

    귀족 거주 405

    동업조합 417-419

    기타 99, 129, 130, 160-161, 222, 271, 272, 294, 441, 515, 518, 521, 526-527, 552, 562, 593

돌팔이 의사→민간 의료인

동업조합→직인 동업조합

둘레우테스→파로이코스

둘로파로이코스→파로이코스

「디게스타」(판덱타이, 학설휘찬) 298, 425

딥티콘→맞접이 서판

ㄹ

라송(rason) 351

랍도스(rabdos)

주교의 석장(錫杖) 269, 539
수도원에서 히구메노스의 징표로 쓰
    이는 지팡이 351
렉토르 249, 250, 259
로고테테스(logothètes)
    큰 관서 우두머리 256, 260, 261
    공(公) 재정 248, 294
    군대 271
    역참(dromos: 파발역, 우편, 첩보)
        256, 260, 305, 312, 314, 320, 360
    말 사육 264
    교회 270
    대(大)로고테테스 309, 374, 649
로로스(lôros) 366-367, 370, 376, 382-383
로마니아 98, 332
로마인(로마이오스) 97, 311
리타네이아(litanéia, 행렬) 344, 435,
    496, 536, 692, 715
리피디온(ripidion) 389-390, 536

◻

마기스테르 밀리툼→*병대장*
마기스트로스((라)magister) 250, 258,
    269, 284, 312, 313, 406, 408
마니교 337, 625
마법 364, 633
    복수의 수단 482, 721-723
마살리아노이(에우키타이) 709
마을(촌락)
    집중 거주지 292

방어 탑으로 방비 509, 522
지주들과 유족한 농부들의 거처 417,
    482, 487, 489, 490, 490-491, 504,
    506, 517, 565
기타 218
(관련 사항: *코리온*)
만디아스 238
만딜리온(만딜리온) 539, 557
말레이노스가 405
망글라비타이
    경호 부대 명칭 262
    관등 251
    성 소피아 성당 인원 268
    기타 285, 405
맞접이 서판(딥티콘) 266
매매춘
    국가 보조금 지급 대상 415, 625-626
메가둑스(메가스 둑스) 248, 332, 335,
    336, 375
메나이온 646
메놀로기온
    축제일과 성인 기일(忌日) 모음 646
    기타 621, 681, 780, 781
멜레스(멜루스, (이탈리아)멜로)가 316,
    405, 407-408
    (관련 사항: *아르귀로스*)
멜리세노스가 404
면세→*엑스쿠사토스*
모자이크화
    고비용 282, 675-676
    7세기에 사라지는 고대적 전통의 포

찾아보기 1027

도(鋪道) 장식 556
　　벽화 모자이크화 786, 565, 680, 683,
　　　696-697
　　채색 유리 입방체 786
　　기타 5, 6, 231, 282, 369-370, 374,
　　　529, 742-747, 768-769, 771
몬타누스파 337
무지농(아크테몬) 495, 497, 507
무형(無形)의 존재(아소마토스) 388,
　498, 700, 718, 755 하단
문맹자(아그람마토이) 674
　(참조: 준문맹자)
문서지기→카르토퓔락스
뮈스테리온(mystêrion, 성사) 344, 390,
　696, 699, 713, 776
뮈스티코스(mystikos) 262, 399
미신
　예언 723-724
　점성술 671-672
　꿈 623
　사탄의 위력 482
　기타 666, 668
민간 의료인 403, 412, 756

ㅂ

바실레우스(황제) 236-244, 245, 265-
　268, 309, 378-379, 709
바실리카→법전
바울주의
　그리스인들에게 축출 164
　멜리테네 에미르의 비호 187, 405
　기타 190
방자→저주
법률집요(에클로게)→법전
법전
　로마법 연장 298, 425
　로마의 법률 전통, 법전 계승 425-426
　「법률집요」425
　「신찬(新撰) 133법」(레온 6세) 245,
　　275, 426
　「바실리카」(바실레이오스 1세) 303,
　　425
　기타 255, 492, 574
「법학제요」((라)institutiones)→법전
베마
　고대 재판정에서 프라이토르가 판결
　　하는 곳 301
　교회에서 제단과 주교의 옥좌가 자리
　　잡는 성소 692, 698
베스테스(vestès) 258
베일릭 188
벨로튀론 538, 699
병대장((라)magister militum, (프)maître
　des milices, (영)master of soldiers)
　149, 253, 324, 325
병역→스트라티아
보고밀파 164, 625, 709
보이다토스→홀소농
복음서 초록→에방겔리온
『부활제 연대기』432, 651, 677
뷔잔티온((라)비잔티움, (프)뷔장스)
　98, 523

브루말리아 284
비단
    콘스탄티노플 제조 291, 566, 568, 573
    지방 제조 166, 179, 189, 555, 567
    관리 녹봉 261, 634
    외교 282, 381, 634
    화폐 대용 576
    기타 9, 394, 443, 538, 546, 569, 570, 572, 573, 575
비의(秘儀)→뮈스테리온
빈자
    사회적 의미 401-402, 415, 490-491, 534
    경제적 의미 284, 286, 288, 393, 441-442, 482, 544, 547, 566
빵 291, 353, 394, 415, 500, 503, 546

ㅅ

사도(책명)→아포스톨로스
사망률
    낮은 생존률 482-483
    전염병 434
    (참조: 거세 시술)
사복음서→테트라에방겔리온
사탄
    신적 질서를 흐트러뜨림 714
    구원으로 가는 도정을 훼방 640, 707, 716, 777, 783
    특수한 지식을 알려주는 유익한 존재 672
    민간 신앙의 주인공 445, 482, 720-721
    공식 전례·도상 243
삼성(三聖) 기도→트리사기온
샷코스 238, 538, 540
생신녀→테오토코스
샤두프 209
서사시 659-660, 672
선구자→프로드로모스
선매권→프로티메시스
설교단(ambon) 429, 677
설교집(homéliaire) 428, 430, 646
성구실(聖具室, diakonikon) 692
성사(聖事)→뮈스테리온
성상(聖像)→이콘
성상벽(iconostasis, 템플론, 내진 칸막이) 682, 696, 770 하단
성상 파괴주의 104, 278, 428, 642, 678-679, 708
성십자가((영)True Cross, (프)Vraie Croix)
    궁전에 모심 533
    기타 435, 719
    (참조: 〈주요 인물 한 줄 사적〉 헤라클레이오스)
성유물 184, 329, 533, 719, 557
    성자들의 유해 539-540, 691
성인전 447, 625, 641-643, 646, 673, 674, 697
성화→이콘
세계 공의회→쉬노도스
세만트론((현대 그리스)시만트론, (러)

빌로, (불가리아·세르비아·마케도니아)클레팔로) 353, 438
세밀화 366-368, 372-373, 375-377, 381-386, 388-389, 392, 454-456, 482, 485-488, 490-491, 497-498, 583-590, 591 하단, 592, 617, 618, 621-622, 626, 667, 677, 681, 685, 706, 726, 731-737, 740, 741, 772, 774, 776, 777, 780, 781
소문자체 355, 620, 620-621, 728
  (참조: 옹시알체)
소수민족 102-104, 115-116, 141, 163-164, 167-168, 185, 189, 192, 205-206, 211-212, 422-423, 709, 710
소유지→크테시스
손이 만들지 않은(아케이로포이에토스) 675, 693, 720, 770
수도 대주교(mêtropolitês) 266, 268, 269, 272, 273, 308, 340, 344, 345, 357, 376, 390, 399, 419, 429, 452
수도사(수도원)
  수도사의 목표 712-713, 782
  수도원 창건 501
    기타 124-125, 157, 220-221, 269, 270, 272, 283, 285, 286, 287, 308, 309, 310, 337, 341, 342, 343, 345, 348-362, 354, 392, 429-431, 605, 688, 709, 602, 606-607, 781
수도(修道) 사제→히에로모나코스
수도원→수도사
수도원 공동체 292, 308, 309, 348-362, 421-422, 480-481
수도원장→히구메노스
순교 기념 건축물(martyrion) 520, 553, 557, 601, 691, 692, 693
순라군 드롱가리오스(Drongaire de la Veille) 263, 304, 331, 405
쉬낙사리온 437, 492, 646
쉬노도스(공의회) 243, 266, 270, 278, 281, 336, 338, 339, 340, 343, 323-34, 346, 348, 351, 357, 376, 398, 429, 429, 451, 498, 620, 623, 708
쉬노디콘 428, 430, 540
쉰트로논 600
스케우오퓔라키온 269, 358
스타우로테케 537, 541
스타우로페기아 343
스타우로페기온 351
스트라토페다르코스, 대(大)스트라토페다르코스
  동방과 서방의 원정군 사령관(스트라토페다르코스) 264
  부대의 무장과 급식 관장 참모(대(大)스트라토페다르코스) 331, 392
스트라티아
  병역 290, 487
  군인의 비용을 충당하기 위한 토지 290, 293, 330, 487, 490
스트라티오테스(군인 지주) 328, 487, 490
스티카리온
  튜닉 443

성직자 옷 538
스파타로칸디다토스 251, 258, 285, 557
「시민법 대전」(Corpus iuris civilis) 425
시종장→파라코이모메노스
시편집(psautier)
    교사 270
    비잔티움 교회 기도의 바탕 355, 358, 646
    사본 454, 492, 592, 625, 681
식생활
    생선 685
    이른 시기 부자 연회 상차림 모습 485
    빈자 음식 콩 210, 353, 482
    기타 284
신랑(身廊, (희)나오스, (불)nef, (영) nave) 696
신비 사상
    관상하는 삶 중시 424, 709, 712-714
    기타 341, 638-641, 654
신비주의→신비 사상
신앙 일치
    신앙 일치의 필요 650, 682, 706-712
    신앙 일치 정책 266-267
    비기독교 민족 315, 446-447, 700-703
    이단설 211-212, 449-451
신칙법 245, 262, 299, 322, 336, 425, 635
신학((희)theologia) 448

ㅇ

아그뤼프니아→철야제
아델포포이이아→의형제 결연
아르귀로스가 405-407
아르콘 138, 261, 266, 267, 269, 270, 271, 401, 542
아르키스트라테고스(대천사) 243, 744, 751, 755 하단, 775
아리우스주의 101, 382
아소마토스→무형의 존재
아스테르 혹은 아스테리스코스 535, 536, 540
아우구스탈리오스 255, 259
아우토크라토르(전제자, 전제 군주) 236, 240, 266, 267, 709
아카티스토스 혹은 아카티스토스 휨노스 496
아케이로포이에토스→손이 만들지 않은
아크테몬→무지농
아포데이프논(식후 기도 시간) 355, 714
아포리스모스→파문
아포스타테스 448-453
아포스톨로스(사도, 프락사포스톨로스) 270, 646
안티도론→프로스포라
안티멘시온 270
앙겔로스가 282
야만인→이방인
양피지 369-370, 390, 457, 561, 616-618, 619, 624, 625-626, 697, 726, 727

언어
　문어와 구어의 구별 423
　행정·문헌 언어로서의 그리스어 273-
　　274, 634, 649, 652-653
　인공적인 언어 631-632
　속어적 표현 648, 650, 658-659, 660-
　　661
　기타 657-658
에방겔리온 383, 492, 537, 620, 624,
　646, 677, 697
에우세베이아→공경심
에우탁시아(질서) 448
　(관련 내용: 235, 393-394, 427-428)
에클레시아르코스 358
「에클로게」(법률집요)→법전
에트노스(종족) 422-423, 773 상단
에파나고게 299
에파르코스→콘스탄티노플 총독
엑사르코스→총독령
엑스쿠사토스(면세) 287, 293, 294,
　295, 301, 347-348, 362, 370, 422,
　480, 497, 507
엘레우테로이→자유 농민
엠퓌테우시스 484, 503
영지 260, 283-284, 290, 293, 323, 347,
　357-358, 405, 411-412, 483-502
예배→전례
예속농→파로이코스
예술→기예
오모포리온 344, 376, 388, 496, 539,
　540

오스프리온→콩류
옥토에코스 646
옵세쿠이움 325
　(참조: 〈지명 색인〉 옵시키온)
옹시알체 355, 620-621, 727
　(참조: 소문자체)
외교
　정부 지출 281-282
　기타 310-322, 381
외국 상인 100, 113, 116, 164, 166, 169,
　180, 281, 295, 305, 334, 395, 414,
　529, 531, 559, 574, 578-582
우즈 188
원로원
　역할 275-279
　황제 선출에 간여 237, 238, 239, 240,
　　393
　통치 계급의 지위 409, 410-411; 기타
　　242, 258
유력자→강자
의사
　고대 서적에 의존 583, 623, 636, 738
　진단·증상에 대한 지식·약물 치료에
　　국한 482-483, 667, 668-671
　병을 고치는 성인(聖人) 719
　무료 진료소 731
　병을 고치는 마법사 413
　기타 355, 394, 401, 412-413, 633, 635,
　　733
의형제 결연(아델포포이이아, 입양)
　내용 364, 717

전례에 포함 700
이단설
  시리아 205
  이집트 211-212
  아르메니아 266, 267, 337, 339
  기타 429, 448-453, 623, 637, 644, 707-710, 715
이방인(barbaroi, 야만인) 155, 243, 263, 266-267, 298, 308, 312, 315, 321, 324, 338, 446-447, 569, 632, 660
이웃 291, 416-417
이콘(성화, 성상(聖像)) 11, 242, 352, 357, 358, 496, 493, 536, 538, 576, 642, 657, 674-684, 705, 706, 715, 718, 719-720, 754-756, 773, 774 하단, 775, 782
인딕티오 397, 421, 437-438
입양→의형제 결연

ㅈ
자유 423-425
자유 농민(엘레우테로이) 423-425, 505
재산 몰수 290, 298, 308, 398, 403, 412, 481, 490, 500, 501
저주(방자) 308, 413, 721-723
전례(leitourgia, 예배)
  성체 예배 646, 691, 698
  성 바실레이오스 전례 380
  기타 270, 338, 339, 341, 344, 434, 659, 674, 692, 694, 700, 710, 714

전례서 269, 357, 492, 493, 499, 624, 625, 646-647
전쟁 287-288, 310, 311, 322-336, 384-387, 648, 649, 652, 736
전제 군주→아우토크라토르
정교, 정통 가치, 정통 교의(orthodoxie) 97, 102, 205, 211, 267, 288, 317, 337, 338, 339, 422, 428, 446-448, 451, 613, 650, 654, 655, 682, 684, 706-712, 725, 773 하단
조각
  미발달한 조각 675
  고대적 조각 677-678
  기둥머리 장식 765 하단
  상아 제품 7, 479-481, 567, 573, 682, 757, 758-759
  기타 555, 610, 611, 692
종→노예
종교 행사와 그 상징들 641, 698-703
종이 616, 618, 619, 624
종족→에트노스
주판(중부와 남동부 유럽 일부 국가의 지방 수장 칭호) 116, 317
주판(abaque, (라, 영)abacus)(계산 도구) 607
지진 287, 434, 495, 556, 565, 623, 633, 635, 717
직인
  도시 공방 287, 402, 488, 513, 517, 520, 535, 566
  국가에 의한 통제 440

기타 278, 480-481, 679, 681, 683, 690, 695, 704, 590

(참조: *직인 동업조합*)

직인 동업조합 253, 261, 291, 300, 302-304, 414, 415, 417-419, 420, 542, 567-569, 574-575, 580, 634, 784

질서→*에우탁시아*

집수장

  콘스탄티노플 모키오스 집수장 525, 528

  다층 구조(콘스탄티노플, 알렉산드리아) 289, 509, 516, 522

  기타 160-161, 528, 529, 530, 541, 552

ㅊ

책 장식→*세밀화*

철야제(아그뤼프니아) 421, 442

철학자(philosophos)

  고학년 학생을 가리킴 732

  '철학'의 고대 철학과 다른 함의 641, 654-655, 704, 712

촌락→*마을*

총독→*총독령*

총독령(exarchat)

  연혁 102, 255

  수장 엑사르코스 300

  이탈리아 총독령 102, 104, 120, 129, 134, 142, 255, 449, 486

  아프리카 총독령 149, 150, 213, 277

칠보 공예 567, 681

침전 수장→*파라코이모메노스*

ㅋ

카논 657, 658

카르토퓔락스(문서지기), 대(大)카르토퓔락스 269, 307-308, 313, 342, 429, 652

카르툴라리오스 260, 261, 262, 263, 264, 265, 271, 302, 327

카이사르

  제일 관등 258

  황제의 가족 구성원들에게 수여된 칭호 364, 634

카테파노

  군사 지휘관 262, 271, 272

  민간 지사 141

카테파노령 113, 122, 141, 215, 405, 406, 408, 421, 574

카톨리콘 362, 605, 606-607

카티구메노스→*히구메노스*

칸타쿠제노스가 417

칼라모스→*갈대 대롱*

칼로게로스 430-432

칼케돈 공의회(491) 336, 348, 708

케노비티즘 350, 352, 356, 421, 638

케카우메노스가 405, 407, 714

코레피스코포스 522

코리온 292-294

코이토니테스 251

콘스탄티노플 공의회(680-81) 278, 620, 708

콘스탄티노플 공의회(648) 339, 351
콘스탄티노플 공의회(817) 357
콘스탄티노플 공의회(1157) 708-709
콘스탄티노플 공의회(1351) 429
콘스탄티노플 총독(에파르코스)(préfet (éparque) de la ville) 254, 261, 264, 300, 302, 309, 418, 542-544, 545, 568, 574
콘타카리온 492
콘타키온 657-658
콤네노스가 114, 115, 279, 281, 283, 331, 395, 410, 417, 498, 547, 577
콩류 210, 353, 482, 786
크뤼소불라 → 금인칙서
크테시스(소유지) 330, 487, 497-498
클리마타(지표면 구획 단위) 734
클리마타(지명) → 〈지명 색인〉

ㅌ

타그마 260, 262-263, 271, 272, 324, 326, 327
테마
    작전에 참가하는 군부대 256, 325-327
    행정 구역 108-109, 120-122, 140-141, 143, 154, 156, 157, 162, 169, 192, 333, 335, 648
    테마 장관 271-272, 490
    테마 군대 스트라티아의 소멸 330
    테마 민간 행정 부문 이탈 260
    기타 262, 294, 305, 332

테오도시오스 법전 425
테오토코스(생신녀) 287, 330, 357, 491, 492, 706, 718
테트라에방겔리온(Tétraeuangélion, 사복음서) 245, 645
튀피콘(창립 튀피콘) 350, 357, 392
튀피콘(전례 튀피콘) 646
트라페자(수도원 식당) 351
트룰로 공의회(648) 351
트리사기온(삼성(三聖) 기도) 238, 329, 700
트리오디온 492, 646
티마리온 560, 654

ㅍ

파네귀리카(panègyrika, 예찬 설교집) 646
파라코이모메노스(침전 수장, 시종장) 직분 251, 253
    궁전 환관 총수 248, 259, 278, 399, 403
파라클레티케 646
파로이코스(농노, 예속농)
    경제적으로 예속된 농민의 총칭 491, 495, 496, 498, 502, 503-507
    지세 291-292, 498
파루시아 → 헤토이마시아
파문(아포리스모스) 307, 351, 710
파테리콘 → 게론티콘
파트리키오스
    환관 249, 399, 403
    최상위 고관 250, 254, 256, 259, 284

이방인 수장 315, 316

기타 283, 406, 407, 408, 409, 626

파피루스 210, 616, 617, 620

판덱타이→디게스타

판토크라토르 265, 311, 382-383, 498, 529, 717

팔라이올로고스가 162, 239, 309, 319, 342, 400, 412, 417, 443, 578, 580, 683

팔림프세스테스 619

페이라→〈용어 해설〉 법전

펜테코스타리온 646

펠로니온 538

편람→프로케이론

퓔레(pylè) 728

프락사포스톨로스→아포스톨로스

프레스코 371, 390-391, 457-458, 483-484, 489, 492-493, 495-496, 591 상단, 612, 675, 676-677, 680, 682-684, 697, 748-751, 753, 778, 779

프로노이아 330, 334, 498-499, 503

프로드로모스(선구자) 436, 775

프로스카테메노이 507

프로스타그마 980

프로스포라 238, 389-390

프로아스테이온 490, 491, 492

프로케이론(편람) 303, 425

프로테시스 692

프로토마르튀라스 391

프로토베스티아리오스 258, 259, 368, 522, 775

프로토스파타리오스

궁정 부대 지휘관 259, 262

남발된 작위 249, 296

기타 251, 258, 285, 317, 399, 491, 577

프로토카라보스 251, 271

프로토프로에드로스 258

프로티메시스(선매권) 417, 490

프리미케리오스, 대(大)프리미케리오스

궁정 환관들이 지닌 관등 253, 259, 313

궁정 의례 총책임관(대(大)프리미케리오스) 368

교회 행정관 270

공증인 프리미케리오스 302, 303, 304

필로파트리스 654

ㅎ

하느님의 어머니→테오토코스

학교

국립 학교 247, 345

기타 555, 626-636, 732

「학설휘찬」→「디게스타」

함단 왕조 330

해군 제독→메가둑스

행렬→리타네이아

헤시카즘→헤시키아

헤시카스트(헤쉬카스트)

아토스산 수도사들의 내밀한 기도가 됨 712-713

'인문주의자'들과의 대립 341-342, 376, 650

교회 조직 석권 345
헤시키아 341-342, 345, 650, 712
헤토이마시아 498
헥사비블로스→⟨용어 해설⟩ 법전
호데게트리아 246, 528
환관(거세된 남자)
    노예 315, 394
    기타 248, 253, 258-259, 358, 368,
        396, 398-401, 403, 410, 411, 483,
        659
황제→*바실레우스*
회계
    입찰견적서로 남은 자료 486
    가계 회계장부 446

회계장부 446
    (참조: 485-486)
히구메노스 혹은 카티구메노스 272,
    313, 345, 350, 351, 352, 353, 337,
    358, 359, 362, 422, 425, 429, 639
히에로모나코스(수도(修道) 사제) 359
히포드로모스 유흥(遊興)
    경마 대회 243, 371
    기타 공연물 289-290, 314, 441-442
    주민 요구 제기 277, 544-546
    기타 262, 400, 438, 543, 678, 682

인물 색인

*볼드체로 표시된 인물은 원 저자가 작성한 〈주요 인물 한 줄 사적〉에서 소개되는 인물이다.
*'총대주교'는 명기하지 않는 한 콘스탄티노플 총대주교를 이른다.

ㄱ

갈라 플라키디아(서로마 황제 호노리우스의 누이) 318, 529, 675
갈레노스(2세기 희랍 의사) 669, 670, 671
게르마노스 1세(총대주교) 399, 429
게르마노스 2세(총대주교) 340, 647
게오르기오스 게미스토스 플레톤(15세기 신학자) 451, 452, 655
게오르기오스 겐나디오스 스콜라리오스(총대주교) 307, 453
게오르기오스(수도사)(9세기 역사가) 433, 651
게오르기오스(성켈로스)(8-9세기 역사가) 433, 651
게오르기오스 스프란제스 650
게오르기오스 아크로폴리테스(13세기 고관, 역사가) 309, 643, 649
게오르기오스 케드레노스(11-12세기 역사가) 289, 433, 651
게오르기오스 퀴프리오스(총대주교) 342
게오르기오스 파퀴메레스(13-14세기 역사가) 309, 649, 664, 666
게저 1세(헝가리 왕) 317
겐나디오스 스콜라리오스→게오르기오스 겐나디오스 스콜라리오스
고드프루아(부이용의, 1차 십자군 지도자) 282
군도바드(부르군트족 왕) 316
구델레스 튀란노스 500
그레고라스(연대기 작가)→니케포로스 그레고라스
그레고리오스(나지안조스의)(4세기 신학자) 8, 237, 341, 377, 382, 428, 435, 442, 448, 492, 615, 630, 637, 652, 681, 728, 741, 774 상단, 775
그레고리오스(니사의) 547, 615, 637, 652, 714
그레고리오스 3세 마마스(총대주교) 343
그레고리오스(안티오코스)(12세기 대(大)드룽가리오스) 401-402
그레고리오스 키오니아데스(13-14세기 천문학자) 664
그레고리오스(키프로스의) 643
그레고리오스(파쿠리아노스)(11세기 도메스티코스) 356, 359
그레고리오스(팔라마스)(14세기 신학자) 376, 638, 639, 640-641
그레고리우스(대(大))(로마 교황) 242, 675
그레고리우스(그레구아르) 11세(로마 교황) 305

기 드뤼지냥 207
기욤(몽펠리에의) 319
기욤(빌라르두앵의) 223, 561

ㄴ

나르세스(유스티니아누스 1세의 장군) 564
나르세스(6세기 환관, 프로토스파타리오스) 399
네메시오스(5세기 에메사 주교) 637
네스토리오스→〈용어 색인〉네스토리오스주의
네일로스(앙퀴라의)(4-5세기 수도사·종교 문학 작가) 431, 674
네일로스(카바실라스)(테살로니키 수도 대주교) 641
네일로스(케라메우스)(총대주교) 540
노가이(몽골 킵차크 칸국 칸) 320, 331
니칸드로스(콜로폰의)(기원전 2세기 시인·의사) 671, 587
니케타스(10세기 환관·장군) 399
니케타스(마기스트로스)(10세기 귀족) 653, 724
니케타스 뷔잔티오스(9세기 철학자) 409
니케타스(앙퀴라의)(11세기 앙퀴라 수도 대주교) 451, 452
니케타스 코니아테스(13세기 역사가) 649, 722
니케포로스(총대주교) 341, 373, 433, 643

연대기 625, 651
니케포로스 그레고라스(14세기 천문학자·역사가·신학자)
  자연과학 연구 664
  연대기 290, 295, 336, 434, 581, 650
  기타 376, 636, 638, 643, 655, 666
니케포로스 바실라케스(12세기 이단 지도자) 708
니케포로스 브뤼엔니오스(12세기 연대기 작가) 649
니케포로스 블렘뮈데스(13세기 철학자) 665
니케포로스 우라노스(10세기 병서 저자) 322, 329
니케포로스 칼리스토스 크산토풀로스(14세기 교회 역사가) 644
니케포로스 쿰노스(13-14세기 학자·고관) 643, 665
니케포로스 1세 263, 285, 301, 519
니케포로스 2세 포카스 166, 207, 238, 278, 280, 281, 286, 290, 322, 329, 333, 347, 399, 657
니케포로스 3세 보타네이아테스 286, 302, 360, 368, 424, 577
니케포리제스(11세기 환관) 248, 410
니코마코스(게라사 태생 희랍 수학자) 665
니콜라오스(10세기 환관) 399
니콜라오스 말레이노스(12세기 로사노 대주교) 317
니콜라오스 뮈렙소스(13세기 의사)

671, 731
니콜라오스(뮈스티코스)(총대주교) 399
니콜라오스 카바실라스(혹은 니콜라오스 카마에토스)(14세기 테살로니키 대주교) 306, 639, 641

ㄷ
다니엘리스(9세기 펠로폰네소스 대지주) 396, 455, 488
다윗 왕 387, 444, 752
데메트리오스(테살로니키 수호성인) 156, 448, 559, 775
데메트리오스 퀴도네스(14세기 고관·작가) 306
데모스테네스(희랍 수사가) 630, 724
데키우스(로마 황제) 557, 717, 780
도로테오스(가자의)(6세기 세리도스 수도원 수도사) 430
두카스(포카이아의)(15세기 역사가) 650
디오뉘시오스(차명자)(아레오파고스 회원)(Pseudo-Denys l'Aréopagite)(5세기 기독교 신비사상 문건 저자) 428, 638, 712
디오클레티아누스(로마 황제) 251, 520, 500

ㄹ
라오니코스 칼코콘뒬레스(15세기 역사가) 650

레온(10세기 필경사) 10, 619
레온 간나다이오스(11세기 노르만령 이탈리아 유력자) 317
레온(문법학자)(11세기 역사가) 433
레온(부제, le Diacre)(11세기 역사가) 649
레온(수학자, le mathématicien)
  테오필로스 황제가 세운 국립학교 학장으로 취임 663
  바르다스 카이사르에 의해 철학 교수로 임명됨 634
『의학 편람』편저 669
레온 아르귀로스(10세기 귀족) 405-406
레온 코이로스팍테스(9세기 정치가·저술가) 312
레온 포카스(10세기 초 장군) 405
레온('배교자', 트리폴리의) 105
레온 1세 237, 276, 332
레온 3세 278, 332, 338, 425, 426
레온 5세 239, 276, 301, 402, 648
레온 6세 245, 248, 249, 275, 278, 288, 299, 301, 312, 316, 322, 328, 341, 344, 346, 357, 378-379, 395, 398, 399, 400, 403, 425, 426, 456, 483, 488, 674
레온티오스(네아폴리스의)(7세기 성자전 작가) 642
레온티오스(비잔티움의)(6세기 철학자) 637, 654, 704
레이쿠데스→콘스탄티노스 레이쿠

데스

로마노스(성가 창작자, Rômanos le Mélode) 658
로마노스 아르귀로스(로마노스 레카페노스 황제 사위) 405
로마노스 1세 레카페노스 238, 288, 341, 399, 402-403, 406, 695
로마노스 2세 238, 310, 318, 400, 415, 649
로마노스 3세 아르귀로스 239, 286, 289, 318, 406, 519
로마노스 4세 디오게네스 241
로베르 기스카르(노르만인 족장) 113
루스티키아나(6세기 대지주) 484
루이('독일인') 315
루이 7세(프랑스 왕) 533
루지에로 3세(시칠리아 왕) 319
루지에로 다피오레 320, 331
루키아노스(2세기 희랍 작가) 623-624, 654
르노(샤티용의)(안티오케이아 서방 왕) 115, 204
르니에(몽페라의) 318
리바니오스(안티오케이아의)(4세기 수사가) 652
리우트프란트(크레모나의) 251, 314, 315, 347
리처드 사자심왕 207
리카리오스(13세기 군인) 336
리키니우스(로마 황제) 523

□

마누엘 브뤼엔니오스(안드로니코스 2세 때 학자) 664, 666
마누엘 필레스(14세기 경구시 작가) 656, 667
마누엘 홀로볼로스(13-14세기 수사가) 309
마누엘 1세 콤네노스 115, 272, 282, 287, 288, 304, 305, 309, 318, 334, 335, 347, 395, 414, 435, 443, 530, 579, 631, 649, 659, 663
마누엘 2세 팔라이올로고스 279, 320
마론(6세기 아르메니아 주상(柱上) 고행승) 719
마르키아노스(황제) 281
마리아(안티오케이아의)(마누엘 1세의 아내) 318
마리아(마누엘 1세의 딸) 318
마리아(이집트인)(성인) 391
마리아노스 아르귀로스(10세기 귀족) 406
마우리키오스(황제) 120, 150, 238, 277, 322, 325, 419, 450, 509, 648
마자리스(15세기 초 풍자문학 작가) 654
마카리오스(이집트의)(4세기 수도사) 349, 638, 711, 714
마타이오스 1세(총대주교) 342, 535
막시모스(증거자)(7세기 신학자) 637, 641, 654, 698-700
막시모스 플라누데스(13-14세기 경

찾아보기 1041

구시 작가) 636, 656, 657, 664
말랄라스(역사가) → 요안네스 말랄라스
말코스(5세기 역사가) 623, 647
메나스(이집트 순교 성인, 3세기 말 혹은 4세기 초 몰) 211, 520
메난드로스(6세기 역사가) 648
메토디오스 1세(총대주교) 399, 428
메트로파네스(퀴지코스의)(총대주교) 343
메흐메드 2세(오스만 술탄) 119, 162, 307, 650
멜레스(바리 유력자) 407
멜레티오스(프리기아 수도사·의사) 669
모데스토스(7세기 예루살렘 총대주교) 722
무라드 1세(오스만 술탄) 162
무라드 2세(오스만 술탄) 119, 162
무아위야(시리아 태수) 332
미카엘 글뤼카스(12세기 역사가·신학자·천문학자) 305, 414, 433, 659
미카엘 로디오스(알렉시오스 1세 콤네노스 때 재판관) 305
미카엘 아탈레이아테스(11세기 고관) 302, 356, 424, 649
미카엘 케룰라리오스(총대주교) 269, 408
미카엘 프셀로스(11세기 정치가·역사가·철학자·작가)
 백과전서적 교양의 시대를 대표 665,

666, 670
 역사 기록 298, 410, 542, 649
 철학 저작 615, 635, 655
 11세기 콘스탄티노플 최고위 공직자의 본보기 248, 273, 409, 410
 기타 424, 445, 483, 627, 673
미카엘 1세 랑가베 285, 373, 433
미카엘 2세 278, 301, 402, 648
미카엘 3세 285, 297, 315, 363, 364, 519, 557, 634, 648, 776
미카엘 4세 239, 400, 403
미카엘 5세 칼라파테스('선박 도장공') 403, 410
미카엘 6세 브렁가스 400, 410
미카엘 7세 두카스 317, 400, 410, 492
미카엘 8세 팔라이올로고스 239, 241, 285, 309, 320, 331, 335, 336, 340, 342, 392, 412
미카엘 9세 팔라이올로고스 319, 320
미하일 3세 시슈만(불가리아 차르) 320

ㅂ

바르다스(9세기 정치가) 364, 634
바를람(칼라브리아의)(14세기 철학자) 641
바실레이오스(로마노스 1세의 사생아) 399
바실레이오스(스카만드로스의)(총대주교) 341
바실레이오스('아르메니아인')(이알림바나의)(9세기 교회 기록 저자)

338

바실레이오스(카이사레이아의)(4세
  기 신학자) 350, 351, 352, 382, 393,
  401, 422, 492, 625, 637, 638, 646,
  667, 698, 705, 712, 758-759, 775

바실레이오스 1세
  마케도니아 왕조 창시 239, 363-365
  제국 영향력 확대 140, 317
  법률 사업 245, 297, 301, 303, 425
  문화 사업 286, 289
  성인전에 기록됨 415
  기타 341, 399, 402, 483, 648, 720

바실레이오스 2세 112, 122, 156, 268,
  297, 298, 329, 384, 404, 406, 407,
  408, 481, 490, 519, 621, 649, 681,
  702, 780, 781

바실리 1세 드미트리예비치(모스크바
  공국 대공) 265

바아네스(9세기 환관) 399

바예지드 1세(오스만 술탄) 119, 162

바울(성인) 416, 436, 439, 758-759

발렌스(황제) 382

발렌티니아누스 2세 276

발리앙(이블랭의) 319

베네딕토 10세(로마 교황) 408

베르타 폰줄츠바흐(마누엘 1세의 아
  내) 318, 631

베사리온(트라페주스의, (세례명)바
  실레이오스) →〈지역과 민족〉미스
  트라스

벤야민(투델라의) 166, 282, 321, 546

벨라 3세(헝가리 왕) 318, 319
벨라 4세(헝가리 왕) 319
벨리사리오스(6세기 장군) 6, 332, 564
보두앵 1세(콘스탄티노플 라틴 제국
  황제) 420
보두앵 3세(예루살렘 서방 왕) 115, 319
보리스(불가리아 칸) 104, 315, 316, 776
보에몽 1세(안티오케이아 라틴인 왕)
  274, 282, 317
보에몽 3세(안티오케이아 라틴인 왕)
  318, 319
블라디미르 1세(키예프 대공) 317, 318,
  700-703
비톤(헬레니즘 기 병서 저자) 322
빌렘(모에르베케의) 663, 668

ㅅ

사모(모라비아·보헤미아 슬라브족
  왕) 103
사모나스(9-10세기 환관) 249, 399,
  403, 456
사바(Sava)(성인, 세르비아 왕 스테판
  1세 네마냐의 아들, 세르비아 자치
  교회 초대 대주교) 339, 773 상단
사바스(성인, 팔레스타인 대(大)라브
  라 수도원 창시자) 125, 642, 775
샤를마뉴(카를로스) 대왕 104, 313
샤브타이(10세기 의사) 483
세르기오스 1세(총대주교) 341
셉티미우스 세베루스(로마 황제) 523
소조메노스(5세기 교회 역사가) 644

소크라테스(변호인)(5세기 교회 역사가) 395, 525, 644
술레이만(오스만 술탄) 162
쉬나데네(헝가리 왕 게저 1세의 비(妃)) 317
스타우라키오스(8-9세기 환관) 313, 399
스테파노 2세(로마 교황) 104, 338
스테파노스(아테나이의)(의사) 669
스테파노스(페르시아인)(7세기 환관) 399
스테파노스 1세(총대주교) 341, 344
스테파노스 2세(총대주교) 399
스테판 1세 네마냐(세르비아 대공) 116, 317, 339, 773 상단
스테판 네마니치(프르보벤차니)(세르비아 왕) 317, 319
스테판 우로슈 2세 밀루틴(세르비아 왕) 320, 360, 484
스테판 우로슈 4세 두샨(세르비아 왕) 118, 316
스테판 4세(헝가리 왕) 319
스트라본(기원전 3세기 화학자) 668
스트라본(기원전 64경-기원후 21년에서 25년 사이)(희랍 지리학자) 151
시메온 1세(불가리아 차르) 278, 316
시모니스(안드로니코스 2세의 딸) 320, 360
시므온(15세기 신학자·테살로니키 대주교) 308, 696, 641
시므온(성인, 주상 고행승) 520, 555, 601
시므온(로고테테스)(10세기 역사가) 433
시므온 메타프라스테스('번역자') 492, 643
시므온(새 신학자)(10-11세기 수도사·시인) 423, 424-425, 639-640
시므온 세트(11세기 의사·천문학자·아랍어 번역가) 665, 666, 670, 671
시신니오스(총대주교) 357

ㅇ

아가테 레카페나(로마노스 1세 레카페노스의 딸) 406
아가티아스(변호인, Agathias le Scholastique)(6세기 역사가) 648
아나르귀로이(성)→코스마스와 다미아노스
아나스타시아(콘스탄티노스 4세의 아내) 399
아나스타시오스(시나이의)(성인, 7세기 성직자·작가·신학자) 492, 637
아나스타시오스 1세(황제) 276, 277, 281, 285, 294, 296, 300, 508, 522
아르귀로스(11세기 롬바르드 귀족·이탈리아 카테파노) 316, 407-408
아르키메데스(희랍 수학자) 662, 663, 665
아르테미도로스(에페소스 혹은 달디스의)(2세기 희랍 작가) 492
아리스토파네스(희랍 희극 작가) 630,

632

아리스팁포스(12세기 시칠리아 학자) 663, 668

아모리 1세(예루살렘 왕) 318, 319

아바카(몽골 일 칸국 칸) 320

아센→*이반 아센 1세*

아쇼트 1세 바그라투니(아르메니아 왕) 317

아에티오스(아미다의)(6세기 초 활동하였을 것으로 추정되는 의사) 669

아우구스투스(로마 황제) 244, 437

아이네이아스(탁티코스) 322

아일리아노스(탁티코스) 322

아킬레우스 타티오스(2세기 희랍 작가) 492

아타나시오스(4세기 알렉산드리아 주교·신학자) 428, 435, 636, 642, 741, 775

아타나시오스 1세(안티오케이아 총대주교) 450

아타나시오스(10세기 아토스산 수도사) 287, 356, 360

아타나시오스 1세(총대주교) 342

아타울프(서고트 족장) 318

아테나이오스(Athenaeus Mechanicus) (기원전 3세기 희랍 병서 저자) 322

아틸라(훈족 왕) 135, 318

아폴로니오스(기원전 3-2세기 희랍 기하학자·천문학자) 663, 665

아폴로니오스(키티온의)(기원전 1세기 의사) 733

아폴로도로스(다마스의)(1-2세기 건축가) 322

안나(사부아의)(요안네스 5세 팔라이올로고스의 어머니) 320, 375

안나 콤네네(12세기 역사가) 649

안나 포르퓌로겐네테(키예프 대공 블라디미르 1세의 아내) 318

안드레아스 사도 341, 435, 758-759

안드레아스(6-7세기 카파도키아 카이사레이아 주교) 624

안드레아스(리바데노스)(15세기 여행기 작가) 652

안드레아스(크레타의)(7-8세기 콘스탄티노플 부제·설교문 저자) 658

안드로니코스 두카스(미카엘 7세의 동생) 258, 491, 492-497

안드로니코스 1세 콤네노스 278, 284, 289, 411

안드로니코스 2세 팔라이올로고스 5, 279, 297, 306, 319, 320, 331, 336, 340, 342, 360, 362, 374, 432, 500, 505

안드로니코스 3세 팔라이올로고스 279, 283, 306, 319, 366-367, 500

안드로니코스 4세 팔라이올로고스 320

안드로니코스 팔라이올로고스(니케아 제국 대도메스티코스, 미카엘 8세의 아버지) 319

안테미오스(트랄레스의)(6세기 수학자) 662, 669

안토니오스(성인, 이집트 최초 은수자)

찾아보기 1045

349, 775
안토니오스 4세(총대주교) 265, 540
알렉산더(알렉산드로스) 대왕 237
알렉산드로스(트랄레스의)(6세기 의사) 669
알렉시오스(스투디오스의)(총대주교) 268
알렉시오스 아포카우코스(14세기 콘스탄티노플 총독) 248, 306, 374
알렉시오스(12세기 프로토세바스토스, 마누엘 1세의 조카) 278
알렉시오스 1세 콤네노스 12, 114, 239, 270, 274, 281, 282, 283, 287, 295, 305, 318, 334, 356, 380, 416
알렉시오스 3세 앙겔로스 277, 283, 285, 317, 335, 400
알렉시오스 4세 앙겔로스 116
알무타심(압바스 왕조 칼리프) 557
알무타와킬(압바스 왕조 칼리프) 315
알프 아르슬란(셀주크 튀르크 족장) 114
알하킴(파티마 왕조 칼리프) 287
압드 알말릭(압바스 왕조 장군) 313
에바그리오스(변호인, Évagre le Scholastikos)(6세기 교회 역사가) 644
에우나피오스(사르테이스의)(4-5세기 역사가) 647
에우도키아(알렉시오스 3세의 딸) 317
에우메노스 2세(페르가몬 왕) 616
에우세비오스(카이사레이아의)(3-4세기 기독교 역사가·성서 주석가) 235, 433, 441, 624, 636, 644, 645
에우스타티오스(10세기 환관) 399
에우스타티오스(12세기 테살로니키 수도 대주교·고대 문헌 주석가) 397, 413, 419, 616, 656
에우스타티오스 보엘라스(11세기 고관·대지주) 491
에우스타티오스 아르귀로스(레온 6세 때 장군) 405
에우스트라티오스(12세기 니케아 수도 대주교) 635
에우스트라티오스 가리다스(총대주교) 399
에우클레이데스(유클리드)(희랍 수학자) 623, 628, 631, 663, 664, 665
에우티미오스(대(大))(성인, 5세기 팔레스티나 수도승) 124-125
에우티미오스 1세(총대주교) 341, 643
에피파니오스(10세기 고관) 577
엔드레 1세(헝가리 왕) 317
오노산드로스(전략론 작가) 322
오도아케르(5세기 이방인 출신 군인·정치가) 316
오레이바시오스(페르가몬의)(4세기 의사) 669, 671
오르비키오스(6세기 병서 저자) 322
오르한(오스만 술탄) 320
오토 1세(신성 로마 제국 황제) 318
올가(키예프 왕비) 317, 703
올림피오도로스(테바이의)(4-5세기

역사가) 647
요세포스 게네시오스(10세기 역사가) 649
요세포스 브뤼엔니오스(14-15세기 수도사) 636
요세포스 브링가스(로마노스 2세의 파라코이모메노스) 278
요세포스(성가 작가)(9세기 성가 작가) 658
요세포스(에페소스의)(총대주교) 342
요세포스 테라스(11세기 법관) 317
요안네스(다마스쿠스의)(8세기 신학자) 235, 404, 416, 424, 427, 439, 444, 492, 590, 628, 658, 774 하단
  신학 총서 『지식의 원천』 638, 655
요안네스(리디아의)(6세기 고관) 554, 648
요안네스 마우로푸스(11세기 콘스탄티노플 교사·문필가) 240, 248, 345, 409, 414, 658
요안네스 말랄라스(6세기 역사가) 433, 650
요안네스 모스코스(6-7세기 수도사·성자전 작가) 492, 642
요안네스 벡코스(총대주교) 342
요안네스 스퀼리제스(11세기 고관·역사가) 372-373, 381, 386, 455-456, 625, 651, 732
요안네스(아파메이아의)(5세기 은자) 713
요안네스 악투아리오스(14세기 의사) 670, 671
요안네스(알렉산드리아의)(7세기 의사) 669
요안네스 에르밍가레스(11세기 이탈리아 대지주) 317
요안네스(에페소스의)(6세기 주교, 시리아어 작가) 509
요안네스(이베리아인)(10세기 수도사) 356
요안네스 이탈로스(11세기 학자) 635, 655
요안네스(자선가)(알렉산드리아 총대주교) 642, 719
요안네스 제제스(12세기 시인·문법학자) 656
요안네스 조나라스(12세기 역사가) 433, 651, 658
요안네스(카파도키아의)(6세기 고관) 248, 425
요안네스 14세 칼레카스(총대주교) 268, 377
요안네스 크리소스토모스(총대주교·설교가)
  콘스탄티노플 총대주교 341, 754, 758-759, 775
  설교문 368
  신학·수행 관련 논문 492, 615, 646
  그리스 교회 가장 위대한 설교가 637, 652, 674
  기타 395-396, 435, 537, 787
요안네스 크시필리노스(총대주교)

341, 409, 635
요안네스 클리마코스(성인, 6-7세기
　시리아 수도사) 492, 639, 775
요안네스 킨나모스(12세기 역사가)
　402, 649
요안네스 필로포노스(6세기 철학자·
　신학자)
　아리스토텔레스 철학 연구가 654, 665
　수학·천문학 저작 661-662
　기타 664
요안네스 1세 지미스케스 112, 329,
　341, 384, 400
요안네스 2세 콤네노스 287, 318, 334,
　369, 382-383
요안네스 3세 바타제스(니케아 제국)
　319, 340, 412, 649
요안네스 4세 라스카리스(니케아 제
　국) 309
요안네스 5세 팔라이올로고스 366-
　367, 375
요안네스 6세 칸타쿠제노스
　황제 268, 279, 297, 331, 375, 376
　아토스산 수도사 650
　연대기 저자 366-367, 412, 434
　기타 306, 320, 360, 501
요안네스 7세 팔라이올로고스 320
요안네스 8세 팔라이올로고스 578
요한네스 스코투스 에리제나(9세기 철
　학자) 639
울피아누스(로마 법학자) 298
유스티노스 2세 280, 288, 289, 399,
　419, 650
유스티누스 1세 276
유스티니아노스 2세 207, 285, 308,
　341, 378, 399, 449, 519
유스티니아누스
　옛 로마 제국 재건 100-101
　법전 편찬 245, 298, 308, 336, 394, 398,
　　425, 437
　아프리카와 이탈리아 정복 133
　제국 장식 97, 130, 155, 169, 191, 196,
　　205, 281, 519, 522, 531, 556, 557,
　　563, 675, 677, 693-694, 720
　국가 재정 탕진 102, 254, 286; 기타
　　99, 120, 149, 160, 248, 255, 268,
　　277, 284, 294, 296, 299, 315, 321,
　　322, 350, 351, 357, 378-379, 554,
　　569, 570, 633, 648, 656, 669, 671,
　　676, 707
율리아노스(황제) 395, 622-623, 636,
　647, 652, 655, 669
이고르(키예프 대공) 288
이레네 두카이나(알렉시오스 콤네노
　스의 아내) 360
이레네 두카이나 라스카리나(불가리
　아 차르 콘스탄틴 티흐의 아내) 319,
　458
이레네 앙겔리나(이사키오스 2세의
　딸) 319
이레네(에이레네)(여제) 278, 301,
　308, 313, 399, 519
이레네(헝가리의)(요안네스 2세의 아

내) 318, 369
이반 아센 1세(불가리아 차르) 115
이반 아센 2세(불가리아 차르) 319
이반 아센 3세(불가리아 차르) 320
이반 알렉산더르(불가리아 차르) 320
이븐 후르다드베(9세기 아랍 작가) 327
이사키오스 아르귀로스(14세기 수학자·천문학자·수도승) 664-665
이사키오스 1세 콤네노스 410
이사키오스 2세 앙겔로스 116, 283, 284, 288
이사키오스(마누엘 1세의 형) 207
이소크라테스(희랍 수사가) 654
이시도로스(밀레토스의)(6세기 수학자·건축가) 662
이시도로스(펠루시움의)(성인, 4-5세기 수도사) 492

ㅈ
자카리아스(수사가 혹은 변호인)(5-6세기 교회 역사가) 509, 576, 644
자카리아스(7세기 예루살렘 총대주교) 450
장 코르뱅 후냐디(트란실바니아 대공) 162
제논(황제) 520
조나라스→요안네스 조나라스
조시마스(팔레스티나의)(성인, 5-6세기 활동) 391
조에(콘스탄티노스 8세의 딸) 239, 679
조에 카르보놉시나(레온 6세의 아내) 278
줄리아노 체사리니(추기경) 162
지기스문트(헝가리 왕) 162

ㅊ
차카스(셀주크족 에미르) 316

ㅋ
카나노스 라스카리스(15세기 여행기 작가) 652
카라칼라(로마 황제) 523
카르도스트(아르메니아 주교) 446
카시오도루스(6세기 이탈리아 정치가·작가) 252
칼리스토스 1세(아토스산 수도승·총대주교) 268, 342, 376
케카우메노스→〈용어 색인〉케카우메노스가
코스마스(시칠리아의)(8세기 학자) 627-628
코스마스(예루살렘의, 성가 창작자, Cosmas le Mélode)(성인, 8세기 주교·성가 창작자) 628, 658
코스마스 인디코플레우스테스(6세기 여행기 작가) 613-614, 651-652, 667, 734, 735
코스마스와 다미아노스(아나르귀로이)(3세기 순교 성인들, 외과 의사와 약사의 수호자) 718, 720
코시모 메디치(15세기 이탈리아 정치가·은행가) 655

코즈마(10세기 불가리아 사제) 625
콘라트 3세(독일 왕) 318
콘스탄티노스('슬라브인들의 사도')
 (성인, 법명:키릴로스) 629
콘스탄티노스(알렉시오스 3세 앙겔로
 스 때 환관) 400
콘스탄티노스 디오게네스(로마노스 4
 세 디오게네스의 아들) 241
콘스탄티노스 레이쿠데스(총대주교)
 248, 341, 409, 410, 635
콘스탄티노스 립스(9-10세기 해군 제
 독) 529, 688, 695
콘스탄티노스 마나세스(12세기 작가)
 전 세계 연대기 384, 433, 651, 776
교훈시 657
콘스탄티노스 아크로폴리테스(13-14
 세기 고관·작가) 643
콘스탄티노스 퀴로스(5세기 고관) 528
콘스탄티노스 4세 370, 386
콘스탄티노스 5세 278, 289, 309, 519
콘스탄티노스 6세 313
콘스탄티노스 7세 포르퓌로겐네토스
 바실레이오스 1세 전기 648, 720
 기타 240, 249, 257, 284, 285, 310,
  322, 330, 355, 406, 525, 663
콘스탄티노스 8세 238, 239, 287, 702
콘스탄티노스 9세 모노마코스 239,
 240, 285, 286, 304, 317, 356, 399,
 408, 414, 519, 634, 673, 679
콘스탄티노스 10세 두카스 409
콘스탄티노스 11세 팔라이올로고스

123, 163, 320
콘스탄티누스 대제 155, 243, 251, 253,
 276, 299, 324, 436, 523-525, 531,
 569, 644, 647, 691, 758-759, 775
콘스탄티우스 2세(황제) 622
콘스탄틴 티흐 아센(불가리아 차르)
 319, 458
퀴로스(총대주교) 341
크리토불로스(임브로스의)(15세기 역
 사가) 650
크시필리노스→요안네스 크시필리
 노스
크테나스(레온 6세 시절 사제) 249, 296
클레멘스(알렉산드리아의)(2-3세기
 신학자) 624
클로비스(프랑크족 왕) 316
클리멘트(불가리아 초대 주교) 447
키릴로스(퀴릴로스)(스키토폴리스의)
 (6세기 성인전 작가) 642
키릴로스('슬라브인들의 사도')→콘
 스탄티노스('슬라브인들의 사도')
키릴로스(퀴릴로스)(알렉산드리아의)
 (성인, 4-5세기 신학자·알렉산드
 리아 총대주교) 435, 613, 636
킬리지 아르슬란(셀주크족 왕) 318

E

타라시오스(총대주교) 341, 429, 643
테미스티오스(4세기 수사가·철학자)
 622, 652
테오도라(유스티니아누스의 아내) 6,

245, 283, 678
테오도라(테오필로스 황제의 아내) 296
테오도라(콘스탄티노스 8세의 딸, 여제) 239, 285, 399
테오도라(마누엘 1세의 조카, 오스트리아 공 하인리히 2세의 아내) 319
테오도레토스(퀴로스의)(5세기 교회 역사가) 637, 642, 644
테오도로스(다프노파테스)(10세기 역사가) 649
테오도로스(독사(讀師), Theodore le Lecteur)(6세기 역사가) 644
테오도로스 메토키테스(13-14세기 고관·철학자)
   대(大)로고테테스 5, 374, 500
   백과전서적 교양인 664, 665, 668
   천문학 연구 664
테오도로스(멜리테니오테스)(14세기 천문학자) 665
테오도로스(몹수에스티아의)(4-5세기 신학자) 637
테오도로스 발사몬(12세기 교회법 법률학자) 299, 398
테오도로스 스쿠타리오테스(13세기 역사가) 433
테오도로스(스투디오스(수도원)의)(8-9세기 수도사)
   그리스 수도원의 위대한 개혁가 352-355, 775
   저작 638, 658, 711
   기타 620, 642

테오도로스(프로드로모스)(12세기 작가) 656, 659
테오도로스 1세 라스카리스(니케아 제국 황제) 239, 319
테오도로스 2세 라스카리스(니케아 제국 황제) 309, 319, 412
테오도리크(테오도리쿠스, (희)테우데리코스) 대왕(5-6세기 동고트족 수장) 316, 633
테오도시오스(멜리테네의)(11세기 역사가) 433
테오도시오스 2세 425, 525, 528, 529, 531, 555, 563-564, 634, 642
테오도시우스 1세 98, 276, 529, 780
테오도토스 멜리세노스(총대주교) 341
테오파네스 논노스(10세기 의사) 669
테오파네스(증거자)(성인, 8-9세기 수도사·역사가)
   연대기 202, 301, 433, 651
   성자전 주인공 642
테오파노(로마누스 2세의 아내) 238
테오파노 스클레라이나(요안네스 1세의 처조카, 오토 2세의 아내) 318
테오퓔락토스(총대주교) 341
테오퓔락토스(시모카타의 혹은 시모카테스)(6세기 역사가) 648
테오퓔락토스(오흐리드의)(11세기 신학자) 240, 241, 345, 447
테오필로스(황제) 239, 296, 301, 372, 381, 415, 440, 634, 648, 663
텔레리그(불가리아 칸) 315

토마스(마기스트로스)(13-14세기 문헌학자·수사가) 508, 656
투퀴디데스(희랍 역사가) 434, 623, 631, 650
트리보니아누스(6세기 법률학자) 255
티무르(몽골 왕) 119

π

파울로스(아이기나의)(7세기 의사) 669
파울로스 호 네오스(새 파울로스)(10세기 수도사) 355
파코미오스(성인, 4세기 이집트 수도사) 350, 775
파포스(알렉산드리아의)(4세기 이집트 수학자) 690
페스켄니우스 니게르(로마 황제) 523
페터르(불가리아 차르) 115
페트로스 바르쉬메스(유스티니아누스의 재상) 296
페트로스(장군, 마우리키오스 황제의 동생) 419
페팽(피핀)('난쟁이') 104, 313
포카스(황제) 242, 276, 277, 644
포토스 아르귀로스(10세기 귀족) 405-406
포티오스(총대주교) 341, 451, 638, 656, 704, 705
폴뤼에욱토스(총대주교) 357
퓌로스(총대주교) 341
프레데릭 바르바로사(독일 황제) 116

프로코피아(미카엘 1세의 아내) 285
프로코피오스(가자의)(5-6세기 수사가·성서 주해가) 652-653
프로코피오스(카이사레이아의)(6세기 역사가)
　유스티니아누스의 전쟁 기록 648
　동 황제 때 건설된 건축물 묘사 129, 694
　이 위대한 시대의 이면을 들추는 소책자 434
프로클로스(5세기 철학자) 654, 655, 644
프셀로스→미카엘 프셀로스
프톨레마이오스(2세기 천문학자) 663, 664, 666
플라톤('스투디오스 수도원의' 혹은 '사쿠디온의') 352
플리니우스(大)(로마 박물학자) 616
플리니우스(小)(로마 작가) 209
피에르('은수자')(십자군 지도자) 282
피타고라스(희랍 수학자) 613, 628, 631
필로스토르기오스(5세기 교회 역사가) 644
필로테오스(9세기 관리) 257
필로테오스(아토스산 수도승·총대주교) 342, 429, 498, 647
필론(아테나이의)(기원전 4-3세기 군사공학자) 322
필리포스(시데(팜필리아)의)(5세기 교회 역사가) 644
필립(슈바벤의)(독일 왕) 116, 319

ㅎ

하룬 알라시드(칼리프) 296, 313
하인리히 2세(오스트리아 공) 319
헤라클레이오스(황제) 135, 257, 276, 277, 278, 296, 325, 519, 530, 571, 657, 671
헤로도토스(희랍 역사가) 623
헤론(1세기 알렉산드리아 수학자·공학자) 322, 662, 666
헤쉬키오스(밀레토스의)(6세기 역사가) 433, 648
헬레나(성인, 콘스탄티누스 대제 모후) 436, 691, 758-759, 775
호노리아(갈라 플라키디아 딸) 318
호노리우스(황제) 318
호스로우(쿠스로) 2세(페르시아 왕) 277, 450, 556
히포크라테스(의사) 669
힐뒹(9세기 사람, 생 드니 수도원 원장) 639

지명·민족 색인

*볼드체로 표기된 지명, 민족은 〈지역과 민족〉 편에 저자의 설명이 있는 지역과 민족이다.

ㄱ

가베스(비자케나 도시) 145, 146, 233
가산족 205
가자
    지리 202
    수사학 학교 633, 652
    기타 430, 511, 556, 657
가프사((라)캅사)(옛 비자케나 수도, 현 튀니지 도시) 120, 146
갈라타(페라, (튀르키예)카라쾨이)(콘스탄티노플 금각만 너머 지구) 113, 117, 295, 526, 530, 531, 580, 581
갈라티아(소아시아 지역) 181, 182, 188
갈리아(도(préfecture)) 119, 253
갈리치아((우크라이나)할리치나) 168
갈리폴리(다르다넬스해협 항구 도시) 118, 159, 162, 166
갈리폴리(이탈리아 풀리아 도시) 139
갈릴리 202, 203
강그라((튀르키예)창크르)(소아시아 파플라고니아 도시) 184
게라사(로마 아라비아 속주 도시, 현 요르단 제라시) 512, 513, 516, 517, 519, 556
게르마니케이아 186, 193, 195, 198, 405
게믈리크만(마르마라해 남동부) 179
게오르기오스(성) 수도원(콘스탄티노플 망가나) 286, 356, 528, 634
고르 골짜기(갈릴리 호수에서 사해에 이르는 요르단강 골짜기 부분) 202, 203, 204
고트족
    흑해 북변에 정착 169
    유스티니아누스의 전쟁 648
    (참조: *동고트족*, *서고트족*)
골란(졸란) 고원((희)가울라니테스)(옛 팔레스티나 티베리아스호 동쪽 지역. 데카폴리스('10개 도시')가 있었다.) 201
괴레메(카파도키아 도시) 391, 603, 750 상단, 770 하단
금각만 159, 161, 336, 523, 525, 529, 530, 531, 533, 579, 581

ㄴ

나바라인 167
나블루스(팔레스티나 도시) 203
나우팍토스 → *레판토*
나우플리아((현대 그리스)나플리오) (펠로폰네소스반도 도시) 165, 561
나이소스 → *니쉬*
나트룬(엘-나트룬, 스케티스) 와디(이집트) 208, 349
나폴리인
    비잔티움 이탈리아 총독령에 속한 공

국 120, 134, 137-138, 143
기타 113, 156, 567
낙소스(에게해 섬) 166
네게브 사막 126-127, 202, 595, 761
네그로폰테→에우리포스
네레지(마케도니아 도시) 680
네사나(팔레스티나 도시) 517
네아 모니 수도원(키오스섬) 286
네오카이사레이아((튀르키예)니크사르) 183, 187
노르만인
  남이탈리아 복속시킴 137, 138
  아드리아해 동안 공격 113
  노르만인들에 대한 베네치아와의 협공 316, 578
  안티오케이아 왕 보에몽의 충성 서약 282
  1185년 테살로니키 점령 114, 419
  기타 141, 156, 166, 317-318, 334, 335, 355, 406, 408, 578, 663, 665, 680
노르웨이, 노르웨이인 328, 652
노리쿰 120
노바다이족 212
노바 자고라(불가리아 도시) 152-153
노브고로드(러시아 도시) 168, 684
누미디아 120, 144
누비아인 208, 212, 569
뉨파이온((튀르키예)케말파샤)(소아시아 서부 도시) 180
니쉬(나이소스)(세르비아 도시) 103, 130, 152, 154, 677

니스 100
니시비스 193, 633, 692
니카리아(이카리아)섬 180
니케아(니카이아, (튀르키예)이즈니크)
  지리 179
  유스티니아누스의 도시 수축 516, 557
  라틴 제국 시대 제국 수도가 됨 117, 156, 169, 188, 239, 335, 411
  기타 114, 184, 187, 188, 329, 434, 679, 724
  (니케아 공의회는 〈용어 색인〉을 보라.)
니케포리온(라까)(시리아 도시) 193
니코메디아(니코메데이아, (튀르키예)이즈미트) 179, 183, 184, 187, 188, 434, 516, 574, 691
니코시아(레프코시아)(키프로스 도시) 207
니코폴리스(니코폴)(불가리아 플레벤주 도시) 162, 279
니코폴리스('도나우강 변의')(불가리아 벨리코터르노보주 도시) 152, 155, 519
니코폴리스(에페이로스) 338

ㄷ

다게스탄(캅카스산맥 북쪽 한 지역) 446
다라(아나스타시우폴리스)(북메소포타미아 도시) 508-509, 513, 522
다르다넬스(헬레스폰토스)해협 158,

166
다르다니아(발칸반도 중앙 지역) 154
다마스(다마스쿠스, 디마시크, (성경)
　다메섹)(시리아 도시) 198, 199, 200,
　201, 204, 519, 570, 627
다미에타(이집트 도시) 335
다키아 120, 154-155
달마티아 99, 100, 102, 103, 120, 121,
　122, 154, 163, 218, 333, 569, 683
대궁전(콘스탄티노플)((희)메가 팔라
　티온 또는 히에론 팔라티온, (튀르
　키예)뷔위크 사라이) 259
　(참조: 〈용어 색인〉 궁전)
데르나(다르나)(리비아 도시) 213
데르베(소아시아 남부 중앙 도시) 182
데르코스(흑해 변 도시) 281, 480
데메트리아스(테살리아 도시) 336
데메트리오스(성) 교회(테살로니키)
　287, 561, 686 상단, 693
데차니(세르비아 도시) 684
덴마크인 328
도릴라이온(도륄라이온) 179, 181, 187,
　188
도브루자(옛 소(小)스키티아(스퀴티
　아) 지역, 도나우강 하류 쪽 흑해 연
　안) 101, 155, 164, 517
독일인(독일) 105, 318, 571, 631, 652,
　701, 702, 703
동고트족 43, 100, 135, 316
동방(오리엔스)(도) 119, 251, 253, 255,
　300, 425

동방(오리엔스)(주) 119
두라-에우로포스(에우로포스)(시리
　아 도시) 197, 676
두브로브니크→*라구사*
디뒤모테이콘((현대 그리스)디디모티
　호)(트라키아 도시) 162, 501
디라키온(테마·도시)(뒤라키온, 두
　라초, (세르비아)드라츠) 117, 121,
　122, 152, 155, 156, 166, 708
디야르바크르→*아미다*
디오뉘시오스 수도원(아토스산) 362,
　495

ㄹ
라구사(두브로브니크) 153, 166
라란다((튀르키예)카라만)(소아시아
　중남부 도시) 182, 185
라르나카(키프로스 도시)→*키티온*
라리사(소아시아 세바스테이아 테마
　도시) 406
라리사(테살리아 도시) 338
라벤나
　총독령 수도 102, 120, 134, 135, 136,
　　449, 564-565
　기타 6, 129, 143, 370, 484, 486, 562,
　　567, 675, 678, 765 하단, 768-769
라브라(대(大)) 수도원(팔레스티나)
　→*사바스 수도원*
라브라(신(新)) 수도원(팔레스티나)
　642
라브라 수도원(아토스산) 305, 355,

360, 361, 362, 422, 429, 500
라쉬카(발칸 서부 왕국) 112, 317
라야초((튀르키예)유무르탈르크)(소아시아 남부 중앙 도시) 186
라에티아(로마 속주) 120
라오디케이아('리코스강 변의', '프리기아의')(소아시아 도시) 182, 188
라오디케이아(라타키아, 알라디키야)(시리아 항구 도시) 195, 196, 198, 205, 719
라이데스토스((튀르키예)테키르다)(트라키아 동부 도시) 159, 166
라지카(Lazica), 라즈인 191, 316
라케다이몬(펠로폰네소스 도시) 166
라코니아 167
라코티스(이집트 도시) 554
라큼족 205
라트로스산(소아시아) 355, 361
람프사코스(피튀우사)(옛 트로아스 지역 도시) 514
러시아인
   군사 협력 265, 332, 333
   통상조약 571-572, 574, 576
   종교 전파 317, 339, 340, 355, 356, 700-703
   키예프 성 소피아 성당 장식 371, 546, 679
   기타 101, 112, 168, 169, 288, 297, 540, 610, 680, 682, 684, 695, 753 상단, 755 상단
레부니온산 113

레사파(시리아 도시) → *세르기우폴리스*
레스노보(세르비아 도시) 684
레스보스섬 180
레우카스(레우카다, 레프카다)(이오니아해 섬) 321, 347
레조(이탈리아 칼라브리아 도시) 139, 140
레판토(나우팍토스)(코린토스만 북부 도시) 321
레프코시아(키프로스 도시) → *니코시아*
렘노스섬 307, 506
렙티스 마그나(트리폴리타니아 도시) 148, 512, 516, 517, 519
로도스섬 102, 164, 180, 181, 332, 622
로도피산맥 118, 151, 152, 153, 156, 157, 158, 164, 339
로마(중세)
   비잔티움령 공국 수도 104, 120, 134, 136-137
   로마 총대주교좌 336-339
   제국으로부터의 이탈 104
   소유주로서의 교황 484
   그리스인들에 의한 재건 563-564
   고등교육의 몰락 633-634
   기타 154, 159, 343, 408, 633, 682, 683, 690, 691, 692, 702, 783, 785, 787
로시콘 수도원(아토스산) 362, 506
로파디온((튀르키예)울루아바트)(소아시아 북서부 도시) 179

롬바르드인((희)롱고바르도이)
  아바르인을 피해 이탈리아로 떠남 120, 136
  로마와 나폴리를 포위 102
  반도 내부로 침입 104, 135, 136, 140, 255, 313
  기타 134, 137, 139, 141
롱고바르디아(테마) 115, 122, 140, 141, 192, 406, 407, 420, 421, 422, 488, 576, 577
루마니아 684, 695
루카니아(이탈리아 남부 한 지역) 138, 422
루카니아(테마) 122, 141
리구리아(이탈리아 북서부 한 지역, 수도: 제노바) 134, 136
리노코루라(아리시)(시나이반도 도시) 204
리디아(뤼디아) 180
리마솔(레메소스)(키프로스 도시) 207
리미니(이탈리아 아드리아해 연안 도시) 134, 135
리비아 97, 99, 151, 208, 212-213, 214, 230-231
리스트라(뤼스트라)(소아시아 중부 도시) 182
리예쉬((이탈리아)알레시오)(현 알바니아 레저) 154
리오니((희)파시스)강(캅카스산맥에서 발원하여 포티 북쪽에서 흑해로 흘러든다. 이 강의 고대 명 '파시스'는 동명의 고대 도시의 어원이 됐다.) 191, 509
리카오니아(뤼카오니아)(소아시아 중부 한 지역) 181, 182
리칸도스(뤼칸도스) 테마(현 튀르키예 동남부) 122
리키아(뤼키아)(현 튀르키예 남부 연안 한 지역) 178, 184, 186, 333
리피얀((세르비아)리플랸)(현 코소보 도시) 154
림부르크안데어란(독일 헤센주 도시) 681

ㅁ

마그나우라 궁전(콘스탄티노플 대궁전 옆. 화려한 옥좌가 있었고 이곳에서 다양한 행사가 열렸다.) 243, 301, 314, 550-551
마그네시아((튀르키예)마니사)(현 튀르키예 서부 도시) 180
마다라(불가리아 도시) 514
마다바(요르단 도시) 516
마르다이타이인 164, 189, 333
마르딘(현 튀르키예 남동부 도시) 193, 194
마르마라해(프로폰티스) 114, 118, 151, 152, 158-159, 166, 179, 281, 309, 332, 523, 525, 529, 622
마르 사바→사바스 수도원
마르사 수사(상 리비아 도시)→소주사

마르키아노폴리스(불가리아 동부 도시) 155
마르튀로폴리스((튀르키예)실반)(메소포타미아 도시, 현 튀르키예 디야르바크르 주) 193
마마스(성) 수도원(콘스탄티노플) 357
마우레타니아 I(세티프 마우레타니아와 카이사레이아 마우레타니아) 120, 144
마우레타니아 II(셉템·발레아레스 제도·에스파냐 남부 연안) 120, 144, 150
마우레타니아(팅기스, (라)Mauretania Tingitana) 120
마카리오스(성) 수도원(이집트 나트룬 와디, 카이로 북서 92킬로미터) 349
마케도니아(발칸반도, 테마 포함) 105, 112, 113, 115, 117, 118, 120, 121, 122, 155, 156-157, 162, 163, 164, 220, 274, 283, 287, 292, 327, 328, 355, 357, 360, 361, 363, 364, 407, 420, 422, 496, 482, 500, 501, 502, 560, 566, 571, 622, 679, 684, 693, 694, 695, 753 하단, 764 상·하단, 778
마케이라스산(키프로스) 357
만비즈((희)히에라폴리스 밤뷔케, 뒤에 히에라폴리스 쉬리아스('시리아 히에라폴리스'))(시리아 알레포 가까이 있는 도시) 193, 512, 618
만지케르트 평원(현 튀르키예 동부) 114, 190
말라가(에스파냐 안달루시아 도시) 150
말라기나(멜랑게이아)(비티니아 도시) 264, 329
말타섬 104
말타 제도 142
망가나 구역(콘스탄티노플)(황궁·조병창·수도원) 261, 283, 286, 329, 356, 528, 634
메나스(성) 수도원(이집트) 211, 520
메니키온산(마케도니아) 361
메리아믈리크(셀레우케이아 도시) 522, 693
메세 거리
  콘스탄티노플 주 도로 160-161, 526, 529, 530, 542
  거래소 밀집 지역 568-569
메셈브리아(흑해 연안 도시, 현 불가리아 네세버르) 158, 581, 694
메소포타미아 97, 99, 101, 102, 119, 121, 151, 192-195, 196, 214, 508, 556, 617, 622, 692, 693
메소포타미아(테마) 121, 122, 192
메테오라 수도원(테살리아) 221, 361
메토니(메토네, (이탈리아)모돈)(펠로폰네소스 도시) 166, 187, 190, 191, 193
메토히야(현 코소보 한 지역) 154
멜리테네(현 튀르키예 동부 말라티아)

105, 115, 122, 186, 187, 190, 191, 193
멤피스(하 이집트 도시) 211
모넴바시아(펠로폰네소스반도) 167, 222, 581, 720
모돈→메토니
모라비아 103, 315
모레아(그리스 남부)
  데스포테스령(14세기 중엽-15세기 중엽)으로 재편 162
  펠로폰네소스의 이명 165, 307
  프랑크인·베네치아인에 의한 지배 167, 660
모스크바 265
모압 왕국(현 요르단 서부 한 지역) 204
모이시아 I (상(上) 모이시아) 154
모이시아 II (하(下) 모이시아) 155, 339
모키소스(유스티니아누폴리스)(카파도키아 도시) 182
몬레알레(시칠리아 도시) 680
몬테네그로 99
몰다비아 682
몹수에스티아(소아시아 킬리키아 도시) 186, 202
몽골인 119, 169, 267, 331, 225, 579-580
무어인(베르베르인) 100, 120, 144, 255
뮈라((튀르키예)데므레)(소아시아 리키아 도시) 184, 514

뮈렐라이온 교회(보드룸 자미)(콘스탄티노플) 529, 695
뮈리오케팔론 요새(소아시아 프리기아) 115
미스라타(리비아 도시) 146, 147
미스트라스((희)뮈스트라스) 222, 636, 682, 594
  데스포테스령 수도 118, 167
  도시 건립 561-563
  교회 건축 361, 684, 695, 558 하단, 766-767
  게오르기오스 게미스토스 플레톤 452-453, 655
미시아(뮈시아)(소아시아 북서부 한 지역) 179-180
미트로비차(시르미움)(옛 하(下)·제2 판노니아 수도, 현 세르비아 스렘스카 미트로비차) 154
미틸레네(뮈틸레네)(레스보스섬 도시) 180
밀라노 143, 484, 691
밀레셰보(세르비아 도시) 683
밀레토스(소아시아 서부 연안 도시) 180, 492
밀레토폴리스(미시아 북부 도시) 188
밀리온→황금 이정표
밍그렐리아(현 조지아 서부 한 지역) 340

ㅂ

바가와트(상 이집트 묘지 유적) 676

바그다드 296, 312, 381, 572, 579, 636, 663, 679
바랑고이인(바랴그인) 328, 333
바랴그인 → *바랑고이인*
바르나(불가리아 흑해 변 도시) 152, 155, 162, 660
바리(풀리아 도시) 105, 114, 115, 139, 140, 141, 184, 407, 421
바리스(피시디아 도시, 현 튀르키예 서부 이스파르타) 184, 493, 495, 502
바스푸라칸(옛 아르메니아 지역, 현 튀르키예 남동부 반호 주변) 122, 191, 192, 406, 611
바자(스페인 안달루시아주 도시) 150
바윗(이집트 중부 유적) 676, 677
바츠코보 수도원(불가리아 남부 바츠코보((희)페트리초스) 마을) 356, 357
바토페디 수도원(아토스산) 220, 422
바하리야 오아시스(Oasis parva ('작은 오아시스'))(이집트) 208, 211
반달족 100, 148, 149, 332, 648
발라니아(바니야스)(시리아 항구 도시) 196
발레아레스 제도 104, 150
발카(현 요르단 서부 한 지역) 204
발칸반도
    지리 151-164
    슬라브족 이주 101, 338
    튀르크족 침입 113
    제2 불가리아 제국의 확대 116

    9-10세기 경계 테마의 발전 121
    기타 99, 112, 119, 120, 214
발칸산맥 104, 117, 151, 155, 157, 159, 162, 561
밤베르크(독일 도시) 407
베네치아
    지리 135-136
    옛 이탈리아 총독령 104, 134
    알렉시오스 콤네노스기 해전 참가와 무역 협정 체결 100, 113, 281, 316-317, 582
    제4차 십자군 원정에서의 역할 116, 335, 541, 545, 579
    제해권을 둘러싼 제노바인과의 각축 335-336, 580
    기타 117, 156, 340, 519, 529, 531, 536, 561, 578, 680, 681
베네트인(서슬라브족 일파) 103
베레니케(상 리비아 속주 도시, 현 리비아 벵가지) 213, 516
베로에(베레이아)(불가리아 도시) → *스타라 자고라*
베로이아(그리스 마케도니아 도시) 684, 764 하단
베로이아(시리아 도시) → *알레포*
베르됭 315
베르베르인 → *무어인*
베리토스(베뤼토스)(현 베이루트) 199, 514, 633
베오그라드(싱기두눔) 103, 154, 773 상단

베카 골짜기(레바논) 197, 199
베파 킬리세 자미(Vefa Kilise Camii)
　(콘스탄티노플) 683
보도차(북마케도니아 도시) 694
보레이온((라)보레움)(상 리비아 도
　시) 519
보스니아 101, 112, 115, 153
보스라(보스트라)(시리아 남부 하우
　란 지역 중심 도시) 201, 205, 556
보스포로스해협 158-159, 526, 531,
　572, 580, 581, 691
보스포로스 판티카파이온((러시아)
　케르치)(크리미아반도 동쪽 도시)
　168-169
보야나(불가리아 도시) 458, 683
보이오티아(그리스 중부 지역) 165,
　560, 605
보헤미아 103, 571
볼로스(파가사이)만(그리스 마그네시
　아) 164, 166
볼히니아(현 폴란드·우크라이나 접경
　지역) 168
부르가스(앙키알로스)(현 불가리아
　포모리에)(흑해 변 도시) 153, 158
부르가스만 158
부르사(프루사)(소아시아 비티니아
　도시) 118, 179
부켈라리오이(테마) 121, 122, 256,
　325-327
부콜레온 궁전(콘스탄티노플) 283,
　523, 527

부활 교회(예루살렘) 287, 556, 692
북마케도니아 217, 496, 591 상단, 608-
　609, 749, 751, 779
불가리아인
　9세기 초 약진 162
　보리스 칸의 세례 104, 315, 447, 776
　교회의 자치권 획득 339
　917년 아켈로오스 전투와 일시적 영
　　향력 확대 405
　니케포로스 2세의 외교 281
　제국의 불가리아 흡수 112, 157, 327,
　　384
　아센의 반란과 제2 불가리아 제국의
　　형성 115
　라틴 제국과의 동맹 166
　기타 118, 154, 220, 256, 297, 312,
　　315, 316, 319, 320, 355, 356, 364,
　　407, 458, 561, 625, 677, 682, 683,
　　684, 695, 701, 702, 703, 709
브론토키온 수도원(미스트라스) 361,
　563, 766-767
브리타니아(로마령) 120
브린디시(이탈리아 풀리아 도시) 139,
　625
블라디미르(러시아 도시) 610, 680,
　753 상단, 755 상단
블라케르나이 궁전(콘스탄티노플)
　123, 269, 282, 301, 372, 376, 435,
　526, 530, 533
블렘뮈아이인 212, 570
블로러((이탈리아)발로나, (희)아울

론)(현 알바니아 남서부 도시) 155
비미나키움(현 세르비아 코스톨라츠 부근) 103
비자케나(뷔자케나)(북아프리카 중앙, 대략 현 튀니지 남쪽 절반) 120, 144, 145-146, 148, 232
비잔티움(뷔잔티온) 98
(관련 사항: 콘스탄티노플)
비치나((희)비지나)(도나우강 변 상업 도시, 위치 미확정) 155
비티니아(비튀니아)(소아시아 북부 흑해 연안 한 지역) 179, 183, 264, 352, 557, 574
빈비르킬리세(옛 리카오니아, 현 튀르키예 카라만주 유적 지구) 693

ㅅ

사도(성) 교회(콘스탄티노플) 161, 243, 526, 528, 529, 657
사로스((튀르키예)세이한)강(소아시아 킬리키아) 185, 186
사론(샤론) 평야(이스라엘 중부 연안) 203
사르데냐 100, 104, 120, 133, 148-149, 214
사르디스(사르데이스, 사르데스) 114, 180, 188, 511, 513
사마리아 202, 203
사모사타 187, 191, 193
사모스섬(에게해 동부) 121, 122, 180, 333, 406, 642

사바(성) 수도원(마르 사바, 대(大) 라브라 수도원)(팔레스티나) 124-125, 492, 775
사브라타(트리폴리타니아 도시, 현 리비아 서부) 146, 148, 512, 515, 517
사비르인(사비르 훈족) 446
사산조 페르시아
  제국과 변경에서 경쟁 191, 205, 312
  6세기 초 페르시아인의 공세와 영구 평화 조약 체결 508-509, 648
  헤라클레이오스의 원정 102, 325, 657
  마우리키오스에 의한 평화 협정 체결 277
  호스로우 2세의 침입과 예루살렘 점령 449-450, 719
  이집트 점령 212
  페르시아·슬라브·아바르인의 콘스탄티노플 공략 102
  기타 97, 101, 183, 190, 193, 237, 308, 320, 569, 570, 571, 572, 576, 579, 616, 648, 664, 670, 671, 678, 685
사카라(이집트 도시) 676
사쿠디온 수도원(비티니아) 352
사탈라((튀르키예)사다크)(소아시아 북부 도시) 183
사해(이스라엘) 202, 203, 204, 228
산 마르코 성당(베네치아) 136, 545, 680, 681
산 비탈레 성당(라벤나) 6, 562, 565, 676, 678, 765 하단
산타마리아 수도원(이탈리아 파르파)

찾아보기 1063

408
산타폴리나레 누오보 성당(라벤나)
562, 676
산타폴리나레 성당(라벤나 클라세)
370, 565, 676, 768-769
산탄티오코(술키)(사르데냐 남서부
섬) 148
산 피에트로(사르데냐 남서부 섬) 148
살레르노(남이탈리아 도시) 137, 671
살로나(달마티아 도시) 103, 153
상트페테르부르크 620
서고트족 100, 102, 148, 150, 318
성묘 교회→부활 교회
세레스(세라이)(그리스 마케도니아
도시) 156, 360, 679. 694
세르기오스(성)와 바코스(성) 교회(콘
스탄티노플) 161
세르기우폴리스(레사파)(시리아 도
시) 198, 512, 513, 519, 520, 692
세르디카→소피아
세르비아인
  초기 이주와 발칸 정주(헤라클레이오
  스의 토지 분양) 101, 102, 104, 154,
  163
  12세기 말 스테판 네마냐의 독립 강
  화 116
  스테판 네마냐의 출가 773 상단
  14세기 스테판 두샨의 남방 공략 118,
  156, 157, 316
  기타 112, 154, 320, 331, 339, 356,
  360, 362, 422, 483, 484, 496, 572,
682, 683, 695
세바스테이아(테마) 121
세바스테이아(시바스) 182, 186, 187,
190, 519
세우타(셉템) 100, 102, 143, 144
셀레우키아(셀레우케이아, (튀르키예)
실리프케)(이사우리아 도시) 185,
418
셀림브리아(셀륌브리아, (튀르키예)실
리브리)(마르마라해 변 도시) 159,
281
셀주크족→셀주크 튀르크족
셀주크 튀르크족
  메소포타미아 진출 194
  아르메니아 병합 192
  킬리키아 병합 114, 187
  소아시아 정복 567, 578
  1차 십자군 전쟁으로 니케아, 안티오
  케이아, 예루살렘에서 축출 188
  12세기 술탄 콘스탄티노플 방문 318
  오스만 튀르크에게 흡수 118, 188
  기타 164, 180
셰르셸(옛 카이사레이아 또는 이올,
알제리 도시)(카이사레이아 마우레
타니아 수도) 144
셰펠라(유다산맥과 이스라엘 연안평
야 사이 구릉 지대) 202
소조폴리스(피시디아 도시) 184
소주사(마르사 수사, 아폴로니아)(상
리비아 수도, 퀴레네 항구 도시)
213, 231

소포차니 수도원(세르비아) 483, 683
소피아(세르디카)(불가리아 도시) 103, 152, 153, 154, 157, 458, 677, 683, 693
소피아(성) 성당(오흐리드) 390
소피아(성) 성당(하기아 소피아)(콘스탄티노플) 161, 237, 242, 248, 268-271, 279, 286, 287, 313, 314, 340, 343, 363, 369, 429, 528, 533, 534, 535-541, 599, 635, 644, 657, 662, 672, 675, 679, 687 상단, 693, 702, 742, 771
소피아(성) 성당((우크라이나)소피스키 소보르, 소보르 스뱌토이 소피)(키예프) 371, 492-493, 546, 679, 687 하단, 745 상단
소피아(성) 성당(테살로니키) 679, 695, 746-747
소하그(이집트 도시) 692
수그다이아((러시아, 우크라이나)수다크)(케르손 테마(크리미아반도 남부) 도시) 168, 169
수스(수사)(비자케나 도시, 현 튀니지) 146, 232, 522
수즈달(러시아 도시) 168
수페툴라(현 튀니지 중부 도시) 512, 516
술치스(사르데냐섬 남서 한 지역) 148
슈멘(불가리아 도시) 152
슈코더르((라)스코드라, (세르비아)스카다르, (이탈리아)스쿠타리)(알바니아 도시, 디오클레티아누스 행정 개혁으로 프라이발리타나 속주 수도가 됨.) 117, 154
스렘스카 미트로비차(세르비아 도시, 옛 시르미움)→*미트로비차*
스미르나(스뮈르나)((튀르키예)이즈미르) 114, 180, 500
스웨덴 652
스케티스→*나트룬 와디*
스코드라→*슈코더르*
스코폐(스코피에, 스쿠피)(북마케도니아 도시) 117, 153, 154, 496
스클라비니아 103
스클라비니아인 102, 419
스키토폴리스(스쿼토폴리스)(바이산, 베잇(벳)-셰안)(팔레스티나 도시) 203, 205
스키티아(스퀴티아) 155, 339
스타니마카(스테네마코스)(현 불가리아 중남부 아세노브그라드) 157
스타라 자고라(베로에, 베레이아)(불가리아 도시) 152, 158
스타로 나고리차네(비잔티움 마케도니아 도시였다가 후에 세르비아 도시. 현재는 북마케도니아 영토) 684
스토비(북마케도니아 유적 도시) 514
스투디오스(스투디온) 수도원(콘스탄티노플) 268, 355, 399, 622, 639
　스투디오스 수도원의 테오도로스의 활약 352
　소문자체의 발상지로 추정 620-621

스트리몬(스트뤼몬)(테마) 121
스틸로(이탈리아 칼라브리아 동부 도
   시) 317, 604
스파르타(펠로폰네소스 도시) 222,
   561-563
스포라데스 제도(키클라데스 제도와
   튀르키예 사이 제도) 180-181
슬라브인 11, 101, 103, 104, 105, 112,
   115, 119, 141, 154, 155, 157, 162,
   163, 166, 167, 168, 189, 207, 217,
   256, 312, 338, 339, 399, 422, 434,
   629, 650
슬리벤(불가리아 남동부 도시) 157
시나이반도 151, 204-205, 227, 377,
   639, 642, 675, 677, 754, 773 하단,
   775, 777, 782
시노페(소아시아 북부 흑해 연안 도
   시) 117, 184, 188
시데(팜필리아 도시) 185, 512, 513,
   514, 516, 517, 693
시도니아(에스파냐 도시) 150
시돈(레바논 도시) 199, 202
시라쿠사(쉬라쿠사이)(시칠리아 도
   시) 142, 513, 633, 720, 721
시르미움→미트로비차
시르테(대(大))만(리비아) 98, 213
시르테(소(小))(가베스)만(튀니지 동
   부 해안) 145
시리아
   시리아 속주 판도, 시리아인의 종교·
      생업 205-206

무아위야의 침입 332
종교 분열 449-451, 708
시리아 북부 경제 225, 484
기타 97, 99, 101, 102, 103, 114, 131,
   151, 159, 164, 178, 180, 182, 187,
   189, 192, 194, 195-201, 204, 205,
   206, 207, 208, 214, 290, 308, 386,
   418, 489, 505, 511, 512, 519, 520,
   520, 555, 556, 560, 570, 571, 572,
   574, 579, 601, 627, 650, 657, 658,
   665, 676, 682, 692, 693, 696, 713,
   775
시아카(이탈리아 시칠리아 도시) 142
시에네(아스완)(이집트 도시) 210
시칠리아(테마) 121, 122
시칠리아 100, 102, 103, 104, 113, 133,
   138, 141-143, 145, 210, 214, 216,
   256, 301, 327, 333, 334, 338, 355,
   400, 484, 485, 486, 509, 517, 567,
   580, 616, 622, 627, 658, 663, 665,
   668, 682, 697, 720, 762-763
시폰토(이탈리아 풀리아 도시) 139,
   576
신나다(쉰나다)(프리기아 도시, 현 튀
   르키예 슈후트) 181
실라이온(쉴라이온)(팜필리아 도시)
   185
19침상 홀('트리클리노스')(콘스탄
   티노폴 대궁전 내 연회장) 284,
   550-551
싱기두눔→베오그라드

아나사르타→*테오도리아스*
아나스타시우폴리스(메소포타미아 도시)→*다라*
아나자르부스(현 튀르키예 남부 도시) 513
아나톨리코이(테마) 120, 121, 256, 271
아니 192
아드라뮈티온(소아시아 미시아 도시, 원래 에드레미트만 북쪽 연안 이다산 근처에 있었으나 현 튀르키예 발르케시르주 에드레미트 터로 이전함) 180, 188
아드리아노플(안드리노플, 아드리아누폴리스)(현 튀르키예 에디르네) 118, 152, 158, 162, 163, 363, 523
아라도스섬(시리아) 196, 198, 511
아라비소스(옛 야르푸즈, 현 튀르키예 아프쉰)(카파도키아 도시) 186, 187, 190, 509
아라비아(아랍인) 183, 192, 193, 207, 210, 308, 399, 403, 556, 570, 573, 663, 664
아라비아(로마 행정구역) 198, 204, 205
아르메니아 99, 151, 159, 169, 182, 186, 187, 189-192, 193, 214
아르메니아인
  1045년 제국에 병합 97, 99, 105
  7세기 아랍인의 점령 102
  셀주크인의 점령 114
  킬리키아 아르메니아 왕국 성립 114, 187

바실레이오스 1세의 아쇼트왕 승인 317
교회 분리 339
기타 105, 115, 141, 164, 168, 183, 189, 194, 312, 317, 319, 338, 356, 407, 422, 446, 519, 522, 570, 572, 579, 611, 719
아르메니아코이(테마) 120, 121, 256, 325
아르시노에(이집트 도시)→*파이윰*
아르시노에(북아프리카 도시)→*타우케이라*
아르카디아(펠로폰네소스반도 지역) 167
아르카디아(이집트 북부 속주) 212, 555
아르켈라이스((튀르키예)악사라이) (카파도키아 도시) 182, 188
아르타(에피루스 도시) 117, 167, 689, 695
아르타만 165
아리시 와디(시나이반도, 그 하구에 리노코루라(아리시)가 있다.) 227
아마세이아((튀르키예)아마시아)(폰토스 도시) 183, 184, 187, 720
아마스트리스((튀르키예)아마스라) (파플라고니아 도시) 184
아마투스(아마툰타)(키프로스 항구) 206, 207
아말피
  9-10세기 상업 활동과 노르만인의

도시 정복 137-138, 578, 582
알렉시오스 콤네노스의 상업 자주권
박탈 281
기타 356, 529
아모리온(프리기아 도시) 102, 181,
188
아무다(시리아 도시) 193
아미다((튀르키예)디야르바크르)(티
그리스강 변 도시) 191, 193, 509,
511, 519, 576, 719
아미소스(삼프순타)((튀르키예)삼순)
(폰토스 도시) 183
아바르인
626년 아바르·슬라브·페르시아인
콘스탄티노플 공격 102, 103
시르미움 점령 154; 기타 103, 169,
256, 278
아브다트(팔레스티나 네게브 사막 내
유적 도시) 126-127, 595
아세모(모이시아 도시) 419
아스칼론(아쉬켈론)(팔레스티나 도
시) 202, 511
아시도나(에스파냐 도시) 150
아야테클라((희)하기아 테클라) 교회
(메리아믈리크) 522, 693
아우구스타이온 광장(콘스탄티노플)
268, 530, 634
아이노스((튀르키예)에네즈)(트라키
아 도시) 158
아이슬란드 328, 652
아이톨리아(그리스 중부 한 지역) 165,
167
아이톨리코(그리스 서부 도시) 321
아인타브((튀르키예)가지안테프, 안
테프) 197, 198
아일라(홍해 아카바만 유적 도시) 202,
204, 205
아조프해 168
아즐룬(요르단 도시) 204
아지나라만(사르데냐 북서부) 148
아카르나니아(그리스 서부 한 지역)
167
아카바만 195, 202, 204, 570
아카이아 공국 118
아캄프시스((튀르키예)초루흐, (조지
아)초로히)강(흑해로 흘러드는 소
아시아 동부 강) 117, 178, 191, 192,
407
아켈로오스((불가리아)아헬로이)강
(불가리아 동부) 405
아코(아크레, (아랍)아카)(팔레스티나
도시) 202
아크밈(상 이집트 도시) → 파노폴
리스
아탈레이아((튀르키예)안탈리아)(팜
필리아 도시) 184, 185, 188, 321
아테나이 114, 117, 166, 167, 338, 341,
509, 511, 512, 513, 516, 633, 654,
679
아토스산(마케도니아 칼키디키반도)
수도원 건설 355-356
기타 157, 220, 287, 305, 342, 360,

361-362, 376, 422, 429, 500, 506, 650, 664, 712, 756, 773 상단
아틀리트(팔레스티나 도시) 202
아티카((희)아티케)(아테나이를 둘러싼 그리스 역사 지역) 165, 336, 631, 632, 637, 652, 653
아파메이아(아파메이아 키보토스)((튀르키예)디나르)(소아시아 피시디아 도시) 181
아파메이아(아파메아)(시리아 도시, 오론테스강 변) 193, 198, 205, 513, 556
아폴로니아(상 리비아 도시) → 소주사
아폴리노폴리스(아폴리노폴리스 마그나)((이집트)에드푸)(상 이집트 도시) 210
아프가니스탄 572
아프로디시아스(옛 카리아 도시, 현 튀르키예 서부) 514
아프리카(북아프리카) 97, 100, 120, 139, 141, 143-148, 149, 194, 199, 210, 253, 280, 338, 509, 514, 517, 522, 569, 570, 571, 667
아프리카 총독령→〈용어 색인〉 총독령
안드라비다(펠로폰네소스반도 북서부 엘레이아 도시) 167
안드레아스곶(키프로스) 206
안드로스(에게해 키클라데스 제도 북쪽 끝 섬) 166, 168, 634
안드리아누폴리스→아드리아노플

안코나(이탈리아 중부 아드리아해 연안 도시) 580
안타라도스(토르토사, (아랍)타르투스)(시리아 항구 도시) 196, 197
안티누폴리스(안티노에, (콥트)안세나, (이집트)셰이흐 이바다)(상 이집트 도시) 211, 555, 676
안티오케이아(안티오코스, 테우폴리스, (성경)안디옥) 97, 101, 105, 114, 115, 193, 198, 202, 205, 274, 317, 318, 319, 336, 337, 389, 399, 450, 512, 516, 519, 552, 570, 633, 642, 675, 691, 708, 785
역사 196-197
도시 구조 555-516
안티오케이아(소아시아 피시디아 도시, (성경)안디옥) 184, 188, 514
알라한 수도원(코자 칼레시)(옛 이사우리아, 현 튀르키예 메르신주) 602, 693
알란인(알라니아) 318, 331
알레포(할랍, 베로이아) 193, 194, 198, 399, 511, 519, 521
알렉산드레타((튀르키예)이스켄데룬)(튀르키예 남부 도시) 186, 196
알렉산드리아 102, 210, 212, 255, 336, 337, 341, 516, 519, 520, 556, 570, 616, 633, 642, 651, 662, 669, 675, 719, 785
지리 211
발달한 산업, 종파주의 554-555

찾아보기 1069

알미로스(알뮈로스)(테살리아 도시)
166
알바니아 105, 152, 155, 163, 167, 217,
622
알바니아인
  발칸반도에 출현 112, 163
  예비 병력으로 존재 163
  노르만인에게 점령당함 113
  세르비아 스테판 두샨에게 점령당함
  118
  기타 167, 168
암마이다라(튀니지 중서부 유적 도시)
522
암몬(암모니온, 시와) 오아시스(이집
트) 208
앙주(프랑스 중서부 메네루아르 데파
르트망의 옛 지명) 141
앙키라(앙고라, (튀르키예)앙카라)
119, 182, 187, 188, 557
앙키알로스((불가리아)포모리에)(불
가리아 흑해 변 도시) 158
야니나→*이오아니나*
야데르→*자다르*
야파(요파, (이스라엘)야포)(팔레스티
나 도시) 202
얌볼(불가리아 도시) 153, 158
에게해(테마) 162, 333
에데사(메소포타미아 도시)(현 튀르
키예 남동부 샨르우르파주 샨르우
르파(우르파)) 105, 115, 193, 194,
509, 513, 516, 517, 556-557

에데사(그리스 마케도니아 도시) 152
에돔 204
에드레미트(튀르키예 북서부 도시)
180
에디르네(튀르키예 도시)→*아드리아
노플*
에르주룸(에르제룸)→*카린*
에메사(홈스)(시리아 도시) 197, 198,
205, 637
에스파냐 97, 100, 102, 133, 148, 150,
214, 282, 315, 320, 335, 338, 541,
560, 569, 670
에우로포스(두라-에우로포스)(시리
아 도시) 197, 676
에우리포스(칼키스, (이탈리아)네그로
폰테)(에우보이아섬 수도) 166, 336
에우보이아((이탈리아)네그로폰테)
(에게해 섬) 166, 168
에우카이타(폰토스 도시) 240, 345,
442, 522
에우프라테시아((라)Euphratensis)
(시리아 한 속주) 205
에즈렐 평야(이스라엘 북부) 203
에티오피아(아비시니아)인 212, 570,
612, 750 하단
에페소스((성경)에베소) 114, 180, 442,
511, 519, 557, 686 하단, 693, 717,
780
(*에페소스 공의회*는 〈용어 색인〉을 보라.)
에페이로스(에피루스) 113, 117, 118,
119, 155, 156, 157, 165, 166, 167,

284, 340, 519, 578, 581, 659, 762-763
에피루스→에페이로스
에피파니아(하마)(시리아 도시) 198
영국 97, 636
예루살렘
　순례 도시 202-203, 337, 678, 719, 721
　페르시아인에게 점령당함 449-450
　남겨진 기독교인들을 위한 조처 114, 287
　12세기 라틴 왕국 중심 207, 318, 319
　기타 8, 115, 181, 202, 336, 337, 512, 517, 556, 642, 692, 705, 722, 774 상단
예리코((성경)여리고) 202, 203
오데사만 168
오르파노트로페이온 261, 502
오리스타노(사르데냐 도시) 149
오스만 튀르크족
　14세기 소아시아와 유럽에 진출 340
　바예지드가 티무르에게 패함 118-119
　콘스탄티노플 함락 119, 162-163
　기타 188-189, 581
오스트라키네(시나이반도 도시) 204
오우즈(투르코만)인((희)우조이)(튀르크족 일파) 113, 114, 166
오이아→트리폴리
오토만→오스만 튀르크족
오트란토(풀리아 항구 도시) 139, 140, 321
오흐리드(북마케도니아 도시) 112,

152, 155, 217, 339, 608-609, 695, 749
옥쉬륑코스(옥시린쿠스)(상 이집트 도시) 211, 517, 519, 555, 672
올림포스(올륌포스)산(그리스) 117, 164
올림포스산(비티니아) 179, 352, 557
올비아(사르데냐섬 도시) 149
옵시키온(테마)
　옛 '황제 근위대'의 명칭 256
　라틴어 '옵세쿠이움'에서 유래 325
　기타 120, 121, 122, 622
옵티마토이(테마) 121, 122, 265, 325-327
왈라키아인
　불분명한 유래 112, 163
　불가리아 제국 형성을 도움 115, 285
　마케도니아와 테살리아에 거주 166, 168, 422
　칼라브리아 테마 거주 112
　기타 117, 320, 340, 362, 682
요르단강 203, 228, 721
요트밧(티란)(아카바만 입구 섬) 204
유다 고원 124-125, 202
유대인 97, 115, 141, 164, 168, 189, 203, 212, 282, 367, 422, 437
유스티니아나 프리마(세르비아 도시) 511, 513, 516, 517, 518, 519, 522
유스티니아누폴리스(현 튀니지 셰바(Chebba)) 146
이글레시아스(사르데냐 도시) 149

이들리브(이들레브, 에들레브)(시리아 도시) 198
이레네(성) 성당(콘스탄티노플) 160
이바노보(불가리아, 후에 헝가리 도시) 684
이베리아(조지아 옛 이름) 122, 192, 298
이베리아반도 120
이비론 수도원(아토스산) 171, 220, 360, 422, 502
이사우리아(소아시아 남부 한 지역) 185, 333, 602, 693
이사우리아인
　트라키아로 이주됨 164
　제국의 군대 자원 185, 323, 324
　기타 185
이소스(킬리키아 도시) 186
이스트로스(흑해 서안 도시) 510, 511, 512, 513, 517
이스트리아(아드리아해 변 이탈리아·크로아티아·슬로베니아에 걸친 반도) 100, 104, 136, 153
이오니아해 98, 114, 121, 151, 164, 165, 166
이오아니나(야니나)(그리스 에피루스 도시) 155, 505
이즈니크→니케아
이즈미트→니코메디아
이즈미트만 179
이집트
　수도원 발상지 349-350
　기타 97, 99, 102, 103, 119, 120, 146, 151, 165, 198, 201, 202, 204, 207, 208-212, 214, 255, 298, 300, 335, 391 우, 393, 415, 420, 451, 494, 484, 485, 486, 517, 555, 560, 569, 570, 571, 572, 616, 617, 622, 638, 642, 643, 652, 662, 671, 677, 678, 682, 692, 708
　(참조: 콥트인)
이코니온((터키)코니아)(리카오니아 도시) 182, 188
이코니온 술탄국 114, 115, 339
이탈리아도 119, 120, 253
이탈리아반도 97, 100, 104, 105, 113, 121, 128, 133-141, 141, 152, 155, 164, 167, 168, 184, 214, 281, 282, 314, 316, 321, 327, 333, 338, 339, 407, 408, 414, 434, 483, 485, 491, 560, 564, 567, 574, 577, 578, 579, 581, 582, 583, 616, 618, 619, 622, 628, 636, 642, 658, 661, 663, 676, 682, 695, 762-763, 768-769
이탈리아 총독령→〈용어 색인〉 총독령
이탈리아 카테파노령→〈용어 색인〉 카테파노령
이틸(하자르 왕국 수도) 572
인도 193, 210, 212, 315, 556, 572, 667
일리리아(일뤼리아, 일리리쿰, 일뤼리쿰) 112, 119, 246, 253, 338, 339, 569
일리리아(일뤼리아)인 163, 323

ㅈ

자다르(야데르, (이탈리아)자라)(크로아티아 도시) 116, 154
자르즈마(조지아 도시) 684
자훌루미아((세르비아)자후믈리예, 훔)(달마티아 남부, 헤르체고비나에 있었던 공국) 112
제노바인
　지리 136
　11세기 중반에 비잔티움을 대신해 이탈리아 해양 도시들이 지중해 무역을 장악 100
　미카엘 8세와 베네치아인에 맞서는 조약을 체결하고 콘스탄티노플, 흑해 무역 장악 241-242, 295, 580
　미카엘 8세가 베네치아와 동맹한 기욤 2세 빌라르두앵과 투쟁할 때 도와줌 335-336
　미카엘 8세에게서 금각만 갈라타 구역 사용권 획득 117, 531, 580
　14세기 키오스섬 점령 180
　미시아의 테네도스섬을 둘러싸고 베네치아와 쟁패하여 안드로니코스를 지지하는 궁정 쿠데타를 일으킴 179
　기타 117, 134, 168, 169, 180, 320, 340, 367, 395, 414, 529, 559, 578
제노비아(현 시리아 동부 유적 도시) 513, 516
제멘(불가리아 도시) 684
제우그마(튀르키예 중남부 유프라테스강 서안 유적 도시, 현 튀르키예 비레직. 동안의 아파메이아와 마주 보고 있었다.) 187, 193
제우기타나(북아프리카 로마 행정구역, 비자케나(현 튀니지) 북서부) 144
조지아인 191, 356, 407, 422, 682, 684, 695, 697
집시 441
　왈라키아에 도착 168

ㅊ

차코니아인 167
체르니고프((우크라이나)체르니히우) (우크라이나 도시) 168
체팔루(시칠리아 도시) 142, 680
초루흐((조지아)초로히)강(소아시아 동부)→아캄프시스강
　7인의 잠든 이들 순교 기념 건축물(에페소스) 557, 693

ㅋ

카노포스(카노푸스)(이집트 도시) 554
카라이→하란
카뤼에스(아토스산 수도원 정부 소재지) 361
카르시아논(테마) 121, 122, 405, 406
카르타고 97, 102, 120, 142, 144, 145, 147, 149, 232, 511, 512, 516, 564
카르타헤나(신(新)카르타고)(이베리아반도 지중해 연안 도시) 100, 150

찾아보기 1073

카리아(소아시아 서부 한 지역) 178,
180-181, 184
카리예 자미→코라 수도원
카린(테오도시우폴리스, 에르주룸)(현
튀르키예 북동부 에르주룸주, 옛 아
르메니아 카린(혹은 카라니티스)
지역 동명의 마을에 5세기 테오도시
오스 2세가 군사 도시로 세운 도시)
122, 190, 191
카발라(네아폴리스)(마케도니아 항구
도시) 561
카스토리아(그리스 마케도니아 서부
도시) 155, 684, 695, 753 하단, 764
하단, 778
카우카나(시칠리아 도시) 509
카이사레이아(카파도키아 도시) 182,
186, 187, 190, 223, 382, 512, 514,
623, 625
카이사레이아(팔레스티나 도시) 202,
229
카이킬리아나((아랍)칼라트 니즘)(시
리아 중북부 도시) 193
카탈루냐인
루지에로 다 피오레를 수장으로 하는
알모가바르 용병대가 안드로니코
스 2세에게 고용되어 튀르크인들
에게 포위된 필라델피아를 해방함
331
라틴인들의 아테나이 공국에서 프랑
크인들을 축출하고 카탈루냐 공국
을 세움 167

기타 580
카트리나(성) 수도원(이집트 시나이
반도) 205, 377, 675, 754, 773 하단,
775, 777, 782
카파→테오도시아
카파도키아(소아시아 동부 한 지역)
114, 121, 122, 181, 182-183, 187,
190, 223, 253, 329, 361, 382, 391 좌,
405, 491, 509, 512, 514, 603, 622,
654, 680, 709, 720, 750 상단, 770
하단
칸닥스((이탈리아)칸디아, (고대 그리
스)헤라클레이온, (현대 그리스)이
라클리오)(크레타섬 도시) 166
칼디아(테마)(소아시아 북동부) 121,
122
칼라브리아(이탈리아 남부 한 지역)
9, 105, 112, 120, 122, 128, 138-141,
141, 143, 215, 317, 338, 399, 406,
431, 505, 574, 604, 625, 643
칼리아리(사르데냐 도시) 149
칼케돈(비티니아 해변 도시, 보스포로
스해협 콘스탄티노플 맞은편, 현 이
스탄불 카드쾨이 구역) 187
(칼케돈 공의회는 〈용어 색인〉을 보라.)
칼키디키((현대 그리스)할키디키)반
도(그리스 마케도니아) 118, 157,
163, 164, 220, 305, 355
칼키스(에우보이아섬)→에우리포스
칼키스('벨로스강 변'의)((시리아)킨
나스린)(시리아 알레포 부근 도시)

198

캄파니아(이탈리아 남서부 한 지역) 105, 136, 138

캅카스 169, 191, 312, 317, 318, 331, 340, 398, 407, 446, 569

케라수스((튀르키예)기레순)(소아시아 북부 흑해 연안 도시) 183, 574

케라크 성(요르단 도시 카라크 안) 204

케뤼네이아(키레니아)(키프로스섬 북쪽 항구 도시) 206

케르소네소스→케르손

케르손(케르소네소스, (고 러시아)코르순, (현대 러시아)헤르소네스)(고대 타우리스(현 크리미아반도) 도시) 121, 122, 151, 168, 169, 572, 576

케르치→보스포로스 판티카파이온

케팔레니아(케팔로니아)(그리스 서부 이오이나해 섬들로 구성된 테마) 121, 122

코나이((튀르키예)호나즈)(프리기아 도시, 고대 도시 콜로사이가 지진으로 파괴된 뒤 7세기 콜로사이 시민들에 의해 그 부근에 세워졌다. 트라케시오이 테마 수도로 추정.) 182

코라 수도원(카리예 자미)(콘스탄티노플) 5, 374, 376, 501, 528, 622, 636, 650, 683, 743, 748

코로네(코로니)(메세니아 도시) 166

코르도바 150

코르마키테(코르마키티)곶(키프로스) 206

코르시카섬 100, 104, 133

코르푸((희)케르퀴라, (현대 그리스)케르키라, 그리스 이오니아해 섬) 284, 321, 334, 335, 650

코린토스((성경)고린도)(그리스 중남부 도시) 114, 166, 167, 334, 338, 561

코마나(카파도키아 도시) 186

코소보 162

코스섬 180, 181

코자 칼레시(이사우리아) → 알라한 수도원

코튀아이온(프리기아 도시) → 퀴타히아

콘스탄티노스 립스 수도원(립스 수도원)(페나리 이사 자미) 529, 688, 695

콘스탄티노플((희)콘스탄티누폴리스, (튀르키예)이스탄불) 98, 123, 156, 160-161, 169, 179, 315, 369, 374, 408, 410, 413, 598-600, 652, 523-554, 687 상단, 688, 742-743, 748, 771

지리 158-159

황제의 거소·행정 중심 259-271, 300-302

로마 교회에 이어 콘스탄티노플 교회가 2번째 자리를 차지 336-337

총대주교좌 338-343

산업 566-569

무역 571-574

고등교육 633-636

(콘스탄티노플 공의회는 〈용어 색인〉

찾아보기 1075

을 보라.)

콘스탄티아(옛 살라미나(살라미스))(키프로스 도시) 207

콜로네이아(소아시아 북동부 도시, 현 튀르키예 셰빈카라히사르) 183

콜로네이아(테마)(카파도키아 북부와 폰토스 남부) 121, 122

콜로사이((성경)골로새)(프리기아 고대 도시) 182

콤 옴보((희)옴보이, 옴보스)(상 이집트 도시) 210

콥토스((콥트)케프트, (아랍)키프트)(상 이집트 도시) 210

콥트인

    콘스탄티노플 당국에 적대적인 콥트인(이집트 기독교도) 102, 211-212, 554-555

    아랍인들 치하 콥트 교도들 212; 기타 210, 612, 676

쿠르테아데아르제슈(왈라키아 도시) 684

쿠리온(키프로스 남쪽 고대 도시) 206

쿠만인((러시아)폴로프츠이)

    알렉시오스 황제의 요청에 응하여 페체네그인들을 섬멸 113

    제2 불가리아 제국 형성에 도움 115

    마케도니아에 거주지를 배당받음 164, 422

    기타 169

쿠틀루무스 수도원(아토스산) 362

퀴레네(키레네)(상 리비아 속주 도시, 현 샤하트 부근) 213, 231, 514

퀴로스(시리아 북부 도시) 511, 513

퀴지코스(프로폰티스해 남변(미시아) 고대 도시) 179, 433, 378-379

퀴타히아((희)코튀아에이온, 코튀아이온, 코티아이온)(프리기아 도시) 181, 188, 331

크레타((희)크레테) 102, 103, 105, 164, 165-166, 168, 178, 278, 280, 287, 290, 333, 338, 622, 657, 696, 708, 709

크로아티아인

    발칸반도 북서에 헤라클레이오스 황제로부터 거주를 허가받음 102, 104, 154

    바실레이오스 2세 황제에 의해 제국의 복속국이 됨 112

    헝가리에 복속 115

    기타 163, 219

크루여(크루야)(알바니아 도시) 117

크뤼소트리클리노스(콘스탄티노플 대궁전 내 의전 홀) 243, 248, 249, 491, 550-551

크뤼소폴리스(콘스탄티노플 맞은편 소아시아 도시) 523

크리미아 반도(타우리스) 99, 105, 117, 121, 142, 151, 168, 214, 308, 339, 682

크리스토스 판토크라토르 수도원(판토크라토르 수도원)((튀르키예)제이레크 자미)(콘스탄티노플) 357, 362, 529

크산토스(리키아 도시) 184

클라세((라)클라시스)(라벤나 한 구역) 135, 565, 676, 768-769

클라우디우폴리스((튀르키예)볼루)) (비티니아 도시) 184

클뤼스마(수에즈만 북단 고대 도시) 202, 211, 570

클리마타(흑해 북변 크리미아반도 남단) 121, 168-169, 183

키레나이카((희)퀴레나이케)(대시르테만 북동 한 지역) 99, 100, 102, 119, 147, 148, 213

키르케시온(메소포타미아 도시) 516

키비라(키뷔라)(튀르키예 남서부 고대 유적 도시) 184

키비라이오타이(키뷔라이오타이)(테마) 121, 122, 333, 622

키비스트라 → 헤라클레이아 퀴비스트라

키예프((우크라이나)키이우) 168, 281, 288, 318, 371, 492-493, 546, 679, 700, 745 상단

키오스(비티니아·미시아 마르마라 해변 도시, 현 튀르키예 게믈리크) 179

키오스((현대 그리스)히오스, (이탈리아)키오)섬(에게해) 180, 286, 356, 679

키클라데스(퀴클라데스) 제도(에게해) 334

키테라(키티라, (희)퀴테라)섬(펠로폰네소스반도와 크레타섬 사이) 164

키티온(키프로스 남부 연안 고대 도시, 현 라르나카) 207, 744

키프로스(퀴프로스)
지리·역사 206-208
아랍 태수 모아위아에게 점령당함 102, 332
680년 아랍인과 공동 통치에 합의함 207
주민들이 아랍인을 피해 퀴지코스로 이주 519
바실레이오스 1세에 의해 탈환되어 7년간 비잔티움인이 단독 지배함 105
기타 12, 151, 214, 357, 387

킬란다리((현대 그리스)힐란다리) 수도원(아토스산) 362, 500, 756

킬리키아(소아시아 남동부 한 지역) 101, 105, 114, 115, 182, 185-187, 290, 522, 572, 574, 721

킬리키아의 관문((라)Pylae, (튀르키예)퀼레크 보아지) 131, 185-186, 187

ㅌ

타나(타나이스)(아조프해 돈강 어귀에 보스포로스 왕국에서 이주한 희랍인들이 세운 교역소(엠포리움), 로스토프나도누 서쪽 36킬로미터) 580

타란토((희)타라스, (라)타렌툼)(풀리아 도시) 105, 139, 140

타란토만 138
타론(옛 아르메니아 영토) 122, 191
타르소스(킬리키아 도시) 186, 187, 188, 330
타르투스(시리아 도시) → 안타라도스
타베니시(상 이집트 공동생활 수도원 발상지) 350
타비온(타비아, (라)타비움(Tavium))(소아시아 중앙부 도시, 현 튀르키예 요즈가트 부근) 182
타우리스 → 크리미아반도
타우케이라(아르시노에)(옛 키레나이카·상 리비아 속주 연안 도시, 현 리비아 북동부 토크라) 213
타이크((조지아)타오)(현 튀르키예 아르트빈주와 에르주룸주에 걸친 지역. 옛 대아르메니아 북서 지역이었으나 후에 조지아령이 되었다.) 192, 407
탑사코스(북시리아 유프라테스강 변에 있었다고 전해지는 도시, 위치 미정) 194
탑소스(현 튀니지 동부 라스 디마스에 흔적이 남은 유적 도시) 146
테네도스((튀르키예)보즈자다)섬(다르다넬스해협 입구 근처) 179
테르모퓔라이((현대 그리스)테르모필레스)(그리스 중부 협로) 165
테바이(그리스 보이오티아 도시) 9, 114, 166, 168, 334, 567, 605

테바이(안티누폴리스)(상 이집트 도시, 현 룩소르) 210
테살로니키(살로니카, (라)테살로니카, (성경)데살로니가)(마케도니아 대도시)
지리 152-153, 156, 163, 412, 567
안티오케이아와 알렉산드리아가 아랍인 손으로 넘어간 뒤 제국 제2의 도시가 됨 9, 442, 508, 559-561
7세기 슬라브인의 유입 103, 448
아랍인의 약탈 105
노르만인의 침입 114, 156, 419
라틴 왕국 중심 117
데스포테스령 중심 284; 기타 118, 119, 121, 122, 130, 152, 154, 157, 163, 217, 287, 307, 338, 397, 413, 419, 420, 448, 499, 514-516, 569, 572, 573, 580, 593, 629, 675, 677, 679, 683, 686 상단, 687 하단, 693, 694, 695, 696, 699, 746-747, 770 상단
테살리아(그리스 북동부 한 지역) 103, 112, 115, 118, 157, 162, 163, 164, 165, 166, 167, 221, 292, 361, 634
테오도리아스(시리아 한 속주) 205
테오도리아스(옛 아나사르타, 현 시리아 하마주 카나지르 마을) 522
테오도시아(카파, (러시아)페오도시야)(크리미아반도 도시) 168, 580
테오도시우폴리스(튀르키예 북동부 도시) → 카린

테프리케((튀르키예)디브리이)(바울
주의자 카르베아스가 850년경 카파
도키아 북동부에 세운 요새) 190
텍푸르((희)포르퓌로겐네토스) 사라
이(이스탄불 궁전) 525, 598, 695
텔라니소스(안티오케이아 부근 마을)
520
텔렙테(현 튀니지 서부 도시) 512, 517
토미스(현 루마니아 콘스탄차) 509
톨메이타(프톨레마이스)(키레나이카
도시) 213, 512
톱카피 사라이(이스탄불 궁전) 159
투르코만인(튀르크족 일파) → 오우
즈인
투르키스탄 114, 571
툭가(둑가)(튀니지 북서부 유적 도시)
522
튀니스 145
튀니지 100, 143, 232-233
튀르크인 → 하자르인, 쿠만인, 오스만
튀르크인, 페체네그인, 파르간인,
셀주크 튀르크인
트라케시오이(테마) 120, 121, 122, 622
트라키아(트라케이아) 97, 101, 103,
105, 117, 120, 121, 122, 152, 155,
157-163, 164, 274, 278, 289, 323,
327, 331, 339, 356, 531, 574, 581
트란실바니아(현 루마니아 중부 옛 지
역명) 162, 572
트랄레스((희)트랄레이스, 현 튀르키
예 아이든)(리디아 도시) 180

트레비존드((희)트라페준타 또는 트
라페주스, (튀르키예)트라브존)
국제 교통 중심 183, 184, 190, 442,
579-580
도시 구조 557-559
트레비존드 제국 수도 117, 118, 119,
169, 188, 340, 581
기타 168, 191, 558 상단, 574, 652,
664, 682
트리에스테(이탈리아 아드리아해 연
안 도시) 136, 153
트리폴리(옛 오이아, 현 리비아 트리
폴리)((희)트리폴리스, (아랍)타라
불루스, (리비아)트라블레스)(트리
폴리타니아 도시) 148
트리폴리((아랍)타라불루스)(옛 페니
키아, 현 레바논 도시) 198, 199
트리폴리타니아(로마 북아프리카 속
주 한 지역, 현 리비아 북서부) 97,
100, 143, 146-148, 208, 213, 214,
230
티란(아카바만 섬) → 요트밧
티로스(티로, 티레)((희)튀로스, (아
랍)수르)(현 레바논 도시) 199, 202,
205
티바리스(현 튀니지 북동부 도시) 514
티베리아스(팔레스티나 도시) 203, 719
티아나(튀아나)(카파도키아 고대 도
시) 182, 188
티파사(현 알제리 북부 도시) 514
팀가드(옛 누미디아, 현 알제리 북동

부 유적 도시) 144, 512, 596-597

ㅍ

파나고리아(현 타만반도(러시아 크라스노다르 크라이)에 있었던 그리스 고대 도시) 169

파나기오티사 수도원(콘스탄티노플) 694

파노폴리스(아크밈)(상 이집트 도시) 555

파니도스(파니온, 테오도시우폴리스)(트라키아 동부 마르마라해 연안 도시) 159

파도바(이탈리아 베네토주 도시) 10, 619

파라이토니온(하 리비아 수도, 현 이집트 마르사마트루흐) 213

파르간인 285

파르파(이탈리아 중부 라치오주 도시) 408

파리 533, 636

파리스트리온(파라두나본)(테마, 도나우강 하류 남쪽 연안 남쪽) 122, 155

파마구스타(키프로스 도시) 207

파시스(Phasis, (조지아)파지시)(현 조지아 서부 항구 도시 포티 근처에 있었던 고대 도시)→리오니강

파이윰(이집트 중부 도시)((코이네)크로코딜로폴리스, (비잔티움)아르시노에, (아랍)엘파이윰)(이집트 중부

도시) 210, 211, 212

파이윰 오아시스(이집트 중부 분지) 211

파트라((희)파트라이)(아카이아(펠로폰네소스 북부) 도시) 165, 166, 321, 338, 455

파트라만 117

파트모스섬(에게해 동부) 180, 287, 357, 624

파포스(키프로스 남서 연안 고대 도시) 206

파플라고니아(소아시아 흑해 연안 한 지역) 121, 122, 183-184, 188, 341, 403, 622

판노니아(로마 속주) 120, 219

판타나사 수도원(미스트라) 558 하단, 563

판토크라토르 수도원(아토스산) 220, 362

판토크라토르 수도원(콘스탄티노플) 357, 529

팔레르모(시칠리아 도시) 142, 616, 663, 680

팔레스티나 97, 99, 102, 124-125, 151, 195, 196, 201-205, 206, 214, 229, 391 우, 449, 450, 451, 486, 517, 556, 570, 622, 633, 642, 652, 676, 692, 719

팔미라(팔뮈라)(시리아 도시) 194, 198, 200, 201, 205, 517

팜필리아(팜퓔리아) 184-185, 189,

1080

271, 333, 512, 693
페네이오스((현대 그리스)피니오스)강(테살리아) 361
페니키아(포이니키아) I(포이니키아, 포이니키아 파랄리아)(로마 속주) 205
페니키아(포이니키아) II(포이니키아 리바네시아('레바논산'))(로마 속주) 205
페다크토에(소아르메니아 도시) 522
페라 → *갈라타*
페레야슬라프(우크라이나 키이우(키예프)주 도시) 168
페루쉬티차(불가리아 도시) 677, 693
페루지아(이탈리아 움브리아주 도시) 120, 134, 136
페르가몬(미시아 고대 도시) 180, 616, 716
페르게(페르가)(팜필리아 고대 도시) 185
페르시아 → *사산조 페르시아*
페리스테라이(테살로니키 근처 도시) 694
페체네그인
  제국과 그 적들에게 동시에 군사 자원으로 활용됨 112
  스미르나 태수와 손을 잡고 콘스탄티노플을 공격하나 알렉시오스 황제의 요청에 응한 쿠만인들에게 섬멸당함 113, 334
페츠(세르비아 도시) 684

페트라((아랍)알바트라)(현 요르단 남부 유적 도시) 202, 204, 205
페트라(흑해 동변 도시) 191
페트리초스 수도원 → *바츠코보 수도원*
페티예 자미(이스탄불 파티흐구 모스크, 모스크가 되기 이전은 팜마카리스토스 교회였다.) 695
펜타폴리스(라벤나 총독령에 속했던, 리미니, 페사로, 파노, 시니갈리아, 안코나 5개 도시로 된 공국) 120, 134, 449
펜타폴리스(키레나이카 서부 한 지역, 디오클레티아누스의 행정 개혁 이후 상 리비아(펜타폴리스) 속주로 됨.) 231
펠루시움((희)펠루시온)(이집트 도시) 202, 205, 211
포르토 토레스(사르데냐 도시) 149
포카이아(이오니아 고대 도시, 현 튀르키예 서부 연안 포차) 180
포키스((현대 그리스)포키다)(그리스 중부 도시) 165, 606-607, 679, 680, 745 하단
폰토스((성경)본도)(튀르키예 동부 흑해 연안 한 지역) 120, 183, 188, 189, 289, 350, 522, 566
푸스타트(바빌론)(이집트 도시, 현 카이로) 211
풀라((이탈리아)폴라)(크로아티아 항구 도시) 153

풀리아(이탈리아 남부 한 지역) 115, 138, 139-140, 192, 407, 420
프라이발리타나 속주(후기 로마 행정 구역, 현 알바니아, 몬테네그로, 세르비아에 걸침.) 154
프랑크인(프랑스) 104, 118, 153, 167, 197, 204, 315, 328, 338, 340, 533, 560, 561, 571, 636, 658, 660, 670
프레슬라프(불가리아 도시) 155, 384
프로드로모스 수도원(성 요안네스 프로드로모스 수도원)(마케도니아 세레스) 360
프로폰티스→마르마라해
프루사→부르사
프리기아(프뤼기아)(소아시아 중서부 한 지역) 102, 115, 181-182, 188, 329, 409, 669, 709
프리슈티나(세르비아(코소보) 도시) 154
프리에네(이오니아 고대 도시, 현 튀르키예 아이든주 쇠케군(일체) 귈뤼바흐체 마을 인근) 514
프리즈렌(세르비아(코소보) 도시) 154
프톨레마이스(키레나이카 도시, 현 리비아 북동부 톨메이타 인근에 그 유적이 있다.) 213, 512
플로브디프(필리포폴리스)(불가리아 도시) 118, 152, 157, 162, 356, 677
플리스카(불가리아 도시) 384
피렌체 342, 343, 578, 580, 655
피르고스(퓌르고스)(펠로폰네소스반도 북서쪽 도시) 165

피사인
  지중해 새로운 세력으로 등장 100
  12세기 초 베네치아에 이어 교역상 특혜를 받는 조약 체결 295, 578
  비잔티움 상공업자들과 경쟁 414
  기타 529, 580
피시디아(소아시아 옛 지방, 프리기아 남쪽, 이사우리아 서쪽, 팜필리아 북서, 리키아 북쪽, 카리아 북동, 리디아 남쪽) 182, 184, 514, 574
피춘다((희)피튀우스, (조지아)비츠빈타)(조지아 압하지야 자치 공화국 도시) 191
핀도스산맥(그리스 북부 에페이로스 지역 산맥, 알바니아 동남쪽에서 펠로폰네소스 북부에 걸침.) 117, 156
필라델피아(소아시아 옛 리디아 도시, 현 튀르키예 알라셰히르) 180, 188, 310
필로멜리온(현 튀르키예 중부 코니아주 악셰히르) 181, 188
필리포이(필리피)((성경)필립비)(그리스 북동부 도시) 512, 561, 693
필리포폴리스→플로브디프

ㅎ

하드루메툼(옛 비자케나 도시, 현 튀니지 수스에 그 유적이 있다.) 120
하란((희)카라이)(상 메소포타미아 도시, 현 튀르키예 남동부 샨르우르파

주) 193
하르가 오아시스(Oasis magna('큰 오
 아시스'))(이집트) 208, 211, 212
하마(시리아 도시)→*에피파니아*
하우란('제벨 엣-드루즈'))(시리아 남
 서부 한 지역) 199, 201, 556
하이파(시크모나)(팔레스티나 항구
 도시) 203
하자르인
  7세기 비잔티움 클리마타 지역까지
   진출 169
  8세기 제국 편에 섬 571
  기타 328, 572, 701
할리카르나소스(옛 카리아 도시, 현
 튀르키예 보드룸) 181
헝가리인
  9세기 말 현재의 헝가리 평원에 도달
   101
  제국 외교 관심 대상 312
  마누엘 1세 때 남방 진출 154
  비잔티움 황실과 정략결혼 317-319
  1396년 지기스문트왕이 니코폴리스에
   서 튀르크인에게 대패를 당함 162
  기타 112, 115, 116, 571
헤라클레이아(마르마라해 변 도시, 현
 튀르키예 마르마라 에렐리시) 159,
 166
헤라클레이아(발칸반도 도시) 152
헤라클레이아 퀴비스트라(키비스트
 라)(옛 리카오니아 도시, 현 튀르키
 예 코니아주 에렐리) 182

헤라클레이아 폰티케(흑해 변 도시, 현
 튀르키예 카라데니즈 에렐리) 184
헤라클레이아(이탈리아 베네토주) 135
헤르모폴리스 마그나(상 이집트 도시,
 현 아시무네인) 211
헤브론(팔레스티나 도시) 202
헬라스(테마) 114, 118, 120, 122, 272,
 289, 327, 407, 574, 605, 622, 692
헬레스폰토스→*다르다넬스*
헬리오폴리스(현 레바논 바알베크)
 200
호시오스 루카스('성 누가') 수도원(포
 키스) 606-607, 679, 680, 745 하단,
 765 상단
황금 이정표(밀리온) 161, 527, 529, 530
훈족 135, 169, 318
훌라 골짜기(팔레스티나) 203
히에라폴리스((튀르키예)파묵칼레)
 (프리기아 고대 도시, 현 튀르키예
 남서부 데니즐리시 인근) 181-182
히에라폴리스(시리아)→*만비즈*
히포드로모스(콘스탄티노플)
  공연장 161, 243, 262, 276, 277, 289,
   314, 400, 438, 441, 523, 525, 528,
   529, 542, 543, 544-546, 547, 550
  법정 263, 302, 305, 356

지은이 앙드레 기유

앙드레 기유(André Guillou, 1923~2013)는 1923년 프랑스 낭트에서 태어났다. 비잔티움학 대가로서 남이탈리아·시칠리아, 특히 칼라브리아와 루카니아 비잔티움 시기 역사 연구로 이름을 떨쳤다. 일찍부터 남이탈리아 그리스어 역사 문헌 편집에 종사했다. 가장 먼저 비잔티움학 대가 폴 르메를이 이끈 연구 그룹의 아토스산 수도원 문서 편집 프로젝트 조력자로 활동하여 1955년 마케도니아 세레스 근처 『메니키온산 선지자 성 요한 수도원 문서고 소장 문서』(Les archives de Saint-Jean-Prodrome sur le Mont Ménécée, in Bibliothèque byzantine publiée sous la direction de Paul Lemerle, Paris 1955)를 편집하여 출판했다.

1958년에서 1968년까지 로마 에콜 프랑세즈 사무장으로서 이탈리아에 체재하며 남이탈리아 문헌과 역사 연구를 수행했다. 그의 남이탈리아 비잔티움 문서 편집은 칼라브리아 돈노소 성 니콜라오스 수도원 문서(1967)를 시작으로 바티칸 도서관 발행 '남이탈리아·시칠리아 그리스어 문헌 총서'(Corpus des actes grecs d'Italie du Sud et de Sicile. Recherche d'l'histoire et de géographie)에 순차적으로 결집되며, 이 작업은 거의 반세기간 이어진다. 그의 치밀한 연구에서 남이탈리아 비잔티움 문화 (세속·종교 제도, 경제, 사회, 언어, 관습)의 이제껏 몰랐던, 놀랍도록 새로운 측면들이 드러나며, 이 문화는 노르만인들에 의한 남이탈리아 정복기를 지나면서도 퇴색하지 않은 것이었다.

기유는 라파엘로 모르겐을 비롯한 현대 중세 학자들과도 학술적 교류를 심화하여 '중세 역사 문헌 목록'(Repertorium Fontium Historiae Medii Aevi) 작성 위원회에 비잔티움 학자로서 참가하게 된다. 이탈리아 교육기관에서 교수직을 얻기를 원했으나 뜻을 이루지 못하고 1968부터 27년간 파리 사회과학고등연구원 '비잔티움 역사·사회 부문' 교수로 재임했다. 이 시기 아날학파 역사가들로부터 많은 영향을 받는데, 그는 이미 역사 연구에서 경제와 인구, 지리에 대해 주목했다. 1974년 바리에 비잔티움 연구 중심을 설립하고 이곳에서 부교수로서 가르쳤으며 '피에르 벨롱 그리스·발칸 지역 대학 학제(學際) 연구 협회' 회장과 '국제 남동부 유럽 학회' 회장을 역임했다.

기유의 비잔티움 연구의 통합적 시각은 그의 대표작 『비잔티움 문명』(1974)에서 잘 드러나며, 러시아 비잔티움 학자 알렉산드르 카쥐단은 이를 '현대 비잔티움 역사 연구에서 최고의 업적'으로 칭했다.

옮긴이 김래모

대학 시절 처음에 한국 고전문학 연구에 뜻을 두었으나 러시아어 수업을 들은 것을 계기로 러시아학으로 진로를 바꾸었다. 1994년 도일(渡日)하여 도쿄대학 인문사회계연구과 슬라브어·슬라브문학연구실에 입학했다. 이곳에서 러시아문학, 서양고전학, 현대 이탈리아문학을 수학하고 2006년 「호라티우스와 러시아 18세기 시인들 작품 비교연구」로 학위를 받았다. 한국에 돌아온 뒤 실업자가 된 것을 디딤돌 삼아 홀로 비잔티움 역사 연구를 시작했다. 동유럽뿐만 아니라 지중해권 역사에서 비잔티움 문화가 어떻게 중요한지 차차 인식의 폭을 넓혀가고 있으며 시리아, 조지아 등 다른 비잔티움 문화권 세계들에도 관심을 확대하려 준비 중이다. 저서로 *Horace in 18th Century Russian Poetry*, 번역 작품으로 『자비로운 성자 필라레토스』가 있다.

HANGIL GREAT BOOKS 196

비잔티움 문명

지은이 앙드레 기유
옮긴이 김래모
펴낸이 김언호

펴낸곳 (주)도서출판 한길사
등록 1976년 12월 24일
주소 10881 경기도 파주시 광인사길 37
홈페이지 www.hangilsa.co.kr
전자우편 hangilsa@hangilsa.co.kr
전화 031-955-2000-3 팩스 031-955-2005

부사장 박관순 총괄이사 김서영 관리이사 곽명호
경영이사 김관영 편집주간 백은숙
편집 박홍민 노유연 배소현 임진영
마케팅 이영은 관리 이주환 이희문 이진아 고지수
디자인 창포 031-955-2097
인쇄 예림인쇄 제책 경일제책사

제1판 제1쇄 2025년 6월 30일

값 68,000원

ISBN 978-89-356-7900-3 94080
978-89-356-6427-6 (세트)

• 잘못 만들어진 책은 구입하신 서점에서 바꿔드립니다.

한길그레이트북스 인류의 위대한 지적 유산을 집대성한다

1 관념의 모험
앨프레드 노스 화이트헤드 | 오영환

2 종교형태론
미르치아 엘리아데 | 이은봉

3·4·5·6 인도철학사
라다크리슈난 | 이거룡
2005 『타임스』 선정 세상을 움직인 100권의 책
『출판저널』 선정 21세기에도 남을 20세기의 빛나는 책들

7 야생의 사고
클로드 레비-스트로스 | 안정남
2005 『타임스』 선정 세상을 움직인 100권의 책
2008 『중앙일보』 선정 신고전 50선

8 성서의 구조인류학
에드먼드 리치 | 신인철

9 문명화과정 1
노르베르트 엘리아스 | 박미애
2005 연세대학교 권장도서 200선
2012 인터넷 교보문고 명사 추천도서
2012 알라딘 명사 추천도서

10 역사를 위한 변명
마르크 블로크 | 고봉만
2008 『한국일보』 오늘의 책
2009 『동아일보』 대학신입생 추천도서
2013 yes24 역사서 고전

11 인간의 조건
한나 아렌트 | 이진우
2012 인터넷 교보문고 MD의 선택
2012 네이버 지식인의 서재

12 혁명의 시대
에릭 홉스봄 | 정도영·차명수
2005 서울대학교 권장도서 100선
2005 『타임스』 선정 세상을 움직인 100권의 책
2005 연세대학교 권장도서 200선
1999 『출판저널』 선정 21세기에도 남을 20세기의 빛나는 책들
2012 알라딘 블로거 베스트셀러
2013 『조선일보』 불멸의 저자들

13 자본의 시대
에릭 홉스봄 | 정도영
2005 서울대학교 권장도서 100선
1999 『출판저널』 선정 21세기에도 남을 20세기의 빛나는 책들
2012 알라딘 블로거 베스트셀러
2013 『조선일보』 불멸의 저자들

14 제국의 시대
에릭 홉스봄 | 김동택
2005 서울대학교 권장도서 100선
1999 『출판저널』 선정 21세기에도 남을 20세기의 빛나는 책들
2012 알라딘 블로거 베스트셀러
2013 『조선일보』 불멸의 저자들

15·16·17 경세유표
정약용 | 이익성
2012 인터넷 교보문고 필독고전 100선

18 바가바드 기타
함석헌 주석 | 이거룡 해제
2007 서울대학교 추천도서

19 시간의식
에드문트 후설 | 이종훈

20·21 우파니샤드
이재숙
2005 서울대학교 권장도서 100선

22 현대정치의 사상과 행동
마루야마 마사오 | 김석근
2005 『타임스』 선정 세상을 움직인 100권의 책
2007 도쿄대학교 권장도서

23 인간현상
테야르 드 샤르댕 | 양명수
2007 서울대학교 추천도서

24·25 미국의 민주주의
알렉시스 드 토크빌 | 임효선·박지동
2005 서울대학교 권장도서 100선
2012 인터넷 교보문고 MD의 선택
2012 인터넷 교보문고 MD의 선택
2013 문명비평가 기 소르망 추천도서

26 유럽학문의 위기와 선험적 현상학
에드문트 후설 | 이종훈
2005 서울대학교 논술출제

27·28 삼국사기
김부식 | 이강래
2005 연세대학교 권장도서 200선
2012 인터넷 교보문고 필독고전 100선
2013 yes24 다시 읽는 고전

29 원본 삼국사기
김부식 | 이강래 교감

30 성과 속
미르치아 엘리아데 | 이은봉
2005 『타임스』 선정 세상을 움직인 100권의 책
2012 인터넷 교보문고 명사 추천도서
『출판저널』 선정 21세기에도 남을 20세기의 빛나는 책들

31 슬픈 열대
클로드 레비-스트로스 | 박옥줄
2005 서울대학교 권장도서 100선
2005 연세대학교 권장도서 200선
2008 홍익대학교 논술출제
2012 인터넷 교보문고 명사 추천도서
2013 yes24 역사서 고전
『출판저널』 선정 21세기에도 남을 20세기의 빛나는 책들

32 증여론
마르셀 모스 | 이상률
2003 문화관광부 우수학술도서
2012 네이버 지식인의 서재

33 부정변증법
테오도르 아도르노 | 홍승용

34 문명화과정 2
노르베르트 엘리아스 | 박미애
2005 연세대학교 권장도서 200선
2012 인터넷 교보문고 명사 추천도서
2012 알라딘 명사 추천도서

35 불안의 개념
쇠렌 키르케고르 | 임규정
2012 인터넷 교보문고 필독고전 100선

36 마누법전
이재숙·이광수

37 사회주의의 전제와 사민당의 과제
에두아르트 베른슈타인 | 강신준

38 의미의 논리
질 들뢰즈 | 이정우
2000 교보문고 선정 대학생 권장도서

39 성호사설
이익 | 최석기
2005 연세대학교 권장도서 200선
2008 서울대학교 논술출제
2012 인터넷 교보문고 필독고전 100선

40 종교적 경험의 다양성
윌리엄 제임스 | 김재영
2000 대한민국학술원 우수학술도서

41 명이대방록
황종희 | 김덕균
2000 한국출판문화상

42 소피스테스
플라톤 | 김태경

43 정치가
플라톤 | 김태경

44 지식과 사회의 상
데이비드 블루어 | 김경만
2002 대한민국학술원 우수학술도서

45 비평의 해부
노스럽 프라이 | 임철규
2001 『교수신문』 우리 시대의 고전

46 인간적 자유의 본질·철학과 종교
프리드리히 W.J. 셸링 | 최신한

47 무한자와 우주와 세계·원인과 원리와 일자
조르다노 브루노 | 강영계
2001 한국출판인회의 이달의 책

48 후기 마르크스주의
프레드릭 제임슨 | 김유동
2001 한국출판인회의 이달의 책

49·50 봉건사회
마르크 블로크 | 한정숙
2002 대한민국학술원 우수학술도서
2012 『한국일보』 다시 읽고 싶은 책

51 칸트와 형이상학의 문제
마르틴 하이데거 | 이선일
2003 대한민국학술원 우수학술도서

52 남명집
조식 | 경상대 남명학연구소
2012 인터넷 교보문고 필독고전 100선

53 낭만적 거짓과 소설적 진실
르네 지라르 | 김치수·송의경
2002 대한민국학술원 우수학술도서
2013 『한국경제』 한 문장의 교양

54·55 한비자
한비 | 이운구
한국간행물윤리위원회 추천도서
2007 서울대학교 추천도서
2012 인터넷 교보문고 필독고전 100선

56 궁정사회
노르베르트 엘리아스 | 박여성

57 에밀
장 자크 루소 | 김중현
2005 서울대학교 권장도서 100선
2000·2006 서울대학교 논술출제

58 이탈리아 르네상스의 문화
야코프 부르크하르트 | 이기숙
2004 한국간행물윤리위원회 추천도서
2005 연세대학교 권장도서 200선
2009 『동아일보』 대학신입생 추천도서

59·60 분서
이지 | 김혜경
2004 문화관광부 우수학술도서
2012 인터넷 교보문고 필독고전 100선

61 혁명론
한나 아렌트 | 홍원표
2005 대한민국학술원 우수학술도서

62 표해록
최부 | 서인범·주성지
2005 대한민국학술원 우수학술도서

63·64 정신현상학
G.W.F. 헤겔 | 임석진
2006 대한민국학술원 우수학술도서
2005 연세대학교 권장도서 200선
2005 프랑크푸르트도서전 한국의 아름다운 책100
2008 서우철학상
2012 인터넷 교보문고 필독고전 100선

65·66 이정표
마르틴 하이데거 | 신상희·이선일

67 왕필의 노자주
왕필 | 임채우
2006 문화관광부 우수학술도서

68 신화학 1
클로드 레비—스트로스 | 임봉길
2007 대한민국학술원 우수학술도서
2008 『동아일보』 인문과 자연의 경계를 넘어 30선

69 유랑시인
타라스 셰브첸코 | 한정숙

70 중국고대사상사론
리쩌허우 | 정병석
2005 『한겨레』 올해의 책
2006 문화관광부 우수학술도서

71 중국근대사상사론
리쩌허우 | 임춘성
2005 『한겨레』 올해의 책
2006 문화관광부 우수학술도서

72 중국현대사상사론
리쩌허우 | 김형종
2005 『한겨레』 올해의 책
2006 문화관광부 우수학술도서

73 자유주의적 평등
로널드 드워킨 | 염수균
2006 문화관광부 우수학술도서
2010 동아일보 '정의에 관하여' 20선

74·75·76 춘추좌전
좌구명 | 신동준

77 종교의 본질에 대하여
루트비히 포이어바흐 | 강대석

78 삼국유사
일연 | 이가원·허경진
2007 서울대학교 추천도서

79·80 순자
순자 | 이운구
2007 서울대학교 추천도서

81 예루살렘의 아이히만
한나 아렌트 | 김선욱
2006 『한겨레』 올해의 책
2006 한국간행물윤리위원회 추천도서
2007 『한국일보』 오늘의 책
2007 대한민국학술원 우수학술도서
2012 yes24 리뷰 영웅대전

82 기독교 신앙
프리드리히 슐라이어마허 | 최신한
2008 대한민국학술원 우수학술도서

83·84 전체주의의 기원
한나 아렌트 | 이진우·박미애
2005 『타임스』 선정 세상을 움직인 책
『출판저널』 선정 21세기에도 남을 20세기의 빛나는 책들

85 소피스트적 논박
아리스토텔레스 | 김재홍

86·87 사회체계이론
니클라스 루만 | 박여성
2008 문화체육관광부 우수학술도서

88 헤겔의 체계 1
비토리오 회슬레 | 권대중

89 속분서
이지 | 김혜경
2008 대한민국학술원 우수학술도서

90 죽음에 이르는 병
쇠렌 키르케고르 | 임규정
『한겨레』 고전 다시 읽기 선정
2006 서강대학교 논술출제

91 고독한 산책자의 몽상
장 자크 루소 | 김중현

92 학문과 예술에 대하여·산에서 쓴 편지
장 자크 루소 | 김중현

93 사모아의 청소년
마거릿 미드 | 박자영
20세기 미국대학생 필독 교양도서

94 자본주의와 현대사회이론
앤서니 기든스 | 박노영·임영일
1999 서울대학교 논술출제
2009 대한민국학술원 우수학술도서

95 인간과 자연
조지 마시 | 홍금수

96 법철학
G.W.F. 헤겔 | 임석진

97 문명과 질병
헨리 지거리스트 | 황상익
2009 대한민국학술원 우수학술도서

98 기독교의 본질
루트비히 포이어바흐 | 강대석

99 신화학 2
클로드 레비-스트로스 | 임봉길
2008 『동아일보』 인문과 자연의 경계를 넘어 30선
2009 대한민국학술원 우수학술도서

100 일상적인 것의 변용
아서 단토 | 김혜련
2009 대한민국학술원 우수학술도서

101 독일 비애극의 원천
발터 벤야민 | 최성만·김유동

102·103·104 순수현상학과 현상학적 철학의 이념들
에드문트 후설 | 이종훈
2010 대한민국학술원 우수학술도서

105 수사고신록
최술 | 이재하 외
2010 대한민국학술원 우수학술도서

106 수사고신여록
최술 | 이재하
2010 대한민국학술원 우수학술도서

107 국가권력의 이념사
프리드리히 마이네케 | 이광주

108 법과 권리
로널드 드워킨 | 염수균

109·110·111·112 고야
홋타 요시에 | 김석희
2010 12월 한국간행물윤리위원회 추천도서

113 왕양명실기
박은식 | 이종란

114 신화와 현실
미르치아 엘리아데 | 이은봉

115 사회변동과 사회학
레이몽 부동 | 민문홍

116 자본주의·사회주의·민주주의
조지프 슘페터 | 변상진
2012 대한민국학술원 우수학술도서
2012 인터파크 이 시대 교양 명저

117 공화국의 위기
한나 아렌트 | 김선욱

118 차라투스트라는 이렇게 말했다
프리드리히 니체 | 강대석

119 지중해의 기억
페르낭 브로델 | 강주헌

120 해석의 갈등
폴 리쾨르 | 양명수

121 로마제국의 위기
램지 맥멀렌 | 김창성
2012 인터파크 추천도서

122·123 윌리엄 모리스
에드워드 파머 톰슨 | 윤효녕 외
2012 인터파크 추천도서

124 공제격치
알폰소 바뇨니 | 이종란

125 현상학적 심리학
에드문트 후설 | 이종훈
2013 인터넷 교보문고 눈에 띄는 새 책
2014 대한민국학술원 우수학술도서

126 시각예술의 의미
에르빈 파노프스키 | 임산

127·128 시민사회와 정치이론
진 L. 코헨·앤드루 아라토 | 박형신·이혜경

129 운화측험
최한기 | 이종란
2015 대한민국학술원 우수학술도서

130 예술체계이론
니클라스 루만 | 박여성·이철

131 대학
주희 | 최석기

132 중용
주희 | 최석기

133 종의 기원
찰스 다윈 | 김관선

134 기적을 행하는 왕
마르크 블로크 | 박용진

135 키루스의 교육
크세노폰 | 이동수

136 정당론
로베르트 미헬스 | 김학이
2003 기담학술상 번역상
2004 대한민국학술원 우수학술도서

137 법사회학
니클라스 루만 | 강희원
2016 세종도서 우수학술도서

138 중국사유
마르셀 그라네 | 유병태
2011 대한민국학술원 우수학술도서

139 자연법
G.W.F 헤겔 | 김준수
2004 기담학술상 번역상

140 기독교와 자본주의의 발흥
R.H. 토니 | 고세훈

141 고딕건축과 스콜라철학
에르빈 파노프스키 | 김율
2016 세종도서 우수학술도서

142 도덕감정론
애덤스미스 | 김광수

143 신기관
프랜시스 베이컨 | 진석용
2001 9월 한국출판인회의 이달의 책
2005 서울대학교 권장도서 100선

144 관용론
볼테르 | 송기형·임미경

145 교양과 무질서
매슈 아널드 | 윤지관

146 명등도고록
이지 | 김혜경

147 데카르트적 성찰
에드문트 후설·오이겐 핑크 | 이종훈
2003 대한민국학술원 우수학술도서

148·149·150 함석헌선집 1·2·3
함석헌 | 함석헌편집위원회
2017 대한민국학술원 우수학술도서

151 프랑스혁명에 관한 성찰
에드먼드 버크 | 이태숙

152 사회사상사
루이스 코저 | 신용하·박명규

153 수동적 종합
에드문트 후설 | 이종훈
2019 대한민국학술원 우수학술도서

154 로마사 논고
니콜로 마키아벨리 | 강정인·김경희
2005 대한민국학술원 우수학술도서

155 르네상스 미술가평전 1
조르조 바사리 | 이근배

156 르네상스 미술가평전 2
조르조 바사리 | 이근배

157 르네상스 미술가평전 3
조르조 바사리 | 이근배

158 르네상스 미술가평전 4
조르조 바사리 | 이근배

159 르네상스 미술가평전 5
조르조 바사리 | 이근배

160 르네상스 미술가평전 6
조르조 바사리 | 이근배

161 어두운 시대의 사람들
한나 아렌트 | 홍원표

162 형식논리학과 선험논리학
에드문트 후설 | 이종훈
2011 대한민국학술원 우수학술도서

163 러일전쟁 1
와다 하루키 | 이웅현

164 러일전쟁 2
와다 하루키 | 이웅현

165 종교생활의 원초적 형태
에밀 뒤르켐 | 민혜숙·노치준

166 서양의 장원제
마르크 블로크 | 이기영

167 제일철학 1
에드문트 후설 | 이종훈
2021 대한민국학술원 우수학술도서

168 제일철학 2
에드문트 후설 | 이종훈
2021 대한민국학술원 우수학술도서

169 사회적 체계들
니클라스 루만 | 이철·박여성 | 노진철 감수

170 모랄리아
플루타르코스 | 윤진

171 국가론
마르쿠스 툴리우스 키케로 | 김창성

172 법률론
마르쿠스 툴리우스 키케로 | 성염

173 자본주의의 문화적 모순
다니엘 벨 | 박형신
2022 대한민국학술원 우수학술도서

174 신화학 3
클로드 레비스트로스 | 임봉길
2022 대한민국학술원 우수학술도서

175 상호주관성
에드문트 후설 | 이종훈

176 대변혁 1
위르겐 오스터함멜 | 박종일

177 대변혁 2
위르겐 오스터함멜 | 박종일

178 대변혁 3
위르겐 오스터함멜 | 박종일

179 유대인 문제와 정치적 사유
한나 아렌트 | 홍원표

180 장담의 열자주
장담 | 임채우

181 질문의 책
에드몽 자베스 | 이주환

182 과거와 미래 사이
한나 아렌트 | 서유경

183 영웅숭배론
토마스 칼라일 | 박상익

184 역사를 바꾼 권력자들
이언 커쇼 | 박종일

185 칸트의 정치철학
한나 아렌트 | 김선욱

186 클라우제비츠 전쟁론 완성하기
르네 지라르·브누아 샹트르 | 김진식

187 미쉬나 1: 제라임
권성달

188 미쉬나 2: 모에드
김성언

189 미쉬나 3: 나쉼
이영길

190 미쉬나 4: 네지킨
최영철·김성언

191 미쉬나 5: 코다쉼
전재영

192 미쉬나 6: 토호롯
윤성덕

193 인간의 유래 1
찰스 다윈 | 김관선
2007 대한민국학술원 우수학술도서

194 인간의 유래 2
찰스 다윈 | 김관선

195 모랄리아 2
플루타르코스 | 윤진

196 비잔티움 문명
앙드레 기유 | 김래모

197 고백록(근간)
아우구스티누스 | 성염

198 손자참동(근간)
이지 | 김혜경

●한길그레이트북스는 계속 간행됩니다.